2012

湖南统计年鉴

HUNAN STATISTICAL YEARBOOK

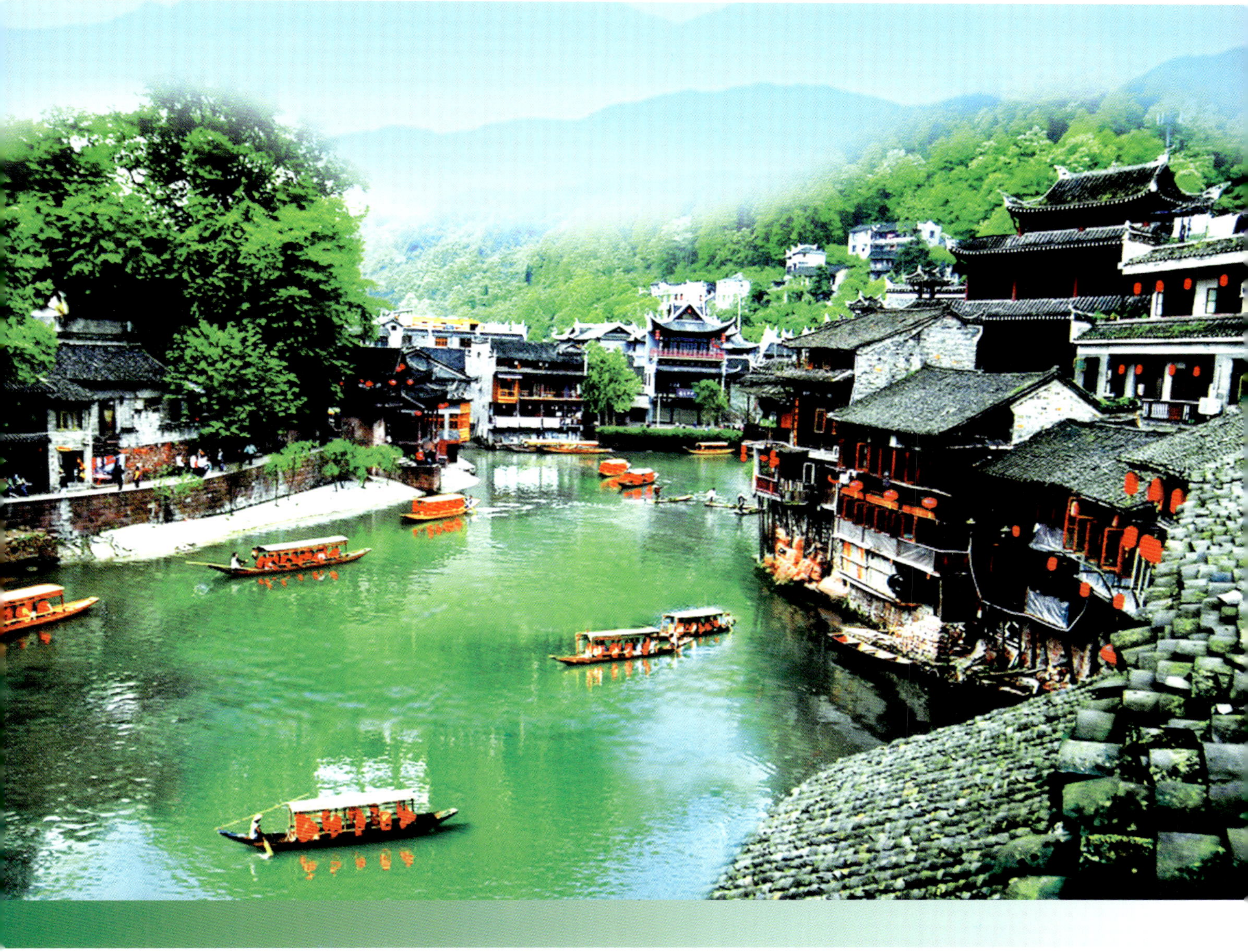

湖南省统计局　　编

Compiled by

Hunan Provincial Bureau of Statistics

（总第30期　NO.30）

湖湘数典

DIGITAL HUNAN

★ 地区生产总值（亿元）

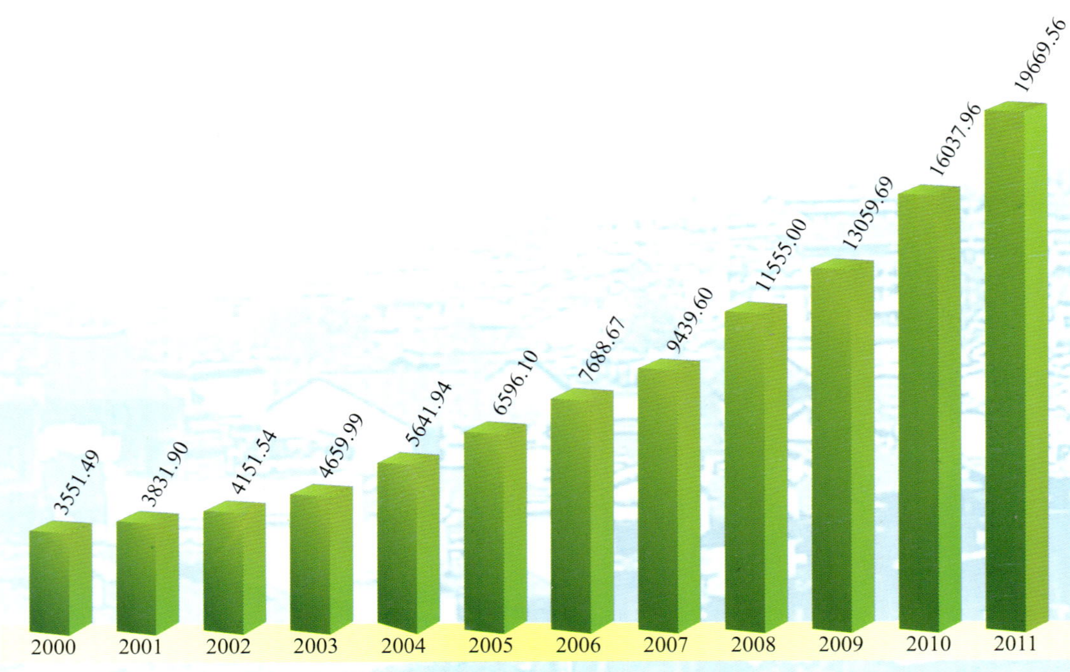

★ 三次产业增加值（亿元）

第一产业 第二产业 第三产业

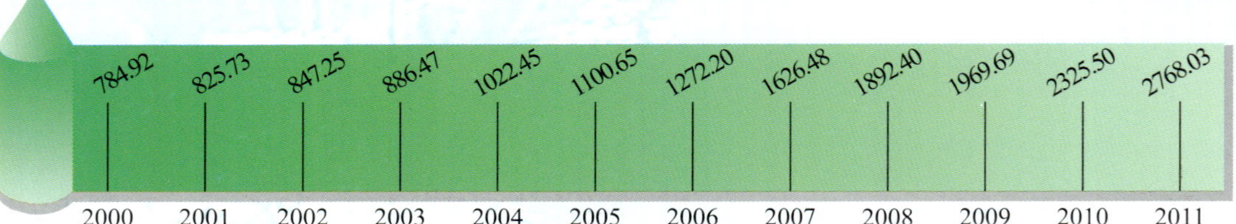

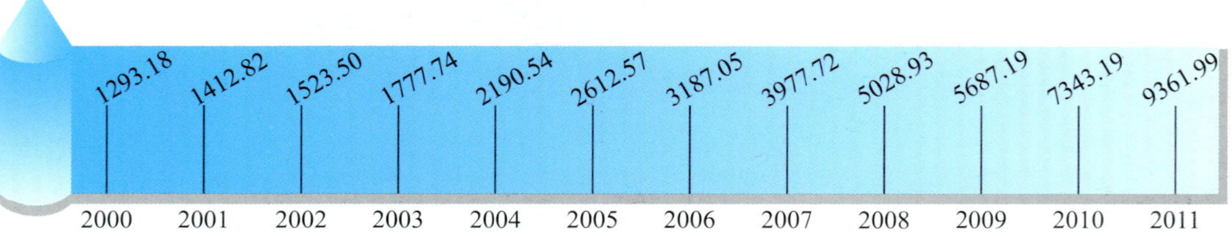

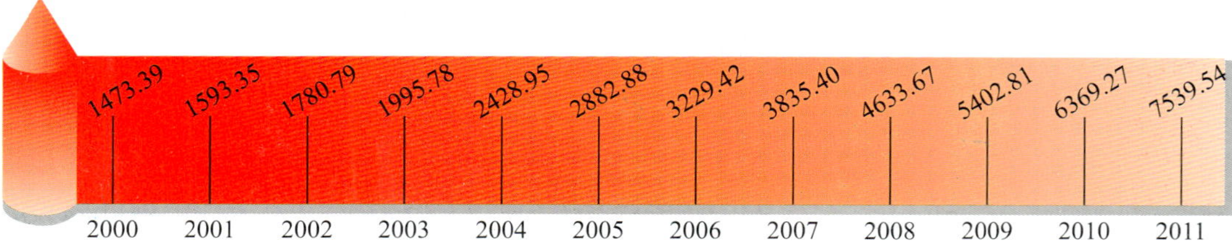

★ 人均生产总值（亿元）

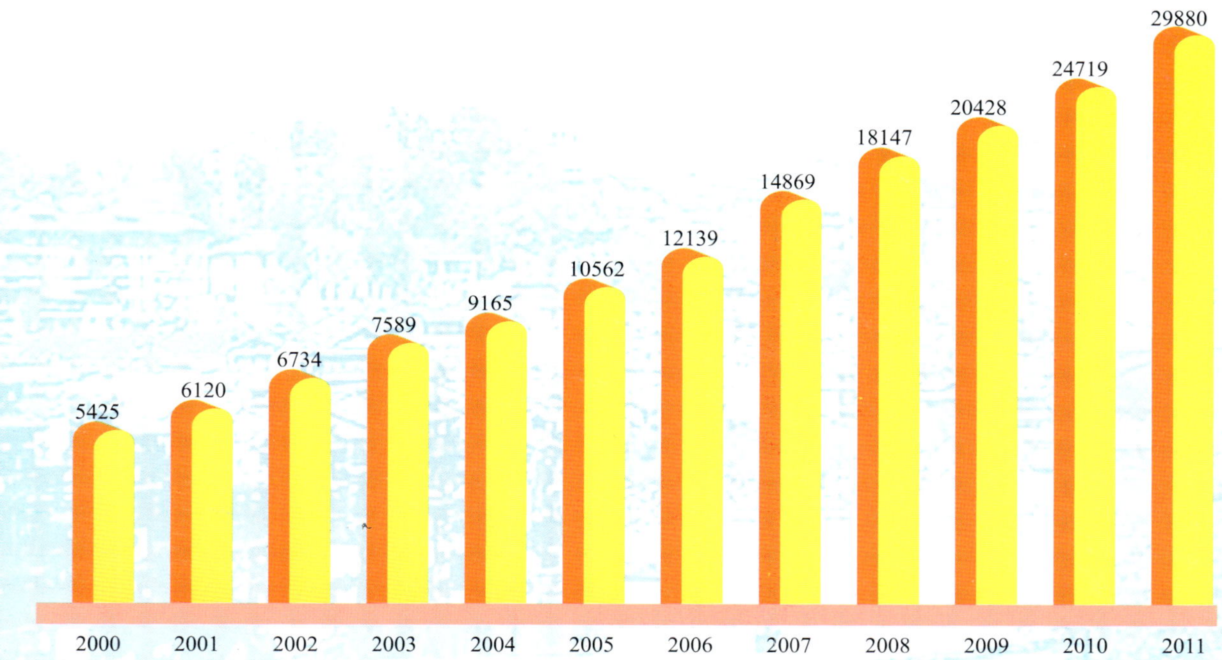

★ 工业增加值（亿元）

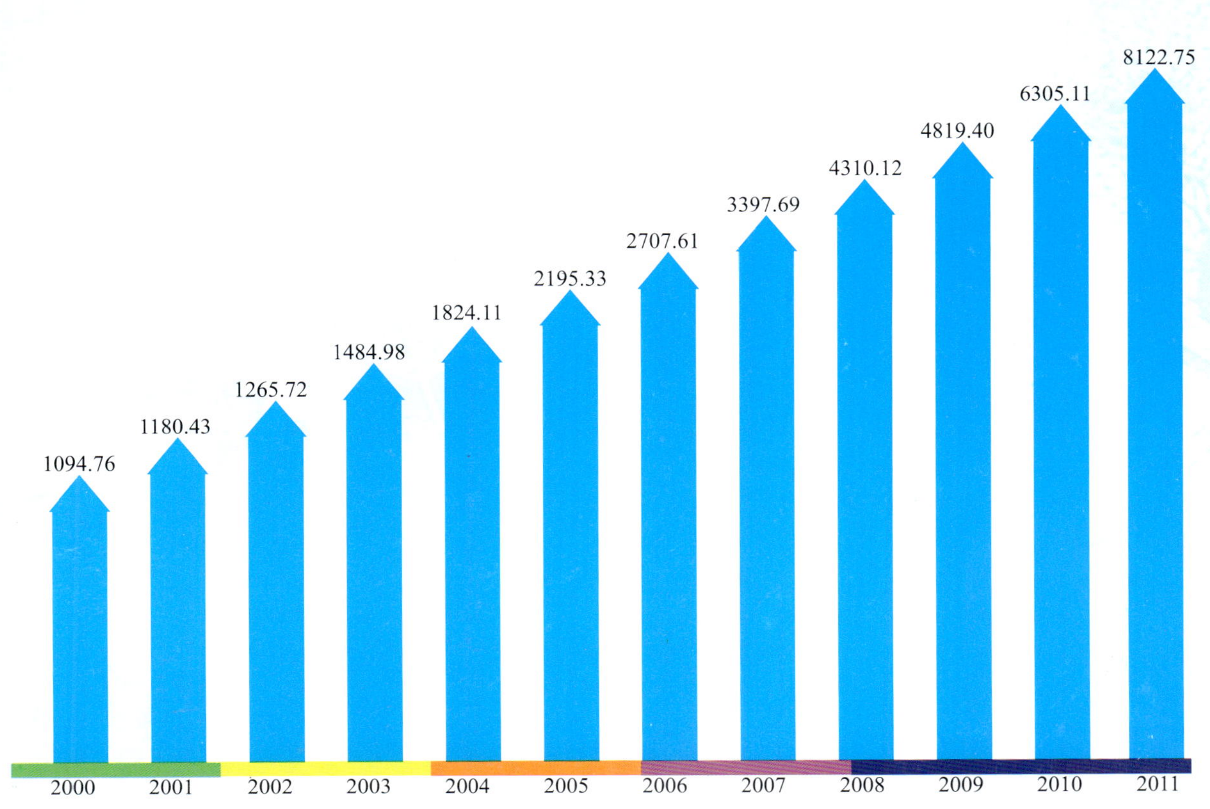

★ 年末总人口（万人）

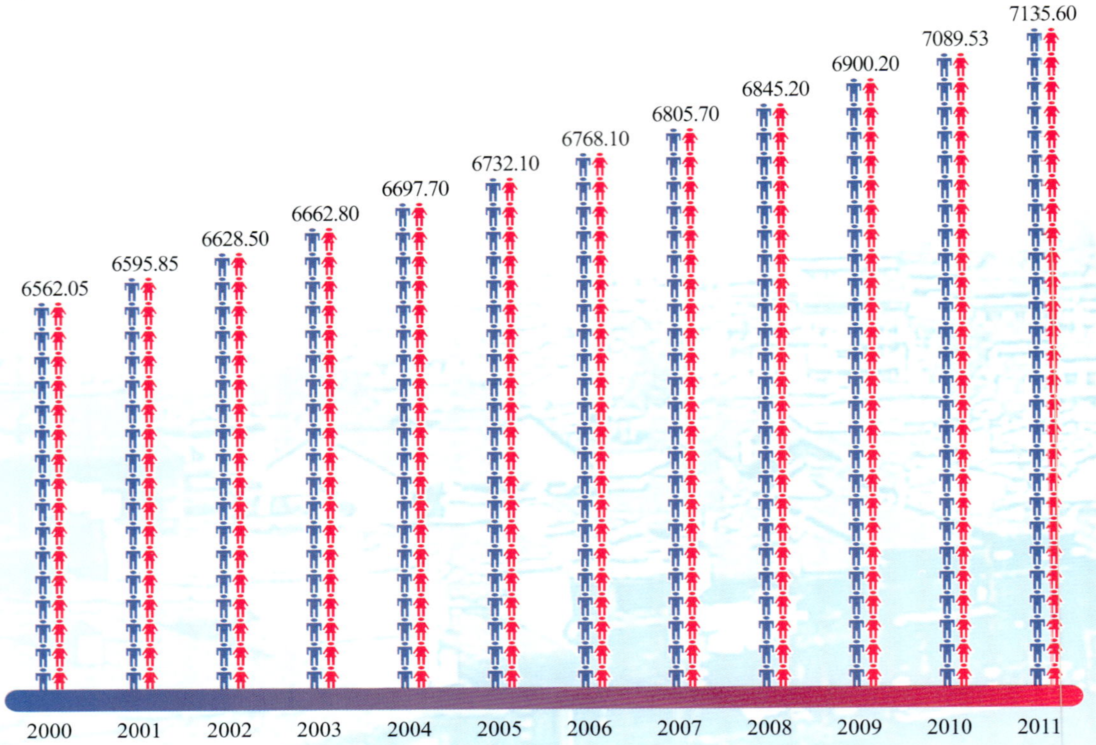

★ 城镇人口（万人）

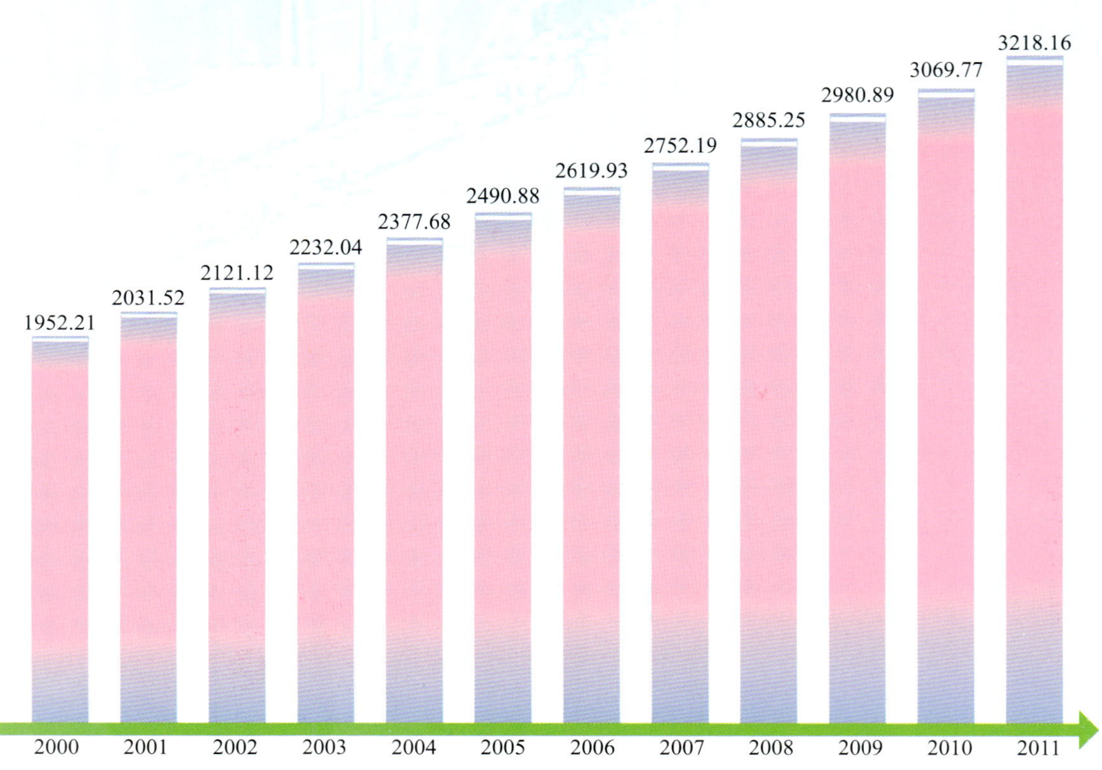

★ 乡村人口（万人）

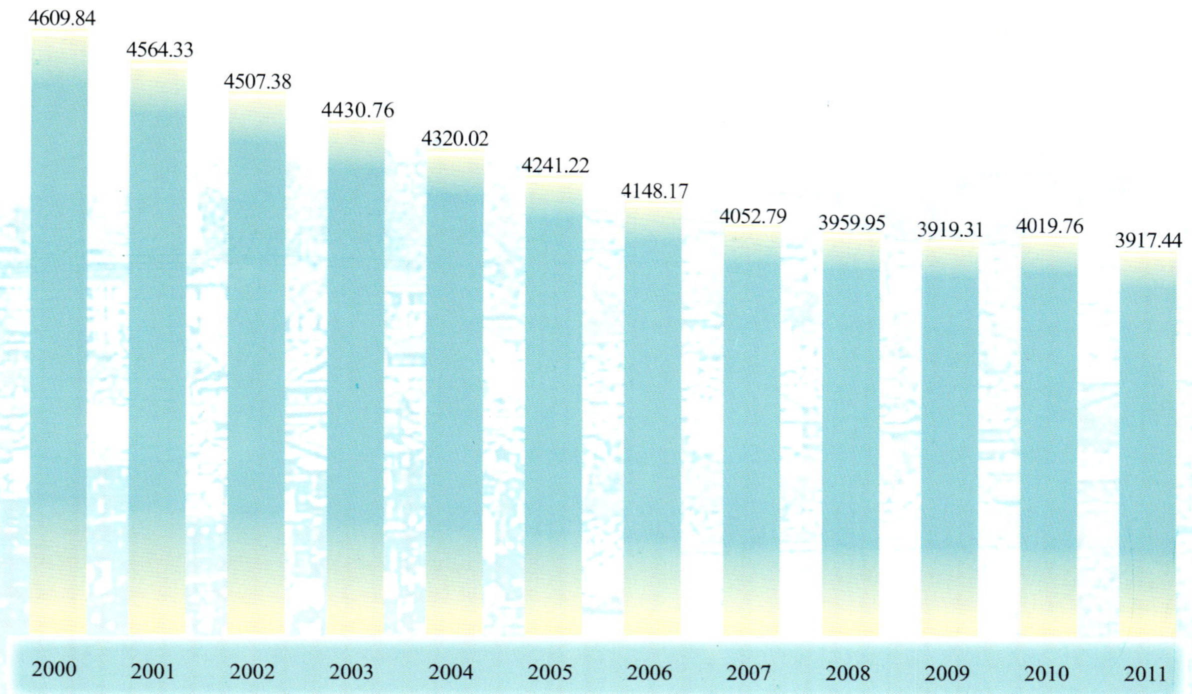

★ 三次产业从业人口（万人）

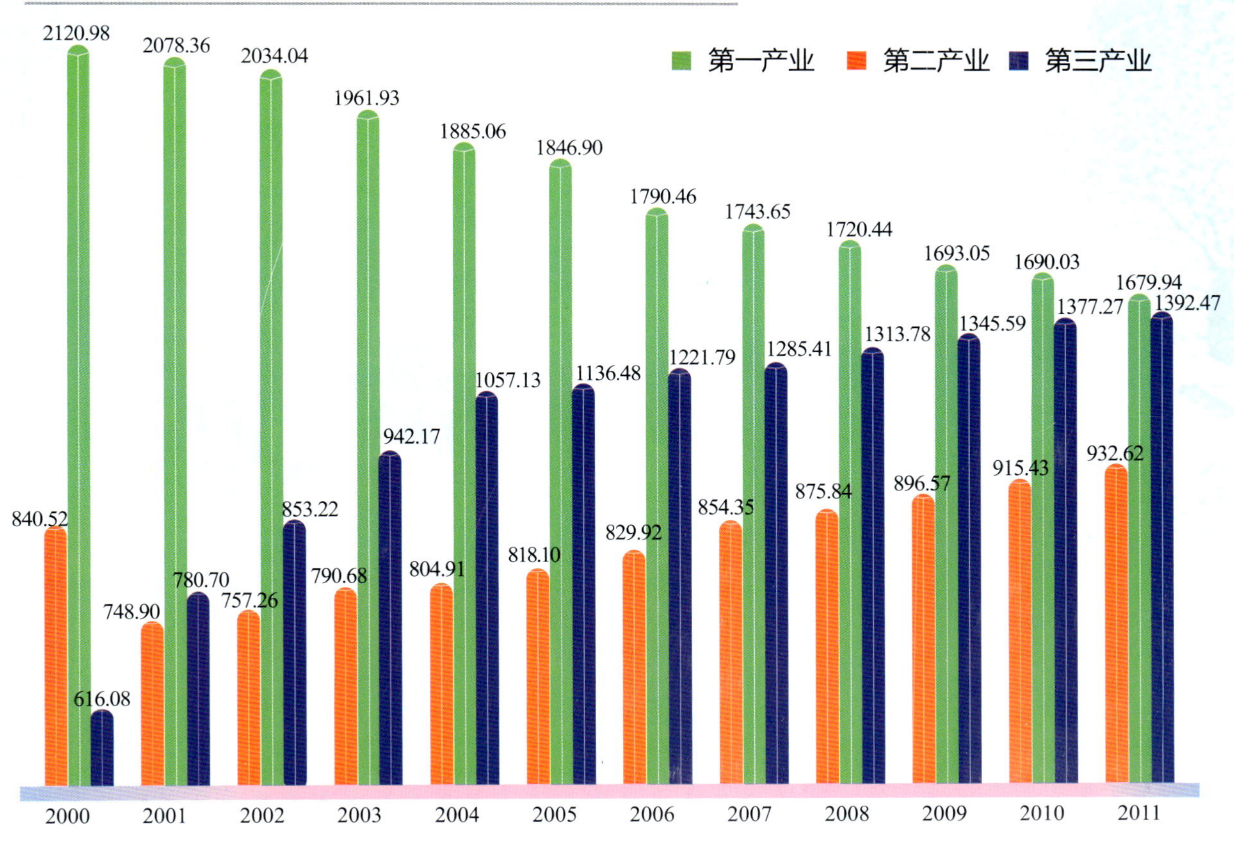

湖湘数典

DIGITAL HUNAN

★ 财政收支（亿元）

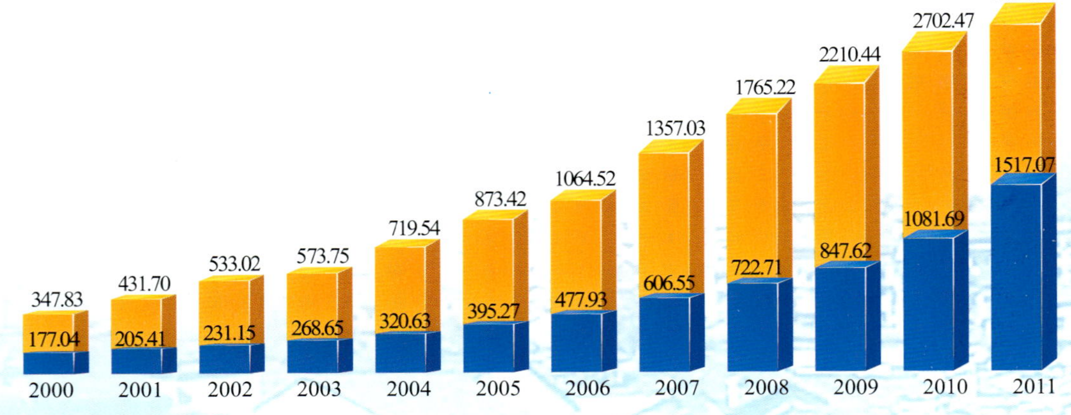

★ 固定资产投资（亿元）

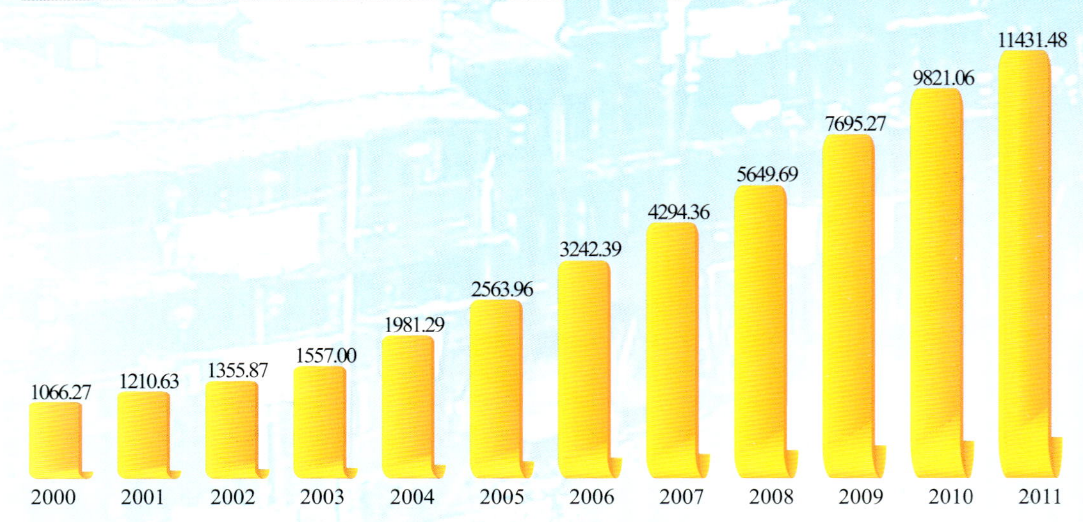

★ 社会消费品零售总额（亿元）

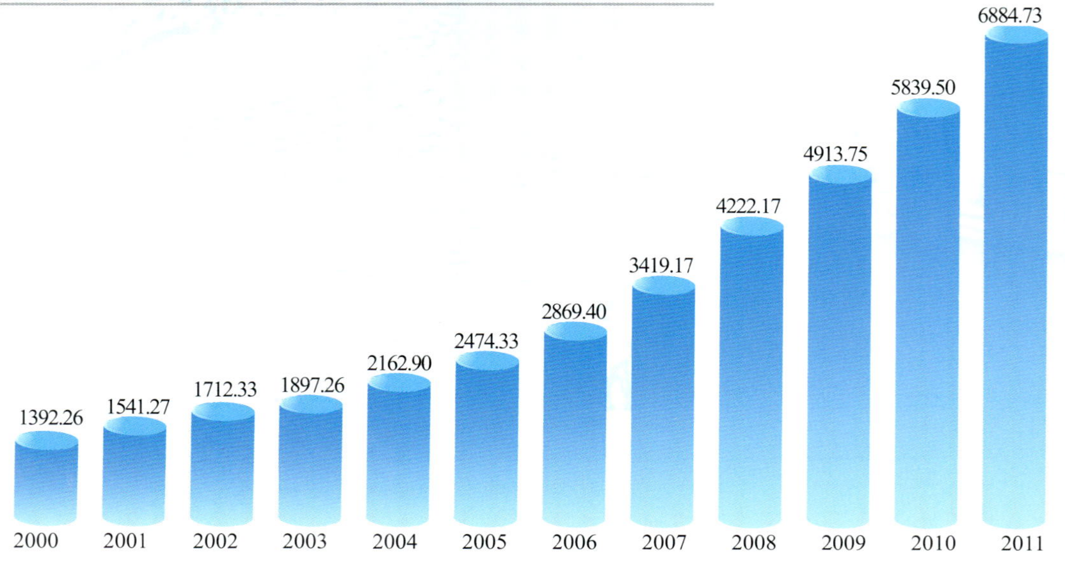

★ 进出口总额（亿美元）

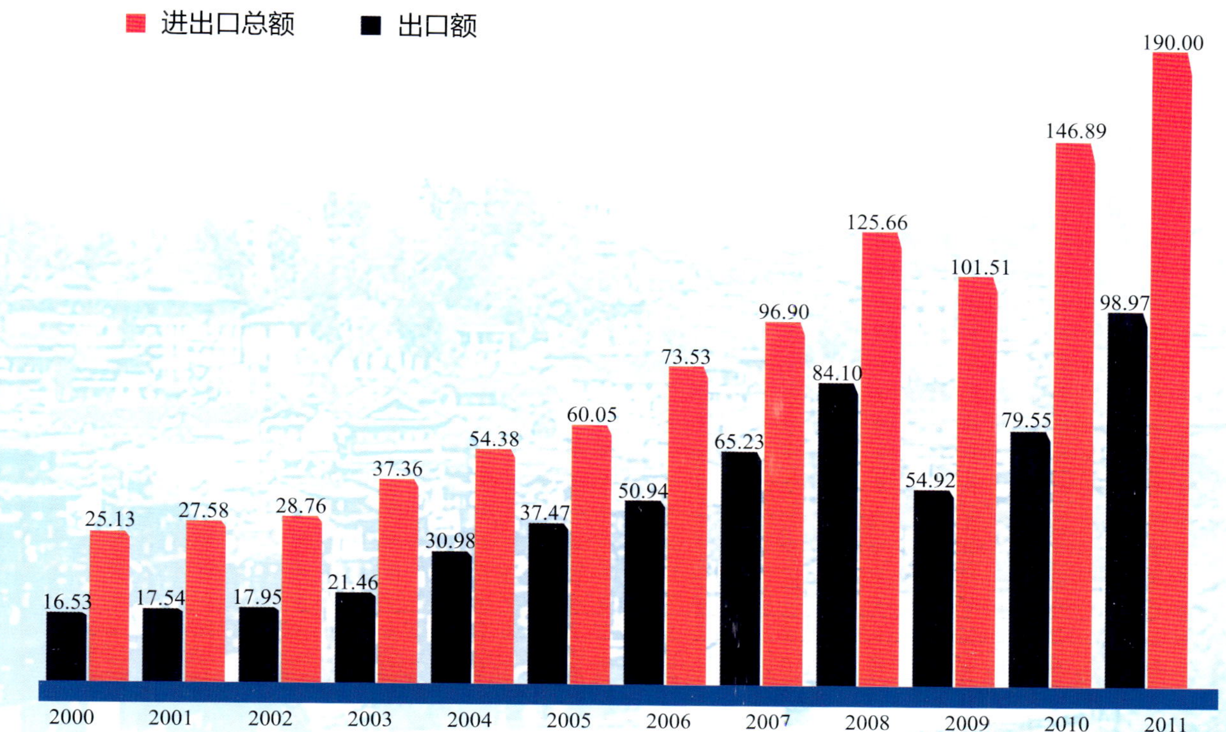

★ 实际利用外商直接投资（亿美元）

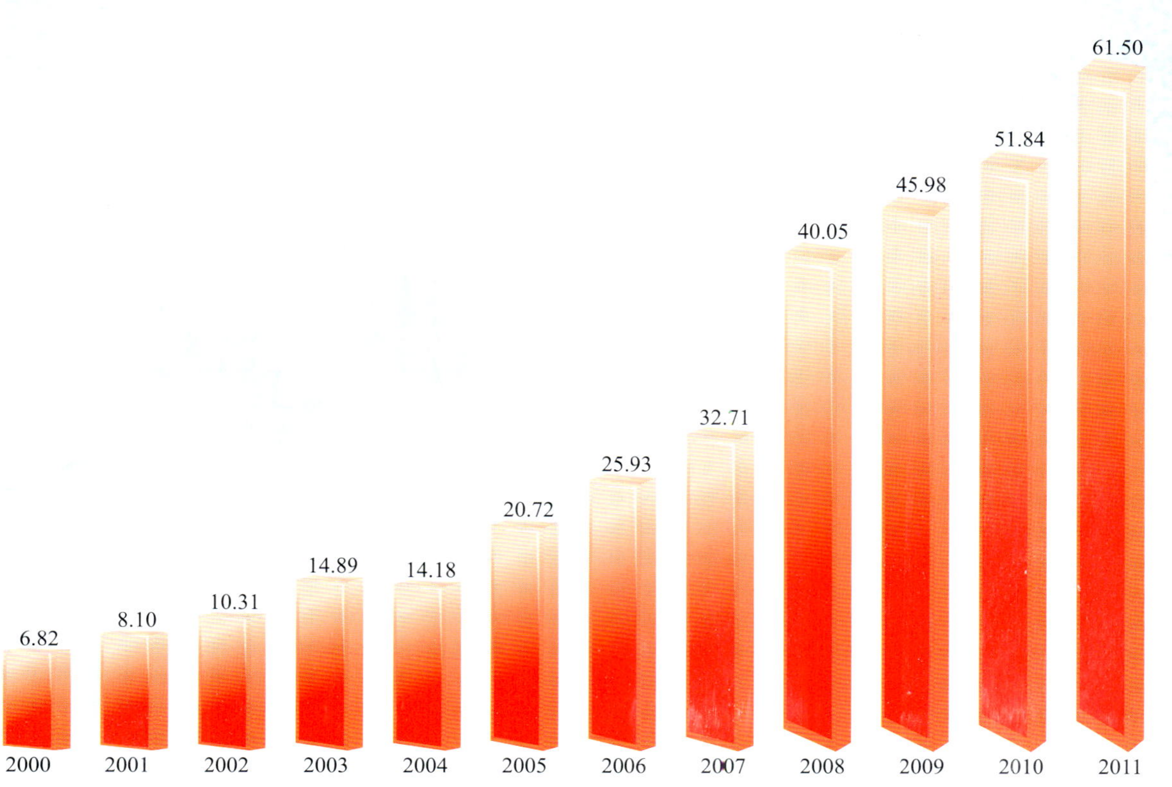

湖湘数典
DIGITAL HUNAN

★ 城乡居民人均储蓄存款（元）

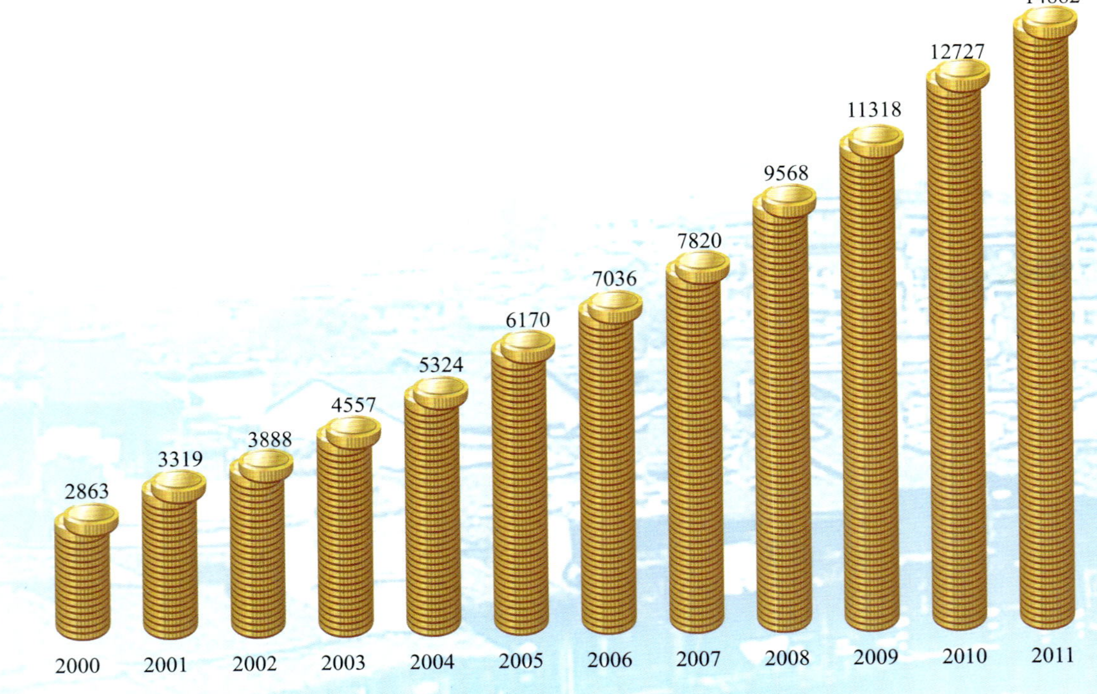

★ 城乡居民人均收入（元）

城镇居民人均可支配收入　农村居民人均纯收入

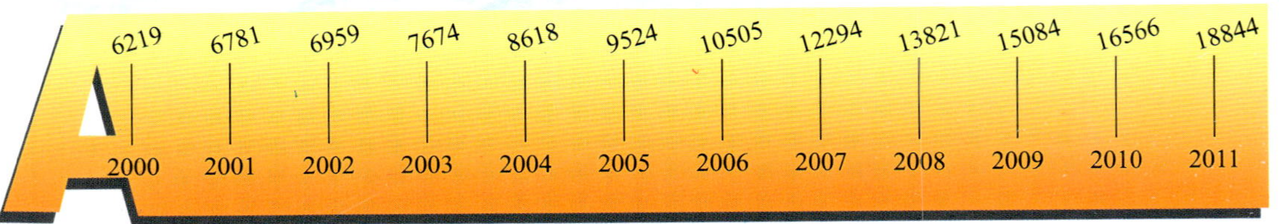

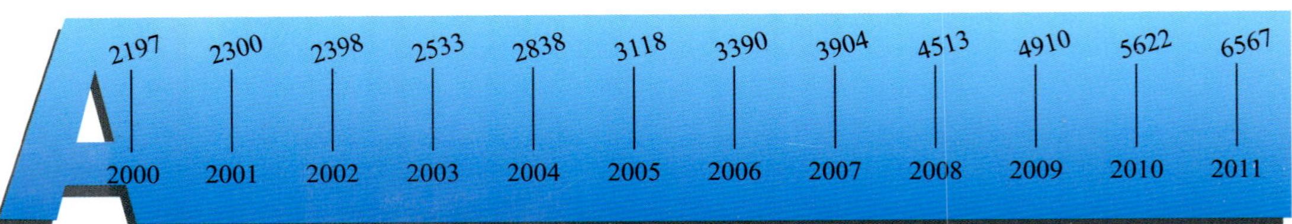

★ 城乡居民人均消费支出（元）

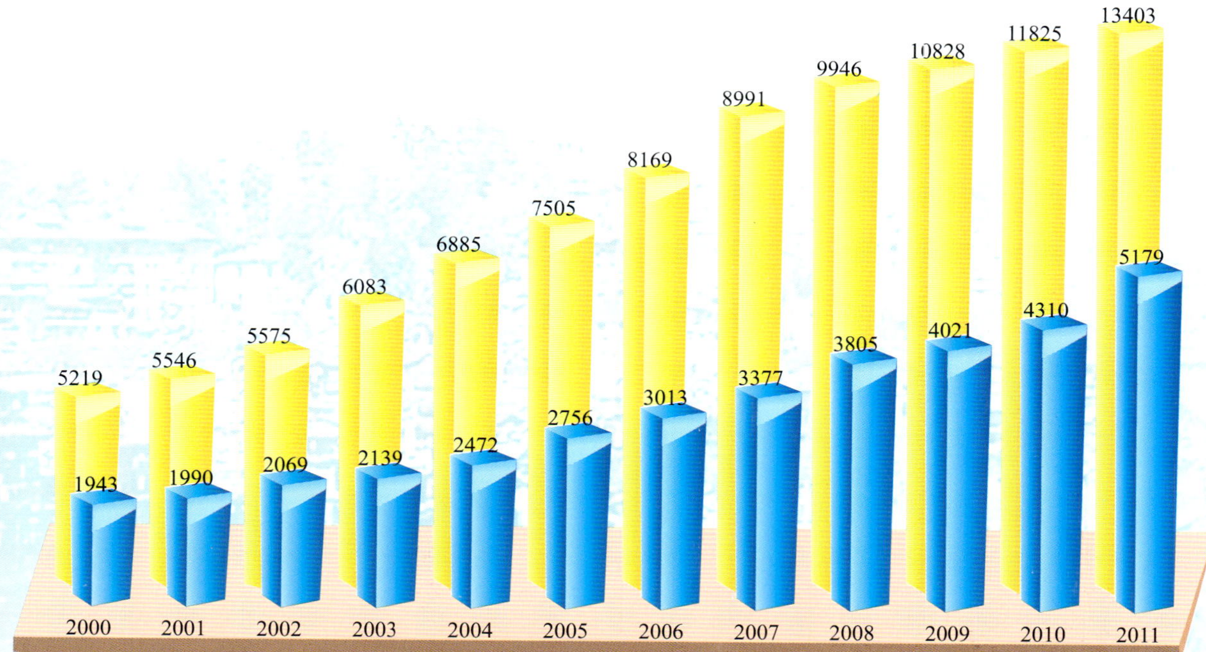

★ 汽车拥用量（万辆）

民用汽车　私人汽车

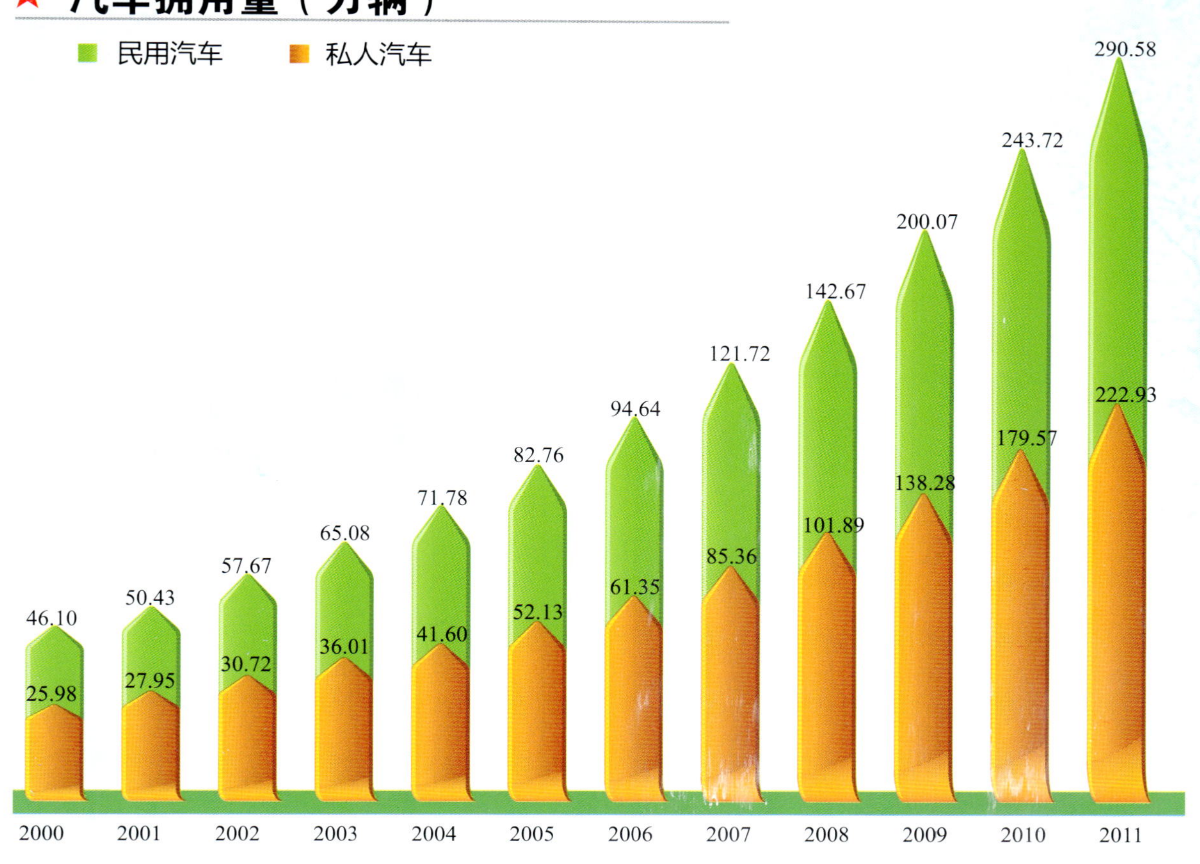

湖湘数典 DIGITAL HUNAN

★ 卫生技术人员与医生数（万人）

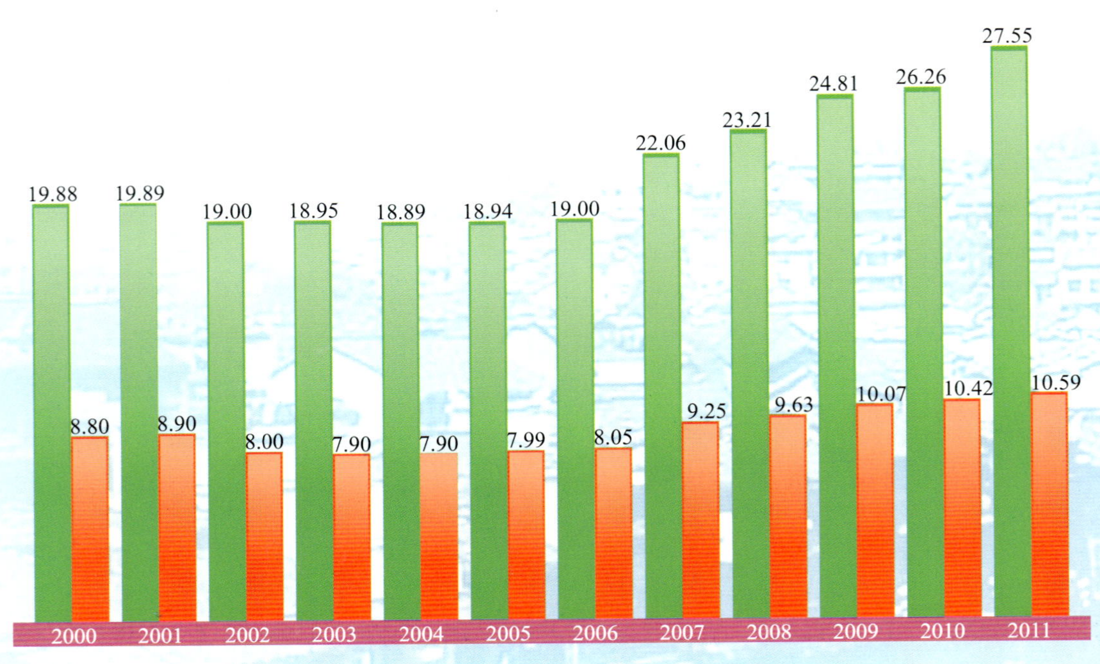

★ 高等学校毕业生数（万人）

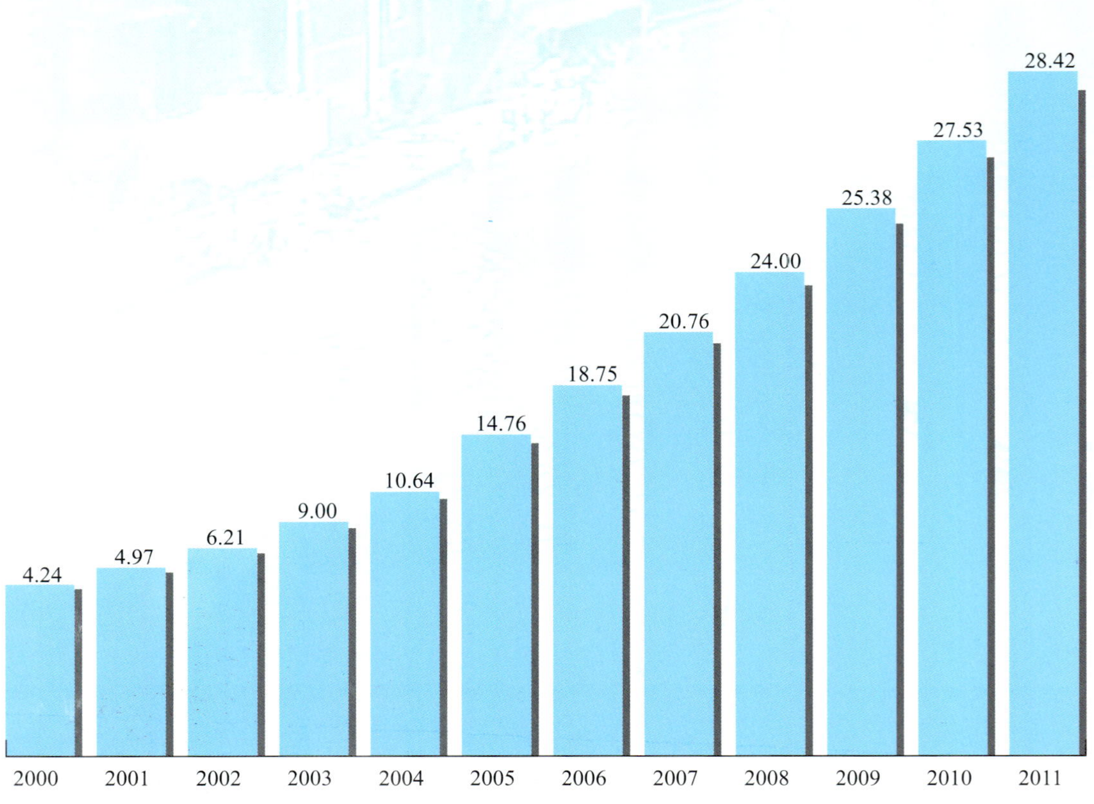

湖南的一天

指标	Item	2000	2005	2010	2011
全省每天创造的财富	**Daily Production**				
地区生产总值(亿元)	Gross Domestic Product (100 million yuan)	9.73	18.07	43.94	53.89
农业总产值(亿元)	Gross Output Value of Agriculture(100 million yuan)	3.43	5.63	10.38	12.35
地方财政收入(万元)	Local Government Revenue (10 000 yuan)	4850.40	10829.18	29635.35	41563.46
布(万米)	Cloth (10 000 m)	93.42	98.98	127.46	130.89
机制纸及纸板(吨)	Machine-made Paper and Paperboard (ton)	1919.73	4673.70	10537.78	11692.69
原煤(万吨)	Coal (10 000 tons)	4.08	9.99	21.01	22.38
发电量(万度)	Electricity (10 000 kw.h)	9710.14	17268.08	32505.23	35473.04
原油加工量(吨)	Machining Crude Oil (ton)	14422.47	16189.52	16182.82	20929.00
粗钢(吨)	Crude Steel (ton)	8331.51	26717.09	48397.88	50025.63
钢材(吨)	Steel (ton)	8193.15	26335.95	49636.35	53337.85
水泥(万吨)	Cement (10 000 tons)	6.56	9.78	23.81	25.40
粮食(万吨)	Grain (10 000 tons)	7.88	7.83	7.80	8.05
棉花(吨)	Cotton (ton)	469.32	508.49	621.92	621.92
油料(吨)	Oil-bearing Crops (ton)	3817.81	3862.47	5349.59	5898.27
苎麻(吨)	Ramie (ton)	181.37	358.08	173.42	115.62
烤烟(吨)	Flue-cured Tobacco (ton)	426.03	558.63	582.47	639.65
茶叶(吨)	Tea (ton)	156.99	197.26	322.47	363.80
柑桔(吨)	Oranges (ton)	3449.86	5630.41	10655.34	12571.69
猪牛羊肉(吨)	Pork, Beef and Mutton (ton)	11959.18	14957.26	12035.14	11850.14
水产品(吨)	Aquatic Products (ton)	3649.59	4910.14	5448.93	5480.09
进出口总额(万美元)	Total Imports and Exports (USD 10 000)	688.49	1645.16	4024.34	5205.50
进口额(万美元)	#Total Imports (USD 10 000)	235.62	618.68	1844.93	2493.86
出口额(万美元)	Total Exports (USD 10 000)	452.88	1026.48	2179.42	2711.64
其他经济活动	**Other Daily Economic Activities**				
邮电业务总量(万元)	Business Volume of Postal and Telecommunications Services (10 000 yuan)	3860.89	10198.36	9788.22	11931.94
出版图书(万册)	Books Published (10 000 copies)	68.07	91.06	85.35	94.60
出版杂志(万册)	Magazines Published (10 000 copies)	28.78	32.08	34.96	34.48
出版报纸(万份)	Newspaper Published (10 000 copies)	228.68	291.58	353.70	336.00
邮寄函件(万份)	Post Letters (10 000 pieces)	58.23	31.07	22.90	22.60
全省每天人口变动和婚姻	**Daily Population Changes and Marriages**				
出生(人)	Births (person)	2054	2195	2510	2602
死亡(人)	Deaths (person)	1218	1245	1284	1326
结婚(对)	Marriages (couples)	1050	1259	1739	1805
离婚(对)	Divorces (couples)	177	227	421	440

（京）新登字 041 号

图书在版编目（CIP）数据

湖南统计年鉴. 2012 : 汉英对照 / 湖南省统计局编. -- 北京 : 中国统计出版社, 2012.8
ISBN 978-7-5037-6589

Ⅰ. ①湖… Ⅱ. ①湖… Ⅲ. ①统计资料－湖南省－2012－年鉴－汉、英 Ⅳ. ①C832.64-54

中国版本图书馆 CIP 数据核字 (2012) 第 158051 号

湖南统计年鉴—2012

作　　者 / 湖南省统计局
责任编辑 / 佘竞雄
执行编辑 / 刘　雁　吴天铁　伍晨曦
装帧设计 / 刘　雁
出版发行 / 中国统计出版社
通信地址 / 北京市西城区月坛南街 57 号　邮编 100826
办公地址 / 北京市丰台区西三环南路甲 6 号
电　　话 / (010)63376907
网　　址 / http://csp.stats.gov.cn
印　　刷 / 永州市湘华印务有限公司
经　　销 / 新华书店
开　　本 / 890×1240 毫米　1/16
字　　数 / 1500 千字
印　　张 / 48.5
版　　别 / 2012 年 8 月第 1 版
版　　次 / 2012 年 8 月第 1 次印刷
书　　号 / ISBN 978-7-5037-6589-6/C・2670
定　　价 / 350.00 元

本书附同版本 CD-ROM 一张，光盘内容以书面文字为准。
中国统计版图书，如有印装错误，本社发行部负责调换。

《湖南统计年鉴-2012》

编辑委员会和编辑工作人员

编辑委员会

编辑工作人员

《Hunan Statistical Yearbook – 2012》

Editorial Board and Staff

编 辑 说 明

一、《湖南统计年鉴－2012》系统收录了全省及各市、州、县2011年经济和社会发展方面的大量统计数据，以及重要历史年份的全省主要统计数据，是一部全面反映湖南省经济和社会发展情况的资料性年刊。

二、全书分为首卷和统计资料。首卷为特载《政府工作报告》和《2011年湖南省国民经济和社会发展统计公报》。统计资料分为21个章节，即：1.综合；2.国民经济核算；3.人口；4.就业人员和职工工资；5.固定资产投资；6.对外经济、旅游和开发区；7.能源；8.财政、金融和保险；9.城市建设和环境保护；10.农业；11.工业；12.建筑业；13.交通运输和邮电业；14.批发和零售业、住宿和餐饮业；15.教育和科技；16.文化、体育和卫生；17.党群、政法和社会福利；18.区域经济；19.各市、州主要经济和社会统计指标；20. 各县、市(区)主要经济和社会统计指标；21.各省、市、自治区主要经济和社会统计指标。为方便读者使用，各篇章篇末附有《主要统计指标解释》。

三、与2011年版《湖南统计年鉴》比较，本《年鉴》内容和篇章结构主要做了如下修订和补充：将原“人口、就业和职工工资”拆分为“人口”、“就业人员和职工工资”两个篇章；将原“国内外贸易、对外经济和旅游”拆分为“批发和零售业、住宿和餐饮业”、“对外经济、旅游和开发区”两个篇章，并对有关统计资料进行了不同程度的充实；在“能源”篇，增加了非工业能耗指标；在“区域经济”篇，增加了城市经济资料。

四、本《年鉴》资料大部分来自年度统计报表。各市、州、县主要经济和社会统计指标根据当年各地统计年报或快年报资料整理；全国及各省、市、自治区的年度数据根据国家统计局反馈资料加工；有些专业性很强的指标由省直有关业务厅局提供；土地面积、森林资源、河流湖泊状况按照有关部门近年来普查资料整理。

五、本《年鉴》中价值指标均按当年价格计算，指数均按可比价格计算。如有变化，表后附有说明。本年鉴数据均为电脑合成，由于单位取舍按四舍五入处理产生的计算误差，均未作机械调整。

六、本《年鉴》按照《中国统计年鉴》大体框架和规范要求编辑。统一使用《中国统计年鉴》指标解释，统一采用国际度量衡标准计量单位，统一使用《中国统计年鉴》规范符号。

七、本《年鉴》除特载《政府工作报告》和《2011年湖南省国民经济和社会发展统计公报》使用的数字为快报数或初步统计数以外，其他各章节均为正式年报数据。凡与本《年鉴》数字不符的，一律以本《年鉴》为准。

八、本《年鉴》表中的符号使用说明：“. . .”表示数据不足本表最小单位数；“#”表示其中的主要项；“空格”表示指标数据不详或无该项统计数据。

九、本《年鉴》编辑中如有不足之处，恳请广大读者批评指正。

EDITOR'S NOTES

Ⅰ.*Hunan Statistical Yearbook–2012* is an annual statistical publication, which reflects comprehensively the economic and social development of Hunan.It covers data for 2011 and key statistical data in some historically important years at provincial level and local levels of cities, prefecture and counties.

Ⅱ.*Hunan Statistical Yearbook–2012* includes a special issue and statistical figures. The special issue are Government Work Report and Statistical Communiqué of Hunan Province on the 2011 National Economic and Social Development. The statistical data contain the following 21 parts: 1. General Survey; 2. National Accounts; 3. Population; 4. Employment and Wages; 5.Investment in Fixed Assets; 6. Foreign Economy ,Tourism and Development Zones;7. Energy ;8. Finance, Banking and Insurance; 9. Construction of Cities and Environmental Protection; 10. Agriculture; 11. Industry; 12. Construction; 13. Transportation, Post and Telecommunication Services; 14. Whloesale and Retail Trades,Hotels,Catering Services; 15. Education,Science and Technology; 16. Culture, Sports and Public Health; 17.Party and Mass, Politics and Law, Social Service; 18. Regional Economy; 19. Main Economic and Social Statistics Indicators of Cities and Prefecture;20. Main Economic and Social Statistics Indicators of Counties and Cities (districts); 21. Main Economic and Social Indicators by Provinces (Municipalities and Autonomous Regions). To facilitate readers, at the end of each chapter, Explanatory Notes on Main Statistical Indicators are included.

Ⅲ. In comparison with *Hunan Statistical Yearbook–2011*, following revisions have been made in this new version in terms of the statistical contents and in editing:

The former chapter "Population, Employment and Wages" was divided into 2 chapters "Population" and "Employment and Wages" . The former chapter "Domestic Trade, Foreign Trade, Foreign Economy and Tourism" was divided into 2 chapters "Wholesale and Retail Trades, Hotels and Catering Services" and "Foreign Economic Cooperation, Tourism and Industry Development Zone" . Relevant statistics in each chapter are increased in different degree. Statistics of non–industry energy consumption are added into the chapter "Energy" , Statistics of city economy are added into the chapter "Regional Economy" .

Ⅳ. The major data of the book are from annual statistical reports, and some from sampling surveys. Main economic and social statistic indicators of cities, prefecture and counties are arranged according to their annual statistical reports. Annual data of state, and other provinces, municipalities directly under central government and autonomous regions are quoted from data returned by State Statistical Bureau. Some very specialized indicators are applied by the province directly under administrational annual reports. Area of total land, Forest resources, the condition of rivers and lakes are arranged according to census by the departments concerned in recent years.

Ⅴ. All of the value indicators in this book are calculated by the same year' s prices. All of the indices are calculated by the constant price. Explanatory notes are provided behind the list in which if there are changes. Data of the book are composed by computers.

Ⅵ. The book is edited according to the frame and standard of China Statistical Yearbook. The indicator explanatory notes are edited according to China Statistical Yearbook, and the units of measurement are internationally standard measurement units. The notations are standard notations of China Statistical Yearbook.

VII. Figures in Government Work Report and the communique are preliminary statistics. All figures in the other parts are annual statistics. All figures are subjected to this Yearbook.

VIII. Notations used in the yearbook:

"…" not large enough to be rounded into the least unit. "#" of which: major items. "Space" data not available.

Ⅸ. Based on our limited level,perhaps there are some mistakes in the book,we welcome all candid comments and criticism from our readers.

目 录

CONTENTS

特载
SPECIAL ISSUE

统计资料
STATISTICAL DATA

一、综合
General Survey

二、国民经济核算
National Accounts

三、人口
Population

四、就业人员和职工工资
Employment and Wages

五、固定资产投资
Investment in Fixed Assets

六、对外经济、旅游和开发区

Foreign Economy ,Tourism and Development Zones

七、能源

Energy

八、财政、金融和保险
Finance, Banking and Insurance

九、城市建设和环境保护
Construction of Cities and Environmental Protection

十、农业
Agriculture

十一、工业
Industry

十二、建筑业
Construction

十三、交通运输和邮电业
Transportation, Postal and Telecommunication Services

十四、批发和零售业、住宿和餐饮业

Wholesale and Retail Trades, Hotels, Catering Services

十五、教育和科技

Education, Science and Technology

十六、文化、体育和卫生
Culture,Sports and Public Health

十七、党群、政法和社会服务
Party and Mass, Politics and Law, Social Service

十八、区域经济
Regional Economy

十九、各市、州主要经济和社会统计指标
Main Economic and Social Statistics Indicators of Cities and Prefecture

二十、各县(市、区)主要经济和社会统计指标
Main Economic and Social Statistics Indicators of Counties and Cities (Districts)

二十一、各省（市、自治区）主要经济和社会统计指标
Main Economic and Social Statistics Indicators By Provinces, Municipalities and Autonomous Regions

政府工作报告

湖南省省长　徐守盛

2012年1月11日

各位代表：

现在，我代表省人民政府向大会作政府工作报告，请予审查，并请各位省政协委员和其他列席人员提出意见。

一、2011年，全省上下齐心协力、顽强拼搏，实现“十二五”良好开局

过去一年，在党中央、国务院的坚强领导下，我们贯彻落实中共湖南省委的决策部署，心往一处想、劲往一处使、汗往一处流，战胜历史罕见的严重干旱和局部山洪灾害，克服能源紧缺、资金紧张、通胀压力加大等不利影响，大力推进“四化两型”建设，完成了省十一届人大五次会议确定的目标任务。

（一）经济保持平稳较快发展。全省实现地区生产总值2万亿元左右（预计数，下同），增长13%左右；财政总收入2460.7亿元，增长31%；城乡居民人均收入分别为18844元和6563元，分别增长13.8%和16.7%。投资、消费、出口协调拉动，固定资产投资突破万亿，达到1.14万亿元，增长28%；社会消费品零售总额6800亿元，增长17.8%；进出口总额186亿美元，增长27%。支撑发展的条件不断改善，黄花国际机场新航站楼投入运行，高速公路新增通车里程262公里，改造建设干线公路2001公里、农村公路14354公里；基本完成列入国家新编规划的1070座小Ⅰ型病险水库除险加固；新增电力装机242万千瓦；新建、改造农网线路40587公里；长炼原油改造和油品质量升级改造项目全面投产，湘江长沙综合枢纽建设、洞庭湖治理加快推进。

（二）经济运行保障有力有效。努力保障能源供应。积极争取国家部委支持，加强省外能源调度，实施“气化湖南”工程，出台调煤保电、电价调整等一系列“迎峰度全年”措施，基本保障了全社会1293亿千瓦时的用电需求。千方百计稳定物价。坚决执行“米袋子”省长负责制和“菜篮子”市长负责制，在生产、供应、流通、降低费用等环节，采取措施遏制物价上涨，全年消费价格涨幅回落至5.5%。积极筹措发展资金。争取国家代理发行地方政府债券89亿元、批准发行企业债券77.5亿元；帮助中小企业解决融资困难，努力扩大信贷规模，提高直接融资比重，10家企业在境内外首发上市，货币、资本市场实现融资2800亿元左右。加大省内资源供给。连续12年实现耕地占补平衡，重大基础设施、民生工程等用地需求基本得到保障；整顿和规范矿产资源开发秩序，专项治理河道采砂，全面整治安全生产隐患，地质找矿取得重大成果。

（三）转方式调结构深入推进。新型工业化步伐加快。规模工业完成增加值7950亿元，增长19.5%，其中高技术产业增长32%；“四千工程”建设加快，电子信息产业成为新的千亿产业，岳阳石油化工产业集群进入千亿集群行列；战略性新兴产业发展势头良好；国家级高新区、经开区、出口加工区达到10个，园区工业增加值增长22%。军民产业融合发展加快。自主创新能力持续增强。一批国家重大创新平台落户湖南，取得800多项科技成果和16000多件授权专利，百亩超级杂交稻试验田平均亩产926公斤。现代农业稳步发展。粮食实现增产18亿斤；农产品加工业完成销售收入3900亿元，增长21.9%；“百城千镇万村”新农村建设试点工程全面启动。现代服务业加快发展。旅游、现代物流、服务外包、创意设计等行业保持较快发展，衡阳国家服务业综合改革试点和张家界国家旅游综合改革试点稳步推进，实现旅游

总收入1780亿元，增长25%。投资结构明显改善。非国有投资占全省投资比重同比提高2个百分点；高新技术产业和技术改造投资分别增长32%和35%，六大高耗能行业投资增速回落18个百分点。非公有制经济快速发展，实现增加值占全省的55%左右。区域经济发展呈现新格局。环长株潭城市群对全省经济增长的贡献率达80%以上；湘南国家级承接产业转移示范区获批；37个县（市、区）纳入国家武陵山片区区域发展与扶贫攻坚试点。

（四）两型社会建设进展加快。长株潭试验区领导体制和工作推进机制进一步强化，第二阶段改革建设加快推进。争取国家布局实施50多项改革试点，出台两型社区、两型园区等6大两型标准体系；长株潭城市群获批国家级信息化和工业化融合试验区。株冶、泰格林纸、湘钢成为国家第一批两型企业创建试点。节能减排力度进一步加大，113家企业列入国家关闭小企业计划，全省规模工业单位增加值能耗下降9%；启动湘江流域重金属污染治理，农村环境连片整治纳入国家试点；污染减排的目标考核、环境执法和应急管理进一步强化。重点生态功能区保护和建设进展顺利，完成退耕还林94.2万亩，森林覆盖率稳定在57.01%。生物多样性保护扎实推进。地质灾害防治取得积极成效。

（五）改革开放不断深化。出台实施水利改革试点方案，积极推进居民生活用水阶梯水价改革。启动事业单位分类改革，开展省级行政事业单位资产清查。着力推进国企改革扫尾攻坚，不断完善现代企业制度；新增15个央企对接合作项目。农村信用社产权制度改革取得新进展；首家法人保险机构吉祥人寿获批筹建；社会信用体系建设向重点行业、重点领域推进。集体林权制度主体改革任务和乡镇机构改革基本完成，农村土地流转突破1000万亩。对外开放不断扩大。实际利用外资61亿美元、到位内资2086亿元；新引进富士康等8家世界500强企业；加工贸易进出口和服务外包合同执行额分别增长50%和51%；成功举办“欧洽周”、“走进东盟-湖南周”、“港澳行”、“粤港项目对接”、第七届湘台经贸交流合作会等经贸活动。武广高铁湖南段运行平稳、安全有序；航空口岸出入境人次继续保持中部领先。

（六）文化建设取得新成绩。文化体制改革深入推进，完成市（州）、县（市、区）本级文化行政管理体制和文化市场综合执法改革；国有文艺院团、非时政类报刊和电影公司改革全面启动；省广电实现局台分设、管办分离，基本完成广电网络整合。公共文化服务体系加快完善，省博物馆改扩建等标志性工程开工，完成县乡村文化信息资源共享工程和乡镇综合文化站建设任务，建成农家书屋19818个，免费开放“三馆一站”，广电覆盖率达96%。文化产业快速发展，电广传媒、中南传媒跻身2011年中国企业500强，动漫产业又好又快发展。文化交流深入开展，积极参与第二届两岸非物质文化遗产月活动；以锦绣潇湘为主题的湖南特色物品，随神舟八号遨游太空，充分展示了湖湘神韵。

（七）民生工作力度加大。涉及民生的财政支出达到2274.3亿元，增长30.9%。9个方面32项为民办实事项目完成或超额完成。医药卫生体制改革五项重点工作的阶段性任务全面完成，城乡居民养老保险试点覆盖96个县（市、区）。保障性住房和各类棚户区改造开工46.6万套，基本建成22.7万套，超额完成中央下达的年度任务。农村危房改造验收入住11.4万户，启动农村危桥改造，解决318万人的饮水不安全问题。城乡低保补差和五保供养标准稳步提高，及时启动社会救助和保障标准与物价上涨挂钩的联动机制。就业不断扩大，城镇就业新增71.6万人，农村劳动力转移就业达到1315.5万人，城镇登记失业率为4.18%。全面落实安全生产责任，大力推进重点行业领域、重点地区安全专项整治。社会事业加快发展，实施教育强省规划纲要，启动学前教育三年行动计划，义务教育均衡发展，职业教育服务能力增强，高校办学水平提高。爱国卫生和重大疾病防控工作卓有成效，食品、药品安全专项整治有力推进。全民健身运动广泛开展，竞技体育水平稳步提升。

（八）精神文明和法治建设加强。以建党90周年宣传活动为载体，广泛开展社会公德、职业道德、家庭美德和个人品德教育。未成年人思想道德建设加强。长沙、常德成功创建全国文明城市。民主法制建设加快推进。积极参与“迎接党代会，迈向新征程”三问活动。主动邀请省人大、省政协监督与支持省政府工作，主动听取各界人士的批评、建议和意见。依法执行省人大决议决定，认真办理人大代表建议、意见。重视和支持人民政协履行政治协商、民主监督、参政议政职能，认真办理政协委员提案，积极采纳各民主党派省委、省工商联、无党派人士“湖南发展环境”专题调研成果。共办理省人大代表建议1134件、省政协委员提案695件，办结率均为100%。法治政府建设加快，深入贯彻《法治湖南建设纲要》，出台实施《湖南省政府服务规定》，初步形成“一规划两规定六办法”的依法行政制度体系。政府立法工作不断加强，提请省人大及其常委会审议地方性法规7件，出台省政府规章9件。基层民主建设深入推进，完成第八次村民委员会换届选举和三年“难点村”治理任务。扎实推进厂务、村（居）务公开。积极开展“六五”普法。民情民意表达渠道更加畅通，办理“省长信箱”网民来信3592件。矛盾纠纷排查调处机制逐步完善，群体性事件稳妥处置，应急管理体制机制不断健全。社会管理综合治理稳步推进，各类犯罪得到有力打击。

（九）行政效能进一步提升。大力开展“效能制度落实年”活动，建立省市县三级监督信息反馈网络体系和评价机制。全面规范权力运行，69个省直和中央在湘单位建立规范权力运行制度3704项；开展第十一轮行政审批项目清理，精简行政审批项目203项，精简率35.6%；省市县三级网上政务服务和电子监察系统投入使用，政务公开和政务服务不断深化。统计联网直报工作取得实质性进展。强化审计监督，资金运行更加规范。出台50项重大民生专项支出预算公开目录，省直单位公用经费、因公出国（境）经费、会议费、公务用车购置费保持零增长。精简和规范节会活动取得成效，累计压减全省性节会、活动、论坛36次。规范省直机关集中办公区建设，对省直相关单位的资产实行统一处置、统一调度、统一管理。行政监察取得新成效，始终保持对腐败的高压态势，严肃查处一批重大违纪违法案件。

民族、宗教、对台、外侨、贸促、工商、质监、检验检疫、计生、人防、参事、文史、地方志、档案、供销、移民、残疾人、老龄、地震、气象、测绘、保密、红十字会、知识产权等各项工作取得新成绩，工会、共青团、妇女、儿童事业取得新进步。

国防和后备力量建设取得新成效。国防动员进一步夯实，驻湘人民解放军、武警部队和民兵预备役部队积极支持“四化两型”建设，在抢险救灾、扶贫帮困和维护社会稳定中发挥了重要作用；广泛开展全民国防教育和“双拥”创建活动，军政军民关系和谐融洽。

各位代表，“十二五”的良好开局，来之不易。我们深切体会到：必须增强科学发展的自觉性和坚定性，创造性地贯彻中央宏观经济政策；必须准确把握湖南发展不充分、不全面、不持续的阶段性特征，以改革创新精神，做大经济总量，提高人均均量，提升经济运行质量，努力探索湖南特色的科学发展路子；必须注重统筹兼顾，在复杂形势中保持清醒头脑，因势利导、趋利避害、主动应对，积极化解经济运行中的不健康因素，打好保增长、保运行、保民生、保稳定的“组合拳”；必须忠实践行权为民所用、情为民所系、利为民所谋，从做好顶层设计、完善长效机制入手，努力在政策、资金配套等方面创造条件，踏踏实实为民办实事。

过去一年取得的成绩与进步，是党中央、国务院审时度势，果断决策，不断加强和改善宏观调控的结果；是省委统揽全局，周密部署，团结和带领全省各族人民开拓进取、艰苦奋斗的结果。在此，我代表省人民政府，向全省广大工人、农民、干部、知识分子和企业家，向各民主党派、工商联、无党派人士、各人民团体和社会各界人士，向驻湘人民解放军和武警部队指战员、政法干警，向中央驻湘单位，向关心支持湖南改革发展的香港、澳门特别行政区同胞和台湾同胞以及海外侨胞、国际友人，表示衷心感谢！

回顾一年的工作，我们也清醒认识到，还面临不少困难和挑战，主要表现在：一是经济增长和管理方式粗放，产业结构不合理，能源、资源、环境的制约日趋突出，需要把保增长与转方式、调结构更紧密地结合起来，不断提高经济发展质量、效益和精细化管理水平。二是培育战略性新兴产业的工作力度亟待加强，需要进一步引导各类创新要素加速向战略性新兴产业聚集。三是价格总水平仍在高位，通胀压力依然较大，需要更科学地处理保增长与防通胀的关系。四是城乡、地区及不同行业间的发展差距还较大，统筹协调的难度仍然不小，需要加快建立完善生产要素合理高效配置的体制机制。五是保障和改善民生的任务艰巨，贫困面较大，需要在做大经济总量的同时，进一步增强基本公共服务产品的供给能力。六是政府职能转变有待加快，行政效能有待进一步提高，工作作风有待进一步改进。七是发展环境有待进一步优化，“门难进、脸难看、事难办”的现象还不同程度存在，需要进一步增强服务意识，提高服务质量。

二、深入贯彻省第十次党代会精神，加快建设“四化两型”和全面小康步伐

省第十次党代会，吹响了加快建设全面小康和两型社会的号角。我们要更加主动作为，更加勤奋工作，努力把省第十次党代会描绘的宏伟蓝图，转化为美好现实。

当前，新情况、新变化、新问题层出不穷。从国际看，世界经济形势总体上十分复杂严峻。欧洲主权债务危机尚未见底，全球流动性泛滥，国际市场低迷，能源资源供给将长期偏紧，各种形式的保护主义增多，外部环境对我国经济发展的不利影响明显加大。但经济全球化不可逆转，和平、发展、合作，是人心所向；调整、变革、转型，是大势所趋。我们要紧紧抓住国际格局大变化大调整加速、生产要素重组和流动加快的有利时机，促进外需与内需协调拉动经济增长。从国内看，我国工业化、城市化快速发展，经济增长正由政策刺激向自主增长有序转变。国家更加注重宏观调控的针对性、灵活性和前瞻性，把更大力量放在加快转变发展方式和发展实体经济上，促进经济继续朝着宏观调控的预期方向发展。我们要充分把握外部需求下降形成的倒逼机制，努力在抢占转方式调结构制高点的竞争中脱颖而出。从省内看，我省经济正处于快速发展的上升阶段。环长株潭、湘南、大湘西三大区域经济板块，相继进入国家战略层面，构成支撑我省发展的三大支点。我们一定要在困难面前坚定信心，在挑战面前经受考验，紧紧抓住三大区域经济板块全部获得国家支持的重大历史机遇，努力实现更好更快发展。

今年经济社会发展总的要求是：高举科学发展旗帜，稳中求进，稳增长、控物价、调结构、惠民生、抓改革、保稳定，握紧拳头保发展重点，集中力量办民生大事，努力促进经济总量、人均均量、运行质量同步提升，加快建设“四化两型”，加快建设全面小康，以优异成绩迎接党的十八大胜利召开。主要目标是：地区生产总值增长11%，财政总收入增长13%，固定资产投资增长22%，社会消费品零售总额增长15%，完成国家节能减排目标任务，城乡居民人均收入分别增长10%、11%，居民消费价格涨幅控制在4.5%左右，城镇登记失业率控制在4.6%以内，人口自然增长率7‰。

实现上述目标，我们必须牢牢把握扩大内需，牢牢把握发展实体经济，牢牢把握加快改革创新，牢牢把握保障和改善民生，始终坚持科学发展、坚持改革开放、坚持创新创造、坚持城乡统筹、坚持民生优先、坚持依法行政。

三、握紧拳头保发展重点，集中力量办民生大事

主要抓好十个方面的工作：

（一）努力保障经济又好又快发展

拓宽资金供应渠道。以重点在建、续建、民生、“三农”项目，以及符合产业政策的企业特别是中小企业为载体，争取国家支持。建立稳定的政府投资增长机制，发挥财政资金的引导作用，支持和鼓励社会资本加大投入，力争引进外资70亿美元、内资2400亿元。引导金融机构扩大信贷规模，力争新增贷款2000亿元左右。支持更多企业境内外上市融资，发行中小企业集合票据、集合债券，扩大上市公司再

融资及企业债券、短期融资券、中期票据、私募融资规模。吸引社保基金和保险资金“两金”入湘，积极筹建吉祥人寿。发挥各类投资银行、投资基金和产业基金的作用。

增强资源供给能力。力争满足全社会1440亿千瓦时用电需求，省内电煤供给达到2000万吨，省外调入电煤2000万吨。能源方面：提高自身保障能力，推动全省能源资源整合，加快能源保障主平台建设。拓宽能源入湘渠道，建设城陵矶煤运基地，开辟电煤运输新通道，支持省内大型煤炭企业开发省外煤炭资源；加大省外购电力度，加快甘肃至湖南±800千伏特高压直流输电工程前期工作；积极对接大型中央能源企业，加快“气化湖南”工程建设，加快筹建与神华集团合作共建的煤炭储备（中转）基地、电力及其它相关产业项目。矿产资源方面：狠抓整顿和规范矿产资源开发，健全和落实总量控制、准入退出、矿权出让、市场监管等制度，促进矿产资源科学开发、规模开发、绿色开发，支持境外风险勘探。土地供应方面：落实最严格的节约用地制度，优先保障新兴产业、基础设施和重要民生工程的用地需求；积极争取用地指标，加强省内用地调控，继续推行差别化用地，清理处置闲置土地；严格规范城乡增减挂钩试点，稳妥推进集体建设用地流转，加强农村宅基地管理；严格定额标准控制，提高节约集约用地水平。

规范国有资产管理、营运和处置。加快摸底清查，着手开展地方金融企业和文化企业的资产摸底。依法依规使用，制定资产配置、使用及收益分配等制度和办法。加快盘活步伐，推行并购重组，避免国有资产闲置和浪费。提高管理水平，建立完善“纵向到底、横向到边”的管理体制，强化分类监管、动态监管、全程监管和部门联合监管。规范处置行为，严防隐藏、私分国有资产，严防坐支、挪用资产收益，严防资产浪费和流失。

强化人才保障。依托重大科研、工程、产业项目，突出培养创新型科技人才、高技能人才和农村实用人才。促进引才与引智相结合，大力引进掌握关键核心技术、能带动特色学科建设的人才。高效配置使用人才，打破地域、行业限制，改革户籍、档案等管理制度，创造人才有序流动的条件，促进各类人才流向我省经济建设主战场。加强人才服务工作，营造人才茁壮成长、才尽其用、纷至沓来的良好环境。

（二）大力推进新型工业化

促进工业转型创新发展。抓住技术改造和兼并重组两个重要环节，力争完成技改投资5000亿元。加快实施广汽菲亚特轿车、蓝思科技显示屏功能玻璃面板扩建、华强文化科技产业基地建设等重大技改项目，引导资源、技术等要素向符合国家产业政策、符合节能减排要求，有市场、有规模、有效益，人民群众能从中得到实惠的传统优势产业集聚。构建多点支撑的产业发展格局，培育一批覆盖面广、技术不断升级的产业集群。大力实施“四千工程”，加快先进储能材料、现代中药等重点行业的产业链整合，继续做强做大装备制造、有色、食品、石化等优势产业，发展壮大长沙电子信息、新材料、汽车及零部件，以及娄底薄板及深加工产业集群，加快发展株洲电力机车、轨道车辆及通用航空，湘潭风力发电，衡阳输变电成套装备等产业集群。调整工业产品结构，加大具有自主知识产权、附加值高的产品研发力度，支持有订单、效益好的产品扩大市场份额。引导工业企业向园区集中，加快推进长株潭综合性国家高技术产业基地和产业园区建设，支持郴州有色金属产业园发展，构建特色鲜明、功能完善、分工协作的产业园区体系。

培育发展战略性新兴产业。选择先进装备制造、新材料、信息、节能环保等有一定基础、有比较优势、有可能率先突破的领域先行发展。重点推进100个战略性新兴产业重大项目建设，培育一批适应市场需求、拥有核心技术、重视创新、机制灵活的优势企业，尽快形成新的经济增长点。引导战略性新兴产业与传统优势产业的对接、互动与融合，处理好劳动密集型产业与技术、资本密集型产业的关系，大力

挖掘工业吸纳就业的潜力，让人力资源优势得到充分发挥。

增强自主创新能力。出台实施《创新型湖南建设纲要》，集中力量实施一批科技重大专项、产学研结合专项和重大项目，在集成电路、下一代信息网络、创新药物等领域，突破一批核心技术和关键共性技术。优化创新平台布局，整合重点园区、高校、科研院所和企业的创新资源，促进科研设施和信息共享，构建产业技术创新联盟。增强企业创新主体地位，促进企业自主研发、自主制造，推动湖南制造加快向湖南创造转变；支持企业开展新产品产业化、工程化应用，促进国防科技成果本地转化，建设一批科研成果转化和产业孵化基地，形成以创新增效益、以效益促创新的良性循环。加强基层科技创新和服务能力建设，加大对县（市）技术创新的支持。促进科技与金融结合，发挥电子信息、生物医药、新材料等风险投资基金的引导作用，构建多层次、多渠道、多元化的创新投融资体系。完善创新激励和科研成果保护、评价机制，提高知识产权创造、运用、保护和管理水平。

促进信息化与工业化深度融合。大力推进长株潭和省级“两化融合”试验区建设，加强国家超级计算长沙中心、地理信息公共服务平台、自然灾害信息数据库等信息网络基础设施建设。完善信息技术公共服务平台，促进云计算、物联网以及相关产业发展，继续实施企业信息化“登高计划”。加快数字湖南建设，促进信息技术向经济社会生活全方位渗透，加快移动电子商务产业园和产品创新基地建设，推进智能交通、智能电网、智慧城市试点示范。提高农村信息化水平。

壮大新型工业化主体。鼓励省内优势企业跨地区、跨行业、跨领域、跨所有制兼并重组，形成一批影响力大、带动力强的产业龙头企业，支持华菱集团、中联重科、三一重工、湖南有色等企业向千亿企业迈进。完善中小企业服务体系，继续实施中小企业成长工程；健全中小企业融资担保政策和风险补偿机制，提高中小企业融资担保能力；完善政府采购信用担保和定向采购政策，帮助企业解决销售、融资、用工等方面的困难。不断壮大企业家队伍，大力倡导脚踏实地、勤劳创业、实业致富，营造有利于企业家干事创业的良好环境。

（三）提高农业现代化水平

稳定粮食等主要农产品生产。落实国家强农、惠农、富农政策，建立稳定的“三农”投入增长机制。落实最严格的耕地保护制度，切实保护永久基本农田，加快环洞庭湖基本农田建设和涔天河耕地后备资源开发，全面改造中低产田。重点抓好53个全国小型农田水利重点县建设，加快20个大型灌区续建配套与节水改造、27个大型泵站更新改造及骨干山塘清淤扩容和沟渠疏浚。继续实施新增46亿斤粮食产能规划，全力落实水稻“扩双增面”，力争粮食总产稳定在600亿斤以上。扶持蔬菜、生猪生产，建设城镇专用菜地和蔬菜产业化基地。

大力发展现代农业。坚持多元化、特色化，发展棉麻丝、果茶、家禽、水产、竹木、油料、草畜、食用菌等优势特色产业，形成特色明显、布局合理、互补平衡的产业格局。坚持产业化、市场化，实施农产品加工业振兴规划，推行“农户+基地+企业”的模式，实施粮油深加工及物流千亿产业等工程，培育一批起点高、带动力强的农产品加工龙头企业，形成利益共享、风险共担的发展机制。坚持规模化、品牌化，规范农村土地流转，建设一批高产、优质、高效、生态、安全的农产品生产基地，高标准建设国家级现代农业示范区和省级现代农业示范县，推行标准化种养和订单生产，打造一批竞争力强、市场前景好、比较效益高的知名品牌。培育外接市场、内联农户的农村专业合作社、农产品流通中介组织和经纪人。

提高农业科技支撑能力。突出农业科技创新重点，着力突破农业技术瓶颈，在良种培育、节水灌溉、农机装备、疫病防控、加工贮运、循环农业、农村民生等方面，加强技术研发和攻关。抓好种业科技创新，加强种子生产基地和省市县三级种子监管体系建设。强化农技推广服务，实施科技入户和科教兴村计划，多层次开展农民教育培训。积极开展农机服务、动植物疫病防控、农产品质量检验检测和认证等公共服务，确保农产品质量安全。

建设社会主义新农村。基本完成全省乡村布局规划编制。加强农村公路、安全饮水、电网、通讯、信息、沼气、环保等基础设施的建设、改造、维护和管理，继续推进农村危旧房改造，抓好农村饮水安全、公路通畅工程。大力推广攸县城乡环境同治经验，建设100个农村清洁工程示范村，加快养殖业粪污排泄整治，支持有条件的地方建设垃圾、污水处理设施，创建清洁水源、清洁田园、清洁家园和绿色村庄。实施“百城千镇万村”新农村建设试点工程，因地制宜开展农村社区建设。

全面启动新一轮扶贫开发。落实国家新十年扶贫开发纲要，继续将湘西自治州作为全省扶贫攻坚主战场，积极开展武陵山片区区域发展与扶贫攻坚试点，协调推进罗霄山片区扶贫开发，抓好24个少数民族县高寒山区脱贫解困工作，努力为全国片区发展和扶贫攻坚探索经验。明确扶贫目标，稳定实现扶贫对象不愁吃、不愁穿，保障其义务教育、基本医疗和住房，逐步实现贫困地区农民人均纯收入增幅高于全省平均水平，基本公共服务主要领域指标接近全省平均水平。坚持开发式扶贫与农村社会保障两手抓，促进扶贫开发与农村低保有效衔接，加强基础设施、发展特色优势产业、保护生态环境、提高劳动力素质、完善社保体系，不断增强贫困地区的自我发展能力。实施精细化扶贫，抓好以工代赈，把扶贫政策和资金落实到具体项目、落实到每一个户头，今年帮扶贫困农民80万人。深化“万企联村共同发展”行动，促进专项扶贫与行业扶贫、社会扶贫相结合，形成扶贫攻坚的强大合力。

促进农民持续增收。严格执行农产品价格保护制度，挖掘种养业增收潜力，加快发展农村二、三产业。大力发展劳务经济，加强农村实用技术和职业技能培训，着力培养有文化、懂技术、善管理、会经营的新型农民，增强农民就业、创业和创收能力，引导务工能人返乡创业，力争新增农村劳动力转移就业60万人。

（四）加快两型社会建设

推进长株潭试验区第二阶段改革建设。加快体制机制创新，率先在资源节约、环境友好，以及社会管理、城市建设、市场运作、要素聚集等方面积累经验。加快构建两型产业体系，实施以两型产业振兴为主导的八大工程，积极推进示范区建设、节能减排全覆盖、湘江流域综合治理，以及基础设施建设、城乡统筹示范、综合交通运输一体化、“三网融合”，促进产业高新化、集约化、清洁化和循环化。推行两型标准体系和认证制度，开展两型示范工程项目、两型示范单位创建活动。继续推行排污权交易，开展绿色保险试点和生态补偿工作。落实节能、节水、环保产品消费政策，倡导绿色消费理念，引导群众自觉融入“两型”，从自己做起、从日常生活做起，形成全民动员、全社会参与两型社会建设的良好氛围。

确保完成节能减排任务。实行能源消费强度和总量双控制，坚决淘汰落后产能，严格控制高耗能、高污染和高排放行业的增长。狠抓重点领域、行业、企业的节能减排，开展“万家企业节能低碳行动”，推广合同能源管理，降低重点用能企业单位能耗；加强城镇污水、垃圾处理配套设施建设。推进循环经济发展和资源综合利用，支持汨罗国家城市矿产示范基地、长沙（浏阳、宁乡）国家再制造示范基地、衡阳国家餐厨废弃物资源化利用和无害化处理试点城市建设。健全节能减排的政策法规、科技支撑和统计监测体系。深化资源性产品价格改革，推行居民用电、用水、用气阶梯价格改革。对未完成节能减排任务的地区，实行区域限批。

加强环境保护和生态建设。启动绿色湖南建设，以“一湖四水”为重点，加强森林、水系、湿地及水源涵养区、江河源头区、生态脆弱区的环境保护，积极开展生态县（市）、生态示范区、生态文明村、生态居住小区等创建活动。实行最严格的水资源管理制度，坚决守住用水总量、用水效率、水功能

区限制纳污“三条红线”。加快推进“亚欧水资源研究和利用中心”建设。以衡阳水口山、株洲清水塘、湘潭竹埠港、郴州有色采选冶集中地区、娄底锡矿山等为重点，扎实推进湘江流域重金属污染治理和水污染综合整治。抓紧出台湘江流域管理规划和河道采砂管理办法，切实推进河道采砂、水上餐饮专项整治。提高县以上城镇生活垃圾无害化处理率，积极推动城市污泥无害化集中处置。加强地质灾害防治和地质环境保护，完善矿山环境恢复补偿机制。巩固退耕还林成果，加强森林资源管护，稳定森林覆盖率。建立健全严密的环境监测体系，进一步强化生态环保执法。

（五）统筹推进新型城镇化和区域协调发展

*加快推进新型城镇化。*推动长株潭城市群、市州中心城市、省际边界经济重镇、城关镇和中心镇差异发展、特色发展，促进不同规模和类型的城镇科学布局、合理分工、功能互补、集约发展。提高城镇规划建设水平，兼顾眼前和长远，统筹建设地面和地下设施，注重培育城市品格和城市文化。加快中小城镇扩容提质，推动基础设施和公共服务向农村地区延伸，抓好城乡结合部的管理与服务，逐步构建城乡居民平等享受基本公共服务的长效机制。重视农民工在城镇的工作生活问题，帮助他们逐步解决就业、居住、医疗、子女入学等方面的实际困难。加快修编城乡一体的县城总体规划、县域村镇布局规划和村镇建设规划，促进农民向社区集中、土地向种粮大户和经济能人集中。

*统筹区域协调发展。*加快主体功能区建设，充分挖掘各功能区的发展潜力。科学规划环长株潭城市群发展，促进资源合理配置、城市功能互补、产业错位发展、交通互联成网、环境同步治理。加快湘南地区开放步伐，编制湘南承接产业转移示范区总体规划和各类专项规划，全力推进湘南承接产业转移示范区建设，提升能源、信息、通关等保障能力，加快现有产业园区的转型升级，努力建设加工贸易的集聚区、转型发展的试验区。推动大湘西地区绿色发展，在保护中开发、在开发中保护，促进经济发展与生态保护相融合，走可持续发展、绿色发展、低碳发展的路子。支持老、少、边、穷、库区发展。

*支持县域和非公经济发展。*遵循自然规律、经济规律和社会主义初级阶段的市场规律，引导各地扬长避短，发展符合自身实际、具有比较优势的特色主导产业。强化配套发展，围绕县域支柱产业和骨干企业，不断拓展和延伸产业链条。加大政策扶持，落实促进县域经济发展的各项措施，引导和鼓励资金、技术、人才等要素向县域流动，支持有条件的县（市）冲刺全国百强和中部百强。加快发展非公有制经济，降低准入门槛，鼓励充分竞争，凡是政策和法律不禁止的领域，都允许各类资本进入；强化对个体私营企业的支持、保护和服务。

（六）合理引导投资和扩大消费

*切实加大项目建设力度。*保持适度投资规模，优化投资结构，保重大在建、续建项目，保重大民生工程，保重大基础设施以及自主创新、战略性新兴产业、节能环保、“三农”等重点领域，加快推进“三个一”行动计划，以项目支撑“四化两型”建设，力争完成投资1.39万亿元。一是加大产业投入。重点支持新材料、高端装备制造等项目建设，抓好重大技改和承接产业转移项目。二是加快基础设施建设。高速公路，争取建成通车1000公里。水运，重点推进湘江高等级航道、城陵矶新港、霞凝港、蒿子港等项目的建设，加快湘江土谷塘枢纽、湘江长沙枢纽建设。铁路，重点推进杭长、长昆客运专线建设，争取完成湘桂线扩能改造，加快推进石长、娄邵、衡茶吉建设。民航，主要实施黄花机场飞行区东扩、综合配套服务区及支线机场改扩建项目。电力，力争邵阳宝庆电厂2号机组、白市电站及5个生物质电站、4个风电项目投产发电，新增电力装机150万千瓦左右；加快新一轮农网改造；加快推进大唐株洲煤电一体化项目、省主网输电网架及县城电网改造项目，加快华电常德电厂、荆门至长沙交流特高压项目前期工作，积极争取桃花江核电项目获得国家核准。城建，重点推进长沙轨道交通建设，完善各市州城市主干道、城市供水等设施。信息，加快局域传感网络和云计算网络等基础设施建设，推动下一代

移动通信网络技术研发和产业化。三是加大民生、生态环保和水利投入。民生，重点推进保障性安居工程，确保新开工38.77万套，竣工15.15万套。生态环保，重点推进环洞庭湖生态经济圈建设，以南岭、雪峰、武陵、罗霄山脉为主体的生态屏障建设，支持节能减排和环境治理。水利，加强"一湖四水"流域综合治理，加快中小河流治理，推进衡邵干旱走廊综合治理，加快涔天河水库扩建工程建设，全面启动新一轮小型水库除险加固等。

积极扩大居民消费。努力增加城乡居民收入，合理调整收入分配格局，提高居民收入在国民收入中的比重和劳动报酬在初次分配中的比重。加大企业工资收入分配宏观调控力度，改革国有企业负责人薪酬管理制度。优化消费环境，深入推进消费安全工程，维护消费者合法权益。加快消费结构升级，培育文化、旅游、信息等消费热点，扩大汽车消费，拓展服务类消费。加强房地产市场监管，促进房地产业健康发展。开展全国农产品现代流通综合试点，继续实施"万村千乡"市场工程、"新网工程"和家电、摩托车下乡，完善农村物流配送体系，推进连锁经营向农村延伸。

加快发展现代服务业。实行鼓励类服务业用电、用水、用气、用热与工业同价政策。优先发展信息服务、现代物流等生产性服务业，建设一批省级国际服务外包示范区和工业设计平台，建设物联网、信息咨询、产品测试等服务平台，加快衡阳国家服务业综合改革试点，把长沙打造成中部地区有影响力的消费中心和文化中心。积极发展电子商务，全面提升商贸流通、邮政快递、餐饮住宿、体育健身、休闲娱乐、家政养老等生活性服务业，大力发展数字媒体、数字出版、动漫游戏等新兴文化服务业。促进湘菜、湘绣、湘瓷、湘米、湘茶联动发展，实施品牌战略，打响"湘"字品牌。继续发展壮大旅游支柱产业，加快建设湘江旅游经济带、大湘西生态文化旅游圈，推进张家界国家旅游综合改革试点；加强旅游市场开发、营销和监管，推进旅游信息化和标准化建设。

（七）着力深化改革开放

继续深化国企改革。推进国企改革扫尾工作，全面完成国企改革阶段性目标任务。加快省属国企股份制改造，推动企业整体上市或主营业务资产上市，稳妥提高资产证券化水平。加强现代企业制度建设，进一步完善公司法人治理结构。加强和改进省属企业国有资产监管，确保国有资产保值增值。推进产权交易市场体系建设，规范上市公司国有股东行为，推进国有控股上市公司市值管理试点。

全面推进水利改革。实施加快水利改革试点三年行动方案。重点抓好长沙和湘潭城乡水务管理体制改革试点、湘江流域综合管理、水功能区管理。加快建立以公共财政投入为主的政府主导、市场补充、群众参与的水利投融资体制。创新水利工程建设、管理、运营机制，加强基层水利服务体系建设。突出抓好用水定额管理、城市水价、农业水价和农村集中供水工程水价等改革。

深化财政、税收等体制改革。完善省以下财政体制，进一步健全转移支付制度和县级基本财力保障机制。深入推进国库集中收付和公务卡结算制度改革。对重大民生项目开展绩效评价。推进政府采购制度改革，加快政府采购标准化体系建设。加强政府债务管理，强化各级政府责任。规范非税收入管理。认真落实个人所得税调整、增值税和营业税改革、小微型企业减负等结构性减税政策。进一步推进农村综合改革和乡镇机构改革，优化乡镇机构设置，落实乡镇编制实名制，积极稳妥做好富余人员分流安置工作。完善公务员选用和管理机制，推进事业单位分类改革。

加快投融资体制改革。优化财政投资运行机制，促进财政资金向"三农"倾斜、向民生倾斜。加快金融改革创新，积极引进各类金融机构，稳步发展小额贷款公司，规范发展融资性担保机构和第三方支付平台。继续深化农村信用社改革，积极培育面向小微型企业和"三农"的金融机构。建设大宗优势商品期货交割库，做大做优湖南本土期货公司。加强社会信用体系建设，发挥征信系统的作用。着力防范和化解金融风险，依法严厉打击各类非法金融活动，维护金融市场稳定。

大力发展开放型经济。力争外贸进出口增长18%以上，实际利用外资增长15%以上。扩大出口规模，重点扶持骨干外贸企业，推进出口基地建设。多元化拓展出口市场，巩固发展传统市场，大力拓展东盟、南亚等新兴市场。优化外贸结构，扩大新技术产品和机电产品出口，加大能源资源、先进技术设备、关键零部件进口力度。大力发展服务外包，建设长沙国家服务外包示范城市，创建一批国家级软件出口、数据处理、动漫游戏、文化创意等服务外包基地，培育一批服务外包领军企业和知名品牌。积极承接产业转移，突出抓好城陵矶临港产业新区和长沙临空产业区建设，加快推进电子口岸实体平台和口岸国际物流园建设。提高招商引资水平，坚持理性招商、诚信招商、勤俭招商，提高合同履约率、资金到位率、项目开工率。深入实施“走出去”战略，支持有条件的企业参与全球产业分工，重点支持建设越南、泰国和老挝等境外工业园；发挥“建筑湘军”、工程机械和杂交水稻优势，扩大外派劳务规模；建立健全“走出去”风险防范机制和服务体系，尽可能降低突发事件造成的损失。积极参与区域经济合作，办好第七届中部博览会。推进对口支援协作，做好援藏、援疆工作。

（八）推动文化和各项社会事业发展

促进文化大发展大繁荣。推进社会主义核心价值体系建设，加强社会公德、职业道德、家庭美德、个人品德建设，加强未成年人和大学生思想道德建设。加快建设文化强省，推进文化事业与文化产业同步发展，进一步扩大湖湘文化影响力。统筹城乡文化事业发展，整合城乡公共文化资源，生产群众买得起、看得懂、用得上的文化产品，举办群众乐于参与、便于参与的文化活动。实施基础文化设施全覆盖工程，增强乡镇综合文化站功能，加快省博物馆、图书馆改扩建和美术馆建设，继续推进文化惠民、“演艺惠民，送戏下乡”工程和“三湘读书月”活动。鼓励社会机构和企业参与公益性文化事业建设，推动电影院线、演出院线向市县延伸。保护好、传承好、利用好以重点文物和非物质文化遗产为主的人文资源，加强宁远舜帝陵、常德城头山、唐代长沙窑、湘西土家族老司城等遗址公园和洪江古商城的保护与建设。鼓励文化艺术精品创作，促进哲学社会科学繁荣发展。借助科技手段和资本市场，促进文化与工业、旅游、体育等的融合发展；优化文化产业布局，扶持长沙天心文化产业园和湘绣、艺术陶瓷、工艺美术等产业园建设；调整文化产业结构，做大做强动漫、广电、出版、演艺等有优势的文化产业；壮大文化龙头企业，支持华声在线等企业上市融资，大力引进文化战略投资者，培育一批在国内外有重大影响的文化企业和企业集团。构建有利于文化繁荣发展的体制机制，加快经营性文化事业单位转企改制，基本完成97个国有文艺院团和123家非时政类报刊出版单位的改制任务；支持省文化艺术品产权交易所规范发展。

办好人民满意的教育。坚持教育优先发展，完善教育强省建设的工作机制和保障机制。落实学前教育三年行动计划；促进义务教育均衡发展，推动教育资源向农村地区、边远地区、革命老区、贫困地区和民族地区倾斜；加快普及高中阶段教育；建设一批示范性职业院校，促进职业院校与行业企业合作办学；深入推进高等教育改革创新，加强高水平大学与重点学科建设。扩大教育对外开放，加强教育国际交流与合作。加强师德、师风和业务能力培养，提高教师队伍整体素质。抓好农村中小学、幼儿园教师公费定向培养和“特岗”教师招聘。支持民办教育规范发展。完善教育投入机制，落实全省财政教育支出占比的目标。强化农村义务教育经费保障，落实家庭经济困难学生资助政策，实施农村义务教育学生营养改善计划。抓好校车安全整顿，规范校车管理和运营。

统筹发展卫生、体育等社会事业。继续推进医药卫生体制改革，完善国家基本药物制度，加强基层医疗卫生服务体系建设，落实国家基本和重大公共卫生服务项目，创新公立医院体制机制。加强重大传染病控制，落实免疫规划，重点抓好消除麻疹和防范脊髓灰质炎野病毒输入性疫情等工作；扩大儿童先天性心脏病、白血病免费救治范围，为2.5万名贫困白内障患者提供手术治疗，对所有新出生唇腭裂患者实施救治，抢救性康复2000名6岁以下贫困残疾儿童。促进中医药事业发展，提高中医药慢性病干预和重大疾病救治能力。加强卫生信息化建设，抓好区域卫生信息化建设和居民健康卡的试点工作。认真执行计划生育基本国策，优化出生人口结构，提高出生人口素质，稳定低生育水平。做好老龄和关心下一代工作，发展妇女儿童事业，加强未成年人保护，促进未成年人健康成长。广泛开展全民健身运动，积极备战2012年奥运会、残奥会和第12届全运会，发展壮大体育产业。发展残疾人、福利和慈善事业，引导社会力量兴办福利机构。健全企事业单位统计名录库，全面实施企业统计联网直报。实施空白乡镇邮政局所补建工程。继续做好地震、气象、档案、文史、红十字会等工作。

（九）努力保障和改善民生

把扩大就业放在优先位置。落实更加积极的就业政策，健全覆盖城乡的政策扶持、创业培训、创业服务三位一体的服务体系，统筹做好城乡重点群体就业工作。发挥重大工程和小微型企业吸纳就业的作用，建设一批创业孵化基地，鼓励高校毕业生自主创业，以创业带动就业。抓好就业信息服务和培训指导，积极开展职业技能培训。落实企业职工工资集体协商、劳动人事争议处理和监察执法机制，切实保障劳动者权益。

完善社会保障体系。加快建立广覆盖、保基本、多层次、可持续的社会保障体系。实现城乡居民养老保险全覆盖，基本养老金按时足额发放率100%。继续完善企业养老保险制度，提高企业退休人员养老金水平。完善城镇职工和居民基本医疗保险制度，推进城镇非公有制经济组织从业人员、灵活就业人员和农民工参加城镇职工医保。全面落实城镇居民医疗保险和新农合240元补助标准。巩固完善新型农村合作医疗制度，政策范围内住院费用支付比例达到70%，新农合参合农民就医即时结报率达到100%。普遍开展门诊统筹，全面实现基本医疗保险市级统筹。推进“大医保”信息系统全省联网，建立异地就医医疗费用结算制度。完善工伤保险制度，扩大失业、生育保险覆盖面。在有条件的地方，加快对县以下各类社保机构的整合归并，开展网上经办服务试点。推进社会救助规范化管理，完善各类困难群体解困救助机制，加强孤儿保障工作，继续提高城乡低保补差和五保供养水平，实现五保对象在县乡医疗机构住院基本医疗费用零支付。坚持保进度、保质量、保公平，加强保障性安居工程建设、管理和分配。

建立调控和稳定物价的长效机制。保障供需平衡，认真落实“米袋子”省长负责制和“菜篮子”市长负责制，落实“绿色通道”政策，加快建设高效、畅通、安全、有序的鲜活农产品流通体系，降低流通成本，实现农企、农超有效对接。加强农产品储备，落实对农产品批发市场、集贸市场、社区平价商店等的扶持政策，加强产地预冷、冷藏冷冻、冷链运输、包装仓储等设施建设。推进价格惠民，落实社会救助和保障标准与物价上涨挂钩的联动机制，保障困难群众生活水平不因物价上涨而降低。强化市场监管，提高价格监测预警和监管能力，突出抓好医疗、教育、住房等热点民生价费监管，严厉打击价格违法行为。建立质量安全追溯体系和经常性检测制度，完善省市县一体化农残速测网络体系。

持之以恒为民办实事。集中力量办好人民群众可感受、可惠及、可比较的18项实事：建设农村公路6000公里；除险加固病险水库457座；解决300万农村人口饮水不安全问题；解决广播电视盲村50万户收视问题；新增廉租住房74348套和公共租赁住房93940套；完成农村危房改造10万户和敬老院改扩建200所；农村五保户年分散供养标准达到2000元；城乡低保月人均救助水平分别比上年增长27%和32%以上；移民避险搬迁安置1万人；新增城镇就业60万人；实现城乡居民社会养老保险100%全覆盖；完成行政村配电网改造工程2600个；建设义务教育合格学校500所和农村公办幼儿园200所；新增通电话自然村500个；实现所有乡镇金融机构100%全覆盖；建设农民专业合作社省级示范社100个；新建农村户用沼气池10万口；建设农家书屋9400个。

（十）加强社会主义民主法制建设

深入实施《法治湖南建设纲要》。坚持党的领导、人民当家作主和依法治国的有机统一，坚持科学、民主、依法决策，积极推进政府自身建设法治化、经济社会管理法治化、利益调整法治化、公共资源配置法治化。认真执行人大及其常委会的决议决定，自觉接受其法律和工作监督，支持人民政协履行政治协商、民主监督、参政议政职能，认真办理、落实人大代表的议案、建议和政协委员的提案，主动听取、采纳民主党派、工商联和无党派人士的意见、建议，主动接受社会各界和新闻媒体的舆论监督，畅通群众监督渠道。支持司法机关依法独立行使职权。扩大基层民主，健全城乡基层群众自治机制，加强基层依法治理，继续推进政务、厂务、村（居）务公开，做好第八次社区居民委员会换届选举，切实保障人民群众的知情权、参与权、表达权和监督权。加强工青妇等群团工作，做好民族、宗教、侨务工作。加强政府立法，推进"六五"普法。发挥省政府院士专家咨询委员会和参事室的作用。

提升社会管理能力和水平。规范发展社会组织，引导其在法律框架内参与社会管理和服务，推进城乡社区"四有一化"建设，深化城市和谐社区创建和农村社区建设实验全覆盖活动。建立流动人口服务管理信息系统，健全特殊人群社区矫正、安置帮扶、集中收治模式和联动管控机制，加强农村留守儿童、流浪乞讨未成年人等的教育、管理和救助服务。推进社会管理信息化，完善实有人口动态管理机制，推行居住证"一证通"制度。建立完善互联网动态管控、信息巡查、舆情监测机制，健全网络民意采集、沟通、引导机制。加强公共安全体系建设和防灾减灾救灾工作，启动筹建中央救灾物资长沙储备库，完善自然灾害、事故灾难、公共卫生事件、社会安全事件的监测预警和应急处置机制，防范和打击境内外敌对势力的渗透破坏活动，切实维护国家安全利益。强化食品、药品安全监管，进一步健全监管体制机制，整合检验检测力量，严厉打击制售假冒伪劣产品的违法行为。

努力营造安居乐业的环境。始终坚持安全发展，深入开展"打非治违"，加强煤矿、非煤矿山、水上交通、道路交通、建筑施工、消防火灾、烟花爆竹、危险化学品、民爆器材、非法采砂、冶金等重点行业领域的执法监管，扎实开展专项整治，强化安全隐患排查。认真落实维护稳定第一责任，完善新形势下的矛盾纠纷排查化解、重大事项社会稳定风险评估和群体性事件预防处置机制，坚持和完善"三调联动"，发挥群众团体、行业协会和中介组织的调解作用。加强法律援助和服务，健全利益协调、诉求表达、矛盾调处和权益保障机制。坚持以群众工作统揽信访工作，推动领导干部接访、下访、回访的常态化、规范化、制度化。完善基层信访工作网络，畅通人民来信"绿色通道"，构建就地解决问题、维护群众权益的"一站式"工作平台。始终保持对各类违法犯罪的高压态势，加强城市治安电子防控系统建设，完善县乡村三级综治维稳平台和社会治安联防联控机制，加快形成高效的社会治安动态防控体系。

推进国防和后备力量建设。加强国防动员、民兵预备役和人防工作，积极探索军民融合式发展的路子。深入开展全民国防教育和"双拥"共建活动，高标准做好兵员征集工作，认真落实各项优待抚恤政策，做好军队转业干部、复员退伍军人和随军家属就业工作，巩固和发展军政军民团结的良好局面。

四、加强政府自身建设，创造性地抓好工作落实

坚持以人为本、执政为民，深入推进行政管理体制改革，加快服务政府、法治政府、责任政府、廉洁政府建设。

（一）加快转变政府职能。严格依法行政，认真依法履责。深入实施行政程序规定、规范行政裁量权办法和政府服务规定，进一步提高政府立法、行政执法、行政复议工作水平，努力提供更加规范有序、更加高效便民、更加公开透明的服务。依法调整政企、政资、政事，以及政府与市场、中介组织之间的关系，减少政府对微观经济的直接干预。继续深化行政审批制度改革，简化审批程序，提高审批效率。坚持以公开为原则、不公开为例外，加快完善网上政务服务和电子监察系统，积极推行决策公开、

审批公开、办事公开、信息公开。

（二）大力提高行政效能。全面推行政府绩效评估，科学设置考核指标和办法，强化考核结果的运用，确保各项工作落实到岗、到位。严格落实行政问责，加强行政效能监察和审计监督，健全重大决策部署执行情况督促检查和专项督查制度，坚决纠正和严肃查处上有政策、下有对策，有法不依、有令不行、有禁不止的现象和问题。持之以恒地改善发展环境，坚决查处损害发展环境的人和事，为一切市场主体创造公开、公平、公正、透明、可预期的发展环境。

（三）坚持勤俭办一切事情。坚持用制度管权管事管人，严格控制行政经费等一般性支出，严格控制论坛、节会和各类表彰活动，减少各种检查评比，继续清理压缩大型体育赛事等的场馆建设，加快推进省直机关集中办公区建设。坚决杜绝形式主义、官僚主义，可搞可不搞的活动坚决不搞，形式好看、效果不佳的事情坚决不做，讲排场、讲规格的做法坚决破除。

（四）不断改进工作作风。牢固树立"从政必须有为，无功就是有过"的理念，始终保持一心为民、忠于职守的正气，不甘人后、奋发进取的志气，攻坚克难、不畏艰险的锐气，积极投身波澜壮阔的改革进程，自觉参与如火如荼的发展实践。坚持问政于民、问需于民、问计于民，从基层中寻找解决问题的办法，从群众中汲取智慧和经验，使作出的决策、采取的举措，更加符合客观实际，更加符合人民的根本利益。

（五）切实加强廉政建设。严格遵守廉政准则，认真落实"一岗双责"，以更加坚定的信心、更加坚决的态度、更加有力的举措，推进惩治和预防腐败体系建设。建立健全决策、执行、监督相互制约、相互协调的行政运行机制。强化廉政监察，严惩公权滥用。提高政府公信力、执行力，加强执法纪律和职业道德教育，严格执行行政执法责任制和执法过错责任追究制，始终保持清正廉洁、堂堂正正、清清白白、兢兢业业。

各位代表：

我们正处于变革与奋进的伟大时代，正满怀豪情地创造美好未来。让我们紧密团结在以胡锦涛同志为总书记的党中央周围，深入贯彻落实科学发展观，在中共湖南省委的坚强领导下，同心同德，奋力拼搏，努力把湖南的事情办好，让全省人民生活得更加幸福、更有尊严，以优异成绩迎接党的十八大胜利召开！

《政府工作报告》有关名词解释

1、"百城千镇万村"试点工程：以100个左右县级及县以上城市和1000个左右县以下建制镇为依托，按照不同地区城镇辐射能力，确定1万个左右的城镇辐射村，率先推进新农村建设。

2、国家连片特困地区：《中国农村扶贫开发纲要（20112020年）》（中发〔2011〕10号）确定六盘山区、秦巴山区、武陵山区、乌蒙山区、滇桂黔石漠化区、滇西边境山区、大兴安岭南麓山区、燕山太行山区、吕梁山区、大别山区、罗霄山区为连片特困地区，与已明确实施特殊政策的西藏、四省藏区、新疆南疆三地州一起，作为今后十年扶贫攻坚的主战场。

3、国家武陵山片区扶贫攻坚试点：武陵山片区跨湖北、湖南、重庆、贵州四省市，共包括71个县（市、区）。我省共有37个县（市、区）属于武陵山片区。其中，31个县（市、区）纳入国家武陵山片区扶贫攻坚试点范围。

4、吉祥人寿：2011年7月22日，中国保监会批复同意我省筹建"吉祥人寿保险股份有限公司"；同年11月4日，吉祥人寿进入实质性筹建阶段。至此，我省初步形成涵盖银行、保险、证券、信托四种基本业态的地方金融服务体系。

5、统计联网直报：利用统一的互联网平台和全国统一的数据报送系统，从企业开始上报数据，国家和省统计部门直接从系统中抓取基层数据。2011年8月23日，我省正式启动“企业一套表”统计联网直报。

6、三年“难点村”治理任务：2009年，全国村务公开协调小组统一部署实施三年村务公开和民主管理“难点村”治理。到2011年底，我省已基本完成814个“难点村”治理。

7、“一规划两规定六办法”：“一规划”，即《湖南省法治政府建设十二五规划》。“两规定”，即《湖南省行政程序规定》、《湖南省政府服务规定》。“六办法”，即《湖南省规范行政裁量权办法》、《湖南省规范性文件管理办法》、《湖南省实施〈中华人民共和国政府信息公开条例〉办法》、《湖南省行政执法案例指导办法》、《湖南省人民政府重大行政决策专家咨询论证办法》、《湖南省依法行政考核办法》。

8、集合票据：2个以上10个以下具有法人资格的企业，在银行间债券市场以统一产品设计、统一券种冠名、统一信用增进、统一发行注册方式，共同发行的、约定在一定期限还本付息的债务融资工具。

9、“气化湖南”：主要目标是通过5-10年的努力，采取管道、液化和压缩天然气的方式，向全省县城以上城镇供应天然气。

10、地理信息公共服务平台：实现地理空间框架应用服务功能的数据、软件及其支撑环境的总称，即依托地理信息数据，通过在线方式满足政府部门、企事业单位和社会公众对地理信息和空间定位、分析的基本需求。

11、扩双增面：扩大双季稻种植面积，提高复种指数，从而增加全省粮食总播面。

12、攸县城乡环境同治经验：党和国家领导人给予肯定的统筹城乡环境保护和建设新模式。主要做法是“三结合三转变”，即政府倡导发动与群众主动参与相结合，依靠千家万户保护城乡环境，实现由政府自上而下向群众自发自觉的转变；分类减量和循环利用相结合，农村生活垃圾做到日产、日清、日处理，实现由被动处理向主动开发利用的转变；市场化运作与制度化保障相结合，实行分区包干、分散处理、分级投入、分期考核，实现由运动式推动向常态化运行的转变。

13、“三个一”行动计划：到“十二五”末或至“十三五”初期，完成固定资产投资10万亿元，重点实施100项重大工程，推进1000个重大项目。

14、“新网工程”：新农村现代流通服务网络工程的简称。包括农业生产资料现代经营服务网络、农副产品市场购销网络、日用消费品现代经营网络、再生资源回收利用网络、电子商务网络等。

15、脊髓灰质炎野病毒：在一定温湿度条件下，自然界生长繁殖的脊髓灰质炎病毒，可以传染给人类及在人类中传染，引起脊髓灰质炎（即小儿麻痹症）。目前，我国已连续12年实现无脊灰目标，但周边一些国家仍存在脊灰野病毒流行。

16、“四有一化”：有人管事、有钱办事、有处议事、有章理事，构建区域化党建格局。

17、国家级平台的批复情况：长株潭综合性国家高技术产业基地和产业园区（发改高投〔2008〕474号）、长株潭城市群国家级信息化和工业化融合试验区（工信部〔2011〕177号）、长沙（浏阳、宁乡）国家再制造示范基地（发改办环资〔2011〕1362号）、衡阳国家餐厨废弃物资源化利用和无害化处理试点城市（发改办环资〔2011〕1669号）、衡阳国家服务业综合改革试点区域（发改产业〔2010〕1826号）、张家界国家旅游综合改革试点城市（旅函〔2010〕435号）、长沙国家服务外包示范城市（国办函〔2009〕9号）、全国农产品现代流通综合试点（财办建〔2011〕33号）、国家级现代农业示范区（农计发〔2010〕22号）、农村环境连片整治纳入国家试点（2010年5月，财政部、环保部与湖南省政府签署协议）。

湖南省2011年国民经济和社会发展统计公报

湖南省统计局

2012年3月16日

2011年，面对复杂多变的国内外经济环境和各种挑战，省委、省政府带领全省人民认真贯彻落实中央各项决策部署，不断推进“四化两型”、“四个湖南”建设，加快转变经济发展方式，积极调整经济结构，全省经济发展平稳较快，各项社会事业取得新的进步，赢得了“十二五”时期的良好开局。

一、综合

初步核算，全省地区生产总值19635.19亿元，比上年增长12.8%。其中，第一产业增加值2733.66亿元，增长4.2%；第二产业增加值9324.73亿元，增长17.0%；第三产业增加值7576.80亿元，增长11.0%。按常住人口计算，人均地区生产总值29828元，增长11.2%。

图1：2006-2011年地区生产总值及其增长速度

全省三次产业结构为13.9∶47.5∶38.6。工业增加值占地区生产总值的比重为41.2%，比上年提高1.9个百分点；高新技术产业增加值占地区生产总值的比重为14.7%，比上年提高2.5个百分点。第一、二、三次产业对经济增长的贡献率分别为4.8%、61.1%和34.1%。其中，工业增加值对经济增长的贡献率为56.1%；生产性服务业增加值对经济增长的贡献率为13.3%。非公有制经济增加值11218.65亿元，增长14.5%;占地区生产总值的比重为57.1%，比上年提高 0.8个百分点。

图2：2010年地区生产总值构成比例（%）　　图3：2011年地区生产总值构成比例（%）

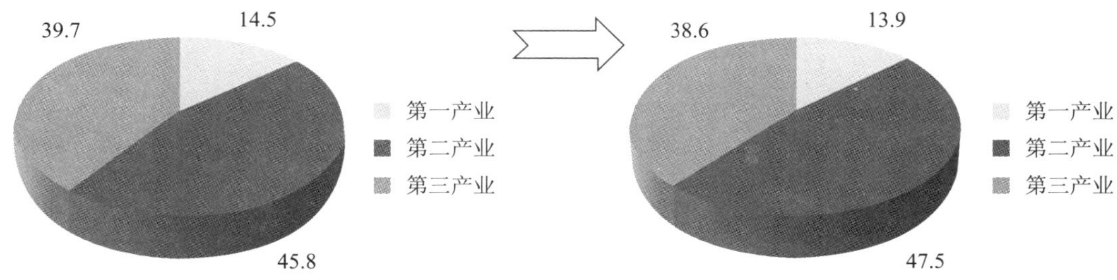

分区域看，长株潭地区生产总值8320.62亿元,比上年增长14.4%；环长株潭城市群生产总值15499.08亿元，增长14.2%；湘南地区生产总值4055.10亿元，增长13.9%；大湘西地区生产总值2499.57亿元，增长13.2%。

二、农业

全省农林牧渔业总产值4588.20 亿元，比上年增长4.3%。其中，农业产值2471.67亿元，增长6.9%；林业产值239.11亿元，增长6.9%；牧业产值1425.60亿元，下降0.4%；渔业产值255.04亿元，增长0.4%。

全省粮食播种面积487.9万公顷，比上年增长1.5%；棉花种植面积18.62万公顷，增长6.4%；糖料种植面积1.45万公顷，下降5.4%；油料种植面积129.55万公顷，增长6.9%；蔬菜种植面积119.38万公顷，增长5.4%。

全省粮食总产量保持基本稳定。棉花产量比上年增长4.1%，油料产量增长10.3%，茶叶产量增长12.8%，水果产量增长10.2%，蔬菜产量增长6.9%，烤烟产量增长9.8%。猪、牛、羊肉类产量下降1.5%，禽蛋产量增长1.9%，牛奶产量增长3.9%，水产品产量增长0.6%。

全年开工各类水利工程5.6万处，投入资金208亿元，完成水利工程土石方4.20亿立方米，治理水土流失面积891.9平方公里。新增农田有效灌溉面积5.45万公顷，新增节水灌溉面积4.3万公顷。

三、工业和建筑业

全省全部工业增加值8083.15亿元，比上年增长18.2%。其中，规模工业增加值增长20.1%。七大战略性新兴产业增加值增长31.1%。高加工度工业增加值增长28.8%，高技术产业增加值增长32.4%；高加工度工业、高技术产业增加值占规模工业增加值的比重为33.7%和5.3%，分别比上年提高1.7个和0.7个百分点。六大高耗能行业增加值增长16.9%。非公有制规模工业增加值增长24.9%，比规模工业增速快4.8个百分点。分轻重工业看，轻工业增加值增长17.0%，重工业增加值增长21.7%。分区域看，长株潭地区规模工业增加值增长20.6%，环长株潭城市群增长19.9%，湘南地区增长20.8%，大湘西地区增长20.5%。

全省规模工业统计的386种主要工业产品中，产量增长的有286种，占产品总数的比重为74.1%。原煤产量8170.06万吨，增长11.4%；发电量1293.46亿千瓦时，增长13.3%；钢材1943.38万吨，增长8.1%；十种有色金属266.33万吨，增长8.6%；汽车23.81万辆，下降8.1%。

表1：2011年规模工业主要产品产量及其增长速度

产品名称	单位	产量	比上年增（%）
原盐	万吨	240.32	5.1
大米	万吨	1022.57	22.2
精制食用植物油	万吨	266.19	23.7
饲料	万吨	1267.21	29.4
卷烟	亿支	1816.22	3.6
原煤	万吨	8170.06	11.4
原油加工量	万吨	759.67	28.6
发电量	亿千瓦时	1293.46	13.3
生铁	万吨	1876.35	6.3
粗钢	万吨	1819.17	3.0
钢材	万吨	1943.38	8.1

表1：续

产品名称	单位	产量	比上年增（%）
十种有色金属	万吨	266.33	8.6
白银	吨	4663.33	20.1
水泥	万吨	9238.59	11.0
机制纸及纸板	万吨	426.78	15.5
平板玻璃	万重量箱	1944.55	12.6
硫酸（折100%）	万吨	253.96	1.3
氢氧化钠（烧碱）（折100%）	万吨	70.27	-4.4
合成氨	万吨	184.93	13.7
农用化学肥料（折纯）	万吨	208.27	-18.7
汽车	万辆	23.81	-8.1
其中：轿车	万辆	11.63	-5.2
起重设备	万吨	129.39	42.0
混凝土机械	万台	8.98	64.8
发电设备	万千瓦	103.81	-12.3
变压器	万千伏安	10359.15	5.9
交流电动机	万千瓦	1669.44	2.8

全省规模工业企业主营业务收入25395.64亿元，比上年增长41.0%。38个行业大类中，36个行业实现盈利，2个行业亏损。规模工业企业实现利税2756.67亿元，增长40.6%。盈亏相抵后实现利润1252.23亿元，增长43.9%。其中，国有企业实现利润117.84亿元，增长53.0%；集体企业15.66亿元，增长33.3%；股份合作制企业8.46亿元，增长40.5%；股份制企业820.06亿元，增长44.2%；外商及港澳台商投资企业93.79亿元，增长18.8%；其他企业197.49亿元，增长53.7%。

全省建筑业总产值3839.39亿元，比上年增长21.4%；建筑业增加值1241.58亿元，增长9.8%，占全省地区生产总值的6.3%。具有资质等级的总承包和专业承包建筑企业实现利润126.39亿元，增长20.4%。房屋施工面积32508.98万平方米，增长17.4%；房屋竣工面积11204.17万平方米，增长5.9%。

四、固定资产投资

全省固定资产投资（不含农户）11431.48亿元，比上年增长27.9%。其中，城镇投资10565.74亿元，增长27.6%；农村投资865.73亿元，增长40.2%。国有投资3563.13亿元，增长17.3%；非国有投资7868.35亿元，增长34.2%。

全省制造业投资3917.84亿元，比上年增长39.8%。高新技术产业投资297.04亿元，增长28.3%。技术改造投资4135.59亿元，增长37.2%。

表2：2011年分行业固定资产投资及其增长速度

指　　标	投资额（亿元）	比上年增长（%）
固定资产投资（不含农户）	11431.48	27.9
第一产业	320.30	15.2
第二产业	4891.74	33.1
其中：采矿业	432.40	23.3

表2：续

指　　标	投资额（亿元）	比上年增长（%）
制造业	3917.84	39.8
电力、燃气及水的生产和供应业	461.88	25.6
建筑业	79.61	-48.8
第三产业	6219.44	25.7
其中：交通运输、仓储和邮政业	1191.83	15.2
信息传输、计算机服务和软件业	75.82	-32.2
金融业	19.40	35.9
房地产业	2256.32	30.1
科学研究、技术服务和地质勘查业	103.19	71.9
水利、环境和公共设施管理业	1150.50	23.3
教育	157.02	27.4
卫生、社会保障和社会福利业	130.93	28.4
文化、体育和娱乐业	94.93	-8.7
公共管理和社会组织	274.77	56.1

分区域看，长株潭地区固定资产投资4932.55亿元，比上年增长25.5%；环长株潭城市群投资8150.20亿元，增长29.3%；湘南地区投资2185.28亿元，增长35.4%；大湘西地区投资1301.15亿元，增长32.5%。

全省141个重点项目完成投资1560.50亿元，占固定资产投资的比重为13.7%。亿元以上投资项目1773个，完成投资3269.55亿元，增长2.6%。年末高速公路通车里程达2649公里，比上年末增加263公里。

全省房地产开发投资1896.66亿元，比上年增长29.1%。其中，住宅投资1484.01亿元，增长30.8%；办公楼投资39.58亿元，增长122.0%；商业营业用房投资183.73亿元，增长41.6%。商品房屋销售面积4877.65万平方米，增长9.1%。其中，住宅销售面积4444.17万平方米，增长7.3%。商品房销售额1852.22亿元，增长31.7%。其中，住宅销售额1566.93亿元，增长25.6%。

五、国内贸易和物价

全省社会消费品零售总额6809.03亿元，比上年增长17.9%。按经营地统计，城镇消费品零售额6154.50亿元，增长18.1%；乡村消费品零售额654.53亿元，增长16.5%。按消费形态统计，商品零售额5967.96亿元，增长18.3%；餐饮收入额841.07亿元，增长15.1 %。分区域看，长株潭地区社会消费品零售总额2930.68亿元，增长17.9%；环长株潭城市群5203.65亿元，增长17.9%；湘南地区1323.64亿元，增长18.0%；大湘西地区869.68亿元，增长17.9%。

在限额以上批发和零售业中，电子出版物及音像制品类零售额2.83亿元，比上年增长43.8%；石油及制品类617.10亿元，增长42.9%；金银珠宝类42.24亿元，增长41.5%；建筑及装潢材料类51.95亿元，增长36.6%。

表3：2011年社会消费品零售额及其增长速度

指　　标	零售额（亿元）	比上年增长（%）
社会消费品零售总额	6809.03	17.9
其中：限额以上企业（单位）消费品零售额	2889.52	30.6

表3：续

指　　标	零售额（亿元）	比上年增长（%）
按经营地分		
其中：城镇	6154.50	18.1
乡村	654.53	16.5
按限额类别分		
其中：限额以上	2889.52	30.6
限额以下	3919.51	10.2
按消费形态分		
其中：商品零售额	5967.96	18.3
餐饮收入额	841.07	15.1
限额以上批零商品零售额	2664.17	31.0
其中：粮油、食品、饮料、烟酒类	328.48	30.6
服装、鞋帽、针纺织品类	257.69	30.1
化妆品类	31.06	22.4
金银珠宝类	42.24	41.5
日用品类	75.76	31.2
五金、电料类	16.98	35.5
体育、娱乐用品类	8.10	22.1
书报杂志类	71.96	30.0
电子出版物及音像制品类	2.83	43.8
家用电器和音像器材类	195.82	31.1
中西药品类	144.00	33.9
文化办公用品类	35.93	20.1
家具类	43.84	29.0
通讯器材类	26.12	20.8
煤炭及制品类	39.63	28.6
石油及制品类	617.10	42.9
建筑及装潢材料类	51.95	36.6
机电产品及设备类	18.31	23.9
汽车类	593.56	22.8

全省居民消费价格比上年上涨5.5%。其中，城市上涨5.5%，农村上涨5.6%。商品零售价格上涨5.5%，农业生产资料价格上涨10.9%。工业生产者出厂价格上涨8.5%，工业生产者购进价格上涨10.8%。固定资产投资价格上涨7.2%。农产品生产者价格上涨21.9%。

表4：居民消费价格涨幅

指　　标	比上年上涨（%）
居民消费价格	5.5
其中：食品	11.2
烟酒及用品	1.6
衣着	1.0
家庭设备用品及服务	1.0
医疗保健及个人用品	3.3
交通和通信	1.1
娱乐教育文化用品及服务	1.5
居住	6.6

六、对外经济

全省进出口总额190.00亿美元，比上年增长29.6%。其中，出口98.97亿美元，增长24.4%；进口91.03亿美元，增长35.9%。从贸易方式看，一般贸易出口80.22亿美元，增长21.9%；加工贸易出口17.15亿美元，增长47.4%。从重点商品看，机电产品出口35.67亿美元，增长32.1%，占出口总额的比重为36.0%；高新技术产品出口7.92亿美元，增长38.3%，占出口总额的比重为8.0%；农产品出口6.27亿美元，增长15.8%。

表5：2011年进出口总额及其增长速度

指　　标	绝对数（亿美元）	比上年增长（%）
进出口总额	190.00	29.6
出口	98.97	24.4
按贸易方式分		
其中：一般贸易	80.22	21.9
加工贸易	17.15	47.4
按重点商品分		
其中：机电产品	35.67	32.1
高新技术产品	7.92	38.3
农产品	6.27	15.8
进口	91.03	35.9
按贸易方式分		
其中：一般贸易	79.16	33.5
加工贸易	9.85	59.7
按重点商品分		
其中：机电产品	37.05	33.7
高新技术产品	9.38	58.0
农产品	2.23	19.2

全省实际利用外商直接投资61.50亿美元，比上年增长18.6%。其中，工业46.49亿美元，增长9.4%。新引进3000万美元以上外资项目62个，增长37.8%。年内引进世界500强企业8家，截止2011年底，在湘投资的世界500强企业达到119家。实际引进境内省外资金2086.02亿元，增长20.4%。其中，工业1298.03亿元，增长19.1%。引进亿元以上项目383个，增长18.9%；实际到位资金725.60亿元，增长8.0%。

全省新签对外承包工程、劳务合作和设计咨询合同金额18.99亿美元，比上年下降10.2 %；实现营业额22.28亿美元，增长37.7%；外派劳务4.25万人，增长7.3%。新批境外投资企业136家，实际对外投资17.82亿美元。服务外包合同执行金额8.12亿美元，增长51.0%。

七、交通、邮电和旅游

全省货物周转量3402.27 亿吨公里，比上年增长15.1 %。其中，铁路货物周转量1095.86 亿吨公里，增长2.6 %；公路货物周转量1878.57 亿吨公里，增长22.0%。旅客周转量1673.17 亿人公里，增长11.7%。其中，铁路旅客周转量812.03 亿人公里，增长9.6%；公路旅客周转量778.04 亿人公里，增长13.8%；民航旅客周转量80.36 亿人公里，增长10.8%。

表6：2011年各种运输方式客货运输量及其增长速度

指　　标	单位	绝对数	比上年增长（%）
货运量	万吨	168772.06	12.6
其中：铁路	万吨	5962.93	3.7
公路	万吨	144239.50	13.0
水运	万吨	17953.82	13.5
民航	万吨	6.11	0.3
管道	万吨	609.70	-2.9
客运量	万人	171970.90	9.5
其中：铁路	万人	8000.50	10.6
公路	万人	161979.90	9.3
水运	万人	1326.90	44.4
民航	万人	663.60	9.5

年末全省民用汽车保有量290.58万辆，比上年增长19.2%。其中，私人汽车保有量222.93万辆，增长24.1%。民用轿车保有量126.86万辆，增长26.7%。

全省邮电业务总量434.83亿元，比上年增长17.9%。其中，邮政业务总量32.95亿元，增长22.5%；电信业务总量401.88亿元，增长17.6%。年末局用交换机总容量1247.43万门，增长3.1%。年末固定电话用户1011.41万户；移动电话用户3772.11万户，新增539.54万户。年末互联网宽带用户495.99万户，增长34.8%。

全省接待国内旅游者2.51亿人次，比上年增长23.3%；接待入境旅游者228.63万人次，增长20.4%。实现旅游总收入1785.78亿元，增长25.3%。其中，国内旅游收入1718.20亿元，增长25.8%；旅游外汇收入10.4亿美元，增长17.3%。

八、金融和保险

年末全省金融机构本外币各项存款余额19444.10亿元，比上年末增长17.1%，比年初新增2843.21亿元。其中，单位存款新增1222.76亿元，个人存款新增1589.87亿元。年末全省金融机构本外币各项贷款余额13462.50亿元，增长18.1%，比年初新增2080.84 亿元。其中，房地产开发贷款余额657.08亿元，新增54.70亿元；中小企业贷款余额4603.2亿元，新增886.18亿元；保障性住房开发贷款余额96亿元，新增37.32亿元。

表7：2011年金融机构本外币存贷款余额及其新增额

指　　标	年末余额（亿元）	比年初新增额（亿元）
存款余额	19444.10	2843.21
其中：人民币存款	19334.70	2824.37
其中：单位存款	7996.45	1222.76
个人存款	10652.70	1589.87
贷款余额	13462.50	2080.84
其中：人民币贷款	13186.68	2022.92
其中：短期贷款	4134.57	576.57
中长期贷款	9120.69	1503.72

年末全省上市公司数量85家。其中，A股上市公司71家，比上年增加8家；境外上市公司14家，比上年增加2家。实现直接融资201.37亿元。其中，首发融资124.34亿元。年末全省证券公司营业部171家，证券交易额20380.12亿元。辖区共有期货公司4家，成交金额41346.79亿元。

全年保险公司原保险保费收入443.53亿元，比上年增长10.5%。其中，寿险原保费收入289.70亿元，增长5.9%；健康险原保费收入19.37亿元，增长12.2%；意外险原保费收入11.28亿元，增长14.8%；财产险原保费收入123.18亿元，增长22.3%。各项赔款和给付支出112.45亿元，增长35.6%。

九、教育和科学技术

年末全省有普通高校105所。普通高等教育本专科毕业生28.42万人，研究生毕业生1.43万人，中等职业教育毕业生22.55万人，普通高中毕业生32.56万人，初中学校毕业生69.27万人，普通小学毕业生73.02万人。在园幼儿163.74万人，增长15.4%。小学适龄儿童入学率99.88%，毕业生升学率100.65%。落实义务教育保障资金4.89亿元；发放中职国家助学金5.75亿元，发放高校国家奖学金、助学金8.03亿元，资助中职学生76.70万人次、高校学生24.55万人次。

表8：2011年各级学校招生、在校及毕业生人数及其增长速度

指　标	招生人数		在校（学）人数		毕业人数	
	绝对数（万人）	比上年增长（%）	绝对数（万人）	比上年增长（%）	绝对数（万人）	比上年增长（%）
研究生教育	1.89	3.3	6.01	6.9	1.43	9.2
普通高等教育	31.02	-0.1	106.79	2.0	28.42	2.9
中等职业教育	27.99	-7.6	77.88	1.8	22.55	-20.3
普通高中	36.99	-0.2	101.38	-0.5	32.56	-10.0
初中学校	73.49	0.1	216.34	0.7	69.27	-0.7
普通小学	86.97	0.7	490.32	2.3	73.02	0.3
特殊教育	0.24	9.1	1.27	-3.8	0.10	-28.6

年末全省有15个国家工程（技术）研究中心，新增3个。有12个国家级企业重点实验室，新增2个。承担国家各类科技计划项目682项。其中，承担国家“863”计划项目47项，国家科技攻关计划项目46项。签订技术合同5654项，技术合同成交金额35.39亿元。取得省部级以上科技成果836项。获得国家科技进步奖励成果20项、国家技术发明奖励3项、国家自然科学奖1项。专利申请量29516件，授权量16064件，分别比上年增长31.9%和15.8%。其中，发明专利申请量8774件，增长36.3%；发明专利授权量2607件，增长35.8%。企业、大专院校和科研院所的专利申请量分别增长54.0%、 45.8%和40.8%，专利授权量分别增长19.7%、45.5%和减少14.9%。高新技术产业增加值2888.21亿元，增长30.9%。

年末全省有产品检测实验室1339个，新增74个。其中，国家产品质量监督检验中心13个，新增1个。法定计量检定机构103个，特种设备检验机构113个。参与制定国家标准38项，组织制定地方标准62项。测绘部门公开出版地图175种，为经济社会发展提供大地成果713点，航摄成果4684片，基础地理信息数据成果53418幅。

十、文化、卫生和体育

全省新建乡镇综合文化站1058个。年末有艺术表演团体104个，群众艺术馆、文化馆141个，公共图书馆129个，博物馆、纪念馆82个。广播电台13座，电视台15座。有线电视用户695.94万户，增加54.48

万户。年末广播综合人口覆盖率92.6%，电视综合人口覆盖率 96.8%，分别比上年提高0.6个和0.4个百分点。列为国家级非物质文化遗产保护目录99个，省级保护目录220个。出版图书8496种、报纸87种、期刊248种。图书出版量3.46亿册，报纸出版量12.93亿份，期刊出版量1.29亿册。

全省卫生机构14266个。其中，医院783家，卫生院2311个，妇幼保健院（所、站）139个，专科疾病防治院（所、站）86个。医院和卫生院拥有床位总数24.19万张，比上年增长12.0%。卫生技术人员27.55万人，增长4.9%。其中，执业医师和执业助理医师10.58万人，增长1.5%；注册护士10.17万人，增长10.5%。

全省经常参加体育锻炼的人数2070万人，开展全民健身项目1672项次。新建农民体育健身工程的行政村636个。全年共获得3个世界冠军、13个亚洲冠军和42个全国冠军。体育场地21379个。其中，体育馆165座，运动场663个，游泳池191个，各种训练房20360个。

十一、人口、人民生活和社会保障

年末全省总人口7135.60万人，常住人口6595.6万人。人口出生率13.35‰，死亡率6.8‰，人口自然增长率6.55‰。人口年龄构成中，0-14岁、15-64岁、65岁及以上人口分别占17.80%、72.21%和9.99%，与上年比较，0-14岁人口比重上升0.18个百分点，15-64岁人口比重下降0.39个百分点，65岁及以上人口比重上升0.21个百分点。年末全省就业劳动力达4028万人，比上年增加45.27万人。

表9：2011年末常住人口数及构成

指　　标	年末数（万人）	比重（%）
常住人口	6595.60	100.00
其中：城镇	2974.62	45.10
乡村	3620.98	54.90
其中：男性	3390.74	51.41
女性	3204.86	48.59
其中：0-14岁	1174.02	17.80
15-64岁	4762.68	72.21
65岁及以上	658.90	9.99

全省城镇居民人均可支配收入18844元，比上年增长13.8%；扣除价格因素，实际增长7.9%。农村居民人均纯收入6567元，增长16.8%；扣除价格因素，实际增长10.6%。

图4：2006-2011年城镇居民人均可支配收入及其实际增长速度

图5: 2006-2011年农村居民人均可支配收入及其实际增长速度

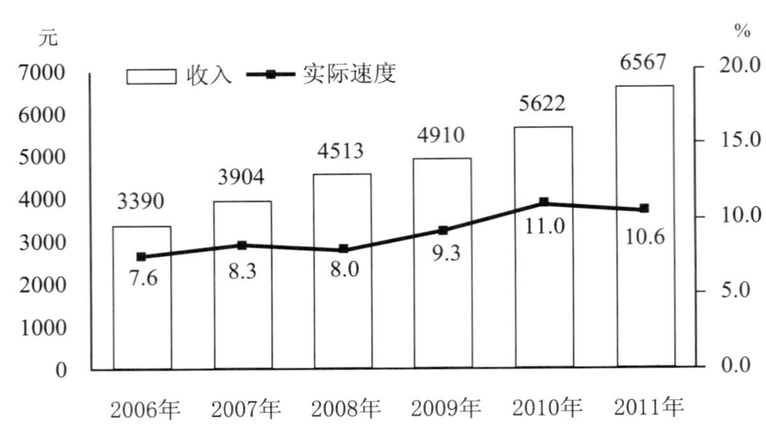

全省城镇居民人均消费性支出13403元，比上年增长13.3%。农村居民人均生活消费支出5179元，增长20.2%。城镇居民恩格尔系数为36.9%，农村居民恩格尔系数为45.2%。

全省新增城镇就业人员71.6万人，比上年增加0.77万人。城镇零就业家庭就业援助保持动态清零。年末全省参加城镇基本养老保险职工人数988.45万人，比上年末增加49.55万人。其中，参保职工710.62万人，参保离退休人员277.83万人。参加城镇基本医疗保险的人数1941.22万人，增加46.68万人。其中，参加城镇职工基本医疗保险人数789.52万人，参加城镇居民基本医疗保险人数1151.70万人。参加失业保险职工人数429.63万人，增加30.12万人。参加工伤保险职工人数635.48万人，增加119.51万人。参加生育保险职工人数538.77万人，增加11.64万人。参加新型农村合作医疗人数4654.96万人（不含长沙），参合率达97.24%。年末领取失业保险金职工人数15.6万人。新型农村合作医疗统筹地区范围内补偿率73.2%。城市低保对象月人均补助185元，比上年增加30元；农村低保对象月人均补助70元，比上年增加15元。年末各类收养性社会福利单位床位14.05万张，收养各类人员11.75万人。城镇建立各种社区服务设施7568个。其中，综合性社区服务中心473个。全年销售社会福利彩票40.94亿元，筹集社会福利资金12.36亿元，直接接收社会捐赠1.26亿元。解决农村319.61万人的饮水不安全问题。改扩建乡镇敬老院174所。19818家农家书屋全部竣工。新增廉租住房11.54万套，支持农村危房改造11.34万户。

十二、资源、环境和安全生产

全省已发现矿种143种，探明资源储量的矿种103种。实施地质勘查项目（含续作项目）280个，新发现大中型矿产地12处。有国家地质公园 6个，地质遗迹保护区3个。

全省设市城市污水处理率达80%，城市生活垃圾无害化处理率达87.6%，分别比上年提高5个和8.6个百分点。14个城市空气质量达到二级标准。实际监测的地表水断面中，达到III类标准的比重为91.8%。已批准建设自然保护区119个，面积134.51万公顷。其中国家级17个，省级28个。全年完成荒山荒（沙）地造林面积40.24万公顷。年末实有封山育林面积87.11万公顷。森林覆盖率达57.13%，比上年提高0.12个百分点。

初步核算，全省规模工业综合能源消费量7162.93万吨标准煤，增长8.7%。列入国家“千家节能企业”的28家企业综合能源消费量增长8.9%，占规模工业综合能源消费量的比重为35.6%。“百家节能企业”（不含国家“千家节能企业”）的综合能源消费量增长6.1%，占规模工业综合能源消费量的比重为14.2%。化学需氧量、二氧化硫排放量分别削减2.7%和3.4%。

全省共发生各类安全生产事故6318起，上升14.8%；死亡2836人，下降6.6%。亿元GDP生产安全事故死亡人数0.144人，下降28.7%；工矿商贸企业从业人员十万人生产事故死亡人数2.1人，下降13.2%；煤矿百万吨死亡人数3.14人，下降7.4%。全年发生道路交通事故8118起，下降5.4%；道路交通万车死亡人数2.79人，下降17.2%。

注释:

1.本公报数据均为初步统计数。

2. 地区生产总值、各产业增加值绝对数按现价计算，增长速度按不变价格计算。

3. 国家统计局新的统计方法制度规定，从2011年开始，纳入规模以上工业统计范围的工业企业起点标准从年主营业务收入500万元提高到2000万元，固定资产投资项目统计的起点标准从计划总投资额50万元提高到500万元。

4. 国家统计局新的统计方法制度规定，“工业品出厂价格指数”和“原材料、燃料、动力购进价格指数”分别改称为“工业生产者出厂价格指数”和“工业生产者购进价格指数”。

5. 邮电业务总量按2010年不变价格计算，2001年至2010年按照2000年不变价格计算，因此2011年邮电业务总量绝对数与2010年不可比，但比上年增速是按可比口径计算的。

6. 原保险保费收入是指保险企业确认的原保险合同保费收入。

7.毕业生升学率是指新学年高一级学校招生数与低一级学校毕业生总数之比，反映某一级教育的学生能继续接受高一级教育的比例。

8.常住人口是指实际经常居住在某地区一定时间的人口。按人口普查和抽样调查规定，主要包括：居住在本乡镇街道、户口在本乡镇街道或户口待定的人；居住在本乡镇街道、离开户口所在的乡镇街道半年以上的人；户口在本乡镇街道、外出不满半年或在境外工作学习的人。

9.能耗数据为国家统计局初步审核数据。

Statistical Communique of Hunan Province on the 2011 National Economic and Social Development

Hunan Provincial Bureau of Statistics
March 16, 2012

In 2011, faced with the complicated and volatile domestic and international economic environment, Hunan Provincial Committee of CCP and the Government led the people all over the province to implement the policies and decisions issued by the central government, to push forward "Four Modernizations & Resource-conserving and Environment-friendly Society", "Green, Innovative, Digital and Law-based Hunan", to speed up the transformation of economic development mode, to adjust the economic structure. As a result, provincial economic performance maintained steady and rapid development, all social undertakings achieved new progress, and a good start was achieved for the Twelfth Five-Year Period.

I. General Outlook

Preliminary estimation indicated that the Gross Domestic Product(GDP) of the province in 2011 amounted to 1963.52 billion Yuan, up by 12.8% over the previous year. Of this total, the value-added of the primary industry was 273.37 billion Yuan, up by 4.2 %. The value-added of the secondary industry was 932.47 billion Yuan, up by 17.0%. The value-added of the tertiary industry was 757.68 billion Yuan, up by 11.0%. Calculated by permanent residents, Per Capital GDP was 29,828 Yuan, up by 11.2%.

The structure of the GDP was 13.9 : 47.5 : 38.6. The value-added of industrial sector accounted for 41.2% of the GDP, rose by 1.9 percentage points over the previous year. The value-added of new- and high-technology industries accounted for 14.7% of the GDP, rose by 2.5 percentage points over the previous year. The contribution to the GDP about the primary industry、secondary industry and tertiary industry was 4.8%、61.1% and 34.1% respectively. Of which, the value-added of industrial sector reached 56.1%; the value-added of the production service industry reached 13.3%. The value-added of non-state-owned economy was 1121.87 billion Yuan, up by 14.5%; which accounted for 57.1% of GDP, rose by 0.8 percentage points over the previous year.

Looking from regions, the GDP of Changsha, Zhuzhou and Xiangtan cities was 832.06 billion Yuan, up by 14.4%; The GDP of the rim Chang-Zhu-Tan city clusters was 1549.91 billion Yuan, up by 14.2%; The GDP of the South Region of Hunan Province was 405.51 billion Yuan, up by 13.9%; The GDP of the Western Region of Hunan Province was 249.96 billion Yuan, up by 13.2%.

II .Agriculture

The gross output value of agriculture, forestry, animal husbandry and fishery was 458.82 billion Yuan, up by 4.3%. Of which, the value of agriculture was 247.17 billion Yuan, up by 6.9%; the value of forestry was 23.91 billion Yuan, up by 6.9%; the value of animal husbandry was 142.56 billion Yuan, down by 0.4%; the value of fishery was 25.50 billion Yuan, up by 0.4%.

The sown area of grain was 4879.0 thousand hectares, up by 1.5%.The sown area of cotton was 186.2 thousand hectares, up by 6.4%. The sown area of sugar crops was 14.5 thousand hectares, down by 5.4%. The sown area of oil-bearing crops was 1295.5 thousand hectares, up by 6.9%. The sown area of vegetables was 1193.8 thousand hectares, up by 5.4%.

The total output of grain kept steady. The total output of cotton increased by 4.1%, the output of oil-bearing crops increased by 10.3%, the output of tea increased by 12.8%, the output of fruits increased by 10.2%, the output of vegetable increased by 6.9%, the output of tobacco increased by 9.8%. The total meat output of pork, beef and mutton decreased by 1.5%, the output of egg increased by 1.9%, the output of milk increased by 3.9%, the output of aquatic increased by 0.6%.

56 thousand water projects have been newly built,which invested 20.8 billion Yuan, finished 420 million cubic metre of earth and stone, controlled 891.9 square kilometers of once eroded areas. Over 54.5 thousand hectares of farmland was increased with effective irrigation systems and another 43 thousand hectares of farmland was guaranteed by water-saving irrigation systems.

III. Industry and Construction

The total value added of the industrial sector was 808.32 billion yuan, up by 18.2% over the previous year. Of which, the value added of industrial enterprises above the designated size increased by 20.1%. The growth of the value added for the major seven strategic emerging industries was 31.1%. The value-added of high processing industry increased by 28.8%, and the value-added of new- and high-technology industry increased by 32.4%. The high processing industry and new-and-high-tech industry accounted for 33.7% and 5.3% of the value-added of industrial enterprises above designated size, rose by 1.7 and 0.7 percentage points over the previous year respectively.The growth of the value added for the major six high energy consuming industries was 16.9%.

The value-added of the industrial enterprises above designated size of non-state-owned economy increased by 24.9%, 4.8 percentage points faster than the average. The value-added of the light industry was up by 17.0% and the value of the heavy industry was up by 21.7%. In terms of different regions, the value-added of industrial enterprises above the designated size for Changsha, Zhuzhou and Xiangtan cities increased by 20.6%; The value-added of the rim Chang-Zhu-Tan city clusters increased by 19.9%; The value-added of the South Region of Hunan Province increased by 20.8%; The value-added of the Western Region of Hunan Province increased by 20.5%.

In the statistics of 386 industrial products about the industrial enterprises above designated size, the production of the 286 industrial products increased, which accounted for 74.1% of the whole industrial products. The output of coal was 81700.6 thousand tons, up by 11.4%; the output of electricity was 129.35 billion kilowatt-hours, up by 13.3%; the output of steel was 19433.8 thousand tons, up by 8.1%; the output of ten kinds of Nonferrous Metals was 2663.3 thousand tons, up by 8.6%; the output of motor vehicles was 238.1 thousand, down by 8.1%.

Table 1: Output of Major Industrial Products, 2011

Product	Unit	Output	Increase over 2010 (%)
Salt	10,000 tons	240.32	5.1
Rice	10,000 tons	1022.57	22.2
Edible Vegetable Oil	10,000 tons	266.19	23.7
Mixed Feedstuff	10,000 tons	1267.21	29.4
Cigarettes	100 million	1816.22	3.6
Coal	10,000 tons	8170.06	11.4
Crude Oil Processed	10,000 tons	759.67	28.6
Electricity	100 million kilowatt-hours	1293.46	13.3
Pig iron	10,000 tons	1876.35	6.3
Crude Steel	10,000 tons	1819.17	3.0
Rolled Steel	10,000 tons	1943.38	8.1
Ten kinds of Nonferrous Metals	10,000 tons	266.33	8.6
Silver	ton	4663.33	20.1
Cement	10,000 tons	9238.59	11.0
Machine-made Paper and Paper boards	10,000 tons	426.78	15.5
Plate Glass	10,000 weight cases	1944.55	12.6
Sulfuric Acid	10,000 tons	253.96	1.3
Caustic Soda	10,000 tons	70.27	-4.4
Synthetic Ammonia	10,000 tons	184.93	13.7
Chemical Fertilizers	10,000 tons	208.27	-18.7
Motor Vehicles	10,000 units	23.81	-8.1
Car	10,000 units	11.63	-5.2
Jack-up Equipment	10,000 tons	129.39	42.0
Concrete Machinery	unit	8.98	64.8
Power Generating Equipment	10,000 kilowatts	103.81	-12.3
Transformer	10,000 KVA	10359.15	5.9
AC Electric Motor	10,000 kilowatts	1669.44	2.8

The revenue of main business of industrial enterprises above designated size was 2539.56 billion Yuan, up by 41.0%. In 38 industry categories, 36 industries achieved profits, and 2 industries had deficits. The profits and tax of industrial enterprises above designated size was 275.67 billion Yuan, up by 40.6%. The profits after balancing out between deficits and surpluses was125.22 billion Yuan, up by 43.9%. Of this total, the profits of the state-owned and state-holding was 11.78 billion Yuan, up by 53.0%; that of the collective enterprises was 1.57 billion Yuan, up by 33.3%; that of the share collaboration enterprises was 0.85 billion Yuan, up by 40.5%; that of the share-holding enterprises was 82.01 billion Yuan, up by 44.2%; that of the enterprises by foreign investors and investors from Hong Kong, Macao and Taiwan was 9.38 billion Yuan, up by 18.8%; that of others was 19.75 billion Yuan, up by 53.7%.

The gross output value of construction was 383.94 billion Yuan, up by 21.4% over the previous year. The value-added of construction enterprises was 124.16 billion Yuan, up by 9.8%, which accounted for 6.3% of GDP. The profits made by construction enterprises with qualification certificates through general contracts and specialized contracts reached 12.64 billion Yuan, up by 20.4%. The floor space of building under construction was 325.09 million square meters, up by 17.4%. The floor space of building completed 112.04 million square meters, up by 5.9%.

IV. Investment in Fixed Assets

The completed investment in fixed assets (excluding rural households) was 1143.15 billion Yuan, up by 27.9% over the previous year. Of which, the investment in urban area was 1056.57 billion Yuan, up by 27.6%; the investment in rural area was 86.57 billion Yuan, up by 40.2%. The investment in state-owned economy was 356.31 billion Yuan, up by 17.3%; the investment in non-state-owned economy was 786.84 billion Yuan, up by 34.2%.

The investment in manufacturing was 391.78 billion Yuan, up by 39.8%. The investment in high & new-tech industries was 29.70 billion Yuan, up by 28.3%. The investment in technical improvement was 413.56 billion Yuan, up by 37.2%.

Table 2: Fixed Assets Investment and Its Growth by Sector, 2011

Sector	Investment (100 million Yuan)	Increase over 2010(%)
Fixed Assets Investment (Excluding Rural Households)	11431.48	27.9
Primary Industry	320.30	15.2
Secondary Industry	4891.74	33.1
Of which: Mining	432.40	23.3
Manufacturing	3917.84	39.8
Production and Distribution of Electricity, Gas and Water	461.88	25.6
Construction	79.61	-48.8
Tertiary Industry	6219.44	25.7
Of which: Traffic, Transport, Storage and Post	1191.83	15.2
Information Transfer, Computer Services and Software	75.82	-32.2
Finance	19.40	35.9
Real Estate Trade	2256.32	30.1
Scientific Research, Technical Service and Geologic Perambulation	103.19	71.9
Management of Water Conservancy Environment and Public Establishment	1150.50	23.3
Education	157.02	27.4
Sanitation, Social Security and Social Welfare	130.93	28.4
Culture, Sports and Entertainment	94.93	-8.7
Public Management and Social Organization	274.77	56.1

In terms of different regions, the investment in Changsha, Zhuzhou and Xiangtan cities was 493.26 billion Yuan, up by 25.5% over the previous year; The investment in the rim Chang-Zhu-Tan city clusters was 815.02 billion Yuan, up by 29.3%; The investment in the South Region of Hunan Province was 218.53 billion Yuan, up by 35.4%; The investment in the Western Region of Hunan Province was 130.12 billion Yuan, up by 32.5%.

The investment fulfilled by the 141 major construction projects was 156.05 billion Yuan, which accounted for

13.7% of the completed investment in fixed assets. The investment in 1773 projects over-100-million-Yuan was 326.96 billion Yuan, up by 2.6%. By the end of this year, the total length of express-ways open to traffic reached 2649 kilometers, an increase of 263 kilometers over the previous year.

The investment in real estate development of the province was 189.67 billion Yuan, up by 29.1% over the previous year. Of this total, the investment in residential buildings reached 148.40 billion Yuan, up by 30.8%; that in office buildings was 3.96 billion Yuan, up by 122.0%; and that in buildings for commercial business was 18.37 billion Yuan, up by 41.6%. The floor space of commercialized buildings sold was 48.78 million square meters, up by 9.1%. Of which, the floor space of residential buildings sold was 44.44 million square meters, up by 7.3%. The total sale of commercialized buildings was 185.22 billion Yuan, up by 31.7%. Of which, the sale of residential buildings was 156.69 billion Yuan, up by 25.6%.

V. Domestic Trade and Price

The total retail sales of consumer goods of the province reached 680.90 billion Yuan, a growth of 17.9% over the previous year. An analysis on different areas showed that the retail sales of consumer goods in urban areas stood at 615.45 billion Yuan, up by 18.1%, and that in rural areas reached 65.45 billion Yuan, up by 16.5%. Grouped by consumption patterns, the income of retail sales of commodities was 596.80 billion Yuan, up by 18.3%, and that of catering industry was 84.11 billion Yuan, up by 15.1%.

In terms of different regions, the total retail sales of consumer goods in Changsha, Zhuzhou and Xiangtan cities reached 293.07 billion Yuan, up by 17.9%; that in the rim Chang-Zhu-Tan city clusters was 520.37 billion Yuan, up by 17.9%; that in the South Region of Hunan Province was 132.36 billion Yuan, up by 18.0%; that in the Western Region of Hunan Province was 86.97 billion Yuan, up by 17.9%.

Of the total retail sales by wholesale and retail enterprises above designated size, the sales of E-journal and video products reached 283 million Yuan, up by 43.8%; petroleum and related products, 61.71 billion Yuan, up by 42.9%; gold, silver and jewelry, 4.22 billion Yuan, up by 41.5%; building and decoration materials, 5.195 billion Yuan, up by 36.6%.

Table 3: Retail Sales of Consumer Goods and Its Growth, 2011

Item	Value (100 million Yuan)	Increase over 2010(%)
Total Retail Sales of Consumer Goods	6809.03	17.9
Of which: Enterprises above Designated Size	2889.52	30.6
By Location of Outlets		
Urban	6154.50	18.1
Rural	654.53	16.5
By Size		
above Designated Size	2889.52	30.6
under Designated Size	3919.51	10.2
By Consumption Patterns		

Retail Sales of Commodities	5967.96	18.3
Income of Catering Industry	841.07	15.1
Retail Sales of Commodities by Enterprises above Designated Size	2664.17	31.0
Of which: Grain and Oil, Food, Beverage, Tobacco and Liquor	328.48	30.6
Garments, Shoes, Hats, knit and Textile Goods	257.69	30.1
Cosmetics	31.06	22.4
Gold, Silver and Jewelry	42.24	41.5
Articles for Daily Use	75.76	31.2
Hardware & Electric Materials	16.98	35.5
Sports and Recreations	8.10	22.1
Newspapers & Magazines	71.96	30.0
Electronic Publication and Audiovisual Products	2.83	43.8
Household Appliances and Audiovisual Equipment	195.82	31.1
Traditional Chinese and Western Medicines	144.00	33.9
Culture and Official Goods	35.93	20.1
Furniture	43.84	29.0
Communication Appliances	26.12	20.8
Coal and Related Products	39.63	28.6
Oil and Related Products	617.10	42.9
Building and Decoration Materials	51.95	36.6
Mechanical & Electrical Products and Appliances	18.31	23.9
Automobile	593.56	22.8

The general level of consumer prices in Hunan was up by 5.5% over the previous year. Of which, the price index in urban area was 5.5%, and the price index in rural area was 5.6%. The retail prices of commodities were up by 5.5%. The prices of means of agricultural production were up by 10.9%.The producer prices for manufactured goods were up by 8.5%, and the purchasing prices for manufactured goods were up by 10.8%. The prices for investment in fixed assets were up by 7.2%. The producer prices of farm products were up by 21.9%.

Table 4: Price Indices, 2011

Item	Increase over 2010(%)
Consumer Price Index	5.5
Of which: Food	11.2
Tobacco, Liquor and Articles	1.6
Clothing	1.0
Household Facilities, Articles and Services	1.0
Health Care and Personal Articles	3.3
Transportation and Communication	1.1
Recreation, Education and Culture Articles	1.5
Residence	6.6

VI. Foreign Economic Relations

The total value of import and export was 19.00 billion US dollars, up by 29.6% over the previous year. Of which, the export value was 9.90 billion US dollars, up by 24.4%. The import value was 9.10 billion US dollars, up by 35.9%. By customs regime, the export value of general trade was 8.02 billion US dollars, up by 21.9%; the export value of processing trade was 1.72 billion US dollars, up by 47.4%. The export value of mechanical and electrical products was 3.57 billion US dollars, up by 32.1%, which accounted for 36.0% of the total volume; the export value of high-and-new-tech products was 0.79 billion US dollars, up by 38.3%, which accounted for 8.0% of the total volume; the export value of farm products was 0.63 billion US dollars, up by 15.8%.

Table 5: Import and Export by Major Categories, 2011

Item	Value(100 million USD)	Increase over 2010(%)
Total import and export	190.00	29.6
Export	98.97	24.4
Of which: General trade	80.22	21.9
Processing trade	17.15	47.4
Of which: Mechanical and electronic products	35.67	32.1
High and new-tech products	7.92	38.3
Farm Products	6.27	15.8
Import	90.03	35.9
Of which: General trade	79.16	33.5
Processing trade	9.85	59.7
Of which: Mechanical and electronic products	37.05	33.7
High and new-tech products	9.38	58.0
Farm Products	2.23	19.2

The foreign capital actually utilized was 6.15 billion US dollars, up by 18.6%. Of which, the foreign capital actually utilized in industry was 4.69 billion US dollars, up by 9.4%. There were 62 projects of foreign investment which above 30 million US dollar newly approved, up by 37.8%. Eight enterprises of the world top 500 were newly introduced, and the number reached 119 by the end of 2011. The actually utilized capital out of the province and inside China was 208.60 billion Yuan, up by 20.4%. Of which, the actually utilized capital in industry was 129.80 billion Yuan, up by 19.1%. There were 383 projects above 100 million Yuan, up by 18.9%; the actually utilized capital was 72.56 billion Yuan, up by 8.0%.

The value in the new contracts signed through contracted projects, labor contracts and design and consultancy services reached 1.899 billion US dollars, down by 10.2%. The accomplished business revenue was 2.23 billion US dollars, up by 37.7%. The labor service population dispatched out of the country reached 42.5 thousand, up by 7.3%. 136 enterprises investing abroad were newly approved. The actual oversea investment was 1.78 billion US dollars. The contracted value of service outsourcing was 812 million US dollars, up by 51.0%.

VII. Transportation, Post, Telecommunications and Tourism

The total freight flows were 340.23 billion ton-kilometers, up by 15.1% over the previous year. Of this total, the freight flows by railways were 109.59 billion ton-kilometers, up by 2.6%; and the freight flows by highways were 187.86 billion ton-kilometers, up by 22.0%. The total passenger flows were 167.32 billion person-kilometers, up by 11.7%. Of this total, the passenger flows by railways were 81.20 billion person-kilometers, up by 9.6%; the passenger flows by highways were 77.80 billion person-kilometers, up by 13.8%; the passenger flows by air were 8.04 billion person-kilometers, up by 10.8%.

Table 6: Main Indicators of Transportation, 2011

Item	Unit	Volume	Increase over 2010(%)
Freight traffic	10000 tons	168772.06	12.6
Railways	10000 tons	5962.93	3.7
Highways	10000 tons	1144239.50	13.0
Waterways	10000 tons	17953.82	13.5
Civil aviation	10000 tons	6.11	0.3
pipeline	10000 tons	609.70	-2.9
Passenger traffic	10000 persons	171970.90	9.5
Railways	10000 persons	8000.50	10.6
Highways	10000 persons	161979.90	9.3
Waterways	10000 persons	1326.90	44.4
Civil aviation	10000 persons	663.60	9.5

The total number of motor vehicles for civilian use reached 2905.8 thousand by the end of 2011, up by 19.2%. Of which, the number of private-owned vehicles was 2229.3 thousand, up by 24.1%. The number of cars for civilian use was 1268.6 thousand, up by 26.7%.

The turnover of postal and telecommunication services totaled 43.48 billion Yuan, up by 17.9%. Of this total, postal services accounted for 3.295 billion Yuan, up by 22.5%; and telecommunication services accounted for 40.188 billion Yuan, up by 17.6%. Capacity of office telephone exchanges reached 12.47 million lines, up by 3.1%. The fixed phone user numbered 10.11 million households. The mobile phone user numbered 37.72 million households, an increase of 5.395 million households. The internet user through broad band reached 4.96 million households, up by 34.8%.

The number of domestic tourists was 251 million, up by 23.3%. The number of international tourists was 2.29 million, up by 20.4%. The total revenue from tourism was 178.58 billion Yuan, up by 25.3%. Of which, the revenue from domestic tourism reached 171.82 billion Yuan, up by 25.8%; the revenue from international tourism reached 1.04 billion US dollars, up by 17.3%.

Ⅷ.Finance and Insurance

At the end of 2011, savings deposit in Renminbi and foreign currencies in all items of financial institutions totaled 1944.41 billion Yuan, up by 17.1%, newly increased 284.32 billion Yuan compared to the beginning of the year. Of which, the deposits of corporations newly increased 122.28 billion Yuan and the savings deposits of urban and rural residents newly increased 158.99 billion Yuan. At the end of 2011, loans in Renminbi and foreign currencies in all items of financial institutions reached 1346.25 billion Yuan, up by 18.1%, newly increased 208.08 billion Yuan compared to the beginning of the year. Of which, the loans in real estate development reached 65.71 billion Yuan, newly increased 5.47 billion Yuan; the loans for medium-sized and small enterprises reached 460.32 billion Yuan, newly increased 88.62 billion Yuan; the loans in affordable housing construction reached 9.6 billion Yuan, newly increased 3.73 billion Yuan.

Table 7: Credit Income and Expenditures of Financial Institutions, 2011

Item	Balance at the Year-end (100 million Yuan)	Increase Over the Year-beginning (100 million Yuan)
Deposits	19444.10	2843.21
Of which: Deposits in Renminbi	19334.70	2824.37
Of which: Deposits of Enterprises	7996.45	1222.76
Savings Deposits	10652.70	1589.87
Loans	13462.50	2080.84
Of which: Loans in Renminbi	13186.68	2022.92
Of which: Short-term Loans	4134.57	576.57
Medium-term and Long-term	9120.69	1503.72

At the end of 2011, the number of listed companies reached 85. Of which, the number of listed companies in China stock markets was 71, an increase of 8 over the previous year. The number of listed companies in oversea stock markets was 14, an increase of 2 over the previous year. The enterprise direct finance from the capital market was 20.14 billion Yuan. Of which, enterprises IPO financed 12.43 billion Yuan. At the end of the year, there were 171 stocks company services and offices in the province. The stocks transaction value was 2038.01 billion Yuan. There were 4 futures companies in the province, and the transaction value was 4134.68 billion Yuan.

The insurance premium of all the insurance companies reached 44.35 billion Yuan, up by 10.5% over the previous year. Of which, the life insurance premium amounted to 28.97 billion Yuan, up by 5.9%; the healthy insurance premium amounted to 1.94 billion Yuan, up by 12.2%; the accidence injury insurance premium amounted to 1.13 billion Yuan, up by 14.8%; the property insurance premium amounted to 12.32 billion Yuan, up by 22.3%. Insurance companies paid an indemnity worth of 11.25 billion Yuan, up by 35.6%.

XI. Education, Science and Technology

By the end of 2011, there were 105 general universities and colleges in the province. The graduates' number of general universities and colleges was 284.2 thousand, the post-graduates' number 14.3 thousand, the graduates' number of vocational secondary schools 225.5 thousand, the graduates' number of senior secondary schools325.6 thousand, the graduates' number of junior secondary schools 692.7 thousand, the graduates' number of primary schools 730.2 thousand. Kindergartens accommodated 1637.4 thousand children, up by 15.4%. The enrollment rate of school-age children was 99.88% and the enrollment rate to higher school was 100.65%. 489 million Yuan of government funds on compulsory education were implemented. 575 million Yuan state student aids for vocational education were provided to 767 thousand students. 803 million Yuan state student grant and aids for higher education were provided to 245.5 thousand college students.

Table 8: Student Enrollment, New student Enrollment and Graduates, 2011

	New Student Enrollment (10,000 persons)	Increase over 2010 (%)	Student Enrollment (10,000 persons)	Increase over 2010 (%)	Graduates (10,000 persons)	Increase over 2010(%)
Postgraduates	1.89	3.3	6.01	6.9	1.43	9.2
Regular Institution of Higher Education	31.02	-0.1	106.79	2.0	28.42	2.9
Vocational Secondary Schools	27.99	-7.6	77.88	1.8	22.55	-20.3
Senior Secondary Schools	36.99	-0.2	101.38	-0.5	32.56	-10.0
Junior Secondary Schools	73.49	0.1	216.34	0.7	69.27	-0.7
Primary Schools	86.97	0.7	490.32	2.3	73.02	0.3
Special Education	0.24	9.1	1.27	-3.8	0.10	-28.6

There were 15 state-levels engineering technology research centers, an increase of 3; and there were 12 state-levels key laboratories, an increase of 2. A total number of 682 projects under national science and technology development programs were implemented. Of this toal, 47 projects were under the Hi-tech Research and Development Program (the 863 Program), and 46 projects were under the National Key Scientific and Technological Program.

There were 1339 laboratories for product inspection, an increase of 74. Of which, there were 13 national quality testing and inspection centers, an increase of 1. There were 103 authorized measurement institutions, 113 special equipment inspection institutions. A total of 38 national standards and 62 local standards were developed in the year. Mapping departments published 175 types of maps. There were 715 geodetic survey achievements, 4684 pieces of aerial photogram metric and 53418 results of basic geographic information data, provided for the economic and social development.

X.Culture, Public Health and Sport

The number of 1058 villages and towns' cultural stations were newly built. At the end of 2011, there were 104 art-performing groups, 141 culture centers, 129 public libraries, 82 museums and memorials. There were 13 radio broadcasting stations and 15 television stations. The users of CATV were 6959.4 thousand households, increased 544.8 thousands households over the previous year. Broadcasting and television coverage rates were 92.6% and 96.8%, up by 0.6 and 0.4 percentage points over the previous year separately. There were 99 state-level non-material cultural heritage protection projects and 220 provincial level protection projects in the province. All sorts of books were issued for 8496 types, newspaper 87 types, and magazines 248 types. A total of 346 million copies of books were published, 1.29 billion copies of newspapers and 129 million copies of magazines were issued.

There were 14,266 health institutions in the province, including 783 general hospitals, 2311 health centers, 139 maternal and child health-care institutions, 86 specialized health institutions. General hospitals and health centers in the province possessed 241.9 thousand beds, up by 12.0%. There were 275.5 thousand health workers, up by 4.9%. Of which, including 105.8 thousand practicing doctors and assistant practicing doctors, up by 1.5%; and 101.7 thousand registered nurses, up by 10.5%.

We carried out 1,672 times or items of popular fitness projects throughout the province and 20.7 million people usually participated in physical exercises. The number of administrative village which newly built farmer sports fitness projects was 636. The athletes of Hunan province won 3 World Championships, 13 Asian titles and 42 National Championships. There were 21,379 sports grounds and buildings. Of which, there were 165 stadiums, 663sports grounds, 191 swimming pools and 20,360 all sorts of training rooms.

XI. Population, Living Conditions and Social Security

By the end of 2011, the total population of Hunan reached 71.36 million, and the resident population was 65.96 million.The crude birth rate was 13.35‰, the crude death rate 6.8‰, and the natural growth rate 6.55‰.The population of 0-14 year old accounted for 17.80%, up by 0.18 percentage points over the previous year; the population of 15-64 year old accounted for 72.21%, down by 0.39 percentage points; the population of over 65 year old accounted for 9.99%, up by 0.21 percentage points. The number of employed persons was 40.28 million, an increase of 0.45 million.

Table 9: Population and Its Composition

Item	Population (10 000 persons)	Proportion (%)
Resident Population	6595.60	100.00
Of which: Urban	2974.62	45.10
Rural	3620.98	54.90
Of which: Male	3390.74	51.41
Female	3204.86	48.59
Of which: Aged 0-14	1174.02	17.80
Aged 15-64	4762.68	72.21
Aged 65 and Over	658.90	9.99

The annual per capita disposable incomes of urban households was 18,844 Yuan, up by 13.8%, or a real increase of 7.9% over the previous year when the factors of price increase were deducted. The annual per capita net income of rural households was 6,567 Yuan, up by 16.8%, or a real increase of 10.6% over the previous year when the factors of price increase were deducted.

The annual per capita living expenditure of urban households was 13,403 Yuan, up by 13.3%. The per capita consumption expenditure of rural households was 5,179 Yuan, up by 20.2%. The Engel's coefficient of urban households was 36.9%. The Engel's coefficient of rural households was 45.2%.

The newly-added employed person in urban areas was 716.0 thousand, an increase of 7.7 thousand over the previous year. The cities zero employment family of employment assistance kept dynamic reset. At the end of 2011, a total of 9,884.5 thousand people participated in basic pension program, a year-on-year increase of 495.5 thousand. Of this total, 7,106.2 thousand were staff and workers, and 2,778.3 thousand were retirees. A total of 19,412.2 thousand people participated in urban basic health insurance program, an increase of 466.8 thousand. Of which, 7,895.2 thousand people participated in urban basic health insurance program for staff and workers,

11,517.0 thousand people participated in health insurance program for residents. Some 4,296.3 thousand people participated in unemployment insurance program, an increase of 301.2 thousand. A total of 6,354.8 thousand people participated in work accident insurance, an increase of 1,195.1 thousand. A total of 5,387.7 thousand people participated in maternity insurance program, an increase of 116.4 thousand. A total of 46.55 million people (not including Changsha) participated in the new rural cooperative medical system, with a participation rate of 97.24%. At the end of the year, 156.0 thousand staff and workers received the unemployment insurance payment. The compensation rate of the new rural cooperative medical system was 73.2%. The urban subsistence allowances for per person each month were 185 Yuan, an increase of 30 Yuan; the rural subsistence allowances were 70 Yuan, an increase of 15 Yuan.

Social welfare institutions of various types provided 140.5 thousand beds, accommodating 117.5 thousand inmates. There were 7,568 community service facilities were set up in urban areas, of which, the number of comprehensive community service centers was 473. A total of 4.09 billion Yuan worth of social welfare lottery tickets was sold, raising 1.24 billion Yuan of social welfare funds. A total of 126 million Yuan were received from direct donations. Problems of 3,196.1 thousand people' s difficulty in safety drinking water in rural areas have been solved. 174 homes for the aged have been rebuild or expanded. 19,818 rural libraries have been completed. 115.4 thousand low-rent houses have been constructed. 113.4 thousand dilapidated houses in rural areas have been renovated.

XII. Resources, Environment and Work Safety

143 kinds of ores have been found, and reserves of 103 kinds of ores have been proved. Implementation of geological explorations projects (including continue projects) were 280. A total of 12 new mineral deposits in large or medium size were discovered. There were 6 National Geology Park and 3 geological sites.

In urban areas, 80.0% of waste water was put under centralized processing systems, up by 5.0%, and 87.6% of solid waste from daily life was processed under nontoxic programs, up by 8.6%. 14 cities and A.P. met the air quality standard Grade II. The rate of surface water monitoring cross sections which met the standard Grade III was 91.8%. There were 1345.1 thousand hectares of 119 natural reserves, including 17 national ones and 28 provincial ones. A total of 402.4 thousand hectares of forest in the barren hills and waste (sand) land were planted. At the end of the year, there was afforested area of closed off mountain (sand) 871.1 thousand hectares. The forest coverage rate reached 57.13%, 0.12 percentage points over the previous year.

Preliminary estimation indicated that the total energy consumption in 2011 amounted to 71.63 million tons of standard coal equivalent, up by 8.7%. The comprehensive energy consumption of 28 enterprises which included in the National Thousand Energy Conservation Enterprises went up by 8.9%, accounted for 35.6% of the comprehensive energy consumption of the industrial enterprises above designated size. The comprehensive energy consumption of the Hunan Hundred Conservation Enterprises (not including National Thousand Energy Conservation Enterprises) went up by 6.1% , accounted for 14.2% of the comprehensive energy consumption of the industrial enterprises above designated size. Chemical oxygen demand and sulfur dioxide emission reduced 2.7% and 3.4% separately.

There were total of 6318 various kinds of work accidents in the province, up by 14.8%. The death from work accidents was 2836 persons, down by 6.6%. The death toll from work accidents every 100 million Yuan worth of

GDP was 0.144 people, down by 28.7%. Work accidents in industrial, mining and commercial enterprises caused 2.1 deaths out of every 100 thousand employees, down by 13.2%. The death toll for producing on million tons of coal in coalmines was 3.14 persons, down by 7.4%. The year 2011 witnessed 8118 traffic accidents, down by 5.4%. The road traffic death toll per ten thousand vehicles was 2.79 persons, down by 17.2%.

Notes:

1. All figures in this Communiqué are preliminary statistics.

2. Gross domestic product (GDP) and value added as quoted in this Communiqué are calculated at current prices, whereas their growth rates are at constant prices.

3. From 2011, the cut-off size of industrial enterprises above designated size raised from an annual revenue from primary activities above 5 million yuan to 20 million Yuan. The cut-off size of fixed assets investment projects rose from a total planned investment above 500 thousand yuan to 5 million Yuan.

4. The purchasing prices for raw materials, fuels and power renamed into the purchasing prices for manufactured goods.

5. The turnover of post and telecommunication services in 2011 is calculated at constant prices of 2010, while that from 2001 to 2010 are calculated at 2000 constant prices. Therefore, the volume of 2011 cannot be compared with that of 2010, but the growth rate over previous year is calculated on a comparable basis.

6. The original premium income received by the insurance companies refers to the premium income from original insurance contracts confirmed by the insurance companies.

7. The promotion rate to higher school refer to the ratio between the new entrants of higher education and graduates of lower schools.

8. Resident population of a given town/street include: people living in the current town/street where their household registration is located or with their household registration to be settled; people living in the current town/street and leaving the town/street of their household registration for over 6 months; people leaving the town/street of their household registration for less than 6 months or working or studying overseas, with their household registration located in the current town/street.

9. The figures of energy consumption are verified initially by National Bureau of Statistics of China.

综　合

1 General Survey

资料整理人员：			
	彭　蕾	赵　宏	欧阳普
	廖闻菲	伍春阳	田杰平
	孙　靖	田　原	贺淑贞
	何　达	吕　燕	谢　凡
	罗　彬	周　玲	陈　澍
	邓海波	徐　虹	王西军
	周　璜	刘伟巍	蔡冬娥
	肖首雄	阳小林	刘　峰
	赵海军	吴天铁	邓　静

1-1 行政区划
Administrative Divisions

单位：个 (unit)

年份 Year	市州 Cities and A.P	地州数 Number of Prefecture and A.P	地级市 Number of Cities at Prefectural Level	县级市 Number of Cities at County Level	县数 Number of Counties	市辖区数 Districts Under the Jurisdiction of Cities at Prefectural Level	镇数 Number of Towns	乡数 Number of Township
1978		12	3	7	90	13	154	3295
1980		12	5	9	90	22	155	3321
1985		9	6	14	84	27	544	3011
1986		7	6	16	82	27	581	2895
1987		7	6	18	80	26	585	2903
1988		6	8	17	78	30	596	2889
1989		6	8	17	78	30	621	2807
1990		6	8	18	78	29	628	2801
1991		6	8	18	78	29	639	2784
1992		6	8	19	77	26	663	2773
1993		6	8	20	76	26	748	2689
1994		5	9	20	74	28	769	2658
1995		4	10	19	73	30	899	1406
1996		3	11	17	73	32	950	1360
1997		3	11	18	72	32	979	1327
1998		2	12	17	72	33	1001	1350
1999		1	13	16	72	34	1023	1330
2000		1	13	16	72	34	1055	1310
2001		1	13	16	72	34	1087	1275
2002		1	13	16	72	34	1097	1257
2003		1	13	16	72	34	1098	1264
2004		1	13	16	72	34	1098	1244
2005		1	13	16	72	34	1089	1087
2006		1	13	16	72	34	1091	1085
2007		1	13	16	72	34	1095	1071
2008		1	13	16	72	34	1101	1063
2009		1	13	16	72	34	1106	959
2010		1	13	16	72	34	1109	1052
2011		1	13	16	71	35	1121	1038
长沙市	Changsha City		1	1	2	6	88	22
株洲市	Zhuzhou City		1	1	4	4	65	40
湘潭市	Xiangtan City		1	2	1	2	38	21
衡阳市	Hengyang City		1	2	5	5	113	71
邵阳市	Shaoyang City		1	1	8	3	98	98
岳阳市	Yueyang City		1	2	4	3	96	60
常德市	Changde City		1	1	6	2	106	102
张家界市	Zhangjiajie City		1		2	2	32	62
益阳市	Yiyang City		1	1	3	2	71	14
郴州市	Chenzhou City		1	1	8	2	89	160
永州市	Yongzhou City		1		9	2	109	80
怀化市	Huaihua City		1	1	10	1	88	198
娄底市	Loudi City		1	2	2	1	60	20
湘西土家族苗族自治州	West Hunan Tujia and Miao A.P	1		1	7		68	90

1-1 续表 1 continued

长沙市 **Changsha City**

芙蓉区(Furong District)、天心区(Tianxin District)、岳麓区(Yuelu District)、开福区(Kaifu District)、雨花区(Yuhua District)
望城区(Wangcheng District)、浏阳市(Liuyang City)、长沙县(Changsha County)、宁乡县(Ningxiang County)

株洲市 **Zhuzhou City**

荷塘区(Hetang District)、石峰区(Shifeng District)、芦淞区(LouSong District)、天元区(Tianyuan District)、醴陵市(Liling City)
株洲县(Zhuzhou County)、攸县(Youxiang County)、茶陵县(Chaling County)、炎陵县(Yanling County)

湘潭市 **Xiangtan City**

雨湖区(Yuhu District)、岳塘区(Yuetang District)、湘乡市(Xiangxiang City)、韶山市(Shaoshan City)、湘潭县(Xiangtan County)

衡阳市 **Hengyang City**

珠晖区(zhuhui District)、雁峰区（yanfeng District)、石鼓区(shigu District)、蒸湘区（zhengxiang District)
南岳区(Nanyue District)、耒阳市(Leiyang City)、常宁市(Changning City)、衡阳县(Hengyang County)、衡南县(Hengnan County)
衡山县(Hengshan County)、衡东县(Hengdong County)、祁东县(Qidong County)

邵阳市 **Shaoyang City**

双清区(Shuangqing District)、大祥区(Daxiang District)、北塔区(Beita District)、武冈市(Wugang City)、邵东县(Shaodong County)
新邵县(Xinshao County)、邵阳县(Shaoyang County)、隆回县(Longhui County)、洞口县(Dongkou County)、
新宁县(Xinning County)、绥宁县(Suining County)、城步苗族自治县 (Chengbu Miao Autonomous County)

岳阳市 **Yueyang City**

岳阳楼区(Yueyanglou District)、云溪区(Yunxi District)、君山区(Junshan District)、汨罗市(Miluo City)、临湘市(Linxiang City)
岳阳县(Yueyang County)、平江县(Pingjiang County)、湘阴县(Xiangyin County)、华容县(Huarong County)

常德市 **Changde City**

武陵区(Wuling District)、鼎城区(Dingcheng District)、津市市(Jinshi City)、安乡县(Anxiang County)、汉寿县(Huanshou County)
澧县(Li County)、临澧县(Linli County)、桃源县(Taoyuan County)、石门县(Shimen County)

张家界市 **Zhangjiajie City**

永定区(Yongding District)、武陵源区(Wulingyuan District)、慈利县(Chili County)、桑植县(Shanhzhi County)

益阳市 **Yiyang City**

资阳区(Ziyang District)、赫山区(Heshan District)、沅江市(Yuanjiang City)、南县(Nan County)、桃江县(Taojiang County)、
安化县(Anhuan County)

郴州市 **Chenzhou City**

北湖区(Beihu District)、苏仙区(Suxian District)、资兴市(Zixing City)、桂阳县(Guiyang County)、永兴县(Yongxing County)、
宜章县(Yizhang County)、嘉禾县(Jiahe County)、临武县(Linwu County)、汝城县(Rucheng County)、桂东县(Guidong County)、
安仁县(Anren County)

永州市 **Yongzhou City**

零陵区(Lingling District)、冷水滩区(Lengshuitan District)、东安县(Dongan County)、道县(Dao County)、
宁远县(Ningyuan County)、江永县(Jiangyong County)、江华瑶族自治县(Jianghua Yao Autonomous County)、
蓝山县(Lanshan County)、新田县(Xintian County)、双牌县(Shuangpai County)、祁阳县(Qiyang County)

怀化市 **Huaihua City**

鹤城区(Hecheng District)、洪江市(Hongjiang City)、中方县(Zhongfang County)、沅陵县(Yuanling County)、
辰溪县(Shenxi County)、溆浦县(Xupu County)、麻阳苗族自治县(Mayang Miao Autonomous County)、会同县(Huitong County)
新晃侗族自治县(Xinhuang Tong Autonomous County)、芷江侗族自治县(Zhijiang Tong Autonomous County),
靖州苗族侗族自治县(Jinzhou Miao and Tong Autonomous County)、通道侗族自治县(Tongdao Tong Autonomous County)

娄底市 **Loudi City**

娄星区(Louxing District)、冷水江市(Lengshuijiang City)、涟源市(Lianyuan City)、双峰县(Shuangfeng County)、
新化县(Xinhua County)

湘西土家族苗族自治州 **West Hunan Tujia and Miao Autonomous Prefecture**

吉首市(Jishou City)、泸溪县(Louxi County)、凤凰县(Fenghuang County)、花垣县(Huayuan County)、保靖县(Baojin County)、
古丈县(Guzhang County)、永顺县(Yongshun County)、龙山县(Longshan County)

1-2 人口和自然资源
Population and Natural Resources

项 目	Item	2011
人口	**Population**	
年底人口数 (万人)	Total Population at the Year-end (10 000 persons)	7135.60
人口密度 (人/平方公里)	Density of Population (person/sq.km)	337
土地	**Land**	
土地面积 (万平方公里)	Area of Land (10 000 sq.km)	21.18
耕地面积 (万公顷)	Area of Cultivated Land (10 000 hectares)	
气候	**Climate**	
年平均降水量 (毫米)	Annual Average Precipitation (mm)	1026
年降水总量 (亿立方米)	Annual Total Precipitation (100 million cu.m)	2173
森林	**Forest**	
有林地面积 (万公顷)	Area with woodland (10 000 hectares)	1018.59
(万亩)	Area of Forest (10 000 mu)	15278.85
森林覆盖率 (%)	Forest Coverage Rate (%)	57.13
活立木总蓄积量 (万立方米)	Stock Volume of the Forest (10 000 cu.m)	41611.9
水文、水利	**Water**	
5公里以上河流 (条)	Rivers Over 5 km (unit)	5341
5公里以上河流长度 (万公里)	Total Length of Rivers Over 5 km (10 000 km)	9
河川年径流总量 (亿立方米)	Annual Total Flow of Rivers (100 million cu.m)	2136.00
淡水总面积 (万公顷)	Total Area of Fresh Water (10 000 hectares)	135.38
(万亩)	Total Area of Fresh Water (10 000 mu)	2030.70
#已放养面积 (万公顷)	# Cultivated Area (10 000 hectares)	42.25
(万亩)	(10 000 mu)	633.72
天然水资源总量 (亿立方米)	Natural Water Volume (100 million cu.m)	2682.80
地表水资源总量 (亿立方米)	Surface Water Volume (100 million cu.m)	1419.30
地下(浅层)水量 (亿立方米)	Shallow Ground Water Volume (100 million cu.m)	350.40
水力资源蕴藏量 (万千瓦)	Hydropower Resources (10 000 kw)	1532.45
#可开发量	#Developable Resources	1083.84
矿产资源保有储量(截至2002年底)	**Mineral Resources Ensured Resources (at the 2002 year-end)**	
煤 (亿吨)	Coal (100 million tons)	29.97
铁矿石 (亿吨)	Iron Ore (100 million tons)	11.06
磷矿石 (亿吨)	Phosphate Ore (100 million tons)	20.32
盐 (亿吨)	Salt (100 million tons)	36.05

注:1.本表淡水面积、可养殖面积、水力资源蕴藏量均为过去清查数，有待进一步普查和勘测。

2.河川年径流总量=省内各水系年径流量+客水+地下水。

3.耕地面积是指年末耕地总资源面积，包括常用耕地和临时性耕地。由国土部门提供（后同）。

a. Figures in this table, except population, cultivated area and mineral resources were obtained from surveys in previous years, and is subject to further verification.

b. The annual total flow of rivers=annual flow of major rivers in our province + branch water + groundwater.

c. The data of cultivated land is actual cultivated land total resources(year end),including common cultivated land and temporary cultivated land. The date came from Hunan Province Territory Resource Burear。The same as in the following table。

1-3 土 地 状 况（2011年）
Land Characteristics (2011)

项 目	Item	总面积 Total Area 万公顷 (10 000 hectares)	万亩 (10 000 mu)	占总面积的% Percentage to Total Area (%)
总面积	**Total Area**	**2118.29**	**31774.35**	**100.0**
按地形分	**By Topographic Feature**			
山地	Mountains	1084.72	16270.80	51.2
盆地	Basins	294.12	4411.73	13.9
平原	Plains	277.86	4167.90	13.1
丘陵	Hills	326.22	4893.28	15.4
水面	Water-face	135.37	2030.64	6.4
按地高分	**By Altitude**			
50米以下	Under 50m	210.65	3159.76	9.9
50-100米	50-100m	235.27	3529.03	11.1
100-300米	100-300m	491.74	7376.03	23.2
300-500米	300-500m	478.36	7175.34	22.6
500-800米	500-800m	390.48	5857.19	18.5
800-1000米	800-1000m	220.58	3308.73	10.4
1000米以上	Above 1000m	91.21	1368.21	4.3
按特征分	**By Land Use**			
耕地	Cultivated Land			
有林地	Woodland	1018.59	15278.85	
宜林荒山	Undeveloped Land Usable for Afforestation	89.82	1347.29	
疏林	Sparsely Forests	8.99	134.85	
灌木	Shrubbery	129.49	1942.35	
未成林造林地	Afforestation for Undeveloped Forests	33.30	499.50	
淡水总面积	Total Area of Fresh Water	135.38	2030.70	
其他	Others			

1-4 主要山脉基本情况
Major Mountain Ranges

名称	Name	平均高度(米) Average Height(m)	最高峰(米) Heightest Peak (m)	Heightest Peak
雪峰山	Xuefeng Mountain Range	1500	2021 (城步县二宝顶)	Erbao Peak in Chengbu County
武陵山	Wuling Mountain Range	500--1200	2098.7 (石门县壶瓶山)	Huping Mountain in Shimen County
南岭山脉 (指大庾岭、骑田岭、萌渚岭、都庞岭、越城岭)	Nanling Mountain Range (Dayu Peak,Qitian Peak, Mengzhu Peak, DuPang Peak, Yuecheng Peak)		2009 (道县韭菜岭)	Jiucai Peak in Dao County
幕阜山---罗霄山	Mofu Mountain ---Luoxiao Mountain Range	1000	2052 (炎陵县斗笠顶) 2041.1 (桂东县八面山)	Douli Peak in Yanling County Bamian Mountain in Guidong County

1-5 主要河流基本情况
Major Rivers

名称	Name	河长(公里) Length of River (km)	#省内 #In Province	河流条数(条) Number of River (unit)	流域面积(平方公里) Drainage Area (sq.km)	#省内 #In Province	省内年径流量(亿立方米) Annual Flow in Province (100 million cu.m)	水力资源蕴藏量(万千瓦) Hydro-power Resources (10000 kw)	#可开发量 Develop-able Resources
总计	**Total**			**5341**		**211829**	**2560.00**	**1532.45**	**1083.84**
湘 江	Xiangjiang River	856	670	2157	94660	85383	1059.62	470.70	318.29
资 水	Zijiang River	713	630	771	28142	26738	319.96	201.03	147.71
沅 江	Yuanjiang River	1033	568	1491	89163	51066	609.49	537.51	460.21
澧 水	Lishui River	388	388	326	18496	15505	190.55	152.46	137.11
洞庭湖水系	Water System of Dongting Lake			432		27269	299.71	140.20	13.65
鄱阳湖水系	Water System of Poyang Lake			16		683	10.79	3.12	0.58
珠江水系	Water System of Zhujiang River			148		5185	69.88	27.43	6.29

注: 1.河流条数指河长5公里以上的河流数,河长共9万公里。
2.资水河长以夫夷水作水源计算。
3.据1986年勘定,洞庭湖面积为2691平方公里。
a. Rivers refer to those which are more than 5 km long, and the total length of the rivers are 90 000 km.
b. The length of Zishui River refers to that of Fuyi River.
c. The figure on the area of Dongting Lake was taken from the survey in 1986.

1-6 主要城市平均气温（2011年）
Monthly Average Temperature of Major Cities(2011)

单位：摄氏度 (℃)

城 市	City	1月 January	2月 February	3月 March	4月 April	5月 May	6月 June	7月 July
长沙市	Changsha	2.0	8.7	10.9	19.0	22.9	26.1	30.5
株洲市	Zhuzhou	2.1	8.8	10.8	18.8	22.5	25.9	29.9
湘潭市	Xiangtan	1.5	8.3	10.4	18.5	22.2	25.7	29.5
衡阳市	Hengyang	2.2	9.1	10.4	19.1	22.4	26.6	30.4
邵阳市	Shaoyang	1.1	8.6	9.3	17.7	21.2	25.4	28.7
岳阳市	Yueyang	2.2	8.2	10.9	18.8	22.8	25.3	29.7
常德市	Changde	2.4	7.9	11.1	18.9	23.3	25.7	30.3
张家界市	Zhangjiajie	2.2	7.8	11.0	18.3	22.9	25.3	28.8
益阳市	Yiyang	1.9	8.0	10.6	18.5	22.9	25.5	30.0
郴州市	Chenzhou	2.2	10.9	10.5	20.1	22.3	28.2	29.6
永州市	Yongzhou	2.2	10.2	10.1	19.3	22.1	26.9	29.7
怀化市	Huaihua	1.5	8.1	9.9	17.2	22.0	24.8	29.1
娄底市	Loudi	1.8	8.8	10.5	18.6	22.5	25.7	30.3
吉首市	Jishou	2.6	8.1	10.3	17.6	21.9	24.9	28.3

城 市	City	8月 August	9月 September	10月 October	11月 November	12月 December	全年平均 Annual Average	上年平均 Annual Average Preceding Year
长沙市	Changsha	28.5	24.0	18.7	16.1	7.0	17.9	18.2
株洲市	Zhuzhou	28.3	24.1	18.4	16.2	7.1	17.7	18.3
湘潭市	Xiangtan	27.8	23.6	18.0	15.8	6.8	17.3	17.6
衡阳市	Hengyang	28.8	24.5	18.4	16.8	7.4	18.0	18.4
邵阳市	Shaoyang	27.2	23.0	17.0	15.5	6.4	16.8	17.2
岳阳市	Yueyang	27.6	23.4	18.8	15.3	6.9	17.5	17.7
常德市	Changde	28.3	23.3	18.4	15.0	7.2	17.7	17.9
张家界市	Zhangjiajie	27.7	23.1	18.0	15.2	7.4	17.3	17.6
益阳市	Yiyang	27.9	23.3	18.1	15.3	6.7	17.4	17.7
郴州市	Chenzhou	29.1	24.0	18.5	17.4	7.4	18.4	19.1
永州市	Yongzhou	28.5	23.9	18.1	17.2	7.6	18.0	18.4
怀化市	Huaihua	27.8	23.6	17.5	15.3	6.7	17.0	17.0
娄底市	Loudi	28.3	24.1	18.2	16.4	7.3	17.7	17.9
吉首市	Jishou	27.5	23.6	17.6	15.3	7.1	17.1	17.2

1-7 主要城市降水量（2011年）
Monthly Precipitation in Major Cities (2011)

单位:毫米 (millimeter)

城 市	City	1月 January	2月 February	3月 March	4月 April	5月 May	6月 June	7月 July
长沙市	Changsha	55.0	22.0	83.0	83.0	58.0	343.0	41.0
株洲市	Zhuzhou	52.0	45.0	102.0	71.0	67.0	411.0	111.0
湘潭市	Xiangtan	64.0	34.0	90.0	92.0	49.0	422.0	45.0
衡阳市	Hengyang	46.0	58.0	64.0	66.0	125.0	179.0	19.0
邵阳市	Shaoyang	52.0	47.0	50.0	122.0	115.0	139.0	33.0
岳阳市	Yueyang	25.0	18.0	58.0	62.0	111.0	395.0	17.0
常德市	Changde	29.0	11.0	44.0	70.0	102.0	181.0	22.0
张家界市	Zhangjiajie	24.0	19.0	39.0	63.0	94.0	256.0	88.0
益阳市	Yiyang	61.0	17.0	64.0	150.0	59.0	240.0	33.0
郴州市	Chenzhou	51.0	79.0	111.0	40.0	185.0	100.0	105.0
永州市	Yongzhou	60.0	75.0	75.0	42.0	158.0	196.0	4.0
怀化市	Huaihua	68.0	21.0	41.0	40.0	134.0	385.0	15.0
娄底市	Loudi	48.0	22.0	71.0	65.0	42.0	445.0	13.0
吉首市	Jishou	39.0	15.0	39.0	47.0	87.0	275.0	60.0

城 市	City	8月 August	9月 September	10月 October	11月 November	12月 December	全年 Annual Total	上年平均 Annual Average Preceding Year
长沙市	Changsha	38.0	37.0	110.0	44.0	20.0	934.0	1627.0
株洲市	Zhuzhou	92.0	34.0	133.0	49.0	27.0	1194.0	1760.0
湘潭市	Xiangtan	58.0	53.0	80.0	43.0	27.0	1057.0	1680.0
衡阳市	Hengyang	26.0	27.0	136.0	37.0	21.0	804.0	1261.0
邵阳市	Shaoyang	89.0	75.0	126.0	33.0	24.0	905.0	1287.0
岳阳市	Yueyang	98.0	41.0	50.0	34.0	14.0	923.0	1723.0
常德市	Changde	70.0	24.0	103.0	46.0	14.0	716.0	1641.0
张家界市	Zhangjiajie	128.0	94.0	129.0	42.0	14.0	990.0	1615.0
益阳市	Yiyang	154.0	81.0	104.0	55.0	23.0	1041.0	1680.0
郴州市	Chenzhou	53.0	104.0	67.0	61.0	27.0	983.0	1320.0
永州市	Yongzhou	77.0	77.0	102.0	50.0	22.0	938.0	1575.0
怀化市	Huaihua	99.0	44.0	109.0	41.0	8.0	1005.0	1301.0
娄底市	Loudi	100.0	99.0	103.0	46.0	18.0	1072.0	1572.0
吉首市	Jishou	114.0	30.0	150.0	113.0	13.0	982.0	1775.0

1–8 主要城市日照时数（2011年）
Monthly Sunshine Hours in Major Cities (2011)

单位：小时 (hour)

城 市	City	1月 January	2月 February	3月 March	4月 April	5月 May	6月 June	7月 July
长沙市	Changsha	78	107	78	144	204	137	277
株洲市	Zhuzhou	85	85	85	120	185	134	259
湘潭市	Xiangtan	78	70	78	117	175	124	251
衡阳市	Hengyang	67	50	67	92	138	107	228
邵阳市	Shaoyang	77	59	77	100	179	133	270
岳阳市	Yueyang	89	126	89	173	206	110	266
常德市	Changde	80	115	80	143	197	106	208
张家界市	Zhangjiajie	65	86	65	120	180	110	202
益阳市	Yiyang	81	94	81	124	186	111	252
郴州市	Chenzhou	75	39	75	92	136	154	233
永州市	Yongzhou	71	41	71	105	155	129	242
怀化市	Huaihua	54	69	54	72	171	101	256
娄底市	Loudi	63	65	63	97	165	110	252
吉首市	Jishou	54	73	54	96	156	77	212

城 市	City	8月 August	9月 September	10月 October	11月 November	12月 December	全年 Annual Total	上年平均 Annual Average Preceding Year
长沙市	Changsha	216	127	130	150	97	1745	1695
株洲市	Zhuzhou	218	121	112	138	83	1625	1562
湘潭市	Xiangtan	219	102	106	142	85	1547	1458
衡阳市	Hengyang	199	90	101	149	74	1362	1453
邵阳市	Shaoyang	227	111	108	139	76	1556	1542
岳阳市	Yueyang	227	134	166	145	118	1849	1843
常德市	Changde	213	66	126	90	71	1495	1633
张家界市	Zhangjiajie	232	63	95	67	46	1331	1309
益阳市	Yiyang	204	92	118	127	92	1562	1567
郴州市	Chenzhou	194	96	78	114	109	1395	1410
永州市	Yongzhou	227	117	105	135	70	1468	1448
怀化市	Huaihua	269	96	91	133	34	1400	1272
娄底市	Loudi	203	85	94	128	70	1395	1418
吉首市	Jishou	245	91	80	77	45	1260	1140

1-9 国民经济和社会发展总量指标
Principal Indicators of National Economy and Social Development

指 标	Item	总量指标 Aggregate Data			
		2000	2005	2010	2011
人口与就业	**Population and Employment**				
人口 (万人)	**Population (10 000 persons)**				
年底总人口	Population at the Year-end	6562.05	6732.10	7089.53	7135.60
城镇人口	Urban	1952.21	2490.88	3069.77	3218.16
乡村人口	Rural	4609.84	4241.22	4019.76	3917.44
男性人口	Male	3422.77	3490.59	3674.49	3699.10
女性人口	Female	3139.28	3241.51	3415.04	3436.50
就业 (万人)	**Employment (10 000 persons)**				
从业人员数	Employees	3577.58	3801.48	3982.73	4005.03
在岗职工数	Staff and Workers on the Job	580.82	451.80	531.00	514.73
宏观经济	**Macro-economy**				
国民经济核算 (亿元)	**National Accounting (100 million yuan)**				
地区生产总值	Gross Domestic Products	3551.49	6596.10	16037.96	19669.56
第一产业	Primary Industry	784.92	1100.65	2325.5	2768.03
第二产业	Secondary Industry	1293.18	2612.57	7343.19	9361.99
第三产业	Tertiary Industry	1473.39	2882.88	6369.27	7539.54
人均地区生产总值(元)	Per Capita Gross Regional Product (yuan)	5425	10562	24719	29880
支出法地区生产总值	Gross Regional Product by Expenditure Approach	3551.49	6596.10	16037.96	19669.56
最终消费	Final Consumption	2471.77	4026.02	7603.53	9088.73
居民消费	Households Consumption	1928.94	3092.25	5788.85	6942.88
政府消费	Government Consumption	542.83	933.77	1814.68	2145.85
资本形成总额	Gross Capital Formation	1046.05	2576.17	8780.76	10913.43
固定资本形成	Gross Fixed Capital Formation	1082.00	2520.38	8568.77	10487.26
固定资产投资 (亿元)	**Investment in Fixed Assets (100 million yuan)**				
固定资产投资总额	Total Investment in Fixed Assets	1066.70	2563.96	9821.06	11431.48
国有单位	State-owned unit	574.12	1000.96	3322.3161	3563.13
集体单位	Collective-owned Unit	118.80	94.89	378.9952	496.36
个体经济	Individuals	281.89	499.08	2672.6102	2914.47
财政 (亿元)	**Public Finance (100 million yuan)**				
地方财政收入	Local Government Revenue	177.04	395.27	1081.69	1517.07
地方财政支出	Local Government Expenditure	347.83	873.42	2702.48	3520.76
物价总指数 (上年＝100)	**Price Index (preceding year=100)**				
居民消费价格总指数	General Consumer Price Index	101.4	102.3	103.1	105.5
商品零售价格总指数	General Retail Price Index	99.3	102.3	103.1	105.5
农产品生产者价格指数	Producer Price Indices of Farm Products	96.8	99.5	109.9	121.9
利用外资 (万美元)	**Utilization of Foreign Capital (USD 10 000)**				
实际利用外商直接投资	Foreign Direct Investment	110843	207235	518441	615031
产 业	**Industry**				
农业	**Agriculture**				
耕地面积(千公顷)	Cultivated Areas (1 000 hectares)	3921.60	3815.98		
农林牧渔业从业人员 (万人)	Number of Persons Engaged in Farming, Forestry, Animal Husbandry and Fishery (10 000 persons)	2065.92	1951.90	1861.85	1863.91

1-9 续表 1 continued

指 标	Item	总量指标 Aggregate Data			
		2000	2005	2010	2011
农林牧渔业总产值(亿元)	Gross Output Value of Farming, Forestry, Animal Husbandry and Fishery (100 million yuan)	1251.89	2056.24	3787.47	4508.20
农业	Planting	633.84	947.72	2059.55	2391.67
林业	Forestry	51.01	100.96	207.43	239.11
牧业	Animal Husbandry	486.13	834.52	1118.20	1425.60
渔业	Fishery	80.91	138.37	232.70	255.04
主要农产品产量(万吨)	Output of Major Farm Products (10 000 tons)				
粮食	Grain	2874.97	2856.55	2847.50	2939.35
棉花	Cotton	17.13	18.56	22.70	22.70
油料	Oil-bearing Crops	139.35	140.98	195.26	215.29
黄红麻(熟麻)	Jute and Ambary Hemp	0.23	0.06	0.08	0.06
苎麻	Ramie	6.62	13.07	6.33	4.16
烤烟	Fluecured Tobacco	15.55	20.39	21.26	23.35
茶叶	Tea	5.73	7.20	11.77	13.28
柑桔	Citrus	125.92	205.51	388.92	458.87
猪牛羊肉	Pork, Beef and Mutton	436.51	545.94	439.28	432.53
水产品	Aquatic Products	133.21	179.22	198.89	200.02
工业	**Industry**				
主要规模工业产品产量	Output of Major Industrial Products				
布(亿米)	Cloth (100 million m)	3.41	3.61	4.65	4.78
机制纸及纸板(万吨)	Machine-made Paper and Paperboards(10 000 tons)	70.07	170.59	384.63	426.78
成品糖(万吨)	Sugar (10 000 tons)	4.44	2.10	0.40	0.31
合成洗涤剂(万吨)	Synthetic Detergents (10 000 tons)	8.12	32.06	36.30	41.58
家用电冰箱(万台)	Household Refrigerators (10 000 sets)	44.54	55.54	31.31	23.34
原煤(万吨)	Coal (10 000 tons)	1490.81	3646.51	7670.12	8170.06
发电量(亿千瓦小时)	Electricity (100 million kw.h)	354.42	630.29	1186.44	1294.77
粗钢(万吨)	Crude Steel (10 000 tons)	304.13	975.17	1766.52	1825.94
钢材(万吨)	Steel (10 000 tons)	299.05	961.26	1811.73	1946.83
水泥(万吨)	Cement (10 000 tons)	2395.72	3571.07	8691.20	9271.20
规模工业企业财务指标	Principal Financial Item of Industrial Enterprises above Designated Size				
年底固定资产原价(亿元)	Original Value of Fixed Assets (100 million yuan)	1947.23	2932.81	8007.22	9600.29
利润和税金总额(亿元)	Profits and Taxes (100 million yuan)	205.87	575.09	2835.50	3577.53
建筑业	**Construction**				
建筑业企业人数 (万人)	Number of Employed Persons (10 000 persons)	76.30	118.61	150.41	155.44
建筑业总产值 (亿元)	Gross Output Value of Construction (100 million yuan)	354.29	1219.35	3161.73	3915.02
施工房屋面积 (万平方米)	Floor Space of Buildings Under Construction (10 000 m2)	5087.93	13774.87	27680.25	32795.65
#竣工房屋面积	Floor Space of Buildings Completed	2603.03	6846.04	10573.45	11777.74
交通运输	**Transportation**				
货运量 (万吨)	Freight Traffic (10 000 tons)	51228	76876	149794	168762
铁路	Railways	4676	5218	5716	5951
公路	Highways	42868	67040	127635	144241
水运	Waterways	3406	4615	15811	17954
客运量 (万人)	Passenger Traffic (10 000 persons)	87462	116457	156871	171886
铁路	Railways	5233	5423	7111	7915
公路	Highways	81005	109728	148235	161980
水运	Waterways	1094	702	919	1327

1-9 续表 2 continued

指 标	Item	总量指标 Aggregate Data			
		2000	2005	2010	2011
邮电通信业	**Postal and Telecommunications Services**				
邮电业务总量(亿元)	Total Business Revenue (100 million yuan)	140.92	372.24	357.27	435.52
函件(万件)	Number of Letters Delivered (10 000 pieces)	21255.00	11338.80	8358.00	8249.00
报刊期发数(万份)	Newspapers and Magazines Distributed (10 000 copies)	1042.72	582.89	718.00	672.00
交换机容量(万门)	Capacity of Office Telephone Exchanges(10 000 lines)	873.20	1216.62	1210.59	1029.12
国内商业 (亿元)	**Domestic Trade (100 million yuan)**				
社会消费品零售总额	Total Retail Sales of Consumer Goods	1383.72	2459.12	5839.50	6884.73
对外经济贸易和旅游	**Foreign Trade and Tourism**				
进出口总额(亿美元)	Total Exports and Imports (USD 100 million)	25.13	60.05	146.89	190.00
进口额	Imports	8.60	22.58	67.34	91.03
出口额	Exports	16.53	37.47	79.55	98.97
国际旅游	International Tourism				
来湘旅游人数(万人次)	Tourism to Hunan (10 000 person-times)	45.40	71.98	189.87	228.63
旅游外汇收入(亿美元)	Foreign Exchange Earnings from Tourism (USD 100 million)	2.21	3.90	8.87	10.40
金融保险 (亿元)	**Finance and Insurance (100 million yuan)**				
金融机构存款余额	Total Saving Depositit of F inancial Institutions	2874.75	6498.22	16643.27	19334.70
金融机构贷款余额	Total Loan Balances of F inancial Institutions	2403.39	4509.09	11303.76	13186.68
财产险保费收入	Premium Income from Property Insurance	13.12	31.50	105.81	129.00
人身险保费收入	Premium Income from Life Insurance	46.78	95.68	332.72	314.58
教育、科技、文化	**Education, Science and Technology, Culture**				
教育	**Education**				
专任教师数(万人)	Full-time Teachers (1 0000 persons)				
普通高等学校	Institutions of Higher Education	2.03	4.53	5.96	6.12
中等职业学校	Specialized Secondary Schools	1.08	2.60	2.80	2.80
普通中学	Secondary Schools	22.37	26.14	24.05	26.86
小学	Primary Schools	30.64	24.61	25.00	22.26
在校学生(万人)	Students Enrollment (10 000 persons)				
普通高等学校	Institutions of Higher Education	25.31	74.24	104.43	106.79
中等职业学校	Specialized Secondary Schools	25.83	70.56	76.48	77.88
普通中学	Secondary Schools	391.73	429.11	316.82	317.72
小学	Primary Schools	663.93	419.83	479.16	490.32
国家财政性教育经费(亿元)	State Fiscal Funding on Education (100 million yuan)	85.77	166.91	480.57	617.94
科技	**Science and Technology**				
各类专业技术人员数(万人)	Scientific and Technical Personnel (10000 person)	109.34	122.91	102.29	100.82
科技拨款 (亿元)	Funding for Scientific and Technical Activities (100 million yuan)	5.55	10.77	35.00	40.68
技术市场技术交易成交额 (亿元)	Transaction Value in Technical Market (100 million yuan)	10.95	20.70	25.95	29.97
文化	**Culture**				
出版数量	Publications				
图书(万册)	Number of Books (10 000 copies)	24844	33238	31153	34528
杂志(万册)	Number of Magazines (10 000 copies)	10504	11708	12762	12584
报纸(万份)	Number of Newspapers Issue (10 000 copies)	83467	106428	129101	122640
电视节目每周播出时间(小时)	Time for TV Programs Telecasting (hour)	2338	13210	13740	13897

注:对外贸易中的进出口总额,统一按海关统计数据。

Figures on total imports and exports from foreign trade are obtained from the customs statistics.

1−9 续表 3 continued

指 标	Item	总量指标 Aggregate Data			
		2000	2005	2010	2011
家庭、生活、环境	**Family, People's Livelihood and Environment**				
家庭	**Family**				
家庭总户数(万户)	Total Number of Households (10 000 households)	1874.87	2044.81	2152.90	2186.60
城镇居民户均家庭人口(人)	Average Household Size in Urban Areas (person)	3.09	2.93	2.90	2.90
农村居民户均常住人口(人)	Average Household Size in Rural Areas (person)	3.97	3.94	3.88	3.97
婚姻 (万对)	**Marriages and Divorces (10 000 couples)**				
结婚数	Number of Marriages	38.31	45.97	63.46	65.87
离婚数	Number of Divorces	6.45	8.30	15.37	16.07
居住(平方米/人)	**Housing (sq.m/person)**				
城市居民人均居住面积	Per Capita Floor Space of Urban Residents	11.75	22.03	37.51	39.69
农村居民人均住房面积	Per Capita Floor Space of Rural Residents	30.92	38.38	42.20	46.62
生活	**People's Livelihood**				
城镇居民人均可支配收入(元)	Per Capita Annual Disposable Income of Urban Households(yuan)	6219	9524	16566	18844
农村居民人均纯收入(元)	Per Capita Annual Net Income of Rural Households (yuan)	2197	3118	5622	6567
个人存款余额(亿元)	Outstanding Amount of Personal Saving (100 million yuan)	1874.22	4153.70	9022.58	10612.76
工资福利	**Wages and Welfare**				
在岗职工工资总额(亿元)	Total Wages on the Job(100 million yuan)	377.19	616.86	1434.62	1797.05
在岗职工平均工资(元)	Average Wage of Staff and Workers on the Job(yuan)	6515	13718	29275	35520
卫生	**Health Care**				
医院与卫生院(个)	Number of Hospitals (unit)	3339	4097	3066	3096
执业（助理）医师(万人)	Number of Doctors (10 000 persons)	8.87	7.99	10.42	11.43
医院床位数(万张)	Number of Hospital Beds (10 000 units)	9.32	15.22	14.99	16.85
市政建设	**City Construction**				
供水总量(亿立方米)	Volume of Tap Water Supply (100 million tons)	28.24	26.78	18.92	18.16
排水管道长度(公里)	Length of Sewer Pipelines (km)	3754.00	5593.83	8882.00	10897.1
城市煤气供气量(万立方)	Volume of Coal Gas Supply in Urban Areas (10 000 cu.m)	60375	44064	3044	2334
液化石油气用量(万吨)	Volume of Liquefied Petroleum Gas (10 000 tons)	20.20	29.47	25.29	26.59
公共汽车总数(辆)	Total Number of Public Buses (unit)	9083	9611	15109	15544
公交客运总量(万人次)	Total Passenger Traffic of Public Transportation (10 000 person-times)	106227	212507	246471	306913
环境、灾害	**Environment and Disaster**				
火灾发生数(次)	Number of Fire Disasters (times)	3440	5223	2928	3789
火灾经济损失(万元)	Loss of Fire Accidents (10 000 yuan)	4799	4862	8754	7538
交通事故发生数(次)	Number of Traffic Accidents (times)	23938	15013	8651	8121
交通事故经济损失(万元)	Loss of Traffic Accidents (10 000 yuan)	9662	7131	4104	5146

注：2002年起医生数是指执业医生数。2000年起城镇居民人均居住面积由建设厅提供。2006年劳动厅取消有关离退休人员人数、劳保福利费等统计指标。2007年起卫生部网络直报数据包含了诊所,医务室,卫生所，社区服务站;而2007年前是没有包括的。

Data of doctors are doctors and assistant doctors since 2002. Data on living floor space of urban residents came from Constructional Bureau of Hunan Province since 2006. The statistical indicators on retired staff and workers have been canceled in 2006.The data submitted directly by network of Ministry of Health has included clinics,health service stations,health service centers for community from 2007, but before 2007, has not included.

1-10 国民经济和社会发展速度指标
Develop Speed of National Economy and Social Development

单位：% (%)

指 标	Item	发展速度（以上年为100）Growth Rate (precending year=100)			
		2000	2005	2010	2011
人口与就业	**Population and Employment**				
人口	**Population**				
年底总人口	Population at the Year-end	100.5	100.5	102.7	100.6
城镇人口	Urban	113.2	104.8	103.0	104.8
乡村人口	Rural	95.9	98.2	102.6	97.5
男性人口	Male	101.0	100.6	102.5	100.7
女性人口	Female	99.9	100.5	103.0	100.6
就业	**Employment**				
从业人员数	Employees	99.3	101.5	101.2	100.6
在岗职工人数	Staff and Workers on the Job	98.3	95.9	111.9	109.5
宏观经济	**Macro-economy**				
国民经济核算	**National Accounting**				
地区生产总值	Gross Domestic Products	109.0	112.2	114.6	112.8
第一产业	Primary Industry	103.9	105.7	104.3	104.2
第二产业	Secondary Industry	110.6	112.9	120.2	117.0
第三产业	Tertiary Industry	110.9	113.8	111.7	111.0
人均地区生产总值	Per Capita Gross Regional Product	108.5	110.6	112.9	111.2
支出法地区生产总值	Gross Regional Product by Expenditure Approach	109.0	112.2	114.6	112.8
最终消费	Final Consumption	106.7	110.3	110.9	110.8
居民消费	Households Consumption	105.6	111.3	110.8	111.2
政府消费	Government Consumption	110.8	107.3	111.2	109.5
资本形成总额	Gross Capital Formation	104.3	116.8	119.3	114.6
固定资本形成	Gross Fixed Capital Formation	110.9	122.1	118.6	114.0
固定资产投资	**Investment in Fixed Assets**				
固定资产投资总额	Total Investment in Fixed Assets	113.0	129.4	127.6	127.9
国有单位	State-owned unit	109.8	113.8	113.6	117.3
集体单位	Collective-owned Unit	124.0	124.4	135.5	141.4
个体经济	Individuals	107.0	127.32	142.5	131.8
财政	**Pubic Finance**				
地方财政收入	Local Government Revenue	106.3	123.3	127.6	140.3
地方财政支出	Local Government Expenditure	111.1	121.4	122.3	130.3
物价总指数(上年=100)	**Price Index (preceding year=100)**				
居民消费价格总指数	General Consumer Price Index	101.4	102.3	103.1	105.5
商品零售价格总指数	General Retail Price Index	99.3	102.3	103.1	105.5
农产品生产者价格指数	Producer Price Indices of Farm Products	96.8	99.5	109.9	121.9
利用外资	**Utilization of Foreign Capital**				
实际利用外商直接投资	Foreign Direct Investment	103.6	146.1	112.8	118.6
产 业	**Industry**				
农业	**Agriculture**				
耕地面积	Cultivated Areas	122.1	100.0		
农林牧渔业从业人员	Number of Persons Engaged in Farming, Forestry, Animal Husbandry and Fishery	99.6	98.8	99.7	100.1

1-10 续表 1 continued

单位：% (%)

指 标	Item	发展速度（以上年为100） Growth Rate (precending year=100)			
		2000	2005	2010	2011
农林牧渔业总产值	Gross Output Value of Farming, Forestry,Animal Husbandry and Fishery	104.3	105.8	104.3	104.3
农业	Farming	103.1	104.5	104.3	106.9
林业	Forestry	104.3	109.8	106.9	106.9
牧业	Animal Husbandry	103.9	106.3	103.4	99.6
渔业	Fishery	111.5	109.6	105.5	100.4
主要农产品产量	Output of Major Farm Products				
粮食	Grain	99.4	101.6	98.1	103.2
棉花	Cotton	96.8	90.8	107.1	100.0
油料	Oil-bearing Crops	107.1	131.8	108.9	110.3
黄红麻(熟麻)	Jute and Ambary Hemp	100.0	85.7	160.0	68.4
苎麻	Ramie	173.3	109.0	83.1	66.7
烤烟	Fluecured Tobacco	125.4	113.6	101.2	109.8
茶叶	Tea	101.8	108.1	119.5	112.8
柑桔	Citrus	84.1	112.8	118.2	118.0
猪牛羊肉	Pork, Beef and Mutton	103.8	105.6	104.1	98.4
水产品	Aquatic Products	107.0	107.2	105.5	100.6
工业	**Industry**				
主要规模工业产品产量	Output of Major Industrial Products above Designated Size				
布	Cloth	118.8	86.4	95.7	102.9
机制纸及纸板	Machine-made Paper and Paperboards	132.1	101.6	109.9	115.5
成品糖	Refined Sugar	43.8	95.5	19.3	23.4
合成洗涤剂	Synthetic Detergents	119.6	126.8	96.6	114.6
家用电冰箱	Household Refrigerators	155.7	90.8	200.2	74.5
原煤	Coal	104.0	120.1	116.7	111.4
发电量	Electricity	106.6	104.1	120.6	113.3
粗钢	Crude Steel	98.4	121.3	123.0	103.0
钢材	Steel	103.6	119.8	120.5	108.2
水泥	Cement	105.4	106.3	115.3	111.5
规模工业企业财务指标	Principal Financial Item of Industrial Enterprises above Designated Size				
年底固定资产原价	Original Value of Fixed Assets	108.2	106.4	132.5	119.9
利润和税金总额	Profits and Taxes	116.3	127.6	156.0	126.2
建筑业	**Construction**				
建筑业企业人数	Number of Employed Persons	98.9	102.8	103.8	103.4
建筑业总产值	Gross Output Value of Construction	106.1	118.6	126.1	123.8
施工房屋面积	Floor Space of Buildings Under Construction	97.8	110.0	123.3	118.5
竣工房屋面积	Floor Space of Buildings Completed	97.1	109.5	107.8	111.4
交通运输	**Transportation**				
货运量	Freight Traffic	100.1	110.3	116.1	112.6
铁路	Railways	104.9	96.6	106.0	103.8
公路	Highways	99.0	111.2	114.6	113.0
水运	Waterways	107.2	115.8	133.6	113.6
客运量	Passenger Traffic	99.6	109.5	111.2	109.6
铁路	Railways	104.5	101.8	111.0	111.2

1—10 续表 2 continued

单位：% (%)

指 标	Item	发展速度（以上年为100）Growth Rate (precending year=100)			
		2000	2005	2010	2011
公路	Highways	99.2	109.8	111.2	109.3
水运	Waterways	109.2	90.9	123.0	144.4
邮电通信业	**Postal and Telecommunications Services**				
邮电业务总量	Total Business Revenue	152.4	142.7	118.2	117.7
函件	Number of Letters Delivered	83.8	71.9	81.3	98.7
报刊期发数	Number of Newspapers and Magazines Distributed	65.1	88.2	101.3	93.6
交换机容量	Capacity of Office Telephone Exchanges	149.0	108.5	100.6	85.0
国内商业	**Domestic Trade**				
社会消费品零售总额	Total Retail Sales of Consumer Goods	111.0	114.4	118.8	117.9
对外经济贸易和旅游	**Foreign Trade and Tourism**				
进出口总额	Total Exports and Imports	128.5	110.4	144.7	129.6
进口额	Imports	127.6	96.5	144.5	135.9
出口额	Exports	128.9	120.9	144.8	124.4
国际旅游	International Tourism				
来湘旅游人数	Number of Tourism to Hunan	117.7	130.1	145.1	120.4
旅游外汇收入	Foreign Exchange Earnings from Tourism	119.2	124.6	131.8	117.3
金融保险	**Finance and Insurance**				
金融机构存款余额	Total Saving Depositit of F inancial Institutions	113.2	118.1	119.3	116.8
金融机构贷款余额	Total Loan Balances of F inancial Institutions	99.8	105.9	120.6	116.7
财产险保费收入	Premium Income from Property Insurance	102.0	119.3	133.1	121.9
人身险保费收入	Premium Income from Life Insurance	159.0	117.0	123.7	94.5
教育、科技、文化	**Education, Science and Technology, Culture**				
教育	**Education**				
专任教师数	Full-time Teachers				
普通高等学校	Institutions of Higher Education	112.9	118.3	101.4	102.7
中等职业学校	Specialized Secondary Schools			94.9	99.9
普通中学	Secondary Schools	105.3	100.2	98.6	111.7
小学	Primary Schools	99.7	99.1	99.8	89.0
在校学生	Students Enrollment				
普通高等学校	Institutions of Higher Education	140.7	118.7	103.0	102.3
中等职业学校	Specialized Secondary Schools			94.6	101.8
普通中学	Secondary Schools	124.7	90.9	98.8	100.3
小学	Primary Schools	92.0	97.1	102.1	102.3
国家财政性教育经费	State Fiscal on Education	107.1	118.4	113.2	128.6
科技	**Science and Technology**				
各类专业技术人员数	Number of Scientific and Technical Personnel	101.8	102.1	100.1	98.6
科技拨款	Funding for Scientific and Technical Activities	126.1	121.1	118.2	116.2
技术市场技术交易成交额	Transaction Value in Technical Market	153.2	123.9	101.0	115.5
文化	**Culture**				
出版数量	Publications				
图书	Number of Books	80.8	108.9	118.9	110.8

注：对外贸易中的进出口总额,统一按海关统计数据。

Figures on total imports and exports from foreign trade are obtained from the customs statistics.

1-10 续表 3 continued

单位：% (%)

指 标	Item	发展速度（以上年为100）Growth Rate (precending year=100) 2000	2005	2010	2011
杂志	Number of Magazines	84.5	61.2	110.9	98.6
报纸	Number of Newspapers Issue	98.2	102.2	101.8	95.0
电视节目每周播出时间	Time for TV Programs Telecasting	107.7	114.2	103.0	101.1
家庭、生活、环境	**Family, People's Livelihood and Environment**				
家庭	**Family**				
家庭总户数	Total Number of Households	103.3	102.7	101.3	
城镇居民平均每户家庭人口	Average Household Size in Urban Areas	100.3	98.0	100.0	100.0
农村居民平均每户常住人口	Average Household Size in Rural Areas	101.0	101.3	99.7	102.3
婚姻	**Marriages and Divorces**				
结婚数	Number of Marriages	94.6	108.0	97.5	103.8
离婚数	Number of Divorces	113.8	102.6	107.9	104.6
居住	**Housing**				
城市居民人均居住面积	Per Capita Floor Space of Urban Residents	104.5	86.8	103.3	105.8
农村居民人均住房面积	Per Capita Floor Space of Rural Residents	103.5	105.0	101.2	110.5
生活	**People's Livelihood**				
城镇居民人均可支配收入	Per Capita Annual Disposable Income of Urban Households	105.5	108.2	106.5	107.9
农村居民人均纯收入	Per Capita Annual Net Income of Rural Households	104.8	107.2	110.8	110.6
城乡储蓄存款余额	Outstanding Amount of Saving Deposits in Urban and Rural Areas	111.0	119.2	115.5	117.3
工资福利	**Wages and Welfare**				
在岗职工工资总额	Total Wages on the Job	108.1	113.4	117.1	125.3
在岗职工平均工资	Average Wage of Staff and Workers on the Job	108.3	119.7	112.6	121.3
卫生	**Health Care**				
医院与卫生院	Number of Hospitals	99.4	101.4	98.8	101.0
执业（助理）医师	Number of Doctors	104.5	100.0	103.5	101.6
医院床位数	Number of Hospital Beds	106.5	103.0	109.7	112.1
市政建设	**City Construction**				
供水总量	Volume of Tap Water Supply	99.7	112.6	105.3	96.0
排水管道长度	Length of Sewer Pipelines	76.3	113.1	113.7	122.7
城市煤气供气量	Volume of Coal Gas Supply in Urban Areas	81.0	99.9	3.4	76.7
液化石油气用量	Volume of Liquefied Petroleum Gas	106.5	98.1	107.2	105.1
公共汽车总数	Total Number of Public Buses	102.2	102.9	104.8	102.9
公交客运总量	Total Passenger Traffic of Public Transportation	115.7	121.3	123.8	124.5
环境、灾害	**Environment and Disaster**				
火灾发生数	Number of Fire Disasters	119.8	138.8	114.2	129.4
火灾经济损失	Loss of Fire Accidents	57.7	158.0	87.9	86.1
交通事故发生数	Number of Traffic Accidents	156.1	64.6	116.2	93.9
交通事故经济损失	Loss of Traffic Accidents	116.2	69.4	107.4	125.4

1-11 国民经济和社会发展效益指标
Beneficial Indicators of National Economy and Social Development

指 标	Item	2000	2005	2010	2011
人口与就业	**in State-owned Economic (%)**				
人口出生率(‰)	Birth Rate (‰)	11.45	11.90	13.10	13.35
人口死亡率(‰)	Death Rate(‰)	6.79	6.75	6.70	6.80
人口自然增长率(‰)	Natural Growth Rate(‰)	4.66	5.15	6.40	6.55
就业者负担人口(人)	Dependency Rate(person)	1.83	1.77	1.78	1.78
宏观经济	**Macro Economy**				
全社会劳动生产率(元/年人)	Overall Labor Productivity (yuan/person-year)	9894	17188	40510	49249
第一产业	Primary Industry	3785	5899	13748	16428
第二产业	Secondary Industry	15399	31706	81051	101317
第三产业	Tertiary Industry	21791	24449	46784	54442
人均地区生产总值(元)	Per Capita Gross Regional Product (yuan)	5425	10562	24719	29880
固定资产投资相当于生产总值(%)	Proportion of Investment in Fixed Assets to GDP (%)	30.0	39.4	63.3	58.1
国有经济项目投产率(%)	Rate of Projects Completed and Put into Use in State-owned Economic (%)	62.3	56.1	50.5	52.0
国有经济固定资产交付使用率(%)	Rate of Fixed Assets Completed and Put into Use in State-owned Economic (%)	69.8	56.2	40.2	45.8
地方财政收入相当于生产总值(%)	Proportion of Local Government Revenue to GDP (%)	5.0	6.1	6.7	7.7
地方财政支出相当于生产总值(%)	Proportion of Local Government Expenditures to GDP (%) Signed Contracts or Agreements (%)	9.8	13.4	16.9	17.9
产 业	**Industry**				
人均耕地面积(公顷)	Per Capita Cultivated Land (hectare)	0.06	0.06		
农业从业者人均耕地面积(公顷)	Cultivated Land per Agricultural Laborer (hectare)	0.19	0.20		
农业从业者人均农业总产值(元)	Agricultural Output Value per Agricultural Laborer(yuan)	6048	10535	12103	14226.6
每公顷耕地农业机械总动力(千瓦)	Total Power of Agricultural Machinery per Hectare Cultivated Land (kw)	5.63	8.36		
每公顷耕地用电量(千瓦小时)	Electric Power Consumption per Hectare Cultivated Land(kw.h)	1135.00	1709.55		
每公顷播种面积化肥施用量(公斤)	Chemical Fertilizer Consumption per Hectare Sown Area (kg)	228.00	251.75		
每公顷耕地生产的农业产值(元)	Agricultural Output Value per Hectare Cultivated Land (yuan)	31923	53885		
每一农业从业者农产品产量	Output of Farm Products per Agricultural Laborer				
粮食(公斤)	Grain (kg)	1388.86	1463.47	1529.39	1577.75
棉花(公斤)	Cotton (kg)	8.28	9.51	12.19	12.18
油料(公斤)	Oil-bearing Crops (kg)	67.32	72.23	104.88	115.56
肉类(公斤)	Meat (kg)	239.69	322.74	265.72	262.33
水产品(公斤)	Aquatic Products (kg)	64.35	91.82	106.82	107.46
每公顷播种面积农产品产量	Output of Farm Products per Hectare Sown Area				
粮食(公斤)	Grain (kg)	5716	5477	5921	6023.78
棉花(公斤)	Cotton (kg)	1173	1395	1297	1179.83
油料(公斤)	Oil-bearing Crops (kg)	1490	1569	1612	1661.87
规模以上工业企业效益	Economic Efficiency of Industrial Enterprises above Designated Size				
固定资产利税率(%)	Rate of Per-tax Profits to Fixed Assets (%)	10.57	19.61	35.41	37.26

1-11 续表 continued

指 标	Item	2000	2005	2010	2011
产值利税率(%)	Rate of Per-tax Profits to Output Value (%)	12.7	12.1	14.9	13.6
百元销售收入实现利税(元)	Per-tax profits per 100 Yuan Sales Revenue (yuan)	13.2	12.5	15.2	13.9
工业产品销售率(%)	Proportion of Industrial Products Sold (%)	99.32	99.52	98.54	98.62
建筑业技术装备率(元 / 人)	Value of Machinery in Construction per Laborer (yuan/person)	5428	8051	9289	9901
建筑业动力装备率(千瓦 / 人)	Power of Machinery per Laborer (kw/person)	4.7	4.9	5.6	5.8
建筑业产值利税率(%)	Ratio of Per-tax Profits to Gross Output Value (%)	4.3	6.0	7.2	6.8
建筑业全员劳动生产率(元 / 人)	Overall Labor Productivity (yuan/person-year)	46436	105740	193653	24085
运输业铁路网密度 (公里 / 万平方公里)	Railway Density in Transportation (km/10 000 sq.km)	138.07	132.29	174.46	174.46
运输业公路网密度 (公里 / 万平方公里)	Highway Density in Transportation (km/10 000 sq.km)	2872.90	4164.31	10764.77	10962.70
全省人均消费品零售额(元)	Per Capita Retail Sales of Consumer Goods (yuan)	2113.51	3652.83	8296.88	9679.67
进出口总额相当于生产总值(%)	Proportion of Total Imports and Exports to GDP (%)	5.63	7.47	6.20	6.24
每一来湘旅游客人次支出(美元)	Expenditure per International Tourist in Hunan (USD)	486.92	541.82	467.04	860.93
教育、科技、文化	**Education, Science and Technology , Culture**				
学龄儿童入学率(%)	Rate of School-age Children Enrollment (%)	98.42	99.03	99.92	99.88
小学升学率(%)	Rate of Graduates of Primary Schools Entering Junior Secondary Schools(%)	97.04	99.66	100.86	100.65
初中升学率(%)	Rate of Graduates of Junior Secondary Schools Entering Senior Secondary Schools(%)	51.15	60.82	98.32	94.50
学校每一专任教师负担学生人数	Number of Students Supported by Each Fulltime Teacher				
#高等学校(人)	Institutions of Higher Education (person)	12.50	16.40	17.53	17.46
普通中学(人)	Secondary Schools (person)	17.50	16.41	13.17	11.83
小学学校(人)	Primary Schools (person)	21.70	17.06	19.16	22.02
国家财政性教育经费占GDP比例(%)	Proportion of State Fiscal Funding on Education to GDP (%)	2.42	2.53	3.00	3.14
科技拨款相当于生产总值(%)	Proportion of Funding for Scientific and Technical Activities to GDP(%)	0.15	0.17	0.22	0.21
每百万人有艺术表演团体(个)	Number of Troupes per Million Persons (unit)	1.39	1.35	2.84	1.73
每百万人有公共图书馆(个)	Number of Public Libraries per Million Persons (unit)	1.75	1.78	1.75	1.97
家庭、生活、环境	**Family , People's Livelihood and Environment**				
离婚率(‰)	Divorce Rate (‰)	1.97	2.50	4.39	2.25
每万人口中医院卫生院数(个)	Number of Hospitals per 10 000 persons (unit)	0.51	0.61	0.43	0.47
每万人口中执业(助理)医师数(人)	Number of Doctors per 10 000 persons (person)	13.52	11.87	14.70	16.06
每万人口中医院床位数(张)	Number of Hospital Beds per 10 000 persons (unit)	14.20	22.61	21.14	25.55
医院病床使用率(%)	Utilization Rate of Hospital Beds (%)	45.59	68.20	93.10	94.72
城市用水普及率(%)	Percentage of Households with Access to Tap Water (%)	97.50	91.11	95.17	95.68
城市用气普及率(%)	Percentage of Households with Access to Tap Gas(%)	78.35	75.43	86.50	88.45
人均公园绿地面积(平方米)	Park Green Land Per Capita (sq.m)	5.10	6.87	8.89	8.81
每起火灾经济损失(万元)	Average Loss of per Fire Disaster (10 000 yuan)	1.40	0.93	2.99	1.99
每起交通事故经济损失(万元)	Average Loss of per Traffic Accident (10 000 yuan)	0.40	0.48	0.47	0.63

注：自2010年起艺术表演团体含民间职业剧团，此前为文化部门专业剧团数据。

Since 2010, arts performance troupes included folk troupes. And before that, arts performance troupes included professional troupes of cultural department only.

1-12 国民经济主要比例关系

Main Proportional Relations of National Economy

单位：% (%)

指 标	Item	2000	2005	2010	2011
生产总值比例	**Ratio of Gross Domestic Products**				
第一产业	Primary Industry	22.1	16.7	14.5	14.1
第二产业	Secondary Industry	36.4	39.6	45.8	47.6
#工业	# Industry	30.8	33.3	39.3	41.3
建筑业	Construction	5.6	6.3	6.5	6.3
第三产业	Tertiary Industry	41.5	43.7	39.7	38.3
国内支出总额比例	**Ratio of Gross National Expenditure**				
资本形成总额	Gross Capital Formation	29.5	39.1	54.7	55.5
#固定资本形成总额	#Fixed Capital Formation	103.4	97.8	97.6	96.1
存货增加	Changes in Inventories	-3.4	2.2	2.4	3.9
最终消费	Final Consumption Expenditure	69.6	61.0	47.4	46.2
#居民消费	#Resident Consumption	78.0	76.8	76.1	76.4
#农村居民	#Rural Household	46.7	36.9	28.7	29.7
城镇居民	Urban Household	53.3	63.1	71.3	70.3
政府消费	Government Consumption	22.0	23.2	23.9	23.6
固定资产投资的资金来源	**Ratio of Investment in Fixed Assets by Source of Finance**				
国家预算内投资	State Budgetary Appropriation	7.2	3.3	6.6	5.8
国内贷款	Domestic Loans	20.0	13.5	12.5	11.5
债 券	Bunds	0.2	0.3	0.2	0.7
利用外资	Foreign Investment	2.1	2.5	0.8	1.5
自筹投资	Fundraising	58.5	66.0	67.6	67.5
其他投资	Others	12.1	14.4	12.3	13.0
国有经济投资中各行业比例	**Ratio of Investment in Fixed Assets by Sector**				
(国有经济)	(State-owned Economic)				
农 业	Agriculture	0.8	2.2	3.4	2.4
工 业	Industry	23.7	25.5	15.6	17.3
#能源工业	#Energy	15.5	12.0	5.7	6.1
运输、邮电业	Transportation, Postal and Telecommunications, Storage	42.5	20.7	28.6	26.9
地方财政收入比例	**Ratio of Local Government Revenue**				
企业所得税	Income Tax of Enterprises	6.77	5.50	5.57	5.93
国有企业亏损补贴	Subsidies to Loss-suffering State-owned Enterprises	-2.78	-0.95	-0.18	-0.12

1-12 续表 continued

单位：% (%)

指 标	Item	2000	2005	2010	2011
农业总产值中农林牧副渔比例	**Ratio of Agricultural Output Value**				
农业	Agriculture	50.6	46.1	54.4	53.1
林业	Forestry	4.1	4.9	5.5	5.3
牧业	Animal Husbandry	38.8	40.6	29.5	31.6
渔业	Fishery	6.5	6.7	6.1	5.7
规模工业总产值中轻重工业比例	**Ratio of Gross Output Value of Industrial Enterprises above Designated Size**				
轻工业	Light Industry	34.7	30.1	28.8	27.6
重工业	Heavy Industry	65.3	69.9	71.2	72.4
客运量比例	**Ratio of Total Passenger Traffic**				
铁路	Railways	6.0	4.7	4.5	4.6
公路	Highways	92.6	94.2	94.5	94.2
水运	Waterways	1.3	0.6	0.6	0.8
民用航空	Civil Aviation	0.2	0.5	0.4	0.4
货运量比例	**Ratio of Total Freight Traffic**				
铁路	Railways	9.2	6.8	3.8	3.5
公路	Highways	83.7	87.2	85.2	85.5
水运	Waterways	6.6	6.0	10.6	10.6
货物周转量比例	**Ratio of Total Freight Ton-kilometers**				
铁路	Railways	58.8	56.0	35.1	31.2
公路	Highways	27.7	32.4	52.9	56.0
水运	Waterways	13.4	11.5	11.8	12.5
全社会消费品零售总额比例	**Ratio of Total Retail Sales of Consumer Goods**				
城镇	Urban			90.2	90.5
其中：城区	City Proper			60.5	62.8
乡村	Rural			9.8	9.5

注：从2010年起，社会消费品零售总额统计采用新的分组，即将经营单位所在地分组由“市”、“县”、“县以下”改为“城镇”、“乡村”。

From 2010, new grouping method is adopted for the statistics on the total retail sales of consumer goods: grouping according to operation location changes from city, county and below county level to urban and rural areas.

1-13 平均每天主要社会经济活动
Selected Indicators of Average Daily Social and Economic Activities

指 标	Item	2000	2005	2010	2011
全省每天创造的财富	**Daily Production**				
地区生产总值(亿元)	Gross Domestic Product (100 million yuan)	9.73	18.07	43.94	53.89
农业总产值(亿元)	Gross Output Value of Agriculture(100 million yuan)	3.43	5.63	10.38	12.35
地方财政收入(万元)	Local Government Revenue (10 000 yuan)	4850.40	10829.18	29635.35	41563.46
布(万米)	Cloth (10 000 m)	93.42	98.98	127.46	130.89
机制纸及纸板(吨)	Machine-made Paper and Paperboard (ton)	1919.73	4673.70	10537.78	11692.69
原 煤(万吨)	Coal (10 000 tons)	4.08	9.99	21.01	22.38
发电量(万度)	Electricity (10 000 kw.h)	9710.14	17268.08	32505.23	35473.04
原油加工量(吨)	Machining Crude Oil (ton)	14422.47	16189.52	16182.82	20929.00
粗钢(吨)	Crude Steel (ton)	8331.51	26717.09	48397.88	50025.63
钢材(吨)	Steel (ton)	8193.15	26335.95	49636.35	53337.85
水 泥(万吨)	Cement (10 000 tons)	6.56	9.78	23.81	25.40
粮 食(万吨)	Grain (10 000 tons)	7.88	7.83	7.80	8.05
棉 花(吨)	Cotton (ton)	469.32	508.49	621.92	621.92
油 料(吨)	Oil-bearing Crops (ton)	3817.81	3862.47	5349.59	5898.27
苎 麻(吨)	Ramie (ton)	181.37	358.08	173.42	115.62
烤 烟(吨)	Flue-cured Tobacco (ton)	426.03	558.63	582.47	639.65
茶 叶(吨)	Tea (ton)	156.99	197.26	322.47	363.80
柑 桔(吨)	Oranges (ton)	3449.86	5630.41	10655.34	12571.69
猪牛羊肉(吨)	Pork, Beef and Mutton (ton)	11959.18	14957.26	12035.14	11850.14
水产品(吨)	Aquatic Products (ton)	3649.59	4910.14	5448.93	5480.09
进出口总额 (万美元)	Total Imports and Exports (USD 10 000)	688.49	1645.16	4024.34	5205.50
进口额(万美元)	#Total Imports (USD 10 000)	235.62	618.68	1844.93	2493.86
出口额(万美元)	Total Exports (USD 10 000)	452.88	1026.48	2179.42	2711.64
其他经济活动	**Other Daily Economic Activities**				
邮电业务总量(万元)	Business Volume of Postal and Telecommunications Services (10 000 yuan)	3860.89	10198.36	9788.22	11931.94
出版图书(万册)	Books Published (10 000 copies)	68.07	91.06	85.35	94.60
出版杂志(万册)	Magazines Published (10 000 copies)	28.78	32.08	34.96	34.48
出版报纸(万份)	Newspaper Published (10 000 copies)	228.68	291.58	353.70	336.00
邮寄函件(万份)	Post Letters (10 000 pieces)	58.23	31.07	22.90	22.60
全省每天人口变动和婚姻	**Daily Population Changes and Marriages**				
出 生(人)	Births (person)	2054	2195	2510	2602
死 亡(人)	Deaths (person)	1218	1245	1284	1326
结 婚(对)	Marriages (couples)	1050	1259	1739	1805
离 婚(对)	Divorces (couples)	177	227	421	440

注：邮电业务总量从2010年起，由2000年不变价调整为2010年不变价。

From 2010, the index of Revenue From Postal and Telecommunication is adjusted from 2000' s constant price to 2010's constant price.

1-14 人均主要工农业产品产量
Per Capita Output of Major Agricultural and Industrial Products

指 标	Item	2000	2005	2010	2011
粮食(公斤)	Grain (kg)	439.00	425.41	422.78	413.26
棉花(公斤)	Cotton (kg)	2.60	2.76	3.37	3.19
甘蔗(公斤)	Sugarcane (kg)	17.70	14.95	11.37	10.16
烤烟(公斤)	Flue-cured Tobacco (kg)	2.40	3.03	3.29	3.28
茶叶(公斤)	Tea (kg)	0.90	1.07	1.75	1.87
水果(公斤)	Fruit (kg)	23.00	80.26	117.06	122.15
#柑桔(公斤)	#Oranges (kg)	19.20	30.60	57.75	64.51
猪牛羊肉(公斤)	Pork, Beef and Mutton (kg)	66.70	81.30	65.22	60.81
#猪肉(公斤)	#Pork (kg)	63.30	76.20	61.23	57.10
禽蛋(公斤)	Poultry Eggs (kg)	11.20	13.70	13.62	13.15
水产品(公斤)	Aquatic Products (kg)	20.30	26.70	28.05	28.12
纱(混合数)(公斤)	Yarn (kg)	2.53	3.88	11.08	12.21
布(混合数)(米)	Cloth (meter)	5.19	5.38	6.56	6.70
针棉织品(折用纱量)(公斤)	Cotton Knitwear (kg)	0.10	0.24	0.44	0.44
机制纸及纸板(公斤)	Machine-made Paper and Paperboard (kg)	10.68	25.40	54.25	59.81
家用电冰箱 (台/百人)	Household Refrigerators (unit / 100 persons)	0.68	0.83	0.44	0.33
合成洗涤剂(公斤)	Synthetic Detergents (kg)	1.24	4.77	5.12	5.83
原盐(公斤)	Salt (kg)	11.11	17.67	32.24	33.68
成品糖(公斤)	Refined Sugar (kg)	0.68	0.31	0.06	0.04
卷烟(箱 / 百人)	Cigarettes (cases/100 persons)	3.51	4.31	4.94	5.09
原煤(吨)	Coal (ton)	0.23	0.54	1.08	1.14
原油加工量(公斤)	Machining Crude Oil (kg)	80.22	88.00	83.32	107.06
发电量(度)	Electricity (kw.h)	540.11	938.64	1673.51	1814.52
生铁(公斤)	Pig Iron (kg)	50.70	143.17	239.88	262.96
粗钢(公斤)	Crude Steel (kg)	46.35	145.23	249.17	255.89
钢材(公斤)	Steel (kg)	45.57	143.15	255.55	272.83
水泥(吨)	Cement (ton)	0.37	0.53	1.23	1.30
合成氨(公斤)	Synthetic Ammonia (kg)	25.49	28.84	23.14	25.92
农用化肥(折纯量)(公斤)	Chemical Fertilizers (kg)	21.60	38.35	47.05	35.68
#氮肥(公斤)	#Nitrogen Fertilizers (kg)	17.21	34.09	41.75	24.35
农药(原药折纯量)(公斤)	Chemical Pesticide (kg)	0.70	1.34	1.86	1.49
汽车 (辆/万人)	Motor Vehicles (unit/10 000 persons)	2.68	13.79	33.88	33.40
摩托车 (辆/万人)	Motorcycles (unit/10 000 persons)	21.72	43.99	32.72	52.43

1-15 贫困市县基本情况（2011年）
Basic Statistics on Poverty Counties and Cities

市 县	Counties and Cities	总人口（万人）Total Population (10 000 persons)	地区生产总值（万元）Gross Regional Products (10 000 yuan)	第一产业增加值（万元）Added Value of Primary Industry (10 000 yuan)	工业增加值（万元）Added Value of Industry (10 000 yuan)	财政收入（万元）Govern-ment Revenue (10 000 yuan)	粮食产量（吨）Total Output of Grain (ton)	农民人均纯收入(元) Per Capita Annual Net Income of Rural Households (yuan)
武陵山片区	**Wuling Mountainous Area**							
新邵县	Xinshao County	80.5	752618	213764	261346	51453	302400	3353
邵阳县	Shaoyang County	103.93	810855	238548	261751	44802	444600	3055
隆回县	Longhui County	120.62	933207	276374	209507	52337	441300	2675
洞口县	Dongkou County	85.12	901212	366499	247410	41534	419800	3220
绥宁县	Suining County	37.79	501845	132811	227313	25602	141900	4647
新宁县	Xinning County	61.96	530747	168050	114044	40958	295400	2773
城步县	Chengbu County	27.48	232063	84921	74443	19721	75300	2877
武冈市	Wugang City	81.97	793257	323730	147674	50096	440400	4096
石门县	Shimen County	68.96	1464056	329912	560443	85099	255200	5564
慈利县	Cili County	69.06	1010972	182759	312958	62038	293953	4451
桑植县	Sangzhi County	47.26	485617	68281	102935	33305	138190	3020
安化县	Anhua County	101.74	1117235	281624	395563	74527	238300	3150
中方县	Zhongfang County	28.13	619370	83783	343963	38456	112200	5151
沅陵县	Yuanling County	65.55	1192590	131314	757519	95655	217400	3630
辰溪县	Chenxi County	52.62	658705	110233	259551	51247	179100	3840
溆浦县	Xupu County	90.45	880320	219612	285321	52052	336500	4834
会同县	Huitong County	35.94	390426	86849	89211	30259	117600	3848
麻阳县	Mayang County	39.27	407595	106004	122657	22492	107200	3590
新晃县	Xinhuang County	26.54	318041	47603	154083	19362	77300	3203
芷江县	Zhijiang County	37.86	603196	146659	257581	36728	204400	3975
靖州县	Jingzhou County	27.00	430502	92932	147706	25438	120800	4570
通道县	Tongdao County	23.05	227625	51177	77782	17911	79600	3300
新化县	Xinhua County	139.91	1238582	384721	284298	82793	458800	2726
涟源市	Lianyuan City	117.25	1557045	345263	680656	104452	458300	3586
泸溪县	Louxi County	30.93	476907	55088	294991	58126	75102	3647
凤凰县	Fenghuang County	40.43	416092	67849	42818	34389	123328	4012
花垣县	Huayuan County	30.8	544942	47023	353924	65672	88115	3783
保靖县	Baojing County	30.41	373400	61300	179871	26082	87584	3705
古丈县	Guzhang County	14.43	128996	28784	22559	11803	35703	3086
永顺县	Yongsun County	53.37	372786	111823	54225	22564	201341	3406
龙山县	Longshan County	57.82	437230	126108	58789	26782	177458	3628
罗霄山片区	**Luoxiao Mountainous Area**							
茶陵县	Chaling County	60.91	1016785	238951	345398	73136	313213	3703
炎陵县	Yanling County	19.91	363000	59490	165135	45541	91703	3507
宜章县	Yizhang County	61.75	921012	155627	518774	104236	237117	3165
汝城县	Nucheng County	39.55	333055	82201	111631	64046	196327	2525
桂东县	Guidong County	20.97	172991	34728	48881	15997	62762	2639
安仁县	Anren County	43.02	437780	135414	119572	28482	267380	2761
片区外国扶县	**Other State Aided Counties**							
平江县	Pingjiang County	107.49	1432382	326542	605631	60295	415500	3212
新田县	Xintian County	42.10	423861	132301	97683	26054	160500	2458
江华县	Jianghua County	48.91	576450	174707	145705	37427	204500	2715
片区外省扶县	**Other Province Aided Counties**							
祁东县	Qidong County	106.85	1583251	444431	608449	54033	441455	8029
永定区	Yongding Distract	47.06	1225484	124086	227175	44963	149437	4593
武陵源区	Wulingyuan Distract	5.05	285756	12146	2459	34657	13381	5714
双牌县	Shuangpai County	18.45	334549	103758	125447	31589	71100	4259
江永县	Jiangyong County	26.93	355976	148092	73718	22612	120400	2996
宁远县	Ningyuan County	83.94	789722	220846	229495	51762	298700	3664
双峰县	Shuangfeng County	94.93	1264234	451791	443635	61782	534900	4606
吉首市	Jishou City	29.36	863304	45776	252482	61612	48729	4162

1-16 城乡私营企业基本情况（2011年）
Basic Statistics on Private Enterprises in Urban and Rural Areas (2011)

项 目	Item	户 数 (户) Number of Enterprises (unit)	投资者 (人) Employers (person)	雇工人数 (人) Number of Employed Persons (person)	注册资金 (万元) Registered Capital (10 000 yuan)
总 计	**Total**	**219127**	**553620**	**3004164**	**62437830**
#城镇	Urban	163893	390381	1955364	48710691
独资企业	Private-funded Enterprises	30142	29798	352036	1298688
合伙企业	Private Partnership Enterprises	8267	39769	164952	2628436
有限责任公司	Private Limited Liability Corporations	179686	475962	2467644	55107275
股份有限公司	Private Share-holding Corporations Ltd.	1032	8091	19532	3403431

注：本表资料由湖南省工商行政管理局提供。

Data in the table were obtained from the Administrative Bureau for Industry and Commerce of Hunan Province.

1-17 城乡个体工商业基本情况（2011年）
Basic Statistics on Individuals and Commerce in Urban and Rural Areas (2011)

单位：亿元 (100 million yuan)

项 目	Item	期末户数(户) Number of Enterprise (household)	#城镇 Urban	期末从业人员 (人) Number of Employees (person)	#城镇 Urban	期末注册资金 Registered Capital	#城镇 Urban
总 计	**Total**	**1536716**	**1231788**	**3299811**	**2557322**	**7692346**	**6031393**
农林牧渔业	Farming, Forestry, Animal Husbandry and Fishery	11960	7701	29473	17766	244294	149943
采矿业	Mining and Quarrying	3566	1889	12587	5775	110187	57917
制造业	Manufacturing	84308	59988	234729	139456	610385	406411
建筑业	Construction	2938	2372	6257	4963	29301	23552
交通运输、仓储和邮政业	Transport, Storage and Post	50946	33701	70577	61605	307627	242454
信息传输、计算机服务和软件业	Information transmission, computer services and software industry	12927	9461	19623	14959	55934	46495
批发零售贸易	Wholesale and Retail Trades	1080067	868576	2286083	1813830	4793939	3756235
住宿和餐饮业	Hotels and Catering Trades	109314	95757	278852	211477	662776	617295
房地产业	#Catering Trade	990	843	2039	1911	3687	3161
租赁和商务服务业	Social Services	15791	13970	29531	26495	95008	86931
居民服务和其他服务	Commodity Revamp	143935	121365	283748	219397	524955	459366
文化、体育和娱乐业		9922	8901	25849	23978	117666	109262
其他行业	Others	691	339	1459	916	1992	1049

注：本表资料由湖南省工商行政管理局提供。

Data in the table were obtained from the Administrative Bureau for Industry and Commerce of Hunan Province.

1-18 “三资”企业投资基本情况（2011年）
Basic Statistics on Investment of “Three Types of Capital” Enterprises (2011)

类 别	Item	本期实际投资（万美元）Used Value (USD 10 000)	年末实有企业数（个）Number of Registered Enterprises (unit)	#本年新增企业 Newly Increase this Year
总 计	**Total**	**453108**	**2289**	**-332**
中外合资企业	Joint-venture Enterprises	169763	1032	-161
中外合作企业	Cooperation Enterprises	44361	136	-28
外商独资企业	Enterprises with Sole Foreign Investment	238984	1121	-143
按国民经济行业分组	**By Economic Sector**			
农、林、牧、渔业	Agriculture, Forestry, Animal Husbandry and Fishing	17540	110	-23
采矿业	Mining	18831	25	-4
制造业	Manufacturing	157405	1152	-174
纺织业	Textiles	2681	40	-16
化学原料及化学制品	Raw Chemical Materials and Chemical Products	12325	122	-28
医药制造业	Medical and Pharmaceutical Products	1086	21	-5
通用设备制造业	Ordinary Machinery	4938	41	0
专用设备制造业	Equipment for Special Purposes	9398	69	-4
通信设备、计算机及其他电子设备制造业	Communication Equipment,Computer and Other Electronic Equipment	7072	99	-12
电力、燃气及水的生产和供应业	Production and Distribution of Electricity, Gas and Water	11310	80	-3
建筑业	Construction	4476	51	-20
交通运输、仓储和邮政业	Transportation, Storage and Post	2990	43	-8
批发和零售业	Wholesale and Retail Trade	20917	127	6
住宿和餐饮业	Hotel and Restaurants	5195	85	-24
房地产业	f Real Estate	114581	293	-61
租赁和商务服务业	Leasing and Business Services	57452	115	8
科学研究、技术服务和地质勘查业	Scientific Research, Technical Services, and Geological Prospecting	19788	44	-4
教育	Education		5	0
卫生、社会保障和社会福利业	Health, Social Securities and Social Welfare		3	0

注：本表年末实有企业数由湖南省工商行政管理局提供。

Figures on Number of Registered Enterprises were obtained from the Administrative Bureau for Indestry and Commerce of Hunan Province.

1-18 续表 continued

类 别	Item	本期实际投资(万美元) Used Value (USD 10 000)	年末实有企业数(个) Number of Registered Enterprises (unit)	#本年新增企业 Newly Increase this Year
按国别(地区)分组	**By Country (Territory)**			
亚洲	Asian	384523	1724	-261
香港	Hong Kong	357834	1215	-161
澳门	Macao	8303	33	-6
台湾	Taiwan		254	-72
日本	Japan	3313	63	-3
菲律宾	Philippines		7	-3
泰国	Thailand	3765	13	-1
马来西亚	Malaysia	43	17	-4
新加坡	Singapore	3927	52	-5
印度尼西亚	Indonesia	770	4	1
韩国	Republic of Korea	22	37	-6
非洲	Africa	5124	18	-2
欧洲	Europe	4809	131	-14
德国	Federal Republic of Germany	3	22	-1
法国	France	868	13	
意大利	Italy	2482	15	
荷兰	Netherlands	916	10	1
英国	United Kingdom	2	28	-10
挪威	Norway			-1
奥地利	Austria		5	
拉丁美洲	Latin America	50813	163	-1
维尔京群岛	Virgin Islands	33618	129	-1
北美洲	North America	4053	207	-52
加拿大	Canada	36	46	-12
美国	United States	4018	151	-39
大洋洲	Oceanic	4170	46	-2
澳大利亚	Australia	359	18	-3
新西兰	New Zealand		3	-1

1-19 非公有制经济总量指标（2011年）
Principal Indicators of Non-public Economy (2011)

指标	Item	本年实际 Value		人均非公有制增加值（元） Per Capita Value Added(yuan)
		全部 Total	非公有制 Non-public Economy	
增加值总计(亿元)	Total Value Added (100 million yuan)	19669.56	11202.60	17018
第一产业	Primary Industry	2768.03	728.05	
第二产业	Secondary Industry	9361.99	6211.29	
#工业	# Industry	8122.75	5511.12	
建筑业	Construction	1239.24	700.17	
第三产业	Tertiary Industry	7539.54	4263.26	
交通运输、仓储、邮政业	Transport, Storage and Post	948.82	454.48	
批发和零售业	Wholesale and Retail Trades	1662.34	1439.59	
住宿和餐饮业	Hotels and Catering Trades	406.87	349.50	
金融业	Banking	501.09	26.56	
房地产业	Real Estate Traade	518.04	476.60	
其他服务业	Others	3502.38	1516.53	
实缴税金（亿元）	Tax	1806.51	958.74	
第二、三产业从业人员数(万人)	Employed Persons in Primary and Secondary Industry (10000 person)	2325.09	2027.42	
增加值按市州分列(亿元)	Cities and Prefecture (100 million yuan)			
长沙	Changsha	5177.36	3425.21	48476
株洲	Zhuzhou	1564.27	883.66	22840
湘潭	Xiangtan	1124.14	647.39	23470
衡阳	Hengyang	1734.30	1067.28	14912
邵阳	Shaoyang	907.23	594.49	8386
岳阳	Yueyang	1899.49	1117.17	20384
常德	Changde	1811.19	956.61	16713
张家界	Zhangjiajie	298.04	167.30	11273
益阳	Yiyang	883.63	544.39	12627
郴州	Chenzhou	1346.38	884.98	19262
永州	Yongzhou	945.39	572.17	10995
怀化	Huaihua	845.63	471.21	9928
娄底	Loudi	847.26	396.00	10452
自治州	West Hunan	361.36	237.46	9290

1-20 非公有制经济发展速度指标（2011年）
Speed of Non-public Economy Development (2011)

指标	Item	发展速度（%）（以上年为100）Growth Rate (precending year = 100)		非公有制占全部比重（%）Percentage（%）
		全部（Total）	非公有制 Non-public Economy	
增加值总计	Total Value Added	12.8	14.5	57.0
第一产业	Primary Industry	4.2	0.3	26.3
第二产业	Secondary Industry	17.0	20.5	66.3
#工业	# Industry	18.2	22.4	67.8
建筑业	Construction	9.6	7.1	56.5
第三产业	Tertiary Industry	11.0	9.0	56.5
交通运输、仓储、邮政业	Transport, Storage and Post	12.6	6.0	47.9
批发和零售业	Wholesale and Retail Trades	8.3	7.8	86.6
住宿和餐饮业	Hotels and Catering Trades	7.5	4.2	85.9
金融业	Banking	5.6	5.6	5.3
房地产业	Real Estate Traade	4.1	3.8	92.0
其他服务业	Others	14.3	14.6	43.3
实缴税金	Tax	26.2	30.1	53.1
第二、三产业从业人员数	Employed Persons in Primary and Secondary Industry	1.4	2.5	87.2
增加值按市州分列	Cities and Prefecture			
长沙	Changsha	14.5	15.0	66.2
株洲	Zhuzhou	14.1	16.3	56.5
湘潭	Xiangtan	14.4	18.1	57.6
衡阳	Hengyang	14.2	17.2	61.5
邵阳	Shaoyang	12.7	13.7	65.5
岳阳	Yueyang	14.2	17.8	58.8
常德	Changde	14.1	14.3	52.8
张家界	Zhangjiajie	14.0	16.3	56.1
益阳	Yiyang	13.2	13.7	61.6
郴州	Chenzhou	14.3	16.9	65.7
永州	Yongzhou	13.0	15.8	60.5
怀化	Huaihua	14.2	16.4	55.7
娄底	Loudi	13.1	14.9	46.7
自治州	West Hunan	11.0	12.3	65.7

1-21 分行业限额以上服务业单位主要经济指标（2011年）
Main Indicators of Service Industry Units above Designated Size by Sector (2011)

指 标	Item	收入 Revenue (亿元) (100 million Yuan)	利税 Tax (亿元) (100 million Yuan)	固定资产原价 Fixed Assets (亿元) (100 million Yuan)	从业人员平均人数 Average Number of Employees (人) (person)
总计	Total	10471.15	1153.29	4090.04	1778317
农、林、牧、渔服务业	Agriculture,Forestry,Farming of Animals and Fishing	8.99	1.57	2.31	1499
交通运输、仓储和邮政业	Traffic,Transport, Storage and Post	374.03	31.58	329.45	160265
信息传输、计算机服务和软件业	Information Transfer,Computer Services and Software	396.99	103.30	806.19	63127
批发和零售业	Wholesale and Retail Trade	4766.38	310.59	393.71	229561
住宿和餐饮业	Accommodation and Restaurants	207.26	15.54	242.00	139192
金融业	Finance	1841.76	428.61	334.58	179468
房地产业	Real Estate Trade	1252.21	171.23	185.21	121381
租赁和商务服务业	Tenancy and Business Services	176.94	46.02	215.00	62885
科学研究、技术服务和地质勘查业	Scientific Research,Technical Service and Geologic Perambulation	219.55	23.25	76.62	62113
水利、环境和公共设施管理业	Management of Water Conservancy,Environment and Public Establishment	52.27	2.26	169.19	63129
居民服务和其他服务业	Resident Services and Other Services	18.37	2.05	10.01	17404
教育	Education	485.81	0.80	817.47	407053
卫生、社会保障和社会福利业	Sanitation,Social Security and Social Welfare	535.76	2.97	398.38	232280
文化、体育和娱乐业	Culture,Sports and Entertainment	134.83	13.52	109.92	38960

主要统计指标解释

行政区划 指国家对行政区域的划分。根据宪法规定，我国的行政区域划分如下：(1)全国分为省、自治区、直辖市；(2)省、自治区分为自治州、县、自治县、市；(3)自治州分为县、自治县、市；(4)县、自治县分为乡、民族乡、镇；(5)直辖市和较大的市分为区、县；(6)国家在必要时设立的特别行政区。

国民经济行业分类 自2003年定期报表开始使用新的《国民经济行业分类》（GB/T4754-2002）该分类是由国家统计局组织修订，经国家质量监督检验检疫总局批准，于2002年5月10日发布实施。这次修订是在1994年分类标准的基础上，参照联合国《全部经济活动的国际标准产业分类》（ISIC/Rev.3）进行的。修订后的《国民经济行业分类》（GB/T4754-2002）共有门类20个，大类95个，中类396个，小类913个。新增门类4个，大类增加3个，中类增加28个，小类增加67个。

企业（单位）登记注册类型 是以在工商行政管理机关登记注册的各类企业为划分对象，以工商行政管理部门对企业登记注册的类型为依据，将企业登记注册类型分为内资企业、港澳台商投资企业和外商投资企业三大类。内资企业包括国有企业、集体企业、股份合作企业、联营企业、有限责任公司、股份有限公司、私营公司和其他企业；港澳台商投资企业和外商投资企业分别包括合资经营企业、合作经营企业、独资经营企业和股份有限公司。对不在工商行政管理部门进行登记注册的行政机关、事业单位和社会团体，主要按其经费来源和管理方式进行划分。

国有企业 指企业全部资产归国家所有，并按《中华人民共和国企业法人登记管理条例》规定登记注册的非公司制的经济组织。不包括有限责任公司中的国有独资公司。

集体企业 指企业资产归集体所有，并按《中华人民共和国企业法人登记管理条例》规定登记注册的经济组织。

股份合作企业 指以合作制为基础，由企业职工共同出资入股，吸收一定比例的社会资产投资组建，实行自主经营，自负盈亏，共同劳动，民主管理，按劳分配与按股分红相结合的一种集体经济组织。

联营企业 指两个及两个以上相同或不同所有制性质的企业法人或事业单位法人，按自愿、平等、互利的原则，共同投资组成的经济组织。联营企业包括国有联营企业、集体联营企业、国有与集体联营企业和其他联营企业。

有限责任公司 指根据《中华人民共和国公司登记管理条例》规定登记注册，由两个以上、五十个以下的股东共同出资，每个股东以其所认缴的出资额对公司承担有限责任，公司以其全部资产对其债务承担责任的经济组织。有限责任公司包括国有独资公司以及其他有限责任公司。

股份有限公司 指根据《中华人民共和国公司登记管理条例》规定登记注册，其全部注册资本由等额股份构成并通过发行股票筹集资本，股东以其认购的股份对公司承担有限责任，公司以其全部资产对其债务承担责任的经济组织。

私营企业 指由自然人投资设立或由自然人控股，以雇佣劳动为基础的营利性经济组织。包括按照《公司法》、《合伙企业法》、《私营企业暂行条例》规定登记注册的私营有限责任公司、私营股份有限公司、私营合伙企业和私营独资企业。

其他企业 指上述企业之外的其他内资经济组织。

与港澳台商合资经营企业 指港澳台地区投资者与内地企业依照《中华人民共和国中外合资经营企业法》及有关法律的规定，按合同规定的比例投资设立、分享利润和分担风险的企业。

与港澳台商合作经营企业 指港澳台地区投资者与内地企业依照《中华人民共和国中外合作经营企业法》及有关法律的规定，依照合作合同的约定进行投资或提供条件设立、分配利润和分担风险的企业。

港澳台商独资经营企业 指依照《中华人民共和国外资企业法》及有关法律的规定，在内地由港澳台地区投资者全额投资设立的企业。

港澳台商投资股份有限公司 指根据国家有关规定，经原外经贸部依法批准设立，其中港、澳、台商的股本占公司注册资本的比例达25%以上的股份有限公司。凡其中港、澳、台商的股本占公司注册资本的比例小于25%的，属于内资企业中的股份有限公司。

中外合资经营企业 指外国企业或外国人与中国内地企业依照《中华人民共和国中外合资经营企业法》及有关法律的规定，按合同规定的比例投资设立、分享利润和分担风险的企业。

中外合作经营企业 指外国企业或外国人与中国内地企业依照《中华人民共和国中外合作经营企业法》及有关法律的规定，依照合作合同的约定进行投资或提供条件设立、分配利润和分担风险的企业。

外资企业 指依照《中华人民共和国外资企业法》及有关法律的规定，在中国内地由外国投资者全额投资设立的企业。

外商投资股份有限公司 指根据国家有关规定，经原外经贸部依法批准设立，其中外资的股本占公司注册资本的比例达25%以上的股份有限公司。凡其中外资股本占公司注册资本的比例小于25%的，属于内资企业中的股份有限公司。

行政机关、事业单位和社会团体 参照企业登记注册类型，主要按其经费来源和管理方式划分。具体规定如下：

⑴行政机关：包括国家机关和政党机关，原则上均列为“国有”。但有特殊规定的，如供销社等，则列为“集体”。

⑵事业单位：包括经国家机构编制部门和有关业务主管部门批准成立的各类事业单位，不包括实行企业化管理的事业单位。事业单位的划分办法如下：

①由国家财政预算拨款或列入财政预算外资金管理以及经费主要来源于国有主管部门或国有上级单位的事业单位，列为“国有”。

②经费主要来源于集体单位的事业单位，列为“集体”。

③公民个人（或个人合伙)开办的事业单位，列为“私营”。

④上述以外的其他事业单位，如果其经费来源不明确，按管理方式进行归类。

⑶社会团体：包括经民政部门批准成立以及未纳入社会团体管理条例范围的工会、妇联等各类社会团体。社会团体的划分办法如下：

①未纳入民政部社会团体管理条例范围的工会、妇联、共青团、青联、工商联、科协、侨联等社会团体，国家拨款设立的基金会或基金管理组织以及经费主要来源于国有业务主管部门或国有上级单位的社会团体，列为“国有”。

②经费主要来源于集体单位的社会团体，列为“集体”。

③公民个人（或个人合伙)开办的社会团体，划为“私营”。

④上述以外的其他社会团体，如果其经费来源不明确，改按管理方式进行归类。

Explanatory Notes on Main Statistical Indicators

Divisions of Administrative Areas refers to the division of administrative areas by the state. The Constitution of the People Republic of China stipulates that the administrative areas in China are divided as: 1) The whole country is divided into provinces, autonomous regions and municipalities directly under the central government; 2) Provinces and autonomous regions are divided into autonomous prefectures, counties, autonomous counties and cities; 3) Autonomous prefectures are divided into counties, autonomous counties and cities; 4) Counties and autonomous counties are divided into townships, nationality townships and towns; 5) Municipalities and large cities are divided into districts and counties, 6) The state shall, when necessary, establish special administrative regions.

Industrial Classification of the National Economy The new Industrial Classification of the National Economy (GB/T 4754-2002) is introduced starting from the compilation of 2003 annual statistics. The new revision was basedon the 1994 classification and organized by the National Bureau of Statistics taking into consideration of the International Standards of the Industrial Classification of All Economic Activities (ISIC/Rev.3) of the United Nations, and the new Classification was promulgated by the National Administration of Quality Supervision, Inspection and Quarantine on May 10, 2002. The revised version of the Industrial Classification of the National Economy (GB/T 4754-2002) is composed of 20 major divisions, 95 divisions, 396 major groups and 913 groups, including 4 new major divisions, 3 new divisions, 28 major groups and 67 groups.

Registration Status of Enterprises Enterprises are classified into 3 categories, namely domestic funded enterprises, enterprises with investment from Hong Kong, Macau and Taiwan, and enterprises with foreign investment, in the light of the registration status of an enterprise in industrial and commercial administration agencies. Domestic-funded enterprises include state-owned enterprises, collective-owned enterprises, cooperative enterprises, joint ownership enterprises, limited liability corporations, share-holding corporations Ltd., private enterprises and other enterprises. Included in the enterprises with investment from Hong Kong, Macau and Taiwan and enterprises with foreign investment are joint-venture enterprises, cooperative enterprises, sole investment enterprises and share-holding corporations Ltd. For government agencies, institutions and social organizations which are not requested to be registered in industrial and commercial administration agencies, they are classified mainly by their sources of funds and way of management.

State-owned Enterprises refer to non-corporation economic units where the entire assets are owned by the state and which have registered in accordance with the Regulation of the People's Republic of China on the Management of Registration of Corporate Enterprises. Excluded from this category are sole state-funded corporations in the limited liability corporations.

Collective-owned Enterprisesrefer refer to economic units where the assets are owned collectively and which have registered in accordance with the Regulation of the People's Republic of China on the Management of Registration of Corporate Enterprises.

Cooperative Enterprisesrefer refer to a form of collective economic units (enterprises) where capitals come mainly from employees as their shares, with certain proportion of capital from the outside, where production is organized on the basis of independent operation, independent accounting for profits and losses, joint work, democratic management, and a distribution system that integrates remuneration according to work with dividend according to capital share.

Joint Ownership Enterprises refer to economic units established by two or more corporate enterprises or corporate institutions of the same or different ownership, through joint investment on the basis of equality, voluntary participation and mutual benefits. They include state joint ownership enterprises, collective joint ownership enterprises, joint state-collective enterprises, other joint ownership enterprises.

Limited Liability Corporationsrefer refer to economic units established with investment from 2-50 investors and registered in accordance with the Regulation of the People's Republic of China on the Management of Registration of Corporations, each investor bearing limited liability to the corporation depending on its share of investment, and the corporation bearing liability to its debt to the maximum of its total assets. Limited liability corporations include exclusive state funded limited liability corporations and other limited liability corporations.

Share-holding Corporations Ltd. refer to economic units registered in accordance with the Regulation of the People's Republic of China on the Management

of Registration of Corporations, with total registered capitals divided into equal shares and raised through issuing stocks. Each investor bears limited liability to the corporation depending on the holding of shares, and the corporation bears liability to its debt to the maximum of its total assets.

Private Enterprises refer to profit-making economic units invested and established by natural persons, or controlled by natural persons using employed labour. Included in this category are private limited liability corporations, private share-holding corporations Ltd., private partnership enterprises and private-funded enterprises registered in accordance with the Corporation Law, Partnership Enterprises Law and Interim Regulations on Private Enterprises.

Other Domestic-funded Enterprises refer to domestic funded economic units other than those mentioned above.

Cooperative Enterprises with Funds from Hong Kong Macau and Taiwan established by investors from Hong Kong, Macau and Taiwan with enterprises in the mainland of China in accordance with the Law of the People's Republic of China on Sino-foreign Cooperative Enterprises and other relevant laws, where the investment or provision of facilities, and the share of profits and risks is stipulated in the cooperative contract.

Enterprises with Sole (exclusive) Investment from Hong Kong, Macau and Taiwan refer to enterprises established in the mainland of China with exclusive investment from investors from Hong Kong, Macau and Taiwan in accordance with the Law of the People's Republic of China on Foreign Funded Enterprises and other relevant laws.

Share-holding Corporations Ltd. with Investment from Hong Kong, Macau and Taiwan refer to share holding corporations Ltd. established with the approval from the former Ministry of Foreign Trade and Economic Relations in line with relevant state regulations, where the share of investment from Hong Kong, Macau or Taiwan businessmen exceeds 25% of the total registered capital of the corporation. In case the share of investment from Hong Kong, Macau or Taiwan is less than 25% of the total registered capital, the enterprise is to be classified as domestic-funded share-holding corporation Ltd.

Joint-venture Enterprises with Foreign Investment refer to enterprises jointly established by foreign enterprises or foreigners with enterprises in the mainland of China in accordance with the Law of the People's Republic of China on Sino-foreign Joint Venture Enterprises and other relevant laws, where the share of investment, profits and risks is stipulated in the contract.

Cooperation Enterprises with Foreign Investment refer to enterprises jointly established by foreign enterprises or foreigners with enterprises in the mainland of China in accordance with the Law of the People's Republic of China on Sino foreign Cooperative Enterprises and other relevant laws, where the investment or provision of facilities, and the share of profits and risks is stipulated in the cooperative contract.

Enterprises with Sole (exclusive) Foreign Investment refer to enterprises established in the mainland of China with exclusive investment from foreign investors in accordance with the Law of the People's Republic of China on Foreign Funded Enterprises and other relevant laws.

Share-holding Corporations Ltd. with Foreign Investment refer to share-holding corporations Ltd. established with the approval from the Ministry of Foreign Trade and Economic Relations in line with relevant state regulations, where the share of investment from foreign investors exceeds 25% of the total registered capital of the corporation. In case the share of foreign investment is less than 25% of the total registered capital, the enterprise is to be classified as domestic funded share holding corporation Ltd.

Government Agencies, Institutions and Social Organizations are classified into following categories by source of funds and way of management taking reference of the registration status of enterprises:

(1) Government agencies: include state and party agencies, classified in principle as state owned. There are exceptions, such as supply and marketing cooperatives which are classified as collective-owned.

(2) Institutions: include institutions of various types established with the approval by organization and staffing departments of the government, but exclude institutions where enterprise management system is introduced. Institutions are further classified as follows:

(a) Institutions whose main budget is listed in the government budget appropriations or extra budget funds, or allocated from the budget of their competent government agencies. Such institutions are classified as state owned.

(b) Institutions whose budget mainly comes from collective units. Such institutions are classified as collective owned.

(c) Institutions other than those mentioned above whose source of budget is not clear. Such institutions are classified by way of management.

(3) Social organizations: include social organizations established with the approval from the Ministry of Civil Affairs, and organizations that are not covered by social organization management regulations such as trade unions, womens federations etc.. Social organizations are

further classified as follows:

(a) Social organizations that are not covered by social organization management regulations of the Ministry of Civil Affairs such as trade unions, womens federations, communist youth leagues, youth associations, industrial and commerce associations, scientists associations, overseas Chinese associations, etc., foundations and fund management organizations established with funds from the state, and social organizations whose funds mainly come from the budget of their competent government agencies. Such institutions are classified as state owned.

(b) Social organizations whose budget mainly comes from collective units. Such institutions are classified as collective owned.

(c) Social organizations established by individual or a group of citizens, which are classified as private.

(d) Social organizations other than those mentioned above whose source of budget is not clear. Such organizations are classified by way of management.

2 国民经济核算

National Accounts

资料整理人员：彭　蕾　　黄陈武

2-1 总产出
Gross Output

单位：亿元 (100 million yuan)

年份 Year	总产出 Gross Output	第一产业 Primary Industry	第二产业 Secondary Industry	工业 Industry	建筑业 Construc-tion	第三产业 Tertiary Industry
1952	39.34	23.79	9.09	8.19	0.90	6.46
1955	49.24	25.83	14.47	12.11	2.36	8.94
1960	113.37	27.78	62.58	48.85	13.73	23.01
1965	107.35	42.70	45.55	38.90	6.65	19.10
1970	162.14	58.22	78.40	68.94	9.46	25.52
1975	234.10	76.06	120.60	105.34	15.26	37.44
1978	289.79	81.91	160.32	142.78	17.54	47.56
1979	347.74	109.18	186.04	164.12	21.92	52.52
1980	376.14	111.14	206.57	177.85	28.72	58.43
1981	408.13	126.36	214.61	187.02	27.59	67.16
1982	449.11	142.71	235.37	205.78	29.59	71.03
1983	498.03	158.16	261.66	221.15	40.51	78.21
1984	562.67	171.26	299.00	255.06	43.94	92.41
1985	698.36	198.44	372.89	314.68	58.21	127.03
1986	810.42	222.68	437.15	368.88	68.27	150.59
1987	980.08	253.39	540.92	456.74	84.18	185.77
1988	1239.59	303.01	690.19	581.85	108.34	246.39
1989	1390.89	337.48	768.85	680.09	88.76	284.56
1990	1571.34	397.42	809.86	712.67	97.19	364.06
1991	1777.40	425.58	928.67	803.71	124.96	423.15
1992	2210.80	471.22	1147.44	970.18	177.26	592.14
1993	2784.91	563.47	1472.01	1249.01	223.00	749.43
1994	3532.16	792.90	1720.94	1451.46	269.48	1018.32
1995	4247.69	1046.97	1982.36	1666.29	316.07	1218.36
1996	5211.98	1226.32	2635.35	2258.10	377.25	1350.31
1997	5927.87	1322.26	2939.06	2522.16	416.90	1666.55
1998	6412.42	1262.46	3267.33	2763.35	503.98	1882.63
1999	6883.16	1200.94	3484.59	2911.82	572.77	2197.63
2000	7486.38	1251.89	3837.54	3228.28	609.26	2396.95
2001	8263.96	1313.23	4209.32	3349.37	859.95	2741.41
2002	9068.02	1349.92	4576.36	3670.37	905.99	3141.74
2003	10272.43	1425.44	5319.03	4318.95	1000.08	3527.96
2004	12035.95	1677.92	6471.77	5333.17	1138.60	3886.26
2005	14452.14	1819.75	8048.75	6729.30	1319.45	4583.64
2006	17007.22	2104.95	9798.17	8284.65	1513.52	5104.10
2007	21204.26	2632.19	12528.83	10638.79	1890.04	6043.24
2008	27333.29	3131.12	16646.37	14089.17	2557.20	7555.80
2009	30927.67	3207.88	18750.36	15663.16	3087.20	8969.43
2010	38623.39	3787.48	24337.56	20455.25	3882.31	10498.35
2011	48712.03	4508.20	31817.67	27206.21	4611.46	12386.16

注：1. 2005年起，行业按新《国民经济行业分类》（GB/T4754—2002）划分。2005年以前按原分类（GB/T4754—1994）划分。

2.根据第二次全国经济普查结果，2004-2009年的核算数据进行了调整。下表同。

a.The new Industrial Classication of National Economy (GB/T4754-2002) has been used since 2005. The old one (GB/T4754-1994) was used in previous years. b.Data on national accounts in 2004-2009 were adjusted on the basis of the Second economic census. The same as the following.

2-2 总 产 出 构 成
Composition of Gross Output

单位：%　　（以总产出为100）（Gross Output=100）　　(%)

年份 Year	总产出 Gross Output	第一产业 Primary Industry	第二产业 Secondary Industry	工业 Industry	建筑业 Construction	第三产业 Tertiary Industry
1952	100.0	60.5	23.1	20.8	2.3	16.4
1955	100.0	52.5	29.4	24.6	4.8	18.1
1960	100.0	24.5	55.2	43.1	12.1	20.3
1965	100.0	39.8	42.4	36.2	6.2	17.8
1970	100.0	35.9	48.4	42.5	5.9	15.7
1975	100.0	32.5	51.5	45.0	6.5	16.0
1978	100.0	28.3	55.3	49.2	6.1	16.4
1979	100.0	31.4	53.5	47.2	6.3	15.1
1980	100.0	29.5	54.9	47.3	7.6	15.6
1981	100.0	31.0	52.6	45.8	6.8	16.4
1982	100.0	31.8	52.4	45.8	6.6	15.8
1983	100.0	31.8	52.5	44.4	8.1	15.7
1984	100.0	30.4	53.1	45.3	7.8	16.5
1985	100.0	28.4	53.4	45.1	8.3	18.2
1986	100.0	27.5	53.9	45.5	8.4	18.6
1987	100.0	25.9	55.2	46.6	8.6	18.9
1988	100.0	24.4	55.7	47.0	8.7	19.9
1989	100.0	24.3	55.3	48.9	6.4	20.4
1990	100.0	25.3	51.5	45.3	6.2	23.2
1991	100.0	23.9	52.2	45.2	7.0	23.9
1992	100.0	21.3	51.9	43.9	8.0	26.8
1993	100.0	20.2	52.9	44.8	8.1	26.9
1994	100.0	22.4	48.7	41.1	7.6	28.9
1995	100.0	24.6	46.7	39.2	7.5	28.7
1996	100.0	23.5	50.6	43.3	7.3	25.9
1997	100.0	22.3	49.6	42.5	7.1	28.1
1998	100.0	19.7	51.0	43.1	7.9	29.3
1999	100.0	17.4	50.6	42.3	8.3	32.0
2000	100.0	16.7	51.3	43.1	8.2	32.0
2001	100.0	15.9	50.9	40.5	10.4	33.2
2002	100.0	14.9	50.5	40.5	10.0	34.6
2003	100.0	13.9	51.8	42.0	9.8	34.3
2004	100.0	13.9	53.8	44.3	9.5	32.3
2005	100.0	12.6	55.7	46.6	9.1	31.7
2006	100.0	12.4	57.6	48.7	8.9	30.0
2007	100.0	12.4	59.1	50.2	8.9	28.5
2008	100.0	11.5	60.9	51.5	9.4	27.6
2009	100.0	10.4	60.6	50.6	10.0	29.0
2010	100.0	9.8	63.0	53.0	10.0	27.2
2011	100.0	9.3	65.3	55.9	9.5	25.4

2-3 总产出发展速度
Growth Rate of Gross Output

单位：% (以上年为100) (precending year=100) (%)

年份 Year	总产出 Gross Output	第一产业 Primary Industry	第二产业 Secondary Industry	工业 Industry	建筑业 Construc-tion	第三产业 Tertiary Industry
1952	100.0	121.3	151.9	132.3	236.8	100.0
1955	115.1	118.5	111.8	105.8	154.5	110.2
1960	105.2	84.7	117.1	112.3	140.5	105.3
1965	115.5	104.4	126.1	127.9	114.5	112.2
1970	124.3	105.0	142.3	144.6	123.3	100.9
1975	117.4	104.6	128.4	131.2	111.3	112.9
1978	114.8	110.2	117.0	115.6	130.3	115.8
1979	110.4	106.3	112.9	112.1	120.0	108.7
1980	105.8	98.1	109.8	108.0	123.6	104.8
1981	105.6	106.1	103.2	104.0	98.4	112.9
1982	108.7	110.1	109.2	109.6	106.3	104.4
1983	108.9	105.0	111.4	107.8	137.6	108.2
1984	110.7	105.7	112.2	112.6	104.3	115.1
1985	114.5	104.9	116.1	116.4	114.3	125.9
1986	110.6	105.4	112.1	113.0	106.3	113.6
1987	113.3	103.3	116.2	116.9	111.4	117.8
1988	111.0	100.5	114.6	115.3	110.0	112.6
1989	104.3	105.1	103.1	106.7	76.6	107.2
1990	103.9	101.9	104.7	105.0	100.9	103.8
1991	109.5	103.9	111.9	111.2	117.3	110.5
1992	112.6	103.8	116.3	115.6	121.5	113.6
1993	115.4	105.3	119.0	121.0	105.8	116.5
1994	113.5	106.4	116.0	116.3	113.8	113.7
1995	113.9	120.5	113.6	113.5	114.6	109.4
1996	119.4	108.4	126.3	127.5	117.1	111.8
1997	113.0	108.3	114.8	115.6	108.1	111.9
1998	111.1	101.5	113.3	113.0	116.1	112.8
1999	109.6	103.4	109.5	109.3	111.4	114.3
2000	110.7	104.3	111.2	111.1	112.4	113.3
2001	109.5	104.0	110.0	109.4	113.0	111.7
2002	110.0	100.2	110.7	110.5	112.0	113.5
2003	111.2	103.7	114.3	114.7	112.4	109.5
2004	111.4	107.5	114.2	114.0	115.0	108.6
2005	115.5	105.8	117.8	119.1	111.1	115.3
2006	114.0	104.9	116.8	118.0	110.9	112.6
2007	117.2	104.0	121.3	122.2	116.1	114.8
2008	116.2	105.3	118.0	118.5	115.3	116.2
2009	115.1	105.2	118.5	118.1	121.0	111.6
2010	116.6	104.3	120.8	121.4	117.6	111.5
2011	114.4	104.3	117.4	119.0	109.1	111.0

2-4 总产出指数
Indices of Gross Output

单位：% （1952=100） (%)

年份 Year	总产出 Gross Output	第一产业 Primary Industry	第二产业 Secondary Industry	工业 Industry	建筑业 Construction	第三产业 Tertiary Industry
1952	100.0	100.0	100.0	100.0	100.0	100.0
1955	126.2	108.7	175.7	163.0	283.3	132.4
1960	260.8	103.1	773.1	619.0	1514.3	320.5
1965	213.6	116.7	541.0	477.6	644.7	248.7
1970	341.1	151.4	1015.3	926.6	917.7	350.7
1975	494.8	186.5	1573.9	1456.6	1480.3	532.0
1978	622.9	209.5	2104.0	1981.4	1716.6	675.6
1979	687.6	222.7	2375.4	2220.8	2060.1	734.3
1980	727.5	218.4	2608.1	2398.2	2546.6	769.6
1981	768.2	231.6	2691.6	2493.0	2504.9	868.8
1982	835.1	255.1	2939.3	2732.4	2663.9	907.1
1983	909.4	267.9	3274.3	2946.3	3666.3	981.5
1984	1006.7	283.1	3673.8	3347.1	3825.3	1129.7
1985	1152.7	297.0	4265.3	3894.3	4371.0	1422.2
1986	1274.9	313.2	4781.4	4401.3	4647.3	1615.7
1987	1444.4	323.5	5556.6	5144.4	5177.6	1903.3
1988	1603.3	325.2	6367.2	5931.2	5695.4	2143.1
1989	1672.3	341.8	6564.5	6328.6	4362.7	2297.4
1990	1737.5	348.3	6873.1	6647.7	4401.9	2384.7
1991	1902.6	361.9	7691.0	7302.2	5163.4	2635.1
1992	2142.3	375.6	8944.6	8441.3	6273.6	2993.5
1993	2472.2	395.5	10644.1	10214.0	6637.5	3487.4
1994	2805.9	420.8	12347.2	11878.9	7553.5	3965.2
1995	3195.9	507.1	14026.4	13482.6	8656.3	4337.9
1996	3815.9	549.7	17715.3	17190.3	10136.5	4849.8
1997	4312.0	595.3	20337.2	19872.0	10957.6	5426.9
1998	4790.6	604.2	23042.0	22455.4	12721.8	6121.5
1999	5250.5	624.7	25231.0	24543.8	14172.1	6996.9
2000	5812.3	651.6	28056.9	27268.2	15929.4	7927.5
2001	6364.5	677.7	30862.6	29831.4	18000.2	8855.0
2002	7001.0	679.1	34164.9	32963.7	20160.2	10050.4
2003	7785.1	704.2	39050.5	37809.4	22660.1	11005.2
2004	8672.6	757.0	44595.7	43102.7	26059.1	11951.6
2005	10016.9	800.9	52533.7	51335.3	28951.7	13780.2
2006	11419.3	840.1	61359.4	60575.7	32107.4	15516.5
2007	13383.4	873.7	74429.0	74023.5	37276.7	17812.9
2008	15551.5	920.0	87826.2	87717.8	42980.0	20698.6
2009	17899.8	967.8	104074.0	103594.7	52005.8	23099.6
2010	20871.2	1009.4	125721.4	125764.0	61158.8	25756.1
2011	23876.6	1052.8	147596.9	149659.1	66724.3	28589.2

2-5 地区生产总值
Gross Domestic Product

单位：亿元 (100 million yuan)

年份 Year	地区生产总值 Gross Domestic Product	第一产业 Primary Industry	第二产业 Secondary Industry	工业 Industry	建筑业 Construction
1952	27.81	18.72	3.43	2.94	0.49
1953	30.29	18.48	4.28	3.53	0.75
1954	30.51	17.03	5.13	4.22	0.91
1955	35.83	21.13	5.76	4.25	1.51
1956	37.93	20.56	6.57	5.19	1.38
1957	45.20	26.41	7.45	5.94	1.51
1958	55.85	26.65	16.63	12.40	4.23
1959	61.95	23.60	21.57	16.57	5.00
1960	64.07	20.58	25.47	19.22	6.25
1961	46.64	20.78	11.69	10.25	1.44
1962	51.19	27.17	10.59	9.46	1.13
1963	48.08	25.11	11.37	10.31	1.06
1964	57.36	30.41	15.60	13.50	2.10
1965	65.32	34.00	19.17	16.86	2.31
1966	72.73	37.30	22.16	19.67	2.49
1967	73.51	40.07	19.89	17.46	2.43
1968	75.67	44.85	17.31	15.03	2.28
1969	81.26	44.08	21.98	19.39	2.59
1970	93.05	44.62	31.98	28.83	3.15
1971	99.10	46.31	35.33	30.35	4.98
1972	107.01	47.73	39.91	34.31	5.60
1973	115.80	51.91	43.35	37.92	5.43
1974	108.17	53.17	34.87	29.21	5.66
1975	118.40	54.97	41.96	35.58	6.38
1976	118.53	55.07	41.47	34.95	6.52
1977	129.17	55.95	49.59	43.41	6.45

2-5 续表1 continued

单位：亿元 (100 million yuan)

年份 Year	地区生产总值 Gross Domestic Product	第一产业 Primary Industry	第二产业 Secondary Industry	工业 Industry	建筑业 Construction
1978	146.99	59.83	59.82	51.94	7.88
1979	178.01	79.40	68.42	59.23	9.19
1980	191.72	81.14	76.99	65.31	11.68
1981	209.68	93.29	77.78	67.19	10.59
1982	232.52	107.99	82.51	71.31	11.20
1983	257.43	117.79	93.37	78.84	14.53
1984	287.29	128.28	104.34	90.79	13.55
1985	349.95	147.72	127.08	110.05	17.03
1986	397.68	165.28	143.31	124.30	19.01
1987	469.44	187.09	172.45	149.67	22.78
1988	584.07	217.03	221.28	190.40	30.88
1989	640.80	234.31	238.15	212.21	25.94
1990	744.44	279.09	249.98	220.69	29.29
1991	833.30	301.02	281.95	242.96	38.99
1992	986.98	323.91	337.17	284.66	52.51
1993	1244.71	383.68	470.05	399.58	70.47
1994	1650.02	532.89	589.72	499.97	89.75
1995	2132.13	685.30	770.67	658.67	112.00
1996	2540.13	793.98	920.06	790.19	129.87
1997	2849.27	855.75	1041.79	903.90	137.89
1998	3025.53	828.31	1123.08	960.70	162.38
1999	3214.54	778.25	1192.99	1010.53	182.46
2000	3551.49	784.92	1293.18	1094.76	198.42
2001	3831.90	825.73	1412.82	1180.43	232.39
2002	4151.54	847.25	1523.50	1265.72	257.78
2003	4659.99	886.47	1777.74	1484.98	292.76
2004	5641.94	1022.45	2190.54	1824.11	366.43
2005	6596.10	1100.65	2612.57	2195.33	417.24
2006	7688.67	1272.20	3187.05	2707.61	479.44
2007	9439.60	1626.48	3977.72	3397.69	580.03
2008	11555.00	1892.40	5028.93	4310.12	718.81
2009	13059.69	1969.69	5687.19	4819.40	867.79
2010	16037.96	2325.50	7343.19	6305.11	1038.08
2011	19669.56	2768.03	9361.99	8122.75	1239.24

2-5 续表2 continued

单位：亿元 (100 million yuan)

年份 Year	第三产业 Tertiary Industry	交通运输仓储和邮政业 Transport, Storage and Post	批发和零售业 Wholesale and Retail Trades	金融业 Financial Intermediation	房地产业 Real Estate Trade	人均地区生产总值(元) Per Capita Gross Domestic Product (yuan)
1952	5.66	1.10	2.50			86
1953	7.53	1.64	3.54			91
1954	8.35	1.77	3.98			90
1955	8.94	2.07	3.83			104
1956	10.80	2.38	4.83			109
1957	11.34	2.71	4.51			127
1958	12.57	3.51	4.58			154
1959	16.78	5.45	6.04			168
1960	18.02	5.42	6.60			176
1961	14.17	3.20	4.95			132
1962	13.43	2.73	4.93			144
1963	11.60	3.25	2.82			131
1964	11.35	2.57	3.45			153
1965	12.15	2.98	3.68			170
1966	13.27	3.14	4.41			184
1967	13.55	3.03	4.54			181
1968	13.51	2.92	4.22			181
1969	15.20	3.37	5.20			189
1970	16.45	3.96	5.67			211
1971	17.46	4.34	5.63			218
1972	19.37	4.89	6.68			230
1973	20.54	5.01	7.23			244
1974	20.13	4.34	6.98			223
1975	21.47	4.92	7.29			239
1976	21.99	4.83	7.17			236
1977	23.63	5.33	8.06			254

注：2001年起人均地区生产总值按常住人口计算。下表同。

The data of per capita GDP are calculated at the permanent population since 2001. The same as the following.

2-5 续表3 continued

单位：亿元 (100 million yuan)

年份 Year	第三产业 Tertiary Industry	交通运输仓储和邮政业 Transport, Storage and Post	批发和零售业 Wholesale and Retail Trades	金融业 Financial Intermediation	房地产业 Real Estate Trade	人均地区生产总值(元) Per Capita Gross Domestic Product (yuan)
1978	27.34	5.91	9.71	2.55	2.03	286
1979	30.19	6.47	10.85	2.50	2.10	343
1980	33.59	6.77	11.73	2.70	2.32	365
1981	38.61	6.93	13.42	3.60	3.56	394
1982	42.02	7.61	12.81	5.02	3.96	430
1983	46.27	8.16	12.56	5.66	5.18	470
1984	54.67	9.30	15.40	6.53	5.76	519
1985	75.15	13.23	22.94	8.85	7.84	626
1986	89.09	15.00	27.60	12.55	7.93	703
1987	109.90	20.13	34.56	15.94	8.53	818
1988	145.76	24.12	46.61	20.91	9.96	999
1989	168.34	26.81	45.48	26.94	11.00	1074
1990	215.37	32.27	62.94	31.01	16.25	1228
1991	250.33	41.68	73.91	38.26	17.73	1357
1992	325.90	51.29	104.96	49.01	20.57	1595
1993	390.98	72.71	123.52	47.53	26.45	1997
1994	527.41	100.30	167.24	54.07	34.13	2630
1995	676.16	133.71	210.40	64.96	44.43	3359
1996	826.09	171.14	244.45	74.32	64.06	3963
1997	951.73	198.66	268.06	82.66	75.47	4420
1998	1074.14	220.86	289.06	85.44	89.28	4667
1999	1243.30	246.08	311.68	86.57	105.50	4933
2000	1473.39	288.16	342.30	88.88	131.58	5425
2001	1593.35	303.88	377.18	91.71	138.41	6120
2002	1780.79	333.51	416.15	92.43	165.29	6734
2003	1995.78	373.27	458.07	99.35	186.49	7589
2004	2428.95	415.00	590.22	118.64	191.50	9165
2005	2882.88	386.96	587.21	162.37	215.63	10562
2006	3229.42	440.96	634.69	204.72	254.81	12139
2007	3835.40	517.67	771.73	260.14	301.80	14869
2008	4633.67	624.68	975.46	334.32	340.07	18147
2009	5402.81	704.83	1221.20	402.57	400.11	20428
2010	6369.27	832.28	1434.68	463.16	464.21	24719
2011	7539.54	948.82	1662.34	501.09	518.04	29880

2-6 地区生产总值构成
Composition of GDP

单位：% （GDP=100） (%)

年份 Year	地区生产总值 Gross Domestic Product	第一产业 Primary Industry	第二产业 Secondary Industry	工业 Industry	建筑业 Construction
1952	100.0	67.3	12.3	10.6	1.8
1953	100.0	61.0	14.1	11.7	2.5
1954	100.0	55.8	16.8	13.8	3.0
1955	100.0	59.0	16.1	11.9	4.2
1956	100.0	54.2	17.3	13.7	3.6
1957	100.0	58.4	16.5	13.1	3.3
1958	100.0	47.7	29.8	22.2	7.6
1959	100.0	38.1	34.8	26.7	8.1
1960	100.0	32.1	39.8	30.0	9.8
1961	100.0	44.6	25.1	22.0	3.1
1962	100.0	53.1	20.7	18.5	2.2
1963	100.0	52.2	23.6	21.4	2.2
1964	100.0	53.0	27.2	23.5	3.7
1965	100.0	52.1	29.3	25.8	3.5
1966	100.0	51.3	30.5	27.0	3.4
1967	100.0	54.5	27.1	23.8	3.3
1968	100.0	59.3	22.9	19.9	3.0
1969	100.0	54.2	27.0	23.9	3.2
1970	100.0	48.0	34.4	31.0	3.4
1971	100.0	46.7	35.7	30.6	5.0
1972	100.0	44.6	37.3	32.1	5.2
1973	100.0	44.8	37.4	32.7	4.7
1974	100.0	49.2	32.2	27.0	5.2
1975	100.0	46.4	35.4	30.1	5.4
1976	100.0	46.5	35.0	29.5	5.5
1977	100.0	43.3	38.4	33.6	5.0

2–6 续表 1 continued

单位：% (%)

年份 Year	地区生产总值 Gross Domestic Product	第一产业 Primary Industry	第二产业 Secondary Industry	工业 Industry	建筑业 Construction
1978	100.0	40.7	40.7	35.3	5.4
1979	100.0	44.6	38.4	33.3	5.1
1980	100.0	42.3	40.2	34.1	6.1
1981	100.0	44.5	37.1	32.0	5.1
1982	100.0	46.4	35.5	30.7	4.8
1983	100.0	45.8	36.3	30.6	5.7
1984	100.0	44.7	36.3	31.6	4.7
1985	100.0	42.2	36.3	31.4	4.9
1986	100.0	41.6	36.0	31.3	4.7
1987	100.0	39.9	36.7	31.9	4.8
1988	100.0	37.2	37.9	32.6	5.3
1989	100.0	36.6	37.2	33.1	4.1
1990	100.0	37.5	33.6	29.6	4.0
1991	100.0	36.1	33.8	29.2	4.6
1992	100.0	32.8	34.2	28.8	5.4
1993	100.0	30.8	37.8	32.1	5.7
1994	100.0	32.3	35.7	30.3	5.4
1995	100.0	32.1	36.1	30.9	5.2
1996	100.0	31.3	36.2	31.1	5.1
1997	100.0	30.0	36.6	31.7	4.9
1998	100.0	27.4	37.1	31.8	5.3
1999	100.0	24.2	37.1	31.4	5.7
2000	100.0	22.1	36.4	30.8	5.6
2001	100.0	21.5	36.9	30.8	6.1
2002	100.0	20.4	36.7	30.5	6.2
2003	100.0	19.0	38.1	31.9	6.2
2004	100.0	18.1	38.8	32.3	6.5
2005	100.0	16.7	39.6	33.3	6.3
2006	100.0	16.5	41.5	35.2	6.3
2007	100.0	17.2	42.1	36.0	6.1
2008	100.0	16.4	43.5	37.3	6.2
2009	100.0	15.1	43.5	36.9	6.6
2010	100.0	14.5	45.8	39.3	6.5
2011	100.0	14.1	47.6	41.3	6.3

2-6 续表 2 continued

单位：% (%)

年份 Year	第三产业 Tertiary Industry	交通运输仓储和邮政业 Transport, Storage and Post	批发和零售业 Wholesale and Retail Trades	金融业 Financial Intermediation	房地产业 Real Estate Trade
1952	20.4	4.0	9.0		
1953	24.9	5.4	11.7		
1954	27.4	5.8	13.0		
1955	25.0	5.8	10.7		
1956	28.5	6.3	12.7		
1957	25.1	6.0	10.0		
1958	22.5	6.3	8.2		
1959	27.1	8.8	9.7		
1960	28.1	8.5	10.3		
1961	30.4	6.9	10.6		
1962	26.2	5.3	9.6		
1963	24.1	6.8	5.9		
1964	19.8	4.5	6.0		
1965	18.6	4.6	5.6		
1966	18.2	4.3	6.1		
1967	18.4	4.1	6.2		
1968	17.9	3.9	5.6		
1969	18.7	4.1	6.4		
1970	17.7	4.3	6.1		
1971	17.6	4.4	5.7		
1972	18.1	4.6	6.2		
1973	17.7	4.3	6.2		
1974	18.6	4.0	6.5		
1975	18.1	4.2	6.2		
1976	18.6	4.1	6.0		
1977	18.3	4.1	6.2		

2-6 续表 3 continued

单位：% (%)

年份 Year	第三产业 Tertiary Industry	交通运输仓储和邮政业 Transport, Storage and Post	批发和零售业 Wholesale and Retail Trades	金融业 Financial Intermediation	房地产业 Real Estate Trade
1978	18.6	4.0	6.6	1.7	1.4
1979	17.0	3.6	6.1	1.4	1.2
1980	17.5	3.5	6.1	1.4	1.2
1981	18.4	3.3	6.4	1.7	1.7
1982	18.1	3.3	5.5	2.2	1.7
1983	17.9	3.2	4.9	2.2	2.0
1984	19.0	3.2	5.4	2.3	2.0
1985	21.5	3.8	6.6	2.5	2.2
1986	22.4	3.8	6.9	3.2	2.0
1987	23.4	4.3	7.4	3.4	1.8
1988	24.9	4.1	8.0	3.6	1.7
1989	26.2	4.2	7.1	4.2	1.7
1990	28.9	4.3	8.5	4.2	2.2
1991	30.1	5.0	8.9	4.6	2.1
1992	33.0	5.2	10.6	5.0	2.1
1993	31.4	5.8	9.9	3.8	2.1
1994	32.0	6.1	10.1	3.3	2.1
1995	31.8	6.3	9.9	3.0	2.1
1996	32.5	6.7	9.6	2.9	2.5
1997	33.4	7.0	9.4	2.9	2.6
1998	35.5	7.3	9.6	2.8	3.0
1999	38.7	7.7	9.7	2.7	3.3
2000	41.5	8.1	9.6	2.5	3.7
2001	41.6	7.9	9.8	2.4	3.6
2002	42.9	8.0	10.0	2.2	4.0
2003	42.9	8.0	9.8	2.1	4.0
2004	43.1	7.4	10.5	2.1	3.4
2005	43.7	5.9	8.9	2.5	3.3
2006	42.0	5.7	8.3	2.7	3.3
2007	40.7	5.5	8.2	2.8	3.2
2008	40.1	5.4	8.4	2.9	2.9
2009	41.4	5.4	9.4	3.1	3.1
2010	39.7	5.2	8.9	2.9	2.9
2011	38.3	4.8	8.5	2.5	2.6

2-7 地区生产总值发展速度
Growth Rate of GDP

单位：% (以上年为100) (precending year=100) (%)

年份 Year	地区生产总值 Gross Domestic Product	第一产业 Primary Industry	第二产业 Secondary Industry	工业 Industry	建筑业 Construction
1978	116.4	111.7	121.8	121.6	123.3
1979	109.1	106.8	111.4	111.3	112.1
1980	105.2	98.9	111.0	109.7	119.9
1981	105.5	107.0	100.2	101.4	92.7
1982	109.4	113.0	106.0	106.1	105.0
1983	109.2	103.7	116.7	114.8	130.2
1984	109.4	106.6	109.7	113.0	89.8
1985	112.0	103.7	113.6	114.3	108.7
1986	108.1	105.2	107.7	108.5	101.6
1987	109.3	102.9	112.8	113.3	108.6
1988	108.2	97.7	115.0	115.3	112.6
1989	103.6	105.7	101.2	103.0	79.3
1990	104.0	103.2	104.6	104.5	106.1
1991	107.9	105.6	108.5	107.4	116.7
1992	111.1	103.5	117.3	116.8	120.4
1993	112.4	104.3	118.2	120.0	105.5
1994	110.6	105.4	115.4	115.9	111.7
1995	110.3	106.5	113.5	113.4	114.6
1996	112.1	106.2	116.3	116.8	112.3
1997	110.6	106.1	113.3	114.3	104.4
1998	108.5	100.9	111.5	111.2	114.1
1999	108.4	103.3	109.3	109.0	111.7
2000	109.0	103.9	110.6	110.5	111.5
2001	109.0	104.0	110.3	109.9	112.3
2002	109.0	102.6	110.9	111.0	110.3
2003	109.6	103.6	112.5	112.7	111.2
2004	112.1	107.4	116.1	115.9	117.4
2005	112.2	105.7	112.9	113.6	109.2
2006	112.8	104.7	117.1	118.3	111.1
2007	115.0	103.9	118.6	119.7	112.4
2008	113.9	105.3	115.2	116.0	110.4
2009	113.7	105.0	118.9	118.5	121.2
2010	114.6	104.3	120.2	121.2	114.2
2011	112.8	104.2	117.0	118.2	109.6

2-7 续表 continued

单位：% (以上年为100) (precending year=100) (%)

年份 Year	第三产业 Tertiary Industry	交通运输仓储和邮政业 Transport, Storage and Post	批发和零售业 Wholesale and Retail Trades	金融业 Financial Intermediation	房地产业 Real Estate Trade	人均地区生产总值 Per Capita Gross Domestic Product
1978	115.5	110.7	120.4	115.3	104.0	115.1
1979	109.0	109.3	110.1	96.5	101.7	107.9
1980	105.5	104.5	102.5	97.8	110.4	104.1
1981	113.3	102.6	112.6	131.0	146.4	104.1
1982	107.5	109.6	94.0	137.3	110.3	107.7
1983	108.2	107.2	95.8	110.1	128.5	107.7
1984	115.6	113.9	119.3	111.9	110.0	108.3
1985	127.2	140.6	134.8	122.1	128.4	110.9
1986	114.1	112.6	114.6	135.3	100.9	106.8
1987	114.0	127.1	113.8	114.9	105. 0	107.8
1988	112.6	120.4	108.9	104.6	109.5	106.0
1989	105.0	97.3	90.6	150.6	86.7	101.6
1990	103.8	113.7	83.7	109.0	109.0	102.3
1991	110.5	118.6	112.0	115.5	106.1	106.6
1992	114.1	112.8	110.0	130.3	110.6	110.3
1993	116.0	125.2	110.8	121.3	124.0	111.7
1994	111.0	110.6	109.0	105.7	112.0	109.8
1995	110.6	116.3	109.1	106.0	114.7	109.1
1996	112.9	117.8	109.0	110.6	117.1	111.0
1997	111.6	115.0	109.5	110.3	110.2	110.0
1998	111.5	113.4	110.3	105.2	113.3	107.8
1999	111.4	108.0	110.5	105.1	117.3	107.8
2000	110.9	114.5	111.4	106.0	109.2	108.5
2001	110.6	110.2	111.3	103.5	109.3	110.6
2002	110.5	109.9	111.5	103.2	111.2	110.7
2003	109.7	110.3	109.6	105.4	109.0	110.0
2004	110.5	114.0	108.9	102.1	105.8	111.8
2005	113.8	113.1	117.1	112.6	107.4	110.6
2006	112.0	111.3	111.7	115.2	111.6	111.2
2007	115.7	116.2	116.7	120.9	110.0	114.7
2008	115.5	116.4	118.7	118.1	106.9	113.6
2009	111.3	106.8	114.9	118.0	110.0	113.2
2010	111.7	113.3	111.7	109.1	109.3	112.9
2011	111.0	112.6	108.3	105.6	104.1	111.2

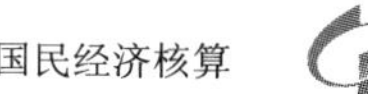

2-8 地区生产总值指数
Indices of Gross Domestic Product

单位：% (1952 =100) (%)

年份 Year	地区生产总值 Gross Domestic Product	第一产业 Primary Industry	第二产业 Secondary Industry	工业 Industry	建筑业 Construction	第三产业 Tertiary Industry	人均地区生产总值 Per Capita Gross Domestic Product
1952	100.0	100.0	100.0	100.0	100.0	100.0	100.0
1953	108.4	99.9	131.5	127.7	153.1	128.1	105.8
1954	106.4	89.8	157.9	153.3	185.7	141.1	101.5
1955	126.1	110.3	190.0	165.0	331.5	150.4	118.1
1956	132.9	106.4	226.8	212.3	308.1	181.6	123.2
1957	153.0	129.2	253.3	238.6	337.6	187.8	139.2
1958	183.4	130.8	522.4	439.3	987.8	207.0	163.0
1959	199.5	113.4	660.9	591.3	1027.3	277.9	175.2
1960	197.5	90.4	765.8	671.7	1274.9	292.1	175.9
1961	127.4	82.8	332.0	332.5	290.7	189.1	116.4
1962	131.3	101.7	284.3	287.9	228.8	167.7	119.4
1963	126.5	92.7	306.7	318.4	196.1	163.0	111.9
1964	150.3	107.1	432.6	432.6	382.6	167.9	129.7
1965	170.1	111.7	558.4	570.3	417.8	186.1	143.1
1966	191.9	121.9	669.8	692.3	450.8	203.2	156.8
1967	192.5	130.9	610.1	625.8	440.0	206.9	153.0
1968	189.8	142.2	512.0	518.2	413.6	205.6	146.7
1969	210.0	138.2	684.2	705.8	469.0	231.5	157.8
1970	247.0	139.5	1005.8	1057.3	569.4	245.9	180.5
1971	261.0	140.3	1122.5	1138.7	892.8	252.7	185.6
1972	281.8	142.8	1283.9	1306.1	1004.4	280.0	195.8
1973	300.9	154.2	1361.2	1402.8	976.3	295.4	204.4
1974	278.8	157.9	1071.5	1054.9	1018.3	290.6	185.4
1975	307.6	162.4	1325.9	1329.2	1142.5	309.9	200.8
1976	306.0	162.5	1290.1	1281.3	1171.1	316.9	196.6
1977	335.3	165.0	1562.0	1602.9	1158.2	340.0	212.9

2-8 续表 1 continued

单位：% (1952 =100) (%)

年份 Year	地区生产总值 Gross Domestic Product	第一产业 Primary Industry	第二产业 Secondary Industry	工业 Industry	建筑业 Construction	第三产业 Tertiary Industry	人均地区生产总值 Per Capita Gross Domestic Product
1978	390.3	184.3	1903.0	1949.8	1427.7	392.8	245.2
1979	425.7	196.8	2119.1	2169.4	1600.1	428.2	264.6
1980	448.0	194.6	2352.0	2380.0	1918.7	451.9	275.4
1981	472.4	208.3	2357.8	2414.0	1779.3	512.1	286.7
1982	516.7	235.4	2498.9	2561.8	1868.4	550.6	308.8
1983	564.4	244.2	2917.3	2939.9	2432.2	595.9	332.6
1984	617.4	260.2	3198.9	3321.7	2184.7	688.9	360.2
1985	691.8	269.9	3634.5	3795.5	2375.4	875.9	399.4
1986	748.1	284.0	3916.1	4119.2	2414.5	999.7	426.6
1987	817.8	292.2	4418.7	4668.6	2622.1	1139.2	459.9
1988	884.9	285.5	5081.5	5382.9	2952.5	1282.7	487.4
1989	916.8	301.8	5142.5	5544.4	2341.3	1346.8	495.2
1990	953.1	311.6	5380.0	5793.9	2484.2	1397.9	506.6
1991	1028.4	329.0	5837.3	6222.6	2899.1	1544.7	540.1
1992	1142.6	340.5	6847.2	7268.0	3490.5	1762.5	595.7
1993	1284.3	355.1	8093.4	8721.6	3682.5	2044.5	665.4
1994	1420.4	374.3	9339.8	10108.3	4113.4	2269.4	730.6
1995	1566.7	398.6	10600.7	11462.8	4714.0	2510.0	797.1
1996	1756.3	423.3	12328.6	13388.6	5293.8	2833.8	884.8
1997	1942.5	449.1	13968.3	15303.2	5526.7	3162.5	973.3
1998	2107.6	453.1	15574.7	17017.2	6306.0	3526.2	1049.2
1999	2284.6	468.1	17023.1	18548.7	7043.8	3928.2	1131.0
2000	2490.2	486.4	18827.5	20496.3	7853.8	4356.4	1227.1
2001	2714.3	505.9	20766.7	22525.4	8819.8	4818.2	1357.2
2002	2958.6	519.1	23030.3	25003.2	9728.2	5324.1	1502.4
2003	3242.6	537.8	25909.1	28178.6	10817.8	5840.5	1652.6
2004	3635.0	577.6	30080.5	32659.0	12700.1	6453.8	1847.6
2005	4078.5	610.5	33960.9	37100.6	13868.5	7344.4	2043.4
2006	4600.5	639.2	39768.2	43890.0	15407.9	8225.7	2272.3
2007	5290.6	664.1	47165.1	52536.3	17318.5	9517.1	2606.3
2008	6026.0	699.3	54334.2	60942.1	19119.6	10992.3	2960.8
2009	6851.6	734.3	64603.4	72216.4	23173.0	12234.4	3351.6
2010	7851.9	765.9	77653.3	87526.3	26463.6	13665.8	3784.0
2011	8857.0	798.0	90854.3	103456.1	29004.1	15169.1	4207.8

2-8 续表 2 continued

单位：% (1978=100) (%)

年份 Year	地区生产总值 Gross Domestic Product	第一产业 Primary Industry	第二产业 Secondary Industry	工业 Industry	建筑业 Construction
1978	100.0	100.0	100.0	100.0	100.0
1979	109.1	106.8	111.4	111.3	112.1
1980	114.8	105.6	123.6	122.1	134.4
1981	121.0	113.0	123.9	123.8	124.6
1982	132.4	127.7	131.3	131.4	130.8
1983	144.6	132.5	153.3	150.8	170.3
1984	158.2	141.2	168.1	170.4	153.0
1985	177.2	146.4	191.0	194.7	166.3
1986	191.7	154.1	205.8	211.3	168.9
1987	209.5	158.5	232.2	239.4	183.5
1988	226.7	154.9	267.0	276.1	206.6
1989	234.9	163.8	270.2	284.3	163.8
1990	244.3	169.1	282.7	297.1	173.8
1991	263.6	178.5	306.7	319.1	202.8
1992	292.9	184.8	359.8	372.7	244.2
1993	329.2	192.7	425.3	447.2	257.6
1994	364.1	203.1	490.8	518.3	287.7
1995	401.6	216.3	557.1	587.8	329.7
1996	450.2	229.7	647.9	686.6	370.3
1997	497.9	243.7	734.1	784.8	386.6
1998	540.2	245.9	818.5	872.7	441.1
1999	585.6	254.0	894.6	951.2	492.7
2000	638.3	263.9	989.4	1051.1	549.4
2001	695.7	274.5	1091.3	1155.2	617.0
2002	758.3	281.6	1210.3	1282.3	680.6
2003	831.1	291.7	1361.6	1445.2	756.8
2004	931.7	313.3	1580.8	1675.0	888.5
2005	1045.4	331.2	1784.7	1902.8	970.2
2006	1179.2	346.8	2089.9	2251.0	1077.9
2007	1356.1	360.3	2478.6	2694.4	1211.6
2008	1544.6	379.4	2855.3	3125.5	1337.6
2009	1756.2	398.4	3395.0	3703.7	1621.2
2010	2012.6	415.5	4080.8	4488.9	1851.4
2011	2270.2	433.0	4774.5	5305.9	2029.1

2-8 续表 3 continued

单位：% (1978=100) (%)

年份 Year	第三产业 Tertiary Industry	交通运输仓储和邮政业 Transportation,Postal and Telecommunications	批发和零售业 Wholesale, Retail Trade and Catering	金融业 Financial Intermediation	房地产业 Real Estate Trade	人均地区生产总值 Per Capita Gross Domestic Product
1978	100.0	100.0	100.0	100.0	100.0	100.0
1979	109.0	109.3	110.1	96.5	101.7	107.9
1980	115.0	114.2	112.9	94.4	112.3	112.3
1981	130.4	117.2	127.1	123.6	164.4	116.9
1982	140.2	128.4	119.4	169.7	181.3	125.9
1983	151.7	137.7	114.4	186.9	233.0	135.6
1984	175.4	156.8	136.5	209.1	256.3	146.9
1985	223.0	220.5	184.0	255.4	329.1	162.9
1986	254.5	248.3	210.9	345.5	332.0	174.0
1987	290.0	315.6	240.0	397.0	348.6	187.6
1988	326.6	379.9	261.4	415.2	381.7	198.9
1989	342.9	369.1	236.8	625.3	331.0	202.1
1990	355.9	420.3	198.2	681.6	360.8	206.7
1991	393.3	498.5	222.0	787.2	382.8	220.3
1992	448.7	562.3	244.2	1025.7	423.4	243.0
1993	520.5	704.0	270.6	1244.2	525.0	271.4
1994	577.8	778.6	295.0	1315.1	588.0	298.0
1995	639.0	905.5	321.8	1394.0	674.4	325.1
1996	721.4	1066.7	350.8	1541.8	789.7	360.9
1997	805.1	1226.7	384.1	1700.6	870.2	397.0
1998	897.7	1391.1	423.7	1789.0	985.9	428.0
1999	1000.0	1502.4	468.2	1880.2	1156.5	461.4
2000	1109.0	1720.2	521.6	1993.0	1262.9	500.6
2001	1226.6	1895.7	580.5	2062.8	1380.3	553.7
2002	1355.4	2083.4	647.3	2128.8	1534.9	612.9
2003	1486.9	2298.0	709.4	2243.8	1673.0	674.2
2004	1643.0	2619.7	772.5	2290.9	1770.0	753.8
2005	1869.7	2962.9	904.6	2579.6	1901.0	833.7
2006	2094.1	3297.7	1010.4	2971.7	2121.5	927.1
2007	2422.9	3831.9	1179.1	3592.8	2333.7	1063.4
2008	2798.4	4460.3	1399.6	4243.1	2494.7	1208.0
2009	3114.6	4763.6	1608.1	5006.9	2744.2	1367.5
2010	3479.0	5397.2	1796.2	5462.5	2999.4	1543.9
2011	3861.7	6077.2	1945.3	5768.4	3122.4	1716.8

2-9 地区生产总值构成项目表
Structure of Gross Domestic Product

单位: 亿元 (100 million yuan)

指 标	Item	2010	2011
地区生产总值	**Gross Domestic Product**	**16037.96**	**19669.56**
劳动者报酬	Compensation of Laborers	8040.19	9802.10
生产税净额	Net Taxes on Production	2553.68	3240.66
固定资产折旧	Depreciation of Fixed Assets	1701.50	2134.42
营业盈余	Operating Surplus	3742.59	4492.39
第一产业	**Primary Industry**	**2325.50**	**2768.03**
劳动者报酬	Compensation of Laborers	2292.12	2695.02
生产税净额	Net Taxes on Production	5.48	6.91
固定资产折旧	Depreciation of Fixed Assets	27.90	66.10
营业盈余	Operating Surplus		
第二产业	**Secondary Industry**	**7343.19**	**9361.99**
劳动者报酬	Compensation of Laborers	2523.75	3208.29
生产税净额	Net Taxes on Production	1918.22	2508.69
固定资产折旧	Depreciation of Fixed Assets	766.54	1010.85
营业盈余	Operating Surplus	2134.68	2634.15
#工业增加值	**# Added Value of Industry**	**6305.11**	**8122.75**
劳动者报酬	Compensation of Laborers	2018.31	2616.34
生产税净额	Net Taxes on Production	1751.94	2313.38
固定资产折旧	Depreciation of Fixed Assets	712.45	946.29
营业盈余	Operating Surplus	1822.41	2246.74
#建筑业增加值	**# Added Value of Construction**	**1038.08**	**1239.24**
劳动者报酬	Compensation of Laborers	505.44	591.95
生产税净额	Net Taxes on Production	166.28	195.31
固定资产折旧	Depreciation of Fixed Assets	54.09	64.56
营业盈余	Operating Surplus	312.27	387.41
第三产业	**Tertiary Industry**	**6369.27**	**7539.54**
劳动者报酬	Compensation of Laborers	3224.32	3898.78
生产税净额	Net Taxes on Production	629.98	725.06
固定资产折旧	Depreciation of Fixed Assets	907.06	1057.46
营业盈余	Operating Surplus	1607.91	1858.24

2–9 续表 1 continued

单位: 亿元 (100 million yuan)

指 标	Item	2010	2011
#交通运输仓储邮政业增加值	**# Added Value of Transport, Storage and Post**	**832.28**	**948.82**
劳动者报酬	Compensation of Laborers	502.51	577.16
生产税净额	Net Taxes on Production	53.48	66.59
固定资产折旧	Depreciation of Fixed Assets	128.52	143.99
营业盈余	Operating Surplus	147.77	161.08
#信息传输、计算机服务和软件业增加值	**# Added Value of Information Transmission, Computer Service and Software**	**329.15**	**403.04**
劳动者报酬	Compensation of Laborers	56.38	69.64
生产税净额	Net Taxes on Production	21.07	25.35
固定资产折旧	Depreciation of Fixed Assets	117.31	141.20
营业盈余	Operating Surplus	134.39	166.86
#批发和零售业增加值	**# Added Value of Wholesale and Retail Trade**	**1434.68**	**1662.34**
劳动者报酬	Compensation of Laborers	550.47	611.90
生产税净额	Net Taxes on Production	340.83	398.52
固定资产折旧	Depreciation of Fixed Assets	56.83	69.05
营业盈余	Operating Surplus	486.55	582.88
#住宿和餐饮业增加值	**# Added Value of Hotel and Restaurants**	**354.91**	**406.87**
劳动者报酬	Compensation of Laborers	213.56	276.59
生产税净额	Net Taxes on Production	36.34	33.35
固定资产折旧	Depreciation of Fixed Assets	38.63	43.44
营业盈余	Operating Surplus	66.38	53.49
#金融业增加值	**# Added Value of Financial Intermediation**	**463.16**	**501.09**
劳动者报酬	Compensation of Laborers	122.16	144.99
生产税净额	Net Taxes on Production	50.15	55.13
固定资产折旧	Depreciation of Fixed Assets	28.20	24.21
营业盈余	Operating Surplus	262.65	276.76
#房地产业增加值	**# Added Value of Real Estate**	**464.21**	**518.04**
劳动者报酬	Compensation of Laborers	50.60	55.22
生产税净额	Net Taxes on Production	61.23	63.39
固定资产折旧	Depreciation of Fixed Assets	285.93	324.15
营业盈余	Operating Surplus	66.45	75.28
#租赁和商务服务业增加值	**# Added Value of Leasing and Business Services**	**251.57**	**307.24**
劳动者报酬	Compensation of Laborers	93.28	113.95
生产税净额	Net Taxes on Production	18.62	22.74
固定资产折旧	Depreciation of Fixed Assets	29.32	35.81
营业盈余	Operating Surplus	110.35	134.74

2-9 续表 2 continued

单位: 亿元 (100 million yuan)

指 标	Item	2010	2011
#科学研究、技术服务和地质勘查业增加值	**# Added Value of Scientific Research, Technical Services, and Geological Prospecting**	**152.86**	**180.95**
劳动者报酬	Compensation of Laborers	67.40	79.96
生产税净额	Net Taxes on Production	7.89	9.32
固定资产折旧	Depreciation of Fixed Assets	23.30	27.57
营业盈余	Operating Surplus	54.27	64.10
#水利、环境和公共设施管理业增加值	**# Added Value of Management of Water Conservancy, Environment and Public Facilities**	**63.69**	**75.40**
劳动者报酬	Compensation of Laborers	34.59	42.19
生产税净额	Net Taxes on Production	1.95	2.33
固定资产折旧	Depreciation of Fixed Assets	11.22	12.10
营业盈余	Operating Surplus	15.93	18.77
#居民服务和其他服务业增加值	**# Added Value of Services to Households and Other Services**	**570.06**	**684.21**
劳动者报酬	Compensation of Laborers	461.06	553.40
生产税净额	Net Taxes on Production	15.04	18.06
固定资产折旧	Depreciation of Fixed Assets	34.86	41.84
营业盈余	Operating Surplus	59.10	70.92
#教育增加值	**# Added Value of Education**	**423.55**	**507.03**
劳动者报酬	Compensation of Laborers	342.98	411.75
生产税净额	Net Taxes on Production	2.88	3.46
固定资产折旧	Depreciation of Fixed Assets	48.83	58.62
营业盈余	Operating Surplus	28.86	33.20
#卫生、社会保障和社会福利业增加值	**# Added Value of Health, Social Securities and Social Welfare**	**238.50**	**276.73**
劳动者报酬	Compensation of Laborers	151.79	177.15
生产税净额	Net Taxes on Production	2.20	2.55
固定资产折旧	Depreciation of Fixed Assets	19.84	23.38
营业盈余	Operating Surplus	64.67	73.66
#文化体育娱乐业增加值	**# Added Value of Culture, Sports and Entertainment**	**192.61**	**252.78**
劳动者报酬	Compensation of Laborers	87.60	115.95
生产税净额	Net Taxes on Production	14.89	19.59
固定资产折旧	Depreciation of Fixed Assets	21.47	28.28
营业盈余	Operating Surplus	68.65	88.97
#公共管理和社会组织增加值	**# Added Value of Public Management and Social Organization**	**598.04**	**815.00**
劳动者报酬	Compensation of Laborers	489.94	668.94
生产税净额	Net Taxes on Production	3.41	4.69
固定资产折旧	Depreciation of Fixed Assets	62.80	83.85
营业盈余	Operating Surplus	41.89	57.53

2-10 支出法地区生产总值
Gross Domestic Product by Expenditure Approach

单位: 亿元 (100 million yuan)

年份 Year	地区生产总值 GDP by Expenditure Approach	最终消费 Final Consumption Expenditures	居民消费 Household Consumption Expenditures	农村居民 Rural Household	城镇居民 Urban Household	政府消费 Government Consumption Expenditures
1952	27.81	24.87	24.12	20.98	3.14	0.75
1953	30.29	26.30	25.44	21.61	3.83	0.86
1954	30.51	26.61	25.46	21.43	4.03	1.15
1955	35.83	29.84	28.52	24.26	4.26	1.32
1956	37.93	32.23	30.56	25.28	5.28	1.67
1957	45.20	34.18	32.42	26.31	6.11	1.76
1958	55.85	36.98	35.16	27.57	7.59	1.82
1959	61.95	37.16	34.76	24.93	9.83	2.40
1960	64.07	37.96	35.47	24.92	10.55	2.49
1961	46.64	41.38	39.12	28.36	10.76	2.26
1962	51.19	45.28	43.51	33.32	10.19	1.77
1963	48.08	40.92	39.32	28.50	10.82	1.60
1964	57.36	43.61	41.32	30.59	10.73	2.29
1965	65.32	47.29	45.18	33.84	11.34	2.11
1966	72.73	51.61	49.26	37.93	11.33	2.35
1967	73.51	54.81	52.56	40.95	11.61	2.25
1968	75.67	55.30	53.27	41.60	11.67	2.03
1969	81.26	55.90	53.52	42.09	11.43	2.38
1970	93.05	58.04	55.60	43.54	12.06	2.44
1971	99.10	62.19	59.04	45.36	13.68	3.15
1972	107.01	67.40	63.76	47.81	15.95	3.64
1973	115.80	71.30	67.28	50.71	16.57	4.02
1974	108.17	74.50	69.54	51.98	17.56	4.96
1975	118.40	76.87	72.16	53.89	18.27	4.71
1976	118.53	78.41	73.13	53.94	19.19	5.28
1977	129.17	86.16	79.74	60.13	19.61	6.42

2-10 续表 1 continued

单位: 亿元 (100 million yuan)

年份 Year	地区生产总值 GDP by Expenditure Approach	最终消费 Final Consumption Expenditures	居民消费 Household Consumption Expenditures	农村居民 Rural Household	城镇居民 Urban Household	政府消费 Government Consumption Expenditures
1978	146.99	100.83	93.93	70.87	23.06	6.90
1979	178.01	118.77	109.67	83.37	26.30	9.10
1980	191.72	136.94	125.42	93.15	32.27	11.52
1981	209.68	155.72	142.77	107.33	35.44	12.95
1982	232.52	174.68	159.45	121.93	37.52	15.23
1983	257.43	195.09	178.56	137.91	40.65	16.53
1984	287.29	218.09	199.24	152.95	46.29	18.85
1985	349.95	263.11	240.71	182.85	57.86	22.40
1986	397.68	290.14	265.54	196.12	69.42	24.60
1987	469.44	328.34	298.85	218.93	79.92	29.49
1988	584.07	399.15	364.37	256.19	108.18	34.78
1989	640.80	439.54	393.49	270.81	122.68	46.05
1990	744.44	564.70	454.90	314.05	140.85	109.80
1991	833.30	621.93	500.84	340.27	160.57	121.09
1992	986.98	725.60	582.91	379.23	203.68	142.69
1993	1244.71	885.88	709.62	434.49	275.13	176.26
1994	1650.02	1188.55	964.13	565.53	398.60	224.42
1995	2132.13	1492.01	1214.61	688.72	525.89	277.40
1996	2540.13	1789.60	1462.70	859.46	603.24	326.90
1997	2849.27	1975.57	1585.43	887.73	697.70	390.14
1998	3025.53	2089.53	1662.14	906.18	755.96	427.39
1999	3214.54	2267.40	1789.71	901.12	888.59	477.69
2000	3551.49	2471.77	1928.94	900.05	1028.89	542.83
2001	3831.90	2638.39	2030.06	883.45	1146.61	608.33
2002	4151.54	2754.62	2075.13	889.53	1185.60	679.49
2003	4659.99	3046.50	2290.01	912.18	1377.83	756.49
2004	5641.94	3552.05	2680.61	1038.65	1641.96	871.44
2005	6596.10	4026.02	3092.25	1139.63	1952.62	933.77
2006	7688.67	4608.61	3488.56	1212.84	2275.72	1120.05
2007	9439.60	5275.29	3970.53	1317.86	2652.67	1304.76
2008	11555.00	5988.91	4554.12	1462.38	3091.74	1434.79
2009	13059.69	6644.74	5069.09	1522.26	3546.83	1575.65
2010	16037.96	7603.53	5788.85	1661.80	4127.05	1814.68
2011	19669.56	9088.73	6942.88	2059.44	4883.44	2145.85

2–10 续表 2 continued

单位: 亿元 (100 million yuan)

年份 Year	资本形成总额 Gross Capital Formation			货物和服务净流出 Net Export of Goods&Services	资本形成率(投资率)% Rate of Capital Formation (%)	最终消费率(消费率)% Rate of Final Consumption(%)
		固定资本 Fixed Capital	存货增加 Changes in Inventories			
1952	1.63	1.24	0.39	1.31	5.9	89.4
1953	2.69	1.93	0.76	1.30	8.9	86.8
1954	3.10	2.41	0.69	0.80	10.2	87.2
1955	5.36	1.93	3.43	0.63	15.0	83.3
1956	5.09	3.28	1.81	0.61	13.4	85.0
1957	7.99	3.81	4.18	3.03	17.7	75.6
1958	18.84	14.06	4.78	0.03	33.7	66.2
1959	24.54	16.43	8.11	0.25	39.6	60.0
1960	21.39	17.98	3.41	4.72	33.4	59.2
1961	3.69	4.62	-0.93	1.57	7.9	88.7
1962	0.89	2.73	-1.84	5.02	1.7	88.5
1963	6.83	3.91	2.92	0.33	14.2	85.1
1964	11.39	8.46	2.93	2.36	19.9	76.0
1965	12.69	9.39	3.30	5.34	19.4	72.4
1966	16.31	11.20	5.11	4.81	22.4	71.0
1967	13.93	9.41	4.52	4.77	18.9	74.6
1968	12.69	7.52	5.17	7.68	16.8	73.1
1969	16.78	10.81	5.97	8.58	20.6	68.8
1970	27.05	18.54	8.51	7.96	29.1	62.4
1971	33.51	22.12	11.39	3.40	33.8	62.8
1972	28.60	18.23	10.37	11.01	26.7	63.0
1973	28.24	19.00	9.24	16.26	24.4	61.6
1974	24.50	19.32	5.18	9.17	22.6	68.9
1975	26.36	21.31	5.05	15.17	22.3	64.9
1976	24.80	19.33	5.47	15.32	20.9	66.2
1977	28.00	17.83	10.17	15.01	21.7	66.7

2-10 续表 3 continued

单位: 亿元 (100 million yuan)

年份 Year	资本形成总额 Gross Capital Formation	固定资本 Fixed Capital	存货增加 Changes in Inventories	货物和服务净流出 Net Export of Goods&Services	资本形成率(投资率)% Rate of Capital Formation (%)	最终消费率(消费率)% Rate of Final Consumption(%)
1978	42.41	27.68	14.73	3.75	28.9	68.6
1979	41.82	29.81	12.01	17.42	23.5	66.7
1980	40.02	32.76	7.26	14.76	20.9	71.4
1981	41.19	27.95	13.24	12.77	19.6	74.3
1982	50.53	34.07	16.46	7.31	21.7	75.1
1983	56.63	43.89	12.74	5.71	22.0	75.8
1984	59.06	42.15	16.91	10.14	20.6	75.9
1985	92.19	58.14	34.05	-5.35	26.3	75.2
1986	115.02	75.57	39.45	-7.48	28.9	73.0
1987	139.84	91.79	48.05	1.26	29.8	69.9
1988	184.75	114.73	70.02	0.17	31.6	68.3
1989	169.41	83.19	86.22	31.85	26.4	68.6
1990	184.12	122.82	61.30	-4.38	24.7	75.9
1991	224.80	160.49	64.31	-13.43	27.0	74.6
1992	291.04	228.29	62.75	-29.66	29.5	73.5
1993	380.33	330.54	49.79	-21.50	30.6	71.2
1994	462.19	422.61	39.58	-0.72	28.0	72.0
1995	641.80	534.12	107.68	-1.68	30.1	70.0
1996	751.93	678.32	73.61	-1.40	29.6	70.5
1997	858.31	725.73	132.58	15.39	30.1	69.3
1998	919.50	846.37	73.13	16.50	30.4	69.1
1999	963.53	956.10	7.43	-16.39	30.0	70.5
2000	1046.05	1082.00	-35.95	33.67	29.5	69.6
2001	1190.12	1233.17	-43.05	3.39	31.1	68.9
2002	1391.46	1380.89	10.57	5.46	33.5	66.4
2003	1599.06	1613.12	-14.06	14.43	34.3	65.4
2004	2173.55	1978.31	195.24	-83.66	38.5	63.0
2005	2576.17	2520.38	55.79	-6.09	39.1	61.0
2006	3250.48	3159.17	91.31	-170.42	42.3	59.9
2007	4284.22	4194.92	89.30	-119.91	45.4	55.9
2008	5655.36	5571.61	83.75	-89.27	48.9	51.8
2009	6773.35	6666.80	106.55	-358.40	51.9	50.9
2010	8780.76	8568.77	211.99	-346.33	54.7	47.4
2011	10913.43	10487.26	426.17	-332.60	55.5	46.2

2－11 最终消费发展速度及指数
Growth Rate and Indices of Final Consumption Expenditure

单位:% (%)

年份 Year	以上年为100 (preceding year=100) 最终消费 Final Consumption Expenditures	居民消费 Household Consumption	农村居民 Rural Household	城镇居民 Urban Household	政府消费 Government Consumption	以1952年为100 (1952=100) 最终消费 Final Consumption Expenditures	居民消费 Household Consumption	农村居民 Rural Household	城镇居民 Urban Household	政府消费 Government Consumption
1978	112.5	112.9	111.0	118.7	107.7	258.5	246.2	211.6	490.9	677.9
1979	112.3	110.8	110.3	112.2	131.4	290.3	272.8	233.4	550.8	890.8
1980	108.9	108.5	109.2	106.5	112.8	316.2	296.0	254.8	586.6	1004.8
1981	111.2	111.3	113.0	106.5	109.9	351.6	329.4	288.0	624.8	1104.3
1982	111.8	111.3	113.4	105.0	116.5	393.0	366.6	326.5	656.0	1286.5
1983	107.5	107.7	108.8	104.2	104.7	422.5	394.8	355.3	683.5	1347.0
1984	108.9	108.8	108.3	110.2	110.6	460.1	429.6	384.8	753.3	1489.8
1985	108.3	108.4	107.6	111.3	106.6	498.3	465.7	414.0	838.4	1588.1
1986	104.5	104.5	101.8	113.3	104.3	520.7	486.6	421.5	949.9	1656.4
1987	102.3	102.1	101.2	104.5	104.5	532.7	496.9	426.5	992.6	1730.9
1988	98.3	98.2	95.6	105.4	99.4	523.7	487.9	407.7	1046.2	1720.5
1989	97.7	96.8	97.0	96.2	107.9	511.6	472.3	395.5	1006.5	1856.5
1990	105.9	105.0	101.7	113.8	114.0	541.8	495.9	402.2	1145.4	2116.4
1991	105.4	105.3	104.1	108.0	106.0	571.1	522.2	418.7	1237.0	2243.4
1992	103.9	103.5	101.4	108.3	105.4	593.3	540.5	424.6	1339.7	2364.5
1993	105.5	104.7	100.7	112.2	108.9	625.9	565.9	427.6	1503.1	2574.9
1994	106.1	106.2	100.6	115.5	105.6	664.1	601.0	430.2	1736.1	2719.1
1995	108.6	109.0	105.4	114.2	107.0	721.2	655.1	453.4	1982.6	2909.4
1996	108.6	108.2	113.2	101.5	109.9	783.2	708.8	513.2	2012.3	3197.4
1997	106.7	105.2	100.8	111.7	113.7	835.7	745.7	517.3	2247.7	3635.4
1998	105.7	105.5	103.8	107.7	106.8	883.3	786.7	537.0	2420.8	3882.6
1999	106.7	106.2	99.5	115.1	108.7	942.5	835.5	534.3	2786.3	4220.4
2000	106.7	105.6	98.9	113.2	110.8	1005.6	882.3	528.4	3154.1	4676.2
2001	107.7	106.1	98.3	112.9	113.6	1083.0	936.1	519.4	3561.0	5312.2
2002	104.7	102.3	100.7	103.6	112.8	1133.9	957.6	523.0	3689.2	5992.2
2003	108.8	108.6	100.5	114.5	109.5	1233.7	1040.0	525.6	4224.1	6561.5
2004	110.2	109.9	103.5	114.1	110.9	1359.5	1143.0	544.0	4819.7	7276.7
2005	110.3	111.3	107.3	113.6	107.3	1499.5	1272.2	583.7	5475.2	7807.9
2006	109.6	109.3	103.5	112.7	110.6	1643.5	1390.5	604.1	6170.5	8635.5
2007	112.3	111.6	104.8	115.3	114.6	1845.6	1551.8	633.1	7114.6	9896.3
2008	110.8	109.3	103.7	112.0	115.6	2045.0	1696.1	656.6	7968.4	11440.2
2009	109.8	109.4	104.0	111.8	111.1	2245.4	1855.5	682.8	8908.6	12710.0
2010	110.9	110.8	105.8	112.8	111.2	2490.1	2055.9	722.4	10048.9	14133.5
2011	110.8	111.2	110.2	111.6	109.5	2759.0	2286.2	796.1	11214.6	15476.2

2-12 居民消费水平
Household Consumption

年份 Year	按当年价计算 At Current Prices			以上年为100 Preceding Year=100			以1952年为100 1952=100		
	居民消费水平(元) Household Consumption Level (yuan)	农村居民 Rural Household	城镇居民 Urban Household	居民消费水平(%) Household Consumption Level (%)	农村居民 Rural Household	城镇居民 Urban Household	居民消费水平(%) Household Consumption Level (%)	农村居民 Rural Household	城镇居民 Urban Household
1978	183	154	427	111.7	110.0	115.4	153.4	134.7	252.9
1979	211	181	454	109.6	110.0	104.5	168.2	148.2	264.3
1980	239	201	523	107.3	108.8	100.1	180.4	161.2	264.6
1981	268	229	552	109.9	112.0	102.4	198.3	180.6	270.9
1982	295	257	567	109.5	111.8	101.7	217.2	201.9	275.5
1983	326	287	603	106.2	107.4	102.4	230.6	216.8	282.1
1984	360	317	650	107.7	108.0	104.3	248.4	234.2	294.3
1985	430	379	751	107.3	107.6	102.9	266.5	252.0	302.8
1986	469	404	866	103.3	101.1	108.9	275.3	254.7	329.8
1987	521	446	969	100.7	100.0	101.6	277.2	254.7	335.0
1988	623	514	1256	96.4	94.2	101.0	267.2	239.9	338.4
1989	660	534	1372	100.0	103.6	91.8	267.2	248.6	310.6
1990	750	611	1533	103.6	100.0	111.9	276.9	248.6	347.6
1991	816	654	1714	104.0	102.9	105.9	288.0	255.8	368.1
1992	942	726	2106	102.7	101.1	104.9	295.8	258.6	386.1
1993	1134	849	2598	103.9	100.8	106.6	307.3	260.7	411.6
1994	1408	1027	3260	105.0	100.8	109.6	322.7	262.8	451.1
1995	1752	1294	3884	107.8	109.0	103.2	347.9	286.5	465.5
1996	2199	1710	4395	113.0	119.9	100.1	393.1	343.5	466.0
1997	2390	1851	4746	105.6	105.7	104.3	415.1	363.1	486.0
1998	2471	1921	4813	104.3	105.6	100.8	432.9	383.4	489.9
1999	2594	1945	5290	104.0	101.3	107.6	450.2	388.4	527.1
2000	3034	1969	5770	103.2	100.8	105.5	464.6	391.5	556.1
2001	3242	2024	6050	107.7	103.0	106.2	500.4	403.2	590.6
2002	3366	2103	6126	103.9	103.9	101.4	519.9	418.9	598.9
2003	3729	2209	6851	109.0	103.0	110.2	566.7	431.5	660.0
2004	4355	2576	7731	109.7	106.0	108.1	621.7	457.4	713.5
2005	4952	2863	8623	109.7	108.7	106.6	682.0	497.2	760.6
2006	5508	3081	9491	107.8	104.7	106.4	735.2	520.6	809.3
2007	6254	3437	10551	111.4	107.6	109.9	819.0	560.1	889.4
2008	7152	3914	11749	109.0	106.4	107.0	892.7	596.0	951.6
2009	7929	4154	13000	108.9	106.1	107.8	972.2	632.3	1025.9
2010	8922	4513	14707	109.1	105.3	109.7	1060.6	665.8	1125.4
2011	10547	5607	16783	109.6	110.5	107.6	1162.5	735.8	1210.9

2-13 支出法地区生产总值构成
Composition of Gross Domestic Product by Expenditure Approach

单位:% (%)

年份 Year	以地区生产总值为100 GDP=100			以最终消费为100 Final Consumption Expenditure=100		以居民消费为100 Household Consumption=100	
	最终消费 Final Consumption Expenditures	资本形成总额 Gross Capital Formation	货物和服务净出口 Net Export of Good and Services	居民消费 Household Consumption Expenditures	政府消费 Government Consumption Expenditures	农村居民 Rural Household	城镇居民 Urban Household
1978	68.6	28.9	2.5	93.2	6.8	75.4	24.6
1979	66.7	23.5	9.8	92.3	7.7	76.0	24.0
1980	71.4	20.9	7.7	91.6	8.4	74.3	25.7
1981	74.3	19.6	6.1	91.7	8.3	75.2	24.8
1982	75.1	21.7	3.2	91.3	8.7	76.5	23.5
1983	75.8	22.0	2.2	91.5	8.5	77.2	22.8
1984	75.9	20.6	3.5	91.4	8.6	76.8	23.2
1985	75.2	26.3	-1.5	91.5	8.5	76.0	24.0
1986	73.0	28.9	-1.9	91.5	8.5	73.9	26.1
1987	69.9	29.8	0.3	91.0	9.0	73.3	26.7
1988	68.3	31.6	0.1	91.3	8.7	70.3	29.7
1989	68.6	26.4	5.0	89.5	10.5	68.8	31.2
1990	75.9	24.7	-0.6	80.6	19.4	69.0	31.0
1991	74.6	27.0	-1.6	80.5	19.5	67.9	32.1
1992	73.5	29.5	-3.0	80.3	19.7	65.1	34.9
1993	71.2	30.6	-1.8	80.1	19.9	61.2	38.8
1994	72.0	28.0	0.0	81.1	18.9	58.7	41.3
1995	70.0	30.1	-0.1	81.4	18.6	56.7	43.3
1996	70.5	29.6	-0.1	81.7	18.3	58.8	41.2
1997	69.3	30.1	0.6	80.3	19.7	56.0	44.0
1998	69.1	30.4	0.5	79.5	20.5	54.5	45.5
1999	70.5	30.0	-0.5	78.9	21.1	50.4	49.6
2000	69.6	29.5	0.9	78.0	22.0	46.7	53.3
2001	68.9	31.1	0.0	76.9	23.1	43.5	56.5
2002	66.4	33.5	0.1	75.3	24.7	42.9	57.1
2003	65.4	34.3	0.3	75.2	24.8	39.8	60.2
2004	63.0	38.5	-1.5	75.5	24.5	38.7	61.3
2005	61.0	39.1	-0.1	76.8	23.2	36.9	63.1
2006	59.9	42.3	-2.2	75.7	24.3	34.8	65.2
2007	55.9	45.4	-1.3	75.3	24.7	33.2	66.8
2008	51.8	48.9	-0.7	76.0	24.0	32.1	67.9
2009	50.9	51.9	-2.8	76.3	23.7	30.0	70.0
2010	47.4	54.7	-2.1	76.1	23.9	28.7	71.3
2011	46.2	55.5	-1.7	76.4	23.6	29.7	70.3

2-14 资本形成总额发展速度及指数
Growth Rate and Indices of Gross Capital Formation

单位:% (%)

年份 Year	以上年为100 (Preceding year=100)			以1952年为100 (1952=100)		
	资本形成总额 Gross Capital Formation	固定资本 Fixed Capital	存货增加 Changes in Inventories	资本形成总额 Gross Capital Formation	固定资本 Fixed Capital	存货增加 Changes in Inventories
1952				100.0	100.0	100.0
1955	172.8	84.5	514.0	322.3	170.1	860.5
1960	86.5	106.0	40.0	1351.5	1610.6	762.6
1965	119.4	120.8	114.1	752.8	825.8	631.5
1970	169.6	177.2	149.1	1705.4	1783.3	1751.5
1975	113.5	115.8	99.6	1761.3	2102.2	1014.7
1978	154.2	156.3	148.0	2708.0	2749.5	2992.9
1979	98.0	106.2	75.9	2653.9	2920.0	2270.6
1980	96.1	105.9	58.4	2550.4	3092.3	1327.0
1981	95.8	84.2	176.5	2443.2	2603.7	2342.7
1982	122.7	122.4	123.7	2997.9	3186.9	2898.9
1983	113.5	125.0	75.4	3402.6	3983.6	2186.4
1984	99.6	93.9	130.4	3389.0	3740.6	2850.1
1985	138.0	125.6	185.8	4676.8	4698.2	5295.1
1986	119.7	123.6	110.1	5598.1	5807.0	5828.1
1987	113.7	113.7	113.3	6365.0	6602.6	6602.0
1988	114.1	109.7	127.4	7262.5	7243.0	8409.8
1989	81.2	68.6	113.3	5897.1	4968.7	9525.7
1990	88.1	90.9	86.0	5195.4	4516.6	8192.1
1991	115.4	121.4	103.4	5995.5	5483.2	8470.6
1992	112.3	122.1	89.1	6732.9	6694.9	7547.3
1993	119.8	123.2	91.7	8066.0	8248.1	6920.9
1994	115.3	112.6	144.9	9300.1	9287.4	10028.4
1995	121.6	114.5	182.9	11308.9	10634.1	18341.9
1996	118.1	124.5	83.8	13355.8	13239.5	15370.5
1997	114.2	105.1	187.4	15252.3	13914.7	28804.3
1998	104.1	113.9	60.1	15877.6	15848.8	17311.4
1999	102.0	112.7	11.2	16195.2	17861.6	1938.9
2000	104.3	110.9		16891.6	19808.5	
2001	112.9	113.1		19070.6	22403.4	
2002	116.6	111.6		22236.3	25002.2	
2003	111.7	113.6		24837.9	28402.5	
2004	125.2	116.3		31097.1	33032.1	
2005	116.8	122.1	37.2	36321.4	40332.2	
2006	118.1	117.3	155.0	42895.6	47309.7	
2007	120.9	121.5	100.4	51860.8	57481.2	
2008	118.7	119.8	75.0	61558.7	68862.5	
2009	119.7	119.7	116.6	73685.8	82428.4	
2010	119.3	118.6	166.6	87907.2	97760.1	
2011	114.6	114.0	141.0	100741.6	111446.6	

2-15 三次产业对地区生产总值增长的贡献率和拉动

Contribution Share and contribution of the Three strata of industry to the Growth of GDP

本表按不变价格计算
Data in this table are calculated at constant prices

年份 Year	贡献率（%） Contribution Share (%)				拉动（百分点） Contribution (percentage points)				
	第一产业 Primary Industry	第二产业 Secondary Industry	工业 Industry	第三产业 Tertiary Industry	地区生产总值 Gross Regional Product	第一产业 Primary Industry	第二产业 Secondary Industry	工业 Industry	第三产业 Tertiary Industry
1990	26.3	48.8	43.5	24.9	4.0	1.1	1.9	1.7	1.0
1991	27.5	35.6	25.2	36.9	7.9	2.2	2.8	2.0	2.9
1992	20.6	34.9	69.2	44.5	11.1	2.3	3.9	7.7	4.9
1993	12.8	49.2	47.4	37.9	12.4	1.6	6.1	5.9	4.7
1994	17.4	51.1	46.8	31.5	10.6	1.9	5.4	5.0	3.3
1995	20.6	48.1	42.6	31.3	10.3	2.1	5.0	4.4	3.2
1996	16.2	51.1	47.0	32.7	12.1	2.0	6.2	5.7	3.9
1997	17.2	49.1	47.4	33.6	10.6	1.8	5.2	5.0	3.6
1998	3.2	54.6	48.2	42.2	8.5	0.3	4.6	4.1	3.6
1999	10.6	45.9	40.2	43.6	8.4	0.9	3.8	3.4	3.7
2000	11.1	49.2	43.8	39.8	9.0	1.0	4.4	3.9	3.6
2001	9.8	41.4	33.8	48.8	9.0	0.9	3.7	3.0	4.4
2002	6.1	44.7	38.2	49.2	9.0	0.6	4.0	3.4	4.4
2003	1.7	52.1	44.8	46.2	9.6	0.2	5.0	4.3	4.4
2004	11.2	51.6	43.1	37.1	12.1	1.4	6.2	5.2	4.5
2005	7.3	41.8	37.2	50.9	12.2	0.9	5.1	4.5	6.2
2006	6.2	53.0	47.5	40.8	12.8	0.8	6.8	6.1	5.2
2007	4.0	50.8	45.6	45.2	15.0	0.6	7.6	6.8	6.8
2008	5.3	46.3	41.7	48.5	13.9	0.7	6.4	5.8	6.8
2009	4.7	58.9	49.8	36.4	13.7	0.6	8.1	6.8	5.0
2010	3.5	61.9	55.8	34.6	14.6	0.5	9.0	8.1	5.1
2011	4.8	61.0	56.1	34.2	12.8	0.6	7.8	7.2	4.4

2-16 三大需求对地区生产总值增长的贡献率和拉动

contribution share and contribution of the Three Components of GDP to the Growth of GDP

本表按不变价格计算
Data in this table are calculated at constant prices

年份 Year	最终消费支出 Final Consumption Expenditure		资本形成总额 Gross Capital Formation		货物和服务进出口 Net Exports of Goods and Services	
	贡献率（%） Contribution Share (%)	拉动（百分点） Contribution (percentage points)	贡献率（%） Contribution Share (%)	拉动（百分点） Contribution (percentage points)	贡献率（%） Contribution Share (%)	拉动（百分点） Contribution (percentage points)
2000	68.7	6.2	23.1	2.1	8.2	0.7
2001	56.3	5.0	43.1	3.9	0.6	0.1
2002	53.2	4.8	46.3	4.2	0.5	0.0
2003	47.0	4.5	52.8	5.1	0.2	0.0
2004	41.9	5.1	59.6	7.2	-1.5	-0.2
2005	54.8	6.7	51.3	6.2	-6.1	-0.7
2006	45.8	5.9	55.1	7.0	-0.9	-0.1
2007	48.6	7.3	56.7	8.5	-5.3	-0.8
2008	44.8	6.2	57.6	8.0	-2.4	-0.3
2009	40.2	5.5	64.0	8.8	-4.2	-0.6
2010	40.3	5.9	62.0	9.1	-2.3	-0.4
2011	40.0	5.1	62.8	8.0	-2.8	-0.3

主要统计指标解释

国内生产总值(GDP) 指一个国家(或地区)所有常住单位在一定时期内生产活动的最终成果。

国内生产总值有三种表现形态,即价值形态、收入形态和产品形态。

从价值形态看,它是所有常住单位在一定时期内生产的全部货物和服务价值超过同期中间投入的全部非固定资产货物和服务价值的差额,即所有常住单位的增加值之和;

从收入形态看,它是所有常住单位在一定时期内创造并分配给常住单位和非常住单位的初次收入分配之和;

从产品形态看,它是所有常住单位在一定时期内最终使用的货物和服务价值与货物和服务净出口价值之和。

在实际核算中,国内生产总值有三种计算方法,即生产法、收入法和支出法。三种方法分别从不同的方面反映国内生产总值及其构成。

①生产法 是从生产过程中生产的货物和服务总产品价值入手,剔除生产过程中投入的中间产品的价值,得到增加价值的一种方法,公式为:

增加值=总产出-中间投入

总产出 是一定时期内一个国家(或地区)常住单位生产的所有货物和服务的价值。既包括新增价值,也包括转移价值。

中间投入 是常住单位在生产或提供货物与服务过程中,消耗和使用的所有非固定资产货物和服务的价值。中间投入也称为中间消耗。

增加值 是指常住单位生产过程创造的新增价值和固定资产的转移价值。按生产法计算它等于总产出减去中间投入。

②收入法 收入法也称分配法,按收入法计算国内生产总值是从生产过程创造收入的角度,对常住单位的生产活动成果进行核算。按照这种计算方法,增加值由劳动者报酬、生产税净额、固定资产折旧和营业盈余四个部分组成。

用公式表示为:

增加值=劳动者报酬+生产税净额+固定资产折旧+营业盈余

国民经济各部门的增加值之和等于国内生产总值。

劳动者报酬 指劳动者因从事生产活动所获得的全部报酬。它包括劳动者获得的各种形式工资、奖金和津贴,既包括货币形式的,也包括实物形式的,它还包括劳动者所享受的公费医疗和医疗卫生费、上下班交通补贴和单位直接支付的社会保险费等。

生产税净额 生产税减生产补贴后的差额。

生产税指政府对生产单位生产、销售和从事经营活动以及因从事生产活动使用某些生产要素,如固定资产、土地、劳动力所征收的各种税、附加费和规费。具体包括销售税金及附加、增值税、管理费中开支的各种税、应交纳的养路费、排污费和水电费附加、烟酒专卖上缴政府的专项收入等。

生产补贴与生产税相反,是政府对生产单位的单方面收入转移,因此视为负生产税处理,包括政策亏损补贴、粮食系统价格补贴、外贸企业出口退税收入等。

固定资产折旧 指一定时期内为弥补固定资产损耗按照核定的固定资产折旧率提取的固定资产折旧,或按国民经济核算统一规定的折旧率虚拟计算的固定资产折旧。它反映了固定资产在当期生产中的转移价值。各种类型企业和企业化管理的事业单位的固定资产折旧指实际计提并计入成本费用中的折旧费;不计提折旧的单位,如政府机关、非企业化管理的事业单位和居民住房的固定资产折旧则是按照统一规定的折旧率和固定资产原值计算的虚拟折旧。

营业盈余 是指常住单位创造的增加值扣除劳动者报酬、生产税净额和固定资产折旧后的余额。它相当于企业的营业利润加上生产补贴,但要扣除从利润中开支的工资和福利等。

③支出法 支出法是从最终使用角度来反映国内生产总值最终去向的一种方法。最终使用包括货物和服务的最终消费支出、资本形成总额、货物和服务净出口三部分。

最终消费 指常住单位在一定时期内对于货物和服务的全部最终消费支出,也就是常住单位为满足物质、文化和精神生活的需要,从本国经济领土和国外购买的货物和服务的支出;不包括非常住单位在本国经济领土内的消费支出。最终消费分为居民消费和政府消费。

居民消费 指常住住户对货物和服务的全部最终消费支出。居民消费按市场价格计算,即按居民支付的购买者价格计算。购买者价格是购买者取得货物所支付的价值,包括购买者支付的运输和商业费用。

居民消费除了直接以货币形式购买货物和服务的消费之外,还包括以其他方式获得的货物和服务的消费支出,即所谓的虚拟消费支出。居民虚拟消费支出包括以下几种类型:单位以实物报酬及实物转移的形式提供给劳动者的货物和服务;住户生产并由本住户消费的货物和服务，其中的服务仅指住户的自有住房服务；金融机构提供的金融媒介服务；保险公司提供的保险服务。

政府消费 指政府部门为全社会提供公共服务的消费支出和免费或以较低价格向住户提供的货物和服务的净支出。前者等于政府服务的产出价值减去政府单位所获得的经营收入的价值，政府服务的产出价值等于它的经常性业务支出加上固定资产折旧；后者等于政府部门免费或以较低价格向住户提供的货物和服务的市场价值减去向住户收取的价值。

资本形成总额 指常住单位在一定时期内获得减去处置的固定资产和存货的净额，包括固定资本形成总额和存货增加两部分。

固定资本形成总额 指常住单位购置、转入和自产自用的固定资产价值，扣除销售和转出的价值，包括有形固定资产形成总额和无形固定资产形成总额。有形固定资产形成总额包括一定时期内完成的建筑工程、安装工程和设备工器具购置（减处置）价值，商品房销售增值，土地改良形成的固定资产，新增役、种、奶、毛、娱乐用牲畜和新增经济林木价值。无形固定资产形成总额包括矿藏勘探、计算机软件、娱乐和文学艺术品原件等获得减处置的价值。

存货增加 指常住单位存货实物量变动的市场价值，即期末价值减期初价值的差额。存货增加可以是正值，也可以是负值；正值表示存货上升，负值表示存货下降。它包括生产单位购进的原材料、燃料和储备物资等存货，以及生产单位生产的产成品、在制品等存货等。

货物和服务净出口 指货物和服务出口减货物和服务进口的差额。出口包括常住单位向非常住单位出售或无偿转让的各种货物和服务的价值；进口包括常住单位从非常住单位购买或无偿得到的各种货物和服务的价值。由于服务活动的提供与使用同时发生，因此服务的进出口业务并不发生出入境现象，一般把常住单位从国外得到的服务作为进口，非常住单位从本国得到的服务作为出口。货物的出口和进口都按离岸价格计算。

三次产业 是根据社会生产活动历史发展的顺序对产业结构的划分，产品直接取自自然界的部门称为第一产业，对初级产品进行再加工的部门称为第二产业，为生产和消费提供各种服务的部门称为第三产业。它是世界上较为通用的产业结构分类，但各国的划分不尽一致。

按照国民经济行业分类标准（GB/T 4754-2002）和我国的实际情况，我国的三次产业划分是：

第一产业 农林牧渔业（包括农业、林业、畜牧业、渔业、农林牧渔服务业）。

第二产业 工业（包括采掘业，制造业，电力、煤气及水的生产和供应业）和建筑业。

第三产业 除第一、第二产业以外的其他各业。由于第三产业包括的行业多、范围广，根据我国的实际情况，第三产业分为十五个门类。具体为：

交通运输、仓储和邮政业，信息传输、计算机服务和软件业，批发和零售业，住宿和餐饮业，金融业，房地产业，租赁和商务服务业，科学研究、技术服务和地质勘查业，水利、环境和公共设施管理业，居民服务和其他服务业，教育，卫生、社会保障和社会福利业，文化、体育和娱乐业，公共管理和社会组织，国际组织。

当年价格 指报告期的实际价格，如工业品的出厂价格，农产品的收购价格，商业的零售价格等。按当年价格计算，是指一些以货币表现的物量指标，如工农业总产值、国内生产总值等，按照当年的实际价格来计算总量。使用当年价格计算的数字，是为了使国民经济各项指标互相衔接，便于考察当年社会经济效益，便于对生产流通、生产和分配、生产和消费进行经济核算和综合平衡。

按当年价格计算的价值指标，在不同年份之间进行对比时，因为包含有各年间价格变动的因素，不能确切地反映实物量的增减变动。必须消除价格变动因素后，才能真实反映经济发展动态。因此，在计算增长速度时都使用按可比价格计算的数字。

可比价格 指计算各种总量指标所采用的扣除了价格变动因素的价格，可进行不同时期总量指标的对比。按可比价格计算总量指标有两种方法：一种是直接用产品产量乘某一年的不变价格计算；另一种是用价格指数进行换算。

Explanatory Notes on Main Statistical Indicators

Gross Domestic Product refers to the final products at market prices produced by all residents in a country (or a region) during a certain period of time.

Gross domestic product is expressed in three different forms, i.e. value, income, and products respectively.

GDP in its value form refers to the total value of all goods and services produced by all resident units during a certain period of time, minus the total value of input of goods of non-fixed assets and services; in other term, it is the sum of the value-added of all resident units.

GDP in the form of income includes the income created by all resident units and distributed to resident and non-resident units.

GDP in the form of products refers to the value of all goods and services for final consumption by all resident units minus the net exports of goods and services during a given period of time.

In the practice of national accounting, gross domestic product is calculated with three approaches, i.e. production approach, income approach and expenditure approach, which reflect gross domestic product and its composition from different aspects.

Production Approach focuses on the total value of goods and services produced in production activities. GDP by Production Approach equals the value of total output minus that of input consumed in production process.

GDP by Production Approach = gross output−intermediate input

Gross Output refers to the total value of goods and service produced by all residents in a given period,including newly-produced goods and service, and intermediate input.

Intermediate Input refers to non-fixed assets and paid service consumed during production process when goods and service are produced. Intermediate input is also called intermediate consumption.

Value-added refers to the value of newly-produced goods and service and that of consumed fixed assets. By production approach, it equals gross output minus intermediate input.

Income Approach (also known as distribution approach): refers to the method measuring the final results of production activities o from the perspective of income made by all residents. GDP of income approach includes laborers' remuneration,net taxed on production, depreciation of fixed assets and operating surplus.

GDP by income approach = laborers' remuneration+ net taxed on production+depreciation of fixed assets+operating surplus.

The sum of value added made by different industries is GDP.

Laborers' Remuneration refers to the whole payment of various forms earned by the laborers' from the productive activities they are engaged in. It includes wages, bonuses and allowances the laborers' earned in monetary form and in kind. It also includes the free medical services provided to the laborers' and the medicine expenses, traffic subsidies and social insurance, housing fund paid by the employers.

Net Taxes on Production refers to the difference of the taxes on production minus the subsidies on production.

Taxes on production refers to the various taxes, extra charges and fees levied on the production units on their production, sale and business activities as well as on the use of some factors of production, such as fixed assets, land and labor force in the production activities they are engaged in.

In contrast to the taxes on production, the subsidies on production refer to the unilateral government transfer to the production units and are therefore regarded as negative taxes on production.They include subsidies on the loss due to implementation of government policies, price subsidies, etc.

Depreciation of Fixed Assets refers to the depreciation of fixed assets of a given period, drawn in accordance with the stipulated depreciation rate for the purpose of compensating the wear loss of the fixed assets or the depreciation of fixed assets calculated in a fictitious way in accordance with the stipulated unified depreciation rate in the national economic accounting system. It reflects the value of transfer of the fixed assets in the production of the current period. The depreciation of fixed assets in various enterprises and institutions managed as enterprises refers to the depreciation expenses actually drawn. In government agencies and institutions not managed as enterprises which do not draw the depreciation expenses, as well as for the houses of residents, the depreciation of fixed assets is the imputed depreciation, which is calculated in accordance with the stipulated unified depreciation rate. In principle, the depreciation of fixed assets should be calculated on the basis of the re-purchased value of the fixed assets.

Operating Surplus refers to the balance of the value added created by the resident units deducting the laborers' remuneration, net taxes on production and the depreciation of fixed assets. It is equivalent to the business profit of the enterprises plus subsidies on production, but the wages and welfare expenses paid from the profits should be deducted.

GDP by Expenditure Approach refers to the method of measuring the final results of production activities of a country (region) during a given period from the perspective of final use. It includes final consumption expenditure, total capital formation and net export of goods and services.

Final Consumption Expenditure refers to the total expenditure on goods and services in a given period, which means the total expenditure of resident units for purchases of goods and services from domestic economic territory and abroad to meet the requirements of material, cultural and spiritual life. It excludes the expenditure of non-resident units on consumption in the economic territory of the country. The final consumption expenditure is broken down into household consumption expenditure and government consumption expenditure.

Household consumption refers to the consumption expenditure made by household on goods and services. It is calculated at market price which is the purchasers'price. Purchasers'price means the money the purchasers paid for goods, including transportation fees and operating fees.

In addition to the consumption of goods and services bought by the households directly with money, the households consumption expenditure also includes expenditure on goods and services obtained by the households in other ways, i.e. the so-called imputed consumption expenditure, which includes the following: (a) the goods and services provided to the households by the employer in the form of payment in kind and transfer in kind; (b) goods and services produced and consumed by the households themselves, in which the services refer only to the owner-occupied housing and domestic and individual services provided by the paid household workers; (c) financial intermediate services provided by financial institutions; (d) insurance services provided by insurance companies.

Government Consumption Expenditure refers to the expenditure on the consumption of the public services provided by the government to the whole society and the net expenditure on the goods and services provided by the government to the households free of charge or at low prices. The former equals to the output value of the government services minus the value of operating income obtained by the government departments. The latter equals to the market value of the goods and services provided by the government free of charge or at low prices to the households minus the value received by the government from the households.

Total Capital Formation refers to the fixed assets acquired minus those disposed of and the net value of inventory, including the total fixed capital formation and the increase in inventory.

Total Fixed Capital Formation refers to the value of fixed assets acquired minus those disposed of during a given period. Fixed assets are the assets produced through production activities with specified unit value which could be used for over one year, excluding natural assets. Total fixed capital formation can be categorized into total tangible capital formation and total intangible capital formation. The total tangible capital formation include the value of the construction projects, installation projects completed and the equipment,apparatus and instruments purchased as well as the value of land improved, the value of draught animals, breeding stock, animals for milk, wool and for recreational purpose, and the newly increased forest with economic value during a given period. The total intangible capital formation includes the prospecting of minerals, the acquisition of computer software, artisticworks artistic minus the disposal of them.

Increase in Inventory refers to the market value of the change in inventory of resident units during a given period, i.e. the difference of value between the beginning and the end of the period minus the current gains due to the change in prices. The increase in inventory can be positive or negative. A positive value indicates the increase in inventory while a negative value indicates the decrease in stock. The inventory includes the raw materials, fuels and reserve materials purchased by the production units as well as the inventory of finished products, semi-finished products, work-in-progress, etc.

Net Export of Goods and Services refers to the difference of the exports of goods and services minus the imports of goods and services. The imports include the value of various goods and services sold or gratuitously transferred by the resident units to the non-resident units. The imports include the value of various goods and services purchased or gratuitously acquired by the resident units from the non-resident units. Because the provision of services and the use of them happen simultaneously, the acquisition of services by the resident units from abroad is usually treated as import while the acquisition of services by non-resident units in this country is usually treated as export. The export and import of goods are calculated at FOB.

Three Industries: Classification of economic activities into three branches of industries is based on the development of production. Primary industry refers to the production activities that obtain products from nature. Secondary industry refers to the production activities that process primary goods. Tertiary industry refers to the production activities that provide primary and secondary

industries with services. Classification of economic activities into three branches of industries is a common practice in the world, although the grouping varies to some extent from country to country. According to the new Industrial Classification of National Economy (GB/T 4754-2002), economic activities are categorized into following industries:

Primary industry refers to agriculture, forestry, animal husbandry and fishery.

Secondary Industry refers to mining and quarrying, manufacturing, production and supply of electricity, water and gas, and construction.

Tertiary industry refers to all other economic activities not included in primary or secondary industry. According to the economic condition in China, tertiary industry includes Transport, Storage and Post, Information Transmission, Computer Services and Software, Wholesale and Retail Trades, Hotels and Catering Services, Financial Intermediation, Real Estate, Leasing and Business Services, Scientific Research, Technical Services and Geologic Prospecting,Management of Water Conservancy, Environment and Public Facilities, Services to Households and Other Services,Education, Health, Social Security and Social Welfare, Culture, Sports and Entertainment, Public Management and Social Organizations, and International Organizations.

Current Price refers to the actual price during the reporting period, such as Ex-factory Price of Industrial Products, purchasing price of agricultural produces and retail price. Some indicators calculatedat current price are volume indicators in the value form, such as total value of output of industrial and agricultural industries and GDP, etc. Data calculated at current price are useful when it comes to evaluating the economic development and analyzing different aspects of economy, such as production, circulation,distribution and consumption.

When the different indicators calculated at current price are compared, it is in evitable that price changes will affect the comparison. Therefore, the change in volume cannot be showed. In order to eliminate the effect of price and reflect economic development, growth rate is calculated at current price.

Constant Price refers to the price without the effect of price change. By using constant price, total amount indices of different periods can be compared. There are two methods in which total amount indices are obtained, one using current price of some year to multiply the physical volume of certain products and the other using price index.

3 人口

Population

资料整理人员：赵 宏

3-1 年末人口数
Population at the Year-end

年份 Year	总户数（万户） Households (10 000 households)	总人口（万人） Total Population (10 000 persons)	男 Male	女 Female	市镇 Urban	乡村 Rural
1949	689.40	2986.83	1558.45	1428.38	235.95	2750.88
1950	683.75	3074.34	1601.97	1472.37	245.79	2828.55
1951	743.32	3190.67	1664.24	1526.43	255.57	2935.10
1952	830.46	3271.20	1707.79	1563.41	259.08	3012.12
1953	836.11	3349.70	1751.22	1598.48	260.55	3089.15
1954	844.34	3429.02	1807.89	1621.13	277.21	3151.81
1955	855.56	3472.83	1831.58	1641.25	327.94	3144.89
1956	870.53	3507.43	1836.26	1671.17	329.02	3178.41
1957	883.15	3603.24	1887.55	1715.69	314.67	3288.57
1958	881.54	3672.72	1919.61	1753.11	352.78	3319.94
1959	874.96	3691.95	1933.47	1758.48	494.52	3197.43
1960	891.98	3569.37	1857.07	1712.30	404.63	3164.74
1961	932.08	3507.98	1819.55	1688.43	477.73	3030.25
1962	928.07	3600.26	1870.89	1729.37	384.66	3215.60
1963	920.52	3715.20	1926.81	1788.39	375.34	3339.86
1964	920.20	3785.13	1965.75	1819.38	429.54	3355.59
1965	934.09	3901.47	2022.78	1878.69	405.64	3495.83
1966	939.30	4009.65	2079.48	1930.17	411.87	3597.78
1967	953.11	4122.56	2138.25	1984.31	429.40	3693.16
1968	967.12	4238.65	2198.68	2039.97	446.93	3791.72
1969	981.34	4358.01	2260.82	2097.19	464.46	3893.55
1970	995.77	4480.76	2324.73	2156.03	481.97	3998.79
1971	1044.49	4598.27	2384.91	2213.36	470.86	4127.41
1972	1055.62	4700.56	2438.55	2262.01	489.75	4210.81
1973	1069.65	4809.79	2497.79	2312.00	506.49	4303.30
1974	1082.86	4900.86	2545.64	2355.22	522.34	4378.52
1975	1102.82	4991.36	2594.18	2397.18	531.82	4459.54

注：1995年以前的人口数均为年报数；2000年和2010年的人口数根据人口普查有关数据推算，其余各年人口数均根据人口变动抽样调查资料推算。

The data on the total population are collected from the year-reports before 1995. The data on the total population in 2000 and 2010 are collected from population surveys. The data of other years are estimated on the basis of the data collected from the sample surveys on population changes.

3-1 续表 continued

年份 Year	总户数（万户） Households (10 000 households)	总人口（万人） Total Population (10 000 persons)	男 Male	女 Female	市镇 Urban	乡村 Rural
1976	1125.37	5056.81	2629.85	2426.96	544.71	4512.10
1977	1149.83	5111.83	2657.88	2453.95	561.21	4550.62
1978	1167.53	5165.91	2684.80	2481.11	593.86	4572.05
1979	1184.84	5223.05	2712.32	2510.73	639.60	4583.45
1980	1197.88	5280.95	2740.40	2540.55	671.05	4609.90
1981	1228.84	5360.05	2783.12	2576.93	694.72	4665.33
1982	1251.33	5452.12	2831.03	2621.09	774.75	4677.37
1983	1273.06	5509.43	2864.09	2645.34	794.46	4714.97
1984	1299.34	5561.32	2893.92	2667.40	857.56	4703.76
1985	1334.54	5622.49	2928.44	2694.05	915.90	4706.59
1986	1407.45	5695.73	2966.85	2728.88	963.15	4732.58
1987	1485.85	5782.61	3012.59	2770.02	1003.28	4779.33
1988	1562.45	5915.68	3079.65	2836.03	1044.12	4871.56
1989	1623.00	6013.62	3130.76	2882.86	1049.25	4964.37
1990	1661.65	6110.89	3178.31	2932.58	1072.46	5038.43
1991	1697.69	6166.33	3208.42	2957.91	1147.86	5018.47
1992	1725.72	6207.78	3231.73	2976.05	1217.74	4990.04
1993	1745.47	6245.58	3249.20	2996.38	1205.95	5039.63
1994	1765.67	6302.58	3279.07	3023.51	1356.56	4946.02
1995	1796.19	6392.00	3322.27	3069.73	1550.99	4841.01
1996	1799.97	6428.00	3339.25	3088.75	1606.95	4821.05
1997	1798.83	6465.00	3356.43	3108.57	1629.00	4836.00
1998	1809.00	6502.00	3374.33	3127.67	1684.00	4818.00
1999	1814.64	6532.00	3389.32	3142.68	1724.00	4808.00
2000	1874.87	6562.05	3422.77	3139.28	1952.21	4609.84
2001	1884.47	6595.85	3409.72	3186.13	2031.52	4564.33
2002	1899.30	6628.50	3433.56	3194.94	2121.12	4507.38
2003	1929.59	6662.80	3453.33	3209.47	2232.04	4430.76
2004	1991.34	6697.70	3470.75	3226.95	2377.68	4320.02
2005	2031.01	6732.10	3490.59	3241.51	2490.88	4241.22
2006	2048.17	6768.10	3513.35	3254.75	2619.93	4148.17
2007	2085.91	6805.70	3533.87	3271.83	2752.91	4052.79
2008	2113.88	6845.20	3549.30	3295.90	2885.25	3959.95
2009	2126.05	6900.20	3583.24	3316.96	2980.89	3919.31
2010	2152.90	7089.53	3674.49	3415.04	3069.77	4019.76
2011	2186.60	7135.60	3699.10	3436.50	3218.16	3917.44

3-2 人口出生率、死亡率、自然增长率
Birth Rate, Death Rate and Natural Growth Rate of Population

年份 Year	出生率 (‰) Birth Rate (‰)	死亡率 (‰) Death Rate (‰)	自然增长率 (‰) Natural Growth Rate (‰)	出生人口数（万人） Population of Birth (10000 persons)	死亡人口数（万人） Population of Death (10000 persons)	自然增长人数（万人） Population of Natural Growth (10000 persons)
1950	37.00	20.00	17.00	112.13	60.61	51.52
1951	37.00	19.00	18.00	115.90	59.52	56.39
1952	37.00	19.00	18.00	119.54	61.39	58.16
1953	36.00	17.00	19.00	119.18	56.28	62.90
1954	37.85	17.54	20.31	128.29	59.45	68.84
1955	31.10	16.36	14.74	107.32	56.46	50.87
1956	29.59	11.51	18.08	103.27	40.17	63.10
1957	33.47	10.41	23.06	119.00	37.01	81.99
1958	29.96	11.65	18.32	108.99	42.38	66.61
1959	24.00	12.99	11.00	88.38	47.83	40.54
1960	19.49	29.42	-9.93	70.76	106.81	-36.05
1961	12.51	17.48	-4.97	44.27	61.86	-17.59
1962	41.40	10.23	31.16	147.14	36.36	110.78
1963	47.29	10.26	37.03	172.97	37.53	135.45
1964	42.20	12.88	29.31	158.26	48.30	109.95
1965	42.25	11.19	31.06	162.38	43.01	119.37
1966	37.23	10.15	27.08	147.27	40.15	107.12
1967	35.61	9.89	25.72	144.79	40.21	104.58
1968	33.99	9.63	24.36	142.10	40.26	101.84
1969	32.37	9.37	23.00	139.14	40.28	98.86
1970	30.75	9.11	21.64	135.90	40.26	95.64
1971	29.13	8.86	20.26	132.24	40.22	92.02
1972	29.93	9.01	20.91	139.16	41.89	97.27
1973	29.21	8.05	21.15	138.90	38.28	100.62
1974	27.11	8.67	18.44	131.63	42.10	89.53
1975	25.04	8.34	16.70	123.85	41.25	82.60
1976	20.07	7.70	12.36	100.83	38.69	62.15
1977	18.61	7.79	10.82	94.62	39.61	55.01
1978	17.40	7.01	10.39	89.42	36.02	53.39
1979	17.84	7.12	10.72	92.67	36.98	55.68
1980	17.68	6.88	10.80	92.86	36.13	56.72

3-2 续表 continued

年份 Year	出生率 (‰) Birth Rate (‰)	死亡率 (‰) Death Rate (‰)	自然增长率 (‰) Natural Growth Rate (‰)	出生人口数 （万人） Population of Birth (10000 persons)	死亡人口数 （万人） Population of Death (10000 persons)	自然增长人数 （万人） Population of Natural Growth (10000 persons)
1981	21.11	7.03	14.08	112.32	37.40	74.91
1982	21.98	6.77	15.21	118.83	36.60	82.23
1983	16.48	6.79	9.69	90.32	37.21	53.11
1984	16.66	7.20	9.46	92.22	39.85	52.36
1985	18.16	6.47	11.69	101.55	36.18	65.37
1986	19.90	6.30	13.60	112.62	35.65	76.96
1987	23.62	7.07	16.55	135.56	40.58	94.98
1988	23.32	6.82	16.50	136.40	39.89	96.51
1989	22.91	7.07	15.84	136.65	42.17	94.48
1990	23.93	7.23	16.70	145.07	43.83	101.24
1991	20.50	7.30	13.20	125.84	44.81	81.03
1992	16.70	7.30	9.40	103.32	45.17	58.16
1993	14.08	7.13	6.95	87.67	44.40	43.28
1994	13.88	7.03	6.85	87.08	44.11	42.98
1995	13.02	7.15	5.87	82.64	45.38	37.26
1996	12.81	7.20	5.61	82.11	46.15	35.96
1997	12.59	6.99	5.60	81.16	45.06	36.10
1998	12.31	7.10	5.21	79.81	46.03	33.78
1999	11.72	7.12	4.60	76.38	46.40	29.98
2000	11.45	6.79	4.66	74.96	44.45	30.51
2001	11.80	6.72	5.08	77.63	44.21	33.42
2002	11.56	6.70	4.86	76.44	44.30	32.14
2003	11.82	6.87	4.95	78.55	45.66	32.90
2004	11.89	6.80	5.09	79.43	45.43	34.00
2005	11.90	6.75	5.15	79.91	45.33	34.58
2006	11.92	6.73	5.19	80.46	45.43	35.03
2007	11.96	6.71	5.25	81.17	45.54	35.63
2008	12.68	7.28	5.40	86.55	49.69	36.86
2009	13.05	6.94	6.11	89.69	47.70	41.99
2010	13.10	6.70	6.40	91.63	46.87	44.77
2011	13.35	6.80	6.55	94.95	48.37	46.59

3-3 第1-4次全国人口普查基本情况
Basic Statistics on National Population of 1st-4th Censuses

单位：万人 (10 000 persons)

指 标	Item	第一次 1953 First	第二次 1964 Second	第三次 1982 Third	第四次 1990 Fourth
总户数 (万户)	**Total Households (10 000 households)**	**836.11**	**916.20**	**1233.88**	**1573.79**
家庭户	Family Households			1227.89	1564.88
集体户	Non-Family Households			5.99	8.91
总人口	**Total Population**	**3322.69**	**3718.23**	**5401.05**	**6065.80**
男性人口	Male	1752.64	1931.70	2805.23	3149.76
女性人口	Female	1570.05	1786.53	2595.82	2916.04
#育龄妇女(15—49岁)	#Women at Childbearing Age (Age 15-49)	750.73	819.43	1301.08	1607.99
各年龄组人口	**Population by Age**				
0—6岁	Age 0-6	669.02	706.05	701.81	869.47
7—14岁	Age 7-14	519.19	768.91	1131.16	826.93
劳动年龄人口	Population within Working Age	1720.75	1878.68	2936.91	3618.26
男60、女55岁以上人口	Males Age 60 and Females Age 55 and Over	319.57	285.00	503.39	628.16
民族人口	**Population by Nationality**				
汉族	Han Nationality	3254.67	3589.80	5180.92	5583.42
少数民族	Minority Nationalities	68.02	128.43	220.13	482.38
15岁以上婚姻人口	**Marital Status of Population Aged 15 and Over**				
未婚	Unmarried			1009.86	1099.89
有配偶	Married			2271.76	2963.86
丧偶	Widowed			262.16	278.87
离婚	Divorced			24.31	26.77
6岁以上文化程度人口	**Population Aged 6 and Over by Educational Level**				
大学本科	University		9.77	24.56	20.72
大学专科	Three Years College				48.27
中专	Specialized Secondary School		40.99	353.64	81.82
高中	Senior Secondary School				404.79
初中	Junior Secondary School		160.27	932.53	1370.42
小学	Primary School		1256.03	2325.78	2552.16
不识字或识字很少	Illiterate and Semi-Illiterate		1255.57	1173.52	822.76
#文盲、半文盲人口	#Illiterate and Semi-Illiterate Aged 15 and Over		1255.57	943.97	742.56
在业人口	**Employed Population**			**2827.75**	**3489.74**
不在业人口	**Unemployed Population**			**740.34**	**879.65**
市镇县人口	**Population of Cities,Towns and Counties**				
市	Cities	134.97	161.31	507.43	765.62
镇	Towns	157.57	160.79	260.00	328.20
县	Counties	3030.15	3396.13	4633.62	4971.98

注: 1.劳动年龄人口指男16-59岁,女16-54岁人口。

2.各年龄组人口缺15岁人口和年龄不详人口,加总不等于总人口。

3.由于四次普查所设指标不同,故此表空栏处均表示该年度普查无此调查项目。

4.1964年人口普查时,6-12岁不在校儿童没有调查其相当的文化程度,故各项文化程度人口加总不等于6周岁及以上人口数。

a. Working age range refers to 16-59 years for men and 16-54 years for women.

b. The sum of the population of the age group is not equal to the total population, because the population aged 15 is not shown and there is population whose true age is unknown.

c. Since the quota in the four population censuses were set differently, the blank space indicates the absence of this item of the year.

d. Data in 1964 excludes the children in school aged from 6-12, thus the sum of the population at all education levels does not equal to the population aged above six.

3-4 第五次全国人口普查基本情况
Basic Statistics on National Population of Fifth Censuses

指 标	Item	数量 Volume
总户数（万户）	**Number of Households (10 000 households)**	**1800.38**
家庭户	Family Households	1766.21
集体户	Non-Family Households	34.17
总人口（万人）	**Total Population (10 000 persons)**	**6327.42**
家庭户人口	Population of Family Households	6106.15
集体户人口	Population of Non-Family Households	221.27
平均家庭户规模（人/户）	**Average Family Size (person/household)**	**3.46**
总人口中：男性人口（万人）	**In Total:** Male (10 000 persons)	3299.37
女性人口（万人）	Female (10 000 persons)	3028.05
性别比	Sex Ratio	108.96
总人口中：汉族人口（万人）	**In Total:** Han Nationality (10 000 persons)	5686.35
少数民族人口（万人）	Minority Nationalities (10 000 persons)	641.07
少数民族人口比重（%）	Percentage of Minonrity Nationalities Population (%)	10.13
总人口中：市镇人口（万人）	**In Total:** Urban Population (10 000 persons)	1915.92
乡村人口（万人）	Rural Population (10 000 persons)	4524.15
总人口中：0—5岁人口（万人）	**In Total:** Age 0-5 (10 000 persons)	387.71
6—14岁人口（万人）	Age 6-14 (10 000 persons)	1012.25
15—64岁人口（万人）	Age 15-64 (10 000 persons)	4454.80
65岁以上人口（万人）	Aged 65 and Over (10 000 persons)	472.66
6周岁及以上人口（万人）	**Population Aged 6 and Over by Educational Level (10 000 persons)**	**5939.70**
未上过学（万人）	Unschool (10 000 persons)	298.22
扫盲班（万人）	Literacy Courses (10 000 persons)	67.69
小学（万人）	Primary School (10 000 persons)	2421.99
初中（万人）	Junior Secondary School (10 000 persons)	2259.38
高中和中专（万人）	Senior and Specialized Secondary School (10 000 persons)	707.25
大专及以上（万人）	College and Over (10 000 persons)	185.17
每十万人口中: 小学文化（人）	**Per 100000 Population:** Primary School (person)	38278
初中文化（人）	Junior Secondary School (person)	35708
高中和中专（人）	Senior and Specialized Secondary School (person)	11177
大专及以上（人）	College and Over (persons)	2926
文盲、半文盲人口（万人）	**Population of Illiterate and Semi Literate (10 000 persons)**	**294.96**
文盲率（%）	**Illiterate Rate (%)**	**5.99**
普查年度出生率（‰）	**Birth Rate in Census Year（‰）**	**11.45**
普查年度死亡率（‰）	**Death Rate in Census Year（‰）**	**6.79**
普查年度自然增长率（‰）	**Natural Growth Rate in Census Year（‰）**	**4.66**

注：1.表中的各项数据均按普查登记的口径计算，不包括本省外出的人口，包括外省来本省的人口。

2.普查年度是指1999年11月1日0时至2000年10月31日24时。

3.城乡人口是按国家统计局1999年发布的《关于统计上划分城乡的规定（试行）》计算。

a. The data in table are calculated according to the approach of censuses. The data excluded the population of going to other provinces and included the population from other provinces.

b. The censuses year is 1999-11-1 zero o'clock to 2000-10-31 24 o'clock.

c. The urban population and rural population are calculated according to the 《regulations concerning plot out urban and rural in the statistical(test run)》 promulgated in 1999.

3−5 第六次全国人口普查基本情况
Basic Statistics on National Population of Sixth Censuses

指 标	Item	数量 Volume
家庭户（万户）	**Number of Households (10 000 households)**	**1862.57**
总人口（万人）	**Total Population (10 000 persons)**	**6570.08**
家庭户人口	Population of Family Households	6191.14
集体户人口	Population of Non-Family Households	378.93
平均家庭户规模（人/户）	**Average Family Size (person/household)**	**3.32**
总人口中:		
男性人口（万人）	**In Total:** Male (10 000 persons)	3377.65
女性人口（万人）	Female (10 000 persons)	3192.43
性别比	Sex Ratio	105.80
总人口中:		
0-14岁人口（万人）	**In Total: Age 0-14 (10 000 persons)**	1157.65
15-64岁人口（万人）	Age 15-64 (10 000 persons)	4770.49
65岁以上人口（万人）	Aged 65 and Over (10 000 persons)	641.94
0-14岁人口比重（%）	Proportion of age 0-14	17.62
15-64岁人口比重（%）	Proportion of age 15-64	72.61
65岁以上人口比重（%）	Proportion of aged 65 and over	9.77
受教育程度（万人）	**Population Aged 6 and Over by Educational Level (10 000 persons)**	
小 学（万人）	Primary School (10 000 persons)	1760.09
初 中（万人）	Junior Secondary School (10 000 persons)	2597.71
高中和中专（万人）	Senior and Specialized Secondary School (10 000 persons)	1013.39
大专及以上（万人）	College and Over (10 000 persons)	499.19
每十万人口中:		
小学文化（人）	**Per 100000 Population:** Primary School (person)	26790
初中文化（人）	Junior Secondary School (person)	39539
高中和中专（人）	Senior and Specialized Secondary School (person)	15425
大专及以上（人）	College and Over (persons)	7598
文盲、半文盲人口（万人）	**Population of Illiterate and Semi Literate (10 000 persons)**	**175.43**
文盲率（%）	**Illiterate Rate (%)**	**3.24**

注：1. 以上数据均为2010年人口普查机器汇总数。

2. 普查登记的对象是指普查标准时点在中华人民共和国境内的自然人以及在中华人民共和国境外但未定居的中国公民，不包括在中华人民共和国境内短期停留的境外人员。

3. 各市州的人口，是普查登记的2010年11月1日零时的常住人口。常住人口包括，居住在本乡镇街道、户口在本乡镇街道或户口待定的人；居住在本乡镇街道、离开户口所在的乡镇街道半年以上的人；户口在本乡镇街道、外出不满半年或在境外工作学习的人。

4. 家庭户是指以家庭成员关系为主、居住一处共同生活的人组成的户。

5. 文盲率是指全省常住人口中15岁及以上不识字人口所占比重。

a. All figures above are machine results of the 2010 Population Census.

b. The population census covers all natural persons residing in the territory of the People's Republic of China and the Chinese citizens residing outside but not permanently settled down in locations beyond the territory of the People' s Republic of China at the census reference time, excluding foreigners temporarily staying in the territory of the People' s Republic of China.

c. The population of each city and the XiangXi autonomous prefecture is the resident population, which was registered on zero hour of November 1, 2010.Resident population of a given town/street include: people living in the current town/street where their household registration is located or with their household registration to be settled; people living in the current town/street and leaving the town/street of their household registration for over 6 months; people leaving the town/street of their household registration for less than 6 months or working or studying overseas, with their household registration located in the current town/street.

d. Population of family households refer to households consists of persons, bonded by family relations, staying under the same roof and sharing living arrangement.

e. Illiterate rate refers to the population over 15 years of age who cannot read divided by the Resident population of the Whole province.

主要统计指标解释

人口数 指一定时点、一定地区范围内有生命的个人总和。

年度统计的年末人口数指每年12月31日24时的人口数。年度统计的全国人口总数内未包括香港、澳门特别行政区和台湾省以及海外华侨人数。

城镇人口和乡村人口 城镇人口是指居住在城镇范围内的全部常住人口；乡村人口是除上述人口以外的全部人口。

出生率(又称粗出生率) 指在一定时期内(通常为一年)一定地区的出生人数与同期内平均人数(或期中人数)之比，用千分率表示。本资料中的出生率指年出生率，其计算公式为：

$$出生率=\frac{年出生人数}{年平均人数}\times 1000‰$$

式中：出生人数指活产婴儿，即胎儿脱离母体时(不管怀孕月数)，有过呼吸或其他生命现象。年平均人数指年初、年底人口数的平均数，也可用年中人口数代替。

死亡率(又称粗死亡率) 指在一定时期内(通常为一年)一定地区的死亡人数与同期内平均人数(或期中人数)之比，用千分率表示。本资料中的死亡率指年死亡率，其计算公式为：

$$死亡率=\frac{年死亡人数}{年平均人数}\times 1000‰$$

人口自然增长率 指在一定时期内(通常为一年)人口自然增加数(出生人数减死亡人数)与该时期内平均人数(或期中人数)之比，用千分率表示。计算公式为：

$$人口自然增长率=\frac{本年出生人数-本年死亡人数}{年平均人数}\times 1000‰$$

$$=人口出生率-人口死亡率$$

Explanatory Notes on Main Statistical Indicators

Total Population refers to the total number of people alive at a certain point of time within a given area.

The annual statistics on total population is taken at midnight, the 31st of December, not including residents in Taiwan province, Hong Kong SAR and Macao SAR and Chinese national residing abroad.

Urban Population and Rural Population Urban population refers to all people residing in cities and towns, while rural population refers to population other than urban population.

Birth Rate (or Crude Birth Rate) refers to the ratio of the number of births to the average population (or mid-period population) during a certain period of time (usually a year), expressed in ‰. Birth rate in the chapter refers to annual birth rate. The following formula is used:

$$\text{Birth Rate} = \frac{\text{Number of Births}}{\text{Annual Average Population}} \times 1000‰$$

Number of births in the formula refers to live births, i.e. when a baby has breathed or showed any vital phenomena regardless of the length of pregnancy.

Annual average population is the average of the number of population at the beginning of the year and that at the end of the year. Sometimes it is substituted by the mid-year population.

Death Rate (or Crude Death Rate) refers to the ratio of the number of deaths to the average population (or mid-period population) during a certain period of time (usually a year), expressed in ‰. Death rate in the chapter refers to annual death rate. The following formula is used:

$$\text{Death Rate} = \frac{\text{Number of Deaths}}{\text{Annual Average Population}} \times 1000‰$$

Natural Growth Rate of Population refers to the ratio of natural increase in population (number of births minus number of deaths) in a certain period of time (usually a year) to the average population (or mid-period population) of the same period, expressed in ‰. The following formula is applied:

$$\text{Natural Growth Rate of Population} = \frac{\text{Number of Births - Number of Deaths}}{\text{Annual Average Population}} \times 1000‰$$

Natural Growth Rate of Population = Birth Rate−Death Rate

4 就业人员和职工工资

Employment and Wages

资料整理人员：欧阳普

4-1 年末从业人员人数
Number of Employed Persons at the Year-end

单位:万人　　(10 000 persons)

年份 Year	从业人员人数 Number of Employed Persons	在岗职工人数 Number of Staff and Workers on the Job	国有经济 State-owned Economic Units	城镇集体经济 Urban Collective-owned Economic Units	其他经济类型 Economic Units of Other Types	城镇个体私营企业从业人员 Employees in Urban Private Enterprises and Self-Employed Individuals	农村从业人员 Employees in Rural
1950	1107.76	40.67	22.81	0.18	17.68	38.93	1028.16
1951	1147.20	52.01	33.55	0.37	18.09	42.71	1052.48
1952	1188.76	69.25	48.87	0.77	19.61	46.70	1072.81
1953	1213.15	76.15	53.12	2.32	20.71	50.68	1086.32
1954	1223.84	80.68	54.61	8.56	17.51	42.92	1100.24
1955	1250.49	90.26	60.67	14.10	15.49	31.45	1128.78
1956	1271.31	121.24	73.66	35.78	11.80	7.62	1142.45
1957	1353.51	130.24	81.84	36.62	11.78	2.00	1221.27
1958	1461.08	226.98	190.02	30.49	6.47		1234.10
1959	1466.09	218.08	174.09	36.76	7.23		1248.01
1960	1508.04	242.89	182.44	54.05	6.40		1265.15
1961	1302.48	234.40	163.50	70.90		3.92	1064.16
1962	1401.22	201.97	135.76	66.21		5.62	1193.63
1963	1443.01	191.19	129.40	61.79		3.11	1248.71
1964	1508.43	192.88	130.34	62.54		4.99	1310.56
1965	1551.93	206.96	139.24	67.72		3.91	1341.06
1966	1607.49	211.73	144.17	67.56		3.41	1392.35
1967	1668.06	215.65	148.25	67.40		2.97	1449.44
1968	1728.41	216.95	149.71	67.24		2.59	1508.87
1969	1795.01	222.02	154.93	67.09		2.26	1570.73
1970	1880.85	243.75	176.81	66.94		1.97	1635.13
1971	1975.89	272.00	205.21	66.79		1.72	1702.17
1972	2056.50	285.73	219.04	66.69		1.50	1769.27
1973	2089.11	285.65	218.99	66.66		1.32	1802.14
1974	2117.00	291.53	223.43	68.10		1.10	1824.37
1975	2152.00	304.17	232.56	71.61		0.32	1847.51
1976	2183.24	313.31	238.79	74.52		0.26	1869.67
1977	2216.19	321.24	242.64	78.60		0.37	1894.58

注：1. 全省从业人员人数及分三次产业从业人数根据劳动力抽样调查资料推算。

2.从2011年起，“职工人数”指标更改为“在岗职工人数”指标。

a.The data of total employees and employees by type of industry are estimated on the data collected from the sample surveys on labor.

b.From 2011,the index of "Staff and Workers "changed into"Staff and Workers on the Job” .

4-1 续表 continued

单位:万人 (10 000 persons)

年份 Year	从业人员人数 Number of Employed Persons	在岗职工人数 Number of Staff and Workers on the Job	国有经济 State-owned Economic Units	城镇集体经济 Urban Collective-owned Economic Units	其他经济类型 Economic Units of Other Types	城镇个体私营企业从业人员 Employees in Urban Private Enterprises and Self-Employed Individuals	农村从业人员 Employees in Rural
1978	2280.05	363.78	282.06	81.72		0.35	1915.92
1979	2328.12	388.16	299.36	88.80		0.32	1939.64
1980	2399.95	409.16	316.80	92.36		1.81	1988.98
1981	2449.46	426.88	332.46	94.42		3.43	2019.15
1982	2541.05	441.48	344.41	97.07		5.21	2094.36
1983	2594.37	447.81	348.97	98.84		9.72	2136.84
1984	2672.86	460.71	340.94	119.75	0.02	13.18	2198.97
1985	2728.71	475.15	352.73	122.34	0.08	16.19	2237.37
1986	2808.87	492.79	367.31	125.25	0.23	18.44	2297.64
1987	2904.10	515.22	386.34	128.60	0.28	24.72	2364.16
1988	2998.64	530.20	401.75	128.14	0.31	30.75	2437.69
1989	3091.37	536.64	411.34	124.81	0.49	30.43	2524.30
1990	3158.42	551.03	422.28	128.07	0.68	31.94	2575.45
1991	3222.43	567.07	435.66	130.35	1.06	32.52	2622.84
1992	3278.83	579.74	447.88	130.43	1.43	39.93	2659.16
1993	3345.61	588.87	454.26	126.70	7.91	60.42	2675.75
1994	3400.29	589.48	459.14	121.57	8.77	106.51	2685.54
1995	3467.31	597.50	466.00	119.13	12.37	133.86	2717.38
1996	3514.16	596.84	471.55	114.47	10.82	166.21	2732.35
1997	3560.29	597.48	471.52	110.48	15.48	200.36	2744.33
1998	3603.17	594.16	461.65	101.21	31.30	222.46	2772.59
1999	3601.39	590.75	461.83	96.01	32.91	210.29	2784.00
2000	3577.58	580.82	456.28	90.33	34.21	148.54	2832.04
2001	3607.96	534.22	407.55	70.95	55.72	199.76	2856.70
2002	3644.52	525.28	398.42	66.19	60.67	231.87	2870.32
2003	3694.78	500.27	379.72	56.55	64.00	335.94	2836.36
2004	3747.10	471.07	353.36	49.38	68.33	457.18	2792.67
2005	3801.48	451.80	293.79	40.12	117.89	547.83	2776.76
2006	3842.17	450.89	290.67	37.72	122.50	603.29	2762.41
2007	3883.41	460.03	283.72	37.50	138.81	635.94	2762.07
2008	3910.06	460.31	276.11	34.83	149.37	654.57	2761.85
2009	3935.21	474.43	268.57	29.21	176.65	665.17	2769.94
2010	3982.73	531.00	287.13	33.24	210.63	698.48	2753.25
2011	4005.03	514.73	258.99	23.92	231.82	894.18	2596.12

4-2 按三次产业分的年末从业人员
Employees by Type of Industry at the Year-end

年份 Year	年末从业人员(万人) Employees at the Year-end (10 000 persons)	第一产业 Primary Industry	第二产业 Secondary Industry	第三产业 Tertiary Industry	构成(以合计为100) Composition in Percentage (total=100)	第一产业 Primary Industry	第二产业 Secondary Industry	第三产业 Tertiary Industry
1950	1107.76	980.83	54.86	72.07	100.0	88.5	5.0	6.5
1951	1147.20	1001.38	64.12	81.70	100.0	87.3	5.6	7.1
1952	1188.76	989.38	76.72	122.66	100.0	83.2	6.5	10.3
1953	1213.15	1014.03	90.34	108.78	100.0	83.6	7.5	9.0
1954	1223.84	982.69	89.39	151.76	100.0	80.3	7.3	12.4
1955	1250.49	1061.22	74.72	114.55	100.0	84.9	6.0	9.2
1956	1271.31	1055.72	101.21	114.38	100.0	83.0	8.0	9.0
1957	1353.51	1134.13	93.05	126.33	100.0	83.8	6.9	9.3
1958	1461.08	898.17	251.10	311.81	100.0	61.5	17.2	21.3
1959	1466.09	861.58	258.27	346.24	100.0	58.8	17.6	23.6
1960	1508.04	1023.93	199.05	285.06	100.0	67.9	13.2	18.9
1961	1302.48	1053.45	128.89	120.14	100.0	80.9	9.9	9.2
1962	1401.22	1180.33	98.04	122.85	100.0	84.2	7.0	8.8
1963	1443.01	1222.67	111.47	108.87	100.0	84.7	7.7	7.5
1964	1508.43	1274.86	116.73	116.84	100.0	84.5	7.7	7.8
1965	1551.93	1305.83	124.66	121.44	100.0	84.1	8.0	7.8
1966	1607.49	1355.48	129.72	122.29	100.0	84.3	8.1	7.6
1967	1668.06	1405.14	135.05	127.87	100.0	84.2	8.1	7.7
1968	1728.41	1456.39	140.79	131.23	100.0	84.3	8.2	7.6
1969	1795.01	1511.41	151.70	131.90	100.0	84.2	8.5	7.4
1970	1880.85	1564.21	179.69	136.95	100.0	83.2	9.6	7.3
1971	1975.89	1624.30	206.63	144.96	100.0	82.2	10.5	7.3
1972	2056.50	1683.60	227.31	145.59	100.0	81.9	11.1	7.1
1973	2089.11	1718.66	226.17	144.28	100.0	82.3	10.8	6.9
1974	2117.00	1732.28	236.13	148.59	100.0	81.8	11.2	7.0
1975	2152.00	1742.28	257.39	152.33	100.0	81.0	12.0	7.1
1976	2183.24	1759.48	266.42	157.34	100.0	80.6	12.2	7.2
1977	2216.19	1775.31	273.17	167.71	100.0	80.1	12.3	7.6

注：全省从业人员人数及分三次产业从业人数根据劳动力抽样调查资料推算。

The data of total employees and employees by type of industry are estimated on the data collected from the sample surveys on labor.

4-2 续表 continued

年份 Year	年末从业人员(万人) Employees at the Year-end (10 000 persons)	第一产业 Primary Industry	第二产业 Secondary Industry	第三产业 Tertiary Industry	构成(以合计为100) Composition in Percentage (total=100)	第一产业 Primary Industry	第二产业 Secondary Industry	第三产业 Tertiary Industry
1978	2280.05	1788.17	305.37	186.51	100.0	78.4	13.4	8.2
1979	2328.12	1798.27	325.70	204.15	100.0	77.2	14.0	8.8
1980	2399.95	1846.46	339.06	214.43	100.0	77.0	14.1	8.9
1981	2449.46	1887.54	339.52	222.40	100.0	77.0	13.9	9.1
1982	2541.05	1955.49	350.79	234.77	100.0	77.0	13.8	9.2
1983	2594.37	1966.48	361.77	266.12	100.0	75.8	13.9	10.3
1984	2672.86	1971.93	414.00	286.93	100.0	73.8	15.5	10.7
1985	2728.71	1946.85	458.68	323.18	100.0	71.4	16.8	11.8
1986	2808.87	1969.64	494.51	344.72	100.0	70.1	17.6	12.3
1987	2904.10	2011.35	531.70	361.05	100.0	69.3	18.3	12.4
1988	2998.64	2050.72	550.38	397.54	100.0	68.4	18.4	13.2
1989	3091.37	2104.60	550.26	436.51	100.0	68.1	17.8	14.1
1990	3158.42	2176.70	553.83	427.89	100.0	68.9	17.5	13.6
1991	3222.43	2219.82	570.35	432.26	100.0	68.9	17.7	13.4
1992	3278.83	2213.42	613.57	451.84	100.0	67.5	18.7	13.8
1993	3345.61	2140.76	679.22	525.63	100.0	64.0	20.3	15.7
1994	3400.29	2076.14	731.01	593.14	100.0	61.1	21.5	17.4
1995	3467.31	2071.61	756.54	639.16	100.0	59.8	21.8	18.4
1996	3514.16	1994.90	810.38	708.88	100.0	56.8	23.0	20.2
1997	3560.29	1998.59	802.25	759.45	100.0	56.1	22.5	21.4
1998	3603.17	2002.51	822.49	778.17	100.0	55.6	22.8	21.6
1999	3601.39	2026.09	839.09	736.21	100.0	56.3	23.3	20.4
2000	3577.58	2120.98	840.52	616.08	100.0	59.3	23.5	17.2
2001	3607.96	2078.36	748.90	780.70	100.0	57.6	20.8	21.6
2002	3644.52	2034.04	757.26	853.22	100.0	55.8	20.8	23.4
2003	3694.78	1961.93	790.68	942.17	100.0	53.1	21.4	25.5
2004	3747.10	1885.06	804.91	1057.13	100.0	50.3	21.5	28.2
2005	3801.48	1846.90	818.10	1136.48	100.0	48.6	21.5	29.9
2006	3842.17	1790.46	829.92	1221.79	100.0	46.6	21.6	31.8
2007	3883.41	1743.65	854.35	1285.41	100.0	44.9	22.0	33.1
2008	3910.06	1720.44	875.84	1313.78	100.0	44.0	22.4	33.6
2009	3935.21	1693.05	896.57	1345.59	100.0	43.0	22.8	34.2
2010	3982.73	1690.03	915.43	1377.27	100.0	42.4	23.0	34.6
2011	4005.03	1679.94	932.62	1392.47	100.0	41.9	23.3	34.8

4–3 年末城镇从业人员

Number of Employed Persons in Urban Areas at the Year-end

年份 Year	城镇从业人员合计（万人） Number of Employed Persons in Urban Areas (10 000 persons)	国有经济 State-owned Economic	城镇集体经济 Urban Collective-owned Economic	其他经济 Economic Units of Other Types	内资经济 Domestic Funded Economic	港澳台投资经济 Economioc With Funded From H.K, Macao and Taiwan	外商投资经济 Economic With Funded Foreign	城镇私营经济 Urban Private Economic	城镇个体经济 Urban Individuals Economic
1978	364.13								
1979	388.48								
1980	410.97								
1981	430.31								
1982	446.69								
1983	457.53								
1984	473.89								
1985	491.34								
1986	511.23								
1987	539.94								
1988	560.95								
1989	567.07								
1990	582.97								
1991	599.59								
1992	619.67								
1993	669.86								
1994	714.75								
1995	749.93	482.68	120.83	12.56	6.62	2.73	3.21	17.60	116.26
1996	781.81	487.94	116.61	11.05	5.12	2.59	3.34	22.80	143.41
1997	815.96	486.58	113.19	15.83	9.23	2.96	3.64	26.94	173.42
1998	830.58	472.37	103.56	32.19	25.21	3.20	3.78	36.89	185.57
1999	817.39	474.23	98.95	33.92	27.54	3.19	3.19	34.52	175.77
2000	745.54	467.98	92.99	36.04	29.81	3.07	3.16	33.54	114.99
2001	751.26	419.71	73.62	58.17	52.35	3.15	2.67	44.43	155.33
2002	774.20	410.13	68.73	63.47	56.88	3.51	3.08	65.63	166.24
2003	858.42	395.39	59.65	67.45	60.04	3.50	3.90	87.56	248.38
2004	954.43	370.64	52.86	73.75	65.62	4.31	3.82	143.11	314.07
2005	1024.72	306.70	43.43	126.76	111.93	8.29	6.54	165.80	382.03
2006	1079.76	302.73	40.96	132.78	116.28	8.50	8.00	214.19	389.10
2007	1121.34	294.47	40.63	150.30	131.93	9.13	9.24	223.33	412.61
2008	1148.21	291.65	37.73	164.26	144.57	9.90	9.79	218.99	435.58
2009	1175.27	283.50	32.48	194.13	170.51	11.02	12.60	227.67	437.49
2010	1229.48	287.13	33.24	210.63	186.38	11.91	12.34	234.04	464.44
2011	1408.91	275.01	27.84	248.58	218.97	16.16	13.45	260.62	596.86

4-4 按类型分的年末从业人员
Employees by Type at the Year-end

单位:万人 (10 000 persons)

类别	Item	2010 合计 Total	2010 #城镇 Urban	2011 合计 Total	2011 #城镇 Urban
从业人员总计	**Total Number of Employed Persons**	**3982.73**	**1229.48**	**4005.03**	**1408.91**
按就业身份分	**By Status**				
在岗职工	Staff and Workers on the Job	470.10	470.10	514.73	514.73
私营业主	Private Enterprises Owner	47.70	32.65	55.36	39.04
私营企业和个体从业人员	Number of Employees in Private Enterprises and Self-Employed Individuals	681.46	526.83	695.48	516.35
农村劳动力	Laborer in Rural	2583.57		2400.67	
其他从业人员	Others	174.60	174.60	338.79	338.79
按经济类型分	**By Economic Types**				
国有经济	State-owned Economy	287.13	287.13	275.01	275.01
集体经济	Collective-owned Economy	2616.81	33.24	2428.51	27.84
私营经济	Private Enterprises	314.54	234.04	381.82	260.62
个体经济	Self-Employed Individuals	553.62	464.44	671.11	596.86
联营经济	Joint Ownership Enterprises	1.70	1.70	1.59	1.59
股份制经济	Share-holding Corporations Enterprises	172.78	172.78	201.24	201.24
外商投资经济	Enterprises With Foreign Investment	12.34	12.34	13.46	13.46
港、澳、台投资经济	Enterprises With Investment from Hong Kong, Macao and Taiwan	11.91	11.91	16.16	16.16
其他经济类型	Enterprises of Other Types of Ownership	11.90	11.90	16.13	16.13
按国民经济行业分	**By Sector**				
农、林、牧、渔业	Agriculture,Forestry,Farming of Animals and Fishing	1690.03	11.09	1679.94	10.42
采矿业	Mining	94.45	38.27	95.12	42.67
制造业	Manufacturing	493.95	171.24	503.10	188.81
电力、燃气及水的生产和供应业	Production and Distribution of Electricity,Gas and Water	20.59	17.52	22.03	17.80
建筑业	Construction	306.44	100.90	312.37	123.86
交通运输、仓储和邮政业	Traffic,Transport, Storage and Post	165.44	73.84	170.06	74.68
信息传输、计算机服务和软件业	Information Transfer,Computer Services and Software	50.99	34.59	54.29	38.71
批发和零售业	Wholesale and Retail Trade	371.24	201.87	338.19	228.79
住宿和餐饮业	Accommodation and Restaurants	180.18	96.62	190.80	110.75
金融业	Finance	24.96	24.73	26.19	26.01
房地产业	Real Estate Trade	24.98	19.05	28.47	23.74
租赁和商务服务业	Tenancy and Business Services	85.85	75.66	91.96	85.68
科学研究、技术服务和地质勘查	Scientific Research,Technical Service and Geologic Perambulation	13.76	11.95	17.38	15.00
水利、环境和公共设施管理业	Management of Water Conservancy,Environment and Public Establishment	10.70	10.29	10.19	9.80
居民服务和其他服务业	Resident Services and Other Services	160.65	98.63	163.31	155.55
教育	Education	79.14	79.06	89.70	84.61
卫生、社会保障和社会福利业	Sanitation,Social Security and Social Welfare	50.97	43.86	48.90	44.81
文化、体育和娱乐业	Culture,Sports and Entertainment	56.42	39.63	60.15	45.22
公共管理和社会组织	Public Management and Social Organization	101.99	80.68	102.88	82.00

4-5 各行业年末从业人员及构成（2011年）
Number of Employees and Its Composition by Sector at the Year-end (2011)

行业	Sector	从业人员 Employees	在岗职工 Staff and Workers on the Job	城镇个体私营企业 Urban Private and Individuals	农村从业人员 Employees in Rural	其他从业人员 Other Employees
总计(绝对数,万人)	**Total (ABS,10 000 persons)**	**4005.03**	**514.73**	**857.48**	**2596.12**	**36.70**
农、林、牧、渔业	Agriculture,Forestry,Farming of Animals and Fishing	1679.94	3.85	5.04	1669.52	1.53
采矿业	Mining	95.12	15.03	27.32	52.45	0.32
制造业	Manufacturing	503.10	126.02	59.77	314.29	3.02
电力、燃气及水的生产和供应业	Production and Distribution of Electricity, Gas and Water	22.03	13.85	3.49	4.23	0.46
建筑业	Construction	312.37	73.54	36.52	188.51	13.80
交通运输仓储和邮政业	Traffic,Transport, Storage and Post	170.06	21.95	51.52	95.38	1.21
信息传输、计算机服务和软件业	Information Transfer,Computer Services and Software	54.29	6.64	31.85	15.58	0.22
批发和零售业	Wholesale and Retail Trade	338.19	16.70	211.46	109.40	0.63
住宿和餐饮业	Accommodation and Restaurants	190.80	8.78	101.70	80.05	0.27
金融业	Finance	26.19	15.99	5.65	0.18	4.37
房地产业	Real Estate Trade	28.47	8.94	14.45	4.73	0.35
租赁和商务服务业	Tenancy and Business Services	91.96	7.72	77.01	6.28	0.95
科学研究、技术服务和地质勘查业	Scientific Research,Technical Service and Geologic Perambulation	17.38	8.02	6.52	2.38	0.46
水利、环境和公共设施管理业	Management of Water Conservancy, Environment and Public Establishment	10.19	7.19	0.86	0.39	1.75
居民服务和其他服务业	Resident Services and Other Services	163.31	1.61	153.88	7.76	0.06
教育	Education	89.70	68.98	13.14	5.09	2.49
卫生、社保和社会福利	Sanitation,Social Security and Social Welfare	48.90	31.25	11.96	4.09	1.60
文化、体育和娱乐业	Culture,Sports and Entertainment	60.15	4.87	40.01	14.93	0.34
公共管理和社会组织	Public Management and Social Organization	102.88	73.80	5.33	20.88	2.87
构成（以合计为100）	**Composition in Percentage (total=100)**					
农、林、牧、渔业	Agriculture,Forestry,Farming of Animals and Fishing	41.9	0.7	0.6	64.3	4.2
采矿业	Mining	2.4	2.9	3.2	2.0	0.9
制造业	Manufacturing	12.6	24.5	7.0	12.1	8.2
电力、燃气及水的生产和供应业	Production and Distribution of Electricity, Gas and Water	0.6	2.7	0.4	0.2	1.3
建筑业	Construction	7.8	14.3	4.3	7.3	37.6
交通运输、仓储和邮政业	Traffic,Transport, Storage and Post	4.2	4.3	6.0	3.7	3.3
信息传输、计算机服务和软件业	Information Transfer,Computer Services and Software	1.4	1.3	3.7	0.6	0.6
批发和零售业	Wholesale and Retail Trade	8.4	3.2	24.7	4.2	1.7
住宿和餐饮业	Accommodation and Restaurants	4.8	1.7	11.9	3.1	0.7
金融业	Finance	0.7	3.1	0.7		11.9
房地产业	Real Estate Trade	0.7	1.7	1.7	0.2	1.0
租赁和商务服务业	Tenancy and Business Services	2.3	1.5	9.0	0.2	2.6
科学研究、技术服务和地质勘查业	Scientific Research,Technical Service and Geologic Perambulation	0.4	1.6	0.8	0.1	1.3
水利、环境和公共设施管理业	Management of Water Conservancy, Environment and Public Establishment	0.3	1.4	0.1		4.8
居民服务和其他服务业	Resident Services and Other Services	4.1	0.3	17.9	0.3	0.2
教育	Education	2.2	13.4	1.5	0.2	6.8
卫生、社保和社会福利	Sanitation,Social Security and Social Welfare	1.2	6.1	1.4	0.2	4.4
文化、体育和娱乐业	Culture,Sports and Entertainment	1.5	0.9	4.7	0.6	0.9
公共管理和社会组织	Public Management and Social Organization	2.6	14.3	0.6	0.8	7.8

4−6 年末城乡劳动力资源与分配
Resources and Distribution of Labor Force in Urban and Rural Areas at theYear-end

单位:万人 (10 000 persons)

类 别	Item	合计 Total 2010	合计 Total 2011	城 镇 Urban 2010	城 镇 Urban 2011	乡 村 Rural 2010	乡 村 Rural 2011
总计	**Total**	**5400.07**	**5435.43**	**2338.23**	**2451.38**	**3061.84**	**2984.05**
经济活动人口	Economy Active Population	4045.10	4066.95	1291.85	1470.83	2753.25	2596.12
从业人员	Employees	3982.73	4005.03	1229.48	1408.91	2753.25	2596.12
失业人员	Unemployment	62.37	61.92	62.37	61.92		
非经济活动人口	Non-Economy Active Population	1354.97	1368.48	1046.38	980.55	308.59	387.93

4−7 年末城镇各单位按行业分组的女性从业人员（2011年）
Number of Female Employees by Sector at the Year-end (2011)

单位:万人 (10 000 persons)

行 业	Sector	各单位女性从业人员 Number of Female Employees in Units	国有经济 State-owned Economic Units	城镇集体 Urban Collective-owned Economic Units	其他经济 Economic Units of Other Types
总 计	**Total**	**181.50**	**99.37**	**6.68**	**75.45**
农、林、牧、渔业	Agriculture,Forestry,Farming of Animals and Fishing	1.95	1.86	0.03	0.06
采矿业	Mining	1.61	0.66	0.27	0.68
制造业	Manufacturing	42.32	3.74	1.39	37.19
电力、燃气及水的生产和供应业	Production and Distribution of Electricity,Gas and Water	3.94	2.90	0.04	1.00
建筑业	Construction	9.14	2.10	1.07	5.97
交通运输仓储和邮政业	Traffic,Transport, Storage and Post	6.68	4.62	0.34	1.72
信息传输、计算机服务和软件业	Information Transfer,Computer Services and Software	2.75	1.43	0.01	1.31
批发和零售业	Wholesale and Retail Trade	8.37	1.57	0.22	6.58
住宿和餐饮业	Accommodation and Restaurants	5.24	1.05	0.11	4.08
金融业	Finance	10.62	1.74	0.56	8.32
房地产业	Real Estate Trade	3.16	0.63	0.08	2.45
租赁和商务服务业	Tenancy and Business Services	3.45	1.32	0.98	1.15
科学研究、技术服务和地质勘查业	Scientific Research,Technical Service and Geologic Perambulation	2.32	1.91	0.02	0.39
水利、环境和公共设施管理业	Management of Water Conservancy, Environment and Public Establishment	3.85	3.51	0.06	0.28
居民服务和其他服务业	Resident Services and Other Services	0.65	0.15	0.04	0.46
教育	Education	32.95	30.49	0.29	2.17
卫生、社保和社会福利	Sanitation,Social Security and Social Welfare	19.60	17.58	1.13	0.89
文化、体育和娱乐业	Culture,Sports and Entertainment	2.17	1.59	0.03	0.55
公共管理和社会组织	Public Management and Social Organization	20.73	20.52	0.01	0.20

4-8 各行业年末在岗职工（2011年）
Total Number of Staff and Workers on the Job by Sector at the Year-end (2011)

单位:万人 (10 000 persons)

行 业	By Sector	全部在岗职工 Number of Staff and Workers on the Job	国有经济 State-owned Economic	城镇集体 Urban Collective-owned Economic
总 计	**Total**	**514.73**	**258.99**	**23.92**
农、林、牧、渔业	**Agriculture, Forestry, Farming of Animals and Fishing**	**3.85**	**3.55**	**0.11**
农业	Agriculture	2.42	2.38	0.01
林业	Forestry	0.69	0.62	0.07
畜牧业	Farming of animals	0.10	0.08	
渔业	Fishing	0.09	0.04	0.02
农、林、牧、渔服务业	Service Activities for Agriculture,Forestry, Farming of Animals and Fishing	0.56	0.42	0.02
采矿业	**Mining**	**15.03**	**4.95**	**3.72**
煤炭开采和洗选业	Mining and Washing of Coal	10.30	3.72	3.20
黑色金属矿采选业	Mining of Ferrous Metal Ores	0.58		0.19
有色金属矿采选业	Mining of Non-ferrous Metal Ores	2.72	0.97	0.14
非金属矿采选业	Mining and Processing of Nonmetal Ores	1.42	0.26	0.19
制造业	**Manufacturing**	**126.02**	**11.93**	**4.59**
农副食品加工业	Processing of Food from Agricultural Products	5.49	0.28	0.21
食品制造业	Manufacture of Foods	3.27	0.07	0.03
饮料制造业	Manufacture of Beverage	2.44	0.24	0.07
烟草制品业	Manufacture of Tobacco	0.27	0.01	
纺织业	Manufacture of Textile	4.13	0.16	0.13
纺织服装、鞋、帽制造业	Manufacture of Textile Wearing Apparel,Footware and Caps	3.27	0.09	0.05
皮革毛皮羽毛(绒)及其制品业	Manufacture of Leather,Fur,Feather and Its Products	2.80		0.03
木材加工及木、竹、藤、棕、草制品业	Processing of Timbers,Manufacture of Wood,Bamboo, Rattan,Palm and Straw Products	1.67	0.09	0.07
家具制造业	Manufacture of Furniture	0.65		0.02
造纸及纸制品业	Manufacture of Paper and Paper Products	3.25	1.32	0.19
印刷业和记录媒介的复制	Printing,Reproduction of Recording Media	0.99	0.11	0.10
文教体育用品制造业	Manufacture of Articles for Culture,Education and Sport Activity	0.41		0.02
石油加工、炼焦及核燃料加工	Processing of Petroleum,Coking,Processing of Nucleus Fuel	1.61	0.09	
化学原料及化学制品制造业	Manufacture of Chemical Raw Material and Chemical Products	12.58	1.87	0.41
医药制造业	Manufacture of Medicines	3.03	0.06	0.01
化学纤维制造业	Manufacture of Chemical Fiber	0.28		
橡胶制品业	Manufacture of Rubber	0.78	0.03	0.03
塑料制品业	Manufacture of Plastic	1.59		0.07
非金属矿物制品业	Manufacture of Non-metallic Mineral Products	11.92	1.07	1.66
黑色金属冶炼及压延加工业	Manufacture and Processing of Ferrous Metals	6.81	1.81	0.21
有色金属冶炼及压延加工业	Manufacture and Processing of Non-ferrous Metals	6.73	0.28	0.11
金属制品业	Manufacture of Metal Products	3.34	0.03	0.11
通用设备制造业	Manufacture of General Purpose Machinery	6.65	0.54	0.22
专用设备制造业	Manufacture of Special Purpose Machinery	14.74	1.52	0.15
交通运输设备制造业	Manufacture of Transport Equipment	10.37	1.26	0.24
电气机械及器材制造业	Manufacture of Electrical Machinery and Equipment	5.34	0.29	0.11

4-8 续表1 continued

单位:万人 (10 000 persons)

行业	By Sector	全部在岗职工 Number of Staff and Workers on the Job	国有经济 State-owned Economic	城镇集体 Urban Collective-owned Economic
通信设备、计算机及其他电子设备制造业	Manufacture of Communication Equipment,Computer and Other Electronic Equipment	8.71	0.50	0.03
仪器仪表及文化、办公用机械制造业	Manufacture of Measuring Instrument and Machinery for Cultural Activity and Office Work	1.72	0.06	0.02
工艺品及其他制造业	Manufacture of Artwork,Other Manufacture N.E.C	0.62	0.14	0.04
废弃资源和废旧材料回收加工	Recycling and Disposal of Waste	0.56	0.02	0.23
电力、燃气及水的生产和供应	**Production and Distribution of Electricity,Gas and Water**	**13.85**	**10.36**	**0.18**
电力、热力的生产和供应业	Production and Supply of Electric Power and Heat Power	11.40	8.75	0.13
燃气生产和供应业	Production and Distribution of Gas	0.46	0.04	
水的生产和供应业	Production and Distribution of Water	2.00	1.57	0.05
建筑业	**Construction**	**73.54**	**12.97**	**8.36**
房屋和土木工程建筑业	Construction of Building and Civil Engineering	66.00	11.72	7.62
建筑安装业	Architectural Installation	4.23	0.79	0.69
建筑装饰业	Architectural Decoration	0.99	0.25	0.01
其他建筑业	Other Construction	2.32	0.20	0.05
交通运输、仓储和邮政业	**Traffic,Transport,Storage and Post**	**21.95**	**15.17**	**1.00**
铁路运输业	Transport Via Railway	7.36	7.12	
道路运输业	Transport Via Road	6.07	2.87	0.35
城市公共交通业	Urban Public Traffic	2.88	1.44	0.02
水上运输业	Water Transport	0.44	0.19	0.06
航空运输业	Air Transport	0.48	0.23	
装卸搬运和其他运输服务业	Loading,Unloading,Portage and Other Transport Services	2.00	0.71	0.55
仓储业	Storage	0.51	0.43	0.01
邮政业	Post	2.20	2.17	
信息传输计算机服务和软件业	**Information Transfer,Computer Services and Software**	**6.64**	**3.08**	**0.02**
电信和其他信息传输服务业	Telecom and Other Information Transfer Services	5.99	3.06	0.01
计算机服务业	Computer Services	0.20	0.01	
软件业	Software Industry	0.45	0.01	0.01
批发和零售业	**Wholesale and Retail Trade**	**16.70**	**3.41**	**0.58**
批发业	Wholesale	5.62	2.01	0.17
零售业	Retail Trade	11.08	1.40	0.40
住宿和餐饮业	**Accommodation and Restaurants**	**8.78**	**1.81**	**0.19**
住宿业	Accommodation	6.22	1.63	0.18
餐饮业	Restaurants	2.56	0.18	0.01
金融业	**Finance**	**15.99**	**3.27**	**1.18**
银行业	Bank	10.59	2.60	1.17
证券业	Securities	0.97	0.04	
保险业	Insurance	3.62	0.35	
其他金融活动	Other Financial Activities	0.81	0.28	0.01
房地产业	**Real Estate**	**8.93**	**1.70**	**0.27**
房地产开发经营	Real Estate Exploitation Management	5.62	0.52	0.10
物业管理	Management Concerning Dwelling	2.71	0.84	0.12
房地产中介服务	Real Estate Agency Service	0.26	0.06	0.01
租赁和商务服务业	**Tenancy and Business Services**	**7.72**	**3.99**	**0.71**
租赁业	Tenancy	0.14	0.07	
商务服务业	Business Service	7.59	3.92	0.70

4-8 续表2 continued

单位:万人 (10 000 persons)

行 业	By Sector	全部在岗职工 Number of Staff and Workers on the Job	国有经济 State-owned Economic	城镇集体 Urban Collective-owned Economic
科研、技术服务和地质勘查业	**Scientific Research,Technical Service&Geologic Perambulation**	**8.02**	**6.53**	**0.10**
研究与试验发展	Research and Experimental Development	1.58	1.50	0.01
自然科学研究与试验发展	R&D on Physical Science	0.21	0.19	
工程和技术研究与试验发展	R&D on Engineering and Technical Research	0.42	0.39	
农业科学研究与试验发展	R&D on Agricultural Science Research	0.83	0.80	0.01
医学研究与试验发展	R&D on medical research	0.01		
社会人文科学研究与发展	R&D on Social Science and Humanities	0.11	0.11	
专业技术服务业	Professional Technique Services	4.54	3.26	0.08
气象服务	Weather Services	0.22	0.21	
地震服务	Earthquake Services	0.02	0.02	
测绘服务	Plotting Services	0.21	0.20	
技术检测	Technique Detection	0.42	0.35	0.01
环境监测	Environmental Monitoring	0.10	0.09	
工程技术与规划管理	Engineering Technic and Programming Management	3.25	2.25	0.05
科技交流和推广服务业	Services of S&T Intercommunion and Generalization	0.93	0.81	0.01
地质勘查业	Geologic Perambulation	0.97	0.96	
水利、环境和公共设施管理业	**Management of Water Conservancy, Environment and Public Establishment**	**7.19**	**6.40**	**0.13**
水利管理业	Management of Water Conservancy	1.79	1.70	0.05
环境管理业	Environmental Management	2.86	2.74	0.06
公共设施管理业	Management of Public Establishment	2.55	1.96	0.02
居民服务和其他服务业	**Resident Services and Other Services**	**1.61**	**0.39**	**0.24**
居民服务业	Resident Services	1.11	0.19	0.19
其他服务业	Other Services	0.50	0.20	0.05
教育	**Education**	**68.98**	**64.55**	**0.58**
初等教育	Primary Education	22.03	21.37	0.18
中等教育	Secondary Education	36.03	33.78	0.27
高等教育	Higher Education	7.71	7.21	0.03
卫生、社会保障和社会福利业	**Sanitation,Social Security and Social Welfare**	**31.25**	**28.06**	**1.87**
卫生	Sanitation	30.10	26.99	1.85
社会保障业	Social Security	0.63	0.62	
社会福利业	Social Welfare	0.53	0.45	0.02
文化、体育和娱乐业	**Culture, Sports and Entertainment**	**4.87**	**3.61**	**0.07**
新闻出版业	Journalism and Publishing Activities	0.98	0.58	
广播、电视、电影和音像业	Broadcasting,Movies,Television and Audiovisual Activities	1.98	1.65	0.01
文化艺术业	Culture and Art	1.36	1.17	0.04
体育	Sports Activities	0.19	0.15	0.02
娱乐业	Entertainment	0.36	0.05	
公共管理和社会组织	**Public Management and Social Organization**	**73.80**	**73.26**	**0.02**
中国共产党机关	Organ of Communist Party of China	2.29	2.29	
国家机构	Organ of State	69.76	69.76	
人民政协和民主党派	People's Political Consultative Conference and Democratic Party	0.39	0.39	
群众团体社会团体和宗教组织	Mass Community,Social Community and Religion Organizations	1.36	0.81	0.02

4-9 在岗职工工资总额及年平均工资
Total Wages and Average Annual Wage of Staff and Workers on the Job

年份 Year	在岗职工工资总额（亿元）Totel Wages of Staff and Workers on the Job (100 million yuan)	国有经济 State-owned Economic	城镇集体经济 Urban Collective-owned Economic	其他经济 Economic Units of Other Types	在岗职工年平均工资（元）Average Annual Wages of Staff and Workers on the Job (yuan)	国有经济 State-owned Economic	城镇集体经济 Urban Collective-owned Economic	其他经济 Economic Units of Other Types
1978	20.33	16.29	4.04		563	589	474	
1979	23.39	18.50	4.89		628	644	580	
1980	28.73	23.09	5.64		718	746	625	
1981	30.09	24.17	5.92		725	748	643	
1982	32.46	26.13	6.33		750	772	670	
1983	34.48	27.71	6.77		780	803	700	
1984	41.69	32.28	9.41		922	965	800	
1985	49.30	38.36	10.93	0.01	1059	1111	912	1270
1986	58.80	45.97	12.81	0.02	1220	1281	1043	1078
1987	70.14	55.16	14.94	0.04	1400	1470	1190	1483
1988	87.38	69.78	17.54	0.06	1688	1777	1407	1966
1989	96.78	78.66	18.02	0.10	1836	1945	1475	2125
1990	108.97	88.92	19.91	0.14	2014	2141	1593	2089
1991	119.67	97.57	21.91	0.19	2152	2278	1727	2361
1992	143.69	118.37	24.96	0.36	2526	2686	1966	2852
1993	181.84	148.64	29.51	3.69	3142	3324	2379	4970
1994	238.22	198.56	34.76	4.90	4104	4388	2910	5762
1995	282.05	233.48	41.12	7.45	4797	5082	3525	6259
1996	299.57	251.74	41.59	6.24	5100	5412	3724	5897
1997	314.91	265.53	40.70	8.68	5326	5683	3736	5733
1998	323.76	269.17	35.94	18.65	5473	5849	3585	5994
1999	349.06	293.70	34.55	20.81	5939	6385	3627	6403
2000	377.19	318.62	34.21	24.36	6515	6999	3800	7217
2001	407.58	335.75	29.00	42.83	7698	8295	4146	7825
2002	458.53	374.41	30.05	54.07	8734	9403	4522	8958
2003	494.42	400.01	29.04	65.37	9855	10484	5108	10327
2004	543.76	432.98	31.20	79.58	11463	12173	6228	11602
2005	616.86	426.50	33.17	157.19	13718	14521	8355	13522
2006	715.23	488.02	36.31	190.90	16031	16898	9792	15874
2007	898.65	600.05	47.05	251.55	19711	21173	12921	18482
2008	1057.07	688.10	53.73	315.24	23082	24939	15529	21379
2009	1225.42	755.58	51.98	417.86	26008	28202	17867	23994
2010	1434.62	845.54	60.02	529.06	29275	31343	20221	27757
2011	1797.05	942.06	65.43	789.52	35520	36654	27034	35139

注：从2011年起，"职工工资总额"及"职工年平均工资"指标更改为"在岗职工工资总额"及"在岗职工年平均工资"指标。

Form 2011,Index of "Wages of Saff and Workers"and "Average Annual Wages of Staff and Workers" Changed into"Wages of Saff and Workers on the Job"and "Average Annual Wages of Staff and Workers on the Jobs".

4-10 各行业在岗职工工资总额（2011年）
Total Wages of Staff and Workers on the Job by Sector (2011)

单位:万元 (10 000 yuan)

行业	By Sector	全部在岗职工 Number of Staff and Workers on the Job	国有经济 State-owned Economic	城镇集体 Urban Collective-owned Economic
总计	**Total**	**17970462**	**9420628**	**654627**
农、林、牧、渔业	**Agriculture, Forestry, Farming of Animals and Fishing**	**69267**	**62312**	**2051**
农业	Agriculture	41740	41147	124
林业	Forestry	12220	10898	1148
畜牧业	Farming of animals	1413	1026	
渔业	Fishing	2229	1182	471
农、林、牧、渔服务业	Service Activities for Agriculture,Forestry, Farming of Animals and Fishing	11665	8059	308
采矿业	**Mining**	**477717**	**161006**	**109744**
煤炭开采和洗选业	Mining and Washing of Coal	320428	116979	96415
黑色金属矿采选业	Mining of Ferrous Metal Ores	17642	56	4620
有色金属矿采选业	Mining of Non-ferrous Metal Ores	101491	36238	3639
非金属矿采选业	Mining and Processing of Nonmetal Ores	37927	7505	5071
其他采矿业	Mining of Other Ores N.E.C	189	189	
制造业	**Manufacturing**	**4426369**	**438296**	**116460**
农副食品加工业	Processing of Food from Agricultural Products	152683	6608	5309
食品制造业	Manufacture of Foods	79168	1636	632
饮料制造业	Manufacture of Beverage	71709	4934	1391
烟草制品业	Manufacture of Tobacco	12305	406	
纺织业	Manufacture of Textile	102703	3829	4614
纺织服装、鞋、帽制造业	Manufacture of Textile Wearing Apparel,Footware and Caps	78746	3511	1184
皮革毛皮羽毛(绒)及其制品业	Manufacture of Leather,Fur,Feather and Its Products	65793	14	687
木材加工及木、竹、藤、棕、草制品业	Processing of Timbers,Manufacture of Wood,Bamboo, Rattan,Palm and Straw Products	43161	2377	1478
家具制造业	Manufacture of Furniture	17356		604
造纸及纸制品业	Manufacture of Paper and Paper Products	98378	44889	5699
印刷业和记录媒介的复制	Printing,Reproduction of Recording Media	35353	3048	2286
文教体育用品制造业	Manufacture of Articles for Culture,Education and Sport Activity	7862		423
石油加工、炼焦及核燃料加工	Processing of Petroleum,Coking,Processing of Nucleus Fuel	101576	3470	
化学原料及化学制品制造业	Manufacture of Chemical Raw Material and Chemical Products	377166	53505	8655
医药制造业	Manufacture of Medicines	87204	1782	172
化学纤维制造业	Manufacture of Chemical Fiber	7285		
橡胶制品业	Manufacture of Rubber	20841	705	722
塑料制品业	Manufacture of Plastic	39841		1407
非金属矿物制品业	Manufacture of Non-metallic Mineral Products	341923	33410	38836
黑色金属冶炼及压延加工业	Manufacture and Processing of Ferrous Metals	282879	76177	6837
有色金属冶炼及压延加工业	Manufacture and Processing of Non-ferrous Metals	255594	13719	2013
金属制品业	Manufacture of Metal Products	105275	1482	4248
通用设备制造业	Manufacture of General Purpose Machinery	219347	20200	5808
专用设备制造业	Manufacture of Special Purpose Machinery	764515	62212	3312
交通运输设备制造业	Manufacture of Transport Equipment	435122	58522	7393
电气机械及器材制造业	Manufacture of Electrical Machinery and Equipment	186141	11727	3207

4-10 续表1　continued

单位:万元　　(10 000 yuan)

行　业	By Sector	全部在岗职工 Number of Staff and Workers on the Job	国有经济 State-owned Economic	城镇集体 Urban Collective-owned Economic
通信设备、计算机及其他电子设备制造业	Manufacture of Communication Equipment,Computer and Other Electronic Equipment	325823	24688	939
仪器仪表及文化、办公用机械制造业	Manufacture of Measuring Instrument and Machinery for Cultural Activity and Office Work	79527	2828	634
工艺品及其他制造业	Manufacture of Artwork,Other Manufacture N.E.C	14708	2284	1109
废弃资源和废旧材料回收加工	Recycling and Disposal of Waste	16386	337	6863
电力、燃气及水的生产和供应	**Production and Distribution of Electricity,Gas and Water**	**546222**	**413737**	**5525**
电力、热力的生产和供应业	Production and Supply of Electric Power and Heat Power	459451	362255	4532
燃气生产和供应业	Production and Distribution of Gas	19065	2046	40
水的生产和供应业	Production and Distribution of Water	67706	49436	953
建筑业	**Construction**	**2011037**	**425559**	**201568**
房屋和土木工程建筑业	Construction of Building and Civil Engineering	1795464	385356	182192
建筑安装业	Architectural Installation	133502	27086	18201
建筑装饰业	Architectural Decoration	26110	8515	233
其他建筑业	Other Construction	55961	4602	943
交通运输、仓储和邮政业	**Traffic,Transport,Storage and Post**	**874254**	**653784**	**20971**
铁路运输业	Transport Via Railway	425786	411431	
道路运输业	Transport Via Road	159972	67531	8538
城市公共交通业	Urban Public Traffic	73002	34708	403
水上运输业	Water Transport	11143	5022	873
航空运输业	Air Transport	42593	10582	
装卸搬运和其他运输服务业	Loading,Unloading,Portage and Other Transport Services	66651	32864	10733
仓储业	Storage	15358	13067	385
邮政业	Post	79491	78581	40
信息传输计算机服务和软件业	**Information Transfer,Computer Services and Software**	**273188**	**124402**	**536**
电信和其他信息传输服务业	Telecom and Other Information Transfer Services	246812	123533	316
计算机服务业	Computer Services	7313	689	
软件业	Software Industry	19064	180	220
批发和零售业	**Wholesale and Retail Trade**	**544562**	**169281**	**11743**
批发业	Wholesale	256156	128110	4384
零售业	Retail Trade	288406	41170	7359
住宿和餐饮业	**Accommodation and Restaurants**	**206446**	**45817**	**3646**
住宿业	Accommodation	150937	42279	3406
餐饮业	Restaurants	55509	3538	240
金融业	**Finance**	**1050569**	**234942**	**50615**
银行业	Bank	759733	202435	50363
证券业	Securities	84698	2577	
保险业	Insurance	166730	16871	
其他金融活动	Other Financial Activities	39408	13058	253
房地产业	**Real Estate**	**295158**	**56567**	**6080**
房地产开发经营	Real Estate Exploitation Management	211712	23273	2294
物业管理	Management Concerning Dwelling	60993	20360	2929
房地产中介服务	Real Estate Agency Service	9177	1619	97
租赁和商务服务业	**Tenancy and Business Services**	**214892**	**96419**	**29233**
租赁业	Tenancy	4035	2128	41
商务服务业	Business Service	210856	94290	29192

4-10 续表2 continued

单位:万元 (10 000 yuan)

行 业	By Sector	全部在岗职工 Number of Staff and Workers on the Job	国有经济 State-owned Economic	城镇集体 Urban Collective-owned Economic
科研、技术服务和地质勘查业	**Scientific Research,Technical Service&Geologic Perambulation**	**337337**	**266129**	**4157**
研究与试验发展	Research and Experimental Development	58191	55562	250
自然科学研究与试验发展	R&D on Physical Science	8837	8414	
工程和技术研究与试验发展	R&D on Engineering and Technical Research	20484	19296	43
农业科学研究与试验发展	R&D on Agricultural Science Research	23987	23203	200
医学研究与试验发展	R&D on medical research	325	97	
社会人文科学研究与发展	R&D on Social Science and Humanities	4559	4552	7
专业技术服务业	Professional Technique Services	218855	155102	3630
气象服务	Weather Services	8687	8613	
地震服务	Earthquake Services	751	751	
测绘服务	Plotting Services	10834	10541	88
技术检测	Technique Detection	17714	14506	236
环境监测	Environmental Monitoring	4515	3481	
工程技术与规划管理	Engineering Technic and Programming Management	163505	111505	2464
科技交流和推广服务业	Services of S&T Intercommunion and Generalization	25769	21242	277
地质勘查业	Geologic Perambulation	34523	34223	
水利、环境和公共设施管理业	**Management of Water Conservancy,Environment and Public Establishment**	**170816**	**150118**	**3252**
水利管理业	Management of Water Conservancy	39589	37221	1279
环境管理业	Environmental Management	60620	57348	1594
公共设施管理业	Management of Public Establishment	70607	55549	378
居民服务和其他服务业	**Resident Services and Other Services**	**51288**	**11759**	**8267**
居民服务业	Resident Services	38206	6341	7270
其他服务业	Other Services	13082	5419	997
教育	**Education**	**2460223**	**2316142**	**20433**
初等教育	Primary Education	719834	697546	5913
中等教育	Secondary Education	1263172	1186146	9685
高等教育	Higher Education	372574	355723	1340
卫生、社会保障和社会福利业	**Sanitation,Social Security and Social Welfare**	**1325679**	**1215907**	**58024**
卫生	Sanitation	1291519	1184054	57446
社会保障业	Social Security	18476	18097	63
社会福利业	Social Welfare	15684	13757	515
文化、体育和娱乐业	**Culture, Sports and Entertainment**	**191832**	**147936**	**1838**
新闻出版业	Journalism and Publishing Activities	44338	27155	44
广播、电视、电影和音像业	Broadcasting,Movies,Television and Audiovisual Activities	88903	77001	229
文化艺术业	Culture and Art	40708	35780	811
体育	Sports Activities	6749	5164	700
娱乐业	Entertainment	11134	2836	55
公共管理和社会组织	**Public Management and Social Organization**	**2443606**	**2430515**	**485**
中国共产党机关	Organ of Communist Party of China	79072	79072	
国家机构	Organ of State	2310614	2310614	
人民政协和民主党派	People's Political Consultative Conference and Democratic Party	15090	15090	
群众团体社会团体和宗教组织	Mass Community,Social Community and Religion Organizations	38830	25738	485

4-11 各行业在岗职工年平均工资（2011年）
Average Annual Wage of Staff and Workers on the Job by Sector (2011)

单位：元 (yuan)

行业	By Sector	全部在岗职工 Number of Staff and Workers on the Job	国有经济 State-owned Economic	城镇集体 Urban Collective-owned Economic
总计	**Total**	**35520**	**36654**	**27034**
农、林、牧、渔业	**Agriculture, Forestry, Farming of Animals and Fishing**	**18072**	**17598**	**19363**
农业	Agriculture	17270	17253	12742
林业	Forestry	17493	17404	17828
畜牧业	Farming of animals	15967	14436	
渔业	Fishing	26097	29471	30374
农、林、牧、渔服务业	Service Activities for Agriculture,Forestry, Farming of Animals and Fishing	21463	19256	18896
采矿业	**Mining**	**32094**	**32381**	**30268**
煤炭开采和洗选业	Mining and Washing of Coal	31411	31305	30819
黑色金属矿采选业	Mining of Ferrous Metal Ores	30624	7778	24904
有色金属矿采选业	Mining of Non-ferrous Metal Ores	37732	37486	28185
非金属矿采选业	Mining and Processing of Nonmetal Ores	26870	29373	27741
其他采矿业	Mining of Other Ores N.E.C	57273	57273	
制造业	**Manufacturing**	**35914**	**36370**	**25455**
农副食品加工业	Processing of Food from Agricultural Products	29485	23098	25823
食品制造业	Manufacture of Foods	27539	24383	19567
饮料制造业	Manufacture of Beverage	29772	21076	20884
烟草制品业	Manufacture of Tobacco	42431	27972	
纺织业	Manufacture of Textile	25241	22969	35168
纺织服装、鞋、帽制造业	Manufacture of Textile Wearing Apparel,Footware and Caps	24217	38662	25293
皮革毛皮羽毛(绒)及其制品业	Manufacture of Leather,Fur,Feather and Its Products	23732	17250	19298
木材加工及木、竹、藤、棕、草制品业	Processing of Timbers,Manufacture of Wood,Bamboo, Rattan,Palm and Straw Products	25829	27295	19595
家具制造业	Manufacture of Furniture	29633		29588
造纸及纸制品业	Manufacture of Paper and Paper Products	30281	33688	29681
印刷业和记录媒介的复制	Printing,Reproduction of Recording Media	35090	29249	20468
文教体育用品制造业	Manufacture of Articles for Culture,Education and Sport Activity	19764		19149
石油加工、炼焦及核燃料加工	Processing of Petroleum,Coking,Processing of Nucleus Fuel	63153	38771	
化学原料及化学制品制造业	Manufacture of Chemical Raw Material and Chemical Products	30203	27438	20776
医药制造业	Manufacture of Medicines	28760	33688	13752
化学纤维制造业	Manufacture of Chemical Fiber	26490		
橡胶制品业	Manufacture of Rubber	26756	26317	22410
塑料制品业	Manufacture of Plastic	24954		19963
非金属矿物制品业	Manufacture of Non-metallic Mineral Products	28755	31590	23868
黑色金属冶炼及压延加工业	Manufacture and Processing of Ferrous Metals	41104	41527	31798
有色金属冶炼及压延加工业	Manufacture and Processing of Non-ferrous Metals	38807	48203	19696
金属制品业	Manufacture of Metal Products	41391	42354	36649
通用设备制造业	Manufacture of General Purpose Machinery	33692	37449	26899
专用设备制造业	Manufacture of Special Purpose Machinery	54201	40442	22303
交通运输设备制造业	Manufacture of Transport Equipment	42890	46735	31311
电气机械及器材制造业	Manufacture of Electrical Machinery and Equipment	36001	40065	28280

4-11 续表1 continued

单位:元 (yuan)

行 业	By Sector	全部在岗职工 Number of Staff and Workers on the Job	国有经济 State-owned Economic	城镇集体 Urban Collective-owned Economic
通信设备、计算机及其他电子设备制造业	Manufacture of Communication Equipment,Computer and Other Electronic Equipment	36063	49424	29892
仪器仪表及文化、办公用机械制造业	Manufacture of Measuring Instrument and Machinery for Cultural Activity and Office Work	46693	52963	43752
工艺品及其他制造业	Manufacture of Artwork,Other Manufacture N.E.C	24064	15793	25095
废弃资源和废旧材料回收加工	Recycling and Disposal of Waste	30761	20555	28668
电力、燃气及水的生产和供应	**Production and Distribution of Electricity,Gas and Water**	**39851**	**40369**	**28273**
电力、热力的生产和供应业	Production and Supply of Electric Power and Heat Power	40784	41883	30808
燃气生产和供应业	Production and Distribution of Gas	42737	49308	26333
水的生产和供应业	Production and Distribution of Water	33941	31730	20368
建筑业	**Construction**	**28511**	**33508**	**24509**
房屋和土木工程建筑业	Construction of Building and Civil Engineering	28380	33618	24282
建筑安装业	Architectural Installation	32300	33824	27370
建筑装饰业	Architectural Decoration	27012	34968	26432
其他建筑业	Other Construction	25780	23834	19937
交通运输、仓储和邮政业	**Traffic,Transport,Storage and Post**	**40219**	**43428**	**21050**
铁路运输业	Transport Via Railway	58225	58165	
道路运输业	Transport Via Road	26824	23824	25133
城市公共交通业	Urban Public Traffic	25473	24131	17371
水上运输业	Water Transport	25469	25871	13742
航空运输业	Air Transport	90682	46433	
装卸搬运和其他运输服务业	Loading,Unloading,Portage and Other Transport Services	33647	46662	19327
仓储业	Storage	30502	31185	33452
邮政业	Post	36220	36334	13333
信息传输计算机服务和软件业	**Information Transfer,Computer Services and Software**	**41940**	**41031**	**24484**
电信和其他信息传输服务业	Telecom and Other Information Transfer Services	41841	41036	21338
计算机服务业	Computer Services	38488	50285	
软件业	Software Industry	44855	23077	31042
批发和零售业	**Wholesale and Retail Trade**	**33788**	**48691**	**20777**
批发业	Wholesale	45498	61253	25256
零售业	Retail Trade	27502	29724	18791
住宿和餐饮业	**Accommodation and Restaurants**	**23725**	**25465**	**19825**
住宿业	Accommodation	24298	26085	19418
餐饮业	Restaurants	22294	19830	28224
金融业	**Finance**	**67240**	**73355**	**43424**
银行业	Bank	72980	78895	43547
证券业	Securities	93167	66249	
保险业	Insurance	47365	49592	
其他金融活动	Other Financial Activities	50207	50652	27791
房地产业	**Real Estate**	**33773**	**33974**	**22830**
房地产开发经营	Real Estate Exploitation Management	38463	44229	22377
物业管理	Management Concerning Dwelling	23152	25357	23412
房地产中介服务	Real Estate Agency Service	36404	26803	16759
租赁和商务服务业	**Tenancy and Business Services**	**28215**	**28552**	**22697**
租赁业	Tenancy	29714	32493	18727
商务服务业	Business Service	28188	28474	22703

4-11 续表2 continued

单位:元 (yuan)

行业	By Sector	全部在岗职工 Number of Staff and Workers on the Job	国有经济 State-owned Economic	城镇集体 Urban Collective-owned Economic
科研、技术服务和地质勘查业	**Scientific Research,Technical Service&Geologic Perambulation**	**42645**	**41285**	**45679**
研究与试验发展	Research and Experimental Development	37230	37315	27440
自然科学研究与试验发展	R&D on Physical Science	43004	43801	
工程和技术研究与试验发展	R&D on Engineering and Technical Research	50539	50940	35917
农业科学研究与试验发展	R&D on Agricultural Science Research	28868	28799	28586
医学研究与试验发展	R&D on medical research	28743	29303	
社会人文科学研究与发展	R&D on Social Science and Humanities	41443	41725	7222
专业技术服务业	Professional Technique Services	48871	48201	48856
气象服务	Weather Services	40668	40783	
地震服务	Earthquake Services	32375	32375	
测绘服务	Plotting Services	52213	53427	35000
技术检测	Technique Detection	42136	41258	30192
环境监测	Environmental Monitoring	43496	37672	
工程技术与规划管理	Engineering Technic and Programming Management	51177	50219	52432
科技交流和推广服务业	Services of S&T Intercommunion and Generalization	27970	26496	36461
地质勘查业	Geologic Perambulation	36420	36497	
水利、环境和公共设施管理业	**Management of Water Conservancy,Environment and Public Establishment**	**24152**	**23780**	**24068**
水利管理业	Management of Water Conservancy	22202	21923	26377
环境管理业	Environmental Management	21587	21323	24379
公共设施管理业	Management of Public Establishment	28458	28848	17825
居民服务和其他服务业	**Resident Services and Other Services**	**31488**	**30168**	**34459**
居民服务业	Resident Services	34598	33513	38261
其他服务业	Other Services	24942	27012	19982
教育	**Education**	**35702**	**35867**	**35344**
初等教育	Primary Education	32484	32447	33941
中等教育	Secondary Education	35233	35234	36561
高等教育	Higher Education	48581	49475	43661
卫生、社会保障和社会福利业	**Sanitation,Social Security and Social Welfare**	**43044**	**44009**	**31026**
卫生	Sanitation	43552	44557	31060
社会保障业	Social Security	29605	29555	21067
社会福利业	Social Welfare	30190	31067	29113
文化、体育和娱乐业	**Culture, Sports and Entertainment**	**39635**	**41315**	**26988**
新闻出版业	Journalism and Publishing Activities	45317	46515	31357
广播、电视、电影和音像业	Broadcasting,Movies,Television and Audiovisual Activities	45363	47298	26570
文化艺术业	Culture and Art	30060	30618	20742
体育	Sports Activities	35114	33995	41916
娱乐业	Entertainment	31337	58601	23696
公共管理和社会组织	**Public Management and Social Organization**	**33246**	**33312**	**25281**
中国共产党机关	Organ of Communist Party of China	34582	34582	
国家机构	Organ of State	33255	33255	
人民政协和民主党派	People's Political Consultative Conference and Democratic Party	38554	38554	
群众团体社会团体和宗教组织	Mass Community,Social Community and Religion Organizations	28982	32109	25281

4-12 社会保险参保人员情况
Basic Indicators of Staff and Workers Participated in Social Security System

单位：万人 (10 000 persons)

年份 Year	养老保险参保人数 Persons in Pension Insurance	机关事业单位 Agencies and Institutions	企业单位 Enterprises	离退休人员 Lay-off Workers	医疗保险参保人数 Persons in Health Programs	城镇职工 Urban Workers	城镇居民 Rural Residents	失业保险参保人数 Persons in Unemployment Program	工伤保险参保人数 Persons in Injury Insurance	生育保险参保人数 Persons in Maternity Insurance
1999	419.46		314.36	105.10	35.00	35.00		345.60		
2000	568.07	133.24	323.33	111.50	127.30	127.30		346.48		
2001	603.41	140.79	314.62	148.00	351.60	351.60		351.99		
2002	616.36	145.48	313.18	157.70	398.13	398.13		326.61		3.37
2003	636.19	151.25	317.44	167.51	423.50	423.50		347.50	8.59	3.28
2004	691.70	152.50	353.80	185.40	476.97	476.97		380.46	203.33	212.92
2005	718.65	154.26	369.15	195.24	503.35	503.35		382.67	228.22	250.24
2006	751.65	155.63	386.14	209.88	560.47	560.47		386.30	280.1	308.53
2007	783.98	155.89	400.77	227.32	724.47	620.57	103.90	388.97	342.44	369.34
2008	829.06	157.13	436.59	235.34	1348.51	682.02	666.49	390.12	403.53	431.55
2009	879.07	157.47	475.46	246.14	1831.93	746.40	1085.53	392.01	472.08	502.43
2010	937.66	155.97	516.88	264.81	1894.47	777.32	1117.15	399.50	515.97	527.13
2011	988.19	156.14	554.15	277.90	1941.21	789.52	1151.70	429.70	635.48	538.77

主要统计指标解释

经济活动人口 指在16周岁及以上，有劳动能力，参加或要求参加社会经济活动的人口。包括就业人员和失业人员。

就业人员 指在16周岁及以上，从事一定社会劳动并取得劳动报酬或经营收入的人员。这一指标反映了一定时期内全部劳动力资源的实际利用情况，是研究我国基本国情国力的重要指标。

单位就业人员 指在各级国家机关、政党机关、社会团体及企业、事业单位中工作，取得工资或其他形式的劳动报酬的全部人员。包括在岗职工、再就业的离退休人员、民办教师以及在各单位中工作的外方人员和港澳台方人员、兼职人员、借用的外单位人员和第二职业者。各单位的就业人员反映了各单位实际参加生产或工作的全部劳动力。

城镇私营和个体就业人员 城镇私营就业人员指在工商管理部门注册登记，其经营地址设在县城关镇(含县城关镇)以上的私营企业就业人员，包括私营企业投资者和雇工。城镇个体就业人员指在工商管理部门注册登记，并持有城镇户口或在城镇长期居住，经批准从事个体工商经营的就业人员，包括个体经营者和在个体工商户劳动的家庭帮工和雇工。

国有单位 指资产归国家所有的经济组织。包括按《中华人民共和国企业法人登记管理条例》规定登记注册的非公司制的经济组织，以及中央、地方各级国家机关、事业单位和社会团体。

集体单位 指生产资料归集体所有，并按《中华人民共和国企业法人登记管理条例》规定登记注册的经济组织。

其他单位 包括股份合作单位、联营单位、有限责任公司、股份有限公司、港澳台商投资单位以及外商投资单位等其他登记注册类型单位。

在岗职工 指在本单位工作并由单位支付工资的人员，以及有工作岗位，但由于学习、病伤产假等原因暂未工作，仍由单位支付工资的人员。

工资总额 指各单位在一定时期内直接支付给本单位全部就业人员的劳动报酬总额。工资总额的计算原则应以直接支付给就业人员的全部劳动报酬为根据。各单位支付给就业人员的劳动报酬以及其他根据有关规定支付的工资，不论是计入成本的还是不计入成本的，不论是按国家规定列入计征奖金税项目的，还是未列入计征奖金税项目的，不论是以货币形式支付的还是以实物形式支付的，均包括在工资总额内。

平均工资 指企业、事业、机关单位的就业人员在一定时期内平均每人所得的货币工资额。它表明一定时期职工工资收入的高低程度，是反映就业人员工资水平的主要指标。计算公式为:

$$平均工资=\frac{报告期实际支付的全部就业人员工资总额}{报告期全部就业人员平均人数}$$

平均工资指数 指报告期就业人员平均工资与基期就业人员平均工资的比率，是反映不同时期就业人员货币工资水平变动情况的相对数。计算公式为:

$$平均工资指数=\frac{报告期就业人员平均工资}{基期就业人员平均工资}\times 100\%$$

平均实际工资指数 就业人员平均实际工资指扣除物价变动因素后的就业人员平均工资。就业人员平均实际工资指数是反映实际工资变动情况的相对数，表明就业人员实际工资水平提高或降低的程度。计算公式为:

$$平均实际工资指数=\frac{报告期就业人员平均工资指数}{报告期城镇居民消费价格指数}\times 100\%$$

城镇登记失业人员 指有非农业户口，在一定的劳动年龄内(16周岁至退休年龄)，有劳动能力，无业而要求就业，并在当地就业服务机构进行求职登记的人员。

城镇登记失业率 城镇登记失业人员与城镇就业人员和城镇登记失业人员之和的比。计算公式为：

$$城镇登记失业率=\frac{城镇登记失业人数}{城镇就业人员+城镇登记失业人数}\times 100\%$$

Explanatory Notes on Main Statistical Indicators

Economically Active Population refers to the population aged 16 and over who are capable of working, are participating in or willing to participate in economic activities, including employed persons and unemployed persons.

Employed Persons refer to persons aged 16 and over who are engaged in gainful employment and thus receive remuneration payment or earn business income. This indicator reflects the actual utilization of total labour force during a certain period of time and is often used for the research on China's economic situation and national power.

Persons Employed in Various Units refer to all the persons working in government agencies of various levels, political and party organizations, social organizations, enterprises and institutions, and receiving wages or other forms of payment. They include fully-employed staff and workers, re-employed retirees, teachers in the schools run by the local people, foreigners and Chinese compatriots from Hong Kong, Macao, and Taiwan working in various units, part-time employees, employees of other units working temporarily at current posts, and employees holding the second job. This indicator reflects the total number of laborers actually engaged in production or other operations in various units.

Persons Employed in Private Enterprises and Self-Employed Individuals in Urban Areas Persons employed in private enterprises refer to the persons employed in the private enterprises which have been registered at the departments of industrial and commercial administration for which the business operation are situated at a county town (i.e. a town where the county government is located), or at urban areas with administrative hierarchy higher than a county town. The self-employed individuals in urban areas refer to persons who hold the certificates of residence in urban areas or have resided in the urban areas for a long time and have been registered at the departments of industrial and commercial administration and approved to be engaged in individual industrial or commercial business, including self-employed persons as well as helpers and hired labourers who work in individual households.

State-owned Units refer to economic units whose assets are owned by the state, including non-corporation units registered according to Regulation of the People's Republic of China on the Registration of Enterprises and Corporations, state organs, institutions and social organizations at the central-level and local levels.

Collective-owned Units refer to economic units registered according to Regulation of the People's Republic of China on the Registration of Enterprises and Corporations where the means of production are collectively owned.

Units of Other Types of Ownership refer to units registered with other types of ownership, including cooperative units, joint ownership units, limited liability corporations, share holding corporations, units funded by entrepreneurs from Hong Kong, Macao, and Taiwan, and foreign- funded units.

Employed Staff and Workers refer to persons who work in, and receive wages from their working units, including persons who have their work posts but are temporarily absent from work for reasons of study or on sick, injury or maternal leave and still receive wages from their working units.

Total Wage Bill refers to the total remuneration payment to employed persons in various units during a certain period of time. The calculation of total wage bill is based on the total remuneration payment to employed persons . Therefore, all the wages and salaries and other payments to employed persons are included in the total wage bill regardless of sources, reckoning the cost of production or not, category, listing as items of premium taxation or not, and forms, paying in cash or in kind.

Average Wage refers to the average wage in money terms per person during a certain period of time for employed persons in enterprises, institutions, and government agencies, which reflects the general level of wage income during a certain period of time and is calculated as follows:

$$\text{Average Wage} = \frac{\text{Total Wage Bill of Employed Persons at Reference Time}}{\text{Average Number of Persons Employed at Reference Time}}$$

Average Wage Indices refers to the ratio of average wage of employed persons the reference period to that at the base period, which reflects the change of wage of employed persons at the different period. It is calculated as follows:

$$\text{Average Wage Indices} = \frac{\text{Average Wage of Employed Persons at Reference Time}}{\text{Average Wage of Persons Employeds at Base Period}} \times 100\%$$

Average Real Wage Indices average real wage of employed persons refers to the average wage of employed persons after removing the effects of the price changes and average real wage indices of employed persons refers to the change of real wage, which reflects the relative increasing or decreasing level of real wage of employed persons ,which is calculated as follows:

$$\text{Average Real Wage Indices} = \frac{\text{Average Wage Indices of Employed Persons at the Reference Time}}{\text{Urban Consumer Price Indices at Reference Time}} \times 100\%$$

Registered Unemployed Persons in Urban Areas refer to the persons with non-agricultural household registration at certain working ages (16 years old to retirement age), who are capable of working, unemployed and willing to work, and have been registered at the local employment service agencies to apply for a job.

Registered Unemployment Rate in Urban Areas refers to the ratio of the number of the registered unemployed persons to the sum of the number of persons employed in various units and the registered unemployed persons in urban areas. The formula is as follows:

$$\text{Registered unemployment rate in urban areas} = \frac{\text{number of registered urban unemployed persons}}{\text{number of persons employed} + \text{registered unemployed persons in urban areas}} \times 100\%$$

5 固定资产投资

Investment in Fixed Assets

资料整理人员：田杰平

5-1 历年固定资产投资及构成
Composition of Investments in Fixed Assets over the Years

单位：亿元 (100 million yuan)

年份 Year	固定资产投资 Investment in Fixed Assets	中央 Central Investment	国有投资 State-owned Investment	非国有投资 non—State-owned Investment
1978	20.15		14.71	5.44
1979	25.29		17.56	7.73
1980	32.20		20.32	11.88
1981	33.45		18.67	14.78
1982	40.18		25.34	14.84
1983	55.66		25.06	30.60
1984	60.54		29.39	31.15
1985	83.52		43.86	39.66
1986	99.26		50.40	48.86
1987	116.39		60.98	55.41
1988	140.04		72.97	67.07
1989	114.41		62.94	51.47
1990	124.17		72.01	52.16
1991	157.07		94.85	62.22
1992	233.39		149.72	83.67
1993	320.24		203.17	117.07
1994	420.89		251.21	169.68
1995	524.01		316.90	207.11
1996	678.33		375.27	303.06
1997	700.73		366.24	334.49
1998	848.59		457.00	391.59
1999	943.34		522.95	420.39
2000	1066.27	248.26	574.12	492.15
2001	1210.63	225.54	618.54	592.09
2002	1355.87	166.88	665.70	690.17
2003	1557.00	114.09	701.33	855.67
2004	1981.29	150.68	879.95	1101.34
2005	2563.96	175.48	1000.96	1563.00
2006	3242.39	255.23	1205.49	2036.90
2007	4294.36	354.63	1546.59	2747.76
2008	5649.69	457.13	1985.68	3664.01
2009	7695.27	288.58	2923.52	4771.75
2010	9821.06	281.61	3322.32	6498.75
2011	11431.48	353.67	3563.13	7868.35

注：从2011年起，固定资产投资起报点由50万元提高到500万元。全社会固定资产投资指标调整为固定资产投资。

From 2011, the starting point of reporting Investment in Fixed Assets increased from five hundred thousand yuan to five million yuan. The Index of "Total Investment in Fixed Assets" adjusted to the "Investment in Fixed Assets".

5-2 固定资产投资
Investment in Fixed Assets

指 标	Item	2000	2005	2010	2011	2011年比上年±% Increase Rate in 2011over 2010(%)
投资总额(亿元)	**Total Investment (100 million yuan)**	**1066.27**	**2563.96**	**9821.06**	**11431.48**	**27.9**
按经济类型分	**Grouped by Ownership**					
国有经济	State-Owned Units	574.12	1000.96	3322.32	3563.13	17.3
集体经济	Collective-Owned Units	118.80	94.89	379.00	496.36	41.4
个体经济	Individuals	281.89	499.08	2672.61	2914.47	31.8
联营经济	Joint Owned Economic Units	1.36	13.26	19.74	19.33	6.8
股份制经济	Share Holding Economic Units	49.80	752.22	2740.15	3458.69	30.9
外商投资经济	Foreign Funded Economic Units	24.72	47.48	97.05	154.22	66.6
港澳台投资经济	Economic Units Funded by Entrepreneurs from Hong Kong,Macao and Taiwan	13.69	66.25	111.82	182.66	67.7
其他经济	Others	1.91	89.82	478.37	642.63	46.1
按资金来源分	**Grouped by Source of Funds**					
国家预算内投资	State Budgetary Appropriation	76.49	85.30	652.68	665.44	17.1
国内贷款	Domestic Loans	213.41	346.44	1227.99	1316.45	17.3
债券	Bonds	2.34	7.74	20.94	76.72	320.3
利用外资	Foreign Investment	22.01	63.25	75.20	166.02	150.8
自筹投资	Fundraising	623.37	1692.73	6637.69	7719.97	37.7
其他资金	Others	128.65	368.50	1206.57	1486.88	22.2
按构成分	**Grouped by Use of Funds**					
建筑安装工程	Construction and Installation	759.94	1678.77	6320.16	7703.82	35.2
设备、工器具购置	Purchase of Equipment and Instruments	198.68	490.60	1807.17	1834.65	13.9
其他费用	Others	107.65	394.59	1693.73	1893.01	19.0
按隶属关系分	**Grouped by Administrative Relationship**					
中央	Central	248.26	177.52	283.20	353.67	33.4
地方	Local	818.02	2386.44	9537.87	11077.81	27.7
按用途分：住宅	**Grouped by Industry: Residential Buildings**	**297.00**	**500.56**	**1377.33**	**1596.68**	**32.40**
房屋建筑面积(万平方米)	**Floor Space of Buildings (10 000 sq.m)**					
施工面积	Floor Space Under Construction	13170.34	14009.92	30339.44	27512.80	11.9
竣工面积	Floor Space Completed	10892.52	8124.12	11098.05	5633.98	12.6
#住宅	# Residential Buildings	9117.54	6179.85	8971.75	3618.77	13.0

5—3 按经济类型分固定资产投资及构成（2011年）
Investments in Fixed Assets and its Composition by Economic Types (2011)

类 别	Item	全省总计 Total	国有 owned	非国有 owned
投资总额(亿元)	**Total Investment (100 million yuan)**	**11431.48**	**3563.13**	**7868.35**
按资金来源分	**Grouped by Source of Funds**			
#国家预算内投资	#State Budgetary Appropriation	665.44	637.46	27.98
国内贷款	Domestic Loans	1316.45	728.81	587.64
债 券	Bonds	76.72	74.79	1.93
利用外资	Foreign Investment	166.02	13.96	152.07
自筹投资	Fundraising	7719.97	1842.48	5877.49
其他资金	Others	1486.88	265.64	1221.24
按构成分	**Grouped by Use of Funds**			
#建安工程	#Construction and Installation	7703.82	2687.19	5016.63
设备、工具、器具购置	Purchase of Equipment and Instruments	1834.65	242.24	1592.41
其他费用	Others	1893.01	633.70	1259.31
按用途分：住宅	**Grouped by Industry:Residential Buildings**	**1596.68**	**174.76**	**1421.91**
房屋建筑面积(万平方米)	**Floor Space of Buildings (10 000 sq.m)**			
#施工面积	#Floor Space Under Construction	27512.80	3937.36	23575.44
竣工面积	Floor Space Completed	5633.98	869.39	4764.58
#住宅	#Residential Buildings	3618.77	463.70	3155.06
构成(%)	**Percentage(%)**			
按资金来源分	**Grouped by Source of Funds**			
#国家预算内投资	#State Budgetary Appropriation	5.8	17.9	0.4
国内贷款	Domestic Loans	11.5	20.5	7.5
债 券	Bonds	0.7	2.2	0.0
利用外资	Foreign Investment	1.5	0.4	1.9
自筹投资	Fundraising	67.5	51.6	74.7
其他资金	Others	13.0	7.5	15.5
按构成分	**Grouped by Use of Funds**			
#建安工程	#Construction and Installation	67.4	75.4	63.8
设备、工具、器具购置	Purchase of Equipment and Instruments	16.0	6.8	20.2
其他费用	Others	16.6	17.8	16.0
按用途分：住宅	**Grouped by Industry:Residential Buildings**	**14.0**	**4.9**	**18.1**

注：其他含联营经济、股份制经济、中外合资经营、中外合作经营、外资、与大陆合资经营、与大陆合作经营、港澳台独资等经济。

Other types of ownership refer to the types of ownership of joint-owned economic units, share holding economic units, economic units funded by Chinese and foreign ventures, Chinese-foreign joint ventures, foreign-funded economic units, and the economic units funded by enterpriser from Hong Kong, Macao and Taiwan.

5-4 按行业分固定资产投资
Investment of Fixed Assets by Sector

行业	Sector	2005	2010	2011	2011年比上年±% Increase Rate in 2011over 2010(%)
总计(亿元)	**Total (100 million yuan)**	**2203.95**	**9821.06**	**11431.48**	**27.9**
农、林、牧、渔业	Agriculture,Forestry,Farming of Animals and Fishing	27.71	353.00	320.30	15.2
采矿业	Mining	46.77	385.19	432.40	23.3
制造业	Manufacturing	516.31	3076.15	3917.84	39.8
电力、燃气及水的生产和供应业	Production and Distribution of Electricity,Gas and Water	226.57	403.44	461.88	25.6
建筑业	Construction	32.12	180.56	79.61	-48.8
交通运输、仓储和邮政业	Traffic,Transport, Storage and Post	181.14	1151.35	1191.83	15.2
信息传输、计算机服务和软件业	Information Transfer,Computer Services and Software	52.78	122.61	75.82	-32.2
批发和零售业	Wholesale and Retail Trade	108.14	298.76	359.71	32.5
住宿和餐饮业	Accommodation and Restaurants	38.65	155.97	164.72	17.7
金融业	Finance	4.26	15.64	19.40	35.9
房地产业	Real Estate Trade	495.23	1864.25	2256.32	30.1
租赁和商务服务业	Tenancy and Business Services	18.65	115.62	196.51	86.3
科学研究、技术服务和地质勘查	Scientific Research,Technical Service and Geologic Perambulation	14.68	65.83	103.19	71.9
水利、环境和公共设施管理业	Management of Water Conservancy,Environment and Public Establishment	183.86	1022.88	1150.50	23.3
居民服务和其他服务业	Resident Services and Other Services	5.29	53.00	43.79	20.0
教育	Education	63.99	136.61	157.02	27.4
卫生、社会保障和社会福利业	Sanitation,Social Security and Social Welfare	28.23	111.77	130.93	28.4
文化、体育和娱乐业	Culture,Sports and Entertainment	18.88	115.21	94.93	-8.7
公共管理和社会组织	Public Management and Social Organization	140.65	193.22	274.77	56.1
构成 (%)	**Composition in Percentage (%)**				
农、林、牧、渔业	Agriculture,Forestry,Farming of Animals and Fishing	1.3	3.6	2.8	-22.0
采矿业	Mining	2.1	3.9	3.8	-3.6
制造业	Manufacturing	23.4	31.3	34.3	9.4
电力、燃气及水的生产和供应业	Production and Distribution of Electricity,Gas and Water	10.3	4.1	4.0	-1.6
建筑业	Construction	1.5	1.8	0.7	-62.1
交通运输、仓储和邮政业	Traffic,Transport, Storage and Post	8.2	11.7	10.4	-11.1
信息传输、计算机服务和软件业	Information Transfer,Computer Services and Software	2.4	1.2	0.7	-46.9
批发和零售业	Wholesale and Retail Trade	4.9	3.0	3.1	3.4
住宿和餐饮业	Accommodation and Restaurants	1.8	1.6	1.4	-9.3
金融业	Finance	0.2	0.2	0.2	6.6
房地产业	Real Estate Trade	22.5	19.0	19.7	4.0
租赁和商务服务业	Tenancy and Business Services	0.8	1.2	1.7	46.0
科学研究、技术服务和地质勘查	Scientific Research,Technical Service and Geologic Perambulation	0.7	0.7	0.9	34.7
水利、环境和公共设施管理业	Management of Water Conservancy,Environment and Public Establishment	8.3	10.4	10.1	-3.4
居民服务和其他服务业	Resident Services and Other Services	0.2	0.5	0.4	-29.0
教育	Education	2.9	1.4	1.4	-1.2
卫生、社会保障和社会福利业	Sanitation,Social Security and Social Welfare	1.3	1.1	1.1	0.6
文化、体育和娱乐业	Culture,Sports and Entertainment	0.9	1.2	0.8	-29.2
公共管理和社会组织	Public Management and Social Organization	6.4	2.0	2.4	22.2

5-5 按行业、构成、隶属关系和注册类型分固定资产投资（2011年）
Investment of Fixed Assets by Sector, Source of Funds, Jurisdiction of Management and Registration Status (2011)

单位：亿元 (100 million yuan)

指 标	Item	投资额 Investment	中央 Central Investment	地方 Local Investment
总 计	**Total**	**11431.48**	**353.67**	**11077.81**
农、林、牧、渔业	**Agriculture, Forestry, Animal Husbandry and Fishing**	**320.30**	**0.37**	**319.93**
农业	Agriculture	120.89	0.37	120.52
林业	Forestry	47.54		47.54
畜牧业	Animal Husbandry	74.00		74.00
渔业	Fishing	12.82		12.82
农、林、牧、渔服务业	Service Activities for Agriculture, Forestry, Animal Husbandry	65.04		65.04
采矿业	**Mining**	**432.40**	**5.84**	**426.56**
煤炭开采和洗选业	Mining and Washing of Coal	178.01	3.20	174.81
石油和天然气开采业	Extraction of Petroleum and Natural Gas	2.10		2.10
黑色金属矿采选业	Mining and Processing of Ferrous Metal Ores	38.84		38.84
有色金属矿采选业	Mining and Processing of Non-Ferrous Metal Ores	96.26	2.64	93.62
非金属矿采选业	Mining and Processing of Nonmetal Ores	112.74		112.74
其他采矿业	Mining of Other Ores	4.44		4.44
制造业	**Manufacturing**	**3917.84**	**108.17**	**3809.67**
农副食品加工业	Processing of Food from Agricultural Products	286.07	0.85	285.22
食品制造业	Manufacture of Foods	117.64		117.64
饮料制造业	Manufacture of Beverages	95.07		95.07
烟草制品业	Manufacture of Tobacco	17.22	4.14	13.08
纺织业	Manufacture of Textile	78.57		78.57
纺织服装、鞋、帽制造业	Manufacture of Textile Wearing Apparel, Footware, and Caps	63.31		63.31
皮革毛皮羽毛(绒)及其制品业	Manufacture of Leather, Fur, Feather and Related Products	45.16		45.16
木材加工及木竹藤棕草制品业	Processing of Timber, Manufacture of Wood, Bamboo, Rattan, Palm, and Straw Products	105.11	0.30	104.81
家具制造业	Manufacture of Furniture	59.71		59.71
造纸及纸制品业	Manufacture of Paper and Paper Products	84.81		84.81
印刷业和记录媒介的复制	Printing,Reproduction of Recording Media	44.45		44.45
文教体育用品制造业	Manufacture of Articles For Culture, Education and Sport Activity	13.46		13.46
石油加工、炼焦及核燃料加工业	Processing of Petroleum, Coking, Processing of Nuclear Fuel	33.01	25.87	7.14
化学原料及化学制品制造业	Manufacture of Raw Chemical Materials and Chemical Products	359.89	15.34	344.55
医药制造业	Manufacture of Medicines	91.12	0.16	90.96
化学纤维制造业	Manufacture of Chemical Fibers	7.71		7.71
橡胶制品业	Manufacture of Rubber	20.50		20.50
塑料制品业	Manufacture of Plastics	73.45		73.45
非金属矿物制品业	Manufacture of Non-metallic Mineral Products	514.07	1.31	512.76
黑色金属冶炼及压延加工业	Smelting and Pressing of Ferrous Metals	126.15	0.00	126.15
有色金属冶炼及压延加工业	Smelting and Pressing of Non-ferrous Metals	206.81	0.61	206.20
金属制品业	Manufacture of Metal Products	158.52		158.52
通用设备制造业	Manufacture of General Purpose Machinery	323.86	17.45	306.41
专用设备制造业	Manufacture of Special Purpose Machinery	224.90	7.60	217.30
交通运输设备制造业	Manufacture of Transport Equipment	302.47	30.76	271.71
电气机械及器材制造业	Manufacture of Electrical Machinery and Equipment	213.98		213.98
通信设备、计算机及其他电子设备制造业	Manufacture of Communication Equipment, Computers and Other Electronic Equipment	126.78	1.69	125.09
仪器仪表文化办公用机械制造业	Manufacture of Measuring Instruments and Machinery for Cultural Activity and Office Work	26.19	2.11	24.08
工艺品及其他制造业	Manufacture of Artwork and Other Manufacturing	68.96		68.96
废弃资源和废旧材料回收加工业	Recycling and Disposal of Waste	28.90		28.90
电力燃气水的生产供应业	**Production and Distribution of Electricity, Gas and Water**	**461.88**	**63.67**	**398.21**
电力、热力的生产和供应业	Production and Distribution of Electric Power and Heat Power	330.00	62.65	267.35
燃气生产和供应业	Production and Distribution of Gas	44.91	0.33	44.58
水的生产和供应业	Production and Distribution of Water	86.97	0.69	86.28
建筑业	**Construction**	**79.61**	**1.23**	**78.38**
房屋和土木工程建筑业	Construction of Buildings and Civil Engineering	67.80	0.96	66.84
建筑安装业	Building Installation	3.09		3.09
建筑装饰业	Buidling Decoration	2.54		2.54
其他建筑业	Other Construction	6.18	0.27	5.91

5-5 continued

单位：亿元 (100 million yuan)

投资额					
内资 Domestic Fund	港澳台商投资 Fund from hong kong, macao and taiwan	外商投资 Foreign Funded	国有及国有控股 State-owned and State-controlled	集体 Collective-owned	私营个体 Private and Individuals
10985.22	**182.66**	**154.22**	**4981.28**	**496.36**	**2805.08**
304.69	**3.03**	**1.06**	**139.42**	**32.12**	**90.82**
114.66	0.68	0.22	47.66	14.78	39.03
46.91			31.77	5.39	6.60
68.40	0.60	0.70	12.10	3.94	32.94
11.70	0.08	0.14	5.39	3.56	3.58
63.01	1.67		42.50	4.45	8.67
404.77	**6.96**	**3.21**	**105.03**	**28.07**	**209.20**
165.15	0.60		34.01	11.71	112.05
2.10			0.84	0.07	0.60
38.19	0.22		6.87	2.27	17.29
93.26		2.68	43.67	6.61	25.49
101.63	6.14	0.53	18.40	6.17	51.84
4.44			1.24	1.24	1.92
3719.89	**77.46**	**79.61**	**791.86**	**124.52**	**1514.23**
275.45	2.68	3.12	27.97	13.42	121.49
115.48	0.54	1.23	14.22	7.28	60.04
88.56	3.00	3.28	15.20	3.24	28.83
17.22			13.42	0.30	3.65
75.45	1.90	0.27	4.24	1.11	35.44
59.37	2.57	0.17	6.13	4.79	33.58
41.54	1.82	0.99	2.96	1.12	22.67
96.89	0.06	0.54	10.07	3.23	49.97
56.82	0.43	0.27	6.66	0.36	33.50
78.20	0.49	2.54	12.98	0.40	40.23
42.72	0.33	0.71	1.50	0.97	18.18
12.56	0.75	0.12	3.62	0.51	5.52
33.01			28.54		3.12
338.65	2.33	15.95	62.51	6.43	162.19
88.90	0.33	1.89	9.92	2.43	26.95
5.24	0.94	1.53	0.73		3.52
15.98	0.26	4.13	0.55		6.75
71.59	0.76	0.23	13.16	1.07	33.41
485.58	17.73	2.83	72.88	20.62	254.50
124.53		0.30	58.84	3.09	35.79
204.45	1.51	0.48	63.74	7.24	80.69
153.51	2.57	1.76	29.69	12.97	73.58
319.14	0.55	3.43	47.73	9.14	110.85
212.28	4.17	8.20	51.27	9.16	66.88
276.18	5.55	19.38	111.17	1.50	70.76
208.41	2.98	2.24	49.24	5.08	67.14
101.01	21.65	3.35	27.65	5.60	34.33
25.37	0.82		9.29	0.95	5.96
66.89	0.75	0.67	16.71	2.43	20.26
28.90			19.28	0.08	4.46
439.40	**1.86**	**10.27**	**312.92**	**20.41**	**57.53**
320.16	1.11	0.31	234.68	7.61	42.57
34.62		9.48	12.54	1.65	4.75
84.62	0.76	0.48	65.70	11.14	10.22
78.72		**0.85**	**58.79**	**12.00**	**5.18**
67.76			52.54	10.56	3.88
2.24		0.85	1.06	0.60	0.26
2.54			1.19		0.05
6.18			4.00	0.84	0.99

5-5 续表 1 continued

单位：亿元 (100 million yuan)

指标	Item	投资额 Investment	中央 Central Investment	地方 Local Investment
交通运输、仓储和邮政业	**Transport, Storage and Post**	**1191.83**	**98.49**	**1093.34**
铁路运输业	Railway Transport	99.40	84.99	14.41
道路运输业	Road Transport	858.87	11.30	847.57
城市公共交通业	Urban Public Transport	110.78		110.78
水上运输业	Water Transport	6.34		6.34
航空运输业	Air Transport	19.90		19.90
管道运输业	Transport Via Pipelines	0.19		0.19
装卸搬运和其他运输服务业	Loading, Unloading and Other Transport Services	22.72	0.88	21.84
仓储业	Storage	69.10	1.27	67.83
邮政业	Post	4.53	0.05	4.48
信息传输、计算机服务和软件业	**Information Transmission, Computer Services and Software**	**75.82**	**13.76**	**62.06**
电信和其他信息传输服务业	Telecommunications and Other Information Transmission Services	44.90	5.86	39.04
计算机服务业	Computer Services	20.35	7.90	12.45
软件业	Software	10.57		10.57
批发和零售业	**Wholesale and Retail Trade**	**359.71**	**2.75**	**356.96**
批发业	Wholesale Trade	206.31	1.77	204.54
零售业	Retail Trade	153.41	0.99	152.42
住宿和餐饮业	**Hotel and Restaurants**	**164.72**		**164.72**
住宿业	Hotels	114.37		114.37
餐饮业	Restaurants	50.35		50.35
金融业	**Financial Intermediation**	**19.40**	**3.10**	**16.30**
银行业	Banks	9.31	2.71	6.60
证券业	Security Activities	0.80		0.80
保险业	Insurance	2.72	0.38	2.34
其他金融活动	Other Financial Activities	6.55		6.55
房地产业	**Real Estate**	**359.66**	**0.47**	**359.19**
租赁和商务服务业	**Leasing and Business Services**	**196.51**	**1.19**	**195.32**
租赁业	Leasing	8.10	0.20	7.90
商务服务业	Business Services	188.41	0.99	187.42
科学研究、技术服务和地质勘查业	**Scientific Research, Technical Service and Geologic Prospecting**	**103.19**	**5.02**	**98.17**
研究与试验发展	Research and Experimental Development	32.60	4.87	27.73
专业技术服务业	Professional Technical Services	38.91		38.91
科技交流和推广服务业	Services of Science and Technology Exchanges and Promotion	26.26		26.26
地质勘查业	Geologic Prospecting	5.42	0.16	5.26
水利、环境和公共设施管理业	**Management of Water Conservancy, Environment and Public Facilities**	**1150.50**	**6.91**	**1143.59**
水利管理业	Management of Water Conservancy	142.32	0.16	142.16
环境管理业	Environmental Management	87.73	0.51	87.22
公共设施管理业	Management of Public Facilities	920.45	6.24	914.21
居民服务和其他服务业	**Services to Households and Other Services**	**43.79**	**1.40**	**42.39**
居民服务业	Services to Households	20.48		20.48
其他服务业	Other Services	23.31	1.40	21.91
教育	**Education**	**157.02**	**1.30**	**155.72**
卫生、社会保障和社会福利业	**Health, Social Security and Social Welfare**	**130.93**	**3.31**	**127.62**
卫生	Health	80.02	3.19	76.83
社会保障业	Social Security	41.37	0.12	41.25
社会福利业	Social Welfare	9.53		9.53
文化、体育和娱乐业	**Culture, Sports and Entertainment**	**94.93**		**94.93**
新闻出版业	Journalism and Publishing Activities	2.64		2.64
广播、电视、电影和音像业	Broadcasting, Movies, Televisions and Audiovisual Activities	8.70		8.70
文化艺术业	Cultural and Art Activities	26.94		26.94
体育	Sports Activities	13.64		13.64
娱乐业	Entertainment	43.01		43.01
公共管理和社会组织	**Public Management and Social Organization**	**274.77**	**1.24**	**273.53**
中国共产党机关	Organs of Communist Party of China	1.20		1.20
国家机构	Government Agencies	243.40	1.24	242.16
人民政协和民主党派	People's Political Consultative Conference and Democratic Parties	0.17		0.17
群众团体、社会团体和宗教组织	Non-Governmental Institutions, Social Organizaitons and Religion Organizations	6.50		6.50
基层群众自治组织	Grass Roots Self-governing Organizations	23.51		23.51

续表 continued

单位：亿元 (100 million yuan)

投资额					
内资 Domestic Fund	港澳台商投资 Fund from hong kong, macao and taiwan	外商投资 Foreign Funded	国有及国有控股 State-owned and State-controlled	集体 Collective-owned	私营个体 Private and Individuals
1187.86	**2.08**	**0.58**	**1036.61**	**29.69**	**83.49**
99.40			92.30	0.95	1.23
858.17	0.10		780.28	17.85	55.60
110.59	0.19		108.16	1.36	0.77
6.34			4.18		0.43
19.90			19.90		
0.19					
21.50		0.58	11.96	6.19	5.27
67.25	1.79		17.40	2.39	19.28
4.53			2.45	0.94	0.90
73.80		**1.10**	**49.53**	**11.29**	**4.51**
43.37		1.10	34.72	6.53	1.74
19.86			12.29	4.11	0.48
10.57			2.52	0.65	2.30
353.96	**1.46**	**0.48**	**95.10**	**13.27**	**59.82**
204.41	0.60	0.48	53.01	5.80	20.49
149.55	0.86		42.08	7.47	39.33
146.11	**7.32**	**1.54**	**37.85**	**8.06**	**39.73**
100.36	7.32	0.82	27.68	6.34	22.48
45.75		0.72	10.17	1.72	17.25
19.29			11.98	1.07	1.31
9.31			8.54	1.07	0.30
0.70			0.08		
2.72			1.65		
6.55			1.71		1.01
353.63	**0.31**	**0.45**	**268.44**	**27.67**	**17.22**
189.91	**1.47**	**3.25**	**81.10**	**21.12**	**12.77**
8.10			2.03	0.28	0.94
181.80	1.47	3.25	79.08	20.84	11.83
102.80		**0.39**	**52.29**	**11.51**	**11.92**
32.60			20.16	6.34	2.61
38.52		0.39	21.81	1.78	6.07
26.26			5.94	1.65	2.78
5.42			4.38	1.74	0.45
1141.15	**2.29**	**5.11**	**1038.82**	**64.18**	**25.61**
141.59			135.97	9.10	2.07
87.58		0.15	76.89	9.09	4.13
911.98	2.29	4.96	825.97	45.99	19.41
42.84	**0.05**		**20.60**	**1.48**	**6.64**
19.68	0.05		9.87	0.72	3.34
23.16			10.74	0.76	3.30
154.82	**0.95**	**0.63**	**125.56**	**8.18**	**15.33**
129.86		**0.20**	**114.59**	**14.52**	**6.57**
78.95		0.20	67.24	7.78	5.41
41.37			40.45	6.34	
9.53			6.90	0.40	1.16
87.28	**0.27**	**6.83**	**49.37**	**6.75**	**16.55**
2.64			1.06		
8.70			6.37	0.66	1.04
26.94			17.27	2.11	5.46
13.64			**11.50**		
35.35	0.27	6.83	13.17	3.99	10.05
273.59			**253.29**	**9.28**	**5.67**
1.20			1.20		
242.22			227.54	6.92	4.59
0.17			0.17		
6.50			4.03	2.08	1.08
23.51			20.35	0.28	

5-6 各市州按行业分固定资产投资（2011年）
Investment of Fixed Assets by Sector of Cities and Prefecture (2011)

单位：亿元 (100 million yuan)

行业	Sector	合计 Total	长沙市 Changsha City	株洲市 Zhuzhou City	湘潭市 Xiangtan City
总计	**Total**	**11431.48**	**3433.33**	**849.05**	**650.18**
农、林、牧、渔业	Agriculture,Forestry,Farming of Animals and Fishing	320.30	54.23	5.02	10.95
采矿业	Mining	432.40	20.57	53.14	14.11
制造业	Manufacturing	3917.84	923.90	319.56	317.04
电力、燃气及水的生产和供应业	Production and Distribution of Electricity,Gas and Water	461.88	89.60	45.37	4.19
建筑业	Construction	79.61	10.99	0.11	23.91
交通运输、仓储和邮政业	Traffic,Transport, Storage and Post	1191.83	233.39	14.36	21.15
信息传输、计算机服务和软件业	Information Transfer,Computer Services and Software	75.82	51.93	2.37	0.06
批发和零售业	Wholesale and Retail Trade	359.71	223.40	5.63	14.19
住宿和餐饮业	Accommodation and Restaurants	164.72	56.66	4.35	13.34
金融业	Finance	19.40	14.65		0.63
房地产业	Real Estate Trade	2256.32	1059.41	209.98	95.19
租赁和商务服务业	Tenancy and Business Services	196.51	139.41	0.63	11.90
科学研究、技术服务和地质勘查	Scientific Research,Technical Service and Geologic Perambulation	103.19	90.69	0.43	1.04
水利、环境和公共设施管理业	Management of Water Conservancy,Environment and Public Establishment	1150.50	308.04	153.88	81.48
居民服务和其他服务业	Resident Services and Other Services	43.79	19.22	1.20	2.89
教育	Education	157.02	56.34	17.13	15.80
卫生、社会保障和社会福利业	Sanitation,Social Security and Social Welfare	130.93	31.84	5.28	10.57
文化、体育和娱乐业	Culture,Sports and Entertainment	94.93	26.34	6.36	6.91
公共管理和社会组织	Public Management and Social Organization	274.77	22.69	4.24	4.85

行业	Sector	衡阳市 Hengyang City	邵阳市 Shaoyang City	岳阳市 Yueyang City	常德市 Changde City
总计	**Total**	**780.45**	**562.10**	**861.80**	**689.91**
农、林、牧、渔业	Agriculture,Forestry,Farming of Animals and Fishing	28.10	42.59	20.92	20.44
采矿业	Mining	74.83	27.50	13.78	25.25
制造业	Manufacturing	347.11	221.93	492.86	310.09
电力、燃气及水的生产和供应业	Production and Distribution of Electricity,Gas and Water	15.29	51.58	33.50	26.24
建筑业	Construction	0.69	1.63	24.72	2.38
交通运输、仓储和邮政业	Traffic,Transport, Storage and Post	29.12	52.21	13.39	34.80
信息传输、计算机服务和软件业	Information Transfer,Computer Services and Software	4.12	1.36	1.18	3.52
批发和零售业	Wholesale and Retail Trade	16.64	17.05	8.15	12.60
住宿和餐饮业	Accommodation and Restaurants	7.09	8.56	13.71	10.65
金融业	Finance	0.28	0.25	0.33	0.55
房地产业	Real Estate Trade	102.82	72.67	108.34	87.72
租赁和商务服务业	Tenancy and Business Services	5.82	1.70	2.81	10.59
科学研究、技术服务和地质勘查	Scientific Research,Technical Service and Geologic Perambulation	0.66	0.58	2.40	0.66
水利、环境和公共设施管理业	Management of Water Conservancy,Environment and Public Establishment	75.68	26.64	56.86	88.54
居民服务和其他服务业	Resident Services and Other Services	3.62	1.54	4.34	3.56
教育	Education	8.08	8.44	7.48	8.56
卫生、社会保障和社会福利业	Sanitation,Social Security and Social Welfare	7.46	4.37	6.32	11.11
文化、体育和娱乐业	Culture,Sports and Entertainment	3.95	1.94	6.31	5.35
公共管理和社会组织	Public Management and Social Organization	49.10	19.57	44.40	27.29

5-6 续表 continued

单位：亿元 (100 million yuan)

行 业	Sector	张家界市 Zhangjiajie City	益阳市 Yiyang City	郴州市 Chenzhou City	永州市 Yongzhou City
总计	**Total**	**145.10**	**460.23**	**811.56**	**593.27**
农、林、牧、渔业	Agriculture,Forestry,Farming of Animals and Fishing	4.05	9.25	50.11	37.10
采矿业	Mining	5.65	24.11	102.88	12.72
制造业	Manufacturing	21.73	225.19	238.85	206.64
电力、燃气及水的生产和供应业	Production and Distribution of Electricity,Gas and Water	8.13	19.86	39.34	41.50
建筑业	Construction	0.41	3.65	7.23	0.51
交通运输、仓储和邮政业	Traffic,Transport, Storage and Post	10.01	16.19	68.67	32.04
信息传输、计算机服务和软件业	Information Transfer,Computer Services and Software	3.10	0.22	0.93	3.56
批发和零售业	Wholesale and Retail Trade	2.01	6.01	15.12	17.89
住宿和餐饮业	Accommodation and Restaurants	13.28	5.38	17.82	4.87
金融业	Finance	0.08	0.90	0.50	0.37
房地产业	Real Estate Trade	31.90	92.73	107.75	95.79
租赁和商务服务业	Tenancy and Business Services	2.93	0.01	1.84	10.64
科学研究、技术服务和地质勘查	Scientific Research,Technical Service and Geologic Perambulation	0.15	1.17	1.50	2.57
水利、环境和公共设施管理业	Management of Water Conservancy,Environment and Public Establishment	16.72	26.17	94.07	66.84
居民服务和其他服务业	Resident Services and Other Services	1.31	0.88	3.21	1.23
教育	Education	4.47	1.31	5.99	9.80
卫生、社会保障和社会福利业	Sanitation,Social Security and Social Welfare	1.04	6.02	28.87	8.80
文化、体育和娱乐业	Culture,Sports and Entertainment	6.49	0.53	9.01	8.68
公共管理和社会组织	Public Management and Social Organization	11.62	20.65	17.87	31.68

行 业	Sector	怀化市 Huaihua City	娄底市 Loudi City	湘西自治州 West Hunan A.P	不分地区 Not Classified by Region
总计	**Total**	**437.97**	**425.25**	**158.08**	**573.21**
农、林、牧、渔业	Agriculture,Forestry,Farming of Animals and Fishing	20.49	11.01	6.02	
采矿业	Mining	14.63	37.06	6.16	
制造业	Manufacturing	103.71	163.31	28.03	
电力、燃气及水的生产和供应业	Production and Distribution of Electricity,Gas and Water	52.82	17.53	8.30	8.61
建筑业	Construction	1.65	0.92	0.80	
交通运输、仓储和邮政业	Traffic,Transport, Storage and Post	20.88	33.78	45.14	
信息传输、计算机服务和软件业	Information Transfer,Computer Services and Software	0.48	2.83	0.16	564.60
批发和零售业	Wholesale and Retail Trade	10.81	9.29	0.90	
住宿和餐饮业	Accommodation and Restaurants	3.95	3.25	1.80	
金融业	Finance		0.19	0.67	
房地产业	Real Estate Trade	78.71	84.17	29.15	
租赁和商务服务业	Tenancy and Business Services	7.76	0.48		
科学研究、技术服务和地质勘查	Scientific Research,Technical Service and Geologic Perambulation	0.39	0.78	0.18	
水利、环境和公共设施管理业	Management of Water Conservancy,Environment and Public Establishment	95.36	41.73	18.49	
居民服务和其他服务业	Resident Services and Other Services	0.69	0.10		
教育	Education	5.48	5.19	2.94	
卫生、社会保障和社会福利业	Sanitation,Social Security and Social Welfare	4.10	2.98	2.16	
文化、体育和娱乐业	Culture,Sports and Entertainment	7.54	3.08	2.43	
公共管理和社会组织	Public Management and Social Organization	8.50	7.56	4.74	

5-7 各市州按行业分新增固定资产（2011年）
Newly Increased Fixed Assets by Sector of Cities and Prefecture (2011)

单位：亿元 (100 million yuan)

行业	Sector	合计 Total	长沙市 Changsha City	株洲市 Zhuzhou City	湘潭市 Xiangtan City
总计	**Total**	**6492.23**	**1972.58**	**557.57**	**510.30**
农、林、牧、渔业	Agriculture,Forestry,Farming of Animals and Fishing	217.98	27.23	6.19	8.70
采矿业	Mining	290.22	13.70	43.32	13.33
制造业	Manufacturing	2451.07	495.55	263.26	275.43
电力、燃气及水的生产和供应业	Production and Distribution of Electricity,Gas and Water	237.24	32.57	25.17	3.87
建筑业	Construction	38.04	6.33	0.00	15.22
交通运输、仓储和邮政业	Traffic,Transport, Storage and Post	313.09	120.74	12.13	18.43
信息传输、计算机服务和软件业	Information Transfer,Computer Services and Software	56.92	41.07	0.52	0.05
批发和零售业	Wholesale and Retail Trade	218.38	131.45	4.03	12.41
住宿和餐饮业	Accommodation and Restaurants	101.03	39.90	3.26	11.84
金融业	Finance	14.97	12.42		0.63
房地产业	Real Estate Trade	1306.92	651.31	92.06	36.27
租赁和商务服务业	Tenancy and Business Services	136.73	93.27	0.29	7.90
科学研究、技术服务和地质勘查	Scientific Research,Technical Service and Geologic Perambulation	70.22	60.35	0.09	1.06
水利、环境和公共设施管理业	Management of Water Conservancy,Environment and Public Establishment	619.52	146.48	97.77	71.59
居民服务和其他服务业	Resident Services and Other Services	27.15	12.23	0.10	2.86
教育	Education	92.08	40.02	2.48	8.04
卫生、社会保障和社会福利业	Sanitation,Social Security and Social Welfare	85.99	19.15	3.10	11.83
文化、体育和娱乐业	Culture,Sports and Entertainment	46.94	15.85	1.18	5.07
公共管理和社会组织	Public Management and Social Organization	167.75	12.96	2.62	5.75

行业	Sector	衡阳市 Hengyang City	邵阳市 Shaoyang City	岳阳市 Yueyang City	常德市 Changde City
总计	**Total**	**544.52**	**278.14**	**512.57**	**482.34**
农、林、牧、渔业	Agriculture,Forestry,Farming of Animals and Fishing	20.19	24.93	14.03	13.63
采矿业	Mining	67.02	16.26	9.08	20.35
制造业	Manufacturing	254.83	104.31	291.04	248.48
电力、燃气及水的生产和供应业	Production and Distribution of Electricity,Gas and Water	15.98	25.21	30.31	16.62
建筑业	Construction	0.69	0.52	6.31	2.23
交通运输、仓储和邮政业	Traffic,Transport, Storage and Post	16.72	13.09	4.50	20.54
信息传输、计算机服务和软件业	Information Transfer,Computer Services and Software	3.07	0.73	1.19	1.41
批发和零售业	Wholesale and Retail Trade	12.01	7.49	2.95	12.04
住宿和餐饮业	Accommodation and Restaurants	4.46	5.07	5.28	7.06
金融业	Finance	0.28	0.02	0.18	0.54
房地产业	Real Estate Trade	43.07	39.02	73.71	51.80
租赁和商务服务业	Tenancy and Business Services	4.18	8.36	1.50	4.95
科学研究、技术服务和地质勘查	Scientific Research,Technical Service and Geologic Perambulation	1.98	0.53	1.63	0.72
水利、环境和公共设施管理业	Management of Water Conservancy,Environment and Public Establishment	48.46	13.39	38.49	41.31
居民服务和其他服务业	Resident Services and Other Services	3.75	1.08	0.99	2.67
教育	Education	3.90	5.07	5.11	5.65
卫生、社会保障和社会福利业	Sanitation,Social Security and Social Welfare	5.91	1.90	2.42	11.21
文化、体育和娱乐业	Culture,Sports and Entertainment	3.41	0.61	2.62	3.18
公共管理和社会组织	Public Management and Social Organization	34.62	10.57	21.26	17.94

5-7 续表 continued

单位：亿元 (100 million yuan)

行 业	Sector	张家界市 Zhangjiajie City	益阳市 Yiyang City	郴州市 Chenzhou City	永州市 Yongzhou City
总计	**Total**	**65.11**	**223.80**	**391.89**	**344.80**
农、林、牧、渔业	Agriculture,Forestry,Farming of Animals and Fishing	2.12	6.98	32.62	33.43
采矿业	Mining	2.08	7.42	45.80	6.82
制造业	Manufacturing	5.06	107.98	98.71	108.80
电力、燃气及水的生产和供应业	Production and Distribution of Electricity,Gas and Water	8.10	7.51	22.97	23.93
建筑业	Construction			3.08	0.79
交通运输、仓储和邮政业	Traffic,Transport, Storage and Post	4.97	10.61	24.11	20.99
信息传输、计算机服务和软件业	Information Transfer,Computer Services and Software	2.17	0.40	0.88	2.88
批发和零售业	Wholesale and Retail Trade	0.96	3.73	9.25	11.37
住宿和餐饮业	Accommodation and Restaurants	5.46	1.85	7.32	3.85
金融业	Finance				0.30
房地产业	Real Estate Trade	17.71	46.23	91.67	36.73
租赁和商务服务业	Tenancy and Business Services	2.88	0.10	0.56	6.93
科学研究、技术服务和地质勘查	Scientific Research,Technical Service and Geologic Perambulation	0.15		0.94	1.69
水利、环境和公共设施管理业	Management of Water Conservancy,Environment and Public Establishment	3.59	15.82	25.90	42.27
居民服务和其他服务业	Resident Services and Other Services	0.98	0.76	0.61	0.52
教育	Education	1.78	1.22	1.46	6.95
卫生、社会保障和社会福利业	Sanitation,Social Security and Social Welfare		3.96	14.26	4.37
文化、体育和娱乐业	Culture,Sports and Entertainment	1.12	0.33	3.27	4.51
公共管理和社会组织	Public Management and Social Organization	5.99	8.90	8.49	27.68

行 业	Sector	怀化市 Huaihua City	娄底市 Loudi City	湘西自治州 West Hunan A.P	不分地区 Not Classified by Region
总计	**Total**	**234.94**	**313.48**	**60.00**	**0.19**
农、林、牧、渔业	Agriculture,Forestry,Farming of Animals and Fishing	14.61	10.68	2.65	
采矿业	Mining	8.56	33.83	2.64	
制造业	Manufacturing	56.77	129.07	11.77	
电力、燃气及水的生产和供应业	Production and Distribution of Electricity,Gas and Water	10.88	11.04	3.08	
建筑业	Construction	0.62	1.45	0.80	
交通运输、仓储和邮政业	Traffic,Transport, Storage and Post	17.93	25.08	3.06	0.19
信息传输、计算机服务和软件业	Information Transfer,Computer Services and Software	0.16	2.40		
批发和零售业	Wholesale and Retail Trade	3.31	7.32	0.06	
住宿和餐饮业	Accommodation and Restaurants	2.40	3.29		
金融业	Finance		0.13	0.47	
房地产业	Real Estate Trade	64.44	42.07	20.83	
租赁和商务服务业	Tenancy and Business Services	5.23	0.58		
科学研究、技术服务和地质勘查	Scientific Research,Technical Service and Geologic Perambulation	0.81	0.26		
水利、环境和公共设施管理业	Management of Water Conservancy,Environment and Public Establishment	33.60	34.63	6.22	
居民服务和其他服务业	Resident Services and Other Services	0.50	0.10		
教育	Education	4.87	4.81	0.72	
卫生、社会保障和社会福利业	Sanitation,Social Security and Social Welfare	2.28	1.51	4.09	
文化、体育和娱乐业	Culture,Sports and Entertainment	4.17	0.57	1.06	
公共管理和社会组织	Public Management and Social Organization	3.80	4.64	2.54	

5-8 固定资产投资项目个数、项目投产率（2011年）

Number of Investment of Fixed Assets Projects, Rate of Projects Put into Use (2011)

行业	Sector	投资额(亿元) Investment (100 millions yuan)	施工项目(个) Projects under Construction (unit)	全部建成投产项目(个) Projects Completed and Put into Uses (unit)	项目建成投产率(%) Rate of Project Completed and Put into Uses (%)	固定资产交付使用率(%) Rate of Fixed Assets Turn Over to Uses (%)
总计	**Total**	**11431.48**	**28722**	**16574**	**57.7**	**56.8**
按行业分	**By Sector**					
农、林、牧、渔业	Agriculture,Forestry,Farming of Animals and Fishing	320.30	1740	1025	58.9	68.1
采矿业	Mining	432.40	1578	958	60.7	67.1
制造业	Manufacturing	3917.84	11542	6892	59.7	62.6
电力、燃气及水的生产和供应业	Production and Distribution of Electricity, Gas and Water	461.88	1298	711	54.8	51.4
建筑业	Construction	79.61	206	75	36.4	47.8
交通运输、仓储和邮政	Traffic,Transport, Storage and Post	1191.83	1827	1083	59.3	26.3
信息传输、计算机服务和软件业	Information Transfer,Computer Services and Software	75.82	332	213	64.2	75.1
批发和零售业	Wholesale and Retail Trade	359.71	1269	796	62.7	60.7
住宿和餐饮业	Accommodation and Restaurants	164.72	554	326	58.8	61.3
金融业	Finance	19.40	77	52	67.5	77.2
房地产业	Real Estate Trade	2256.32	782	370	47.3	57.9
租赁和商务服务业	Tenancy and Business Services	196.51	555	367	66.1	69.6
科学研究、技术服务和地质勘查业	Scientific Research,Technical Service and Geologic Perambulation	103.19	314	218	69.4	68.1
水利、环境和公共设施管理业	Management of Water Conservancy, Environment and Public Establishment	1150.50	2922	1467	50.2	53.8
居民服务和其他服务业	Resident Services and Other Services	43.79	182	120	65.9	62.0
教育	Education	157.02	792	451	56.9	58.6
卫生、社保和社会福利	Sanitation,Social Security and Social Welfare	130.93	579	279	48.2	65.7
文化、体育和娱乐业	Culture,Sports and Entertainment	94.93	391	212	54.2	49.4
公共管理和社会组织	Public Management and Social Organization	274.77	1782	959	53.8	61.0

5-9 国有经济固定资产投资及构成
Investment in Fixed Assets and Its Composition of State – owned Units

年份 Year	固定资产投资总额 Total Investment in Fixed Assets	新建 New Construction	扩建 Expansion	改建和技术改造 Re-construction	新增固定资产 Newly Increased Fixed Assets	新建 New Construction	扩建 Expansion	改建和技术改造 Re-construction
绝对数(亿元)	**Absolute Figure (100 million yuan)**							
1978	14.71	9.53	3.25	1.93	10.56			
1980	20.32	9.26	6.80	4.04	15.24			
1985	43.86	12.78	5.23	19.04	30.66			
1990	72.01	16.76	31.64	18.78	47.27			
1995	316.90	103.85	107.46	58.83	202.81			
1996	375.27	111.67	132.65	81.62	269.99			
1997	366.34	113.10	115.35	80.96	269.20			
1998	457.00	153.36	137.95	98.20	290.91			
1999	522.95	207.96	191.31	97.60	348.43			
2000	574.12	177.16	186.39	132.98	388.40			
2001	618.54	229.62	198.75	128.41	349.76			
2002	665.70	261.48	207.49	129.69	489.89			
2003	701.33	344.15	158.87	138.55	465.20			
2004	879.95	443.39	202.39	163.27	421.20	148.15	128.32	98.27
2005	1000.96	483.07	213.80	227.20	562.40	269.85	124.09	116.92
2006	1205.49	657.92	212.01	263.65	695.17	237.32	206.85	209.43
2007	1546.59	804.90	293.32	331.67	585.50	217.92	189.98	132.96
2008	1985.68	1032.23	320.92	466.39	692.67	259.35	158.31	220.04
2009	2923.52	1647.32	448.59	667.71	1174.41	511.83	246.71	363.07
2010	3322.32	2012.73	514.70	709.45	1335.38	599.05	270.05	429.26
2011	3563.13	2148.15	451.61	805.07	1633.03	838.62	302.89	417.01
构成(%)	**Composition in Percentage (%)**							
1978	100.0	64.8	22.1	13.1	100.0			
1980	100.0	45.6	33.5	19.9	100.0			
1985	100.0	29.1	11.9	43.4	100.0			
1990	100.0	23.3	43.9	26.1	100.0			
1995	100.0	32.8	33.9	18.6	100.0			
1996	100.0	29.8	35.3	21.7	100.0			
1997	100.0	30.9	31.5	22.1	100.0			
1998	100.0	33.6	30.2	21.5	100.0			
1999	100.0	39.8	36.6	18.7	100.0			
2000	100.0	30.9	32.5	23.2	100.0			
2001	100.0	37.1	32.1	20.8	100.0			
2002	100.0	39.3	31.2	19.5	100.0			
2003	100.0	49.1	22.7	19.8	100.0			
2004	100.0	50.4	23.0	18.6	100.0	35.2	30.5	23.3
2005	100.0	48.3	21.4	22.7	100.0	48.0	22.1	20.8
2006	100.0	54.6	17.6	21.9	100.0	34.1	29.8	30.1
2007	100.0	52.0	19.0	21.4	100.0	37.2	32.4	22.7
2008	100.0	52.0	16.2	23.5	100.0	37.4	22.9	31.8
2009	100.0	56.3	15.3	22.8	100.0	43.6	21.0	30.9
2010	100.0	60.6	15.5	21.4	100.0	44.9	20.2	32.1
2011	100.0	60.3	12.7	22.6	100.0	51.4	18.5	25.5

5-10 国有经济各种分组的固定资产投资
Investment in Fixed Assets of State - owned Units by Various Characteristics

指 标	Item	2000	2005	2010	2011
投资总额(亿元)	**Total Investment (100 million yuan)**	**574.12**	**1000.96**	**3322.32**	**3563.13**
按资金来源分	**Grouped by Source of Funds**				
国家预算内投资	State Budgetary Appropriation	57.21	82.42	593.35	637.46
国内贷款	Domestic Loans	180.12	177.61	616.92	728.81
债 券	Bonds	2.34	6.81	17.47	74.79
利用外资	Foreign Investment	13.67	15.93	16.56	13.96
自筹投资	Fundraising	240.50	604.33	1613.50	1842.48
股票	Shares	3.65	0.64		
其他投资	Others	80.28	87.22	464.50	265.64
按隶属关系分	**Grouped by Administrative Relationship**				
中央项目	Central Government Projects	246.75	160.44	211.80	275.19
地方项目	Local Projects	327.37	840.51	3110.52	3287.93
按构成分	**Grouped by Use of Funds**				
建筑安装工程	Construction and Installation	394.25	684.21	2328.39	2687.19
设备、工具、器具购置	Purchase of Equipment and Instruments	119.42	171.26	323.99	242.24
其他费用	Others	60.45	145.49	669.93	633.70
按建设性质分	**Grouped by Type of Construction**				
新建	New Construction	177.16	483.07	2012.73	2148.15
扩建	Expansion	186.39	213.80	514.70	451.61
改建	Reconstruction	132.98	227.20	709.45	805.07
按国民经济主要行业分	**Grouped by Main Sector**				
农业	Agriculture	4.42	22.51	113.52	83.76
工业	Industry	136.29	254.83	518.48	615.88
#能源工业	#Energy	75.46	119.64	190.92	216.20
运输邮电业	Transportation,Postal and Telecommunications Services	242.17	207.39	951.57	958.68
新增固定资产(亿元)	**Newly Increased Fixed Assets (100 million yuan)**	**388.40**	**562.40**	**1335.38**	**1633.03**
房屋建筑面积(万平方米)	**Floor Space of Buildings (10 000 sq.m)**				
施工面积	Floor Space Under Construction	2429.83	2354.03	4129.93	3937.36
竣工面积	Floor Space Completed	1262.35	1020.47	862.93	869.39
#住宅	# Residential Buildings	718.01	321.29	450.40	463.70

5-11 国有经济各行业固定资产投资（2011年）
Investment in Fixed Assets of State-owned Units by Sector (2011)

行 业	Sector	固定资产投资额 Investment in Fixed Assets	新建 New Construction	扩建 Expansion	改建和技术改造 Re-construction
总计(亿元)	**Total (100 million yuan)**	**3563.13**	**2148.15**	**451.61**	**805.07**
农、林、牧、渔业	Agriculture,Forestry,Farming of Animals and Fishing	83.76	47.66	17.22	15.71
采矿业	Mining	29.28	7.35	0.88	21.04
制造业	Manufacturing	332.96	67.10	17.76	243.65
电力、燃气及水的生产和供应业	Production and Distribution of Electricity,Gas and Water	253.63	132.50	21.77	99.18
建筑业	Construction	43.19	24.22	5.77	10.83
交通运输、仓储和邮政业	Traffic,Transport, Storage and Post	951.90	779.29	71.42	99.80
信息传输、计算机服务和软件业	Information Transfer,Computer Services and Software	21.76	6.88	6.29	8.44
批发和零售业	Wholesale and Retail Trade	33.28	23.11	6.60	3.33
住宿和餐饮业	Accommodation and Restaurants	19.14	11.57	2.78	4.78
金融业	Finance	5.55	2.69	0.33	2.54
房地产业	Real Estate Trade	323.49	166.06	26.54	13.08
租赁和商务服务业	Tenancy and Business Services	29.19	17.89	2.73	8.58
科学研究、技术服务和地质勘查	Scientific Research,Technical Service and Geologic Perambulation	28.74	15.71	6.78	6.16
水利、环境和公共设施管理业	Management of Water Conservancy,Environment and Public Establishment	933.80	564.89	167.47	195.96
居民服务和其他服务业	Resident Services and Other Services	11.40	7.38	2.56	1.46
教育	Education	110.69	66.83	25.43	16.31
卫生、社会保障和社会福利业	Sanitation,Social Security and Social Welfare	93.36	54.07	16.46	15.96
文化、体育和娱乐业	Culture,Sports and Entertainment	37.91	24.53	5.81	7.51
公共管理和社会组织	Public Management and Social Organization	220.10	128.43	47.01	30.74
构成 (%)	**Composition in Percentage (%)**				
农、林、牧、渔业	Agriculture,Forestry,Farming of Animals and Fishing	2.4	2.2	3.8	2.0
采矿业	Mining	0.8	0.3	0.2	2.6
制造业	Manufacturing	9.3	3.1	3.9	30.3
电力、燃气及水的生产和供应业	Production and Distribution of Electricity,Gas and Water	7.1	6.2	4.8	12.3
建筑业	Construction	1.2	1.1	1.3	1.3
交通运输、仓储和邮政业	Traffic,Transport, Storage and Post	26.7	36.3	15.8	12.4
信息传输、计算机服务和软件业	Information Transfer,Computer Services and Software	0.6	0.3	1.4	1.0
批发和零售业	Wholesale and Retail Trade	0.9	1.1	1.5	0.4
住宿和餐饮业	Accommodation and Restaurants	0.5	0.5	0.6	0.6
金融业	Finance	0.2	0.1	0.1	0.3
房地产业	Real Estate Trade	9.1	7.7	5.9	1.6
租赁和商务服务业	Tenancy and Business Services	0.8	0.8	0.6	1.1
科学研究、技术服务和地质勘查	Scientific Research,Technical Service and Geologic Perambulation	0.8	0.7	1.5	0.8
水利、环境和公共设施管理业	Management of Water Conservancy,Environment and Public Establishment	26.2	26.3	37.1	24.3
居民服务和其他服务业	Resident Services and Other Services	0.3	0.3	0.6	0.2
教育	Education	3.1	3.1	5.6	2.0
卫生、社会保障和社会福利业	Sanitation,Social Security and Social Welfare	2.6	2.5	3.6	2.0
文化、体育和娱乐业	Culture,Sports and Entertainment	1.1	1.1	1.3	0.9
公共管理和社会组织	Public Management and Social Organization	6.2	6.0	10.4	3.8

5-12 国有经济各行业新增固定资产（2011年）
Newly Increased Fixed Assets of State-owned Units by Sector (2011)

行业	Sector	固定资产投资额 Investment in Fixed Assets	新建 New Construction	扩建 Expansion	改建和技术改造 Re-construction
总计(亿元)	**Total (100 million yuan)**	**1633.03**	**838.62**	**302.89**	**417.01**
农、林、牧、渔业	Agriculture,Forestry,Farming of Animals and Fishing	61.34	34.30	16.12	10.67
采矿业	Mining	12.02	1.75	0.23	10.04
制造业	Manufacturing	142.33	16.21	8.13	116.00
电力、燃气及水的生产和供应业	Production and Distribution of Electricity,Gas and Water	95.68	39.05	15.03	41.42
建筑业	Construction	22.00	10.52	1.98	6.98
交通运输、仓储和邮政业	Traffic,Transport, Storage and Post	213.06	101.55	54.12	55.98
信息传输、计算机服务和软件业	Information Transfer,Computer Services and Software	17.02	6.63	5.33	5.06
批发和零售业	Wholesale and Retail Trade	18.74	13.77	3.31	1.42
住宿和餐饮业	Accommodation and Restaurants	19.56	14.18	2.58	2.80
金融业	Finance	5.20	2.22	0.33	2.65
房地产业	Real Estate Trade	187.36	113.50	3.54	11.03
租赁和商务服务业	Tenancy and Business Services	26.22	17.64	3.83	4.75
科学研究、技术服务和地质勘查	Scientific Research,Technical Service and Geologic Perambulation	18.84	8.52	4.10	6.15
水利、环境和公共设施管理业	Management of Water Conservancy,Environment and Public Establishment	511.99	290.91	120.32	98.87
居民服务和其他服务业	Resident Services and Other Services	8.16	4.52	2.74	0.90
教育	Education	66.06	35.37	16.62	13.58
卫生、社会保障和社会福利业	Sanitation,Social Security and Social Welfare	58.26	37.50	10.17	9.02
文化、体育和娱乐业	Culture,Sports and Entertainment	21.08	12.72	4.58	3.74
公共管理和社会组织	Public Management and Social Organization	128.10	77.76	29.85	15.95
构成 (%)	**Composition in Percentage (%)**				
农、林、牧、渔业	Agriculture,Forestry,Farming of Animals and Fishing	3.8	4.1	5.3	2.6
采矿业	Mining	0.7	0.2	0.1	2.4
制造业	Manufacturing	8.7	1.9	2.7	27.8
电力、燃气及水的生产和供应业	Production and Distribution of Electricity,Gas and Water	5.9	4.7	5.0	9.9
建筑业	Construction	1.3	1.3	0.7	1.7
交通运输、仓储和邮政业	Traffic,Transport, Storage and Post	13.0	12.1	17.9	13.4
信息传输、计算机服务和软件业	Information Transfer,Computer Services and Software	1.0	0.8	1.8	1.2
批发和零售业	Wholesale and Retail Trade	1.1	1.6	1.1	0.3
住宿和餐饮业	Accommodation and Restaurants	1.2	1.7	0.9	0.7
金融业	Finance	0.3	0.3	0.1	0.6
房地产业	Real Estate Trade	11.5	13.5	1.2	2.6
租赁和商务服务业	Tenancy and Business Services	1.6	2.1	1.3	1.1
科学研究、技术服务和地质勘查	Scientific Research,Technical Service and Geologic Perambulation	1.2	1.0	1.4	1.5
水利、环境和公共设施管理业	Management of Water Conservancy,Environment and Public Establishment	31.4	34.7	39.7	23.7
居民服务和其他服务业	Resident Services and Other Services	0.5	0.5	0.9	0.2
教育	Education	4.0	4.2	5.5	3.3
卫生、社会保障和社会福利业	Sanitation,Social Security and Social Welfare	3.6	4.5	3.4	2.2
文化、体育和娱乐业	Culture,Sports and Entertainment	1.3	1.5	1.5	0.9
公共管理和社会组织	Public Management and Social Organization	7.8	9.3	9.9	3.8

5-13 国有经济房屋建设指标（2011年）
Indicators of Building Construction of State – owned Units (2011)

指 标	Item	总计 Total	新建 New Construction	扩建 Expansion	改建和技术改造 Re-construction	其他 Others
施工房屋面积 (万平方米)	Floor Space of Buildings under Construction (10 000 sq.m)	3937.36	1600.93	354.96	505.74	1475.72
住宅	Residential Buildings	2045.84	648.87	76.42	74.81	1245.74
竣工房屋面积 (万平方米)	Floor Space Completed (10 000 sq.m)	869.39	377.52	103.62	85.82	302.44
住宅	Residential Buildings	463.70	154.30	23.18	27.81	258.41
竣工房屋价值 (万元)	Value of Buildings Completed (10 000 yuan)	1184318	448680	110952	95614	529072
住宅	Residential Buildings	669549	177461	28116	23119	440853
房屋建筑面积竣工率 (%)	Rate of Floor Space of Buildings Completed (%)	22.1	23.6	29.2	17.0	20.5
住宅	Residential Buildings	22.7	23.8	30.3	37.2	20.7
竣工房屋单位面积造价 (元/平方米)	Cost of Buildings Completed (yuan/sq.m)	1362	1189	1071	1114	1749
住宅	Residential Buildings	1444	1150	1213	831	1706

5-14 国有农林牧渔业投资及新增固定资产
Investment and Newly Increased Fixed Assets of State-owned Units of Farming, Forestry, Animal Husbandry and Fishery

单位：亿元 (100 million yuan)

行 业	Sector	固定资产投资总额 Investment of Fixed Assets		新增固定资产 Newly Increased Fixed Assets	
		2010	2011	2010	2011
总计	Total	1135202	837550	566949	613391
#农业	#Farming	302737	236650	187960	143076
林业	Forestry	229475	222216	172848	278668
畜牧业	Animal Husbandry	59101	51318	34005	37716
渔业	Fishery	9082	1473	8771	523
农林牧渔服务业	Services	534808	325893	163364	153408

5-15 非国有经济投资
Investment of Non-State – owned Units

类 别	Item	2000	2005	2010	2011
投资总额(亿元)	**Total Investment (100 million yuan)**	**492.15**	**1563.00**	**6498.75**	**7868.35**
按资金来源分	**Grouped by Source of Funds**				
国家预算内投资	State Budgetary Appropriation	19.28	0.62	59.32	27.98
国内贷款	Domestic Loans	33.28	163.97	611.06	587.64
债 券	Bonds		0.74	3.46	1.93
利用外资	Foreign Investment	8.35	46.88	58.64	152.07
自筹投资	Fundraising	382.87	1071.88	5024.19	5877.49
其他投资	Others	48.37	278.90	742.07	1221.24
按隶属关系分	**Grouped by Administrative Relationship**				
中央项目	Central Government Projects	1.50	17.08	71.40	78.47
地方项目	Local Projects	490.65	1545.92	6427.35	7789.88
按构成分	**Grouped by Use of Funds**				
建筑安装工程	Construction and Installation	365.69	994.57	3993.13	5016.63
设备、工器具购置	Purchase of Equipment and Instruments	79.26	319.34	1483.54	1592.41
其他费用	Others	47.20	249.10	1022.08	1259.31
按建设性质分	**Grouped by Type of Construction**				
新建	New Construction	26.53	459.41	1978.42	2155.33
扩建	Expansion	32.85	111.64	540.40	547.79
改建	Reconstruction	9.27	364.47	2595.06	3330.52
按行业主要门类分	**Grouped by Main Sector**				
农业	Agriculture	0.29	42.96	239.48	236.54
工业	Industry	49.84	639.97	3346.31	4196.25
#能源工业	#Energy Industry	7.24	157.31	329.06	371.83
运输邮电仓储业	Transportation,Postal, Telecommunications and Storage	2.43	42.91	245.58	208.95
新增固定资产 (亿元)	**Newly Increased Fixed Assets (100 million yuan)**	**99.99**	**894.88**	**3899.19**	**4859.20**
建设项目个数 (个)	**Number of Projects (unit)**				
施工项目	Number of Projects under Construction	859	8946	19291	19454
全部建成投产项目	Number of Projects Completed and Put into Use	551	5336	11312	11756
房屋建筑面积 (万m²)	**Floor Space of Buildings (10 000 sq.m)**				
施工面积	Floor Space Under Construction	10740.51	11655.89	26216.23	23575.44
#住宅	#Residential Buildings	9082.99	8490.42	18394.76	15856.04
竣工面积	Floor Space Completed	9630.17	7035.90	10223.88	4764.58
#住宅	#Residential Buildings	8399.53	5761.77	8508.26	3155.06

5-16 新增生产能力（2011年）
Newly Increased Production Capacity (2011)

生产能力(或效益)名称	Production capacity Item(or Efficiency)	合计 Total	国有经济 State-owned Economic	其他经济 Other Types of Ownership
原煤开采(万吨/年)	Loal Mining (10000 tons/year)	1103.36	28.30	1075.06
焦炭(万吨/年)	Coke(10000 tons/year)	100.00		100.00
铁矿石原矿开采(万吨/年)	Iron Ore Mining(10000 tons/year)	2507.06		2507.06
铁矿选矿处理量(万吨/年)	Selection of Iron Ore(10000 tons/year)	135.50		135.50
炼铁(万吨/年)	Iron-making(10000 tons/year)	11.20		11.20
炼钢(万吨/年)	Steel-making(10000 tons/year)	425.50		425.50
连铸(万吨/年)	Casting(10000 tons/year)	0.30		0.30
铁合金(折标吨/年)	Iron Alloy(tons/year)	1340.72	0.20	1340.52
铜冶炼(吨/年)	Copper-making(ton/year)	415.10		415.10
铅锌采矿(原矿)(万吨/年)	Lead&Zinc Mining(10000 tons/year)	15.42		15.42
铅锌选矿:(1)处理原矿(万吨/年)	Selection of Lead&Zinc(10000 tons/year)			
(2)铅含量(吨/年)	Lead Content(ton/year)			
(3)锌含量(吨/年)	Zinc Content(ton/year)			
铅冶炼(吨/年)	Lead-making(ton/year)	21.30		21.30
其中:电解铅(吨/年)	Electronlyted lead(ton/year)	12.00		12.00
锌冶炼(吨/年)	Zinc-making(ton/year)	16110.00		16110.00
锡采矿(原矿)(万吨/年)	Tin Mining(10000 tons/year)	509.50		509.50
锡选矿: (1)处理原矿(万吨/年)	Selection of Tin(10000 tons/year)			
(2)锡含量(吨/年)	Tin Content(ton/year)			
锡冶炼(吨/年)	Zinc-making(ton/year)			
电解铝(吨/年)	Electronlyted Al(ton/year)			
粗铅(吨/年)	Lead(ton/year)	0.30		0.30
铝加工(吨/年)	Al-making(ton/year)			
金采矿(原矿)(万吨/年)	Gold Mining(10000 tons/year)			
黄金(公斤/年)	Gold(kg/year)	10000.00		10000.00
银选矿:(1)处理原矿(吨/年)	Selection of Silver(ton/year)	3.30		3.30
(2)银含量(公斤/年)	Silver Content(kg/year)			
水力发电(万千瓦)	Hydropower (10000kw)	1497.30	797.60	699.70
火力发电(万千瓦)	Thermal (10000kw)	38.70		38.70
输电线路长度(11万伏及以上)(公里)	Transmission Line (>110000 v) (km)	4991.70	4565.70	426.00
变电设备能力(11万伏及以上)(万千伏安)	Electric Substation Equipment (>110000 v) (10000 kva)			
水 泥(万吨/年)	Cement(10000ton/year)	1130.66		1130.66
胶合板(万立方米/年)	Deadlocked Boards(10000 cu.m/year)			
纤维板(万立方米/年)	Fibre Boards(10000 cu.m/year)			
硫 酸(吨/年)	Sulfuric Acid(ton/year)			
合成氨(吨/年)	Synthetic Ammonia (ton/year)			

5-16 续表 1 continued

生产能力(或效益)名称	Production capacity Item(or Efficiency)	合计 Total	国有经济 State-owned Economic	其他经济 Other Types of Ownership
氮肥(吨/年)	Nitrogen Fertilizer (ton/year)	260800.00	3800.00	257000.00
磷肥(吨/年)	Phosphate Fertilizer (ton/year)	115290.00		115290.00
钾肥(吨/年)	Potash Fertilizer (ton/year)	5000.00		5000.00
油 漆(吨/年)	Paint(ton/year)			
塑料树脂及共聚物(吨/年)	Plastics(ton/year)	21535.00	9600.00	11935.00
化学原料药(吨/年)	Chemical Medicine (ton/year)	5865.00	2020.00	3845.00
中成药(吨/年)	Chinese Herbal Medicine(ton/year)			
汽车制造(辆/年)	Motor Vehicle (unit/year)			
轿车制造(辆/年)	Sedan (unit/year)	100000.00	50000.00	50000.00
显像管(万只/年)	Kinescope(10000unit/year)			
化学纤维(吨/年)	Chemical Fiber (ton/year)			
其中:合成纤维(吨/年)	Synthetic Fiber(ton/year)			
棉纺锭(锭)	Cotton Spindles (unit)	147000.00		147000.00
毛纺锭(锭)	Woolen Spindles(unit)			
食用植物油(日处理原料:吨)	Edible Vegetable Oil(handle in a day:ton)			
(日精炼油:吨)	(purify in a day:ton)			
乳制品(吨/年)	Dairy Products(ton/year)			
奶粉(吨/年)	Milk Powder (ton/year)			
其他乳制品(吨/年)	Other Dairy Products(ton/year)			
啤 酒(万吨/年)	Beer(10000 tons/year)	13.90	8.00	5.90
白 酒(万吨/年)	Wine (10000 tons/year)	1.15		1.15
卷 烟(箱/年)	Cigarette(unit/year)			
机制纸浆(万吨/年)	Machine -made Paper Pulp(10000 tons/year)	0.95		0.95
机制纸(万吨/年)	Machine -made Paper (10000 tons/year)			
机制纸板(万吨/年)	Machine-made Paper Boards(10000 tons/year)			
手 表(万只/年)	Watch(10000unit/year)			
移动通信基站设备(信道/年)	Basic Station of Mobile Telephone(unit/year)			
程控交换机(万线/年)	Autoexchage of Telephone Capacity(10000 lines/year)			
新建公路(公里)	Length of New Highways(km)	2704.04	2249.62	454.42
#高速公路(公里)	Expressway(km)	778.61	476.05	302.56
#一级公路(公里)	First-class Highway(km)	123.12	103.30	19.82
#二级公路(公里)	Second-class Highway(km)	626.03	611.79	14.24
改建公路(公里)	Length of Reconstructed Highways(km)	2954.57	2614.57	340.00
#高速公路(公里)	Expressway(km)			
#一级公路(公里)	First-class Highway(km)	121.99	99.99	22.00
#二级公路(公里)	Second-class Highway(km)	1272.32	1236.32	36.00

5-16 续表 2 continued

生产能力(或效益)名称	Production capacity Item(or Efficiency)	合计 Total	国有经济 State-owned Economic	其他经济 Other Types of Ownership
新建独立公路桥梁(延长米)	Newly Build Highway Bridge (extend metre)	6806	3306	3500
(座)	(set)	15	11	4
新(扩)建客、货运站(个)	Newly Build or Expanded (unit)	15	6	9
(平方米)	Passenger and Freight Station (sq.m)	29033	12641	16392
长途电缆(延长公里)	Long Distance Cables(km)			
耕地面积(万亩)	Cultivated Land Area (10000 mu)			
造林面积(万亩)	Afforested Area (10000 mu)			
水库容量(总库容)(亿立方米)	Reservoir Capacity (100 million m3)			
有效灌溉面积(万亩)	Effective Irrigated Area (10000 mu)			
除涝面积(万亩)	Waterlogged Area Under Control (10000 mu)			
商业石油库(万立方米)	Commercial Oil Depot(10000 m3)			
粮食仓库(万公斤)	Grain Storehouse (10000 kg)			
(平方米)	(sq.m)			
高等院校:学生席位(个)	Number of Student seat of Universit and College(unit)			
建筑面积(平方米)	(sq.m)			
中等学校:学生席位(个)	Number of Student seat of Secondary School(unit)			
建筑面积(平方米)	(sq.m)			
小学校:学生席位(个)	Number of Student seat of Primary School(unit)			
建筑面积(平方米)	(sq.m)			
其他院校:学生席位(个)	Number of Student seat of Other School(unit)			
建筑面积(平方米)	(sq.m)			
医院病床(张)	Number of Hospital Bed(unit)			
宾馆、旅馆、招待所客房数(间)	Number of Hotel Guest-Room (unit)			
(平方米)	(sq.m)			
城市自来水供水能力(万吨/日)	Capacity of City Tap Water Supply (10000 tons/day)	200.6	168.0	32.6
城市自来水管道长度(公里)	Length of City Tap Water Pipe (km)			
城市煤气生产能力(万立方米/日)	City Coal Gas Production (10000 cu.m/day)			
城市天然气储气能力(万立方米/日)	Capacity of City Gas Storage (10000 cu.m/day)			
城市液化石油气储气能力(万立方米/日)	City Liquefied Petro-gas Storage (10000 cu.m/day)			
城市公共交通车辆购置(辆)	Purchase of City Bus (unit)	250	200	50
城市道路扩建长度(公里)	Length of City Road Extended (km)			
城市道路扩建面积(万平方米)	Area of City Road Extended (10000 sq.m)			
城市排水管道铺设长度(公里)	Length of Sewer Pipelines (km)			
城市污水处理能力(万吨/日)	Capacity of City Sewage Treatment (10000 ton/day)	86.8	54.4	32.4
城市永久性桥梁(座)	Number of City Bridge (unit)			
城市防洪堤长度(公里)	Length of City Embarkment (km)			

5-17 房地产开发统计主要指标（2011年）
Major Statistics Indicators of Real Estate Development (2011)

单位：亿元 (100 million yuan)

指标	Item	总计 Total	国有 State-owned	集体 Colective-owned	其他 Other Types of Ownership
计划总投资	**Panning Gross Investment**	**9430.37**	**553.08**	**224.89**	**8652.40**
累计完成投资	Accumulative Investment Completed	5044.93	304.75	101.75	4638.43
本年完成投资	Investment Made in This Year	1896.66	117.44	51.16	1728.06
按构成分：	Group by Form:				
建筑工程	Construction	1308.27	91.94	33.52	1182.81
安装工程	Installation	102.49	2.65	2.39	97.45
设备、工具器具购置	Purchase of Equipment,Tools,Apparatus	32.90	1.13	1.68	30.09
按工程用途分：	Group by use of Projects				
住宅	Residential Buildings	1484.01	94.26	42.72	1347.03
办公楼	Business Buildings	39.58	2.87	0.04	36.67
商业营业用房	Commercial Buildings	183.73	12.10	3.47	168.16
其他	Others	189.34	8.22	4.92	176.20
房地产开发企业本年资金来源	Group by Source of Funds	2504.59	133.05	49.10	2322.44
国内贷款	Domestic Loans	329.76	15.97	4.12	309.67
自筹资金	Fund Raising	905.32	54.21	27.84	823.27
本年新增固定资产	Newly Increased Fixed Assets	1088.84	59.30	23.99	1005.55
本年施工房屋面积(万平方米)	Floor Space of Buildings Under Construction (10 000 sq.m)	20746.32	1406.50	491.03	18848.79
#住宅	#Residential Buildings	16724.04	1206.41	415.52	15102.11
本年竣工房屋面积(万平方米)	Floor Space of Buildings Completed (10 000 sq.m)	3933.97	282.01	134.65	3517.31
#住宅	#Residential Buildings	3278.05	240.86	123.84	2913.35
本年竣工房屋价值	Value of Buildings Completed	856.73	51.02	20.67	785.04
#住宅	#Residential Buildings	690.40	42.91	18.22	629.27
商品房销售额	Total Sales of Commercial House	1852.22	109.95	30.89	1711.38
商品房销售建筑面积(万平方米)	Floor Space of Selling Commercial House (10 000 sq.m)	4877.65	350.66	118.04	4408.05

5-18 国有工业施工、投资项目及项目投产率（2011年）
Projects Under Construction,Put into Use and Rate of Projects Put into Use of State – Owned Industrial Enterprises (2011)

指 标	Item	施工项目个数(个) Number of Projects Under Construc-	全投项目个数(个) Projects Completed and Put into Produc-	项目投产率(%) Rate of Project Put into Produc-
总 计	**Total**	**1206**	**531**	**44.0**
采矿业	**Mining**	**68**	**29**	**42.6**
煤炭采选业	Coal Mining and Dressing	26	13	50.0
石油和天然气开采业	Oil and gas extraction	2		
黑色金属矿采选业	Mining and Dressing of Ferrous Metals	9	5	55.6
有色金属矿采选业	Mining and Dressing of Nonferrous Metals	26	9	34.6
非金属矿采选业	Mining and Dressing of Nonmetal Minerals	5	2	40.0
制造业	**Manufacturing**	**491**	**182**	**37.1**
农副食品加工业	Processing of Food from Agricultural Products	28	23	82.1
食品制造业	Food Production	5	1	20.0
饮料制造业	Beverages	9	3	33.3
烟草加工业	Tobacco	56	15	26.8
纺织业	Textiles	5	1	20.0
纺织服装、鞋、帽制造业	Manufacture of Textile Wearing Apparel,Footware and Caps	1	1	100.0
皮革、毛皮、羽毛(绒)及其制品业	Manufacture of Leather,Fur,Feather and Its Products			
木材加工及竹、藤、棕、草制品业	Timber Processing, Bamboo, Cane, Palm Fiber and Straw Products	7	6	85.7
家具制造业	Manufacture of Furniture	1		
造纸及纸制品业	Papermaking and Paper Products	3		
印刷业、记录媒介的复制	Printing and Record Medium Reproduction	1	1	100.0
石油加工、炼焦及核燃料加工业	Processing of Petroleum,Coking,Processing of Nucleus Fuel	9	4	44.4
化学原料及化学制品制造业	Raw Chemical Materials and Chemical Products	44	15	34.1
医药制造业	Medical and Pharmaceutical Products	10	4	40.0
化学纤维制造业	Chemical Fiber			
橡胶制品业	Rubber Products			
塑料制品业	Plastic Products	3	2	66.7
非金属矿物制品业	Nonmetal Mineral Products	26	10	38.5
黑色金属冶炼及压延加工业	Smelting and Pressing of Ferrous Metals	42	17	40.5
有色金属冶炼及压延加工业	Smelting and Pressing of Nonferrous Metals	28	15	53.6
金属制品业	Metal Products	10	5	50.0
通用设备制造业	Manufacture of General Purpose Machinery	12	3	25.0
专用设备制造业	Equipment for Special Purposes	43	13	30.2
交通运输设备制造业	Transport Equipment	74	15	20.3
电气机械及器材制造业	Electric Equipment and Machinery	22	7	31.8
通信设备、计算机及其他电子设备制造业	Manufacture of Communication Equipment,Computer and Other Electronic Equipment	20	3	15.0
仪器仪表及文化、办公用机械制造业	Instruments, Meters, Cultural and Office Machinery	9	1	11.1
工艺品及其他制造业	Manufacture of Arts and Grafts	12	11	91.7
废弃资源和废旧材料回收加工业	Recycling and Disposal of Waste	11	6	54.5
电力、燃气及水的生产和供应业	**Production and Supply of Electricity,Gas and Water**	**647**	**320**	**49.5**
电力、热力的生产和供应业	Production and Supply of Electric Power,Heat Power	388	196	50.5
燃气生产和供应业	Production and Distribution of Gas	44	30	68.2
水的生产和供应业	Production and Distribution of Water	215	94	43.7

主要统计指标解释

固定资产投资（不含农户） 是以货币形式表现的在一定时期内完成的建造和购置固定资产的工作量以及与此有关的费用的总称。

城镇固定资产投资 指城镇各种登记注册类型的企业、事业、行政单位及个体户进行的计划总投资500万元及500万元以上的建设项目投资和房地产开发投资。县城及以上区域内发生的投资，县及县以上各级政府及主管部门直接领导、管理的建设项目和企业事业单位的投资均为城镇固定资产投资。

房地产开发投资 指各种登记注册类型的房地产开发公司、商品房建设公司及其他房地产开发法人单位和附属于其他法人单位实际从事房地产开发或经营活动的单位统一开发的包括统代建、拆迁还建的住宅、厂房、仓库、饭店、宾馆、度假村、写字楼、办公楼等房屋建筑物和配套的服务设施，土地开发工程（如道路、给水、排水、供电、供热、通讯、平整场地等基础设施工程）的投资；不包括单纯的土地交易活动。

农村投资 包括在农村区域范围内进行固定资产投资活动的企业、事业、行政单位。

建设总规模 是指在报告期内所有施工项目的计划总投资。这个指标和施工项目相对应。

在建总规模 是指在报告期末所有在建项目的计划总投资。

在建净规模 是指报告期末所有在建项目建成投产尚需的投资总量。

在建净规模 = 在建总规模 – 未投产项目（期末在建）累计完成投资。

固定资产投资的资金来源 根据固定资产投资的资金来源不同，分为国家预算内资金、国内贷款、利用外资、自筹资金和其他资金。

(1)国家预算内资金：分为财政拨款和财政安排的贷款两部分。包括中央财政的基本建设基金(分经营性基金和非经营性基金两部分)、专项支出(如煤代油专项等)、收回再贷、贴息资金，财政安排的挖潜改造和新产品试制支出、城建支出、商业部门简易建筑支出、不发达地区发展基金等资金中用于固定资产投资的资金；地方财政中由国家统筹安排的资金等。

(2)国内贷款：指报告期固定资产投资单位向银行及非银行金融机构借入的用于固定资产投资的各种国内借款，包括银行利用自有资金及吸收的存款发放的贷款、上级主管部门拨入的国内贷款、国家专项贷款、地方财政专项资金安排的贷款、国内储备贷款、周转贷款等。

(3)利用外资：指报告期收到的用于固定资产建造和购置的国外资金(包括设备、材料、技术在内)。包括对外借款(外国政府、国际金融组织贷款、出口信贷、外国银行商业贷款、对外发行债券和股票)、外商直接投资及外商其他投资。不包括我国自有外汇资金(国家外汇、地方外汇、留成外汇、调剂外汇和中国银行自有资金发行的外汇贷款等)。计算利用外资时，需要折算成人民币，折算中所使用的外汇汇率按现汇计算，即按使用外汇时的汇率计算。

(4)自筹资金：指固定资产投资单位报告期收到的，由各地区、各部门及企、事业单位筹集用于固定资产投资的预算外资金，包括中央各部门、各级地方和企、事业单位的自筹资金。

(5)其他资金：指在报告期收到的除以上各种资金之外其他用于固定资产投资的资金，包括企业或金融机构通过发行各种债券筹集到的资金、群众集资、个人资金、无偿捐赠的资金及其他单位拨入的资金等。

固定资产投资按国民经济行业分 根据建设项目建成投产后的主要产品或主要用途及社会经济活动性质来确定国民经济行业。一般情况下，一个建设项目或一个企业、事业单位只能属于一种国民经济行业。

固定资产投资按隶属关系分 是按建设单位或企业、事业、行政单位的主管上级机关确定的。

（1）中央：是指中共中央、人大常委会和国务院各部、委、局、总公司以及直属机构直接领导的建设项目和企业、事业、行政单位。这些单位的固定资产投资计划由国务院各部门直接编制和下达，建设中所需物资、主要设备以及建设中的问题都由中央有关部门安排和解决。

（2）地方：是由省（自治区、直辖市）、地区（州、盟、省辖市）、县（旗、县级市）三级政府及业务主管部门直接领导和管理的建设项目、企业、事业、行政单位。地方项目还包括不隶属以上各级政府及主管部门的建设项目和企业、事业单位，如外商投资企业和无主管部门的企业等。

固定资产投资按建设性质分 根据整个建设项目情况来确定。建设项目的性质一般分为新建、扩建、改建和技术改造、迁建、恢复。房地产开发单位、农村投资、城镇工矿区私人建房投资不划分建设性质。

(1)新建：一般指从无到有开始建设的企业、事业和行政单位或建设项目。有的单位原有基础很小，经过建设后新增的固定资产价值超过该企、事业、行政单位原有固定资产价值(原值)三倍以上的也应作为新建。

(2)扩建：指在厂内或其他地点，为扩大原有产品的生产能力(或效益)或增加新的产品生产能力，而增建主要的生产车间(或主要工程)、分厂、独立的生产线。行政、事业单位在原单位增建业务用房(如学校增建教学用房、医院增建门诊部、病房等)也作为扩建。

现有企、事业单位为扩大原有主要产品生产能力或增加新的产品生产能力，增建一个或几个主要生产车间(或主要工程)、分厂，同时进行一些更新改造工程的，也应作为扩建。

(3)改建和技术改造：指现有企业、事业单位，对原有设施进行技术改造或更新(包括相应配套的辅助性生产、生活福利设施) 的建设项目。现有企业、事业单位为适应市场变化的需要，而改变企业的主要产品种类(如军工企业转产民用品等) 的建设项目，应作为改建。原有产品生产作业线由于各工序(车间)之间能力不平衡，为填平补齐充分发挥原有生产能力而增建不增加本企业主要产品设计能力的车间，也应作为改建。技术改造是指企业、事业单位在现有基础上，用先进的技术代替落后的技术，用先进的工艺和装备代替落后的工艺和装备，以改变企业落后的技术经济面貌，实现以内涵为主的扩大再生产，达到提高产品质量、促进产品更新换代、节约能源、降低消耗、扩大生产规模、全面提高社会经济效益的目的。技术改造具体包括以下内容：机器设备和工具的更新改造；生产工艺改革、节约能源和原材料的改造；厂房建筑和公共设施的改造；劳动条件和生产环境的改造等。

固定资产投资按构成分 固定资产投资活动按其工作内容和实现方式分为建筑安装工程，设备、工具、器具购置，其他费用三个部分。

(1)建筑安装工程(建筑安装工作量)：指各种房屋、建筑物的建造工程和各种设备、装置的安装工程。包括各种房屋建造工程；各种用途设备基础和各种工业窑炉的砌筑工程及金属结构工程；为施工而进行的各种准备工作和临时工程以及完工后的清理工作等；铁路、道路的铺设，矿井的开凿及石油管道的架设等；水利工程；防空地下建筑等特殊工程；列入房屋工程预算内的暖气、卫生、通风、照明、煤气等设备的价值及装设油饰工程；列入建筑工程预算内的各种管道(蒸汽、压缩空气、石油、给排水等管道)、电力、电讯电缆导线等的敷设工程；以及各种机械设备的安装工程；为测定安装工程质量，对设备进行的试运工作；房地产开发单位进行的商品房屋开发建设工程、土地开发工程。

在安装工程中，不包括被安装设备本身的价值。

(2)设备、工具、器具购置：指建设单位或企、事业单位购置或自制的，达到固定资产标准的设备、工具、器具的价值。新建单位及扩建单位的新建车间，按照设计或计划要求购置或自制的全部设备、工具、器具，不论是否达到固定资产标准均计入“设备、工具、器具购置”中。

(3)其他费用：指在固定资产建造和购置过程中发生的，除上述几项内容以外的各种应分摊计入固定资产的费用。

施工项目 指报告期内进行过建筑或安装施工活动的项目。凡是报告期内施过工的建设项目，不论施工时间长短，均作为施工项目统计。施工项目个数可以反映一定时期固定资产投资的实际规模，与同期全部建成投产项目个数相比，可以从建设速度的角度反映固定资产投资的效果。根据建设项目施工活动的不同性质，施工项目又分为：本年正式施工项目、本年收尾项目和以前年度全部停缓建项目。

全部建成投产项目 指设计文件规定形成生产能力的主体工程及其相应配套的辅助设施全部建成，经负荷试运转，证明具备生产设计规定合格产品的条件，并经过验收鉴定合格或达到竣工验收标准，与生产性工程配套的生活福利设施可以满足近期正常生产的需要，正式移交生产的建设项目。非工业项目指设计文件规定的主体工程和相应的配套工程全部建成，能够发挥设计规定的全部效益，经验收鉴定合格或达到竣工验收标准，正式移交使用的建设项目。

新增生产能力(或工程效益) 指通过固定资产投资活动而增加的设计能力(或工程效益)，该指标是以实物形态表现的反映固定资产投资成果的指标，也是考核投资经济效果的重要依据之一。

新增生产能力(或工程效益)一般有以下几种表现形式：

(1)用产品数量表示，以工程在单位时间内(一般是一年)所能生产的产品数量(即年产量)表示。如原煤开采用万吨／年表示，化学农药用吨／年表示，拖拉机制造用台／年表示等。某些化工产品由于含量差别较大，按其设计含量计算折合量表示，如硫酸、纯碱、烧碱等。

(2)用单位时间内所能处理的原料数量表示，以工程每天(或小时)所能处理原料的数量表示。如机制糖工程日处理原料吨，食用植物油日处理原料吨，城市污水处理能力用万吨／日表示等。

(3)用新增加的主要设备的数量或容量表示，如新增棉布织机、丝织机等台数，毛纺锭等锭数，发电厂新增发电机组容量用千瓦表示等。

(4)用建筑物容积、容量、面积、长度表示，是非工业项目或工程新增效益的一种表现形式。如铁路投产里程、新建公路、水库容量、粮食仓库、学校学生席位、医院病床、有效灌溉面积等。

根据工程的特点，有时需要用两种或两种以上的复合计量单位表示新增生产能力(或工程效益)，如新增内燃机生产能力同时用年产台数、千瓦数表示等。

为了规范新增生产能力(或工程效益)的名称和计算单位，国家统计局制订了《新增生产能力(或工程效益)

目录及代码》。各固定资产投资单位在统计新增生产能力(或工程效益)时，必须按目录中规定的名称、计量单位和代码填报。

房屋建筑面积 指房屋建筑物勒脚以上外墙外围的水平截面面积，包括房屋建筑物的有效面积和结构面积。该指标是从实物形态上反映建设规模和建设成果的重要指标之一，也是检查工程形象进度、计算工程造价、分析投资效果、研究施工任务和建筑材料之间平衡情况的重要依据。

住宅建筑面积 指施工和竣工房屋建筑面积中供居住用的房屋建筑面积。

施工面积 指报告期内施工的全部房屋建筑面积。包括本期新开工的面积和上期开工跨入本期继续施工的房屋面积，以及上期已停建在本期恢复施工的房屋面积。本期竣工和本期施工后又停缓建的房屋，其建筑面积仍计入本期房屋施工面积中。

竣工面积 指在报告期内房屋建筑按照设计要求已经全部完工，达到住人和使用条件，经验收鉴定合格(或达到竣工验收标准)，正式移交使用单位的各栋房屋建筑面积的总和。

房屋建筑面积竣工率 指一定时期内房屋竣工面积占同期房屋施工面积的比率。

新增固定资产 指报告期内已经完成建造和购置过程，并已交付生产或使用单位的固定资产价值。该指标是表示固定资产投资成果的价值指标，也是反映建设进度，计算固定资产投资效果的重要指标。

项目建成投产率 指一定时期内全部建成投产项目个数与同期施工项目个数的比率。该指标是从建设单位建设速度的角度反映投资效果的指标。

固定资产交付使用率 指一定时期新增固定资产与同期完成投资额的比率。该指标是反映固定资产动用速度，衡量建设过程中宏观投资效果的综合指标。由于新增固定资产是较长时期内形成的结果，而投资额则是当年完成的，因此，该指标一般适宜于反映较长时期内固定资产的动用情况。

商品房销售面积 指报告期内出售商品房屋的合同总面积(即双方签署的正式买卖合同中所确定的建筑面积)。由现房销售建筑面积和期房销售建筑面积两部分组成。

商品房销售额 指报告期内出售商品房屋的合同总价款(即双方签署的正式买卖合同中所确定的合同总价)。该指标与商品房销售面积同口径，由现房销售额和期房销售额两部分组成。

经济适用房 指根据经济适用房计划安排建设的政策性住宅。经济是指房屋建筑造价和销售价格低于一般商品住宅；适用是指适合中低收入家庭购买使用。经济适用房主要是由国家统一下达投资计划，房地产公司开发，对外销售；用地一般采用行政划拨或招标投标方式，免收土地出让金；对各种经批准的收费减半征收，开发利润不超过3%；销售价格实行政府指导价。该指标可以分析房地产投资结构，反映中低收入家庭商品住宅的供求平衡情况。

Explanatory Notes on Main Statistical Indicators

Investment in Fixed Assets refers to the volume of activities in construction and purchases of fixed assets of the whole country and related fees, expressed in monetary terms during the reference period.

Urban Investment in Fixed Assets refers to construction projects involving a total planned investment of 5 million yuan and over by enterprises of various types of ownership, institutions, administrative units and individuals in urban areas, investment in real estate development. In other words, all investments that take place in county towns and urban areas, investment in construction projects under the direct leadership and management of government agencies at and above county levels and investments by enterprises and institutions at and above county levels are covered in urban investment in fixed assets.

Investment in Real Estate Development refers to investment by real estate development companies, commercialized buildings construction companies and other real estate development units of various types of ownership in the construction of buildings, such as residential buildings, factory buildings, warehouses, hotels, guesthouses, holiday villages, office buildings, and the complementary service facilities and land development projects, such as roads, water supply, water drainage, power supply, heating supply, telecommunications, land leveling and other infrastructural projects. It does not include activities in pure land transactions.

Investment in Rural Areas refers to investment in fixed assets by enterprises, institutions, administrative units.

Total Size of Construction refers to the planned total investment for all construction projects during the reference period. This item should correspond with projects under work.

Total Size of Investment in Projects under Construction refers to the planned total investment of all projects under construction at the end of the reference period.

Net Size of Investment in Projects under Construction refers to the outstanding requirement of investment of all projects under construction at the end of the reference period.

Net size of investment in projects under construction= Total size of investment – Accumulated completed investment of projects under construction

Sources of Funds for Investment in Fixed Assets are categorized as funds from the State budget, domestic loans, foreign investment, self-raised funds, and others, depending on the sources of investment.

(1) Fund from the State budget consists of budgetary appropriation and loans from the State budget. More specifically, it includes, from the budget of the central government, capital construction fund (operation fund and non-operational fund), special expenses (e.g. expenses on substituting petroleum with coal), loans from repayment, discount fund, expenses on innovation and trial production of new products, expenses on urban construction, expenses on temporary construction from business departments, development fund for less developed areas, as well as local budgetary fund transferred from the central budget.

(2) Domestic loans refer to loans of various forms borrowed by investing units from banks and non-bank financial institutions during the reference period for the purpose of investment in fixed assets, including loans issued by banks from their self-owned funds and deposit, loans appropriated by higher authorities, special loans by government, loans arranged by local government from special funds, domestic reserve loan, and working loan.

(3) Foreign investment refers to foreign funds received during the reference period for the construction and purchase of investment in fixed assets (covering equipment, materials and technology), including foreign borrowings (loans from foreign governments and international financial institutions, export credit, commercial loans from foreign banks, issue of bonds and stocks overseas), foreign direct investment and other foreign investments. Excluded from this category is capital in foreign exchanges owned by China (foreign exchanges owned by the central and local governments, foreign exchanges retained by enterprises, foreign exchanges by enterprises through the regulating mechanism, loans in foreign exchanges issued by the Bank of China with its own fund, etc.). In calculating the utilization of foreign capital, foreign currencies are converted into Chinese Renminbi applying the current exchange rate when the foreign capitals are actually used.

(4) Self-raised funds refer to extra-budgetary funds for investment in fixed assets received during the reference period by investing units from central government ministries, local governments, enterprises and institutions, including their self-raised funds.

(5) Others refer to funds for investment in fixed

assets received from sources other than those listed above, including capital raised through issuing bonds by enterprises or financial institutions, funds raised from individuals and through donations, and funds transferred from other units.

Investment in Fixed Assets by Sector The classification of construction projects by sector is determined by the major products or the purpose of the projects when they are put into production or use, and by the nature of their social economic activities. In general, one project or one enterprise or institution can only be classified into one sector.

Investment in Fixed Assets by Jurisdiction of Management refers to the classification of investment by the competent authorities under which investment is made by construction units, enterprises, institutions or administrative units.

(1) Central investment refers to the investment in projects or by enterprises, institutions or administrative units which are under the direct leadership and management of the State Council and of the national commissions, ministries, agencies and State-owned large corporations. Various ministries and departments of the State Council prepare and implement plans for investment in fixed assets by those departments, and arrange and ensure the supply of materials and key equipment required for the projects.

(2) Local investment refers to the investment in projects or by enterprises, institutions or administrative units which are under the direct leadership and management of departments under the provincial, prefecture and county governments. Also included are projects by foreign-invested enterprises and enterprises without competent managing authorities.

Investment in Fixed Assets by Type of Construction Construction projects in general can be classified, by the type of construction, into new construction, expansion, reconstruction and technical transformation, moving and restoration. However, investment by type of construction is not applied to investment by real-estate development units, investment in rural areas and private investment in housing construction in urban areas and in industrial and mining areas.

(1) New construction in general refers to construction projects, which start from scratch, of enterprises, institutions, administrative agencies. In case the size of the existing unit is quite small, and the value of newly added fixed assets is more than three times of the the original value, the expansion will be considered as new construction.

(2) Expansion refers to construction of new major production workshop, branch factory or independent production line within a factory or in other locations, for the purpose of increasing the production capacity (or improving efficiency) or adding new production capacity. Newly constructed accommodation for the operation of institutions and administrative organizations (such as newly constructed buildings for teaching in schools, buildings for clinics or wards in hospitals, etc.) are also classified as expansion.

Also included in expansion are investments by existing enterprises or institutions in building major production line(s) or branch factory(ies) along with some work on innovation, for the purpose of expanding the production capacity of original products or producing new products.

(3) Reconstruction and technical transformation refers to construction projects by existing enterprises or institutions in innovation or technical transformation of the old facilities (including auxiliary production equipment and welfare facilities). Also considered as reconstruction is the construction of new workshops by the existing enterprises or institutions to change the variety of products to meet the market demand (such as the production of civil products by defence industries), or to bring the designed production capacity into full play through a more balanced production process on production lines. Technical transformation refers to replacement of old technology or equipment by new technology or equipment, in order to expand the reproduction through improvement of technology contents in production, to improve product quality, to promote new products, to save energy, to reduce consumption, to expand the production scale and to improve overall social-economic efficiency. Contents of technical transformation include: updating of machinery, equipment and tools; reforming production process by using energy or materials saving technology; construction of factory workshops and transformation of public facilities; improvement of working conditions and environment, etc.

Investment in Fixed Assets by Structure By their contents and the mode of implementation, investment activities are classified into 3 categories, i.e. construction and installation, purchase of equipment and instrument, and other expenses.

(1) Construction and installation (work volume of construction and installation) refers to the construction of houses and buildings and the installation of various kinds of equipment and instruments. They include construction of houses; equipment foundations, industrial kilns and stoves, and metal structure work; preparation works and temporary works for project construction, and clearing up works post project construction; pavement of railways and roads, drilling of mines and putting up of oil pipes; construction of water conservancy; construction of underground air-raid shelters and construction of

other special projects; value of equipment for heating, sanitation, ventilation, lighting, gas, painting, etc. that are covered by the budget of housing projects; laying out of various pipelines (for steam, compressed air, petroleum, tap water and sewage) and wiring and cabling for electric power and for communications; installation of various machinery and equipment; testing operation for pre-testing the quality of installation projects, and land and other development work conducted by real estate developers for commercialized housing. The value of equipment installed is itself not included in the value of installation projects.

(2) Purchase of equipment and instruments refers to the total value of equipment, tools, and instruments purchased or self-produced which come up to the cut-off point for fixed assets by the construction units or investing enterprises or institutions. Equipment, tools and instruments purchased or self-produced for new workshops by newly established or expanded units are categorized as "purchase of equipment and instruments" no matter whether they come up to the cut-off point for fixed assets.

(3) Other expenses refer to expenses arising during the construction or purchase of fixed assets other than those mentioned above.

Projects under Construction refer to projects with construction and installation activities undertaken in the reference period. All projects that have construction activities undertaken during the reference period are reported as projects under construction irrespective of the length of construction work. The number of projects under construction can reflect the actual size of investment in fixed assets during a given period, and when compared with the number of projects completed and put into use during the same period, it demonstrates the results of investment in fixed assets from the angle of the speed of the construction. Depending on the nature of construction activities, projects under construction can also be classified into projects beginning construction in current year, winding-up projects in current year and stopped or suspended projects in previous years (with resumption of work in current year).

Projects Completed and Put into Use refer to the major projects and anxilliary facilities having been completed in accordance with the design documents, resulting in forming production capacity and having checked and accepted after relevant tests, while the living and welfare facilities having been completed and being capable of ensuring normal production. Non-industrial projects refer to the major projects and anxilliary facilities which have been completed in accordance with the design documents ; have been checked, accepted after relevant examination; and have been formally delivered for use.

Newly Increased Production Capacity (or Project Efficiency) refers to the increase in design capacity (or project efficiency) through investment in fixed assets, which reflects the accomplishment of investment in fixed assets in physical form and serves as an important basis for evaluating the economic efficiency of investment.

The newly increased production capacity (project efficiency) are usually expressed in one of the following forms:

(1) volume of output of products, i.e. the volume of output that the project can produce during a given period (usually a year). For instance, the capacity in coal mining is expressed in 10,000 tons/year, the capacity in producing chemical pesticides expressed in ton/year, the capacity in producing tractors in tractor/year, etc. For some chemical products where the effective contents differ significantly, the production capacity is expressed as the designed effective content equivalent, such as in the case of sulphuric acid, soda ash, caustic soda, etc;

(2) volume of raw materials processed per unit of time, i.e. the volume of raw materials that could be processed by the project per day (or per hour), such as tons of materials processed per day by a sugar refining project or edible vegetable oil project, or tons of urban sewage processed per day;

(3) number or capacity of major equipment increased, such as number of cotton or silk looms increased, wool spindles increased, or capacity (in kilowatts) of power generators increased; and

(4) physical measures (volume, capacity, area, and length) of construction, which is typical for non-industrial projects, for instance, the length of railways put into operation, the length of highways, the capacity of reservoirs, the capacity of warehouses, the floor space of housing projects, capacity for new students in schools or beds in hospitals, areas under new irrigation project, etc.

The special features of projects may sometimes call for the combined use of two or more measurements to reflect the increase in production capacity (or project efficiency); for instance, the new capacity for the production of internal combustion engines is expressed in sets per year and kilowatts per year simultaneously.

To standardize the nomenclature and unit of measurement for newly increased production capacity (or project efficiency), the National Bureau of Statistics has developed the Nomenclature and Codes for New Production Capacity (Project Efficiency). All reporting units with investment activities are required to follow these two nomenclatures in reporting statistics on new production capacity (project efficiency).

Floor Space of Buildings under Construction refers to the total floor space of the horizontal section of outer walls above the plinth of the building, including the effective area and the area occupied by the structure. This

indicator is one of the important indicators in physical terms to reflect the scale and accomplishment of the construction industry and also an important basis for monitoring the progress, calculating the cost, analyzing the efficiency and studying the supply of building materials in relation to the construction projects.

Floor Space of Residential Buildings refers to the floor space of the residential buildings among the total space of buildings under construction or completed.

Floor Space under Construction refers to total floor space of all buildings under construction during the reference period, including floor space of newly started buildings during the reference period, floor space of construction extended from the previous period to the current period, and floor space of construction suspended during the previous period and resumed in the current period. Floor space of construction completed in the current period, and floor space of construction started and then suspended in the current period are also included in the floor space under construction of the current year.

Floor Space Completed refers to the floor space of all buildings completed in the reference period, which have been appraised and accepted (or come up to the designed standards) and have been transferred to owner units.

Completion Rate of Floor Space of Buildings refers to the ratio of the floor space of buildings completed in a certain period of time to the floor space of buildings under construction in the same period.

Newly Increased Fixed Assets refer to the newly increased value of fixed assets, constructed or purchased, that have been transferred to the investors. This is an indicator that demonstrates the results of investment in fixed assets in monetary terms, and an important indicator to reflect the speed of construction and to calculate the efficiency of investment.

Rate of Construction Projects Completed and Put into Use refers to the ratio of the number of construction projects completed and put into use in a certain period of time to the number of projects under construction in the same period. This reflects the investment efficiency from the perspective of the speed of projects construction.

Rate of Projects of Fixed Assets Completed and Put into Operation refers to the ratio of the newly increased fixed assets to the total investment made in the same period. This is a comprehensive indicator reflecting the speed of the employment of fixed assets and the investment efficiency at the macro-level. As the newly increase fixed assets is the result of a long period while the investment is completed in the current year, this indicator is expected to be used to reflect the employment of fixed assets over a long period of time.

Area of Commercialized Housing Sold refers to total contracted area of commercialized housing (i.e. area of floor space as designated in the formal contracts signed by both sides) during the reference time. It constitutes floor space of completed housing and floor space of future housing.

Value of Commercialized Housing Sold refers to the total contracted value (i.e. value of sales/purchase for selling/purchase of commercialized housing as designated in the contract signed by both sides) during the reference time. This indicator has the same coverage as the area of commercialized housing sold, which constitutes floor space of completed housing and floor space of housing yet to be completed.

Economically Affordable Housing refers to housing constructed according to the State Plan for economically affordable housing. The features of houses of this category are low cost of construction and low prices, and therefore are affordable to mid-income and low income households. Economically affordable housing projects are developed by real estate companies under the State Investment Plan, with the land provided through government allocation or tendering procedures. Developers are exempted from land utilization fees and enjoy another 50% exemption of all other legitimate fees, while their profits are limited to less than 3%, and the completed houses are sold under government-guided prices. This indicator helps to analyze the investment structure of the real estate industry and the demand and supply of housing for mid-income and low income households.

6 对外经济、旅游和开发区

Foreign Economy ,Tourism and Development Zones

资料整理人员：贺淑贞　　吕 燕

6-1 对外经济和旅游
Foreign Economy and Tourism

年份 Year	进出口总额(万美元) Total Imports And Exports (USD 10 000)	出口 Exports	进口 Imports	实际利用外商直接投资金额(万美元) Total Amount of Foreign Capital Actually Used (USD 10 000)	接待旅游总人数(万人) Number of Tourists (10 000 persons)	旅游业总收入(亿元) Income of Tourism (100 million yuan)	星级饭店数(个) Total Number of Tourist Hotels
1979	23363	22296	1067		0.81	0.01	
1980	32635	31389	1246		0.95	0.01	
1981	43531	35504	8027		1.33	0.02	
1982	42662	38369	4293		1.53	0.05	
1983	45667	40003	5664		1.99	0.03	
1984	46171	41703	4468		2.63	0.04	
1985	52549	39606	12943		3.20	0.04	
1986	62377	50305	12072		4.12	0.09	
1987	74642	61945	12697	235	5.72	0.10	
1988	83403	63860	19543	447	6.76	0.30	
1989	85201	66563	18638	1495	5.57	0.30	
1990	94161	80552	13609	1116	8.52	0.50	
1991	137525	101665	35860	2276	1210	3.68	
1992	207800	141145	66655	12853	1513	6.03	
1993	234800	161200	73600	43267	1615	11.62	
1994	201740	143321	58419	32512	2014	30.80	
1995	201664	145101	56563	48802	2518	43.41	
1996	176299	129074	47225	70344	3223	60.45	
1997	189445	144796	44649	91702	4040	79.59	
1998	178209	128290	49919	81816	4235	99.93	
1999	195604	128210	67394	65384	4339	120.35	
2000	251259	165308	85951	68182	4695	148.76	212
2001	275841	175400	100441	81011	5036	210.50	270
2002	287621	179542	108079	103089	5757	245.98	321
2003	373617	214626	158990	148907	5970	294.11	359
2004	543774	309778	233996	141806	6487	371.56	417
2005	600485	374667	225818	207235	7181	453.62	388
2006	735259	509401	225858	259335	9195	588.41	501
2007	968987	652342	316645	327051	10897	732.71	585
2008	1256584	840950	415634	400515	12830	851.75	569
2009	1015101	549189	465912	459787	16065	1099.47	567
2010	1468886	795487	673399	518441	20398	1425.80	549
2011	1900006	989747	910259	615031	25328	1785.78	568

注:进出口数据1994年前为外贸统计数，1994年及以后为海关统计数。

Figures on total imports and exports form foreign trade were obtained from foreign trade statistics before 1994 and the figures were obtained from the Changsha Customs statistics after 1994.

6-2 对外经济贸易和旅游概况
A Survey on Foreign Trade and Tourism

指 标	Item	2000	2005	2010	2011
进出口总额 (亿美元)	**Total Imports And Exports (USD 100 million)**	**25.13**	**60.05**	**146.89**	**190.00**
出口总额	Total Exports	16.53	37.47	79.55	98.97
进口总额	Total Imports	8.60	22.58	67.34	91.03
进出口差额	Balance	7.93	14.89	12.21	7.95
实际利用外资 (亿美元)	**Total Amount of Foreign Capital Actually Used (USD 100 million)**	**11.08**	**16.37**	**51.84**	**61.50**
对外借款	Foreign Loans	3.37	2.19	1.94	2.76
外商直接投资	Foreign Direct Investments	6.82	14.18	49.09	56.77
外商其他投资	Other Foreign Investments	0.89		0.81	1.97
外商投资企业基本情况	**Registered Foreign-funded Enterprises**				
年底登记户数 (户)	Number of Registered Enterprises (unit)	2316	2598	2621	2289
投资总额 (亿美元)	Total Investment (USD 100 million)	73.06	119.08	324.06	349.58
注册资本 (亿美元)	Registered Capital (USD 100 million)	43.38	70.29	161.11	182.95
#外方	#Capital from Foreign Partners	26.51	52.66	114.61	135.40
对外经济合作合同金额 (亿美元)	**Contracted Value of Economic Cooperation With Foreign Countries & Territories (USD 100 million)**	**1.87**	**6.14**	**21.15**	**18.98**
对外承包工程	Contracted Projects	1.49	5.82	14.12	10.01
对外劳务合作	Labor Services	0.34	0.26	7.03	8.97
设计咨询	Design Consultation	0.04	0.06		
国际旅游人数(万人次)	**Total Number of International Tourists (10 000 person-times)**	**45.40**	**55.34**	**189.87**	**228.63**
外国人	Foreigners	15.79	41.24	103.30	120.80
港澳台同胞	Compatriots from HongKong,Macao and Taiwan	29.61	14.10	86.57	107.83
旅游外汇收入总额(亿美元)	**Foreign Exchange Earnings from International Tourism (USD 100 million)**	**2.21**	**3.13**	**8.87**	**10.40**
星级宾馆(个)	Total Number of Tourist Hotels (unit)	212	388	549	568

注：外贸进出口资料统一按长沙海关统计数据，以下同。

Figures on total imports and exports form foreign trade are obtained from the Changsha Customs statitics.The same as in the following table.

6-3 进出口商品总值
Total Value of Imports and Exports

单位：万美元 (USD 10 000)

项 目	Item	2007	2008	2009	2010	2011
进出口总值	**Imports & Exports**	**968987**	**1256584**	**1015101**	**1468886**	**1900006**
#出口	#Exports	652342	840950	549189	795487	989747
进口	Imports	316645	415634	465912	673399	910259
进出口差额	**Balance**	**335697**	**425316**	**83277**	**122088**	**79488**

6-4 进出口商品主要产销国别(地区)总值
Value of Imports and Exports by Main Producer and Sales Countries (Regions)

单位：万美元 (USD 10 000)

国 家 (地区)	Country (Region)	2009		2010		2011	
		进 口 Imports	出 口 Exports	进 口 Imports	出 口 Exports	进 口 Imports	出 口 Exports
总 计	Total	465912	549189	673399	795487	910259	989747
中国香港	Hong Kong, China	1530	60634	979	104524	2225	152036
日 本	Japan	74047	34081	127753	48030	140035	58169
菲律宾	Philippines	813	2980	1337	4137	4449	7367
新加坡	Singapore	492	9409	1136	12232	2881	16778
韩 国	Republic of Korea	8411	43391	13412	66443	16105	84715
中国台湾	Taiwan, China	7722	7321	11736	12656	21853	16785
英 国	United Kingdom	10044	9413	6408	11378	5481	12185
德 国	Germany	76989	15843	85116	24679	126623	25044
法 国	France	3619	6058	5690	6979	5301	7026
意大利	Italy	14787	8783	18313	12698	17715	14816
荷 兰	Netherlands	7209	19337	10273	26289	8345	27323
俄罗斯	Russia	2528	10436	3395	16771	4357	17813
加拿大	Canada	12387	13028	11410	19951	28988	21754
美 国	United States	23838	62577	35659	84858	50701	100692
澳大利亚	Australia	68500	6292	127911	10430	160998	11721
沙特阿拉伯	Saudi Arabia	172	6464	466	7782	456	12380
阿联酋	United Arab Emirates	26	11526	122	12364	232	16226
比利时	Belgium	3467	6715	4695	10513	5018	11886
西班牙	Spain	2154	6881	3943	8064	2619	8640
马来西亚	Malaysia	1421	8754	3394	12773	5973	30501

6-5 进出口商品机电电子产品情况
Import and Export Value of Machinery and Electrical Products

单位：万美元 (USD 10 000)

指标	Item	2009		2010		2011	
		进口 Imports	出口 Exports	进口 Imports	出口 Exports	进口 Imports	出口 Exports
机电产品	**Mechanical & Electrical Products**	**214493**	**166437**	**283486**	**270113**	**370453**	**356729**
金属制品	Metal and Related Products	4573	26846	5373	50903	4930	55836
机械及设备	Machinery and Equipment	89510	46755	99924	62765	117025	98039
电器及电子产品	Electrical Products	59894	47031	73656	95078	92299	104432
运输工具	Facilities of Transportation	43045	33592	82156	46518	124456	76243
仪器仪表	Instruments and Meters	17166	4445	21857	3460	31203	8109
其他	Others	304	7768	519	11390	541	14070

6-6 进出口商品贸易方式
Value of Imports and Exports by Trade Ways

单位：万美元 (USD 10 000)

贸易方式	Trade Ways	2010		2011	
		进口 Imports	出口 Exports	进口 Imports	出口 Exports
一般贸易	Original Trade	595477	657960	791640	802161
国家间、国际组织无偿援助和赠送的物资	Assistant Goods from International Organization		85		36
华侨、港、澳同胞、外籍华人捐赠物资	Assistant Goods from Overseas Chinese, Compatriots from Hongkong, Macao and Taiwan				
补偿贸易	Compensation Trade				
来料加工装配贸易	Processing and Assembly Trade Provided with Raw Material	9226	15256	16114	22381
进料加工贸易	Processing Trade of Imported Material	53237	101188	82367	149165
寄售、代销贸易	Consign and Commission Trade				
边境小额贸易	Frontier Small Value Trade				
加工贸易进口的设备	Processing and Assembling Import Equipment Provided with Material	2819		1744	
对外承包工程出口货物	Constructed Projects in Foreign Countries		3810		8112
租赁贸易	International Lease			4806	
外商投资企业作为投资进口的设备、物品	Imported Equipment and Materials as Investment of Foreign Investment Enterprises	5277		9592	
出料加工贸易	Processing Trade of Exported Material				
易货贸易	Barter				12
免税外汇商品	Tax Free Foreign Exchange Commodities				
保税监管场所进出境货物	Import & export Commodities in Protective Tariff Zone	4954	2039	1622	5037
海关特殊监管区域物流货物				1564	305
其它贸易	Others Trade	604	14943	570	2449

6-7 主要出口商品总值

Major Exports Commodities in Value

单位：万美元 (USD 10 000)

商品名称	Name of Commodities	2000	2005	2010	2011
活猪(种猪除外)	Live Hogs (excluded seed hogs)	4709	4869	2912	4200
鲜、冻猪肉	Fresh Frozen Pork	999	5826	8804	9433
谷物及谷物粉	Cereals and Cereals Flour	1862	141	382	404
大米	Rice	1846	113	382	398
鲜、干水果	Vegetables, Fruit & Nuts, Fresh or Dried	165	122	414	428
茶叶	Tea	1310	2944	6719	8720
烤烟	Flue-cured Tobacco	400	306	1822	877
黏土及其耐火矿物	Clay and Other Refractory Minerals	1099	3358	7602	5794
天然石墨	Nutural Graphite	1091	3304	7568	5755
仲钨酸铵	Tungstates	597	1260	1872	1939
氧化锌及过氧化锌	Zinc Oxide and Zinc Peroxide	1146	252	50	20
医药品	Medical and Pharmaceutical Products	1730	1515	3550	4314
烟花、爆竹	Fireworks and Firecrackers	8186	14920	31273	36831
松香及树脂酸	Resin and Resin Acids	354	448	1248	1099
家用或装饰用木制品	Woodwork for Family and Decorating	555	2261	2658	3602
纺织纱线、织物及制品	Textile Yarn,Textile and Related Products	13344	23957	26192	26650
棉纺机织物	Cotton Textile Machine Woven	3604	5345	26192	4642
亚麻及苎麻机织物	Flax and Ramine Machine Woven	2612	6756	4509	5428
家用陶瓷器皿	Porcelain and Pottery Ware for Household Use	7184	15267	21481	24927
钢材	Rolled Steel	3121	47813	120152	160248
未锻造的锌及锌合金	Unwrought Zinc and Zinc Alloys	15099	5660	1759	
未锻造的锡及锡合金	Unwrought Tin and Tin Alloys	527			
未锻造的锑	Unwrought Antimony	781	2958	672	1062
未锻造的锰	Unwrought Manganese	5524	27329	12812	7518
手用或机用工具	Hand Tools and Tools for Machines	2452	5424	8005	12571
轴承	Bearings	891	528	650	880
印刷电路	Electrocircuit of Presswork	1234	2981	6883	7206
通断及保护电器装置及零件	Eletrical Apparatus for Switching or Protecting Electrical Circults	440	865	16470	3909
汽车零件	Parts of Motor Vehicles	965	2327	8651	9882
摩托车	Motorcycles	1543	4136	1484	1874
船舶	Ships	201	1067	2285	3345
箱包及类似容器	Travel Goods	1333	1990	8184	8055
服装及衣着附件	Articles of Apparel & Clothing Accessories	13027	15756	36959	35029
织物制服装	Garments with Textile	9536	11380	32153	31406
非针织钩编织物服装	Garmens with Non-Kniting or Crocheting	5403	5731	11374	12551
针织或钩编的服装	Garments with Kniting or Crocheting	4133	5649	20779	18855
皮革服装	Leather Garments	2322	1569	359	289
鞋类	Footware	4436	4621	13245	16047
鞋	Shoes	4266	4574	13067	15662
以橡胶或塑料制的鞋	Shoes with Rubber or Plastic Materials	2311	1238	3832	4324
橡胶或塑料底纺织材料为面的鞋	Shoes with Tread of Rubber or Plastic Materials and Surface of Textile Materials	1441	801	5244	5170
塑料制品	Plastic Articles	770	1246	3441	2478

6-8 主要进口商品总值
Major Imports Commodities in Value

单位：万美元 (USD 10 000)

商品名称	Name of Commodities	2000	2005	2010	2011
食用植物油	Edible Vegetable Oil	129	1817	1148	1942
豆油及其分离品	Bean Oil and Related Separate Articles	42	443		
饲料用鱼粉	Flours and Meals of Fish for Animal Food	1600	3818	468	606
原木	Logs	240		3	87
纸浆	Paper Pulp	451	3344	9383	12965
铁矿砂	Iron Ore	5079	49409	196322	276104
铬矿砂	Chromium Ores	823	2255	12	80
成品油	Petroleum Products Refined	34	11747	13	31
初级形状的塑料	Primary Plastic	569	988	3485	5389
农药	Pesticides	112	25	31	8
纸及纸板(未切成形的)	Paper and Paperboard	717	499	1714	1660
无机物涂布纸	Papers with Mineral Coat	687	271	1510	1474
棉机织物	Cotton Textile Machine Woven	970	1171	1202	1153
针织或钩编织物	Kniting or Crocheting	363	175	267	259
钢材	Rolled Steels	3805	6263	10144	11547
钢铁板材	Steel-Board	3608	5744	7619	9397
钢铁制标准紧固件	Nails ,Bolts ,etc	520	664	1322	1261
未锻造的铜及铜材	Unwrought Copper and Rolled Copper	588	1627	3170	2648
铜材	Rolled Copper	513	1600	1550	1192
活塞式内燃机的零件	Accessories of Gas Engine with Piston	421	43	96	158
液泵及液体提升机	Liquid Pump and Machine with Liquid Exaltation	249	1762	4918	5461
机械提升搬运装卸设备及零件	Portage ,Load and Unload Equipments and Accessories with Machine Exaltation	366	1056	4807	3586
建筑及采矿用机械	Machinery for Counstruction and Mining	456	341	2076	4352
制造纸及纸制品用机械	Paper and Pulp Mill Machinery	110	358	531	382
印刷、装订机械	Printing and Binding Machinery	601	1673	559	4932
金属加工机床	Machine Tools for Processing Metals	833	6219	11998	14516
阀门	Valves	203	1432	3972	4161
模型及金属铸造用型箱	Models and Patterns	165	291	36	228
自动数据处理设备及其部件	Automatic Data Processing Equipments and Accessories	2952	1485	468	1805
数字式自动数据处理设备	Digital Automatic Data Processing Equipment	1495	954		263
存储设备	Accessories of I/O Equipments	921	56	4	11
有线电话或电报交换机	Lineate Telephones or Telegram Exchanges	356			
有线电话电报设备的零附件	Accessories of Lineate Telephones and Telegrams	454	1		
电视显像管	Kinescope	104	1		
集成电路及微电子组件	Integrated Circuit and Microelectronics Device	1052	1850	5242	7408
汽车零件	Parts of Motor Vehicles	6374	4541	12021	11477
医疗仪器及器械	Medical Instruments and Appliances	1014	1839	2718	3300
计量检测分析自动仪器及器具	Measuring and Checking	1718	4051	17004	21310
印刷品	Pressworks	477	122	2086	45
塑料制品	Articles of Plastics	297	330	618	816

6-9 利用外商直接投资

Foreign Direct Investments

单位：万美元 (USD 10 000)

项 目	Item	2000	2005	2010	2011
总 计	**Total**	**68182**	**207235**	**518441**	**615031**
按产业类别分类	**Grouped By Industry**				
第一产业	Primary Industry	3335	6915	35864	34489
第二产业	Secondary Industry	43425	141882	432949	473463
第三产业	Tertiary Industry	21422	58438	49628	107079
按企业主体分类	**Grouped by Form**				
中外合资	Equity Foint Venture	32671	38146	87552	90512
中外合作	Contractural foint Venture	7328	15351	11808	12973
外商独资	Wholly Foreign-owned Entenprise	27940	119798	418095	483976
外商投资股份制	FDI Share Holding Inc.	243	33940	986	27570

6-10 外商直接投资签订合同情况(分国别、地区）(2011年）

Basic Statistics on Signed Contracts of Direct Foreign Investment(by Country or Region) (2011)

国别(地区)	Countries (Region)	项目(合同)个数(个) Number of Projects (case)	合同外资额(万美元) Agreement Amount (USD 10 000)	实际利用外资(万美元) Actually Used Amount (USD 10 000)
总 计	**Total**	**674**	**939534**	**615031**
中国香港	Hongkong, China	428	640234	399241
中国澳门	Macro, China	20	18185	8827
中国台湾	Taiwan, China	90	93854	64971
韩国	Korea	5	291	3505
泰 国	Thailand	1	369	
马来西亚	Malaysia	7	15231	1521
新加坡	Singapore	10	6921	10730
日 本	Japan	11	203	14188
德 国	Germany	4	3061	1846
意大利	Italy	5	2737	9002
英 国	United Kingdom	2	234	1866
卢森堡	Luxembourg	0		1514
加拿大	Canada	6	10425	5891
美 国	United States	22	18832	8177
澳大利亚	Australia	3	1410	2516
维尔京群岛	Virgin Islands	15	47904	32886

6-11 旅 游 业 基 本 情 况
Basic Statistics of Tourism

项 目	Item	2000	2005	2010	2011
接待旅游总人数 (万人)	**Number of Tourists (10 000 persons)**	**4695.40**	**7180.98**	**20398.03**	**25328.29**
#接待海外游客	# International Tourists	45.40	71.98	189.87	120.80
#接待国内游客	# Domestic Tourists	4650.00	7109.00	20208.16	25099.66
旅游业总收入(人民币亿元)	**Income of Tourism (100 million yuan)**	**148.80**	**453.57**	**1425.80**	**1785.78**
#旅游创汇(亿美元)	# Earnings from International Tourism (USD 100 million)	2.21	3.90	8.87	10.40
#国内旅游收入 (人民币亿元)	#Earnings from Domestic Tourism (RMB 100 million yuan)	130.46	421.20	1365.54	1718.20

6-12 国际旅游人数和人天数
Number of International Tourists and Days of Tourism

项 目	Item	2000	2005	2010	2011
接待入境旅游人数合计(人次)	**Total of International Tourists Arrivals (person-time)**	**454008**	**719829**	**1898698**	**2286334**
#外国人	#Foreigners	157899	608847	1032951	1208013
港澳台同胞	Compatriots From Hongkong,Macao and Taiwan	296109	110982	865747	1078321
#台胞	Compatriots from Taiwan	172731	61007	372105	512654
入境旅游人天数合计(人天)	**Total of International Tourist Arrivals (person-day)**	**1443640**	**2291253**	**4631994**	**5727673**
#外国人	#Foreigners	596216	1943303	3191532	3500335
港澳台同胞	Compatriots From Hongkong,Macao and Taiwan	847424	347951	1440462	2227338
#台胞	Compatriots from Taiwan	465221	19122	633096	1126241

注：从2000年起，华侨并入外国人统计。 Overseas chinese are bring into foreigners since 2000.

6-13 接待外国人按国别分组
Number of Foreign Tourists by Country

单位：人次 (person-time)

国 别	Country	2007	2008	2009	2010	2011
外国人总计	**Total**	**1205713**	**710983**	**640791**	**1032951**	**1208013**
#日 本	#Japan	52783	59896	123563	95316	95251
菲律宾	Philippines	3979	5438	2854	15177	21193
新加坡	Singapore	22933	23116	19030	43174	42831
泰 国	Thailand	4571	8824	6928	29418	35232
印度尼西亚	Indonesia	8345	9413	6415	21667	33396
美 国	United States	66471	56505	67886	106282	125760
加拿大	Canada	11608	17628	8512	36179	23838
德 国	Germany	21573	34557	20356	47063	48053
英 国	United Kingdom	16267	28679	28502	49041	49316
法 国	France	10889	26772	13437	36287	34082
意大利	Italy	2597	5777	4473	19368	13568
俄罗斯	Russia	4535	8326	4231	11306	4987
澳大利亚	Australia	5709	8337	6702	30716	19324
新西兰	New Zealand	1282	1999	2243	9609	3850
其 他	Others	972171	415716	325659	482348	657332

6-14 湖南省省级及以上开发区基本情况
Basic Indicators of above the provincial level Development Zones

指标	Item	2010	2011
园区规划面积（平方公里）	Floor Areas in Development Zone(Sq.km.)	1706.7	1914.57
已开发面积(平方公里)	Actual Land Areas of Development Zone	608.02	696.1
#工业用地面积(平方公里)	Floor Areas of Industrial	380.91	452.65
园区企业个数(个)	Number of Enterprises(unit)	11637	13434
#高新技术产品企业个数(个)	New-and-High-tech Enterprises(unit)	1115	1454
出口型企业个数（个）	Exportation Type Enterprises (unit)	456	545
工业企业个数（个）	Industrial Enterprises(unit)	7453	8419
年末从业人数(人)	Population of Employment(person)	1374569	1597976
#高新技术产品企业期末从业人数（人）	Employees in New-and-High-tech Enterprises(person)	420511	530757
工业企业期末从业人数（人）	Population of Industrial Enterperises(person)	1081254	1252521
拥有专利数(件)	Patent number(item)	7977	9419
年末拥有标准厂房面积(万平方米)	Standard workshop area（10 000m²）	3553.12	4259.63
#已出租面积（万平方米）	Leased area （10 000m²）	1134.86	1584.69
本年新建标准厂房面积（万平方米）	Build standard workshop area in this year（10 000m²）	458.11	740.34
本年完成固定资产投资（亿元）	Investment in Fixed Assets(100 million yuan)	1623.24	2199.29
#基础设施投资额(亿元)	Infrastructure Investment(100 million yuan)	398.10	586.21
本年新建标准厂房投资（亿元）	The new standard plant investment (100 million yuan)	169.89	261.02
新批外商直接投资项目个数(个)	Newly Authorized Projects of Foreign Direct Investment(unit)	147	176
实际到位外商直接投资金额(亿美元)	Actual value of Foreign Direct Investment(USD 100 million)	15.79	18.68
利用外资占全省比重（%）	Use Foreign Direct To whole province(%)	81.11	86.3
实施省外境内合作项目个数(个)	Foreign-funded projects(unit)	879	1087
实际到位省外境内资金(亿元)	Actual value of Foreign-funded projects(100 million yuan)	571.23	728.84
利用内资占全省比重（%）	Percentage of Foreign-funded to whole province（%）	32.96	34.94
技工贸总收入(亿元)	Industry and Trade income(100 million yuan)	9869.71	13932.93
#工业企业产品销售收入(亿元)	Industrial product sales income(100 million yuan)	7842.28	11073.62
规模以上工业企业产品销售收入(亿元)	Population of Industrial Enterperises product sales income (100 million yuan)	7283.95	10493.38
利润总额(亿元)	Total profit(100 million yuan)	619.55	817.62
上交税金总额(亿元)	Total of the tax amount(100 million yuan)	313.81	415.79
R&D经费支出总额(亿元)	Total of Expenditureonr R&D（100 million yuan）	194.79	289.70
当年R&D经费支出总额占全省生产总值比重（%）	Percentage of Expenditure on R&D to whole province GDP （%）	1.19	1.43
高新技术产品产值（亿元）	Output Value of New-and-High-tech Enterprises(100 million yuan)	4336.78	6176.70
高新技术产品产值占全省生产总值比重（%）	Percentage of Output Value of New-and-High-tech Enterprises to whole province GDP（%）	26.52	30.56
出口交货值（亿元）	Delivery Value of Exports (100 million yuan)	366.45	562.27

6-15 湖南省国家级开发区基本情况
Basic Indicators of National Development Zones

指标	Item	2010	2011
园区规划面积（平方公里）	Floor Areas in Development Zone(Sq.km.)	646.79	780.03
已开发面积(平方公里)	Actual Land Areas of Development Zone	210.69	232.5
#工业用地面积(平方公里)	Floor Areas of Industrial	139.54	155.61
园区企业个数(个)	Number of Enterprises(unit)	4582	5346
#高新技术产品企业个数(个)	New-and-High-tech Enterprises(unit)	684	877
出口型企业个数（个）	Exportation Type Enterprises (unit)	220	251
工业企业个数（个）	Industrial Enterprises(unit)	3057	3498
年末从业人数(人)	Population of Employment(person)	601472	703122
#高新技术产品企业期末从业人数（人）	Employees in New-and-High-tech Enterprises(person)	263530.00	316487.00
工业企业期末从业人数（人）	Population of Industrial Enterperises(person)	484711.00	557164.00
拥有专利数(件)	Patent number(item)	4200	5407
年末拥有标准厂房面积(万平方米)	Standard workshop area（10 000m²）	1888.02	2117.68
#已出租面积（万平方米）	Leased area （10 000m²）	188.92	2591768
本年新建标准厂房面积（万平方米）	Build standard workshop area in this year（10 000m²）	161.85	286.42
本年完成固定资产投资（亿元）	Investment in Fixed Assets(100 million yuan)	733.31	956.42
#基础设施投资额(亿元)	Infrastructure Investment(100 million yuan)	183.98	276.68
本年新建标准厂房投资（亿元）	The new standard plant investment (100 million yuan)	74.78	107.09
新批外商直接投资项目个数(个)	Newly Authorized Projects of Foreign Direct Investment(unit)	66	86
实际到位外商直接投资金额(亿美元)	Actual value of Foreign Direct Investment(USD 100 million)	9.20	11.34
利用外资占全省比重（%）	Use Foreign Direct To whole province(%)	50.83	51.46
实施省外境内合作项目个数(个)	Foreign-funded projects(unit)	331	370
实际到位省外境内资金(亿元)	Actual value of Foreign-funded projects(100 million yuan)	184.00	255.00
利用内资占全省比重（%）	Percentage of Foreign-funded to whole province（%）	10.62	12.22
技工贸总收入(亿元)	Industry and Trade income(100 million yuan)	5493.23	7617.98
#工业企业产品销售收入(亿元)	Industrial product sales income(100 million yuan)	4369.19	6005.87
规模以上工业企业产品销售收入(亿元)	Population of Industrial Enterperises product sales income (100 million yuan)	4178.46	5833.86
利润总额(亿元)	Total profit(100 million yuan)	336.24	426.95
上交税金总额(亿元)	Total of the tax amount(100 million yuan)	197.07	259.32
R&D经费支出总额(亿元)	Total of Expenditureonr R&D（100 million yuan）	104.79	151.25
当年R&D经费支出总额占全省生产总值比重（%）	Percentage of Expenditure on R&D to whole province GDP（%）	0.64	0.75
高新技术产品产值（亿元）	Output Value of New-and-High-tech Enterprises(100 million yuan)	3232.35	4464.61
高新技术产品产值占全省生产总值比重（%）	Percentage of Output Value of New-and-High-tech Enterprises to whole province GDP（%）	19.76	22.09
出口交货值（亿元）	Delivery Value of Exports (100 million yuan)	190.11	305.04

6-16 湖南省省级开发区基本情况
Basic Indicators of Provincial Development Zone

指标	Item	2010	2011
园区规划面积（平方公里）	Floor Areas in Development Zone(Sq.km.)	1059.91	1134.54
已开发面积(平方公里)	Actual Land Areas of Development Zone	397.33	463.6
#工业用地面积(平方公里)	Floor Areas of Industrial	241.37	297.04
园区企业个数(个)	Number of Enterprises(unit)	7055	8088
#高新技术产品企业个数(个)	New-and-High-tech Enterprises(unit)	431	577
出口型企业个数（个）	Exportation Type Enterprises (unit)	236	294
工业企业个数（个）	Industrial Enterprises(unit)	4396	4921
年末从业人数(人)	Population of Employment(person)	773097	894854
#高新技术产品企业期末从业人数（人）	Employees in New-and-High-tech Enterprises(person)	156981	214270
工业企业期末从业人数（人）	Population of Industrial Enterperises(person)	596543	695357
拥有专利数(件)	Patent number(item)	3777	4012
年末拥有标准厂房面积(万平方米)	Standard workshop area（10 000m²）	1665.10	2141.95
#已出租面积（万平方米）	Leased area （10 000m²）	945.94	1325.51
本年新建标准厂房面积（万平方米）	Build standard workshop area in this year（10 000m²）	296.26	453.93
本年完成固定资产投资（亿元）	Investment in Fixed Assets(100 million yuan)	889.94	1242.87
#基础设施投资额(亿元)	Infrastructure Investment(100 million yuan)	214.12	309.52
本年新建标准厂房投资（亿元）	The new standard plant investment (100 million yuan)	95.10	153.93
新批外商直接投资项目个数(个)	Newly Authorized Projects of Foreign Direct Investment(unit)	81	90
实际到位外商直接投资金额(亿美元)	Actual value of Foreign Direct Investment(USD 100 million)	6.59	7.35
利用外资占全省比重（%）	Use Foreign Direct To whole province(%)	30.28	34.84
实施省外境内合作项目个数(个)	Foreign-funded projects(unit)	548	717
实际到位省外境内资金(亿元)	Actual value of Foreign-funded projects(100 million yuan)	387.24	473.84
利用内资占全省比重（%）	Percentage of Foreign-funded to whole province（%）	22.34	22.72
技工贸总收入(亿元)	Industry and Trade income(100 million yuan)	4376.48	6314.95
#工业企业产品销售收入(亿元)	Industrial product sales income(100 million yuan)	3473.10	5067.76
规模以上工业企业产品销售收入(亿元)	Population of Industrial Enterperises product sales income (100 million yuan)	3105.49	4659.51
利润总额(亿元)	Total profit(100 million yuan)	283.32	390.67
上交税金总额(亿元)	Total of the tax amount(100 million yuan)	116.74	156.46
R&D经费支出总额(亿元)	Total of Expenditureonr R&D（100 million yuan）	90.00	138.44
当年R&D经费支出总额占全省生产总值比重（%）	Percentage of Expenditure on R&D to whole province GDP（%）	0.55	0.69
高新技术产品产值（亿元）	Output Value of New-and-High-tech Enterprises(100 million yuan)	1104.43	1712.09
高新技术产品产值占全省生产总值比重（%）	Percentage of Output Value of New-and-High-tech Enterprises to whole province GDP（%）	6.75	8.47
出口交货值（亿元）	Delivery Value of Exports (100 million yuan)	176.33	257.22

主要统计指标解释

进出口总额 指实际进出我国国境的货物总金额。包括对外贸易实际进出口货物，来料加工装配进出口货物，国家间、联合国及国际组织无偿援助物资和赠送品，华侨、港澳台同胞和外籍华人捐赠品，租赁期满归承租人所有的租赁货物，进料加工进出口货物，边境地方贸易及边境地区小额贸易进出口货物(边民互市贸易除外)，中外合资企业、中外合作经营企业、外商独资经营企业进出口货物和公用物品，到、离岸价格在规定限额以上的进出口货样和广告品(无商业价值、无使用价值和免费提供出口的除外)，从保税仓库提取在中国境内销售的进口货物，以及其他进出口货物。该指标可以观察一个国家在对外贸易方面的总规模。我国规定出口货物按离岸价格统计，进口货物按到岸价格统计商品经营单位所在地进、出口额 指所在地海关注册登记的有进出口经营权的企业实际进、出口额。

商品目的地进口额和商品货源地出口额 目的地进口额指进口货物的消费、使用或最终抵运地的实际进口额；货源地出口额指出口货物的产地或原始发货地的实际出口额。

利用外资 指我国各级政府、部门、企业和其他经济组织通过对外借款、吸收外商直接投资以及用其他方式筹措的境外现汇、设备、技术等。

对外借款 指通过对外正式签订借款协议，从境外筹措的资金，包括外国政府贷款、国际金融组织贷款、外国银行商业贷款、出口信贷以及对外发行债券等。1996年及以前还包括对外发行股票。该指标是我国利用外资的重要部分。

外商直接投资 指外国企业和经济组织或个人(包括华侨、港澳台胞以及我国在境外注册的企业)按我国有关政策、法规，用现汇、实物、技术等在我国境内开办外商独资企业、与我国境内的企业或经济组织共同举办中外合资经营企业、合作经营企业或合作开发资源的投资(包括外商投资收益的再投资)，以及经政府有关部门批准的项目投资总额内企业从境外借入的资金。

外商其他投资 指除对外借款和外商直接投资以外的各种利用外资的形式。包括企业在境内外股票市场公开发行的以外币计价的股票（目前主要是在香港证券市场发行的H股和在境内证券市场发行的B股）发行价总额，国际租赁进口设备的应付款，补偿贸易中外商提供的进口设备、技术、物料的价款，加工装配贸易中外商提供的进口设备、物料的价款。

对外直接投资 指我国国内投资者以现金、实物、无形资产等方式在国外及港澳台地区设立、购买国（境）外企业，并以控制该企业的经营管理权为核心的经济活动。

对外承包工程 指各对外承包公司以招标议标承包方式承揽的下列业务：(1)承包国外工程建设项目；(2)承包我国对外经援项目；(3)承包我国驻外机构的工程建设项目；(4)承包我国境内利用外资进行建设的工程项目；(5)与外国承包公司合营或联合承包工程项目时我国公司分包部分；(6)对外承包兼营的房屋开发业务。对外承包工程的营业额是以货币表现的本期内完成的对外承包工程的工作量，包括以前年度签订的合同和本年度新签订的合同在报告期内完成的工作量。

对外劳务合作 指以收取工资的形式向业主或承包商提供技术和劳动服务的活动。我国对外承包公司在境外开办的合营企业，中国公司同时又提供劳务的，其劳务部分也纳入劳务合作统计。劳务合作营业额按报告期内向雇主提交的结算数(包括工资、加班费和奖金等)统计。

旅游者人数

(1)入境国际旅游者人数：指来中国参观、访问、旅行、探亲、访友、休养、考察、参加会议和从事经济、科技、文化、教育、宗教等活动的外国人、华侨、港澳同胞和台湾同胞的人数。不包括外国在我国的常驻机构，如使领馆、通讯社、企业办事处的工作人员；来我国常住的外国专家、留学生以及在岸逗留不过夜人员。

(2)出境居民人数：指大陆居民因公务活动或私人事务短期出境的人数。公务活动出境居民人数包括在国际交通工具上的中国服务员工，因私出境居民人数不包括在国际交通工具上的中国服务员工。

(3)国内旅游者人数：指我国大陆居民和在我国常住1年以上的外国人、华侨、港澳台同胞离开常住地在境内其他地方的旅游设施内至少停留一夜，最长不超过6个月的人数。

国际旅游(外汇)收入 指入境旅游的外国人、华侨、港澳同胞和台湾同胞在中国大陆旅游过程中发生的一切旅游支出，其对于国家来说就是国际旅游(外汇)收入。

国际旅行社 指经营对外招徕并接待外国人、华侨、港澳同胞和台湾同胞来中国、归国或回内地旅游业务的旅行社。

国内旅行社 指负责经营招徕、组团、接待国内旅客的旅游业务，以及不对外招徕，负责经营接待国际旅行社或其它涉外部门组织的外国人、华侨、港澳同胞和台湾同胞来中国、归国或回内地的旅游业务的旅行社。

星级饭店 指已评定星级的饭店。

Explanatory Notes on Main Statistical Indicators

Total Imports and Exports at Customs refer to the real value of commodities imported into and exported from the boundary of China. They include the actual imports and exports through foreign trade, imported and exported goods under the processing and assembling trades and materials, supplies and gifts as aid given gratis between governments and by the United Nations and other international organizations, and contributions donated by overseas Chinese, compatriots in Hong Kong and Macao and Chinese with foreign citizenship, leasing commodities owned by tenant at the expiration of leasing period, the imported and exported commodities processed with imported materials, commodities trading in border areas (excluding mutual exchange goods), the imported and exported commodities and articles for public use of the Sino foreign joint ventures, cooperative enterprises and ventures exclusively with foreign own investment. Also included are import or export of samples and advertising goods for whose CIF or FOB value are beyond the permitted ceiling (excluding goods of no trading or use value and free commodities for export), imported goods sold in China from bonded warehouses and other imported or exported goods. The indicator of the total imports and exports at customs can be used to observe the total size of external trade in a country. In accordance with the stipulation of the Chinese government, imports are calculated at CIF, while exports are calculated at FOB.

Import Export Value by Location of China'sForeign Trade Managing Units refers to actual value of imports and exports carried out by corporations which have been registered by the local customhouse and are vested with right to run import export business.

Import Value of Commodities by the Places of their Destination and Export Value of Commodities by the Places of their Origin in China: The former indicator refers to the value of import commodities of the places of their consumption, utilization or the places of their final destination. The latter indicator refers to the value of export commodities of the places of their origin or the places of the commodities dispatched.

Utilization of Foreign Capitals refers to remittance, equipment and technology financed from abroad, by loans, foreign direct investment and other forms undertaken by the Chinese governments at all levels, by various departments, enterprises and other economic units.

Foreign Borrowings refer to funds borrowed from abroad through formal signing of borrowing agreements with foreign institutions, including loans of foreign governments, loans of international financial institutions, commercial loans of foreign banks, export credit, and funds raised by Chinese bonds (and shares before 1996) issued abroad. It is an important part of China's utilization of foreign capitals.

Foreign Direct Investment refers to the investments inside China by foreign enterprises and economic organizations or individuals (including overseas Chinese, compatriots from Hong Kong, Macao and Taiwan, and Chinese enterprises registered abroad), following the relevant policies and laws of China, for the establishment of ventures exclusively with foreign own investment, Sino oreign joint ventures and cooperative enterprises or for co perative exploration of resources with enterprises or economic organizations in China. It includes the re investment of the foreign entrepreneurs with the profits gained from the investment and the funds that enterprises borrow from abroad in the total investment of projects which are approved by the relevant department of the government.

Overseas Direct Investment refers to enterprises set up or bought by domestic investors in foreign countries and in Hong Kong, Macao and Taiwan, and the economic activities centering on operation and management of those enterprises are under the control of domestic investors. The statistical scope covers various corporation type enterprises and non-corporation type enterprises receiving direct investment from domestic investment entities.

Other Investment by Foreign Entrepreneurs refers to all forms of utilization of foreign capitals other than foreign borrowings and foreign direct investment. It includes the total value of stock shares in foreign currencies issued by enterprises at domestic or foreign stock exchanges (now mainly consisting of H shares issued at Hong Kong Security Market and B shares issued at domestic security markets), rent payable for the imported equipment through international leasing arrangement, cost of imported equipment, technology and materials provided by foreign counterparts in compensation trade and processing and assembly trade.

Contracted Projects with Foreign Countries refer to projects undertaken by Chinese contractors (project contracting companies) through bidding process. They include:(1) overseas civil engineering construction projects financed by foreign investors; (2) overseas projects financed by the Chinese government through its foreign aid programs; (3) construction projects of Chinese diplomatic missions, trade offices and other institutions stationed abroad; (4) construction projects in China financed by foreign investment; (5) sub-contracted projects to be taken by Chinese contractors through a joint umbrella project with foreign contractor(s); (6) housing development projects. The business income from international contracted projects is the work volume of contracted projects completed during the reference period, expressed in monetary terms, including completed work on projects signed in previous years.

Service Cooperation with Foreign Countries refers to the activities of providing technology and labour services to employers or contractors in the forms of receiving salaries and wages. Labour services providing by contractual joint ventures of Chinese international contracting corporations should be included in the statistics of service co-operation with foreign countries. The business income of labour service cooperation is the income in the form of wages and salaries, overtime pay, bonuses and other remuneration received from the employers during the reference period.

Number of Tourists

(1) International tourists refer to foreigners, overseas Chinese, Chinese compatriots from Hong Kong, Macao and Taiwan coming to China for sight seeing, visits, tours, family reunions, vacations, study tours, conferences and other activities of a business, scientific and technological, cultural, educational and religious nature. It does not include representatives and employees of resident institutions of foreign countries in China such as embassies, consulates, news agencies and offices of foreign companies and organizations, nor does it include long-term foreign experts or students residing in China, or persons in transition without spending a

night in China.

(2) Chinese residents going abroad refer to Chinese residents going abroad for short terms for either public business or private purposes. Chinese employees working on international transport carriers are included in those going abroad for public business purpose, not in those for private purpose.

(3) Domestic tourists refer to residents of the mainland of China who stay for one night at least but no more than 6 months at tourist facilities in other places than their permanent residence within the territory of the mainland China, including foreigners, overseas Chinese and Chinese compatriots from Hong Kong, Macao and Taiwan who have resided in China for over one year.

Foreign Exchange Earnings from International Tourism refer to the total expenditures of foreigners, overseas Chinese, Chinese compatriots from Hong Kong, Macao and Taiwan during their stay in the mainland of China, which are earnings of foreign exchange from international tourism from the point of view from China.

International Travel Agencies refer to travel agencies engaged in the promotion, solicitation, organization and reception of tours to the mainland of China by foreigners, overseas Chinese, Chinese compatriots from Hong Kong, Macao and Taiwan.

Domestic Travel Agencies refer to travel agencies engaged in the promotion, solicitation, organization and reception of domestic tourists, and in the reception of foreigners, overseas Chinese, Chinese compatriots from Hong Kong, Macao and Taiwan organized by international travel agencies or other departments concerned, without their own promotion and solicitation programmes.

Star Hotels refer to hotels rated with stars.

7 能源

Energy

资料整理人员：李　群　　杨　耒　　李培楚
赵　昊　　殷　进

7-1 能源生产消费及构成
The Structure of Energy Production and Consumption

指标	Item	2006	2007	2008	2009	2010	2011
一次能源生产总量(万吨标准煤)	**Gross Production of primary Energy (10 000 tons of SCE)**	**5879.27**	**6180.38**	**5594.87**	**6351.05**	**8005.86**	**8973.85**
各种能源所占比重(%)	Proportions of Energies(%)						
其中:原煤	Raw Coal	82.43	82.72	77.01	76.08	72.92	80.84
原油	Crude Oil						
天然气	Natural Gas						
水电、核电、风电等	Hydropower/Nuclear Power/Wind Power Etc	17.57	17.28	22.99	23.92	22.22	18.32
能源消费总量(万吨标准煤)	**Gross Consumption of Energy (10,000 tons of SCE)**	**10580.90**	**11628.99**	**12355.31**	**13331.04**	**14852.24**	**16160.86**
各种能源所占比重(%)	Proportions of Energies(%)						
其中:煤品燃料	Raw Coal	66.37	67.59	66.04	65.82	62.88	65.19
油品燃料	Petroleum	12.45	12.64	10.91	11.23	11.11	11.01
天然气	Natural Gas	0.63	0.87	0.89	1.02	1.06	1.26
水电、核电、风电等	Hydropower/Nuclear Power/Wind Power Etc	15.86	14.84	17.76	16.42	15.18	14.47
其他能源	Other sources	4.69	4.06	4.40	5.51	9.77	8.07
一次能源生产弹性系数	**Elastic Coefficient of Energy Production**						
一次能源生产比上年增长（%）	Increasing Rate of Primary Energy Production over the Previous Year(%)	2.10	5.12	-9.47	13.52	26.06	12.09
核电、水电、风电生产比上年增长（%）	Increasing Rate of Electric Power Production over the Previous Year(%)	15.72	12.22	1.77	11.70	23.59	-7.57
国内生产总值比上年增长（%）	Increasing Rate of GDP over the Previous Year (%)	12.80	15.00	13.90	13.60	14.50	12.75
一次能源生产弹性系数	Elastic Coefficient of Primary Energy Production	0.16	0.34	-0.68	0.99	1.80	0.95
核电、水电、风电生产弹性系数	Elastic Coefficient of Electric Power Production	1.23	0.81	0.13	0.86	1.63	
能源消费弹性系数	**Elastic Coefficient of Energy Consumption**						
能源消费比上年增长（%）	Increasing Rate of Energy Consumption over the Previous Year(%)	8.98	9.91	6.25	7.90	11.50	8.61
电力消费比上年增长（%）	Increasing Rate of Electric Power Consumption over the Previous Year(%)	13.99	15.84	2.94	10.18	9.83	14.16
国内生产总值比上年增长（%）	Increasing Rate of GDP over the Previous Year (%)	12.80	15.00	13.90	13.60	14.50	12.75
能源消费弹性系数	Elastic Coefficient of Energy Consumption	0.70	0.66	0.45	0.58	0.79	0.68
电力消费弹性系数	Elastic Coefficient of Electric Power Consumption	1.09	1.06	0.21	0.75	0.68	1.11

注：因国家统计报表制度变化，2010年起，能源平衡表与2005-2009年能源平衡表相比，口径略有变化。

With national statistical system has changed, From 2010, Balance Sheet different with 2005-2009,Slight change in caliber.

7–2 综合能源平衡表
Consolidated Balance Sheet of Energy

单位:万吨标准煤 (10 000 tons of SCE)

指标	Item	2006	2007	2008	2009	2010	2011
可供量	**Supplies**	**10580.90**	**11630.52**	**12355.33**	**13331.04**	**14852.24**	**16160.85**
一次能源生产量	Energy Production	5879.27	6180.38	5594.87	6351.05	8005.86	8973.85
回收能	Recovered Energy	692.09	633.16	1128.24	1330.85		
外省（区、市）调入量	the Amount Transferred from Other Provinces (Regions, Cities)	4949.99	6133.75	6653.40	6608.46	8352.74	8719.93
进口量	Import Volume	224.23	288.26	301.58	252.01	104.40	643.93
本省（区、市）调出量（一）	the Amount Transferred to Other Provinces (Regions, Cities)	1037.62	1651.20	1163.45	1380.04	1530.47	2049.04
出口量(-)	Export Volume			8.74			70.41
年初年末库存差额	Inventory Balance between the Beginning and End of the Year	-127.05	46.16	-150.57	168.71	-80.29	-57.41
年初库存量	Beginning of the inventory						439.62
年末库存量(-)	Year-end inventory(-)						497.04
消费量	**Consumptions**	**10580.90**	**11628.99**	**12355.31**	**13331.04**	**14852.24**	16160.86
消费量分组一	**Group 1 of Consumptions**	**10581.09**	**11628.94**	**12355.31**	**13331.05**	**14852.24**	**16160.85**
农.林.牧.渔业	Agriculture, Forestry, Animal Husbandry and Fishery	556.47	575.00	626.67	678.11	844.65	**863.41**
工业	Industry	7300.67	8080.84	8641.82	9273.07	10021.08	10661.88
建筑业	Construction Industry	161.66	184.39	169.02	184.76	263.62	337.04
交通运输.仓储和邮政业	Transportation, Storage and Post Industry	735.14	796.27	772.64	833.79	955.65	1053.11
批发、零售业和住宿、餐饮业	Wholesaling, Retailing, Lodging and Catering Trade	433.81	468.55	491.29	533.91	580.38	706.40
其他	Others	281.89	309.79	342.68	360.89	385.51	441.40
生活消费	Living Consumptions	1111.43	1214.10	1311.20	1466.52	1801.34	2097.61
消费量分组二	**Group 2 of Consumptions**	**10580.90**	**11628.99**	**12355.31**	**13331.04**	**14852.24**	16160.86
终端消费	**Terminal Consumptions**	**10158.48**	**11103.18**	**11796.07**	**12727.08**	**14320.97**	**15787.53**
#工业	#Industry	6883.52	7558.56	8103.07	8671.03	9490.00	**10288.54**
加工转换损失	**Processing and Conversion Loss**	**151.16**	**217.34**	**273.13**	**309.32**	**194.55**	38.40
火力发电损失	Loss of Thermal Power Generation	0.31		9.79			**0.00**
供热损失	Heating Supply Loss	0.02	4.48		1.16	157.39	121.27
洗选煤损失	Coal Preparation Loss	50.15	61.14	106.72	132.94	206.99	243.78
炼焦损失	Coking Loss	30.42	35.14	94.02	108.06	94.91	102.89
炼油损失	Oil Refining Loss	42.30	89.75	54.44	57.12	7.95	66.36
制气损失	Gas Making Loss	-63.50	-178.07	-140.66	-184.59	-62.70	0.04
煤制品加工损失	Coal Products Processing Loss	21.02	15.12	0.13			
回收能	Recovered Energy					-332.29	-495.95
损失量	**Loss Amount**	**271.26**	**308.46**	**286.12**	**294.64**	**336.71**	**334.93**
平衡差额	**Equilibrium Balance**		**1.53**	**0.02**			

7-3 煤炭平衡表
Balance Sheet of Coal

单位:万吨 (10 000 tons)

指标	Item	2006	2007	2008	2009	2010	2011
可供量	**Supplies**	**9400.51**	**10277.39**	**10169.01**	**10751.41**	**11323.33**	**13005.75**
消费量	**Consumptions**	**9400.51**	**10277.39**	**10169.01**	**10751.41**	**11323.33**	**13005.75**
消费量分组一	**Group 1 of Consumptions**	**9400.51**	**10277.39**	**10169.01**	**10751.41**	**11323.33**	**13005.75**
农.林.牧.渔业	Agriculture, Forestry, Animal Husbandry and Fishery	321.77	334.27	351.99	341.84	342.26	388.42
工业	Industry	8121.84	8968.32	8670.34	9255.03	10042.16	11436.83
建筑业	Construction Industry	18.70	22.17	29.77	26.81	21.47	68.26
交通运输.仓储和邮政业	Transportation, Storage and Post Industry	18.10	19.99	37.86	21.71	59.62	66.61
批发、零售业和住宿、餐饮业	Wholesaling, Retailing, Lodging and Catering Trade	313.74	323.54	409.36	396.22	279.75	329.68
其他	Others	110.00	112.00	124.87	182.88	126.10	105.91
生活消费	Living Consumptions	496.36	497.10	544.82	526.92	451.97	610.04
消费量分组二	**Group 2 of Consumptions**	**9400.51**	**10277.39**	**10169.01**	**10751.41**	**11323.33**	**13005.75**
终端消费	**Terminal Consumptions**	**5903.61**	**6359.15**	**6245.33**	**6361.88**	**6226.43**	**6649.83**
#工业	#Industry	4624.94	5050.08	4757.78	4865.50	4945.26	5080.91
用于加工转换	**Used for Processing and Conversion**	**3470.01**	**3897.24**	**3912.56**	**4386.53**	**5072.31**	**6349.62**
火力发电	Thermal Power Generation	2463.07	2685.87	2628.62	2813.32	3320.39	4204.70
供热	Heating Supply	250.90	292.17	325.98	358.54	366.37	570.91
洗煤损耗	Coal Preparation Loss	151.20	204.21	330.05	449.76	609.81	703.59
炼焦	Coking	573.15	687.00	602.80	732.47	746.61	868.78
炼油及煤制油	Petroleum Refineries						
制气	Gas Making	31.69	25.95	25.11	32.44	29.13	1.64
型煤加工损耗	Briquette Processing Loss		2.04				
损失量	**Loss Amount**	**26.89**	**21.00**	**11.12**	**3.00**	**24.59**	**6.30**
平衡差额	**Equilibrium Balance**						

7-4 石油平衡表
Balance Sheet of Petroleum

单位:万吨 (10 000 tons)

指标	Item	2006	2007	2008	2009	2010	2011
可供量	**Supplies**	**908.45**	**1017.12**	**935.91**	**1042.19**	**1145.84**	**1234.54**
消费量	**Consumptions**	**908.45**	**1017.12**	**935.91**	**1042.19**	**1145.84**	**1234.54**
消费量分组一	**Group 1 of Consumptions**	**908.45**	**1017.12**	**935.91**	**1042.19**	**1145.84**	**1234.54**
农.林.牧.渔业	Agriculture, Forestry, Animal Husbandry and Fishery	14.02	13.97	14.71	15.71	16.69	17.13
工业	Industry	306.59	347.31	345.15	334.99	321.77	321.91
建筑业	Construction Industry	59.62	64.22	42.22	62.91	76.77	75.28
交通运输.仓储和邮政业	Transportation, Storage and Post Industry	384.97	426.68	375.72	482.17	544.45	597.78
批发、零售业和住宿、餐饮业	Wholesaling, Retailing, Lodging and Catering Trade	66.18	66.63	58.61	68.01	75.23	88.57
其他	Others	31.50	42.82	36.04	20.84	24.59	26.29
生活消费	Living Consumptions	45.57	55.49	63.46	57.56	86.34	107.59
消费量分组二	**Group 2 of Consumptions**	**908.45**	**1017.12**	**935.91**	**1042.19**	**1145.84**	**1234.55**
终端消费	**Terminal Consumptions**	**853.20**	**917.28**	**857.85**	**975.17**	**1069.00**	**1117.59**
工业	Industry	252.49	248.51	271.30	269.19	244.93	204.95
加工转换损失	**Processing and Conversion Loss**	**54.10**	**96.21**	**73.85**	**65.80**	**76.84**	**116.96**
火力发电	Thermal Power Generation	3.55	4.20	5.41	4.73	6.63	7.47
供热	Heating Supply	8.51	7.34	8.77	7.80	25.48	43.13
炼油损耗	Oil Refining Loss	42.04	84.67	59.67	53.27	44.73	66.36
制气	Gas Making						
损失量	**Loss Amount**	**1.15**	**3.63**	**4.21**	**1.22**		
平衡差额	**Equilibrium Balance**						**-0.01**

7-5 电力平衡表
Balance Sheet of Electricity

单位:亿千瓦时 (100 million kwh)

指标	Item	2006	2007	2008	2009	2010	2011
可供量	**Supplies**	**912.79**	**1019.63**	**1128.54**	**1232.19**	**1353.34**	**1544.98**
消费量	**Consumptions**	**912.79**	**1019.63**	**1128.54**	**1232.19**	**1353.34**	**1544.98**
消费量分组一	**Group 1 of Consumptions**	**912.79**	**1019.63**	**1128.54**	**1232.19**	**1353.34**	**1544.98**
农.林.牧.渔业	Agriculture, Forestry, Animal Husbandry and Fishery	64.48	72.74	77.61	86.52	95.92	98.04
工业	Industry	630.33	691.70	787.42	835.73	922.54	1063.95
建筑业	Construction Industry	7.45	7.10	7.16	7.23	10.45	13.36
交通运输.仓储和邮政业	Transportation, Storage and Post Industry	20.63	24.22	24.16	24.34	31.85	34.96
批发、零售业和住宿、餐饮业	Wholesaling, Retailing, Lodging and Catering Trade	16.73	19.34	20.43	23.74	32.15	38.88
其他	Others	33.70	42.28	44.31	53.87	56.28	66.19
生活消费	Living Consumptions	139.47	162.25	167.45	200.76	204.15	229.60
消费量分组二	**Group 2 of Consumptions**	**912.79**	**1019.63**	**1128.54**	**1232.19**	**1353.34**	**1544.98**
终端消费	**Terminal Consumptions**	**846.77**	**942.06**	**1056.41**	**1155.80**	**1264.33**	**1451.79**
#工业	#Industry	564.31	614.13	715.29	759.34	833.53	970.76
输配电损失量	**Processing and Conversion Loss**	**66.02**	**77.57**	**72.13**	**76.39**	**89.01**	**93.19**
平衡差额	**Equilibrium Balance**						

7-6 分行业分品种能源消费总量（2011年）
Total Consumption of Various Energy in Different Trades (2011)

指标	Item	煤炭消费量（万吨）Consumption of Coal (10 000 tons)	原煤消费量（万吨）Consumption of Raw Coal (10 000 tons)
消费总计	**Total Consumptions**	**13005.75**	**12076.62**
农、林、牧、渔业	**Agriculture, Forestry, Animal Husbandry and Fishery**	**388.42**	**371.00**
工业合计	**Industries in Total**	**11436.83**	**11078.49**
采掘业	**Excavating Industry**	**1287.98**	**2860.19**
煤炭开采和洗选业	Mining and Washing of Coal	1127.21	2699.69
石油和天然气开采业	Mining of Petroleum and Natural Gas	0.00	0.00
黑色金属矿采选业	Mining of Ferrous Metal Ores	15.84	15.81
有色金属矿采选业	Mining of Non-ferrous Metal Ores	43.96	43.92
非金属矿采选业	Mining and Processing of Nonmetal Ores	100.69	100.49
其他采矿业	Mining of Other Ores N.E.C	0.28	0.28
制造业	**Manufacturing Industry**	**6040.05**	**4130.16**
农副食品加工业	Processing of Food From Agricultural Products	83.74	80.27
食品制造业	Manufacture of Foods	46.97	46.93
饮料制造业	Manufacture of Beverage	27.54	27.54
烟草制品业	Manufacture of Tobacco	89.63	89.10
纺织业	Manufacture of Textile	93.76	89.82
纺织服装、鞋、帽制造业	Manufacture of Textile Wearing Apparel, Footware and Caps	5.62	5.62
皮革、毛皮、羽毛(绒)及其制品业	Manufacture of Leather,Fur,Feather and Its Products	4.46	4.45
木材加工及木、竹、藤、棕、草制品业	Processing of Timbers,Manufacture of Wood,	56.23	56.23
家具制造业	Manufacture of Furniture	3.55	3.55
造纸及纸制品业	Manufacture of Paper and Paper Products	274.18	273.94
印刷业和记录媒介的复制	Printing,Reproduction of Recording Media	6.10	6.10
文教体育用品制造业	Manufacture of Articles for Culture, Education and Sport	0.93	0.93
石油加工、炼焦及核燃料加工业	Processing of Petroleum, Coking,Nuclear Oil	412.56	167.85
化学原料及化学制品制造业	Manufacture of Chemical Raw Material	561.92	521.30
医药制造业	Manufacture of Medicines	45.80	45.80
化学纤维制造业	Manufacture of Chemical Fiber	4.01	4.01
橡胶制品业	Manufacture of Rubber	14.28	14.28
塑料制品业	Manufacture of Plastic	9.53	9.52
非金属矿物制品业	Manufacture of Non-metallic Mineral Products	1046.92	982.57
黑色金属冶炼及压延加工业	Manufacture and Processing of Ferrous Metals	2257.71	734.49
有色金属冶炼及压延加工业	Manufacture and Processing of Non-ferrous Metals	639.79	612.26
金属制品业	Manufacture of Metal Products	177.32	177.32
通用设备制造业	Manufacture of General Purpose Machinery	43.76	43.24
专用设备制造业	Manufacture of Special Purpose Machinery	37.90	37.68
交通运输设备制造业	Manufacture of Transport Equipment	16.50	16.44
电气机械及器材制造业	Manufacture of Electrical Machinery and Equipment	21.79	21.78
通信设备、计算机及其他电子设备制造	Manufacture of Communication Equipment, Computer and Other Electronic Equipment	11.65	11.65
仪器仪表及文化、办公用机械制造业	Manufacture of Measuring Instrument and Machinery for Cultural Activity and Office Work	2.40	2.39
工艺品及其他制造业	Manufacture of Artwork,Other Manufacture N.E.C	36.93	36.53
废弃资源和废旧材料回收加工业	Recycling and Disposal of Waste	6.57	6.57
电力、燃气及水的生产和供应业	**Production and Supply of Electric Power, Gas and Water**	**4108.80**	**4088.14**
电力、热力的生产和供应业	Production and Supply of Electric & Heat Power	4108.38	4087.77
燃气生产和供应业	Production and Distribution of Gas	0.37	0.32
水的生产和供应业	Production and Distribution of Water	0.05	0.05
建筑业	**Construction**	**68.26**	**52.00**
交通运输储运业和邮政业	**Transportation, Storage and Post Industry**	**66.61**	**7.31**
批发、零售业和住宿、餐饮业	**Wholesaling, Retailing, Lodging and Catering Trade**	**329.68**	**197.10**
其他行业	**Other Trades**	**105.91**	**78.04**
城乡居民生活	**Urban and Rural Citizens' Lives**	**610.04**	**292.68**

续表 continued

焦炭消费量（万吨）Consumption of Coke (10 000 tons)	原油（万吨）Crude Oil (10 000 tons)	汽油（万吨）Gasoline (10 000 tons)	煤油（万吨）Kerosene (10 000 tons)	柴油（万吨）Diesel Oil (10 000 tons)	燃料油（万吨）Fuel Oil (10 000 tons)	液化石油气（万吨）LPG (10 000 tons)	天然气(亿立方米) Natural Gas (100 million cu.m)	电力(亿千瓦时) Electric Power (100million kwh)
851.65	**766.03**	**295.05**	**32.04**	**561.72**	**68.98**	**77.66**	**14.65**	**1544.97**
15.36		**9.39**		**7.54**	**0.01**	**0.18**	**0.07**	**98.04**
836.29	**766.03**	**22.98**	**1.21**	**58.55**	**25.36**	**23.20**	**6.27**	**1063.95**
6.25		**2.05**	**0.11**	**13.77**	**0.05**			**69.88**
0.09		0.26	0.01	1.13				33.25
4.12		0.15		1.84				7.61
0.72		0.72	0.08	4.44	0.01			17.08
1.32		0.92	0.02	6.33	0.04			11.78
				0.03				0.16
829.26	**766.03**	**20.27**	**1.10**	**43.08**	**23.96**	**23.19**	**6.27**	**830.72**
1.35		1.43	0.01	2.25	0.02	0.07	0.05	33.67
0.01		0.44		0.94		0.06	0.08	9.88
0.03		0.30		0.44			0.22	7.34
		0.05		0.56			0.25	2.16
0.02		0.37		0.61			0.01	20.25
		0.33		0.54			0.02	2.71
0.30		0.11		0.15				4.49
0.08		0.46		1.05	0.01	0.01		15.37
0.02		0.23		0.34			0.01	3.22
0.18		0.35		0.58		0.05	0.27	39.69
		0.50		0.62		0.06	0.01	2.52
0.02		0.03		0.04				0.81
1.14	765.88	0.15	0.02	0.49	3.97	0.27	0.03	15.91
20.94	0.11	3.76		2.98	1.24	0.61	0.38	119.70
0.08		0.52	0.04	0.96			0.07	9.71
0.18	0.01	0.04		0.04				1.75
0.07		0.16		0.11	0.20		0.01	1.90
1.30		0.40		0.79		0.04	0.03	9.84
6.05	0.01	1.89	0.04	8.95	16.74	16.84	2.63	102.08
649.70		0.44	0.01	2.21	0.02	0.01	1.18	199.19
107.20	0.01	0.77	0.40	4.54	1.19	0.99	0.40	124.44
9.47		0.91	0.01	1.51	0.01	0.01	0.07	15.07
18.94	0.01	2.20	0.09	2.82	0.02	0.04	0.10	21.27
4.78		1.78	0.05	5.49	0.04	0.04	0.07	19.11
3.49		1.01	0.43	1.96	0.39	0.10	0.27	16.67
1.53		0.75		0.93	0.11		0.06	13.94
0.34		0.49		0.42		0.06	0.02	12.53
0.30		0.19		0.15			0.03	2.30
0.23		0.15		0.37		3.93		1.89
1.51		0.06		0.24				1.31
0.78		**0.66**		**1.70**	**1.35**	**0.01**		**163.35**
0.15		0.40		1.33	1.34	0.01		154.23
0.37		0.06		0.10	0.01			2.01
0.26		0.20		0.27				7.11
		19.84	**0.15**	**54.36**	**0.04**	**0.43**	**0.05**	**13.36**
		129.37	**29.17**	**393.02**	**40.85**	**0.39**	**0.75**	**34.96**
		35.38	**1.10**	**31.12**	**1.14**	**19.01**	**3.00**	**38.88**
		10.45	**0.40**	**11.83**	**0.58**	**1.72**	**1.23**	**66.19**
		67.64		**5.30**	**1.00**	**32.74**	**3.28**	**229.60**

7-7 能源加工转换情况（2011年）
Energy Processing and Conversion (2011)

指标	Item	投入量（万吨标准煤）Input Amount (10 000 tons of SCE)	产出量（万吨标准煤）Output Amount (10 000 tons of SCE)	转换损失量（万吨标准煤）Conversion Loss (10 000 tons of SCE)	转换效率（%）Conversion Efficiency (%)
合计	total	7274.57	4701.61	2572.97	64.63
火电	Thermal Power	3124.77	1086.15	2038.62	34.76
供热	Heating Supply	543.45	422.18	121.27	77.69
洗煤	Coal Washing	1653.87	1410.08	243.78	85.26
炼焦	Coking	780.36	677.47	102.89	86.81
炼油	Oil Refining	1170.64	1104.28	66.36	94.33
天然气液化	Natural Gas Liquefaction				
制气	Gas Making	1.48	1.44	0.04	97.42
型煤加工	Briquette Processing				
热电合计	Heat Power Total	3668.22	1508.34	2159.89	41.12

7-8 主要能源库存量和周转天数（2011年）
The Stock and Inventory Turnover of the Main Energy (2011)

指标	Item	年末库存量（万吨）Stock at the End of the Year (10 000tons)	消费量（万吨）Consumption Amount (10 000 tons)	库存周转天数（天）Inventory Turnover (day)
煤炭	Coal	548.60	13005.75	15.40
原煤	Raw Coal	486.41	12076.62	14.70
洗精煤	Cleaned Coal	53.04	1556.29	12.44
其它洗煤	Other Washed Coal	9.08	279.63	11.85
焦炭	Coke	22.73	851.65	9.74
石油	Petroleum	36.82	1234.55	10.89
原油	Crude Oil	26.11	766.03	12.44
汽油	Gasoline	0.90	295.05	1.11
煤油	Kerosene	0.06	32.03	0.68
柴油	Diesel Oil	1.47	561.72	0.96
燃料油	Fuel Oil	3.75	68.98	19.84

7-9 工业企业能源购进、消费及库存（2011年）
Energy Purchase, Consumption and Stock of Industry (2011)

指标	Item	年初库存 Stock at the Beginning of the Year	购进量实物量 Total Purchase	消费量合计 Total Consump-tion	#生产消费 For Production	#原材料 Material Use	年末库存 Stock at the End of the Year
能源合计(吨标准煤)	**Total Energy (ton of SCE)**			**123965924**	**123273561**		
原煤(吨)	Raw Coal (Ton)	3665914	97037712	96603471	96381772	2891072	4864152
其中：无烟煤(吨)	Blind Coal(Ton)	855487	15758005	15464419	15453203	737980	1089639
炼焦烟煤(吨)	Coking Coal(Ton)	3500	329232	332518	332518	31506	214
一般烟煤(吨)	Generally Coal(Ton)	2804907	80693472	80629353	80418870	2119883	3692457
褐煤(吨)	Lignitous Coal(Ton)	2020	257002	177180	177180	1703	81842
洗精煤(吨)	Cleaned Coal (Ton)	640054	10493016	10602326	10602325	1850	530449
其它洗煤(吨)	Other Washed Coal (Ton)	114508	2466338	2489925	2489638		90834
煤制品(吨)	Coal Products(Ton)	22848	41519	63686	57344		679
焦炭(吨)	Coke (Ton)	198804	4840862	8015643	8000078	281773	227341
其它焦化产品(吨)	Other Coking Products (Ton)	4389	58594	58331	58019	39858	5087
焦炉煤气(万立方米)	Coke Oven Gas (10 000 Cu.M)		1147	109346	107949		
高炉煤气(万立方米)	High Oven Gas (10 000 Cu.M)		73499	1881321	1843553		
转炉煤气(万立方米)	Converter Gas (10 000 Cu.M)		22	99408	77955		
发生炉煤气(万立方米)	Producer Gas (10 000 Cu.M)		233	7927	7924		
天然气（气态）(万立方米)	Natural Gas (10 000 Cu.M)		61603	61585	60726	4661	
液化天然气（液态）(吨)	Liquefied Natural Gas(Ton)	20	2791	2800	2746	371	10
煤层气（煤田）(万立方米)	Coal Seam Gas(10 000 Cu.M)		4	29	29		
原油(吨)	Crude Oil (Ton)	206194	7714738	7659795	7659795		261136
汽油(吨)	Gasoline (Ton)	3961	155328	158804	130005	10955	8995
煤油(吨)	Kerosene (Ton)	1482	10179	11117	10960	82	647
柴油(吨)	Diesel Oil (Ton)	14063	438698	443514	414840	16151	14680
燃料油(吨)	Fuel Oil (Ton)	20475	162570	195692	194251	1169	37538
液化石油气(吨)	Liquefied Petroleum Gas (Ton)	230	226166	228573	228379	39549	1839
炼厂干气(吨)	Refinery Gas (Ton)		91962	242734	242673		
石脑油(吨)	Naphtha(Ton)	364	6293	6164	6164		7545
润滑油(吨)	Lubricating Oil(Ton)	338	6766	6575	6573	6335	550
石蜡(吨)	Paraffin Wax(Ton)		25	17	17		8
溶剂油(吨)	Solvnet Naphtha(Ton)		3030	2155	2155	320	2
石油焦(吨)	Petroleum Coke(Ton)	1704	42991	39148	39148	1700	5397
石油沥青(吨)	Petroleum Asphalt(Ton)						
其它石油制品(吨)	Other Petroleum Products (Ton)	60351	838031	1501568	1500999	194905	30147
热力(百万千焦)	Heat (Million Kilo-Joule)		18207487	134262972	130606225		
电力(万千瓦时)	Electricity (10 Thousand Kwh)		8570306	10639544	10485748		
煤矸石用于燃料(吨)	Coal Gangue Solid Fuel(Ton)		882570	875681	875681	55643	
城市垃圾用于燃料(吨)	Municipal Refuse Fuel(Ton)						
生物质废料用于燃料(吨)	Biomass Waste Fuel(Ton)		621315	621315	621315	12809	
余热余压(百万千焦)	Waste Heat And Excess Pressure(Million Kilo-Joule)		414121	14409499	14409499		
其它工业废料用于燃料(吨)	Other Industrial Waste Fuel		63824	63824	63824		
其他燃料(吨标准煤)	Other Fuel (Ton Of Sce)	4508	2457544	2462994	2462958	16	591

注:本表统计范围为年主营业务收入2000万元及以上的工业企业。

All Industry corporation enterises with an annual sales income of over 20 million yuan.

7-9 续表1 continued

指标	Item	工业生产消费量 For Production	加工转换投入合计 Input& Outputof Transformation	火力发电 Thermal Power	供热 Heating Supply	原煤入洗 Coal Washing	炼焦 Coking
能源合计(吨标准煤)	**Total Energy (ton of SCE)**	**89043551**	**69109737**	**27422482**	**5698908**	**16411901**	**7803545**
原煤(吨)	Raw Coal (Ton)	74061712	67744431	42046959	2592287	23022336	82850
其中：无烟煤(吨)	Blind Coal(Ton)	13537189	12590620	12153798	72127	364695	
炼焦烟煤(吨)	Coking Coal(Ton)	56498	56498			56498	
一般烟煤(吨)	Generally Coal(Ton)	60310756	54940045	29735892	2520160	22601143	82850
褐煤(吨)	Lignitous Coal(Ton)	157268	157268	157268			
洗精煤(吨)	Cleaned Coal (Ton)	10495319	10413101		1791844		8604851
其它洗煤(吨)	Other Washed Coal (Ton)	2479765	1325024		1325024		
煤制品(吨)	Coal Products(Ton)						
焦炭(吨)	Coke (Ton)	6023101	298500		298500		
其它焦化产品(吨)	Other Coking Products (Ton)						
焦炉煤气(万立方米)	Coke Oven Gas (10 000 Cu.M)	97881	1489	1489			
高炉煤气(万立方米)	High Oven Gas (10 000 Cu.M)	1770054	895159	533474	361686		
转炉煤气(万立方米)	Converter Gas (10 000 Cu.M)	77933	29772	29772			
发生炉煤气(万立方米)	Producer Gas (10 000 Cu.M)	6657					
天然气（气态）(万立方米)	Natural Gas (10 000 Cu.M)	14388	228	36	192		
液化天然气（液态）(吨)	Liquefied Natural Gas(Ton)						
煤层气（煤田）(万立方米)	Coal Seam Gas(10 000 Cu.M)	25	25	25			
原油(吨)	Crude Oil (Ton)	7658802	7639994				
汽油(吨)	Gasoline (Ton)	1231					
煤油(吨)	Kerosene (Ton)	200					
柴油(吨)	Diesel Oil (Ton)	33484	8680	7732	947		
燃料油(吨)	Fuel Oil (Ton)	53280	32372	9082	23290		
液化石油气(吨)	Liquefied Petroleum Gas (Ton)	4465					
炼厂干气(吨)	Refinery Gas (Ton)	215187	31540	7670	14263		
石脑油(吨)	Naphtha(Ton)	59					
润滑油(吨)	Lubricating Oil(Ton)						
石蜡(吨)	Paraffin Wax(Ton)						
溶剂油(吨)	Solvnet Naphtha(Ton)	1802					
石油焦(吨)	Petroleum Coke(Ton)						
石油沥青(吨)	Petroleum Asphalt(Ton)						
其它石油制品(吨)	Other Petroleum Products (Ton)	1214861	1026989	50127	392775		
热力(百万千焦)	Heat (Million Kilo-Joule)	112947260	18771606	18771606			
电力(万千瓦时)	Electricity (10 Thousand Kwh)	2363572					
煤矸石用于燃料(吨)	Coal Gangue Solid Fuel(Ton)	610754	571483	571483			
城市垃圾用于燃料(吨)	Municipal Refuse Fuel(Ton)						
生物质废料用于燃料(吨)	Biomass Waste Fuel(Ton)	212759	212759	210131	2628		
余热余压(百万千焦)	Waste Heat And Excess Pressure(Million Kilo-Joule)	14409499	5890443	5890443			
其它工业废料用于燃料(吨)	Other Industrial Waste Fuel						
其他燃料(吨标准煤)	Other Fuel (Ton Of Sce)	94164	1464	1464			

7-9 续表2 continued

指标	Item	炼油及煤制油 Petroleum Refineries	制气 Gas Works	天然气液化 Natural Gas Liquefaction	加工煤制品 Coal Processing	能源加工转换产出 Energy Processing Conversion	回收利用 Recycling
能源合计(吨标准煤)	**Total Energy (ton of SCE)**	**11758135**	**14766**			**47724510**	**3919779**
原煤(吨)	Raw Coal (Ton)						
其中：无烟煤(吨)	Blind Coal(Ton)						
炼焦烟煤(吨)	Coking Coal(Ton)						
一般烟煤(吨)	Generally Coal(Ton)						
褐煤(吨)	Lignitous Coal(Ton)						
洗精煤(吨)	Cleaned Coal (Ton)		16406			15327798	
其它洗煤(吨)	Other Washed Coal (Ton)					658644	
煤制品(吨)	Coal Products(Ton)						
焦炭(吨)	Coke (Ton)					6694442	
其它焦化产品(吨)	Other Coking Products (Ton)					235493	
焦炉煤气(万立方米)	Coke Oven Gas (10 000 Cu.M)					93410	
高炉煤气(万立方米)	High Oven Gas (10 000 Cu.M)						1807822
转炉煤气(万立方米)	Converter Gas (10 000 Cu.M)						100008
发生炉煤气(万立方米)	Producer Gas (10 000 Cu.M)					6954	
天然气（气态）(万立方米)	Natural Gas (10 000 Cu.M)						
液化天然气（液态）(吨)	Liquefied Natural Gas(Ton)						
煤层气（煤田）(万立方米)	Coal Seam Gas(10 000 Cu.M)						
原油(吨)	Crude Oil (Ton)	7639994					
汽油(吨)	Gasoline (Ton)					1842847	
煤油(吨)	Kerosene (Ton)					125182	
柴油(吨)	Diesel Oil (Ton)					2912281	
燃料油(吨)	Fuel Oil (Ton)					279473	
液化石油气(吨)	Liquefied Petroleum Gas (Ton)					532393	
炼厂干气(吨)	Refinery Gas (Ton)	9607				263906	
石脑油(吨)	Naphtha(Ton)					84758	
润滑油(吨)	Lubricating Oil(Ton)						
石蜡(吨)	Paraffin Wax(Ton)						
溶剂油(吨)	Solvnet Naphtha(Ton)					115728	
石油焦(吨)	Petroleum Coke(Ton)						
石油沥青(吨)	Petroleum Asphalt(Ton)						
其它石油制品(吨)	Other Petroleum Products (Ton)	584087				1413539	
热力(百万千焦)	Heat (Million Kilo-Joule)					123807089	
电力(万千瓦时)	Electricity (10 Thousand Kwh)					8837662	
煤矸石用于燃料(吨)	Coal Gangue Solid Fuel(Ton)						
城市垃圾用于燃料(吨)	Municipal Refuse Fuel(Ton)						
生物质废料用于燃料(吨)	Biomass Waste Fuel(Ton)						
余热余压(百万千焦)	Waste Heat And Excess Pressure(Million Kilo-Joule)						38812268
其它工业废料用于燃料(吨)	Other Industrial Waste Fuel						
其他燃料(吨标准煤)	Other Fuel (Ton Of Sce)						

7-10 主要能源按工业行业分组消费量（2011年）
Consumption of Energy and Its Main Varieties by Sector (2011)

指标	Item	原煤（吨）Raw Coal (ton)	洗精煤（吨）Cleaned Coal (ton)	其他洗煤（吨）Other Washed Coal (ton)	煤制品（吨）Coal Products (ton)	焦炭（吨）Coke (ton)
煤炭开采和洗选业	Mining and Washing of Coal	21919961	8874		8	
黑色金属矿采选业	Mining of Ferrous Metal Ores	148550				30745
有色金属矿采选业	Mining of Non-ferrous Metal Ores	297785	37			6180
非金属矿采选业	Mining and Processing of Nonmetal Ores	890059				11368
其他采矿业	Mining of Other Ores N.E.C					
农副食品加工业	Processing of Food From Agricultural Products	635887	1752	2989	8135	13181
食品制造业	Manufacture of Foods	460069				
饮料制造业	Manufacture of Beverage	226279			19	280
烟草制品业	Manufacture of Tobacco	434831	2229	3070		
纺织业	Manufacture of Textile	396987			19154	170
纺织服装、鞋、帽制造业	Manufacture of Textile Wearing Apparel, Footware, and Caps	45182				
皮革毛皮羽绒及其制品业	Manufacture of Leather,Fur,Feather and Its Products	40329			4	3040
木材加工及木、竹、藤、棕草制品业	Processing of Timbers,Manufacture of Wood, Bamboo, Rattan, Palm, and Straw Products	429514				742
家具制造业	Manufacture of Furniture	35049			5	
造纸及纸制品业	Manufacture of Paper and Paper Products	2620132	1906			1266
印刷业、记录媒介的复制	Printing,Reproduction of Recording Media	55462				
文教体育用品制造业	Manufacture of Articles for Culture,Education and Sport Activity	8761				
石油加工、炼焦及核燃料加工业	Processing of Petroleum ,Coking,Processing of Nucleus Fuel	3477142	3469115			8860
化学原料及化学制品制造业	Manufacture of Chemical Raw Material and Chemical Products	6560110	33190	12	18757	188450
医药制造业	Manufacture of Medicines	450761				800
化学纤维制造业	Manufacture of Chemical Fiber	39625				1820
橡胶制品业	Manufacture of Rubber	57633			37	558
塑料制品业	Manufacture of Plastic	73089				12747
非金属矿物制品业	Manufacture of Non-metallic Mineral Products	10921287	68167	1510	7323	16126
黑色金属冶炼及压延加工业	Manufacture and Processing of Ferrous Metals	1500206	6968194	2476890	5991	6771150
有色金属冶炼及压延加工业	Manufacture and Processing of Non-ferrous Metals	2475165	48150	3434	822	685627
金属制品业	Manufacture of Metal Products	303844				50160
通用设备制造业	Manufacture of General Purpose Machinery	335671	128		3065	110633
专用设备制造业	Manufacture of Special Purpose Machinery	294897	82	1970	128	30202
交通运输设备制造业	Manufacture of Transport Equipment	162316	502	50	47	30410
电气机械及器材制造业	Manufacture of Electrical Machinery and Equipment	207562			60	12991
通信设备计算机及其他电子设备制造业	Manufacture of Communication Equipment,Computer and Other Electronic	111713			33	3395
仪器仪表及文化、办公用机械制造业	Manufacture of Measuring Instrument and Machinery for Cultural Activity and Office Work	23618			93	2564
工艺品及其他制造业	Manufacture of Artwork,Other Manufacture N.E.C	28195			5	1077
废弃资源和废旧材料回收加工业	Recycling and Disposal of Waste	61461				14851
电力、热力的生产和供应业	Production and Supply of Electric & Heat Power	40870686				
燃气生产和供应业	Production and Distribution of Gas	3187				3650
水的生产和供应业	Production and Distribution of Water	466				2600

注：本表统计范围为年主营业务收入2000万元及以上的工业企业。

All Industry corporation enterises with an annual sales income of over 20 million yuan.

续表　　continued

其他焦化产品 (吨) Other Coking Products (ton)	焦炉煤气 (万立方) Coke Oven Gas (10 000 cu.m)	高炉煤气 (万立方) High Oven Gas (10 000 cu.m)	天然气 (万立方) Natural Gas (10 000 cu.m)	原油 (吨) Crude Oil (ton)	汽油 (吨) Gasoline (ton)	煤油 (吨) Kerosene (ton)	柴油 (吨) Diesel Oil (ton)	燃料油 (吨) Fuel Oil (ton)
					1873	51	7975	4
	631				1084	3	15013	
					6593	655	42309	57
					7667	49	33146	
							3	
			498	12	8802	95	14973	58
			769		2435	38	6736	
			2198		1930		3221	34
			2266		455		5628	
			56	2	2684	19	4088	
			155		957		2009	
					712		907	34
					3274	2	6808	
			64		468		1218	
			2683		2041	8	3668	48
			90		1564		1854	
			1		226		41	
	729		242	7658799	1420	91	3788	48521
	76		3680	848	23763	40	21553	12312
			736		3985	420	7651	
					434		390	
			64		1429		864	2010
			337		2516		5730	
42344	93	61143	26075		12816	53	63641	110751
612	98727	1820148	11718	32	4217	8	21986	131
15340			3938	100	6879	3931	44060	11757
	9042		699		6827	117	10691	32
			906		17534	915	20258	172
			552		13555	508	50816	416
36			2695		7209	4054	15870	3902
		30	554		4750	19	5954	1061
			238		2772	40	1924	
			315		1293		518	
			5		470		800	
			6		6		1504	
	48		36	3	2715		13426	4288
			10		537		1022	64
					911		1471	40

7-10 续表 1 continued

指标	Item	液化石油气（吨）Liquefied Petroleum Gas (ton)	其他石油制品（吨）Other Petroleum Products (ton)	热力（百万千焦）Heat (million kilo-joule)	电力（万度）Electricity (10 000 kwh)	其他燃料（吨标准煤）Other Fuel (ton of SCE)
煤炭开采和洗选业	Mining and Washing of Coal		57		332464	30732
黑色金属矿采选业	Mining of Ferrous Metal Ores				76135	2320
有色金属矿采选业	Mining of Non-ferrous Metal Ores				170834	34964
非金属矿采选业	Mining and Processing of Nonmetal Ores			7760684	117792	28144
其他采矿业	Mining of Other Ores N.E.C				1625	
农副食品加工业	Processing of Food From Agricultural Products		1		336731	193320
食品制造业	Manufacture of Foods	514		454234	98787	61711
饮料制造业	Manufacture of Beverage				73410	59972
烟草制品业	Manufacture of Tobacco	7		91533	21625	
纺织业	Manufacture of Textile		26450	64983	202525	70516
纺织服装、鞋、帽制造业	Manufacture of Textile Wearing Apparel, Footware, and Caps				27061	5419
皮革毛皮羽绒及其制品业	Manufacture of Leather,Fur,Feather and Its Products	1		32115	44930	4232
木材加工及木、竹、藤、棕草制品业	Processing of Timbers,Manufacture of Wood, Bamboo, Rattan, Palm, and Straw Products				153693	281976
家具制造业	Manufacture of Furniture				32173	10616
造纸及纸制品业	Manufacture of Paper and Paper Products	462	400	11010566	396872	169219
印刷业、记录媒介的复制	Printing,Reproduction of Recording Media	274	338	64660	25203	986
文教体育用品制造业	Manufacture of Articles for Culture,Education and Sport Activity				8092	11162
石油加工、炼焦及核燃料加工业	Processing of Petroleum ,Coking,Processing of Nucleus Fuel	2749	1214051	17758189	159126	14634
化学原料及化学制品制造业	Manufacture of Chemical Raw Material and Chemical Products	5988	233289	17656489	1197028	470257
医药制造业	Manufacture of Medicines	16	77	6091	97112	106122
化学纤维制造业	Manufacture of Chemical Fiber			535833	17497	2432
橡胶制品业	Manufacture of Rubber			244115	18951	5637
塑料制品业	Manufacture of Plastic	363	3986	160698	98401	10505
非金属矿物制品业	Manufacture of Non-metallic Mineral Products	167344	4188	1068565	1020844	501684
黑色金属冶炼及压延加工业	Manufacture and Processing of Ferrous Metals	7		74123471	1991944	38925
有色金属冶炼及压延加工业	Manufacture and Processing of Non-ferrous Metals	9890	2088	2932280	1244396	103038
金属制品业	Manufacture of Metal Products	38	152		150745	4760
通用设备制造业	Manufacture of General Purpose Machinery	38	1047	13270	212733	29496
专用设备制造业	Manufacture of Special Purpose Machinery	280	12329		191090	30615
交通运输设备制造业	Manufacture of Transport Equipment	937	698	12399	166676	5895
电气机械及器材制造业	Manufacture of Electrical Machinery and Equipment	11	2318		139449	29740
通信设备计算机及其他电子设备制造业	Manufacture of Communication Equipment, Computer and Other Electronic Equipment	595	11		125273	22543
仪器仪表及文化、办公用机械制造业	Manufacture of Measuring Instrument and Machinery for Cultural Activity and Office Work				23017	9437
工艺品及其他制造业	Manufacture of Artwork,Other Manufacture N.E.C	39060			18880	3085
废弃资源和废旧材料回收加工业	Recycling and Disposal of Waste				13121	12293
电力、热力的生产和供应业	Production and Supply of Electric & Heat Power		88	272797	1542073	95167
燃气生产和供应业	Production and Distribution of Gas				20149	230
水的生产和供应业	Production and Distribution of Water				71089	1212

7-11 主要用能工业企业单位产品能源消耗情况
Unit Product Energy Consumption of Industry

指标	单位	Item	2010	2011
吨原煤生产综合能耗	千克标准煤/吨	Total Energy Consumption of Raw Coal/ton	51.08	23.77
万米印染布综合能耗	千克标准煤/万米	Total Energy Consumption of Dyed Cloth/10,000m	2002.47	2001.48
机制纸及纸板综合能耗	千克标准煤/吨	Total Energy Consumption of Machine-Made Paper and Paperboard	533.12	482.01
炼焦工序单位能耗	千克标准煤/吨	Energy Consumption of Coking Process/unit	149.38	117.62
原油加工单位综合能耗	千克标准油/吨	Total Energy Consumption of Crude Oil Processing/unit	66.35	69.34
单位烧碱生产综合能耗(离子膜法30%)	千克标准煤/吨	Total Energy Consumption of Caustic Soda Production/unit	294.52	281.97
单位烧碱生产综合能耗(隔膜法30%)	千克标准煤/吨	Total Energy Consumption of Caustic Soda Production/unit (Diaphragm Process 30%)	648.50	768.10
单位烧碱生产综合能耗(隔膜法96%)	千克标准煤/吨	Total Energy Consumption of Caustic Soda Production/unit (Diaphram Process 96%)	870.81	764.95
联碱法纯碱双吨产品生产综合能耗	千克标准煤/吨	Total Energy Consumption of Soda Production/double tons (Hou's process)	163.25	187.86
单位合成氨生产综合能耗	千克标准煤/吨	Total Energy Consumption of Synthetic Ammonia/unit	1552.20	1386.56
吨水泥熟料综合能耗	千克标准煤/吨	Total Energy Consumption of Cement/ton	123.74	121.63
吨水泥综合能耗	千克标准煤/吨	Total Energy Consumption of Cement Per Ton	101.51	94.61
每重量箱平板玻璃综合能耗	千克标准煤/重量箱	Total Energy Consumption of Plate Glass/weight box	13.21	11.34
吨钢综合能耗	千克标准煤/吨	Total Energy Consumption of Steel/ton	610.34	608.21
炼铁工序单位能耗	千克标准煤/吨	Unit Energy Consumption of Iron Refining Process	376.89	372.32
铁矿烧结工序单位能耗	千克标准煤/吨	Unit Energy Consumption of Iron Ore Sintering Process	54.40	49.27
转炉炼钢综合工序单位能耗	千克标准煤/吨	Unit Energy Consumption of Converter Steelmaking Process	12.63	10.90
电炉炼钢综合工序单位能耗	千克标准煤/吨	Unit Energy Consumption of Electric Furnace Steelmaking Process	98.78	83.13
硅锰合金工序单位能耗	千克标准煤/标准吨	Unit Energy Consumption of Silicomanganese Alloy Process	1066.06	1074.80
轧钢工序单位能耗	千克标准煤/吨	Unit Energy Consumption of Steel Rolling Process	69.87	67.68
吨钢耗新水	吨/吨	New Water Consumption of Steel/ton	5.76	5.14
吨铜加工材消耗能源量	千克标准煤/吨	Total Energy Consumption of Copper Refining/unit	339.17	342.82
单位粗铅综合能耗	千克标准煤/吨	Total Energy Consumption of Crude Lead/unit	429.80	350.03
单位铅冶炼综合能耗	千克标准煤/吨	Total Energy Consumption of Lead Refining/unit	449.50	413.06
单位精锌（电锌）综合能耗	千克标准煤/吨	Total Consumption of Refined Zinc(Electrolytic Zinc)/unit	1008.45	991.20
吨铝加工材消耗能源量	千克标准煤/吨	Energy Consumption of Aluminium Processing Material/ton	807.54	751.26
电厂火力发电标准煤耗	克标准煤/千瓦时	Standard Coal Consumption of Thermal Power Generation in the Power Plant	292.57	308.22
电厂火力供电标准煤耗	克标准煤/千瓦时	Standard Coal Consumption of Thermal Power Supply in the Power Plant	312.72	323.76

7-12 规模工业企业水消费
Water Consumption of Scale Industry

单位:万立方米 (10 000 cu.m)

指标	Item	2006	2007	2008	2009	2010	2011
取水总量	**the Total Amount of Water Intake**	**544438.36**	**618416.98**	**597147.60**	**623822.17**	**637189.52**	**673445.94**
地表水	Surface Water	491136.01	566887.93	546962.18	572475.62	579276.02	608397.39
地下水	Groundwater	24604.29	24086.12	22795.28	22867.93	25630.10	29456.67
自来水	Tap Water	28537.59	27235.21	26940.07	27956.97	29457.02	32115.88
管道供应的未经达标处理的水	Water Treated Below Standard						
中水	Reclaimed Water						
海水	Sea Water						
其他水	Other Water	160.47	207.72	445.27	515.10	2826.39	3476.00
重复用水	Repeated Water	357463.86	429339.97	500685.83	587035.45	556719.49	569853.12
工业企业污水排放量	Discharge of Industrial Sewage	49142.96	46497.70	29562.31	37839.62	37472.09	34072.63

7-13 能源消耗指标
Indicators of Energy Consumption

指标	Item	2006	2007	2008	2009	2010	2011
单位GDP能耗	**Energy Consumption of Unit GDP**						
#指标值(吨标准煤/万元)	Index Value(ton of SCE/10 000 yuan)	1.42	1.36	1.27	1.20	1.17	0.89
#上升或下降（±%）	Increase or Decrease (±%)	-3.39	-4.43	-6.72	-5.10	-2.65	-3.68
单位规模工业增加值能耗	**Energy Consumption of Unit Scale Industry Added Value**						
#指标值(吨标准煤/万元)	Index Value (ton of SCE/10 000 yuan)	2.74	2.51	1.98	1.57	1.36	0.95
#上升或下降（±%）	Increase or Decrease (±%)	-4.38	-7.99	-11.84	-13.68	-11.94	-8.61
单位GDP电耗	**Electric Power Consumption of Unit GDP**						
#指标值（千瓦时/万元）	Index Value(kwh/10 000yuan)	1033.30	1040.50	940.00	911.00	922.13	715.30
#上升或下降（±%）	Increase or Decrease (±%)	1.06	0.70	-9.66	-3.05	1.27	-2.10

注：2011年单位GDP能耗、单位规模工业增加值能耗、单位GDP电耗根据当年能耗、电耗与按2010年可比价计算的规模工业增加值计算的GDP相比较取得。2006-2010年规模工业增加值数据按2005年可比价计算的GDP相比较取得。

Statistics of Energy Consumption Per Unit in 2011 are Calculated at 2010 Prices. Statistics of Energy Consumption Per Unit in 2006-2010 are Calculated at 2005 Prices.

7-14 非工业主要耗能单位综合能源消费量
Comprehensive Energy Consumption of Non-agricultural Major Enery-Consuming Units

单位:吨标准煤 (ton of SCE)

指标	Item	2010	2011
消费合计	**Total Energy**	**888172.85**	**961230.14**
按国民经济行业分组	**By Sector**		
建筑业	Construction	499173.06	551826.10
批发和零售业	Wholesale and Retail Trade	21800.64	22475.94
交通运输、仓储和邮政业	Traffic,Transport, Storage and Post	352367.12	371517.48
住宿和餐饮业	Accommodation and Restaurants	14832.03	15410.62
信息传输、软件和信息技术服务业	Information Transfer,Computer Services and Software		
金融业	Finance		
房地产业	Real Estate Trade		
租赁和商务服务业	Tenancy and Business Services		
科学研究和技术服务业	Scientific Research,Technical Service		
水利、环境和公共设施管理业	Management of Water Conservancy Environment and Public Establishment		
居民服务、修理和其他服务业	Resident Services and Other Services		
教育	Education		
卫生和社会工作	Sanitation,Social Security		
按登记注册类型	**Grouped by Registration**		
内资企业	Internal-invested Enterprises	882615.85	955559.89
港澳台商投资	Enterprises With Investment From Hong Kong,Macao and Taiwan	464.04	574.81
外商投资	Enterprises With Foreign Investment	5092.96	5095.44
国有控股	**State Controlling Share Hold Enterprises**	**700661.25**	**778990.86**

主要统计指标解释

能源生产总量 指一定时期内，全国一次能源生产量的总和。该指标是观察全国能源生产水平、规模、构成和发展速度的总量指标。一次能源生产量包括原煤、原油、天然气、水电、核能及其他动力能(如风能、地热能等)发电量，不包括低热值燃料生产量、生物质能、太阳能等的利用和由一次能源加工转换而成的二次能源产量。

能源消费总量 指一定时期内，全国各行业和居民生活消费的各种能源的总和。该指标是观察能源消费水平、构成和增长速度的总量指标。能源消费总量包括原煤和原油及其制品、天然气、电力，不包括低热值燃料、生物质能和太阳能等的利用。能源消费总量分为终端能源消费量、能源加工转换损失量和能源损失量三部分。

(1)终端能源消费量：指一定时期内，全国生产和生活消费的各种能源在扣除了用于加工转换二次能源消费量和损失量以后的数量。

(2)能源加工转换损失量：指一定时期内，全国投入加工转换的各种能源数量之和与产出各种能源产品之和的差额。该指标是观察能源在加工转换过程中损失量变化的指标。

(3)能源损失量：指一定时期内，能源在输送、分配、储存过程中发生的损失和由客观原因造成的各种损失量，不包括各种气体能源放空、放散量。

能源生产弹性系数 是研究能源生产增长速度与国民经济增长速度之间关系的指标。计算公式：

$$能源生产弹性系数=\frac{能源生产总量年平均增长速度}{国民经济年平均增长速度}$$

国民经济年平均增长速度，可根据不同的目的或需要，用国民生产总值、国内生产总值等指标来计算，本年鉴是采用国内生产总值指标计算的。

电力生产弹性系数 是研究电力生产增长速度与国民经济增长速度之间关系的指标。一般来说，电力的发展应当快于国民经济的发展，也就是说电力应超前发展。计算公式为：

$$电力生产弹性系数=\frac{电力生产量年平均增长速度}{国民经济年平均增长速度}$$

能源消费弹性系数 反映能源消费增长速度与国民经济增长速度之间比例关系的指标。计算公式为：

$$能源消费弹性系数=\frac{能源消费量年平均增长速度}{国民经济年平均增长速度}$$

电力消费弹性系数 反映电力消费增长速度与国民经济增长速度之间比例关系的指标。计算公式为：

$$电力消费弹性系数=\frac{电力消费量年平均增长速度}{国民经济年平均增长速度}$$

能源加工转换效率 指一定时期内，能源经过加工、转换后，产出的各种能源产品的数量与同期内投入加工转换的各种能源数量的比率。该指标是观察能源加工转换装置和生产工艺先进与落后、管理水平高低等的重要指标。计算公式为：

$$能源加工转换效率=\frac{能源加工转换产出量}{能源加工转换投入量}\times 100\%$$

单位国内生产总值能耗 指一定时期内，一个国家或地区每生产一个单位的国内生产总值所消耗的能源。计算公式为：

$$单位国内生产总值能源=\frac{能源消费总量}{国内生产总值}$$

单位国内生产总值电耗 指一定时期内，一个国家或地区每生产一个单位的国内生产总值所消耗的电力。计算公式为：

$$单位国内生产总值电耗=\frac{全社会用电量}{国内生产总值}$$

单位工业增加值能耗 指一定时期内，一个国家或地区每生产一个单位的工业增加值所消耗的能源。计算公式为：

$$单位工业增加值能耗=\frac{工业能源消费量}{工业增加值}$$

Explanatory Notes on Main Statistical Indicators

Total Energy Production refers to the total production of primary energy by all energy producing enterprises in the country in a given period of time. It is a comprehensive indicator to show the level, scale, composition and pace of development of energy production of the country. The production of primary energy includes that of coal, crude oil, natural gas, hydro-power and electricity generated by nuclear energy and other means such as wind power and geothermal power. However, it does not include the production of fuels of low calorific value, bio-energy, solar energy and secondary energy converted from primary energy.

Total Energy Consumption refers to the total consumption of energy of various kinds by the production sectors and the households in the country in a given period of time. It is a comprehensive indicator to show the scale, composition and pace of increase of energy consumption. Total energy consumption includes that of coal, crude oil and their products, natural gas and electricity. However, it does not include the consumption of fuel of low calorific value, bio-energy and solar energy. Total energy consumption can be divided into three parts: end-use energy consumption; loss during the process of energy conversion; and energy loss.

(1)End-use Energy Consumption: It refers to the total energy consumption by the production sectors and the households in the country (region) in a given period of time. It does not include the consumption during the conversion of primary energy into secondary energy and the loss in the process of energy conversion.

(2)Loss During the Process of Energy Conversion: It refers to the total input of various kinds of energy for conversion, minus the total output of various kinds of energy in the country in a given period of time. It is an indicator to show the loss that occurs during the process of energy conversion.

(3)Energy Loss: It refers to the total of the loss of energy during the course of energy transport, distribution and storage and the loss caused by any objective reason in a given period of time. The loss of various kinds of gas due to gas discharges and stocktaking is not included.

Elasticity Ratio of Energy Production is an indicator to show the relationship between the growth rate of energy production and the growth rate of the national economy. The formula is:

$$\text{Elasticity Ratio of Energy Production} = \frac{\text{Average Annual Growth Rate of Energy Production}}{\text{Average Annual Growth Rate of National Economy}}$$

The average annual growth rate of the national economy can be measured by indicators such as the Gross National Product and the Gross Domestic Product, depending on the purposes or needs. The Gross Domestic Product has been used in the calculation of the ratio in this Yearbook.

Elasticity Ratio of Electricity Production is an indicator to show the relationship between the growth rate of electricity production and the growth rate of the national economy. Generally speaking, the growth rate of electricity production should be higher than that of the national economy.

Its formula is:

$$\text{Elasticity Ratio of Electricity Production} = \frac{\text{Average Annual Growth Rate of Electricity Production}}{\text{Average Annual Growth Rate of National Economy}}$$

Elasticity Ratio of Energy Consumption is an indicator to show the relationship between the growth rate of energy consumption and the growth rate of the national economy. The formula is:

$$\text{Elasticity Ratio of Energy Consumption} = \frac{\text{Average Annual Growth Rate of Energy Consumption}}{\text{Average Annual Growth Rate of National Economy}}$$

Elasticity Ratio of Electricity Consumption is an indicator to show the relationship between the growth rate of electricity consumption and the growth rate of the national economy. The formula is:

$$\text{Elasticity Ratio of Electricity Consumption} = \frac{\text{Average Annual Growth Rate of Electricity Consumption}}{\text{Average Annual Growth Rate of National Economy}}$$

Efficiency of Energy Processing and Conversion refers to the ratio of the total output of energy products of various kinds after processing and conversion to the total input of energy of various kinds for processing and conversion in the same reference period. It is an important indicator to show the current conditions of energy processing and conversion equipment, production technique and management. The formula is:

$$\text{Efficiency of Energy Processing \& Conversion} = \frac{\text{Output of Energy After Processing \& Conversion}}{\text{Input of Energy for Processing \& Conversion}} \times 100\%$$

Energy Consumption per Unit of GDP refers to the energy consumption per unit of Gross Domestic Product in a country or the Gross Regional Product in a region in the same reference period. The formula is:

$$\text{Energy Consumption per Unit of GDP} = \frac{\text{Total Energy Consumption}}{\text{Gross Domestic Product}}$$

Electricity Consumption per Unit of GDP refers to the electricity consumption per unit of Gross Domestic Product in a country or the Gross Regional Product in a region in the same reference period. The formula is:

$$\text{Electricity Consumption per Unit of GDP} = \frac{\text{Total Electricity Consumption}}{\text{Gross Domestic Product}}$$

Energy Consumption per Unit of Industrial Value-added refers to the energy consumption per unit of industrial value-added in a country or region in the same reference period. The formula is:

$$\text{Energy Consumption per Unit of Industrial Value-added} = \frac{\text{Total Energy Consumption}}{\text{Industrial Value-added}}.$$

8 财政、金融和保险

Finance, Banking and Insurance

资料整理人员：吴天铁

8-1 财政、金融和保险
Finance, Banking And Insurance

单位：亿元 (100 million yuan)

年份 Year	地方财政收入 Local Government Revenue	地方财政支出 Local Government Expenditure	金融机构人民币存款余额 Deposits Of Financial Institutions	金融机构人民币贷款余额 Loans Of Financial Institutions	全年各项保费收入 Premiums
1950	2.15	0.79	0.44	0.05	
1951	3.15	1.12	1.18	0.21	
1952	4.07	2.06	1.76	0.31	
1953	4.13	2.08	2.12	1.60	
1954	4.91	2.93	3.01	4.02	
1955	4.73	2.24	3.44	7.40	
1956	5.23	3.14	2.52	8.45	
1957	5.53	3.22	3.13	8.90	
1958	10.47	8.40	7.60	16.62	
1959	13.40	11.09	12.82	26.53	
1960	15.17	14.07	13.37	30.98	
1961	8.50	9.21	13.10	27.64	
1962	8.77	4.22	11.00	25.19	
1963	8.09	5.01	10.41	21.92	
1964	9.12	6.88	10.33	19.87	
1965	10.05	7.00	11.53	21.40	
1966	10.96	9.06	12.53	24.07	
1967	8.86	8.31	13.82	26.84	
1968	6.92	6.24	14.32	30.24	
1969	9.81	9.34	14.38	32.19	
1970	14.95	10.84	26.24	35.92	
1971	17.71	12.33	28.24	38.16	
1972	18.43	14.61	28.10	39.51	
1973	21.72	15.07	34.00	44.75	
1974	13.89	15.40	27.53	45.23	
1975	18.27	15.92	34.00	48.33	
1976	16.02	15.85	31.21	50.55	
1977	20.88	16.41	35.84	55.25	

8-1 续表 continued

单位：亿元 (100 million yuan)

年份 Year	地方财政收入 Local Government Revenue	地方财政支出 Local Government Expenditure	金融机构人民币存款余额 Deposits Of Financial Institutions	金融机构人民币贷款余额 Loans Of Financial Institutions	全年各项保费收入 Premiums
1978	27.98	24.46	38.64	64.46	
1979	28.63	25.17	47.38	72.85	
1980	29.86	23.71	58.08	87.34	
1981	31.40	21.39	67.79	99.70	
1982	30.33	23.26	76.08	112.58	
1983	29.27	25.31	88.47	124.10	
1984	32.85	30.04	115.03	151.59	
1985	39.19	40.09	118.84	159.73	
1986	47.65	54.29	157.51	201.04	
1987	54.38	55.93	192.89	239.39	
1988	56.54	64.89	325.74	366.49	
1989	68.86	74.23	395.60	428.29	
1990	70.07	80.08	369.96	517.90	3.15
1991	80.52	88.58	472.10	631.07	3.69
1992	92.78	99.10	595.10	776.79	5.46
1993	127.56	132.03	738.86	944.40	7.15
1994	85.89	151.49	1107.80	1263.11	12.23
1995	108.16	173.94	1389.05	1494.03	16.17
1996	130.36	217.74	1748.61	1880.94	21.03
1997	137.16	230.82	1769.91	2123.00	30.74
1998	156.77	273.64	2110.71	2274.41	34.47
1999	166.50	313.12	2539.75	2408.36	42.30
2000	177.04	347.83	2874.75	2403.39	59.91
2001	205.41	431.70	3342.91	2787.92	56.09
2002	231.15	533.02	3923.17	3227.46	87.22
2003	268.65	573.75	4669.00	3796.31	103.70
2004	320.63	719.54	5500.47	4258.03	115.81
2005	395.27	873.42	6498.23	4509.09	127.17
2006	477.93	1064.52	7719.43	5173.87	147.82
2007	606.55	1357.03	9083.27	6037.40	201.31
2008	722.71	1765.22	10895..49	6989.42	312.49
2009	847.62	2210.44	13948.00	9369.81	348.45
2010	1081.69	2702.47	16553.78	11303.76	438.53
2011	1517.07	3520.76	19334.70	13186.68	443.53

8-2 财政收支基本情况
Total Local Government Revenue and Expenditures

单位：亿元 (100 million yuan)

年份 Year	财政总收入 Total Government Revenue	地方财政收入 Total Revenue	非税（企业）收入 Revenue form Enterprises	各项税收 Taxes Revenue	地方财政支出 Total Expenditure	一般公共服务 General Public Services	社会保障和就业 Social Security Progams and Employment
1978	27.98	27.98	9.68	17.17	24.46	7.62	3.57
1979	28.63	28.63			25.17		
1980	29.86	29.86	9.58	19.53	23.71	4.86	3.44
1981	31.40	31.40			21.39		
1982	30.33	30.33	5.11	24.48	23.26	3.12	2.95
1983	29.27	29.27	2.25	26.16	25.31	3.48	3.26
1984	32.85	32.85	2.74	29.12	30.04	4.43	3.21
1985	39.19	39.19	1.61	36.83	40.09	4.60	4.01
1986	47.65	47.65	4.08	42.26	54.29	5.80	4.52
1987	54.38	54.38	4.37	48.36	55.93	4.65	3.09
1988	56.54	56.54	-0.47	54.25	64.89	5.21	5.88
1989	68.86	68.86	-1.48	64.88	74.23	5.44	6.91
1990	70.07	70.07	-3.70	67.33	80.08	5.60	8.17
1991	80.52	80.52	-0.91	74.14	88.58	6.16	8.81
1992	92.78	92.78	-0.78	84.90	99.10	6.23	9.86
1993	127.56	127.56	-0.66	116.31	132.03	7.73	12.89
1994	171.84	85.89	2.70	65.04	151.49	7.89	13.74
1995	204.02	108.16	2.74	78.05	173.94	9.65	14.55
1996	237.13	130.36	2.30	88.00	217.74	13.33	17.09
1997	254.98	137.16	2.72	105.75	230.82	13.78	17.66
1998	285.74	156.77	3.63	102.95	273.64	28.75	22.16
1999	302.28	166.50	6.04	105.50	313.12	37.66	21.49
2000	321.85	177.04	8.60	111.57	347.83	38.08	22.15
2001	361.71	205.41	19.35	124.45	431.70	39.40	25.55
2002	424.64	231.15	14.16	148.61	533.02	58.26	40.59
2003	489.75	268.65	14.69	173.15	573.75	51.40	36.21
2004	612.42	320.63	21.99	218.70	719.54	46.48	74.13
2005	747.30	395.27	32.67	267.87	873.42	74.98	71.91
2006	893.79	477.93	155.19	322.74	1064.52	72.67	84.32
2007	1123.27	606.55	195.89	410.66	1357.03	256.59	220.98
2008	1314.27	722.71	236.40	486.31	1765.22	295.56	310.31
2009	1507.24	847.62	279.34	568.27	2210.44	336.07	360.75
2010	1878.71	1081.69	350.85	730.84	2702.48	367.20	396.40
2011	2523.49	1517.07	601.67	915.40	3520.76	466.74	484.44

注：2007年起，“基本建设支出”指标更改为“一般公共服务”，“支援农村生产支出及农业事业费”指标更改为“社会保障和就业”。

From 2007,the index of" expenditure for capital construction" has been changed into general public services and "expenditrue for supporting agricultural prodution and agricultural expense" changed into "social security programs and emplogment".

8-3 财政收入及构成
Government Revenue and Composition

项目	Item	财政收入(万元) Government Revenue (10 000 yuan) 2010	2011	2011年比上年增长(%) Increase Rate in 2011 over 2010(%)	收入构成(%) Composition (%) 2010	2011
一、税收收入	**Tax revenue**	**7308356**	**9153982**	**25.3**	**67.56**	**60.34**
#增值税	#Value Added Tax	1125699	1352423	20.1	10.41	8.91
营业税	Operating Tax	2567985	3205770	24.8	23.74	21.13
企业所得税	Income Tax of Enterprises	602929	899634	49.2	5.57	5.93
企业所得税退税	Return for Enterprises' Income Tax	-166	-73			
个人所得税	Individual Income Tax	376162	482451	28.3	3.48	3.18
资源税	Resources Tax	61440	67852	10.4	0.57	0.45
城市维护建设税	Tax on Town Maintenance and Construction	620123	787314	27.0	5.73	5.19
房产税	Tax on Real Estates	179236	224621	25.3	1.66	1.48
印花税	Stamp Tax	94846	132954	40.2	0.88	0.88
城镇土地使用税	Tax on the Use of Urban Land	171392	197025	15.0	1.58	1.30
土地增值税	Land Value Added Tax	195400	406098	107.8	1.81	2.68
车船使用税	Tax on the Use of Vehicles and Ships	51815	67531	30.3	0.48	0.45
耕地占用税	Tax on Occupancy of Cultivated Land	532073	480601	-9.7	4.92	3.17
契税	Contract Tax	674670	780724	15.7	6.24	5.15
烟叶税	Tobacco Tax	54752	69057	26.1	0.51	0.46
二、非税收入	**Non-tax revenue**	**3508545**	**6016680**	**71.5**	**32.44**	**39.66**
国有资产经营收入	Income from State-owned Assets	85806	125370	46.1	0.79	0.83
国有企业计划亏损补贴	Planning Subsidies to Loss-suffering State-owned Enterprises	-19889	-17662	-11.2	-0.18	-0.12
行政事业性收费	Income from Administrative Fees	1270496	1917616	50.9	11.75	12.64
罚没收入	Penalty and Confiscation Income	455363	581993	27.8	4.21	3.84
国有资源(资产)有偿使用收入	Income on the Use of State-owed resources (proverty)	741008	1515318	104.5	6.85	9.99
专项收入	Expert Project Income	524814	737676	40.6	4.85	4.86
其他收入	Other Income	431058	1138707	164.2	3.99	7.51
一般预算收入	**Total Local Government Revenue**	**10816901**	**15170662**	**40.2**	**100.00**	**100.00**
上划中央"两税"收入	**Value Added Tax and Consumption Tax of Turn in Central Government**	**6469502**	**7959310**	**23.0**		
#增值税	#Value Added Tax	3435817	4113832	19.7		
消费税	Consumption Tax	3033685	3845478	26.8		
上划中央所得税	**Income Tax of Turn in Central Government**	**1460805**	**2054380**	**40.6**		
财政总收入	**Total Government Revenue**	**18787108**	**25234867**	**34.3**		

8−4 地方财政支出及构成
Local Government Expenditure and Composition

项目	Item	财政支出(万元) Government Expenditure (10 000 yuan) 2010	2011	2011年比上年增长(%) Increases Rate in 2011over 2010(%)	支出构成(%) Composition (%) 2010	2011
一般预算支出合计	**Total Expenditure of General Budget**	**27024752**	**35207553**	**30.3**	**100.00**	**100.00**
一般公共服务	General Public Services	3672048	4667437	27.1	13.59	13.26
外交、国防、公共安全	Foreign Affairs、National Defense、Pulic Safety	1666738	1839890	10.4	6.17	5.23
教育	Education	4030980	5408278	34.2	14.92	15.36
其中：普通教育	Common	3062229	4106351	34.1	11.33	11.66
职业教育	Vocational	351246	513875	46.3	1.30	1.46
科学技术	Science and Technology	350354	419642	19.8	1.30	1.19
文化体育与传媒	Culture ,Sports and Media	396593	448719	13.1	1.47	1.27
其中：文化	Culture	142530	156517	9.8	0.53	0.44
体育	Sport	71931	53014	-26.3	0.27	0.15
社会保障和就业	Social Security Progams and Employmenr	3963970	4844405	22.2	14.67	13.76
其中：财政对社会保障基金的补助	Subsidy on Social Insurance Fund	1358864	1849219	36.1	5.03	5.25
行政事业单位离退休	Subsidy on Retired Persons in Administrative Department	771753	974555	26.3	2.86	2.77
企业改革补助	Subsidy on Reform of State-owned Enterprises	188830	70289	-62.8	0.70	0.20
就业补助	Subsidy on Employment	394182	389202	-1.3	1.46	1.11
抚恤	Pension	230019	261288	13.6	0.85	0.74
城市居民最低生活保障	Subsistence Allowances for Urban Residents	300257	372173	24.0	1.11	1.06
自然灾害生活救助	Life assistance of natural disasters	80347	47489	-40.9	0.30	0.13
医疗卫生	Pulic Health	1804364	2567598	42.3	6.68	7.29
环境保护	Environmence Protection	908200	852631	-6.1	3.36	2.42
城乡社区事务	Urban and Rural Communities	1869770	2759977	47.6	6.92	7.84
农林水事务	Agriculture,Forest and Irrigation	3226504	3942623	22.2	11.94	11.20
其中：农业	Agriculture	1520184	1509950	-0.7	5.63	4.29
林业	Forest	259552	354352	36.5	0.96	1.01
水利	Irrigation	668113	1141866	70.9	2.47	3.24
扶贫	Poverty Reduction	130844	157922	20.7	0.48	0.45
农业综合开发	Agricultural Exploitation	135128	160800	19.0	0.50	0.46
农业综合改革	Agricultural Reform	473916	537352	13.4	1.75	1.53
交通运输	Transportation	1530329	3013129	96.9	5.66	8.56
资源勘探电力信息等事务	Expenditure for Resource exploration,Elecricity and Information Technology	969923	1198815	23.6	3.59	3.40
商业服务业等管理事务	Expenditure for Business Services	457368	534605	16.9	1.69	1.52
金融监管等事务支出	Expenditure for Financial Affairs	89590	38694	-56.8	0.33	0.11
国土资源气象等事务	Expenditure for Land ,Sesources and Weather	403853	498769	23.5	1.49	1.42
住房保障支出	Expenditure for Housing Security	817499	1267572	55.1	3.03	3.60
粮油物资管理事务	Expenditure for Reserve for Cereals and Oils	273289	280302	2.6	1.01	0.80
储备事务支出	Expenditure for Reserve	16525	16690	1.0	0.06	0.05
债务付息支出	Expenditure for Debt Service	93259	134695	44.4	0.35	0.38
其他支出	Other Expenditure	483596	473082	-2.2	1.79	1.34

8−5 金融机构本外币信贷收支
Loans and Deposits of Financial Institutions

单位：万元 (10 000 yuan)

项目	Item	2010		2011	
		年末余额 Balance at the Year-end	比年初增减 Increase Over the Year-beginning	年末余额 Balance at the Year-end	比年初增减 Increase Over the Year-beginning
各项存款	**Deposits**	**166432712**	**26147627**	**194440972**	**28432133**
单位存款	Company Deposits	45563586	6903347	79964518	12227620
活期存款	Demand Deposits	36398132	6306248	51240933	6778144
定期存款	Fixed Deposits	9165453	597099	15092937	3826359
财政存款	Treasury Deposits	4961371	884399	5144823	132030
个人存款	Individual Deposits	90600400	12079342	106526953	15898747
活期	Demand	40110890	6913266	45959463	6247646
定期	Fixed	50489510	5166075	57383836	9469740
农业存款	Agricultural Deposits	4032688	928604		
委托存款	Commission Deposits	1173422	-143437	324637	-2588
其他存款	Other Deposits	7840952	1154196	2054192	402817
金融债券	**Financial Bonds**	**49909**		**128961**	**79053**
应付及暂收款	**Payable & Actually Received Funds**	**2739388**	**518011**	**4173926**	**1295256**
#应付及预收利息	#Payable Interest	1323733	95887	1927644	599513
同业往来	**Inter-bank Credits**	**3402830**	**-864803**	**2415961**	**-1034079**
各项准备	**All Plans**	**1814722**	**537340**	**3097236**	**1267089**
#贷款损失准备金	#Plan Funds for Loans	1758328	512461	3050456	1276703
所有者权益	**Creditors' Equity**	**4040479**	**1025732**	**5250911**	**1193949**
实收资本	Total Capital Hold	2001985	437061	2356172	329187
当年结益	Current Retained Profits				
其他	**Others**	**-16206519**	**3259646**	**-21131096**	**-1806299**
资金来源总计	**All Sources**	**162273520**	**30623553**	**194341539**	**31139384**

注：2011年起，“企业存款”、“储蓄存款”指标更改为“单位存款”和“个人存款”，口径进行了调整，不具可比性。

From 2011,"Deposits of Enterprises" and "Saving Deposits" han been changed "Company Deposits" and "Individual Deposits","Caliber changed",can't comparable.

8-5 续表 continued

单位：万元 (10 000 yuan)

项目	Item	2010		2011	
		年末余额 Balance at the Year-end	比年初增减 Increase Over the Year-beginning	年末余额 Balance at the Year-end	比年初增减 Increase Over the Year-beginning
各项贷款	**Loans**	**113037614**	**19333675**	**134625046**	**20808366**
短期贷款	Short-term Loans	38095742	1849705	41345654	5765689
#个人消费贷款	#Individual Consumption Loans	839361	-27534	1119305	252410
中长期贷款	Medium-term and Long-term Loans	80343191	4173524	91206853	15037185
#个人消费贷款	#Individual Consumption Loans	14058675	1129810	17058220	4129356
委托贷款	Commission Loans	733600	-74800		
票据融资	Financing From Bills	1985212	-1955716	1998851	13948
#贴现	#Discount	1985212	-1955716	1998848	13947
各项垫款	All Funds Advanced to Be Paid Back Later	40282	-3304	37762	-3944
有价证券	Securities	6030327	1006432	5580238	1984563
应收及预付款项	Account Receivable and Advance Payment	891710	252885	1681767	763868
#应收利息	#Receivable Interest	367950	50979	632119	252945
同业往来	Inter-bank Credits	446834	-293780	349010	-103123
外汇占款	Purchase of Foreign Exchanges	14295	7155		
固定资产	Fixed Assets	1932097	192258	2125966	193157
库存现金	Vault Cash	1106934	151181	1426660	293052
资金运用总计	**All Uses**	**161378566**	**30504062**	**194341539**	**31139384**

8-6 金融机构本外币存款分机构表
Deposits of Financial Institutions by Agency

单位：亿元 (100 million yuan)

项目	Item	2010		2011	
		年末余额 Balance at the Year-end	比年初增减 Increase Over the Year-beginning	年末余额 Balance at the Year-end	比年初增减 Increase Over the Year-beginning
金融机构	**Financial Institutions**	**16643.27**	**2614.76**	**19444.10**	**2843.21**
工商银行	Industrial and Commercial Bank of China Limited	2042.14	116.00	2264.52	209.91
建设银行	China Construction Bank	2938.83	236.49	3342.03	384.42
农业银行	Agricultural Bank of China	1957.52	242.59	2236.77	279.24
中国银行	Bank of China	1471.60	255.34	1691.42	217.16
开发银行	China Development Bank	226.84	-5.42	214.26	-12.57
交通银行	Bnak of Communications	420.30	87.26	519.37	99.06
邮政储蓄银行	Postal Savings Bank of China	1369.83	261.71	1701.61	331.78
招商银行	China Merchants Bank	337.59	33.64	363.05	25.42
农发行	Agricultural Development Bank of China	124.69	53.00	215.56	90.86
浦发银行	Shanghai Pudong Development Bank	255.49	70.77	286.07	30.57
中信银行	China CITIC Bank	265.02	71.11	340.10	74.79
兴业银行	Industrial Bank Co.,Ltd.	296.30	74.74	322.86	26.57
民生银行	China Minsheng Banking Corp., Ltd	214.78	95.05	239.88	25.11
光大银行	China Everbright Bank	248.16	92.61	309.82	61.11
华夏银行	Hua Xia bank	32.16	32.16	63.02	30.81
进出口银行	Export-Import Bank of China	0.97	-0.78	3.02	2.05
广发银行	China Guangfa Bank	60.22	35.04	107.23	47.01
北京银行	Bank of Beijing	53.06	32.31	62.59	9.53
渤海银行	Bohai Bank	0.04	0.04	14.85	14.82
东莞银行	Bank of Dongguan	0.81	0.81	15.33	14.52
广东南粤银行	Guangdong Nanyue Bank	5.78	5.78	20.48	14.70
上海农商行	Shanghai Rural Commercial Bank			2.36	2.36
长沙银行	Bank of Changsha	679.19	163.68	828.63	149.44
华融湘江银行	Huarong Xiangjiang Bank	408.50	116.12	542.33	133.83
农合机构	Rural Institutions	2682.01	455.05	3231.38	548.71
财务公司	Finance Companies	92.84	-8.85	14.80	4.58
村镇银行	Village and Township Bank	23.97	12.29	51.53	25.82
三一汽车金融	Sany Auto Finance Co., Ltd.				-0.03
外资银行	Foreign bank	3.24	0.33	5.88	2.65

注：2011年，湛江银行更名广东南粤银行，外资银行在汇丰银行的基础上，增加了花旗银行。

In 2011, the Bank of Zhangjiang was renamed Guangdong Nanyue Bank. Foreign bank added to Citi Bank.

8-7 金融机构本外币贷款分机构表
Loans of Financial Institutions by Agency

单位：亿元 (100 million yuan)

项目	Item	2010		2011	
		年末余额 Balance at the Year-end	比年初增减 Increase Over the Year-beginning	年末余额 Balance at the Year-end	比年初增减 Increase Over the Year-beginning
金融机构	**Financial Institutions**	**11521.67**	**2004.61**	**13462.50**	**2080.84**
工商银行	Industrial and Commercial Bank of China Limited	1405.01	227.16	1612.79	207.78
建设银行	China Construction Bank	1821.46	260.66	2057.80	236.35
农业银行	Agricultural Bank of China	902.98	149.01	1013.33	110.35
中国银行	Bank of China	1090.70	204.93	1218.85	128.15
开发银行	China Development Bank	1332.66	199.05	1582.29	249.64
交通银行	Bnak of Communications	347.39	62.23	391.91	44.53
邮政储蓄银行	Postal Savings Bank of China	63.86	35.75	123.91	60.05
招商银行	China Merchants Bank	278.15	28.27	313.61	35.46
农发行	Agricultural Development Bank of China	723.39	70.40	830.86	174.07
浦发银行	Shanghai Pudong Development Bank	182.23	34.98	259.19	76.96
中信银行	China CITIC Bank	184.32	22.09	218.48	34.16
兴业银行	Industrial Bank Co.,Ltd.	228.83	38.80	252.87	24.04
民生银行	China Minsheng Banking Corp., Ltd	155.45	42.18	177.64	22.18
光大银行	China Everbright Bank	194.58	50.01	241.41	46.83
华夏银行	Hua Xia bank	23.03	23.03	50.08	27.04
进出口银行	Export-Import Bank of China	149.13	36.56	189.07	39.94
广发银行	China Guangfa Bank	68.22	43.22	108.10	39.88
北京银行	Bank of Beijing	84.49	61.08	126.31	41.82
渤海银行	Bohai Bank			12.80	12.80
东莞银行	Bank of Dongguan			17.60	17.60
广东南粤银行	Guangdong Nanyue Bank	2.00	2.00	7.81	5.81
上海农商行	Shanghai Rural Commercial Bank			7.03	7.03
长沙银行	Bank of Changsha	337.50	63.07	390.15	52.64
华融湘江银行	Huarong Xiangjiang Bank	208.24	70.57	288.14	79.90
农合机构	Rural Institutions	1611.10	260.00	1894.90	283.80
信托公司	Trust and Investment Companies	2.43	-0.08	1.35	-1.08
财务公司	Finance Companies	92.79	-1.41	19.60	0.20
村镇银行	Village and Township Bank	13.45	7.43	28.26	14.81
三一汽车金融	Sany Auto Finance Co., Ltd.	1.82	1.82	5.17	3.36
外资银行	Foreign bank	16.45	11.80	21.21	4.77

8-8 主要金融机构大中小型企业贷款分行业情况统计表（2011年）
Loans for Enterprises of All Size by Sector (2011)

单位：亿元 (100 million yuan)

项目	Item	大中型企业合计		大型企业		中型企业		小型企业	
		年末余额 Balance at the Year-end	比年初增减 Increase Over the Year-beginning	年末余额 Balance at the Year-end	比年初增减 Increase Over the Year-beginning	年末余额 Balance at the Year-end	比年初增减 Increase Over the Year-beginning	年末余额 Balance at the Year-end	比年初增减 Increase Over the Year-beginning
合计	**Total**	**8400.73**	**1372.54**	**3797.53**	**486.36**	**2544.18**	**511.49**	**2059.02**	**374.69**
农、林、牧、渔业	Agriculture,Forestry,Farming of Animals and Fishing	292.03	41.89	19.01	0.65	49.40	0.46	223.62	40.78
采矿业	Mining	107.99	43.07	39.32	15.08	39.97	18.86	28.70	9.13
制造业	Manufacturing	1610.01	257.40	806.43	106.85	492.80	84.06	310.78	66.49
电力、燃气及水的生产和供应业	Production and Distribution of Electricity,Gas and Water	999.21	51.17	576.18	-23.80	261.84	66.08	161.20	8.89
建筑业	Construction	388.70	46.84	143.45	-13.79	113.60	39.16	131.65	21.47
交通运输、仓储和邮政业	Traffic,Transport, Storage and Post	1489.70	359.71	1154.56	289.84	201.39	75.06	133.76	-5.18
信息传输、计算机服务和软件业	Information Transfer,Computer Services and Software	45.03	5.88	30.71	5.99	7.28	-2.30	7.04	2.20
批发和零售业	Wholesale and Retail Trade	656.12	157.45	120.20	39.06	229.74	26.86	306.19	91.54
住宿和餐饮业	Accommodation and Restaurants	76.05	12.00	15.72	0.97	31.61	2.63	28.72	8.40
金融业	Finance	82.94	36.70	1.02	-1.53	58.23	26.86	23.68	11.38
房地产业	Real Estate Trade	572.19	36.58	107.25	-29.37	313.15	29.35	151.78	36.60
租赁和商务服务业	Tenancy and Business Services	307.21	6.96	79.71	-17.50	170.08	0.43	57.41	24.02
科学研究、技术服务和地质勘查业	Scientific Research,Technical Service and Geologic Perambulation	25.34	15.02	14.00	9.75	4.40	1.12	6.93	4.14
水利、环境和公共设施管理业	Management of Water Conservancy, Environment and Public Establishment	1531.15	304.96	625.82	122.31	512.37	139.36	392.96	43.30
居民服务和其他服务业	Resident Services and Other Services	95.50	2.04	34.63	-6.31	29.90	4.99	30.97	3.36
教育业	Education	33.94	-11.71	6.65	-8.55	7.13	-1.05	20.16	-2.11
卫生、社会保障和社会福利业	Sanitation,Social Security and Social Welfare	22.00	-5.20	5.24	-2.98	10.93	-2.61	5.83	0.39
文化、体育和娱乐业	Culture,Sports and Entertainment	39.19	10.42	16.11	0.71	9.89	2.64	13.19	7.07
公共管理和社会组织	Public Management and Social Organization	26.44	1.36	1.50	-1.02	0.49	-0.46	24.45	2.84

注：1、本表仅统计人民币贷款，不含外汇贷款和票据融资；

2、本表不含村镇银行、财务公司、信托公司。

a. The statistical scope in the table include RMB loans,not-include Foreign Currency Loans and Financing Instruments;

b .The statistical scope in the table non-include Village and Township Bank、Finance Companies、Trust and Investment Companies.

8-9 保险机构与人员
Institutions and Personnel of Insurance System

项 目	Item	2000	2005	2010	2011
全年各项保费收入（亿元）	Premiums	59.91	127.17	438.53	443.53
保险机构数 (个)	Number of Institutions of Insurance System (unit)	395	445	2908	2700
省级公司	Provincial Branches	7	16	37	43
地市级公司	Prefecture/City Branches	63	122	301	324
县支公司及营业部	County Branches	325	307	606	705
营销服务部	Marketing Services Division		1523	1964	1628
年底实有职工人数 (人)	Employees at the Year-end (person)	6522	12344	23313	26814
专业保险代理公司法人机构数（个）	Professional Insurance Agents of Corporate Institutions (Unit)		29	19	19
专业保险经纪公司法人机构数（个）	Professional Insurance Brokers Corporate Institutions (Unit)		6	8	9
专业保险评估公司法人机构数（个）	Professional Insurance Agencies Assess Corporate Institutions (Unit)		3	4	5
兼业保险代理机构数（个）	Insurance Agencies and Industry (Unit)		1699	8152	8888

8-10 财产保险公司业务主要指标（2011年）
Major Indicators of Property Insurance Business (2011)

指标	Item	保费收入（万元）Premiums (10 000 yuan)	赔款支出（万元）Indemnity Expenditure (10 000 yuan)
合 计	**Total**	**1289566.17**	**590841.06**
1.企业财产保险	Enterprises Property Insurance	83177.59	24612.28
2.家庭财产保险	Household Property Insurance	13673.89	2783.50
其中：投资型家财险	Investment Link Household Property Insurance	-0.01	0.05
3.机动车辆保险	Motor Vehicle Insurance	878096.59	423882.10
4.工程保险	Project Insurance	29568.71	8960.25
5.责任保险	Liability Insurance	41774.65	16300.11
6.信用保险	Credit Insurance	10875.80	19285.57
7.保证保险	Guarantee Insurance	9728.51	459.42
其中：机动车辆消费贷款保证保险	Motor Vehicle Consumption Loans	1914.91	55.24
其中：个人贷款抵押房屋保证保险	Personal Loans Home Mortagage	100.02	-41.96
8.船舶保险	Ships Insurance	1582.45	839.51
9.货物运输保险	Freight Transport Insurance	17629.05	3174.15
10.特殊风险保险	Special Venture Insurance	152.38	0.11
11.农业保险	Agriculture Insurance	136048.70	72182.38
12.健康险	Health Insurance	18179.66	8870.92
13.意外伤害保险	Unforeseen Injury Insurance	39603.95	8951.08
其中：投资型意外险	Investment Link Unforeseen Insurance		270.54
14.其他险	Other Property Insurance	9474.26	539.67

8-11 人身保险公司业务主要指标（2011年）
Major Indicators of Life Insurance Business (2011)

单位：万元 (10 000 yuan)

项目	Item	保费收入 Premiums	赔款支出 Indemnity Expenditure	退保金 Withdrawal Amount Insured	年金给付 Annuity Payment	满期给付 Mature Payment	死伤医疗给付 Payment for Death,Injury and Medical Treatment
合计	**Total**	**3145761.99**	**52660.18**	**306367.55**	**68172.01**	**347503.36**	**65357.64**
一、寿险小计	Life Insurance	2897011.79		301682.12	68172.01	340105.45	49479.11
（一）普通寿险	Ordinary Insurance	298701.26		19581.38	41250.00	35601.94	25311.74
1.定期寿险	Term Life Insurance	14025.14		62.08		0.92	2991.29
（1）个人业务	Personal Business	12697.78		59.95		0.92	2260.36
（2）团体业务	Group Insurance	1327.36		2.13			730.93
2.两全寿险	Endowment Life Insurance	101692.08		7840.54	1600.41	35520.99	4128.83
（1）个人业务	Personal Business	97234.36		7006.21	1572.68	24301.19	3589.54
（2）团体业务	Group Insurance	4457.72		834.33	27.74	11219.81	539.28
3.终身寿险	Whole Life Insurance	152412.42		8415.68		52.83	15159.77
（1）个人业务	Personal Business	152412.42		8414.24		49.11	15134.85
（2）团体业务	Group Insurance			1.44		3.72	24.92
4.年金保险	Annuity Insurance	30571.62		3263.08	39649.59	27.20	3031.86
（1）个人业务	Personal Business	29157.55		2831.76	30702.88	27.20	2906.37
（2）团体业务	Group Insurance	1414.08		431.32	8946.71		125.50
（二）分红寿险	Bonus Insurance	2571973.49		282035.74	26922.01	302431.65	20717.08
1.定期寿险	Term Life Insurance						
（1）个人业务	Personal Business						
（2）团体业务	Group Insurance						
2.两全寿险	Endowment Life Insurance	2181414.61		270301.62	9332.09	299611.20	16954.30
（1）个人业务	Personal Business	2181414.61		270301.62	9332.09	299611.20	16954.30
（2）团体业务	Group Insurance						

8-11 续表 continued

单位：万元 (10 000 yuan)

项目	Item	保费收入 Premiums	赔款支出 Indemnity Expenditure	退保金 Withdrawal Amount Insured	年金给付 Annuity Payment	满期给付 Mature Payment	死伤医疗给付 Payment for Death,Injury and Medical Treatment
3.终身寿险	Whole Life Insurance	88321.49		2288.35		22.99	2353.52
（1）个人业务	Personal Business	88321.49		2288.35		22.99	2353.52
（2）团体业务	Group Insurance						
4.年金保险	Annuity Insurance	302237.39		9445.77	17589.92	2797.45	1409.26
（1）个人业务	Personal Business	301899.76		9417.30	14795.08	2797.45	1409.26
（2）团体业务	Group Insurance	337.63		28.47	2794.84		
（三）投资连结产品	Investment Link Insurance	305.26		9.90		1053.97	39.22
其中：年金保险	Annuity Insurance						
（四）万能寿险	Universal Life Insurance	26031.78		55.10		1017.89	3411.07
其中：年金保险	Annuity Insurance	27.97		0.33			
二、意外伤害险小计	Accidence Injury Insurance	73231.10	15761.20				
1.一年期以内业务	Within One Year Period	4396.13	483.70				
2.一年期业务	One Year Period	67885.81	15277.50				
三、健康险小计	Health Insurance	175519.10	36898.97	4685.43		7397.92	15878.53
1.一年期以内及一年期业务	Within One Year Periodand One Year Period	53343.72	36898.97				
（1）个人业务	Personal Business	30287.05	19376.22				
（2）团体业务	Group Insurance	23056.67	9.04				
2.一年期以上业务	Over One Year Period	122175.38		4685.43		7397.92	15878.53
（1）个人业务	Personal Business	122156.96		4685.43		7397.92	15868.19
（2）团体业务	Group Insurance	18.42					10.34

主要统计指标解释

财政收入 指国家财政参与社会产品分配所取得的收入，是实现国家职能的财力保证。主要包括：

（1）各项税收：包括国内增值税、国内消费税、进口货物增值税和消费税、出口货物退增值税和消费税、营业税、企业所得税、个人所得税、资源税、城市维护建设税、房产税、印花税、城镇土地使用税、土地增值税、车船税、船舶吨税、车辆购置税、关税、耕地占用税、契税、烟叶税等。

（2）非税收入：包括专项收入、行政事业性收费、罚没收入和其他收入。

财政支出 指国家财政将筹集起来的资金进行分配使用，以满足经济建设和各项事业的需要。主要包括：

（1）一般公共服务：指政府提供基本公共管理与服务的支出，包括人大事务、政协事务、政府办公厅（室）及相关机构事务、发展与改革事务、统计信息事务、财政事务、税收事务、审计事务、海关事务、人力资源事务、纪检监察事务、人口与计划生育事务、商贸事务、知识产权事务、工商行政管理事务、国土资源事务、海洋管理事务、测绘事务、地震事务、气象事务、民族事务、宗教事务、港澳台侨事务、档案事务、共产党事务、民主党派事务及工商联事务、群众团体事务、彩票事务等。

（2）公共安全：指政府维护社会公共安全方面的支出，包括武装警察、公安、国家安全、检察、法院、司法行政、监狱、劳教、国家保密、缉私警察等。

（3）教育：指政府教育事务支出，包括教育行政管理、学前教育、小学教育、初中教育、普通高中教育、普通高等教育、初等职业教育、中专教育、技校教育、职业高中教育、高等职业教育、广播电视教育、留学生教育、特殊教育、干部继续教育、教育机关服务等。

（4）科学技术：指用于科学技术方面的支出，包括科学技术管理事务、基础研究、应用研究、技术研究与开发、科技条件与服务、社会科学、科学技术普及、科技交流与合作等。

（5）文化教育与传媒：指政府在文化、文物、体育、广播影视、新闻出版等方面的支出。

（6）社会保障和就业：指政府在社会保障与就业方面的支出，包括社会保障和就业管理事务、民政管理事务、财政对社会保险基金的补助、补充全国社会保障基金、行政事业单位离退休、企业改革补助、就业补助、抚恤、退役安置、社会福利、残疾人事业、城市居民最低生活保障、其他城镇社会救济、农村社会救济、自然灾害生活救助、红十字事务等。

（7）医疗卫生：指政府医疗卫生方面的支出，包括医疗卫生管理事务支出、医疗服务支出、医疗保障支出、疾病预防控制支出、卫生监督支出、妇幼保健支出、农村卫生支出等。

（8）环境保护：指政府环境保护支出，包括环境保护管理事务支出、环境监测与监察支出、污染治理支出、自然生态保护支出、天然林保护工程支出、退耕还林支出、风沙荒漠治理支出、退牧还草支出、已垦草原退耕还草、能源节约利用、污染减排、可再生能源和资源综合利用等支出。

（9）城乡社区事务：指政府城乡社区事务支出，包括城乡社区管理事务支出、城乡社区规划与管理支出、城乡社区公共设施支出、城乡社区住宅支出、城乡社区环境卫生支出、建设市场管理与监督支出等。

（10）农林水事务：指政府农林水事务支出，包括农业支出、林业支出、水利支出、扶贫支出、农业综合开发支出等。

存款 指企业、机关、团体或居民根据资金必须收回的原则，把货币资金存入银行或其他信贷机构保管并取得一定利息的一种信用活动形式。根据存款对象或性质的不同可划分为企业存款、财政存款、机关团体存款、城乡储蓄存款、农业存款、信托及委托类存款、其他存款等科目。它是银行信贷资金的主要来源。

贷款 指银行或其他信贷机构根据资金必须归还的原则，按一定利率，为企业、个人等提供资金的一种信用活动形式。我国银行贷款分为短期贷款、委托及信托类贷款、其他类贷款等。

保险公司 在中国境内的、经过保险监督管理部门批准设立，并依法登记注册的各类商业保险公司。

保险金额 指保险人承担赔偿或者给付保险金责任的最高限额。

保费 指投保人为取得保险人在约定范围内所承担赔偿责任而支付给保险人的费用。

赔款 指保险人根据保险合同的规定，向被保险人支付的赔偿保险责任损失的金额。

给付 包括死伤医疗给付和满期给付。死伤医疗给付是指保险人根据人寿保险及长期健康保险合同的规定，因被保险人在保险期内发生保险责任范围内的保险事故支付给被保险人(或受益人)的金额。满期给付是指被保险人生存期满，保险人按人寿保险合同规定支付给被保险人的满期保险金额。

Explanatory Notes on Main Statistical Indicators

Government Revenue refers to the revenue of the government finance by means of participating in the distribution of the social products, which is the financial resources for ensuring the government to function. The contents of government revenue have been changed several times. Now it includes the following main items:

(1) Various tax revenues including value added tax, business tax, enterprise income tax, personal income tax, resources tax, fixed assets investment direction regulating tax, tax on city maintenance and construction, real estate tax, stamp tax, tax on use of urban land, land value added tax, vehicle and vessel tax, tax on occupancy of cultivated land, property tax, tobacco leaf tax, and other tax revenues.

(2) Non-tax Revenues including special revenues, revenues from Administrative and institutional fees, penalty and confiscatory revenues , revenues from state-owned capital operationg,revenues from paid use of state-owned resources, and other revenues .

Government Expenditure refers to the distribution and use of the funds the government finance has raised, so as to meet the needs of economic construction and various causes. It includes the following main items:

(1) Expenditure for general public services: It reflects the expenditure from the government for general public services.

(2) Expenditure on public security: It reflects the expenditure from the government towards safeguarding the public security, including the related affairs of armed police, public security, state security, procuratorial administration,law court, judicial administration, jail , reeducation through labor, state confidentiality, anti-smuggling Patrol,etc.

(3) Expenditure on education: It reflects the expenditure from the government on education, including the related affairs of educational administration management, preschool education, primary education, junior secondary educate, regular senior secondary educate, regular higher education, primary vocational education, specialized secondary educate, technical educate, vocational senior secondary educate, vocational higher education, radio and television education, foreign student educate, special education, cadre continuing education, education institution services,etc.

(4) Expenditure on science and technology: It reflects the expenditure from the government on science and technology.

(5) Expenditure on culture, sport and media: It reflects the expenditure from the government on culture, cultural relics, sport, radio and television, publication, etc.

(6)Expenditure on social security and employment:It reflects the expenditure from the government on social security and employment, including the related affairs of management of social security and employment, civil administration, subsidies to social insurance funds, supplement to national social security funds, retirees of government agencies and institutions, subsidies to enterprises reform, subsidies to employment, pension, settling down demobilized servicemen,social security, disabled person administration, minimum living allowance in urban area, other social relief in urban area, social relief in rural area, subsidies to natural disaster, Red Cross business,etc.

(7)Expenditure on health care: It reflects the expenditure from the government on health care, including expenditure on management of health care, medical services, medical security, disease control and prevention, public health supervision, rural health care,etc.

(8) Expenditure on environment protection: It reflects the expenditure from the government on environment protection, including expenditure on management of environment protection, environment monitoring and supervisory, pollution government, natural ecological protection, project of natural forest protection, returning farmland to forest, sandstorm and wilderness government, returning grazing land to grassland, returning cultivated grassland to grassland, etc.

(9) Expenditure on urban and rural community affairs: It reflects the expenditure from the government on urban and rural community affairs, including expenditure on management of urban and rural community affairs, plan and management of urban and rural community, public utility of urban and rural community, residential buildings of urban and rural community, environmental sanitation of urban and rural community, management and supervision of markets construction, etc.

(10) Expenditure on agriculture, forest and irrigation: It reflects the expenditure from the government on agriculture, forest and irrigation, including expenditure on agriculture, forest, irrigation, poverty alleviation, comprehensive development of agriculture, etc.

Deposit is a form of credit by which enterprises, institutions, organizations or households can put money into banks and other credit institutions for safekeeping and interest earning under the principle of free withdrawal. According to different depositors, deposits are divided into enterprise deposits, treasury deposits, deposits of government agencies and organizations, capital construction deposits, savings deposits, rural saving deposits, entrusted deposits and other deposits. Deposits are major sources of the credit funds of banks.

Loan is a form of credit by which banks and other credit institutions provide funds at certain interest rate to enterprises and individuals in the light of the principle of unconditional repayment. Loans from Chinese banks include circulating capital loans, fixed assets loans, loans to urban and rural individuals engaged in industrial and commercial business and agricultural loans.

Insurance Companies refer to commercial insurance companies of various forms registered by law and established in China with the approval of insurance regulatory agencies.

Amount Insured refers to the maximum that the insurant will get for the claim of the case insured.

Premium is the fee paid by the insurant to the insurer to obtain the obligation of compensation from the insurance within the agreed terms.

Settled Claim is the compensation paid by the insurer to the insurant in accordance with the insurance contract.

Payment includes payment for death, injury or medical treatment and mature payment. Payment for death, injury or medical treatment refers to the money paid to the insurant (or the beneficiary) in accordance with the life or health insurance contract when the insurant encounters accidents within the insured period covered in the contract. Mature payment refers to the mature payment to the insurant in accordance with the life insurance contract at the end of the insured period.

9 城市建设和环境保护

Construction of Cities and Environmental Protection

资料整理人员：蔡冬娥　　肖首雄
刘　峰　　伍春阳

9-1 城市公用事业基本情况
Basic Statistics for urban Public Utilities

项 目	Item	2000	2005	2010	2011
城市个数(个)	**Number of Cities (unit)**				
省辖市	Cities Under the Jurisdiction of Province	13	13	13	13
县级市	Cities at County Level	16	16	16	16
城市规模	**City Size**				
城市人口(万人)	Population of Cities (10 000 persons)	1196.68	1039.16	1151.41	1227.60
城市面积(平方公里)	Total Areas of Cities (sq.km)	12733	9159	4122	4602
#建成区面积	#Developed Areas	799	1033	1321	1408
房屋建筑	**Buildings**				
人均居住面积(平方米)	Per Capita Living Space (sq.m)	11.8	26.0	31.2	39.7
供水	**Water Supply**				
综合生产能力(万立方米/日)	Production Capacity of Tap Water (10 000 cu.m/day)	1162	1255	979	985
#地下水	#Shallow Ground Water	104	97	30	62
供水管长度(公里)	Length of Water Supply Pipelines (km)	7650	9862	14400	15956
供水总量(万立方米)	Total Annual Volume of Water Supply (10 000 cu.m)	282357	267800	189223	181642
#生产用量	# For Production		137001	46904	43022
公共服务用量	For Republic Services		19271	17283	15653
家庭用量	For Family Use		77029	76625	78781
人均日生活用水量(升)	Per Capita Daily Consumption of Tap Water for Residential Use (liter)	311	279	220	203
用水普及率(%)	Percentage of Population with Access to Tap Water (%)	97.5	91.1	95.2	95.7
供煤气、液化石油气	**Coal Gas and Liquefied Petroleum Gas Supply**				
供气总量	Total Gas Supply				
煤气(万立方米)	Coal Gas (10 000 cu.m)	60375	44064	3044	2334
#家庭用	#Consumption for Residential Use	28521	8008	2615	1964
液化石油气(吨)	Liquefied Petroleum Gas (ton)	202033	294718	252906	265876
#家庭用	#Consumption for Residential Use	189827	250354	196219	232531
煤气管道长度(公里)	Length of Coal Gas Pipelines (km)	1116	695	512	412
石油液化气管道长度(公里)	Length of Liquefied Petroleum Gas Pipelines (km)	216	1261	32	24
用气普及率(%)	Percentage of Population with Access to Gas (%)	78	75	87	88
公共交通	**Public Traffic**				
运营车辆合计(辆)	Number of Public Transportation Vehicles (unit)	9083	9611	12298	12554
#汽车	#Buses	9083	9611	12298	12554
标准运营车数(标台)	Convert into Standard Unit (unit)	7212	9207	13748	13815
运营线路长度(公里)	Length of Public Transportation Lines (km)	3713	11453	15338	15500
出租汽车总计(辆)	Total of Taxi (unit)	19534	23087	23668	23568
每万人拥有公共交通车辆(标台)	Number of Public Transportation Vehicles (unit) per 10 000 persons (unit)	10	9	12	10
公交客运总量(万人次)	Number of Passengers Carried (10 000 person-times)	106227	212507	246471	264371

注：城市人口指标2006年起为城区人口，城市面积指标2006年起为城区面积。

Figure on population of cities means population of urban districts since 2006. Figure on city areas means urban district areas since 2006.

9-1 续表 continued

项 目	Item	2000	2005	2010	2011
市政设施	**Municipal Engineering**				
道路长度(公里)	Length of Paved Roads (km)	4739	5978	8585	9893
道路面积(万平方米)	Area of Paved Roads (10 000 sq.m)	4816	9936	15972	18234
人行道面积(万平方米)	Area of Sidewalk (10 000 sq.m)	1427	2411	3866	4414
桥梁数(座)	Number of bridges (unit)	637	482	588	700
#立交桥	#Cloverleaf Junction	82	48	71	78
路灯(盏)	Number of Street Lights (unit)	115147	295972	432349	529743
排水管道长度(公里)	Length of Sewer Pipelines (km)	3754	5594	8882	10897
污水排放量(万立方米)	Number Volume of Let Sewage (10 000 cu.m)	165902	169530	153696	158259
污水处理厂(座数)	Number of Sewage Disposal Farm (unit)	21	19	55	54
污水处理厂处理能力(万立方米/日)	Daily Disposal Capacity of Sewage (10 000 cu.m/day)	61.2	135.4	376.7	377.0
其他污水处理装置处理能力(万立方米/日)	Capacity of Engineering (10 000 cu.m/day)	83.9	152.3	170.8	178.0
污水年处理量(万立方米)	Annual Volume of Sewage Treated (10 000 cu.m)	45316	68740	115289	131064
防洪堤长度(公里)	Length of Banks to Prevent or Control Flood (km)	603	1119	1094	691
#百年一遇以上	# Befall 100 Years and Over	107	273	240	242
人均拥有道路(平方米)	Per Capita of Road Areas (sq.m)	7.0	9.6	13.0	13.6
排水管密度(公里 / 平方公里)	Density of Drainage Pipelines (km/sq.km)	4.7	5.4	6.7	7.7
污水处理率(%)	Rate of Sewage Disposal (%)	27.3	40.6	75.0	82.8
园林绿化	**Parks, Gardens and Green Areas**				
绿化覆盖面积(公顷)	Coverage Space of Green Areas (hectare)	49290	44643	54509	57700
#建成区	#Developed Area	22646	34176	48398	51807
园林绿地面积(公顷)	Area of Parks,Gardens and Green Areas in Cities (hectare)	44672	40723	46028	49533
#建成区	#Developed Area	19450	30506	43611	47417
公园绿地面积(公顷)	Park Green Land (hectare)	3525	7143	10969	11730
公园个数(个)	Number of Parks (unit)	116	150	175	176
公园面积(公顷)	Area of Parks (hectare)	2646	6589	6763	7515
人均公园绿地面积(平方米)	Park Green Land Per Capita (sq.m)	5.1	6.9	8.9	8.8
建成区绿地率(%)	Rate of Green Areas Developed (%)	24.3	29.5	33.0	33.7
建成区绿化覆盖率(%)	Coverage Rate of Green Areas Developed (%)	28.3	33.1	36.6	36.8
环境卫生	**Environmental Sanitation**				
实际清扫面积(万平方米)	Area Under Cleaning Program (10 000 sq.m)	3236	7560	12331	14214
#机械清扫	Machine Cleaning	412	1149	6457	6690
生活垃圾清运量(万吨)	Volume of Garbage Disposal (10 000 tons)	358.46	486.00	505.22	531.61
垃圾无害化处理场(座数)	Number of Factories to Treat Garbage Harmlessly(unit)	15	7	21	26
#处理能力(吨/日)	Daily Disposal Capacity (ton/day)	4427	6122	11818	11500
垃圾无害处理量(万吨)	Volume of Garbage Harmlessly Treatment (10 000 tons)	180.91	192.90	399.09	459.02
公共厕所数(座)	Number of Public Lavatories (unit)	3001	2652	2896	2937
#三类以上	# Water Closet	1771	2240	2328	2722
市容环卫专用车辆设备总数（辆)	Environmental Sanitation Equipment (unit)	1213	1396	1998	2372
生活垃圾无害化处理率(%)	Ratio of Garbage Harmlessly Treatment (%)	50.5	39.7	79.0	86.4

9–2 城市规模和建设用地（2011年）
Urban Scale and Construction Land (2011)

单位: 平方公里 (sq.km)

城区	Cities	城区面积 Area of City	建成区面积 Developed Areas	建设用地面积 Area of Construction Use Land								
				居住用地 Living Space	公共设施用地 Public Engineering	工业用地 Industry	仓储用地 Storage	对外交通用地 Transport	道路广场用地 Rord and Plaza	市政公用设施用地 Urban civil Facilifies	绿地 Green Areas	特殊用地 Special land
长沙市	Changsha	1007.66	276.86	276.86	107.88	50.81	30.54	7.17	7.84	33.63	6.58	22.32
浏阳市	Liuyang	37.60	32.10	37.03	10.58	7.20	5.38	0.65	0.41	6.16	1.15	5.39
株洲市	Zhuzhou	836.40	120.42	112.42	35.11	16.50	24.02	2.20	8.00	13.33	3.30	7.16
醴陵市	Liling	113.00	27.58	27.58	10.95	4.60	5.65	1.00	0.90	1.78	0.00	1.10
湘潭市	Xiangtan	418.00	75.48	107.02	29.92	17.92	32.56	3.87	4.24	10.48	3.17	4.03
湘乡市	Xiangxiang	28.00	20.00	25.64	13.20	5.00	2.80	3.72	0.12	0.18	0.42	0.20
韶山市	Shaoshan	70.00	4.83	6.33	1.05	0.52	0.45		0.19	1.13	0.99	2.00
衡阳市	Hengyang	120.00	108.90	96.45	35.00	13.00	21.60	3.15	8.00	6.10	3.60	6.00
耒阳市	Leiyang	42.68	39.10	31.44	9.98	5.20	3.81	1.30	1.75	4.80	1.00	3.60
常宁市	Changning	32.50	14.80	11.72	3.11	2.40	1.17	0.89	0.68	1.60	0.43	1.44
邵阳市	Shaoyang	67.00	52.00	50.09	18.21	6.52	3.73	3.00	1.98	4.63	2.92	9.10
武冈市	Wugang	35.54	15.60	15.51	5.00	2.50	2.00	0.64	0.72	1.50	1.25	1.80
岳阳市	Yueyang	155.00	83.00	80.64	24.60	8.90	17.20	3.20	3.20	10.40	2.20	10.70
汨罗市	Miluo	20.10	15.60	15.88	4.92	3.10	3.43	0.62	0.28	2.44	0.15	0.94
临湘市	Linxiang	25.00	15.50	19.24	5.10	3.10	3.40	0.90	1.40	2.00	0.64	2.70
常德市	Changde	339.16	79.40	78.71	22.51	13.65	19.46	2.85	3.85	8.23	3.33	4.10
津市市	Jinshi	68.30	14.78	14.15	4.06	1.91	2.97	0.44	0.23	1.67	1.27	1.36
张家界市	Zhangjiajie	142.60	28.56	26.79	10.49	2.70	1.40	5.74	2.80	2.45	0.27	0.94
益阳市	Yiyang	88.00	60.00	59.49	22.30	9.00	12.85	0.80	1.26	7.00	1.60	4.50
沅江市	Yuanjiang	14.30	13.65	13.25	4.10	2.70	2.75	0.50	0.35	2.20	0.53	0.12
郴州市	Chenzhou	580.00	66.70	104.75	27.57	12.56	22.65	4.27	1.99	14.43	3.52	16.36
资兴市	Zixing	24.00	24.00	24.00	7.67	2.59	4.05	1.31	1.35	4.20	2.38	0.30
永州市	Yongzhou	91.37	57.66	57.66	15.33	8.00	6.83	2.06	2.68	7.40	7.65	7.09
怀化市	Huaihua	58.00	56.00	57.60	15.12	10.10	5.00	4.01	5.50	7.16	1.54	7.67
洪江市	Hongjiang	14.71	6.00	6.00	1.46	0.49	0.90	0.12	0.18	0.71	0.16	1.98
娄底市	Loudi	61.00	45.00	55.44	21.25	8.12	10.23	2.23	1.36	1.60	6.43	4.22
冷水江市	Lengshuijiang	46.70	21.50	24.41	7.58	2.50	5.23	0.80	1.80	3.00	1.50	2.00
涟源市	Lianyuan	25.00	12.98	13.42	4.71	2.99	3.25	0.43	0.85	2.38	0.48	1.56
吉首市	Jishou	40.80	20.00	25.38	5.32	4.80	5.95	0.81	2.94	2.70	1.40	1.05

9-3 城市设施水平（2011年）
Indicators of Municipal Public Utilities Level (2011)

城市	Cities	人口密度(人/平方公里) Population Density (person/sq.km)	人均日生活用水量(升) Per Capita Water Consumption for Residential Use (liter)	用水普及率(%) Percentage of Population with Access to Tap Water (%)	每万人拥有公共交通车辆(标台) Number of Public Transportation Vehicles Per 10000 persons (unit)	用气普及率(%) Percentage of Population with Access to Gas (%)
长沙市	Changsha	2974	307.00	99.98	14.44	97.15
浏阳市	Liuyang	7660	95.00	93.75	1.41	80.56
株洲市	Zhuzhou	1182	246.00	100.00	13.86	98.76
醴陵市	Liling	1747	129.00	99.49	2.48	69.71
湘潭市	Xiangtan	1836	240.00	97.19	9.01	97.85
湘乡市	Xiangxiang	6500	121.00	82.42	4.25	70.33
韶山市	Shaoshan	786	195.00	96.36		86.36
衡阳市	Hengyang	8758	138.00	100.00	8.45	98.95
耒阳市	Leiyang	9934	133.00	95.75	5.22	78.80
常宁市	Changning	5754	133.00	97.86	3.75	79.68
邵阳市	Shaoyang	9301	194.00	81.03	5.85	67.39
武冈市	Wugang	5037	132.00	92.18	2.30	46.37
岳阳市	Yueyang	4148	184.00	98.18	10.06	97.20
汨罗市	Miluo	7065	143.00	91.06	2.32	75.35
临湘市	Linxiang	6680	113.00	87.43	2.30	88.92
常德市	Changde	1849	179.00	99.31	6.43	95.82
津市市	Jinshi	1796	116.00	95.60	4.26	80.36
张家界市	Zhangjiajie	1494	148.00	97.98	11.79	93.80
益阳市	Yiyang	7380	108.00	81.61	7.34	75.45
沅江市	Yuanjiang	13846	218.00	90.91	4.63	59.34
郴州市	Chenzhou	945	131.00	91.24	10.18	85.00
资兴市	Zixing	6233	186.00	100.00	2.65	68.18
永州市	Yongzhou	5620	203.00	98.85	9.60	86.48
怀化市	Huaihua	8507	158.00	96.68	7.83	83.99
洪江市	Hongjiang	3834	122.00	94.68	2.55	70.39
娄底市	Loudi	6393	214.00	97.18	3.88	93.59
冷水江市	Lengshuijiang	3758	157.00	90.77	5.46	68.95
涟源市	Lianyuan	5768	150.00	85.30	2.80	74.90
吉首市	Jishou	5172	155.00	85.31	7.50	85.31

9-3 续表 continued

城市	Cities	人均拥有道路面积(平方米) Per Capita Area of Paved Roads (sq.m)	排水管道密度(公里/平方公里) Density of Sewer Pipelines (km/sq.km)	污水处理率(%) Ratio of Sewage Treatment (%)	园林绿化 Parks, Gardens and Green Areas 人均公园绿地面积(平方米) Park Green Land per Capita (sq.m)	建成区绿地率(%) Ratio of Green Area in Developed Areas (%)	建成区绿化覆盖率(%) Green Area Coverage Rate in Developed Areas (%)	生活垃圾无害化处理率(%) Ratio of Garbage Harmlessly Treatment (%)
长沙市	Changsha	13.21	4.96	96.91	8.83	32.19	36.97	100.00
浏阳市	Liuyang	8.16	2.40	92.00	4.93	24.24	24.45	100.00
株洲市	Zhuzhou	17.33	10.66	90.52	10.83	40.57	42.65	100.00
醴陵市	Liling	11.07	4.02	82.30	8.11	28.28	32.23	100.00
湘潭市	Xiangtan	15.50	10.21	90.12	8.72	36.71	40.18	100.00
湘乡市	Xiangxiang	11.68	5.15	72.52	8.30	31.00	35.35	88.46
韶山市	Shaoshan	17.82	36.85	55.84	10.00	48.65	49.48	100.00
衡阳市	Hengyang	17.51	9.06	74.73	9.48	32.98	36.13	100.00
耒阳市	Leiyang	14.80	6.42	76.68	6.37	29.90	34.04	100.00
常宁市	Changning	14.01	5.14	75.86	6.68	23.24	27.70	
邵阳市	Shaoyang	13.67	19.33	63.31	8.50	30.38	33.85	32.32
武冈市	Wugang	13.97	9.10	71.52	10.39	29.68	29.68	17.88
岳阳市	Yueyang	12.75	12.19	86.15	8.80	40.19	41.63	100.00
汨罗市	Miluo	15.44	5.15	95.01	7.39	35.64	39.36	35.98
临湘市	Linxiang	7.49	9.35	61.82	4.55	34.65	34.65	
常德市	Changde	16.63	6.08	88.21	14.14	38.92	43.38	100.00
津市市	Jinshi	8.85	8.98	95.51	7.74	30.04	35.45	25.79
张家界市	Zhangjiajie	17.39	7.70	56.98	16.90	31.16	33.40	
益阳市	Yiyang	12.43	4.03	86.44	6.98	38.83	40.00	100.00
沅江市	Yuanjiang	5.33	7.18	99.58	2.83	29.16	32.82	31.50
郴州市	Chenzhou	13.87	6.04	80.96	9.53	36.21	38.31	100.00
资兴市	Zixing	10.23	5.84	23.78	13.44	36.63	38.75	100.00
永州市	Yongzhou	14.59	6.94	67.70	5.73	29.62	31.96	100.00
怀化市	Huaihua	7.49	5.43	68.77	6.59	30.23	31.13	100.00
洪江市	Hongjiang	15.14	6.33	88.11	16.13	30.33	35.00	66.23
娄底市	Loudi	12.51	8.96	84.55	9.51	34.91	39.80	100.00
冷水江市	Lengshuijiang	9.15	7.28	55.09	9.12	24.98	25.72	34.25
涟源市	Lianyuan	9.40	6.70	79.01	4.51	23.34	25.04	100.00
吉首市	Jishou	13.08	9.70	91.25	7.63	23.95	31.15	100.00

9-4 城市供水(2011年)
Tap Water Supply in Cities (2011)

城市	Cities	综合生产能力(万立方米/日) Production Capacity of Tap Water (10 000 cu.m/day)	#地下水 Shallow Ground Water	供水管道长度(公里) Length of Water Supply Pipelines (km)	供水总量(万立方米) Total Annual Volume of Water Supply (10 000 cu.m)	#生产用量 For Productive Use	#公共服务用量 For Republic Services	#家庭用量 For Family Use	用水人口(万人) Number of Residents with Access to Tap Water (10 000 persons)
长沙市	Changsha	195.00		2211	39991	4156	5278	28345	299.60
浏阳市	Liuyang	7.50		199	1457	161	249	687	27.00
株洲市	Zhuzhou	103.50		1504	17236	4834	2395	6468	98.88
醴陵市	Liling	6.54	0.54	486	1754	267	90	818	19.64
湘潭市	Xiangtan	64.00	4.42	1093	16421	5264	2047	4417	74.60
湘乡市	Xiangxiang	5.00	1.00	444	1585	352	90	550	15.00
韶山市	Shaoshan	7.00	1.70	136	675	230	98	233	5.30
衡阳市	Hengyang	73.00	1.00	916	20575	3597	1077	4152	105.10
耒阳市	Leiyang	6.80	0.80	169	2411	190	158	1811	40.60
常宁市	Changning	11.00		171	1235	27	68	816	18.30
邵阳市	Shaoyang	67.50	4.00	627	7931	1596	447	3091	50.50
武冈市	Wugang	8.00		164	1547	460	216	580	16.50
岳阳市	Yueyang	106.60		664	15529	9480	95	4067	63.13
汨罗市	Miluo	3.90	0.90	198	1094	143	28	648	12.93
临湘市	Linxiang	10.40		182	955	212	89	504	14.60
常德市	Changde	35.98	4.39	954	8107	1802	942	3137	62.28
津市市	Jinshi	9.00	1.00	180	1657	838	160	328	11.73
张家界市	Zhangjiajie	14.50		395	3103	196	155	955	20.87
益阳市	Yiyang	32.00		315	4058	1016	35	2028	53.00
沅江市	Yuanjiang	6.70		109	1548	62	82	1342	18.00
郴州市	Chenzhou	36.00	6.50	1201	6707	2794		2395	50.00
资兴市	Zixing	10.00		410	2369	428	8	988	14.96
永州市	Yongzhou	50.00	0.45	818	9151	3240	399	3362	50.76
怀化市	Huaihua	32.80		916	5204	588	530	2208	47.70
洪江市	Hongjiang	3.50	0.50	42	444	126	55	177	5.34
娄底市	Loudi	18.00		312	4333	241	427	2526	37.90
冷水江市	Lengshuijiang	43.40	32.40	405	1801	398	66	829	15.93
涟源市	Lianyuan	5.50	2.50	241	1105	140	113	560	12.30
吉首市	Jishou	12.00		494	1660	183	256	760	18.00

9-5 城市公共交通(2011年)
Public Traffic in Cities (2011)

城市	Cities	公共汽车 Buses 运营车数合计(辆) Number of Public Transportation Vehicles (unit)	标准运营车数(标台) Number of Vehicles Convert into Standard unit (unit)	运营线路网长度(公里) Length of Public Transportation Lines (km)	客运总量(万人次) Number of Passengers Carried (10 000 person-times)	出租汽车数(辆) Number of Taxis (unit)
长沙市	Changsha	3651	4658	3195	75433	6280
浏阳市	Liuyang	92	85	300	1300	400
株洲市	Zhuzhou	1127	1406	912	20565	1955
醴陵市	Liling	110	114	81	2738	400
湘潭市	Xiangtan	831	863	913	14687	1146
湘乡市	Xiangxiang	100	94	207	1152	300
韶山市	Shaoshan					35
衡阳市	Hengyang	905	960	1698	18245	1400
耒阳市	Leiyang	272	272	149	4406	500
常宁市	Changning	177	136	144	4404	200
邵阳市	Shaoyang	349	340	293	7849	740
武冈市	Wugang	77	54	91	1244	150
岳阳市	Yueyang	936	954	779	21278	1770
汨罗市	Miluo	106	78	165	1058	200
临湘市	Linxiang	69	48	79	720	283
常德市	Changde	569	562	683	12515	1126
津市市	Jinshi	94	66	106	1385	200
张家界市	Zhangjiajie	298	297	179	8444	733
益阳市	Yiyang	527	526	759	12473	860
沅江市	Yuanjiang	131	136	213	2471	348
郴州市	Chenzhou	530	589	799	15916	1085
资兴市	Zixing	57	51	199	1284	80
永州市	Yongzhou	563	559	580	13026	500
怀化市	Huaihua	379	388	1956	7988	800
洪江市	Hongjiang	38	38	57	553	80
娄底市	Loudi	168	168	178	4688	850
冷水江市	Lengshuijiang	166	136	362	3199	250
涟源市	Lianyuan	75	75	338	1300	200
吉首市	Jishou	157	162	85	4050	697

9-6 城市市政设施（2011年）
Urban Civil Facilities (2011)

城市	Cities	道路长度(公里) Length of Streets (km)	道路面积(万平方米) Area of Streets (10 000 sq.m)	人行道面积(万平方米) Area of Sidewalk (10 000 sq.m)	桥梁数(座) Number of Bridges (unit)	#立交桥 Cloverleaf Junction	路灯盏数(盏) Number of Street Lights (unit)	排水管道长度(公里) Length of Sewer Pipelines (km)	污水年排放量(万立方米) Annual Volume of Sewage Discharged (10 000 cu.m)
长沙市	Changsha	2090	3958	846	156	23	82423	1374	39666
浏阳市	Liuyang	67	235	55	5		3600	77	1900
株洲市	Zhuzhou	1386	1714	385	91	19	85118	1284	13277
醴陵市	Liling	159	219	42	32	3	3580	111	1237
湘潭市	Xiangtan	498	1190	309	14		21756	771	15771
湘乡市	Xiangxiang	117	213	54	3		7609	103	1110
韶山市	Shaoshan	62	98	19			3546	178	471
衡阳市	Hengyang	766	1840	500	39	16	37123	987	9434
耒阳市	Leiyang	245	628	221	3		6123	251	1505
常宁市	Changning	138	262	64	9	1	3680	76	700
邵阳市	Shaoyang	382	852	257	15	2	43600	1005	8700
武冈市	Wugang	95	250	57	17		5050	142	1320
岳阳市	Yueyang	628	820	172	10	3	19760	1012	10480
汨罗市	Miluo	61	219	66	8		3776	80	682
临湘市	Linxiang	85	125	35	3		1910	145	1100
常德市	Changde	510	1043	275	16		49747	483	5201
津市市	Jinshi	111	109	34	1		6092	133	1204
张家界市	Zhangjiajie	304	370	66	34		8309	220	2706
益阳市	Yiyang	482	807	196	16	1	21419	242	4300
沅江市	Yuanjiang	80	106	32	2		1481	98	1200
郴州市	Chenzhou	246	760	150	67	4	20284	403	5368
资兴市	Zixing	115	153	43			6246	140	1665
永州市	Yongzhou	341	749	130	17	5	20318	400	7053
怀化市	Huaihua	221	370	98	32		11600	304	4160
洪江市	Hongjiang	40	85	28	2		4620	38	328
娄底市	Loudi	266	488	113	25		35000	403	5280
冷水江市	Lengshuijiang	129	161	42	7		4973	157	9769
涟源市	Lianyuan	110	136	27	21	1	3500	87	1072
吉首市	Jishou	158	276	98	55		7500	194	1600

9-6 续表 continued

城市	Cities	污水处理厂 Sewage Disposal Factory 座数(座) Number of Units (unit)	#二、三级处理 Biological and Chemical Disposal	处理能力(万立方米/日) Disposal Capacity (10 000 cu.m/day)	#二、三级处理 Biological and Chemical Disposal	其他污水处理装置处理能力(万方/日) Capacity of Engineering (10 000 cu.m/day)	污水年处理量(万方) Annual Volume of Sewage Disposal (10 000 cu.m)	防洪堤长度(公里) Length of Banks to Prevent or Control Flood (km)	#百年一遇标准 Befall 100 Years and Over
长沙市	Changsha	7	7	118	118		38442		
浏阳市	Liuyang	2	2	5	5		1748	3	
株洲市	Zhuzhou	4	4	29	29	47	12019	48	48
醴陵市	Liling	1	1	3	3	3	1018	10	
湘潭市	Xiangtan	2	2	20	20	28	14213	276	71
湘乡市	Xiangxiang	1	1	3	3		805	15	
韶山市	Shaoshan	1	1	1	1	0	263		
衡阳市	Hengyang	3	3	35	35		7050	73	10
耒阳市	Leiyang	1	1	2	2	1	1154	2	
常宁市	Changning	1	1	2	2		531		
邵阳市	Shaoyang	2	2	14	14	5	5508	11	6
武冈市	Wugang	1	1	3	3		944	7	1
岳阳市	Yueyang	4	4	25	25	20	9029	43	18
汨罗市	Miluo	1	1	3	3		648	13	13
临湘市	Linxiang	1	1	6	6		680		
常德市	Changde	2	2	17	17	6	4588	11	6
津市市	Jinshi	1	1	2	2	6	1150	17	
张家界市	Zhangjiajie	3	3	6	6		1542	43	11
益阳市	Yiyang	2	2	14	14		3717	7	7
沅江市	Yuanjiang	1	1	2	2	2	1195	45	25
郴州市	Chenzhou	2	2	17	17		4346	22	22
资兴市	Zixing	1	1	1	1		396		
永州市	Yongzhou	2	2	20	20	3	4775	9	4
怀化市	Huaihua	1	1	10	10	0	2861	4	
洪江市	Hongjiang	1	1	1	1	1	289	3	
娄底市	Loudi	2	2	8	8	41	4464	7	
冷水江市	Lengshuijiang	1	1	3	3	15	5382	3	
涟源市	Lianyuan	1	1	2	2		847	19	
吉首市	Jishou	2	2	7	7		1460		

9-7 城市园林绿化（2011年）
Urban Parks, Gardens and Green Areas (2011)

城市	Cities	绿化覆盖面积（公顷）Coverage Space of Green Areas (hectare)	#建成区 Developed Areas	园林绿地面积（公顷）Area of Parks, Gardens and Green Areas (hectare)	#建成区 Developed Areas	公园绿地面积（公顷）Park Green Land (hectare)	公园个数（个）Number of Parks (unit)	公园面积（公顷）Area of Parks (hectare)
长沙市	Changsha	10235	10235	8913	8913	2647	22	1323
浏阳市	Liuyang	785	785	778	778	142	3	98
株洲市	Zhuzhou	5136	5136	4885	4885	1071	17	1071
醴陵市	Liling	970	889	861	780	160	4	145
湘潭市	Xiangtan	4677	3033	2771	2771	669	9	142
湘乡市	Xiangxiang	707	707	620	620	151	2	143
韶山市	Shaoshan	255	239	237	235	55	4	27
衡阳市	Hengyang	4268	3935	3876	3591	996	11	168
耒阳市	Leiyang	1360	1331	1175	1169	270	5	85
常宁市	Changning	620	410	344	344	125	1	52
邵阳市	Shaoyang	2342	1760	1820	1580	530	8	530
武冈市	Wugang	522	463	530	463	186	4	176
岳阳市	Yueyang	3455	3455	3336	3336	566	7	378
汨罗市	Miluo	614	614	556	556	105	3	233
临湘市	Linxiang	915	537	842	537	76	2	68
常德市	Changde	3444	3444	3090	3090	887	12	733
津市市	Jinshi	547	524	462	444	95	4	108
张家界市	Zhangjiajie	1539	954	1212	890	360	3	350
益阳市	Yiyang	2400	2400	2330	2330	453	6	408
沅江市	Yuanjiang	525	448	429	398	56	4	72
郴州市	Chenzhou	2555	2555	2415	2415	522	5	182
资兴市	Zixing	865	865	819	819	141	2	120
永州市	Yongzhou	2026	1843	1787	1708	294	5	128
怀化市	Huaihua	1893	1743	1793	1693	325	5	230
洪江市	Hongjiang	227	210	182	182	91	5	71
娄底市	Loudi	2745	1791	1925	1571	371	10	189
冷水江市	Lengshuijiang	764	553	755	537	160	6	160
涟源市	Lianyuan	686	325	311	303	65	2	27
吉首市	Jishou	623	623	479	479	161	5	98

注:2006年开始公共绿地面积改为公园绿地面积。Public green areas means park green areas since 2006.

9-8 城市燃气使用情况（2011年）
Urban Coal Gas and Liquefied Petroleum (2011)

城市	Cities	液化石油气 Liquefied Petroleum Gas					
		供气总量 (吨) Total Gas Supply (ton)	#家庭用量 Consumption for Residential Use	用气户数 (户) Number of Household with Access to Gas (household)	#家庭用户 Consumption for Residential Use	用气人口 (万人) Population with Access to Gas (10 000 persons)	管道长度 (公里) Length of Pipelines (km)
长沙市	Changsha	87000	78000	470000	460000	152.00	
浏阳市	Liuyang	6100	5280	58235	58085	23.20	
株洲市	Zhuzhou	9030	7500	75000	73000	24.00	
醴陵市	Liling	2681	798	20136	7582	5.50	
湘潭市	Xiangtan	11000	11000	90000	90000	28.00	
湘乡市	Xiangxiang	3410	3407	38000	37859	11.00	
韶山市	Shaoshan	2036	1640	7280	6134	4.00	
衡阳市	Hengyang	18100	12880	150000	143400	46.00	
耒阳市	Leiyang	364	332	100050	97050	33.41	
常宁市	Changning	2000	900	55190	9000	14.80	
邵阳市	Shaoyang	3140	2500	57000	25000	20.00	2.50
武冈市	Wugang	4500	4500	7600	7600	4.90	17.00
岳阳市	Yueyang	4183	3750	32800	32000	12.50	
汨罗市	Miluo	5909	5904	20500	20500	8.20	
临湘市	Linxiang	4203	3500	33000	30000	12.20	
常德市	Changde	10530	10230	170298	113600	51.09	
津市市	Jinshi	3060	3060	34000	34000	8.64	
张家界市	Zhangjiajie	11619	6476	52320	8002	16.55	
益阳市	Yiyang	11000	9200	155000	150000	45.00	
沅江市	Yuanjiang	3424	3376	38000	36000	11.00	4.00
郴州市	Chenzhou	14500	14500	133066	133066	39.92	
资兴市	Zixing	1900	1700	12000	7800	10.20	
永州市	Yongzhou	17463	17108	115879	112928	43.21	
怀化市	Huaihua	18860	16000	137000	128000	41.20	
洪江市	Hongjiang	680	620	11885	6880	3.97	
娄底市	Loudi	3800	3500	36800	31000	15.10	
冷水江市	Lengshuijiang	502	450	5000	4990	12.10	
涟源市	Lianyuan	2280	2120	33960	32000	10.80	
吉首市	Jishou	2603	2300	28500	25000	10.00	

9-8 续表 continued

城市	Cities	天然气 Gas 供气总量(万立方米) Total Gas Supply (10 000 cu.m)	#家庭用量 Consumption for Residential Use	用气户数(户) Number of Household with Access to Gas (household)	#家庭用户 Consumption for Residential Use	用气人口(万人) Population with Access to Gas (10 000 persons)	管道长度(公里) Length of Pipelines (km)
长沙市	Changsha	47997	16958	698181	695525	139.10	1800.0
浏阳市	Liuyang						
株洲市	Zhuzhou	22319	4803	231940	230439	73.65	1002.5
醴陵市	Liling	16036	554	23468	23115	8.26	401.5
湘潭市	Xiangtan	11047	2704	148659	147225	47.11	1065.0
湘乡市	Xiangxiang	55	20	4300	4220	1.80	51.9
韶山市	Shaoshan	44	22	1620	1570	0.75	26.0
衡阳市	Hengyang	17241	1700	170000	169110	58.00	1300.0
耒阳市	Leiyang						
常宁市	Changning	1		300	299	0.10	15.5
邵阳市	Shaoyang	950	691	56507	27755	22.00	400.0
武冈市	Wugang	137	65	5400	3000	3.40	65.0
岳阳市	Yueyang	5180	2000	134900	130000	50.00	820.0
汨罗市	Miluo	900	750	2600	2590	2.50	55.3
临湘市	Linxiang	383	97	2000	1800	2.65	38.0
常德市	Changde	10785	1346	14895	14755	9.00	1002.0
津市市	Jinshi	300	120	4500	4250	1.22	88.0
张家界市	Zhangjiajie	165	50	8033	8006	3.43	30.0
益阳市	Yiyang	2821	850	45313	45000	4.00	530.0
沅江市	Yuanjiang	2404	26	2310	2100	0.75	30.0
郴州市	Chenzhou	320	200	22291	22216	6.66	186.0
资兴市	Zixing						
永州市	Yongzhou	8	8	3002	3002	1.20	19.0
怀化市	Huaihua	10	6	804	800	0.24	47.6
洪江市	Hongjiang						
娄底市	Loudi						
冷水江市	Lengshuijiang						
涟源市	Lianyuan						
吉首市	Jishou	34	34	29000	29000	8.00	5.5

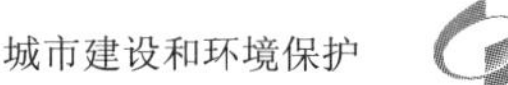

9-9 环境综合统计基本状况（2011年）
Basic Environment Comprehensive Statistics (2011)

指标	Item	2011
废水排放总量（万吨）	Total Volume of Waste Water Discharged (10 000 tons)	278973.8
其中：工业废水排放量（万吨）	Total Volume of Industrial Waste Water Discharged (10 000 tons)	97359.6
城镇生活污水排放量（万吨）	Household Waste Water Discharged by Urban Use (10 000 tons)	181243.2
集中式治理设施污水排放量（万吨）	Volume of Waste Water Discharged by Centralized Facilities (10 000 tons)	371.1
化学需氧量(COD)排放量（吨）	Volume of COD Discharged (tons)	1305152.8
其中：工业废水中COD排放量（吨）	Amount of COD in Industrial Waste Water (tons)	170946.6
农业COD排放量（吨）	Amount of COD in Agriculture (tons)	585668.4
城镇生活污水中COD排放量（吨）	Household of COD Waste Water Discharged by Urban Use (tons)	531850.7
集中式治理设施COD排放量（吨）	Volume of COD Waste Water Discharged by Centralized Facilities (tons)	16687.1
氨氮排放量（吨）	Ammonia Nitrogen Discharge (tons)	164971.6
其中：工业废水中氨氮排放量（吨）	Ammonia Nitrogen Discharge from Industrial Waste Water (tons)	27868.5
农业氨氮排放量（吨）	Ammonia Nitrogen Discharge from Agriculture (tons)	64370.0
城镇生活污水中氨氮排放量（吨）	Household of Ammonia Nitrogen Discharged by Urban Use (tons)	71212.4
集中式治理设施氨氮排放量（吨）	Volume of Ammonia Nitrogen Discharged by Centralized Facilities (tons)	1520.7
二氧化硫(SO_2)排放量（吨）	Volume of SO_2 Emission (tons)	685529.6
其中：工业SO_2排放量（吨）	Volume of SO_2 Emission by Industry (tons)	636180.8
城镇生活SO_2排放量（吨）	Household of SO_2 Emission by Urban Use (tons)	49324.3
集中式治理设施SO_2排放量（吨）	Volume of SO_2 Emission by Centralized Facilities (tons)	24.4
氮氧化物排放量（吨）	Nitrogen Oxides Discharged (tons)	666368.3
其中：工业氮氧化物排放量（吨）	Volume of Nitrogen Oxides Discharged by Industry (tons)	487671.2
城镇生活氮氧化物排放量（吨）	Household of Nitrogen Oxides Discharged by Urban Use (tons)	7632.9
机动车氮氧化物排放量（吨）	Volume of Nitrogen Oxides Discharged by Motor vohicles (tons)	171007.3
集中式治理设施氮氧化物排放量（吨）	Volume of Nitrogen Oxides Discharged by Centralized Facilities (tons)	56.9
烟(粉)尘排放量（吨）	Volume of Soot Emission (tons)	384438.7
其中：工业烟(粉)尘排放量（吨）	Volume of Industrial Soot Emission (tons)	355202.6
城镇生活烟尘排放量（吨）	Household of Volume of Soot Emission by Urban Use (tons)	14435.2
机动车烟尘排放量（吨）	Volume of Volume of Soot Emission by Motor vohicles (tons)	14767.4
集中式治理设施烟尘排放量（吨）	Volume of Volume of Soot Emission by Centralized Facilities (tons)	33.4
一般工业固体废物产生量(万吨)	Volume of Solid Wastes Produced (10 000 tons)	8486.7
一般工业固体废物综合利用量(万吨)	Volume of Solid Wastes Utilized (10 000 tons)	5678.8
其中:综合利用往年贮存量(万吨)	Comprehensive utilization of the previous storage (10 000 tons)	94.3
一般工业固体废物综合利用率(%)	Percentage of Solid Wastes Utilized (%)	66.2
一般工业固体废物处置量(万吨)	Volume of Solid Wastes Treated (10 000 tons)	2214.7
其中:处置往年贮存量(万吨)	Volume of the Previous Storage Treated (10 000 tons)	6.9
一般工业固体废物处置率(%)	Percentage of Solid Wastes Treated (%)	26.1
一般工业固体废物贮存量(万吨)	Volume of Solid Wastes Treated (10 000 tons)	695.6
一般工业固体废物倾倒丢弃量(万吨)	Volume of Solid Wastes dumping of discarded (10 000 tons)	9.3

9−10 全省环保产业统计情况（2011年）
Statistical Report of Hunan Environmental Protection Industry (2011)

指 标	Item	全省 Hunan	长沙 Changsha	株洲 Zhuzhou	湘潭 Xiangtan	衡阳 Hengyang	邵阳 Shaoyang	岳阳 Yueyang	常德 Changde
环保产业单位数（个）	**The Number of Environmental Protection Industry Units (unit)**	**1120**	**285**	**87**	**42**	**97**	**107**	**123**	**18**
环境保护产品生产	Environmental Protection Products Production	142	72	6	14	5	1	6	2
环境工程设计与施工	Environmental Engineering Design & Construction	90	80	5	1	1			
环境咨询服务	Environmental Consulting Services	68	38	3	3	3	2	4	3
设施运营服务	Service of Facilities Operation	197	43	13	3	8	22	27	4
资源综合利用	Comprehensive Utilization of Resources	540	22	60	16	77	71	73	5
洁净产品生产	Clean Products Production	83	30		5	3	11	13	4
环保产业项目数（项）	**The Number of Environmental Protection Industry Project （item)**	**8174**	**3111**	**403**	**946**	**727**	**316**	**470**	**516**
环境保护产品生产	Environmental Protection Products Production	236	126	11	23	13	1	6	2
环境工程设计与施工	Environmental Engineering Design & Construction	1456	1057	26	355	11			
环境咨询服务	Environmental Consulting Services	5511	1761	304	506	634	266	322	499
设施运营服务	Service of Facilities Operation	341	83	17	4	9	22	28	4
资源综合利用	Comprehensive Utilization of Resources	483	33	45	48	56	16	78	6
洁净产品生产	Clean Products Production	147	51		10	4	11	36	5
环保产业年收入（万元）	**Annual Income of Environmental Protection Industry(10000 yuan)**	**6566412**	**2239504**	**244408**	**648818**	**569793**	**189129**	**779027**	**157795**
环境保护产品生产	Environmental Protection Products Production	949308	846114	3448	24619	5560	528	23187	1000
环境工程设计与施工	Environmental Engineering Design & Construction	112949	99823	1314	9325	412			
环境咨询服务	Environmental Consulting Services	36433	25447	1766	1536	933	386	580	1933
设施运营服务	Service of Facilities Operation	201881	92268	10308	1881	7862	10327	43276	263
资源综合利用	Comprehensive Utilization of Resources	3194361	192803	227572	104681	543939	140368	508168	3092
洁净产品生产	Clean Products Production	2071480	983049		506776	11087	37520	203816	151507

9-10 续表 continued

指 标	Item	张家界 Zhangjiajie	益阳 Yiyang	郴州 Chenzhou	永州 Yongzhou	怀化 Huaihua	娄底 Loudi	自治州 West Hunan
环保产业单位数（个）	**The Number of Environmental Protection Industry Units (unit)**	**11**	**54**	**144**	**20**	**56**	**46**	**30**
环境保护产品生产	Environmental Protection Products Production		30			4	2	
环境工程设计与施工	Environmental Engineering Design & Construction		1	1			1	
环境咨询服务	Environmental Consulting Services	1	1	1	2	2	3	2
设施运营服务	Service of Facilities Operation	4	10	6	11	19	6	21
资源综合利用	Comprehensive Utilization of Resources	5	10	136	5	25	28	7
洁净产品生产	Clean Products Production	1	2		2	6	6	
环保产业项目数（项）	**The Number of Environmental Protection Industry Project （item)**	**112**	**246**	**361**	**192**	**251**	**384**	**139**
环境保护产品生产	Environmental Protection Products Production		45			6	3	
环境工程设计与施工	Environmental Engineering Design & Construction		1	5			1	
环境咨询服务	Environmental Consulting Services	95	178	253	166	190	315	22
设施运营服务	Service of Facilities Operation	4	10	6	11	19	18	106
资源综合利用	Comprehensive Utilization of Resources	10	10	97	10	29	34	11
洁净产品生产	Clean Products Production	3	2		5	7	13	
环保产业年收入（万元）	**Annual Income of Environmental Protection Industry(10000 yuan)**	**8762**	**98572**	**1179026**	**8154**	**144407**	**249671**	**49346**
环境保护产品生产	Environmental Protection Products Production		35500			3252	6100	
环境工程设计与施工	Environmental Engineering Design & Construction		600	405			1070	
环境咨询服务	Environmental Consulting Services	200	300	544	670	939	941	258
设施运营服务	Service of Facilities Operation	2040	3672	5635	1625	8476	7628	6620
资源综合利用	Comprehensive Utilization of Resources	4722	35700	1172442	4709	117232	96465	42468
洁净产品生产	Clean Products Production	1800	22800		1150	14508	137467	

主要统计指标解释

供水综合生产能力 指按供水设施取水、净化、送水、出厂输水干管等环节设计能力计算的综合生产能力。包括在原设计能力的基础上，经挖、革、改增加的生产能力。计算时，以四个环节中最薄弱的环节为主确定能力。

年末供水管道长度 指从送水泵至用户水表之间所有管道的长度。不包括新安装尚未使用、水厂内以及用户建筑物内的管道。

全年供水总量 指报告期供水企业(单位)供出的全部水量。包括有效供水量和漏损水量。

生活用水量 包括公共服务用水和居民家庭用水。公共服务用水指为城市社会公共生活服务的用水。包括行政事业单位、部队营区和公共设施服务、社会服务业、批发零售贸易业、旅馆饮食业以及其他公共服务业等单位的用水。居民家庭用水指城市范围内所有居民家庭的日常生活用水。包括城市居民、农民家庭、公共供水站用水。

用水普及率 指城市用水人口数与城市人口总数的比率。计算公式：

$$用水普及率=\frac{城市用水人口数}{城市人口总数}\times 100\%$$

人工煤气生产能力 指报告期末人工煤气生产厂制气、净化、输送等环节的综合生产能力，不包括备用设备能力。一般按设计能力计算，如果实际生产能力大于设计能力时，应按实际测定的生产能力计算。测定时应以制气、净化、输送三个环节中最薄弱的环节为主。

供气管道长度 指报告期末从气源厂压缩机的出口或门站出口至各类用户引入管之间的全部已经通气投入使用的管道长度。不包括煤气生产厂、输配站、液化气储存站、灌瓶站、储配站、气化站、混气站、供应站等厂(站)内的管道。

全年供气总量 指全年燃气企业(单位)向用户供应的燃气数量。包括销售量和损失量。

燃气普及率 指报告期末使用燃气的城市人口数与城市人口总数的比率。计算公式为：

$$燃气普及率=\frac{城市用气人口数}{城市人口总数}\times 100\%$$

城市供热能力 指供热企业(单位)向城市热用户输送热能的设计能力。

城市供热总量 指在报告期供热企业(单位)向城市热用户输送全部蒸汽和热水的总热量。

城市供热管道长度 指从各类热源到热用户建筑物接入口之间的全部蒸汽和热水的管道长度。不包括各类热源厂内部的管道长度。

年末道路长度 指年末道路长度和与道路相通的桥梁、隧道的长度，按车行道中心线计算。在统计时只统计路面宽度在3.5米(含3.5米)以上的各种铺装道路，包括开放型工业区和住宅区道路在内。

城市桥梁 指为跨越天然或人工障碍物而修建的构筑物。包括跨河桥、立交桥、人行天桥以及人行地下通道等。按使用年限分为永久性桥和半永久性桥。

城市排水管道长度 指所有排水总管、干管、支管、检查井及连接井进出口等长度之和。

城市污水日处理能力 指污水处理厂(或污水处理装置)每昼夜处理污水量的设计能力。

年末运营车数 指年末城市用于公共交通运营业务的全部车辆数。新购、新制和调入的运营车辆，自投入之日起开始计算；调出、报废和调作他用的运营车辆，自上级主管机关批准之日起不再计入。

城市园林绿地面积 指报告期末用作园林和绿化的各种绿地面积。包括公园绿地、生产绿地、防护绿地、附属绿地和其他绿地的面积。

公园绿地 城市中向公众开放的以游憩为主要功能，有一定的游憩设施和服务设施，同时兼有健全生态、美化景观，防灾减灾等综合作用的绿化用地。包括综合公园、社区公园、专类公园、带状公园和街旁绿地。其中综合公园、专类公园和带状公园面积之和为公园面积。

清扫保洁面积 指报告期末对城市道路和公共场所（主要包括城市行车道、人行道、车行隧道、人行过街地下通道、道路附属绿地、地铁站、高架路、人行过街天桥、立交桥、广场、停车场及其他设施等）进行清扫保洁的面积。一天清扫多次的，按清扫保洁面积最大的一次计算。

市容环卫专用车辆 指用于环境卫生作业、监察的专用车辆和设备，包括用于道路清扫、冲洗、洒水、除雪、垃圾粪便清运、市容监察以及与其配套使用的车辆和设备。

每万人拥有公共交通车辆 指报告期末城区内每万人平均拥有的公共交通车辆标台数。计算公式：

$$每万人拥有公共交通车辆=\frac{公共交通运营车标台数}{城市人口总数}$$

工业废水排放量 指经过企业厂区所有排放口排到企业外部的工业废水量。包括生产废水、外排的直接

冷却水、超标排放的矿井地下水和与工业废水混排的厂区生活污水，不包括外排的间接冷却水(清污不分流的间接冷却水应计算在内)。

工业废水排放达标量 指报告期内废水中各项污染物指标都达到国家或地方排放标准的外排工业废水量，包括未经处理外排达标的，经废水处理设施处理后达标排放的，以及经污水处理厂处理后达标排放的。

生活污水排放量 指城镇居民每年排放的生活污水。用人均系数法测算。测算公式为：

$$\frac{\text{生活污水}}{\text{排放量}}=\frac{\text{城镇生活污水}}{\text{排放系数}}\times\frac{\text{市镇非}}{\text{农业人口}}\times 365$$

生活污水中化学需氧量(COD)排放量 指城镇居民每年排放的生活污水中的COD的量。用人均系数法测算。测算公式为：

$$\frac{\text{城镇生活污水}}{\text{中}COD\text{排放量}}=\frac{\text{城镇生活污水中}}{COD\text{产生系数}}\times\frac{\text{市镇非}}{\text{农业人口}}\times 365$$

化学需氧量(COD) 指用化学氧化剂氧化水中有机污染物时所需的氧量。COD值越高，表示水中有机污染物污染越重。

工业废气排放量 指报告期内企业厂区内燃料燃烧和生产工艺过程中产生的各种排入大气的含有污染物的气体的总量，以标准状态(273K，101325Pa)计算。测算公式为：

$$\frac{\text{工业废气}}{\text{排放量}}=\frac{\text{燃料燃烧过程}}{\text{中废气排放量}}+\frac{\text{生产工艺过程}}{\text{中废气排放量}}$$

生活及其他SO_2排放量 以生活及其他煤炭消费量和其含硫量为基础，根据以下公式计算：

$$\frac{\text{生活及其他}}{SO_2\text{排放量}}=\frac{\text{生活及其他}}{\text{煤炭消费量}}\times\text{含硫量}\times 0.8\times 2$$

工业SO_2排放量 指报告期内企业在燃料燃烧和生产工艺过程中排入大气的SO_2总量，计算公式为：

$$\frac{\text{工业}SO_2}{\text{排放量}}=\frac{\text{燃料燃烧过程}}{\text{中}SO_2\text{排放量}}+\frac{\text{生产工艺过程}}{\text{中}SO_2\text{排放量}}$$

工业烟尘排放量 指企业厂区内燃料燃烧过程中产生的烟气中夹带的颗粒物排放量。

生活及其他烟尘排放量 指除工业生产活动以外的所有社会、经济活动及公共设施的经营活动中燃烧所排放的烟尘纯重量。以生活及其他煤炭消费量为基础进行测算。

工业粉尘排放量 指企业在生产工艺过程中排放的能在空气中悬浮一定时间的固体颗粒物排放量。如钢铁企业的耐火材料粉尘、焦化企业的筛焦系统粉尘、烧结机的粉尘、石灰窑的粉尘、建材企业的水泥粉尘等。不包括电厂排入大气的烟尘。

工业固体废物产生量 指报告期内企业在生产过程中产生的固体状、半固体状和高浓度液体状废弃物的总量，包括危险废物、冶炼废渣、粉煤灰、炉渣、煤矸石、尾矿、放射性废物和其他废物等；不包括矿山开采的剥离废石和掘进废石(煤矸石和呈酸性或碱性的废石除外)。酸性或碱性废石指采掘的废石其流经水、雨淋水的pH值小于4或pH值大于10.5者。

危险废物 指列入国家危险废物名录或根据国家规定的危险废物鉴别标准和鉴别方法认定的，具有爆炸性、易燃性、易氧化性、毒性、腐蚀性、易传染疾病等危险特性之一的废物。

工业固体废物综合利用量 指报告期内企业通过回收、加工、循环、交换等方式，从固体废物中提取或者使其转化为可以利用的资源、能源和其他原材料的固体废物量(包括当年利用往年的工业固体废物贮存量)，如用作农业肥料、生产建筑材料、筑路等。综合利用量由原产生固体废物的单位统计。

工业固体废物综合利用率 指工业固体废物综合利用量占工业固体废物产生量(包括综合利用往年贮存量)的百分率。计算公式为：

$$\frac{\text{工业固体废物}}{\text{综合利用率}}=\frac{\text{工业固体废物综合利用量}}{\text{工业固体废物产生量}+\text{综合利用往年贮存量}}\times 100\%$$

工业固体废物贮存量 指报告期内企业以综合利用或处置为目的，将固体废物暂时贮存或堆存在专设的贮存设施或专设的集中堆存场所内的数量。专设的固体废物贮存场所或贮存设施必须有防扩散、防流失、防渗漏、防止污染大气、水体的措施。

工业固体废物处置量 指报告期内企业将固体废物焚烧或者最终置于符合环境保护规定要求的场所，并不再回取的工业固体废物量(包括当年处置往年的工业固体废物贮存量)。处置方式有填埋(其中危险废物应安全填埋)、焚烧、专业贮存场(库)封场处理、深层灌注、回填矿井及海洋处置(经海洋管理部门同意投海处置)等。

工业固体废物排放量 指报告期内企业将所产生的固体废物排到固体废物污染防治设施、场所以外的数量，不包括矿山开采的剥离废石和掘进废石(煤矸石和呈酸性或碱性的废石除外)。

“三废”综合利用产品产值 指报告期内利用“三废”作为主要原料生产的产品价值(现行价)；已经销售或准备销售的应计算产品价值，留作生产自用的不应计算产品价值。

生活垃圾清运量 指报告期内收集和运送到各生活垃圾处理厂(场)和生活垃圾最终消纳点的生活垃圾数量。生活垃圾指城市日常生活或为城市日常生活提供服务的活动中产生的固体废物以及法律行政规定的视为城市生活垃圾的固体废物。包括：居民生活垃圾、商业垃圾、集市贸易市场垃圾、街道清扫垃圾、公共场所垃圾和机关、学校、厂矿等单位的生活垃圾。

生活垃圾无害化处理率 指报告期生活垃圾无害化处理量与生活垃圾产生量比率。在统计上，由于生活垃圾产生量不易取得，可用清运量代替。计算公式为：

$$\text{生活垃圾无害化处理率}=\frac{\text{生活垃圾无害化处理量}}{\text{生活垃圾产生量}}\times 100\%$$

Explanatory Notes on Main Statistical Indicators

Production Capacity of Water Supply refers to the designed overall production capacity of water facilities, covering the four segments of water collection, purification, conveyance, and outflow through trunk pipelines. Increased capacity through transformation and innovation projects is included as well. The capacity is determined mainly on the weakest of the above-mentioned four segments.

Length of Water Supply Pipelines at Year-end refers to the total length of all the pipelines between the water pumps and the user water meters, excluding pipelines newly installed but not used yet, pipeline in the water factory,and pipeline in the user's buildings.

Annual Volume of Water Supply refers to the total volume of water supplied by water-works (units) during the reference period, including both the effective water supply and loss during the water supply.

Consumption of Water for Residential Use refers to water consumption of households for daily life and water consumption of public service facilities. The latter refers to water consumption for urban public services, including the consumption of government agencies and public institutions, military barracks, public facilities, wholesale and retail outlets, restaurants, hotels, and other units providing public services. Household water consumption refers to consumption of water for daily life of all households within the boundary of cities, including households of urban residents and farmers, and public water supply stations.

Coverage Rate of Urban Population with Access to Tap Water refers to the ratio of the urban population with access to tap water to the total urban population. The formula is:

$$\text{Coverage of urban population with access to tap water} = \frac{\text{Urban population with access to tap water}}{\text{Urban population}} \times 100\%$$

Production Capacity of Gaswork Gas refers to the overall production capacity of the urban gasworks in gas generation, purification and delivery at the end of the reference period, excluding capacity of the reserved facilities. In general, it is determined by the designed capacity, and when actual production capacity is larger than the designed capacity, the capacity is determined by the actual measurement on the weakest segment in the production, purification and delivery.

Length of Gas Pipelines refers to the total length of pipelines in use between the outlet of the compressor of gas-work or outlet of gas stations and the leading pipe of users, excluding pipelines within gasworks, delivery stations, LPG storage stations, refilling stations, gas-mixing stations and supply stations.

Volume of Gas Supply refers to the total volume of gas provided to users by gas-producing enterprises (units) in a year, including the volume sold and the volume lost.

Coverage Rate of Urban Population with Access to Gas refers to the ratio of the urban population with access to gas to the total urban population at the end of the reference period. The formula is:

$$\text{Coverage rate of urban population with access to gas} = \frac{\text{Urban population with access to gas}}{\text{Urban population}} \times 100\%$$

Heating Capacity in Urban Areas refers to the designed capacity of heating enterprises (units) in supplying heating energy to urban users during the reference period.

Quantity of Heat Supplied in Urban Areas refers to the total quantity of heat from steam and hot water supplied to urban users by heating enterprises (units) during the reference period.

Length of Urban Heating Pipelines refers to the total length of steam or hot water pipelines for sources of heat to the leading pipelines of the buildings of the users, excluding internal pipelines in heat generating enterprises.

Length of Paved Roads at Year-end refers to the length of roads with paved surface including bridges and tunnels connected with roads by the end of the year. Length of the roads is measured by the central lines for vehicles for paved roads with a width of 3.5 meters and over, including roads in open-ended factory compounds and residential quarters.

Urban Bridges refer to bridges built to cross over natural or man-made barriers, including bridges over rivers, overpasses for traffic and for pedestrians, underpasses for pedestrians, etc. Both permanent and semi-permanent bridges are included.

Length of Urban Sewage Pipes refers to the total length of general drainage, trunks, branch and inspection wells, connection wells, inlets and outlets, etc.

Daily Disposal Capacity of Urban Sewage refers to the designed 24-hour capacity of sewage disposal by the sewage treatment works or facilities.

Number of Vehicles under Operation at Year-end refers to the total number of vehicles under operation by public transport enterprises (units) at the end of the year, based on the records of operational vehicles by the enterprises (units).

Area of Parks and Green Land refers to the total area occupied for green projects at the end of the reference period, including park green land, production green land, protection green land, green land attached to institutions, and other green areas.

Park Green Area refers to green areas open to the public for amusement and rest with the facilities of amusement, rest and services. Its function includes perfecting ecology, beautifying landscape, and preventing and reducing disaster. Park green areas include comprehensive park, community park, topic park, belt-shaped park and green area nearby street. Total areas of comprehensive park, topic park and belt-shaped is the area of park.

Area Cleaned refers to the area which are regularly cleaned, as at the end of the reference period, at urban roads and public places (mainly including urban roadways, pedestrian walkways, vehicular tunnels, pedestrian underpasses, underground railway stations, lifted roads, pedestrians walk bridges, overpasses, plazas, carparks and other facilities). If there are several times of cleaning in a day at a location, the area of that time of cleaning with the largest area cleaned will be taken.

Vehicles Dedicated to Urban Cleanliness and Environmental Sanitation refer to vehicles and facilities dedicated for use in the operation, management and monitoring of environmental hygiene work. They include vehicles for road cleaning, washing, showering, ice removal, disposal of garbage and human wastes, cleanliness monitoring and related activities.

Public Transportation Vehicles per 10000 Population refers to the number of public transportation vehicles, at the end of the reference period, per 10000 population in the city district. The formula for calculation is:

$$\text{Public Transportation Vehicles per 10000 Population} = \frac{\text{Number of Public Transportation Vehicles}}{\text{City District Population}}$$

Waste Water Discharged by Industry refers to the volume of waste water discharged by industrial enterprises through all their outlets, including waste water from production process, directly cooled water, groundwater from mining wells which does not meet discharge standards and sewage from households mixed with waste water produced by industrial activities, but excluding indirectly cooled water discharged (It should be included if the discharge is not separated from waste water).

Industrial Waste Water Meeting Discharge Standards refers to volume of industrial waste water discharge which, with or without treatment, reaches national or local standards with regard to all pollutants.

Urban Non-industrial Waste Water Discharge refers to annual discharge of non-industrial waste water by urban households. It is estimated by per capita coefficient using the formula:

$$\text{Urban non-industrial waste water discharge} = \text{urban non-industrial waste water discharge coefficient} \times \text{urban non-agricultural population} \times 365$$

Volume of Chemical Oxygen Demand (COD) Generated by Urban Non-industrial Waster Water refers to chemical oxygen demand generated through the annual discharge of non-industrial waste water by urban households. It is estimated as:

$$\text{Volume of chemical oxygen demand (cod) generated by urban non-industrial waster water} = \text{Coefficient of COD generated through urban non-industrial waste water} \times \text{urban non-agricultural population} \times 365$$

Chemical Oxygen Demand (COD) refers to the amount of oxygen required when chemical oxidants are used to oxidize organic pollutants in water. A higher value of COD corresponds to more serious pollution by organic pollutants.

Industrial Waste Air Emission refers to the discharge into atmosphere of waste air containing pollutants generated from fuel burning and production processes in enterprises within a given period of time. It is calculated at standard status (273K, 101325Pa) as:

$$\text{Industrial waste air emission} = \text{emission through fuel burning} + \text{emission through production process}$$

SO_2 Emission through Non-industrial and Other Activities is calculated on the basis of consumption of coal by households and other activities and the sulphur content of coal with the following formula:

$$SO_2 \text{ emission through non-industrial and other activities} = \text{of coal by households and other activities} \times \text{sulphur content} \times 0.8 \times 2$$

SO_2 Emission through Industrial Activities refers to volume of sulphur dioxide emission from fuel burning and production process by enterprises during a given period of time. It is calculated as:

$$SO_2 \text{ emission through industrial activities} = SO_2 \text{ emission from fuel burning} + SO_2 \text{ emission from production process}$$

Industrial Soot Emission refers to the volume of soot in smoke emitted in the process of fuel burning in the premises of enterprises.

Soot Emission by Consumption and Others refers to the net volume of soot emitted by fuel burning from all social and economic activities and operations of public facilities other than

industrial activities. It is calculated on the basis of coal consumption by households and others.

Industrial Dust Emission refers to volume of dust emitted by production process of enterprises and suspended in the air for a given period of time, including dust from refractory material of iron and steel works, dust from coke-screening systems and sintering machines of coke plants, dust from lime kilns and dust from cement production in building material enterprises, but excluding soot and dust emitted from power plants.

Industrial Solid Wastes Produced refers to total volume of solid, semi-solid and high concentration liquid residues produced by industrial enterprises from production process in a given period of time, including hazardous wastes, slag, coal ash, gangue, tailings, radioactive residues and other wastes, but excluding stones stripped or dug out in mining - gangue and acid or alkaline stones not included (a stone is acid or alkaline according to the pH value of the water being below 4 or above 10.5 when the stone is in, or soaked by water).

Hazardous Wastes refers to those included in the national hazardous wastes catalogue or specified as any one of the following properties in the national hazardous wastes identification standards: explosive, ignitable, oxidizable, toxic, corrosive or liable to cause infectious diseases or lead to other dangers.

Industrial Solid Wastes Utilized refers to volume of solid wastes from which useful materials can be extracted or which can be converted into usable resources, energy or other materials by means of reclamation, processing, recycling and exchange (including utilizing in the year the stocks of industrial solid wastes of the previous year). Examples of such utilizations include fertilizers, building materials and road materials. The information shall be collected by the producing units of the wastes.

Rate of Utilization of Industrial Solid Wastes refers to the percentage of industrial solid wastes utilized over industrial solid wastes produced (including stocks of the previous years). It is calculated as:

$$\text{Rate of utilization of industrial solid wastes} = \frac{\text{volume of industrial solid wastes utilized}}{\text{industrial solid wastes produced + stock of previous years}} \times 100\%$$

Stock of Industrial Solid Wastes refers to the volume of solid wastes placed in special facilities or special sites for purposes of utilization or disposal. The sites or facilities should take measures against dispersion, loss, seepage, and air and water contamination.

Industrial Solid Wastes Disposed refers to the quantity of industrial solid wastes which are burnt or placed ultimately in the sites meeting the requirements for environmental protection and not salvaged or recycled (including disposition in the year of those wastes of previous years). The disposition includes landfill (Safe landfills should be conducted for hazardous wastes), incineration, containment spaces, deep underground disposal, backfill in mining pits and disposal at sea.

Industrial Solid Wastes Discharged refers to the volume of industrial solid wastes discharged by producing enterprises to disposal facilities or to other sites. The wastes exclude stones stripped or dug from mining (gangue and acid or alkaline waste stones not included).

Output Value of Products Made from Waste Gas, Waste Water and Solid Wastes refers to the current value of products with waste gas, waste water and solid wastes as main materials of production. Products sold and ready to sell shall be included while those produced for own use shall not be included.

Consumption Wastes Transported refers to volume of consumption wastes collected and transported to disposal factories or sites. Consumption wastes are solid wastes produced from urban households or from service activities for urban households, and solid wastes regarded by laws and regulations as urban consumption wastes, including those from households, commercial activities, markets, cleaning of streets, public sites, offices, schools, factories, mining units and other sources.

Ratio of Consumption Wastes Treated refers to consumption wastes treated over that produced. In practical statistics, as it is difficult to estimate, the volume of consumption wastes produced is replaced with that transported. It is calculated as:

$$\text{Ratio of consumption wastes treated} = \frac{\text{consumption wastes treated}}{\text{consumption wastes produced}} \times 100\%$$

10 农 业

Agriculture

资料整理人员：王西军　　刘昕毅　　徐　虹
邓海波　　刘伟巍　　周　璜

10-1 农林牧渔业总产值和指数
Gross Output Value and Indices of Farming, Forestry, Animal Husbandry and Fishery

年份 Year	农林牧渔总产值(亿元) Gross Output Value of Farming, Forestry, Animal Husbandry (100 million yuan)					指数(1952=100) Indices of Gross Output Value of Farming, Animal Husbandry (1952=100)				
	总产值 Total	#农业 Farming	#林业 Forestry	#牧业 Animal Husbandry	#渔业 Fishery	总指数 Total	#农业 Farming	#林业 Forestry	#牧业 Animal Husbandry	#渔业 Fishery
1949	15.84	12.05	0.24	1.42	0.03	59.6	64.4	51.1	45.7	42.9
1950	19.18	14.09	0.30	1.70	0.04	72.2	75.3	63.8	54.7	57.1
1951	21.91	15.66	0.36	2.37	0.04	82.5	83.7	76.6	76.2	57.1
1952	26.57	18.72	0.47	3.11	0.07	100.0	100.0	100.0	100.0	100.0
1953	26.59	18.70	0.37	2.97	0.10	100.1	99.9	78.7	95.5	142.9
1954	24.39	16.59	0.37	2.76	0.10	91.8	88.6	78.7	88.7	142.9
1955	28.89	19.99	0.57	2.36	0.12	108.7	106.8	121.3	75.9	171.4
1956	28.15	18.78	0.84	2.83	0.11	105.9	100.3	178.7	91.0	157.1
1957	35.04	21.14	1.20	5.39	0.28	127.2	112.9	255.3	173.3	400.0
1958	33.25	23.38	2.58	4.30	0.60	132.4	122.8	411.7	108.6	774.2
1959	30.55	21.96	2.62	3.14	0.70	121.7	115.3	418.1	79.3	903.2
1960	25.89	18.98	2.34	1.85	0.48	103.1	99.7	373.4	46.7	619.4
1961	21.95	16.63	1.00	1.56	0.26	87.4	87.3	159.6	39.4	335.5
1962	26.18	20.10	0.96	2.39	0.28	104.3	105.6	153.2	60.4	361.3
1963	24.65	18.09	1.03	3.25	0.31	98.2	95.0	164.4	82.1	400.0
1964	28.07	20.22	1.23	4.24	0.35	111.8	106.2	196.3	107.1	451.6
1965	29.31	21.07	1.31	4.42	0.40	116.7	110.7	209.0	111.7	516.1
1966	32.74	24.29	1.39	4.55	0.45	130.4	127.6	221.8	115.0	580.6
1967	34.40	25.41	1.55	4.89	0.46	137.0	133.5	247.8	123.5	593.5
1968	36.99	27.05	1.80	5.52	0.45	147.3	142.1	287.2	139.5	580.6
1969	36.21	26.48	1.85	5.36	0.34	144.2	139.1	295.2	135.4	438.7
1970	38.03	27.94	1.63	5.85	0.39	151.4	146.8	260.1	147.8	503.2
1971	58.77	43.42	2.72	9.18	0.53	151.3	150.5	295.2	151.1	541.9
1972	62.67	44.88	2.82	11.54	0.45	161.4	155.5	306.1	189.9	460.1
1973	67.86	50.48	2.77	10.93	0.57	174.7	175.0	300.6	179.9	582.8
1974	69.29	51.64	3.21	11.22	0.62	178.4	179.0	348.4	184.7	634.0
1975	72.45	54.41	2.86	11.64	0.64	186.5	188.6	310.4	191.6	654.4
1976	72.72	55.12	2.45	11.77	0.65	187.2	191.0	265.9	193.7	664.6
1977	73.81	55.40	2.98	11.95	0.68	190.0	192.0	323.4	196.7	695.3

注：本表绝对数按当年价格计算，指数按可比价格计算。

Absolute figures in this table are calculated at current prices while indices are calculated at comparable prices.

10−1 续表 continued

年份 Year	农林牧渔总产值(亿元) Gross Output Value of Farming, Forestry, Animal Husbandry (100 million yuan)					指数(1952=100) Indices of Gross Output Value of Farming, Animal Husbandry (1952=100)				
	总产值 Total	#农业 Farming	#林业 Forestry	#牧业 Animal Husbandry	#渔业 Fishery	总指数 Total	#农业 Farming	#林业 Forestry	#牧业 Animal Husbandry	#渔业 Fishery
1978	81.37	62.72	3.12	12.55	0.70	209.5	217.4	338.6	206.5	715.8
1979	86.51	65.47	3.13	14.27	0.77	222.7	226.9	339.7	234.8	787.3
1980	116.34	81.13	7.31	21.87	1.94	218.4	218.2	391.8	236.3	961.2
1981	123.38	86.05	6.70	23.32	2.18	231.6	231.4	359.1	252.0	1080.1
1982	135.90	95.95	6.45	26.26	2.46	255.1	258.1	345.7	283.8	1218.8
1983	142.70	100.60	6.43	27.87	2.88	267.9	270.6	344.6	301.2	1426.9
1984	150.80	102.32	7.02	32.16	3.37	283.1	275.2	376.3	347.5	1669.7
1985	158.22	101.84	7.25	34.87	3.89	297.0	273.9	388.6	376.8	1927.3
1986	166.83	106.01	6.35	38.42	4.64	313.2	285.1	340.4	415.2	2298.9
1987	172.32	108.48	6.90	38.62	5.42	323.5	291.8	369.8	417.3	2685.3
1988	173.19	103.09	6.74	42.02	5.69	325.2	277.3	361.3	454.1	2819.1
1989	182.09	109.68	7.75	44.18	6.28	341.8	295.0	415.5	477.3	3112.3
1990	430.21	241.32	22.00	120.40	22.13	348.3	296.0	404.7	493.5	3205.7
1991	451.69	249.79	28.22	126.62	22.20	361.8	306.4	434.2	519.2	3215.3
1992	468.73	250.39	31.55	135.67	24.90	375.5	307.0	485.4	556.1	3614.0
1993	493.63	258.70	31.26	147.51	28.59	395.4	317.1	481.0	604.5	4141.6
1994	532.16	266.43	32.92	169.22	32.70	426.2	326.6	506.5	693.4	4738.0
1995	578.73	277.43	33.66	195.25	39.71	463.7	340.3	518.1	800.2	5751.9
1996	627.16	283.37	34.74	224.61	47.91	502.7	347.4	534.7	920.2	6936.8
1997	679.20	306.80	35.26	245.35	52.89	544.4	376.2	542.7	1004.9	7658.2
1998	686.21	297.81	36.12	255.34	56.67	552.6	365.3	555.7	1046.1	8201.9
1999	1200.94	624.70	48.20	458.62	69.42	571.4	383.6	586.3	1048.2	8841.6
2000	1251.89	633.84	51.01	486.13	80.91	596.0	395.8	611.5	1089.1	9858.4
2001	1313.23	665.70	51.88	510.42	85.23	619.6	409.7	630.7	1136.3	10400.7
2002	1349.92	666.65	54.78	538.64	89.85	636.3	410.6	659.5	1194.3	11014.3
2003	1452.96	671.66	81.73	575.08	96.97	659.9	421.6	685.9	1243.3	11818.3
2004	1913.31	874.00	91.31	796.95	119.92	709.4	461.7	734.0	1310.4	12657.4
2005	2056.24	947.70	100.90	834.50	138.40	750.5	482.5	805.9	1393.0	13872.5
2006	2131.91	1023.51	112.45	808.50	150.50	787.3	509.0	855.1	1440.3	14996.2
2007	2632.10	1243.15	144.12	1013.82	154.70	818.8	530.9	924.4	1477.8	15866.0
2008	3324.51	1446.87	155.44	1463.40	169.56	862.2	542.0	964.1	1610.8	16659.3
2009	3207.88	1596.65	174.18	1100.38	188.53	907.0	574.0	1007.5	1680.0	17542.3
2010	3787.47	2059.55	207.43	1118.20	232.70	946.0	598.7	1077.0	1737.1	18501.3
2011	4508.20	2391.67	239.11	1425.60	255.04	986.3	640.0	1151.3	1730.1	18566.1

注：本表绝对数按当年价格计算，指数按可比价格计算。

Absolute figures in this table are calculated at current prices while indices are calculated at comparable prices.

10-2 农业基本情况
Basic Indicators of Agriculture

年 份 Year	农林牧渔业劳动力(万人) Number of Laborers (10 000 persons)	年末实有耕地面积(万公顷) Cultivated Areas (yearend) (10 000 hectares)	当年减少耕地面积(万公顷) Decrease in Cultivated Area by Cause (10 000 hectares)	农作物播种面积(万公顷) Total Sown Areas (10 000 hectares)	#粮食作物 Grain Corps	造林面积(万公顷) Afforestation Areas (10 000 hectares)
1978				844.58	582.94	
1979				833.44	570.42	
1980				790.95	545.13	
1981				800.94	542.01	
1982				796.95	540.34	
1983				774.62	542.32	
1984				763.92	539.09	
1985	1908.43	334.17		747.71	516.14	34.40
1986				753.65	521.04	37.73
1987				747.47	515.10	32.91
1988				749.62	519.63	32.17
1989				774.88	533.05	33.99
1990	2133.07	331.23	1.16	795.18	536.56	37.59
1991				804.02	536.52	37.17
1992				796.08	524.36	37.75
1993				765.39	505.05	27.83
1994				773.05	507.74	13.44
1995	2114.71	324.97	1.83	784.04	511.56	10.95
1996				792.74	513.39	5.29
1997	2074.12	323.01	1.66	800.90	515.53	4.29
1998	2074.51	321.87	1.64	793.63	507.48	2.86
1999	2074.13	321.32	1.30	802.77	513.52	2.74
2000	2065.92	392.16	1.18	800.21	502.99	5.15
2001	2058.67	391.26	1.73	793.17	480.28	7.56
2002	2019.60	389.10	2.80	777.92	465.26	10.09
2003	1997.67	383.37	6.46	773.12	452.98	40.96
2004	1975.89	381.65	2.60	818.87	508.22	33.38
2005	1951.90	381.60	0.70	833.64	521.52	13.65
2006		378.76	3.88	853.19	529.58	13.45
2007	1890.17	378.90	0.61	853.64	529.59	7.62
2008	1877.91	378.94	0.61	793.95	494.94	8.04
2009	1867.33	379.07	0.75	801.93	479.91	12.50
2010	1861.85			821.61	480.91	21.34
2011	1793.64			840.20	487.96	40.24

注：从2000年起，耕地面积为省国土资源厅统计数据(下表同)。

The data of cultivated Areas from Hunan Province Territory Resource Bureau since 2000.The same as in the following table.

10-3 农村基层组织与劳动力
Grassroots Units and Labor Force of Rural Areas

指 标	Item	2000	2005	2010	2011
农村基层组织	**Grassroots Units of Rural Areas**				
#乡(镇)个数 (个)	Number of Township (Town Governments) (unit)	2353	2220	2161	2159
#乡个数	Number of Township	1314	1127	1052	1038
#民族乡	Number of National Township	104	107	97	97
镇个数	Number of Town Governments	1039	1093	1109	1021
村(居)民委员会个数 (万个)	Number of Villagers(Residential) Committees (10 000 units)	5.01	4.74	4.56	4.55
#村民委员会 (万个)	Number of Villagers Committees (10 000 units)	4.75	4.45	4.25	4.21
乡村户数、人口、劳动力	**Rural Households、Population、Laborers**				
#乡村户数 (万户)	Number of Rural Households (10 000 households)	1444.00	1492.51	1568.80	1582.39
#农业户	Agricultural Households	1362.38	1376.80	1414.56	1421.39
非农业户	Non- Agricultural Households	81.62	115.71	154.24	161.00
乡村人口 (万人)	Rural Population (10 000 persons)	5386.21	5475.88	5675.04	5683.80
#农业人口	Agricultural Population	5106.54	5095.12	5226.23	5239.26
乡村从业人员数 (万人)	Number of Rural Laborers (10 000 persons)	2850.93	2975.39	3129.39	3168.85
按性别分:	By sex:				
#男劳力	Male	1545.29	1619.56	1707.20	1722.41
女劳力	Female	1305.64	1355.83	1422.19	1446.44
按国民经济行业分:	By Nationality Economy Sector:				
#农林牧渔业劳动力	Farming ,Forestry,Animal Husbandry and Fishery Laborers	2065.92	1951.90	1861.85	1793.64
工业劳动力	Industry Laborers	191.60	266.85	380.63	397.89
建筑业劳动力	Construction Laborers	126.34	165.39	215.27	226.33
交通运输、仓储、邮电通信业劳动力	Transportation,Storage,Post and Telecommunications Laborers	51.65	67.18	92.38	95.05
信息传输、计算机服务和软件从业人员				22.32	23.80
批发零售贸易业劳动力	Wholesale,Retail and Catering Trades Laborers	85.11	164.87	136.20	140.01
住宿、餐饮业劳动力				84.19	88.84
其他非农行业劳动力	Other Non-Agricultural Trades Laborers	330.31	347.48	336.55	333.02
农村社会基础设施	**Country Society Basic Establishment**				
#自来水受益村数 (万个)	Villages Tap Water Benefited (10 000 units)	1.17	1.51	1.86	1.99
通汽车村数 (万个)	Villages Car Available (10 000 units)	4.41	4.21	4.11	4.08
通电话村数 (万个)	Villages Telephone Available (10 000 units)	4.05	4.28	4.21	4.20

10-4 农业生产条件
Condition of Agricultural Production

年 份 Year	农业机械总动力 (万千瓦) Total Power of Agricultural Machinery (10 000 kw)	有效灌溉面积 (千公顷) Effective Irrigated Area (1000 hectares)	化肥施用量 (万吨) Consumption of Chemical Fertilizers (10 000 tons)	农村用电量 (亿千瓦小时) Electricity Consumed in Rural Areas (100 million kwh)	每公顷面积产量 (公斤) Yield per hectare (kg) 粮食 Grain Crops	 棉花 Cotton	 油料 Oil-bearing Crops
1949	0.11	1199.21					
1950	0.10	1289.93					
1951	0.20	1360.65					
1952	0.33	1538.27	0.20				
1953	0.38	1586.24	0.10				
1954	0.43	1630.03	0.97				
1955	0.76	1666.75	2.40				
1956	1.95	1716.85	4.95				
1957	2.45	1777.03	5.18				
1958	7.44	1849.99	11.25				
1959	14.58	1716.96	12.84				
1960	22.43	1935.57	15.85				
1961	24.60	1957.07	9.36				
1962	26.57	1984.41	12.35				
1963	29.06	2019.75	23.91	0.50			
1964	33.91	2084.79	32.75	0.46			
1965	42.89	2163.53	53.15	0.91			
1966	54.47	2202.64	90.17	1.41			
1967	55.66	2262.00	86.20	1.58			
1968	63.93	2286.15	75.19	1.78			
1969	72.95	2307.52	101.41	2.00			
1970	89.50	2343.68	121.71	4.81			
1971	106.68	2377.67	130.29	3.27			
1972	132.77	2430.93	167.99	4.68			
1973	153.42	2483.15	198.07	4.14			
1974	186.16	2503.94	177.56	6.46			
1975	233.18	2583.35	193.84	6.82			
1976	283.42	2617.13	194.25	6.96			
1977	349.56	2657.09	202.95	7.36			

注:化肥施用量1989年及以前均为实物量,1990年及以后为折纯量。

Data of consumption of fertilizers refer to the consumption in quantity prior to 1989, and the consumption in purity in and after 1990.

10-4 续表 continued

年 份 Year	农业机械总动力 (万千瓦) Total Power of Agricultural Machinery (10 000 kw)	有效灌溉面积 (千公顷) Effective Irrigated Area (1000 hectares)	化肥施用量 (万吨) Consumption of Chemical Fertilizers (10 000 tons)	农村用电量 (亿千瓦小时) Electricity Consumed in Rural Areas (100 million kwh)	每公顷面积产量 (公斤) Yield per hectare (kg) 粮食 Grain Crops	棉花 Cotton	油料 Oil-bearing Crops
1978	428.64	2691.34	271.90	8.78			
1979	507.67	2730.43	325.23	9.26			
1980	588.99	2743.73	361.04	9.67			
1981	659.74	2753.03	371.20	11.20			
1982	704.94	2759.67	396.38	12.64			
1983	785.57	2773.45	421.54	13.81			
1984	805.43	2775.57	354.21	14.45			
1985	892.02	2771.18	369.64	15.06	4875	990	1005
1986	1059.37	2771.75	432.12	18.05			
1987	1053.56	2665.33	457.77	17.98			
1988	1112.91	2670.29	490.07	20.35			
1989	1168.74	2674.20	517.88	21.86			
1990	1209.17	2676.22	126.09	23.37	5025	1020	990
1991	1270.52	2612.70	138.66	25.77			
1992	1284.37	2664.98	146.18	27.71			
1993	1374.35	2676.11	148.15	30.44			
1994	1459.07	2675.09	159.41	33.04			
1995	1532.54	2680.03	167.91	37.64	5380	1206	1258
1996	1616.29	2667.07	167.08	38.91			
1997	1692.84	2672.38	175.30	41.68	5581	1448	1352
1998	1825.57	2675.14	179.93	42.01	5553	969	1323
1999	2006.97	2665.40	180.87	42.97	5632	1121	1391
2000	2209.74	2677.46	182.15	44.53	5716	1173	1490
2001	2358.02	2676.35	184.25	46.73	5622	1271	1505
2002	2498.09	2675.61	184.32	49.83	5376	1291	1334
2003	2664.45	2675.34	188.33	53.84	5393	1173	1449
2004	2923.93	2683.28	203.19	57.53	5530	1437	1591
2005	3189.86	2690.41	209.90	65.24	5477	1395	1569
2006	3416.61	2696.93	212.14	75.99	5478	1528	1628
2007	3684.43	2702.88	219.58	76.38	5494	1565	1671
2008	4021.14	2709.20	223.38	81.46	5999	1419	1479
2009	4352.64	2720.68	231.60	93.55	6048	1389	1587
2010	4651.55	2726.66	236.57	98.63	5921	1297	1612
2011	4935.59	2762.41	242.49	106.03	6024	1180	1662

注:化肥施用量1989年及以前均为实物量,1990年及以后为折纯量。

Data of consumption of fertilizers refer to the consumption in quantity prior to 1989, and the consumption in purity in and after 1990.

10－5 农林牧渔业分项产值

Gross Output Value of Farming, Forestry, Animal Husbandry and Fishery by Branch

单位：万元 (10 000 yuan)

项目	Item	2010	2011
农林牧渔业合计	**Tatol**	**37874698**	**45081983**
农业产值	**Output Value of Farming**	**20595504**	**23916737**
谷物及其他作物	Cereal and Other Crops	9389544	10008577
谷物	Cereal	6622709	6895710
#小麦	#Wheat	18810	20400
稻谷	Rice	6214880	6438500
玉米	Corn	378225	424125
薯类	Tubers	192400	215800
油料	Oil-bearing Crops	866546	1291721
#花生	#Peanuts	148221	207815
油菜籽	Rapeseeds	703948	831560
豆类	Beans	201500	287350
#大豆	#Soja	108069	135125
棉花	Cotton	646950	676982
麻类	Fiber Crops	28969	22730
糖料	Sugar Crops	76595	93899
烟草	Tobacco	413875	486895
其他农作物	Other Crops	340000	37491
蔬菜园艺作物	Vegetables and Gradening Plantations	7320280	9138840
蔬菜(含菜用瓜)	Vegetables	7120280	8912387
花卉园艺作物	Flowers and Plants	162320	165168
水果、坚果、饮料和香料作物	Fruits,Nuts and Crops of Beverage&Perfumery	3044143	3642082
水果、坚果(含果用瓜)	Fruits and Nuts	1543994	2644685
茶及其他饮料	Tea and Other Beverage	1498512	993911
#茶	#Tea	1498512	993911
中药材	Medicinal Materials	841536	1127238
林业产值	**Output Value of Forestry**	**2074311**	**2391064**
林木的培育和种植	Forest Planting and Cultivating	523817	673426
育种育苗	Grow Seedlings and Seed Cultivation	39542	40836
造林	Cultivate Forest	40652	62263
抚育和管理	Cultivation and Management	430106	554949
竹木采运	Bamboo Cutting and Transportation	659846	572611
林产品	Forest Products	890648	1145028
牧业产值	**Output Value of Animal Husbandry**	**11181950**	**14256029**
牲畜饲养	Livestock Rasing	928576	918612
牛的饲养	Cattle Raising	520200	537700
羊的饲养	Sleeps and Goats Raising	380596	348205
其他牲畜饲养	Other Livestock Raising	1258	1504
奶产品	Milk Products	26520	31185
毛绒产品	Wool Products	2	18
猪的饲养	Hogs Rasing	7440550	9925102
家禽饲养	Poultry Rasing	2617856	3084365
肉禽	Poultry for Meat	1150656	1354615
禽蛋	Poultry Egges	1467200	1729750
羽绒	Feather		
狩猎和捕捉动物	Hunting and Catching of Wild Animals		35498
其他畜牧业	Other Animal Husbandry	194968	292452
渔业产值	**Output Value of Fishing**	**2326965**	**2550406**
#养殖	#Cultivation	2130350	2339080
鱼类	Fish	1928409	2091421
虾蟹类	Shrimps,Prawns and Crabs	157016	175486
贝类	Shell-fish	2914	30857
其他	Others	238625	252643
农林牧渔服务业产值	**Output Value of Services**	**1695967**	**1967746**

10–6 农林牧渔业增加值（2011年）
Added - Value of Farming, Forestry, Animal Husbandry and Fishery (2011)

单位：万元 (10 000 yuan)

指 标	Item	总产值 Gross Output Value	中间消耗 Material Consump-tion	中间物质消耗 Middle Material Consump-tion	中间非物质部门劳务支出 Middle Non-material Department Service Payout
总 计	**Total**	**45081983**	**17401645**	**15201914**	**2199731**
农业	Farming	23916737	6988087	6170410	817678
林业	Forestry	2391064	622247	497090	125157
牧业	Animal Husbandry	14256029	7784071	7431968	352103
渔业	Fishery	2550406	890347	798979	91368
服务业	Services	1967746	1116893	303469	813424

10–7 耕地面积
Cultivated Areas

单位：千公顷 (1 000 hectares)

指 标	Item	2000	2005	2010	2011
年初实有耕地总资源	**Actual Cultivated Land Total Resources at The Year Beginning**	**3926.52**	**3816.47**		
年内增加耕地总资源	**Increased Cultivated Land Total resources This Year**	**6.85**	**6.50**		
新开荒	Reclaim Wastelands	4.37	3.58		
年内减少耕地总资源	**Decrease in Cultivated Land Total resources This Year**	**11.77**	**6.99**		
国家建设占地	Capital Construction of the Government	4.59	4.17		
其它基建占地	Village Collective Construction	2.30	2.42		
年末实有耕地总资源	**Actual Cultivated Land Total Resources at The Year End**	**3921.60**	**3815.98**		
#水田	Paddy Fields	2962.79	2929.85		
常用耕地	Common Cultivated land	3418.09	3372.98		
#水田	Paddy Fields	2661.57	2630.48		
临时性耕地	Temporary Cultivated land	503.51	443.00		

10–8 农田基本建设
Capital Construction on Farmland

单位：千公顷 (1 000 hectares)

指 标	Item	2000	2005	2010	2011
农田有效灌溉面积	Effective Irrigated Areas on Farmland	2677.46	2690.41	2726.66	2762.41
#当年实灌	Actual Irrigated Areas That Year	2491.81	2531.40	2533.22	2581.04
旱涝保收面积	Areas Ensure Stable Yields Despite Drought or Water Logging	2191.02	2232.96	2233.48	2265.51
易涝面积	Area Liable to Flooding or Water Logging	526.05	533.25	556.09	514.23
除涝面积	Flooded or Waterlogged Area Under Control	454.74	471.23	485.74	448.83
机电排灌面积	Mechanical and Electrical Irrigated and Drainage Areas	1163.26	1168.57	1187.70	1187.79
#机电灌溉面积	Mechanical and Electrical Irrigated Areas	1028.43	1004.43	1014.82	1017.63
固定站	Fixed Stations	800.29	786.85	800.32	804.17
流动机	Mobile Stations	201.72	195.62	195.06	194.24
喷滴灌	Sprinkling and Drip Irrigation	26.42	21.96	9.76	9.77
纯排面积	Simple Irrigated Areas	134.83	164.14	172.88	170.16

10-9 农业机械年末拥有量
Year – End Possession of Agriculture Machinery

指 标	Item	2000	2005	2010	2011
农业机械总动力合计(千瓦)	**Total Power of Agricultural Machinery (kw)**	**22097435**	**31898640**	**46515488**	**49355888**
柴油发动机 (千瓦)	Diesel Engines (kw)	15719714	24066482	35478418	37505136
汽油发动机 (千瓦)	Gasoline Engines (kw)	2310250	2469999	2748316	2935931
电动机 (千瓦)	Electric motor (kw)	3959172	5231169	8095821	8650817
其他机械 (千瓦)	Other Machinery (kw)	108299	130990	192933	264004
机械分类	**Machinery by Tybe**				
大中型拖拉机 (混合台)	Large and Medium Tractors (mixed unit)	15149	54751	84992	88998
(千瓦)	(kw)	381244	1555796	2465058	2573753
#轮式拖拉机 (混合台)	Wheeled Tractors (mixed unit)	5012	16244	83622	86104
(千瓦)	(kw)	122689	496317	2421787	2474048
小型及手扶拖拉机 (混合台)	Mini and Walking Tractors (mixed unit)	209271	168738	198611	214963
(千瓦)	(kw)	1916099	1694959	2076993	2258813
耕整机 (台)	Tillage Machinery (unit)	536557	738968	1349055	1447847
(千瓦)	(kw)		2632278	5034046	5546749
机耕(滚)船 (艘)	Wet-field Tractors (unit)	40778	99197	108323	113604
(千瓦)	(kw)		373023	494419	522816
大中型拖拉机配套农具(部)	Farm Tools for Large and Medium Tractors (unit)	6428	6722	27684	32504
小型拖拉机配套农具 (部)	Necessary Farm Tools for Mini Tractors (unit)	63865	38892	97051	105156
农用排灌动力机械 (台)	Motor Machinery for Drainage&Irrigation (unit)	1158134	1526405	2186911	2271564
(千瓦)	(kw)	5664559	6985340	9463701	9878072
#柴油机 (台)	Diesel Engines (unit)	742261	968017	1261214	1276589
(千瓦)	(kw)	3508951	4438499	6058256	6251975
电动机 (台)	Electric Motors (unit)	404862	540617	863574	900045
(千瓦)	(kw)	2116140	2475671	3169701	3367911
#农用水泵 (台)	Pumps (unit)	1208900	1588618	2099818	2208613
喷灌机械 (套)	Machinery for Sprinkling Irrigation (unit)	9672	12299	6161	6646
联合收获机 (台)	Machinery for Combine Harvesters (unit)	3049	21412	69051	76854
(千瓦)	(kw)	43837	599077	2365043	2611971
饲料粉碎机 (台)	Fodder Grinders (unit)	132399	167584	198133	
渔用机动船 (艘)	Motorized Fishing Boats (unit)	12216	16414	19780	20378
(千瓦)	(kw)	57491	80862	182434	189066
池塘增氧机 (台)	Machinery for Pond Oxygen Increase (unit)		21471	57323	65167
池渠清淤机 (台)	Cleaners for Ponds and Canals (unit)		1967	2937	3035
农产品加工动力机械 (千瓦)	Motorized Machinery for Products Processing (kw)	3525247	4687003	6562481	6926566
#柴油机动力 (千瓦)	Diesel Engines Power (kw)	2006630	2564560	3457597	3516164
农用运输车 (辆)	Transport Trucks for Agriculture Use (unit)	83944	135778	215086	218764
(千瓦)	(kw)	1602332	3125061	6720706	6849457
推土机 (台)	Bulldozers (unit)	3688	5517	8889	9244
(千瓦)	(kw)	216591	365800	639765	664663

10-10 农作物生产情况（2011年）
Basic Indicators of Farm Corp Production (2011)

指 标	Item	播种面积 (千公顷) Sown Area (1 000 hectares)	单 产 (公斤 / 公顷) Per Unit Area Yield (kg/hectare)	总产量 (吨) Total Output (ton)
农作物总播种面积	**Total Sown Area**	**8402**		
粮食作物	**Grain Crops**	**4880**	**6024**	**29393500**
#谷物	Cereal	4455	6239	27795000
#稻谷	Rice	4066	6334	25754000
#早稻	Early Season Rice	1395	5779	8064000
中稻与一季晚稻	Middle Season Rice and Late Rice of One-season	1217	7101	8644000
晚稻	Late Season Rice	1454	6223	9046000
小麦	Wheat	40	2525	102000
玉米	Corn	327	5763	1885000
高粱	Sorghum	3	4231	11000
其他谷物	Other Cereal	19	2312	43000
#大麦	Barley	2	2000	4000
豆类	Soybeans	171	2397	410500
#大豆	Beans	92	2546	235000
杂豆	Mixed Beans			
#绿豆	Mung Beans	22	2545	57000
薯类(按折粮薯类计算)	Tubers(Converted into Grain)	253	4690	1188000
#红薯	Sweet Potatoes			
马铃薯	Potatoes	93	3828	356000
油料	**Oil-bearing Crops**	**1295**	**1662**	**2152868**
#花生果	Peanuts	119	2689	319716
油菜籽	Rapeseeds	1167	1559	1819606
芝麻	Sesame	9	1451	13513
向日葵	Sunflower			
其他油料	Other Oil-bearing Crops			
棉花	**Cotton**	**192**	**1180**	**227000**
麻类	**Fiber Crops**	**18**	**2382**	**42249**
#黄、红麻	Jute and Ambary Hemp		2787	557
苎 麻	Ramie	18	2377	41592
甘蔗	**Sugarcane**	**15**	**49814**	**722298**
烟叶	**Tobacco**	**105**	**2353**	**246529**
#烤烟	Flue-cured Tobacco	99	2353	233474
晒(土)烟	Sun-cured Tobacco			
药材	**Medicinal Herbs**	**61**		
蔬菜瓜类	**Vegetables and Melons**	**1330**	**27642**	**36763351**
#蔬菜(包括菜用瓜)	Vegetables(include Snake Melons)	1194	27956	33374000
果用瓜	Fruit Melons	136	24863	3389351
其他作物:	**Other Crops**	**506**		
#青饲料	Succulence	197		
绿肥	Green Manure			

10-11 林产品产量（2011年）
Output of Major Forestry Products (2011)

名称	Item	数量 Number	名称	Item	数量 Number
生 漆 (吨)	Lacquer (ton)	958	白果 (吨)	Ginkgo (ton)	674
油桐籽 (吨)	Tung-oil Seeds (ton)	43400	杏仁 (吨)	Almond (ton)	40
油茶籽 (吨)	Tea-oil Seeds (ton)	516808	桂 皮(吨)	Cinnamon (ton)	152
乌桕籽 (吨)	Tallow Tree Seeds (ton)	1319	黄柏 (吨)	Golden Cypress (ton)	2647
五倍子 (吨)	Gall (ton)	1589	杜仲 (吨)	Gutta-percha (ton)	52335
棕 片 (吨)	Palm Leaf (ton)	7220	白蜡 (吨)	Inesctwax (ton)	
松 脂 (吨)	Pine Resin (ton)	35777	杂木棍 (万根)	Mixed Cardstock (10 000 roots)	
竹笋干 (吨)	Bamboo Shoots (ton)	26974	桎木条 (吨)	Wood Lath (ton)	
核 桃 (吨)	Walnuts (ton)	14562	小杂竹 (吨)	Small Mixed Bamboo (ton)	299233
板 栗 (吨)	Chestnuts (ton)	87830	楠竹尾 (吨)	Tails of Phyllostachys Pubescens (ton)	
紫 胶 (吨)	Shellacs (ton)	41	竹木采伐量	Bamboo in Village and Lower Level	
山苍子 (吨)	Fructus Litseae (ton)	261	#木材采伐量(万方)	Woods Cuts (10 000 cu.m)	599.93
食用菌(吨)		31679	竹材 (万根)	Bamboo (10 000 roots)	6997.92
花 椒 (吨)	Prickly Ashes (ton)	827	#楠竹 (万根)	Phyllostachys Pubescens (10 000 roots)	6653.38
八 角 (吨)	Anise(ton)	37	篙竹 (万根)	Pole-bamboo (10 000 roots)	344.54

10-12 茶叶、水果生产情况（2011年）
Output of Tea and Fruit (2011)

单位：吨 (ton)

名称	Item	数量 Number	名称	Item	数量 Number
茶叶产量	**Output of Tea**	**132787**	**水果产量**	**Output of Fruits**	**5298949**
绿茶	Green Tea	67426	柑 桔	Citrus	4588667
青茶	Green tea	3535	桃 子	Peaches	124446
红茶	Red tea	15401	梨	Pears	150889
黑茶	Black tea	37652	葡 萄	Grapes	118860
黄茶	Yellow tea	14	红 枣	Red Chinese Dates	26385
白茶	White tea	3	柿 子	Fresh Persimmons	18331
其他茶	Other Tea	8756	其他水果	Other Fruits	271371

10-13 林业情况
Basic Indicators of Forestry

面积单位：万公顷　　(10 000 hectares)

指 标	Item	2000	2005	2010	2011
当年造林面积总计	**Total Afforestation Areas of the Current Year**	**5.15**	**13.65**	**21.34**	**40.24**
#竹林	Bamboo Forest	0.22	0.30	0.27	0.08
按主要林种用途分	**By the Use of Main Forestry**				
用材林	Timber Forest	2.22	3.02	7.19	11.55
经济林	Economic Forest	1.21	1.02	3.23	4.83
防护林	Shelter-forest	1.71	9.51	10.80	23.55
薪炭林	Charcoal Forest			0.06	0.11
特种用途林	Special Use Forest	0.01	0.10	0.07	0.20
封山育林面积	Close Hillsides to Facilitate Afforestation Areas	12.18	94.99	48.12	87.11
零星(四旁)植树(万株)	Oddly (all around) Tree Planting (10 000 roots)	27187	13009	12261	10107
林木种子采集量(吨)	Forestry Seed Collection (ton)	678	755	501	396
育苗面积	Grow Seedlings Areas	0.29	1.61	2.41	1.63
#本年新育面积	New Grow Seedlings Areas of the Current Year	0.18	0.49	0.19	0.15
幼林抚育实际面积	Actual Areas of Young Growth Fostering	20.50	56.55	41.09	30.86
幼林抚育作业面积	Operative Areas of Young Growth Fostering	27.43	868.49	47.19	63.11
成林抚育面积	Mature Timber Fostering Areas	34.62	27.49	24.56	35.34
#中幼林抚育面积	Areas of Middle and Young Growth Fostering	30.18	22.03	20.63	32.75
低产林改造面积	Low Yield Timber Remaking Areas	21.95	5.20	7.36	12.65
抚育改造出材量(万方)	Fostering and Remaking Yields (10 000 cu.m)	27.00	22.31	16.01	8.89
#中幼林改造出材量	Middle and Young Growth Remaking Yields	26.00	20.28	9.67	4.84
年末实有母树林面积	**Actual Mother Woods Areas at the Yearend**	**0.92**	**0.51**	**0.62**	**0.37**
年末实有种子园面积	**Actual Seed Garden Areas at the Yearend**	**0.30**	**0.33**	**0.10**	**0.07**

10-14 畜牧业年末存栏情况（2011年）
Year - end Animals in Stock (2011)

项 目	Item	合计 Total	能繁母畜 Breeding Dams	当年生仔畜 Young Animals Be Born in the Current Year
大牲畜总头数 (头)	Number of Large Animals (head)	4307757		
#从事劳役的 (头)	Draught Animals (head)			
牛(头)	Cattle and Buffaloes (head)	4256000		
役用牛	Draught Animals			
肉牛	Beef Cattle			
乳牛	Dairy Cattle			
马 (匹)	Horses (head)	43300	13654	5193
驴 (匹)	Donkeys (head)	6851	1442	452
骡 (匹)	Mules (head)	1606		266
生猪 (万头)	Hogs (10 000 heads)	4158.20	423.40	
羊 (万只)	Goats and Sheep (10 000 heads)	512.60		
山羊	Goats	512.60		
绵羊	Sheep			

10–15 主要牲畜存栏和水产品产量
Number of Live Stocks and Output of Aquatic Products

年 份 Year	年底大牲畜头数(万头) Large Animals (year-end) (10 000 heads)	#牛 Cattle and Buffaloes	年底猪头数 (万头) Hogs(year-end) (10 000 heads)	年底羊只数 (万只) Sheep and Goats (year-end) (10 000 heads)	猪牛羊肉 (万吨) Pork,Beef, and Mutton (10 000 tons)	水产品 (万吨) Aquatic Products (10 000 tons)
1949	233.30					4.34
1950	249.77					4.34
1951	254.12					4.69
1952	269.71					4.82
1953	282.87					4.85
1954	281.82					6.47
1955	274.69					6.27
1956	292.74					6.31
1957	306.38					11.94
1958	311.80					13.00
1959	308.62					15.00
1960	291.51					10.40
1961	262.33					5.87
1962	258.08					6.01
1963	265.93					6.53
1964	278.37					7.49
1965	289.85					8.61
1966	301.51					9.33
1967	305.10					8.36
1968	310.72					7.84
1969	311.75					7.77
1970	317.39					8.46
1971	325.10					9.48
1972	332.46					7.69
1973	331.61					9.34
1974	333.92					10.15
1975	337.68					11.05
1976	327.85					11.57
1977	317.73					11.80
1978	322.16					11.87

10−15 续表 continued

年 份 Year	年底大牲畜头数(万头) Large Animals (year-end) (10 000 heads)	#牛 Cattle and Buffaloes	年底猪头数 (万头) Hogs(year-end) (10 000 heads)	年底羊只数 (万只) Sheep and Goats (year-end) (10 000 heads)	猪牛羊肉 (万吨) Pork,Beef, and Mutton (10 000 tons)	水产品 (万吨) Aquatic Products (10 000 tons)
1979	329.68					13.90
1980	325.28					15.91
1981	327.01					17.85
1982	328.92					20.45
1983	324.67					23.49
1984	335.95					27.49
1985	350.46					31.99
1986	366.22					38.17
1987	380.21					44.38
1988	385.37					46.23
1989	393.78					51.53
1990	400.65	399.25	2798.27	66.46	189.47	53.01
1991	406.28					53.16
1992	413.14					59.57
1993	416.50					68.06
1994	422.43					74.14
1995	432.65	430.46	3391.10	214.76	317.36	86.27
1996	471.78					98.25
1997	496.54	493.73	3632.01	461.31	404.02	110.76
1998	504.02	500.93	3692.24	449.75	429.03	116.78
1999	511.39	508.17	3567.53	466.93	420.56	124.45
2000	522.85	519.29	3694.56	501.27	436.51	133.21
2001	526.10	522.43	3770.44	518.33	452.12	140.96
2002	521.83	517.90	3845.68	603.46	470.23	149.56
2003	540.39	536.33	3924.10	588.37	485.89	156.60
2004	584.05	579.73	4111.02	671.08	517.03	167.21
2005	595.83	591.26	4248.28	711.26	545.94	179.22
2006	588.13	583.42	4160.23	694.08	561.12	160.04
2007	443.17	578.59	4416.98	699.44	578.13	170.09
2008	471.31	465.13	4494.69	549.09	544.49	178.59
2009	444.84	440.00	4032.80	521.10	422.10	188.59
2010	440.31	435.20	4044.86	509.60	439.28	198.89
2011	430.78	425.60	4158.20	512.60	432.53	200.02

10－16 渔业生产情况
Basic Indicators of Fishery Production

名 称	Item	2000	2005	2010	2011
水产品总产量 (吨)	**Total Aquatic Products (ton)**	**1332133**	**1792163**	**1988859**	**2000233**
淡水产品捕捞产量 (吨)	**Freshwater Aquatic Products Caught (ton)**	**150442**	**185190**	**168047**	**165738**
#鱼类	#Fish	127725	160760	145703	143822
虾蟹类	Shrimps,Prawns and Crabs	9474	10322	12635	12276
贝类	Shellfish	10659	11874	8137	8128
其他	Others	2584	2234	1572	1513
淡水产品养殖产量 (吨)	**Freshwater Aquatic Products Cultured (ton)**	**1181691**	**1606974**	**1820812**	**1834494**
#鱼类	#Fish	1145678	1564259	1763613	1774913
虾蟹类	Shrimps,Prawns and Crabs	11396	16487	23312	25229
贝类	Shellfish	12902	11951	15848	16284
其他	Others	11715	14277	18039	18069
淡水产品中:珍珠产量(公斤)	**Freshwater Aquatic Pearl Products (kg)**	**92015**	**856547**	**1103339**	**1075086**
淡水养殖面积合计 (千公顷)	**Freshwater Cultured Area (1 000 hectares)**	**413.18**	**481.73**	**395.57**	**403.39**
#池塘养殖	#Pond Cultivated	214.96	256.79	192.10	204.74
#渔业专用塘	#Fishery Ponds for Special Use	112.02	156.56	137.60	146.85
湖泊养殖	Lake Cultivated	55.85	61.74	82.70	74.37
#粗养	Extensive Cultivated	32.80	36.17	49.28	44.82
河沟养殖	Brook Cultivated	20.74	25.82	6.26	7.53
水库养殖	Reservoir Cultivated	102.23	114.69	111.93	113.43
#粗养	Extensive Cultivated	48.01	51.43	49.26	50.80
其他养殖	Other Cultivated	19.40	22.69	2.58	3.32
附：稻田养殖	**Enclose: Paddy Cultivated**	**189.76**	**184.75**	**126.14**	**125.25**
#鱼种池面积	#Areas of (fish) Fry Ponds	14.98	21.42	17.86	17.90
成鱼面积	Growth Fish Areas	116.24	131.04	94.06	95.04

10－17 按全省人口平均的主要农产品产量
Per Capita Output of Major Farm Products

单位：公斤/人 (kg/person)

产品名称	Item	2000	2005	2010	2011
粮食	Grain	439.00	425.41	401.65	413.26
#谷物	#Cereal	403.66	393.23	379.32	390.79
#稻谷	#Rice	386.00	370.07	353.48	362.09
棉花	Cotton	2.60	2.76	3.20	3.19
甘蔗	Sugarcane	17.70	14.95	10.80	10.16
烤烟	Tobacco	2.40	3.04	3.00	3.28
茶叶	Tea	0.90	1.07	1.66	1.87
水果	Fruit	23.00	80.26	100.96	122.15
#柑桔	#Citrus	19.20	30.60	54.86	64.51
猪牛羊肉	Pork,Beef and Mutton	66.70	81.30	65.22	60.81
#猪肉	#Pork	63.30	76.21	61.23	57.10
禽蛋	Poultry Eggs	11.20	13.71	13.60	13.15
水产品	Aquatic Products	20.30	26.69	28.05	28.11

10–18 洞庭湖区主要社会经济指标
Major Economic Indicators and Social Indicators on The DongTing Lake Area

指标	Item	2000	2005	2010	2011
总户数（万户）	Total Number of Households (10 000 households)	445.30	511.43	454.44	463.07
总人口（万人）	Total Number of Population (10 000 persons)	1504.30	1565.70	1443.30	1450.62
#乡村人口	#Number of Rural Population	1213.70	1271.30	1153.00	1149.24
乡村从业人员数（万人）	Employment of Rural Population (10 000 persons)	634.76	684.79	598.89	616.04
#农林牧渔业	#Farming,Forestry,Animal Husbandry,Fishery	457.18	429.51	348.47	276.10
有效灌溉面积（千公顷）	Effective Irrigated Area (1 000 hectares)	863.13	890.36	803.79	803.38
地区生产总值（亿元）	Gross Domestic Products (100 million yuan)	981.39	1529.15	3109.04	4493.62
#第一产业增加值	#Added-Value of First Industry	260.21	387.38	566.61	662.78
第二产业增加值	Added-Value of Second Industry	394.52	628.58	1465.54	2381.28
第三产业增加值	Added-Value of Third Industry	326.66	513.19	1076.90	1449.56
农业机械总动力（万千瓦）	Total Power of Major Agriculture Machinery (10 000 kw)	785.00	1059.80	1227.30	1300.84
农作物总播种面积（千公顷）	Total Sown Area of Crops (1 000 hectares)	2380.14	2498.25	2570.54	2544.22
粮食作物播种面积（千公顷）	Sown Area of Grain Crops (1 000 hectares)	1330.21	1500.38	1506.31	1472.27
#稻谷	#Paddy	1165.77	1352.91	1353.15	1342.20
玉米	Corn	40.77	34.92	47.96	42.74
油料播种面积（千公顷）	Sown Area of Oils-bearing (1 000 hectares)	375.15	348.73	485.63	493.10
棉花播种面积（千公顷）	Sown Area of Cotton (1 000 hectares)	115.83	108.87	153.84	165.75
粮食总产量（万吨）	Total Output of Grain (10 000 tons)	778.63	891.16	868.76	853.94
#稻谷	Paddy	720.06	833.69	809.98	804.16
玉米	Corn	19.15	18.02	24.13	21.55
油料产量（万吨）	Output of Oils-bearing (10 000 tons)	57.18	55.57	85.41	87.65
肉类总产量（万吨）	Total Output of Meat (10 000 tons)	127.02	171.94	140.68	138.49
水产品总产量（万吨）	Total Output of Aquatic Products (10 000 tons)	66.70	92.10	98.75	99.37
水果产量（万吨）	Output of Fruits (10 000 tons)	33.95	119.20	147.15	238.98
地方财政收入（亿元）	Local Government Revenue (100 million yuan)	24.42	71.68	77.99	97.81
普通中学在校学生数（人）	Student Enrollment in General Secondary Schools (person)	897821	987011	628556	605800
小学在校学生人数（人）	Student Enrollment in Primary Schools (person)	1417139	862828	743468	748159
医院、卫生院床位数（张）	Hospital Beds (unit)	26203	27217	26868	30273
医院、卫生院技术人员数(人)	Medical Technical Personnel in Hospitals (person)	42438	39001	31303	34450

10−19 农村主要能源及物资消耗
Consumption of Major Energy and Materials of Rural Areas

指标	Item	2000	2005	2010	2011
农村电气化情况	**Electric Situation of Rural Areas**				
农村用电量(万度)	Electricity Consumed in Rural Areas (10000 kwh)	445290.53	652365.80	986300.00	1060298.42
年末乡办水电站(个)	Number of Hydropower Station in Rural Areas at the Yearend (unit)	1086	1148	1014	1035
装机容量(千瓦)	Capacity of Power Generating Sets (kw)	327843	411594	426951	457815
发电量(万度)	Generated Energy (10000 kwh)	109998.37	138725.50	170780.00	190070.88
村及村以下办水电站(个)	Number of Water Power Stations of Village and Lower Levels (unit)	3423	3114	3064	3090
装机容量(千瓦)	Capacity of Power Generating Sets (kw)	92073	400584	968831	1026998
发电量(万度)	Generated Energy (10000 kwh)	30556.95	204248.06	430667.00	477657.26
农用化肥施用量	**Consumption of Agricultural Chemical Fertilizer**				
按实物量计算(吨)	Calculated at Actual Quantity in Natural Form (ton)	6954529	7543577	8248980	8362738
#氮肥(吨)	Nitrogenous Fertilizer (ton)	3906876	4007237	4160132	4181897
磷肥(吨)	Phosphate Fertilizer (ton)	1777537	1859574	1943919	1957735
钾肥(吨)	Potash Fertilizer (ton)	600221	702849	817743	834097
复合肥(吨)	Compound Fertilizer (ton)	669895	973917	1327186	1389009
每亩播种面积施用量(公斤)	Consumption of Per-mu Sown Areas (kg)	57.90	60.34	66.93	66.36
按折纯量计算(吨)	Calculated at Quantity of 100% Content (ton)	1821508	2098670	2365718	2424891
#氮肥(吨)	Nitrogenous Fertilizer (ton)	980845	1059569	1103546	1122243
磷肥(吨)	Phosphate Fertilizer (ton)	242760	256204	267177	272637
钾肥(吨)	Potash Fertilizer (ton)	298514	348703	404631	412217
复合肥(吨)	Compound Fertilizer (ton)	299389	434194	590364	617794
农用薄膜使用量(吨)	**Consumption of Agricultural Films (ton)**	**40446**	**59306**	**73173**	**75930**
#地膜使用量(吨)	Consumption of Ground Films (ton)	25309	39899	51083	53500
地膜覆盖面积(公顷)	Ground Film Covered Areas (hectare)	313340	507093	706696	726627
农药使用量(吨)	**Consumption of Pesticide (ton)**	**85611**	**113250**	**118762**	**120432**
农用柴油使用量(吨)	**Consumption of Agricultural Diesel Oil (ton)**	**224315**	**326393**	**377821**	**395026**

10-20 自然灾害情况
Statistics on Natural Disaster

名 称	Item	2000	2005	2010	2011
受灾面积合计(千公顷)	**Total Areas Covered (1 000 hectares)**	**3170.11**	**1519.80**	**2482.43**	**3116.08**
旱灾(千公顷)	Drought (1 000 hectares)	649.71	586.20	407.30	1977.39
水灾(千公顷)	Flood (1 000 hectares)	292.76	594.13	2011.33	689.50
风雹灾 (公顷)	Windstorm (hectares)		90.77	82630.00	26.00
病虫(千公顷)	Plant Diseases and Insect Pests (1 000 hectares)	1871.07	34.25	4.33	0.00
霜冻(公顷)	Frost (hectares)		208.50	31040.00	820.22
其他(公顷)	Others (hectares)	356.57	5.96	9590.00	0.00
成灾面积(千公顷)	**Areas Affected (1 000 hectares)**	**759.23**		**1514.40**	**1879.82**
旱灾(千公顷)	Drought (1 000 hectares)	231.44		244.71	1177.46
水灾(千公顷)	Flood (1 000 hectares)	128.06		1236.72	356.74
风雹灾 (公顷)	Windstorm (hectare)			41220.00	16.00
霜冻(公顷)	Frost (hectare)			9020.00	511.44
病虫(千公顷)	Plant Diseases and Insect Pests (1 000 hectares)	222.43		3.58	0.00
其他(千公顷)	Others (1 000 hectares)	177.30		7.47	0.00
死亡人数(人)	**Number of Dead Population (person)**	**176**	**203**	**80**	**84**
死亡大牲畜(头)	**Dead Large Animals (head)**	**59689**	**1608004**	**176671**	**91660**
倒塌房屋(间)	**Collapsed Houses (unit)**	**149806**	**200153**	**183396**	**57660**
损坏房屋(间)	**Destroyed Houses (unit)**	**436459**	**467980**	**519975**	**181728**
成灾人口合计(人)	**Total Population Affected (person)**	**22237689**			**27015015**
因灾缺粮人口(人)	**Population of Grains Shorted of Disaster (person)**	**9374555**	**8739499**	**5233082**	**5111063**
因灾经济损失合计(万元)	**Total Economic Loss of Disaster (10 000 yuan)**	**1081796**	**1578622**	**2890006**	**2670254**
#水灾损失(万元)	Flood Loss (10 000 yuan)	662662	789347	2534804	744282

主要统计指标解释

农林牧渔业总产值 指以货币表现的农、林、牧、渔业全部产品和对农林牧渔业生产活动进行的各种支持性服务活动的价值总量，它反映一定时期内农林牧渔业生产总规模和总成果。1957年以前的农林牧渔业总产值中包括了厩肥和农民自给性手工业(如农民自制衣服、鞋、袜，自己从事粮食初步加工等)。1958年及以后，林业中增加了村及村以下竹木采伐产值；牧业中取消了厩肥产值；副业中取消了农民自给性手工业产值，增加了村及村以下办的工业产值；渔业中增加了海洋捕捞水产品产值。1980年及以后，在副业中增加了农民家庭兼营工业商品部分的产值。从1984年起村及村以下工业产值划归工业。从1993年起取消副业，将野生动物的捕猎划入牧业，野生植物采集和农民家庭兼营商品性工业划归农业。从2003年起，执行新的国民经济行业分类标准，农林牧渔业总产值中包括了农林牧渔服务业产值。林业中增加了森林采运业产值。农业中取消了家庭兼营商品性工业产值，将野生林产品的采集划归林业。

农林牧渔业总产值的计算方法通常是按农、林、牧、渔业产品及其副产品的产量分别乘以各自单位产品价格求得；少数生产周期较长，当年没有产品或产品产量不易统计的，则采用间接方法匡算其产值；然后将四业产品产值相加即为农林牧渔业总产值。

粮食产量 指全社会的产量。包括国有经济经营的、集体统一经营的和农民家庭经营的粮食产量，还包括工矿企业办的农场和其他生产单位的产量。粮食除包括稻谷、小麦、玉米、高粱、谷子及其他杂粮外，还包括薯类和豆类。其产量计算方法，豆类按去豆荚后的干豆计算；薯类(包括甘薯，不包括芋头和木薯)1963年以前按每4公斤鲜薯折1公斤粮食计算，从1964年开始改为按5公斤鲜薯折1公斤粮食计算。作为蔬菜的薯类(如马铃薯等)按鲜品计算，并且不作粮食统计。其他粮食一律按脱粒后的原粮计算。1989年以前全国粮食产量数据主要靠全面报表取得，1989年开始使用抽样调查数据。

棉花产量 指全社会的产量。包括春播棉和夏播棉。产量按皮棉计算。不包括木棉。

油料产量 指全部油料作物的生产量。包括花生、油菜籽、芝麻、向日葵籽、胡麻籽（亚麻籽）和其他油料。不包括大豆、木本油料和野生油料。花生以带壳干花生计算。

水产品产量 指人工养殖的水产品和天然生长的水产品的捕捞量。包括海水的鱼类、虾蟹类、贝类和藻类以及内陆水域的鱼类、虾蟹类和贝类，不包括淡水生植物。水产品产量是通过各级水产和统计部门逐级上报取得数据。1995年及以前，贝类中牡蛎按鲜肉计算；蚶、蛤、蛙按5斤鲜品折1斤计算。1996年以后则统一按鲜品计算。

猪、牛、羊肉产量 指当年出栏并已屠宰、除去头蹄下水后带骨肉(即胴体重)的重量。包括全社会范围内的产量。由于畜牧业产品年报数据与普查数据之间存在一定的差距，

根据国家统计局有关文件精神，从2000年起，对畜牧业年报数据与普查数据进行衔接。

期初(末)畜禽存栏头(只)数 指报告期初(末)农村各种合作经济组织和国营农场、农民个人、机关、团体、学校、工矿企业、部队等单位以及城镇居民饲养的大牲畜、猪、羊、家禽等畜禽的存栏数。数据上报方式及数据调整情况同猪、牛、羊肉产量。

农作物播种面积 指实际播种或移植有农作物的面积。凡是实际种植有农作物的面积，不论种植在耕地上还是种植在非耕地上，均包括在农作物播种面积中。在播种季节基本结束后，因遭灾而重新改种和补种的农作物面积，也包括在内。它是反映我国耕地面积利用情况的一个重要指标。目前，农作物播种面积主要包括粮食、棉花、油料、糖料、麻类、烟叶、蔬菜和瓜类、药材和其他农作物九大类。

有效灌溉面积 指具有一定的水源，地块比较平整，灌溉工程或设备已经配套，在一般年景下，当年能够进行正常灌溉的耕地面积。在一般情况下，有效灌溉面积应等于灌溉工程或设备已经配备，能够进行正常灌溉的水田和水浇地面积之和。它是反映我国耕地抗旱能力的一个重要指标。

农用化肥施用量 指本年内实际用于农业生产的化肥数量，包括氮肥、磷肥、钾肥和复合肥。化肥施用量要求按折纯量计算数量。折纯量是指把氮肥、磷肥、钾肥分别按含氮、含五氧化二磷、含氧化钾的百分之百成份进行折算后的数量。复合肥按其所含主要成分折算。公式为：

折纯量=实物量×某种化肥有效成份含量的百分比

农业机械总动力 指主要用于农、林、牧、渔业的各种动力机械的动力总和。包括耕作机械、排灌机械、收获机械、农用运输机械、植物保护机械、牧业机械、林业机械、渔业机械和其他农业机械〔内燃机按引擎马力折成瓦(特)计算、电动机按功率折成瓦(特)计算〕。不包括专门用于乡、镇、村、组办工业、基本建设、非农业运输、科学试验和教学等非农业生产方面用的动力机械与作业机械。这个指标的统计数据

主要来源于农机部门。

乡村从业人员 指乡村人口中劳动年龄在16周岁以上实际参加生产经营活动并取得实物或货币收入的人员，包括劳动年龄内经常参加劳动的人员，也包括超过劳动年龄但经常参加劳动的人员，但不包括户口在家的在外学生、现役军人和丧失劳动能力的人，也不包括待业人员和家务劳动者。从业人员按从事主业时间最长（时间相同按收入）分为农林牧渔业从业人员、工业从业人员、建筑业从业人员、交通运输业、仓储及邮电通信业从业人员、批零贸易业、餐饮业从业人员、其他非农行业从业人员。

Explanatory Notes on Main Statistical Indicators

Gross Output Value of Farming, Forestry, Animal Husbandry and Fishery refers to the total value of products of farming, forestry, animal husbandry and fishery, and total value of services rendered to support farming, forestry, animal husbandry and fishery activities. It reflects the total scale and results of agricultural production during a given period. Prior to 1957, Chinas gross agricultural output value included barnyard manure and handicraft products for self consumption (clothes, shoes, stockings, and initial grain processing undertaken by peasants). Since 1958, cutting and felling of bamboo and trees by villages and other cooperative organizations under villages have been included in forestry; value of barnyard manure has been excluded from animal husbandry; self consumed handicrafts has been excluded from sideline occupations, while the output value of industries run by villages and cooperative organizations under village had been included in sideline occupations and the output value of fish catches by motor fishing boats has been added to fishery. Since 1980, the value of handicraft products made for sale by individuals in households had been added to sideline occupations. Since 1984, industries run by villages and under villages have been included in the sector of industry. Since 1993, the subdivision of sideline occupations has been canceled, and the hunting of wild animals has been classified into animal husbandry, and the gathering of wild plants and commodity industry run by rural household have been included in farming. A new industrial classification of economic activities was introduced in 2003. Under the new classification, value of services to farming, forestry, animal husbandry and fishery is included in the gross output value of agriculture, value of wood felling and transport is included in forestry, value of industrial output by rural households is not included in agriculture, and the collection of wild forest products is taken from agriculture and included in the forestry. The first agriculture census of China revealed some discrepancy between the production of animal products from the annual reports and that from the census. Efforts were made by the Rural Socio economic Survey Organization of NBS to adjust the output value of animal husbandry to make the figures from the annual reports consistent with the census data.

Gross output value of agriculture is obtained by first multiplying the output of each product or by product by its price, resulting in the output value of each single item. For a small number of products, annual output of which is not available or difficult to get due to the long production (growing) process involved, the output value is estimated through an indirect approach. The sum of output value of all products of farming, forestry, animal husbandry and fishery is then equal to the gross output value of agriculture.

Grain Output refers to the total output in the whole country including grains produced by state farms, collective units, rural households, as well as by farms affiliated to industrial and mining enterprises and other production units. Grain includes rice, wheat, corn, sorghum, millet and other miscellaneous grains as well as tubers and bean. Output of beans refers to dry beans without pods. The output of tubers (sweet potatoes, not including taros and cassava) was converted into that of grain at the ratio 4： 1, i.e. 4 kilograms of fresh tubers was equivalent to 1 kilogram of grain up to 1963. Since 1964 the ratio for conversion has been 5:1. Tubers supplied as vegetables (such as potatoes) are calculated as fresh vegetables and their output is not included in the output of grain. Output of all other grains refers to husked grain. Data on grain production before 1989 were obtained through Comprehensive Statistical Reporting System. Since 1989, data from sample surveys are used.

Cotton Output refers to the cotton production in the whole country including cotton sown in spring and in autumn. Output is measured as the weight of ginned cotton. Ceiba is not included.

Output of Oil-bearing Crops refers to the total production of oil bearing crops of various kinds, including peanuts, (dry, in shell) rapeseeds, sesame, sunflower seeds, flax seeds, and other oil bearing crops. Soybeans, oil bearing woody plants, and wild oil bearing crops are not included.

Output of Aquatic Products refers to catches of both artificially cultured and naturally grown aquatic products, including fish, shrimps, crabs and shellfish in sea and inland water as well as seaweed. Freshwater plants are not included.Data on output of aquatic products are reported by aquatic product and statistical agencies level by level. Before 1995, among the shellfish, the oyster was counted as fresh meat; 5 kilograms of ark shell, clams and frogs are equivalent to 1 kilogram of fresh aquatic products; they are all counted as fresh aquatic products since 1996.

Output of Pork, Beef, and Mutton refers to the meat of slaughtered hogs, cattle, sheep and goats with head, feet, and offal taken away. Data refers to the production of the whole country. The first agriculture census of China in 1996 revealed some discrepancy between the production of animal products from the annual reports and that from the census. Efforts were made by the Rural Socio economic Survey Organization of NBS to adjust the output value of animal husbandry to make the figures from the annual reports consistent with the census data. Since 1999, NBS conducted sample survey for the major animal husbandry products, such as hogs, cattle, sheep and goats and fowls, and the data from sample surveys are used as national finalized data. Those products, which are not covered by the sample survey, are still reported by statistical agencies level by level.

Number of Livestock or Poultry in Stock at Beginning (or End) refers to the total number of large animals, pigs, sheep, fowls, etc. raised by rural cooperative organizations, state farms, rural individuals, government agencies, schools, industrial and mining enterprises, army, and urban residents at the beginning (or end) of the reference period. Data reporting system and data adjustment are the same as that in the output of pork, beef and mutton.

Sown Area of Crops refers to area of land sown or transplanted with crops regardless of being in cultivated area or non cultivated area. Area of land re sown due to natural disasters is also included. This is an important indicator that can reflect the utilization condition of the cultivated land in China. At present, the sown area of crops mainly include the following 9 categories of crops: grain, cotton, oil bearing crops, sugar crops, fiber crops, Tobacco, Vegetables and melons, medicinal materials and other farm crops.

Irrigated Area refers to areas that are effectively irrigated, i.e. level land, which has water source and complete sets of irrigation facilities to lift and move adequate water for irrigation purpose under normal conditions. Under normal conditions, irrigated area is the sum of watered fields and irrigated fields where irrigation systems or equipment have been installed for regular irrigation purpose. This important indicator reflects drought resistance capacity of the cultivated land in China.

Consumption of Chemical Fertilizers in Agricultu rerefers to the quantity of chemical fertilizers applied in agriculture in the year, including nitrogenous fertilizer, phosphate fertilizer, potash fertilizer, and compound fertilizer. The consumption of chemical fertilizers is required in calculation to convert the gross weight into weight containing 100% effective component (e.g. 100% nitrogen content in nitrogenous fertilizer, 100% phosphorous pent oxide contents in phosphate fertilizer, 100% potassium oxide contents in potash fertilizer). Compound fertilizer is converted with its major component. The formula is :

Volume of effective component=physical quantity×effective component of certain chemical fertilizer (%)

Total Power of Farm Machinery refers to total mechanical power of machinery used in farming, forestry, animal husbandry, and fishery, including ploughing, irrigation and drainage, harvesting, transport, plant protection, stock breeding, forestry and fishery. The power of internal combustion engines is required to convert horsepower into watts and the power of electric motors is required to be converted into watts. Machinery employed for non agricultural purposes, such as the machines used in township run and village run industry, construction, non agricultural transport, scientific experiments and teaching, is excluded. Data are mainly from agricultural machinery agencies.

Rural Employed Persons refer to rural labor forces aged over 16 years old who are engaged in real production and management activities and receive payment in kind or wages, including those covered within the age frame and regularly participating in production activities, and those who are out of the range of age frame and also participating in production activities regularly. Excluding students studying in other places with their permanent residence registered in local areas, servicemen and persons incapable of working; also excluding those who are waiting for jobs and those engaged in household work. Persons employed are classified as persons engaged in agriculture, forestry, animal husbandry or fishery activities; persons engaged in industrial activities; persons engaged in construction activities; persons engaged in transport, storage and telecommunications activities; persons engaged in whole sales and retail sales trade and catering activities; and persons engaged in other non agriculture activities, depending upon the longest period of employment in major activities (or using income indicator when period of employment is the same).

11 工 业

Industry

资料整理人员：谢 凡　　范 毅　　陈 澍

11-1 规模以上工业企业基本情况
Basic Conditions of Industrial Enterprises above Designated Size

单位:亿元 (100 million yuan)

年 份 Year	工业总产值(现价) Gross Industrial Output Value (current price)	工业增加值 Value Added of Industry	工业增加值增速(%) The speed of Value Added of Industry	主营业务收入 Revenue of Main Bussiness	利润总额 Total Profits	利税总额 Total Per-tax Profits
1978	129.03	41.94		124.40	14.15	24.48
1979	148.61	48.75		137.89	17.29	28.99
1980	163.97	53.51		159.74	19.02	31.97
1981	171.89	55.13		167.95	17.70	34.33
1982	188.29	59.03		183.52	19.92	36.18
1983	200.94	64.24		198.22	21.85	39.66
1984	227.60	73.37		219.47	23.37	43.45
1985	276.64	100.03		271.98	26.23	53.38
1986	319.88	109.30		313.30	27.32	57.89
1987	387.28	125.93		382.17	30.48	65.81
1988	489.05	155.58		481.22	36.01	80.48
1989	569.10	174.63		527.17	29.24	82.29
1990	586.67	188.56		540.02	9.33	65.37
1991	654.82	214.63		632.96	10.27	74.38
1992	790.54	231.88		782.16	18.91	89.91
1993	1064.40	323.31		1102.25	19.91	105.71
1994	1298.22	382.08		1120.34	15.93	130.54
1995	1370.84	400.52		1340.79	4.77	124.37
1996	1659.04	555.66		1487.09	10.90	135.51
1997	1740.59	571.22		1520.14	-1.22	150.24
1998	1287.43	436.31		1212.79	3.18	151.98
1999	1414.12	461.71		1366.59	16.21	177.04
2000	1627.94	528.06		1563.26	34.48	205.87
2001	1811.22	606.54	13.8	1699.15	51.42	235.66
2002	2099.40	706.54	16.1	1980.04	69.02	268.10
2003	2611.45	888.56	20.7	2604.98	111.25	345.67
2004	3654.07	1238.29	24.1	3544.38	154.77	471.37
2005	4754.86	1629.79	20.6	4585.31	189.25	575.09
2006	6131.18	2089.06	20.1	5968.67	272.69	719.19
2007	8464.08	2853.84	24.3	8348.97	488.24	1118.82
2008	11553.31	3748.80	18.4	11285.44	663.56	1641.27
2009	13507.64	4255.03	20.5	13077.27	758.48	1817.66
2010	19008.83	5921.04	23.4	18669.79	1451.45	2835.50
2011	26386.58	7911.51	20.1	25726.21	1832.99	3577.53

注：规模工业统计口径：2004年及以前为全部国有及年主营业务收入500万元及以上非国有工业法人企业，2005-2010年为年主营业务收入500万元及以上工业法人企业，2011年为年主营业务收入2000万元及以上工业法人企业。

Data of Industrial Enterprises above Designated Size refer to those from all state-owned and the non-state-owned industrial enterprises with annual sales income of 5 million yuan sine 2004 and before,all industry corporation enterises with an annual sales income ro over 5 million yuan since 2005-2010, all industry corporation enterises with an annual sales income ro over 20 million yuan since 2011.

11-2 规模以上工业企业各种分组的主要生产指标（2011年）
Major Production Indicators of Industrial Enterprises above Designated Size by Various Characteristics (2011)

单位:亿元 (100 million yuan)

指标	Item	企业单位数(个) Number of Enterprises (unit)	#亏损企业 Loss-making Enterprises	工业总产值(现价) Gross Industrial Output Value (current price)
总计	**Total**	**12477**	**437**	**26386.58**
按登记注册类型:	**Grouped by Registration**			
内资企业	Internal-invested Enterprises	11900	387	24597.61
国有企业	State-owned Enterprises	397	68	2741.30
中央企业	Central Enterprises	79	16	1658.15
地方企业	Local Enterprises	318	52	1083.15
集体企业	Collective-owned Enterprises	373	16	434.79
股份合作企业	Enterprises Cooperated by Joint-stock	134	6	207.63
联营企业	Cooperative Enterprises	30	1	55.55
有限责任公司	Limited Liability Company	1874	94	5719.79
股份有限公司	Company Limited by Shares	435	30	2880.49
私营企业	Individual-owned Enterprises	8225	162	11994.53
其他企业	Enterprises of Other Types of Ownership	432	10	563.54
港、澳、台商投资企业	Enterprises Funded by Entrepreneurs From Hong Kong,Macao and Taiwan	337	32	998.52
外商投资企业	Enterprises funded by Foreigners	240	18	790.46
按经济组织类型:	**Grouped by Ownership**			
独资企业	Enterprises Owned by a Sole Investor	2732	124	5858.92
合作、合伙企业	Enterprises of Partnership	1815	24	2301.46
股份有限公司	Company Limited by Shares	1155	46	4391.61
有限责任公司	Limited Liability Company	6775	243	13834.59
国有控股企业	**State Controlling Share Hold Enterprises**	**736**	**108**	**6682.34**
按轻重工业分组	**Grouped by of Enterprises**			
轻工业	Enterprises of Light Industry	3882	125	7286.67
重工业	Enterprises of Heavy Industry	8595	312	19099.91
按企业规模分:	**Grouped by Size of Enterprises**			
大型企业	Large Enterprises	197	22	7874.72
中型企业	Medium-sized Enterprises	1730	105	5374.56
小型企业	Small Enterprises	10354	300	13059.60

11-2 续表 1 continued

单位:亿元 (100 million yuan)

指标	Item	工业增加值 Value Added of Industry	工业销售产值 Output Value of Industrial Products Sales	出口交货值 Delivery Value for Export
总计	**Total**	**7911.51**	**26022.13**	**748.67**
按登记注册类型:	**Grouped by Registration**			
内资企业	Internal-invested Enterprises	7399.28	24260.30	634.96
国有企业	State-owned Enterprises	1145.47	2711.13	48.18
中央企业	Central Enterprises	852.44	1636.85	17.85
地方企业	Local Enterprises	293.04	1074.28	30.32
集体企业	Collective-owned Enterprises	133.90	432.36	1.13
股份合作企业	Enterprises Cooperated by Joint-stock	60.09	205.38	5.24
联营企业	Cooperative Enterprises	17.51	55.12	0.20
有限责任公司	Limited Liability Company	1599.79	5655.06	271.84
股份有限公司	Company Limited by Shares	795.36	2840.03	69.44
私营企业	Individual-owned Enterprises	3481.95	11811.33	204.91
其他企业	Enterprises of Other Types of Ownership	165.21	549.89	34.02
港、澳、台商投资企业	Enterprises Funded by Entrepreneurs From Hong Kong,Macao and Taiwan	283.67	977.76	44.22
外商投资企业	Enterprises funded by Foreigners	228.57	784.07	69.49
按经济组织类型:	**Grouped by Ownership**			
独资企业	Enterprises Owned by a Sole Investor	2051.24	5797.91	140.36
合作、合伙企业	Enterprises of Partnership	719.38	2264.33	68.66
股份有限公司	Company Limited by Shares	1224.45	4323.87	105.55
有限责任公司	Limited Liability Company	3916.44	13636.02	434.10
国有控股企业	**State Controlling Share Hold Enterprises**	**2196.00**	**6616.70**	**216.22**
按轻重工业分组	**Grouped by of Enterprises**			
轻工业	Enterprises of Light Industry	2392.20	7168.99	195.61
重工业	Enterprises of Heavy Industry	5519.31	18853.14	553.06
按企业规模分:	**Grouped by Size of Enterprises**			
大型企业	Large Enterprises	2516.49	7812.22	375.73
中型企业	Medium-sized Enterprises	1589.91	5278.65	184.28
小型企业	Small Enterprises	3783.40	12854.66	188.18

11-2 续表 2 continued

单位:亿元 (100 million yuan)

指标	Item	企业单位数(个) Number of Enterprises (unit)	#亏损企业 Loss-making Enterprises	工业总产值(现价) Gross Industrial Output Value (current price)
按行业划分:	**Grouped by Sector**			
煤炭开采和洗选业	Mining and Washing of Coal	774	31	905.53
黑色金属矿采选业	Mining of Ferrous Metal Ores	153	1	160.90
有色金属矿采选业	Mining of Non-ferrous Metal Ores	306	6	475.98
非金属矿采选业	Mining and Processing of Nonmetal Ores	247	3	323.49
其他采矿业	Mining of Other Ores N.E.C	2		2.31
农副食品加工业	Processing of Food from Agricultural Products	984	20	2019.33
食品制造业	Manufacture of Foods	326	8	629.23
饮料制造业	Manufacture of Beverage	263	5	398.23
烟草制品业	Manufacture of Tobacco	8	1	614.48
纺织业	Manufacture of Textile	281	26	548.57
纺织服装、鞋、帽制造业	Manufacture of Textile Wearing Apparel,Footware and Caps	146	6	224.04
皮革、毛皮、羽毛及其制品	Manufacture of Leather,Fur,Feather and Its Products	151	3	204.56
木材加工及木、竹、藤、棕、草制品业	Processing of Timbers,Manufacture of Wood, Bamboo, Rattan,Palm and Straw Products	491	3	560.33
家具制造业	Manufacture of Furniture	117	1	189.98
造纸及纸制品业	Manufacture of Paper and Paper Products	344	8	573.61
印刷业和记录媒介的复制	Printing,Reproduction of Recording Media	124		155.42
文教体育用品制造业	Manufacture of Articles for Culture,Education and Sport Activity	30		56.21
石油加工炼焦及核燃料加工	Processing of Petroleum,Coking,Processing of Nucleus Fuel	34	5	690.69
化学原料及化学制品制造业	Manufacture of Chemical Raw Material and Chemical Products	1600	36	2129.59
医药制造业	Manufacture of Medicines	260	16	489.93
化学纤维制造业	Manufacture of Chemical Fiber	14	1	44.58
橡胶制品业	Manufacture of Rubber	55		77.64
塑料制品业	Manufacture of Plastic	259	11	360.23
非金属矿物制品业	Manufacture of Non-metallic Mineral Products	1241	46	1659.47
黑色金属冶炼及压延加工业	Manufacture and Processing of Ferrous Metals	378	18	1568.90
有色金属冶炼及压延加工业	Manufacture and Processing of Non-ferrous Metals	636	23	2484.20
金属制品业	Manufacture of Metal Products	342	12	564.88
通用设备制造业	Manufacture of General Purpose Machinery	758	24	1206.62
专用设备制造业	Manufacture of Special Purpose Machinery	471	16	2493.25
交通运输设备制造业	Manufacture of Transport Equipment	324	23	1142.63
电气机械及器材制造业	Manufacture of Electrical Machinery and Equipment	430	16	928.54
通信设备、计算机及其他电子设备制造业	Manufacture of Communication Equipment,Computer and Other Electronic Equipment	289	15	719.72
仪器仪表及文化、办公用机械制造业	Manufacture of Measuring Instrument and Machinery for Cultural Activity and Office Work	109	2	270.79
工艺品及其他制造业	Manufacture of Artwork,Other Manufacture N.E.C	95	1	129.28
废弃资源废旧材料回收加工	Recycling and Disposal of Waste	73	2	110.91
电力、热力的生产和供应业	Production and Supply of Electric Power and Heat Power	262	34	1150.33
燃气生产和供应业	Production and Distribution of Gas	32	1	75.36
水的生产和供应业	Production and Distribution of Water	68	13	46.86

11—2 续表 3 continued

单位:亿元 (100 million yuan)

指标	Item	工业增加值 Value Added of Industry	工业销售产值 Output Value of Industrial Products Sales	出口交货值 Delivery Value for Export
按行业划分:	**Grouped by Sector**			
煤炭开采和洗选业	Mining and Washing of Coal	356.70	901.92	1.49
黑色金属矿采选业	Mining of Ferrous Metal Ores	49.47	160.56	
有色金属矿采选业	Mining of Non-ferrous Metal Ores	178.46	473.29	
非金属矿采选业	Mining and Processing of Nonmetal Ores	95.46	319.62	
其他采矿业	Mining of Other Ores N.E.C	0.70	2.29	
农副食品加工业	Processing of Food from Agricultural Products	517.50	1991.92	16.85
食品制造业	Manufacture of Foods	178.65	616.81	23.86
饮料制造业	Manufacture of Beverage	112.83	384.85	2.10
烟草制品业	Manufacture of Tobacco	558.05	617.61	2.17
纺织业	Manufacture of Textile	143.86	532.51	22.60
纺织服装、鞋、帽制造业	Manufacture of Textile Wearing Apparel,Footware and Caps	62.28	220.27	8.54
皮革、毛皮、羽毛及其制品	Manufacture of Leather,Fur,Feather and Its Products	57.17	202.58	19.36
木材加工及木、竹、藤、棕、草制品业	Processing of Timbers,Manufacture of Wood, Bamboo, Rattan,Palm and Straw Products	157.11	551.31	8.09
家具制造业	Manufacture of Furniture	49.37	187.12	0.42
造纸及纸制品业	Manufacture of Paper and Paper Products	159.53	568.75	3.87
印刷业和记录媒介的复制	Printing,Reproduction of Recording Media	46.35	154.03	0.07
文教体育用品制造业	Manufacture of Articles for Culture,Education and Sport Activity	18.25	54.46	
石油加工炼焦及核燃料加工	Processing of Petroleum,Coking,Processing of Nucleus Fuel	117.33	697.56	
化学原料及化学制品制造业	Manufacture of Chemical Raw Material and Chemical Products	617.97	2083.24	132.61
医药制造业	Manufacture of Medicines	152.77	480.61	9.61
化学纤维制造业	Manufacture of Chemical Fiber	11.76	43.83	
橡胶制品业	Manufacture of Rubber	21.38	75.23	3.00
塑料制品业	Manufacture of Plastic	103.32	352.13	3.15
非金属矿物制品业	Manufacture of Non-metallic Mineral Products	507.57	1631.68	34.24
黑色金属冶炼及压延加工业	Manufacture and Processing of Ferrous Metals	364.28	1554.52	103.03
有色金属冶炼及压延加工业	Manufacture and Processing of Non-ferrous Metals	657.45	2468.70	46.12
金属制品业	Manufacture of Metal Products	158.07	555.36	13.46
通用设备制造业	Manufacture of General Purpose Machinery	358.92	1184.64	20.41
专用设备制造业	Manufacture of Special Purpose Machinery	753.71	2470.14	63.45
交通运输设备制造业	Manufacture of Transport Equipment	342.82	1134.53	52.63
电气机械及器材制造业	Manufacture of Electrical Machinery and Equipment	247.64	896.51	41.12
通信设备、计算机及其他电子设备制造业	Manufacture of Communication Equipment,Computer and Other Electronic Equipment	226.96	693.35	85.40
仪器仪表及文化、办公用机械制造业	Manufacture of Measuring Instrument and Machinery for Cultural Activity and Office Work	90.73	258.90	6.20
工艺品及其他制造业	Manufacture of Artwork,Other Manufacture N.E.C	37.62	128.97	24.82
废弃资源废旧材料回收加工	Recycling and Disposal of Waste	32.61	110.52	
电力、热力的生产和供应业	Production and Supply of Electric Power and Heat Power	324.83	1143.20	
燃气生产和供应业	Production and Distribution of Gas	23.45	73.95	
水的生产和供应业	Production and Distribution of Water	18.57	44.62	

11-3 规模以上工业企业主要经济指标（2011年）
Major Economic Indicators of Industrial Enterprises above Designated Size(2011)

单位:亿元 (100 million yuan)

指标	Item	资产总计 Total Assets	流动资产合计 Cir-culating Funds	应收账款 Net Value of Account Received
总计	**Total**	**15473.38**	**6274.93**	**1293.57**
按登记注册类型:	**Grouped by Registration**			
内资企业	Internal-invested Enterprises	14357.98	5805.69	1182.14
国有企业	State-owned Enterprises	3444.70	1114.22	133.70
中央企业	Central Enterprises	2038.88	607.89	75.38
地方企业	Local Enterprises	1405.81	506.33	58.32
集体企业	Collective-owned Enterprises	129.80	28.58	6.42
股份合作企业	Enterprises Cooperated by Joint-stock	77.49	27.64	8.85
联营企业	Cooperative Enterprises	23.04	10.57	7.40
有限责任公司	Limited Liability Company	4465.31	2157.85	490.58
股份有限公司	Company Limited by Shares	2199.12	1127.57	248.87
私营企业	Individual-owned Enterprises	3821.28	1286.41	272.49
其他企业	Enterprises of Other Types of Ownership	197.24	52.86	13.83
港、澳、台商投资企业	Enterprises Funded by Entrepreneurs From Hong Kong,Macao and Taiwan	571.52	244.80	54.91
外商投资企业	Enterprises funded by Foreigners	543.88	224.44	56.53
按经济组织类型:	**Grouped by Ownership**			
独资企业	Enterprises Owned by a Sole Investor	4451.43	1422.70	214.15
合作、合伙企业	Enterprises of Partnership	683.22	174.11	48.33
股份有限公司	Company Limited by Shares	2817.76	1393.54	286.30
有限责任公司	Limited Liability Company	7520.97	3284.58	744.79
国有控股企业	**State Controlling Share Hold Enterprises**	**7259.23**	**3014.51**	**525.74**
按轻重工业分组	**Grouped by of Enterprises**			
轻工业	Enterprises of Light Industry	3466.68	1482.69	231.66
重工业	Enterprises of Heavy Industry	12006.70	4792.24	1061.91
按企业规模分:	**Grouped by Size of Enterprises**			
大型企业	Large Enterprises	7568.05	3519.84	623.64
中型企业	Medium-sized Enterprises	3007.17	1128.83	277.74
小型企业	Small Enterprises	4862.07	1615.82	390.43

11-3 续表 1 continued

单位:亿元 (100 million yuan)

指标	Item	存货 Stock	产成品 Finished Products	固定资产合计 Total Fixed Assets
总计	**Total**	**1824.10**	**597.86**	**7212.51**
按登记注册类型:	**Grouped by Registration**			
内资企业	Internal-invested Enterprises	1719.59	554.52	6665.84
国有企业	State-owned Enterprises	431.49	50.66	1922.21
中央企业	Central Enterprises	279.24	22.10	1191.86
地方企业	Local Enterprises	152.25	28.56	730.36
集体企业	Collective-owned Enterprises	7.12	4.39	83.10
股份合作企业	Enterprises Cooperated by Joint-stock	6.56	4.33	39.71
联营企业	Cooperative Enterprises	2.05	0.79	8.61
有限责任公司	Limited Liability Company	600.45	174.53	1729.85
股份有限公司	Company Limited by Shares	288.82	115.25	667.94
私营企业	Individual-owned Enterprises	370.02	195.96	2091.65
其他企业	Enterprises of Other Types of Ownership	13.07	8.60	122.76
港、澳、台商投资企业	Enterprises Funded by Entrepreneurs From Hong Kong,Macao and Taiwan	50.60	21.39	272.21
外商投资企业	Enterprises funded by Foreigners	53.92	21.95	274.45
按经济组织类型:	**Grouped by Ownership**			
独资企业	Enterprises Owned by a Sole Investor	509.60	91.66	2502.18
合作、合伙企业	Enterprises of Partnership	40.70	24.43	437.04
股份有限公司	Company Limited by Shares	370.40	159.47	960.28
有限责任公司	Limited Liability Company	903.40	322.30	3313.01
国有控股企业	**State Controlling Share Hold Enterprises**	**958.57**	**218.58**	**3325.46**
按轻重工业分组	**Grouped by of Enterprises**			
轻工业	Enterprises of Light Industry	564.55	158.70	1593.60
重工业	Enterprises of Heavy Industry	1259.55	439.16	5618.90
按企业规模分:	**Grouped by Size of Enterprises**			
大型企业	Large Enterprises	1103.21	266.94	2950.53
中型企业	Medium-sized Enterprises	302.53	135.91	1549.24
小型企业	Small Enterprises	416.58	194.21	2692.69

11-3 续表 2 continued

单位:亿元 (100 million yuan)

指标	Item	固定资产原价 Original Price of Fixed Assets	累计折旧 Accumulated Depreciation
总计	**Total**	**9600.29**	**3096.39**
按登记注册类型:	**Grouped by Registration**		
内资企业	Internal-invested Enterprises	8902.72	2891.89
国有企业	State-owned Enterprises	2951.98	1155.98
中央企业	Central Enterprises	1943.51	804.70
地方企业	Local Enterprises	1008.47	351.28
集体企业	Collective-owned Enterprises	104.56	26.07
股份合作企业	Enterprises Cooperated by Joint-stock	46.79	9.85
联营企业	Cooperative Enterprises	9.10	1.52
有限责任公司	Limited Liability Company	2373.89	827.07
股份有限公司	Company Limited by Shares	919.94	335.32
私营企业	Individual-owned Enterprises	2355.71	512.14
其他企业	Enterprises of Other Types of Ownership	140.74	23.94
港、澳、台商投资企业	Enterprises Funded by Entrepreneurs From Hong Kong,Macao and Taiwan	345.95	96.26
外商投资企业	Enterprises funded by Foreigners	351.63	108.24
按经济组织类型:	**Grouped by Ownership**		
独资企业	Enterprises Owned by a Sole Investor	3614.08	1309.58
合作、合伙企业	Enterprises of Partnership	504.27	110.04
股份有限公司	Company Limited by Shares	1255.47	407.65
有限责任公司	Limited Liability Company	4226.47	1269.12
国有控股企业	**State Controlling Share Hold Enterprises**	**5071.10**	**2050.02**
按轻重工业分组	**Grouped by of Enterprises**		
轻工业	Enterprises of Light Industry	1937.49	519.76
重工业	Enterprises of Heavy Industry	7662.80	2576.63
按企业规模分:	**Grouped by Size of Enterprises**		
大型企业	Large Enterprises	4549.17	1834.85
中型企业	Medium-sized Enterprises	1933.56	572.30
小型企业	Small Enterprises	3094.27	684.04

11-3 续表 3 continued

单位:亿元 (100 million yuan)

指标	Item	负债合计 Total Liability	流动负债合计 Total Circulating Liability	应付账款 Account Payable
总计	**Total**	**8766.13**	**5809.50**	**1272.60**
按登记注册类型:	**Grouped by Registration**			
内资企业	Internal-invested Enterprises	8209.67	5374.25	1168.91
国有企业	State-owned Enterprises	2356.25	1367.97	287.82
中央企业	Central Enterprises	1352.14	669.57	183.29
地方企业	Local Enterprises	1004.11	698.40	104.53
集体企业	Collective-owned Enterprises	66.07	45.17	8.57
股份合作企业	Enterprises Cooperated by Joint-stock	32.18	19.91	5.18
联营企业	Cooperative Enterprises	15.25	9.04	3.36
有限责任公司	Limited Liability Company	2792.60	1998.14	453.28
股份有限公司	Company Limited by Shares	1154.70	860.77	190.58
私营企业	Individual-owned Enterprises	1697.62	1032.19	211.33
其他企业	Enterprises of Other Types of Ownership	95.00	41.05	8.80
港、澳、台商投资企业	Enterprises Funded by Entrepreneurs From Hong Kong,Macao and Taiwan	285.52	228.44	45.48
外商投资企业	Enterprises funded by Foreigners	270.94	206.82	58.21
按经济组织类型:	**Grouped by Ownership**			
独资企业	Enterprises Owned by a Sole Investor	2794.73	1643.52	361.93
合作、合伙企业	Enterprises of Partnership	268.85	134.76	31.00
股份有限公司	Company Limited by Shares	1433.77	1041.64	228.39
有限责任公司	Limited Liability Company	4268.78	2989.58	651.28
国有控股企业	**State Controlling Share Hold Enterprises**	**4766.08**	**3132.68**	**697.17**
按轻重工业分组	**Grouped by of Enterprises**			
轻工业	Enterprises of Light Industry	1531.71	1005.34	205.28
重工业	Enterprises of Heavy Industry	7234.41	4804.16	1067.32
按企业规模分:	**Grouped by Size of Enterprises**			
大型企业	Large Enterprises	4850.34	3419.26	745.62
中型企业	Medium-sized Enterprises	1651.38	1024.87	244.19
小型企业	Small Enterprises	2245.26	1353.54	279.90

11-3 续表 4 continued

单位:亿元 (100 million yuan)

指标	Item	长期负债合计 Total Long term Liability	所有者权益合计 Total Rights of Owners	实收资本 Assets Recevied
总计	**Total**	**2036.93**	**6707.25**	**2951.89**
按登记注册类型:	**Grouped by Registration**			
内资企业	Internal-invested Enterprises	1963.04	6148.31	2671.60
国有企业	State-owned Enterprises	831.79	1088.44	454.79
中央企业	Central Enterprises	661.75	686.74	218.60
地方企业	Local Enterprises	170.04	401.70	236.18
集体企业	Collective-owned Enterprises	8.55	63.73	32.93
股份合作企业	Enterprises Cooperated by Joint-stock	4.07	45.30	20.55
联营企业	Cooperative Enterprises	0.74	7.79	2.72
有限责任公司	Limited Liability Company	631.54	1672.72	711.42
股份有限公司	Company Limited by Shares	224.13	1044.42	393.38
私营企业	Individual-owned Enterprises	239.84	2123.66	1007.98
其他企业	Enterprises of Other Types of Ownership	22.39	102.24	47.84
港、澳、台商投资企业	Enterprises Funded by Entrepreneurs From Hong Kong,Macao and Taiwan	40.11	286.01	127.74
外商投资企业	Enterprises funded by Foreigners	33.78	272.94	152.54
按经济组织类型:	**Grouped by Ownership**			
独资企业	Enterprises Owned by a Sole Investor	898.79	1656.71	746.93
合作、合伙企业	Enterprises of Partnership	47.86	414.34	207.07
股份有限公司	Company Limited by Shares	269.05	1384.00	524.43
有限责任公司	Limited Liability Company	821.23	3252.20	1473.46
国有控股企业	**State Controlling Share Hold Enterprises**	**1376.24**	**2493.15**	**1115.75**
按轻重工业分组	**Grouped by of Enterprises**			
轻工业	Enterprises of Light Industry	191.19	1934.97	748.32
重工业	Enterprises of Heavy Industry	1845.74	4772.29	2203.57
按企业规模分:	**Grouped by Size of Enterprises**			
大型企业	Large Enterprises	1298.02	2717.72	885.99
中型企业	Medium-sized Enterprises	358.41	1355.79	707.45
小型企业	Small Enterprises	376.05	2616.81	1346.69

11-3 续表 5 continued

单位:亿元 (100 million yuan)

指标	Item	实收资本 Paid-in capital 国家资本 National Assets	集体资本 Collective Assets	法人资本 Corperative Assets	个人资本 Individual Assets	港澳台资本 Assets from Hongkong, Maco and Taiwan Funded Enterprises	外商资本 Total Rights of Owners Foreign Assets
总计	**Total**	**378.17**	**56.33**	**1591.88**	**750.82**	**78.91**	**74.21**
按登记注册类型:	**Grouped by Registration**						
内资企业	Internal-invested Enterprises	357.36	50.69	1513.97	724.69	15.37	9.54
国有企业	State-owned Enterprises	198.81	2.64	248.69	4.62	0.02	0.01
中央企业	Central Enterprises	82.06	0.55	133.68	2.31		0.01
地方企业	Local Enterprises	116.75	2.09	115.01	2.31	0.02	
集体企业	Collective-owned Enterprises	0.44	9.11	13.21	10.17		
股份合作企业	Enterprises Cooperated by Joint-stock	1.08	1.93	11.88	5.60	0.05	0.01
联营企业	Cooperative Enterprises	0.43	0.20	1.26	0.82		
有限责任公司	Limited Liability Company	75.15	13.79	497.27	118.41	6.23	0.56
股份有限公司	Company Limited by Shares	70.73	4.94	196.35	112.70	1.64	7.02
私营企业	Individual-owned Enterprises	7.03	17.42	526.66	453.35	1.60	1.93
其他企业	Enterprises of Other Types of Ownership	3.70	0.64	18.65	19.01	5.83	0.01
港、澳、台商投资企业	Enterprises Funded by Entrepreneurs From Hong Kong,Macao and Taiwan	5.02	0.29	46.01	11.28	53.18	11.97
外商投资企业	Enterprises funded by Foreigners	15.80	5.35	31.91	14.85	10.36	52.70
按经济组织类型:	**Grouped by Ownership**						
独资企业	Enterprises Owned by a Sole Investor	199.85	13.56	368.62	94.23	38.13	32.54
合作、合伙企业	Enterprises of Partnership	5.92	5.78	90.68	92.95	9.72	2.04
股份有限公司	Company Limited by Shares	71.36	6.84	266.92	165.46	6.53	7.31
有限责任公司	Limited Liability Company	101.04	30.15	865.66	398.18	24.53	32.32
国有控股企业	**State Controlling Share Hold Enterprises**	**339.83**	**7.32**	**653.74**	**77.35**	**0.56**	**15.39**
按轻重工业分组	**Grouped by of Enterprises**						
轻工业	Enterprises of Light Industry	114.73	17.75	366.19	195.94	22.17	31.54
重工业	Enterprises of Heavy Industry	263.44	38.58	1225.70	554.87	56.74	42.67
按企业规模分:	**Grouped by Size of Enterprises**						
大型企业	Large Enterprises	201.39	4.08	536.70	105.23	15.28	23.32
中型企业	Medium-sized Enterprises	103.88	23.85	378.52	150.71	26.80	23.68
小型企业	Small Enterprises	72.34	28.28	671.67	488.82	36.81	27.21

11-3 续表 6 continued

单位:亿元 (100 million yuan)

指标	Item	主营业务收入 Revenue of Major Business	主营业务成本 Cost of Major Business	主营业务税金及附加 Tax of Major Business
总计	**Total**	**25726.21**	**20352.21**	**656.74**
按登记注册类型:	**Grouped by Registration**			
内资企业	Internal-invested Enterprises	23978.01	18922.99	636.62
国有企业	State-owned Enterprises	2644.41	1913.27	368.76
中央企业	Central Enterprises	1597.17	1017.64	358.44
地方企业	Local Enterprises	1047.24	895.62	10.32
集体企业	Collective-owned Enterprises	433.43	337.23	4.40
股份合作企业	Enterprises Cooperated by Joint-stock	203.06	154.11	3.25
联营企业	Cooperative Enterprises	52.33	42.16	0.48
有限责任公司	Limited Liability Company	5593.44	4627.40	56.56
股份有限公司	Company Limited by Shares	2765.30	2231.68	72.22
私营企业	Individual-owned Enterprises	11741.14	9205.85	123.96
其他企业	Enterprises of Other Types of Ownership	544.90	411.29	7.00
港、澳、台商投资企业	Enterprises Funded by Entrepreneurs From Hong Kong,Macao and Taiwan	967.47	795.60	8.85
外商投资企业	Enterprises funded by Foreigners	780.72	633.62	11.27
按经济组织类型:	**Grouped by Ownership**			
独资企业	Enterprises Owned by a Sole Investor	5726.30	4331.97	403.65
合作、合伙企业	Enterprises of Partnership	2259.50	1706.33	27.30
股份有限公司	Company Limited by Shares	4234.10	3399.03	85.34
有限责任公司	Limited Liability Company	13506.31	10914.88	140.45
国有控股企业	**State Controlling Share Hold Enterprises**	**6502.16**	**5176.47**	**460.27**
按轻重工业分组	**Grouped by of Enterprises**			
轻工业	Enterprises of Light Industry	7090.95	5271.16	418.26
重工业	Enterprises of Heavy Industry	18635.26	15081.04	238.49
按企业规模分:	**Grouped by Size of Enterprises**			
大型企业	Large Enterprises	7659.02	6106.74	467.85
中型企业	Medium-sized Enterprises	5142.32	4062.99	46.40
小型企业	Small Enterprises	12853.83	10126.86	142.02

11-3 续表 7 continued

单位:亿元 (100 million yuan)

指标	Item	其他业务收入 Revenue of Other Business	其他业务利润 profit of Other Business	营业费用 Operation Expenses
总计	**Total**	**275.29**	**30.99**	**667.47**
按登记注册类型:	**Grouped by Registration**			
内资企业	Internal-invested Enterprises	262.59	27.93	620.03
国有企业	State-owned Enterprises	23.84	10.17	36.39
中央企业	Central Enterprises	5.84	-0.21	17.63
地方企业	Local Enterprises	18.00	10.38	18.75
集体企业	Collective-owned Enterprises	0.42	0.51	8.86
股份合作企业	Enterprises Cooperated by Joint-stock	0.22	0.02	4.41
联营企业	Cooperative Enterprises	0.09	0.09	1.54
有限责任公司	Limited Liability Company	166.75	9.49	160.79
股份有限公司	Company Limited by Shares	42.23	2.86	90.19
私营企业	Individual-owned Enterprises	27.22	4.05	303.46
其他企业	Enterprises of Other Types of Ownership	1.82	0.74	14.39
港、澳、台商投资企业	Enterprises Funded by Entrepreneurs From Hong Kong,Macao and Taiwan	8.40	2.15	20.00
外商投资企业	Enterprises funded by Foreigners	4.30	0.91	27.44
按经济组织类型:	**Grouped by Ownership**			
独资企业	Enterprises Owned by a Sole Investor	29.86	12.72	122.11
合作、合伙企业	Enterprises of Partnership	7.84	0.91	55.20
股份有限公司	Company Limited by Shares	46.00	3.08	129.45
有限责任公司	Limited Liability Company	191.59	14.28	360.71
国有控股企业	**State Controlling Share Hold Enterprises**	**167.09**	**16.05**	**130.59**
按轻重工业分组	**Grouped by of Enterprises**			
轻工业	Enterprises of Light Industry	42.81	10.10	230.73
重工业	Enterprises of Heavy Industry	232.48	20.89	436.74
按企业规模分:	**Grouped by Size of Enterprises**			
大型企业	Large Enterprises	201.32	15.39	201.98
中型企业	Medium-sized Enterprises	26.11	4.66	157.67
小型企业	Small Enterprises	47.29	10.95	306.75

11-3 续表 8 continued

单位:亿元 (100 million yuan)

指标	Item	管理费用 Management Expense	税金 Tax	财务费用 Financial Expense	利息支出 Interest Expense
总计	**Total**	**1412.36**	**184.62**	**260.40**	**244.15**
按登记注册类型:	**Grouped by Registration**				
内资企业	Internal-invested Enterprises	1316.71	172.70	247.97	231.82
国有企业	State-owned Enterprises	163.92	9.08	63.74	69.61
中央企业	Central Enterprises	91.39	5.52	41.69	43.09
地方企业	Local Enterprises	72.53	3.57	22.05	26.53
集体企业	Collective-owned Enterprises	28.49	4.01	2.82	1.56
股份合作企业	Enterprises Cooperated by Joint-stock	12.82	3.07	1.34	0.87
联营企业	Cooperative Enterprises	2.60	0.20	0.22	0.14
有限责任公司	Limited Liability Company	315.20	29.53	72.43	74.42
股份有限公司	Company Limited by Shares	133.94	10.36	18.64	20.98
私营企业	Individual-owned Enterprises	626.36	109.47	84.29	60.96
其他企业	Enterprises of Other Types of Ownership	33.39	6.98	4.49	3.27
港、澳、台商投资企业	Enterprises Funded by Entrepreneurs From Hong Kong,Macao and Taiwan	44.42	4.37	6.81	7.03
外商投资企业	Enterprises funded by Foreigners	51.23	7.56	5.62	5.31
按经济组织类型:	**Grouped by Ownership**				
独资企业	Enterprises Owned by a Sole Investor	327.51	35.30	85.20	84.27
合作、合伙企业	Enterprises of Partnership	129.41	30.02	13.98	9.96
股份有限公司	Company Limited by Shares	206.73	22.62	29.88	30.29
有限责任公司	Limited Liability Company	748.71	96.68	131.34	119.63
国有控股企业	**State Controlling Share Hold Enterprises**	**364.26**	**18.55**	**110.06**	**124.56**
按轻重工业分组	**Grouped by of Enterprises**				
轻工业	Enterprises of Light Industry	411.00	61.77	57.65	46.58
重工业	Enterprises of Heavy Industry	1001.36	122.85	202.75	197.57
按企业规模分:	**Grouped by Size of Enterprises**				
大型企业	Large Enterprises	395.81	22.19	113.24	127.99
中型企业	Medium-sized Enterprises	378.87	67.80	54.74	44.75
小型企业	Small Enterprises	635.02	94.16	91.91	70.98

11-3 续表 9 continued

单位:亿元 (100 million yuan)

指标	Item	营业利润 Operating Profit	投资收益 Income from Investment	补贴收入 Income from Subsidy	营业外收入 Non-operating Income	利润总额 Total Profit
总计	**Total**	**2150.52**	**-30.65**	**57.71**	**81.37**	**1832.99**
按登记注册类型:	**Grouped by Registration**					
内资企业	Internal-invested Enterprises	1933.02	-30.80	52.25	73.94	1665.08
国有企业	State-owned Enterprises	159.78	5.60	3.03	17.98	150.30
中央企业	Central Enterprises	103.20	4.31	0.55	10.04	98.22
地方企业	Local Enterprises	56.58	1.29	2.48	7.95	52.08
集体企业	Collective-owned Enterprises	27.51	-1.05	0.35	0.33	22.36
股份合作企业	Enterprises Cooperated by Joint-stock	14.87	-0.07	0.70	-0.58	10.86
联营企业	Cooperative Enterprises	6.08	-0.06	0.11	0.01	6.11
有限责任公司	Limited Liability Company	472.76	12.20	8.60	30.29	392.00
股份有限公司	Company Limited by Shares	214.96	-29.73	4.16	7.64	199.48
私营企业	Individual-owned Enterprises	998.10	-17.84	31.54	17.35	847.30
其他企业	Enterprises of Other Types of Ownership	38.98	0.14	3.76	0.91	36.67
港、澳、台商投资企业	Enterprises Funded by Entrepreneurs From Hong Kong,Macao and Taiwan	119.19	-0.52	1.38	1.36	104.15
外商投资企业	Enterprises funded by Foreigners	98.31	0.67	4.08	6.07	63.75
按经济组织类型:	**Grouped by Ownership**					
独资企业	Enterprises Owned by a Sole Investor	407.76	-2.04	10.85	25.64	365.73
合作、合伙企业	Enterprises of Partnership	202.64	-1.13	5.52	2.38	186.02
股份有限公司	Company Limited by Shares	348.13	-29.34	7.71	13.09	309.41
有限责任公司	Limited Liability Company	1191.99	1.86	33.63	40.26	971.83
国有控股企业	**State Controlling Share Hold Enterprises**	**431.94**	**-10.62**	**8.23**	**35.58**	**361.58**
按轻重工业分组	**Grouped by of Enterprises**					
轻工业	Enterprises of Light Industry	597.41	-9.17	26.96	18.73	528.46
重工业	Enterprises of Heavy Industry	1553.12	-21.49	30.74	62.64	1304.52
按企业规模分:	**Grouped by Size of Enterprises**					
大型企业	Large Enterprises	606.14	-8.77	9.19	47.61	516.63
中型企业	Medium-sized Enterprises	484.82	-2.12	23.60	16.30	434.26
小型企业	Small Enterprises	1055.34	-19.76	24.88	17.30	878.37

11－3　续表 10 continued

单位:亿元 (100 million yuan)

指标	Item	亏损企业亏损总额 Total Loss of Enterprises Running under Deficit	利税总额 Total Taxes	本年应付工资总额 Total Sum of Wages Payable this Year
总计	**Total**	**85.56**	**3577.53**	**1086.16**
按登记注册类型:	**Grouped by Registration**			
内资企业	Internal-invested Enterprises	82.10	3317.34	1013.15
国有企业	State-owned Enterprises	21.48	683.36	131.84
中央企业	Central Enterprises	16.98	579.17	73.70
地方企业	Local Enterprises	4.50	104.19	58.14
集体企业	Collective-owned Enterprises	0.37	44.77	24.62
股份合作企业	Enterprises Cooperated by Joint-stock	0.42	21.44	6.08
联营企业	Cooperative Enterprises	0.05	8.41	2.03
有限责任公司	Limited Liability Company	18.42	667.82	271.72
股份有限公司	Company Limited by Shares	36.24	389.63	105.81
私营企业	Individual-owned Enterprises	4.65	1438.24	451.69
其他企业	Enterprises of Other Types of Ownership	0.47	63.65	19.36
港、澳、台商投资企业	Enterprises Funded by Entrepreneurs From Hong Kong,Macao and Taiwan	1.30	156.18	41.34
外商投资企业	Enterprises funded by Foreigners	2.17	104.01	31.68
按经济组织类型:	**Grouped by Ownership**			
独资企业	Enterprises Owned by a Sole Investor	23.66	1048.06	273.44
合作、合伙企业	Enterprises of Partnership	1.34	303.75	103.98
股份有限公司	Company Limited by Shares	36.51	578.43	155.33
有限责任公司	Limited Liability Company	24.05	1647.29	553.41
国有控股企业	**State Controlling Share Hold Enterprises**	**71.85**	**1139.99**	**305.93**
按轻重工业分组	**Grouped by of Enterprises**			
轻工业	Enterprises of Light Industry	7.59	1272.06	287.68
重工业	Enterprises of Heavy Industry	77.97	2305.47	798.49
按企业规模分:	**Grouped by Size of Enterprises**			
大型企业	Large Enterprises	59.60	1356.68	366.18
中型企业	Medium-sized Enterprises	14.00	711.66	304.87
小型企业	Small Enterprises	11.76	1502.73	413.78

11-3 续表 11 continued

单位:亿元 (100 million yuan)

指标	Item	本年应交增值税 Value Added Payable of the Current Year	本年进项税额 Input Tax of Current Year	本年销项税额 Output Tax of Current Year
总计	**Total**	**1077.77**	**1944.77**	**2573.39**
按登记注册类型:	**Grouped by Registration**			
内资企业	Internal-invested Enterprises	1006.20	1813.01	2395.35
国有企业	State-owned Enterprises	163.64	303.50	435.91
中央企业	Central Enterprises	122.30	155.07	268.70
地方企业	Local Enterprises	41.34	148.42	167.22
集体企业	Collective-owned Enterprises	17.64	16.84	26.60
股份合作企业	Enterprises Cooperated by Joint-stock	7.15	11.97	15.82
联营企业	Cooperative Enterprises	1.82	1.52	1.87
有限责任公司	Limited Liability Company	216.27	541.73	623.01
股份有限公司	Company Limited by Shares	117.54	303.35	396.47
私营企业	Individual-owned Enterprises	462.40	609.91	864.20
其他企业	Enterprises of Other Types of Ownership	19.74	24.20	31.47
港、澳、台商投资企业	Enterprises Funded by Entrepreneurs From Hong Kong,Macao and Taiwan	43.02	69.64	99.02
外商投资企业	Enterprises funded by Foreigners	28.54	62.12	79.02
按经济组织类型:	**Grouped by Ownership**			
独资企业	Enterprises Owned by a Sole Investor	276.90	440.86	638.18
合作、合伙企业	Enterprises of Partnership	89.22	95.16	145.89
股份有限公司	Company Limited by Shares	182.83	395.20	506.87
有限责任公司	Limited Liability Company	528.82	1013.55	1282.45
国有控股企业	**State Controlling Share Hold Enterprises**	**315.91**	**790.56**	**1044.78**
按轻重工业分组	**Grouped by of Enterprises**			
轻工业	Enterprises of Light Industry	323.71	398.79	604.14
重工业	Enterprises of Heavy Industry	754.06	1545.99	1969.25
按企业规模分:	**Grouped by Size of Enterprises**			
大型企业	Large Enterprises	370.06	939.62	1160.09
中型企业	Medium-sized Enterprises	229.42	318.93	468.31
小型企业	Small Enterprises	476.05	683.27	940.89

11-3 续表 12 continued

指标	Item	全部从业人员年平均人数（万人） Average Number of Empolyment of the Current Year (10000persons)	百元固定资产原价实现利税（元） Per-tax Profits per 100 Yuan of Original Value of Fix Assets (yuan)	每百元销售收入实现的利税(元) Per-tax Profits per 100 Yuan of Sales Recenue (yuan)
总计	**Total**	**289.67**	**37.26**	**13.91**
按登记注册类型:	**Grouped by Registration**			
内资企业	Internal-invested Enterprises	266.94	37.26	13.83
国有企业	State-owned Enterprises	29.54	23.15	25.84
中央企业	Central Enterprises	12.81	29.80	36.26
地方企业	Local Enterprises	16.73	10.33	9.95
集体企业	Collective-owned Enterprises	7.65	42.82	10.33
股份合作企业	Enterprises Cooperated by Joint-stock	1.90	45.82	10.56
联营企业	Cooperative Enterprises	0.54	92.42	16.07
有限责任公司	Limited Liability Company	62.36	28.13	11.94
股份有限公司	Company Limited by Shares	20.44	42.35	14.09
私营企业	Individual-owned Enterprises	138.16	61.05	12.25
其他企业	Enterprises of Other Types of Ownership	6.35	45.23	11.68
港、澳、台商投资企业	Enterprises Funded by Entrepreneurs From Hong Kong,Macao and Taiwan	13.03	45.15	16.14
外商投资企业	Enterprises funded by Foreigners	9.70	29.58	13.32
按经济组织类型:	**Grouped by Ownership**			
独资企业	Enterprises Owned by a Sole Investor	74.37	29.00	18.30
合作、合伙企业	Enterprises of Partnership	30.24	60.21	13.44
股份有限公司	Company Limited by Shares	35.52	46.07	13.66
有限责任公司	Limited Liability Company	149.54	38.98	12.20
国有控股企业	**State Controlling Share Hold Enterprises**	**62.58**	**22.48**	**17.53**
按轻重工业分组	**Grouped by of Enterprises**			
轻工业	Enterprises of Light Industry	90.62	65.66	17.94
重工业	Enterprises of Heavy Industry	199.05	30.09	12.37
按企业规模分:	**Grouped by Size of Enterprises**			
大型企业	Large Enterprises	69.04	29.82	17.71
中型企业	Medium-sized Enterprises	91.31	36.81	13.84
小型企业	Small Enterprises	128.84	48.56	11.69

11-3 续表 13 continued

指标	Item	资产负债率(%) Assets-Liability Ratio(%)	产品销售率(%) Ratio of Proportion of Products Sold
总计	**Total**	**56.65**	**98.62**
按登记注册类型:	**Grouped by Registration**		
内资企业	Internal-invested Enterprises	57.18	98.63
国有企业	State-owned Enterprises	68.40	98.90
中央企业	Central Enterprises	66.32	98.72
地方企业	Local Enterprises	71.43	99.18
集体企业	Collective-owned Enterprises	50.90	99.44
股份合作企业	Enterprises Cooperated by Joint-stock	41.53	98.92
联营企业	Cooperative Enterprises	66.17	99.22
有限责任公司	Limited Liability Company	62.54	98.87
股份有限公司	Company Limited by Shares	52.51	98.60
私营企业	Individual-owned Enterprises	44.43	98.47
其他企业	Enterprises of Other Types of Ownership	48.16	97.58
港、澳、台商投资企业	Enterprises Funded by Entrepreneurs From Hong Kong,Macao and Taiwan	49.96	97.92
外商投资企业	Enterprises funded by Foreigners	49.82	99.19
按经济组织类型:	**Grouped by Ownership**		
独资企业	Enterprises Owned by a Sole Investor	62.78	98.96
合作、合伙企业	Enterprises of Partnership	39.36	98.39
股份有限公司	Company Limited by Shares	50.88	98.46
有限责任公司	Limited Liability Company	56.76	98.56
国有控股企业	**State Controlling Share Hold Enterprises**	**65.66**	**99.02**
按轻重工业分组	**Grouped by of Enterprises**		
轻工业	Enterprises of Light Industry	44.18	98.38
重工业	Enterprises of Heavy Industry	60.25	98.71
按企业规模分:	**Grouped by Size of Enterprises**		
大型企业	Large Enterprises	64.09	99.21
中型企业	Medium-sized Enterprises	54.91	98.22
小型企业	Small Enterprises	46.18	98.43

11-3 续表 14 continued

指标	Item	总资产贡献率（%） Ratio of Total Assets to Industrial Output Vale (%)	产值利税率（%） Ratio of Per-tax Profits to Gross Output Value (%)	全员劳动生产率(元/人•年) Overall Productivity(yuan/person•year)
总计	**Total**	**24.57**	**13.56**	**273122**
按登记注册类型：	**Grouped by Registration**			
内资企业	Internal-invested Enterprises	24.59	13.49	277189
国有企业	State-owned Enterprises	21.77	24.93	387770
中央企业	Central Enterprises	30.43	34.93	665446
地方企业	Local Enterprises	9.20	9.62	175156
集体企业	Collective-owned Enterprises	35.66	10.30	175032
股份合作企业	Enterprises Cooperated by Joint-stock	28.72	10.33	316266
联营企业	Cooperative Enterprises	37.06	15.14	324222
有限责任公司	Limited Liability Company	16.37	11.68	256541
股份有限公司	Company Limited by Shares	18.65	13.53	389119
私营企业	Individual-owned Enterprises	39.16	11.99	252023
其他企业	Enterprises of Other Types of Ownership	33.84	11.29	260178
港、澳、台商投资企业	Enterprises Funded by Entrepreneurs From Hong Kong,Macao and Taiwan	28.44	15.64	217703
外商投资企业	Enterprises funded by Foreigners	20.00	13.16	235636
按经济组织类型：	**Grouped by Ownership**			
独资企业	Enterprises Owned by a Sole Investor	25.35	17.89	275815
合作、合伙企业	Enterprises of Partnership	45.85	13.20	237960
股份有限公司	Company Limited by Shares	21.53	13.17	344721
有限责任公司	Limited Liability Company	23.32	11.91	261899
国有控股企业	**State Controlling Share Hold Enterprises**	**17.33**	**17.06**	**350911**
按轻重工业分组	**Grouped by of Enterprises**			
轻工业	Enterprises of Light Industry	37.94	17.46	263981
重工业	Enterprises of Heavy Industry	20.71	12.07	277283
按企业规模分：	**Grouped by Size of Enterprises**			
大型企业	Large Enterprises	19.44	17.23	364497
中型企业	Medium-sized Enterprises	25.09	13.24	174122
小型企业	Small Enterprises	32.28	11.51	293651

11-4 规模以上工业企业行业大类主要经济指标（2011年）
Main Economic indicators of Industrial Enterprises above Designated Size by Industrial Sector(2011)

单位:亿元 (100 million yuan)

指标	Item	资产总计 Total Assets	流动资产合计 Cir-culating Funds	应收账款 Value of Account Received
按行业划分:	**Grouped by Sector**			
煤炭开采和洗选业	Mining and Washing of Coal	296.31	78.40	10.72
黑色金属矿采选业	Mining of Ferrous Metal Ores	57.89	16.65	2.17
有色金属矿采选业	Mining of Non-ferrous Metal Ores	216.45	52.85	5.65
非金属矿采选业	Mining and Processing of Nonmetal Ores	95.12	20.22	4.24
其他采矿业	Mining of Other Ores N.E.C	3.37	0.81	0.06
农副食品加工业	Processing of Food from Agricultural Products	615.60	190.56	34.33
食品制造业	Manufacture of Foods	240.53	102.46	12.98
饮料制造业	Manufacture of Beverage	195.45	74.96	6.92
烟草制品业	Manufacture of Tobacco	536.79	375.25	15.99
纺织业	Manufacture of Textile	244.15	97.92	16.35
纺织服装、鞋、帽制造业	Manufacture of Textile Wearing Apparel,Footware and Caps	75.25	32.19	9.68
皮革、毛皮、羽毛及其制品	Manufacture of Leather,Fur,Feather and Its Products	50.77	15.20	3.44
木材加工及木、竹、藤、棕、草制品业	Processing of Timbers,Manufacture of Wood, Bamboo, Rattan,Palm and Straw Products	144.34	44.02	7.03
家具制造业	Manufacture of Furniture	47.80	10.95	2.31
造纸及纸制品业	Manufacture of Paper and Paper Products	488.38	185.07	38.32
印刷业和记录媒介的复制	Printing,Reproduction of Recording Media	78.04	40.74	8.94
文教体育用品制造业	Manufacture of Articles for Culture,Education and Sport Activity	13.32	4.21	0.56
石油加工炼焦及核燃料加工	Processing of Petroleum,Coking,Processing of Nucleus Fuel	242.65	69.60	11.65
化学原料及化学制品制造业	Manufacture of Chemical Raw Material and Chemical Products	902.10	301.99	71.44
医药制造业	Manufacture of Medicines	265.33	118.79	24.95
化学纤维制造业	Manufacture of Chemical Fiber	21.18	8.83	1.62
橡胶制品业	Manufacture of Rubber	28.43	11.28	2.25
塑料制品业	Manufacture of Plastic	113.42	39.06	10.47
非金属矿物制品业	Manufacture of Non-metallic Mineral Products	977.67	305.83	90.64
黑色金属冶炼及压延加工业	Manufacture and Processing of Ferrous Metals	1240.05	503.13	35.40
有色金属冶炼及压延加工业	Manufacture and Processing of Non-ferrous Metals	881.99	403.25	38.08
金属制品业	Manufacture of Metal Products	209.26	94.37	20.73
通用设备制造业	Manufacture of General Purpose Machinery	558.71	283.92	102.96
专用设备制造业	Manufacture of Special Purpose Machinery	2062.05	1212.40	310.32
交通运输设备制造业	Manufacture of Transport Equipment	865.40	512.61	142.47
电气机械及器材制造业	Manufacture of Electrical Machinery and Equipment	675.54	434.40	117.39
通信设备、计算机及其他电子设备制造业	Manufacture of Communication Equipment,Computer and Other Electronic Equipment	344.92	159.56	45.40
仪器仪表及文化、办公用机械制造业	Manufacture of Measuring Instrument and Machinery for Cultural Activity and Office Work	216.30	127.64	30.62
工艺品及其他制造业	Manufacture of Artwork,Other Manufacture N.E.C	42.53	15.40	3.22
废弃资源废旧材料回收加工	Recycling and Disposal of Waste	33.12	10.37	2.40
电力、热力的生产和供应业	Production and Supply of Electric Power and Heat Power	2199.81	263.11	40.82
燃气生产和供应业	Production and Distribution of Gas	65.95	19.91	2.35
水的生产和供应业	Production and Distribution of Water	127.41	37.03	8.74

11-4 续表 1 continued

单位:亿元 (100 million yuan)

指标	Item	存货 Stock	产成品 Finished Products	固定资产合计 Total Fixed Assets
按行业划分:	**Grouped by Sector**			
煤炭开采和洗选业	Mining and Washing of Coal	11.46	5.88	190.38
黑色金属矿采选业	Mining of Ferrous Metal Ores	2.72	1.40	34.87
有色金属矿采选业	Mining of Non-ferrous Metal Ores	11.00	3.75	127.68
非金属矿采选业	Mining and Processing of Nonmetal Ores	5.11	3.14	61.03
其他采矿业	Mining of Other Ores N.E.C	0.20	0.11	2.35
农副食品加工业	Processing of Food from Agricultural Products	70.58	32.04	361.80
食品制造业	Manufacture of Foods	25.52	11.60	106.88
饮料制造业	Manufacture of Beverage	25.16	11.69	97.71
烟草制品业	Manufacture of Tobacco	222.62	5.02	85.50
纺织业	Manufacture of Textile	44.44	24.61	110.97
纺织服装、鞋、帽制造业	Manufacture of Textile Wearing Apparel,Footware and Caps	7.56	5.01	34.21
皮革、毛皮、羽毛及其制品	Manufacture of Leather,Fur,Feather and Its Products	6.30	2.76	28.88
木材加工及木、竹、藤、棕、草制品业	Processing of Timbers,Manufacture of Wood, Bamboo, Rattan,Palm and Straw Products	14.91	5.51	87.03
家具制造业	Manufacture of Furniture	3.70	2.33	27.49
造纸及纸制品业	Manufacture of Paper and Paper Products	65.98	14.56	284.62
印刷业和记录媒介的复制	Printing,Reproduction of Recording Media	9.94	4.51	31.55
文教体育用品制造业	Manufacture of Articles for Culture,Education and Sport Activity	1.66	1.31	7.82
石油加工炼焦及核燃料加工	Processing of Petroleum,Coking,Processing of Nucleus Fuel	36.21	9.40	154.70
化学原料及化学制品制造业	Manufacture of Chemical Raw Material and Chemical Products	89.63	44.43	495.23
医药制造业	Manufacture of Medicines	26.75	12.78	109.64
化学纤维制造业	Manufacture of Chemical Fiber	3.90	2.80	10.79
橡胶制品业	Manufacture of Rubber	5.42	3.34	14.58
塑料制品业	Manufacture of Plastic	10.53	7.61	58.68
非金属矿物制品业	Manufacture of Non-metallic Mineral Products	87.21	30.60	566.96
黑色金属冶炼及压延加工业	Manufacture and Processing of Ferrous Metals	150.65	34.06	596.40
有色金属冶炼及压延加工业	Manufacture and Processing of Non-ferrous Metals	156.90	56.77	356.68
金属制品业	Manufacture of Metal Products	28.93	15.31	92.32
通用设备制造业	Manufacture of General Purpose Machinery	75.35	33.93	223.09
专用设备制造业	Manufacture of Special Purpose Machinery	285.71	101.99	352.43
交通运输设备制造业	Manufacture of Transport Equipment	131.45	49.47	267.12
电气机械及器材制造业	Manufacture of Electrical Machinery and Equipment	105.37	29.79	170.32
通信设备、计算机及其他电子设备制造业	Manufacture of Communication Equipment,Computer and Other Electronic Equipment	34.28	11.61	140.60
仪器仪表及文化、办公用机械制造业	Manufacture of Measuring Instrument and Machinery for Cultural Activity and Office Work	29.65	12.08	51.67
工艺品及其他制造业	Manufacture of Artwork,Other Manufacture N.E.C	4.05	2.40	16.69
废弃资源废旧材料回收加工	Recycling and Disposal of Waste	2.38	1.44	18.61
电力、热力的生产和供应业	Production and Supply of Electric Power and Heat Power	25.87	1.73	1727.42
燃气生产和供应业	Production and Distribution of Gas	3.01	0.73	38.48
水的生产和供应业	Production and Distribution of Water	1.98	0.36	69.32

11-4 续表 2 continued

单位:亿元 (100 million yuan)

指标	Item	固定资产原价 Original Price of Fixed Assets	累计折旧 Accumulated Depreciation
按行业划分:	**Grouped by Sector**		
煤炭开采和洗选业	Mining and Washing of Coal	237.22	66.91
黑色金属矿采选业	Mining of Ferrous Metal Ores	36.10	6.52
有色金属矿采选业	Mining of Non-ferrous Metal Ores	137.33	26.98
非金属矿采选业	Mining and Processing of Nonmetal Ores	68.60	12.14
其他采矿业	Mining of Other Ores N.E.C	2.52	0.17
农副食品加工业	Processing of Food from Agricultural Products	389.30	86.42
食品制造业	Manufacture of Foods	126.80	31.52
饮料制造业	Manufacture of Beverage	119.02	27.06
烟草制品业	Manufacture of Tobacco	170.46	85.10
纺织业	Manufacture of Textile	138.24	36.05
纺织服装、鞋、帽制造业	Manufacture of Textile Wearing Apparel,Footware and Caps	38.78	7.56
皮革、毛皮、羽毛及其制品	Manufacture of Leather,Fur,Feather and Its Products	33.52	6.59
木材加工及木、竹、藤、棕、草制品业	Processing of Timbers,Manufacture of Wood, Bamboo, Rattan,Palm and Straw Products	96.78	18.80
家具制造业	Manufacture of Furniture	30.19	4.89
造纸及纸制品业	Manufacture of Paper and Paper Products	328.58	75.26
印刷业和记录媒介的复制	Printing,Reproduction of Recording Media	49.78	20.04
文教体育用品制造业	Manufacture of Articles for Culture,Education and Sport Activity	8.69	1.58
石油加工炼焦及核燃料加工	Processing of Petroleum,Coking,Processing of Nucleus Fuel	226.33	85.25
化学原料及化学制品制造业	Manufacture of Chemical Raw Material and Chemical Products	648.39	221.44
医药制造业	Manufacture of Medicines	138.70	37.46
化学纤维制造业	Manufacture of Chemical Fiber	18.14	8.04
橡胶制品业	Manufacture of Rubber	18.20	4.89
塑料制品业	Manufacture of Plastic	73.35	19.47
非金属矿物制品业	Manufacture of Non-metallic Mineral Products	631.34	128.05
黑色金属冶炼及压延加工业	Manufacture and Processing of Ferrous Metals	856.55	289.94
有色金属冶炼及压延加工业	Manufacture and Processing of Non-ferrous Metals	455.88	155.69
金属制品业	Manufacture of Metal Products	110.71	26.96
通用设备制造业	Manufacture of General Purpose Machinery	259.38	66.60
专用设备制造业	Manufacture of Special Purpose Machinery	399.88	86.93
交通运输设备制造业	Manufacture of Transport Equipment	592.12	352.38
电气机械及器材制造业	Manufacture of Electrical Machinery and Equipment	179.16	45.02
通信设备、计算机及其他电子设备制造业	Manufacture of Communication Equipment,Computer and Other Electronic Equipment	155.49	33.89
仪器仪表及文化、办公用机械制造业	Manufacture of Measuring Instrument and Machinery for Cultural Activity and Office Work	126.33	80.55
工艺品及其他制造业	Manufacture of Artwork,Other Manufacture N.E.C	19.29	3.78
废弃资源废旧材料回收加工	Recycling and Disposal of Waste	20.35	3.10
电力、热力的生产和供应业	Production and Supply of Electric Power and Heat Power	2517.76	883.91
燃气生产和供应业	Production and Distribution of Gas	46.36	13.65
水的生产和供应业	Production and Distribution of Water	94.70	35.82

11-4 续表 3 continued

单位:亿元 (100 million yuan)

指标	Item	负债合计 Total Liability	流动负债合计 Total Circulating Liability	应付账款 Account Payable
按行业划分:	**Grouped by Sector**			
煤炭开采和洗选业	Mining and Washing of Coal	124.65	85.31	14.36
黑色金属矿采选业	Mining of Ferrous Metal Ores	17.16	9.08	1.21
有色金属矿采选业	Mining of Non-ferrous Metal Ores	79.11	38.75	5.65
非金属矿采选业	Mining and Processing of Nonmetal Ores	32.79	19.80	4.19
其他采矿业	Mining of Other Ores N.E.C	1.90	0.25	0.19
农副食品加工业	Processing of Food from Agricultural Products	280.18	143.54	25.06
食品制造业	Manufacture of Foods	107.12	74.08	15.22
饮料制造业	Manufacture of Beverage	87.26	55.36	10.71
烟草制品业	Manufacture of Tobacco	100.46	100.44	28.59
纺织业	Manufacture of Textile	130.70	101.26	21.68
纺织服装、鞋、帽制造业	Manufacture of Textile Wearing Apparel,Footware and Caps	32.62	17.72	5.02
皮革、毛皮、羽毛及其制品	Manufacture of Leather,Fur,Feather and Its Products	17.42	11.32	2.43
木材加工及木、竹、藤、棕、草制品业	Processing of Timbers,Manufacture of Wood, Bamboo, Rattan,Palm and Straw Products	56.53	28.55	4.93
家具制造业	Manufacture of Furniture	18.54	7.23	1.59
造纸及纸制品业	Manufacture of Paper and Paper Products	308.89	201.53	24.79
印刷业和记录媒介的复制	Printing,Reproduction of Recording Media	38.71	28.54	6.06
文教体育用品制造业	Manufacture of Articles for Culture,Education and Sport Activity	5.52	3.46	0.62
石油加工炼焦及核燃料加工	Processing of Petroleum,Coking,Processing of Nucleus Fuel	145.62	126.33	21.38
化学原料及化学制品制造业	Manufacture of Chemical Raw Material and Chemical Products	422.33	297.97	57.12
医药制造业	Manufacture of Medicines	104.94	77.91	15.91
化学纤维制造业	Manufacture of Chemical Fiber	15.77	4.87	1.34
橡胶制品业	Manufacture of Rubber	12.09	6.85	2.56
塑料制品业	Manufacture of Plastic	58.05	36.14	7.00
非金属矿物制品业	Manufacture of Non-metallic Mineral Products	425.06	268.85	71.60
黑色金属冶炼及压延加工业	Manufacture and Processing of Ferrous Metals	911.95	744.88	130.63
有色金属冶炼及压延加工业	Manufacture and Processing of Non-ferrous Metals	538.46	374.39	56.80
金属制品业	Manufacture of Metal Products	99.28	69.65	13.43
通用设备制造业	Manufacture of General Purpose Machinery	289.56	224.35	65.86
专用设备制造业	Manufacture of Special Purpose Machinery	1183.58	854.40	184.63
交通运输设备制造业	Manufacture of Transport Equipment	529.85	472.42	158.03
电气机械及器材制造业	Manufacture of Electrical Machinery and Equipment	399.82	312.06	97.70
通信设备、计算机及其他电子设备制造业	Manufacture of Communication Equipment,Computer and Other Electronic Equipment	169.75	133.89	50.77
仪器仪表及文化、办公用机械制造业	Manufacture of Measuring Instrument and Machinery for Cultural Activity and Office Work	91.04	74.06	21.26
工艺品及其他制造业	Manufacture of Artwork,Other Manufacture N.E.C	21.90	16.02	3.45
废弃资源废旧材料回收加工	Recycling and Disposal of Waste	16.84	6.16	1.11
电力、热力的生产和供应业	Production and Supply of Electric Power and Heat Power	1776.19	711.96	131.86
燃气生产和供应业	Production and Distribution of Gas	36.52	26.27	3.23
水的生产和供应业	Production and Distribution of Water	77.95	43.85	4.61

11-4 续表 4 continued

单位:亿元 (100 million yuan)

指标	Item	长期负债合计 Total Long term Liability	所有者权益合计 Total Rights of Owners	实收资本 Assets Recevied
按行业划分:	**Grouped by Sector**			
煤炭开采和洗选业	Mining and Washing of Coal	15.13	171.66	93.90
黑色金属矿采选业	Mining of Ferrous Metal Ores	2.97	40.73	19.95
有色金属矿采选业	Mining of Non-ferrous Metal Ores	22.02	137.35	67.30
非金属矿采选业	Mining and Processing of Nonmetal Ores	6.59	62.33	34.39
其他采矿业	Mining of Other Ores N.E.C	1.05	1.47	0.62
农副食品加工业	Processing of Food from Agricultural Products	27.35	335.41	146.72
食品制造业	Manufacture of Foods	8.37	133.41	53.61
饮料制造业	Manufacture of Beverage	16.40	108.19	50.51
烟草制品业	Manufacture of Tobacco	0.02	436.33	47.05
纺织业	Manufacture of Textile	15.36	113.44	62.27
纺织服装、鞋、帽制造业	Manufacture of Textile Wearing Apparel,Footware and Caps	3.06	42.63	14.14
皮革、毛皮、羽毛及其制品	Manufacture of Leather,Fur,Feather and Its Products	3.23	33.35	15.26
木材加工及木、竹、藤、棕、草制品业	Processing of Timbers,Manufacture of Wood, Bamboo, Rattan,Palm and Straw Products	10.33	87.81	39.51
家具制造业	Manufacture of Furniture	2.34	29.26	13.30
造纸及纸制品业	Manufacture of Paper and Paper Products	30.00	179.49	113.66
印刷业和记录媒介的复制	Printing,Reproduction of Recording Media	4.69	39.32	14.56
文教体育用品制造业	Manufacture of Articles for Culture,Education and Sport Activity	0.43	7.81	3.49
石油加工炼焦及核燃料加工	Processing of Petroleum,Coking,Processing of Nucleus Fuel	17.79	97.03	97.17
化学原料及化学制品制造业	Manufacture of Chemical Raw Material and Chemical Products	61.28	479.77	239.91
医药制造业	Manufacture of Medicines	13.14	160.39	64.56
化学纤维制造业	Manufacture of Chemical Fiber	0.78	5.41	7.37
橡胶制品业	Manufacture of Rubber	2.53	16.35	8.24
塑料制品业	Manufacture of Plastic	5.43	55.37	33.55
非金属矿物制品业	Manufacture of Non-metallic Mineral Products	83.86	552.61	255.68
黑色金属冶炼及压延加工业	Manufacture and Processing of Ferrous Metals	149.92	328.09	137.25
有色金属冶炼及压延加工业	Manufacture and Processing of Non-ferrous Metals	90.21	343.53	153.34
金属制品业	Manufacture of Metal Products	15.45	109.98	48.45
通用设备制造业	Manufacture of General Purpose Machinery	31.38	269.15	144.60
专用设备制造业	Manufacture of Special Purpose Machinery	287.37	878.47	170.32
交通运输设备制造业	Manufacture of Transport Equipment	47.89	335.56	168.42
电气机械及器材制造业	Manufacture of Electrical Machinery and Equipment	67.92	275.72	126.07
通信设备、计算机及其他电子设备制造业	Manufacture of Communication Equipment,Computer and Other Electronic Equipment	22.27	175.16	77.63
仪器仪表及文化、办公用机械制造业	Manufacture of Measuring Instrument and Machinery for Cultural Activity and Office Work	7.93	125.25	32.74
工艺品及其他制造业	Manufacture of Artwork,Other Manufacture N.E.C	1.57	20.64	10.79
废弃资源废旧材料回收加工	Recycling and Disposal of Waste	3.00	16.28	10.12
电力、热力的生产和供应业	Production and Supply of Electric Power and Heat Power	922.46	423.63	338.17
燃气生产和供应业	Production and Distribution of Gas	7.76	29.42	10.66
水的生产和供应业	Production and Distribution of Water	27.64	49.46	26.64

11-4 续表 5 continued

单位:亿元 (100 million yuan)

指标	Item	实收资本 Paid-in capital					
		国家资本 National Assets	集体资本 Collective Assets	法人资本 Corperative Assets	个人资本 Individual Assets	港澳台资本 Assets from Hongkong, Maco and Taiwan Funded	外商资本 Total Rights of Owners Foreign Assets
按行业划分:	**Grouped by Sector**						
煤炭开采和洗选业	Mining and Washing of Coal	8.81	4.61	33.42	46.16	0.89	
黑色金属矿采选业	Mining of Ferrous Metal Ores		0.10	7.27	12.56	0.01	
有色金属矿采选业	Mining of Non-ferrous Metal Ores	12.96	0.85	20.66	30.39	2.43	
非金属矿采选业	Mining and Processing of Nonmetal Ores	3.48	0.54	18.38	11.94		0.04
其他采矿业	Mining of Other Ores N.E.C			0.01	0.61		
农副食品加工业	Processing of Food from Agricultural Products	2.56	11.13	77.30	52.19	0.92	2.62
食品制造业	Manufacture of Foods	0.33	0.41	31.54	16.64	4.19	0.51
饮料制造业	Manufacture of Beverage	2.69	0.43	26.76	14.11	3.13	3.38
烟草制品业	Manufacture of Tobacco	43.73		3.22	0.10		
纺织业	Manufacture of Textile	2.56	2.46	38.07	16.40	2.62	0.15
纺织服装、鞋、帽制造业	Manufacture of Textile Wearing Apparel,Footware and Caps	0.21	0.01	8.71	4.03	1.19	
皮革、毛皮、羽毛及其制品	Manufacture of Leather,Fur,Feather and Its Products	0.01	0.33	6.30	3.99	2.21	2.43
木材加工及木、竹、藤、棕、草制品业	Processing of Timbers,Manufacture of Wood, Bamboo, Rattan,Palm and Straw Products	0.32	0.27	21.68	15.71	0.20	1.34
家具制造业	Manufacture of Furniture	0.02	0.21	7.67	4.88	0.52	
造纸及纸制品业	Manufacture of Paper and Paper Products	41.18	0.92	43.25	18.50	0.48	9.34
印刷业和记录媒介的复制	Printing,Reproduction of Recording Media	0.18	0.15	9.84	2.60	1.21	0.57
文教体育用品制造业	Manufacture of Articles for Culture,Education and Sport Activity		0.08	0.86	2.27	0.15	0.13
石油加工炼焦及核燃料加工	Processing of Petroleum,Coking,Processing of Nucleus Fuel	4.20	0.52	85.98	3.15	0.17	3.15
化学原料及化学制品制造业	Manufacture of Chemical Raw Material and Chemical Products	24.45	7.35	118.74	81.02	4.53	3.82
医药制造业	Manufacture of Medicines	6.01	0.27	35.95	21.54	0.15	0.64
化学纤维制造业	Manufacture of Chemical Fiber			4.22	2.87	0.03	0.25
橡胶制品业	Manufacture of Rubber	1.01	0.08	4.30	1.84	1.00	
塑料制品业	Manufacture of Plastic	0.33	0.07	21.24	10.27	0.96	0.68
非金属矿物制品业	Manufacture of Non-metallic Mineral Products	10.10	8.06	166.59	66.51	3.13	1.27
黑色金属冶炼及压延加工业	Manufacture and Processing of Ferrous Metals	6.08	0.60	104.64	23.99	1.69	0.25
有色金属冶炼及压延加工业	Manufacture and Processing of Non-ferrous Metals	14.01	1.51	93.44	41.75	1.09	1.53
金属制品业	Manufacture of Metal Products	4.52	1.97	20.04	20.90	0.51	0.51
通用设备制造业	Manufacture of General Purpose Machinery	16.73	2.07	77.70	43.11	0.57	4.42
专用设备制造业	Manufacture of Special Purpose Machinery	27.84	2.12	61.22	71.75	0.27	7.12
交通运输设备制造业	Manufacture of Transport Equipment	29.98	0.66	96.36	23.91	2.02	15.50
电气机械及器材制造业	Manufacture of Electrical Machinery and Equipment	21.49	2.47	66.25	27.69	3.26	4.91
通信设备、计算机及其他电子设备制造业	Manufacture of Communication Equipment,Computer and Other Electronic Equipment	4.48	1.50	34.84	19.31	11.09	6.42
仪器仪表及文化、办公用机械制造业	Manufacture of Measuring Instrument and Machinery for Cultural Activity and Office Work	3.93		16.63	11.93		0.25
工艺品及其他制造业	Manufacture of Artwork,Other Manufacture N.E.C	0.09		5.07	5.31	0.31	
废弃资源废旧材料回收加工	Recycling and Disposal of Waste	0.11	0.09	3.76	5.59	0.45	0.11
电力、热力的生产和供应业	Production and Supply of Electric Power and Heat Power	68.16	4.06	206.39	13.92	24.07	
燃气生产和供应业	Production and Distribution of Gas	2.35	0.05	4.26	0.16	0.94	2.90
水的生产和供应业	Production and Distribution of Water	13.28	0.36	9.29	1.20	2.51	

11-4 续表 6 continued

单位:亿元 (100 million yuan)

指标	Item	主营业务收入 Revenue of Major Business	主营业务成本 Cost of Major Business	主营业务税金及附加 Tax of Major Business
按行业划分:	**Grouped by Sector**			
煤炭开采和洗选业	Mining and Washing of Coal	901.15	686.80	11.51
黑色金属矿采选业	Mining of Ferrous Metal Ores	160.17	121.55	1.85
有色金属矿采选业	Mining of Non-ferrous Metal Ores	475.63	344.06	6.31
非金属矿采选业	Mining and Processing of Nonmetal Ores	318.42	237.87	4.53
其他采矿业	Mining of Other Ores N.E.C	2.10	1.52	0.02
农副食品加工业	Processing of Food from Agricultural Products	1988.80	1619.00	17.89
食品制造业	Manufacture of Foods	605.88	465.31	5.94
饮料制造业	Manufacture of Beverage	384.11	289.42	6.52
烟草制品业	Manufacture of Tobacco	618.43	137.45	354.21
纺织业	Manufacture of Textile	523.41	434.10	4.24
纺织服装、鞋、帽制造业	Manufacture of Textile Wearing Apparel,Footware and Caps	218.90	176.17	1.77
皮革、毛皮、羽毛及其制品	Manufacture of Leather,Fur,Feather and Its Products	203.28	165.97	2.89
木材加工及木、竹、藤、棕、草制品业	Processing of Timbers,Manufacture of Wood, Bamboo, Rattan,Palm and Straw Products	543.31	432.05	5.41
家具制造业	Manufacture of Furniture	186.63	143.42	1.89
造纸及纸制品业	Manufacture of Paper and Paper Products	554.27	440.68	4.88
印刷业和记录媒介的复制	Printing,Reproduction of Recording Media	150.52	117.73	1.47
文教体育用品制造业	Manufacture of Articles for Culture,Education and Sport Activity	54.94	42.75	0.50
石油加工炼焦及核燃料加工	Processing of Petroleum,Coking,Processing of Nucleus Fuel	662.58	585.85	67.57
化学原料及化学制品制造业	Manufacture of Chemical Raw Material and Chemical Products	2056.48	1572.88	28.80
医药制造业	Manufacture of Medicines	468.00	346.65	4.35
化学纤维制造业	Manufacture of Chemical Fiber	40.00	34.78	0.42
橡胶制品业	Manufacture of Rubber	74.72	62.85	0.83
塑料制品业	Manufacture of Plastic	344.03	268.48	4.15
非金属矿物制品业	Manufacture of Non-metallic Mineral Products	1649.86	1290.62	16.40
黑色金属冶炼及压延加工业	Manufacture and Processing of Ferrous Metals	1556.03	1408.38	12.96
有色金属冶炼及压延加工业	Manufacture and Processing of Non-ferrous Metals	2422.11	1965.18	19.74
金属制品业	Manufacture of Metal Products	538.21	426.96	5.08
通用设备制造业	Manufacture of General Purpose Machinery	1163.23	935.25	11.81
专用设备制造业	Manufacture of Special Purpose Machinery	2427.22	1892.10	14.67
交通运输设备制造业	Manufacture of Transport Equipment	1065.70	896.34	12.99
电气机械及器材制造业	Manufacture of Electrical Machinery and Equipment	897.71	742.32	7.83
通信设备、计算机及其他电子设备制造业	Manufacture of Communication Equipment,Computer and Other Electronic Equipment	702.33	570.26	5.04
仪器仪表及文化、办公用机械制造业	Manufacture of Measuring Instrument and Machinery for Cultural Activity and Office Work	238.99	176.93	2.38
工艺品及其他制造业	Manufacture of Artwork,Other Manufacture N.E.C	128.28	102.77	1.07
废弃资源废旧材料回收加工	Recycling and Disposal of Waste	110.65	80.09	0.97
电力、热力的生产和供应业	Production and Supply of Electric Power and Heat Power	1170.58	1047.88	6.92
燃气生产和供应业	Production and Distribution of Gas	74.31	58.99	0.60
水的生产和供应业	Production and Distribution of Water	45.24	30.82	0.33

11-4 续表 7 continued

单位:亿元 (100 million yuan)

指标	Item	其他业务收入 Revenue of Other Business	其他业务利润 profit of Other Business	营业费用 Operation Expenses
按行业划分:	**Grouped by Sector**			
煤炭开采和洗选业	Mining and Washing of Coal	1.80	-0.28	19.12
黑色金属矿采选业	Mining of Ferrous Metal Ores	0.27	0.07	3.56
有色金属矿采选业	Mining of Non-ferrous Metal Ores	1.79	0.53	8.36
非金属矿采选业	Mining and Processing of Nonmetal Ores	0.25	0.12	11.48
其他采矿业	Mining of Other Ores N.E.C			0.15
农副食品加工业	Processing of Food from Agricultural Products	10.14	0.86	56.36
食品制造业	Manufacture of Foods	1.86	0.48	24.41
饮料制造业	Manufacture of Beverage	1.98	0.44	18.94
烟草制品业	Manufacture of Tobacco	0.07	-0.80	9.79
纺织业	Manufacture of Textile	4.12	0.54	13.75
纺织服装、鞋、帽制造业	Manufacture of Textile Wearing Apparel,Footware and Caps	0.27	0.13	8.01
皮革、毛皮、羽毛及其制品	Manufacture of Leather,Fur,Feather and Its Products	0.03		7.85
木材加工及木、竹、藤、棕、草制品业	Processing of Timbers,Manufacture of Wood, Bamboo, Rattan,Palm and Straw Products	1.31	1.55	12.91
家具制造业	Manufacture of Furniture	0.13	0.14	6.60
造纸及纸制品业	Manufacture of Paper and Paper Products	8.12	4.88	14.20
印刷业和记录媒介的复制	Printing,Reproduction of Recording Media	0.92	0.75	2.61
文教体育用品制造业	Manufacture of Articles for Culture,Education and Sport Activity	0.11	0.01	1.42
石油加工炼焦及核燃料加工	Processing of Petroleum,Coking,Processing of Nucleus Fuel	2.67	-0.35	3.45
化学原料及化学制品制造业	Manufacture of Chemical Raw Material and Chemical Products	15.03	2.28	58.11
医药制造业	Manufacture of Medicines	2.13	0.10	30.12
化学纤维制造业	Manufacture of Chemical Fiber	3.63	0.02	0.48
橡胶制品业	Manufacture of Rubber	0.37	0.02	2.12
塑料制品业	Manufacture of Plastic	0.91	0.20	7.78
非金属矿物制品业	Manufacture of Non-metallic Mineral Products	4.59	1.39	47.90
黑色金属冶炼及压延加工业	Manufacture and Processing of Ferrous Metals	89.06	6.02	21.42
有色金属冶炼及压延加工业	Manufacture and Processing of Non-ferrous Metals	22.13	1.94	27.63
金属制品业	Manufacture of Metal Products	0.79	0.20	15.48
通用设备制造业	Manufacture of General Purpose Machinery	8.19	0.81	29.64
专用设备制造业	Manufacture of Special Purpose Machinery	62.42	2.08	106.36
交通运输设备制造业	Manufacture of Transport Equipment	9.63	1.97	30.19
电气机械及器材制造业	Manufacture of Electrical Machinery and Equipment	6.09	0.91	27.85
通信设备、计算机及其他电子设备制造业	Manufacture of Communication Equipment,Computer and Other Electronic Equipment	3.38	0.40	13.03
仪器仪表及文化、办公用机械制造业	Manufacture of Measuring Instrument and Machinery for Cultural Activity and Office Work	1.52	0.79	10.88
工艺品及其他制造业	Manufacture of Artwork,Other Manufacture N.E.C	0.54	0.33	3.84
废弃资源废旧材料回收加工	Recycling and Disposal of Waste	0.25	0.04	1.61
电力、热力的生产和供应业	Production and Supply of Electric Power and Heat Power	5.87	1.33	5.05
燃气生产和供应业	Production and Distribution of Gas	0.68	0.52	2.26
水的生产和供应业	Production and Distribution of Water	2.21	0.58	2.77

11-4 续表 8 continued

单位:亿元 (100 million yuan)

指标	Item	管理费用 Management Expense	税金 Tax	财务费用 Financial Expense	利息支出 Interest Expense
按行业划分:	**Grouped by Sector**				
煤炭开采和洗选业	Mining and Washing of Coal	56.94	13.35	3.71	2.42
黑色金属矿采选业	Mining of Ferrous Metal Ores	8.02	1.54	0.79	0.62
有色金属矿采选业	Mining of Non-ferrous Metal Ores	34.00	2.85	3.16	2.48
非金属矿采选业	Mining and Processing of Nonmetal Ores	23.36	6.73	2.21	1.46
其他采矿业	Mining of Other Ores N.E.C	0.23		0.05	0.05
农副食品加工业	Processing of Food from Agricultural Products	108.96	22.54	14.64	9.96
食品制造业	Manufacture of Foods	32.50	5.94	4.56	3.12
饮料制造业	Manufacture of Beverage	26.05	4.86	2.40	1.88
烟草制品业	Manufacture of Tobacco	34.15	1.13	-1.02	0.01
纺织业	Manufacture of Textile	29.31	3.44	6.05	3.90
纺织服装、鞋、帽制造业	Manufacture of Textile Wearing Apparel,Footware and Caps	12.88	1.34	1.36	1.16
皮革、毛皮、羽毛及其制品	Manufacture of Leather,Fur,Feather and Its Products	11.18	1.93	1.91	1.58
木材加工及木、竹、藤、棕、草制品业	Processing of Timbers,Manufacture of Wood, Bamboo, Rattan,Palm and Straw Products	32.43	3.77	3.74	2.95
家具制造业	Manufacture of Furniture	10.68	2.01	1.88	1.13
造纸及纸制品业	Manufacture of Paper and Paper Products	35.56	4.59	12.21	11.28
印刷业和记录媒介的复制	Printing,Reproduction of Recording Media	7.39	0.66	0.97	0.81
文教体育用品制造业	Manufacture of Articles for Culture,Education and Sport Activity	3.23	0.75	0.18	0.16
石油加工炼焦及核燃料加工	Processing of Petroleum,Coking,Processing of Nucleus Fuel	24.13	3.55	3.52	3.67
化学原料及化学制品制造业	Manufacture of Chemical Raw Material and Chemical Products	116.81	21.15	18.22	15.63
医药制造业	Manufacture of Medicines	34.85	3.78	3.36	3.07
化学纤维制造业	Manufacture of Chemical Fiber	3.73	1.32	0.33	0.28
橡胶制品业	Manufacture of Rubber	5.63	1.14	0.45	0.35
塑料制品业	Manufacture of Plastic	21.56	2.75	2.83	2.07
非金属矿物制品业	Manufacture of Non-metallic Mineral Products	93.83	15.47	16.81	13.21
黑色金属冶炼及压延加工业	Manufacture and Processing of Ferrous Metals	57.61	4.43	17.93	27.58
有色金属冶炼及压延加工业	Manufacture and Processing of Non-ferrous Metals	113.25	12.13	18.75	14.83
金属制品业	Manufacture of Metal Products	35.13	3.52	3.89	3.11
通用设备制造业	Manufacture of General Purpose Machinery	60.69	7.79	7.88	6.59
专用设备制造业	Manufacture of Special Purpose Machinery	106.38	7.56	19.90	21.93
交通运输设备制造业	Manufacture of Transport Equipment	74.81	3.47	8.76	8.28
电气机械及器材制造业	Manufacture of Electrical Machinery and Equipment	56.84	5.56	8.94	9.38
通信设备、计算机及其他电子设备制造业	Manufacture of Communication Equipment,Computer and Other Electronic Equipment	35.10	5.41	3.12	3.04
仪器仪表及文化、办公用机械制造业	Manufacture of Measuring Instrument and Machinery for Cultural Activity and Office Work	21.36	2.01	1.67	1.65
工艺品及其他制造业	Manufacture of Artwork,Other Manufacture N.E.C	6.20	0.81	0.56	0.40
废弃资源废旧材料回收加工	Recycling and Disposal of Waste	7.01	1.83	0.56	0.21
电力、热力的生产和供应业	Production and Supply of Electric Power and Heat Power	59.73	2.39	61.72	61.71
燃气生产和供应业	Production and Distribution of Gas	4.14	0.61	0.56	0.58
水的生产和供应业	Production and Distribution of Water	6.69	0.53	1.85	1.62

11-4 续表 9 continued

单位:亿元 (100 million yuan)

指标	Item	营业利润 Operating Profit	投资收益 Income from Investment	补贴收入 Income from Subsidy	营业外收入 Non-operating Income	利润总额 Total Profit
按行业划分:	**Grouped by Sector**					
煤炭开采和洗选业	Mining and Washing of Coal	109.35	0.07	0.18	1.20	100.09
黑色金属矿采选业	Mining of Ferrous Metal Ores	12.49	-1.86		0.14	11.00
有色金属矿采选业	Mining of Non-ferrous Metal Ores	47.14	-1.45	0.78	2.05	44.29
非金属矿采选业	Mining and Processing of Nonmetal Ores	20.41	-0.28	0.58	0.32	17.54
其他采矿业	Mining of Other Ores N.E.C	0.41			0.04	0.38
农副食品加工业	Processing of Food from Agricultural Products	143.75	-3.16	13.33	2.26	119.10
食品制造业	Manufacture of Foods	50.52	-2.14	2.47	2.02	44.60
饮料制造业	Manufacture of Beverage	29.12	0.25	0.28	0.71	26.84
烟草制品业	Manufacture of Tobacco	88.09	5.10		4.25	88.11
纺织业	Manufacture of Textile	26.55	-1.26	1.18	0.80	22.58
纺织服装、鞋、帽制造业	Manufacture of Textile Wearing Apparel,Footware and Caps	16.64	-0.64	0.17	0.28	15.10
皮革、毛皮、羽毛及其制品	Manufacture of Leather,Fur,Feather and Its Products	14.65	-2.02	0.45	0.22	11.84
木材加工及木、竹、藤、棕、草制品业	Processing of Timbers,Manufacture of Wood, Bamboo, Rattan,Palm and Straw Products	45.96	-0.38	0.72	0.87	38.38
家具制造业	Manufacture of Furniture	13.20	-2.45	0.95	0.29	12.82
造纸及纸制品业	Manufacture of Paper and Paper Products	34.66	-1.77	3.53	4.47	32.30
印刷业和记录媒介的复制	Printing,Reproduction of Recording Media	16.29	-0.31	0.16	0.23	15.55
文教体育用品制造业	Manufacture of Articles for Culture,Education and Sport Activity	6.02	0.05	0.07	0.08	5.60
石油加工炼焦及核燃料加工	Processing of Petroleum,Coking,Processing of Nucleus Fuel	-8.96	-0.06		3.06	-13.37
化学原料及化学制品制造业	Manufacture of Chemical Raw Material and Chemical Products	160.48	-0.88	4.25	4.90	142.23
医药制造业	Manufacture of Medicines	50.52	0.18	0.59	1.00	45.20
化学纤维制造业	Manufacture of Chemical Fiber	2.50	0.02	1.51	0.01	2.27
橡胶制品业	Manufacture of Rubber	5.05	-0.06	0.21	0.14	4.61
塑料制品业	Manufacture of Plastic	35.79	-0.21	0.90	0.18	28.41
非金属矿物制品业	Manufacture of Non-metallic Mineral Products	125.14	-0.10	5.23	4.13	111.99
黑色金属冶炼及压延加工业	Manufacture and Processing of Ferrous Metals	105.95	8.03	1.84	5.18	48.99
有色金属冶炼及压延加工业	Manufacture and Processing of Non-ferrous Metals	200.82	2.19	6.43	3.40	173.69
金属制品业	Manufacture of Metal Products	53.45	-0.72	1.36	1.86	44.87
通用设备制造业	Manufacture of General Purpose Machinery	118.90	-0.03	1.93	2.67	98.69
专用设备制造业	Manufacture of Special Purpose Machinery	290.06	-28.87	1.60	15.43	280.58
交通运输设备制造业	Manufacture of Transport Equipment	94.99	-1.24	1.08	3.47	63.95
电气机械及器材制造业	Manufacture of Electrical Machinery and Equipment	78.65	2.49	0.82	2.54	61.89
通信设备、计算机及其他电子设备制造业	Manufacture of Communication Equipment,Computer and Other Electronic Equipment	83.93	0.08	1.69	5.69	66.65
仪器仪表及文化、办公用机械制造业	Manufacture of Measuring Instrument and Machinery for Cultural Activity and Office Work	26.94	0.84	0.73	0.55	25.09
工艺品及其他制造业	Manufacture of Artwork,Other Manufacture N.E.C	11.91	-0.50	0.66	0.06	9.99
废弃资源废旧材料回收加工	Recycling and Disposal of Waste	6.68		1.84	0.22	5.52
电力、热力的生产和供应业	Production and Supply of Electric Power and Heat Power	20.86	0.19	0.01	6.02	14.45
燃气生产和供应业	Production and Distribution of Gas	8.88	0.03	0.02	0.10	8.30
水的生产和供应业	Production and Distribution of Water	2.70	0.21	0.17	0.52	2.86

11-4 续表 10 continued

单位:亿元 (100 million yuan)

指标	Item	亏损企业亏损总额 Total Loss of Enterprises Running under Deficit	利税总额 Total Taxes	本年应付职工薪酬 Total Sum of Wages Payable this Year
按行业划分:	**Grouped by Sector**			
煤炭开采和洗选业	Mining and Washing of Coal	0.76	163.01	73.25
黑色金属矿采选业	Mining of Ferrous Metal Ores		20.78	6.64
有色金属矿采选业	Mining of Non-ferrous Metal Ores	0.14	78.54	21.02
非金属矿采选业	Mining and Processing of Nonmetal Ores	0.01	36.83	11.57
其他采矿业	Mining of Other Ores N.E.C		0.43	0.22
农副食品加工业	Processing of Food from Agricultural Products	0.87	204.32	48.65
食品制造业	Manufacture of Foods	0.74	75.14	26.61
饮料制造业	Manufacture of Beverage	0.98	49.45	13.87
烟草制品业	Manufacture of Tobacco	0.05	525.51	18.57
纺织业	Manufacture of Textile	1.73	45.95	26.35
纺织服装、鞋、帽制造业	Manufacture of Textile Wearing Apparel,Footware and Caps	0.31	24.85	13.21
皮革、毛皮、羽毛及其制品	Manufacture of Leather,Fur,Feather and Its Products	0.02	22.03	14.28
木材加工及木、竹、藤、棕、草制品业	Processing of Timbers,Manufacture of Wood, Bamboo, Rattan,Palm and Straw Products	0.10	63.72	22.52
家具制造业	Manufacture of Furniture		20.97	6.16
造纸及纸制品业	Manufacture of Paper and Paper Products	0.98	58.80	22.23
印刷业和记录媒介的复制	Printing,Reproduction of Recording Media		22.87	6.47
文教体育用品制造业	Manufacture of Articles for Culture,Education and Sport Activity		9.33	2.27
石油加工炼焦及核燃料加工	Processing of Petroleum,Coking,Processing of Nucleus Fuel	28.63	79.61	18.86
化学原料及化学制品制造业	Manufacture of Chemical Raw Material and Chemical Products	3.73	249.74	116.67
医药制造业	Manufacture of Medicines	0.46	70.43	17.76
化学纤维制造业	Manufacture of Chemical Fiber	0.33	4.47	1.10
橡胶制品业	Manufacture of Rubber		8.38	4.22
塑料制品业	Manufacture of Plastic	0.35	44.60	9.00
非金属矿物制品业	Manufacture of Non-metallic Mineral Products	2.59	200.62	85.53
黑色金属冶炼及压延加工业	Manufacture and Processing of Ferrous Metals	2.89	111.60	44.25
有色金属冶炼及压延加工业	Manufacture and Processing of Non-ferrous Metals	6.23	298.16	46.97
金属制品业	Manufacture of Metal Products	0.32	69.97	20.62
通用设备制造业	Manufacture of General Purpose Machinery	0.90	156.29	44.01
专用设备制造业	Manufacture of Special Purpose Machinery	0.85	393.07	118.68
交通运输设备制造业	Manufacture of Transport Equipment	3.74	120.90	55.35
电气机械及器材制造业	Manufacture of Electrical Machinery and Equipment	0.71	96.36	36.08
通信设备、计算机及其他电子设备制造业	Manufacture of Communication Equipment,Computer and Other Electronic Equipment	0.91	94.05	46.58
仪器仪表及文化、办公用机械制造业	Manufacture of Measuring Instrument and Machinery for Cultural Activity and Office Work	0.05	39.83	11.53
工艺品及其他制造业	Manufacture of Artwork,Other Manufacture N.E.C		15.86	6.29
废弃资源废旧材料回收加工	Recycling and Disposal of Waste	0.01	10.96	2.80
电力、热力的生产和供应业	Production and Supply of Electric Power and Heat Power	25.41	73.39	56.28
燃气生产和供应业	Production and Distribution of Gas	0.04	11.51	2.93
水的生产和供应业	Production and Distribution of Water	0.71	5.20	6.79

11-4 续表 11 continued

单位:亿元 (100 million yuan)

指标	Item	本年应交增值税 Value Added Payable of the Current Year	本年进项税额 Input Tax of Current Year	本年销项税额 Output Tax of Current Year
按行业划分:	**Grouped by Sector**			
煤炭开采和洗选业	Mining and Washing of Coal	50.81	36.49	71.09
黑色金属矿采选业	Mining of Ferrous Metal Ores	7.75	6.59	11.55
有色金属矿采选业	Mining of Non-ferrous Metal Ores	27.69	19.16	36.27
非金属矿采选业	Mining and Processing of Nonmetal Ores	14.50	13.93	24.38
其他采矿业	Mining of Other Ores N.E.C	0.02		
农副食品加工业	Processing of Food from Agricultural Products	66.94	74.67	103.49
食品制造业	Manufacture of Foods	24.50	32.63	47.15
饮料制造业	Manufacture of Beverage	16.05	21.72	30.67
烟草制品业	Manufacture of Tobacco	83.17	41.65	124.65
纺织业	Manufacture of Textile	19.09	29.39	40.33
纺织服装、鞋、帽制造业	Manufacture of Textile Wearing Apparel,Footware and Caps	7.95	12.93	17.91
皮革、毛皮、羽毛及其制品	Manufacture of Leather,Fur,Feather and Its Products	6.98	9.55	13.52
木材加工及木、竹、藤、棕、草制品业	Processing of Timbers,Manufacture of Wood, Bamboo, Rattan,Palm and Straw Products	19.70	18.42	27.81
家具制造业	Manufacture of Furniture	6.24	5.36	7.36
造纸及纸制品业	Manufacture of Paper and Paper Products	21.45	42.93	47.67
印刷业和记录媒介的复制	Printing,Reproduction of Recording Media	5.81	11.86	15.43
文教体育用品制造业	Manufacture of Articles for Culture,Education and Sport Activity	3.21	2.55	5.01
石油加工炼焦及核燃料加工	Processing of Petroleum,Coking,Processing of Nucleus Fuel	25.37	85.30	108.37
化学原料及化学制品制造业	Manufacture of Chemical Raw Material and Chemical Products	77.23	119.55	168.09
医药制造业	Manufacture of Medicines	20.82	26.55	40.82
化学纤维制造业	Manufacture of Chemical Fiber	1.76	1.66	2.08
橡胶制品业	Manufacture of Rubber	2.94	5.66	6.73
塑料制品业	Manufacture of Plastic	11.93	23.52	28.71
非金属矿物制品业	Manufacture of Non-metallic Mineral Products	70.70	79.67	124.25
黑色金属冶炼及压延加工业	Manufacture and Processing of Ferrous Metals	49.19	225.81	242.51
有色金属冶炼及压延加工业	Manufacture and Processing of Non-ferrous Metals	104.48	193.27	250.94
金属制品业	Manufacture of Metal Products	19.68	36.43	44.60
通用设备制造业	Manufacture of General Purpose Machinery	45.23	74.39	100.44
专用设备制造业	Manufacture of Special Purpose Machinery	96.74	302.10	318.29
交通运输设备制造业	Manufacture of Transport Equipment	43.39	115.52	156.51
电气机械及器材制造业	Manufacture of Electrical Machinery and Equipment	26.47	80.13	95.84
通信设备、计算机及其他电子设备制造业	Manufacture of Communication Equipment,Computer and Other Electronic Equipment	22.25	35.04	45.57
仪器仪表及文化、办公用机械制造业	Manufacture of Measuring Instrument and Machinery for Cultural Activity and Office Work	12.29	26.38	37.02
工艺品及其他制造业	Manufacture of Artwork,Other Manufacture N.E.C	4.65	6.93	8.93
废弃资源废旧材料回收加工	Recycling and Disposal of Waste	4.47	1.85	2.96
电力、热力的生产和供应业	Production and Supply of Electric Power and Heat Power	51.78	120.46	158.02
燃气生产和供应业	Production and Distribution of Gas	2.59	3.52	5.86
水的生产和供应业	Production and Distribution of Water	1.95	1.22	2.55

11-4 续表 12 continued

指标	Item	全部从业人员年平均人数（万人） Average Number of Empolyment of the Current Year (10000persons)	百元固定资产原价实现利税（元） Per-tax Profits per 100 Yuan of Original Value of Fix Assets (yuan)	每百元销售收入实现的利税（元） Per-tax Profits per 100 Yuan of Sales Recenue (yuan)
按行业划分:	**Grouped by Sector**			
煤炭开采和洗选业	Mining and Washing of Coal	20.11	68.72	18.09
黑色金属矿采选业	Mining of Ferrous Metal Ores	1.86	57.56	12.97
有色金属矿采选业	Mining of Non-ferrous Metal Ores	5.85	57.19	16.51
非金属矿采选业	Mining and Processing of Nonmetal Ores	3.80	53.69	11.57
其他采矿业	Mining of Other Ores N.E.C	0.03	17.06	20.48
农副食品加工业	Processing of Food from Agricultural Products	15.34	52.48	10.27
食品制造业	Manufacture of Foods	8.87	59.26	12.40
饮料制造业	Manufacture of Beverage	4.48	41.55	12.87
烟草制品业	Manufacture of Tobacco	2.52	308.29	84.97
纺织业	Manufacture of Textile	10.69	33.24	8.78
纺织服装、鞋、帽制造业	Manufacture of Textile Wearing Apparel,Footware and Caps	5.67	64.08	11.35
皮革、毛皮、羽毛及其制品	Manufacture of Leather,Fur,Feather and Its Products	5.06	65.72	10.84
木材加工及木、竹、藤、棕、草制品业	Processing of Timbers,Manufacture of Wood, Bamboo, Rattan,Palm and Straw Products	7.83	65.84	11.73
家具制造业	Manufacture of Furniture	2.35	69.46	11.24
造纸及纸制品业	Manufacture of Paper and Paper Products	6.82	17.90	10.61
印刷业和记录媒介的复制	Printing,Reproduction of Recording Media	1.77	45.94	15.19
文教体育用品制造业	Manufacture of Articles for Culture,Education and Sport Activity	0.77	107.36	16.98
石油加工炼焦及核燃料加工	Processing of Petroleum,Coking,Processing of Nucleus Fuel	2.37	35.17	12.02
化学原料及化学制品制造业	Manufacture of Chemical Raw Material and Chemical Products	30.97	38.52	12.14
医药制造业	Manufacture of Medicines	5.59	50.78	15.05
化学纤维制造业	Manufacture of Chemical Fiber	0.37	24.64	11.18
橡胶制品业	Manufacture of Rubber	1.26	46.04	11.22
塑料制品业	Manufacture of Plastic	3.41	60.80	12.96
非金属矿物制品业	Manufacture of Non-metallic Mineral Products	25.43	31.78	12.16
黑色金属冶炼及压延加工业	Manufacture and Processing of Ferrous Metals	11.98	13.03	7.17
有色金属冶炼及压延加工业	Manufacture and Processing of Non-ferrous Metals	13.21	65.40	12.31
金属制品业	Manufacture of Metal Products	5.75	63.20	13.00
通用设备制造业	Manufacture of General Purpose Machinery	12.82	60.26	13.44
专用设备制造业	Manufacture of Special Purpose Machinery	19.25	98.30	16.19
交通运输设备制造业	Manufacture of Transport Equipment	13.13	20.42	11.34
电气机械及器材制造业	Manufacture of Electrical Machinery and Equipment	8.74	53.78	10.73
通信设备、计算机及其他电子设备制造业	Manufacture of Communication Equipment,Computer and Other Electronic Equipment	11.68	60.49	13.39
仪器仪表及文化、办公用机械制造业	Manufacture of Measuring Instrument and Machinery for Cultural Activity and Office Work	2.61	31.53	16.67
工艺品及其他制造业	Manufacture of Artwork,Other Manufacture N.E.C	2.19	82.22	12.36
废弃资源废旧材料回收加工	Recycling and Disposal of Waste	1.00	53.86	9.91
电力、热力的生产和供应业	Production and Supply of Electric Power and Heat Power	11.71	2.91	6.27
燃气生产和供应业	Production and Distribution of Gas	0.56	24.83	15.49
水的生产和供应业	Production and Distribution of Water	1.82	5.49	11.49

11-4 续表 13 continued

指标	Item	资产负债率(%) Assets-Liability Ratio(%)	产品销售率（%） Proportion of Products Sold（%）
按行业划分:	**Grouped by Sector**		
煤炭开采和洗选业	Mining and Washing of Coal	42.07	99.60
黑色金属矿采选业	Mining of Ferrous Metal Ores	29.64	99.79
有色金属矿采选业	Mining of Non-ferrous Metal Ores	36.55	99.44
非金属矿采选业	Mining and Processing of Nonmetal Ores	34.47	98.81
其他采矿业	Mining of Other Ores N.E.C	56.38	99.20
农副食品加工业	Processing of Food from Agricultural Products	45.51	98.64
食品制造业	Manufacture of Foods	44.53	98.03
饮料制造业	Manufacture of Beverage	44.65	96.64
烟草制品业	Manufacture of Tobacco	18.71	100.51
纺织业	Manufacture of Textile	53.54	97.07
纺织服装、鞋、帽制造业	Manufacture of Textile Wearing Apparel,Footware and Caps	43.35	98.32
皮革、毛皮、羽毛及其制品	Manufacture of Leather,Fur,Feather and Its Products	34.31	99.03
木材加工及木、竹、藤、棕、草制品业	Processing of Timbers,Manufacture of Wood, Bamboo, Rattan,Palm and Straw Products	39.17	98.39
家具制造业	Manufacture of Furniture	38.79	98.49
造纸及纸制品业	Manufacture of Paper and Paper Products	63.25	99.15
印刷业和记录媒介的复制	Printing,Reproduction of Recording Media	49.61	99.11
文教体育用品制造业	Manufacture of Articles for Culture,Education and Sport Activity	41.41	96.88
石油加工炼焦及核燃料加工	Processing of Petroleum,Coking,Processing of Nucleus Fuel	60.01	100.99
化学原料及化学制品制造业	Manufacture of Chemical Raw Material and Chemical Products	46.82	97.82
医药制造业	Manufacture of Medicines	39.55	98.10
化学纤维制造业	Manufacture of Chemical Fiber	74.45	98.34
橡胶制品业	Manufacture of Rubber	42.51	96.90
塑料制品业	Manufacture of Plastic	51.18	97.75
非金属矿物制品业	Manufacture of Non-metallic Mineral Products	43.48	98.33
黑色金属冶炼及压延加工业	Manufacture and Processing of Ferrous Metals	73.54	99.08
有色金属冶炼及压延加工业	Manufacture and Processing of Non-ferrous Metals	61.05	99.38
金属制品业	Manufacture of Metal Products	47.44	98.31
通用设备制造业	Manufacture of General Purpose Machinery	51.83	98.18
专用设备制造业	Manufacture of Special Purpose Machinery	57.40	99.07
交通运输设备制造业	Manufacture of Transport Equipment	61.23	99.29
电气机械及器材制造业	Manufacture of Electrical Machinery and Equipment	59.19	96.55
通信设备、计算机及其他电子设备制造业	Manufacture of Communication Equipment,Computer and Other Electronic Equipment	49.22	96.34
仪器仪表及文化、办公用机械制造业	Manufacture of Measuring Instrument and Machinery for Cultural Activity and Office Work	42.09	95.61
工艺品及其他制造业	Manufacture of Artwork,Other Manufacture N.E.C	51.48	99.76
废弃资源废旧材料回收加工	Recycling and Disposal of Waste	50.85	99.65
电力、热力的生产和供应业	Production and Supply of Electric Power and Heat Power	80.74	99.38
燃气生产和供应业	Production and Distribution of Gas	55.38	98.13
水的生产和供应业	Production and Distribution of Water	61.18	95.21

11-4 续表 14 continued

指标	Item	总资产贡献率（%）Ratio of Per-tax Profits to Total Capital (%)	产值利税率（%）Ratio of Per-tax Profits to Gross Output Value (%)	全员劳动生产率(元/人•年) Overall Productivity (yuan/ person•year)
按行业划分:	**Grouped by Sector**			
煤炭开采和洗选业	Mining and Washing of Coal	55.82	18.00	177374
黑色金属矿采选业	Mining of Ferrous Metal Ores	36.97	12.91	265968
有色金属矿采选业	Mining of Non-ferrous Metal Ores	37.40	16.50	305060
非金属矿采选业	Mining and Processing of Nonmetal Ores	40.22	11.39	251211
其他采矿业	Mining of Other Ores N.E.C	14.19	18.61	233333
农副食品加工业	Processing of Food from Agricultural Products	34.77	10.12	337353
食品制造业	Manufacture of Foods	32.45	11.94	201409
饮料制造业	Manufacture of Beverage	26.11	12.42	251853
烟草制品业	Manufacture of Tobacco	97.71	85.52	2214484
纺织业	Manufacture of Textile	20.34	8.38	134574
纺织服装、鞋、帽制造业	Manufacture of Textile Wearing Apparel,Footware and Caps	34.46	11.09	109841
皮革、毛皮、羽毛及其制品	Manufacture of Leather,Fur,Feather and Its Products	46.49	10.77	112984
木材加工及木、竹、藤、棕、草制品业	Processing of Timbers,Manufacture of Wood, Bamboo, Rattan,Palm and Straw Products	46.09	11.37	200651
家具制造业	Manufacture of Furniture	46.21	11.04	210085
造纸及纸制品业	Manufacture of Paper and Paper Products	14.27	10.25	233915
印刷业和记录媒介的复制	Printing,Reproduction of Recording Media	30.20	14.71	261864
文教体育用品制造业	Manufacture of Articles for Culture,Education and Sport Activity	71.15	16.60	237013
石油加工炼焦及核燃料加工	Processing of Petroleum,Coking,Processing of Nucleus Fuel	34.22	11.53	495063
化学原料及化学制品制造业	Manufacture of Chemical Raw Material and Chemical Products	29.35	11.73	199538
医药制造业	Manufacture of Medicines	27.54	14.38	273292
化学纤维制造业	Manufacture of Chemical Fiber	22.35	10.03	317838
橡胶制品业	Manufacture of Rubber	30.59	10.79	169683
塑料制品业	Manufacture of Plastic	41.11	12.38	302991
非金属矿物制品业	Manufacture of Non-metallic Mineral Products	21.73	12.09	199595
黑色金属冶炼及压延加工业	Manufacture and Processing of Ferrous Metals	10.99	7.11	304073
有色金属冶炼及压延加工业	Manufacture and Processing of Non-ferrous Metals	35.45	12.00	497691
金属制品业	Manufacture of Metal Products	34.87	12.39	274904
通用设备制造业	Manufacture of General Purpose Machinery	29.06	12.95	279969
专用设备制造业	Manufacture of Special Purpose Machinery	19.83	15.77	391538
交通运输设备制造业	Manufacture of Transport Equipment	14.83	10.58	261097
电气机械及器材制造业	Manufacture of Electrical Machinery and Equipment	15.45	10.38	283341
通信设备、计算机及其他电子设备制造业	Manufacture of Communication Equipment,Computer and Other Electronic Equipment	27.98	13.07	194315
仪器仪表及文化、办公用机械制造业	Manufacture of Measuring Instrument and Machinery for Cultural Activity and Office Work	19.05	14.71	347625
工艺品及其他制造业	Manufacture of Artwork,Other Manufacture N.E.C	38.17	12.27	171781
废弃资源废旧材料回收加工	Recycling and Disposal of Waste	33.68	9.88	326100
电力、热力的生产和供应业	Production and Supply of Electric Power and Heat Power	6.11	6.38	277395
燃气生产和供应业	Production and Distribution of Gas	18.18	15.27	418750
水的生产和供应业	Production and Distribution of Water	5.31	11.10	102033

11-5 规模以上国有控股工业企业主要经济指标（2011年）
Major Economic Indications of State-owned Share Holding Industrial Enterprises above Designated Size (2011)

单位:亿元 (100 million yuan)

指标	Item	企业单位数(个) Number of Enterprises (unit)	#亏损企业 Loss-making Enterprises	工业总产值 Total Output Value
总计	**Total**	**736**	**108**	**6682.34**
在总计中:	Of the Total			
亏损企业	Enterprises running under Deficit	108	108	1559.17
在总计中:	Of the Total			
中央企业	Central Enterprises	141	31	2994.93
地方企业	Local Enterprises	595	77	3687.42
在总计中:	Of the Total			
轻工业	Light Industry	167	27	1076.33
重工业	Heavy Industry	569	81	5606.02
在总计中:	Of the Total			
大型企业	Large Scale Enterprises	89	19	5129.92
中型企业	Medium Scale Enterprises	272	43	967.26
小型企业	Small Enterprises	357	46	584.33
按行业分	Grouped by Sector			
煤炭开采和洗选业	Mining and Washing of Coal	51	9	75.94
黑色金属矿采选业	Mining of Ferrous Metal Ores			
有色金属矿采选业	Mining of Non-ferrous Metal Ores	22	2	60.32
非金属矿采选业	Mining and Processing of Nonmetal Ores	7		15.58
其他采矿业	Mining of Other Ores N.E.C			
农副食品加工业	Processing of Food from Agricultural Products	42	3	122.30
食品制造业	Manufacture of Foods	7	1	10.96
饮料制造业	Manufacture of Beverage	6	1	13.49
烟草制品业	Manufacture of Tobacco	7	1	613.61
纺织业	Manufacture of Textile	10	4	17.79
纺织服装、鞋、帽制造业	Manufacture of Textile Wearing Apparel,Footware and Caps	1		0.84
皮革、毛皮、羽毛及其制品	Manufacture of Leather,Fur,Feather and Its Products			
木材加工及木、竹、藤、棕、草制品业	Processing of Timbers,Manufacture of Wood, Bamboo, Rattan,Palm and Straw Products	7		12.71
家具制造业	Manufacture of Furniture			
造纸及纸制品业	Manufacture of Paper and Paper Products	7	1	142.39
印刷业和记录媒介的复制	Printing,Reproduction of Recording Media	6		27.69
文教体育用品制造业	Manufacture of Articles for Culture,Education and Sport Activity			
石油加工炼焦及核燃料加工	Processing of Petroleum,Coking,Processing of Nucleus Fuel	7	3	578.89
化学原料及化学制品制造业	Manufacture of Chemical Raw Material and Chemical Products	39	7	238.99
医药制造业	Manufacture of Medicines	14	2	42.43
化学纤维制造业	Manufacture of Chemical Fiber	1		4.41
橡胶制品业	Manufacture of Rubber	3		18.47
塑料制品业	Manufacture of Plastic	2	1	1.13
非金属矿物制品业	Manufacture of Non-metallic Mineral Products	66	9	196.53
黑色金属冶炼及压延加工业	Manufacture and Processing of Ferrous Metals	15	4	809.48
有色金属冶炼及压延加工业	Manufacture and Processing of Non-ferrous Metals	31	3	414.31
金属制品业	Manufacture of Metal Products	12	2	52.21
通用设备制造业	Manufacture of General Purpose Machinery	38	2	233.42
专用设备制造业	Manufacture of Special Purpose Machinery	36	3	1038.61
交通运输设备制造业	Manufacture of Transport Equipment	44	4	519.64
电气机械及器材制造业	Manufacture of Electrical Machinery and Equipment	28	4	205.03
通信设备、计算机及其他电子设备制造业	Manufacture of Communication Equipment,Computer and Other Electronic Equipment	12	3	102.73
仪器仪表及文化、办公用机械制造业	Manufacture of Measuring Instrument and Machinery for Cultural Activity and Office Work	8		104.17
工艺品及其他制造业	Manufacture of Artwork,Other Manufacture N.E.C	3		2.18
废弃资源废旧材料回收加工	Recycling and Disposal of Waste	3		3.55
电力、热力的生产和供应业	Production and Supply of Electric Power and Heat Power	149	26	962.33
燃气生产和供应业	Production and Distribution of Gas	5	1	12.22
水的生产和供应业	Production and Distribution of Water	47	12	27.99

11-5 续表 1 continued

单位:亿元 (100 million yuan)

指标	Item	工业销售产值 Output Value of Industrial Products Sales	出口交货值 Delivery Value for Export	资产总计 Total Assets
总计	**Total**	**6616.70**	**216.22**	**7259.23**
在总计中:	Of the Total			
亏损企业	Enterprises running under Deficit	1552.49	9.84	1915.71
在总计中:	Of the Total			
中央企业	Central Enterprises	2976.91	60.8	3101.08
地方企业	Local Enterprises	3639.79	155.42	4158.16
在总计中:	Of the Total			
轻工业	Light Industry	1072.39	8.81	1172.78
重工业	Heavy Industry	5544.31	207.40	6086.46
在总计中:	Of the Total			
大型企业	Large Scale Enterprises	5092.68	202.74	5555.56
中型企业	Medium Scale Enterprises	950.16	12.04	1086.21
小型企业	Small Enterprises	573.03	1.44	617.02
按行业分	Grouped by Sector			
煤炭开采和洗选业	Mining and Washing of Coal	76.55	0.05	58.46
黑色金属矿采选业	Mining of Ferrous Metal Ores			
有色金属矿采选业	Mining of Non-ferrous Metal Ores	59.66		75.47
非金属矿采选业	Mining and Processing of Nonmetal Ores	15.48		22.86
其他采矿业	Mining of Other Ores N.E.C			
农副食品加工业	Processing of Food from Agricultural Products	118.16	0.08	58.16
食品制造业	Manufacture of Foods	10.72		6.57
饮料制造业	Manufacture of Beverage	13.41	0.10	9.61
烟草制品业	Manufacture of Tobacco	617.61	2.17	534.28
纺织业	Manufacture of Textile	17.47	4.21	14.54
纺织服装、鞋、帽制造业	Manufacture of Textile Wearing Apparel,Footware and Caps	0.84		0.89
皮革、毛皮、羽毛及其制品	Manufacture of Leather,Fur,Feather and Its Products			
木材加工及木、竹、藤、棕、草制品业	Processing of Timbers,Manufacture of Wood, Bamboo, Rattan,Palm and Straw Products	12.26		4.69
家具制造业	Manufacture of Furniture			
造纸及纸制品业	Manufacture of Paper and Paper Products	144.07	0.89	308.42
印刷业和记录媒介的复制	Printing,Reproduction of Recording Media	27.26		21.33
文教体育用品制造业	Manufacture of Articles for Culture,Education and Sport Activity			
石油加工炼焦及核燃料加工	Processing of Petroleum,Coking,Processing of Nucleus Fuel	587.07		184.30
化学原料及化学制品制造业	Manufacture of Chemical Raw Material and Chemical Products	232.24	10.10	236.57
医药制造业	Manufacture of Medicines	40.29	0.39	40.10
化学纤维制造业	Manufacture of Chemical Fiber	4.01		3.54
橡胶制品业	Manufacture of Rubber	17.97	0.08	5.76
塑料制品业	Manufacture of Plastic	1.02		1.17
非金属矿物制品业	Manufacture of Non-metallic Mineral Products	190.85	0.14	245.95
黑色金属冶炼及压延加工业	Manufacture and Processing of Ferrous Metals	804.96	96.29	1018.51
有色金属冶炼及压延加工业	Manufacture and Processing of Non-ferrous Metals	407.00	15.20	232.71
金属制品业	Manufacture of Metal Products	51.02	2.19	36.76
通用设备制造业	Manufacture of General Purpose Machinery	231.83	5.72	193.48
专用设备制造业	Manufacture of Special Purpose Machinery	1036.02	29.11	897.56
交通运输设备制造业	Manufacture of Transport Equipment	512.79	34.08	506.73
电气机械及器材制造业	Manufacture of Electrical Machinery and Equipment	193.20	1.87	365.47
通信设备、计算机及其他电子设备制造业	Manufacture of Communication Equipment,Computer and Other Electronic Equipment	91.60	10.25	104.13
仪器仪表及文化、办公用机械制造业	Manufacture of Measuring Instrument and Machinery for Cultural Activity and Office Work	97.29	3.29	97.98
工艺品及其他制造业	Manufacture of Artwork,Other Manufacture N.E.C	2.15		4.13
废弃资源废旧材料回收加工	Recycling and Disposal of Waste	3.55		0.63
电力、热力的生产和供应业	Production and Supply of Electric Power and Heat Power	959.55		1853.81
燃气生产和供应业	Production and Distribution of Gas	12.09		13.95
水的生产和供应业	Production and Distribution of Water	26.72		100.71

11-5 续表 2 continued

单位:亿元 (100 million yuan)

指标	Item	固定资产合计 Total Fixed Assets	流动资产合计 Circulating Funds	负债合计 Total Liabilities
总计	**Total**	**3325.46**	**3014.51**	**4766.08**
在总计中:	Of the Total			
亏损企业	Enterprises running under Deficit	1447.05	281.87	1595.20
在总计中:	Of the Total			
中央企业	Central Enterprises	1716.94	1069.24	2062.48
地方企业	Local Enterprises	1608.52	1945.27	2703.60
在总计中:	Of the Total			
轻工业	Light Industry	418.67	636.86	501.29
重工业	Heavy Industry	2906.79	2377.65	4264.79
在总计中:	Of the Total			
大型企业	Large Scale Enterprises	2431.79	2399.50	3692.02
中型企业	Medium Scale Enterprises	540.16	425.22	702.56
小型企业	Small Enterprises	353.14	189.72	371.39
按行业分	Grouped by Sector			
煤炭开采和洗选业	Mining and Washing of Coal	29.03	24.05	34.51
黑色金属矿采选业	Mining of Ferrous Metal Ores			
有色金属矿采选业	Mining of Non-ferrous Metal Ores	34.12	20.81	36.11
非金属矿采选业	Mining and Processing of Nonmetal Ores	10.39	5.69	10.10
其他采矿业	Mining of Other Ores N.E.C			
农副食品加工业	Processing of Food from Agricultural Products	30.51	22.88	36.60
食品制造业	Manufacture of Foods	2.46	2.55	3.18
饮料制造业	Manufacture of Beverage	2.88	3.15	4.86
烟草制品业	Manufacture of Tobacco	84.07	374.17	100.21
纺织业	Manufacture of Textile	6.37	6.72	8.55
纺织服装、鞋、帽制造业	Manufacture of Textile Wearing Apparel,Footware and Caps	0.10	0.78	0.67
皮革、毛皮、羽毛及其制品	Manufacture of Leather,Fur,Feather and Its Products			
木材加工及木、竹、藤、棕、草制品业	Processing of Timbers,Manufacture of Wood, Bamboo, Rattan,Palm and Straw Products	1.89	2.12	2.89
家具制造业	Manufacture of Furniture			
造纸及纸制品业	Manufacture of Paper and Paper Products	179.86	124.66	217.06
印刷业和记录媒介的复制	Printing,Reproduction of Recording Media	6.01	13.17	8.90
文教体育用品制造业	Manufacture of Articles for Culture,Education and Sport Activity			
石油加工炼焦及核燃料加工	Processing of Petroleum,Coking,Processing of Nucleus Fuel	124.50	48.89	116.06
化学原料及化学制品制造业	Manufacture of Chemical Raw Material and Chemical Products	135.92	79.50	160.12
医药制造业	Manufacture of Medicines	12.79	19.12	19.07
化学纤维制造业	Manufacture of Chemical Fiber	1.38	1.59	2.24
橡胶制品业	Manufacture of Rubber	0.84	3.70	2.65
塑料制品业	Manufacture of Plastic	0.64	0.44	1.59
非金属矿物制品业	Manufacture of Non-metallic Mineral Products	160.12	63.49	143.58
黑色金属冶炼及压延加工业	Manufacture and Processing of Ferrous Metals	477.40	422.86	799.53
有色金属冶炼及压延加工业	Manufacture and Processing of Non-ferrous Metals	79.02	126.00	160.28
金属制品业	Manufacture of Metal Products	12.93	22.47	19.88
通用设备制造业	Manufacture of General Purpose Machinery	48.87	130.39	119.97
专用设备制造业	Manufacture of Special Purpose Machinery	95.38	543.65	479.19
交通运输设备制造业	Manufacture of Transport Equipment	148.79	314.82	335.95
电气机械及器材制造业	Manufacture of Electrical Machinery and Equipment	58.29	271.67	248.85
通信设备、计算机及其他电子设备制造业	Manufacture of Communication Equipment,Computer and Other Electronic Equipment	33.03	57.27	47.92
仪器仪表及文化、办公用机械制造业	Manufacture of Measuring Instrument and Machinery for Cultural Activity and Office Work	14.75	68.41	41.29
工艺品及其他制造业	Manufacture of Artwork,Other Manufacture N.E.C	1.36	2.53	2.44
废弃资源废旧材料回收加工	Recycling and Disposal of Waste	0.39	0.11	0.27
电力、热力的生产和供应业	Production and Supply of Electric Power and Heat Power	1463.80	206.32	1532.57
燃气生产和供应业	Production and Distribution of Gas	10.24	3.26	3.97
水的生产和供应业	Production and Distribution of Water	57.33	27.25	65.01

11-5 续表 3 continued

单位:亿元 (100 million yuan)

指标	Item	实收资本 Assets Recevied	所有者权益 Paid-in capital	主营业务收入 Revenue of Major Business
总计	**Total**	**1115.75**	**2493.15**	**6502.16**
在总计中:	Of the Total			
亏损企业	Enterprises running under Deficit	304.72	320.51	1567.04
在总计中:	Of the Total			
中央企业	Central Enterprises	500.07	1038.60	2912.66
地方企业	Local Enterprises	615.68	1454.55	3589.50
在总计中:	Of the Total			
轻工业	Light Industry	187.85	671.48	1039.94
重工业	Heavy Industry	927.90	1821.67	5462.23
在总计中:	Of the Total			
大型企业	Large Scale Enterprises	703.72	1863.54	5066.76
中型企业	Medium Scale Enterprises	254.65	383.65	870.71
小型企业	Small Enterprises	157.21	245.64	563.86
按行业分	Grouped by Sector			
煤炭开采和洗选业	Mining and Washing of Coal	16.40	23.95	73.83
黑色金属矿采选业	Mining of Ferrous Metal Ores			
有色金属矿采选业	Mining of Non-ferrous Metal Ores	22.25	39.37	56.58
非金属矿采选业	Mining and Processing of Nonmetal Ores	6.34	12.76	15.21
其他采矿业	Mining of Other Ores N.E.C			
农副食品加工业	Processing of Food from Agricultural Products	13.44	21.56	123.44
食品制造业	Manufacture of Foods	1.95	3.39	10.13
饮料制造业	Manufacture of Beverage	2.18	4.75	10.25
烟草制品业	Manufacture of Tobacco	45.45	434.06	617.41
纺织业	Manufacture of Textile	2.82	5.99	15.13
纺织服装、鞋、帽制造业	Manufacture of Textile Wearing Apparel,Footware and Caps	0.09	0.22	0.76
皮革、毛皮、羽毛及其制品	Manufacture of Leather,Fur,Feather and Its Products			
木材加工及木、竹、藤、棕、草制品业	Processing of Timbers,Manufacture of Wood, Bamboo, Rattan,Palm and Straw Products	1.44	1.80	11.27
家具制造业	Manufacture of Furniture			
造纸及纸制品业	Manufacture of Paper and Paper Products	61.12	91.36	122.40
印刷业和记录媒介的复制	Printing,Reproduction of Recording Media	3.53	12.44	26.31
文教体育用品制造业	Manufacture of Articles for Culture,Education and Sport Activity			
石油加工炼焦及核燃料加工	Processing of Petroleum,Coking,Processing of Nucleus Fuel	90.56	68.24	552.08
化学原料及化学制品制造业	Manufacture of Chemical Raw Material and Chemical Products	52.07	76.45	219.67
医药制造业	Manufacture of Medicines	9.60	21.03	34.22
化学纤维制造业	Manufacture of Chemical Fiber	1.65	1.30	3.01
橡胶制品业	Manufacture of Rubber	1.21	3.12	18.24
塑料制品业	Manufacture of Plastic	0.38	-0.42	1.08
非金属矿物制品业	Manufacture of Non-metallic Mineral Products	54.75	102.36	184.50
黑色金属冶炼及压延加工业	Manufacture and Processing of Ferrous Metals	74.08	218.98	833.09
有色金属冶炼及压延加工业	Manufacture and Processing of Non-ferrous Metals	48.60	72.44	379.00
金属制品业	Manufacture of Metal Products	8.73	16.88	43.74
通用设备制造业	Manufacture of General Purpose Machinery	38.45	73.51	221.31
专用设备制造业	Manufacture of Special Purpose Machinery	103.18	418.36	1034.20
交通运输设备制造业	Manufacture of Transport Equipment	94.65	170.78	478.07
电气机械及器材制造业	Manufacture of Electrical Machinery and Equipment	48.30	116.62	215.48
通信设备、计算机及其他电子设备制造业	Manufacture of Communication Equipment,Computer and Other Electronic Equipment	18.22	56.22	93.98
仪器仪表及文化、办公用机械制造业	Manufacture of Measuring Instrument and Machinery for Cultural Activity and Office Work	12.07	56.69	76.49
工艺品及其他制造业	Manufacture of Artwork,Other Manufacture N.E.C	1.16	1.70	2.28
废弃资源废旧材料回收加工	Recycling and Disposal of Waste	0.20	0.35	3.55
电力、热力的生产和供应业	Production and Supply of Electric Power and Heat Power	259.05	321.24	986.62
燃气生产和供应业	Production and Distribution of Gas	2.58	9.98	12.02
水的生产和供应业	Production and Distribution of Water	19.27	35.70	26.81

11-5 续表 4 continued

单位:亿元 (100 million yuan)

指标	Item	主营业务成本 Cost of Major Businese	利润总额 Total Profit	利税总额 Total Taxes
总计	**Total**	**5176.47**	**361.58**	**1139.99**
在总计中:	Of the Total			
亏损企业	Enterprises running under Deficit	1434.15	-71.85	71.56
在总计中:	Of the Total			
中央企业	Central Enterprises	2148.04	112.94	720.24
地方企业	Local Enterprises	3028.43	248.65	419.75
在总计中:	Of the Total			
轻工业	Light Industry	470.65	113.59	574.09
重工业	Heavy Industry	4705.82	248.00	565.90
在总计中:	Of the Total			
大型企业	Large Scale Enterprises	3999.32	235.46	934.93
中型企业	Medium Scale Enterprises	705.05	86.94	138.72
小型企业	Small Enterprises	471.39	39.15	66.28
按行业分	Grouped by Sector			
煤炭开采和洗选业	Mining and Washing of Coal	56.30	3.76	11.35
黑色金属矿采选业	Mining of Ferrous Metal Ores			
有色金属矿采选业	Mining of Non-ferrous Metal Ores	36.05	10.12	15.37
非金属矿采选业	Mining and Processing of Nonmetal Ores	10.68	1.09	2.23
其他采矿业	Mining of Other Ores N.E.C			
农副食品加工业	Processing of Food from Agricultural Products	99.08	5.98	10.96
食品制造业	Manufacture of Foods	7.47	0.62	1.07
饮料制造业	Manufacture of Beverage	8.07	0.12	1.12
烟草制品业	Manufacture of Tobacco	136.94	87.93	525.18
纺织业	Manufacture of Textile	13.71	-0.03	0.51
纺织服装、鞋、帽制造业	Manufacture of Textile Wearing Apparel,Footware and Caps	0.43	0.01	0.03
皮革、毛皮、羽毛及其制品	Manufacture of Leather,Fur,Feather and Its Products			
木材加工及木、竹、藤、棕、草制品业	Processing of Timbers,Manufacture of Wood, Bamboo, Rattan,Palm and Straw Products	9.44	0.68	0.96
家具制造业	Manufacture of Furniture			
造纸及纸制品业	Manufacture of Paper and Paper Products	101.97	4.39	12.08
印刷业和记录媒介的复制	Printing,Reproduction of Recording Media	19.38	5.26	6.70
文教体育用品制造业	Manufacture of Articles for Culture,Education and Sport Activity			
石油加工炼焦及核燃料加工	Processing of Petroleum,Coking,Processing of Nucleus Fuel	488.27	-20.61	63.71
化学原料及化学制品制造业	Manufacture of Chemical Raw Material and Chemical Products	181.37	8.47	19.68
医药制造业	Manufacture of Medicines	19.69	3.89	6.67
化学纤维制造业	Manufacture of Chemical Fiber	3.07	0.48	0.65
橡胶制品业	Manufacture of Rubber	17.46	0.62	1.68
塑料制品业	Manufacture of Plastic	1.01	-0.10	-0.08
非金属矿物制品业	Manufacture of Non-metallic Mineral Products	140.42	26.48	38.68
黑色金属冶炼及压延加工业	Manufacture and Processing of Ferrous Metals	801.40	-0.50	14.33
有色金属冶炼及压延加工业	Manufacture and Processing of Non-ferrous Metals	338.48	14.80	37.54
金属制品业	Manufacture of Metal Products	35.24	5.86	8.14
通用设备制造业	Manufacture of General Purpose Machinery	187.52	23.77	31.45
专用设备制造业	Manufacture of Special Purpose Machinery	822.90	123.37	172.19
交通运输设备制造业	Manufacture of Transport Equipment	398.28	24.60	60.67
电气机械及器材制造业	Manufacture of Electrical Machinery and Equipment	184.64	13.33	20.12
通信设备、计算机及其他电子设备制造业	Manufacture of Communication Equipment,Computer and Other Electronic Equipment	80.75	6.08	7.77
仪器仪表及文化、办公用机械制造业	Manufacture of Measuring Instrument and Machinery for Cultural Activity and Office Work	49.88	14.17	20.48
工艺品及其他制造业	Manufacture of Artwork,Other Manufacture N.E.C	1.61	0.13	0.14
废弃资源废旧材料回收加工	Recycling and Disposal of Waste	2.90	0.30	0.46
电力、热力的生产和供应业	Production and Supply of Electric Power and Heat Power	892.71	-4.93	44.25
燃气生产和供应业	Production and Distribution of Gas	10.42	1.00	1.83
水的生产和供应业	Production and Distribution of Water	18.93	0.43	2.08

11-5 续表 5 continued

单位:亿元 (100 million yuan)

指标	Item	本年应缴增值税 Value Added Payable of the Current Year	本年应付职工薪酬 Total Sum of Wages Payable this Year	全部从业人员年平均人数（万人） Average Number of Empolyment of the Current Year (10000persons)
总计	**Total**	**315.91**	**305.93**	**62.58**
在总计中:	Of the Total			
亏损企业	Enterprises running under Deficit	66.51	74.72	14.13
在总计中:	Of the Total			
中央企业	Central Enterprises	176.68	136.31	22.96
地方企业	Local Enterprises	139.24	169.62	39.62
在总计中:	Of the Total			
轻工业	Light Industry	102.15	41.63	9.80
重工业	Heavy Industry	213.76	264.30	52.77
在总计中:	Of the Total			
大型企业	Large Scale Enterprises	247.98	221.96	39.14
中型企业	Medium Scale Enterprises	45.18	64.52	17.94
小型企业	Small Enterprises	22.72	19.43	5.49
按行业分	Grouped by Sector			
煤炭开采和洗选业	Mining and Washing of Coal	6.59	19.66	5.32
黑色金属矿采选业	Mining of Ferrous Metal Ores			
有色金属矿采选业	Mining of Non-ferrous Metal Ores	4.33	6.83	1.50
非金属矿采选业	Mining and Processing of Nonmetal Ores	0.76	1.32	0.28
其他采矿业	Mining of Other Ores N.E.C			
农副食品加工业	Processing of Food from Agricultural Products	3.72	2.02	0.97
食品制造业	Manufacture of Foods	0.39	0.97	0.31
饮料制造业	Manufacture of Beverage	0.62	0.59	0.27
烟草制品业	Manufacture of Tobacco	83.04	18.38	2.45
纺织业	Manufacture of Textile	0.45	1.22	0.50
纺织服装、鞋、帽制造业	Manufacture of Textile Wearing Apparel,Footware and Caps	0.02	0.40	0.09
皮革、毛皮、羽毛及其制品	Manufacture of Leather,Fur,Feather and Its Products			
木材加工及木、竹、藤、棕、草制品业	Processing of Timbers,Manufacture of Wood, Bamboo, Rattan,Palm and Straw Products	0.22	0.37	0.19
家具制造业	Manufacture of Furniture			
造纸及纸制品业	Manufacture of Paper and Paper Products	6.55	4.94	1.51
印刷业和记录媒介的复制	Printing,Reproduction of Recording Media	1.41	1.61	0.29
文教体育用品制造业	Manufacture of Articles for Culture,Education and Sport Activity			
石油加工炼焦及核燃料加工	Processing of Petroleum,Coking,Processing of Nucleus Fuel	17.82	17.36	1.83
化学原料及化学制品制造业	Manufacture of Chemical Raw Material and Chemical Products	9.77	17.43	3.75
医药制造业	Manufacture of Medicines	2.44	1.99	0.83
化学纤维制造业	Manufacture of Chemical Fiber	0.14	0.35	0.06
橡胶制品业	Manufacture of Rubber	0.89	1.08	0.40
塑料制品业	Manufacture of Plastic	0.02	0.08	0.03
非金属矿物制品业	Manufacture of Non-metallic Mineral Products	10.57	8.56	2.59
黑色金属冶炼及压延加工业	Manufacture and Processing of Ferrous Metals	9.76	21.55	5.18
有色金属冶炼及压延加工业	Manufacture and Processing of Non-ferrous Metals	20.20	16.31	3.81
金属制品业	Manufacture of Metal Products	2.07	1.82	0.35
通用设备制造业	Manufacture of General Purpose Machinery	6.84	10.20	2.59
专用设备制造业	Manufacture of Special Purpose Machinery	42.95	42.08	5.74
交通运输设备制造业	Manufacture of Transport Equipment	25.84	28.93	6.05
电气机械及器材制造业	Manufacture of Electrical Machinery and Equipment	5.03	12.28	1.81
通信设备、计算机及其他电子设备制造业	Manufacture of Communication Equipment,Computer and Other Electronic Equipment	1.44	4.68	0.92
仪器仪表及文化、办公用机械制造业	Manufacture of Measuring Instrument and Machinery for Cultural Activity and Office Work	5.79	5.03	0.72
工艺品及其他制造业	Manufacture of Artwork,Other Manufacture N.E.C	0.01	0.41	0.19
废弃资源废旧材料回收加工	Recycling and Disposal of Waste	0.14	0.13	0.03
电力、热力的生产和供应业	Production and Supply of Electric Power and Heat Power	43.98	51.31	10.40
燃气生产和供应业	Production and Distribution of Gas	0.74	0.37	0.07
水的生产和供应业	Production and Distribution of Water	1.38	5.69	1.54

11-5 续表 6 continued

单位:亿元 (100 million yuan)

指标	Item	总资产贡献率（%） Ratio of Total Assets to Industrial Output Value(%)	成本费用利润率（%） Ratio of Profits to Industrial Cost(%)
总计	**Total**	**17.33**	**6.04**
在总计中:	Of the Total		
亏损企业	Enterprises running under Deficit	6.73	-4.48
在总计中:	Of the Total		
中央企业	Central Enterprises	25.15	4.57
地方企业	Local Enterprises	11.50	7.08
在总计中:	Of the Total		
轻工业	Light Industry	49.89	19.18
重工业	Heavy Industry	11.06	4.60
在总计中:	Of the Total		
大型企业	Large Scale Enterprises	18.49	5.10
中型企业	Medium Scale Enterprises	14.27	10.47
小型企业	Small Enterprises	12.24	7.34
按行业分	Grouped by Sector		
煤炭开采和洗选业	Mining and Washing of Coal	20.04	5.40
黑色金属矿采选业	Mining of Ferrous Metal Ores		
有色金属矿采选业	Mining of Non-ferrous Metal Ores	21.14	21.25
非金属矿采选业	Mining and Processing of Nonmetal Ores	10.76	7.83
其他采矿业	Mining of Other Ores N.E.C		
农副食品加工业	Processing of Food from Agricultural Products	20.50	5.32
食品制造业	Manufacture of Foods	16.97	7.35
饮料制造业	Manufacture of Beverage	12.78	1.24
烟草制品业	Manufacture of Tobacco	98.11	48.88
纺织业	Manufacture of Textile	3.81	-0.22
纺织服装、鞋、帽制造业	Manufacture of Textile Wearing Apparel,Footware and Caps	3.71	1.84
皮革、毛皮、羽毛及其制品	Manufacture of Leather,Fur,Feather and Its Products		
木材加工及木、竹、藤、棕、草制品业	Processing of Timbers,Manufacture of Wood, Bamboo, Rattan,Palm and Straw Products	22.21	5.83
家具制造业	Manufacture of Furniture		
造纸及纸制品业	Manufacture of Paper and Paper Products	6.78	3.30
印刷业和记录媒介的复制	Printing,Reproduction of Recording Media	32.08	23.64
文教体育用品制造业	Manufacture of Articles for Culture,Education and Sport Activity		
石油加工炼焦及核燃料加工	Processing of Petroleum,Coking,Processing of Nucleus Fuel	35.75	-3.95
化学原料及化学制品制造业	Manufacture of Chemical Raw Material and Chemical Products	10.25	3.89
医药制造业	Manufacture of Medicines	17.72	12.23
化学纤维制造业	Manufacture of Chemical Fiber	19.52	14.64
橡胶制品业	Manufacture of Rubber	29.61	3.13
塑料制品业	Manufacture of Plastic	-5.19	-8.50
非金属矿物制品业	Manufacture of Non-metallic Mineral Products	17.02	16.37
黑色金属冶炼及压延加工业	Manufacture and Processing of Ferrous Metals	3.42	-0.05
有色金属冶炼及压延加工业	Manufacture and Processing of Non-ferrous Metals	18.39	3.82
金属制品业	Manufacture of Metal Products	23.70	13.17
通用设备制造业	Manufacture of General Purpose Machinery	16.84	11.38
专用设备制造业	Manufacture of Special Purpose Machinery	19.67	13.45
交通运输设备制造业	Manufacture of Transport Equipment	12.66	5.11
电气机械及器材制造业	Manufacture of Electrical Machinery and Equipment	6.86	6.32
通信设备、计算机及其他电子设备制造业	Manufacture of Communication Equipment,Computer and Other Electronic Equipment	7.62	6.90
仪器仪表及文化、办公用机械制造业	Manufacture of Measuring Instrument and Machinery for Cultural Activity and Office Work	21.17	22.37
工艺品及其他制造业	Manufacture of Artwork,Other Manufacture N.E.C	3.32	5.52
废弃资源废旧材料回收加工	Recycling and Disposal of Waste	74.36	8.92
电力、热力的生产和供应业	Production and Supply of Electric Power and Heat Power	5.37	-0.48
燃气生产和供应业	Production and Distribution of Gas	13.14	8.84
水的生产和供应业	Production and Distribution of Water	3.25	1.52

11−5 续表 7 continued

单位:亿元 (100 million yuan)

指标	Item	产品销售率（%） Proporting of Products Sold(%)	资产负债率(%) Assets-Liability Ratio(%)
总计	**Total**	**99.02**	**65.66**
在总计中:	Of the Total		
亏损企业	Enterprises running under Deficit	99.57	83.27
在总计中:	Of the Total		
中央企业	Central Enterprises	99.40	66.51
地方企业	Local Enterprises	98.71	65.02
在总计中:	Of the Total		
轻工业	Light Industry	99.63	42.74
重工业	Heavy Industry	98.90	70.07
在总计中:	Of the Total		
大型企业	Large Scale Enterprises	99.27	66.46
中型企业	Medium Scale Enterprises	98.23	64.68
小型企业	Small Enterprises	98.07	60.19
按行业分	Grouped by Sector		
煤炭开采和洗选业	Mining and Washing of Coal	100.80	59.03
黑色金属矿采选业	Mining of Ferrous Metal Ores		
有色金属矿采选业	Mining of Non-ferrous Metal Ores	98.90	47.84
非金属矿采选业	Mining and Processing of Nonmetal Ores	99.34	44.20
其他采矿业	Mining of Other Ores N.E.C		
农副食品加工业	Processing of Food from Agricultural Products	96.61	62.93
食品制造业	Manufacture of Foods	97.84	48.38
饮料制造业	Manufacture of Beverage	99.35	50.58
烟草制品业	Manufacture of Tobacco	100.65	18.76
纺织业	Manufacture of Textile	98.19	58.83
纺织服装、鞋、帽制造业	Manufacture of Textile Wearing Apparel,Footware and Caps	100.00	75.82
皮革、毛皮、羽毛及其制品	Manufacture of Leather,Fur,Feather and Its Products		
木材加工及木、竹、藤、棕、草制品业	Processing of Timbers,Manufacture of Wood, Bamboo, Rattan,Palm and Straw Products	96.49	61.67
家具制造业	Manufacture of Furniture		
造纸及纸制品业	Manufacture of Paper and Paper Products	101.18	70.38
印刷业和记录媒介的复制	Printing,Reproduction of Recording Media	98.46	41.70
文教体育用品制造业	Manufacture of Articles for Culture,Education and Sport Activity		
石油加工炼焦及核燃料加工	Processing of Petroleum,Coking,Processing of Nucleus Fuel	101.41	62.97
化学原料及化学制品制造业	Manufacture of Chemical Raw Material and Chemical Products	97.18	67.68
医药制造业	Manufacture of Medicines	94.95	47.55
化学纤维制造业	Manufacture of Chemical Fiber	91.00	63.30
橡胶制品业	Manufacture of Rubber	97.25	45.92
塑料制品业	Manufacture of Plastic	90.50	135.52
非金属矿物制品业	Manufacture of Non-metallic Mineral Products	97.11	58.38
黑色金属冶炼及压延加工业	Manufacture and Processing of Ferrous Metals	99.44	78.50
有色金属冶炼及压延加工业	Manufacture and Processing of Non-ferrous Metals	98.24	68.87
金属制品业	Manufacture of Metal Products	97.72	54.08
通用设备制造业	Manufacture of General Purpose Machinery	99.32	62.01
专用设备制造业	Manufacture of Special Purpose Machinery	99.75	53.39
交通运输设备制造业	Manufacture of Transport Equipment	98.68	66.30
电气机械及器材制造业	Manufacture of Electrical Machinery and Equipment	94.23	68.09
通信设备、计算机及其他电子设备制造业	Manufacture of Communication Equipment,Computer and Other Electronic Equipment	89.17	46.02
仪器仪表及文化、办公用机械制造业	Manufacture of Measuring Instrument and Machinery for Cultural Activity and Office Work	93.40	42.14
工艺品及其他制造业	Manufacture of Artwork,Other Manufacture N.E.C	98.31	58.93
废弃资源废旧材料回收加工	Recycling and Disposal of Waste	100.00	43.70
电力、热力的生产和供应业	Production and Supply of Electric Power and Heat Power	99.71	82.67
燃气生产和供应业	Production and Distribution of Gas	98.92	28.48
水的生产和供应业	Production and Distribution of Water	95.45	64.55

11-6 集体工业企业主要经济指标（2011年）
Major Economic Indications of Collective-owned Industrial Enterprises (2011)

单位:亿元 (100 million yuan)

指标	Item	企业单位数（个） Number of Enterprises (unit)	#亏损企业 Loss-making Enterprises	工业总产值 Total Output Value
总计	**Total**	**373**	**16**	**434.79**
在总计中:	Of the Total			
亏损企业	Enterprises running under Deficit	16	16	7.79
在总计中:	Of the Total			
轻工业	Light Industry	61		99.77
重工业	Heavy Industry	312	16	335.01
在总计中:	Of the Total			
大型企业	Large Scale Enterprises	3		17.83
中型企业	Medium Scale Enterprises	56	5	112.07
小型企业	Small Enterprises	312	10	304.37
按行业分	Grouped by Sector			
煤炭开采和洗选业	Mining and Washing of Coal	138	10	92.88
黑色金属矿采选业	Mining of Ferrous Metal Ores	7		6.47
有色金属矿采选业	Mining of Non-ferrous Metal Ores	7		5.32
非金属矿采选业	Mining and Processing of Nonmetal Ores	11		18.01
其他采矿业	Mining of Other Ores N.E.C			
农副食品加工业	Processing of Food from Agricultural Products	11		39.55
食品制造业	Manufacture of Foods	2		5.55
饮料制造业	Manufacture of Beverage	4		11.15
烟草制品业	Manufacture of Tobacco			
纺织业	Manufacture of Textile	5		10.87
纺织服装、鞋、帽制造业	Manufacture of Textile Wearing Apparel,Footware and Caps	1		0.77
皮革、毛皮、羽毛及其制品	Manufacture of Leather,Fur,Feather and Its Products	2		2.58
木材加工及木、竹、藤、棕、草制品业	Processing of Timbers,Manufacture of Wood, Bamboo, Rattan,Palm and Straw Products	4		5.86
家具制造业	Manufacture of Furniture	2		1.15
造纸及纸制品业	Manufacture of Paper and Paper Products	13		9.77
印刷业和记录媒介的复制	Printing,Reproduction of Recording Media	5		5.64
文教体育用品制造业	Manufacture of Articles for Culture,Education and Sport Activity	2		1.54
石油加工炼焦及核燃料加工	Processing of Petroleum,Coking,Processing of Nucleus Fuel			
化学原料及化学制品制造业	Manufacture of Chemical Raw Material and Chemical Products	24		20.32
医药制造业	Manufacture of Medicines	1		1.51
化学纤维制造业	Manufacture of Chemical Fiber			
橡胶制品业	Manufacture of Rubber	2		2.50
塑料制品业	Manufacture of Plastic	4		4.76
非金属矿物制品业	Manufacture of Non-metallic Mineral Products	53	1	74.32
黑色金属冶炼及压延加工业	Manufacture and Processing of Ferrous Metals	7	1	12.57
有色金属冶炼及压延加工业	Manufacture and Processing of Non-ferrous Metals	9		15.28
金属制品业	Manufacture of Metal Products	6		8.09
通用设备制造业	Manufacture of General Purpose Machinery	14		29.05
专用设备制造业	Manufacture of Special Purpose Machinery	9	2	7.51
交通运输设备制造业	Manufacture of Transport Equipment	9	1	10.39
电气机械及器材制造业	Manufacture of Electrical Machinery and Equipment	8		14.58
通信设备、计算机及其他电子设备制造业	Manufacture of Communication Equipment,Computer and Other Electronic Equipment	2	1	0.49
仪器仪表及文化、办公用机械制造业	Manufacture of Measuring Instrument and Machinery for Cultural Activity and Office Work	1		0.50
工艺品及其他制造业	Manufacture of Artwork,Other Manufacture N.E.C	1		0.50
废弃资源废旧材料回收加工	Recycling and Disposal of Waste	2		5.39
电力、热力的生产和供应业	Production and Supply of Electric Power and Heat Power	5		9.42
燃气生产和供应业	Production and Distribution of Gas			
水的生产和供应业	Production and Distribution of Water	2		0.51

11-6 续表 1 continued

单位:亿元 (100 million yuan)

指标	Item	工业销售产值 Output Value of Industrial Products Sales	出口交货值 Delivery Value for Export	资产总计 Total Assets
总计	**Total**	**432.36**	**1.13**	**129.80**
在总计中:	Of the Total			
亏损企业	Enterprises running under Deficit	7.51		7.59
在总计中:	Of the Total			
轻工业	Light Industry	99.34	0.20	19.74
重工业	Heavy Industry	333.02	0.93	110.06
在总计中:	Of the Total			
大型企业	Large Scale Enterprises	17.84		6.08
中型企业	Medium Scale Enterprises	111.54	0.16	28.78
小型企业	Small Enterprises	302.50	0.96	94.87
按行业分	Grouped by Sector			
煤炭开采和洗选业	Mining and Washing of Coal	92.35	0.29	31.73
黑色金属矿采选业	Mining of Ferrous Metal Ores	6.45		1.30
有色金属矿采选业	Mining of Non-ferrous Metal Ores	5.21		1.59
非金属矿采选业	Mining and Processing of Nonmetal Ores	17.98		5.07
其他采矿业	Mining of Other Ores N.E.C			
农副食品加工业	Processing of Food from Agricultural Products	39.53		5.71
食品制造业	Manufacture of Foods	5.55		2.10
饮料制造业	Manufacture of Beverage	11.29		0.82
烟草制品业	Manufacture of Tobacco			
纺织业	Manufacture of Textile	10.61		1.87
纺织服装、鞋、帽制造业	Manufacture of Textile Wearing Apparel,Footware and Caps	0.75		0.31
皮革、毛皮、羽毛及其制品	Manufacture of Leather,Fur,Feather and Its Products	2.55		0.52
木材加工及木、竹、藤、棕、草制品业	Processing of Timbers,Manufacture of Wood, Bamboo, Rattan,Palm and Straw Products	5.82		0.63
家具制造业	Manufacture of Furniture	1.13		0.24
造纸及纸制品业	Manufacture of Paper and Paper Products	9.72		2.87
印刷业和记录媒介的复制	Printing,Reproduction of Recording Media	5.64		1.83
文教体育用品制造业	Manufacture of Articles for Culture,Education and Sport Activity	1.52		0.19
石油加工炼焦及核燃料加工	Processing of Petroleum,Coking,Processing of Nucleus Fuel			
化学原料及化学制品制造业	Manufacture of Chemical Raw Material and Chemical Products	20.21	0.03	5.26
医药制造业	Manufacture of Medicines	1.51		0.04
化学纤维制造业	Manufacture of Chemical Fiber			
橡胶制品业	Manufacture of Rubber	2.42		0.69
塑料制品业	Manufacture of Plastic	4.72		0.73
非金属矿物制品业	Manufacture of Non-metallic Mineral Products	74.12	0.16	23.87
黑色金属冶炼及压延加工业	Manufacture and Processing of Ferrous Metals	12.37		5.64
有色金属冶炼及压延加工业	Manufacture and Processing of Non-ferrous Metals	14.98	0.03	2.05
金属制品业	Manufacture of Metal Products	8.09	0.58	1.31
通用设备制造业	Manufacture of General Purpose Machinery	28.84		3.16
专用设备制造业	Manufacture of Special Purpose Machinery	7.34		1.50
交通运输设备制造业	Manufacture of Transport Equipment	10.38		2.82
电气机械及器材制造业	Manufacture of Electrical Machinery and Equipment	14.54	0.03	3.11
通信设备、计算机及其他电子设备制造业	Manufacture of Communication Equipment,Computer and Other Electronic Equipment	0.46		1.38
仪器仪表及文化、办公用机械制造业	Manufacture of Measuring Instrument and Machinery for Cultural Activity and Office Work	0.50		0.32
工艺品及其他制造业	Manufacture of Artwork,Other Manufacture N.E.C	0.50		0.14
废弃资源废旧材料回收加工	Recycling and Disposal of Waste	5.38		2.91
电力、热力的生产和供应业	Production and Supply of Electric Power and Heat Power	9.40		17.78
燃气生产和供应业	Production and Distribution of Gas			
水的生产和供应业	Production and Distribution of Water	0.51		0.32

11-6 续表 2 continued

单位:亿元 (100 million yuan)

指标	Item	固定资产合计 Total Fixed Assets	流动资产合计 Circulating Funds	负债合计 Total Liabilities
总计	**Total**	**83.10**	**28.58**	**66.07**
在总计中:	Of the Total			
亏损企业	Enterprises running under Deficit	1.64	2.22	7.53
在总计中:	Of the Total			
轻工业	Light Industry	11.79	4.89	9.09
重工业	Heavy Industry	71.30	23.69	56.98
在总计中:	Of the Total			
大型企业	Large Scale Enterprises	2.68	3.15	3.01
中型企业	Medium Scale Enterprises	17.99	5.71	14.13
小型企业	Small Enterprises	62.38	19.70	48.89
按行业分	Grouped by Sector			
煤炭开采和洗选业	Mining and Washing of Coal	19.45	8.58	15.07
黑色金属矿采选业	Mining of Ferrous Metal Ores	0.57	0.27	0.56
有色金属矿采选业	Mining of Non-ferrous Metal Ores	0.95	0.39	0.97
非金属矿采选业	Mining and Processing of Nonmetal Ores	4.50	0.53	2.07
其他采矿业	Mining of Other Ores N.E.C			
农副食品加工业	Processing of Food from Agricultural Products	3.95	0.70	2.33
食品制造业	Manufacture of Foods	0.95	0.21	0.04
饮料制造业	Manufacture of Beverage	0.56	0.20	0.57
烟草制品业	Manufacture of Tobacco			
纺织业	Manufacture of Textile	1.32	0.32	0.40
纺织服装、鞋、帽制造业	Manufacture of Textile Wearing Apparel,Footware and Caps	0.26	0.05	0.21
皮革、毛皮、羽毛及其制品	Manufacture of Leather,Fur,Feather and Its Products	0.18	0.20	0.21
木材加工及木、竹、藤、棕、草制品业	Processing of Timbers,Manufacture of Wood, Bamboo, Rattan,Palm and Straw Products	0.28	0.01	0.35
家具制造业	Manufacture of Furniture	0.16	0.07	0.14
造纸及纸制品业	Manufacture of Paper and Paper Products	1.79	1.02	2.06
印刷业和记录媒介的复制	Printing,Reproduction of Recording Media	1.35	0.46	0.75
文教体育用品制造业	Manufacture of Articles for Culture,Education and Sport Activity	0.09	0.10	0.04
石油加工炼焦及核燃料加工	Processing of Petroleum,Coking,Processing of Nucleus Fuel			
化学原料及化学制品制造业	Manufacture of Chemical Raw Material and Chemical Products	3.26	1.66	2.06
医药制造业	Manufacture of Medicines	0.02	0.02	0.03
化学纤维制造业	Manufacture of Chemical Fiber			
橡胶制品业	Manufacture of Rubber	0.59	0.09	0.06
塑料制品业	Manufacture of Plastic	0.40	0.11	0.32
非金属矿物制品业	Manufacture of Non-metallic Mineral Products	18.56	4.33	6.66
黑色金属冶炼及压延加工业	Manufacture and Processing of Ferrous Metals	1.36	0.78	4.60
有色金属冶炼及压延加工业	Manufacture and Processing of Non-ferrous Metals	1.07	0.92	1.20
金属制品业	Manufacture of Metal Products	0.56	0.73	0.49
通用设备制造业	Manufacture of General Purpose Machinery	1.88	0.96	1.80
专用设备制造业	Manufacture of Special Purpose Machinery	0.74	0.64	1.33
交通运输设备制造业	Manufacture of Transport Equipment	1.39	1.18	1.70
电气机械及器材制造业	Manufacture of Electrical Machinery and Equipment	2.04	0.79	1.78
通信设备、计算机及其他电子设备制造业	Manufacture of Communication Equipment,Computer and Other Electronic Equipment	0.36	1.02	1.05
仪器仪表及文化、办公用机械制造业	Manufacture of Measuring Instrument and Machinery for Cultural Activity and Office Work	0.18	0.14	0.12
工艺品及其他制造业	Manufacture of Artwork,Other Manufacture N.E.C	0.03	0.07	0.08
废弃资源废旧材料回收加工	Recycling and Disposal of Waste	1.20	1.55	1.25
电力、热力的生产和供应业	Production and Supply of Electric Power and Heat Power	13.02	0.35	15.60
燃气生产和供应业	Production and Distribution of Gas			
水的生产和供应业	Production and Distribution of Water	0.09	0.12	0.16

11-6 续表 3 continued

单位:亿元 (100 million yuan)

指标	Item	实收资本 Assets Recevied	所有者权益 Paid-in capital	主营业务收入 Revenue of Major Business
总计	**Total**	**32.93**	**63.73**	**433.43**
在总计中:	Of the Total			
亏损企业	Enterprises running under Deficit	1.17	0.06	7.98
在总计中:	Of the Total			
轻工业	Light Industry	4.36	10.65	99.05
重工业	Heavy Industry	28.57	53.08	334.37
在总计中:	Of the Total			
大型企业	Large Scale Enterprises	1.31	3.08	17.85
中型企业	Medium Scale Enterprises	10.10	14.65	113.86
小型企业	Small Enterprises	21.45	45.98	301.23
按行业分	Grouped by Sector			
煤炭开采和洗选业	Mining and Washing of Coal	8.82	16.66	92.13
黑色金属矿采选业	Mining of Ferrous Metal Ores	0.30	0.74	6.05
有色金属矿采选业	Mining of Non-ferrous Metal Ores	0.49	0.61	5.31
非金属矿采选业	Mining and Processing of Nonmetal Ores	2.20	3.00	18.08
其他采矿业	Mining of Other Ores N.E.C			
农副食品加工业	Processing of Food from Agricultural Products	1.66	3.38	38.99
食品制造业	Manufacture of Foods	0.13	2.06	5.03
饮料制造业	Manufacture of Beverage	0.33	0.25	11.60
烟草制品业	Manufacture of Tobacco			
纺织业	Manufacture of Textile	0.27	1.47	10.96
纺织服装、鞋、帽制造业	Manufacture of Textile Wearing Apparel,Footware and Caps	0.01	0.10	0.73
皮革、毛皮、羽毛及其制品	Manufacture of Leather,Fur,Feather and Its Products	0.11	0.31	2.76
木材加工及木、竹、藤、棕、草制品业	Processing of Timbers,Manufacture of Wood, Bamboo, Rattan,Palm and Straw Products	0.17	0.28	5.44
家具制造业	Manufacture of Furniture	0.03	0.10	1.12
造纸及纸制品业	Manufacture of Paper and Paper Products	0.51	0.80	9.89
印刷业和记录媒介的复制	Printing,Reproduction of Recording Media	0.43	1.08	5.60
文教体育用品制造业	Manufacture of Articles for Culture,Education and Sport Activity	0.09	0.15	1.52
石油加工炼焦及核燃料加工	Processing of Petroleum,Coking,Processing of Nucleus Fuel			
化学原料及化学制品制造业	Manufacture of Chemical Raw Material and Chemical Products	1.13	3.20	20.49
医药制造业	Manufacture of Medicines	0.01	0.01	1.51
化学纤维制造业	Manufacture of Chemical Fiber			
橡胶制品业	Manufacture of Rubber	0.10	0.62	1.90
塑料制品业	Manufacture of Plastic	0.10	0.41	4.45
非金属矿物制品业	Manufacture of Non-metallic Mineral Products	9.27	17.22	76.90
黑色金属冶炼及压延加工业	Manufacture and Processing of Ferrous Metals	0.78	1.04	12.29
有色金属冶炼及压延加工业	Manufacture and Processing of Non-ferrous Metals	0.62	0.86	15.45
金属制品业	Manufacture of Metal Products	0.22	0.82	8.06
通用设备制造业	Manufacture of General Purpose Machinery	0.87	1.35	28.49
专用设备制造业	Manufacture of Special Purpose Machinery	0.25	0.17	7.40
交通运输设备制造业	Manufacture of Transport Equipment	0.54	1.12	10.31
电气机械及器材制造业	Manufacture of Electrical Machinery and Equipment	0.59	1.34	13.76
通信设备、计算机及其他电子设备制造业	Manufacture of Communication Equipment,Computer and Other Electronic Equipment	0.44	0.33	0.42
仪器仪表及文化、办公用机械制造业	Manufacture of Measuring Instrument and Machinery for Cultural Activity and Office Work	0.16	0.20	0.50
工艺品及其他制造业	Manufacture of Artwork,Other Manufacture N.E.C	0.01	0.05	0.50
废弃资源废旧材料回收加工	Recycling and Disposal of Waste	0.30	1.66	6.03
电力、热力的生产和供应业	Production and Supply of Electric Power and Heat Power	1.88	2.18	9.30
燃气生产和供应业	Production and Distribution of Gas			
水的生产和供应业	Production and Distribution of Water	0.12	0.15	0.48

11-6 续表 4 continued

单位:亿元 (100 million yuan)

指标	Item	主营业务成本 Cost of Major Businese	利润总额 Total Profit	利税总额 Total Taxes
总计	**Total**	**337.23**	**22.36**	**44.77**
在总计中:	Of the Total			
亏损企业	Enterprises running under Deficit	6.99	-0.37	0.03
在总计中:	Of the Total			
轻工业	Light Industry	77.87	4.76	9.32
重工业	Heavy Industry	259.36	17.60	35.46
在总计中:	Of the Total			
大型企业	Large Scale Enterprises	14.87	1.78	2.60
中型企业	Medium Scale Enterprises	87.06	4.64	11.69
小型企业	Small Enterprises	234.90	15.94	30.47
按行业分	Grouped by Sector			
煤炭开采和洗选业	Mining and Washing of Coal	75.29	7.04	13.20
黑色金属矿采选业	Mining of Ferrous Metal Ores	4.21	0.45	0.80
有色金属矿采选业	Mining of Non-ferrous Metal Ores	4.19	0.40	0.72
非金属矿采选业	Mining and Processing of Nonmetal Ores	9.95	0.43	1.60
其他采矿业	Mining of Other Ores N.E.C			
农副食品加工业	Processing of Food from Agricultural Products	30.71	1.90	3.46
食品制造业	Manufacture of Foods	4.26	1.08	1.36
饮料制造业	Manufacture of Beverage	9.37	0.22	0.91
烟草制品业	Manufacture of Tobacco			
纺织业	Manufacture of Textile	8.32	0.19	0.77
纺织服装、鞋、帽制造业	Manufacture of Textile Wearing Apparel,Footware and Caps	0.69	0.02	0.04
皮革、毛皮、羽毛及其制品	Manufacture of Leather,Fur,Feather and Its Products	2.57	0.13	0.24
木材加工及木、竹、藤、棕、草制品业	Processing of Timbers,Manufacture of Wood, Bamboo, Rattan,Palm and Straw Products	4.26	0.10	0.28
家具制造业	Manufacture of Furniture	1.01	0.03	0.07
造纸及纸制品业	Manufacture of Paper and Paper Products	7.47	0.38	0.77
印刷业和记录媒介的复制	Printing,Reproduction of Recording Media	3.89	0.40	0.70
文教体育用品制造业	Manufacture of Articles for Culture,Education and Sport Activity	1.33	0.08	0.18
石油加工炼焦及核燃料加工	Processing of Petroleum,Coking,Processing of Nucleus Fuel			
化学原料及化学制品制造业	Manufacture of Chemical Raw Material and Chemical Products	14.94	0.72	1.50
医药制造业	Manufacture of Medicines	0.93	0.01	0.05
化学纤维制造业	Manufacture of Chemical Fiber			
橡胶制品业	Manufacture of Rubber	1.24	0.02	0.09
塑料制品业	Manufacture of Plastic	4.03	0.09	0.22
非金属矿物制品业	Manufacture of Non-metallic Mineral Products	60.94	3.08	7.50
黑色金属冶炼及压延加工业	Manufacture and Processing of Ferrous Metals	9.49	0.72	1.36
有色金属冶炼及压延加工业	Manufacture and Processing of Non-ferrous Metals	12.71	0.30	0.68
金属制品业	Manufacture of Metal Products	6.20	0.35	0.73
通用设备制造业	Manufacture of General Purpose Machinery	21.53	1.48	2.72
专用设备制造业	Manufacture of Special Purpose Machinery	6.41	0.58	0.88
交通运输设备制造业	Manufacture of Transport Equipment	8.92	0.43	0.87
电气机械及器材制造业	Manufacture of Electrical Machinery and Equipment	9.31	0.39	0.70
通信设备、计算机及其他电子设备制造业	Manufacture of Communication Equipment,Computer and Other Electronic Equipment	0.35	-0.03	-0.01
仪器仪表及文化、办公用机械制造业	Manufacture of Measuring Instrument and Machinery for Cultural Activity and Office Work	0.42	0.03	0.06
工艺品及其他制造业	Manufacture of Artwork,Other Manufacture N.E.C	0.40	0.03	0.05
废弃资源废旧材料回收加工	Recycling and Disposal of Waste	5.00	0.68	1.04
电力、热力的生产和供应业	Production and Supply of Electric Power and Heat Power	6.51	0.61	1.22
燃气生产和供应业	Production and Distribution of Gas			
水的生产和供应业	Production and Distribution of Water	0.36	0.01	0.02

11-6 续表 5 continued

单位:亿元 (100 million yuan)

指标	Item	本年应缴增值税 Value Added Payable of the Current Year	本年应付职工薪酬 Total Sum of Wages Payable this Year	全部从业人员年平均人数(万人) Average Number of Empolyment of the Current Year (10000persons)
总计	**Total**	**17.64**	**24.62**	**7.65**
在总计中:	Of the Total			
亏损企业	Enterprises running under Deficit	0.33	1.51	0.51
在总计中:	Of the Total			
轻工业	Light Industry	3.79	2.75	0.98
重工业	Heavy Industry	13.86	21.87	6.67
在总计中:	Of the Total			
大型企业	Large Scale Enterprises	0.62	1.60	0.52
中型企业	Medium Scale Enterprises	5.85	8.61	2.73
小型企业	Small Enterprises	11.17	14.41	4.40
按行业分	Grouped by Sector			
煤炭开采和洗选业	Mining and Washing of Coal	4.85	10.51	3.17
黑色金属矿采选业	Mining of Ferrous Metal Ores	0.28	0.43	0.12
有色金属矿采选业	Mining of Non-ferrous Metal Ores	0.26	0.41	0.13
非金属矿采选业	Mining and Processing of Nonmetal Ores	0.89	0.43	0.16
其他采矿业	Mining of Other Ores N.E.C			
农副食品加工业	Processing of Food from Agricultural Products	1.26	0.53	0.20
食品制造业	Manufacture of Foods	0.24	0.07	0.03
饮料制造业	Manufacture of Beverage	0.58	0.33	0.06
烟草制品业	Manufacture of Tobacco			
纺织业	Manufacture of Textile	0.49	0.44	0.12
纺织服装、鞋、帽制造业	Manufacture of Textile Wearing Apparel,Footware and Caps	0.01	0.01	0.01
皮革、毛皮、羽毛及其制品	Manufacture of Leather,Fur,Feather and Its Products	0.10	0.06	0.03
木材加工及木、竹、藤、棕、草制品业	Processing of Timbers,Manufacture of Wood, Bamboo, Rattan,Palm and Straw Products	0.15	0.13	0.08
家具制造业	Manufacture of Furniture	0.04	0.06	0.02
造纸及纸制品业	Manufacture of Paper and Paper Products	0.31	0.38	0.15
印刷业和记录媒介的复制	Printing,Reproduction of Recording Media	0.25	0.14	0.06
文教体育用品制造业	Manufacture of Articles for Culture,Education and Sport Activity	0.08	0.04	0.02
石油加工炼焦及核燃料加工	Processing of Petroleum,Coking,Processing of Nucleus Fuel			
化学原料及化学制品制造业	Manufacture of Chemical Raw Material and Chemical Products	0.53	0.88	0.32
医药制造业	Manufacture of Medicines	0.05	0.02	0.01
化学纤维制造业	Manufacture of Chemical Fiber			
橡胶制品业	Manufacture of Rubber	0.06	0.05	0.03
塑料制品业	Manufacture of Plastic	0.11	0.06	0.04
非金属矿物制品业	Manufacture of Non-metallic Mineral Products	3.51	4.25	1.40
黑色金属冶炼及压延加工业	Manufacture and Processing of Ferrous Metals	0.48	0.56	0.29
有色金属冶炼及压延加工业	Manufacture and Processing of Non-ferrous Metals	0.30	0.21	0.10
金属制品业	Manufacture of Metal Products	0.30	0.32	0.07
通用设备制造业	Manufacture of General Purpose Machinery	0.78	0.98	0.15
专用设备制造业	Manufacture of Special Purpose Machinery	0.25	0.32	0.13
交通运输设备制造业	Manufacture of Transport Equipment	0.36	1.18	0.20
电气机械及器材制造业	Manufacture of Electrical Machinery and Equipment	0.22	0.32	0.09
通信设备、计算机及其他电子设备制造业	Manufacture of Communication Equipment,Computer and Other Electronic Equipment	0.01	0.06	0.02
仪器仪表及文化、办公用机械制造业	Manufacture of Measuring Instrument and Machinery for Cultural Activity and Office Work	0.03	0.06	0.01
工艺品及其他制造业	Manufacture of Artwork,Other Manufacture N.E.C	0.02	0.10	0.04
废弃资源废旧材料回收加工	Recycling and Disposal of Waste	0.30	0.69	0.25
电力、热力的生产和供应业	Production and Supply of Electric Power and Heat Power	0.53	0.55	0.14
燃气生产和供应业	Production and Distribution of Gas			
水的生产和供应业	Production and Distribution of Water	0.01	0.04	0.02

11-6 续表 6 continued

单位:亿元 (100 million yuan)

指标	Item	总资产贡献率（%） Ratio of Total Assets to Industrial Output Value(%)	成本费用利润率（%） Ratio of Profits to Industrial Cost (%)
总计	**Total**	**35.66**	**5.90**
在总计中:	Of the Total		
亏损企业	Enterprises running under Deficit	0.79	-4.51
在总计中:	Of the Total		
轻工业	Light Industry	50.05	5.38
重工业	Heavy Industry	33.08	6.06
在总计中:	Of the Total		
大型企业	Large Scale Enterprises	43.44	10.98
中型企业	Medium Scale Enterprises	42.65	4.42
小型企业	Small Enterprises	33.03	6.19
按行业分	Grouped by Sector		
煤炭开采和洗选业	Mining and Washing of Coal	42.62	8.45
黑色金属矿采选业	Mining of Ferrous Metal Ores	63.63	9.46
有色金属矿采选业	Mining of Non-ferrous Metal Ores	46.66	8.86
非金属矿采选业	Mining and Processing of Nonmetal Ores	31.94	3.26
其他采矿业	Mining of Other Ores N.E.C		
农副食品加工业	Processing of Food from Agricultural Products	67.52	5.22
食品制造业	Manufacture of Foods	65.77	24.12
饮料制造业	Manufacture of Beverage	111.23	2.09
烟草制品业	Manufacture of Tobacco		
纺织业	Manufacture of Textile	41.55	1.99
纺织服装、鞋、帽制造业	Manufacture of Textile Wearing Apparel,Footware and Caps	12.51	3.53
皮革、毛皮、羽毛及其制品	Manufacture of Leather,Fur,Feather and Its Products	47.00	4.68
木材加工及木、竹、藤、棕、草制品业	Processing of Timbers,Manufacture of Wood, Bamboo, Rattan,Palm and Straw Products	44.59	2.25
家具制造业	Manufacture of Furniture	28.65	2.37
造纸及纸制品业	Manufacture of Paper and Paper Products	28.06	4.76
印刷业和记录媒介的复制	Printing,Reproduction of Recording Media	39.13	9.26
文教体育用品制造业	Manufacture of Articles for Culture,Education and Sport Activity	92.71	5.84
石油加工炼焦及核燃料加工	Processing of Petroleum,Coking,Processing of Nucleus Fuel		
化学原料及化学制品制造业	Manufacture of Chemical Raw Material and Chemical Products	29.67	4.41
医药制造业	Manufacture of Medicines	201.26	0.53
化学纤维制造业	Manufacture of Chemical Fiber		
橡胶制品业	Manufacture of Rubber	12.98	1.74
塑料制品业	Manufacture of Plastic	30.34	1.87
非金属矿物制品业	Manufacture of Non-metallic Mineral Products	32.35	4.54
黑色金属冶炼及压延加工业	Manufacture and Processing of Ferrous Metals	24.61	6.77
有色金属冶炼及压延加工业	Manufacture and Processing of Non-ferrous Metals	34.79	2.24
金属制品业	Manufacture of Metal Products	55.77	4.99
通用设备制造业	Manufacture of General Purpose Machinery	91.12	6.21
专用设备制造业	Manufacture of Special Purpose Machinery	58.49	8.24
交通运输设备制造业	Manufacture of Transport Equipment	33.65	4.43
电气机械及器材制造业	Manufacture of Electrical Machinery and Equipment	22.61	4.04
通信设备、计算机及其他电子设备制造业	Manufacture of Communication Equipment,Computer and Other Electronic Equipment	-0.92	-6.97
仪器仪表及文化、办公用机械制造业	Manufacture of Measuring Instrument and Machinery for Cultural Activity and Office Work	18.50	5.34
工艺品及其他制造业	Manufacture of Artwork,Other Manufacture N.E.C	37.20	5.81
废弃资源废旧材料回收加工	Recycling and Disposal of Waste	36.31	12.25
电力、热力的生产和供应业	Production and Supply of Electric Power and Heat Power	6.91	6.50
燃气生产和供应业	Production and Distribution of Gas		
水的生产和供应业	Production and Distribution of Water	6.65	2.52

11-6 续表 7 continued

单位:亿元 (100 million yuan)

指标	Item	产品销售率（%） Proportion of Products Sold (%)	资产负债率(%) Assets-Liability Ratio (%)
总计	**Total**	**99.44**	**50.90**
在总计中：	Of the Total		
亏损企业	Enterprises running under Deficit	96.38	99.24
在总计中：	Of the Total		
轻工业	Light Industry	99.57	46.04
重工业	Heavy Industry	99.41	51.77
在总计中：	Of the Total		
大型企业	Large Scale Enterprises	100.06	49.42
中型企业	Medium Scale Enterprises	99.52	49.09
小型企业	Small Enterprises	99.39	51.54
按行业分	Grouped by Sector		
煤炭开采和洗选业	Mining and Washing of Coal	99.43	47.50
黑色金属矿采选业	Mining of Ferrous Metal Ores	99.80	43.24
有色金属矿采选业	Mining of Non-ferrous Metal Ores	97.86	61.24
非金属矿采选业	Mining and Processing of Nonmetal Ores	99.86	40.83
其他采矿业	Mining of Other Ores N.E.C		
农副食品加工业	Processing of Food from Agricultural Products	99.93	40.80
食品制造业	Manufacture of Foods	100.00	1.85
饮料制造业	Manufacture of Beverage	101.20	69.55
烟草制品业	Manufacture of Tobacco		
纺织业	Manufacture of Textile	97.62	21.22
纺织服装、鞋、帽制造业	Manufacture of Textile Wearing Apparel,Footware and Caps	97.99	67.99
皮革、毛皮、羽毛及其制品	Manufacture of Leather,Fur,Feather and Its Products	98.99	40.17
木材加工及木、竹、藤、棕、草制品业	Processing of Timbers,Manufacture of Wood, Bamboo, Rattan,Palm and Straw Products	99.37	55.27
家具制造业	Manufacture of Furniture	98.57	58.12
造纸及纸制品业	Manufacture of Paper and Paper Products	99.51	71.96
印刷业和记录媒介的复制	Printing,Reproduction of Recording Media	100.00	41.00
文教体育用品制造业	Manufacture of Articles for Culture,Education and Sport Activity	98.47	22.77
石油加工炼焦及核燃料加工	Processing of Petroleum,Coking,Processing of Nucleus Fuel		
化学原料及化学制品制造业	Manufacture of Chemical Raw Material and Chemical Products	99.45	39.22
医药制造业	Manufacture of Medicines	100.00	67.79
化学纤维制造业	Manufacture of Chemical Fiber		
橡胶制品业	Manufacture of Rubber	96.96	9.43
塑料制品业	Manufacture of Plastic	99.17	43.73
非金属矿物制品业	Manufacture of Non-metallic Mineral Products	99.73	27.88
黑色金属冶炼及压延加工业	Manufacture and Processing of Ferrous Metals	98.43	81.52
有色金属冶炼及压延加工业	Manufacture and Processing of Non-ferrous Metals	98.02	58.25
金属制品业	Manufacture of Metal Products	100.00	37.45
通用设备制造业	Manufacture of General Purpose Machinery	99.27	57.16
专用设备制造业	Manufacture of Special Purpose Machinery	97.76	88.79
交通运输设备制造业	Manufacture of Transport Equipment	99.93	60.36
电气机械及器材制造业	Manufacture of Electrical Machinery and Equipment	99.66	57.03
通信设备、计算机及其他电子设备制造业	Manufacture of Communication Equipment,Computer and Other Electronic Equipment	95.30	76.32
仪器仪表及文化、办公用机械制造业	Manufacture of Measuring Instrument and Machinery for Cultural Activity and Office Work	100.00	37.01
工艺品及其他制造业	Manufacture of Artwork,Other Manufacture N.E.C	100.00	61.55
废弃资源废旧材料回收加工	Recycling and Disposal of Waste	99.79	42.92
电力、热力的生产和供应业	Production and Supply of Electric Power and Heat Power	99.73	87.72
燃气生产和供应业	Production and Distribution of Gas		
水的生产和供应业	Production and Distribution of Water	100.00	51.15

11-7 私营工业企业主要经济指标（2011年）
Major Economic Indications of Private Industrial Enterprises (2011)

单位:亿元 (100 million yuan)

指标	Item	企业单位数(个) Number of Enterprises (unit)	#亏损企业 Loss-making Enterprises	工业总产值 Total Output Value
总计	**Total**	**8225**	**162**	**11994.53**
在总计中:	Of the Total			
亏损企业	Enterprises running under Deficit	162	162	123.15
在总计中:	Of the Total			
轻工业	Light Industry	2556	49	3955.32
重工业	Heavy Industry	5669	113	8039.22
在总计中:	Of the Total			
大型企业	Large Scale Enterprises	43		528.49
中型企业	Medium Scale Enterprises	924	25	2727.08
小型企业	Small Enterprises	7131	133	8682.18
按行业分	Grouped by Sector			
煤炭开采和洗选业	Mining and Washing of Coal	494	7	627.54
黑色金属矿采选业	Mining of Ferrous Metal Ores	120	1	125.64
有色金属矿采选业	Mining of Non-ferrous Metal Ores	222	3	295.95
非金属矿采选业	Mining and Processing of Nonmetal Ores	177	3	220.12
其他采矿业	Mining of Other Ores N.E.C	2		2.31
农副食品加工业	Processing of Food from Agricultural Products	667	8	1213.66
食品制造业	Manufacture of Foods	227	4	432.37
饮料制造业	Manufacture of Beverage	165	2	196.53
烟草制品业	Manufacture of Tobacco			
纺织业	Manufacture of Textile	189	14	364.52
纺织服装、鞋、帽制造业	Manufacture of Textile Wearing Apparel,Footware and Caps	94	3	132.98
皮革、毛皮、羽毛及其制品	Manufacture of Leather,Fur,Feather and Its Products	102	1	134.14
木材加工及木、竹、藤、棕、草制品业	Processing of Timbers,Manufacture of Wood, Bamboo, Rattan,Palm and Straw Products	408	1	460.25
家具制造业	Manufacture of Furniture	86		149.77
造纸及纸制品业	Manufacture of Paper and Paper Products	245	2	284.45
印刷业和记录媒介的复制	Printing,Reproduction of Recording Media	74		80.33
文教体育用品制造业	Manufacture of Articles for Culture,Education and Sport Activity	19		26.94
石油加工炼焦及核燃料加工	Processing of Petroleum,Coking,Processing of Nucleus Fuel	20	1	101.56
化学原料及化学制品制造业	Manufacture of Chemical Raw Material and Chemical Products	1063	13	1217.69
医药制造业	Manufacture of Medicines	156	7	272.25
化学纤维制造业	Manufacture of Chemical Fiber	6		10.37
橡胶制品业	Manufacture of Rubber	36		39.27
塑料制品业	Manufacture of Plastic	164	4	206.45
非金属矿物制品业	Manufacture of Non-metallic Mineral Products	825	24	954.63
黑色金属冶炼及压延加工业	Manufacture and Processing of Ferrous Metals	292	9	499.89
有色金属冶炼及压延加工业	Manufacture and Processing of Non-ferrous Metals	473	14	1358.09
金属制品业	Manufacture of Metal Products	230	5	331.36
通用设备制造业	Manufacture of General Purpose Machinery	506	11	622.05
专用设备制造业	Manufacture of Special Purpose Machinery	317	5	478.92
交通运输设备制造业	Manufacture of Transport Equipment	169	7	203.93
电气机械及器材制造业	Manufacture of Electrical Machinery and Equipment	248	5	374.24
通信设备、计算机及其他电子设备制造业	Manufacture of Communication Equipment,Computer and Other Electronic Equipment	161	2	228.77
仪器仪表及文化、办公用机械制造业	Manufacture of Measuring Instrument and Machinery for Cultural Activity and Office Work	68	2	96.32
工艺品及其他制造业	Manufacture of Artwork,Other Manufacture N.E.C	71		101.29
废弃资源废旧材料回收加工	Recycling and Disposal of Waste	53	2	81.38
电力、热力的生产和供应业	Production and Supply of Electric Power and Heat Power	55	2	40.82
燃气生产和供应业	Production and Distribution of Gas	11		15.70
水的生产和供应业	Production and Distribution of Water	10		12.06

11-7 续表 1 continued

单位:亿元 (100 million yuan)

指标	Item	工业销售产值 Output Value of Industrial Products Sales	出口交货值 Delivery Value for Export	资产总计 Total Assets
总计	**Total**	**11811.33**	**204.91**	**3821.28**
在总计中:	Of the Total			
亏损企业	Enterprises running under Deficit	121.38	2.71	115.94
在总计中:	Of the Total			
轻工业	Light Industry		91.38	1262.41
重工业	Heavy Industry	7919.80	113.53	2558.86
在总计中:	Of the Total			
大型企业	Large Scale Enterprises	513.34	9.63	285.16
中型企业	Medium Scale Enterprises	2682.44	102.66	969.22
小型企业	Small Enterprises	8559.81	92.25	2545.71
按行业分	Grouped by Sector			
煤炭开采和洗选业	Mining and Washing of Coal	624.62		167.75
黑色金属矿采选业	Mining of Ferrous Metal Ores	125.42		43.60
有色金属矿采选业	Mining of Non-ferrous Metal Ores	294.64		94.78
非金属矿采选业	Mining and Processing of Nonmetal Ores	216.81		50.32
其他采矿业	Mining of Other Ores N.E.C	2.29		3.37
农副食品加工业	Processing of Food from Agricultural Products	1199.85	13.40	350.32
食品制造业	Manufacture of Foods	425.25	11.15	137.72
饮料制造业	Manufacture of Beverage	192.07	1.93	77.90
烟草制品业	Manufacture of Tobacco			
纺织业	Manufacture of Textile	354.51	13.25	142.56
纺织服装、鞋、帽制造业	Manufacture of Textile Wearing Apparel,Footware and Caps	130.65		46.81
皮革、毛皮、羽毛及其制品	Manufacture of Leather,Fur,Feather and Its Products	133.57	10.59	23.97
木材加工及木、竹、藤、棕、草制品业	Processing of Timbers,Manufacture of Wood, Bamboo, Rattan,Palm and Straw Products	452.69	7.02	115.26
家具制造业	Manufacture of Furniture	147.98		36.35
造纸及纸制品业	Manufacture of Paper and Paper Products	280.25	1.93	95.96
印刷业和记录媒介的复制	Printing,Reproduction of Recording Media	79.41		23.34
文教体育用品制造业	Manufacture of Articles for Culture,Education and Sport Activity	25.63		7.59
石油加工炼焦及核燃料加工	Processing of Petroleum,Coking,Processing of Nucleus Fuel	100.54		51.85
化学原料及化学制品制造业	Manufacture of Chemical Raw Material and Chemical Products	1195.68	63.85	354.28
医药制造业	Manufacture of Medicines	268.16	4.98	107.14
化学纤维制造业	Manufacture of Chemical Fiber	10.01		6.46
橡胶制品业	Manufacture of Rubber	37.85	1.50	12.68
塑料制品业	Manufacture of Plastic	201.59	2.59	50.09
非金属矿物制品业	Manufacture of Non-metallic Mineral Products	936.68	13.10	340.26
黑色金属冶炼及压延加工业	Manufacture and Processing of Ferrous Metals	491.86	6.62	126.21
有色金属冶炼及压延加工业	Manufacture and Processing of Non-ferrous Metals	1348.33	9.82	369.15
金属制品业	Manufacture of Metal Products	328.29	7.04	94.32
通用设备制造业	Manufacture of General Purpose Machinery	609.86	4.96	199.85
专用设备制造业	Manufacture of Special Purpose Machinery	464.08	3.60	218.79
交通运输设备制造业	Manufacture of Transport Equipment	199.64	3.03	110.61
电气机械及器材制造业	Manufacture of Electrical Machinery and Equipment	366.52	2.97	116.37
通信设备、计算机及其他电子设备制造业	Manufacture of Communication Equipment,Computer and Other Electronic Equipment	222.37	1.56	78.08
仪器仪表及文化、办公用机械制造业	Manufacture of Measuring Instrument and Machinery for Cultural Activity and Office Work	94.66	0.64	35.50
工艺品及其他制造业	Manufacture of Artwork,Other Manufacture N.E.C	101.39	19.36	30.45
废弃资源废旧材料回收加工	Recycling and Disposal of Waste	81.02		21.12
电力、热力的生产和供应业	Production and Supply of Electric Power and Heat Power	40.67		67.43
燃气生产和供应业	Production and Distribution of Gas	15.36		3.63
水的生产和供应业	Production and Distribution of Water	11.12		9.42

11-7 续表 2 continued

单位:亿元 (100 million yuan)

指标	Item	固定资产合计 Total Fixed Assets	流动资产合计 Circulating Funds	负债合计 Total Liabilities
总计	**Total**	**2091.65**	**1286.41**	**1697.62**
在总计中:	Of the Total			
亏损企业	Enterprises running under Deficit	41.71	58.76	83.25
在总计中:	Of the Total			
轻工业	Light Industry	697.17	393.49	544.73
重工业	Heavy Industry	1394.48	892.92	1152.89
在总计中:	Of the Total			
大型企业	Large Scale Enterprises	100.11	150.66	156.77
中型企业	Medium Scale Enterprises	526.90	332.21	470.85
小型企业	Small Enterprises	1452.72	797.75	1059.00
按行业分	Grouped by Sector			
煤炭开采和洗选业	Mining and Washing of Coal	120.79	34.98	56.03
黑色金属矿采选业	Mining of Ferrous Metal Ores	25.63	13.52	13.83
有色金属矿采选业	Mining of Non-ferrous Metal Ores	57.98	26.11	31.63
非金属矿采选业	Mining and Processing of Nonmetal Ores	34.00	10.98	15.93
其他采矿业	Mining of Other Ores N.E.C	2.35	0.81	1.90
农副食品加工业	Processing of Food from Agricultural Products	210.69	99.84	151.44
食品制造业	Manufacture of Foods	69.35	50.85	57.99
饮料制造业	Manufacture of Beverage	41.49	22.66	35.20
烟草制品业	Manufacture of Tobacco			
纺织业	Manufacture of Textile	67.62	50.41	78.86
纺织服装、鞋、帽制造业	Manufacture of Textile Wearing Apparel,Footware and Caps	20.42	19.88	18.19
皮革、毛皮、羽毛及其制品	Manufacture of Leather,Fur,Feather and Its Products	13.37	6.16	8.27
木材加工及木、竹、藤、棕、草制品业	Processing of Timbers,Manufacture of Wood, Bamboo, Rattan,Palm and Straw Products	71.70	35.65	44.17
家具制造业	Manufacture of Furniture	20.58	8.62	13.44
造纸及纸制品业	Manufacture of Paper and Paper Products	66.03	20.20	42.23
印刷业和记录媒介的复制	Printing,Reproduction of Recording Media	14.57	6.42	9.49
文教体育用品制造业	Manufacture of Articles for Culture,Education and Sport Activity	4.69	2.12	2.16
石油加工炼焦及核燃料加工	Processing of Petroleum,Coking,Processing of Nucleus Fuel	27.49	17.42	26.41
化学原料及化学制品制造业	Manufacture of Chemical Raw Material and Chemical Products	217.40	93.35	124.91
医药制造业	Manufacture of Medicines	53.65	39.06	39.19
化学纤维制造业	Manufacture of Chemical Fiber	3.07	2.64	3.00
橡胶制品业	Manufacture of Rubber	7.31	4.79	5.68
塑料制品业	Manufacture of Plastic	30.50	15.08	21.51
非金属矿物制品业	Manufacture of Non-metallic Mineral Products	221.96	92.72	129.95
黑色金属冶炼及压延加工业	Manufacture and Processing of Ferrous Metals	72.94	42.11	56.75
有色金属冶炼及压延加工业	Manufacture and Processing of Non-ferrous Metals	160.45	171.29	226.06
金属制品业	Manufacture of Metal Products	49.24	34.71	42.63
通用设备制造业	Manufacture of General Purpose Machinery	106.26	74.85	90.53
专用设备制造业	Manufacture of Special Purpose Machinery	78.76	104.60	110.45
交通运输设备制造业	Manufacture of Transport Equipment	43.43	58.52	65.40
电气机械及器材制造业	Manufacture of Electrical Machinery and Equipment	50.38	49.93	48.26
通信设备、计算机及其他电子设备制造业	Manufacture of Communication Equipment,Computer and Other Electronic Equipment	33.15	31.97	32.94
仪器仪表及文化、办公用机械制造业	Manufacture of Measuring Instrument and Machinery for Cultural Activity and Office Work	14.26	14.74	15.71
工艺品及其他制造业	Manufacture of Artwork,Other Manufacture N.E.C	12.37	9.31	15.45
废弃资源废旧材料回收加工	Recycling and Disposal of Waste	13.04	5.25	10.64
电力、热力的生产和供应业	Production and Supply of Electric Power and Heat Power	50.19	10.17	45.64
燃气生产和供应业	Production and Distribution of Gas	1.87	1.20	1.54
水的生产和供应业	Production and Distribution of Water	2.73	3.49	4.22

11-7 续表 3 continued

单位:亿元 (100 million yuan)

指标	Item	实收资本 Assets Recevied	所有者权益 Paid-in capital	主营业务收入 Revenue of Major Business
总计	**Total**	**1007.98**	**2123.66**	**11741.14**
在总计中:	Of the Total			
亏损企业	Enterprises running under Deficit	26.68	32.69	118.16
在总计中:	Of the Total			
轻工业	Light Industry	329.95	717.69	3857.91
重工业	Heavy Industry	678.03	1405.97	7883.23
在总计中:	Of the Total			
大型企业	Large Scale Enterprises	37.00	128.38	505.63
中型企业	Medium Scale Enterprises	219.08	498.37	2658.49
小型企业	Small Enterprises	745.10	1486.71	8523.39
按行业分	Grouped by Sector			
煤炭开采和洗选业	Mining and Washing of Coal	56.83	111.72	629.26
黑色金属矿采选业	Mining of Ferrous Metal Ores	13.02	29.78	125.08
有色金属矿采选业	Mining of Non-ferrous Metal Ores	35.18	63.15	295.94
非金属矿采选业	Mining and Processing of Nonmetal Ores	18.24	34.38	217.79
其他采矿业	Mining of Other Ores N.E.C	0.62	1.47	2.10
农副食品加工业	Processing of Food from Agricultural Products	85.27	198.88	1187.60
食品制造业	Manufacture of Foods	29.27	79.73	424.09
饮料制造业	Manufacture of Beverage	20.95	42.71	191.29
烟草制品业	Manufacture of Tobacco			
纺织业	Manufacture of Textile	40.78	63.70	350.50
纺织服装、鞋、帽制造业	Manufacture of Textile Wearing Apparel,Footware and Caps	8.99	28.62	130.37
皮革、毛皮、羽毛及其制品	Manufacture of Leather,Fur,Feather and Its Products	8.09	15.70	133.86
木材加工及木、竹、藤、棕、草制品业	Processing of Timbers,Manufacture of Wood, Bamboo, Rattan,Palm and Straw Products	29.74	71.09	447.89
家具制造业	Manufacture of Furniture	10.70	22.91	147.04
造纸及纸制品业	Manufacture of Paper and Paper Products	31.96	53.73	279.39
印刷业和记录媒介的复制	Printing,Reproduction of Recording Media	5.59	13.85	78.64
文教体育用品制造业	Manufacture of Articles for Culture,Education and Sport Activity	2.50	5.43	25.89
石油加工炼焦及核燃料加工	Processing of Petroleum,Coking,Processing of Nucleus Fuel	3.61	25.44	99.32
化学原料及化学制品制造业	Manufacture of Chemical Raw Material and Chemical Products	114.84	229.37	1177.84
医药制造业	Manufacture of Medicines	30.50	67.95	264.87
化学纤维制造业	Manufacture of Chemical Fiber	3.33	3.46	9.20
橡胶制品业	Manufacture of Rubber	3.44	7.00	37.93
塑料制品业	Manufacture of Plastic	18.02	28.58	200.14
非金属矿物制品业	Manufacture of Non-metallic Mineral Products	89.18	210.31	927.90
黑色金属冶炼及压延加工业	Manufacture and Processing of Ferrous Metals	41.70	69.47	486.46
有色金属冶炼及压延加工业	Manufacture and Processing of Non-ferrous Metals	55.74	143.09	1342.99
金属制品业	Manufacture of Metal Products	24.49	51.69	324.03
通用设备制造业	Manufacture of General Purpose Machinery	59.90	109.32	614.56
专用设备制造业	Manufacture of Special Purpose Machinery	43.46	108.34	460.82
交通运输设备制造业	Manufacture of Transport Equipment	20.91	45.21	197.38
电气机械及器材制造业	Manufacture of Electrical Machinery and Equipment	30.70	68.11	363.64
通信设备、计算机及其他电子设备制造业	Manufacture of Communication Equipment,Computer and Other Electronic Equipment	24.57	45.15	224.20
仪器仪表及文化、办公用机械制造业	Manufacture of Measuring Instrument and Machinery for Cultural Activity and Office Work	8.60	19.79	95.28
工艺品及其他制造业	Manufacture of Artwork,Other Manufacture N.E.C	8.32	14.99	100.40
废弃资源废旧材料回收加工	Recycling and Disposal of Waste	7.12	10.47	80.43
电力、热力的生产和供应业	Production and Supply of Electric Power and Heat Power	18.64	21.79	40.47
燃气生产和供应业	Production and Distribution of Gas	1.11	2.09	15.17
水的生产和供应业	Production and Distribution of Water	2.06	5.2	11.38

11-7 续表 4 continued

单位:亿元 (100 million yuan)

指标	Item	主营业务成本 Cost of Major Businese	利润总额 Total Profit	利税总额 Total Taxes
总计	**Total**	**9205.85**	**847.30**	**1438.24**
在总计中:	Of the Total			
亏损企业	Enterprises running under Deficit	103.99	-4.65	-0.21
在总计中:	Of the Total			
轻工业	Light Industry	3039.12	255.07	431.94
重工业	Heavy Industry	6166.73	592.23	1006.30
在总计中:	Of the Total			
大型企业	Large Scale Enterprises	414.24	28.58	60.37
中型企业	Medium Scale Enterprises	2081.37	216.54	359.67
小型企业	Small Enterprises	6669.14	599.35	1013.07
按行业分	Grouped by Sector			
煤炭开采和洗选业	Mining and Washing of Coal	476.90	79.35	120.42
黑色金属矿采选业	Mining of Ferrous Metal Ores	96.08	8.53	16.11
有色金属矿采选业	Mining of Non-ferrous Metal Ores	221.73	23.19	44.20
非金属矿采选业	Mining and Processing of Nonmetal Ores	165.11	11.36	24.16
其他采矿业	Mining of Other Ores N.E.C	1.52	0.38	0.43
农副食品加工业	Processing of Food from Agricultural Products	953.33	69.23	120.22
食品制造业	Manufacture of Foods	323.01	30.57	50.95
饮料制造业	Manufacture of Beverage	141.89	10.45	20.25
烟草制品业	Manufacture of Tobacco	0.00	0.00	0.00
纺织业	Manufacture of Textile	291.15	15.76	31.60
纺织服装、鞋、帽制造业	Manufacture of Textile Wearing Apparel,Footware and Caps	104.31	9.62	15.18
皮革、毛皮、羽毛及其制品	Manufacture of Leather,Fur,Feather and Its Products	106.84	7.86	15.19
木材加工及木、竹、藤、棕、草制品业	Processing of Timbers,Manufacture of Wood, Bamboo, Rattan,Palm and Straw Products	354.17	32.83	54.21
家具制造业	Manufacture of Furniture	113.35	10.43	16.85
造纸及纸制品业	Manufacture of Paper and Paper Products	219.61	18.13	31.17
印刷业和记录媒介的复制	Printing,Reproduction of Recording Media	62.92	5.93	10.00
文教体育用品制造业	Manufacture of Articles for Culture,Education and Sport Activity	19.32	2.77	3.97
石油加工炼焦及核燃料加工	Processing of Petroleum,Coking,Processing of Nucleus Fuel	88.43	6.01	14.23
化学原料及化学制品制造业	Manufacture of Chemical Raw Material and Chemical Products	897.68	87.58	151.61
医药制造业	Manufacture of Medicines	202.65	25.95	37.93
化学纤维制造业	Manufacture of Chemical Fiber	7.24	0.42	1.04
橡胶制品业	Manufacture of Rubber	31.32	2.63	4.48
塑料制品业	Manufacture of Plastic	156.71	12.53	22.08
非金属矿物制品业	Manufacture of Non-metallic Mineral Products	718.89	56.42	105.30
黑色金属冶炼及压延加工业	Manufacture and Processing of Ferrous Metals	396.18	39.30	63.62
有色金属冶炼及压延加工业	Manufacture and Processing of Non-ferrous Metals	1037.69	103.08	167.25
金属制品业	Manufacture of Metal Products	258.13	23.26	38.74
通用设备制造业	Manufacture of General Purpose Machinery	494.53	43.51	77.67
专用设备制造业	Manufacture of Special Purpose Machinery	358.25	39.10	58.42
交通运输设备制造业	Manufacture of Transport Equipment	165.60	11.67	18.78
电气机械及器材制造业	Manufacture of Electrical Machinery and Equipment	298.41	20.91	36.60
通信设备、计算机及其他电子设备制造业	Manufacture of Communication Equipment,Computer and Other Electronic Equipment	176.80	15.81	26.26
仪器仪表及文化、办公用机械制造业	Manufacture of Measuring Instrument and Machinery for Cultural Activity and Office Work	78.15	5.08	9.97
工艺品及其他制造业	Manufacture of Artwork,Other Manufacture N.E.C	80.36	7.81	12.46
废弃资源废旧材料回收加工	Recycling and Disposal of Waste	56.56	2.89	6.79
电力、热力的生产和供应业	Production and Supply of Electric Power and Heat Power	31.78	4.25	6.31
燃气生产和供应业	Production and Distribution of Gas	12.26	1.30	2.00
水的生产和供应业	Production and Distribution of Water	6.99	1.4	1.77

11-7 续表 5 continued

单位:亿元 (100 million yuan)

指标	Item	本年应缴增值税 Value Added Payable of the Current Year	本年应付职工薪酬 Total Sum of Wages Payable this Year	全部从业人员年平均人数（万人） Average Number of Empolyment of the Current Year (10000persons)
总计	**Total**	**462.40**	**451.69**	**138.16**
在总计中:	Of the Total			
亏损企业	Enterprises running under Deficit	3.52	6.52	2.7
在总计中:	Of the Total			
轻工业	Light Industry	136.21	153.40	50.1
重工业	Heavy Industry	326.19	298.28	88.05
在总计中:	Of the Total			
大型企业	Large Scale Enterprises	27.49	22.63	7.25
中型企业	Medium Scale Enterprises	116.57	148.86	43.1
小型企业	Small Enterprises	316.43	279.19	87.44
按行业分	Grouped by Sector			
煤炭开采和洗选业	Mining and Washing of Coal	33.40	35.72	9.67
黑色金属矿采选业	Mining of Ferrous Metal Ores	6.09	4.98	1.36
有色金属矿采选业	Mining of Non-ferrous Metal Ores	16.86	10.16	3.2
非金属矿采选业	Mining and Processing of Nonmetal Ores	9.70	7.53	2.49
其他采矿业	Mining of Other Ores N.E.C	0.02	0.22	0.03
农副食品加工业	Processing of Food from Agricultural Products	39.20	34.38	10.27
食品制造业	Manufacture of Foods	15.75	17.65	5.96
饮料制造业	Manufacture of Beverage	7.56	6.50	2.15
烟草制品业	Manufacture of Tobacco			
纺织业	Manufacture of Textile	12.87	15.61	6.64
纺织服装、鞋、帽制造业	Manufacture of Textile Wearing Apparel,Footware and Caps	4.43	6.11	2.52
皮革、毛皮、羽毛及其制品	Manufacture of Leather,Fur,Feather and Its Products	4.75	8.00	2.33
木材加工及木、竹、藤、	Processing of Timbers,Manufacture of Wood,	16.67	18.67	6.24
棕、草制品业	Bamboo, Rattan,Palm and Straw Products	4.91	4.45	1.81
家具制造业	Manufacture of Furniture			
造纸及纸制品业	Manufacture of Paper and Paper Products	10.28	11.96	3.66
印刷业和记录媒介的复制	Printing,Reproduction of Recording Media	2.88	2.94	0.87
文教体育用品制造业	Manufacture of Articles for Culture,Education and Sport Activity	0.98	1.11	0.39
石油加工炼焦及核燃料加工	Processing of Petroleum,Coking,Processing of Nucleus Fuel	7.20	1.25	0.45
化学原料及化学制品制造业	Manufacture of Chemical Raw Material and Chemical Products	45.72	71.46	18.68
医药制造业	Manufacture of Medicines	9.73	8.06	2.53
化学纤维制造业	Manufacture of Chemical Fiber	0.46	0.27	0.09
橡胶制品业	Manufacture of Rubber	1.42	2.00	0.56
塑料制品业	Manufacture of Plastic	6.94	5.38	2.03
非金属矿物制品业	Manufacture of Non-metallic Mineral Products	38.36	50.25	14.42
黑色金属冶炼及压延加工业	Manufacture and Processing of Ferrous Metals	19.63	16.68	4.99
有色金属冶炼及压延加工业	Manufacture and Processing of Non-ferrous Metals	54.33	21.34	6.63
金属制品业	Manufacture of Metal Products	12.32	10.02	3.29
通用设备制造业	Manufacture of General Purpose Machinery	25.99	20.88	6.37
专用设备制造业	Manufacture of Special Purpose Machinery	15.42	16.34	5.15
交通运输设备制造业	Manufacture of Transport Equipment	5.85	8.94	2.89
电气机械及器材制造业	Manufacture of Electrical Machinery and Equipment	11.77	10.80	3.63
通信设备、计算机及其他电子设备制造业	Manufacture of Communication Equipment,Computer and Other Electronic Equipment	7.69	10.56	3.08
仪器仪表及文化、办公用机械制造业	Manufacture of Measuring Instrument and Machinery for Cultural Activity and Office Work	3.74	2.72	0.91
工艺品及其他制造业	Manufacture of Artwork,Other Manufacture N.E.C	3.70	4.66	1.62
废弃资源废旧材料回收加工	Recycling and Disposal of Waste	3.20	1.53	0.54
电力、热力的生产和供应业	Production and Supply of Electric Power and Heat Power	1.76	1.57	0.48
燃气生产和供应业	Production and Distribution of Gas	0.58	0.32	0.11
水的生产和供应业	Production and Distribution of Water	0.28	0.66	0.14

11-7 续表 6 continued

指标	Item	总资产贡献率（%） Ratio of Total Assets to Industrial Output Value(%)	成本费用利润率（%） Ratio of Profits to Industrial Cost (%)
总计	**Total**	**39.16**	**8.25**
在总计中：	Of the Total		
亏损企业	Enterprises running under Deficit	1.16	-3.94
在总计中：	Of the Total		
轻工业	Light Industry	35.86	7.45
重工业	Heavy Industry	40.78	8.64
在总计中：	Of the Total		
大型企业	Large Scale Enterprises	22.57	5.93
中型企业	Medium Scale Enterprises	38.77	9.07
小型企业	Small Enterprises	41.28	8.14
按行业分	Grouped by Sector		
煤炭开采和洗选业	Mining and Washing of Coal	72.57	15.01
黑色金属矿采选业	Mining of Ferrous Metal Ores	38.04	8.10
有色金属矿采选业	Mining of Non-ferrous Metal Ores	48.22	9.57
非金属矿采选业	Mining and Processing of Nonmetal Ores	49.84	6.03
其他采矿业	Mining of Other Ores N.E.C	14.19	19.61
农副食品加工业	Processing of Food from Agricultural Products	36.02	6.49
食品制造业	Manufacture of Foods	38.51	8.32
饮料制造业	Manufacture of Beverage	27.10	6.40
烟草制品业	Manufacture of Tobacco	0.00	0.00
纺织业	Manufacture of Textile	23.92	4.83
纺织服装、鞋、帽制造业	Manufacture of Textile Wearing Apparel,Footware and Caps	33.47	8.19
皮革、毛皮、羽毛及其制品	Manufacture of Leather,Fur,Feather and Its Products	68.34	6.37
木材加工及木、竹、藤、棕、草制品业	Processing of Timbers,Manufacture of Wood, Bamboo, Rattan,Palm and Straw Products	49.19	8.28
家具制造业	Manufacture of Furniture	48.83	8.15
造纸及纸制品业	Manufacture of Paper and Paper Products	33.82	7.39
印刷业和记录媒介的复制	Printing,Reproduction of Recording Media	44.46	8.76
文教体育用品制造业	Manufacture of Articles for Culture,Education and Sport Activity	53.23	12.50
石油加工炼焦及核燃料加工	Processing of Petroleum,Coking,Processing of Nucleus Fuel	29.52	6.47
化学原料及化学制品制造业	Manufacture of Chemical Raw Material and Chemical Products	44.62	8.70
医药制造业	Manufacture of Medicines	36.81	11.04
化学纤维制造业	Manufacture of Chemical Fiber	17.41	4.99
橡胶制品业	Manufacture of Rubber	37.01	7.30
塑料制品业	Manufacture of Plastic	46.15	7.11
非金属矿物制品业	Manufacture of Non-metallic Mineral Products	32.40	6.97
黑色金属冶炼及压延加工业	Manufacture and Processing of Ferrous Metals	52.19	9.03
有色金属冶炼及压延加工业	Manufacture and Processing of Non-ferrous Metals	46.54	9.15
金属制品业	Manufacture of Metal Products	42.41	7.92
通用设备制造业	Manufacture of General Purpose Machinery	40.37	7.95
专用设备制造业	Manufacture of Special Purpose Machinery	28.01	9.58
交通运输设备制造业	Manufacture of Transport Equipment	18.70	6.37
电气机械及器材制造业	Manufacture of Electrical Machinery and Equipment	32.99	6.33
通信设备、计算机及其他电子设备制造业	Manufacture of Communication Equipment,Computer and Other Electronic Equipment	34.58	8.08
仪器仪表及文化、办公用机械制造业	Manufacture of Measuring Instrument and Machinery for Cultural Activity and Office Work	29.21	5.85
工艺品及其他制造业	Manufacture of Artwork,Other Manufacture N.E.C	41.78	8.80
废弃资源废旧材料回收加工	Recycling and Disposal of Waste	32.46	4.58
电力、热力的生产和供应业	Production and Supply of Electric Power and Heat Power	10.89	11.73
燃气生产和供应业	Production and Distribution of Gas	56.74	9.69
水的生产和供应业	Production and Distribution of Water	19.34	14.55

11-7 续表 7 continued

指标	Item	产品销售率（%） Proportion of Products Sold (%)	资产负债率(%) Assets-Liability Ratio (%)
总计	**Total**	**98.47**	**44.43**
在总计中：	Of the Total		
亏损企业	Enterprises running under Deficit	98.56	71.80
在总计中：	Of the Total		
轻工业	Light Industry	98.39	43.15
重工业	Heavy Industry	98.51	45.05
在总计中：	Of the Total		
大型企业	Large Scale Enterprises	97.13	54.98
中型企业	Medium Scale Enterprises	98.36	48.58
小型企业	Small Enterprises	98.59	41.60
按行业分	Grouped by Sector		
煤炭开采和洗选业	Mining and Washing of Coal	98.47	44.43
黑色金属矿采选业	Mining of Ferrous Metal Ores	99.53	33.40
有色金属矿采选业	Mining of Non-ferrous Metal Ores	99.82	31.71
非金属矿采选业	Mining and Processing of Nonmetal Ores	99.56	33.37
其他采矿业	Mining of Other Ores N.E.C	98.50	31.66
农副食品加工业	Processing of Food from Agricultural Products	99.20	56.38
食品制造业	Manufacture of Foods	98.86	43.23
饮料制造业	Manufacture of Beverage	98.35	42.11
烟草制品业	Manufacture of Tobacco	97.74	45.18
纺织业	Manufacture of Textile	0.00	0.00
纺织服装、鞋、帽制造业	Manufacture of Textile Wearing Apparel,Footware and Caps	97.25	55.32
皮革、毛皮、羽毛及其制品	Manufacture of Leather,Fur,Feather and Its Products	98.24	38.86
木材加工及木、竹、藤、	Processing of Timbers,Manufacture of Wood,	99.58	34.51
棕、草制品业	Bamboo, Rattan,Palm and Straw Products	98.36	38.32
家具制造业	Manufacture of Furniture		
造纸及纸制品业	Manufacture of Paper and Paper Products	98.80	36.97
印刷业和记录媒介的复制	Printing,Reproduction of Recording Media	98.52	44.01
文教体育用品制造业	Manufacture of Articles for Culture,Education and Sport Activity	98.86	40.65
石油加工炼焦及核燃料加工	Processing of Petroleum,Coking,Processing of Nucleus Fuel	95.12	28.51
化学原料及化学制品制造业	Manufacture of Chemical Raw Material and Chemical Products	98.99	50.93
医药制造业	Manufacture of Medicines	98.19	35.26
化学纤维制造业	Manufacture of Chemical Fiber	98.50	36.58
橡胶制品业	Manufacture of Rubber	96.57	46.42
塑料制品业	Manufacture of Plastic	96.39	44.82
非金属矿物制品业	Manufacture of Non-metallic Mineral Products	97.64	42.94
黑色金属冶炼及压延加工业	Manufacture and Processing of Ferrous Metals	98.12	38.19
有色金属冶炼及压延加工业	Manufacture and Processing of Non-ferrous Metals	98.39	44.96
金属制品业	Manufacture of Metal Products	99.28	61.24
通用设备制造业	Manufacture of General Purpose Machinery	99.07	45.20
专用设备制造业	Manufacture of Special Purpose Machinery	98.04	45.30
交通运输设备制造业	Manufacture of Transport Equipment	96.90	50.48
电气机械及器材制造业	Manufacture of Electrical Machinery and Equipment	97.89	59.13
通信设备、计算机及	Manufacture of Communication Equipment,Computer	97.94	41.47
其他电子设备制造业	and Other Electronic Equipment	97.20	42.18
仪器仪表及文化、办公用	Manufacture of Measuring Instrument and Machinery		
机械制造业	for Cultural Activity and Office Work	98.27	44.25
工艺品及其他制造业	Manufacture of Artwork,Other Manufacture N.E.C		
废弃资源废旧材料回收加工	Recycling and Disposal of Waste	100.09	50.76
电力、热力的生产和供应业	Production and Supply of Electric Power and Heat Power	99.56	50.41
燃气生产和供应业	Production and Distribution of Gas	99.64	67.69
水的生产和供应业	Production and Distribution of Water	97.87	42.42

11－8 外商投资和港澳台投资工业企业主要经济指标（2011年）
Main Indicators of Industrial Enterprises with Hong Kong,Taiwan and Foreign Funds (2011)

单位:亿元 (100 million yuan)

指标	Item	企业单位数（个） Number of Enterprises (unit)	#亏损企业 Loss-making Enterprises	工业总产值 Total Output Value
总计	**Total**	**577**	**50**	**1788.98**
在总计中：	Of the Total			
亏损企业	Enterprises running under Deficit	50	50	81.42
在总计中：	Of the Total			
轻工业	Light Industry	293	20	755.51
重工业	Heavy Industry	284	30	1033.47
在总计中：	Of the Total			
大型企业	Large Scale Enterprises	25	3	533.79
中型企业	Medium Scale Enterprises	181	13	631.41
小型企业	Small Enterprises	364	34	622.29
按行业分	Grouped by Sector			
煤炭开采和洗选业	Mining and Washing of Coal	2	1	1.65
黑色金属矿采选业	Mining of Ferrous Metal Ores	2		2.73
有色金属矿采选业	Mining of Non-ferrous Metal Ores	5		23.55
非金属矿采选业	Mining and Processing of Nonmetal Ores	3		3.92
其他采矿业	Mining of Other Ores N.E.C			
农副食品加工业	Processing of Food from Agricultural Products	36	3	191.06
食品制造业	Manufacture of Foods	23	1	47.73
饮料制造业	Manufacture of Beverage	17	2	65.79
烟草制品业	Manufacture of Tobacco			
纺织业	Manufacture of Textile	25	3	44.30
纺织服装、鞋、帽制造业	Manufacture of Textile Wearing Apparel,Footware and Caps	26	3	43.61
皮革、毛皮、羽毛及其制品	Manufacture of Leather,Fur,Feather and Its Products	33	1	54.87
木材加工及木、竹、藤、棕、草制品业	Processing of Timbers,Manufacture of Wood, Bamboo, Rattan,Palm and Straw Products	12	1	16.04
家具制造业	Manufacture of Furniture	3	1	8.64
造纸及纸制品业	Manufacture of Paper and Paper Products	14	1	45.99
印刷业和记录媒介的复制	Printing,Reproduction of Recording Media	9		30.20
文教体育用品制造业	Manufacture of Articles for Culture,Education and Sport Activity	6		22.65
石油加工炼焦及核燃料加工	Processing of Petroleum,Coking,Processing of Nucleus Fuel	2		2.82
化学原料及化学制品制造业	Manufacture of Chemical Raw Material and Chemical Products	51	2	90.48
医药制造业	Manufacture of Medicines	25	2	54.24
化学纤维制造业	Manufacture of Chemical Fiber	2		8.19
橡胶制品业	Manufacture of Rubber	2		4.04
塑料制品业	Manufacture of Plastic	23	5	59.87
非金属矿物制品业	Manufacture of Non-metallic Mineral Products	44	2	75.70
黑色金属冶炼及压延加工业	Manufacture and Processing of Ferrous Metals	11	2	15.41
有色金属冶炼及压延加工业	Manufacture and Processing of Non-ferrous Metals	16	3	144.28
金属制品业	Manufacture of Metal Products	6	1	16.71
通用设备制造业	Manufacture of General Purpose Machinery	25	2	76.33
专用设备制造业	Manufacture of Special Purpose Machinery	12		24.45
交通运输设备制造业	Manufacture of Transport Equipment	32	4	205.45
电气机械及器材制造业	Manufacture of Electrical Machinery and Equipment	23	1	52.97
通信设备、计算机及其他电子设备制造业	Manufacture of Communication Equipment,Computer and Other Electronic Equipment	53	6	205.94
仪器仪表及文化、办公用机械制造业	Manufacture of Measuring Instrument and Machinery for Cultural Activity and Office Work	2		21.91
工艺品及其他制造业	Manufacture of Artwork,Other Manufacture N.E.C	7	1	11.84
废弃资源废旧材料回收加工	Recycling and Disposal of Waste	2		1.76
电力、热力的生产和供应业	Production and Supply of Electric Power and Heat Power	11	2	72.69
燃气生产和供应业	Production and Distribution of Gas	9		39.57
水的生产和供应业	Production and Distribution of Water	3		1.63

11-8 续表 1 continued

单位:亿元 (100 million yuan)

指标	Item	工业销售产值 Output Value of Industrial Products Sales	出口交货值 Delivery Value for Export	资产总计 Total Assets
总计	**Total**	**1761.83**	**113.71**	**1115.40**
在总计中:	Of the Total			
亏损企业	Enterprises running under Deficit	80.69	7.39	134.55
在总计中:	Of the Total			
轻工业	Light Industry	740.27	55.28	388.10
重工业	Heavy Industry	1021.56	58.44	727.31
在总计中:	Of the Total			
大型企业	Large Scale Enterprises	531.27	33.85	326.84
中型企业	Medium Scale Enterprises	620.44	53.64	375.91
小型企业	Small Enterprises	608.64	26.23	410.87
按行业分	Grouped by Sector			
煤炭开采和洗选业	Mining and Washing of Coal	1.64		2.29
黑色金属矿采选业	Mining of Ferrous Metal Ores	2.73		0.35
有色金属矿采选业	Mining of Non-ferrous Metal Ores	23.52		3.52
非金属矿采选业	Mining and Processing of Nonmetal Ores	3.91		0.74
其他采矿业	Mining of Other Ores N.E.C			
农副食品加工业	Processing of Food from Agricultural Products	187.70	2.01	65.16
食品制造业	Manufacture of Foods	46.75	8.94	38.55
饮料制造业	Manufacture of Beverage	63.83		43.53
烟草制品业	Manufacture of Tobacco			
纺织业	Manufacture of Textile	43.08	4.95	12.88
纺织服装、鞋、帽制造业	Manufacture of Textile Wearing Apparel,Footware and Caps	42.91	3.74	13.20
皮革、毛皮、羽毛及其制品	Manufacture of Leather,Fur,Feather and Its Products	53.96	8.37	22.49
木材加工及木、竹、藤、棕、草制品业	Processing of Timbers,Manufacture of Wood, Bamboo, Rattan,Palm and Straw Products	15.90		6.79
家具制造业	Manufacture of Furniture	8.57	0.21	3.43
造纸及纸制品业	Manufacture of Paper and Paper Products	44.89	0.47	39.87
印刷业和记录媒介的复制	Printing,Reproduction of Recording Media	30.31	0.07	24.04
文教体育用品制造业	Manufacture of Articles for Culture,Education and Sport Activity	22.62		4.49
石油加工炼焦及核燃料加工	Processing of Petroleum,Coking,Processing of Nucleus Fuel	2.82		11.21
化学原料及化学制品制造业	Manufacture of Chemical Raw Material and Chemical Products	87.74	6.81	61.68
医药制造业	Manufacture of Medicines	52.06	3.38	32.71
化学纤维制造业	Manufacture of Chemical Fiber	8.17		1.95
橡胶制品业	Manufacture of Rubber	3.98		1.83
塑料制品业	Manufacture of Plastic	58.25	0.53	37.10
非金属矿物制品业	Manufacture of Non-metallic Mineral Products	74.80	18.68	43.87
黑色金属冶炼及压延加工业	Manufacture and Processing of Ferrous Metals	14.69		5.24
有色金属冶炼及压延加工业	Manufacture and Processing of Non-ferrous Metals	141.82	5.12	69.69
金属制品业	Manufacture of Metal Products	15.41	0.98	7.38
通用设备制造业	Manufacture of General Purpose Machinery	74.78	2.88	39.48
专用设备制造业	Manufacture of Special Purpose Machinery	23.38	0.68	17.04
交通运输设备制造业	Manufacture of Transport Equipment	210.32	14.71	154.59
电气机械及器材制造业	Manufacture of Electrical Machinery and Equipment	52.55	3.71	40.98
通信设备、计算机及其他电子设备制造业	Manufacture of Communication Equipment,Computer and Other Electronic Equipment	203.65	25.28	73.69
仪器仪表及文化、办公用机械制造业	Manufacture of Measuring Instrument and Machinery for Cultural Activity and Office Work	20.06	0.92	44.21
工艺品及其他制造业	Manufacture of Artwork,Other Manufacture N.E.C	11.48	1.26	4.08
废弃资源废旧材料回收加工	Recycling and Disposal of Waste	1.76		2.86
电力、热力的生产和供应业	Production and Supply of Electric Power and Heat Power	71.35		134.17
燃气生产和供应业	Production and Distribution of Gas	38.84		44.49
水的生产和供应业	Production and Distribution of Water	1.60		5.82

11-8 续表 2 continued

单位:亿元 (100 million yuan)

指标	Item	固定资产合计 Total Fixed Assets	流动资产合计 Circulating Funds	负债合计 Total Liabilities
总计	**Total**	**546.66**	**469.24**	**556.46**
在总计中:	Of the Total			
亏损企业	Enterprises running under Deficit	85.74	42.55	100.04
在总计中:	Of the Total			
轻工业	Light Industry	176.65	182.05	173.29
重工业	Heavy Industry	370.01	287.19	383.16
在总计中:	Of the Total			
大型企业	Large Scale Enterprises	128.24	163.16	162.81
中型企业	Medium Scale Enterprises	196.24	150.40	179.15
小型企业	Small Enterprises	220.55	155.54	213.04
按行业分	Grouped by Sector			
煤炭开采和洗选业	Mining and Washing of Coal	0.75	0.25	1.29
黑色金属矿采选业	Mining of Ferrous Metal Ores	0.24	0.04	0.15
有色金属矿采选业	Mining of Non-ferrous Metal Ores	2.02	0.20	2.30
非金属矿采选业	Mining and Processing of Nonmetal Ores	0.56	0.17	0.07
其他采矿业	Mining of Other Ores N.E.C			
农副食品加工业	Processing of Food from Agricultural Products	38.55	22.31	27.29
食品制造业	Manufacture of Foods	10.31	26.39	14.64
饮料制造业	Manufacture of Beverage	23.90	18.01	21.16
烟草制品业	Manufacture of Tobacco			
纺织业	Manufacture of Textile	7.73	4.37	4.35
纺织服装、鞋、帽制造业	Manufacture of Textile Wearing Apparel,Footware and Caps	8.94	3.58	3.71
皮革、毛皮、羽毛及其制品	Manufacture of Leather,Fur,Feather and Its Products	13.09	7.81	6.94
木材加工及木、竹、藤、棕、草制品业	Processing of Timbers,Manufacture of Wood, Bamboo, Rattan,Palm and Straw Products	3.66	1.39	2.76
家具制造业	Manufacture of Furniture	1.17	0.40	1.43
造纸及纸制品业	Manufacture of Paper and Paper Products	13.80	24.41	24.15
印刷业和记录媒介的复制	Printing,Reproduction of Recording Media	3.77	20.09	11.80
文教体育用品制造业	Manufacture of Articles for Culture,Education and Sport Activity	2.61	1.78	2.65
石油加工炼焦及核燃料加工	Processing of Petroleum,Coking,Processing of Nucleus Fuel	9.08	1.26	8.81
化学原料及化学制品制造业	Manufacture of Chemical Raw Material and Chemical Products	30.00	25.75	24.15
医药制造业	Manufacture of Medicines	12.07	16.15	13.83
化学纤维制造业	Manufacture of Chemical Fiber	0.96	0.79	1.09
橡胶制品业	Manufacture of Rubber	1.56	0.27	0.47
塑料制品业	Manufacture of Plastic	14.37	15.40	26.84
非金属矿物制品业	Manufacture of Non-metallic Mineral Products	25.98	14.51	21.46
黑色金属冶炼及压延加工业	Manufacture and Processing of Ferrous Metals	3.67	1.20	2.09
有色金属冶炼及压延加工业	Manufacture and Processing of Non-ferrous Metals	25.77	32.49	40.20
金属制品业	Manufacture of Metal Products	3.51	3.02	3.45
通用设备制造业	Manufacture of General Purpose Machinery	20.83	17.00	17.23
专用设备制造业	Manufacture of Special Purpose Machinery	6.56	9.63	9.30
交通运输设备制造业	Manufacture of Transport Equipment	56.71	83.22	78.20
电气机械及器材制造业	Manufacture of Electrical Machinery and Equipment	19.84	16.46	20.12
通信设备、计算机及其他电子设备制造业	Manufacture of Communication Equipment,Computer and Other Electronic Equipment	38.09	32.47	29.09
仪器仪表及文化、办公用机械制造业	Manufacture of Measuring Instrument and Machinery for Cultural Activity and Office Work	6.96	29.77	20.45
工艺品及其他制造业	Manufacture of Artwork,Other Manufacture N.E.C	0.86	2.10	2.37
废弃资源废旧材料回收加工	Recycling and Disposal of Waste	1.53	1.05	1.39
电力、热力的生产和供应业	Production and Supply of Electric Power and Heat Power	108.88	20.29	79.82
燃气生产和供应业	Production and Distribution of Gas	24.54	13.83	28.90
水的生产和供应业	Production and Distribution of Water	3.78	1.39	2.51

11-8 续表 3 continued

单位:亿元 (100 million yuan)

指标	Item	实收资本 Assets Recevied	所有者权益 Paid-in capital	主营业务收入 Revenue of Major Business
总计	**Total**	**280.28**	**558.94**	**1748.20**
在总计中:	Of the Total			
亏损企业	Enterprises running under Deficit	28.40	34.51	86.86
在总计中:	Of the Total			
轻工业	Light Industry	98.49	214.80	738.64
重工业	Heavy Industry	181.79	344.14	1009.56
在总计中:	Of the Total			
大型企业	Large Scale Enterprises	52.44	164.03	528.32
中型企业	Medium Scale Enterprises	93.54	196.76	611.19
小型企业	Small Enterprises	134.20	197.84	607.19
按行业分	Grouped by Sector			
煤炭开采和洗选业	Mining and Washing of Coal	1.00	1.00	1.64
黑色金属矿采选业	Mining of Ferrous Metal Ores	0.10	0.20	2.77
有色金属矿采选业	Mining of Non-ferrous Metal Ores	2.84	1.22	24.85
非金属矿采选业	Mining and Processing of Nonmetal Ores	0.57	0.67	3.93
其他采矿业	Mining of Other Ores N.E.C			
农副食品加工业	Processing of Food from Agricultural Products	14.22	37.87	188.71
食品制造业	Manufacture of Foods	6.35	23.92	45.65
饮料制造业	Manufacture of Beverage	12.70	22.37	67.99
烟草制品业	Manufacture of Tobacco			
纺织业	Manufacture of Textile	4.01	8.53	42.78
纺织服装、鞋、帽制造业	Manufacture of Textile Wearing Apparel,Footware and Caps	3.22	9.49	43.71
皮革、毛皮、羽毛及其制品	Manufacture of Leather,Fur,Feather and Its Products	6.48	15.55	53.77
木材加工及木、竹、藤、棕、草制品业	Processing of Timbers,Manufacture of Wood, Bamboo, Rattan,Palm and Straw Products	3.59	4.03	15.82
家具制造业	Manufacture of Furniture	0.75	2.00	8.55
造纸及纸制品业	Manufacture of Paper and Paper Products	10.96	15.71	45.46
印刷业和记录媒介的复制	Printing,Reproduction of Recording Media	3.65	12.24	28.71
文教体育用品制造业	Manufacture of Articles for Culture,Education and Sport Activity	0.70	1.84	22.62
石油加工炼焦及核燃料加工	Processing of Petroleum,Coking,Processing of Nucleus Fuel	6.36	2.40	2.81
化学原料及化学制品制造业	Manufacture of Chemical Raw Material and Chemical Products	16.62	37.53	84.14
医药制造业	Manufacture of Medicines	7.65	18.88	48.43
化学纤维制造业	Manufacture of Chemical Fiber	0.60	0.86	7.50
橡胶制品业	Manufacture of Rubber	1.20	1.35	3.98
塑料制品业	Manufacture of Plastic	7.00	10.26	51.92
非金属矿物制品业	Manufacture of Non-metallic Mineral Products	8.37	22.41	74.69
黑色金属冶炼及压延加工业	Manufacture and Processing of Ferrous Metals	2.51	3.15	14.70
有色金属冶炼及压延加工业	Manufacture and Processing of Non-ferrous Metals	6.67	29.49	138.56
金属制品业	Manufacture of Metal Products	2.44	3.93	15.41
通用设备制造业	Manufacture of General Purpose Machinery	14.69	22.26	72.73
专用设备制造业	Manufacture of Special Purpose Machinery	3.39	7.74	22.93
交通运输设备制造业	Manufacture of Transport Equipment	37.58	76.39	211.19
电气机械及器材制造业	Manufacture of Electrical Machinery and Equipment	10.69	20.86	51.73
通信设备、计算机及其他电子设备制造业	Manufacture of Communication Equipment,Computer and Other Electronic Equipment	21.37	44.60	203.62
仪器仪表及文化、办公用机械制造业	Manufacture of Measuring Instrument and Machinery for Cultural Activity and Office Work	0.11	23.76	20.06
工艺品及其他制造业	Manufacture of Artwork,Other Manufacture N.E.C	0.55	1.71	11.48
废弃资源废旧材料回收加工	Recycling and Disposal of Waste	0.91	1.47	1.76
电力、热力的生产和供应业	Production and Supply of Electric Power and Heat Power	51.88	54.34	72.03
燃气生产和供应业	Production and Distribution of Gas	5.71	15.59	39.63
水的生产和供应业	Production and Distribution of Water	2.85	3.31	1.95

11-8 续表 4 continued

单位:亿元 (100 million yuan)

指标	Item	主营业务成本 Cost of Major Businese	利润总额 Total Profit	利税总额 Total Taxes
总计	**Total**	**1429.22**	**167.90**	**260.19**
在总计中:	Of the Total			
亏损企业	Enterprises running under Deficit	74.90	-3.47	4.69
在总计中:	Of the Total			
轻工业	Light Industry	609.44	66.64	104.24
重工业	Heavy Industry	819.78	101.27	155.95
在总计中:	Of the Total			
大型企业	Large Scale Enterprises	446.33	55.67	88.84
中型企业	Medium Scale Enterprises	487.47	63.47	92.36
小型企业	Small Enterprises	494.15	48.72	78.89
按行业分	Grouped by Sector			
煤炭开采和洗选业	Mining and Washing of Coal	0.71	0.43	0.62
黑色金属矿采选业	Mining of Ferrous Metal Ores	1.94	0.13	0.27
有色金属矿采选业	Mining of Non-ferrous Metal Ores	17.13	2.36	4.25
非金属矿采选业	Mining and Processing of Nonmetal Ores	2.96	0.16	0.34
其他采矿业	Mining of Other Ores N.E.C			
农副食品加工业	Processing of Food from Agricultural Products	170.40	15.64	25.81
食品制造业	Manufacture of Foods	35.78	5.03	7.46
饮料制造业	Manufacture of Beverage	54.73	7.29	10.54
烟草制品业	Manufacture of Tobacco			
纺织业	Manufacture of Textile	36.75	2.27	3.80
纺织服装、鞋、帽制造业	Manufacture of Textile Wearing Apparel,Footware and Caps	34.52	2.93	4.67
皮革、毛皮、羽毛及其制品	Manufacture of Leather,Fur,Feather and Its Products	46.50	2.44	4.61
木材加工及木、竹、藤、棕、草制品业	Processing of Timbers,Manufacture of Wood, Bamboo, Rattan,Palm and Straw Products	12.70	1.01	1.86
家具制造业	Manufacture of Furniture	7.08	0.75	1.23
造纸及纸制品业	Manufacture of Paper and Paper Products	39.74	4.37	5.90
印刷业和记录媒介的复制	Printing,Reproduction of Recording Media	20.21	7.18	8.90
文教体育用品制造业	Manufacture of Articles for Culture,Education and Sport Activity	18.42	2.13	4.37
石油加工炼焦及核燃料加工	Processing of Petroleum,Coking,Processing of Nucleus Fuel	1.48	0.05	0.43
化学原料及化学制品制造业	Manufacture of Chemical Raw Material and Chemical Products	64.65	7.86	12.57
医药制造业	Manufacture of Medicines	36.65	4.88	7.38
化学纤维制造业	Manufacture of Chemical Fiber	6.39	1.17	1.44
橡胶制品业	Manufacture of Rubber	3.66	0.53	0.67
塑料制品业	Manufacture of Plastic	35.95	9.71	12.06
非金属矿物制品业	Manufacture of Non-metallic Mineral Products	57.79	4.95	9.00
黑色金属冶炼及压延加工业	Manufacture and Processing of Ferrous Metals	12.88	1.18	2.10
有色金属冶炼及压延加工业	Manufacture and Processing of Non-ferrous Metals	116.22	14.19	24.85
金属制品业	Manufacture of Metal Products	12.02	1.52	2.20
通用设备制造业	Manufacture of General Purpose Machinery	53.61	10.97	14.22
专用设备制造业	Manufacture of Special Purpose Machinery	19.02	1.51	2.99
交通运输设备制造业	Manufacture of Transport Equipment	178.25	11.81	24.98
电气机械及器材制造业	Manufacture of Electrical Machinery and Equipment	41.58	4.93	7.48
通信设备、计算机及其他电子设备制造业	Manufacture of Communication Equipment,Computer and Other Electronic Equipment	168.46	20.06	28.45
仪器仪表及文化、办公用机械制造业	Manufacture of Measuring Instrument and Machinery for Cultural Activity and Office Work	14.07	2.74	3.52
工艺品及其他制造业	Manufacture of Artwork,Other Manufacture N.E.C	8.94	1.24	1.76
废弃资源废旧材料回收加工	Recycling and Disposal of Waste	1.20	0.39	0.40
电力、热力的生产和供应业	Production and Supply of Electric Power and Heat Power	65.35	8.14	11.40
燃气生产和供应业	Production and Distribution of Gas	30.39	5.61	7.04
水的生产和供应业	Production and Distribution of Water	1.10	0.37	0.61

11-8 续表 5 continued

单位:亿元 (100 million yuan)

指标	Item	本年应缴增值税 Value Added Payable of the Current Year	本年应付职工薪酬 Total Sum of Wages Payable this Year	全部从业人员年平均人数(万人) Average Number of Empolyment of the Current Year (10000persons)
总计	**Total**	**71.56**	**73.02**	**22.73**
在总计中:	Of the Total			
亏损企业	Enterprises running under Deficit	3.04	6.40	2.51
在总计中:	Of the Total			
轻工业	Light Industry	30.48	38.28	12.20
重工业	Heavy Industry	41.08	34.73	10.53
在总计中:	Of the Total			
大型企业	Large Scale Enterprises	23.86	18.31	5.88
中型企业	Medium Scale Enterprises	23.38	37.95	11.62
小型企业	Small Enterprises	24.27	16.73	5.22
按行业分	Grouped by Sector			
煤炭开采和洗选业	Mining and Washing of Coal	0.17	0.51	0.15
黑色金属矿采选业	Mining of Ferrous Metal Ores	0.12	0.05	0.02
有色金属矿采选业	Mining of Non-ferrous Metal Ores	1.67	0.31	0.09
非金属矿采选业	Mining and Processing of Nonmetal Ores	0.14	0.07	0.04
其他采矿业	Mining of Other Ores N.E.C			
农副食品加工业	Processing of Food from Agricultural Products	8.63	2.85	0.75
食品制造业	Manufacture of Foods	2.14	3.33	1.03
饮料制造业	Manufacture of Beverage	2.27	2.40	0.67
烟草制品业	Manufacture of Tobacco			
纺织业	Manufacture of Textile	1.21	3.42	1.10
纺织服装、鞋、帽制造业	Manufacture of Textile Wearing Apparel,Footware and Caps	1.40	4.63	1.72
皮革、毛皮、羽毛及其制品	Manufacture of Leather,Fur,Feather and Its Products	1.71	5.11	2.31
木材加工及木、竹、藤、棕、草制品业	Processing of Timbers,Manufacture of Wood, Bamboo, Rattan,Palm and Straw Products	0.62	0.34	0.19
家具制造业	Manufacture of Furniture	0.31	0.19	0.11
造纸及纸制品业	Manufacture of Paper and Paper Products	1.37	1.54	0.43
印刷业和记录媒介的复制	Printing,Reproduction of Recording Media	1.64	1.41	0.25
文教体育用品制造业	Manufacture of Articles for Culture,Education and Sport Activity	1.98	0.96	0.31
石油加工炼焦及核燃料加工	Processing of Petroleum,Coking,Processing of Nucleus Fuel	0.33	0.37	0.03
化学原料及化学制品制造业	Manufacture of Chemical Raw Material and Chemical Products	3.56	3.01	0.93
医药制造业	Manufacture of Medicines	2.08	1.97	0.54
化学纤维制造业	Manufacture of Chemical Fiber	0.22	0.19	0.06
橡胶制品业	Manufacture of Rubber	0.11	0.47	0.10
塑料制品业	Manufacture of Plastic	1.76	1.40	0.41
非金属矿物制品业	Manufacture of Non-metallic Mineral Products	3.38	8.84	2.46
黑色金属冶炼及压延加工业	Manufacture and Processing of Ferrous Metals	0.65	0.43	0.16
有色金属冶炼及压延加工业	Manufacture and Processing of Non-ferrous Metals	8.29	1.35	0.38
金属制品业	Manufacture of Metal Products	0.38	0.42	0.12
通用设备制造业	Manufacture of General Purpose Machinery	2.87	2.10	0.73
专用设备制造业	Manufacture of Special Purpose Machinery	1.33	1.17	0.29
交通运输设备制造业	Manufacture of Transport Equipment	6.91	7.02	2.18
电气机械及器材制造业	Manufacture of Electrical Machinery and Equipment	2.10	2.35	0.67
通信设备、计算机及其他电子设备制造业	Manufacture of Communication Equipment,Computer and Other Electronic Equipment	6.92	9.16	3.39
仪器仪表及文化、办公用机械制造业	Manufacture of Measuring Instrument and Machinery for Cultural Activity and Office Work	0.69	1.58	0.33
工艺品及其他制造业	Manufacture of Artwork,Other Manufacture N.E.C	0.41	0.50	0.15
废弃资源废旧材料回收加工	Recycling and Disposal of Waste	0.01	0.15	0.03
电力、热力的生产和供应业	Production and Supply of Electric Power and Heat Power	2.88	1.38	0.22
燃气生产和供应业	Production and Distribution of Gas	1.07	1.97	0.31
水的生产和供应业	Production and Distribution of Water	0.22	0.09	0.07

11-8 续表 6 continued

指标	Item	总资产贡献率（%）Ratio of Total Assets to Industrial Output Value(%)	成本费用利润率（%）Ratio of Profits to Industrial Cost (%)
总计	**Total**	**24.32**	**10.51**
在总计中：	Of the Total		
亏损企业	Enterprises running under Deficit	4.82	-4.00
在总计中：	Of the Total		
轻工业	Light Industry	27.51	9.75
重工业	Heavy Industry	22.63	11.07
在总计中：	Of the Total		
大型企业	Large Scale Enterprises	28.20	11.36
中型企业	Medium Scale Enterprises	25.49	11.48
小型企业	Small Enterprises	20.26	8.80
按行业分	Grouped by Sector	24.32	10.51
煤炭开采和洗选业	Mining and Washing of Coal	27.20	37.92
黑色金属矿采选业	Mining of Ferrous Metal Ores	80.34	6.25
有色金属矿采选业	Mining of Non-ferrous Metal Ores	120.86	10.63
非金属矿采选业	Mining and Processing of Nonmetal Ores	48.81	4.41
其他采矿业	Mining of Other Ores N.E.C		
农副食品加工业	Processing of Food from Agricultural Products	40.19	8.36
食品制造业	Manufacture of Foods	19.68	11.70
饮料制造业	Manufacture of Beverage	24.31	11.28
烟草制品业	Manufacture of Tobacco		
纺织业	Manufacture of Textile	30.60	5.60
纺织服装、鞋、帽制造业	Manufacture of Textile Wearing Apparel,Footware and Caps	36.70	7.83
皮革、毛皮、羽毛及其制品	Manufacture of Leather,Fur,Feather and Its Products	21.74	4.80
木材加工及木、竹、藤、棕、草制品业	Processing of Timbers,Manufacture of Wood, Bamboo, Rattan,Palm and Straw Products	27.58	7.40
家具制造业	Manufacture of Furniture	36.66	9.86
造纸及纸制品业	Manufacture of Paper and Paper Products	15.29	9.92
印刷业和记录媒介的复制	Printing,Reproduction of Recording Media	36.71	32.78
文教体育用品制造业	Manufacture of Articles for Culture,Education and Sport Activity	97.45	10.90
石油加工炼焦及核燃料加工	Processing of Petroleum,Coking,Processing of Nucleus Fuel	7.96	1.97
化学原料及化学制品制造业	Manufacture of Chemical Raw Material and Chemical Products	21.16	10.73
医药制造业	Manufacture of Medicines	23.29	11.21
化学纤维制造业	Manufacture of Chemical Fiber	73.97	17.37
橡胶制品业	Manufacture of Rubber	36.65	13.68
塑料制品业	Manufacture of Plastic	34.11	23.25
非金属矿物制品业	Manufacture of Non-metallic Mineral Products	22.33	7.33
黑色金属冶炼及压延加工业	Manufacture and Processing of Ferrous Metals	41.81	8.50
有色金属冶炼及压延加工业	Manufacture and Processing of Non-ferrous Metals	37.29	11.42
金属制品业	Manufacture of Metal Products	31.43	11.23
通用设备制造业	Manufacture of General Purpose Machinery	36.86	18.13
专用设备制造业	Manufacture of Special Purpose Machinery	18.11	7.14
交通运输设备制造业	Manufacture of Transport Equipment	17.21	5.96
电气机械及器材制造业	Manufacture of Electrical Machinery and Equipment	19.43	10.49
通信设备、计算机及其他电子设备制造业	Manufacture of Communication Equipment,Computer and Other Electronic Equipment	39.29	10.81
仪器仪表及文化、办公用机械制造业	Manufacture of Measuring Instrument and Machinery for Cultural Activity and Office Work	8.79	15.32
工艺品及其他制造业	Manufacture of Artwork,Other Manufacture N.E.C	43.77	12.99
废弃资源废旧材料回收加工	Recycling and Disposal of Waste	15.31	26.80
电力、热力的生产和供应业	Production and Supply of Electric Power and Heat Power	9.98	11.63
燃气生产和供应业	Production and Distribution of Gas	16.71	16.17
水的生产和供应业	Production and Distribution of Water	10.96	21.69

11-8 续表 7 continued

指标	Item	产品销售率（%） Proportion of Products Sold (%)	资产负债率(%) Assets-Liability Ratio (%)
总计	**Total**	**98.48**	**49.89**
在总计中：	Of the Total		
亏损企业	Enterprises running under Deficit	99.11	74.35
在总计中：	Of the Total		
轻工业	Light Industry	97.98	44.65
重工业	Heavy Industry	98.85	52.68
在总计中：	Of the Total		
大型企业	Large Scale Enterprises	99.53	49.81
中型企业	Medium Scale Enterprises	98.26	47.66
小型企业	Small Enterprises	97.81	51.85
按行业分	Grouped by Sector		
煤炭开采和洗选业	Mining and Washing of Coal	99.60	56.44
黑色金属矿采选业	Mining of Ferrous Metal Ores	100.00	42.31
有色金属矿采选业	Mining of Non-ferrous Metal Ores	99.89	65.26
非金属矿采选业	Mining and Processing of Nonmetal Ores	99.79	9.72
其他采矿业	Mining of Other Ores N.E.C		
农副食品加工业	Processing of Food from Agricultural Products	98.24	41.88
食品制造业	Manufacture of Foods	97.94	37.96
饮料制造业	Manufacture of Beverage	97.02	48.61
烟草制品业	Manufacture of Tobacco		
纺织业	Manufacture of Textile	97.24	33.77
纺织服装、鞋、帽制造业	Manufacture of Textile Wearing Apparel,Footware and Caps	98.37	28.10
皮革、毛皮、羽毛及其制品	Manufacture of Leather,Fur,Feather and Its Products	98.36	30.84
木材加工及木、竹、藤、棕、草制品业	Processing of Timbers,Manufacture of Wood, Bamboo, Rattan,Palm and Straw Products	99.17	40.60
家具制造业	Manufacture of Furniture	99.21	41.78
造纸及纸制品业	Manufacture of Paper and Paper Products	97.62	60.58
印刷业和记录媒介的复制	Printing,Reproduction of Recording Media	100.35	49.07
文教体育用品制造业	Manufacture of Articles for Culture,Education and Sport Activity	99.87	58.98
石油加工炼焦及核燃料加工	Processing of Petroleum,Coking,Processing of Nucleus Fuel	100.00	78.60
化学原料及化学制品制造业	Manufacture of Chemical Raw Material and Chemical Products	96.98	39.16
医药制造业	Manufacture of Medicines	95.98	42.28
化学纤维制造业	Manufacture of Chemical Fiber	99.81	55.94
橡胶制品业	Manufacture of Rubber	98.36	25.86
塑料制品业	Manufacture of Plastic	97.29	72.34
非金属矿物制品业	Manufacture of Non-metallic Mineral Products	98.82	48.92
黑色金属冶炼及压延加工业	Manufacture and Processing of Ferrous Metals	95.30	39.94
有色金属冶炼及压延加工业	Manufacture and Processing of Non-ferrous Metals	98.30	57.69
金属制品业	Manufacture of Metal Products	92.25	46.74
通用设备制造业	Manufacture of General Purpose Machinery	97.97	43.63
专用设备制造业	Manufacture of Special Purpose Machinery	95.60	54.57
交通运输设备制造业	Manufacture of Transport Equipment	102.37	50.58
电气机械及器材制造业	Manufacture of Electrical Machinery and Equipment	99.21	49.09
通信设备、计算机及其他电子设备制造业	Manufacture of Communication Equipment,Computer and Other Electronic Equipment	98.89	39.48
仪器仪表及文化、办公用机械制造业	Manufacture of Measuring Instrument and Machinery for Cultural Activity and Office Work	91.57	46.26
工艺品及其他制造业	Manufacture of Artwork,Other Manufacture N.E.C	97.01	57.98
废弃资源废旧材料回收加工	Recycling and Disposal of Waste	100.00	48.73
电力、热力的生产和供应业	Production and Supply of Electric Power and Heat Power	98.16	59.49
燃气生产和供应业	Production and Distribution of Gas	98.15	64.96
水的生产和供应业	Production and Distribution of Water	98.05	43.11

11-9 规模以上大中型工业企业主要经济指标及在工业中的地位（2011年）
Main Indicatorsof Large and Medium-sized Industrial Enterprises above Designated Size & Percentage of Industry Total (2011)

指标	Item	企业单位数（个）Number of Enterprises (unit)	在工业中的地位 Status in Industry (%)	工业总产值(现价)（亿元）Gross Industrial Output Value (current price)（100 million yuan)	在工业中的地位 Status in Industry (%)
总计	**Total**	**1927**	**15.44**	**13249.28**	**50.21**
按登记注册类型:	**Grouped by Registration**				
内资企业	Internal-invested Enterprises	1721	14.46	12084.08	49.13
国有企业	State-owned Enterprises	184	46.35	2447.23	89.27
集体企业	Collective-owned Enterprises	59	15.82	129.90	29.88
股份合作企业	Enterprises Cooperated by Joint-stock	13	9.70	37.38	18.00
有限责任公司	Limited Liability Company	324	17.29	3620.97	63.31
股份有限公司	Company Limited by Shares	137	31.49	2411.60	83.72
私营企业	Individual-owned Enterprises	967	11.76	3255.57	27.14
其他企业	Enterprises of Other Types of Ownership	32	7.41	152.74	27.10
港、澳、台投资企业	Enterprises Funded by Entrepreneurs From Hong Kong,Macao and Taiwan	117	34.72	623.48	62.44
外商投资企业	Enterprises funded by Foreigners	89	37.08	541.72	68.53
按经济组织类型:	**Grouped by Ownership**				
独资企业	Enterprises Owned by a Sole Investor	492	18.01	3318.26	56.64
合作、合伙企业	Enterprises of Partnership	209	11.52	659.26	28.66
股份有限公司	Company Limited by Shares	262	22.68	3073.10	69.98
有限责任公司	Limited Liability Company	964	14.23	6198.66	44.81
按轻重工业分:	**Grouped by Light and Heavy Industry**				
轻工业	Light Industry	689	17.75	3285.24	45.09
重工业	Heavy Industry	1238	14.40	9964.03	52.17
按行业划分:	**Grouped by Sector**				
煤炭开采和洗选业	Mining and Washing of Coal	151	19.51	327.01	36.11
黑色金属矿采选业	Mining of Ferrous Metal Ores	7	4.58	10.88	6.76
有色金属矿采选业	Mining of Non-ferrous Metal Ores	40	13.07	120.99	25.42
非金属矿采选业	Mining and Processing of Nonmetal Ores	21	8.50	90.23	27.89
农副食品加工业	Processing of Food from Agricultural Products	97	9.86	693.59	34.35
食品制造业	Manufacture of Foods	71	21.78	287.21	45.64
饮料制造业	Manufacture of Beverage	26	9.89	146.62	36.82

11-9 续表 1 continued

指标	Item	全部从业人员年平均人数(万人) Average Number of Employees (10 000 persons)	在工业中的地位 Status in Industry (%)	固定资产原价(亿元) Original Value of Fixed Assets (100 million yuan)	在工业中的地位 Status in Industry (%)	利税总额(亿元) Total Pre-tax Profits (100 million yuan)	在工业中的地位 Status in Industry (%)
总计	**Total**	**160.35**	**55.36**	**6482.74**	**67.53**	**2068.34**	**57.81**
按登记注册类型:	**Grouped by Registration**						
内资企业	Internal-invested Enterprises	142.85	53.51	6074.38	68.23	1887.15	56.89
国有企业	State-owned Enterprises	26.41	89.40	2647.84	89.70	650.41	95.18
集体企业	Collective-owned Enterprises	3.24	42.35	34.51	33.00	14.29	31.92
股份合作企业	Enterprises Cooperated by Joint-stock	0.59	31.05	14.47	30.93	4.26	19.87
有限责任公司	Limited Liability Company	43.63	69.96	1803.00	75.95	433.62	64.93
股份有限公司	Company Limited by Shares	16.75	81.95	776.48	84.41	340.67	87.43
私营企业	Individual-owned Enterprises	50.35	36.44	749.02	31.80	420.04	29.21
其他企业	Enterprises of Other Types of Ownership	1.58	24.88	46.88	33.31	18.88	29.66
港、澳、台投资企业	Enterprises Funded by Entrepreneurs From Hong Kong,Macao and Taiwan	9.80	75.21	212.17	61.33	109.65	70.21
外商投资企业	Enterprises funded by Foreigners	7.70	79.38	196.18	55.79	71.54	68.78
按经济组织类型:	**Grouped by Ownership**						
独资企业	Enterprises Owned by a Sole Investor	45.05	60.58	2867.42	79.34	761.69	72.68
合作、合伙企业	Enterprises of Partnership	9.62	31.81	153.43	30.43	103.88	34.20
股份有限公司	Company Limited by Shares	24.34	68.52	928.94	73.99	429.82	74.31
有限责任公司	Limited Liability Company	81.35	54.40	2532.95	59.93	772.96	46.92
按轻重工业分:	**Grouped by Light and Heavy Industry**						
轻工业	Light Industry	50.61	55.85	1112.44	57.42	860.15	67.62
重工业	Heavy Industry	109.74	55.13	5370.30	70.08	1208.19	52.41
按行业划分:	**Grouped by Sector**						
煤炭开采和洗选业	Mining and Washing of Coal	10.67	53.06	94.81	39.97	67.22	41.24
黑色金属矿采选业	Mining of Ferrous Metal Ores	0.29	15.59	4.62	12.80	2.29	11.02
有色金属矿采选业	Mining of Non-ferrous Metal Ores	2.72	46.50	53.40	38.88	28.44	36.21
非金属矿采选业	Mining and Processing of Nonmetal Ores	1.20	31.58	24.59	35.85	9.51	25.82
农副食品加工业	Processing of Food from Agricultural Products	5.56	36.25	153.04	39.31	85.20	41.70
食品制造业	Manufacture of Foods	5.65	63.70	67.46	53.20	36.37	48.40
饮料制造业	Manufacture of Beverage	1.74	38.84	55.20	46.38	21.80	44.08

11-9 续表 2 continued

指标	Item	企业单位数(个) Number of Enterprises (unit)	在工业中的地位 Status in Industry (%)	工业总产值(现价)(亿元) Gross Industrial Output Value (current price) (100 million yuan)	在工业中的地位 Status in Industry (%)
烟草制品业	Manufacture of Tobacco	6	75.00	613.23	99.80
纺织业	Manufacture of Textile	117	41.64	353.43	64.43
纺织服装、鞋、帽制造业	Manufacture of Textile Wearing Apparel,Footware and Caps	45	30.82	121.03	54.02
皮革、毛皮、羽毛及其制品	Manufacture of Leather,Fur,Feather and Its Products	49	32.45	90.52	44.25
木材加工及木、竹、藤、棕、草制品业	Processing of Timbers,Manufacture of Wood, Bamboo, Rattan,Palm and Straw Products	34	6.92	95.98	17.13
家具制造业	Manufacture of Furniture	17	14.53	83.53	43.97
造纸及纸制品业	Manufacture of Paper and Paper Products	27	7.85	225.91	39.38
印刷业和记录媒介的复制	Printing,Reproduction of Recording Media	8	6.45	39.97	25.72
文教体育用品制造业	Manufacture of Articles for Culture,Education and Sport Activity	6	20.00	21.96	39.07
石油加工、炼焦及核燃料加工业	Processing of Petroleum,Coking,Processing of Nucleus Fuel	11	32.35	653.29	94.59
化学原料及化学制品制造业	Manufacture of Chemical Raw Material and Chemical Products	258	16.13	734.56	34.49
医药制造业	Manufacture of Medicines	41	15.77	169.95	34.69
化学纤维制造业	Manufacture of Chemical Fiber	4	28.57	14.20	31.85
橡胶制品业	Manufacture of Rubber	9	16.36	27.80	35.81
塑料制品业	Manufacture of Plastic	15	5.79	73.24	20.33
非金属矿物制品业	Manufacture of Non-metallic Mineral Products	237	19.10	649.44	39.14
黑色金属冶炼及压延加工业	Manufacture and Processing of Ferrous Metals	49	12.96	1041.39	66.38
有色金属冶炼及压延加工业	Manufacture and Processing of Non-ferrous Metals	66	10.38	956.91	38.52
金属制品业	Manufacture of Metal Products	33	9.65	183.43	32.47
通用设备制造业	Manufacture of General Purpose Machinery	77	10.16	465.98	38.62
专用设备制造业	Manufacture of Special Purpose Machinery	67	14.23	2016.82	80.89
交通运输设备制造业	Manufacture of Transport Equipment	88	27.16	909.53	79.60
电气机械及器材制造业	Manufacture of Electrical Machinery and Equipment	55	12.79	429.51	46.26
通信设备、计算机及其他电子设备制造业	Manufacture of Communication Equipment,Computer and Other Electronic Equipment	68	23.53	442.29	61.45
仪器仪表及文化、办公用机械制造业	Manufacture of Measuring Instrument and Machinery for Cultural Activity and Office Work	15	13.76	149.10	55.06
工艺品及其他制造业	Manufacture of Artwork,Other Manufacture N.E.C	19	20.00	45.92	35.52
废弃资源废旧材料回收加工	Recycling and Disposal of Waste	2	2.74	6.33	5.71
电力、热力的生产和供应业	Production and Supply of Electric Power and Heat Power	72	27.48	897.15	77.99
燃气生产和供应业	Production and Distribution of Gas	6	18.75	41.72	55.36
水的生产和供应业	Production and Distribution of Water	13	19.12	18.62	39.74

11-9 续表 3 continued

指标	Item	全部从业人员年平均人数(万人) Average Number of Employees (10 000 persons)	在工业中的地位 Status in Industry (%)	固定资产原价(亿元) Original Value of Fixed Assets (100 million yuan)	在工业中的地位 Status in Industry (%)	利税总额(亿元) Total Pre-tax Profits (100 million yuan)	在工业中的地位 Status in Industry (%)
烟草制品业	Manufacture of Tobacco	2.50	99.21	168.75	99.00	525.20	99.94
纺织业	Manufacture of Textile	8.17	76.43	98.36	71.15	30.41	66.18
纺织服装、鞋、帽制造业	Manufacture of Textile Wearing Apparel,Footware and Caps	3.99	70.37	23.87	61.55	15.57	62.66
皮革、毛皮、羽毛及其制品	Manufacture of Leather,Fur,Feather and Its Products	3.38	66.80	15.70	46.84	9.59	43.53
木材加工及木、竹、藤、棕、草制品业	Processing of Timbers,Manufacture of Wood, Bamboo, Rattan,Palm and Straw Products	1.80	22.99	18.38	18.99	12.35	19.38
家具制造业	Manufacture of Furniture	1.10	46.81	10.98	36.37	9.98	47.59
造纸及纸制品业	Manufacture of Paper and Paper Products	2.84	41.64	241.71	73.56	20.57	34.98
印刷业和记录媒介的复制	Printing,Reproduction of Recording Media	0.54	30.51	22.33	44.86	9.45	41.32
文教体育用品制造业	Manufacture of Articles for Culture,Education and Sport Activity	0.43	55.84	2.39	27.50	3.83	41.05
石油加工、炼焦及核燃料加工业	Processing of Petroleum,Coking,Processing of Nucleus Fuel	2.17	91.56	206.41	91.20	74.88	94.06
化学原料及化学制品制造业	Manufacture of Chemical Raw Material and Chemical Products	13.71	44.27	381.10	58.78	83.42	33.40
医药制造业	Manufacture of Medicines	2.77	49.55	51.61	37.21	30.36	43.11
化学纤维制造业	Manufacture of Chemical Fiber	0.24	64.86	8.54	47.08	1.69	37.81
橡胶制品业	Manufacture of Rubber	0.68	53.97	6.84	37.58	2.89	34.49
塑料制品业	Manufacture of Plastic	0.68	19.94	15.59	21.25	13.35	29.93
非金属矿物制品业	Manufacture of Non-metallic Mineral Products	12.85	50.53	357.51	56.63	94.99	47.35
黑色金属冶炼及压延加工业	Manufacture and Processing of Ferrous Metals	7.94	66.28	773.92	90.35	49.29	44.17
有色金属冶炼及压延加工业	Manufacture and Processing of Non-ferrous Metals	6.91	52.31	256.48	56.26	107.15	35.94
金属制品业	Manufacture of Metal Products	2.36	41.04	53.58	48.40	27.00	38.59
通用设备制造业	Manufacture of General Purpose Machinery	5.54	43.21	117.01	45.11	70.05	44.82
专用设备制造业	Manufacture of Special Purpose Machinery	14.58	75.74	319.58	79.92	336.70	85.66
交通运输设备制造业	Manufacture of Transport Equipment	10.09	76.85	544.32	91.93	100.26	82.93
电气机械及器材制造业	Manufacture of Electrical Machinery and Equipment	4.32	49.43	105.42	58.84	48.83	50.67
通信设备、计算机及其他电子设备制造业	Manufacture of Communication Equipment,Computer and Other Electronic Equipment	8.84	75.68	102.93	66.20	61.64	65.54
仪器仪表及文化、办公用机械制造业	Manufacture of Measuring Instrument and Machinery for Cultural Activity and Office Work	1.54	59.00	101.71	80.51	27.24	68.39
工艺品及其他制造业	Manufacture of Artwork,Other Manufacture N.E.C	1.16	52.97	6.90	35.77	7.04	44.39
废弃资源废旧材料回收加工	Recycling and Disposal of Waste	0.29	29.00	2.20	10.81	0.76	6.93
电力、热力的生产和供应业	Production and Supply of Electric Power and Heat Power	9.83	83.95	1934.49	76.83	33.21	45.25
燃气生产和供应业	Production and Distribution of Gas	0.29	51.79	26.09	56.28	7.77	67.51
水的生产和供应业	Production and Distribution of Water	0.99	54.40	54.93	58.00	2.08	40.00

11-10 规模以上中小型工业企业主要经济指标及在工业中的地位（2011年）
Main Indicators of Small and Medium-sized Industrial Enterprises above Designated Size & Percentage of Industry Total (2011)

指标	Item	企业单位数（个）Number of Enterprises (unit)	在工业中的地位 Status in Industry (%)	工业总产值(现价)（亿元）Gross Industrial Output Value (current price)（100 million yuan)	在工业中的地位 Status in Industry (%)
总计	**Total**	**12084**	**96.85**	**18434.16**	**69.86**
按登记注册类型:	**Grouped by Registration**				
内资企业	Internal-invested Enterprises	11539	96.97	17180.46	69.85
国有企业	State-owned Enterprises	352	88.66	781.02	28.49
集体企业	Collective-owned Enterprises	368	98.66	416.44	95.78
股份合作企业	Enterprises Cooperated by Joint-stock	130	97.01	207.43	99.90
有限责任公司	Limited Liability Company	1792	95.62	2941.61	51.43
股份有限公司	Company Limited by Shares	391	89.89	819.66	28.46
私营企业	Individual-owned Enterprises	8055	97.93	11409.26	95.12
其他企业	Enterprises of Other Types of Ownership	422	97.69	550.02	97.60
港、澳、台商投资企业	Enterprises Funded by Entrepreneurs From Hong Kong,Macao and Taiwan	320	94.96	729.39	73.05
外商投资企业	Enterprises funded by Foreigners	225	93.75	524.31	66.33
按经济组织类型:	**Grouped by Ownership**				
独资企业	Enterprises Owned by a Sole Investor	2638	96.56	3685.66	62.91
合作、合伙企业	Enterprises of Partnership	1784	98.29	2237.71	97.26
股份有限公司	Company Limited by Shares	1086	94.03	2049.84	46.68
有限责任公司	Limited Liability Company	6576	97.06	10460.95	75.61
按轻重工业分:	**Grouped by Light and Heavy Industry**				
轻工业	Light Industry	3767	97.04	5862.96	80.46
重工业	Heavy Industry	8317	96.77	12571.20	65.82
按行业划分:	**Grouped by Sector**				
煤炭开采和洗选业	Mining and Washing of Coal	759	98.06	874.33	96.55
黑色金属矿采选业	Mining of Ferrous Metal Ores	146	95.42	160.40	99.69
有色金属矿采选业	Mining of Non-ferrous Metal Ores	299	97.71	452.71	95.11
非金属矿采选业	Mining and Processing of Nonmetal Ores	237	95.95	297.06	91.83
其他采选业	Other Mining	2	100.00	2.31	100.00
农副食品加工业	Processing of Food from Agricultural Products	955	97.05	1794.25	88.85
食品制造业	Manufacture of Foods	311	95.40	540.62	85.92
饮料制造业	Manufacture of Beverage	258	98.10	354.06	88.91

11-10 续表 1 continued

指标	Item	全部从业人员年平均人数(万人) Average Number of Employees (10 000 persons)	在工业中的地位 Status in Industry (%)	固定资产原价(亿元) Original Value of Fixed Assets (100 million yuan)	在工业中的地位 Status in Industry (%)	利税总额(亿元) Total Pre-tax Profits (100 million yuan)	在工业中的地位 Status in Industry (%)
总计	**Total**	**220.15**	**76.00**	**5027.83**	**52.37**	**2214.40**	**61.90**
按登记注册类型:	**Grouped by Registration**						
内资企业	Internal-invested Enterprises	203.31	76.16	4492.99	50.47	2043.15	61.59
国有企业	State-owned Enterprises	13.30	45.02	676.33	22.91	93.31	13.65
集体企业	Collective-owned Enterprises	7.12	93.07	101.29	96.87	42.16	94.17
股份合作企业	Enterprises Cooperated by Joint-stock	1.90	100.00	46.73	99.87	21.44	100.00
有限责任公司	Limited Liability Company	34.26	54.94	978.68	41.23	345.05	51.67
股份有限公司	Company Limited by Shares	9.47	46.33	316.20	34.37	99.39	25.51
私营企业	Individual-owned Enterprises	130.53	94.48	2225.03	94.45	1372.75	95.45
其他企业	Enterprises of Other Types of Ownership	6.19	97.48	139.66	99.23	60.65	95.29
港、澳、台商投资企业	Enterprises Funded by Entrepreneurs From Hong Kong,Macao and Taiwan	10.26	78.74	258.46	74.71	99.92	63.98
外商投资企业	Enterprises funded by Foreigners	6.57	67.73	276.39	78.60	71.32	68.57
按经济组织类型:	**Grouped by Ownership**						
独资企业	Enterprises Owned by a Sole Investor	54.52	73.31	1288.40	35.65	427.00	40.74
合作、合伙企业	Enterprises of Partnership	29.49	97.52	495.48	98.26	295.97	97.44
股份有限公司	Company Limited by Shares	22.70	63.91	593.52	47.27	245.72	42.48
有限责任公司	Limited Liability Company	113.44	75.86	2650.43	62.71	1245.71	75.62
按轻重工业分:	**Grouped by Light and Heavy Industry**						
轻工业	Light Industry	76.23	84.12	1403.46	72.44	636.29	50.02
重工业	Heavy Industry	143.92	72.30	3624.37	47.30	1578.10	68.45
按行业划分:	**Grouped by Sector**						
煤炭开采和洗选业	Mining and Washing of Coal	18.31	91.05	226.58	95.51	157.69	96.74
黑色金属矿采选业	Mining of Ferrous Metal Ores	1.85	99.46	35.53	98.42	20.76	99.90
有色金属矿采选业	Mining of Non-ferrous Metal Ores	5.21	89.06	118.42	86.23	70.82	90.17
非金属矿采选业	Mining and Processing of Nonmetal Ores	3.38	88.95	58.73	85.61	34.25	92.99
其他采选业	Other Mining	0.03	100.00	2.52	100.00	0.43	100.00
农副食品加工业	Processing of Food from Agricultural Products	13.96	91.00	331.88	85.25	172.82	84.58
食品制造业	Manufacture of Foods	6.81	76.78	111.83	88.19	64.65	86.04
饮料制造业	Manufacture of Beverage	3.92	87.50	101.73	85.47	40.97	82.85

11-10 续表 2 continued

指标	Item	企业单位数(个) Number of Enterprises (unit)	在工业中的地位 Status in Industry (%)	工业总产值(现价)(亿元) Gross Industrial Output Value (current price) (100 million yuan)	在工业中的地位 Status in Industry (%)
烟草制品业	Manufacture of Tobacco	6	75.00	6.94	1.13
纺织业	Manufacture of Textile	271	96.44	478.39	87.21
纺织服装、鞋、帽制造业	Manufacture of Textile Wearing Apparel,Footware and Caps	138	94.52	176.83	78.93
皮革、毛皮、羽毛及其制品	Manufacture of Leather,Fur,Feather and Its Products	149	98.68	204.37	99.91
木材加工及木、竹、藤、棕、草制品业	Processing of Timbers,Manufacture of Wood, Bamboo, Rattan,Palm and Straw Products	487	99.19	549.70	98.10
家具制造业	Manufacture of Furniture	114	97.44	171.88	90.47
造纸及纸制品业	Manufacture of Paper and Paper Products	338	98.26	436.78	76.15
印刷业和记录媒介的复制	Printing,Reproduction of Recording Media	121	97.58	147.59	94.96
文教体育用品制造业	Manufacture of Articles for Culture,Education and Sport Activity	29	96.67	46.21	82.21
石油加工、炼焦及核燃料加工业	Processing of Petroleum,Coking,Processing of Nucleus Fuel	29	85.29	113.01	16.36
化学原料及化学制品制造业	Manufacture of Chemical Raw Material and Chemical Products	1569	98.06	1898.61	89.15
医药制造业	Manufacture of Medicines	252	96.92	461.28	94.15
化学纤维制造业	Manufacture of Chemical Fiber	14	100.00	44.58	100.00
橡胶制品业	Manufacture of Rubber	53	96.36	59.60	76.76
塑料制品业	Manufacture of Plastic	258	99.61	360.02	99.94
非金属矿物制品业	Manufacture of Non-metallic Mineral Products	1217	98.07	1568.52	94.52
黑色金属冶炼及压延加工业	Manufacture and Processing of Ferrous Metals	362	95.77	646.14	41.18
有色金属冶炼及压延加工业	Manufacture and Processing of Non-ferrous Metals	606	95.28	1873.36	75.41
金属制品业	Manufacture of Metal Products	333	97.37	491.93	87.09
通用设备制造业	Manufacture of General Purpose Machinery	741	97.76	1016.45	84.24
专用设备制造业	Manufacture of Special Purpose Machinery	452	95.97	704.82	28.27
交通运输设备制造业	Manufacture of Transport Equipment	298	91.98	429.74	37.61
电气机械及器材制造业	Manufacture of Electrical Machinery and Equipment	416	96.74	696.68	75.03
通信设备、计算机及其他电子设备制造业	Manufacture of Communication Equipment,Computer and Other Electronic Equipment	273	94.46	419.27	58.25
仪器仪表及文化、办公用机械制造业	Manufacture of Measuring Instrument and Machinery for Cultural Activity and Office Work	107	98.17	159.46	58.89
工艺品及其他制造业	Manufacture of Artwork,Other Manufacture N.E.C	90	94.74	116.05	89.77
废弃资源废旧材料回收加工	Recycling and Disposal of Waste	64	87.67	102.96	92.83
电力、热力的生产和供应业	Production and Supply of Electric Power and Heat Power	234	89.31	462.12	40.17
燃气生产和供应业	Production and Distribution of Gas	31	96.88	74.91	99.40
水的生产和供应业	Production and Distribution of Water	65	95.59	40.25	85.89

11－10 续表 3 continued

指标	Item	全部从业人员年平均人数（万人）Average Number of Employees (10 000 persons)	在工业中的地位 Status in Industry (%)	固定资产原价（亿元）Original Value of Fixed Assets (100 million yuan)	在工业中的地位 Status in Industry (%)	利税总额（亿元）Total Pre-tax Profits (100 million yuan)	在工业中的地位 Status in Industry (%)
烟草制品业	Manufacture of Tobacco	0.27	10.71	8.54	5.01	1.70	0.32
纺织业	Manufacture of Textile	9.11	85.22	117.87	85.26	38.05	82.81
纺织服装、鞋、帽制造业	Manufacture of Textile Wearing Apparel,Footware and Caps	4.73	83.42	32.41	83.57	17.57	70.70
皮革、毛皮、羽毛及其制品	Manufacture of Leather,Fur,Feather and Its Products	5.06	100.00	33.38	99.58	22.02	99.95
木材加工及木、竹、藤、棕、草制品业	Processing of Timbers,Manufacture of Wood, Bamboo, Rattan,Palm and Straw Products	7.72	98.60	96.10	99.30	62.12	97.49
家具制造业	Manufacture of Furniture	2.05	87.23	28.98	95.99	19.48	92.89
造纸及纸制品业	Manufacture of Paper and Paper Products	5.18	75.95	158.05	48.10	46.87	79.71
印刷业和记录媒介的复制	Printing,Reproduction of Recording Media	1.66	93.79	43.72	87.83	21.83	95.45
文教体育用品制造业	Manufacture of Articles for Culture,Education and Sport Activity	0.66	85.71	7.71	88.72	7.05	75.56
石油加工、炼焦及核燃料加工业	Processing of Petroleum,Coking,Processing of Nucleus Fuel	0.65	27.43	37.92	16.75	18.12	22.76
化学原料及化学制品制造业	Manufacture of Chemical Raw Material and Chemical Products	28.02	90.47	433.39	66.84	230.09	92.13
医药制造业	Manufacture of Medicines	4.81	86.05	122.37	88.23	63.29	89.86
化学纤维制造业	Manufacture of Chemical Fiber	0.37	100.00	18.14	100.00	4.47	100.00
橡胶制品业	Manufacture of Rubber	0.90	71.43	16.07	88.30	6.77	80.79
塑料制品业	Manufacture of Plastic	3.41	100.00	73.34	99.99	44.60	100.00
非金属矿物制品业	Manufacture of Non-metallic Mineral Products	23.75	93.39	588.56	93.22	189.27	94.34
黑色金属冶炼及压延加工业	Manufacture and Processing of Ferrous Metals	6.42	53.59	103.50	12.08	78.39	70.24
有色金属冶炼及压延加工业	Manufacture and Processing of Non-ferrous Metals	8.51	64.42	270.36	59.31	230.29	77.24
金属制品业	Manufacture of Metal Products	4.69	81.57	80.20	72.44	58.90	84.18
通用设备制造业	Manufacture of General Purpose Machinery	10.84	84.56	214.92	82.86	125.12	80.06
专用设备制造业	Manufacture of Special Purpose Machinery	7.58	39.38	130.49	32.63	92.05	23.42
交通运输设备制造业	Manufacture of Transport Equipment	6.36	48.44	123.33	20.83	41.61	34.42
电气机械及器材制造业	Manufacture of Electrical Machinery and Equipment	6.56	75.06	128.24	71.58	71.99	74.71
通信设备、计算机及其他电子设备制造业	Manufacture of Communication Equipment,Computer and Other Electronic Equipment	5.98	51.20	98.04	63.05	48.44	51.50
仪器仪表及文化、办公用机械制造业	Manufacture of Measuring Instrument and Machinery for Cultural Activity and Office Work	1.69	64.75	39.30	31.11	16.73	42.00
工艺品及其他制造业	Manufacture of Artwork,Other Manufacture N.E.C	1.85	84.47	18.60	96.42	13.42	84.62
废弃资源废旧材料回收加工	Recycling and Disposal of Waste	0.75	75.00	18.15	89.19	9.90	90.33
电力、热力的生产和供应业	Production and Supply of Electric Power and Heat Power	4.92	42.02	879.73	34.94	55.76	75.98
燃气生产和供应业	Production and Distribution of Gas	0.56	100.00	46.32	99.91	11.50	99.91
水的生产和供应业	Production and Distribution of Water	1.63	89.56	72.91	76.99	4.64	89.23

11-11 规模以上非公有制工业主要经济指标及在工业中的地位（2011年）

Main Indicators of Non-public Industrial Enterprises above Designated Size & Percentage of Industry Total (2011)

指标	Item	企业单位数（个）Number of Enterprises (unit)	在工业中的地位 Status in Industry (%)	工业总产值(现价)（亿元）Gross Industrial Output Value (current price) (100 million yuan)	在工业中的地位 Status in Industry (%)
总计	**Total**	**11089**	**88.88**	**18601.08**	**70.49**
按登记注册类型：	**Grouped by Registration**				
内资企业	Internal-invested Enterprises	10545	88.61	16947.43	68.90
股份合作企业	Enterprises Cooperated by Joint-stock	12	8.96	8.14	3.92
有限责任公司	Limited Liability Company	1546	82.50	3711.93	64.90
股份有限公司	Company Limited by Shares	323	74.25	701.52	24.35
私营企业	Individual-owned Enterprises	8225	100.00	11994.53	100.00
其他企业	Enterprises of Other Types of Ownership	427	98.84	519.93	92.26
港、澳、台投资企业	Enterprises Funded by Entrepreneurs From Hong Kong,Macao and Taiwan	320	94.96	916.22	91.76
外商投资企业	Enterprises funded by Foreigners	224	93.33	737.44	93.29
按经济组织类型：	**Grouped by Ownership**				
独资企业	Enterprises Owned by a Sole Investor	1961	71.78	2681.05	45.76
合作、合伙企业	Enterprises of Partnership	1668	91.90	2013.60	87.52
股份有限公司	Company Limited by Shares	1043	90.30	2212.64	50.38
有限责任公司	Limited Liability Company	6417	94.72	11693.79	84.53
按轻重工业分：	**Grouped by Light and Heavy Industry**				
轻工业	Light Industry	3582	92.27	5917.78	81.21
重工业	Heavy Industry	7507	87.34	12683.30	66.41
按行业划分：	**Grouped by Sector**				
煤炭开采和洗选业	Mining and Washing of Coal	576	74.42	728.94	80.50
黑色金属矿采选业	Mining of Ferrous Metal Ores	145	94.77	153.99	95.71
有色金属矿采选业	Mining of Non-ferrous Metal Ores	268	87.58	398.71	83.77
非金属矿采选业	Mining and Processing of Nonmetal Ores	223	90.28	285.80	88.35
其他采选业	Other Mining	2	100.00	2.31	100.00
农副食品加工业	Processing of Food from Agricultural Products	910	92.48	1782.86	88.29
食品制造业	Manufacture of Foods	311	95.40	598.80	95.16
饮料制造业	Manufacture of Beverage	247	93.92	346.83	87.09

11-11 续表 1 continued

指标	Item	全部从业人员年平均人数（万人） Average Number of Employees (10 000 persons)	在工业中的地位 Status in Industry (%)	固定资产原价（亿元） Original Value of Fixed Assets (100 million yuan)	在工业中的地位 Status in Industry (%)	利税总额（亿元） Total Pre-tax Profits (100 million yuan)	在工业中的地位 Status in Industry (%)
总计	**Total**	**212.99**	**73.53**	**4201.87**	**43.77**	**2312.25**	**64.63**
按登记注册类型:	**Grouped by Registration**						
内资企业	Internal-invested Enterprises	192.17	71.99	3610.06	40.55	2081.74	62.75
股份合作企业	Enterprises Cooperated by Joint-stock	0.11	5.79	2.59	5.54	0.73	3.40
有限责任公司	Limited Liability Company	38.93	62.43	891.21	37.54	488.56	73.16
股份有限公司	Company Limited by Shares	8.59	42.03	226.86	24.66	96.18	24.68
私营企业	Individual-owned Enterprises	138.16	100.00	2355.71	100.00	1438.24	100.00
其他企业	Enterprises of Other Types of Ownership	6.21	97.80	132.02	93.80	56.63	88.97
港、澳、台投资企业	Enterprises Funded by Entrepreneurs From Hong Kong,Macao and Taiwan	12.02	92.25	319.67	92.40	136.99	87.71
外商投资企业	Enterprises funded by Foreigners	8.79	90.62	272.14	77.39	93.52	89.91
按经济组织类型:	**Grouped by Ownership**						
独资企业	Enterprises Owned by a Sole Investor	37.13	49.93	556.38	15.39	319.35	30.47
合作、合伙企业	Enterprises of Partnership	27.93	92.36	442.35	87.72	268.98	88.55
股份有限公司	Company Limited by Shares	23.67	66.64	562.39	44.80	284.97	49.27
有限责任公司	Limited Liability Company	124.25	83.09	2640.76	62.48	1438.96	87.35
按轻重工业分:	**Grouped by Light and Heavy Industry**						
轻工业	Light Industry	78.07	86.15	1286.38	66.39	668.96	52.59
重工业	Heavy Industry	134.92	67.78	2915.49	38.05	1643.29	71.28
按行业划分:	**Grouped by Sector**						
煤炭开采和洗选业	Mining and Washing of Coal	11.40	56.69	172.86	72.87	137.28	84.22
黑色金属矿采选业	Mining of Ferrous Metal Ores	1.74	93.55	35.48	98.28	19.91	95.81
有色金属矿采选业	Mining of Non-ferrous Metal Ores	3.98	68.03	92.54	67.39	61.05	77.73
非金属矿采选业	Mining and Processing of Nonmetal Ores	3.29	86.58	49.20	71.72	32.26	87.59
其他采选业	Other Mining	0.03	100.00	2.52	100.00	0.43	100.00
农副食品加工业	Processing of Food from Agricultural Products	13.75	89.63	334.54	85.93	185.03	90.56
食品制造业	Manufacture of Foods	8.25	93.01	117.04	92.30	72.00	95.82
饮料制造业	Manufacture of Beverage	3.83	85.49	100.94	84.81	41.46	83.84

11-11 续表 2 continued

指标	Item	企业单位数(个) Number of Enterprises (unit)	在工业中的地位 Status in Industry (%)	工业总产值(现价)(亿元) Gross Industrial Output Value (current price) (100 million yuan)	在工业中的地位 Status in Industry (%)
烟草制品业	Manufacture of Tobacco	1	12.50	0.87	0.14
纺织业	Manufacture of Textile	262	93.24	512.63	93.45
纺织服装、鞋、帽制造业	Manufacture of Textile Wearing Apparel,Footware and Caps	140	95.89	217.37	97.02
皮革、毛皮、羽毛及其制品业	Manufacture of Leather,Fur,Feather and Its Products	148	98.01	201.31	98.41
木材加工及木、竹、藤、棕、草制品业	Processing of Timbers,Manufacture of Wood, Bamboo, Rattan,Palm and Straw Products	476	96.95	536.85	95.81
家具制造业	Manufacture of Furniture	115	98.29	188.83	99.39
造纸及纸制品业	Manufacture of Paper and Paper Products	318	92.44	405.93	70.77
印刷业和记录媒介的复制	Printing,Reproduction of Recording Media	109	87.90	120.28	77.39
文教体育用品制造业	Manufacture of Articles for Culture,Education and Sport Activity	28	93.33	54.67	97.26
石油加工、炼焦及核燃料加工业	Processing of Petroleum,Coking,Processing of Nucleus Fuel	24	70.59	105.33	15.25
化学原料及化学制品制造业	Manufacture of Chemical Raw Material and Chemical Products	1504	94.00	1801.66	84.60
医药制造业	Manufacture of Medicines	240	92.31	429.01	87.57
化学纤维制造业	Manufacture of Chemical Fiber	12	85.71	22.37	50.18
橡胶制品业	Manufacture of Rubber	48	87.27	54.76	70.53
塑料制品业	Manufacture of Plastic	246	94.98	344.52	95.64
非金属矿物制品业	Manufacture of Non-metallic Mineral Products	1100	88.64	1358.77	81.88
黑色金属冶炼及压延加工业	Manufacture and Processing of Ferrous Metals	350	92.59	729.10	46.47
有色金属冶炼及压延加工业	Manufacture and Processing of Non-ferrous Metals	585	91.98	1994.54	80.29
金属制品业	Manufacture of Metal Products	307	89.77	478.82	84.76
通用设备制造业	Manufacture of General Purpose Machinery	679	89.58	864.92	71.68
专用设备制造业	Manufacture of Special Purpose Machinery	420	89.17	1437.71	57.66
交通运输设备制造业	Manufacture of Transport Equipment	257	79.32	571.89	50.05
电气机械及器材制造业	Manufacture of Electrical Machinery and Equipment	378	87.91	628.24	67.66
通信设备、计算机及其他电子设备制造业	Manufacture of Communication Equipment,Computer and Other Electronic Equipment	271	93.77	614.43	85.37
仪器仪表及文化、办公用机械制造业	Manufacture of Measuring Instrument and Machinery for Cultural Activity and Office Work	98	89.91	163.12	60.24
工艺品及其他制造业	Manufacture of Artwork,Other Manufacture N.E.C	91	95.79	126.60	97.93
废弃资源废旧材料回收加工业	Recycling and Disposal of Waste	67	91.78	99.47	89.69
电力、热力的生产和供应业	Production and Supply of Electric Power and Heat Power	92	35.11	162.95	14.17
燃气生产和供应业	Production and Distribution of Gas	24	75.00	60.05	79.68
水的生产和供应业	Production and Distribution of Water	17	25.00	15.87	33.87

11-11 续表 3 continued

指标	Item	全部从业人员年平均人数(万人) Average Number of Employees (10 000 persons)	在工业中的地位 Status in Industry (%)	固定资产原价(亿元) Original Value of Fixed Assets (100 million yuan)	在工业中的地位 Status in Industry (%)	利税总额(亿元) Total Pre-tax Profits (100 million yuan)	在工业中的地位 Status in Industry (%)
烟草制品业	Manufacture of Tobacco	0.07	2.78	2.18	1.28	0.32	0.06
纺织业	Manufacture of Textile	9.97	93.26	126.15	91.25	43.96	95.67
纺织服装、鞋、帽制造业	Manufacture of Textile Wearing Apparel,Footware and Caps	5.51	97.18	37.47	96.62	24.09	96.94
皮革、毛皮、羽毛及其制品业	Manufacture of Leather,Fur,Feather and Its Products	5.01	99.01	33.12	98.81	21.75	98.73
木材加工及木、竹、藤、棕、草制品业	Processing of Timbers,Manufacture of Wood, Bamboo, Rattan,Palm and Straw Products	7.50	95.79	93.38	96.49	62.08	97.43
家具制造业	Manufacture of Furniture	2.34	99.57	30.01	99.40	20.90	99.67
造纸及纸制品业	Manufacture of Paper and Paper Products	4.98	73.02	110.75	33.71	44.15	75.09
印刷业和记录媒介的复制	Printing,Reproduction of Recording Media	1.36	76.84	32.39	65.07	15.13	66.16
文教体育用品制造业	Manufacture of Articles for Culture,Education and Sport Activity	0.75	97.40	8.57	98.62	9.15	98.07
石油加工、炼焦及核燃料加工业	Processing of Petroleum,Coking,Processing of Nucleus Fuel	0.49	20.68	32.86	14.52	14.69	18.45
化学原料及化学制品制造业	Manufacture of Chemical Raw Material and Chemical Products	26.14	84.40	396.19	61.10	221.85	88.83
医药制造业	Manufacture of Medicines	4.66	83.36	117.68	84.84	61.78	87.72
化学纤维制造业	Manufacture of Chemical Fiber	0.28	75.68	10.08	55.57	2.82	63.09
橡胶制品业	Manufacture of Rubber	0.77	61.11	12.80	70.33	6.34	75.66
塑料制品业	Manufacture of Plastic	3.20	93.84	70.11	95.58	43.28	97.04
非金属矿物制品业	Manufacture of Non-metallic Mineral Products	21.00	82.58	411.96	65.25	149.73	74.63
黑色金属冶炼及压延加工业	Manufacture and Processing of Ferrous Metals	6.41	53.51	139.00	16.23	93.75	84.01
有色金属冶炼及压延加工业	Manufacture and Processing of Non-ferrous Metals	9.10	68.89	337.58	74.05	255.48	85.69
金属制品业	Manufacture of Metal Products	5.06	88.00	87.09	78.66	58.72	83.92
通用设备制造业	Manufacture of General Purpose Machinery	9.26	72.23	173.50	66.89	106.37	68.06
专用设备制造业	Manufacture of Special Purpose Machinery	13.24	68.78	277.13	69.30	219.01	55.72
交通运输设备制造业	Manufacture of Transport Equipment	6.31	48.06	144.09	24.33	55.99	46.31
电气机械及器材制造业	Manufacture of Electrical Machinery and Equipment	6.37	72.88	113.97	63.61	64.90	67.35
通信设备、计算机及其他电子设备制造业	Manufacture of Communication Equipment,Computer and Other Electronic Equipment	10.70	91.61	122.61	78.85	86.14	91.59
仪器仪表及文化、办公用机械制造业	Manufacture of Measuring Instrument and Machinery for Cultural Activity and Office Work	1.85	70.88	38.58	30.54	18.99	47.68
工艺品及其他制造业	Manufacture of Artwork,Other Manufacture N.E.C	1.96	89.50	17.16	88.96	15.67	98.80
废弃资源废旧材料回收加工业	Recycling and Disposal of Waste	0.72	72.00	18.05	88.70	8.51	77.65
电力、热力的生产和供应业	Production and Supply of Electric Power and Heat Power	1.01	8.63	257.60	10.23	25.20	34.34
燃气生产和供应业	Production and Distribution of Gas	0.46	82.14	32.71	70.56	9.57	83.15
水的生产和供应业	Production and Distribution of Water	0.24	13.19	11.99	12.66	2.51	48.27

11−12 规模以上工业主要产品产量
Output of Industrial Products above Designated Size

产品	Item	2000	2005	2010	2011
化学纤维 (万吨)	Chemical Fiber (10 000 tons)	7.79	8.29	4.55	24.85
纱(混合数) (万吨)	Yarn (10 000 tons)	16.63	26.06	78.53	87.10
布(混合数) (亿米)	Cloth (100 million m)	3.41	3.61	4.65	4.78
棉布 (亿米)	Cotton Cloth (100 million m)	0.70	2.21	2.91	2.56
针棉织品(折用纱量) (万吨)	Cotton Knitwear (10 000 tons)	0.65	1.62	3.15	3.13
毛巾 (万条)	Towel (10 000 cartons)	5394.00	15164.83	111605.57	144625.04
服装 (万件)	Clothes (10 000 pieces)	1151.00	12736.80	28574.94	28448.50
麻袋 (万条)	Gunny-bag (10 000 cartons)	339.75	280.86	361.94	694.05
纸浆 (万吨)	Paper Pulp (10 000 tons)	31.90	68.37	127.76	139.15
机制纸及纸板 (万吨)	Machine_made Paper and Paper boards (10 000 tons)	70.07	170.59	384.63	426.78
日用玻璃制品 (万吨)	Household Glass Product (10 000 tons)	5.40	9.07	23.93	27.69
玻璃保温容器 (万个)	Baowenrongqi Glass (10 000 units)	1300.69	715.00	22479.00	20418.80
电光源 (万只)	Electric Light (10 000 units)	12961.00	19201.00	20852.20	21038.73
合成洗涤剂 (万吨)	Synthetic Detergents (10 000 tons)	8.12	32.06	36.30	41.58
铅酸蓄电池 (万千伏安时)	Lead-acid Dry Cell (100 million units)	0.57	8.11	60.12	63.01
大米 (万吨)	Rice (10 000 tons)	102.40	134.22	829.09	1022.57
原盐 (万吨)	Salt (10 000 tons)	72.93	118.65	228.56	240.32
成品糖 (万吨)	Refined Sugar (10 000 tons)	4.44	2.10	0.40	0.31
卷烟 (万箱)	Cigarettes (10 000 cases)	230.43	289.28	350.55	363.24
罐头 (万吨)	Canned Food (10 000 tons)	4.21	26.76	92.28	111.85
软饮料 (万吨)	Soft Drinks (10 000 tons)	12.40	61.91	141.45	268.18

11-12 续表 1 continued

产品	Item	2000	2005	2010	2011
饮料酒 (万吨)	Liquor (10 000 tons)	30.21	52.57	123.10	157.41
白酒(商品量) (万吨)	Spirit (10 000 tons)	3.76	2.69	12.95	12.95
啤酒 (万吨)	Beer (10 000 tons)	26.42	49.77	104.10	130.92
乳制品 (吨)	Dairy Products (tons)	5577	153547	182554	269837
食用植物油 (万吨)	Edible Vegetable Oil (10 000 tons)	20.14	53.69	219.31	266.19
化学药品原药 (吨)	Original Chemical Drug (ton)	1964.76	2448.12	6442.10	3796.56
中成药 (吨)	Traditional Chinese Medicine (10 000 tons)	11745	26657	114362	124634
饲料 (万吨)	Forage (10 000 tons)	163.62	356.49	993.73	1267.21
塑料制品 (万吨)	Plastics Products (10 000 tons)	7.29	18.63	74.27	70.34
皮革鞋靴 (万双)	Leather Shoe (10 000 units)	429.49	1335.80	7142.61	11432.68
家用电冰箱 (万台)	Household Refrigerators (10 000 units)	44.54	55.54	31.31	23.34
电风扇 (万台)	Electric Fans (10 000 units)	4.64	2.39		
原煤 (万吨)	Coal (10 000 tons)	1490.81	3646.51	7670.12	8170.06
原油加工量 (万吨)	Crude Process (10 000 tons)	526.42	590.92	590.67	763.91
汽油 (万吨)	Gasoline (10 000 tons)	120.19	122.82	125.54	190.99
柴油 (万吨)	Diesel oil (10 000 tons)	215.53	229.19	215.02	291.63
发电量 (亿千瓦小时)	Electricity (100 million kwh)	354.42	630.29	1186.44	1294.77
水电 (亿千瓦小时)	Hydro-power (100 million kwh)	191.15	228.01	462.69	408.18
火电 (亿千瓦小时)	Thermal Power (100 million kwh)	163.27	402.27	723.75	879.32
生铁 (万吨)	Pig Iron (10 000 tons)	332.72	961.38	1700.64	1876.35
粗钢 (万吨)	Crude Steel (10 000 tons)	304.13	975.17	1766.52	1825.94
钢材 (万吨)	Steel (10 000 tons)	299.05	961.26	1811.73	1946.83
铁道用钢材 (万吨)	Railway Steel (10 000 tons)	1.41	1.96	3.83	5.58
线材 (万吨)	Wire Rod (10 000 tons)	97.24	314.59	332.10	327.82
无缝钢管 (万吨)	Seamless Steel Pipe (10 000 tons)	31.63	63.44	108.09	116.99
焊接钢管 (万吨)	Welding Steel Pipe (10 000 tons)	2.17	1.48	12.03	7.85
机制焦炭 (万吨)	Machine made Coke (10 000 tons)	207.00	397.91	574.36	665.33
煤气 (亿立方米)	Coal Gas (100 millions cm)	3.20	10.73	141.60	156.94
铁矿石(原矿) (万吨)	Iron Mineral (10 000 tons)	4.27	417.34	451.36	445.46
水泥 (万吨)	Cement (10 000 tons)	2395.72	3571.07	8691.20	9271.20

11-12 续表 2 continued

产品	Item	2000	2005	2010	2011
平板玻璃 (万重量箱)	Plate Glass (10 000 weight cases)	735.34	1009.28	1756.20	1944.55
硫酸(折100%) (万吨)	Sulfuric Acid (10 000 tons)	128.17	183.86	260.34	253.96
纯碱 (万吨)	Sode Ash (10 000 tons)	13.03	27.53	45.42	58.43
烧碱(折100%) (万吨)	Caustic Soda (10 000 tons)	20.96	33.79	73.49	70.27
合成氨 (万吨)	Synthetic Ammonia (10 000 tons)	167.30	193.69	164.06	184.93
农用化肥(折纯量) (万吨)	Chemical Fertilizer (10 000 tons)	141.74	257.55	333.58	254.58
氮肥	Nitrogen Fertilizers (10 000 tons)	112.90	228.88	295.99	173.72
磷肥	Phosphate Fertilizers (10 000 tons)	27.57	25.66	37.59	34.34
化学农药(原药折纯量) (万吨)	Chemical Pesticide (10 000 tons)	4.58	9.03	13.19	10.66
电石 (万吨)	Calcium Carbide (10 000 ton)	10.44	18.06	20.66	32.37
初级形态的塑料 (万吨)	Primary Plastics (10 000 tons)	23.10	37.04	48.29	57.29
合成橡胶 (万吨)	Synthetic Rubber (10 000 tons)	9.83		15.37	19.59
采矿专用设备 (吨)	Mining Special Equipment (ton)	9912	31140	170022	138357
起重机 (吨)	Crane (ton)	14810	23976	875819	1293865
金属冶炼设备 (吨)	Metal Smelting Equipment (ton)	4540	2453	32581	27203
发电设备 (万千瓦)	Power Generating Equipment (10 000 kw)	9.92		119.97	103.81
交流电动机 (万千瓦)	AC Electric Motor (10 000 kw)	137.59	38.09	1632.16	1669.44
变压器 (万千伏安)	Transformer (10 000 kva)	494.96	783.66	10733.24	10359.15
泵 (万台)	Pump (10 000 units)	14.24	3271.01	354.65	365.59
金属切削机床 (台)	Metal-cutting Machine Tools (unit)	907	18	3904	3227
金属成形机床 (台)	Metal Forming Machine Tools(unit)	1577	1570	2460	1302
汽车 (辆)	Motor Vehicles (unit)	17614	1799	240203	238320
摩托车 (辆)	Motorcycles (unit)	142452	92589	231937	374105
滚动轴承 (万套)	Rolling Bearings (10 000 sets)	1940.13	295415.00	1404.54	1613.74
小型拖拉机 (万台)	Small Tractor (10 000 units)	0.45	1108.82	3.19	3.78
发动机 (万千瓦)	Engines (10 000 kw)	175.94	0.66	20.42	39.50
铁路机车 (辆)	Railway Locomotive (unit)	68.96	97.11	772.00	836.00
铁路货车 (辆)	Railway Freight wagons (unit)	3486	167	4012	5433
民用钢质船舶 (载重吨)	Civil Plate ship (ton)	13541	3727	127669	126562
工业锅炉 (蒸发量吨)	Industrial Boiler (ton)	2976	17716	59304	67967

11-13 规模以上工业企业主要产品、生产能力及能力利用率综合表（2011年）
Main Products, Production Capacity and Utilization Rate of Industrial Enterprises above Designated Size (2011)

产品名称	Item	企业单位数（个）Number of Enterprises
原煤（万吨）	Raw coal (10000 tons)	696
卷烟（亿支）	Cigarette(10000 units)	1
棉纺锭 / 纺纱量（万锭/万吨）	Cotton spindle/spinning capacity(10000/10000 tons)	94
气流纺锭 / 纺纱量（万头/万吨）	Air spindle/spinning capacity(10000/10000 tons)	15
棉布织机 / 布（万台/亿米）	Cotton weaving/cloth (million/10000 tons)	38
原油加工能力 / 原油加工量（万吨/万吨）	Crude oil ptocessing capacity/crude oil processing capacity (10000 tons)	4
焦炭（万吨）	Coke	14
烧碱（折100%）（万吨）	Caustic soda(10000 tons)	7
碳化钙(电石，折 300升 / 千克)(万吨)	Calcium carbide(calcium carbide,off 300liters/kg)	5
农用氮、磷、钾化学肥料总计(折纯)（万吨）	Agricultural nitrogen,phosphorus and potassium fertilizer Total(off net) (10000 tons)	59
初级形态塑料（万吨）	Primary form of plastic (10000 tons)	15
烟火制品（亿元）	Pyrotechnic products (100 million yuan)	697
其中：烟花（亿元）	Of which:Fireworks (100 million yuan)	406
化学纤维（万吨）	Chemical fiber (10000 tons)	8
水泥熟料（万吨）	Cement clinker (10000 tons)	129
其中：窑外分解窑熟料（万吨）	Of which:Cement Kiln Clinker (10000 tons)	32
水泥（万吨）	Cemnet (10000 tons)	219
平板玻璃（万重量箱）	Plate glass (Million boxes)	7
其中：浮法玻璃（万重量箱）	Of which:Float Glass (Million boxes)	2
平拉玻璃（万重量箱）	Ping Perlis (Million boxes)	4
生铁（万吨）	Pig iron (10000 tons)	42
粗钢（万吨）	Crude steel (10000 tons)	7
钢材（万吨）	Steel (10000 tons)	44
铁合金（万吨）	Ferroalloy (10000 tons)	221
原铝(电解铝)(万吨)	Primary aluminum (10000 tons)	6
金属切削机床(万台)	Metal cutting machine tools (10000 tons)	6
汽车(万辆)	Car (10000 sets)	12
其中：基本型乘用车（轿车）(万辆)	Of whice:basic passenger vehicles(cars) (10000 sets)	3
家用电冰箱(万台)	Household Refrigerators (10000 sets)	1
房间空气调节器(万台)	Room air conditiones (10000 sets)	
家用洗衣机(万台)	Household Washing Machines (10000 sets)	1
电子计算机整机(万台)	Computer machine (10000 sets)	2
其中：微型计算机设备(万台)	including:micro-computer equipment (10000 sets)	2
移动通信手持机(手机)(万台)	Mobile handset(cell phone) (10000 sets)	2
彩色电视机(万台)	Color TV (10000 sets)	2
发电设备容量总计 / 发电量(万千瓦/亿千瓦小时)	Total capacity of power equipment/power genneration (KW/billion KW hours)	224
其中：火电设备容量 / 发电量(万千瓦/亿千瓦小时)	Of which:thermal power equipment capacity/power generation (KW/billion KW hours)	57
水电设备容量 / 发电量(万千瓦/亿千瓦小时)	Hydropower Equipment capacity/power generation (KW/billion KW hours)	161
核电设备容量 / 发电量(万千瓦/亿千瓦小时)	Capacity of nuclear power equipment/power generation (KW/billion KW hours)	
风电设备容量 / 发电量(万千瓦/亿千瓦小时)	Capacity of wind power equipment/power generation (KW/billion KW hours)	1

11-13 续表 continued

年初生产能力 Early production	年末生产能力 At the end of production capacity	能力利用率(%) Capacity Utilization(%)
9054.78	10586.66	83.52
2291.40	2404.80	77.35
254.90	251.45	
5.34	5.28	
2.89	3.99	
1334.33	1335.11	57.09
759.00	772.70	87.69
76.80	83.00	88.28
43.26	44.26	73.98
426.22	430.84	53.05
68.75	73.49	84.77
459.73	619.43	100.57
221.46	247.98	91.75
25.20	26.80	95.58
6939.13	8028.53	76.23
4199.57	4859.50	83.22
11761.59	13464.34	70.38
2027..00	2135.00	90.26
1580.00	1670.00	96.54
405.00	405.00	63.94
1762.65	1765.10	106.07
2055.63	2055.63	88.83
2321.79	2631.02	78.27
712.29	614.08	59.01
39.20	39.70	86.50
0.38	0.37	85.27
39.76	40.90	46.72
22.00	23.00	51.71
33.04	33.04	70.65
79.15	79.38	79.47
20.00	65.00	90.98
20.00	65.00	90.98
120.00	120.00	91.95
27.80	4.00	56.03
3916.35	4109.21	40.69
2084.36	2202.39	47.61
1817.86	1887.45	32.55
3.63	3.63	12.02

11-14 按全省人口平均的主要产品产量
Per Capita Output of Major Industrial Products

产品	Item	2000	2005	2010	2011
化学纤维 (公斤/人)	Chemical Fiber (kg / person)	1.19	1.23	0.64	3.48
纱(混合数) (公斤/人)	Yarn (kg / person)	2.53	3.88	11.08	12.21
布(混合数) (米/人)	Cloth (m / person)	5.19	5.38	6.56	6.70
针棉织品(折用纱量) (公斤/人)	Cotton Knitwear (kg / person)	0.10	0.24	0.44	0.44
机制纸及纸板 (公斤/人)	Machine-made Paper and Paperboards (kg/person)	10.68	25.40	54.25	59.81
合成洗涤剂 (公斤/人)	Synthetic Detergents (kg / person)	1.24	4.77	5.12	5.83
原盐 (公斤/人)	Salt (kg / person)	11.11	17.67	32.24	33.68
成品糖 (公斤/人)	Refined Sugar (kg / person)	0.68	0.31	0.06	0.04
卷烟 (箱/百人)	Cigarette (case /100 persons)	3.51	4.31	4.94	5.09
家用电冰箱 (台/百人)	Household Refrigerators (unit / 100 persons)	0.68	0.83	0.44	0.33
原煤 (吨 / 人)	Coal (ton / person)	0.23	0.54	1.08	1.14
原油加工量 (公斤/人)	Processing Output of Crude Oil (kg / person)	80.22	88.00	83.32	107.06
发电量 (千瓦小时/人)	Electricity (kwh / person)	540.11	938.64	1673.51	1814.52
生铁 (公斤/人)	Pig Iron (kg / person)	50.70	143.17	239.88	262.96
粗钢 (公斤/人)	Crude Steel (kg / person)	46.35	145.23	249.17	255.89
钢材 (公斤/人)	Steel (kg / person)	45.57	143.15	255.55	272.83
水泥 (吨/人)	Cement (ton / person)	0.37	0.53	1.23	1.30
平板玻璃 (重量箱/人)	Plate Glass (weight case / person)	0.11	0.15	0.25	0.27
硫酸(折100) (公斤/人)	Sulfuric Acid (kg / person)	19.53	27.38	36.72	35.59
纯碱 (公斤/人)	Soda Ash (kg / person)	1.99	4.10	6.41	8.19
烧碱(折100) (公斤/人)	Caustic Soda (kg / person)	3.19	5.03	10.37	9.85
合成氨 (公斤/人)	Synthetic Ammonia (kg / person)	25.49	28.84	23.14	25.92
农用化肥(折纯量) (公斤/人)	Chemical Fertilizer (kg / person)	21.60	38.35	47.05	35.68
氮肥 (公斤/人)	Nitrogen Fertilizer (kg / person)	17.21	34.09	41.75	24.35
磷肥 (公斤/人)	Phosphate Fertilizer (kg / person)	4.20	3.82	5.30	4.81
化学农药(原药折纯量) (公斤/人)	Chemical Pesticide (kg / person)	0.70	1.34	1.86	1.49
初级形态的塑料 (万吨)	Primary Plastics (10 000 tons)	3.52	5.52	6.81	8.03
合成橡胶 (公斤/人)	Synthetic Rubber (kg/person)	1.50	2.39	2.17	2.75
汽车 (辆/万人)	Motor Vehicles (unit/10 000 persons)	2.68	13.79	33.88	33.40
摩托车 (辆/万人)	Motorcycles (unit/10 000 persons)	21.72	43.99	32.72	52.43

注:人均的主要产品产量按常住人口计算。 The data are based on the permanent population.

11−15 各市、州规模以上工业主要经济指标（2011年）
Main Indicators of Industrial Enterprises above Designated Size by Region (2011)

单位:亿元 (100 million yuan)

指标	Item	全省总计 Total	长沙市 Changsha City	株洲市 Zhuzhou City	湘潭市 Xiangtan City	衡阳市 Hengyang City
企业单位数 (个)	Number of Enterprises (unit)	**12477**	2218	1261	792	1182
#大型企业	#Largest Enterprise	**197**	42	29	23	17
#中型企业	#Medium-sized Enterprises	**1730**	227	284	52	220
#小型企业	#Small Enterprises	**10354**	1915	921	712	932
#亏损企业	#Loss-making Enterprises	**437**	107	55	22	29
工业总产值(现价)	Gross Industrial Output Value	**26386.58**	5480.00	2216.63	2106.32	2823.62
#国有控股企业	#State-owned and State-controlled Enterprises	**6682.34**	1433.70	929.98	757.42	389.49
内资企业	Internal-invested Enterprises	**24597.61**	5065.64	2004.73	1924.44	2638.67
国有企业	State-owned Enterprises	**2741.30**	390.99	273.47	102.97	183.38
集体企业	Collective-owned Enterprises	**434.79**	84.82	18.22	20.69	52.02
股份合作企业	Enterprises Cooperated by Joint-stock	**207.63**	38.71	15.74	17.82	30.13
联营企业	Cooperative Enterprises	**55.55**	7.00	0.59	0.00	3.72
有限责任公司	Limited Liability Company	**5719.79**	1698.22	465.86	812.13	541.95
股份有限公司	Company Limited by Shares	**2880.49**	1113.08	393.74	103.10	141.26
私营企业	Individual-owned Enterprises	**11994.53**	1541.85	804.63	854.37	1637.39
其他企业	Other Enterprises	**563.54**	190.97	32.49	13.37	48.83
港澳台商投资企业	Enterprises Funded by Entrepreneurs From Hong Kong,Macao and Taiwan	**997.84**	194.00	119.80	42.09	98.23
外商投资企业	Enterprises funded by Foreigners	**790.46**	220.35	92.10	139.79	86.72
工业增加值	Value Added of Industry	**7911.51**	1575.08	721.88	599.29	820.27
工业销售产值	Industrial Sales Value	**26022.13**	5402.01	2164.42	2087.68	2808.02
实收资本	Total Capital Hold	**2951.89**	532.45	319.35	255.17	209.77
#外商资本	#Foreign Capital	**74.21**	33.57	8.06	8.56	4.27

11-15 续表 1 continued

单位:亿元 (100 million yuan)

指标	Item	邵阳市 Shaoyang City	岳阳市 Yueyang City	常德市 Changde City	张家界市 Zhangjiajie City	益阳市 Yiyang City
企业单位数 (个)	Number of Enterprises (unit)	750	1371	793	145	784
#大型企业	#Largest Enterprise	10	25	14		8
#中型企业	#Medium-sized Enterprises	84	243	131	21	89
#小型企业	#Small Enterprises	648	1088	634	121	665
#亏损企业	#Loss-making Enterprises	21	16	60	8	12
工业总产值(现价)	Gross Industrial Output Value	1022.25	3825.72	1732.95	165.31	1134.07
#国有控股企业	#State-owned and State-controlled Enterprises	88.42	947.69	710.47	24.17	184.86
内资企业	Internal-invested Enterprises	986.69	3663.64	1564.38	156.50	1047.56
国有企业	State-owned Enterprises	51.29	238.82	503.78	16.78	122.94
集体企业	Collective-owned Enterprises	4.97	110.56	3.66	3.14	28.72
股份合作企业	Enterprises Cooperated by Joint-stock	0.46	47.50	1.30	0.62	11.37
联营企业	Cooperative Enterprises	0.51	4.25	23.82	2.31	1.96
有限责任公司	Limited Liability Company	179.88	521.63	389.91	29.75	273.29
股份有限公司	Company Limited by Shares	56.23	569.76	126.36	5.09	36.70
私营企业	Individual-owned Enterprises	690.72	1978.70	498.36	98.30	565.88
其他企业	Other Enterprises	2.63	192.42	17.19	0.52	6.70
港澳台商投资企业	Enterprises Funded by Entrepreneurs From Hong Kong,Macao and Taiwan	13.91	55.25	143.29	6.48	63.74
外商投资企业	Enterprises funded by Foreigners	21.64	106.83	25.29	2.33	22.77
工业增加值	Value Added of Industry	290.88	995.38	729.16	63.19	340.56
工业销售产值	Industrial Sales Value	1006.96	3773.08	1695.86	164.08	1123.96
实收资本	Total Capital Hold	121.48	417.61	222.28	22.37	136.27
#外商资本	#Foreign Capital	1.10	4.69	9.51		0.67

11-15 续表 2 continued

单位:亿元 (100 million yuan)

指标	Item	郴州市 Chenzhou City	永州市 Yongzhou City	怀化市 Huaihua City	娄底市 Loudi City	湘西州 West Hunan A.P
企业单位数 (个)	Number of Enterprises (unit)	1043	667	595	622	255
#大型企业	#Largest Enterprise	13	7	5	13	5
#中型企业	#Medium-sized Enterprises	96	87	70	87	40
#小型企业	#Small Enterprises	920	569	511	514	204
#亏损企业	#Loss-making Enterprises	31	13	20	25	18
工业总产值(现价)	Gross Industrial Output Value	2215.72	860.01	1028.33	1400.10	316.03
#国有控股企业	#State-owned and State-controlled Enterprises	234.28	145.13	238.15	506.79	32.29
内资企业	Internal-invested Enterprises	2080.61	767.51	980.94	1341.43	315.36
国有企业	State-owned Enterprises	135.01	90.61	123.40	416.91	31.44
集体企业	Collective-owned Enterprises	11.77	5.34	17.62	72.52	0.75
股份合作企业	Enterprises Cooperated by Joint-stock	17.43	1.44	9.26	15.84	
联营企业	Cooperative Enterprises	3.55	2.99	1.08	3.76	
有限责任公司	Limited Liability Company	284.79	76.09	163.56	278.59	4.15
股份有限公司	Company Limited by Shares	133.05	42.45	85.36	44.90	29.41
私营企业	Individual-owned Enterprises	1464.27	546.58	571.08	493.02	249.38
其他企业	Other Enterprises	30.75	2.02	9.57	15.88	0.22
港澳台商投资企业	Enterprises Funded by Entrepreneurs From Hong Kong,Macao and Taiwan	118.55	74.61	16.81	51.08	0.67
外商投资企业	Enterprises funded by Foreigners	16.55	17.89	30.58	7.60	
工业增加值	Value Added of Industry	759.76	263.32	348.96	366.25	105.08
工业销售产值	Industrial Sales Value	2180.80	853.07	1018.67	1380.46	303.44
实收资本	Total Capital Hold	244.59	108.48	114.16	159.03	41.96
#外商资本	#Foreign Capital	0.72	2.04	0.45	0.58	

11－15 续表 3 continued

单位:亿元 (100 million yuan)

指标	Item	全省总计 Total	长沙市 Changsha City	株洲市 Zhuzhou City	湘潭市 Xiangtan City	衡阳市 Hengyang City
全部从业人员年平均人数（万人）	Annual Average Number of Obtain Employees (10 000 persons)	**289.67**	54.85	35.89	19.66	29.95
流动资产	Liquid Assets	**6274.93**	2142.15	687.76	718.20	352.12
#存货	#Inventory	**1824.10**	520.81	196.48	199.76	106.51
产成品	Products	**597.86**	184.70	78.60	53.17	34.18
固定资产合计	Total Fixed Assets	**7212.51**	1094.55	639.33	574.44	492.90
固定资产原价	Original Value of Fixed Assets	**9600.29**	1368.00	1244.29	733.47	672.55
累计折旧	Add up Depreciation of Fixed Assets	**3096.39**	358.34	678.88	246.41	223.54
资产总计	Total Assets	**15473.38**	4027.21	1449.40	1488.66	978.78
流动负债合计	Total Liquid Liabilities	**5809.50**	1613.62	569.93	684.37	418.44
长期负债合计	Total Long-term Liabilities	**2036.93**	529.10	176.71	210.75	96.15
负债合计	Total Liabilities	**8766.13**	2194.32	791.91	942.65	571.05
所有者权益	Creditors Equity	**6707.25**	1836.35	657.49	546.00	407.72
主营业务收入	Revenue of Main Bussiness	**25726.21**	5361.22	2021.47	2141.67	2744.54
主营业务成本	Cost of Main Bussiness	**20352.21**	4147.10	1646.16	1932.32	2143.39
主营业务税金及附加	Tax and Extra Charges of Main Bussiness	**656.74**	134.29	23.82	25.84	19.80
管理费用	Administrative Expense	**1412.36**	221.66	123.44	73.28	217.90
利息支出	Interest	**244.15**	48.16	19.06	31.94	18.35
营业利润	Operating Profit	**2150.52**	528.09	132.99	244.82	209.14
利润总额	Total Profit	**1832.99**	503.11	125.09	72.82	208.56
利税总额	Total of Profit and Tax	**3577.53**	827.91	253.12	160.90	333.01
应交增值税	Income Tax Payable	**1077.77**	189.01	103.07	59.46	103.91
本年应付职工薪酬	Total Wages Payable of the Year	**1086.16**	252.74	160.25	84.99	91.73
总资产贡献率（%）	Ratio of Total Assets to Output Value(%)	**24.57**	21.54	18.68	12.71	35.80
每百元销售收入实现利税 (元)	Per-tax Profits per 100 yuan of Sales Revenue (yuan)	**13.91**	15.44	12.52	7.51	12.13
资产负债率（%）	Assets-Liability Ratio(%)	**56.65**	54.49	54.64	63.32	58.34
成本费用利润率 (%)	Ratio of Profits to Cost(%)	**7.97**	10.67	6.64	3.35	8.44
产值利税率 (%)	Ratio of Per-tax Profits to Output Value (%)	**13.56**	15.11	11.42	7.64	11.79
全员劳动生产率(元/人年)	Overall Labor Productivity (yuan/person-year)	**273121**	287161	201137	304827	273880

11-15 续表 4 continued

单位:亿元 (100 million yuan)

指标	Item	邵阳市 Shaoyang City	岳阳市 Yueyang City	常德市 Changde City	张家界市 Zhangjiajie City	益阳市 Yiyang City
全部从业人员年平均人数 (万人)	Annual Average Number of Obtain Employees (10 000 persons)	15.03	32.11	18.03	2.28	13.59
流动资产	Liquid Assets	99.62	356.43	596.33	54.24	178.56
#存货	#Inventory	32.00	143.62	245.56	3.18	51.95
产成品	Products	13.43	55.47	43.00	1.71	21.43
固定资产合计	Total Fixed Assets	219.23	1129.62	432.69	94.22	318.96
固定资产原价	Original Value of Fixed Assets	275.21	1341.06	627.61	107.61	382.57
累计折旧	Add up Depreciation of Fixed Assets	63.88	392.74	223.44	19.09	81.55
资产总计	Total Assets	383.44	1593.57	1060.83	151.54	551.75
流动负债合计	Total Liquid Liabilities	104.98	402.19	416.33	34.68	218.20
长期负债合计	Total Long-term Liabilities	42.53	99.96	115.64	10.74	92.97
负债合计	Total Liabilities	171.91	892.97	545.66	85.92	331.66
所有者权益	Creditors Equity	211.52	700.60	539.38	65.62	220.09
主营业务收入	Revenue of Main Bussiness	996.69	3739.18	1674.93	156.70	1123.90
主营业务成本	Cost of Main Bussiness	816.41	2852.38	1157.98	127.58	886.59
主营业务税金及附加	Tax and Extra Charges of Main Bussiness	7.09	96.22	240.46	1.38	9.88
管理费用	Administrative Expense	35.35	330.57	69.46	3.96	32.24
利息支出	Interest	6.19	26.12	14.76	2.10	10.22
营业利润	Operating Profit	108.71	103.44	173.68	32.38	106.27
利润总额	Total Profit	91.81	104.88	170.73	5.44	73.99
利税总额	Total of Profit and Tax	141.58	352.49	512.12	12.97	132.72
应交增值税	Income Tax Payable	41.78	150.91	100.75	6.11	48.72
本年应付工资总额	Total Wages Payable of the Year	47.99	108.20	62.45	4.39	43.17
总资产贡献率（%）	Ratio of Total Assets to Output Value(%)	38.54	23.67	49.56	9.89	25.86
每百元销售收入实现利税 (元)	Per-tax Profits per 100 yuan of Sales Revenue (yuan)	14.21	9.43	30.58	8.28	11.81
资产负债率（%）	Assets-Liability Ratio(%)	44.83	56.04	51.44	56.70	60.11
成本费用利润率 (%)	Ratio of Profits to Cost(%)	10.34	3.14	13.26	3.99	7.73
产值利税率 (%)	Ratio of Per-tax Profits to Output Value (%)	13.85	9.21	29.55	7.85	11.70
全员劳动生产率(元/人年)	Overall Labor Productivity (yuan/person-year)	193533	309991	404415	277149	250596

11-15 续表 5 continued

单位:亿元 (100 million yuan)

指标	Item	郴州市 Chenzhou City	永州市 Yongzhou City	怀化市 Huaihua City	娄底市 Loudi City	湘西州 West Hunan A.P
全部从业人员年平均人数（万人）	Annual Average Number of Obtain Employees (10 000 persons)	20.68	13.39	11.25	17.66	4.80
流动资产	Liquid Assets	349.87	147.45	127.14	361.92	79.92
#存货	#Inventory	114.50	41.73	24.63	119.33	18.34
产成品	Products	43.41	14.99	9.17	35.92	7.33
固定资产合计	Total Fixed Assets	668.85	252.89	369.38	553.78	107.02
固定资产原价	Original Value of Fixed Assets	735.53	337.30	491.45	745.06	132.81
累计折旧	Add up Depreciation of Fixed Assets	151.79	95.81	156.61	219.18	42.53
资产总计	Total Assets	1099.91	434.14	557.97	1021.76	201.00
流动负债合计	Total Liquid Liabilities	321.24	113.71	190.58	559.77	57.07
长期负债合计	Total Long-term Liabilities	119.88	44.93	99.43	128.11	41.81
负债合计	Total Liabilities	483.34	215.93	374.08	709.47	113.27
所有者权益	Creditors Equity	617.49	219.17	183.89	312.28	87.73
主营业务收入	Revenue of Main Bussiness	2222.37	853.95	983.80	1352.83	299.81
主营业务成本	Cost of Main Bussiness	1665.55	688.86	797.90	1206.31	246.71
主营业务税金及附加	Tax and Extra Charges of Main Bussiness	42.54	25.11	5.99	12.80	3.74
管理费用	Administrative Expense	87.29	40.78	119.17	42.05	13.38
利息支出	Interest	10.46	7.33	10.02	24.68	2.55
营业利润	Operating Profit	258.07	74.39	69.57	80.12	34.08
利润总额	Total Profit	229.43	73.32	68.47	78.42	32.11
利税总额	Total of Profit and Tax	396.53	133.29	106.46	149.93	55.24
应交增值税	Income Tax Payable	124.24	34.16	31.83	57.79	19.34
本年应付工资总额	Total Wages Payable of the Year	67.61	39.78	37.69	61.57	18.06
总资产贡献率（%）	Ratio of Total Assets to Output Value(%)	36.97	32.34	20.85	16.95	28.70
每百元销售收入实现利税（元）	Per-tax Profits per 100 yuan of Sales Revenue (yuan)	17.84	15.61	10.82	11.08	18.43
资产负债率（%）	Assets-Liability Ratio(%)	43.94	49.74	67.04	69.44	56.35
成本费用利润率 (%)	Ratio of Profits to Cost(%)	12.58	9.62	7.25	6.04	11.65
产值利税率 (%)	Ratio of Per-tax Profits to Output Value (%)	17.90	15.50	10.35	10.71	17.48
全员劳动生产率(元/人年)	Overall Labor Productivity (yuan/person-year)	367389	196654	310187	207390	218917

11-16 省级及以上产业园区规模工业主营业务收入（2011年）
Revenue from Principal Business of above the provincial level Industrial Park (2011)

单位：万元 (10 000 yuan)

园区名称	Park	主营业务收入 Revenue of Major Business	轻工业 Light Industry	重工业 Heavy Industry	#国有经济 State-owned Economic	#集体经济 Collective Economic
长沙天心工业园区	Changsha Tianxin Industrial Park	1298097	102144	1195953	588563	85610
长沙高新技术产业开发区（国家级）	Changsha High-tech Industrial Development Zone (national	12428457	1546524	10881933	56445	10492
长沙金霞经济开发区	Changsha Jinxia Economic Development Zone	512719	172083	340636	44770	25176
湖南环保科技产业园	Hunan Environmental Protection Science and Technology Industrial Park	1368441	361749	1006693		133599
长沙经济技术开发区（国家级）	Changsha Economic and Technological Development Zone (national)	11019451	747575	10271876	10319	
湖南长沙暮云工业园	Muyun Industrial Park in Changsha, Hunan	304601	108214	196388		2255
湖南望城经济开发区	Economic Development Zone in Hunan wangcheng	2787688	723820	2063869	300653	
宁乡经济技术开发区（国家级）	Ningxiang Economic and Technological Development Zone (national)	3343495	1266472	2077022	10939	
湖南浏阳生物医药园（国家级）	Hunan Liuyang Biomedical Park (National)	2336596	1158028	1178568	49129	
湖南株洲建宁经济开发区	Economic Development Zone, Zhuzhou, Hunan Jianning	39192	2863	36329	8105	
株洲高新技术产业开发区（国家级）	Zhuzhou Hi-tech Industrial Development Zone (national)	8626507	1498709	7127798	1392156	4209
湖南株洲渌口经济开发区	Port Economic Development Zone, Zhuzhou, Hunan Lu	389192	25917	363276	10951	
湖南茶陵经济开发区	Economic Development Zone, Hunan Chaling	371989	167768	204221	15095	6992
湖南醴陵陶瓷产业园区	Hunan Liling Ceramics Industrial Park	875768	282842	592927	64664	
湘潭台商投资区	Xiangtan Taiwanese Investment Zone	2454211	108416	2345796	57814	
湘潭高新技术产业开发区（国家级）	Xiangtan High-tech Industrial Development Zone (national)	4403976	315885	4088091	164331	56831
湖南湘潭双马工业园区	Hunan Xiangtan Shuangma Industrial Park	796094	140179	655915		29885
湘潭易俗河经济开发区	Economic Development Zone, Xiangtan Yisuhe	1175456	637321	538135	4600	
湖南湘乡工业园区	Hunan Xiangxiang Industrial Park	909040	426843	482197	71995	
湖南衡阳松木工业园区	Hunan Hengyang Pine Industrial Park	267923	43005	224918		
湖南衡阳高新技术产业园区	High-tech Industrial Park in Hunan Hengyang	2366524	109287	2257237	40803	
湖南衡阳西渡经济开发区	Hunan Hengyang Xidu Economic Development Zone	839680	256082	583598		
湖南衡山经济开发区	Economic Development Zone, Hunan Hengshan	464149	173610	290539		
湖南衡东工业园区	Hunan Hengdong Industrial Park	1692943	194967	1497977		
湖南祁东经济开发区	Hunan Qidong Economic Development Zone	971750	877969	93782		
湖南耒阳经济开发区	Hunan Leiyang Economic Development Zone	586660	374941	211719		
湖南常宁水口山经济开发区	Hunan Changning Shuikoushan Economic Development Zone	992813	113728	879085		
湖南邵阳经济开发区	Hunan Shaoyang Economic Development Zone	498761	403086	95675		3206
湖南邵东经济开发区	Hunan Shaodong Economic Development Zone	903620	521866	381754	2804	
湖南新邵经济开发区	Hunan Xinshao Economic Development Zone	508422	117774	390648	7344	
湖南洞口经济开发区	Hunan Dongkou Economic Development Zone	533992	310151	223841		
湖南武冈经济开发区	Hunan Wugang Economic Development Zone	276315	129337	146978	2000	
岳阳经济技术开发区（国家级）	Yueyang Economic and Technological Development Zone (national)	5186831	2875927	2310904	1228653	19079
湖南岳阳云溪工业园区	Hunan Yueyang Yunxi Industrial Park	953111	74446	878665		
湖南湘阴工业园区	Hunan Xiangyin Industrial Park	1232964	906916	326048		
湖南平江工业园区	Hunan Pingjiang Industrial Park	985167	407745	577423	113049	

11-16 续表 1 continued

单位：万元 (10 000 yuan)

园区名称	Park	主营业务收入 Revenue of Major Business	轻工业 Light Industry	重工业 Heavy Industry	#国有经济 State-owned Economic	#集体经济 Collective Economic
湖南汨罗工业园区	Hunan Miluo Industrial Park	1467138	103064	1364074		
湖南临湘工业园区	Hunan Linxiang Industrial Park	1838708	707862	1130847	45360	
常德经济技术开发区（国家级）	Changde Economic and Technological Development Zone (national)	1683279	1061370	621909	18357	3920
湖南常德鼎城经济开发区	Hunan Changde Ddingcheng Economic Development Zone	1015951	22487	993464	27840	
湖南汉寿经济开发区	Hunan Hanshou Economic Development Zone	474047	90554	383493	272437	
湖南澧县经济开发区	Hunan Li county Economic Development Zone	646791	404972	241819	16508	
湖南临澧经济开发区	Hunan Linli Economic Development Zone	358031	197939	160092		
湖南石门经济开发区	Hunan shimen Economic Development Zone	920587	389761	530826	232395	
湖南张家界经济开发区	Hunan Zhangjiajie Economic Development Zone	51700		51700		
湖南益阳长春工业园区	Hunan Yiyang Changchun Industrial Park	638090	234588	403503		33764
益阳高新技术产业开发区	Yiyang High-tech Industrial Development Zone	2729474	1053503	1675971	105527	
湖南南县经济开发区	Hunan Nan County Economic Development Zone	231246	231246			
湖南桃江经济开发区	Hunan Taojiang Economic Development Zone	229684	66090	163595		
湖南安化经济开发区	Hunan Anhua Economic Development Zone	38295	18331	19965		
湖南沅江经济开发区	Hunan Yuanjiang Economic Development Zone	869274	204151	665123	518345	
湖南郴州经济开发区	Hunan Chengzhou Economic Development Zone	89107	45520	43587		
湖南郴州有色金属产业园区	Hunan Chenzhou Nonferrous Metals Industrial Park	1587784	70899	1516885	90596	
湖南桂阳工业园区	Hunan Guiyang Industrial Park	1735146	477027	1258120		
湖南宜章经济开发区	Hunan Yizhang Economic Development Zone	199394	53816	145579	29247	
湖南永兴经济开发区	Hunan Yongxing Economic Development Zone	1550148	15514	1534634		
湖南嘉禾经济开发区	Hunan Jiahe Economic Development Zone	344410		344410		
湖南临武工业园区	Hunan Linwu Industrial Park	193393	40833	152560		
湖南汝城经济开发区	Hunan Rucheng Economic Development Zone	237184	20464	216720		
湖南资兴经济开发区	Hunan Zixing Economic Development Zone	2411222	777287	1633935	12926	
湖南零陵工业园区	Hunan Lingling Industrial Park	407229	31048	376182	4890	
永州凤凰园经济开发区	Yongzhou Phoenix Park Economic Development Zone	1207786	490287	717498		
湖南祁阳工业园区	Hunan Qiyang Industrial Park	677724	352848	324876		
湖南东安经济开发区	Hunan Dongan Economic Development Zone	297520	70203	227317	49529	
湖南宁远工业园区	Hunan Ningyuan Industrial Park	269453	138014	131440		
湖南蓝山经济开发区	Hunan Lanshan Economic Development Zone	285228	148983	136245	19189	
湖南江华工业园区	Hunan Jianghua Industrial Park	85612	37018	48594		
湖南怀化经济开发区	Hunan Huaihua Economic Development Zone	11776	11776		4985	
湖南怀化工业园区	Hunan Huaihua Industrial Park	564661	331564	233097	199742	8425
湖南娄底经济开发区	Hunan Loudi Economic Development Zone	846496	242989	603507	181019	81391
湖南双峰经济开发区	Hunan Shuagnfeng Economic Development Zone	307401	95797	211605		
湖南新化经济开发区	Hunan Xinhua Economic Development Zone	175143	34374	140769	23191	
湖南冷水江经济开发区	Hunan Lenshuijiang Economic Development Zone	1888393	116680	1771712		
湖南涟源经济开发区	Hunan Liangyuan Economic Development Zone	550999	225552	325448		
湖南吉首经济开发区	Hunan Jishou Economic Development Zone	61252	48017	13235		
湖南湘西吉凤经济开发区	Hunan xiangxijifeng Economic Development Zone	117550		117550		
湖南永顺经济开发区	Hunan Yongshun Economic Development Zone	21821	18484	3337		

主要统计指标解释

工业 指从事自然资源的开采，对采掘品和农产品进行加工和再加工的物质生产部门。具体包括：(1)对自然资源的开采，如采矿、晒盐等(但不包括禽兽捕猎和水产捕捞)；(2)对农副产品的加工、再加工，如粮油加工、食品加工、缫丝、纺织、制革等；(3)对采掘品的加工、再加工，如炼铁、炼钢、化工生产、石油加工、机器制造、木材加工等，以及电力、自来水、煤气的生产和供应等；(4)对工业品的修理、翻新，如机器设备的修理、交通运输工具(如汽车)的修理等。

工业统计调查单位为独立核算法人工业企业。

独立核算法人工业企业指从事工业生产经营活动的单位。独立核算法人工业企业应同时具备以下条件：①依法成立，有自己的名称、组织机构和场所，能够承担民事责任；②独立拥有和使用资产，承担负债，有权与其他单位签订合同；③独立核算盈亏，并能够编制资产负债表。

本年鉴中涉及的企业登记注册类型：

国有及国有控股企业 指国有企业加上国有控股企业。国有企业(即原全民所有制工业或国营工业)指企业全部资产归国家所有，并按《中华人民共和国企业法人登记管理条例》规定登记注册的非公司制的经济组织。包括国有企业、国有独资公司和国有联营企业。1957年以前的公私合营和私营工业，后均改造为国营工业，1992年改为国有工业，这部分工业的资料不单独分列时，均包括在国有企业内。国有控股企业是对混合所有制经济的企业进行的“国有控股”分类。它是指这些企业的全部资产中国有资产(股份)相对其他所有者中的任何一个所有者占资(股)最多的企业。该分组反映了国有经济控股情况。

集体企业 指企业资产归集体所有，并按《中华人民共和国企业法人登记管理条例》规定登记注册的经济组织。是社会主义公有制经济的组成部分。包括城乡所有使用集体投资举办的企业，以及部分个人通过集资自愿放弃所有权并依法经工商行政管理机关认定为集体所有制的企业。

股份合作企业 指以合作制为基础，由企业职工共同出资入股，吸收一定比例的社会资产投资组建，实行自主经营，自负盈亏，共同劳动，民主管理，按劳分配与按股分红相结合的一种集体经济组织。

联营企业 指两个及两个以上相同或不同所有制性质的企业法人或事业单位法人，按自愿、平等、互利的原则，共同投资组成的经济组织。联营企业包括：

国有联营企业指国有企业与国有企业间的联营；

集体联营企业指集体企业与集体企业间的联营；

国有与集体联营企业指国有企业与集体企业间的联营。

有限责任公司 指根据《中华人民共和国公司登记管理条例》规定登记注册，由两个以上，五十个以下的股东共同出资，每个股东以其所认缴的出资额对公司承担有限责任，公司以其全部资产对其债务承担责任的经济组织。

有限责任公司包括国有独资公司以及其他有限责任公司。

股份有限公司 指根据《中华人民共和国企业法人登记管理条例》规定登记注册，其全部注册资本由等额股份构成并通过发行股票筹集资本，股东以其认购的股份对公司承担有限责任，公司以其全部资产对其债务承担责任的经济组织。

私营企业 指由自然人投资设立或由自然人控股，以雇佣劳动为基础的营利性经济组织。包括按照《公司法》、《合伙企业法》、《私营企业暂行条例》规定登记注册的私营有限责任公司、私营股份有限公司、私营合伙企业和私营独资企业。

港、澳、台商投资企业 指企业注册登记类型中的港、澳、台资合资、合作、独资经营企业和股份有限公司之和。

外商投资企业 指企业注册登记类型中的中外合资、合作经营企业、外资企业和外商投资股份有限公司之和。

轻工业 指主要提供生活消费品和制作手工工具的工业。按其所使用的原料不同，可分为两大类：(1)以农产品为原料的轻工业，是指直接或间接以农产品为基本原料的轻工业。主要包括食品制造、饮料制造、烟草加工、纺织、缝纫、皮革和毛皮制作、造纸以及印刷等工业；(2)以非农产品为原料的轻工业，是指以工业品为原料的轻工业。主要包括文教体育用品、化学药品制造、合成纤维制造、日用化学制品、日用玻璃制品、日用金属制品、手工工具制造、医疗器械制造、文化和办公用机械制造等工业。

重工业 指为国民经济各部门提供物质技术基础的主要生产资料的工业。按其生产性质和产品用途，可以分为下列三类：(1)采掘(伐)工业，是指对自然资源的开采，包括石油开采、煤炭开采、金属矿开采、非金属矿开采等工业；(2)原材料工业，指向国民经济各部门提供基本材料、动力和燃料的工业。包括金属冶炼及加工、炼焦及焦炭、化学、化工原料、水泥、人造板以及电力、石油和煤炭加工等工业；(3)加工工业，是指对工业原材料进行再加工制造的工业。包括装备国民经济各部门的机械设备制造工业、金属结构、水泥制品等工业，以及为农业提供的生产资料如化肥、农药等工业。

根据上述划分原则，修理业中以重工业产品为修

理作业对象的划为重工业，反之划为轻工业。

工业总产值

(1)定义：

工业总产值是以货币形式表现的，工业企业在一定时期内生产的工业最终产品或提供工业性劳务活动的总价值量。它反映一定时间内工业生产的总规模和总水平。

(2)计算原则：

工业生产的原则，即凡是企业在报告期生产的经检验合格的产品，不管是否在报告期销售，均包括在内。

最终产品的原则，即凡是计入工业总产值的产品，必须是本企业生产的经检验合格的，不需要再进行任何加工的最终产品。如果企业有中间产品(半成品)对外销售，则对外销售的中间产品应视为企业的最终产品。

工厂法原则，即工业总产值是以工业企业作为基本计算(核算)单位，即按企业的最终产品计算工业总产值。按这种方法计算的工业总产值，不允许同一产品价值在企业内部重复计算，不能把企业内部各个车间(分厂)生产的成果相加，但允许企业间的重复计算。

(3)内容及计算方法：

1995年全国工业普查对工业总产值(原规定)的内容及计算原则和方法做了某些修订，修订后的工业总产值(新规定)包括三项内容：即本期生产成品价值、对外加工费收入、在制品半成品期末期初差额价值三部分。

本期生产成品价值：指企业本期生产，并在报告期内不再进行加工，经检验、包装入库的全部工业成品(半成品)价值合计，包括企业生产的自制设备及提供给本企业在建工程、其他非工业部门和福利部门等单位使用的成品价值。本期生产成品价值为按自备原材料生产的产品的数量乘以本期不含增值税(销项税额)的产品实际销售平均单价计算；会计核算中按成本价格转帐的自制设备和自产自用的成品，按成本价格计算生产成品价值。生产成品价值中不包括用定货者来料加工的成品(半成品)价值。

对外加工费收入：指企业在报告期内完成的对外承接的工业品加工(包括用定货者来料加工产品)的加工费收入和对外工业修理作业所取得的加工费收入。对外加工费收入按不含增值税(销项税额)的价格计算，可根据会计“产品销售收入”科目的有关资料取得。

对于本企业对内非工业部门提供的加工修理、设备安装的劳务收入，如果企业会计核算基础较好，能取得这部分资料，而且这部分价值所占比重较大，应包括在对外加工费收入中。

自制半成品在制品期末期初差额价值：指企业报告期在制品期末减期初的差额价值，本指标一般可以从会计核算资料中取得。如果会计产品成本核算中不计算半成品、在制品的成本，则总产值中也不包括这部分价值，反之则包括。

(4)工业总产值统计范围变化和计算方法修订情况：

1984年以前工业总产值不包括村办工业，村办工业总产值划归农业。1984年以后工业总产值包括村办工业。

1995年工业普查对工业总产值计算方法做了修订，即从1995年始按新修订(新规定)方法计算工业总产值。新规定与原规定的区别如下：

全价与加工费的计算原则不同：新规定为凡自备原材料，不论其生产繁简程度如何，一律按全价计算工业总产值；凡来料加工，允许按加工费计算工业总产值。原规定则视生产加工的繁简程度不同，规定哪些行业按全价，哪些行业按加工费计算工业总产值。

自制半成品、在产品期末期初差额价值的计算原则不同：新规定要求，凡会计产品成本核算时计算了成本的差额价值，总产值中就应包括，否则可不包括；原规定则按生产周期六个月的界限区分，凡生产周期六个月以上的企业，总产值计算中应包括这部分差额价值，否则可不包括。

计算价格不同：新规定按不含增值税(销项税额)的价格计算；原规定则按含增值税(销项税额)的价格计算。

工业增加值　指工业企业在报告期内以货币表现的工业生产活动的最终成果。

工业增加值有两种计算方法：一是生产法，即工业总产出减去工业中间投入加上应交增值税；二是收入法，即从收入的角度出发，根据生产要素在生产过程中应得到的收入份额计算，具体构成项目有固定资产折旧、劳动者报酬、生产税净额、营业盈余，这种方法也称要素分配法。本年鉴中的工业增加值是以生产法计算的。

生产法工业增加值的计算方法为：

工业增加值=工业总产出-工业中间投入+应交增值税

(1)工业总产出：指工业企业在一定时期内工业生产活动的总成果。工业总产出包括：成品生产价值，对外加工费收入，自制半成品、在产品期末期初差额价值。1995年后用新规定计算的工业总产值代替。

(2)工业中间投入：指工业企业在工业生产活动中消耗的外购物质产品和对外支付的服务费用。服务费用包括支付给物质生产部门(工业、农业、批发零售贸易业、建筑业、运输邮电业)的服务费用和支付给非物质生产部门(如保险、金融、文化教育、科学研究、医疗卫生、行政管理等)的服务费用。工业中间投入的确定须遵循以下原则：必须从外部购入的，并已计入工业总产出的产品和服务价值；必须是本期投入生产，并一次性消耗掉(包括本期摊销的低值易耗品等)的产品和服务价值。

工业中间投入包括直接材料费用、制造费用中的工业中间投入、管理费用中的工业中间投入、销售费用中的工业中间投入和利息支出五部分。

资产总计　指企业拥有或控制的能以货币计量的经济资源，包括各种财产、债权和其他权利。资产按流动性分为流动资产、长期投资、固定资产、无形资产、递延资产和其他资产。该指标根据企业会计“资产负债表”中“资产总计”项目的期末数增列。

流动资产 指企业可以在一年内或者超过一年的一个生产周期内变现或者耗用的资产，包括现金及各种存款、短期投资，应收及预付款项、存货等。

流动资产平均余额 指企业在报告期内全部流动资产的平均余额。

固定资产原价 指企业在建造、购置、安装、改建、扩建、技术改造某项固定资产时所支出的全部货币总额。它一般包括买价、包装费、运杂费和安装费等。

固定资产净值年平均余额 指固定资产净值在报告期内余额的平均数。计算公式为：

$$\text{固定资产净值年平均余额}=\frac{\text{1至12月各月月初、月末固定资产净值之和}}{24}$$

该指标根据“资产负债表”中“固定资产原价”、“累计折旧”指标的期初、期末数计算填列。

固定资产净值指固定资产原价减去历年已提折旧额后的净额。计算公式为：

固定资产净值=固定资产原价-累计折旧

负债合计 指企业所承担的能以货币计量，将以资产或劳务偿付的债务，偿还形式包括货币、资产或提供劳务。负债一般按偿还期长短分为流动负债和长期负债。根据会计“资产负债表”中“负债合计”的年末数填列。

所有者权益 指企业投资人对企业净资产的所有权。企业净资产等于企业全部资产减去全部负债后的余额，包括企业投资人对企业的最初投入的实际到位的资产及资本公积金、盈余公积金和未分配利润。所有者权益合计数小于零，表示企业资不抵债。

主营业务收入 指会计“利润表”中对应指标的本年累计数。未执行2001年《企业会计制度》的企业，用“产品销售收入”的本期累计数代替。

主营业务成本 指会计“利润表”中对应指标的本年累计数。未执行2001年《企业会计制度》的企业，用“产品销售成本”的本期累计数代替。

主营业务税金及附加 指会计“利润表”中对应指标的本年累计数。未执行2001年《企业会计制度》的企业，用“产品销售税金及附加”的本期累计数代替。

利润总额 指企业生产经营活动的最终成果，是企业在一定时期内实现的盈亏相抵后的利润总额(亏损以“-”号表示)，它等于营业利润加上补贴收入加上投资收益加上营业外净收入再加上以前年度损益调整。

本年应交增值税 指企业在报告期内应交纳的增值税额。它等于本年销项税额加上出口退税加上进项税额转出数减去本年进项税额。小规模纳税企业直接按全年计税销售额乘以征收率计算取得。

从业人员平均人数 是指报告期内每天拥有的从业人员人数。其计算公式为：

$$\text{月平均人数}=\frac{\text{报告月内每天实有人数之和}}{\text{报告月日历日数}}$$

$$\text{季平均人数}=\frac{\text{季内各月平均人数之和}}{3}$$

$$\text{年平均人数}=\frac{\text{年内各月平均人数之和}}{12}$$

总资产贡献率 反映企业全部资产的获利能力，是企业经营业绩和管理水平的集中体现，是评价和考核企业盈利能力的核心指标。计算公式为：

$$\text{总资产贡献率(\%)}=\frac{\text{利润总额}+\text{税金总额}+\text{利息支出}}{\text{平均资金总额}}\times 100\%$$

公式中：税金总额为产品销售税金及附加与应交增值税之和；平均资产总额为期初期末资产之和的算术平均值。

资产负债率 该指标既反映企业经营风险的大小，也反映企业利用债权人提供的资金从事经营活动的能力。计算公式为：

$$\text{资产负债率(\%)}=\frac{\text{负债总额}}{\text{资产总额}}\times 100\%$$

资产与负债均为报告期期末数。

流动资产周转次数 指一定时期内流动资产完成的周转次数，反映投入工业企业流动资金的周转速度。计算公式为：

$$\text{流动资产周转次数}=\frac{\text{产品销售收入}}{\text{全部流动资产平均余额}}$$

公式中：全部流动资产平均余额为期初和期末的流动资产之和的算术平均值。

成本费用利润率 反映企业投入的生产成本及费用的经济效益，同时也反映企业降低成本所取得的经济效益。计算公式为：

$$\text{成本费用利润率(\%)}=\frac{\text{利润总额}}{\text{成本费用总额}}\times 100\%$$

公式中：成本费用总额为产品销售成本、销售费用、管理费用、财务费用之和。

产品销售率 该指标反映工业产品已实现销售的程度，是分析工业产销衔接情况，研究工业产品满足社会需求的指标。计算公式为：

$$\text{产品销售率(\%)}=\frac{\text{工业销售产值}}{\text{工业总产值(现价)}}\times 100\%$$

Explanatory Notes on Main Statistical Indicators

Industry refers to the material production sector which is engaged in the extraction of natural resources and processing and reprocessing of minerals and agricultural products, including (1) extraction of natural resources, such as mining, salt production (but not including hunting and fishing); (2) processing and reprocessing of farm and sideline produces, such as rice husking, flour milling, wine making, oil pressing, silk reeling, spinning and weaving, and leather making; (3) manufacture of industrial products, such as steel making, iron smelting, chemicals manufacturing, petroleum processing, machine building, timber processing; water and gas production and electricity generation and supply; (4)repairing of industrial products such as the repairing of machinery and means of transport (including cars).

In industrial statistics surveys, the units of enquiry are corporate industrial enterprises with independent accounting systems.

Corporate industrial enterprises with independent accounting systems refer to enterprises engaging in industrial production activities, which meet the following requirements: (1) They are established legally, having their own names, organizations, location and able to take civil liability; (2) They possess and use their assets independently, assume liabilities and are entitled to sign contracts with other units; (3) They are financially independent and compile their own balance sheets.

Enterprises covered in the industrial statistics in the Yearbook include the following categories by their registration:

State-owned and State-holding Enterprises refer to state-owned enterprises plus State-holding enterprises. State-owned enterprises (originally known as State-run enterprises with ownership by the whole society) are non-corporate economic entities registered in accordance with the Regulation of the People's Republic of China on the Management of Registration of Legal Enterprises, where all assets are owned by the State. Included in this category are State-owned enterprises, State-funded corporations and State-owned joint-operation enterprises. Joint State-private industries and private industries, which existed before 1957, were transformed into state-run industries since 1957, and into State-owned industries after 1992. Statistics on those enterprises are included in the State-owned industries instead of being grouped them separately. State-holding enterprises are a sub-classification of enterprises with mixed ownership, referring to enterprises where the percentage of State assets (or shares by the State) is larger than any other single share holder of the same enterprise. This sub-classification illustrates the control of the State over a particular industry.

Collective-owned Enterprises refer to economic entities registered in accordance with the Regulation of the People's Republic of China on the Management of Registration of Legal Enterprises, where assets are owned collectively. Collective enterprises constitute an integral part of the socialist economy with public ownership. They include urban and rural enterprises invested collectively, and some enterprises registered in industrial and commercial administration agency as collective units where funds are pooled together by individuals who voluntarily give up their right of ownership.

Cooperative Enterprises refer to economic units set up on a cooperative basis, with funding partly from employees of the enterprise and partly from outside investment, where the operation and management is decided by all the members who also participate in the production, and the distribution of income is based both on work (labour input) and on shares (capital input).

Joint Ownership Enterprises refer to economic units that are established by joint investment by two or more corporate enterprises or institutions of the same or different types of ownership on voluntary, equal and mutual-beneficial basis. They include:

a) State-owned joint-operation enterprises (joint operation between State-owned enterprises);

b) Collective joint-operation enterprises (joint operation between collective enterprises; and

c) State-collective joint-operation enterprises (joint operation between state and collective enterprises).

Limited Liability Corporations refer to economic units registered in accordance with the Regulation of the People's Republic of China on the Management of Registration of Corporations, with capital from 2 to 49 investors, each investor bears limited liability to the corporation depending on his/her holding of shares, and the corporation bears liability to its debt to the maximum of its total assets.

Limited liability corporations include state sole funded corporations and other limited liability corporations.

Share-holding Corporations Ltd. refer to economic units registered in accordance with the Regulation of the People's Republic of China on the Management of

Registration of Corporate Enterprises, with total registered capital divided into equal shares and raised through issuing stocks. Each investor bears limited liability to the corporation depending on the holding of shares, and the corporation bears liability to its debt to the maximum of its total assets.

Private Enterprises refer to economic units invested or controlled (by holding the majority of the shares) by natural persons who hire labours for profit-making activities. Included in this category are private limited liability corporations, private share-holding corporations Ltd., private partnership enterprises and private sole investment enterprises registered in accordance with the Corporation Law, Partnership Enterprise Law and Tentative Regulation on Private Enterprises.

Enterprises with Funds from Hong Kong, Macao and Taiwan refers to all industrial enterprises registered as the joint-venture, cooperative, sole (exclusive) investment industrial enterprises and limited liability corporations with funds from Hong Kong, Macao and Taiwan.

Foreign Funded Enterprises refer to all industrial enterprises registered as the joint-venture, cooperative, sole (exclusive) investment industrial enterprises and limited liability corporations with foreign funds.

Light Industry refers to the industry that produces consumer goods and hand tools. It consists of two categories, depending on the materials used:

(1) Industries using farm products as raw materials. These are the branches of light industry which directly or indirectly use farm products as basic raw materials, including the manufacture of food and beverages, tobacco processing, textile, clothing, fur and leather manufacturing, paper making, printing, etc.

(2) Industries using non-farm products as raw materials. These are the branches of light industry which use manufactured goods as raw materials, including the manufacture of cultural, educational articles and sports goods, chemicals, synthetic fibre, chemical products for daily use, glass products for daily use, metal products for daily use, hand tools, medical apparatus and instruments, and the manufacture of cultural and office machinery.

Heavy Industry refers to the industry which produces capital goods, and provides various sectors of the national economy with necessary material and technical basis for production. It consists of the following three branches according to the purpose of production or the use of products:

(1) Mining, quarrying and logging industry, which refers to the industry that extracts natural resources, including extraction of petroleum, coal, metal and non-metal ores.

(2) Raw materials industry refers to the industry that provides various sectors of the national economy with raw materials, fuels and power. It includes smelting and processing of metals, coking and coke chemistry, chemical materials and building materials such as cement, plywood, and power, petroleum refining and coal dressing.

(3) Manufacturing industry which refers to the industry that processes raw materials. It includes machine-building industries which equip sectors of the national economy; industries producing metal structure and cement products; and industries producing means of agricultural production, such as chemical fertilizers and pesticides.

In accordance with the above principles of classification, the repairing trades, which are engaged primarily in repairing products of heavy industry, are classified as heavy industry while those which are engaged in repairing products of light industry are classified as light industry.

Gross Industrial Output Value

(1) Definition: Gross industrial output value is the total volume of final industrial products produced and industrial services provided during a given period. It reflects the total achievements and overall scale of industrial production during a given period.

(2) Principles for calculation:

Statistics on industrial production follow the principle that all products produced by the enterprises and accepted through quality check during the reference period are to be included no matter whether they are sold or not during the reference period.

Determination of final products follows the principle that all products that are included in the calculation of gross industrial output value are the final products of the enterprise which have been accepted through quality check and require no further processing. If an enterprise has intermediate (semi-finished) products to sell, these intermediate products are considered as the final products of the enterprise.

Gross industrial output value is calculated following the principle of factory approach, i.e. industrial enterprise is used as the basic accounting unit in calculating the gross industrial output value. By this approach, value of the same product is not to be double-counted, and the output value of different workshops (branch factories) within the enterprise should not be added. However, this approach allows the possibility of double counting between enterprises.

(3) Content and method of calculation: The old definition of gross industrial output value was modified during the 1995 National Industrial Census. The revised (new) definition of gross industrial output value consists of 3 components: value of the finished products during the reference period, income from processing for external parties, and value of change in semi-finished products

between the end and the beginning of the reference period.

Value of finished products during the reference period: refers to the value of all finished (semi-finished) industrial products that are produced during the reference period without the need for further processing, checked for acceptance, packed and put into the warehouse of the enterprise, including the value of own-produced equipment and the value of products provided to the projects under construction of the enterprise, and to other non-industrial or welfare units. Value of finished products during the reference period is calculated by the quantity of products produced using own materials multiplied by the average unit prices at which products are sold (excluding value-added tax). Own-produced equipment and products produced for own use are valued at cost prices as in the case of enterprise accounting. Value of finished products does not include the value of finished products (semi-finished products) that are produced using the materials from the clients who place the orders.

Income from external processing: refers to income from contracted external processing of industrial products (including processing of industrial products using materials from the clients), and the income from industrial repairing work provided to other parties. Income from external processing is calculated using information from the item "products sales income" in the enterprise accounting at the prices with value-added tax excluded.

For income from services such as processing, repairing and installation of equipment provided to non-industrial units within the enterprise, if the accounting work of the enterprise is good enough to separate it from other records, and the share of such services is significant, it should also be included in the income from external processing.

Value of change in semi-finished products between the end and the beginning of the reference period: refers to the value of change in semi-finished products between the end and the beginning of the reference period, which generally can be obtained from accounting records of enterprises. If the enterprise accounting excludes the cost of semi-finished products, then it should not be included in the gross industrial output value, and the reverse if otherwise.

(4) Changes in the scope and method of calculation of the gross industrial output value

Prior to 1984, the value of rural industry run by villages was classified into agriculture instead of industry. Since 1984, it has been included in the gross industrial output value. Method of calculation for the gross industrial output value was modified in the industrial census in 1995. The difference in the new method as compared with the old one is outlined below:

Principle in using full value vs. processing fee: The new method stipulates that all products produced using own materials are to be calculated with full value in reporting the gross industrial output value irrespective of the complexity of production, and for external processing, it allows calculation using processing fee. In the old method, however, the use of full value or processing fee was determined by the degree of complexity of production in different branches of industries.

Principle in determining the value of change in semi-finished products: The new method requires that value of change in semi-finished products should be included in the gross industrial output value if it is included in the accounting record of the enterprise, otherwise it should not be included. In the old method, it is determined by the type of enterprises in terms of production cycle. If the production cycle is over 6 months, the value of change in semi-finished products is included in the gross industrial output value, otherwise it is not.

Difference in prices: The new method uses prices excluding value-added tax in the calculation of gross industrial output value, while the old method used prices including value-added tax.

Value-added of Industry refers to the final results of industrial production of industrial enterprises in money terms during the reference period.

Industrial value-added can be calculated by two approaches: the production approach, i.e. gross industrial output value minus intermediate input plus value-added tax, and the income approach, i.e. income for various factors used in the course of production, including depreciation of fixed assets, remuneration of labourers, net of production tax, and operating surplus. Value-added of industry in the Yearbook is calculated by the production approach as follows:

Value-added of industry = gross industrial output - industrial intermediate input + value-added tax

(1) Gross industrial output: refers to the total achievements of industrial production activities during a given period. Gross industrial output includes value of finished products, income from external processing, and value of change in semi-finished products between the end and the beginning of the reference period. Since 1995, the gross industrial output value obtained by the new method is used in the calculation.

(2) Industrial intermediate input: refers to purchased goods and paid services consumed during the industrial production of enterprises. Fees paid for services include fees paid for the services provided by material production sectors (industry, agriculture, wholesale and retail trade, construction, transport, post and telecommunications) and by non-material production sectors (insurance, banking, culture, education, scientific research, health and medical care, public administration, etc.). The determination of

industrial intermediate input follows the principle that the goods and services must be purchased from outside and included in the gross industrial output, and that the goods and services are inputted into production and consumed (include low-value consumables) during the reference period.

Industrial intermediate input includes 5 components, namely direct consumption of materials, industrial intermediate input in manufacturing cost, industrial intermediate input in management cost, industrial intermediate input in marketing cost and expenditure on interest.

Total Assets refer to all economic resources, in monetary term, these are owned or controlled by enterprises, including properties, creditor's equity and other economic rights of all forms. Classified by the degree of liquidity, total assets include working capitals, long-term investment, fixed assets, intangible assets, deferred assets and other assets. Data on this indicator can be obtained by the year-end figures of total assets in the Assets and Liability Table of accounting records of enterprises.

Working Capital refers to capital that an enterprise can cash or use during one year or one production cycle that may exceed one year, including cash and savings deposits of various forms, short-term investment, money receivable and prepaid money, inventories, etc.

Annual Average Value of Working Capital refers to the average value of all working capital of the enterprise during the reference period.

Original Value of Fixed Assets refers to the total value, in monetary terms, that an enterprise spent on fixed assets, through construction, purchase, installation, transformation, expansion or technical upgrading. Generally, it covers cost of purchase, packing, transportation and installation, etc.

Annual Average of Net Value of Fixed Assets refers to the average of the net value of fixed assets during the reference period, calculated with the following formula:

$$\text{Annual Average of Net Value of Fixed Assets} = \frac{\text{sum of net value of fixed assets at the beginning and at the end of each month from January to December}}{24}$$

Information on this indicator can be obtained from the beginning and ending figures of the original value of fixed assets and cumulative depreciation from the Assets and Liability Table of enterprises.

Net value of fixed assets refers to the original value of fixed assets minus depreciation over the years, i.e.:

Net value of fixed assets = original value of fixed assets - cumulative depreciation

Total Liabilities refer to payable liabilities of enterprises that have to be repaid in terms of money, assets or labour services. In terms of payment, it can be divided into liquid liabilities and long-term liabilities. Data on this item is obtained from the ending figures on total liabilities from the Assets and Liability Table from the enterprises.

Owner's Equity refers to the ownership of net assets of enterprise by its investors. Net assets equal total assets minus total liabilities of the enterprise, including the actual assets invested into the enterprise by investors, accumulation of capital and operating surplus and non-distributed profits. The enterprise's assets are less than its liabilities if the sum of owner's equity is smaller than zero.

Revenue from Principal Business refers to the annual accumulation of the corresponding item in the "profit table" of the accountant. For enterprises that do not follow the 2001 Enterprise Accounting Standards, the year-end accumulation of revenue from the sales of products is used as a substitute.

Cost of Principal Business refers to the annual accumulation of the corresponding item in the "profit table" of the accountant. For enterprises that do not follow the 2001 Enterprise Accounting Standards, the year-end accumulation of cost for the sales of products is used as a substitute.

Tax and Extra Charges from Principal Business refer to the annual accumulation of the corresponding item in the "profit table" of the accountant. For enterprises that do not follow the 2001 Enterprise Accounting Standards, the year-end accumulation of tax and extra charges from the sales of products is used as a substitute.

Total Profits refer to the final achievement of production and operation activities of the enterprises, represented by total profits after deducting losses (loss is expressed by the negative figure). It is the sum of profits from operation, income from subsidies, investment earnings, net income from activities other than operation, and adjustment of profits and losses of previous years.

Value-added Tax Payable in the Current Year refers to the amount of the value-added tax which should be paid by the enterprises during the reference period. It is the sum of tax on sales, export rebate, and transferred tax on purchases of the current year, minus the tax on purchases of the current year. Value-added tax payable of small-size enterprises is determined by the taxable sales of the year multiplied by the tax rate.

Average Annual Number of Employed Persons Employed persons refer to all those who are employed in enterprises and receive remunerations there from, including currently working employees, retirees who are re-employed, teachers of local-run schools, as well as foreigners, staff from Hong Kong, Macao and Taiwan, part-time employees and persons with second job who are employed by the enterprise, and employees of other units temporarily working in the enterprises, but excluding former employees who left the enterprise with their employment records still being kept by the enterprises.

Average number of employed persons refers to the number of employee everyday during the reference period, calculated with the following formula:

$$\text{Monthly average number} = \frac{\text{sum of actual employees everyday in reference month}}{\text{number of calendar dates in reference month}}$$

$$\text{Quarterly average number} = \frac{\text{sum of monthly average number in reference quarter}}{3}$$

$$\text{Annual average number} = \frac{\text{sum of monthly average number in reference year}}{12}$$

Ratio of Profits, Taxes and Interests to Average Assets reflects the profit-making capability of all assets of the enterprise and is a key indicator manifesting the performance and management and evaluating the profit-making potential of the enterprise. It is calculated as follows:

$$\text{Ratio of Profits, Taxes and Interests to Average Assets (\%)} = \frac{\text{total profits + total taxes + interest payment}}{\text{average assets}} \times 100\%$$

In the above formula, total taxes is the sum of tax and extra charges on the sales of products and value-added tax payable; and average assets is the arithmetic mean of the sum of beginning assets and ending assets.

Ratio of Debts to Assets reflects both the operation risk and the capability of the enterprise in making use of the capital from the creditors. It is calculated as follows:

$$\text{Ratio of Debts to Assets (\%)} = \frac{\text{total debts}}{\text{total assets}} \times 100\%$$

Both assets and debts are figures at the end of the reference period.

Turnover of Working Capital refers to the number of times of turnover of working capital in a given period of time, which reflects the speed of the turnover of working capital of industrial enterprises, and is calculated as follows:

$$\text{Turnover of Working Capital} = \frac{\text{sales revenue of products}}{\text{average balance of total working capital}}$$

In the above formula, average balance of total working capital refers to the arithmetic mean of the sum of working capital at the beginning and at the end of the reference period.

Ratio of Profits to Total Industrial Costs refers to the ratio of profits realized in a given period to the total costs in the same period, which reflects the economic efficiency of input cost and is calculated as follows:

$$\text{Ratio of Profits to Total Industrial Cost (\%)} = \frac{\text{total profits}}{\text{total costs}} \times 100\%$$

Total costs in the above formula are the sum of cost of products sold, marketing cost, management cost and financial cost.

Sales Ratio of Products is an indicator reflecting the actual sale of industrial products, analyzing the production-selling and supply-demand relations. It is calculated as:

$$\text{Sales Ratio of Products (\%)} = \frac{\text{value of industrial sales}}{\text{gross industrial output value (current prices)}} \times 100\%$$

12 建筑业

Construction

资料整理人员：孙　靖

12-1 建筑企业概况
General Survey of Construction Enterprises

单位：亿元 (100 millions yuan)

年份 Year	建筑业企业单位数(个) Number of Construction Enterprises (unit)	总产值 Gross Output Value of Construction	企业总收入 Total Income of Enterprises	利税总额合计 Total pre-tax Profits	利润总额合计 Total Profits
1980	3427	7.97			
1981	2771				
1982	2610				
1983	2822				
1984	3677				
1985	4248	16.48			0.95
1986	4013	20.33			0.92
1987	4083	23.23			0.73
1988	4015	29.95			0.86
1989	3887	32.39			0.48
1990	3713	33.47		1.31	0.26
1991	3718	40.55		1.89	0.53
1992	3967	55.04		2.47	0.92
1993	4759	81.77		3.40	1.04
1994	5262	115.35		4.35	0.94
1995	5169	148.80		5.73	1.05
1996	1656	278.38	248.05	11.96	3.54
1997	1748	296.50	261.67	12.23	2.97
1998	1840	327.32	288.72	11.58	1.95
1999	1812	333.90	303.46	12.10	1.72
2000	1812	354.29	316.13	15.29	4.39
2001	1628	489.79	464.73	25.52	8.64
2002	1442	595.77	552.65	31.89	11.10
2003	1593	818.84	769.26	45.25	15.61
2004	1940	1027.89	966.60	60.95	25.47
2005	1842	1219.35	1136.14	73.14	28.75
2006	1861	1462.88	1370.91	91.51	37.66
2007	1893	1828.81	1720.40	122.05	54.56
2008	1992	2115.44	1994.97	202.77	112.11
2009	1948	2507.40	2333.97	180.28	84.59
2010	2005	3161.73	3010.77	228.87	105.02
2011	2021	3915.01	3600.93	267.00	124.67

12-1 续表 1 continued

指标	Item	2000	2005	2010	2011
总产值（万元）	**Gross Output Value of Construction (10 000 yuan)**	**3542866**	**7038249**	**31617292**	**39150173**
#国有企业	#State owned Enterprises	1581149	3921291	9817093	15552600
集体企业	Collective owned Enterprises	1509253	1205659	1453121	1736424
股份合作企业	Cooperative Enterprises	49773	181192	77535	93325
联营企业	Joint Ownership Enterprises	20538	41079	49320	57030
有限责任公司	Limited Liability Corporations	152616	4153066	12725894	12674867
股份有限公司	Share-holding Corporations Ltd.	174020	1482199	2356614	2568041
私营企业	Private Enterprises	41503	1126488	4773327	5949185
其他企业	Others Enterprises	566	26731	272582	298793
港澳台商投资企业	Funded by Entrepreneurs from Hong kong,Macao and Taiwan	13448	50268	81757	149720
外商投资企业	Enterprises with Foreign Investment		5521	10050	70187
增加值（万元）	**Value Aded of construction (10 000 yuan)**	**998872**			
#本年内提取的固定资产折旧	#Depreciation of Fixed Assets Of the Year	77163	152898	278811	314309
应付工资	Wages Payable	490810	1397471	2952164	3412771
应付福利费	Welfare Expenses Payable	42946	156508	302568	
劳动、失业保险费	Labor and Unemployment Insurance	28358	42335	55032	
主营业务税金及附加	Taxes and Extra Charges on Main Business	101064	418054	1192347	1370446
主营业务利润	Profits of Main Business	250524	768291	1924353	
管理费用中的税金	Taxes in Management Enpenses	8007	25851	46166	52794
实收资本（万元）	**Capital Stock (10 000 yuan)**	**1004829**	**2632824**	**4315628**	**4862440**
#国有企业	#State owned Enterprises	337826	606232	928108	1100270
集体企业	Collective owned Enterprises	488259	333322	296638	286205
股份合作企业	Cooperative Enterprises	17883	50362	17205	14939
联营企业	Joint Ownership Enterprises	5754	9328	33322	10457
有限责任公司	Limited Liability Corporations	48338	981955	1750828	1918930
股份有限公司	Share-holding Corporations Ltd.	69068	295457	374913	401593
私营企业	Private Enterprises	30891	314627	815004	1009552

注：1995年至2001年，建筑施工企业为资质等级四级及以上的建筑施工企业。从2002年起，建筑施工企业的统计范围为具有新资质等级的施工总承包和专业承包企业。下表同。

Construction enterprises refer to the fourth and higher grade construction enterprises between 1995 and 2001. The Statistical Coverage of Construction Enterprises Just Included the New Grade Construction Enterprises of Overall Contract and Special Contract Since 2002. The Same as in the following table.

12-1 续表 2 continued

指标	Item	2000	2005	2010	2011
其他企业	Others Enterprises	100	9888	65129	86747
港澳台商投资企业	Funded by Entrepreneurs from Hong kong,Macao and Taiwan	67!0	25455	20105	18447
外商投资企业	Enterprises with Foreign Investment		6199	14376	15302
资产合计 (万元)	**Total Assets (10 000 yuan)**	**3552544**	**8248407**	**17526351**	**21166227**
#流动资产	#Circulating Funds	2311307	5436223	12773189	15381188
#固定资产	# Fixed Assets	1032597	2240289	3210345	3363039
#专项工程	# Special Projects	34894			
#无形及递延资产	#Intangible and Deferred Assets	43736	258360	649104	
#国有企业	#State owned Enterprises	1807419	2820769	6414214	8908145
集体企业	Collective owned Enterprises	1301816	849100	803948	871656
服份合作企业	Cooperative Enterprises	43725	102864	30920	42018
联营企业	Joint Ownership Enterprises	11063	20091	68576	38867
有限责任公司	Limited Liability Corporations	138182	2903212	6528396	6322331
股份有限公司	Share-holding Corporations Ltd.	182134	732830	1097403	1497467
私营企业	Private Enterprises	58761	733761	2284582	3109493
其他企业	Others Enterprises	155	26624	159245	215604
港澳台商投资企业	Funded by Entrepreneurs from HongKong,Macao and Taiwan	9287	49724	76484	89432
外商投资企业	Enterprises with Foreign Investment		9432	62583	71214
负债合计 (万元)	**Total Liabilities (10 000 yuan)**	**2287791**	**4746545**	**11034064**	**12943040**
#流动负债	#Liquid Liabilities	2064425	4306361	10268489	11564286
长期负债	Long-term Liabilities	223366	440184	765575	
#国有企业	#State owned Enterprises	1355446	2056273	4981922	6937830
集体企业	Collective owned Enterprises	697271	420938	429443	461566
股份合作企业	Cooperative Enterprises	21781	42609	12290	14994
联营企业	Joint Ownership Enterprises	4977	8378	26822	19757
有限责任公司	Limited Liability Corporations	82412	1561285	3918390	3222005
股份有限公司	Share-holding Corporations Ltd.	103449	310212	457995	741083
私营企业	Private Enterprises	19869	307809	1068840	1347049
其他企业	Others Enterprises	50	14898	52423	88959
港澳台商投资企业	Funded by Entrepreneurs from HongKong,Macao and Taiwan	2535	22035	43895	60291
外商投资企业	Enterprises with Foreign Investment		2109	42045	49506
所有者权益 (万元)	**Creditors' Equity (10 000 yuan)**	**1264753**	**3501862**	**6492317**	**8223186**
#国有企业	#State owned Enterprises	451973	764496	1432322	1970315
集体企业	Collective owned Enterprises	604545	428162	374505	410090
股份合作企业	Cooperative Enterprises	21945	60255	18630	27025
联营企业	Joint Ownership Enterprises	6086	11714	41754	19109
有限责任公司	Limited Liability Corporations	55770	1341927	2610007	3100327
股份有限公司	Share-holding Corporations Ltd.	78685	422619	639408	756384
私营企业	Private Enterprises	38893	425952	1215742	1762444
其他企业	Others Enterprises	105	11726	106822	126645
港澳台商投资企业	Funded by Entrepreneurs from HongKong,Macao and Taiwan	6752	27688	32588	29141
外商投资企业	Enterprises with Foreign Investment		7324	20539	21708
企业总收入 (万元)	**Total Income of Enterprises (10 000 yuan)**	**3161339**	**10030720**	**30107702**	**36009250**
#主营业务收入	#Revenue of Main Business	3049291	11256051	29982962	35760558
主营业务成本	Costs of Main Business	2697703	10007778	26700081	31791797
主营业务利润	Profits of Main Business	250524	768291	1924353	
其他业务收入	Revenue from Other Business	112048	105338	124741	
其他业务利润	Profit from Other Business	28626	22942	40573	96532

12-1 续表 3 continued

指标	Item	2000	2005	2010	2011
#国有企业	#State owned Enterprises	1476206	3625633	9682690	14001902
集体企业	Collective owned Enterprises	1281118	1111298	1492663	1532893
股份合作企业	Cooperative Enterprises	47570	158917	69547	91731
联营企业	Joint Ownership Enterprises	17549	41058	58086	46122
有限责任公司	Limited Liability Corporations	133184	3852669	11726069	11940299
股份有限公司	Share-holding Corporations Ltd.	152984	1408839	2308216	2517810
私营企业	Private Enterprises	38906	1084552	4430061	5448136
其他企业	Others Enterprises	374	26830	254482	278898
港澳台商投资企业	Funded by Entrepreneurs from Hong Kong,Macao and Taiwan	13448	42076	75587	79170
外商投资企业	Enterprises with Foreign Investment		9519	10302	72291
利税总额合计 (万元)	**Total pre-tax Profits (10 000 yuan)**	**152949**	**731434**	**2288715**	**2669959**
#利润总额	#Total Profits	43878	287529	1050202	1246719
主营业务税金及附加	Taxes and Extra Charges on Main Business	101064	418054	1192347	1370446
管理费用中的税金	Taxes in Management Enpenses	8007	25851	46166	52794
产值利税率(%)	Ratio of Pretax Profits to Output Value(%)	4	6	7	
资产利税率(%)	Ratio of tax Profits to Assets(%)	5	9	13	
#国有企业	#State owned Enterprises	42940	177012	557708	830351
集体企业	Collective owned Enterprises	82842	78805	131249	117743
股份合作企业	Cooperative Enterprises	3077	11651	5077	8121
联营企业	Joint Ownership Enterprises	1146	4510	6490	4033
有限责任公司	Limited Liability Corporations	7781	255796	916356	950214
股份有限公司	Share-holding Corporations Ltd.	11236	105167	211455	208652
私营企业	Private Enterprises	2585	93409	429633	510382
其他企业	Others Enterprises	14	1672	21894	27451
港澳台商投资企业	Funded by Entrepreneurs from Hong kong,Macao and Taiwan	1344	1677	5696	5859
外商投资企业	Enterprises with Foreign Investment		1735	3157	7154
利润总额合计 (万元)	**Total Profits (10 000 yuan)**	**43878**	**287529**	**1050202**	**1246719**
#国有企业	#State owned Enterprises	2640	45301	235971	382803
集体企业	Collective owned Enterprises	29367	28092	50697	40292
股份合作企业	Cooperative Enterprises	1437	5233	1949	3805
联营企业	Joint Ownership Enterprises	444	2803	3071	2059
有限责任公司	Limited Liability Corporations	2627	104793	415403	438078
股份有限公司	Share-holding Corporations Ltd.	5540	52152	108859	99498
私营企业	Private Enterprises	1024	46780	216677	257641
其他企业	Others Enterprises		803	12311	15116
港澳台商投资企业	Funded by Entrepreneurs from Hong kong,Macao and Taiwan	799	175	2444	2527
外商投资企业	Enterprises with Foreign Investment		1398	2822	4899
主营业务利润总计 (万元)	**Profits of Main Business (10 000 yuan)**	**250524**	**768291**	**1924353**	
#国有企业	#State owned Enterprises	118218	212834	514954	
集体企业	Collective owned Enterprises	98208	74511	98410	
股份合作企业	Cooperative Enterprises	4060	11461	3125	
联营企业	Joint Ownership Enterprises	1864	5147	8149	
有限责任公司	Limited Liability Corporations	11112	272277	754335	
股份有限公司	Share-holding Corporations Ltd.	11382	92902	156758	
私营企业	Private Enterprises	3186	90737	357475	
其他企业	Others Enterprises	42	2620	21353	
港澳台商投资企业	Funded by Entrepreneurs from Hong kong,Macao and Taiwan	2453	3631	5263	
外商投资企业	Enterprises with Foreign Investment		2172	4532	

12-2 建筑施工企业个数和平均人数
Number of Construction Enterprises and Its Average Annual Staff and Workers

年 份	Year	总 计 Total	国有经济 State-owned	集体经济 Collective-owned	其他经济 Others owned
施工企业个数(个)	**Number of Enterprises (unit)**				
2000		1812	313	1241	258
2001		1628	305	829	494
2002		1442	262	532	648
2003		1593	257	470	866
2004		1940	274	414	1252
2005		1842	229	364	1249
2006		1861	233	350	1278
2007		1893	239	329	1325
2008		1992	253	272	1467
2009		1948	233	221	1495
2010		2005	254	264	1487
2011		2021	247	248	1526
建筑业从业人员(万人)	**Staff and Workers (10 000 persons)**				
1995		61.33	22.29	38.52	0.16
2000		76.30	22.66	41.98	11.66
2001		96.73	25.01	38.86	32.86
2002		92.72	21.56	28.70	42.46
2003		111.95	28.67	27.53	55.75
2004		115.53	25.59	20.90	69.04
2005		118.61	35.15	18.41	65.05
2006		125.97	28.90	17.14	79.93
2007		131.62	29.12	15.90	86.60
2008		137.90	27.85	12.78	97.27
2009		144.97	31.07	9.99	103.91
2010		150.41	32.48	12.41	105.51
2011		155.44	35.53	11.97	107.94

12-3 建筑施工企业主要效益指标（2011年）
Major Benefit Indicators of Construction Enterprises (2011)

指 标	Item	总 计 Total	国有经济 State-owned	集体经济 Collective-owned	其他经济 Other owned
年末固定资产原值(万元)	Original Value Fixed Assets at the Yearend (10 000 yuan)	4496250	1593923	274291	2628036
年末固定资产净值(万元)	Net Value of Fixed Assets at the Yearend (10 000 yuan)	2820193	894673	191102	1734418
流动资产年末合计(万元)	Circulating Funds at the Yearend (10 000 yuan)	15381188	6469305	575240	8336643
利润总额 (万元)	Total Profits (10 000 yuan)	1246719	382803	40292	823624
利税总额 (万元)	Total Pre-tax Profits (10 000 yuan)	2669959	830351	117743	1721865
资金利润率(元 / 百元)	Ratio of Fund to Profits (yuan/100 yuan)	6.3	4.7	4.7	7.5
产值利润率 (%)	Ratio of Profit to Gross Output Value (%)	3.2	2.5	2.3	3.8
产值利税率 (%)	Ratio of Pre-tax Profit to Output Value (%)	6.8	5.3	6.8	7.9
年底自有机械设备(台)	Machinery and Equipment Owned at the Year-end (set)	471156	90411	44003	336742
年底自有机械设备净值(万元)	Net Value of Machinery and Equipment Owned at the Year-end (10 000 yuan)	1538946	459842	94383	984721
期末技术装备率(元/人)	Value of Machines Per Laborer (yuan/person)	9901	12942	7885	9123
期末动力装备率(kw/人)	Power of Machines per Laborer (kw/person)	5.8	7.1	5.1	5.4
按施工产值计算的劳动生产率 （元/人年）	Overall Labor Productivity in Terms of Total Output Value (yuan /person-year)	24085	45027	17356	18525
人均竣工面积(平方米/人)	Floor Space of Buildings Completed per Laborer (sq.m/person)	75.8	52.6	92.0	81.6

注:本表不包括建筑业活动单位。Enterprises engaged in construction were excluded.

12−4 国有建筑企业主要经济指标
Major Economic Indicators on State – owned Construction Enterprises

指标	Item	2000	2005	2010	2011
国有建筑施工企业	**State-owned**				
施工产值 (亿元)	Output Value of Projects (100 million yuan)	158.11	392.13	981.71	1555.26
全员劳动生产率 (元/人)	Overall Labor Productivity (yuan/person)	69792	155116	240748	450273
计算劳动生产率的平均人数 (万人)	Average Number of Staff and Workers by Calculating Labor Productivity (10 000 person)	22.66	25.28	40.78	34.54
房屋建筑施工面积 (万平方米)	Floor Space of Buildings Under Construction (10 000 sq.m)	1287.31	3155.37	6158.88	10211.94
房屋建筑竣工面积 (万平方米)	Floor Space of Buildings Completed (10 000 sq.m)	580.12	1187.33	1433.76	1870.29
#住宅	#Residential Buildings		501.48	853.07	1166.29
地方国有建筑施工企业	**Local State-owned**				
施工产值 (亿元)	Output Value of Projects (100 million yuan)	92.10	219.64	254.09	598.36
全员劳动生产率(元／人)	Overall Labor Productivity (yuan/person)	59094	127726	164952	373970
计算劳动生产率的平均人数 (万人)	Average Number of Staff and Workers by Calculating Labor Productivity (10 000 person)	15.59	17.19	15.40	16
房屋建筑施工面积 (万平方米)	Floor Space of Buildings Under Construction (10 000 sq.m)	1036.99	2141.96	2095.68	4249.89
房屋建筑竣工面积 (万平方米)	Floor Space of Buildings Completed (10 000 sq.m)	481.60	905.03	794.38	1029.33
#住宅	#Residential Buildings		419.06	459.04	703.87

12-5 房屋建筑面积
Floor Space of Building Construction

单位:万平方米　　(10 000 sq.m)

年份 Year	房屋建筑面积 Floor Space of Building Construction		国有经济 State-owned		集体经济 Collective-owned	
	施工面积 Floor Space Under Construction	竣工面积 Floor Space Completed	施工面积 Floor Space Under Construction	竣工面积 Floor Space Completed	施工面积 Floor Space Under Construction	竣工面积 Floor Space Completed
1990	1159.10	558.70	572.40	233.50	586.70	325.20
1991	1282.70	653.20	577.20	269.50	705.50	383.70
1992	1554.00	711.30	699.40	279.80	854.60	431.50
1993	1869.50	802.20	867.90	334.60	1001.60	467.60
1994	2081.50	868.30	1011.10	378.40	1068.40	489.30
1995	4507.41	2313.70	1094.50	361.20	3223.05	1835.33
1996	4662.00	2393.05	1285.16	467.04	3333.59	1898.28
1997	4719.57	2279.89	1236.68	465.95	3444.90	1783.44
1998	5067.56	2382.33	1397.64	530.70	3373.22	1701.44
1999	5180.91	2681.81	1333.55	561.10	3417.60	1900.54
2000	5087.93	2603.08	1287.31	580.12	3017.81	1634.32
2001	6259.27	3204.60	1459.86	575.96	2734.12	1548.82
2002	7167.52	3665.71	1492.90	557.76	2342.29	1375.27
2003	10051.97	4969.67	2403.74	872.54	2667.99	1487.17
2004	12522.96	6250.66	2688.46	1105.49	2283.17	1342.06
2005	13774.87	6846.04	3155.37	1187.33	2310.26	1221.36
2006	15893.25	7451.71	4029.50	1203.42	2184.87	1280.53
2007	18796.15	8202.43	5031.99	1298.72	1885.13	1133.24
2008	21463.02	9077.52	4271.08	1240.98	1883.08	1038.20
2009	22442.34	9809.63	4014.66	1417.89	1617.52	889.23
2010	27680.25	10573.45	6158.88	1433.76	1920.30	1041.96
2011	32795.65	11777.74	10211.94	1870.29	2117.59	1100.78

12-6 国有、集体建筑企业生产指标（2011年）
Production Indicators of State – owned and Collective – owned Construction Enterprises (2011)

指标	Item	总计 Total	国有经济 State-owned Economic	中央 Central	地方 Local	集体经济 Collective Owned Economic
企业个数 （个）	**Number of Enterprises (unit)**	**2021**	**247**	**34**	**213**	**248**
建筑业总产值 (万元)	**Gross Output Value of Construction (10 000 yuan)**	**39150173**	**15552600**	**9568959**	**5983641**	**1736424**
#建筑工程	#Construction projects	33928400	14113021	8857906	5255115	1565878
安装工程	Installation projects	2408252	1062461	598128	464333	113818
其他	Others	2813521	377119	112925	264194	56729
竣工产值 （万元）	**Output Value Completed (10 000 yuan)**	**24028812**	**7439804**	**4378945**	**3060859**	**1128671**
房屋建筑施工面积 (万平方米)	**Floor Space of Buildings Under Construction (10 000 sq.m)**	**32795.65**	**10211.94**	**5962.06**	**4249.88**	**2117.59**
#本年新开工面积	#Floor Space of Buildings Started in Current Year	15474.57	4024.39	2298.18	1726.21	1245.34
#投标承包的面积	#Floor Space of Bidding Buildings	26271.39	7705.34	4266.20	3439.14	1501.70
#本年新开工	#Started in Current Year	12473.31	3151.68	1769.02	1382.66	924.56
房屋建筑竣工面积 (万平方米)	**Floor Space of Buildings Completed (10 000 sq.m)**	**11777.74**	**1870.29**	**840.96**	**1029.33**	**1100.78**
自有机械设备年末总台数 (台)	**Number of Machinery and Equipment Owend at the Year-end (unit)**	**471156**	**90411**	**45962**	**44449**	**44003**
自有机械设备年末总功率 (万千瓦)	**Power of Machinery and Equipment Owned at the Yearend (10 000 kw)**	**897.02**	**252.49**	**234.02**	**18.47**	**61.46**
自有机械设备净值 (万元)	**Net Value of Machinery and Equipment Owned (10 000 yuan)**	**1538946**	**459842**	**234018**	**225824**	**94383**
计算建筑业劳动生产率的平均人数 (万人)	**Average of Staff and Workers by Calculating Construction Labor Productivity (10 000 persons)**	**162.55**	**34.54**	**18.54**	**16.00**	**10.00**

12-7 建筑业企业分行业生产指标（2011年）
Production Indicators of Construction Enterprises by Sector (2011)

指标	Item	房屋和土木工程建筑业 Construction of Building and Civil Engineering	房屋工程建筑业 Building Engineering Construction	土木工程建筑业 Civil Engineering Construction	铁路公路隧道桥梁建筑业 Construction of Railways, Roads, Tunnels and Bridgeworks
企业个数（个）	**Number of Enterprises (unit)**	**1484**	**1114**	**370**	**189**
建筑业总产值(万元)	**Gross Output Value of Construction (10 000 yuan)**	**36335936**	**27661413**	**8674523**	**5621337**
#建筑工程	#Construction Projects	32443833	25172035	7271798	5292763
安装工程	Installation Projects	1362399	506316	856083	35410
其他	Others	2529703	1983061	546641	293163
竣工产值（万元）	**Output Value Completed (10000 yuan)**	**22320577**	**17330975**	**4989602**	**2084106**
房屋建筑施工面积（万平方米）	**Floor Space of Buildings Under Construction (10 000 sq.m)**	**32051.93**	**31498.95**	**552.98**	**236.97**
#本年新开工面积	#Floor Space of Buildings Started in Current Year	15059.33	14766.25	293.08	141.59
#投标承包的面积	#Floor Space of Bidding Buildings	25682.99	25266.80	416.19	158.29
#本年新开工	#Started in Current Year	12122.09	11881.18	240.91	97.65
房屋建筑竣工面积（万平方米）	**Floor Space of Buildings Completed (10 000 sq.m)**	**11519.51**	**11233.99**	**285.52**	**163.20**
自有机械设备年末总台数(台)	**Total Number of Machinery and Equipment Owned at the Yearend (unit)**	**419719**	**314532**	**105187**	**31652**
自有机械设备年末总功率(万千瓦)	**Total Power of Machinery and Equipment Owned at the Yearend (10 000 kw)**	**852.47**	**541.23**	**311.24**	**147.86**
自有机械设备净值（万元）	**Net Value of Machinery and Equipment Owned (10 000 yuan)**	**1456264**	**886990**	**569274**	**291479**
计算建筑业劳动生产率的平均人数（万人）	**Average of Staff and Workers by Calculating Construction Labor Productivity (10 000 persons)**	**152.60**	**107.34**	**45.26**	**35.06**

续表 continued

水利和港口建筑业 Construction of Water Conservancy and Harbor Engineering	工矿工程建筑业 Construction of Industry and Mining Projects	架线和管道工程建筑业 Construction of Wire Laying and Pipework	其他土木工程建筑业 Construction of Other Civil Engineering	建筑安装业 Archi-tectural Installation	建筑装饰业 Archi-tectural Decoration	其他建筑业 Other Construction	工程准备 Engineering Preparation	提供施工设备服务 Service of Supplying Construction Equipment	其他未列明的建筑活动 Other Construction Activities N.E.C
65	**23**	**61**	**32**	**251**	**181**	**104**	**33**	**3**	**68**
1349134	**968199**	**539979**	**195874**	**1897544**	**512319**	**402474**	**79129**	**11511**	**311835**
1216901	399856	215642	146636	828549	400304	253814	69782	4237	179795
49810	525490	234123	11250	954056	76586	15211	100	3731	11380
82423	42853	90215	37988	114940	35429	133449	9246	3543	120660
1153295	**1201739**	**405131**	**145331**	**1064313**	**345177**	**297848**	**72367**	**6792**	**218690**
49.59	**176.19**	**14.32**	**75.90**	**611.07**	**73.01**	**59.64**		**44.21**	**15.43**
25.18	81.29	2.49	42.53	372.30	18.77	24.17		14.89	9.28
49.59	124.08	14.32	69.91	524.24	21.10	43.06		31.82	11.24
25.18	75.05	2.49	40.53	329.43	13.68	8.10		2.50	5.60
11.17	**68.08**	**14.07**	**29.00**	**211.76**	**36.33**	**10.14**		**5.74**	**4.40**
33857	**17678**	**19977**	**2023**	**37502**	**4202**	**9733**	**1421**	**72**	**8240**
122.73	**18.46**	**14.96**	**7.23**	**29.03**	**5.74**	**9.78**	**3.27**	**0.26**	**6.26**
198515	**40527**	**26849**	**11905**	**44569**	**6468**	**31646**	**6775**	**458**	**24413**
5.20	**2.09**	**2.19**	**0.71**	**6.52**	**1.97**	**1.44**	**0.35**	**0.06**	**1.04**

主要统计指标解释

建筑业统计单位 指从事房屋、构筑物建造和设备安装活动的法人企业。建筑业法人企业应具有建筑业资质并能够独立核算，同时其应具备以下条件：①依法成立，有自己的名称、组织机构和场所，能够承担民事责任；②独立拥有和使用资产，承担负债，有权与其他单位签订合同；③独立核算盈亏，能够编制资产负债表。

建筑业总产值 是以货币形式表现的建筑业企业在一定时期内生产的建筑业产品和提供的服务的总和。建筑业总产值包括：

⑴建筑工程产值：指列入建筑工程预算内的各种工程价值。

⑵安装工程产值：指设备安装工程价值，不包括被安装设备本身的价值。

⑶其他产值：建筑业总产值中除建筑工程、安装工程以外的产值。包括房屋构筑物修理产值、非标准设备制造产值、总包企业向分包企业收取的管理费以及不能明确划分的施工活动所完成的产值。

a.房屋构筑物修理产值：指房屋和构筑物修理所完成的产值，但不包括被修理房屋、构筑物本身价值和生产设备的修理价值。

b.非标准设备制造产值：指加工制造没有定型的非标准生产设备的加工费和原材料价值(如化工厂、炼油厂用的各种罐、槽，矿井生产统一使用的各种漏斗、三角槽、阀门等)以及附属加工厂为本企业承建工程制作的非标准设备的价值。

建筑业增加值 指建筑业企业在报告期内以货币形式表现的建筑业生产经营活动的最终成果。

从2004年第一次全国经济普查开始，建筑业现价增加值按生产法和分配法(收入法)两种方法计算，以收入法的计算结果为准，即从收入的角度出发，根据生产要素在生产过程中应得的收入份额计算。具体计算方法：经济普查年度建筑业增加值按照《经济普查年度GDP核算方案》计算，非经济普查年度建筑业增加值按照《非经济普查年度GDP核算方案》计算。

房屋建筑施工面积 指在报告期内施过工的全部房屋建筑面积，包括本期新开工的房屋面积、上期施工跨入本期继续施工的房屋面积、上期停缓建在本期恢复施工的房屋面积、本期竣工的房屋面积及本期施工后又停缓建的房屋面积。

房屋建筑竣工面积 指在报告期内房屋建筑按照设计要求全部完工，达到了使用条件，经验收鉴定合格，正式移交使用单位的房屋建筑面积。

Explanatory Notes on Main Statistical Indicators

Statistical Unit in the Construction Industry refers to a corporate enterprise engaged in the construction of buildings and structures and in the installation of equipment. A corporate construction enterprise should have qualification certificates with independent accounting system, and should meet the following 3 requirements: a) being set up in line with relevant legal basis, having its full name, organization and location, and capable of taking civil liabilities; b) independently possessing and using its assets and assuming its liabilities, and entitled to sign contracts with other institutions; and c) making independent accounts of its profits and losses, and capable of compiling its own balance sheet.

Gross Output Value of Construction refers to total of construction products and services, expressed in money terms, produced or rendered by construction and installation enterprises during a given period of time. It includes:

(1) Output value of construction projects: the value of projects covered by the project budgets;

(2) Output value of installation projects: the value of the installation of equipment, (excluding the value of the equipment to be installed);

(3) Other output values: the output value of construction industry apart from that of construction projects and installation projects. It includes: output value of repair of buildings and structures; output value of non-standard equipment manufacturing; overhead expenses received by contracted enterprises from the sub-contracted enterprises and the completed output value of construction activities for which there is no clear definition.

a. Output value of repair of buildings and structures: the value created through the repairs of buildings or structures. It does not include the value of buildings or structures being repaired and the value of the repair of production equipment;

b. Output value of manufactured non-standard equipment: the value of non-standard production equipment, including raw materials and manufacturing cost, made for the construction project (i.e., chemical plant; kettles or tanks used by refineries; various fillers, triangle tanks, valves used by mines). It also includes the output value of equipment manufactured by subsidiary workshops.

Value-added of Construction refers to the final result of the activities of production and operation of enterprises of the construction industry in monetary terms during the reference period.

Starting from the 2004 economic census, value-added of construction is calculated by both production approach and income approach, with the figures from the income approach as the final figures., Under the income approach,, calculation starts from the perspective of income and is based on the share of income derived from the production process by the relevant factors of production.. Specifically, value-added of construction for the Census years is calculated in accordance with the Programme of Compilation of GDP and National Accounts for the Year of Economic Census, and value-added of construction for other years is calculated in accordance with the Programme of Compilation of GDP and National Accounts for the Non Economic Census Years.

Floor Space of Buildings Under Construction refers to floor space of buildings under construction during the reference period, including the floor space of buildings for which construction has newly started; buildings for which construction has started earlier and is continuing during the reference period; and buildings for which construction has been suspended earlier but has restarted during the reference period; buildings completed during the reference period; and buildings under construction but construction has subsequently been during the reference period.

Floor Space of Buildings Completed refers to the floor space of buildings that are completed in the reference period in accordance with the requirements of the design, up to the standard for being put into use, and having been checked and accepted by departments concerned as qualified ones.

13 交通运输和邮电业

Transportation, Postal and Telecommunication Services

资料整理人员：伍春阳

13-1 运输线路长度和民用汽车拥有量

Length of Transportation Routes and Number of Civil Vehicles Owned

年份 Year	铁路营业里程(公里) Length of Railways in Operation (km)	#复线里程 Double-Tracking	公路里程(公里) Length of Highways (km)	#高速公路 Expressway	内河航道(公里) Length of Navigable Inland Waterways (km)	民用汽车拥有量(万辆) Number of Civil Vehicles Owned (10 000 units)	#私人汽车 Private-Owned
1949	950		3142		10913		
1950	950		3420		10913	0.11	
1951	950		3631		10913	0.16	
1952	950		3790		10913	0.16	
1953	928		4231		10913	0.17	
1954	933		4352		10913	0.17	
1955	933		4469		10952	0.19	
1956	933		5430		11295	0.22	
1957	919		6437		11299	0.24	
1958	919		11282		14202	0.41	
1959	1007		15326		16607	0.57	
1960	1127		17223		17098	0.64	
1961	1193		17340		17098	0.62	
1962	1193		17340		17098	0.60	
1963	1193		18466		15768	0.66	
1964	1193		19487		16586	0.70	
1965	1416		20979		16586	0.78	
1966	1443		22726		16586	0.84	
1967	1464		23875		16586	0.93	
1968	1464		25148		16586	1.04	
1969	1464		27028		16586	1.16	
1970	1464		29437		16586	1.64	
1971	1538		32066		12099	1.77	
1972	1937		32824		10643	2.10	
1973	2053		35978		10828	2.60	
1974	2065		38331		11179	2.86	
1975	2065		46803		11147	3.34	
1976	2065		49943		11499	3.85	
1977	2065		55420		11558	4.39	
1978	2065		59541		10798	4.89	

续表 continued

年份 Year	铁路营业里程(公里) Length of Railways in Operation (km)	#复线里程 Double-Tracking	公路里程(公里) Length of Highways (km)	#高速公路 Expressway	内河航道(公里) Length of Navigable Inland Waterways (km)	民用汽车拥有量(万辆) Number of Civil Vehicles Owned (10 000 units)	#私人汽车 Private-Owned
1979	1681		54678		10137	5.69	
1980	1653		54897		10137	6.52	
1981	1653		55155		10149	7.09	
1982	2236		55289		10154	7.85	
1983	2236		55483		10164	8.70	
1984	2299		55756		10164	9.24	
1985	2299		56002		9941	10.84	
1986	2299		56636		10005	12.89	
1987	2302		56930		10051	14.88	2.64
1988	2302		57090		10037	16.91	3.35
1989	2302		57209		10092	18.10	3.68
1990	2302		57460		10110	18.75	3.71
1991	2302		57693		10110	20.35	4.20
1992	2302		58110		10010	22.91	5.55
1993	2273		58421		10010	26.55	7.34
1994	2273		58803	44	10010	32.11	10.01
1995	2273		59125	44	10050	35.24	12.66
1996	2273		59554	100	10050	37.49	13.78
1997	2273	642	59761	101	10050	38.12	16.55
1998	2275	642	60077	172	10050	41.58	21.12
1999	2891	1033	60416	280	10065	42.73	22.94
2000	2924	1836	60848	449	10041	46.10	25.98
2001	2894	1282	66593	585	10041	50.43	27.95
2002	2829	1282	84808	1012	10041	57.67	30.72
2003	2771	1273	85233	1218	11968	65.08	36.01
2004	2774	1282	87875	1218	11968	71.78	41.60
2005	2802	1247	88200	1403	11968	82.76	52.13
2006	2806	1246	171848	1403	11968	94.64	61.35
2007	2799	1250	175415	1764	11398	121.72	85.36
2008	2795	1246	184568	2001	11398	142.67	101.89
2009	3693	1852	191405	2226	11968	200.07	138.28
2010	3695	1847	227998	2386	11968	243.72	179.57
2011	3693	1852	232190	2649	11968	290.58	222.93

注：2006年起，公路里程含村道。 From 2006, Length of Highways included Village Roads.

13-2 运输线路、铁路机车基本情况
Basic Statistics on Transportation Routes and Railway Locomotives

单位：公里 (km)

指标	Item	2000	2005	2010	2011
铁路营业里程	**Lengh of Railways in Operation**	**2924**	**2802**	**3695**	**3693**
复线里程	Double-Track	1836	1247	1847	1852
电气化线路里程	Lengh of Electrified Railway	672	1245	2342	2342
公路线路里程	**Lengh of Highways**	**60848**	**88200**	**227998**	**232190**
有铺装路面（高级）	Paved Highways		19228	131036	142795
未铺装路面（中低无）	Non-Paved Highway		56975	89905	83424
等级公路	Expressway and Class Ⅰ to Ⅳ Highway	33380	45801	184045	198903
高速	Expressway	449	1403	2386	2649
一级	First Class	239	530	838	1009
二级	Second Class	3761	5563	8018	9406
等外路	Highway Below Class Ⅳ	27468	42399	43953	33287
内河航道	**Lengh of Navigable Inland Waterway**	**10041**	**11968**	**11968**	**11968**
管道线路里程	**Lengh Of Petroleum And Gas Pipeline**	**164**	**168**	**1689**	**1811**
中央铁路	**Central Railway**				
内燃机车 (台)	Diesel Locomotives (unit)	529	363	283	304
电力机车(辆)	Electric Locomotives (unit)	120	393	496	560
地方铁路(窄轨)	**Local Railway Locomotives (narrow gauge)**				
客 车(辆)	Passenger Coaches (unit)	27		35	35

注：公路线路里程2006年起包含村道。

The figure on the lengh of highways includes country road since 2006.

13-3 民用车辆拥有量（2011年）
Number of Civil Motor Vehicles (2011)

指标	Item	全省总计 Total	营业性 Business	非营业性 Non-Business	总计中：In Total #个体 Individual	#新注册 New Registr-ation
合计	**Total**	**7645853**	**878291**	**6767562**	**6850369**	**1261180**
民用汽车 (辆)	Civil Motor Vehicles (unit)	2905806	600630	2305176	2229279	502059
载客汽车 (辆)	Passenger Vehicles (unit)	2014353	129611	1884742	1682056	415271
#大型	#Large	42172	32796	9376	3536	6123
中型	Medium	49570	29017	20553	19968	4975
轿车	Cars	1268595	46055	1222540	1111735	269920
载客量 (客位)	Passenger Vehicles Seats (seat)	13673603				
载货汽车 (辆)	Trucks Vehicles (unit)	549225	380416	168809	439368	80294
#重型	#Heavy	98598	91024	7574	59891	17028
中型	Medium	125335	108438	16897	100116	8406
#普通载货	#Ordinary Trucks	199119	82771	116348	161138	30434
载重量 (吨位)	General Trucks (ton)	2471097				
摩托车 (辆)	Motors (unit)	4464347	49731	4414616	4435568	708110
拖拉机 (辆)	Tractors (unit)	225887	178989	46898	163106	37726
挂车 (辆)	Truck Trailer (unit)	17903	17295	608	5524	3037
其他类型车 (辆)	Other Motors Vehicles (unit)	31910	31646	264	16892	10248

13-4 水路运输工具拥有量（2011年）
Number of Civil Transport Vessels (2011)

指标	Item	总计 Total	#个体 Individual	总计中：In Total 内河运输 Reiver Shipping	#个体 Individual
机动船 (艘)	**Motor Vessels (unit)**	**8607**	**6909**	**8570**	**6907**
净载重量 (吨位)	Net Haulage Capacity (ton)	2683183	1359189	2520030	1357549
载客量 (客位)	Passenger Capacity (seat)	75855	61962	75855	61962
功率 (千瓦)	Power (kw)	1110400	660375	1073686	659887
客船 (艘)	Passenger Ship (unit)	2682	2296	2682	2296
载客量 (客位)	Passenger Capacity (seat)	75765	61872	75765	61872
功率 (千瓦)	Power (kw)	99193	76502	99193	76502
货船 (艘)	Cargoboat (unit)	5873	4587	5836	4585
净载重量 (吨位)	Net Haulage Capacity (ton)	2680895	1357781	2517742	1356141
功率 (千瓦)	Power (kw)	1003919	581105	967205	580617
货船中：油船 (艘)	Oil Tanker (unit)	26	2	23	2
净载重量 (吨位)	Net Haulage Capacity (ton)	26723	2200	18810	2200
功率 (千瓦)	Power (kw)	10139	756	6314	756
拖船 (艘)	Drawing (unit)	49	23	49	23
功率 (千瓦)	Power (kw)	7200	2680	7200	2680
驳船 (艘)	**Barges (unit)**	**124**	**33**	**124**	**33**
净载重量 (吨位)	Net Haulage Capacity (ton)	51772	17940	51772	17940

13-5 公路客货运输量（2011年）
Passenger and Freight Traffic of Highway Transportation (2011)

指标	Item	合 计 Total	个体 Individual
客运量（万人）	**Passenger Traffic (10 000 persons)**	**161980**	**36881**
汽车	Motor Vehicles	161980	36881
其他机动车	Other Motor Vehicles		
旅客周转量	**Passenger Kilometers**	**778.04**	**176.37**
（亿人公里）	**(100 million persons-km)**		
汽车	Motor Vehicles	778.04	176.37
其他机动车	Other Motor Vehicles		
货运量（万吨）	**Freight Traffic (10 000 tons)**	**144241**	**102400**
汽车	Motor Vehicles	131045	89401
其他机动车	Other Motor Vehicles	7987	7873
轮胎式拖拉机	Tyre Tractors	5209	5126
货物周转量	**Total Freight Ton-kilometers**	**1878.57**	**1337.76**
（亿吨公里）	**(100 million ton-km)**		
汽车	Motor Vehicles	1827.37	1286.67
其他机动车	Other Motor Vehicles	36.09	35.85
轮胎式拖拉机	Tyre Tractors	15.11	15.07

13-6 水路客货运输量（2011年）
Passenger and Freight Traffic of Waterway Transportation (2011)

指标	Item	总 计 Total	总计中： In Total			
			#个体 Individual	内河运输 Reiver Shipping	#个体 Individual	远洋运输 Ocean Shipping
客运量（万人）	**Passenger Traffic (10 000 persons)**	**1327**	**944**	**1327**	**944**	
旅客周转量	**Passenger Kilometersc**	**2.74**	**2.02**	**2.74**	**2.02**	
（亿人公里）	**(100 million persons-km)**					
货运量（万吨）	**Freight Traffic (10 000 tons)**	**17954**	**14731**	**17954**	**14731**	**87**
货物周转量	**Total Freight Ton-kilometers**	**420**	**257**	**344**	**257**	**76**
（亿吨公里）	**(100 million ton-km)**					

13-7 旅客运量和旅客周转量
Passenger Traffic and Turnover Volume of Passenger Traffic

年份 Year	合计 Total	铁路 Railway	中央 Central	地方 Local	公路 Highway	水运 Waterway	民用航空 Civil Aviation
客运量(万人)	**Total Passenger Traffic (10 000 persons)**						
1980	32776	3434	3271	163	27590	1750	2
1982	37286	3898	3677	221	31380	2006	2
1984	43333	4368	4154	214	36497	2466	2
1985	48666	4686	4461	225	41520	2458	2
1986	50903	4368	4159	209	44464	2066	5
1987	53600	4586	4397	189	47071	1935	8
1988	56236	4937	4739	198	49182	2109	8
1989	54084	4357	4205	152	47865	1855	7
1990	54161	3474	3389	85	49112	1568	7
1991	54710	3514	3437	77	49566	1621	9
1992	52641	3638	3564	74	47366	1615	22
1993	55896	4022	3949	73	50252	1562	60
1994	64757	4176	4105	71	59028	1481	72
1995	71566	4135	4083	52	65971	1375	85
1996	76377	3892	3846	46	71087	1298	100
1997	79250	4488	4444	44	73233	1357	172
1998	79540	4497	4469	28	73681	1260	102
1999	87806	5022	5000	22	81675	1002	107
2000	87462	5233	5216	17	81005	1094	130
2001	92381	5202	5188	14	85971	1063	145
2002	98244	5173	5161	13	91653	1249	169
2003	96182	4850	4850	-	90353	793	186
2004	106333	5326	5326	-	99975	772	260
2005	116457	5423	5423	-	109728	702	304
2006	118621	5550	5550	-	112135	573	363
2007	123626	5891	5891	-	116780	525	430
2008	131442	6239	6239		124274	509	419
2009	141061	6407	6407	-	133359	747	548
2010	156871	7111	7111	-	148235	919	606
2011	171886	7915	7915		161980	1327	664
周转量(亿人公里)	**Total Passenger-kilometers (100 million passenger-km)**						
1980	133.68	65.47	65.12	0.35	62.90	5.25	0.06
1982	159.66	78.05	77.61	0.44	75.62	5.92	0.07
1984	204.68	104.85	104.42	0.43	93.08	6.68	0.07
1985	254.53	132.78	132.32	0.46	114.95	6.72	0.08
1986	275.38	140.09	139.65	0.44	128.68	6.38	0.23
1987	310.57	161.86	161.45	0.41	142.66	5.74	0.31
1988	354.23	191.21	190.79	0.42	156.57	6.11	0.34
1989	350.34	181.09	180.78	0.31	163.48	5.38	0.39
1990	339.86	162.32	162.17	0.15	172.73	4.25	0.56
1991	378.20	189.29	189.16	0.13	184.27	3.94	0.70
1992	435.19	228.39	228.24	0.15	200.09	4.87	1.84
1993	490.26	270.82	270.68	0.14	209.34	4.58	5.52
1994	539.02	291.44	291.29	0.15	237.00	3.90	6.68
1995	555.13	301.60	301.49	0.11	242.46	3.66	7.41
1996	538.29	262.99	262.89	0.10	263.48	3.45	8.37
1997	592.16	305.06	304.97	0.09	274.68	3.69	8.73
1998	610.53	319.67	319.61	0.06	279.69	3.49	7.68
1999	676.04	353.87	353.83	0.04	310.69	3.76	7.72
2000	724.06	394.00	393.96	0.04	318.37	3.55	8.14
2001	761.62	410.65	410.62	0.03	337.90	3.23	9.84
2002	827.55	428.84	428.81	0.03	384.91	3.20	10.60
2003	831.24	431.00	431.00	-	384.67	2.43	13.14
2004	972.57	500.38	500.38	-	449.73	2.35	25.87
2005	1046.27	531.71	531.71	-	480.57	1.94	32.05
2006	1114.86	562.48	562.48	-	512.24	1.42	38.72
2007	1224.57	626.14	626.14	-	548.12	1.19	49.12
2008	1260.17	645.98	645.98		565.64	0.82	47.73
2009	1289.93	625.44	625.44	-	601.11	1.01	62.37
2010	1464.96	707.18	707.18	-	683.58	1.69	72.51
2011	1636.15	775.01	775.01	-	778.04	2.74	80.36

13-8 货物运量和货物周转量
Freight Traffic and Turnover Volume of Freight Traffic

年份	合计	铁路			公路	水运	民用航空
			中央	地方			
Year	Total	Railway	Central	Local	Highway	Waterway	Civil Aviation
货运量(万吨)	**Total Freight Traffic (10 000 tons)**						
1980	23650	3778	3594	184	16576	3261	
1982	26951	3783	3616	167	20054	3076	
1984	31800	3977	3826	151	24655	3128	
1985	32902	4218	4092	126	35699	2945	
1986	34902	4346	4213	133	27140	3372	
1987	35747	4485	4354	131	27525	3693	
1988	39020	4522	4401	121	30922	3531	
1989	37842	4731	4567	164	29453	3671	
1990	37708	4771	4597	174	29679	3217	
1991	41219	4777	4614	163	33224	3177	
1992	42548	4906	4787	119	33788	3821	
1993	46074	4982	4886	96	37582	3441	1.00
1994	48448	4929	4841	88	39912	3536	1.00
1995	49885	5017	4904	113	41272	3531	1.00
1996	50454	4893	4830	63	42191	3301	1.00
1997	48980	4535	4495	40	41340	3034	2.00
1998	49147	4408	4360	48	41610	2990	1.00
1999	51183	4456	4424	32	43296	3178	1.00
2000	51228	4676	4628	48	42868	3406	2.00
2001	53035	4965	4913	52	44340	3572	2.00
2002	52156	4942	4905	37	42982	3760	2.00
2003	59952	5214	5214	-	51136	3600	2.00
2004	69680	5400	5400	-	60291	3986	3.00
2005	76876	5218	5218	-	67040	4615	3.00
2006	84998	5643	5643	-	72457	6894	3.74
2007	99501	5831	5831	-	85432	8234	3.77
2008	115810	5552	5552	-	98759	11495	3.80
2009	128582	5392	5392	-	111351	11834	4.62
2010	149168	5716	5716	-	127635	15811	6.09
2011	168152	5951	5951	-	144241	17954	6.11
周转量(亿吨公里)	**Total Freight Ton-kilometers (100 million ton-km)**						
1980	331.43	272.42	271.02	1.40	33.95	24.98	
1982	359.71	286.44	285.24	1.20	43.83	29.35	
1984	435.78	335.83	334.83	1.00	59.70	40.15	
1985	512.03	392.52	391.73	0.79	75.55	43.86	
1986	582.44	438.71	437.83	0.88	91.91	51.72	
1987	637.60	481.87	480.96	0.91	103.91	51.66	
1988	690.60	504.58	503.74	0.84	134.16	51.76	
1989	730.40	544.44	543.57	0.87	129.58	56.29	
1990	774.81	590.33	589.44	0.89	137.02	47.37	
1991	830.64	621.98	621.18	0.80	164.42	44.15	
1992	901.85	656.29	655.50	0.79	191.53	53.95	
1993	951.86	683.10	682.49	0.61	209.85	58.66	0.07
1994	1003.47	720.46	719.87	0.59	221.78	60.98	0.07
1995	1043.67	751.84	751.24	0.60	235.52	56.06	0.09
1996	1029.32	728.91	728.46	0.45	240.13	60.10	0.11
1997	998.72	690.80	690.47	0.33	244.86	62.78	0.12
1998	978.89	652.98	652.66	0.32	256.56	68.92	0.09
1999	967.68	624.14	623.89	0.25	272.71	70.08	0.11
2000	1074.50	632.12	631.94	0.18	297.79	143.76	0.11
2001	1132.18	674.39	674.25	0.14	316.03	141.22	0.14
2002	1223.09	730.86	730.76	0.10	355.96	135.48	0.16
2003	1361.12	782.60	782.60	-	455.45	121.74	0.24
2004	1574.21	896.49	896.49	-	513.45	162.21	0.32
2005	1661.97	930.29	930.29	-	538.57	190.32	0.38
2006	1781.11	951.66	951.66	-	592.37	236.66	0.42
2007	1981.63	1038.39	1038.39	-	682.69	260.10	0.45
2008	2340.11	971.47	971.47	-	1085.06	283.10	0.48
2009	2505.27	990.00	990.00	-	1259.65	255.03	0.59
2010	2904.98	1022.71	1022.71	-	1539.36	342.14	0.77
2011	3345.76	1046.16	1046.16	-	1878.57	420.26	0.77

13−9 邮政业务基本情况
Basic Statistics of Postal Business

指标	Item	2010	2011
邮政局、所 （处）	**Number of Post Offices (unit)**	**2099**	**2069**
#设在农村的局、所(处)	#Rural Post Offices (unit)	1441	1459
邮政局（处）	Post Bureaus (unit)	106	107
邮政支局（处）	Branch of Post Bureaus (unit)	942	1034
自办邮政所（处）	Post Places (unit)	795	672
代办邮政所（处）	Agency of Post Places (unit)	255	256
其他邮政局、所（处）	Other Post Places (unit)	1	
邮路总长度 （公里）	**Length of Postal Routes (km)**	**74692**	**63928**
农村投递路线总长度（公里）	**Length of Rural Delivery Routes (km)**	**199222**	**191837**
邮政业务总量 （万元）	**Revenue of Postal Business (10 000 yuan)**	**320278**	**327654**
包裹业务合计 （万件）	**Total of Parcels (10 000 pieces)**	**112**	**107**
报刊业务	**Business of Newspaper and Magazine**		
报纸累计份数（万份）	Total of Newspapers (10 000 copies)	56860	60748
杂志累计份数（万份）	Total of Magazines (10 000 copies)	4666	4693
报纸期发份数（万份）	Number of Newspapers in one period (10 000 copies)	378	355
杂志期发份数（万份）	Number of Magazines in one period (10 000 copies)	340	317
报刊流转额（万元）	Revenue of Newspaper and Magazine in Circulation (10 000 yuan)	87197	88387
邮政储蓄业务	**Postal Deposits Business**		
邮政储蓄网点数 （个）	Number of Places (unit)	1685	1637
邮政储蓄年末余额 （万元）	Balance at the year-end (10 000 yuan)	9388725	10482669
物流业务量（万吨）	**Total of Interflow Business (10 000 ton-km)**	**21.44**	**30.62**
邮政其他业务量 （万元）	**Revenue of Other Postal Business (10 000 yuan)**	**13550**	**15126**

注：邮政业务总量2010年起，由2000年不变价调整为2010年不变价。

From 2010，the index of Revenue From Postal is adjusted from 2000's constant price to 2010's constant price.

13−10 电信业务基本情况
Basic Statistics of Telecommunication

指标	Item	2010	2011
销售营业网点数（处）	**Number of Selling Places (unit)**	**112006**	**111749**
自办营业网点数（处）	Main Selling Places (unit)	2684	2293
电信业务代办网点数（处）	Agency of Telecommunication Places (unit)	109322	109456
长途电信设备	**Equipment of Long Distance Telecommunication**		
长途自动电话交换机容量（路端）	Autoexchange of Long Distance Telephone Capacity (line)	451386	506000
长途光缆线路长度（公里）	Length of Long Distance Optical Cables (km)	36189	36188
长途业务电路（路）	Long Distance lines (line)	276986	252279
本地电话设备	**Equipment of Local Telephone**		
局用交换机容量（万门）	Local Switch Boards Capacity (10 000 lines)	1210.59	1029.12
移动通信主要设备	**Main Equipment of Mobile Communication**		
移动电话基站（个）	Basic Station of Mobile Telephone (unit)	50524	66211
#GSM（个）	#GSM (unit)	34849	36073
移动电话信道（万个）	Mobile Telephone Channel (10 000unit)	262.81	311.91
移动电话交换机容量（万门）	Switch Boards Capacity of Mobile Telephone (10 000line)	4719.00	5358.90
电信业务总量（亿元）	**Revenue of Telecommunication Business (10 000 yuan)**	**325.24**	**402.75**
长途电话（万分钟）	Long Distance Telephone (10 000 times)	1294713.81	1147362.47
IP电话（万分钟）	IP Telephone (10 000 times)	336030.69	234654.95
移动电话年末用户（万户）	Mobile Telephone User at the year-end (10 000 households)	3259.76	3749.13
本地电话用户（万户）	Local Telephone User (10 000 households)	1076.96	1011.55
住宅电话用户（万户）	Fixed Telephone User (10 000 households)	777.06	662.02
公用电话用户（万户）	Public Telephone User (10 000 households)	98.66	89.63
互联网上网用户（万户）	Internet User (10 000 households)	388.13	502.30

注：电信业务总量2010年起，由2000年不变价调整为2010年不变价。

From 2010，the index of Revenue From Telecommunication is adjusted from 2000’ s constant price to 2010's constant price.

13−11 邮电通信水平（2011年）
Development of Postal and Telecommunications Services (2011)

指标	Item	2011
平均每一邮电局所服务面积（平方公里）	Average Area Served by Every Post Office (sq.km)	97.7
平均每一邮电局所服务人口（万人）	Average People Served by Every Post Office (10 000 persons)	2.9
平均每人每年发函件数（件）	Annual Average Number of Letters Mailes Per Capita (piece)	1.2
平均每百人每年订购报刊数（份）	Annual Average Number of Newspaper and Magazine Subscribers Per 100 Persons (copy)	9.2
设有邮电局、所的乡镇比重（%）	Percentage of Townships with Post and Telecommunication Office	98.4
电话普及率(含移动)（部/百人）	Popularization Rate of Telephone (sets/100 persons)	64.6
进入长途电话自动网的县(市)比重（%）	Percentage of Townships with Connected Autoexchange Net of Long Distance Call (%)	100.0
已通电话的乡(镇)比重 (%)	Percentage of Townships with Telephone Communication (%)	100.0

主要统计指标解释

铁路营业里程 又称营业长度(包括正式营业和临时营业里程)，指办理客货运输业务的铁路正线总长度。凡是全线或部分建成双线及以上的线路，以第一线的实际长度计算；复线、站线、段管线、岔线和特殊用途线以及不计算运费的联络线都不计算营业里程。该指标可以反映铁路运输业基础设施的发展水平，也是计算客货周转量、运输密度和机车车辆运用效率等指标的基础资料。

铁路电气化里程 指在全部铁路营业里程中已安装了供电线路及设备，可以供电力机车牵引列车运行的区段的总里程。

铁路自动、半自动闭塞里程 为保证列车安全运行，在一个区间、同一时间内，一般只允许一列列车运行，这种保证列车在这个区间安全间隔运行的技术方法称为“闭塞”。自动和半自动闭塞里程指装有列车自动或人工完成闭塞状态的铁路设备里程。

公路里程 指在一定时期内实际达到《公路工程[WTBZ]技术标准JTJ01-88》规定的等级公路，并经公路主管部门正式验收交付使用的公路里程数。包括大中城市的郊区公路以及通过小城镇街道部分的公路里程和桥梁、渡口的长度，不包括大中城市的街道、厂矿、林区生产用道和农业生产用道的里程。两条或多条公路共同经由同一路段，只计算一次，不得重复计算里程长度。该指标可以反映公路建设的发展规模，也是计算运输网密度等指标的基础资料。

内河航道里程 也称内河通航里程，指在一定时期内，能通航运输船舶及排筏的天然河流、湖泊水库、运河及通航渠道的长度。包括全年季节性通航累计三个月以上的航道，不包括仅供零散流放竹、木排的河道。该指标可以反映内河水运网的规模、水平和发展情况。

民用航空航线里程 指统计期间内全部民用航空航线的航线总长度。航线长度指民用航空航线的计费距离。计算航线里程可按重复和不重复两种方法，前者是指各航线长度相加的总和；后者则要扣除各航线之间相同航段重复计算的部分。

输油(气)管道长度 也称输油(气)里程，指油品(或天然气)的实际输送距离，一般按输油(气)管道的单线长度计算。若包括复线和备用线长度则称为输油(气)管道延展长度，是指管道铺设的实际长度。我们通常使用的是不包括复线的“输油(气)管道里程”，该指标可以反映管道运输的发展规模和水平。

货(客)运量 指在一定时期内，各种运输工具实际运送的货物(旅客)数量。该指标是反映运输业为国民经济和人民生活服务的数量指标，也是制定和检查运输生产计划、研究运输发展规模和速度的重要指标。货运按吨计算，客运按人计算。货物不论运输距离长短、货物类别，均按实际重量统计。旅客不论行程远近或票价多少，均按一人一次客运量统计；半价票、小孩票也按一人统计。

货(客)运密度 指在一定时期内某种运输方式在营运线路的某一区段平均每公里线路通过的货物(旅客)运输周转量。计算公式为：

$$货(客)运密度=\frac{货物(旅客)周转量}{营业线路长度}$$

该指标可以反映交通运输线路上的货物(旅客)运输量运输繁忙程度，是平衡运输线路运输能力和通过能力，规划线路建设及改造、配备技术设备，研究运输网布局的重要依据。

货物(旅客)周转量 指在一定时期内，由各种运输工具运送的货物(旅客)数量与其相应运输距离的乘积之总和。该指标可以反映运输业生产的总成果，也是编制和检查运输生产计划，计算运输效率、劳动生产率以及核算运输单位成本的主要基础资料。计算货物周转量通常按发出站与到达站之间的最短距离，也就是计费距离计算。计算公式为：

$$货物（旅客）周转量=\sum（货物（旅客）运输量\times运输距离）$$

铁路货车平均静载重 指铁路货车在始发站静止状态下平均每车装载的货物重量，用以分析货车完成装车时车辆载重力的利用情况。计算公式为：

$$货车平均静载量=\frac{货物发送吨数}{装车数}$$

静载重的多少取决于运送货物的性质、种类、车辆的类型和装载技术的高低。根据货车的平均标记载重与静载重进行对比，可以反映货车载重能力的利用程度。计算公式为：

$$货车载重力利用率(\%)=\frac{货车平均静载重}{货车平均标记载重}\times100\%$$

铁路货运机车日产量 指在一定时期内，平均每台货运机车在一昼夜内所完成的总重吨公里数，包括载运货物的重量和车辆本身的自重。该指标从时间和牵引能力两方面反映了机车运用效率。计算公式为：

$$货运机车平均日产量=\frac{货运总重吨公里数}{货运机车台日数}$$

规模以上港口货物吞吐量 指经由水路进、出港区范围，并经过装卸的货物数量。按货物流向分为进港吞吐量和出港吞吐量，按货物贸易性质分为内贸和外贸吞吐量。按货物的类别分，可根据现行的交通行业标准《运输货物分类和代码》分类。沿海港口是指位于海沿岸，具有一定设施和条件，供船舶停靠、旅客上下、货物装卸、生活物料供应等作业的港口。

民用汽车拥有量 指报告期末，在公安交通管理部门按照《机动车注册登记工作规范》，已注册登记领有民用车辆牌照的全部汽车数量。汽车拥有量统计的主要分类：根据汽车结构分为载客汽车、载货汽车及其他汽车；根据汽车所有者不同分为个人(私人)汽车、单位汽车；根据汽车的使用性质分为营运汽车、非营运汽车；根据汽车大小规格不同载客汽车分为大型、中型、小型和微型，载货汽车分为重型、中型、轻型和微型。

邮电业务总量 指以货币形式表示的邮电企业为社会提供各类邮电服务的总数量，是用于观察邮电业务发展变化总趋势的综合性总量指标。分别按邮政业务总量和电信业务总量统计。邮电业务总量是以各类业务的实物量分别乘以相应的不变单价，得出各类业务的货币量再加总求得。

移动电话用户 指在电信运营企业营业网点办理开户登记手续，通过移动电话交换机进入移动电话网，占用移动电话号码的各类电话用户。包括GSM数字移动电话用户、CDMA数字移动电话用户和电信运营企业发行的报告期末已激活充值的能异地漫游的各种智能卡用户。

互联网上网人数 指平均每周使用互联网至少1小时的6周岁以上中国公民人数。

固定电话用户 指在电信运营企业营业网点办理开户登记手续并已接入固定电话网上的全部电话用户。包括普通电话用户、公用电话用户、窄带综合业务数字网（N—ISDN）用户、智能网专用接入终端用户等。按行政区划分为城市电话用户和农村电话用户。

城市电话用户 指直辖市、省辖市、地级市、县级市的市区、市郊区及县城范围内接入局用交换机的电话用户。包括分布在农村地区县团级以上建制的独立工矿区、林区、驻军等电话用户。

农村电话用户 指县城关区以下的集镇和农村接入局用交换机的电话用户。

住宅电话用户 指安装在居民住宅或农民家里并按照住宅电话用户登记注册和收费的各类电话用户。包括私人付费、单位付费和按规定免费安装的住宅电话用户。

长途电话交换机容量 指用于接入长途电话网的电话交换机的设备额定容量，包括国际电话交换机容量。

局用交换机容量 指安装在电信运营企业内用于接续本地固定电话的电话交换机容量，有倍增设备按倍增后的数量计数。包括现用和备用的人工或自动交换机的全部容量。不包括用户交换机容量。

移动电话交换机容量 指移动电话交换机根据一定话务模型和交换机处理能力计算出来的最大同时服务用户的数量。

互联网宽带接入端口 指用于接入互联网用户的各类实际安装运行的接入端口的数量，包括xDSL用户接入端口、LAN接入端口以及其他类型接入端口等，不包括窄带拨号接入端口。

Explanatory Notes on Main Statistical Indicators

Length of Railways in Operation refers to the total length of the trunk line for passenger and freight transportation (including both full operation and temporary operation). The calculation is based on the actual length of the first line if this line has a full or partial double (or more). Not included are double tracks, station sidings, tracks under the charge of stations, branch lines, special-purpose lines and non-payable connecting lines. The length of railways in operation is an important indicator to show the development of the infrastructure of railway transport. It is also essential data to calculate volume of passenger freight transport, traffic density and utilization efficiency of locomotives and carriages.

Length of Electrified Railways refers to the length of the section of railways in operation in which the power supply lines and other equipment are installed for the running of electrified locomotives. The proportion of the length of electrified railways to the total length of railways in operation is an important indicator to show the modernization of railways.

Length of Automatic-blocking and Semi-automatic-blocking Railways Blocking is a spacing technique by which a section of the railway only allows one train to pass at a time with the aim of ensuring traffic safety. Length of automatic-blocking and semi-automatic-blocking railways refers to length of railways installed with equipment to perform automatic or manual blocking of trains.

Length of Highways refers to the length of highways which are built in conformity with the grades specified by the highway engineering standard [Highways WTBZ-Technical Standard JTJ01-88] formulated by the Ministry of Transport, and have been formally checked and accepted by the departments of highways and put into use. The length of highways includes that of the suburb highways at large and medium-sized cities, highways passing through streets at small cities and towns, and also the length of bridges and ferry piers. It does not include the length of streets in big and medium-sized cities and highways built for the production purpose at factories, mines, forest areas and agricultural areas. If two or more highways go the same section of the way, the length of the section is only calculated for once and no duplication is allowed. The length of highways is an indicator to show the development of the scale of highway construction and to provide essential information to calculate the transport network density.

Length of Navigable Inland Waterways is an indicator reflecting the size and development of inland water network. It refers to the length of the natural rivers, lakes, reservoirs, canals, and ditches open to navigation during a given period, which enables transportation by ships and rafts. It includes the channels open to navigation for over an accumulated period of 3 months in a year, yet this does not include the river courses which are only used to float odd logs and bamboo rafts. This indicator can reflect the scale, level and development situation of the inland waterway network.

Length of Civil Aviation Routes refers to the length of all routes for civil aviation flights, which is used to account the freight, during the period of statistics.. There are usually two ways to calculate the route length: duplicated calculation and non-duplicated calculateion, the former is the sum of length of all civil aviation routes, and the latter should deduct the duplication length of same route among all routes.

Length of Oil (Gas) Pipelines is used as an indicator to show the development, scale and level of the pipeline transportation. It refers to the actual transport distance of oil (or gas) products, and is in general calculated according to the length of single pipeline. If the length of the double pipelines and alternate pipeline are included, it is called the extension length of the oil (gas) pipelines, which indicates the actual length of the pipelines built. The commonly used indicator, the "length of "oil (gas)" pipelines, does not include the double pipelines. It can reflect the extent and level of development of pipeline transport.

Freight (Passenger) Traffic refers to the volume of freight (passenger) transported with various means within a specific period of time. This indicator reflects the service of the transport industry towards the national economy and people's living conditions, as well as an important indicator used in formulating and monitoring transport production plans and research into the scale and pace of transport development. Freight transport is calculated in tons and passenger traffic is calculated in terms of number of persons. Freight transport is calculated in terms of the actual weight of the goods and takes no account of the type of freight and distance of travel. Passenger traffic is calculated by the principle that one person can be counted only once in one trip and takes no account of the travelling distance and ticket price. The passengers who travel with a half price ticket or a child's ticket is also calculated as one person.

Freight (Passenger) Traffic Density refers to the freight (passenger) traffic volume carried by a particular means of transportation during a given period through one kilometre of a specific section of transportation route. The formula is as follows:

$$\begin{array}{c}\text{Freight (Passenger)}\\\text{traffic density}\end{array}=\frac{\begin{array}{c}\text{freight ton - kilometres}\\\text{(passenger - kilometres)}\end{array}}{\begin{array}{c}\text{length of route}\\\text{in operation}\end{array}}$$

Freight (passenger) traffic density reflects how busy freight (passenger) traffic is on transportation routes. It provides an important basis for balancing transport capability and throughput capability, planning construction and upgrading of transport routes, installing technical facilities and studying the distribution of transport networks.

Freight Ton-kilometres (Passenger-kilometres) refers to the sum of the product of the volume of transported cargo (passengers) multiplied by the transport distance. It is an important indicator to reflect the achievement of the transportation industry. This is an important indicator to show the total results of the transport industry; to prepare and examine the transport plan; and to serve as the main basic data for calculating the efficiency, labour productivity and unit cost of transport. Normally, the shortest distance between the departure station and the destination station (i.e., the payable distance) is the basis in calculating the freight ton-kilometres. The formula is as follows:

$$\begin{array}{c}\text{Freight ton - kilometres}\\\text{(passenger - kilometres)}\end{array}=\sum\begin{array}{c}\text{freight}\\\text{(passenger)traffic}\end{array}\times\begin{array}{c}\text{distance of}\\\text{transportation}\end{array}$$

Average Static Load of Freight Cars refers to the average cargo weight as loaded by each freight car under the static condition at the departure station. It is used to show the utilization extent of the loading capacity of the freight cars. The formula is:

$$\begin{array}{c}\text{Static load (ton)}\\\text{of freight car}\end{array}=\frac{\text{tonnage of goods dispatched}}{\text{number of freight cars loaded}}$$

The static load of freight cars is determined by the nature and type of goods loaded the type of vehicles, and the technique of loading. Comparison of the average marked load with the static load of freight cars provides indication on the degree of utilization of loading capacity of freight cars. For its calculation the following formula is applied:

$$\begin{array}{c}\text{Utilization rate of}\\\text{capacity of freight cars (\%)}\end{array}=\frac{\text{Average static load}}{\text{Average marked load}}\times 100\%$$

Average Daily Haul of Freight Locomotives refers to the average total ton-kilometres accomplished by each freight transport locomotive over one day and night during a given period of time. It includes both the weight of the goods carried and the dead weight of the train itself. It is a comprehensive indicator reflecting the locomotive efficiency in terms of both time and the pulling force.

$$\begin{array}{c}\text{Average daily haul of}\\\text{freight transport locomotive}\\\text{(ton - kilometre)}\end{array}=\frac{\begin{array}{c}\text{Total ton - kilometres}\\\text{of freight}\end{array}}{\begin{array}{c}\text{Daily number of freight}\\\text{transport locomotive}\end{array}}$$

Volume of Freight Handled in Coastal Ports above Designated size refers to the volume of cargo passing in and out of the harbour area of the major coastal ports and having been loaded and unloaded. The volume of freight handled may be classified by direction of flow as freight for import and freight for export, or by nature of cargo as freight for domestic trade and freight for foreign trade. The volume of freight handled maybe classified by the classification of cargo, or the current transport standard of The Classification and Code of Cargo Type. Coastal ports refer to the ports, which are located at the edge of an ocean or sea, and with some equipment and facility for ship anchoring, passenger embarking/debarking, cargo loading/unloading, living material provideng, etc. .

Possession of Civil Motor Vehicles refer to the total numbers of vehicles that are registered and received vehicles license tags according to the Work Standard for Motor Vehicles Registration formulated by the Transport Management Office under the department of public security at the end of the reference period. They are divided into categories. According to the structure of motor vehicles, they are divided into passenger vehicles, trucks and others; according to ownership into private vehicles and vehicles for the unit's use; according to kind of usage into working vehicles and non-working vehicles; and according to size of vehicles into large passenger vehicles, medium-sized passenger vehicles, small passenger vehicles and mini passenger vehicles, heavy trucks, light-heavy trucks, light trucks and mini-trucks.

Business Volume of Post and Telecommunications refers to the total amount of postal and telecommunication services, expressed in value terms, provided by the post and telecommunications departments for society. This indicator reflects the overall results of development of postal and telecommunication services. It can be classificated as postal services and and telecommunication services. Business volume of post and telecommunications is the sum of all services in kind multiplying with the unit price (constant price) to get the total business value.

Mobile Telephone Subscribers refer to persons who have gone through registration procedures in the operation points of enterprises engaged in telecommunications and are hence connected with the mobile telephone communication network through the mobile telephone switchboards and occupy mobile phone numbers. Included are GSM digital mobile phone subscribers, CDMA digital mobile phone subscribers and subscribers to intelligent phone cards with roaming facility issued by telecommunications enterprises and which have been subscribed to and activated at the end of the reference period.

Internet Users refer to the number of Chinese citizens aged 6 and over who use the Internet at least for one hour each week.

Local Telephone Subscribers refer to all subscribers who have gone through registration procedures in the operation points of enterprises engaged in telecommunications and are hence connected to the local telecommunications service provider through fixed line network. Included are general subscribers, public telephones subscribers, N-ISDN subscribers and intelligent network terminal subscribers. They are also classified in terms of administrative districts as urban telephone subscribers and rural telephone subscribers according to location.

Urban Telephone Subscribers refer to the number of telephone subscribers, located at the different administrative districts of municipalities directly under the Central Government, cities under the jurisdiction of province, cities at prefecture level, downtown and suburb of city at county level town and county towns, that are connected to the public line telephone network, including rural mineral area, forest area, military area.

Rural Telephone Subscribers refer to telephone subscribers, located at the towns below the level of county town and villages, that are connected to the public line telephone network.

Household Telephone Subscribers refer to telephone sets installed in the dwelling units of urban or rural residents, and registered as residence subscribers for payment, including three types of payment for the service: private payment, public payment and free service in accordance with relevant regulations.

Capacity of Long Distance Telephone Exchanges refers to the rated capacity of telephone exchanges to connect long distance telephone network, including capacity of international telephone exchanges.

Capacity of Office Telephone Exchanges refers to the capacity (measured in gate) of telephone exchanges installed in the offices of telecommunication service providers for communication between fixed telephones. It includes the capacity of both manual and automatic exchanges in use and for stand-by purpose. The capacity of subscriber exchanges is not included.

Capacity of Mobile Telephone Exchanges refers to the capacity of the maximum services provided to subscribers at any one time as computed based on a certain model of calls distribution and transacting capacity of the mobile telephone exchanges.

Broadband Connection Terminals refer to the connection terminals to internet users actually installed and put into operation, including connection terminals for xDSL, connection terminals for LAN, and other connection terminals for xDSL. N-ISDN connection terminals are not included.

14 批发和零售业、住宿和餐饮业

Wholesale and Retail Trades, Hotels, Catering Services

资料整理人员：何 达　　孟 强

14−1 社会消费品零售总额
Retail Sale of Consumer Goods

单位：亿元 (100 million yuan)

年份 Year	社会消费品零售总额 Total Retail Sales of Consumer Goods	#商品销售额 Commodity sales	餐饮消费额 Catering consumption	城镇 Urban	乡村 Rural
1950	6.58	6.47	0.11	2.68	3.85
1951	8.72	8.53	0.19	3.91	4.72
1952	10.05	9.78	0.27	4.49	5.47
1953	11.61	11.34	0.27	5.04	7.16
1954	12.95	12.65	0.30	5.37	8.24
1955	13.22	12.77	0.45	5.49	8.49
1956	14.79	14.28	0.51	6.21	9.86
1957	15.73	15.15	0.58	6.73	10.22
1958	18.06	17.39	0.67	7.60	13.30
1959	21.29	20.43	0.86	9.03	16.17
1960	22.86	21.87	0.99	9.99	17.71
1961	21.47	19.91	1.56	10.18	13.59
1962	22.43	20.80	1.63	9.95	14.46
1963	22.46	21.11	1.35	8.99	15.61
1964	23.28	22.14	1.14	9.27	16.35
1965	23.10	22.10	1.00	9.43	16.91
1966	25.38	24.38	1.00	11.31	18.37
1967	28.21	27.11	1.10	11.52	20.50
1968	27.11	26.08	1.03	10.80	19.81
1969	30.01	29.10	0.91	12.26	21.86
1970	32.05	31.07	0.98	13.58	24.10
1971	34.42	33.33	1.09	15.18	26.03
1972	37.37	36.17	1.20	16.48	28.46
1973	41.21	39.93	1.28	18.17	31.65
1974	43.25	41.88	1.37	19.07	32.77
1975	47.01	45.53	1.48	19.97	36.83
1976	48.24	46.66	1.58	20.89	37.66
1977	50.98	49.30	1.68	21.93	40.31
1978	54.84	53.05	1.79	24.53	44.31

14-1 续表 continued

单位：亿元 (100 million yuan)

年份 Year	社会消费品零售总额 Total Retail Sales of Consumer Goods	#商品销售额 Commodity sales	餐饮消费额 Catering consumption	城镇 Urban	乡村 Rural
1979	65.20	63.03	2.17	30.59	51.21
1980	76.77	74.24	2.53	35.47	60.04
1981	87.24	84.45	2.79	37.31	66.87
1982	95.39	92.19	3.20	41.06	71.34
1983	107.36	103.67	3.69	43.30	81.61
1984	124.36	119.90	4.46	49.29	92.79
1985	157.47	151.84	5.63	68.80	108.50
1986	180.61	174.03	6.58	77.24	127.44
1987	213.81	205.55	8.26	91.10	151.78
1988	277.71	267.14	10.57	123.92	192.32
1989	299.74	288.49	11.25	142.13	199.86
1990	300.95	289.59	11.36	197.84	103.11
1991	341.80	327.56	14.24	228.25	113.55
1992	401.17	383.20	17.97	273.73	127.44
1993	496.55	475.10	21.45	346.83	149.72
1994	673.14	633.97	39.17	471.45	201.69
1995	854.48	799.85	54.63	611.67	242.81
1996	966.74	895.60	71.14	674.30	292.44
1997	1062.93	980.74	82.19	749.94	312.99
1998	1148.36	1050.41	97.95	797.81	350.55
1999	1254.31	1137.13	117.18	885.96	368.35
2000	1392.26	1195.02	197.24	1008.88	383.38
2001	1541.27	1380.19	161.08	1108.27	433.00
2002	1712.33	1524.80	187.53	1243.54	468.79
2003	1897.26	1637.81	259.45	1407.13	490.13
2004	2162.90	1852.41	310.49	1616.89	546.01
2005	2474.33	2105.12	369.21	1855.73	618.60
2006	2869.40	2465.06	404.34	2145.86	723.54
2007	3419.17	2939.41	479.76	2582.25	836.92
2008	4222.17	3628.21	593.96	3216.02	1006.15
2009	4913.75	4207.38	706.37	4424.35	489.40
2010	5839.50	5101.90	737.60	5268.65	570.85
2011	6884.73	6038.27	846.46	6154.50	654.53

注：1.社会消费品零售总额统计数据根据经济普查数据进行了调整，分行业的部分数据不可比。2.从2010年起，社会消费品零售总额统计采用新的分组，即将经营单位所在地分组由"市"、"县"、"县以下"改为"城镇"、"乡村。3. 2008年及以前，城镇数据为"市"、"县"数据、"乡村"为"县以下"数据。

a. Figures on total retail sales of goods before 2004 were adjusted on the baiss of first economic census.Some industry figures can not be compared with before. b. From 2010, new grouping method is adopted for the statistics on the total retail sales of consumer goods: grouping according to operation location changes from city, county and below county level to urban and rural areas. c.In 2008 and before, the urban data contained city and county data, the country data was below county data.

14–2 国内贸易基本情况
Retail Sale of Consumer Goods

项 目	Item	2000	2005	2010	2011
社会消费品零售总额 (亿元)	**Total Retail Sales of Consumer Goods (100 million yuan)**	**1383.72**	**2459.12**	**5839.50**	**6884.73**
按经营地分	**By Location of Outlets**				
城镇	Urban			5268.60	6230.20
其中：城区	City Proper			3532.50	4323.72
乡村	Rural			570.80	654.53
按行业分	**By Sector**				
批发零售贸易业	Wholesales and Retail Trades	1155.62	2050.17	5037.66	5962.56
住宿餐饮业	Hotels and Catering Trades	197.24	369.21	737.60	846.46
其他行业	Others	30.86	39.74	64.24	75.71
亿元以上商品交易市场个数 (个)	**Number of Commodity Transaction Markets above 100 Million Yuan (unit)**		**134**	**290**	**313**
亿元以上商品交易市场成交额 (亿元)	**Turnover of Commodity Transaction Markets above 100 Million Yuan (100 million yuan)**		**864.88**	**2074.56**	**2488.60**
法人单位 (个)	**Number of Corporation Unit (unit)**				
批发零售贸易业	Wholesales and Retail Trades	756	1026	2625	2854
住宿餐饮业	Hotels and Catering Trades		690	1205	1124
从业人员 (万人)	**Employed Persons (10 000 persons)**				
批发零售贸易业	Wholesales and Retail Trades	15.49	14.74	23.74	24.70
住宿餐饮业	Hotels and Catering Trades		10.46	14.05	14.49
批发零售贸易业	**Wholesales and Retail Trades**				
商品购进总额（亿元）	Total Purchases (100 million yuan)	614.09	1184.91	3422.49	4865.50
商品销售总额（亿元）	Total Salees (100 million yuan)	665.65	1370.79	3760.89	5275.45
商品库存总额（亿元）	Total Inventory (100 million yuan)	91.86	129.50	275.77	378.99

注：法人单位、从业人员和批发零售贸易业商品购进、销售、库存总额为限额以上法人企业数据。

Figures on number of corporation unit,persons employed , and total purchae,total in inventory of wholesale and retail trade refer to units above designated size.

14−3 限额以上批发零售、住宿餐饮业基本情况（2011年）

Basic Conditions on Gross Value of Purchases, Sales and Inventory of Wholesale and Retail Trade above Designated Size (2011)

项目	Item	法人单位（个） Number of Corporation (Unit)	从业人数（人） Persons Engaged (person)
总计	**Total**		
批发业	**Wholesale Trades**	**866**	**68156**
内资企业	Domestic Funded Enterprises	855	66800
国有企业	State-owned Enterprises	86	16760
集体企业	Collective-owned Enterprises	10	569
股份合作企业	Cooperative Enterprises	7	1480
联营企业	Joint Ownership Enterprises	2	152
有限责任公司	Limited Liability Corporations	221	20396
股份有限公司	Share-holding Corporations Ltd.	45	5508
私营企业	Private Enterprises	455	20006
其他企业	Other Enterprises	29	1929
港澳台商投资企业	Enterprises with Funds From HongKong,Macao and Taiwan	5	914
外商投资企业	Enterprises with Foreign Investment	6	442
零售业	**Retail Sale Trades**	**1988**	**178799**
内资企业	Domestic Funded Enterprises	1948	162706
国有企业	State-owned Enterprises	141	12731
集体企业	Collective-owned Enterprises	35	2403
股份合作企业	Cooperative Enterprises	26	1330
联营企业	Joint Ownership Enterprises	4	407
有限责任公司	Limited Liability Corporations	296	42245
股份有限公司	Share-holding Corporations Ltd.	102	28956
私营企业	Private Enterprises	1287	71730
其他企业	Other Enterprises	57	2904
港澳台商投资企业	Enterprises with Funds From HongKong,Macao and Taiwan	23	7126
外商投资企业	Enterprises with Foreign Investment	17	8967
住宿业	**Hotels Trades**	**653**	**91996**
内资企业	Domestic Funded Enterprises	627	85691
国有企业	State-owned Enterprises	99	15224
集体企业	Collective-owned Enterprises	15	1600
股份合作企业	Cooperative Enterprises	14	2692
联营企业	Joint Ownership Enterprises	4	206
有限责任公司	Limited Liability Corporations	129	25155
股份有限公司	Share-holding Corporations Ltd.	38	7381
私营企业	Private Enterprises	297	30733
其他企业	Other Enterprises	31	2700
港澳台商投资企业	Enterprises with Funds From HongKong,Macao and Taiwan	21	5527
外商投资企业	Enterprises with Foreign Investment	5	778
餐饮业	**Catering Trades**	**471**	**52862**
内资企业	Domestic Funded Enterprises	453	45947
国有企业	State-owned Enterprises	16	1668
集体企业	Collective-owned Enterprises	3	97
股份合作企业	Cooperative Enterprises	6	389
联营企业	Joint Ownership Enterprises	1	45
有限责任公司	Limited Liability Corporations	77	10221
股份有限公司	Share-holding Corporations Ltd.	15	1906
私营企业	Private Enterprises	311	27815
其他企业	Other Enterprises	24	3806
港澳台商投资企业	Enterprises with Funds From HongKong,Macao and Taiwan	9	806
外商投资企业	Enterprises with Foreign Investment	9	6109

14-4 商品交易市场基本情况（2011年）
Basic Statistics on Commodity Exchange Markets (2011)

项 目	Item	市场数（个） Number of Markets (unit)	其中：亿元及以上市场 Commodity Markets over 100 Million Yuan
总计	**Total**	**2578**	**313**
按市场类别分组	By Market Category		
综合市场	Integrated Markets	1561	115
生产资料综合市场	Production Comprehensive Markets	12	2
工业消费品综合市场	Industrial Consumable Comprehensive Markets	92	26
农产品综合市场	Farm Produce Comprehensive Markets	708	40
其他综合市场	Other Comprehensive Markets	749	47
专业市场	Special Markets	1017	198
生产资料市场	Production Markets	109	48
农用生产资料市场	Agricultural Production Markets	11	2
木材市场	Wood Markets	18	3
建材市场	Building Material Markets	43	26
化工材料及制品市场	Chemical Materials and Products Markets	3	3
金属材料市场	Metal Materials Markets	9	4
机械设备市场	Mechanical Equipments Markets	9	7
其他生产资料市场	Others	14	3
农产品市场	Farm Produce Markets	497	46
粮油市场	Grain and Oil Markets	24	4
肉禽蛋市场	Meat, Poultry and Eggs Markets	87	3
水产品市场	Aquatic Products Markets	7	6
蔬菜市场	Vegetables Markets	129	8
干鲜果品市场	Dried and Fresh Melons and Fruits Markets	29	11
其他农产品市场	Others	219	14
食品、饮料及烟酒市场	Food, Beverages, Tobacco and Liquor Markets	57	8
食品饮料市场	Food and Beverages Markets	24	3
烟酒市场	Tobacco and Liquor Markets	7	2
其他食品饮料及烟酒市场	Others	24	3
纺织、服装、鞋帽市场	Textiles, Clothing, Shoes and Hats Markets	173	38
布料及纺织品市场	Cloth and Textiles Markets	17	3
服装市场	Clothing Markets	114	26
鞋帽市场	Shoes and Hats Markets	6	3
其他纺织服装鞋帽市场	Others	36	6
日用品及文化用品市场	Daily Use Articles and Cultural Goods Markets	20	6
文具市场	Stationary Markets	2	1
图书、报刊杂志市场	Books, Newspapers and Magazines Markets	2	1
音像制品及电子出版物市场	Video Products and E-journal Markets	2	1
其他日用品及文化用品市场	Others	8	3
电器、通讯器材、电子设备市场	Electrical Appliances, Communication Appl- iances and Electronical Appliances Markets	50	16
家电市场	Household Appliances Markets	16	8
通讯器材市场	Communication Appliances Markets	23	2
计算机及辅助设备市场	Computer and Auxillary Equipments Markets	10	5
其他电器、通讯器材、电子设备	Others	1	1
医疗、医疗用品及器材市场	Medicine, Medical Materials and Medical Instruments Markets	4	1
其他医药、医疗用品及器材市场	Others	2	0
家具、五金及装饰材料市场	Furniture, Hardware and Decoration Materials Markets	63	21
家具市场	Furniture Markets	17	3
装饰材料市场	Decoration Materials Markets	30	12
五金材料市场	Hardware Materials Markets	8	3
其他装修市场	Others	8	3
汽车、摩托车及零配件市场	Cars, Motorcycles and Spare Parts Markets	22	13
汽车市场	Cars Markets	12	5
摩托车市场	Motocycles Markets	4	3
机动车零配件市场	Vehicle Spare Parts Markts	6	5
花、鸟、鱼、虫市场	Flower, Bird, Fish and Insects Markets	5	1
花卉市场	Flower Markets	4	1
按营业状态分组	By Operating Status		
常年营业	Perennial Operation	2365	310
季节性营业	Seasonal Operation	104	2
其他	Others	109	1
按经营方式分组	By Operating Mode		
以批发为主	Whole Sale	321	150
以零售为主	Retail	2257	163
按经营环境分组	By Operating Circumstance		
露天式	Outdoor	793	28
封闭式	Indoor	1139	242
其他	Others	646	43

14-4 续表 continued

摊位总数（个）Number of Stalls (unit)	其中：亿元及以上市场 Commodity Markets over 100 Million Yuan	出租摊位个数（个）Number of rented stall(unit)	其中：亿元及以上市场 Commodity Markets over 100 Million Yuan	营业面积（万平方米）Operation Area (10000sq.m)	其中：亿元及以上市场 Commodity Markets over 100 Million Yuan	成交额（亿元）Turnover (100 million yuan)	其中：亿元及以上市场 Commodity Markets over 100 Million Yuan
550605	**193102**	**489236**	**182225**	**1778.14**	**967.07**	**3028.38**	**2488.60**
334967	85127	295670	79736	767.55	295.36	1105.77	775.38
3638	230	2463	230	47.01	0.83	5.67	2.84
43150	26347	38035	25786	108.11	73.39	337.61	313.47
125199	26373	108729	24532	296.40	132.73	440.66	305.25
162980	32177	146443	29188	316.01	88.42	321.83	153.82
215638	107975	193566	102489	1010.60	671.71	1922.61	1713.22
30670	25074	28511	23035	292.75	253.19	510.97	489.37
1016	62	1014	60	10.24	3.70	10.68	6.68
2190	1320	2046	1221	24.91	10.87	12.18	9.33
16147	13914	15602	13239	77.85	66.32	127.15	117.49
1356	1356	918	918	7.26	7.26	8.65	8.65
2013	1600	1873	1570	121.29	118.83	272.28	269.18
5786	5688	4963	4897	42.98	41.66	74.01	73.39
1956	1134	1889	1130	6.15	4.56	5.50	4.64
73651	18901	63005	17865	207.77	85.23	363.59	281.51
3598	926	2664	792	11.12	6.53	35.23	31.60
11142	817	8517	751	44.21	1.93	18.82	3.55
1562	1497	1536	1471	10.26	10.18	87.34	86.92
19233	4804	18632	4707	51.54	27.59	116.86	98.58
5305	3441	5001	3323	30.80	22.67	36.43	28.96
32221	7416	26075	6821	59.15	16.33	68.42	31.90
10686	3857	9533	3331	21.34	8.71	45.89	34.07
4829	1354	4344	1349	9.17	3.50	17.18	11.32
1831	1455	1401	1062	2.72	2.08	7.26	6.47
3718	1048	3480	920	6.87	3.14	20.65	16.28
59271	34801	54908	34219	151.53	87.38	214.28	169.40
2783	710	2042	678	9.30	1.94	11.56	7.92
38932	22219	36298	22082	98.79	53.84	118.60	85.52
1562	1224	1452	1134	7.94	6.20	6.45	5.60
15994	10648	15116	10325	35.50	25.39	77.67	70.35
3325	953	3007	930	10.89	5.92	31.92	25.98
180	80	180	80	1.70	1.30	4.52	3.80
503	423	503	423	1.49	1.31	8.94	8.13
391	183	373	165	0.93	0.78	5.31	4.46
757	267	748	262	4.64	2.53	10.25	9.60
7383	4151	6684	3779	32.37	20.14	92.00	81.35
2132	1372	2063	1336	14.71	10.02	36.89	34.37
2073	248	1821	207	5.09	0.20	8.92	2.29
2498	1851	2213	1649	11.37	8.72	42.19	40.68
680	680	587	587	1.20	1.20	4.00	4.00
1866	1216	1756	1216	35.56	26.64	51.07	50.12
130	0	20	0	0.62	0.00	0.21	0.00
16620	10427	15253	10306	171.92	123.49	341.28	319.01
1986	389	1798	388	18.63	6.12	13.01	6.26
7417	4189	6652	4119	62.76	38.55	74.43	64.00
1902	1350	1777	1300	24.06	20.81	42.03	38.71
5315	4499	5026	4499	66.47	58.02	211.80	210.04
9649	8185	8608	7398	57.04	50.21	264.95	261.02
2778	1702	2265	1337	28.34	23.59	222.89	220.05
533	413	402	388	2.76	2.68	6.40	5.92
6338	6070	5941	5673	25.94	23.94	35.66	35.04
718	410	618	410	22.54	10.80	1.63	1.42
643	410	543	410	22.09	10.80	1.58	1.42
515596	190198	460647	179734	1719.18	962.48	2994.17	2478.86
16543	1830	14581	1760	34.30	2.70	17.00	6.26
18466	1074	14008	731	24.66	1.90	17.21	3.48
128276	101107	117816	95417	824.55	675.92	1772.33	1693.95
422329	91995	371420	86808	953.59	291.16	1256.06	794.66
132754	17289	119856	15363	371.48	185.19	530.92	398.92
284468	143560	253530	136052	990.53	599.15	1984.98	1720.10
133383	32253	115850	30810	416.13	182.73	512.48	369.58

14-5 商品交易市场经营情况
Business Statistics of Commodity Exchange Markets

项 目	Item	出租摊位个数（个） Number of Booths (unit)		成交额（亿元） Turnover(100 million yuan)	
		2010	2011	2010	2011
总计	**Total**	**480960**	**489236**	**2573.47**	**3028.38**
粮油、食品、饮料、烟酒类	Food, Beverages, Tobacco and Liquor	233074	238700	854.23	1092.37
粮油、食品类	Food	206154	211182	728.15	937.79
#粮油类	#Grain and Oil	26933	29340	90.93	155.42
#肉禽蛋类	#Meat,Poultry and Eggs	44594	45004	144.73	186.82
#水产品类	#Aquatic Products	20491	20556	124.25	157.40
#蔬菜类	#Vegetables	72515	73716	199.15	232.37
#干鲜果品类	#Dried and Fresh Melons and Fruits	25973	26962	127.04	158.40
饮料类	Beverages	10685	11110	37.77	46.38
烟酒类	Tobacco and Liquor	16235	16408	88.30	108.20
服装、鞋帽、针纺织品类	Garments, Shoes Hats Knit and Textile Goods	110052	111289	304.96	345.56
#服装类	#Garments	75493	75368	202.29	223.52
#鞋帽类	#Shoes and Hats	19294	20205	52.47	63.05
#针纺织品类	#Knit and Textile Goods	15265	15716	50.20	58.98
化妆品类	Cosmetics	4362	4056	13.18	14.66
金银珠宝类	Gold,Silver and Jewelry	679	669	2.34	2.58
日用品类	Articles for Daily Use	21606	20320	85.15	68.72
#洗涤用品类	#Washing Articles	9755	9673	26.39	32.29
#儿童玩具类	#Children Toys	3286	3416	10.99	14.51
五金、电料类	Hardware & Electrical Materials	10490	11003	111.47	135.14
体育、娱乐用品类	Sports & Recreational	2144	1997	12.77	15.08
书报杂志类	Newspapers and Magazines	1378	1307	7.74	8.21
电子出版物及音像制品类	Electronic Publication and Audiovisual Products	2663	3032	18.30	19.96
家用电器和音像器材类	Household Appliances and Audiovisual Equipment	5514	5596	104.35	114.79
中西药品类	Traditional Chinese and Western Medicine	3616	4009	22.27	46.10
#西药类	#Western Medicine	906	895	2.43	4.08
#中草药及中成药类	#Chinese Herbal Medicine and Other Traditional	1395	2420	5.20	40.36
	Chinese Medicine				0.00
文化办公用品类	Cultural and Official Goods	5979	5375	79.67	72.89
家具类	Furniture	4692	5348	48.20	60.51
通讯器材类	Communication Appliances	3255	3321	18.90	19.55
木材及制品类	Wood and Wooden Products	4692	4229	22.54	22.94
石油及制品类	Oil and Related Products	303	126	2.05	1.32
化工材料及制品类	Chemical Materials and Related Products	2658	2843	16.21	17.69
#化肥类	#Fertilizer	1124	1148	6.05	6.94
金属材料类	Metal Materials	3166	3156	226.49	232.24
建筑及装潢材料类	Building and Decoration Materials	24994	25700	219.11	258.48
机电产品及设备类	Mechanical & Electrical Products and Appliances	5585	5915	83.38	98.76
#农机类	#Agricultural Machinery	777	648	2.55	2.10
汽车类	Automobile	5816	7114	244.63	281.98
种子饲料类	Seed and Feedstuff	3330	3315	11.68	16.07
其他类	Others	20029	19854	62.13	80.27

14-6 亿元以上商品交易市场基本情况
Basic Statistics on Commodity Transaction Markets of Turnover above 100 Million Yuan

项 目	Item	出租摊位个数 (个) Number of Booth (unit)		成交额 (亿元) Turnover (100 million yuan)	
		2010	2011	2010	2011
总计	**Total**	**170099**	**182225**	**2074.56**	**2488.60**
食品、饮料、烟酒类	Food,Beverage,Tobacco and Liquor	55496	61284	593.29	804.18
#粮油类	#Grain and Oil	5331	7344	53.82	113.28
#肉禽蛋类	#Meat,Poultry and Eggs	8665	9358	72.62	104.09
#饮料类	#Beverage	3419	3784	27.57	35.39
#烟酒类	#Tobacco and Liquor	5338	5503	69.22	87.47
服装、鞋帽、针纺织品类	Garments,Shoes,Hats,knit and Textile Goods	49293	51719	218.46	251.65
#服装类	#Garments	34530	35821	142.08	158.67
#鞋帽类	#Shoes and Hats	7683	8612	37.85	47.16
#针、纺织品类	#knit and Textile Goods	7080	7286	38.53	45.82
化妆品类	Cosmetics	1690	1526	10.49	11.86
金银珠宝类	Gold,Silver and Jewelry	197	181	1.28	1.50
日用品类	Articles for Daily Use	7963	7117	69.37	52.59
五金、电料类	Handware & Electric Materials	5831	6079	102.72	125.06
体育、娱乐用品类	Sports and Recreaction	1013	1009	11.57	13.92
书报杂志类	Newspapers & Magazines	514	530	6.66	7.07
电子出版物及音像制品类	Electronic Publication and Audiovisual Products	1155	1430	16.21	17.63
家用电器和音像器材类	Household Appliances and Audiovisual Equipment	2903	3043	96.42	106.21
中西药品类	Traditional Chinese and Western Medicines	1136	1505	18.28	41.85
#西药类	#Western Medicines	128	90	0.87	2.46
#中草药及中成药类	#Chinese Herbal Medicine and Other Traditional Chinese Medicine	233	1272	3.74	38.78
文化办公用品类	Culture and Official Goods	3535	2858	74.84	63.79
家具类	Furniture	2067	2531	37.07	48.40
通讯器材类	Communication Appliances	922	984	11.53	11.65
煤炭及制品类	Coal and Related Products	17	39	0.19	0.23
木材及制品类	Wood and Wooden Products	2388	1995	16.73	17.07
石油及制品类	Oil and Related Products	185	16	1.46	0.71
化工材料及制品类	Chemical Materials and Related Products	998	1154	11.49	12.60
#化肥类	Chemical Fertilizer	74	91	2.62	3.28
金属材料类	Metal Materials	1829	1944	221.49	226.69
建筑及装潢材料类	Building and Decoration Materials	16595	18384	191.28	232.53
机电产品及设备类	Mechanical & Electrical Products and Appliances	4167	4883	78.43	95.02
#农机类	#Agricutural Mechanical Products	185	74	1.04	0.50
汽车类	Automobile	4953	5842	242.22	277.97
种子饲料类	Seed and Feedstuff	365	420	6.14	10.13
棉麻类	Cotton & Ambery	36	99	0.39	0.96
其他类	Others	4851	5653	36.56	57.34

14-7 限额以上批发、零售业商品购进、销售、库存总额（2011年）
Total Value of Purchases Sales and Inventory of above Designated Size in Wholesale and Retail Sales Trade (2011)

单位：亿元 (100 million yuan)

指标	Item	商品购进总额 Total Purchases	商品销售总额 Total Sales	批发 Wholesale Trade	零售 Retail Trade	年末库存总额 Inventory Year-end
总计	**Total**	**4865.50**	**5275.45**	**2966.34**	**2309.12**	**378.99**
批发业	**Wholesale Trade**	**3043.97**	**2876.18**	**2706.97**	**169.21**	**218.97**
按登记注册类型分组	**By Status of Registration**					
内资企业	Domestic Funded Enterprises	3018.69	2845.24	2679.51	165.73	218.10
国有企业	State-owned Enterprises	997.87	731.29	711.20	20.08	73.57
集体企业	Collective-owned Enterprises	10.81	11.98	8.26	3.72	0.92
股份合作企业	Cooperative Enterprises	75.09	86.29	69.76	16.53	8.88
联营企业	Joint Ownership Enterprises	0.39	0.64	0.54	0.10	0.01
有限责任公司	Limited Liability Corporations	803.10	858.61	829.21	29.40	42.00
股份有限公司	Share-holding Corporations Ltd.	463.98	401.37	390.99	10.38	27.41
私营企业	Private Enterprises	607.54	683.13	599.73	83.40	58.80
其他企业	Other Enterprises	59.91	71.94	69.82	2.11	6.51
港澳台商投资企业	Enterprises with Funds From HongKong, Macao and Taiwan	18.86	24.03	23.31	0.72	0.80
外商投资企业	Enterprises with Foreign Investment	6.42	6.92	4.16	2.76	0.06
按国民经济行业分组	**By Sector**					
农畜产品批发业	Farming Products and Animal Products	72.29	79.53	74.69	4.84	11.89
食品、饮料及烟草制品	Foods、Beverages and Tobaccos	583.76	744.75	715.37	29.37	51.54
纺织、服装及日用品	Textiles,Garments and Daily Consumer Goods	46.89	53.01	46.43	6.58	5.41
文化、体育用品及器材	Goods and Appliancea of Cultural and Sports	39.79	44.75	42.17	2.58	5.92
医药及医疗器材	Medicines and Medical Appliances	183.40	230.59	206.51	24.08	21.53
矿产品、建材及化工产品	Mineral Products,Building and Chemical Materials	1834.85	1424.78	1351.94	72.84	95.24
机械、五金交电及电子产品	Machinery,Hardware,Transport,Electric Products	217.17	227.86	211.94	15.91	21.24
贸易经纪与代理	Trade brokers and agents	3.76	4.13	3.46	0.67	0.04
其他批发业	Others	62.06	66.78	54.45	12.33	6.15

14–7 续表　continued

单位：亿元　(100 million yuan)

指标	Item	商品购进总额 Total Purchases	商品销售总额 Total Sales	批发 Wholesale Trade	零售 Retail Trade	年末库存总额 Inventory Year-end
零售业	**Retail Trade**	**1821.53**	**2399.27**	**259.37**	**2139.90**	**160.03**
按登记注册类型分组	By Status of Registration					
内资企业	Domestic Funded Enterprises	1722.12	2279.23	258.68	2020.56	147.95
国有企业	State-owned Enterprises	222.14	233.84	30.17	203.67	8.86
集体企业	Collective-owned Enterprises	15.41	16.96	3.98	12.98	1.63
股份合作企业	Cooperative Enterprises	7.48	8.67	0.98	7.68	1.18
联营企业	Joint Ownership Enterprises	36.16	37.56	16.22	21.34	3.44
有限责任公司	Limited Liability Corporations	449.67	486.91	46.91	440.00	41.15
股份有限公司	Share-holding Corporations Ltd.	254.71	707.31	109.81	597.50	23.91
私营企业	Private Enterprises	711.75	762.47	46.28	716.19	65.94
其他企业	Other Enterprises	24.80	25.51	4.32	21.19	1.84
港澳台商投资企业	Enterprises with Funds From HongKong, Macao and Taiwan	44.09	48.49	0.64	47.85	6.46
外商投资企业	Enterprises with Foreign Investment	55.32	71.55	0.05	71.50	5.61
按国民经济行业分组	By Sector					
综合零售业	General Retail Trade	479.27	511.05	15.35	495.69	56.17
百货零售业	Retail of Consumer Goods	222.12	244.70	13.15	231.56	19.15
超级市场零售业	Retail of Super Markets	246.73	255.74	1.70	254.04	35.67
食品、饮料及烟草制品	Foods、Beverages and Tobaccos	38.89	43.37	13.81	29.56	4.39
纺织、服装及日用品	Textiles,Garments and Daily Consumer Goods	41.14	47.79	6.52	41.27	7.53
文化、体育用品及器材	Goods and Appliancea of Cultural and Sports	54.91	57.15	2.48	54.67	6.83
医药及医疗器材专门零售业	Medicines and Medical Appliances	127.63	142.17	29.78	112.39	13.39
#药品零售业	#Medicines	124.44	138.06	29.60	108.46	13.22
汽车、摩托车、燃料及零配件	Motor Vehicles,Motorcycles and Parts,Fuels	865.96	1346.31	165.99	1180.32	58.09
#汽车零售业	#Motor Vehicles	568.21	614.08	46.06	568.02	51.52
机动车燃料零售业	Retail of Motor Vehicles Fules	283.86	716.95	119.07	597.89	5.20
家用电器及电子产品	Electronic Household Appliances and Products	116.80	133.69	16.06	117.63	8.38
五金、家具及室内装修材料	Hardware,Furniture and Fittering Material	32.26	36.23	2.02	34.21	2.80
无店铺及其他零售业	Others	64.67	81.52	7.36	74.17	2.45

14-8 限额以上批发和零售业企业财务状况（2011年）
Financial Affairs of above Designated Size in Wholesale and Retail Trade Enterprises (2011)

单位：万元 (10000 yuan)

项 目	Item	合 计 Total	内资企业 Domestic Funded Enterprises	国有企业 State-owned Enterprises	集体企业 Collective Owned Enterprises	股份合作企业 Cooperative Enterprises
企业数(个)	number of enterprises	**2792**	2742	227	44	32
流动资产合计	Total Circulating Funds	**12821405**	12394530	2354272	37031	53819
#存货	#Inventories	**3371148**	3242709	728609	11136	10852
固定资产原价	Original Value of Fixed Assets	**3937079**	3724813	923630	20299	74552
累计折旧	Total Depreciation	**1137578**	1059141	327321	4768	3877
#本年折旧	#Depreciation This Year	**231844**	206018	44414	809	809
资产总计	Total Assets	**19314897**	18514138	3447438	63396	139058
负债合计	Total Liabilities	**12055867**	11621170	1166755	39985	106349
所有者权益合计	Total Creditors Equity	**7259031**	6892968	2280684	23411	32709
实收资本	Capitals Hold	**6858088**	6568272	556762	17400	20946
国家资本	State Capital	**1658361**	1637841	481665		
集体资本	Collective Capital	**193548**	72451	58	14930	4815
法人资本	Legal Person Capital	**3928408**	3909464	73127	2036	8514
个人资本	Individual Capital	**935660**	933851	1913	433	7616
港澳台资本	Hongkong, Macao and Taiwan	**64972**	11174			
外商资本	Foreign Capital	**77139**	3491			
主营业务收入	Net Sales Revenue	**47400154**	46078163	8803511	222090	937625
主营业务成本	Cost of Sales	**42099949**	40993314	7164336	190629	886475
主营业务税金及附加	Taxes and other charges on principal Business	**491591**	486212	293534	3244	1795
其他业务利润	Other Business Profits	**194267**	154692	17224	767	341
营业费用	Operating Expenses	**1928178**	1794416	271738	9712	14440
管理费用	Overhead Expenses	**1311133**	1263283	416844	9085	4858
税金	Taxes	**52715**	50777	10420	769	87
财务费用	Financial Expenses	**218632**	214891	3589	716	964
利息支出	Expenses for Interest	**129309**	125086	9734	200	571
营业利润	Operating Profits	**1587239**	1521482	670213	9472	29434
利润总额	Total Profits	**1360996**	1307200	674689	2906	6260
应交所得税	Income Tax	**291363**	284215	178393	264	212
本年应付工资总额	Total Wages Payable this Year	**820848**	766662	198707	5328	4456
本年应交增值税额	Value-added Tax Payable	**896248**	868601	281673	3591	43758
资产减值损失	Asset impairment loss	**10029**	9555	2026		12
公允价值变动收益	Changes in fair value gains	**-10711**	-10711	-13		
土地和固定资产支出	Land and fixed assets expenditure	**380408**	361776	85332	75	305
土地购置	Acquisition of land	**161470**	161470	20400		
房屋和建筑物	Housing and buildings	**133272**	116203	35851	75	
机器设备	Machinery equipment	**26799**	26095	11169		290
运输工具	Means of transport	**19163**	19146	4503		15

续表 continued

单位：万元 (10000 yuan)

联营企业 Joint Ownership Enterprises	有限公司 Limited Liability Corporation	股份公司 Share-holding Corporation Ltd.	私营企业 Private Enterprises	其他企业 Other Enterprises	港、澳、台商投资企业 Enterprises with Funds From HongKong, Macao and Taiwan	外商投资 Foreign Investment	批发业 Wholesale Trade	农畜产品 Farming Products and Animal Products	食品饮料烟草 Foods, Beverages, and Tobaccos	纺织服装日用品 Textiles, Garments, and Daily Consumer Goods	文体用品器材批发 Cultural and Sports Goods
6	507	146	1695	85	27	23	844	59	97	35	23
132161	3805992	1776165	3920725	314365	177428	249447	7493292	341713	2293972	177153	263699
26941	806784	513590	1088653	56144	71946	56493	1968457	126627	632652	57908	53381
25539	759295	1104301	748813	68385	96749	115517	1437384	86182	690414	18915	16592
9679	217243	290573	192634	13046	21128	57310	443305	29139	258885	5743	8291
1082	48649	52103	54350	3801	6116	19710	75258	8759	33539	1761	1426
157959	5277545	3854185	5135342	439215	449267	351492	10015531	464244	3070756	213195	434896
127174	3949965	2138913	3807075	284955	217323	217374	6127175	285456	1091806	124128	227145
30785	1327580	1715272	1328267	154261	231944	134118	3888356	178787	1978950	89067	207751
6353	833212	1036278	4009669	87653	205261	84555	1562681	86093	218259	46097	178736
5279	274543	854856	8917	12581	19920	600	709056	39348	117876	5346	165177
263	17581	28405	2599	3800	120397	700	15433	1082	3322	665	
10	372520	56655	3359552	37050	10105	8839	441587	15677	67463	18273	5105
802	164268	95008	635595	28216	1609	200	389238	29581	28999	21813	8453
	3800	1354	15	6005	53230	568	875	5	20		
	500		2991			73648	6492	400	579		
332234	11856183	9942888	13120475	863158	631091	690900	25632476	739253	6635259	499668	397434
307055	10873806	9266617	11536024	768373	522973	583662	22892218	640691	5083597	410389	356806
624	36184	27105	117838	5888	2280	3098	344500	7383	277541	1515	954
1289	59419	37627	35245	2778	4794	34781	28497	2031	8299	820	118
11903	518793	300989	626982	39860	68436	65325	714362	28632	263993	35130	14403
5961	253047	183342	362308	27838	18023	29827	670815	28962	379190	16676	15590
16	9185	7135	22428	737	1060	878	26253	796	8022	473	196
4476	50800	35137	113380	5829	3886	-145	108609	13316	5639	2861	-2142
	37842	27834	44286	4618	3489	734	77197	3882	13396	1161	324
3504	194300	189419	402933	22208	21415	44342	936954	24109	636265	33662	10937
3264	180860	164321	255694	19206	18893	34903	881669	10210	669020	27844	9220
736	34025	37565	30032	2989	1817	5331	204326	635	174392	3248	67
1341	212789	131533	197424	15084	28058	26128	338063	10116	181336	14745	10410
4315	158505	124003	239563	13194	11863	15783	519308	6476	253140	13695	6529
	4423	2484	627	-17	325	148	6683	37	1167	344	1271
	-10811	255	-140	-2			-10680	-10	-10811		
22	69821	156473	44018	5731	18609	23	217378	1744	64125	2065	246
1	5316	123699	9023	3033			117509	261	10285		
6	49588	8983	19994	1707	17069		69244	1010	39460	1219	
1	5790	1947	6550	348	704	1	14112	388	3426	311	93
	6294	1442	6321	572		17	7320	81	5205	305	11

14-8 续表 1 continued

单位：万元 (10000 yuan)

项 目	Item						零售业	
		医药医疗器材批发 Medicines and medical Appliances	矿产品建材及化工产品 Mineral Products, Building and Chemical Materials	机械五金交电及电子批发 Hardware, Transport and Electric	贸易经纪与代理 Trade brokers and agents	其他批发 Other wholesale Trade	Retail Trade	综合零售 General Retail Trade
企业数(个)	number of enterprises	101	320	131	5	73	1948	412
流动资产合计	Total Circulating Funds	818358	2631873	814596	9225	142704	5328113	1908383
#存货	#Inventories	220689	627056	221714	596	27835	1402691	406713
固定资产原价	Original Value of Fixed Assets	67345	469289	51489	2057	35100	2499695	1051057
累计折旧	Total Depreciation	19924	100079	15073	448	5723	694273	302032
#本年折旧	#Depreciation This Year	4761	20458	3299	70	1187	156586	75844
资产总计	Total Assets	990794	3730636	915734	10967	184310	9299367	3268117
负债合计	Total Liabilities	774147	2687334	805720	8299	123142	5928692	2315364
所有者权益合计	Total Creditors Equity	216647	1043302	110014	2668	61168	3370675	952752
实收资本	Capitals Hold	139358	762686	93442	1042	36968	5295408	451680
国家资本	State Capital	7352	356276	14628	191	2861	949306	47880
集体资本	Collective Capital	879	6767	2417		303	178115	36231
法人资本	Legal Person Capital	61617	223218	42167	300	7766	3486821	123303
个人资本	Individual Capital	69510	170535	34230	551	25566	546422	130849
港澳台资本	Hongkong, Macao and Taiwan		378			472	64097	44397
外商资本	Foreign Capital		5512	0			70647	69019
主营业务收入	Net Sales Revenue	2024322	12638811	2014388	41365	641975	21767679	4819876
主营业务成本	Cost of Sales	1888685	12081081	1837781	36071	557117	19207731	4033838
主营业务税金及附加	Taxes and other charges on principal Business	5725	37396	5370	396	8222	147091	44545
其他业务利润	Other Business Profits	7922	5835	3126		345	165770	116597
营业费用	Operating Expenses	57960	193401	86369	1603	32872	1213816	407605
管理费用	Overhead Expenses	34601	129160	44416	659	21561	640318	231732
税金	Taxes	2028	9113	3384	28	2212	26461	9989
财务费用	Financial Expenses	5859	76557	3378	877	2265	110023	27516
利息支出	Expenses for Interest	5046	49987	2874	49	478	52111	17500
营业利润	Operating Profits	39455	129813	40665	1761	20287	650285	220968
利润总额	Total Profits	26457	87045	34219	1223	16431	479327	176949
应交所得税	Income Tax	2924	15869	4778		2413	87038	38587
本年应付工资总额	Total Wages Payable this Year	27401	60476	27547	185	5847	482785	180998
本年应交增值税额	Value-added Tax Payable	25295	158474	29109	1413	25178	376940	113002
资产减值损失	Asset impairment loss	578	3386	-101		1	3346	2808
公允价值变动收益	Changes in fair value gains		133	9			-31	-42
土地和固定资产支出	Land and fixed assets expenditure	8046	124339	16672	1	141	163030	22583
土地购置	Acquisition of land	2176	99704	5084			43961	172
房屋和建筑物	Housing and buildings	3887	14719	8883		66	64028	18770
机器设备	Machinery equipment	763	7296	1828		7	12687	2304
运输工具	Means of transport	361	868	421		68	11843	145

14-8 续表 2 continued

单位：万元 (10000 yuan)

百货商店 Consumer Goods Shoping	超级市场 Super Markets	食品饮料烟草 Foods, Beverages, and Tobaccos	纺织服装日用品 Textiles, Garments, and Daily Consumer Goods	文体用品器材 Cultural and Sports Goods	医药医疗器材 Medicines and medical Appliances	汽车摩托及燃料 Motor Vehicles, Motorcycles and Fuels	家用电器及电子产品 Electronic Household Appliance, Electronic Products	五金家具室内装修 Hardware Furniture and Fittering Material	无店铺及其他零售 And other non-store retail
90	296	85	81	138	113	635	300	100	84
1183327	696700	132800	111570	167444	545318	2030986	228645	75226	127742
180053	221354	36933	49196	43672	101300	654575	74752	14253	21298
592499	429232	50748	47522	78424	58819	1047407	73961	45804	45954
162975	131807	7398	7073	28175	16130	296558	14863	6964	15080
34322	40783	1393	2172	4286	3805	60886	3436	1542	3222
1997759	1209469	219428	198848	284245	668488	3869817	469244	124967	196214
1472319	793261	120022	104955	114473	506612	2402710	208980	71903	83673
525440	416208	99406	93893	169772	161876	1467107	260263	53065	112541
248560	190766	3058326	77611	145654	99317	1113319	220744	41867	86890
34813	11237	17650	1341	115570	4825	751533	674	2717	7116
4139	29769	5871	2916	1372	295	6744	121111	200	3376
71783	50727	3013508	39020	19720	46429	154187	36227	11612	42816
54792	68701	21297	31788	8993	34606	199818	61933	25976	31162
35880	8517		2546		13085	1037	800	1213	1020
47154	21815				78			150	1400
2172438	2548838	399229	418878	523822	1269502	12037740	1223915	319357	755361
1780487	2170318	333480	333991	387064	1069599	11139537	1062292	253765	594164
23053	20481	6367	5933	5446	9359	40566	9299	6593	18983
29741	85312	1232	4017	1924	5244	14289	18215	3280	972
151009	250798	24543	47482	44854	100302	403132	86879	28731	70289
130056	96207	18919	17617	50318	41610	199212	33795	15553	31562
5017	4688	736	964	1449	1120	7575	2286	1173	1169
14712	11501	4216	2181	2127	7914	51552	7100	2171	5245
12695	4672	1925	1153	427	4464	24169	1327	515	632
119660	97834	14465	16220	36067	46947	221006	42666	15724	36223
102556	71824	10905	6992	28920	35967	151797	26527	11083	30188
29823	8445	1609	418	1377	5634	34130	2680	1227	1377
86897	90900	10417	19450	22681	37460	154611	28131	7227	21812
56797	54995	5653	7123	9856	23697	170551	22311	5466	19282
698	2084	32	-308	96	470	126	156	100	-133
	-32		-5	0	5	1	10		
18518	3827	753	49	251	10331	127185	288	11	1578
172						43789			
17388	1382	94		22	6565	37271	10		1296
324	1742	269	9	33	2850	7072	83	2	67
74	71	116	23	148	145	10902	147	9	207

14-9 限额以上批发零售企业商品分类零售额（2011）
Business Statistics of Commodity Exchange Markets

单位：万元 (10000 yuan)

指标	Item	2011	比上年增长 Increase over 2010（%）
合　计	Total	26641749	32.3
按商品耐用性分	According to product durability points		
耐用品类	Durable goods	10158703	28.1
非耐用品类	Non Durable goods	16483046	35.0
按商品用途分	According to the use of goods branch		
吃类商品	Commodities goods	3284840	31.4
穿类商品	Dress goods	2576865	30.4
用类商品	Class goods	14212752	28.8
烧类商品	Burning goods	6567293	42.0
按商品类别分	According to the category of commodities		
基本生活类	Basic life	6619255	31.1
#粮油食品类	Grain and oil food	2172919	31.6
烟酒类	Tobacco and liquor	700842	32.0
居住类	Type of residence	1127672	35.8
其中：建筑材料类	Building materials	519499	40.2
燃料类	Fuel type	6567293	42.0
#石油类	Petroleum oil	6171004	42.9
交通电器设备类	Traffic electrical equipment	8338056	27.0
#汽车类	Class car	5935578	26.0
家用电器类	Household electric appliances	1958156	31.2
文化娱乐体育健康类	Cultural and recreational sports and health class	2628176	31.4
#中西药类	Drug category	1439960	35.2
其他类	Other categories	1361298	27.7
#金银珠宝类	Gold and silver jewelry	422431	42.0
化妆品类	Cosmetics	310605	23.3
按商品需要性分	According to the need of goods		
必需品类	Staples	4438679	31.3
非必需品类	Non Staples	22203070	32.5
按生活生产资料性分	According to the life of the means of production branch		
生活资料类	Life class	542487	21.9
生产资料类	Production class	26099262	32.5
按消费速度分	According to the consumption rate		
快速消费品类	Fast moving consumer goods	5792954	31.9
非快速消费品类	Non Fast moving consumer goods	20848795	32.4

14－10 限额以上住宿和餐饮企业财务状况(2011年)

Financial Conditions of Hotels and Catering Services Enterprises above Designated Size (2011)

单位：万元 (10000 yuan)

项 目	Item	合 计 Total	内资企业 Domestic Funded Enterprise	国有企业 State-owned Enterprises	集体企业 Collective-Owned Enterprises	股份合作企 业 Coopera-tive Enterprises
企业数(个)	number of enterprises	**1091**	1048	114	17	18
流动资产合计	Total Circulating Funds	**1004383**	916279	88105	22832	11879
#存货	#Inventories	**78253**	69494	7449	604	1577
固定资产原价	Original Value of Fixed Assets	**2419962**	2177137	439879	32103	107417
累计折旧	Total Depreciation	**771167**	694106	150679	18042	23538
#本年折旧	#Depreciation This Year	**141885**	130847	27966	1742	4816
资产总计	Total Assets	**3525964**	3194511	499064	44068	109623
负债合计	Total Liabilities	**2310772**	2106314	295102	28925	88106
所有者权益合计	Total Creditors Equity	**1215192**	1088197	203963	15143	21517
实收资本	Capitals Hold	**1093129**	992623	227453	11858	49684
国家资本	State Capital	**332735**	326590	191303		16623
集体资本	Collective Capital	**39112**	38912	1052	9791	8166
法人资本	Legal Person Capital	**332057**	321296	33573	2067	23800
个人资本	Individual Capital	**307089**	297635	451		1095
港澳台资本	Hongkong, Macao and Taiwan	**61430**	2002			
外商资本	Foreign Capital	**20706**	6188	1075		
主营业务收入	Net Sales Revenue	**2044769**	1809612	210626	27615	43620
主营业务成本	Cost of Sales	**956175**	855036	100427	12020	16419
主营业务税金及附加	Taxes and other charges on principal Business	**101582**	88689	8563	1308	2391
其他业务利润	Other Business Profits	**18280**	17751	1426	86	497
营业费用	Operating Expenses	**439090**	367443	44018	5356	10116
管理费用	Overhead Expenses	**387550**	354495	53038	6716	12441
税金	Taxes	**16535**	15387	1793	134	655
财务费用	Financial Expenses	**87617**	81755	11200	539	3806
利息支出	Expenses for Interest	**52128**	49649	3837	384	3228
营业利润	Operating Profits	**92222**	81048	-3968	1763	-967
利润总额	Total Profits	**10239**	1980	-4657	1146	-3046
应交所得税	Income Tax	**21976**	18401	909	376	160
本年应付工资总额	Total Wages Payable this Year	**319260**	282504	40710	3019	7662
资产减值损失	Asset impairment loss	**1972**	1884	77		177
公允价值变动收益	Changes in fair value gains	**1975**	1896	625		136
土地和固定资产支出	Land and fixed assets expenditure	**87258**	84077	3534	11	2956
土地购置	Acquisition of Land	**4227**	4225			207
房屋和建筑物	Housing and buildings	**26422**	25680	374		2421
机器设备	Machinery equipment	**15929**	13512	2902	11	218
运输工具	Means of transport	**421**	421	75		52

续表 continued

单位：万元 (10000 yuan)

Other residential services						
联营企业 Joint Ownership Enterprises	有限公司 Limitied Liability Corporation	股份公司 Share holding Corporation Ltd.	私营企业 Private Enterprises	其他企业 Other Enterprises	港澳台 Enterprises With Investment from HongKong Macao and Taiwan	外商投资 Foreign Investment
5	203	52	587	52	29	14
2741	298223	175021	297230	20248	72052	16052
25	23702	5199	28613	2324	4096	4663
1725	733509	219478	601081	41945	179496	63329
946	228432	91018	169417	12034	58700	18361
168	40152	12275	41233	2496	7421	3617
6613	995487	502942	964962	71752	249483	81971
2421	756343	292770	587529	55120	154889	49568
4193	239144	210172	377433	16633	94593	32402
2310	252545	139619	288884	20269	82238	18268
	37249	81396	20		6145	
243	15487	1594	2081	500	200	
288	136576	35277	82749	6966	10166	595
1780	57021	21352	203133	12803	9254	200
	1100		902		55873	3555
	5113				600	13918
5347	516225	153969	786632	65578	88405	146753
2503	207733	67360	413404	35170	32421	68719
178	27893	8114	37212	3031	4720	8174
	7531	1025	6438	748	217	311
984	124262	22310	150028	10369	28802	42845
450	119794	28861	120525	12669	19976	13079
154	4534	1730	5714	675	596	552
57	30276	12551	22294	1033	4875	987
45	18375	10295	13186	300	2421	57
1176	9712	18388	50829	4114	-2125	13299
1119	-8129	7925	6029	1594	-4311	12569
130	1986	2962	11705	173	402	3173
593	84791	21387	115266	9077	16608	20148
	233	567	799	31	53	35
	80	38	959	57	57	23
	8805	52223	15846	701	3144	37
	3152		265	600	3	
	4078	13018	5749	39	741	
	1254	2174	6947	7	2384	34
	111	73	110			

14-10 续表 1 continued

单位：万元 (10000 yuan)

住宿业 Hotels	旅游饭店 Tourist Hotel	一般旅馆 General Hotel	其他住宿服务 Other residential services	餐饮业 Catering Services	正餐 Dinner	快餐 Snack	饮料冷饮 Beverage and Cold Drinks	其他餐饮 Others
637	437	170	30	454	429	14	2	9
766828	716131	44237	6460	237555	217087	14438	119	5911
47848	41707	5631	510	30405	25403	4832	116	55
2027435	1871012	142310	14113	392527	351767	34791	128	5841
672174	627373	40501	4300	98993	87288	10696	55	954
118136	107893	9512	731	23749	21869	1739		141
2819206	2606031	190063	23112	706759	635350	58349	288	12772
1908726	1787785	105176	15765	402047	362720	34873	238	4216
910480	818246	84887	7347	304712	272630	23476	50	8556
859108	783459	69563	6087	234020	220118	7542	50	6310
315631	310577	4995	59	17104	16907			197
35133	33770	1164	200	3979	2914			1065
247164	230594	14302	2268	84892	82688	158	0	2046
187037	136578	46979	3480	120052	114367	2853	50	2782
58975	56852	2123		2456	1236	1000		220
15168	15088		80	5538	2007	3531		
1234952	1028173	184492	22288	809817	649057	145979	637	14144
495054	386329	96023	12703	461121	380539	71203	193	9186
64077	54410	8824	843	37505	29165	7781	45	514
10748	8859	1357	532	7532	7282	58		192
277209	236175	37418	3616	161881	118114	42933	336	499
301168	273817	23749	3602	86382	75802	9929	6	645
12817	11145	1510	163	3718	3496	215	1	6
72289	67986	3850	454	15328	13876	1009	2	441
46203	44344	1542	318	5924	5757	139		28
36634	18545	16461	1628	55588	39261	13204	54	3070
-3441	-7752	4152	158	13680	776	12336	40	528
12188	10020	2150	17	9789	6606	3179		3
211000	181508	25600	3891	108260	86865	18907	196	2292
1588	1195	392	1	384	303	35		45
1607	1162	442	3	369	318	23		28
36415	36185	226	4	50843	50768	75		
3362	3362			865	865			
15145	15025	120		11276	11276			
14520	14469	51		1410	1356	53		
195	185	10		226	204	22		

14−11 限额以上住宿和餐饮企业经营情况（2011年）

Business Statistics of Hotels and Catering Services Enterprises above Designated Size (2011)

单位：万元 (10000 yuan)

指标	Item	营业总收入 Total Operating Revenue		商品零售额 Retail Trade	
		2010	2011	2010	2011
总 计	**Total**	**2373577**	**2125854**	**1632938**	**1351479**
住宿业	**Hotels Trade**	**1156792**	**1274594**	**524107**	**596809**
按登记注册类型分组	By Status of Registration				
内资企业	Domestic Funded Enterprises	982328	1186565	459701	561013
国有企业	State-owned Enterprises	194425	199843	94504	102850
集体企业	Collective-owned Enterprises	26381	27065	15076	14252
股份合作企业	Cooperative Enterprises	26039	35098	10668	14602
联营企业	Joint Ownership Enterprises	2572	3612	1094	1474
有限责任公司	Limited Liability Corporations	250022	374531	125062	187565
股份有限公司	Share-holding Corporations Ltd.	117405	128502	55687	62774
私营企业	Private Enterprises	347304	382786	151322	165456
其他企业	Other Enterprises	18179	35128	6288	12039
港澳台商投资企业	Enterprises with Funds From Hong Kong,Macao and Taiwan	65328	77450	28661	32117
外商投资企业	Enterprises with Foreign Investment	15274	10579	5666	3679
按国民经济行业分组	By Sector				
旅游饭店	Restaurant for Tourism	915049	1050762	430940	504273
一般宾馆	Ordinary Hotels	219804	200348	85882	81986
其他住宿服务	Others	21939	23485	7285	10551
餐饮业	**Catering Trade**	**1216785**	**851260**	**1108832**	**754670**
按登记注册类型分组	By Status of Registration				
内资企业	Domestic Funded Enterprises	610034	694072	527553	598635
国有企业	State-owned Enterprises	13621	16858	8619	9327
集体企业	Collective-owned Enterprises	774	1386	533	1096
股份合作企业	Cooperative Enterprises	8214	9463	7769	9214
联营企业	Joint Ownership Enterprises	4889	1729	4889	1729
有限责任公司	Limited Liability Corporations	107866	155367	100630	135913
股份有限公司	Share-holding Corporations Ltd.	19471	28485	13933	20424
私营企业	Private Enterprises	426264	447576	365558	394190
其他企业	Other Enterprises	28934	33208	25621	26741
港澳台商投资企业	Enterprises with Funds From Hong Kong,Macao and Taiwan	14198	14013	11901	13173
外商投资企业	Enterprises with Foreign Investment	112717	143175	112441	142862
按国民经济行业分组	By Sector				
正餐	Dinner	1027979	684219	922254	588371
快餐	Snack	115937	152272	115293	152028
饮料及冷饮	Beverage and Cold Drinks	56112	459	56077	459
其他餐饮	Others	16756	14311	15208	13812

14－12　限额以上贸易、餐饮企业增加值
Added Value of above Designated Size in Trade and Catering Enterprises

单位：万元 (10000 yuan)

项 目	Item	2000	2005	2010	2011
批发零售贸易业	**Wholesales and Retail Trade**				
增加值总计	Total Value-added	301524	984400	14346800	16623400
本年提取固定资产折旧	Depreciation this Year	42315	91153	225062	231844
本年应付工资总额	Total Wages Payable this Year	116876	212090	684571	820848
本年应付福利费总额	Welfare Expenses Payable this Year	16175	29043	81003	
劳动失业保险费	Premiums of Labor Insurance	21813	34584	25494	
主营业务税金及附加	Taxes and other charges on principal Business	11327	34810	407331	491591
利润总额	Total Profits	22576	318116	1251880	1360996
管理费用中税金	Taxes in Overhead Expenses	7610	19036	65419	52715
住宿餐饮业	**Hotel and Catering Trade**				
增加值总计	Total Value-added	12392	249312	3549100	4068700
本年提取固定资产折旧	Depreciation this Year	2347	77091	129018	141885
本年应付工资总额	Total Wages Payable this Year	9371	156648	264651	319260
本年应付福利费总额	Welfare Expenses Payable this Year	784	22608	24392	
劳动失业保险费	Premiums of Labor Insurance	579	2751	7142	
主营业务税金及附加	Taxes and other charges on principal Business	2968	32076	84278	101582
利润总额	Total Profits	-3011	-37906	72759	10239
管理费用中税金额	Taxes in Overhead Expenses	132	5174	21236	16535

注：2000年住宿餐饮业中不包括住宿业。

Figures on hotel and catering trade did not include the part of hotels in 2000 .

14-13 批发和零售业、住宿和餐饮业连锁经营情况（2011年）
Business of chain stores above Designated Size of Whloesale and Retail Trade and Catering Services (2011)

项 目	Item	合计 Total	直营店 Under Direct Management	加盟店 Through License Arrangement
门店总数(个)	Number of Stores (unit)	5743	3362	2381
从业人数(人)	Employed Persons (person)	72848	68845	4003
商品购进总额(万元)	Total Purchases (10 000 yuan)	7091193.9	7010126.9	81067.0
#统一配送商品购进额(万元)	#by Centyalized Purchased and Delivery (10 000 yuan)	6104688.1	6027160.4	77527.7
零售营业面积(万平方米)	Operational Area of Retail (10 000 sq.m)	486.0	474.4	11.6
商品销售额(万元)	Sales of Goods (10 000 yuan)	8161031.8	8072356.7	88675.1
餐饮营业面积(万平方米)	Operational Area of Catering (10 000 sq.m)	10.5	10.0	0.5
客房数(间)	Number of rooms (unit)			
床位数（）	The number of beds (unit)			
餐位数(个)	Number of Seats (unit)	31700	30310	1390
营业收入(万元)	Total Sales (10 000 yuan)	158720.1	155231.2	3488.9
餐费收入和商品销售额(万元)	Revenue of Catering and total Sales (10 000 yuan)	158198.3	154709.4	3488.9

14-14 社会物流总额及物流费用
Total social logistics and logistics cost

单位：亿元 (100 million yuan)

指 标	Item	2006	2007	2008	2009	2010	2011
社会物流总额	Total social logistics	13567	17189	22626	24566	32640	40965
#农产品	Agicultural Laborer	1549	1882	2377	2448	2662	3441
工业品	Industrial Products	7292	9568	12638	14517	20675	27181
进口货物	Imported goods	180	238	289	318	456	588
再生资源	Renewable resources	8	9	10	11	33	43
单位与居民物品	Units and residents' supplies	98	112	127	144	165	183
区域外产品	Regional product	4440	5379	7186	7129	8649	9528
物流费用	Logistics cost	1414	1737	2081	2415	2919	3625
#运输费用	Transport costs	792	963	1102	1376	1767	2124
保管费用	Storage cost	445	557	719	737	787	1090
管理费用	Management cost	177	217	260	302	365	411

主要统计指标解释

社会消费品零售总额 指企业（单位）通过交易售给个人、社会集团非生产、非经营用的实物商品金额，以及提供餐饮服务所取得的收入金额。

社会消费品零售总额包括：售给城乡居民作为生活消费用的商品金额和修建房屋用的建筑材料，以及售给来华的外国人、华侨、港澳台同胞的消费品金额。

不包括：城市居民间或居民委托信托商店卖出的商品；

售给农业、工业、建筑业等行业用于生产的商品。

批发零售业商品购、销、存总额 指各种登记注册类型的批发、零售业企业(单位)以本企业(单位)为总体的，从国内、国外市场购进的商品总量，销售和出口的商品总量、库存商品总量等情况。该指标可以反映商品流转过程中商品的购进、销售、库存之间的比例关系和存在的问题。

商品购进总额 指从本企业(单位)以外的单位和个人购进(包括从境外直接进口)作为转卖或加工后转卖的商品总额。它反映批发零售贸易业从国内、国外市场上购进商品的总量。商品购进总额包括：(1)从工农业生产者购进的商品；(2)从出版社、报社的出版发行部门购进的图书、杂志和报纸；(3)从各种登记注册类型的批发零售贸易企业(单位)购进的商品；(4)从其他单位购进的商品，如从机关、团体、企业等单位购进的剩余物资，从餐饮业、服务业购进的商品，从海关、市场管理部门购进的缉私和没收的商品，从居民手中收购的废旧商品等；(5)从国(境)外直接进口的商品。不包括企业(单位)为自身经营用和未通过买卖行为而收入的商品以及销售退回、商品升溢等。

商品销售总额 指对本企业(单位)以外的单位和个人出售(包括对境外直接出口)的商品总额。它反映批发零售贸易业在国内市场上销售商品以及出口商品的总量。商品销售总额包括：(1)售给城乡居民和社会集团消费用的商品；(2)售给工业、农业、建筑业、运输邮电业、批发零售贸易业、餐饮业、服务业等作为生产、经营使用的商品；(3)售给批发零售贸易业作为转卖或加工后转卖的商品；(4)对国(境)外直接出口的商品。不包括出售本企业(单位)自用的废旧包装用品、未通过买卖行为付出的商品、经本单位介绍，由买卖双方直接结算，本单位只收取手续费的业务、购货退出的商品以及商品损耗和损失等。

批发零售业库存 指报告期末各种登记注册类型的批发零售贸易企业(单位)已取得所有权的商品。它反映批发零售贸易企业(单位)的商品库存情况和对市场商品供应的保证程度。期末库存包括：(1)存放在批发零售贸易业经营单位(如门市部、批发站、经营处)仓库、货场、货柜和货架中的商品；(2)挑选、整理、包装中的商品；(3)已记入购进而尚未运到本单位的商品，即发货单或银行承兑凭证已到而货未到的部分；(4)寄放他处的商品，如因购货方拒绝承付而暂时存放在购货方的商品和已办完加工成品收回手续而未提回的商品；(5)委托其他单位代销(未作销售或调出)尚未售出的商品；(6)代其他单位购进尚未交付的商品。不包括所有权不属于本单位的商品、拨付除批发零售贸易业以外的其他行业所属独立核算加工厂等加工生产尚未收回成品的商品、代国家物资储备部门保管的商品等。

库存总额采用的计算价格是：农副产品采购单位按购进价计算；批发单位按进货价计算；零售单位按核算价格计算，即按什么价格核算就按什么价格计算。

住宿餐饮业营业额 指住宿和餐饮业法人企业、产业活动单位在经营活动中因提供服务或销售商品等取得的收入，包括客房收入、餐费收入、商品销售收入和其他收入。客房收入指住宿和餐饮业法人企业、产业活动单位在经营活动中因提供住宿服务取得的客房收入。餐费收入指住宿和餐饮业法人企业、产业活动单位因为顾客提供就餐服务取得的收入，包括经烹饪、调制加工后出售的各种食品，如主食、炒菜、凉拌菜等的收入。商品销售收入指住宿和餐饮业法人企业、产业活动单位伴随服务而出售商品所取得的收入。其他收入指营业收入中除客房收入、餐费收入、商品销售收入以外的其他收入，包括娱乐、健身和商务服务等。

亿元商品交易市场成交额 指年成交额达到亿元以上，经工商部门批准、专门从事商品批发、零售业务活动的市场。其市场所有摊位成交总额称为商品交易市场成交额。

连锁企业（或称连锁店、连锁公司） 指在核心企业或总店的领导下，由分散的、经营同类商品或服务的企业或活动单位，采取共同方针，实行集中采购和分散销售的有机结合，通过规范化经营，实现规模效益的经济联合组织形式。一般连锁店应由若干个分店组成。其经营特征：(1)经营同类商品；(2)使用统一商号；(3)统一采购配送，采购与销售相分离（部分商品可根据物流合理和保质保鲜原则，由供应商直接送货到门店，其余均由总部统一配送）。

连锁门店包括下列三种形式：

直营连锁：也叫正规连锁。连锁门店均由总部独资或控股开设，在总部的直接领导下统一经营。总部采取纵深似的管理方式，直接下令掌管所有的零售门店，零售门店也必须完全接受总部指挥。他是大型垄断商业资本通过吞并、兼并或独资、控股等途径，发展壮大自身实力和规模的一种形式。

特许连锁：各连锁门店（被特许人）通过合同形式，取得使用总部（特许人）商标、商号、经营技术和销售总部开发的商品的特许权，各加盟连锁门店为独立法人，在总部指导下统一经营。

自由连锁：也称自愿连锁。连锁公司的门店均为独立法人，各自的资产所有权关系不变，在公司总部的指导下共同经营。各成员店使用共同的店名，与总部订阅有关购、销、宣传等方面的合同，并按合同开展经营活动。在合同规定的范围之外，各成员店可以自由活动。根据自愿原则，各成员店可自由加入连锁体系，也可自由退出。

特许连锁加上自由连锁等于加盟连锁。

Explanatory Notes on Main Statistical Indicators

Total Retail Sales of Consumer Goods refers to the sales of physical commodity or the income of catering Services sold or provided by enterprises (units) to indiviedual s, Social organizations for non-Production and non-operation purposes.

The Retail Sales of Consumer Goods Includes commodities sold to urban and rural residents for their daily use, building material sold to them for the construction and repair of houses and consumer goods sold to foreigners, overseas Chinese and Chinese compatriots from Hong Kong, Macao and Taiwan.

The Retail Sales of Consumer Goods excludes commodities sold by trust shops commissioned by urban residents and sold among the urban residents. It also excludes commodities sold to agricultural, industrial, construction and other industries for the production.

Retail Sales of the Counties refers to the retail sales of consumer goods sold by various sectors which are set up at the urban districts of the counties and the retail sales of consumer goods sold by the units under the direct jurisdiction of county government distributed at independent industrial and mineral and forestry areas in rural districts.

Retail Sales Below the County Level refers to the retail sales of consumer goods sold by various sectors which are set up at the market towns or rural areas outside the urban districts of the counties and county level cities, but it excludes the retail sales of consumer goods sold by the units which are distributed at independent industrial and mineral and forestry areas in rural districts.

Retail Sales of Wholesale and Retail Trades refers to the retail sales of consumer goods sold to residents and social groups by wholesale and retail businesses, industrial activity units and self-employed from various economic types that specialize in business sales of goods.

Retail Sales of Hotels and Catering Services refers to the retail sales of consumer goods sold to residents and social groups as staple food, food, beverages and tobacco and other commodities by the external business hotels and catering enterprises, industrial units and self-employed activities that specialize in the provision of accommodation services, food cooking modulation,including the retail sales of the external business hotel, train dining car, ship restaurant, the airport restaurant of enterprises or units from various sectors,excluding the sales of no external business staff canteens of agencies, organizations, schools, enterprises and institutions.

The Retail Sales of Other Industries refers to the sales of the corporate enterprise, industrial activity units or self-employed which do not belong to the wholesale and retail, accommodation and catering industry, also engaged in retail activities of life consumer goods or providing accommodation services.

Purchase, Sales and Stock of Commodities by Wholesale and Retail Trades refers to the total volume of commodities purchased, total volume of sales and exports, and the stock of commodities by wholesale and retail enterprises (establishments) of different status of registration from domestic and overseas markets. This indictor reflects the relationship among purchase, sales and stock of commodities in the circulation of goods and reveals the existing problems.

Total Purchases of Commodities refer to the total value of purchases of commodities by the enterprises (establishments) from other establishments or individuals (including direct import from abroad) for the purpose of re selling, either with or without further processing of the commodities purchased. This indicator is used to show the total value of purchases of commodities by wholesale and retail establishments from domestic and overseas markets. The total purchases include: (1) agricultural and industrial products purchased from producers; (2) books, magazines and newspapers purchased from distribution departments of the publishers; (3) commodities purchased from wholesale and retail establishments of different status of registration; (4) commodities purchased from other units, such as surplus materials purchased from government agencies, enterprises or institutions, commodities purchased from catering and service establishments, confiscated goods purchased from customs authorities or market management agencies, second hand goods and wastes purchased from residents; and (5) commodities directly imported from abroad. Excluded are commodities purchased by enterprises (establishments) for use in their own business operation, commodities obtained without buying or selling procedures, rejected commodities, etc.

Total Sales of Commodities refer to value of commodities sold by the establishments to other establishments and individuals (including direct export). This indicator is used to show the total value of sales of commodities at domestic markets and export. The total sales include: (1) commodities sold to urban and rural residents and social groups for their consumption; (2) commodities sold to establishments in industry, agriculture, construction, transportation, post and telecommunications, wholesale and retail trades, catering trade and public utility for their production and operation; (3) commodities sold to wholesale and retail establishments for re selling, with or without further processing;and (4)commodities for direct export to other countries. Excluded are selling of waste packaging materials used by the establishments (units) themselves, commodities transferred without buying or selling procedures, commission income from brokerage in transactions whose settlement is directly handled by buyers and sellers, rejected commodities in the purchase, loss in commodities, etc.

Commodity Stock of Wholesale and Retail Enterprises refers to total commodities possessed by wholesale and retail enterprises (units) of various types of registration status at the end of the reference period, which reflects the commodity stock level of various wholesale and retail enterprises and the potential for market supply. It includes: (1) commodities located in storage, garages, counters, and shelves of operating units (such as sale stores, wholesale centers, and operating offices) of wholesale and retail enterprises; (2) commodities in the process of selecting, sorting, and packing; (3) commodities not arrived but recorded as purchase in the account, i.e. commodities not arrived but payment receipts for the commodities from the sellers or the banks arrived; (4) commodities deposited in other places rather than places mentioned above, for instance: commodities in the hold of purchasers temporarily due to the refusal of payment and commodities not taken back after going through the formalities; (5) commodities entrusted to other units to sell but not sold yet; (6) commodities purchased for other units but not delivered yet. Commodities not included as stock are those not owned by the enterprises (units), those allocated to financially independent factories rather than wholesale and retail enterprises for processing but not taken back yet, and finally those put in stock by wholesale and retail enterprises on behalf of the state material reserves units.

For the calculation of the value of commodities stock, the value is calculated at purchasing prices in agricultural goods purchasing units and wholesale units, and at the accounting prices in retail units.

Business Revenue of Hotels and Catering Services refer to revenue received from providing services or selling commodities by corporate enterprises and establishments engaged in hotel and catering services, including income from hotel rooms, from catering services, from selling of commodities and from other services. Income from hotel rooms refers to income of corporate enterprises and establishments by providing lodging services. Income from catering services refers to income of corporate enterprises and establishments by providing catering services, including selling of cooked or prepared foods such as stable food, cooked dishes or cold dishes. Income from selling of commodities refers to income of corporate enterprises and establishments by selling commodities that accompany the services they provide. Income from other activities refers to income received other than income from hotel rooms, catering services or selling of commodities, such as income from providing recreation, fitness or business services.

Volume of Transaction at Large Commodity Markets (with transaction value over 100 million yuan) refers to markets approved by the industrial and commercial administration departments, which specialize in wholesale and retail of commodities with an annual transaction of over 100 million yuan. The sum of sales of all sellers in the markets makes up the transaction value of the markets.

Chain Enterprises (also called chain stores or chain corporations) refer to a form of joint economic entities under which scattered enterprises or establishments engaged in providing homogeneous commodities or services, with the central leadership of core enterprise or headquarters and guided by common policies, conduct centralized purchase and distributed selling of commodities, in order to gain better efficiency through standardized operation. Consisting of a number of branch stores, the chain stores have in general following features: 1) homogeneous commodities, 2) unique name of stores, 3) centralized purchase and delivery which is separated from distributed selling operation (most commodities are delivered from the headquarters except some items which, from logistics, quality or freshness considerations, might be delivered by the suppliers directly).

Chain stores have 3 categories:

a) Chain stores under direct management: These are formal chain stores invested or controlled by the headquarters. They operate under the direct and unified management from the headquarters. Adopting a direct management approach, the headquarters give orders and control all retail stores, which follow completely the directives from the headquarters. Large monopolized commercial companies develop and expand their business through purchasing, merging, direct investment and controlling of shares.

b) Chain stores through special permit: Through contracts, chain stores (or their owners) obtain licenses from the headquarters to use designated trade marks, names, operation know how, and to sell the commodity developed by the headquarters. Under this arrangement, each store in the chain is an independent legal entity and operates under the guidance from the headquarters.

c) Chain stores through voluntary arrangement: Under this arrangement, all stores operate together under the guidance of the headquarters, while maintaining their status of independent legal entities with full ownership of their assets. They use the same store name, sign contracts with the headquarters concerning purchase, sale, publicity, etc. and operate under the contract. They are free to engage in other activities which are not bounded in the contract. They could join or leave the chain on voluntary basis.

Chain stores through special permit and those through voluntary arrangement make up chain stores through license arrangement.

15 教育和科技

Education, Science and Technology

资料整理人员：蔡冬娥　　阳小林　　肖首雄

15-1 教育基本情况
Basic Statistics for Education

年份 Year	专任教师数(人) Number of Full-time Teachers (person)				在校学生数（万人） Student Enrollment (10 000 persons)				每万人口在校大学生数(人)
	普通高等学校 Institutions of Higher Education	普通中等学校 Secondary Schools	普通中学 Regular Secondary Schools	小学 Primary Schools	普通高等学校 Institutions of Higher Education	普通中等学校 Secondary Schools	普通中学 Regular Secondary Schools	小学 Primary Schools	University & College Student Enrollment per 10 000 Population (person)
1949	500	1700	4400	92900	0.26	3.00	11.43	192.26	1.0
1950	600	600	3300	70300	0.26	0.90	5.00	116.88	1.0
1951	700	900	3500	90700	0.37	2.00	5.07	218.75	1.0
1952	800	1000	4700	96500	0.63	2.30	12.34	274.86	2.0
1953	900	1300	5800	102700	0.65	2.40	13.75	295.92	2.0
1954	1000	1400	6800	99200	0.79	2.20	15.48	276.40	2.0
1955	1200	1300	6900	100600	0.84	1.90	15.58	314.74	2.3
1956	1500	1500	7800	105600	1.18	2.20	20.28	383.65	3.4
1957	1800	1700	9100	110100	1.36	2.60	23.16	385.20	4.0
1958	2100	2900	16200	136700	2.24	7.90	47.22	525.71	6.0
1959	2600	3200	15400	142400	2.76	6.20	41.47	528.84	6.0
1960	4100	6200	20000	154000	3.94	12.70	54.73	573.35	11.0
1961	4600	4200	18800	142000	3.41	4.30	36.04	448.27	9.6
1962	4600	2200	18000	135300	2.91	2.20	30.30	376.09	8.0
1963	4400	2400	17900	135900	2.60	2.00	30.84	385.87	7.0
1964	3900	2600	18800	140400	2.09	1.90	36.83	494.80	5.5
1965	4000	2500	19800	142700	2.18	2.30	40.84	497.74	6.0
1966	3700	2800	22900	159300	1.92	3.10	49.99	550.61	5.0
1967	3700	2800	21500	161900	1.57	2.40	49.45	518.02	4.0
1968	3800	2600	28300	161900	1.10	1.40	54.54	476.93	3.0
1969	3700	1400	41700	176600	0.70	0.20	86.19	480.11	2.0
1970	4000	1200	56800	171100	0.43	0.80	123.58	516.91	1.0
1971	3600	1600	78500	186100	0.32	1.30	149.74	563.25	0.7
1972	4700	2000	81400	213600	1.03	1.60	171.72	650.79	2.0
1973	5200	2100	80100	236300	1.67	2.70	162.45	711.35	4.0
1974	5600	3000	79000	263600	2.18	3.50	165.86	809.73	4.5
1975	6000	3100	103600	274700	2.44	3.70	231.60	837.54	5.0
1976	6800	3400	151800	281600	2.55	3.20	320.47	842.69	5.0
1977	7300	3900	173500	280500	2.81	3.10	368.93	825.73	5.0
1978	8200	4200	166600	284800	3.57	3.50	346.44	829.32	7.0
1979	9200	5000	152800	293200	4.32	5.40	305.23	830.33	8.0

续表 continued

年份 Year	专任教师数(人) Number of Full-time Teachers (person)				在校学生数（万人） Student Enrollment (10 000 persons)				每万人口在校大学生数(人)
	普通高等学校 Institutions of Higher Education	普通中等学校 Secondary Schools	普通中学 Regular Secondary Schools	小学 Primary Schools	普通高等学校 Institutions of Higher Education	普通中等学校 Secondary Schools	普通中学 Regular Secondary Schools	小学 Primary Schools	University & College Student Enrollment per 10 000 Population (person)
1980	9800	5700	149100	303200	5.45	5.40	281.77	832.24	10.0
1981	8900	6000	139900	311500	5.47	4.50	251.95	830.48	10.0
1982	10000	6500	134600	308500	4.82	4.40	243.59	810.64	8.8
1983	10600	6900	130000	311800	5.15	5.00	233.14	798.48	9.0
1984	11200	6700	129700	311400	5.82	5.70	242.36	791.56	10.0
1985	12700	6700	136400	313400	7.13	6.70	248.15	773.44	13.0
1986	13500	7400	142600	308300	7.82	7.30	262.53	759.23	14.0
1987	14300	8300	150400	306700	8.34	7.70	267.17	738.43	14.0
1988	14500	8700	153600	308600	8.73	9.20	251.88	721.65	14.7
1989	14500	9100	159000	321700	8.90	10.20	249.62	705.82	15.0
1990	14400	9100	158100	306600	8.82	9.90	253.78	693.96	14.0
1991	14200	9100	163100	305700	8.86	9.90	257.03	687.63	14.0
1992	14300	9200	166200	300400	9.54	10.70	252.87	685.04	15.0
1993	14500	9500	168600	300300	11.10	12.90	250.45	697.32	17.7
1994	15000	9700	172000	298800	12.31	15.40	265.35	715.35	19.5
1995	15300	10600	179100	298000	13.04	18.60	285.41	736.65	20.0
1996	15700	11600	187100	298500	13.57	21.30	305.22	765.91	21.2
1997	15900	12300	194800	299500	14.37	23.70	323.24	787.13	22.0
1998	16500	12400	201800	304100	15.67	25.90	336.23	769.35	24.0
1999	17990	11934	212435	307404	19.40	27.30	356.00	721.40	30.0
2000	20317	10775	223693	306387	25.31	25.83	391.73	663.93	38.7
2001	23878	9036	236161	291574	33.13	24.09	425.59	601.26	50.2
2002	30557	8598	248245	276535	41.94	22.37	466.91	529.49	63.3
2003	33229	6377	259281	260704	53.72	22.65	488.78	468.69	80.6
2004	38345	5362	260897	248345	62.60	24.60	471.90	432.60	93.5
2005	45272	25962	261449	246112	74.24	70.56	429.11	419.83	110.3
2006	49470	28099	256047	247567	81.95	75.78	384.62	429.31	121.0
2007	54751	30628	251451	249994	89.05	83.10	354.31	444.84	130.9
2008	57651	30040	246257	250229	94.86	76.35	333.92	458.44	138.6
2009	58846	29514	243831	250365	101.38	80.87	320.78	469.15	146.9
2010	59557	28004	240494	250039	104.43	76.48	316.82	479.16	147.3
2011	61156	27977	268602	222630	106.79	77.88	317.72	490.32	161.9

注：2005年之后普通中等专业学校数为中等职业教育学校数据。

Prior to 2005 number of secondary vocation in shcools as number of regular specialized secondary schools.

15-2 各级学校单位数及教职工数
Number of Schools and School Staff

年 份 Year	普通高等学校 Regular Institution of Higher Education	中等职业教育学校 Secondary Vocationl Schools	职业中学 Vocational Secondary Schools	技工学校 Technical Schools	普通中学 Regular Secondary Schools	普通小学 Primary Schools	特殊教育学校 Special Education Schools	学前教育 Pre-school education
单位数(所)	**Number of Schools (unit)**							
1980	46	117	179	115	7411	53400		15295
2000	52	144	539	167	4505	34521	57	5473
2005	93	665	477	147	4560	17108	53	4359
2006	96	677	496	138	4394	15859	52	4528
2007	99	708	534	140	4257	14677	51	4751
2008	100	687	539	144	4129	13929	50	5516
2009	115	682	533	128	4032	13263	51	6453
2010	117	626	486	129	3933	12692	54	7829
2011	120	567		129	3904	10824	58	9488
教职工数(人)	**Number of Teachers and Staff (person)**							
1980	24462	13262	1242	6391	192400	321900		39900
2000	46642	21078	22375	10050	259989	324199	1203	39790
2005	80766	39753	26081	8955	305413	261560	1213	37864
2006	86031	43243	30020	8890	300958	263305	1245	42932
2007	90417	46733	33309	8669	294108	264623	1314	49181
2008	93303	45475	32686	9217	288168	265680	1338	58230
2009	94428	44459	32023	9394	285576	266878	1397	69731
2010	94871	41822	29926	10074	281722	266854	1531	88538
2011	95652	40070		11097	312162	235773	1656	107361

注：本表高等学校含3所部属院校，不含军事院校、分院校和大专班。

Regular institutions of higher education includes three institutions managed by the national ministry,excluding military institutions, branches and Specialized Subject class.

15-3 各级学校招生及毕业生数
New Student Enrollment and Graduates

单位：人 (person)

年 份 Year	普通高等学校 Regular Institution of Higher Education	中等职业教育学校 Secondary Vocationl Schools	职业中学 Vocational Secondary Schools	技工学校 Technical Schools	普通中学 Regular Secondary Schools	高中 Senior Secondary Schools	初中 Junior Secondary Schools	普通小学 Primary Schools	特殊教育学校 Special Education	学前教育 Pre-school education
招生数	**New Student Enrollment**									
1980	13004	20515	9267	16071	934300			1657300		
2000	101020	63625	93447	26683	1518734	260515	1258219	717496	2090	583324
2005	246520	317819	192156	60779	1325504	512714	812790	710905	1181	687422
2006	263799	314465	203364	59657	1216865	489621	727244	785684	1347	723322
2007	288712	336757	220657	56460	1171706	438131	733575	862812	2317	749784
2008	307575	280488	200876	61200	1111499	392351	719148	847528	2443	825608
2009	323592	348884	195299	60378	1076485	356521	719964	833027	2246	878680
2010	309776	302889	173050	59516	1104881	370508	734373	863796	2174	1001644
2011	310172	279918		51484	1104813	369889	734924	869704	1117	1035175
毕业生数										
1980	1306	21260	2469	6114	522900			1297800		
2000	42428	73076	68800	20479	1000980	145587	855393	1302004	1138	
2005	147642	187911	98870	37958	1591964	340207	1251757	815684	760	
2006	187456	215907	119210	39551	1540757	378477	1162280	716297	937	
2007	207604	256378	152676	42407	1357555	408711	948844	712920	1538	
2008	240027	269438	181021	43441	1204202	429998	774204	702820	1551	
2009	253795	273181	184098	47353	1108959	415666	693293	718528	1606	
2010	275285	282883	172902	44142	1059256	361786	697470	723227	1378	
2011	284178	225490		45149	1018307	325598	692709	730155	613	516842

注：2005年之前中等职业教育学校数据为普通中等专业学校数。

Prior to 2005 number of secondary vocational education in schools as number of regular specialized secondary schools

15−4 研究生在校学生、招生及毕业生数
Student Enrollment, New Student Enrollment and Graduates of Postgraduates

单位：人 (person)

年 份	招生数 New Student Enrollment	毕业生数 Graduates	在校学生数 Student Enrollment
1980	77		347
1985	1104	296	2016
1988	769	1067	2538
1989	600	862	2311
1990	705	812	2165
1991	687	783	2035
1992	734	543	2168
1993	911	668	2357
1994	1209	630	2864
1995	1209	710	3307
1996	1400	876	3775
1997	1383	1087	4027
1998	1723	1131	4552
1999	2380	1394	5585
2000	3475	1311	7729
2001	4575	1639	10589
2002	5832	1942	14147
2003	8597	3099	19421
2004	10656	4148	26083
2005	11702	5243	32676
2006	13260	7329	38711
2007	14088	9492	43343
2008	14876	10982	46815
2009	17326	12434	51809
2010	18270	13145	56221
2011	18942	14338	60097

15−5 普通高等学校本科在校学生、招生及毕业生数
Student Enrollment, New Student Enrollment and Graduates of Colleges and Universities

单位：人 (person)

项目	Item	在校学生数 Student Enrollment		招收学生数 New Student Enrollment		毕业生数 Graduates	
		2010	2011	2010	2011	2010	2011
总 计	**Total**	**1044310**	**593228**	**309776**	**158104**	**275285**	**119849**
哲 学	Philosophy	348	300	92	53	70	84
经济学	Economics	49217	34488	13850	9849	12455	6947
法 学	Law	24692	17171	6718	4834	6657	3459
教育学	Education	38115	21572	11427	5733	12213	4269
文 学	Literature	168765	117504	44910	30390	45807	26018
历史学	History	1451	1498	444	420	311	323
理 学	Science	46599	48167	11894	12392	10265	10435
工 学	Engineering	379926	194336	115307	52743	103885	39237
农 学	Agriculture	13152	8226	3854	2122	2983	1847
医 学	Medicine	111136	55144	34774	12558	24238	8713
管理学	Administration	210909	94822	66506	27010	56401	18517

15-6 普通高等学校、中等职业教育学校教职工情况
Staff and Workers in General Institutions of Higher Education and Specialized Secondary Schools

单位：人 (person)

类别	Item	高等学校 General Institutions of Higher Education			中等职业教育学校 Specialized Secondary Schools		
		2009	2010	2011	2009	2010	2011
教职工	**Staff and Teachers**	**94428**	**94871**	**95652**	**44459**	**41822**	**40070**
#校部教职工	#Staff and Workers	87595	88556	89744	43552	40655	39556
#专任教师	#Full-time Teachers	58846	59557	61156	29514	28004	27977
教辅人员	Auxiliary Teaching Staff	9606	9619	8933	3307	3159	3426
行政人员	Administrative Personnel	12869	13241	13372	5822	5268	4891
工勤人员	Logistics Personnel	6274	6139	6283	4909	4224	3262

15-7 普通高等学校分科专任教师情况（2011年）
Full – Time Teachers in General Institutions of Higher Education by Field of Study (2011)

单位：人 (person)

类别	Item	合计 Total	正高级 Professors	副高级 Asso. Professors	中级 Lecturers	初级 Assistants	无职称 Instructors
总计	**Total**	**62198**	**6530**	**17964**	**25001**	**9353**	**3350**
哲学	Philosophy	1851	264	586	756	186	59
经济学	Economics	4115	386	1212	1615	667	235
法学	Law	2157	238	623	898	282	116
教育学	Education	5553	406	1442	2299	1097	309
文学	Literature	12457	852	3155	5436	2224	790
历史学	History	599	119	175	243	41	21
理学	Science	6813	871	2201	2566	847	328
工学	Engineering	17101	1838	5093	6879	2372	919
农学	Agriculture	1289	255	408	443	120	63
医学	Medicine	5559	835	1782	1940	806	196
管理学	Adminstration	4704	466	1287	1926	711	314

15-8 中等职业教育分科专任教师和学生数（2011年）
Students and Full-Time Teachers in General Specialized Secondary Schools (2011)

单位：人 (person)

类 别	Item	招生数 New Student Enrollment	毕业生数 Graduates	在校学生数 Student Enrollment	专任教师 Full-time Teachers
总 计	**Total**	**279918**	**225490**	**778750**	**27977**
农林牧渔类	Denomination of Agriculture and Forestry	19725	9805	54568	570
资源环境类	Denomination of Natural Resources and Environment	168	249	262	33
能源与新能源类	Denomination of Energy Sources	32	14	308	9
土木水利类	Denomination of Civil and Water Conservancy Engineering	6846	3361	17501	173
加工制造类	Denomination of Processing and Manufacture	65338	54121	176122	2853
石油化工类	Denomination of Petrochemical	1110	195	2456	27
轻纺食品类	Denomination of Textile Food	1797	1569	5665	63
交通运输类	Denomination of Transportation	12868	4896	32528	435
信息技术类	Denomination of Information Technique	63676	67420	187728	4418
医药卫生类	Denomination of Sanitation and Medicines	18230	13888	54187	439
休闲保健类	Denomination of Leisure Care	684	514	2295	92
财经商贸类	Denomination of Financial Business	27191	24478	75103	1537
旅游服务类	Denomination of Travel Services	13474	10070	39835	986
文化艺术类	Denomination of Culture and Arts	17044	12065	47484	1565
体育与健身	Denomination of Sports and Fitness	1674	966	4702	420
教育类	Denomination of Education	21399	12002	51429	1211
司法服务类	Denomination of Justice		214	152	30
公共管理与服务类	Denomination of Public Management and Services	6870	9562	22886	566
其他	Other Denomination	1792	101	3539	734

15-9 普通中学、小学按城乡和主办部门分组的情况（2011年）
Basic Statistics on General Secondary Schools, Primary Schools by Urban and Rural Area and by Department (2011)

单位：人 (person)

类别	Item	合计	按城乡分 By Urban and Rural Areas			按主办部门分 By Departments	
		Total	城市 Urban Areas	县镇 Counties and Towns	农村 Rural Areas	教育部门和集体办 Schools Run by Educational Departments	其他部门和民办 Schools Run by Other Departments
普通中学	**Regular Secondary Schools**						
学校数(所)	Number of Schools(unit)	3904	521	1536	1847	3624	280
教职工数	Number of Staff and Teachers	312162	72464	149911	89787	284557	27605
#专任教师数	#Full-time Teachers	268602	59584	127811	81207	249313	19289
招生数	New Student Enrollment	1104813	288210	567210	249393	986977	117836
毕业生数	Number of Graduates	1018307	256451	513286	248570	922878	95429
在校学生数	Student Enrollment	3177216	823913	1618618	734685	2852878	324338
普通中学中：高中	**Senior Secondary Schools**						
学校数(所)	Number of Schools(unit)	594	200	335	59	482	112
专任教师数	Full-time Teachers	67552	23530	39388	4634		
招生数	New Student Enrollment	369889	124008	221463	24418	334534	35355
毕业生数	Number of Graduates	325598	113336	190094	22168	296235	29363
在校学生数	Student Enrollment	1013814	350428	600670	62716	920882	92932
普通中学中：初中	**Junior Secondary Schools**						
学校数(所)	Number of Schools(unit)	3310	321	1201	1788	3142	168
专任教师数	Full-time Teachers	173343	31151	80117	62075		
招生数	New Student Enrollment	734924	164202	345747	224975	652443	82481
毕业生数	Number of Graduates	692709	143115	323192	226402	626643	66066
在校学生数	Student Enrollment	2163402	473485	1017948	671969	1931996	231406
小学	**Primary Schools**						
学校数(所)	Number of Schools(unit)	10824	938	2152	7734	10675	149
教职工数	Number of Staff and Teachers	235773	42508	85037	108228	229460	6313
#专任教师数	#Full-time Teachers	222630	39367	79574	103689	218238	4392
招生数	New Student Enrollment	869704	163266	296746	409692	836537	33167
毕业生数	Number of Graduates	730155	142522	279985	307648	702591	27564
在校学生数	Student Enrollment	4903162	942047	1789647	2171468	4710570	192592

15−10 各级学校在校女学生和女教职工数
Number of Female Students and Faculties by Level of School

类 别	Item	2000	2005	2010	2011
女学生(万人)	**Number of Female Students (10 000 persons)**	**531.25**	**468.13**	**457.35**	**470.76**
普通高等学校	Regular Institutions of Higher Education	9.58	34.16	53.05	54.18
中等职业学校	Secondary vocational schools	15.06	14.51	11.71	39.86
普通中学	Regular Secondary Schools	179.12	201.92	149.80	150.6
普通小学	Primary Schools	317.81	197.10	220.51	226.12
女学生占全部学生(%)	**Percentage of Female Students to Total Students(%)**	**47.09**	**47.39**	**47.41**	**47.42**
普通高等学校	Regular Institutions of Higher Education	37.85	46.02	50.80	50.73
中等职业学校	Secondary vocational schools	58.29	56.07	63.32	51.12
普通中学	Regular Secondary Schools	45.73	47.05	47.28	47.4
普通小学	Primary Schools	47.87	46.95	46.02	46.12
女教职工(万人)	**Number of Female faculties (10 000 persons)**	**24.79**	**29.45**	**30.79**	**31.41**
普通高等学校	Regular Institutions of Higher Education	0.69	3.40	4.27	4.33
中等职业学校	Secondary vocational schools	0.43	0.33	0.23	1.68
普通中学	Regular Secondary Schools	8.13	11.53	11.17	12.97
普通小学	Primary Schools	14.95	13.12	13.85	12.43
女教职工占全部教职工(%)	**Percentage of Female faculties to Total faculties(%)**	**42.97**	**43.19**	**45.38**	**45.94**
普通高等学校	Regular Institutions of Higher Education	33.96	42.09	45.02	45.24
中等职业学校	Secondary vocational schools	39.90	41.65	43.53	41.88
普通中学	Regular Secondary Schools	36.34	37.76	39.66	41.55
普通小学	Primary Schools	48.79	50.15	51.92	52.72

15−11 平均每万人口中在校学生
Student Enrollment Per l0,000 Population

项目	Item	2000	2005	2010	2011
各类普通学校在校学生占全省人口(%)	**Students as Percentage of Total Population (%)**	**17.24**	**14.67**	**13.78**	**15.05**
平均每万人口中在校学生(人)	**Student Enrollment Per l0 000 Population (person)**				
普通高等学校	Regular Institutions of Higher Education	38.70	110.27	147.30	161.91
中等职业教育学校	Secondary Vocationl Schools	665.50	637.41	107.88	118.08
普通小学	Primary Schools	1011.77	623.63	675.87	743.40

注: 1.本表未包括技工学校在校学生。

2.各类普通学校在校学生数包括普通高校、中等职业教育学校（普通中专、成人中专、职业高中）、普通中小学的在校学生数。

3.2006年起中等学校改为中等职业教育学校。

a. Secondary schools excludes schools for skilled workers.

b. The number of student enrollment refers to that of students enrolled in regular institutions of higher education, Secondary Vocationl schools, regular secondary schools and primary schools.

c.From 2006,Secondary Schools change Secondary Vocationl Schools.

15－12　民办(私立)学校情况
Statistics on Private Schools

单位：人　　(person)

项目	Item	2000	2005	2010	2011
普通中学	**Regular Secondary Schools**				
学校数(所)	Number of Schools(unit)	166	375	252	257
教职工数	Staff and Teachers	4845	21440	18959	25833
专任教师数	Full-time Teachers	3367	16101	13629	17787
毕业生数	Graduates	9035	97653	90021	73399
招生数	New Student Enrollment	43333	141602	106538	109437
在校学生数	Student Enrollment	90112	390572	290702	301978
普通小学	**Primary Schools**				
学校数(所)	Number of Schools(unit)	213	180	121	108
教职工数	Staff and Teachers	2451	5093	9439	4981
专任教师数	Full-time Teachers	1713	3677	6099	3211
毕业生数	Graduates	6183	15520	20039	23916
招生数	New Student Enrollment	5572	14077	25136	28685
在校学生数	Student Enrollment	45911	87627	141929	167974

15－13　特殊教育学校基本情况
Basic Statistics on Schools for Special Education

单位：人　　(person)

项目	Item	2000	2005	2010	2011
各类特殊学校数(所)	Number of Schools for Special Education(unit)	57	53	54	58
教职工数	Staff and Teachers	1203	1213	1531	1656
专任教师数	Full-time Teachers	918	928	1168	1325
毕业生数	Graduates	1138	760	1378	1049
招生数	New Student Enrollment	2090	1181	2174	2358
在校学生数	Student Enrollment	12179	9270	13209	12673

15－14　各类学校代课教师及临时工人数
Provisional Teachers and Temporary Workers by Type of School

单位：人　　(person)

项目	Item	2000	2005	2010	2011
普通中学	**Regular Secondary Schools**				
代课教师	Provisional Teachers	2593	3263	1936	2418
兼任教师	Part-time Teachers	440	1010	673	666
技工学校	**Various Technical Schools**				
兼职教师	Part-time Teachers	1233		1900	1923
普通小学	**Primary Schools**				
代课教师	Provisional Teachers	15718	3455	6135	6463
兼任教师	Part-time Teachers	71	559	312	709

15-15 平均每一教职工负担学生
Student/ Staff and Worker Ratio

单位：人 (person)

项目	Item	2000	2005	2010	2011
平均每一教职工负担的学生	**Student - Teacher Ratio**				
普通高等学校	Regular Institutions of Higher Education	5.50	9.19	11.01	11.16
中等职业学校	Secondary vocational schools	12.00	32.54	18.29	19.43
普通中学	Regular Secondary Schools	15.10	14.05	11.25	10.18
普通小学	Primary Schools	20.50	16.05	17.96	20.8
平均每一专任教师负担的学生	**Student - Full-time Teacher Ratio**				
普通高等学校	Regular Institutions of Higher Education	12.50	16.40	17.53	17.46
中等职业学校	Secondary vocational schools	23.97	53.89	27.31	27.84
普通中学	Regular Secondary Schools	17.50	16.41	13.17	11.83
普通小学	Primary Schools	21.70	17.06	19.16	22.02

15-16 初中和小学毕业生升学率及学龄儿童入学率
Percentage of Graduates of Junior Middle Schools and Primary Schools Entering Higher Level Schools,Percentage of School - Age Children Enrolled

项目	Item	2000	2005	2010	2011
初 中	**Junior Middle Schools**				
毕业生数 (万人)	Number of Graduates (10 000 persons)	85.77	125.18	69.75	69.27
高级中等学校招生数 (万人)	New Student Enrollment of Senior Secondary Schools (10 000 persons)	43.87	76.13	68.58	65.46
升学率 (%)	Percentage of Graduates (%)	51.15	60.82	98.32	94.50
小 学	**Primary Schools**				
毕业生数 (万人)	Number of Graduates (10 000 persons)	130.20	81.57	72.81	73.02
初级中等学校招生数 (万人)	New Student Enrollment of Junior Secondary Schools (10 000 persons)	126.34	81.29	73.44	73.49
升学率 (%)	Percentage of Graduates(%)	97.04	99.66	100.86	100.65
学龄儿童(万人)	**School-age Children (10 000 persons)**	**645.08**	**396.59**	**462.07**	**475.95**
已入学学龄儿童 (万人)	School-age Children Enrolled in Schools (10 000 persons)	634.90	392.76	461.69	475.39
入学率 (%)	Enrollment Rate (%)	98.40	99.03	99.92	99.88

注：2006年起初中升学率包括:普通高中招生数.职业高中招生数.技工学校招生数.普通中专招收初中应届毕业生数.成人中专招收初中应届毕业生数。

From 2006, the percentage of graduates in junior middle schools includes: the number of new student enrollment in senior schools, vocational high schools, technical training schools, vocational secondary schools and adult vocational schools.

15-17 学前教育基本情况
Basic Statistics on Pre-school Education

项目	Item	2000	2005	2010	2011
幼儿园个数（所）	Number of Kindergartens (unit)	5473	4359	7829	9488
班数(个)	Number of Classes (unit)	29896	30987	45426	63345
在园幼儿数(万人)	Student Enrollment (10 001 persons)	62.87	82.17	141.91	163.74
教职工数（万人）	Number of Staff and Teachers (10 001 persons)	3.98	3.79	8.85	10.74
#专任教师	#Full-time Teachers	3.39	1.97	4.80	5.65

15-18 教育经费总支出情况（2011年）
Statistics on the Expenses of Educational Funds (2011)

单位：万元 (10 000 yuan)

项目	Item	合计 Total	事业性经费支出 Operation Expenditure	个人部分 Person	公用部分 Public	基本建设支出 Expenditure for capital construction
总计	**Total**	**8341682**	**8182557**	**4359201**	**3823357**	**159124**
高等学校	Institution of Higher Education	2443937	2377523	878576	1498947	66414
普通高等学校	Regular Institution of Higher Education	2415335	2348921	867731	1481190	66414
成人高等学校	Adult Institutions of Higher Education	28602	28602	10845	17757	
中等职业学校	Vocational Secondary Schools	484259	463305	248577	214728	20955
中等专业学校	Specialized Secondary Schools	143480	139238	66798	72441	4242
职业高中	Vocational Senior Secondary Schools	266605	253233	137243	115990	13373
技工学校	Technical Schools	45594	42574	26274	16300	3020
成人中等专业学校	Adult Senior Secondary Schools	28580	28260	18263	9997	320
普通中学	Senior Secondary Schools	2496824	2465250	1509311	955939	31574
小学	Primary Schools	2236946	2211726	1399039	812687	25220
特殊教育	Special Education	28608	22712	10205	12507	5896
幼儿园	Kindergartens	354411	350392	188026	162366	4019
其他	Others	296696	291650	125467	166183	5047

15−19 各类专业技术人员
Various Specialized Technical Personnel

单位：人 (person)

项目	Item	2010 合计 Total	2010 企业 Enterprise	2010 事业 Public Institution	2011 合计 Total	2011 企业 Enterprise	2011 事业 Public Institution
总　计	**Total**	**1022911**	**114849**	**908062**	**1008202**	**110484**	**897718**
#高级职称	#Senior	**89975**	5769	84206	**91986**	5680	86306
中级职称	Secondary	**447004**	32056	414948	**449595**	30562	419033
#女性	#Female	**443435**	40107	403328	**442971**	38362	404609
#自然科学	#Natural Sciences	**886717**	48949	837768	**890040**	47456	842584
#社会及人文科学	#Social Sciences and Humanities	**136194**	65900	70294	**118162**	63028	55134

注：此表未包括国家机关与人民团体中的专业技术人员。2008年起，本表数据不含中央在湘单位，国有单位改为公有经济企业，集体单位改为事业单位。(下表同)

Technicians from government offices and mass organizations were excluded. Form 2008, Technicians from center units in Hunan province were excluded. State-Owned units changed into State-Owned Enterprises , Collective-Owned units changed into public. The same as the following.

15−20 地方公有经济企业各行业自然科学技术人员（2011年）
Natural Scientific in Local State-Owned Enterprises by Sector (2011)

单位：人 (person)

行 业	Sector	自然科学技术人员 Personnel of Natural Scientific and Technical	工程技术人员 Engineering Personnel	农业技术人员 Agricultural Personnel	科学研究人员 Scientific Research Personnel	卫生技术人员 Health Care Personnel	教学人员 Teaching Personnel
总 计	**Total**	**47456**	**41067**	**615**	**568**	**3927**	**1279**
农林牧渔业	Agriculture, Forestry, Farming of Animals and Fishing	776	459	242		59	16
采矿业	Mining	4479	3624			750	105
制造业	Manufacturing	18316	16013	326	263	1193	521
电力、煤气及水的生产和供应业	Production and Distribution of Electricity,Gas and Water	3439	3412		1	6	20
建筑业	Construction	10643	10154	1		403	85
交通运输仓储和邮政业	Traffic,Transport,Storage and Post	5266	4307		119	681	159
信息传输、计算机服务和软件业	Information Transfer,Computer Services and Software	174	174				
批发和零售业	Wholesale and Retail Trade	473	161	36	1	266	9
住宿和餐饮业	Accommodation and Restaurants	422	373	4	1	38	6
金融业	Finance	326	322	1	1		2
房地产业	Real Estate	374	367	5			2
租赁和商务服务业	Tenancy and Business Services	41	35			1	5
科学研究、技术服务和地质勘查业	Scientific Research,Technical Service and Geologic Perambulation	49	49				
水利、环境和公共设施管理业	Management of Water Conservancy, Environment and Public Establishment	385	369			7	9
居民服务和其他服务业	Resident Services and Other Services	133	131			2	
教育	Education						
卫生、社保和社会福利	Sanitation,Social Security&Social Welfare						
文化、体育和娱乐业	Culture,Sports and Entertainment	2160	1117		182	521	340
其他行业	Others						

15−21　自然科学研究获奖成果
Number of Achievements in Natural Scientific Research

单位：项　　　　(item)

项目	Item	2000	2005	2010	2011
省自然科学奖	Provincial Natural Sciences Prize			45	36
省技术发明奖	Provincial Invention Prize			11	17
省科技进步奖	Provincial Scientific Technological Progress Prize	360	148	170	177
国家科学技术进步奖	National Scientific Technological Progress Prize	13	19	19	18
国家批准授予的发明奖	National Invention Prize		2	1	3
国家自然科学奖	National Natural Sciences Prize	1		1	1

15−22　科技成果情况（2011年）
Statistics on Achievements of Science and Technology (2011)

单位：项　　　　(item)

项目	Item	总计 Total	科研院所 Research Institutions	大专院校 Universities and Colleges	工矿企业 Industrial and Mining Enterprises	其他 Others
项目基本情况	**Basic Statistics on Items**					
登记项目数	Number of Registered Items	836	136	258	337	105
#基础理论成果	#Results of Foundation Theories	44	4	37	0	3
软科学成果	Results of Soft Science	16	1	2	10	3
应用技术成果	Results of Applied Technique	776	131	219	327	99
#鉴定项目数	# Number of Appraised Items	272	47	38	157	30
奖励项目数	Number of Prized Items					
项目计划管理情况	**Statistics of Items Planned Management**					
国家计划项目	National Plan Items	112	23	61	26	2
省部计划项目	Provincial Plan Items	321	66	130	101	24
计划外项目	Non-plan Items	403	47	67	210	79
应用成果水平	**Level of Achievements**					
国际首创或领先	Originate and Keep Ahead at International	65	2	33	29	1
国际先进	International Advanced Level	198	22	85	75	16
国内首创或领先	Originate and Keep Ahead at National	366	73	85	169	39
国内先进	Domestically Advanced Level	123	34	11	45	33
其他	Others	24		5	9	10

15−23 三种专利申请与批准项数
Three Types of Patent Applications Examined and Certified

单位：项 (item)

项目	Item	申请数 Applications Examined		批准数 Applications Granted	
		2010	2011	2010	2011
总计	**Total**	**22381**	**29516**	**13873**	**16064**
按种类分	**By Types:**				
发明	Creation and Inventions	6438	8774	1920	2607
实用新型	Utility Models	9601	13598	7861	8730
外观设计	Designs	6342	7144	4092	4727
按申请人类别分	**By Proposer:**				
个人	Personal	9857	10460	5275	5595
大专院校	Universities and Colleges	1835	2675	938	1365
科研单位	Research Institutions	341	480	276	235
工矿企业	Industrial and Mining Enterprises	10264	15808	7337	8783
机关团体	Agencies and Organizations	84	93	47	86

15−24 各类技术合同签订及执行情况（2011年）
Statistics on Contracts Signed and Performed (2011)

项目	Item	合同数（项） Number of Contracts (item)	合同金额（万元） Contracted Value (10 000 yuan)	#技术交易额 Value of Technical Trade
总计	**Total**	**5654**	**353900.7**	**299694.8**
技术开发合同	Contracts of Technical Development	2721	172994.0	165730.4
技术转让合同	Contracts of Technical Alienation	248	80052.0	59048.7
技术服务合同	Contracts of Technical Services	2457	94760.1	69663.1
技术咨询合同	Contracts of Technical Consultative	228	6094.6	5252.6

15−25 各级科技计划项目进入技术市场情况(2011年)
Statistics on Different Levels of Scientific Plan Items Put into Technical Markets (2011)

开发类别	Item	总计 Total	国家部门计划 Country Level	省级计划 Province Level	市州县计划 Prefectures and County level	计划外 other
项目个数合计(项)	**Total (item)**	**5654**	**370**	**111**	**163**	**5010**
#机关法人	#Official Organ as a Legal Person	28			4	24
事业法人	Corporation of public utility	1591	39	24	16	1512
社团法人	Juridical Association	1061	1		6	1054
企业法人	Legal body of Enterprise	2933	329	86	137	2381
自然人	Natural Personal	19				19
其他组织	Other Organizations	22	1	1		20
金额合计(万元)	**Total (10 000 yuan)**	**353900.7**	**20523.8**	**31800.4**	**33888.5**	**267688.0**
#机关法人	#Official Organ as a Legal Person	35015.0			5955.0	29060
事业法人	Corporation of public utility	101456.7	4693.7	1098.3	17273.0	78391.7
社团法人	Juridical Association	20585.5			366.3	20219.2
企业法人	Legal body of Enterprise	195754.2	15792.1	30674.3	10294.2	138993.6
自然人	Natural Personal	1.5				1.5
其他组织	Other Organizations	1087.8	38.0	27.8		1022.0

15-26 高新技术产业情况（2011年）
Basic Statistics on High-tech Industries (2011)

项目	Item	企业单位数（个）Number of Enterprises (unit)	高新技术产业总产值（万元）Gross Output Value of High-tech Industries (10 000 yuan)	高新技术产业增加值（万元）Added Value of High-tech Industries (10 000 yuan)
总 计	**Total**	**2269**	**97717552**	**28882099**
#高新技术企业	# High and New Technology Enterprises	1264	73379324	21813373
按登记注册类型分：	**By Registration Status**			
内资企业	Domestic-Funded Enterprises	2073	89090564	26225578
国有	State-owned Enterprises	101	11671971	3540889
集体	Collective-owned Enterprises	18	253878	76457
股份合作	Cooperative Enterprises	24	548209	165238
集体联营	Collective Joint Ownership Enterprises	1	9432	2926
国有与集体联营	State-owned and collective-associate Enterprises	2	3994	1026
国有独资公司	State-funded Corporations	36	6855623	1852220
其他有限责任公司	Other Limited Liability Corporations	531	25316147	7464398
股份有限公司	Share-holding Corporations Ltd.	174	21355527	6517659
私营独资	Private-funded Enterprises	130	3098643	834191
私营合伙	Private Partnership Enterprises	33	684961	219269
私营有限责任公司	Private Limited Liability Corporations	858	14576728	4181672
私营股份有限公司	Private Share-holding Corporations Ltd.	149	3732179	1085678
其他内资	Other Enterprises	16	983272	283954
港澳台商投资企业	Enterprises With Investment from H.K,Macao and Taiwan	90	4170431	1275229
外商投资企业	Enterprises With Foreign Investment	106	4456557	1381293
按企业规模分：	**By Size:**			
大型企业	Large	72	43712318	12898885
中型企业	Medium	385	24239719	7216377
按高新技术领域分：	**By High-tech Fields:**			
电子信息技术	Electron and Information	338	6026527	1700010
生物与新医药技术	Biological Medicine and Medical Instrument	478	10902621	3166170
航空航天技术	Avigation and Spaceflight	7	564232	163760
新材料技术	New Materials	552	31039532	8879509
高技术服务业	High-tech Services	64	4213827	1207526
新能源及节能技术	New Energy Resources，Energy Saving	74	3493079	1021821
资源与环境技术	Resources and Environmental Technology	78	1632717	458460
高新技术改造传统产业	High-technology to Transform Traditional Industries	558	36004809	11229227
其他领域	Other Fields	120	3840207	1055617

15-26 续表 continued

项目	Item	高新技术产业销售收入（万元） Sales Revenue of High-tech Industries (10 000 yuan)	#出口收入(万美元) Exports Revenue (USD 10 000)	高新技术产业利税总额（万元） Peofits and Tax of High-tech Industries (10 000 yuan)	#利润总额 Total of Profit and Tax
总 计	**Total**	**94225748**	**745523**	**9449548**	**6292548**
# 高新技术企业	# High and New Technology Enterprises	71048603	578173	7173894	4801327
按登记注册类型分:	**By Registration Status**				
内资企业	Domestic-Funded Enterprises	85978095	668335	8640749	5785036
国有	State-owned Enterprises	11328783	116312	538443	349086.4
集体	Collective-owned Enterprises	257904		30784	16463
股份合作	Cooperative Enterprises	497412	1516	45545	24521
集体联营	Collective Joint Ownership Enterprises	8363		449	292
国有与集体联营	State-owned and collective-associate Enterprises	3506.7		339	269.8
国有独资公司	State-funded Corporations	6662255	63787	435833	244420
其他有限责任公司	Other Limited Liability Corporations	24766130	189675	2997388	1918668
股份有限公司	Share-holding Corporations Ltd.	20275302	148681	2465625	1827646
私营独资	Private-funded Enterprises	2986450	64587	343707	227597
私营合伙	Private Partnership Enterprises	654749	2382	65501	29655
私营有限责任公司	Private Limited Liability Corporations	14087361	58549	1307897	855643
私营股份有限公司	Private Share-holding Corporations Ltd.	3487739	21899	363406	262509
其他内资	Other Enterprises	962140	947	45832	28265
港澳台商投资	Enterprises With Investment from H.K,Macao and Taiwan	3933223	28583	430353	316349
外商投资	Enterprises With Foreign Investment	4314431	48605	378447	191163
按企业规模分:	**By Size:**				
大型企业	Large	42697545	444417	4551134	3047124
中型企业	Medium	22736400	175661	2133912	1492369
按高新技术领域分:	**By High-tech Fields:**				
电子信息技术	Electron and Information	5889144	97221	449892	307265
生物与新医药技术	Biological Medicine and Medical Instrument	10668235	39360	1040275	685182
航空航天技术	Avigation and Spaceflight	572033	6306	32926	25341
新材料技术	New Materials	29856985	317247	1981913	1222150
高技术服务业		3763318	11491	216862	160746
新能源及节能技术	New Energy Resources，Energy Saving	3237671	49683	319982	191875
资源与环境技术		1623747	2212	140382	78866
高新技术改造传统产业		35032757	203527	4973102	3433383
其他领域	Other Fields	3581859	18479	294214	187741

15-27 规模以上工业企业科技活动情况（2011年）
Basic Statistics on Scientific and Technological Activities in Industrial Enterprises above Designated Size (2011)

指 标	Item	合 计 Total	#国有 State-owned	#大型 Large	#中型 Medium	#小型 Small
工业企业个数 （个）	Number of Industrial Enterprises above Designated Size (unit)	12289	711	75	1284	10930
#有科技活动的企业个数	# Number of Units Having S&T Activities	2711	273	64	641	2006
#有R&D活动的企业个数	# Number of Units Having R&D Activities	1635	190	48	449	1138
企业科技活动人员 （人）	Number of S&T Personnel of Enterprises (person)	152464	61243	71256	45682	35526
#全时人员	#Personnel	92821	38156	48165	26854	17802
#具有高、中级职称	#Senior and Medium	45996	19377	21159	13081	11756
#研究与实验发展人员	#R&D Employee	78129	30730	35836	25092	17201
企业办科技机构数 （个）	Number of Institutions for S&T in Enterprises (unit)	1200	223	88	416	696
企业办科技机构人员 （人）	Number of Persons of Institutions for S&T in Enterprises (person)	52816	19087	25334	17338	10144
#博士毕业	#Doctor	1022	275	268	355	399
#硕士毕业	#Master	10273	2484	7732	1507	1034
当年科技活动经费支出总额 （万元）	Expenditure for S&T Activities this Year (10 000 yuan)	3470464	1544479	1665356	1017599	787509
1.内部支出	#Intramural Expenditure	3351763	1481118	1615268	973581	762914
#研究与发展经费	#R&D	1817573	756816	931082	488055	398436
#新产品开发经费	#New Products Development	2089611	961090	1165063	540726	383822
#劳务费	#Labor Expenditures	705046	266154	376766	176731	151549
#原材料费	#Raw and Processed Materials Expenditures	1791308	833155	862396	503930	424982
2.外部支出	#External Expenditure	118701	63361	50087	44018	24596
新产品产值 （万元）	Gross Output Value of New Products (10 000 yuan)	38731573	20597832	23595507	8897032	6239034
新产品销售收入 （万元）	Sales Revenue of New Products (10 000 yuan)	37592835	20193420	23066457	8426398	6099980
#出口	#Exported	1814498	1274055	1359101	323374	132023
科技活动项目个数 （项）	Number of Projects for S&T (item)	11230	4457	4124	3437	3669
#新产品开发	#New Products Development	7515	2890	2944	2346	2225
#研究与实验发展	#Research and Experimental Development	6921	2636	2477	2302	2142
科技活动项目参加人员（人）	Personnel of Projects for S&T Activities (person)	123133	47670	56167	38017	28949
科技活动项目经费支出总额 （万元）	Expenditures of Projects fo S&T Activities (10 000 yuan)	2578769	1117947	1279476	740962	558332
专利申请数 （件）	Patent Applications (item)	12790	4185	5412	4164	3214
有效发明专利数 （件）	Valid Invention Patents Owned (item)	7427	2284	2399	3467	1561
专利所有权转让及许可数（件）	Number of Patent License and Transfer (item)	114	11	15	63	36
专利所有权转让与许可收入（万元）	Revenue from Patent License and Transfer (10 000 yuan)	6143	1664	1914	1644	2584
发表科技论文 （篇）	Number of Published Scientific Papers (piece)	3520	2667	2464	623	433
拥有注册商标数 （件）	Number of registered trademark (item)	8163	3265	3535	2792	1836

15-28 规模以上工业企业科技活动人员与经费情况（2011年）

Basic Statistics on S&T Personnel and Funds of S&T Activities in Industrial Enterprises above Designated Size(2011)

类 别	Item	企业科技活动人员（人）S&T Personnel in Enterprises (person)	#高中级职称人员 Senior and Medium	当年科技活动经费支出总额（万元）Expenditure for S&T Activities this Year (10 000 yuan)	#内部支出 Intramural Expenditure	#新产品开发 New Products Development
总计	**Total**	**152464**	**45996**	**3470464**	**3351763**	**2089611**
按企业规模分组	**By Size**					
大型企业	Large	71256	21159	1665356	1615268	1165063
中型企业	Medium	45682	13081	1017599	973581	540726
小型企业	Small	35526	11756	787509	762914	383822
按登记注册类型分组	**By Registration Status**					
内资企业	Domestic-Funded Enterprises	142013	43198	3229654	3128655	1976456
国有	State-owned Enterprises	16834	7475	400486	367509	247387
集体	Collective-owned Enterprises	694	143	8502	8477	3445
股份合作	Cooperative Enterprises	777	319	13689	13677	9456
国有联营	State Joint Ownership Enterprises	45	20	2391	2391	
集体联营	Collective Joint Ownership Enterprises	33	8	842	725	712
国有与集体联营	Joint State-collective Enterprises	71	11	6252	6252	6232
其他联营	Other Joint Ownership Enterprises	15	10	124	114	
国有独资公司	State-funded Corporations	11504	3855	244501	236288	104449
其他有限责任公司	Other Limited Liability Corporations	51519	14190	986091	969527	685274
股份有限公司	Share-holding Corporations Ltd.	25201	6212	717163	700041	510706
私营独资	Private-funded Enterprises	2839	1041	86198	83026	41161
私营合伙	Private Partnership Enterprises	1983	707	31691	30158	12545
私营有限责任公司	Private Limited Liability Corporations	23481	7162	556953	540543	268920
私营股份有限公司	Private Share-holding Corporations Ltd.	5805	1675	147113	142906	73278
其他内资	Other Enterprises	1212	370	27659	27022	12893
港澳台商投资	Enterprises With Investment from Hong Kong, Macao and Taiwan	6259	1839	131676	128737	69041
外商投资	Enterprises With Foreign Investment	4192	959	109133	94371	44115

15−28 续表 continued

类　别	Item	企业科技活动人员（人） S&T Personnel in Enterprises (person)	#高中级职称人员 Senior and Medium	当年科技活动经费支出总额（万元） Expenditure for S&T Activities this Year (10 000 yuan)	#内部支出 Intramural Expenditure	#新产品开发 New Products Development
按工业行业大类分组	**By Industrial Branch**					
煤炭开采和洗选业	Mining and Washing of Coal	1373	508	18018	17753	1396
黑色金属矿采选业	Mining of Ferrous Metal Ores	225	70	4310	4078	650
有色金属矿采选业	Mining of Non-ferrous Metal Ores	1888	624	20344	17901	750
非金属矿采选业	Mining and Processing of Nonmetal Ores	347	161	5497	5409	1845
其他采矿业	Mining of Other Ores N.E.C					
农副食品加工业	Processing of Food from Agricultural Products	5354	1418	146387	144512	89918
食品制造业	Manufacture of Foods	2278	625	50067	49311	24998
饮料制造业	Manufacture of Beverage	1819	763	60151	59319	16366
烟草制品业	Manufacture of Tobacco	1326	1030	41860	25779	19769
纺织业	Manufacture of Textile	3555	904	59268	58788	29597
纺织服装、鞋、帽制造业	Textile Wearing Apparel,Footware and Caps	665	160	8892	8340	2924
皮革毛皮羽毛(绒)及其制品	Leather,Fur,Feather and Its Products	170	42	5811	5628	4727
木材加工及木、竹、藤、棕、草制品业	Processing of Timbers,Manufacture of Wood, Bamboo, Rattan,Palm and Straw Products	879	208	31202	30857	7705
家具制造业	Manufacture of Furniture	315	59	4463	4162	2079
造纸及纸制品业	Manufacture of Paper and Paper Products	3696	768	66135	65330	45923
印刷业和记录媒介的复制	Printing,Reproduction of Recording Media	495	136	15056	15036	11499
文教体育用品制造业	Manufacture of Articles for Culture, Education and Sport Activity	145	30	1223	1221	204
石油加工炼焦及核燃料加工	Processing of Petroleum,Coking, Processing of Nucleus Fuel	2117	384	31954	30326	2863
化学原料及化学制品制造业	Manufacture of Chemical Raw Material and Chemical Products	7382	2804	199497	188131	110792
医药制造业	Manufacture of Medicines	5805	1556	96042	87757	57452
化学纤维制造业	Manufacture of Chemical Fiber	130	60	4675	4303	3344
橡胶制品业	Manufacture of Rubber	252	106	5145	4798	2798
塑料制品业	Manufacture of Plastic	604	162	19781	19553	4359
非金属矿物制品业	Non-metallic Mineral Products	5502	2085	104634	102895	39763
黑色金属冶炼及压延加工业	Processing of Ferrous Metals	10419	3085	307718	296442	167034
有色金属冶炼及压延加工业	Processing of Non-ferrous Metals	6594	2036	220061	214590	70506
金属制品业	Manufacture of Metal Products	1660	611	46589	45957	31436
通用设备制造业	Manufacture of General Purpose Machinery	9592	2962	247068	238899	114524
专用设备制造业	Manufacture of Special Purpose Machinery	40491	10455	778038	772570	663044
交通运输设备制造业	Manufacture of Transport Equipment	15085	4911	362751	338701	244453
电气机械及器材制造业	Electrical Machinery and Equipment	7057	2343	246820	242073	149058
通信设备、计算机及其他电子设备制造业	Manufacture of Communication Equipment, Computer and Other Electronic Equipment	6762	2084	140982	138626	96786
仪器仪表及文化、办公用机械制造业	Measuring Instrument and Machinery for Cultural Activity and Office Work	4928	1256	79930	77245	59754
工艺品及其他制造业	Artwork,Other Manufacture N.E.C	411	118	6581	5790	2477
废弃资源废旧材料回收加工	Recycling and Disposal of Waste	262	81	6965	6965	3959
电力、热力的生产和供应业	Production and Supply of Electric&Heat Power	2520	1304	23014	19397	4860
燃气生产和供应业	Production and Distribution of Gas	16	5	652	588	
水的生产和供应业	Production and Distribution of Water	345	82	2883	2735	

15−29 规模以上工业企业办科技机构情况（2011年）
Basic Statistics on Institutions for Scientific and Technological in Industrial Enterprises above Designated Size (2011)

类 别	Item	企业办科技机构（个）Number of Institutions for S&T in Enterprises (unit)	企业办科技机构人员(人) Number of Personnel in Institutions for S&T in Enterprises (person)	#博士 Doctor	#硕士 Master	科技机构内部经费支出(万元) Intramural Expenditure for S&T Institutions (10 000 yuan)
总计	**Total**	**1200**	**52816**	**1022**	**10273**	**851386**
按企业规模分组	**By Size**					
大型企业	Large	88	25334	268	7732	499309
中型企业	Medium	416	17338	355	1507	247386
小型企业	Small	696	10144	399	1034	104691
按登记注册类型分组	**By Registration Status**					
内资企业	Domestic-Funded Enterprises	1099	48768	885	9748	793065
国有	State-owned Enterprises	73	4280	85	483	74461
集体	Collective-owned Enterprises	8	108	1	6	319
股份合作	Cooperative Enterprises	9	410	10	7	4677
国有联营	State Joint Ownership Enterprises					
集体联营	Collective Joint Ownership Enterprises					
国有与集体联营	Joint State-collective Enterprises					
其他联营	Other Joint Ownership Enterprises					
国有独资公司	State-funded Corporations	43	5018	48	412	90110
其他有限责任公司	Other Limited Liability Corporations	225	17452	174	6255	343875
股份有限公司	Share-holding Corporations Ltd.	112	9298	198	1455	135487
私营独资	Private-funded Enterprises	73	735	14	62	7844
私营合伙	Private Partnership Enterprises	35	571	7	30	6418
私营有限责任公司	Private Limited Liability Corporations	423	8306	269	758	86245
私营股份有限公司	Private Share-holding Corporations Ltd.	84	2346	68	255	38291
其他内资	Other Enterprises	14	244	11	25	5340
港澳台商投资	Enterprises With Investment from Hong Kong, Macao and Taiwan	55	2695	86	400	38379
外商投资	Enterprises With Foreign Investment	46	1353	51	125	19942

15−29 续表 continued

类 别	Item	企业办科技机构（个）Number of Institutions for S&T in Enterprises (unit)	企业办科技机构人员（人）Number of Personnel in Institutions for S&T in Enterprises (person)	#博士 Doctor	#硕士 Master	科技机构内部经费支出(万元) Intramural Expenditure for S&T Institutions (10 000 yuan)
按工业行业大类分组	**By Industrial Branch**					
煤炭开采和洗选业	Mining and Washing of Coal	28	332	1	4	2728
黑色金属矿采选业	Mining of Ferrous Metal Ores	5	65			616
有色金属矿采选业	Mining of Non-ferrous Metal Ores	18	387	1	8	2017
非金属矿采选业	Mining and Processing of Nonmetal Ores	9	133	2	9	1217
其他采矿业	Mining of Other Ores N.E.C					
农副食品加工业	Processing of Food from Agricultural Products	80	2090	63	221	43689
食品制造业	Manufacture of Foods	33	774	25	112	9894
饮料制造业	Manufacture of Beverage	35	962	17	41	12195
烟草制品业	Manufacture of Tobacco	1	177	21	77	21643
纺织业	Manufacture of Textile	22	757	7	28	2025
纺织服装、鞋、帽制造业	Textile Wearing Apparel,Footware and Caps	11	506	8	16	5036
皮革毛皮羽毛(绒)及其制品	Leather,Fur,Feather and Its Products	4	71		2	840
木材加工及木、竹、藤、棕、草制品业	Processing of Timbers,Manufacture of Wood, Bamboo, Rattan,Palm and Straw Products	23	282	9	27	4836
家具制造业	Manufacture of Furniture	4	70			1895
造纸及纸制品业	Manufacture of Paper and Paper Products	19	678	5	39	14120
印刷业和记录媒介的复制	Printing,Reproduction of Recording Media	6	172	1	8	6443
文教体育用品制造业	Manufacture of Articles for Culture, Education and Sport Activity	2	45		2	88
石油加工炼焦及核燃料加工	Processing of Petroleum,Coking, Processing of Nucleus Fuel	10	409	3	30	4370
化学原料及化学制品制造业	Manufacture of Chemical Raw Material and Chemical Products	84	2106	60	208	31261
医药制造业	Manufacture of Medicines	108	2548	90	262	25618
化学纤维制造业	Manufacture of Chemical Fiber					
橡胶制品业	Manufacture of Rubber	15	104	3	15	2125
塑料制品业	Manufacture of Plastic	13	143	5	20	3586
非金属矿物制品业	Non-metallic Mineral Products	51	1231	41	93	10865
黑色金属冶炼及压延加工业	Processing of Ferrous Metals	27	1788	15	96	33385
有色金属冶炼及压延加工业	Processing of Non-ferrous Metals	64	2623	104	244	60539
金属制品业	Manufacture of Metal Products	28	531	14	67	18331
通用设备制造业	Manufacture of General Purpose Machinery	118	3884	135	438	60655
专用设备制造业	Manufacture of Special Purpose Machinery	119	15204	98	6032	242030
交通运输设备制造业	Manufacture of Transport Equipment	83	6289	88	986	97863
电气机械及器材制造业	Electrical Machinery and Equipment	68	3099	61	343	81428
通信设备、计算机及其他电子设备制造业	Manufacture of Communication Equipment, Computer and Other Electronic Equipment	44	2239	30	207	25736
仪器仪表及文化、办公用机械制造业	Measuring Instrument and Machinery for Cultural Activity and Office Work	37	2293	70	481	19502
工艺品及其他制造业	Artwork,Other Manufacture N.E.C	14	142	3	23	646
废弃资源废旧材料回收加工	Recycling and Disposal of Waste	5	78	1	5	965
电力、热力的生产和供应业	Production and Supply of Electric&Heat Power	10	530	41	113	2837
燃气生产和供应业	Production and Distribution of Gas					
水的生产和供应业	Production and Distribution of Water	2	74		16	362

15-30 规模以上工业企业科技活动产出情况（2011年）
Basic Statistics on Scientific and Technological Outputs in Industrial Enterprises above Designated Size (2011)

类 别	Item	新产品产值（万元） Gross Output Value of New Products (10 000 yuan)	新产品销售收入（万元） Sales Revenue of New Products (10 000 yuan)	#出口 Exported	专利申请数（件） Total Applic-ations (item)	有效发明专利数（件） Valid Invention Patents Owned (item)
总计	**Total**	**38731573**	**37592835**	**1814498**	**12790**	**7427**
按企业规模分组	**By Size**					
大型企业	Large	23595507	23066457	1359101	5412	2399
中型企业	Medium	8897032	8426398	323374	4164	3467
小型企业	Small	6239034	6099980	132023	3214	1561
按登记注册类型分组	**By Registration Status**					
内资企业	Domestic-Funded Enterprises	35867615	34806703	1607864	11676	7130
国有	State-owned Enterprises	9705672	9560186	348333	669	438
集体	Collective-owned Enterprises	55921	56490		6	4
股份合作	Cooperative Enterprises	77099	67945		13	9
国有联营	State Joint Ownership Enterprises	23086	19535			
集体联营	Collective Joint Ownership Enterprises	16045	14098		2	4
国有与集体联营	Joint State-collective Enterprises	60083	60083		1	1
其他联营	Other Joint Ownership Enterprises					
国有独资公司	State-funded Corporations	2065824	2005122	160028	542	476
其他有限责任公司	Other Limited Liability Corporations	9119384	8832464	576506	3833	1337
股份有限公司	Share-holding Corporations Ltd.	7817910	7397923	336527	3212	3374
私营独资	Private-funded Enterprises	802638	799326	249	90	42
私营合伙	Private Partnership Enterprises	458809	412737	9166	49	37
私营有限责任公司	Private Limited Liability Corporations	4155152	4161392	104793	2471	1002
私营股份有限公司	Private Share-holding Corporations Ltd.	1192298	1113445	72097	710	335
其他内资	Other Enterprises	317695	305958	165	78	71
港澳台商投资	Enterprises With Investment from Hong Kong, Macao and Taiwan	1966140	1964686	48476	670	195
外商投资	Enterprises With Foreign Investment	897819	821446	158159	444	102

15−30 续表　continued

类　别	Item	新产品产值（万元）Gross Output Value of New Products (10 000 yuan)	新产品销售收入（万元）Sales Revenue of New Products (10 000 yuan)	#出口 Exported	专利申请数(件) Total Applic-ations (item)	有效发明专利数(件) Valid Invention Patents Owned (item)
按工业行业大类分组	**By Industrial Branch**					
煤炭开采和洗选业	Mining and Washing of Coal	13755	13330		1	
黑色金属矿采选业	Mining of Ferrous Metal Ores	118620	118620		3	1
有色金属矿采选业	Mining of Non-ferrous Metal Ores	80896	87776		3	10
非金属矿采选业	Mining and Processing of Nonmetal Ores	6910	6910		8	3
其他采矿业	Mining of Other Ores N.E.C					
农副食品加工业	Processing of Food from Agricultural Products	1707582	1634726	842	286	157
食品制造业	Manufacture of Foods	582460	538054	102978	156	99
饮料制造业	Manufacture of Beverage	442298	355538	33600	183	112
烟草制品业	Manufacture of Tobacco	5882073	5918893	21472	86	101
纺织业	Manufacture of Textile	566441	542912	8690	300	50
纺织服装、鞋、帽制造业	Textile Wearing Apparel,Footware and Caps	62186	59426	7716	16	
皮革毛皮羽毛(绒)及其制品	Leather,Fur,Feather and Its Products	129724	129725			3
木材加工及木、竹、藤、棕、草制品业	Processing of Timbers,Manufacture of Wood, Bamboo, Rattan,Palm and Straw Products	397313	387003	7342	80	45
家具制造业	Manufacture of Furniture	114389	184937		26	
造纸及纸制品业	Manufacture of Paper and Paper Products	168413	182257		54	66
印刷业和记录媒介的复制	Printing,Reproduction of Recording Media	13957	12303	19	28	16
文教体育用品制造业	Manufacture of Articles for Culture, Education and Sport Activity	2267	2238			
石油加工炼焦及核燃料加工	Processing of Petroleum,Coking, Processing of Nucleus Fuel	230650	221399		52	65
化学原料及化学制品制造业	Manufacture of Chemical Raw Material and Chemical Products	1495267	1482659	28286	606	431
医药制造业	Manufacture of Medicines	982079	966415	20141	662	310
化学纤维制造业	Manufacture of Chemical Fiber	12267	11501		2	8
橡胶制品业	Manufacture of Rubber	64076	61349	361	44	8
塑料制品业	Manufacture of Plastic	50746	48935		78	53
非金属矿物制品业	Non-metallic Mineral Products	752998	707752	74361	479	1939
黑色金属冶炼及压延加工业	Processing of Ferrous Metals	3353048	3227450	582802	173	68
有色金属冶炼及压延加工业	Processing of Non-ferrous Metals	2688896	2602518	132142	838	451
金属制品业	Manufacture of Metal Products	312557	285000	185	162	102
通用设备制造业	Manufacture of General Purpose Machinery	1746011	1653916	60447	820	431
专用设备制造业	Manufacture of Special Purpose Machinery	8519046	8373316	283517	4342	1444
交通运输设备制造业	Manufacture of Transport Equipment	3963912	3667082	252054	1273	598
电气机械及器材制造业	Electrical Machinery and Equipment	2293680	2052797	58026	611	273
通信设备、计算机及其他电子设备制造业	Manufacture of Communication Equipment, Computer and Other Electronic Equipment	1141366	1285195	99710	605	217
仪器仪表及文化、办公用机械制造业	Measuring Instrument and Machinery for Cultural Activity and Office Work	792883	725585	36398	625	264
工艺品及其他制造业	Artwork,Other Manufacture N.E.C	15268	18446	3410	35	20
废弃资源废旧材料回收加工	Recycling and Disposal of Waste	10642	10642			
电力、热力的生产和供应业	Production and Supply of Electric&Heat Power	5075	5075		67	39
燃气生产和供应业	Production and Distribution of Gas	8055	7246		2	2
水的生产和供应业	Production and Distribution of Water	3768	3914		84	41

15-31 规模以上工业企业科技活动项目情况（2011年）
Basic Statistics on Projects for Scientific and Technological Activities in Industrial Enterprises above Designated Size (2011)

类 别	Item	科技活动项目数（项）Projects for S&T Activities (item)	#新产品开发 New Products Develop-Ment	参与项目人员（人）Personnel of Projects (person)	项目经费支出（万元）Expenditure of Projects (10 000 yuan)	#新产品开发 New Products Develop-Ment
总计	**Total**	**5239**	**3170**	**95453**	**2371474**	**1644887**
按企业规模分组	**By Size**					
大型企业	Large	1268	706	41781	1181792	927113
中型企业	Medium	1641	1067	28102	676154	415524
小型企业	Small	2330	1397	25570	513527	302250
按登记注册类型分组	**By Registration Status**					
内资企业	Domestic-Funded Enterprises	4867	2929	88731	2210268	1551811
国有	State-owned Enterprises	685	378	9304	234043	179699
集体	Collective-owned Enterprises	33	18	455	6289	2674
股份合作	Cooperative Enterprises	33	20	669	10712	7374
国有联营	State Joint Ownership Enterprises	1		25	2309	
集体联营	Collective Joint Ownership Enterprises	3	3	21	263	263
国有与集体联营	Joint State-collective Enterprises	7	6	59	6142	6132
其他联营	Other Joint Ownership Enterprises	1		10	102	
国有独资公司	State-funded Corporations	436	213	4751	161225	73946
其他有限责任公司	Other Limited Liability Corporations	1093	715	32304	746158	550325
股份有限公司	Share-holding Corporations Ltd.	611	408	15821	495039	412617
私营独资	Private-funded Enterprises	234	143	2269	50721	32484
私营合伙	Private Partnership Enterprises	179	82	1562	19831	10083
私营有限责任公司	Private Limited Liability Corporations	1198	732	16595	367422	209186
私营股份有限公司	Private Share-holding Corporations Ltd.	263	166	4066	91862	56049
其他内资	Other Enterprises	90	45	820	18151	10980
港澳台商投资	Enterprises With Investment from Hong Kong, Macao and Taiwan	192	133	3642	99024	57670
外商投资	Enterprises With Foreign Investment	180	108	3080	62182	35405

注：本表综合范围为规模以上工业企业立项经费在10万元以上的科技活动项目。

Industrial Enterprises above Designated Size with set up a projects for scientific and technological activities of funds over 100，000 yuan.

15-31 续表 continued

类别	Item	科技活动项目数（项）Projects for S&T Activities (item)	#新产品开发 New Products Develop-Ment	参与项目人员（人）Personnel of Projects (person)	项目经费支出（万元）Expenditure of Projects (10 000 yuan)	#新产品开发 New Products Develop-Ment
按工业行业大类分组	**By Industrial Branch**					
煤炭开采和洗选业	Mining and Washing of Coal	138	8	1181	14828	1313
黑色金属矿采选业	Mining of Ferrous Metal Ores	17	2	198	2752	581
有色金属矿采选业	Mining of Non-ferrous Metal Ores	71	7	1357	11980	684
非金属矿采选业	Mining and Processing of Nonmetal Ores	27	11	269	4042	1286
其他采矿业	Mining of Other Ores N.E.C					
农副食品加工业	Processing of Food from Agricultural Products	254	167	4045	106230	72256
食品制造业	Manufacture of Foods	97	61	1619	35409	19776
饮料制造业	Manufacture of Beverage	72	37	1144	27537	12138
烟草制品业	Manufacture of Tobacco	177	107	617	22777	17485
纺织业	Manufacture of Textile	91	63	2486	43439	24813
纺织服装、鞋、帽制造业	Textile Wearing Apparel,Footware and Caps	45	22	585	6992	2818
皮革毛皮羽毛(绒)及其制品	Leather,Fur,Feather and Its Products	11	8	124	4726	4284
木材加工及木、竹、藤、棕、草制品业	Processing of Timbers,Manufacture of Wood, Bamboo, Rattan,Palm and Straw Products	56	30	614	21567	6744
家具制造业	Manufacture of Furniture	11	7	248	4020	1954
造纸及纸制品业	Manufacture of Paper and Paper Products	101	64	2811	51739	38437
印刷业和记录媒介的复制	Printing,Reproduction of Recording Media	38	17	371	10601	7654
文教体育用品制造业	Manufacture of Articles for Culture, Education and Sport Activity	6	3	100	886	157
石油加工炼焦及核燃料加工	Processing of Petroleum,Coking, Processing of Nucleus Fuel	33	6	539	10919	1662
化学原料及化学制品制造业	Manufacture of Chemical Raw Material and Chemical Products	480	249	4250	121673	84688
医药制造业	Manufacture of Medicines	296	220	3202	66822	44742
化学纤维制造业	Manufacture of Chemical Fiber	8	6	97	3285	2939
橡胶制品业	Manufacture of Rubber	22	18	173	3679	2286
塑料制品业	Manufacture of Plastic	32	20	409	8791	3811
非金属矿物制品业	Non-metallic Mineral Products	312	193	4004	76545	33804
黑色金属冶炼及压延加工业	Processing of Ferrous Metals	157	71	5177	254155	157326
有色金属冶炼及压延加工业	Processing of Non-ferrous Metals	354	163	4203	158332	60324
金属制品业	Manufacture of Metal Products	90	48	1192	34318	25291
通用设备制造业	Manufacture of General Purpose Machinery	360	218	5166	153184	85529
专用设备制造业	Manufacture of Special Purpose Machinery	458	363	26820	641626	613173
交通运输设备制造业	Manufacture of Transport Equipment	501	402	9479	176027	124538
电气机械及器材制造业	Electrical Machinery and Equipment	369	244	4593	156143	108482
通信设备、计算机及其他电子设备制造业	Manufacture of Communication Equipment, Computer and Other Electronic Equipment	209	150	4054	64967	37760
仪器仪表及文化、办公用机械制造业	Measuring Instrument and Machinery for Cultural Activity and Office Work	114	86	1707	45276	36609
工艺品及其他制造业	Artwork,Other Manufacture N.E.C	30	20	228	3290	2088
废弃资源废旧材料回收加工	Recycling and Disposal of Waste	11	8	137	4325	2812
电力、热力的生产和供应业	Production and Supply of Electric&Heat Power	177	71	1985	16059	4649
燃气生产和供应业	Production and Distribution of Gas	2		12	422	
水的生产和供应业	Production and Distribution of Water	12		257	2111	

15－32 规模以上工业企业R&D活动人员情况（2011年）
Basic Statistics on R&D Activities Personnel in Industrial Enterprises above Designated Size (2011)

类 别	Item	有R&D活动的单位数（个）Number of Enterprises Having R&D Activities (unit)	R&D人员合计（人）Total R&D Personnel (persons)	#全时人员 Full-time Personnel	R&D人员全时当量（人年）Full-time Equivalent of R&D Personnel (man-year)
总计	**Total**	**1635**	**78129**	**50020**	**57462**
按企业规模分组	**By Size**				
大型企业	Large	48	35836	26050	29104
中型企业	Medium	449	25092	15210	17217
小型企业	Small	1138	17201	8760	11142
按登记注册类型分组	**By Registration Status**				
内资企业	Domestic-Funded Enterprises	1515	73761	47025	54482
国有	State-owned Enterprises	65	7169	3753	4552
集体	Collective-owned Enterprises	14	312	199	157
股份合作	Cooperative Enterprises	14	424	247	234
国有联营	State Joint Ownership Enterprises				
集体联营	Collective Joint Ownership Enterprises	3	29	8	15
国有与集体联营	Joint State-collective Enterprises	2	27	4	23
其他联营	Other Joint Ownership Enterprises				
国有独资公司	State-funded Corporations	31	5803	4077	4224
其他有限责任公司	Other Limited Liability Corporations	320	26835	17431	20470
股份有限公司	Share-holding Corporations Ltd.	104	15373	11832	12729
私营独资	Private-funded Enterprises	136	1413	678	1099
私营合伙	Private Partnership Enterprises	66	753	334	510
私营有限责任公司	Private Limited Liability Corporations	600	11429	6232	7496
私营股份有限公司	Private Share-holding Corporations Ltd.	123	3454	1881	2487
其他内资	Other Enterprises	37	740	349	485
港澳台商投资	Enterprises With Investment from Hong Kong, Macao and Taiwan	71	2959	2121	2198
外商投资	Enterprises With Foreign Investment	49	1409	874	782

15-32 续表 continued

类 别	Item	有R&D活动的单位数（个）Number of Enterprises Having R&D Activities (unit)	R&D人员合计（人）Total R&D Personnel (persons)	#全时人员 Full-time Personnel	R&D人员全时当量（人年）Full-time Equivalent of R&D Personnel (man-year)
按工业行业大类分组	**By Industrial Branch**				
煤炭开采和洗选业	Mining and Washing of Coal	20	217	128	124
黑色金属矿采选业	Mining of Ferrous Metal Ores	8	108	82	72
有色金属矿采选业	Mining of Non-ferrous Metal Ores	22	1036	313	472
非金属矿采选业	Mining and Processing of Nonmetal Ores	15	198	135	101
其他采矿业	Mining of Other Ores N.E.C				
农副食品加工业	Processing of Food from Agricultural Products	113	2528	1062	1593
食品制造业	Manufacture of Foods	56	1561	475	1058
饮料制造业	Manufacture of Beverage	35	705	279	383
烟草制品业	Manufacture of Tobacco	1	557	160	357
纺织业	Manufacture of Textile	45	1990	684	1555
纺织服装、鞋、帽制造业	Textile Wearing Apparel,Footware and Caps	7	181	111	153
皮革毛皮羽毛(绒)及其制品	Leather,Fur,Feather and Its Products	9	137	73	87
木材加工及木、竹、藤、棕、草制品业	Processing of Timbers,Manufacture of Wood, Bamboo, Rattan,Palm and Straw Products	30	443	109	259
家具制造业	Manufacture of Furniture	3	85	16	30
造纸及纸制品业	Manufacture of Paper and Paper Products	53	1331	608	953
印刷业和记录媒介的复制	Printing,Reproduction of Recording Media	8	193	162	147
文教体育用品制造业	Manufacture of Articles for Culture, Education and Sport Activity	5	127	95	60
石油加工炼焦及核燃料加工	Processing of Petroleum,Coking, Processing of Nucleus Fuel	7	418	196	280
化学原料及化学制品制造业	Manufacture of Chemical Raw Material and Chemical Products	212	3932	2100	2577
医药制造业	Manufacture of Medicines	99	3289	2016	2386
化学纤维制造业	Manufacture of Chemical Fiber	6	109	72	84
橡胶制品业	Manufacture of Rubber	6	130	59	99
塑料制品业	Manufacture of Plastic	18	316	140	152
非金属矿物制品业	Non-metallic Mineral Products	184	3162	1953	2335
黑色金属冶炼及压延加工业	Processing of Ferrous Metals	23	4780	2441	3849
有色金属冶炼及压延加工业	Processing of Non-ferrous Metals	79	3092	1889	2348
金属制品业	Manufacture of Metal Products	34	765	550	610
通用设备制造业	Manufacture of General Purpose Machinery	115	4365	2548	2414
专用设备制造业	Manufacture of Special Purpose Machinery	99	24048	19277	21511
交通运输设备制造业	Manufacture of Transport Equipment	86	8374	5999	4659
电气机械及器材制造业	Electrical Machinery and Equipment	87	3585	2316	2594
通信设备、计算机及其他电子设备制造业	Manufacture of Communication Equipment, Computer and Other Electronic Equipment	76	2240	1602	1339
仪器仪表及文化、办公用机械制造业	Measuring Instrument and Machinery for Cultural Activity and Office Work	38	2498	1881	1942
工艺品及其他制造业	Artwork,Other Manufacture N.E.C	10	262	194	236
废弃资源废旧材料回收加工	Recycling and Disposal of Waste	7	225	170	98
电力、热力的生产和供应业	Production and Supply of Electric&Heat Power	14	1023	58	472
燃气生产和供应业	Production and Distribution of Gas	1	5	3	4
水的生产和供应业	Production and Distribution of Water	4	114	64	70

15-33 规模以上工业企按支出用途分R&D经费内部支出情况（2011年）
Intramural R&D Expenditures in Industrial Enterprises above Designated Size by Expenditure (2011)

单位：万元 (10000 yuan)

类 别	Item	R&D经费内部支出合计 Intramural R&D Expenditures	1.经常费支出 Operating Expenses	#人员劳务费 Service Fees	2.资产性支出 Capital Eexpenditu-res	#仪器和设备 Instruments & Equipments
总计	**Total**	**1817573**	**1634629**	**439213**	**182944**	**170052**
按企业规模分组	**By Size**					
大型企业	Large	931082	873682	246199	57400	49459
中型企业	Medium	488055	416026	99321	72029	69137
小型企业	Small	398436	344922	93693	53515	51457
按登记注册类型分组	**By Registration Status**					
内资企业	Domestic-Funded Enterprises	1706025	1533658	414041	172367	159899
国有	State-owned Enterprises	186751	180358	33507	6393	5322
集体	Collective-owned Enterprises	3708	3154	988	553	552
股份合作	Cooperative Enterprises	9681	9093	2399	588	549
国有联营	State Joint Ownership Enterprises					
集体联营	Collective Joint Ownership Enterprises	712	640	315	72	70
国有与集体联营	Joint State-collective Enterprises	2295	2295	294		
其他联营	Other Joint Ownership Enterprises					
国有独资公司	State-funded Corporations	108782	101083	19800	7699	7342
其他有限责任公司	Other Limited Liability Corporations	567408	516877	189172	50531	48455
股份有限公司	Share-holding Corporations Ltd.	420067	367522	75364	52545	45989
私营独资	Private-funded Enterprises	35388	31369	7113	4019	3807
私营合伙	Private Partnership Enterprises	13322	11487	4334	1836	1769
私营有限责任公司	Private Limited Liability Corporations	259397	223355	56402	36042	34583
私营股份有限公司	Private Share-holding Corporations Ltd.	77097	65605	19564	11492	10924
其他内资	Other Enterprises	21418	20820	4789	598	536
港澳台商投资	Enterprises With Investment from Hong Kong, Macao and Taiwan	72902	68700	15408	4202	4084
外商投资	Enterprises With Foreign Investment	38646	32272	9765	6374	6069

15-33 续表　continued

单位：万元　(10000 yuan)

类别	Item	R&D经费内部支出合计 Intramural R&D Expenditures	1.经常费支出 Operating Expenses	#人员劳务费 Service Fees	2.资产性支出 Capital Expenditu-res	#仪器和设备 Instruments & Equipments
按工业行业大类分组	**By Industrial Branch**					
煤炭开采和洗选业	Mining and Washing of Coal	4911	4615	824	296	259
黑色金属矿采选业	Mining of Ferrous Metal Ores	1819	1300	433	519	466
有色金属矿采选业	Mining of Non-ferrous Metal Ores	6516	5592	1510	924	848
非金属矿采选业	Mining and Processing of Nonmetal Ores	2478	1837	617	642	608
其他采矿业	Mining of Other Ores N.E.C					
农副食品加工业	Processing of Food from Agricultural Products	57420	50475	11796	6945	6528
食品制造业	Manufacture of Foods	30289	24925	6663	5364	5272
饮料制造业	Manufacture of Beverage	18681	17031	3992	1650	1582
烟草制品业	Manufacture of Tobacco	16435	16102	7550	334	334
纺织业	Manufacture of Textile	29320	21349	4913	7971	7623
纺织服装、鞋、帽制造业	Textile Wearing Apparel,Footware and Caps	1974	1662	656	312	297
皮革毛皮羽毛(绒)及其制品	Leather,Fur,Feather and Its Products	5066	4207	685	859	819
木材加工及木、竹、藤、棕、草制品业	Processing of Timbers,Manufacture of Wood, Bamboo, Rattan,Palm and Straw Products	9422	8107	1761	1315	1302
家具制造业	Manufacture of Furniture	956	905	207	51	51
造纸及纸制品业	Manufacture of Paper and Paper Products	39282	37149	6707	2133	2094
印刷业和记录媒介的复制	Printing,Reproduction of Recording Media	5254	5130	1686	124	111
文教体育用品制造业	Manufacture of Articles for Culture, Education and Sport Activity	1025	861	210	164	157
石油加工炼焦及核燃料加工	Processing of Petroleum,Coking, Processing of Nucleus Fuel	8302	6630	2025	1673	1501
化学原料及化学制品制造业	Manufacture of Chemical Raw Material and Chemical Products	108317	89934	25705	18383	17273
医药制造业	Manufacture of Medicines	53894	48174	11971	5720	5512
化学纤维制造业	Manufacture of Chemical Fiber	3656	3432	947	225	193
橡胶制品业	Manufacture of Rubber	3518	2919	899	600	570
塑料制品业	Manufacture of Plastic	7901	6522	2300	1379	1352
非金属矿物制品业	Non-metallic Mineral Products	62629	51814	13426	10815	10462
黑色金属冶炼及压延加工业	Processing of Ferrous Metals	137810	129217	20850	8593	7959
有色金属冶炼及压延加工业	Processing of Non-ferrous Metals	100089	91852	19046	8237	7459
金属制品业	Manufacture of Metal Products	19754	18438	3422	1316	1315
通用设备制造业	Manufacture of General Purpose Machinery	96305	87223	21121	9082	8873
专用设备制造业	Manufacture of Special Purpose Machinery	539261	503839	177625	35421	30435
交通运输设备制造业	Manufacture of Transport Equipment	186282	165688	43268	20594	19814
电气机械及器材制造业	Electrical Machinery and Equipment	122022	103323	20908	18700	17713
通信设备、计算机及其他电子设备制造业	Manufacture of Communication Equipment, Computer and Other Electronic Equipment	83955	76412	9558	7544	6706
仪器仪表及文化、办公用机械制造业	Measuring Instrument and Machinery for Cultural Activity and Office Work	33043	30382	12378	2660	2444
工艺品及其他制造业	Artwork,Other Manufacture N.E.C	3770	3288	648	482	458
废弃资源废旧材料回收加工	Recycling and Disposal of Waste	5161	3959	967	1202	1100
电力、热力的生产和供应业	Production and Supply of Electric&Heat Power	9605	8953	1109	652	508
燃气生产和供应业	Production and Distribution of Gas	248	213	125	35	30
水的生产和供应业	Production and Distribution of Water	1205	1175	708	29	26

15-34 大中型工业企业科技活动情况（2011年）
Basic Statistics on Scientific and Technological Activities in Large and Medium-Sized Industrial Enterprises (2011)

指 标	Item	合 计 Total	#国有 State-owned	#大型 Large	#中型 Medium
大中型工业企业个数（个）	Large and Medium-Sized Industrial Enterprises (unit)	1359	323	75	1284
#有科技活动的企业个数	# Number of Units Having S&T Activities	705	194	64	641
#有R&D活动的企业个数	# Number of Units Having R&D Activities	497	143	48	449
企业科技活动人员（人）	Number of S&T Personnel of Enterprises (person)	116938	58697	71256	45682
#全时人员	#Personnel	75019	36696	48165	26854
#具有高、中级职称	#Senior and Medium	34240	18481	21159	13081
#研究与实验发展人员	#R&D Employee	60928	29526	35836	25092
企业办科技机构数（个）	Number of Institutions for S&T in Enterprises (unit)	504	188	88	416
企业办科技机构人员（人）	Number of Persons of Institutions for S&T in Enterprises (person)	42672	18192	25334	17338
#博士毕业	#Doctor	623	264	268	355
#硕士毕业	#Master	9239	2383	7732	1507
当年科技活动经费支出总额（万元）	Expenditure for S&T Activities this Year (10 000 yuan)	2682954	1505268	1665356	1017599
1.内部支出	#Intramural Expenditure	2588849	1443003	1615268	973581
#研究与发展经费	#R&D	1419137	736052	931082	488055
#新产品开发经费	#New Products Development	1705789	939382	1165063	540726
#劳务费	#Labor Expenditures	553497	254253	376766	176731
#原材料费	#Raw and Processed Materials Expenditures	1366326	817167	862396	503930
2.外部支出	#External Expenditure	94105	62265	50087	44018
新产品产值（万元）	Gross Output Value of New Products (10 000 yuan)	32492539	20430333	23595507	8897032
新产品销售收入（万元）	Sales Revenue of New Products (10 000 yuan)	31492855	20026405	23066457	8426398
#出口	#Exported	1682475	1273758	1359101	323374
科技活动项目个数（项）	Number of Projects for S&T (item)	7561	4142	4124	3437
#新产品开发	#New Products Development	5290	2703	2944	2346
#研究与实验发展	#Research and Experimental Development	4779	2470	2477	2302
科技活动项目参加人员（人）	Personnel of Projects for S&T Activities (person)	94184	45587	56167	38017
科技活动项目经费支出总额（万元）	Expenditures of Projects fo S&T Activities (10 000 yuan)	2020438	1087022	1279476	740962
专利申请数（件）	Patent Applications (item)	9576	3961	5412	4164
有效发明专利数（件）	Valid Invention Patents Owned (item)	5866	2140	2399	3467
专利所有权转让及许可数（件）	Number of Patent License and Transfer (item)	78	11	15	63
专利所有权转让与许可收入（万元）	Revenue from Patent License and Transfer (10 000 yuan)	3558	1664	1914	1644
发表科技论文（篇）	Number of Published Scientific Papers (piece)	3087	2572	2464	623
拥有注册商标数（件）	Number of registered trademark (item)	6327	3246	3535	2792

15-35 大中型工业企业科技活动人员与经费情况（2011年）
Basic Statistics on S&T Personnel and Funds of S&T Activities in Large and Medium-Sized Industrial Enterprises (2011)

类别	Item	企业科技活动人员（人） S&T Personnel in Enterprises (person)	#高中级职称人员 Senior and Medium	当年科技活动经费支出总额（万元） Expenditure for S&T Activities this Year (10 000 yuan)	#内部支出 Intramural Expenditure	#新产品开发 New Products Development
总计	**Total**	**116938**	**34240**	**2682954**	**2588849**	**1705789**
按企业规模分组	**By Size**					
大型企业	Large	71256	21159	1665356	1615268	1165063
中型企业	Medium	45682	13081	1017599	973581	540726
按登记注册类型分组	**By Registration Status**					
内资企业	Domestic-Funded Enterprises	109282	32236	2498755	2420034	1625074
国有	State-owned Enterprises	15988	7204	389759	357567	240113
集体	Collective-owned Enterprises	237	34	1473	1468	1378
股份合作	Cooperative Enterprises	428	206	6536	6536	3286
国有联营	State Joint Ownership Enterprises					
集体联营	Collective Joint Ownership Enterprises					
国有与集体联营	Joint State-collective Enterprises	67	8	6232	6232	6232
其他联营	Other Joint Ownership Enterprises	15	10	124	114	
国有独资公司	State-funded Corporations	11407	3820	241770	233557	101723
其他有限责任公司	Other Limited Liability Corporations	42731	11543	797026	784080	575434
股份有限公司	Share-holding Corporations Ltd.	23633	5630	686177	670028	489906
私营独资	Private-funded Enterprises	488	143	13123	13047	9044
私营合伙	Private Partnership Enterprises	665	149	10946	10274	2527
私营有限责任公司	Private Limited Liability Corporations	9945	2457	259718	253143	143650
私营股份有限公司	Private Share-holding Corporations Ltd.	3340	945	78052	76408	46668
其他内资	Other Enterprises	338	87	7819	7579	5114
港澳台商投资	Enterprises With Investment from Hong Kong, Macao and Taiwan	4874	1403	107990	105946	54516
外商投资	Enterprises With Foreign Investment	2782	601	76209	62870	26199

15－35 续表 continued

类 别	Item	企业科技活动人员（人）S&T Personnel in Enterprises (person)	#高中级职称人员 Senior and Medium	当年科技活动经费支出总额（万元）Expenditure for S&T Activities this Year (10 000 yuan)	#内部支出 Intramural Expenditure	#新产品开发 New Products Development
按工业行业大类分组	**By Industrial Branch**					
煤炭开采和洗选业	Mining and Washing of Coal	484	180	7859	7705	677
黑色金属矿采选业	Mining of Ferrous Metal Ores	64	6	223	223	
有色金属矿采选业	Mining of Non-ferrous Metal Ores	1624	526	13942	11612	171
非金属矿采选业	Mining and Processing of Nonmetal Ores	180	73	1490	1480	740
其他采矿业	Mining of Other Ores N.E.C					
农副食品加工业	Processing of Food from Agricultural Products	2617	574	88081	86369	52868
食品制造业	Manufacture of Foods	1484	376	30723	30193	15353
饮料制造业	Manufacture of Beverage	850	405	48420	47832	10792
烟草制品业	Manufacture of Tobacco	1326	1030	41860	25779	19769
纺织业	Manufacture of Textile	2997	691	51318	50921	23846
纺织服装、鞋、帽制造业	Textile Wearing Apparel,Footware and Caps	645	147	8492	8022	2860
皮革毛皮羽毛(绒)及其制品	Leather,Fur,Feather and Its Products	73	18	3245	3239	2977
木材加工及木、竹、藤、棕、草制品业	Processing of Timbers,Manufacture of Wood, Bamboo, Rattan,Palm and Straw Products	287	82	20407	20213	1650
家具制造业	Manufacture of Furniture	280	31	3668	3398	1316
造纸及纸制品业	Manufacture of Paper and Paper Products	2879	485	44141	43405	28930
印刷业和记录媒介的复制	Printing,Reproduction of Recording Media	419	104	13383	13383	10921
文教体育用品制造业	Manufacture of Articles for Culture, Education and Sport Activity	70	10	284	282	134
石油加工炼焦及核燃料加工	Processing of Petroleum,Coking, Processing of Nucleus Fuel	1948	330	30712	29104	2201
化学原料及化学制品制造业	Manufacture of Chemical Raw Material and Chemical Products	4197	1679	105627	100634	54934
医药制造业	Manufacture of Medicines	2934	728	45010	39599	29725
化学纤维制造业	Manufacture of Chemical Fiber	73	34	2026	2026	2026
橡胶制品业	Manufacture of Rubber	30	4	2628	2364	1188
塑料制品业	Manufacture of Plastic	106	11	8053	8053	
非金属矿物制品业	Non-metallic Mineral Products	3514	1176	58049	57828	22103
黑色金属冶炼及压延加工业	Processing of Ferrous Metals	10033	2954	292882	282467	161582
有色金属冶炼及压延加工业	Processing of Non-ferrous Metals	4872	1496	165020	161032	49718
金属制品业	Manufacture of Metal Products	959	356	27638	27332	22162
通用设备制造业	Manufacture of General Purpose Machinery	6266	1882	135488	131175	77951
专用设备制造业	Manufacture of Special Purpose Machinery	37373	9361	727470	722978	635371
交通运输设备制造业	Manufacture of Transport Equipment	13607	4516	338058	314228	225114
电气机械及器材制造业	Electrical Machinery and Equipment	4344	1464	194474	190827	124363
通信设备、计算机及其他电子设备制造业	Manufacture of Communication Equipment, Computer and Other Electronic Equipment	3754	1375	89222	88391	70892
仪器仪表及文化、办公用机械制造业	Measuring Instrument and Machinery for Cultural Activity and Office Work	3657	803	59441	57365	47317
工艺品及其他制造业	Artwork,Other Manufacture N.E.C	225	33	3943	3223	761
废弃资源废旧材料回收加工	Recycling and Disposal of Waste	170	6	1060	1060	1060
电力、热力的生产和供应业	Production and Supply of Electric&Heat Power	2368	1251	16943	13449	4320
燃气生产和供应业	Production and Distribution of Gas					
水的生产和供应业	Production and Distribution of Water	229	43	1676	1664	

15-36 大中型工业企业办科技机构情况（2011年）
Basic Statistics on Institutions for Scientific and Technological in Large and Medium-Sized Industrial Enterprises (2011)

类 别	Item	企业办科技机构（个）Number of Institutions for S&T in Enterprises (unit)	企业办科技机构人员(人) Number of Personnel in Institutions for S&T in Enterprises (person)	#博士 Doctor	#硕士 Master	科技机构内部经费支出(万元) Intramural Expenditure for S&T Institutions (10 000 yuan)
总计	**Total**	**504**	**42672**	**623**	**9239**	**746695**
按企业规模分组	**By Size**					
大型企业	Large	88	25334	268	7732	499309
中型企业	Medium	416	17338	355	1507	247386
按登记注册类型分组	**By Registration Status**					
内资企业	Domestic-Funded Enterprises	463	39537	546	8822	696494
国有	State-owned Enterprises	59	3853	83	454	71415
集体	Collective-owned Enterprises	2	58	1	3	70
股份合作	Cooperative Enterprises	2	337	8	2	3788
国有联营	State Joint Ownership Enterprises					
集体联营	Collective Joint Ownership Enterprises					
国有与集体联营	Joint State-collective Enterprises					
其他联营	Other Joint Ownership Enterprises					
国有独资公司	State-funded Corporations	42	5005	48	412	89210
其他有限责任公司	Other Limited Liability Corporations	89	15085	80	5975	307048
股份有限公司	Share-holding Corporations Ltd.	91	8956	173	1413	132637
私营独资	Private-funded Enterprises	9	168	2	8	4018
私营合伙	Private Partnership Enterprises	7	246	5	19	4503
私营有限责任公司	Private Limited Liability Corporations	120	4101	98	334	50163
私营股份有限公司	Private Share-holding Corporations Ltd.	39	1667	47	199	31957
其他内资	Other Enterprises	3	61	1	3	1685
港澳台商投资	Enterprises With Investment from Hong Kong, Macao and Taiwan	26	2307	69	344	35113
外商投资	Enterprises With Foreign Investment	15	828	8	73	15088

15-36 续表 continued

类 别	Item	企业办科技机构（个） Number of Institutions for S&T in Enterprises (unit)	企业办科技机构人员 (人) Number of Personnel in Institutions for S&T in Enterprises (person)	#博士 Doctor	#硕士 Master	科技机构内部经费支出(万元) Intramural Expenditure for S&T Institutions (10 000 yuan)
按工业行业大类分组	**By Industrial Branch**					
煤炭开采和洗选业	Mining and Washing of Coal	8	144	1		782
黑色金属矿采选业	Mining of Ferrous Metal Ores	1	32			69
有色金属矿采选业	Mining of Non-ferrous Metal Ores	10	299	1	8	1375
非金属矿采选业	Mining and Processing of Nonmetal Ores	4	75	2	8	499
其他采矿业	Mining of Other Ores N.E.C					
农副食品加工业	Processing of Food from Agricultural Products	29	1335	37	159	24789
食品制造业	Manufacture of Foods	18	565	10	53	6920
饮料制造业	Manufacture of Beverage	10	521	9	25	10063
烟草制品业	Manufacture of Tobacco	1	177	21	77	21643
纺织业	Manufacture of Textile	19	713	6	23	1569
纺织服装、鞋、帽制造业	Textile Wearing Apparel,Footware and Caps	11	506	8	16	5036
皮革毛皮羽毛(绒)及其制品	Leather,Fur,Feather and Its Products	2	20		2	230
木材加工及木、竹、藤、棕、草制品业	Processing of Timbers,Manufacture of Wood, Bamboo, Rattan,Palm and Straw Products	5	132	4	14	3300
家具制造业	Manufacture of Furniture	3	43			1545
造纸及纸制品业	Manufacture of Paper and Paper Products	10	563	2	29	13745
印刷业和记录媒介的复制	Printing,Reproduction of Recording Media	4	143		3	6323
文教体育用品制造业	Manufacture of Articles for Culture, Education and Sport Activity					
石油加工炼焦及核燃料加工	Processing of Petroleum,Coking, Processing of Nucleus Fuel	8	383	3	25	3457
化学原料及化学制品制造业	Manufacture of Chemical Raw Material and Chemical Products	39	1450	33	125	24101
医药制造业	Manufacture of Medicines	31	1543	30	119	17766
化学纤维制造业	Manufacture of Chemical Fiber					
橡胶制品业	Manufacture of Rubber	1	26	2	10	1673
塑料制品业	Manufacture of Plastic	2	31		2	803
非金属矿物制品业	Non-metallic Mineral Products	23	1022	33	71	8952
黑色金属冶炼及压延加工业	Processing of Ferrous Metals	13	1613	14	82	32772
有色金属冶炼及压延加工业	Processing of Non-ferrous Metals	24	1891	48	143	53798
金属制品业	Manufacture of Metal Products	9	307	10	54	16475
通用设备制造业	Manufacture of General Purpose Machinery	51	2797	71	313	52939
专用设备制造业	Manufacture of Special Purpose Machinery	48	14207	54	5922	230730
交通运输设备制造业	Manufacture of Transport Equipment	52	5840	81	952	94355
电气机械及器材制造业	Electrical Machinery and Equipment	29	2411	35	287	74547
通信设备、计算机及其他电子设备制造业	Manufacture of Communication Equipment, Computer and Other Electronic Equipment	18	1306	12	131	16350
仪器仪表及文化、办公用机械制造业	Measuring Instrument and Machinery for Cultural Activity and Office Work	9	1899	57	447	16603
工艺品及其他制造业	Artwork,Other Manufacture N.E.C	2	57		13	370
废弃资源废旧材料回收加工	Recycling and Disposal of Waste	1	42		2	35
电力、热力的生产和供应业	Production and Supply of Electric&Heat Power	7	505	39	108	2721
燃气生产和供应业	Production and Distribution of Gas					
水的生产和供应业	Production and Distribution of Water	2	74		16	362

15-37 大中型工业企业科技活动产出情况（2011年）
Basic Statistics on Scientific and Technological Outputs in Large and Medium-Sized Industrial Enterprises (2011)

类别	Item	新产品产值（万元）Gross Output Value of New Products (10 000 yuan)	新产品销售收入（万元）Sales Revenue of New Products (10 000 yuan)	#出口 Exported	专利申请数（件）Total Applications (item)	有效发明专利数（件）Valid Invention Patents Owned (item)
总计	**Total**	**32492539**	**31492855**	**1682475**	**9576**	**5866**
按企业规模分组	**By Size**					
大型企业	Large	23595507	23066457	1359101	5412	2399
中型企业	Medium	8897032	8426398	323374	4164	3467
按登记注册类型分组	**By Registration Status**					
内资企业	Domestic-Funded Enterprises	30230101	29331412	1534250	8659	5672
国有	State-owned Enterprises	9683660	9538243	348333	639	420
集体	Collective-owned Enterprises	12348	12198		2	2
股份合作	Cooperative Enterprises	34126	25047		5	7
国有联营	State Joint Ownership Enterprises					
集体联营	Collective Joint Ownership Enterprises					
国有与集体联营	Joint State-collective Enterprises	60083	60083			
其他联营	Other Joint Ownership Enterprises					
国有独资公司	State-funded Corporations	2059852	1990991	160028	542	476
其他有限责任公司	Other Limited Liability Corporations	7558544	7340734	541652	2946	887
股份有限公司	Share-holding Corporations Ltd.	7624969	7219040	336096	3075	3267
私营独资	Private-funded Enterprises	302092	296617		17	2
私营合伙	Private Partnership Enterprises	220953	185064	8647	37	27
私营有限责任公司	Private Limited Liability Corporations	1675793	1725239	71097	911	360
私营股份有限公司	Private Share-holding Corporations Ltd.	834307	774821	68397	476	219
其他内资	Other Enterprises	163375	163335		9	5
港澳台商投资	Enterprises With Investment from Hong Kong, Macao and Taiwan	1636791	1575570	44212	589	144
外商投资	Enterprises With Foreign Investment	625647	585872	104013	328	50

15-37 续表 continued

类 别	Item	新产品产值（万元） Gross Output Value of New Products (10 000 yuan)	新产品销售收入（万元） Sales Revenue of New Products (10 000 yuan)	#出口 Exported	专利申请数(件) Total Applic-ations (item)	有效发明专利数(件) Valid Invention Patents Owned (item)
按工业行业大类分组	**By Industrial Branch**					
煤炭开采和洗选业	Mining and Washing of Coal				1	
黑色金属矿采选业	Mining of Ferrous Metal Ores				1	1
有色金属矿采选业	Mining of Non-ferrous Metal Ores	68802	74971		3	10
非金属矿采选业	Mining and Processing of Nonmetal Ores	3987	3987		5	2
其他采矿业	Mining of Other Ores N.E.C					
农副食品加工业	Processing of Food from Agricultural Products	1082943	1022406	555	148	101
食品制造业	Manufacture of Foods	402085	374357	95133	71	18
饮料制造业	Manufacture of Beverage	304799	227145	32350	108	58
烟草制品业	Manufacture of Tobacco	5882073	5918893	21472	86	101
纺织业	Manufacture of Textile	522545	498860	8690	291	47
纺织服装、鞋、帽制造业	Textile Wearing Apparel,Footware and Caps	61916	59156	7446	16	
皮革毛皮羽毛(绒)及其制品	Leather,Fur,Feather and Its Products	96717	96717			
木材加工及木、竹、藤、棕、草制品业	Processing of Timbers,Manufacture of Wood, Bamboo, Rattan,Palm and Straw Products	257393	250777	152	48	35
家具制造业	Manufacture of Furniture	101512	172060			
造纸及纸制品业	Manufacture of Paper and Paper Products	106054	105323		48	66
印刷业和记录媒介的复制	Printing,Reproduction of Recording Media	5207	4563	19	22	16
文教体育用品制造业	Manufacture of Articles for Culture, Education and Sport Activity					
石油加工炼焦及核燃料加工	Processing of Petroleum,Coking, Processing of Nucleus Fuel	230650	221399		51	64
化学原料及化学制品制造业	Manufacture of Chemical Raw Material and Chemical Products	641598	668771	23318	380	311
医药制造业	Manufacture of Medicines	378826	367500	8756	263	129
化学纤维制造业	Manufacture of Chemical Fiber					
橡胶制品业	Manufacture of Rubber	7436	7436	361	33	1
塑料制品业	Manufacture of Plastic	30	30		4	
非金属矿物制品业	Non-metallic Mineral Products	471713	445632	67800	358	1877
黑色金属冶炼及压延加工业	Processing of Ferrous Metals	3333638	3207770	582802	145	62
有色金属冶炼及压延加工业	Processing of Non-ferrous Metals	1862572	1764276	71111	568	336
金属制品业	Manufacture of Metal Products	185912	162002		68	30
通用设备制造业	Manufacture of General Purpose Machinery	1230516	1162167	53704	410	280
专用设备制造业	Manufacture of Special Purpose Machinery	8163970	8032779	277735	3953	1213
交通运输设备制造业	Manufacture of Transport Equipment	3827298	3540304	248792	1105	533
电气机械及器材制造业	Electrical Machinery and Equipment	1868101	1642144	57420	353	153
通信设备、计算机及其他电子设备制造业	Manufacture of Communication Equipment, Computer and Other Electronic Equipment	745783	870374	97733	406	156
仪器仪表及文化、办公用机械制造业	Measuring Instrument and Machinery for Cultural Activity and Office Work	640200	581555	23718	492	190
工艺品及其他制造业	Artwork,Other Manufacture N.E.C	8260	9497	3410	14	20
废弃资源废旧材料回收加工	Recycling and Disposal of Waste	6	6			
电力、热力的生产和供应业	Production and Supply of Electric&Heat Power				57	29
燃气生产和供应业	Production and Distribution of Gas					
水的生产和供应业	Production and Distribution of Water				68	27

15-38 大中型工业企业科技活动项目情况（2011年）
Basic Statistics on Projects for Scientific and Technological Activities in Large and Medium-Sized Industrial Enterprises (2011)

类 别	Item	科技活动项目数（项）Projects for S&T Activities (item)	#新产品开发 New Products Develop-Ment	参与项目人员（人）Personnel of Projects (person)	项目经费支出（万元）Expenditure of Projects (10 000 yuan)	#新产品开发 New Products Develop-Ment
总计	**Total**	**2909**	**1773**	**69883**	**1857947**	**1342637**
按企业规模分组	**By Size**					
大型企业	Large	1268	706	41781	1181792	927113
中型企业	Medium	1641	1067	28102	676154	415524
按登记注册类型分组	**By Registration Status**					
内资企业	Domestic-Funded Enterprises	2693	1632	65275	1735063	1275785
国有	State-owned Enterprises	631	346	8821	228421	175789
集体	Collective-owned Enterprises	5	5	80	813	813
股份合作	Cooperative Enterprises	10	6	391	4400	1738
国有联营	State Joint Ownership Enterprises					
集体联营	Collective Joint Ownership Enterprises					
国有与集体联营	Joint State-collective Enterprises	6	6	55	6132	6132
其他联营	Other Joint Ownership Enterprises	1		10	102	
国有独资公司	State-funded Corporations	427	205	4684	159111	71837
其他有限责任公司	Other Limited Liability Corporations	558	367	26124	603537	462298
股份有限公司	Share-holding Corporations Ltd.	524	347	14720	473590	397324
私营独资	Private-funded Enterprises	24	15	392	10843	7863
私营合伙	Private Partnership Enterprises	36	29	508	5178	2041
私营有限责任公司	Private Limited Liability Corporations	356	227	7016	178863	107693
私营股份有限公司	Private Share-holding Corporations Ltd.	103	70	2285	57577	37620
其他内资	Other Enterprises	12	9	189	6496	4638
港澳台商投资	Enterprises With Investment from Hong Kong, Macao and Taiwan	125	85	2601	80010	44630
外商投资	Enterprises With Foreign Investment	91	56	2007	42873	22222

注：本表综合范围为大中型工业企业立项经费在10万元以上的科技活动项目。

All large and medium-sized industrial enterprises with set up a projects for scientific and technological activities of funds over 100,000 yuan.

15-38 续表 continued

类 别	Item	科技活动项目数(项) Projects for S&T Activities (item)	#新产品开发 New Products Develop-Ment	参与项目人员(人) Personnel of Projects (person)	项目经费支出(万元) Expenditure of Projects (10 000 yuan)	#新产品开发 New Products Develop-Ment
按工业行业大类分组	**By Industrial Branch**					
煤炭开采和洗选业	Mining and Washing of Coal	21	1	437	6098	677
黑色金属矿采选业	Mining of Ferrous Metal Ores	2		58	194	
有色金属矿采选业	Mining of Non-ferrous Metal Ores	53	2	1144	9490	111
非金属矿采选业	Mining and Processing of Nonmetal Ores	7	1	124	959	450
其他采矿业	Mining of Other Ores N.E.C					
农副食品加工业	Processing of Food from Agricultural Products	94	67	2033	60741	40472
食品制造业	Manufacture of Foods	43	25	1012	22961	13464
饮料制造业	Manufacture of Beverage	28	13	474	17832	6877
烟草制品业	Manufacture of Tobacco	177	107	617	22777	17485
纺织业	Manufacture of Textile	64	42	2083	37722	20119
纺织服装、鞋、帽制造业	Textile Wearing Apparel,Footware and Caps	41	21	566	6683	2754
皮革毛皮羽毛(绒)及其制品	Leather,Fur,Feather and Its Products	4	4	59	2600	2600
木材加工及木、竹、藤、棕、草制品业	Processing of Timbers,Manufacture of Wood, Bamboo, Rattan,Palm and Straw Products	14	6	180	12973	1432
家具制造业	Manufacture of Furniture	8	4	218	3327	1261
造纸及纸制品业	Manufacture of Paper and Paper Products	43	23	2112	33180	23201
印刷业和记录媒介的复制	Printing,Reproduction of Recording Media	27	13	305	9594	7390
文教体育用品制造业	Manufacture of Articles for Culture, Education and Sport Activity	2	1	60	190	90
石油加工炼焦及核燃料加工	Processing of Petroleum,Coking, Processing of Nucleus Fuel	17	3	410	10222	1523
化学原料及化学制品制造业	Manufacture of Chemical Raw Material and Chemical Products	215	70	1982	61797	41001
医药制造业	Manufacture of Medicines	149	117	1550	33012	25070
化学纤维制造业	Manufacture of Chemical Fiber	3	3	65	2026	2026
橡胶制品业	Manufacture of Rubber	2	1	26	1796	981
塑料制品业	Manufacture of Plastic	1		40	1618	
非金属矿物制品业	Non-metallic Mineral Products	115	69	2371	41501	19348
黑色金属冶炼及压延加工业	Processing of Ferrous Metals	130	61	4856	250171	154661
有色金属冶炼及压延加工业	Processing of Non-ferrous Metals	240	88	3175	129542	42720
金属制品业	Manufacture of Metal Products	31	13	648	21588	17785
通用设备制造业	Manufacture of General Purpose Machinery	153	102	2722	104788	59818
专用设备制造业	Manufacture of Special Purpose Machinery	309	259	24490	604337	589693
交通运输设备制造业	Manufacture of Transport Equipment	415	338	8372	161111	112403
电气机械及器材制造业	Electrical Machinery and Equipment	199	148	2716	118613	89067
通信设备、计算机及其他电子设备制造业	Manufacture of Communication Equipment, Computer and Other Electronic Equipment	73	57	1866	24524	16792
仪器仪表及文化、办公用机械制造业	Measuring Instrument and Machinery for Cultural Activity and Office Work	44	36	922	28758	25996
工艺品及其他制造业	Artwork,Other Manufacture N.E.C	12	7	85	1105	550
废弃资源废旧材料回收加工	Recycling and Disposal of Waste	2	2	52	503	503
电力、热力的生产和供应业	Production and Supply of Electric&Heat Power	166	69	1863	12334	4320
燃气生产和供应业	Production and Distribution of Gas					
水的生产和供应业	Production and Distribution of Water	5		190	1281	

15-39 大中型工业企业R&D活动人员情况（2011年）
Basic Statistics on R&D Activities Personnel in Large and Medium-Sized Industrial Enterprises (2011)

类 别	Item	有R&D活动的单位数（个）Number of Enterprises Having R&D Activities (unit)	R&D人员合计（人）Total R&D Personnel (persons)	#全时人员 Full-time Personnel	R&D人员全时当量（人年）Full-time Equivalent of R&D Personnel (man-year)
总计	**Total**	**497**	**60928**	**41260**	**46320**
按企业规模分组	**By Size**				
大型企业	Large	48	35836	26050	29104
中型企业	Medium	449	25092	15210	17217
按登记注册类型分组	**By Registration Status**				
内资企业	Domestic-Funded Enterprises	444	57824	39087	44061
国有	State-owned Enterprises	48	6776	3545	4315
集体	Collective-owned Enterprises	2	177	158	68
股份合作	Cooperative Enterprises	2	240	163	114
国有联营	State Joint Ownership Enterprises				
集体联营	Collective Joint Ownership Enterprises				
国有与集体联营	Joint State-collective Enterprises	1	23		20
其他联营	Other Joint Ownership Enterprises				
国有独资公司	State-funded Corporations	29	5765	4059	4187
其他有限责任公司	Other Limited Liability Corporations	93	22644	15369	17759
股份有限公司	Share-holding Corporations Ltd.	69	14588	11341	12171
私营独资	Private-funded Enterprises	11	203	53	132
私营合伙	Private Partnership Enterprises	5	262	88	181
私营有限责任公司	Private Limited Liability Corporations	139	4691	2809	3273
私营股份有限公司	Private Share-holding Corporations Ltd.	37	2200	1425	1697
其他内资	Other Enterprises	8	255	77	143
港澳台商投资	Enterprises With Investment from Hong Kong, Macao and Taiwan	35	2441	1805	1875
外商投资	Enterprises With Foreign Investment	18	663	368	384

15-39 续表 continued

类 别	Item	有R&D活动的单位数（个） Number of Enterprises Having R&D Activities (unit)	R&D人员合计（人） Total R&D Personnel (persons)	#全时人员 Full-time Personnel	R&D人员全时当量（人年） Full-time Equivalent of R&D Personnel (man-year)
按工业行业大类分组	**By Industrial Branch**				
煤炭开采和洗选业	Mining and Washing of Coal	9	156	90	91
黑色金属矿采选业	Mining of Ferrous Metal Ores	1	30	26	30
有色金属矿采选业	Mining of Non-ferrous Metal Ores	11	924	249	421
非金属矿采选业	Mining and Processing of Nonmetal Ores	3	93	63	19
其他采矿业	Mining of Other Ores N.E.C				
农副食品加工业	Processing of Food from Agricultural Products	25	1177	585	771
食品制造业	Manufacture of Foods	22	967	218	610
饮料制造业	Manufacture of Beverage	11	394	167	186
烟草制品业	Manufacture of Tobacco	1	557	160	357
纺织业	Manufacture of Textile	33	1818	637	1426
纺织服装、鞋、帽制造业	Textile Wearing Apparel,Footware and Caps	4	162	103	143
皮革毛皮羽毛(绒)及其制品	Leather,Fur,Feather and Its Products	4	66	55	51
木材加工及木、竹、藤、棕、草制品业	Processing of Timbers,Manufacture of Wood, Bamboo, Rattan,Palm and Straw Products	7	135	19	50
家具制造业	Manufacture of Furniture	3	85	16	30
造纸及纸制品业	Manufacture of Paper and Paper Products	12	838	386	607
印刷业和记录媒介的复制	Printing,Reproduction of Recording Media	2	161	139	119
文教体育用品制造业	Manufacture of Articles for Culture, Education and Sport Activity	1	54	54	32
石油加工炼焦及核燃料加工	Processing of Petroleum,Coking, Processing of Nucleus Fuel	4	272	64	183
化学原料及化学制品制造业	Manufacture of Chemical Raw Material and Chemical Products	39	1860	921	1173
医药制造业	Manufacture of Medicines	28	1947	1430	1653
化学纤维制造业	Manufacture of Chemical Fiber	2	69	44	59
橡胶制品业	Manufacture of Rubber	1	28	4	28
塑料制品业	Manufacture of Plastic	1	42	20	25
非金属矿物制品业	Non-metallic Mineral Products	52	1920	1271	1389
黑色金属冶炼及压延加工业	Processing of Ferrous Metals	10	4624	2339	3721
有色金属冶炼及压延加工业	Processing of Non-ferrous Metals	22	2254	1367	1825
金属制品业	Manufacture of Metal Products	7	404	340	363
通用设备制造业	Manufacture of General Purpose Machinery	33	2699	1755	1461
专用设备制造业	Manufacture of Special Purpose Machinery	31	22574	18517	20489
交通运输设备制造业	Manufacture of Transport Equipment	46	7501	5364	4026
电气机械及器材制造业	Electrical Machinery and Equipment	26	2501	1854	1925
通信设备、计算机及其他电子设备制造业	Manufacture of Communication Equipment, Computer and Other Electronic Equipment	23	1330	1107	818
仪器仪表及文化、办公用机械制造业	Measuring Instrument and Machinery for Cultural Activity and Office Work	9	1948	1551	1571
工艺品及其他制造业	Artwork,Other Manufacture N.E.C	3	166	125	152
废弃资源废旧材料回收加工	Recycling and Disposal of Waste	1	164	152	61
电力、热力的生产和供应业	Production and Supply of Electric&Heat Power	8	930	26	419
燃气生产和供应业	Production and Distribution of Gas				
水的生产和供应业	Production and Distribution of Water	2	78	42	38

15-40 大中型工业企按支出用途分R&D经费内部支出情况（2011年）
Intramural R&D Expenditures in Large and Medium-Sized Industrial Enterprises by Expenditure (2011)

单位：万元 (10000 yuan)

类 别	Item	R&D经费内部支出合计 Intramural R&D Expenditures	1.经常费支出 Operating Expenses	#人员劳务费 Service Fees	2.资产性支出 Capital Eexpenditu-res	#仪器和设备 Instruments & Equipments
总计	**Total**	**1419137**	**1289708**	**345520**	**129429**	**118595**
按企业规模分组	**By Size**					
大型企业	Large	931082	873682	246199	57400	49459
中型企业	Medium	488055	416026	99321	72029	69137
按登记注册类型分组	**By Registration Status**					
内资企业	Domestic-Funded Enterprises	1341776	1219635	329195	122140	111588
国有	State-owned Enterprises	181134	174923	31523	6211	5141
集体	Collective-owned Enterprises	1184	684	272	500	500
股份合作	Cooperative Enterprises	3647	3322	1437	325	297
国有联营	State Joint Ownership Enterprises					
集体联营	Collective Joint Ownership Enterprises					
国有与集体联营	Joint State-collective Enterprises	2275	2275	285		
其他联营	Other Joint Ownership Enterprises					
国有独资公司	State-funded Corporations	106779	99080	19572	7699	7342
其他有限责任公司	Other Limited Liability Corporations	469556	435681	168907	33875	32229
股份有限公司	Share-holding Corporations Ltd.	402048	353538	70047	48510	42102
私营独资	Private-funded Enterprises	6337	5699	1038	638	612
私营合伙	Private Partnership Enterprises	3117	2644	684	473	453
私营有限责任公司	Private Limited Liability Corporations	111625	94275	20331	17350	16659
私营股份有限公司	Private Share-holding Corporations Ltd.	47126	40690	13135	6436	6145
其他内资	Other Enterprises	6947	6825	1965	122	108
港澳台商投资	Enterprises With Investment from Hong Kong, Macao and Taiwan	57120	54131	12238	2989	2893
外商投资	Enterprises With Foreign Investment	20242	15942	4087	4300	4115

15−40 续表　continued

单位：万元　(10000 yuan)

类　别	Item	R&D经费内部支出合计 Intramural R&D Expenditures	1.经常费支出 Operating Expenses	#人员劳务费 Service Fees	2.资产性支出 Capital Eexpenditu-res	#仪器和设备 Instruments & Equipments
按工业行业大类分组	**By Industrial Branch**					
煤炭开采和洗选业	Mining and Washing of Coal	3884	3706	695	178	152
黑色金属矿采选业	Mining of Ferrous Metal Ores	153	135	93	18	15
有色金属矿采选业	Mining of Non-ferrous Metal Ores	4770	4448	979	322	314
非金属矿采选业	Mining and Processing of Nonmetal Ores	1086	576	174	510	510
其他采矿业	Mining of Other Ores N.E.C					
农副食品加工业	Processing of Food from Agricultural Products	31905	29480	6724	2426	2160
食品制造业	Manufacture of Foods	18121	14242	4204	3879	3840
饮料制造业	Manufacture of Beverage	11536	10352	2303	1184	1121
烟草制品业	Manufacture of Tobacco	16435	16102	7550	334	334
纺织业	Manufacture of Textile	25889	18501	4433	7388	7047
纺织服装、鞋、帽制造业	Textile Wearing Apparel,Footware and Caps	1666	1354	533	312	297
皮革毛皮羽毛(绒)及其制品	Leather,Fur,Feather and Its Products	2977	2235	355	742	713
木材加工及木、竹、藤、棕、草制品业	Processing of Timbers,Manufacture of Wood, Bamboo, Rattan,Palm and Straw Products	3284	3138	625	147	136
家具制造业	Manufacture of Furniture	956	905	207	51	51
造纸及纸制品业	Manufacture of Paper and Paper Products	22157	20695	3725	1462	1445
印刷业和记录媒介的复制	Printing,Reproduction of Recording Media	4669	4606	1531	63	63
文教体育用品制造业	Manufacture of Articles for Culture, Education and Sport Activity	148	148	41		
石油加工炼焦及核燃料加工	Processing of Petroleum,Coking, Processing of Nucleus Fuel	7149	5784	1772	1365	1194
化学原料及化学制品制造业	Manufacture of Chemical Raw Material and Chemical Products	46440	36323	9560	10117	9555
医药制造业	Manufacture of Medicines	25934	24444	6196	1490	1434
化学纤维制造业	Manufacture of Chemical Fiber	2026	2026	191		
橡胶制品业	Manufacture of Rubber	2175	1752	399	423	402
塑料制品业	Manufacture of Plastic	1618	1018	71	600	600
非金属矿物制品业	Non-metallic Mineral Products	33870	26670	6239	7201	6884
黑色金属冶炼及压延加工业	Processing of Ferrous Metals	134160	126138	19931	8022	7440
有色金属冶炼及压延加工业	Processing of Non-ferrous Metals	76200	69860	13358	6340	5631
金属制品业	Manufacture of Metal Products	11264	11242	1808	22	22
通用设备制造业	Manufacture of General Purpose Machinery	59530	55349	13390	4181	4146
专用设备制造业	Manufacture of Special Purpose Machinery	510786	480042	170339	30744	25819
交通运输设备制造业	Manufacture of Transport Equipment	172955	154236	38339	18719	17940
电气机械及器材制造业	Electrical Machinery and Equipment	94556	79822	14341	14734	13822
通信设备、计算机及其他电子设备制造业	Manufacture of Communication Equipment, Computer and Other Electronic Equipment	59721	55225	4495	4496	3765
仪器仪表及文化、办公用机械制造业	Measuring Instrument and Machinery for Cultural Activity and Office Work	21828	20515	9634	1313	1127
工艺品及其他制造业	Artwork,Other Manufacture N.E.C	2046	1944	263	102	78
废弃资源废旧材料回收加工	Recycling and Disposal of Waste	1060	560	210	500	500
电力、热力的生产和供应业	Production and Supply of Electric&Heat Power	5736	5704	606	32	27
燃气生产和供应业	Production and Distribution of Gas					
水的生产和供应业	Production and Distribution of Water	446	434	207	12	12

15-41 全省R&D活动基本情况（2011年）
Basic Statistics on Scientific Research and Development (2011)

项目	Item	总计 Total	科研机构 Scientific Research Institution	高等学校 Higher Education	工业企业 Industrial Enterprises	非工业企业 Non-Industrial Enterprises	事业单位 Institutions
有R&D活动的单位数(个)	Number of Units Having R&D Activities (unit)	2073	101	123	1637	117	95
R&D人员合计（人）	R&D Personnel(person)	127654	7233	28674	78146	9501	4100
#女性	Female	29117	2231	9384	13907	1567	2028
#全时人员	Full-time Personnel	74296	6306	10126	50037	6829	998
R&D人员全时当量（人年）	Full-time Equivalent of R&D Personnel(man-year)	85783	6764	12114	57478	6677	2747
#①基础研究人员	Basic Research	5551	593	4763	134	46	16
②应用研究人员	Applied Research	12130	1592	6683	2005	613	1234
③试验发展人员	Experimental Development	68110	4579	667	55342	6018	1503
R&D经费内部支出合计（万元）	Intramural Expenditure on R&D(10000 yuan)	2332181	166751	222021	1817773	105048	20589
#政府资金	Government Funds	311517	91525	134200	71362	4692	9738
按活动类型分	by Activity						
1.基础研究支出	Basic Research	79545	4417	65899	8212	864	153
2.应用研究支出	Applied Research	318658	29313	128509	140338	12811	7687
3.试验发展支出	Experimental Development	1933982	133021	27616	1669223	91373	12750
按支出用途分	by Use						
#1.经常费支出	Routine Expenses	2036433	115773	180653	1634821	91083	14104
#人员劳务费	Labor Cost	560266	39530	36768	439350	36991	7627
2.资产性支出	Assets Expenditure	295750	50978	41370	182952	13965	6485
#仪器和设备	Equipment	262125	38487	36890	170060	10421	6266
R&D经费外部支出合计（万元）	External Expenditure on R&D(10000 yuan)	86803	2968	18695	61659	3256	225
R&D项目（课题）数（项）	Number of R&D Projects(unit))	37020	1072	27992	6928	708	320
R&D项目（课题）人员全时当量（人年）	Full-time Equivalent of R&D Projects Personnel (man-year)	75799	5820	12004	51319	5382	1274
R&D项目（课题）经费内部支出（万元）	Intramural Expenditure on R&D Projects (10000 yuan)	1928537	103309	159562	1578379	79770	7517
研究机构数（个）	Number of Research Institutions(unti)	1706	130	580	816	120	60
研究机构R&D人员（人）	R&D Personnel in Research Institutions (person)	46237	7233	7248	26733	3259	1764
研究机构R&D经费支出（万元）	Expenditure on R&D in Research Institutions (10000 yuan)	781461	166751	231364	333415	44767	5165

15-42 R&D活动人员情况（2011年）
Personnel of Having R&D Activities (2011)

项目	Item	有R&D活动的单位数（个）Number of Enterprises Having R&D Activities (unit)	R&D人员合计(人) Total R&D Personnel (persons)	#女性 Femal	1.全时人员 Full-time Personnel	2.非全时人员 Part-time Personnel
总 计	**Total**	**2073**	**127654**	**29117**	**74296**	**53358**
按执行部门分组	**By Performer**					
科研机构	Scientific Research Institution	101	7233	2231	6306	927
高等学校	Higher Education	123	28674	9384	10126	18548
企业	Enterprises	1754	87647	15474	56866	30781
工业企业	Industrial Enterprises	1637	78146	13907	50037	28109
非工业企业	Non Industrial Enterprises	117	9501	1567	6829	2672
事业单位	Institution	95	4100	2028	998	3102
按国民经济行业分组	**By Sector**					
农、林、牧、渔业	Agriculture, Forestry, Farming of Animals and Fishing	32	684	145	505	179
采矿业	Mining	65	1559	195	658	901
制造业	Manufacturing	1553	75445	13544	49254	26191
电力、燃气及水的生产和供应业	Production and Distribution of Electricity,Gas and Water	19	1142	168	125	1017
建筑业	Construction	51	5968	834	3874	2094
交通运输、仓储和邮政业	Traffic,Transport,Storage and Post	4	180	43	151	29
信息传输、计算机服务和软件业	Information Transfer,Computer Services and Software	23	1901	400	1653	248
金融业	Finance	3	244	37	191	53
租赁和商务服务业	Tenancy and Business Services	3	12	3	8	4
科学研究、技术服务和地质勘查业	Scientific Research,Technical Service and Geologic Perambulation	140	8495	2516	7336	1159
水利、环境和公共设施管理业	Management of Water Conservancy,Environment and Public Establishment	7	99	17	39	60
教育	Education	123	28674	9384	10126	18548
卫生、社会保障和社会福利业	Sanitation,Social Security&Social Welfare	49	3238	1829	376	2862
文化、体育和娱乐业	Culture,Sports and Entertainment	1	13	2		13
按地区分组	**By Region**					
长沙市	Changsha	440	64411	15384	43175	21236
株洲市	Zhuzhou	249	11978	2750	7494	4484
湘潭市	Xiangtan	163	11989	3246	5071	6918
衡阳市	Hengyang	101	7105	1414	4515	2590
邵阳市	Shaoyang	60	2267	484	919	1348
岳阳市	Yueyang	450	8395	1410	2729	5666
常德市	Changde	315	8789	1779	4634	4155
张家界市	Zhangjiajie	11	281	38	214	67
益阳市	Yiyang	57	2751	694	1367	1384
郴州市	Chenzhou	105	2439	507	1220	1219
永州市	Yongzhou	32	1710	519	743	967
怀化市	Huaihua	19	764	186	276	488
娄底市	Loudi	42	3626	425	1424	2202
湘西州	West Hunan	29	1149	281	515	634

15-43 R&D人员全时当量情况（2011年）
Full-time Equivalent of R&D Personnel (2011)

单位：人年 (man-year)

项目	Item	R&D人员全时当量 Full-time Equivalent of R&D Personnel	基础研究人员 Basic Research Personnel	应用研究人员 Applied Research Personnel	试验发展人员 Experimental Development Personnel
总 计	**Total**	**85783**	**5551**	**12130**	**68110**
按执行部门分组	**By Performer**				
科研机构	Scientific Research Institution	6764	593	1592	4579
高等学校	Higher Education	12114	4763	6683	667
企业	Enterprises	64155	180	2618	61360
工业企业	Industrial Enterprises	57478	134	2005	55342
非工业企业	Non Industrial Enterprises	6677	46	613	6018
事业单位	Institution	2747	16	1234	1503
按国民经济行业分组	**By Sector**				
农、林、牧、渔业	Agriculture, Forestry, Farming of Animals and Fishing	560	20	39	501
采矿业	Mining	769		60	709
制造业	Manufacturing	56163	116	1904	54145
电力、燃气及水的生产和供应业	Production and Distribution of Electricity,Gas and Water	547	18	41	488
建筑业	Construction	3986	6	368	3611
交通运输、仓储和邮政业	Traffic,Transport,Storage and Post	117		10	107
信息传输、计算机服务和软件业	Information Transfer,Computer Services and Software	1425	20	140	1265
金融业	Finance	100			100
租赁和商务服务业	Tenancy and Business Services	7			7
科学研究、技术服务和地质勘查业	Scientific Research,Technical Service and Geologic Perambulation	7891	596	1687	5608
水利、环境和公共设施管理业	Management of Water Conservancy,Environment and Public Establishment	66		24	43
教育	Education	12114	4763	6683	667
卫生、社会保障和社会福利业	Sanitation,Social Security&Social Welfare	2024	13	1171	846
文化、体育和娱乐业	Culture,Sports and Entertainment	13			13
按地区分组	**By Region**				
长沙市	Changsha	46495	3308	8344	34850
株洲市	Zhuzhou	7586	307	912	6367
湘潭市	Xiangtan	6502	845	809	4848
衡阳市	Hengyang	4292	370	249	3674
邵阳市	Shaoyang	1337	93	135	1110
岳阳市	Yueyang	5497	221	947	4329
常德市	Changde	6503	64	195	6246
张家界市	Zhangjiajie	172		1	172
益阳市	Yiyang	1362	55	64	1244
郴州市	Chenzhou	1761	7	190	1564
永州市	Yongzhou	927	61	13	853
怀化市	Huaihua	444	78	24	343
娄底市	Loudi	2249	1	126	2121
湘西州	West Hunan	655	142	122	391

15-44 按支出用途分R&D经费内部支出情况（2011年）
Intramural Expenditure on R&D by Use (2011)

单位：万元 (10 000 yuan)

项目	Item	R&D经费内部支出合计 Total Intramural Expenditure	经常费支出 Operating Expenses	#人员劳务费 Service Fees	资产性支出 Capital Eexpend-itures	#仪器和设备 Instruments & Equipments
总　计	**Total**	**2332181**	**2036433**	**560266**	**295750**	**262125**
按执行部门分组	**By Performer**					
科研机构	Scientific Research Institution	166751	115773	39530	50978	38487
高等学校	Higher Education	222021	180653	36768	41370	36890
企业	Enterprises	1922821	1725904	476341	196917	180482
工业企业	Industrial Enterprises	1817773	1634821	439350	182952	170060
非工业企业	Non Industrial Enterprises	105048	91083	36991	13965	10421
事业单位	Institution	20589	14104	7627	6485	6266
按国民经济行业分组	**By Sector**					
农、林、牧、渔业	Agriculture, Forestry, Farming of Animals and Fishing	7629	4510	2649	3118	919
采矿业	Mining	15724	13343	3383	2381	2180
制造业	Manufacturing	1790992	1611136	434025	179856	167316
电力、燃气及水的生产和供应业	Production and Distribution of Electricity,Gas and Water	11057	10341	1942	716	564
建筑业	Construction	73418	66816	23513	6602	6458
交通运输、仓储和邮政业	Traffic,Transport,Storage and Post	2498	2437	537	61	59
信息传输、计算机服务和软件业	Information Transfer,Computer Services and Software	11274	10001	6319	1273	1265
金融业	Finance	2506	1232	1107	1275	1275
租赁和商务服务业	Tenancy and Business Services	80	80	24		
科学研究、技术服务和地质勘查业	Scientific Research,Technical Service and Geologic Perambulation	177525	124389	43661	53136	39401
水利、环境和公共设施管理业	Management of Water Conservancy,Environment and Public Establishment	1289	1200	117	90	40
教育	Education	222021	180653	36768	41370	36890
卫生、社会保障和社会福利业	Sanitation,Social Security&Social Welfare	16136	10262	6197	5874	5759
文化、体育和娱乐业	Culture,Sports and Entertainment	33	33	23		
按地区分组	**By Region**					
长沙市	Changsha	1121311	981101	310520	140213	117703
株洲市	Zhuzhou	223958	201781	58828	22178	18259
湘潭市	Xiangtan	203838	174432	34887	29406	27364
衡阳市	Hengyang	103385	83304	17455	20080	18611
邵阳市	Shaoyang	23364	19240	4957	4124	3962
岳阳市	Yueyang	254742	222121	59801	32623	31047
常德市	Changde	184090	159875	33346	24215	23505
张家界市	Zhangjiajie	1892	1308	397	585	584
益阳市	Yiyang	39410	34890	7394	4520	4283
郴州市	Chenzhou	49468	41833	10112	7634	7182
永州市	Yongzhou	17896	15261	4934	2635	2451
怀化市	Huaihua	3740	3305	1609	435	377
娄底市	Loudi	94424	90743	13126	3682	3591
湘西州	West Hunan	10662	7241	2903	3422	3207

15－45 按活动类型分R&D经费内部支出情况（2011年）
Intramural Expenditure on R&D by Activities (2011)

单位：万元 (10 000 yuan)

项目	Item	R&D经费内部支出合计 Intramural R&D Expenditures	基础研究支出 Basic Research	应用研究支出 Applied Research	试验发展支出 Experimental Development
总 计	**Total**	**2332181**	**79545**	**318658**	**1933982**
按执行部门分组	**By Performer**				
科研机构	Scientific Research Institution	166751	4417	29313	133021
高等学校	Higher Education	222021	65899	128509	27616
企业	Enterprises	1922821	9076	153149	1760596
工业企业	Industrial Enterprises	1817773	8212	140338	1669223
非工业企业	Non Industrial Enterprises	105048	864	12811	91373
事业单位	Institution	20589	153	7687	12750
按国民经济行业分组	**By Sector**				
农、林、牧、渔业	Agriculture, Forestry, Farming of Animals and Fishing	7629	412	246	6971
采矿业	Mining	15724		702	15022
制造业	Manufacturing	1790992	7096	138969	1644927
电力、燃气及水的生产和供应业	Production and Distribution of Electricity,Gas and Water	11057	1116	667	9274
建筑业	Construction	73418	276	9892	63250
交通运输、仓储和邮政业	Traffic,Transport,Storage and Post	2498		161	2337
信息传输、计算机服务和软件业	Information Transfer,Computer Services and Software	11274	176	1641	9457
金融业	Finance	2506			2506
租赁和商务服务业	Tenancy and Business Services	80			80
科学研究、技术服务和地质勘查业	Scientific Research,Technical Service and Geologic Perambulation	177525	4526	30656	142343
水利、环境和公共设施管理业	Management of Water Conservancy,Environment and Public Establishment	1289		441	849
教育	Education	222021	65899	128509	27616
卫生、社会保障和社会福利业	Sanitation,Social Security&Social Welfare	16136	44	6774	9319
文化、体育和娱乐业	Culture,Sports and Entertainment	33			33
按地区分组	**By Region**				
长沙市	Changsha	1121311	50768	153811	916734
株洲市	Zhuzhou	223958	1270	50069	172620
湘潭市	Xiangtan	203838	10852	41722	151263
衡阳市	Hengyang	103385	4379	5250	93756
邵阳市	Shaoyang	23364	351	430	22583
岳阳市	Yueyang	254742	8976	52710	193056
常德市	Changde	184090	461	5692	177938
张家界市	Zhangjiajie	1892		1	1892
益阳市	Yiyang	39410	375	1050	37985
郴州市	Chenzhou	49468	32	4949	44487
永州市	Yongzhou	17896	381	425	17090
怀化市	Huaihua	3740	344	423	2974
娄底市	Loudi	94424	28	946	93452
湘西州	West Hunan	10662	1329	1181	8152

15−46 按经费来源分R&D经费内部支出情况（2011年）
Intramura Expenditure on R&D by Sources (2011)

单位：万元 (10 000 yuan)

项目	Item	R&D经费内部支出合计 Total	政府资金 Government Funds	企业资金 Self-raised Funds by Enterprises	境外资金 Foreign Funds	其他 Other funds
总　计	**Total**	**2332181**	**311517**	**1927947**	**4833**	**87889**
按执行部门分组	**By Performer**					
科研机构	Scientific Research Institution	166751	91525	18874	33	56318
高等学校	Higher Education	222021	134200	68383	1504	17939
企业	Enterprises	1922821	76054	1831175	3267	12326
工业企业	Industrial Enterprises	1817773	71362	1732000	3250	11161
非工业企业	Non Industrial Enterprises	105048	4692	99175	17	1165
事业单位	Institution	20589	9738	9516	30	1306
按国民经济行业分组	**By Sector**					
农、林、牧、渔业	Agriculture, Forestry, Farming of Animals and Fishing	7629	1538	5652		438
采矿业	Mining	15724	458	14969		297
制造业	Manufacturing	1790992	70765	1706112	3250	10864
电力、燃气及水的生产和供应业	Production and Distribution of Electricity,Gas and Water	11057	138	10919		
建筑业	Construction	73418	1037	72067		314
交通运输、仓储和邮政业	Traffic,Transport,Storage and Post	2498	185	2313		
信息传输、计算机服务和软件业	Information Transfer,Computer Services and Software	11274	125	10599	17	534
金融业	Finance	2506		2506		
租赁和商务服务业	Tenancy and Business Services	80	4	76		
科学研究、技术服务和地质勘查业	Scientific Research,Technical Service and Geologic Perambulation	177525	95537	24475	63	57450
水利、环境和公共设施管理业	Management of Water Conservancy,Environment and Public Establishment	1289	759	531		
教育	Education	222021	134200	68383	1504	17939
卫生、社会保障和社会福利业	Sanitation,Social Security&Social Welfare	16136	6770	9312		53
文化、体育和娱乐业	Culture,Sports and Entertainment	33		33		
按地区分组	**By Region**					
长沙市	Changsha	1121311	217207	847591	1766	54746
株洲市	Zhuzhou	223958	34217	181117		8628
湘潭市	Xiangtan	203838	18194	176557	63	9025
衡阳市	Hengyang	103385	11457	87219		4712
邵阳市	Shaoyang	23364	1252	21336		776
岳阳市	Yueyang	254742	10106	237044	2971	4620
常德市	Changde	184090	5296	175869	34	2892
张家界市	Zhangjiajie	1892	94	1796		3
益阳市	Yiyang	39410	5445	33316		649
郴州市	Chenzhou	49468	2162	46765		542
永州市	Yongzhou	17896	1126	16367		403
怀化市	Huaihua	3740	836	2747		157
娄底市	Loudi	94424	1665	92425		336
湘西州	West Hunan	10662	2461	7801		402

15-47 R&D经费外部支出情况（2011年）
External Expenditure on R&D (2011)

单位：万元 (10 000 yuan)

项目	Item	R&D经费外部支出合计 Total External Expenditure on R&D	对境内研究机构支出 to Domestic Research Institutions	对境内高等学校支出 to Domestic Higher Education	对国内企业支出 to Domestic Enterprises	对境外机构支出 to Foreign Institutions
总 计	**Total**	**86803**	**41638**	**22971**	**11165**	**8790**
按执行部门分组	**By Performer**					
科研机构	Scientific Research Institution	2968	545	149	65	
高等学校	Higher Education	18695	8225	6183	3477	782
企业	Enterprises	64915	32868	16426	7613	8007
工业企业	Industrial Enterprises	61659	31490	15259	6935	7974
非工业企业	Non Industrial Enterprises	3256	1378	1167	678	33
事业单位	Institution	225		213	10	
按国民经济行业分组	**By Sector**					
农、林、牧、渔业	Agriculture, Forestry, Farming of Animals and Fishing	657	376	260	21	
采矿业	Mining	848	545	205	98	
制造业	Manufacturing	58862	29422	14924	6542	7974
电力、燃气及水的生产和供应业	Production and Distribution of Electricity,Gas and Water	1949	1524	130	295	
建筑业	Construction	1667	368	658	632	9
交通运输、仓储和邮政业	Traffic,Transport,Storage and Post	26	18		8	
信息传输、计算机服务和软件业	Information Transfer,Computer Services and Software	343	190	113	17	23
金融业	Finance	342	342			
租赁和商务服务业	Tenancy and Business Services					
科学研究、技术服务和地质勘查业	Scientific Research,Technical Service and Geologic Perambulation	3404	628	490	75	
水利、环境和公共设施管理业	Management of Water Conservancy,Environment and Public Establishment	9		9		
教育	Education	18695	8225	6183	3477	782
卫生、社会保障和社会福利业	Sanitation,Social Security&Social Welfare					
文化、体育和娱乐业	Culture,Sports and Entertainment					
按地区分组	**By Region**					
长沙市	Changsha	37912	16526	11036	5373	3069
株洲市	Zhuzhou	9150	3528	1583	2686	1022
湘潭市	Xiangtan	4158	977	2169	775	239
衡阳市	Hengyang	2157	1414	513	111	120
邵阳市	Shaoyang	958	283	434	174	67
岳阳市	Yueyang	14694	9609	2143	721	2222
常德市	Changde	8397	5125	2867	405	
张家界市	Zhangjiajie	46	46			
益阳市	Yiyang	1083	167	905	11	
郴州市	Chenzhou	2720	2116	407	189	8
永州市	Yongzhou	916	216	232	467	
怀化市	Huaihua	161	21	5		135
娄底市	Loudi	4000	1259	633	202	1907
湘西州	West Hunan	450	352	45	52	

15-48 全部R&D项目(课题)情况(2011年)
Statistics on Total R&D Projects (2011)

项目	Item	项目(课题)数(项) Number of Projects (item)	项目(课题)人员全时当量(人年) Full-time Equivalent of Projects (man-year)	项目(课题)经费内部支出(万元) Intramural Expenditure (10 000 yuan)
总 计	**Total**	**37020**	**75799**	**1928537**
按执行部门分组	**By Performer**			
科研机构	Scientific Research Institution	1072	5820	103309
高等学校	Higher Education	27992	12004	159562
企业	Enterprises	7636	56701	1658149
工业企业	Industrial Enterprises	6928	51319	1578379
非工业企业	Non Industrial Enterprises	708	5382	79770
事业单位	Institution	320	1274	7517
按国民经济行业分组	**By Sector**			
农、林、牧、渔业	Agriculture, Forestry, Farming of Animals and Fishing	109	527	3247
采矿业	Mining	182	863	13392
制造业	Manufacturing	6541	49986	1555272
电力、燃气及水的生产和供应业	Production and Distribution of Electricity,Gas and Water	205	470	9714
建筑业	Construction	428	3299	61328
交通运输、仓储和邮政业	Traffic,Transport,Storage and Post	19	132	428
信息传输、计算机服务和软件业	Information Transfer,Computer Services and Software	76	949	9535
金融业	Finance	41	87	585
租赁和商务服务业	Tenancy and Business Services	5	11	79
科学研究、技术服务和地质勘查业	Scientific Research,Technical Service and Geologic Perambulation	1203	6646	109787
水利、环境和公共设施管理业	Management of Water Conservancy,Environment and Public Establishment	13	55	1129
教育	Education	27992	12004	159562
卫生、社会保障和社会福利业	Sanitation,Social Security&Social Welfare	205	761	4468
文化、体育和娱乐业	Culture,Sports and Entertainment	1	9	10
按项目来源分组	**By Sources of Topics**			
国家科技项目	National S&T Projects	7078	11494	244284
地方科技项目	Local S&T Projects	14757	12105	215300
企业委托科技项目	S&T Projects Entrusted by Enterprise	3634	3909	151543
自选科技项目	S&T Projects Chosen by Enterprise	10695	47032	1286927
来自国外的科技项目	Oversease S&T Projects	79	193	5463
其它科技项目	Others	777	1067	25019
按项目合作形式分组	**By Cooperation Modality**			
与境外机构合作	Cooperation with Oversease Institutes	102	560	13897
与国内高校合作	Cooperation with Higher Education	1480	6338	203676
与国内独立研究机构合作	Cooperation with Independent Research Institutes	1089	3745	103643
与境内注册外商独资企业合作	Cooperation with Sole Foreign Enterprise	54	101	3173
与境内注册其他企业合作	Cooperation with Other Enterprise	1943	2948	91801
独立完成	Independent Implementation	30367	56476	1413069
其他	Others	1985	5632	99279

15-48 续表 continued

项目	Item	项目（课题）数（项） Number of Projects (item)	项目(课题)人员全时当量(人年) Full-time Equivalent of Projects (man-year)	项目(课题)经费内部支出 (万元) Intramural Expenditure (10 000 yuan)
按项目活动类型分组	**By R&D Activities types**			
基础研究	Basic Research	12891	5704	54472
应用研究	Applied Research	15248	11699	247788
试验发展	Experimental Development	8881	58397	1626277
按项目社会经济目标分组	**By Socio-economic Objective**			
环境保护及污染防治	Environmental conservation and Prevention of Pollution	686	1515	30221
能源的生产、分配和合理利用	Production,Distribution and Rational Utilisation of Energy	1067	3836	105380
卫生事业的发展	Development of Human Health	2246	2417	19075
教育事业的发展	Development of Education	7549	2263	7258
基础设施以及城市和农村规划	Infrastructure, Urban and Rural Planning	1762	3786	68031
社会发展和社会服务	Social Development and Community Services	4712	2825	22547
地球和大气层的探索与利用	Exploration and Utilization of the Earth and Atmosphere	79	77	1612
民用空间的探测及开发	Civil Exploration and Exploitation of Space	9	6	61
农林牧渔业发展	Development of Agriculture,Forestry,Animal Husbandry and Fishery	2088	3494	35155
工商业发展	Development of Industry and Commerce	9526	49406	1477649
非定向研究	Non-oriented Research	6187	3403	83091
其他民用目标	Other Civil Research	1109	2775	78460
按学科分组	**By Subject**			
自然科学	Natural sciences	2851	1799	22617
农业科学	Agricultural Sciences	1829	3398	33472
医药科学	Medical Science	2676	2583	20957
工程与技术科学	Engineering and Technological Sciences	14868	63568	1836245
人文与社会科学	Humanities and Social Sciences	14796	4452	15246
按地区分组	**By Region**			
长沙市	Changsha	21124	40382	921937
株洲市	Zhuzhou	2148	6900	172323
湘潭市	Xiangtan	4747	5931	164289
衡阳市	Hengyang	2787	3868	83057
邵阳市	Shaoyang	459	1155	20256
岳阳市	Yueyang	989	4756	218320
常德市	Changde	1109	5997	161114
张家界市	Zhangjiajie	44	160	1234
益阳市	Yiyang	891	1165	29709
郴州市	Chenzhou	743	1540	40533
永州市	Yongzhou	631	819	13007
怀化市	Huaihua	309	393	1881
娄底市	Loudi	435	2134	93481
湘西州	West Hunan	604	601	7399

15-49 R&D活动产出情况（2011年）
Statistics on R&D Outputs (2011)

项目	Item	专利申请数（件） Number of Patents Applications (piece)	#发明专利 Inventions	有效发明专利数（件） Number of Valid Invention (piece)	发表科技论文（篇） Scientific Papers Issued (piece)
总　计	**Total**	**15592**	**6507**	**11475**	**56052**
按执行部门分组	**By Performer**				
科研机构	Scientific Research Institution	319	171	205	1578
高等学校	Higher Education	1913	1250	3740	48042
企业	Enterprises	13110	5015	7516	4150
工业企业	Industrial Enterprises	12808	4894	7432	3520
非工业企业	Non Industrial Enterprises	302	121	84	630
事业单位	Institution	250	71	14	2282
按国民经济行业分组	**By Sector**				
农、林、牧、渔业	Agriculture, Forestry, Farming of Animals and Fishing	48	18	4	106
采矿业	Mining	15	9	14	44
制造业	Manufacturing	12640	4811	7336	3060
电力、燃气及水的生产和供应业	Production and Distribution of Electricity,Gas and Water	153	74	82	416
建筑业	Construction	131	33	32	341
交通运输、仓储和邮政业	Traffic,Transport,Storage and Post	20	3	3	32
信息传输、计算机服务和软件业	Information Transfer,Computer Services and Software	61	45	39	28
金融业	Finance				1
租赁和商务服务业	Tenancy and Business Services				
科学研究、技术服务和地质勘查业	Scientific Research,Technical Service and Geologic Perambulation	553	227	222	2029
水利、环境和公共设施管理业	Management of Water Conservancy,Environment and Public Establishment				11
教育	Education	1913	1250	3740	48042
卫生、社会保障和社会福利业	Sanitation,Social Security&Social Welfare	58	37	3	1942
文化、体育和娱乐业	Culture,Sports and Entertainment				
按地区分组	**By Region**				
长沙市	Changsha	8533	3917	7507	33618
株洲市	Zhuzhou	2010	680	1212	2597
湘潭市	Xiangtan	943	412	658	5023
衡阳市	Hengyang	795	205	216	4126
邵阳市	Shaoyang	229	49	102	1116
岳阳市	Yueyang	619	260	618	1597
常德市	Changde	752	317	418	1520
张家界市	Zhangjiajie	72	26	19	40
益阳市	Yiyang	444	138	137	1211
郴州市	Chenzhou	288	88	122	813
永州市	Yongzhou	393	240	218	1075
怀化市	Huaihua	47	33	40	1111
娄底市	Loudi	378	106	134	1133
湘西州	West Hunan	89	36	74	1072

15-50 研究机构情况（2011年）
Statistics on Scientific Research Institutions (2011)

单位：万元 (10 000 yuan)

项目	Item	机构数（个）Number of Institutions (unit)	R&D人员(人) R&D Personnel (person)	R&D经费支出 Expenditure on R&D	科研用仪器和设备原价 Original Price on equipmenet for Scientific Research	#进口 import
总计	**Total**	**1706**	**46237**	**781461**	**1152940**	**195348**
按执行部门分组	**By Performer**					
科研机构	Scientific Research Institution	130	7233	166751	110573	12006
高等学校	Higher Education	580	7248	231364	210103	46137
企业	Enterprises	936	29992	378182	813689	132984
工业企业	Industrial Enterprises	816	26733	333415	743232	131346
非工业企业	Non Industrial Enterprises	120	3259	44767	70457	1638
事业单位	Institution	60	1764	5165	18575	4221
国民经济行业分组	**By Sector**					
农、林、牧、渔业	Agriculture, Forestry, Farming of Animals and Fishing	14	36	231	210	
采矿业	Mining	47	292	1021	3360	55
制造业	Manufacturing	763	26213	330970	709716	126809
电力、燃气及水的生产和供应业	Production and Distribution of Electricity,Gas and Water	6	228	1424	30157	4482
建筑业	Construction	55	1720	33639	25213	1626
交通运输、仓储和邮政业	Traffic,Transport,Storage and Post					
信息传输、计算机服务和软件业	Information Transfer,Computer Services and Software	25	900	4688	1624	12
批发和零售业	Wholesale and Retail Trades					
金融业	Finance	17	131	1046	40751	
租赁和商务服务业	Tenancy and Business Services	1	4	6	6	
科学研究、技术服务和地质勘查业	Scientific Research,Technical Service and Geologic Perambulation	137	7722	172375	112152	12006
水利、环境和公共设施管理业	Management of Water Conservancy,Environment and Public Establishment	6	48	882	79	
居民服务和其他服务业	Services to Households and Other Services					
教育	Education	580	7248	231364	210103	46137
卫生、社会保障和社会福利业	Sanitation,Social Security&Social Welfare	55	1695	3816	19570	4221
文化、体育和娱乐业	Culture,Sports and Entertainment					
公共管理和社会组织	Public management and Social Organization					
按研究机构组成类型分组	**By types of R&D Institutions**					
政府部门办	By government	199	8729	175348	114037	12201
与国内独立研究机构合办	Cooperation with Independent Research Institutes	3	32	59	38	
与国内高校合办	Cooperation with Higher Education	4	37	605	560	184
与境内注册的其他企业合办	Cooperation with Other Enterprise	17	212	3086	9895	2798
单位自办	By self	1471	37181	602301	1028371	180165
其他	Others	12	46	62	40	
按学科分组	**By Subject**					
自然科学	Natural sciences	46	1729	21495	54126	17125
农业科学	Agricultural Sciences	118	3222	34136	37873	10517
医药科学	Medical Science	95	2849	13599	48397	10035
工程与技术科学	Engineering and Technological Sciences	1043	34886	705332	1003476	155170
人文与社会科学	Humanities and Social Sciences	404	3551	6899	9070	2501
按地区分组	**By Region**					
长沙市	Changsha	768	23715	502350	619722	127243
株洲市	Zhuzhou	93	6274	91937	113348	13566
湘潭市	Xiangtan	126	4171	40229	59456	8830
衡阳市	Hengyang	95	2481	43886	78746	24802
邵阳市	Shaoyang	69	812	4200	17490	1208
岳阳市	Yueyang	165	2238	37999	172132	13071
常德市	Changde	76	1883	30363	24667	2975
张家界市	Zhangjiajie	8	85	184	239	
益阳市	Yiyang	45	691	5621	20801	1252
郴州市	Chenzhou	129	1028	11034	9833	204
永州市	Yongzhou	39	566	2431	2972	298
怀化市	Huaihua	34	503	748	9912	81
娄底市	Loudi	30	1336	8737	16331	1277
湘西州	West Hunan	29	453	1744	7293	543

主要统计指标解释

普通高等学校　指按国家规定的设置标准和审批程序批准举办的，通过全国普通高等学校统一招生考试，招收高中毕业生为主要培养对象，实施高等学历教育的全日制大学、独立设置的学院和高等专科学校、高等职业学校及其他机构（独立学院和分校、大专班）。

大学、独立设置的学院主要实施本科层次以上教育。高等专科学校、高等职业学校实施专科层次教育。其他机构是承担国家普通招生计划任务不计校数的机构，包括独立学院、普通高等学校分校、大专班和批准筹建的普通高等学校等。独立学院指由普通本科高校按新机制、新模式举办的本科层次的二级学院，一些普通本科高校按公办机制和模式建立的二级学院，“分校”或其他类似的二级办学机构不属此范畴。

成人高等学校　指按照国家规定的设置标准和审批程序批准举办的，通过全国成人高等教育统一招生考试，招收具有高中毕业或同等学历的人员为主要培养对象，利用函授、业余、脱产等多种形式对其实施高等学历教育的学校。包括职工高等学校、农民高等学校、管理干部学院、教育学院、独立函授学院、广播电视大学、其他机构等。其他机构是承担国家成人招生计划任务不计校数的机构。

小学学龄儿童净入学率　指调查范围内已入小学学习的学龄儿童占校内外学龄儿童总数(包括弱智儿童，不包括盲聋哑儿童)的比重。计算公式为：

$$\begin{matrix}\text{小学学龄儿童}\\\text{净入学率}\end{matrix}=\frac{\text{已入学的小学学龄儿童数}}{\text{校内外小学学龄儿童总数}}\times100\%$$

国家财政性教育经费　包括国家财政预算内教育经费，各级政府征收用于教育的税费，企业办学校教育经费，校办产业、勤工俭学和社会服务收入用于教育的经费。

财政预算内教育经费　指中央、地方各级财政或上级主管部门在年度内安排，并计划拨到教育部门和其他部门主办的各级各类学校、教育事业单位，列入国家预算支出科目的教育经费，包括教育事业拨款、科研经费拨款、基建拨款和其他经费拨款。

科技活动　指在自然科学、农业科学、医药科学、工程与技术科学、人文与社会科学领域(简称科学技术领域)中，与科技知识的产生、发展、传播和应用密切相关的有组织的活动。可分为研究与试验发展(R&D)、研究与试验发展成果应用及相关的科技服务三类活动。该定义是联合国教科文组织考虑成员国特别是发展中国家开展科技统计工作的需要，而对科技活动所作的统计界定。

科技活动人员　指直接从事科技活动、以及专门从事科技活动管理和为科技活动提供直接服务，累计的实际工作时间占全年制度工作时间10%及以上的人员。(1)直接从事科技活动的人员包括：在独立核算的科学研究与技术开发机构、高等学校、各类企业及其他事业单位内设的研究室、实验室、技术开发中心及中试车间(基地)等机构中从事科技活动的研究人员、工程技术人员、技术工人及其它人员；虽不在上述机构工作，但编入科技活动项目(课题)组的人员；科技信息与文献机构中的专业技术人员；从事论文设计的研究生等。(2)专门从事科技活动管理和为科技活动提供直接服务的人员，包括：独立核算的科学研究与技术开发机构、科技信息与文献机构、高等学校、各类企业及其他事业单位主管科技工作的负责人，专门从事科技活动的计划、行政、人事、财务、物资供应、设备维护、图书资料管理等工作的各类人员，但不包括保卫、医疗保健人员、司机、食堂人员、茶炉工、水暖工、清洁工等为科技活动提供间接服务的人员。该指标用来反映投入科技活动人力的规模。

科技活动经费内部支出　指报告年内用于科技活动的实际支出，包括劳务费、科研业务费、科研管理费，非基建投资购建的固定资产、科研基建支出以及其他用于科技活动的支出。不包括生产性活动支出、归还贷款支出及转拨外单位支出。反映科技投入实际完成情况。

研究与试验发展(R&D)　指在科学技术领域，为增加知识总量，以及运用这些知识去创造新的应用进行的系统的创造性的活动，包括基础研究、应用研究、试验发展三类活动。国际上通常采用R&D活动的规模和强度指标反映一国的科技实力和核心竞争力。

基础研究　指为了获得关于现象和可观察事实的基本原理的新知识(揭示客观事物的本质、运动规律，获得新发现、新学说)而进行的实验性或理论性研究，它不以任何专门或特定的应用或使用为目的。其成果以科学论文和科学著作为主要形式。用来反映知识的原始创新能力。

应用研究　指为获得新知识而进行的创造性研究，主要针对某一特定的目的或目标。应用研究是为了确定基础研究成果可能的用途，或是为达到预定的目标探索应采取的新方法(原理性)或新途径。其成果形式以科学论文、专著、原理性模型或发明专利为主。用来反映对基础研究成果应用途径的探索。

试验发展 指利用从基础研究、应用研究和实际经验所获得的现有知识，为产生新的产品、材料和装置，建立新的工艺、系统和服务，以及对已产生和建立的上述各项作实质性的改进而进行的系统性工作。其成果形式主要是专利、专有技术、具有新产品基本特征的产品原型或具有新装置基本特征的原始样机等。在社会科学领域，试验发展是指把通过基础研究、应用研究获得的知识转变成可以实施的计划(包括为进行检验和评估实施示范项目)的过程。人文科学领域没有对应的试验发展活动。主要反映将科研成果转化为技术和产品的能力，是科技推动经济社会发展的物化成果。

R&D人员 指参与研究与试验发展项目研究、管理和辅助工作的人员，包括项目(课题)组人员，企业科技行政管理人员和直接为项目(课题)活动提供服务的辅助人员。反映投入从事拥有自主知识产权的研究开发活动的人力规模。

R&D人员全时当量 指全时人员数加非全时人员按工作量折算为全时人员数的总和。例如：有两个全时人员和三个非全时人员(工作时间分别为20%、30%和70%)，则全时当量为2+0.2+0.3+0.7=3.2人年。为国际上比较科技人力投入而制定的可比指标。

R&D经费内部支出合计 指调查单位用于内部开展R&D活动（基础研究、应用研究和试验发展）的实际支出。包括用于R&D项目（课题）活动的直接支出，以及间接用于R&D活动的管理费、服务费、与R&D有关的基本建设支出以及外协加工费等。不包括生产性活动支出、归还贷款支出以及与外单位合作或委托外单位进行R&D活动而转拨给对方的经费支出。

R&D经费内部支出中政府资金 指R&D经费内部支出中来自各级政府部门的各类资金，包括财政科学技术拨款、科学基金、教育等部门事业费以及政府部门预算外资金的实际支出。

R&D经费内部支出中企业资金 指R&D经费内部支出中来自本企业的自有资金和接受其他企业委托而获得的经费，以及科研院所、高校等事业单位从企业获得的资金的实际支出。

R&D项目（课题）数 指在当年立项并开展研究工作、以前年份立项仍继续进行研究的研发项目（课题）数，包括当年完成和年内研究工作已告失败的研发项目（课题），但不包括委托外单位进行的研发项目（课题）数。

R&D项目（课题）人员全时当量 指实际参加研发项目（课题）活动人员折合的全时当量。

R&D项目（课题）经费内部支出 指调查单位内部在报告年度进行研发项目（课题）研究和试制等的实际支出。包括劳务费、其他日常支出、固定资产购建费、外协加工费等，不包括委托或与外单位合作进行项目（课题）研究而拨付给对方使用的经费。

专利 是专利权的简称，是对发明人的发明创造经审查合格后，由专利局依据专利法授予发明人和设计人对该项发明创造享有的专有权。包括发明、实用新型和外观设计。反映拥有自主知识产权的科技和设计成果情况。

发明（专利） 指对产品、方法或者其改进所提出的新的技术方案。是国际通行的反映拥有自主知识产权技术的核心指标。

实用新型（专利） 指对产品的形状、构造或者其结合所提出的适于实用的新的技术方案。反映具有一定技术含量的技术成果情况。

外观设计（专利） 指对产品的形状、图案、色彩或者其结合所作出的富有美感并适于工业上应用的新设计。反映拥有自主知识产权的外观设计成果情况。

Explanatory Notes on Main Statistical Indicators

Regular Institutions of Higher Education refer to educational establishments set up according to the government evaluation and approval procedures, recruiting graduates from senior secondary schools as the main target by National Matriculation TEST. They include full-time universities, colleges, institutions of higher professional education, institutions of higher vocational education, institutions of higher vocational education and others (non-university tertiary, branch schools and undergraduate classes).

Universities and colleges primarily provide undergraduate courses; institutions of higher professional education and institutions of higher vocational education primarily provide professional trainings; and others refer to educational establishments, which are responsible for enrolling higher education students under the State Plan but not enumerated in the total number of schools, including: branch schools of universities and colleges, and universities and colleges that have been approved and under plan for construction. Non-university tertiary refers to the regular undergraduate branch college which is running in new mechanism and mode, excluding the branch schools and other similar branches of educational institutions.

Institutions of Higher Education for Adults refer to educational establishments, set up in line with relevant rules approved by the government, enrolling staff and workers with senior secondary school or equivalent education, and providing higher education courses in many forms of correspondence, spare time, or full time for adults. Professionals thus trained receive a qualification equivalent to graduates studying regular courses at regular universities, colleges and professional colleges. Institutions of higher learning for adults include schools of higher education for staff and workers, schools of higher education for peasants, colleges for management cadres, pedagogical colleges, independent correspondence colleges, Radio and TV universities and other educational establishments. Other educational establishments have undertakings to enrol adult students but not enumerated in the schools under the State Plan.

Net Enrolment Ratio of Primary Schools refers to the proportion of school age children enrolled at schools to the total number of school age children both in and outside schools (including retarded children, but excluding blind, deaf and mute children). The formula is:

$$\text{Net Enrolment Ratio of Primary Schools} = \frac{\text{Total Primary School - age Children at Schools}}{\text{Total Primary School - age Children Whether or Not Attending School}} \times 100\%$$

Government Appropriation for Education refers to State budgetary fund for education, taxes and fees collected by governments at all levels that are used for education purpose, education fund for enterprise-run schools, income from school-run enterprises, work-study programme and social services that are used for education purpose.

Budgetary Fund for Education refers to education funding that is planned to be allocated to various schools and education institutions by central and local financial departments at various levels within the reference year, which is within the State budgetary expenditure, including: appropriated funds for education, for science and research, for capital construction and others.

Scientific and Technological Activities (S&T Activities) refer to organized activities which are closely related with the creation, development, dissemination and application of the scientific and technical knowledge in the fields of natural sciences, agricultural science, medical science, engineering and technological science, humanities and social sciences (referred to as scientific and technological fields). S&T activities can be classified in to 3 categories: research and development (R&D) activities, application of R&D results, and related S&T services. This statistical definition is made by UNICHIEF for scientific and technological activities to meet the need of carrying out statistical work in this field for its member countries in particular those developing countries.

Personnel Engaged in S&T Activities refer to personnel directly engaged in S&T activities, in the management of S&T activities, and in providing direct service to S&T activities, who spend over 10% of the total working hours in a year in S&T activities. (1) Personnel directly engaged in S&T activities include researchers, engineers, technicians and other related personnel engaged in S&T activities in independent accounting R&D institutions, institutions of higher learning, and in research institutes, laboratories, technology development centers and central experiment workshops under enterprises and institutions. Also included are people

working in S&T research project teams, professional and technical personnel working in S&T information archiving institutes, and graduate students working on the design of their thesis. (2) Personnel engaged in the management of S&T activities and in providing direct service to S&T activities include senior management people responsible for S&T activities in independent accounting R&D institutions, S&T information archiving institutes, institutions of higher learning, and in enterprises and institutions where S&T activities are undertaken. Also included are people responsible for the planning, administration, personnel management,financial management, logistics supply, equipment maintenance, information and library management that are related with S&T activities. People providing indirect services are excluded, such as security, medical service, drivers, plumbers, cleaners and those providing catering and related service. This indicator reflects the size of personnel engaged in S&T activities.

Research and Development (R&D) refers to systematic and creative activities in the field of science and technology aiming at increasing the knowledge and using the knowledge for new application. R&D includes 3 categories of activities: basic research, applied research and experimentation for development. The scale and intensity of R&D are widely used internationally to reflect the strength of S&T and the core competitiveness of a country in the world.

Basic Research refers to empirical or theoretical research aiming at obtaining new knowledge on the fundamental principles regarding phenomena or observable facts to reveal the intrinsic nature and underlying laws and to acquire new discoveries or new theories. Basic research takes no specific or designated application as the aim of the research. Results of basic research are mainly released or disseminated in the form of scientific papers or monographs. This indicator reflects the innovation capacity for original knowledge.

Applied Research refers to creative research aiming at obtaining new knowledge on a specific objective or target. Purpose of the applied research is to identify the possible uses of results from basic research, or to explore new (fundamental) methods or new approaches. Results of applied research are expressed in the form of scientific papers, monographs, fundamental models or invention patents. This indicator reflects the exploration of ways to apply the results of basic research.

Experiments and Development refer to systematic activities aiming at using the knowledge from basic and applied researches or from practical experience to develop new products, materials and equipment, to establish new production process, systems and services, or to make substantial improvement on the existing products, process or services. Results of experiment and development activities are embodied in patents, exclusive technology, and monotype of new products or equipment. In social sciences, experiment and development activities refer to the process of converting the knowledge from basic or applied researches into feasible programmes (including conduct of demonstration projects for assessment and evaluation). There are no experiment and development activities in the science of humanities. This indicator reflects the capability of transferring the results of S&T into technique and products, and measures the realization of S&T in spearheading the economic and social development.

R & D Personnel refer to persons engaged in research, management and supporting activities of R & D, including persons in the project teams, persons engaged in the management of S&T activities of enterprises and supporting staff providing direct service to the research projects. This indicator reflects the size of personnel engaged in R&D activities with independent intellectual property.

Full-time Equivalent of R&D Personnel refers to the sum of the full-time persons and the full-time equivalent of part-time persons converted by workload. For instance, if there are 2 full-time persons and 3 part-time workers (20%, 30% and 70% of working hours respectively on R&D activities), the full-time equivalent are 2+0.2+0.3+0.7=3.2 person-years. This is an internationally comparable indicator of S&T manpower input.

Total Internal Expenditure of Funds on R&D refers to the real expenditure of surveyed units on their own R&D activities (basic research, application study, test and development) including direct expenditure on R&D activities, indirect expenditure of management and services on R&D activities, expenditure on capital construction and material processing by others. Excluding the expenditure on production activities, return of loan, and fees transferred to cooperated and entrusted agencies on R&D activities.

Internal Expenditure of Government Funds refersto the expenditure of funds on R&D activities from government agencies at different levels, including appropriate funds on science and technology from financial departments, scientific funds, operating expenses from education departments and the real expenditure of extra budgetary funds from government agencies.

Internal Expenditure of Funds of Enterprises refers to the expenditure of funds on R&D activities from self-raised funds of enterprises and funds from other enterprises through entrustment, and the expenditure of funds of institutions, such as institution of scientific research and universities, from enterprises.

Number of R&D Projects (subjects) refers to the number of R&D projects (subjects) set up and implemented at the reference year, and the number of R&D projects (subjects) set up in former years and under implementation, including the projects (subjects) finished and failed at the reference year, excluding the projects (subjects) implemented by others through entrustment.

Full-time Equivalent of R&D Personnel refers to the full-time equivalent of persons actually engaged in R&D projects.(subjects)

Internal Expenditure of Funds on R&D Projects (subjects) refers to the real expenditure of internal funds of the surveyed units on research and test of R&D projects (subjects) at the reference year, including service fee, other daily expenditure, cost for capital goods, cost of external process; excluding expenditure of funds transferred to other cooperated and entrusted units of the projects.

Patent is an abbreviation for the patent right and refers to the exclusive right of ownership by the inventors or designers for the creation or inventions, given from the patent offices after due process of assessment and approval in accordance with the Patent Law. Patents are granted for inventions, utility models and designs. This indicator reflects the achievements of S&T and design with independent intellectual property.

Patented Inventions refer to new technical proposals to the products or methods or their modifications. This is universal core indicator reflecting the technologies with independent intellectual property.

Patented Utility Models refer to the practical and new technical proposals on the shape and structure of the product or the combination of both. This indicator reflects the condition of technological results with certain technical content.

Designs refer to the aesthetics and industrially applicable new designs for the shape, pattern and colour of the product, or their combinations. This indicator reflects the appearance design achievements with independent intellectual property.

16 文化、体育和卫生

Culture,Sports and Public Health

资料整理人员：蔡冬娥　　肖首雄

16-1 文化事业基本情况
Basic Statistics on Culture

年份 Year	艺术表演团体（个） Art Performance Troupes (unit)	公共图书馆（个） Public Libraries (unit)	博物馆（个） Museums (unit)	图书出版总印数（万册） Number of Books Published (10 000 copies)	杂志出版总印数（万册） Number of Magazines Published (10 000 copies)	报纸出版总印数（万份） Number of Newspapers Published (10 000 copies)	广播人口覆盖率（%） Listener Rating (%)	电视人口覆盖率（%） Viewer Rating (%)
1949	53	1						
1950	53	1						
1951	75	1	1	484	43			
1952	90	1	1	1647	245	5785		
1953	108	2	1	1489	40	4719		
1954	113	2	1	1976	6	4503		
1955	111	3	1	2671	52	5402		
1956	114	13	2	3237	116	6851		
1957	116	15	3	3610	169	6530		
1958	118	35	4	9591	371	19317		
1959	137	36	7	8326	678	25253		
1960	134	53	9	6347	402	33318		
1961	135	46	9	4190	165	9024		
1962	136	34	9	3298	150	6983		
1963	144	30	10	3950	172	6771		
1964	143	29	12	5889	228	15911		
1965	134	43	11	7563	211	17000		
1966	131	42	12	12797	271	20571		
1967	137	35	15	12074		12054		
1968	124	35	17	8811		15185		
1969	104	26	18	6551		10694		
1970	106	25	19	15149		10028		
1971	119	28	20	7886	293	10799		
1972	137	42	15	10072	515	20134		
1973	134	40	20	11340	1056	31744		
1974	136	49	18	12170	1226	33662		
1975	137	40	17	15181	1656	33861		
1976	137	72	19	9457	10239	38363		
1977	137	74	20	14588	822	36931		
1978	141	72	19	16479	1296	31921		

16-1 续表 continued

年份 Year	艺术表演团体（个） Art Performance Troupes (unit)	公共图书馆（个） Public Libraries (unit)	博物馆（个） Museums (unit)	图书出版总印数（万册） Number of Books Published (10 000 copies)	杂志出版总印数（万册） Number of Magazines Published (10 000 copies)	报纸出版总印数（万份） Number of Newspapers Published (10 000 copies)	广播人口覆盖率（%） Listener Rating (%)	电视人口覆盖率（%） Viewer Rating (%)
1979	137	76	20	16685	1372	33685		
1980	138	77	22	21745	1169	34801		
1981	140	85	19	28012	1437	33070		
1982	139	91	13	30514	1656	36050		
1983	137	98	15	30013	1925	52655		
1984	126	101	19	30240	3019	63653		
1985	115	110	31	35629	5944	67727	50.3	75.1
1986	108	113	31	30202	5437	62209	50.3	78.0
1987	107	113	38	33376	6632	72898	54.0	85.0
1988	96	114	42	37715	6556	71960	54.8	86.5
1989	91	116	43	35055	5235	47146	54.8	86.5
1990	91	116	42	32134	5226	51749	54.8	86.5
1991	89	116	50	35085	6430	60658	54.8	86.9
1992	90	116	51	36436	7002	67890	54.8	86.9
1993	89	116	54	33503	8022	73754	54.8	86.9
1994	89	116	55	29597	7400	57718	54.8	86.9
1995	89	116	57	33677	7768	62425	54.8	86.9
1996	88	115	60	39393	7844	63585	68.5	88.1
1997	86	115	67	37494	7686	68726	78.6	87.7
1998	88	115	68	36582	8920	75879	79.1	88.2
1999	88	115	68	30765	12437	84995	81.1	90.4
2000	91	115	71	24844	10504	83467	81.5	91.4
2001	87	115	72	23808	10051	92273	81.6	91.7
2002	87	115	74	32600	11207	95198	81.7	91.8
2003	86	115	73	29556	12577	113514	81.8	91.9
2004	91	115	71	30525	19133	104165	82.1	92.1
2005	91	120	73	33238	11708	106428	82.5	92.4
2006	93	120	73	27946	9957	103489	88.4	94.0
2007	96	120	73	31310	8849	110207	89.0	94.7
2008	98	120	74	29103	9063	104235	91.1	95.7
2009	110	120	75	26192	11373	126346	91.7	96.1
2010	201	124	81	31153	12762	129101	92.0	96.4
2011	114	130	85	34528	12584	122640	92.6	96.8

注：2010年起，艺术表演团体含民间职业剧团，此前为文化部门专业剧团数据。

From 2010, arts performance troupes included folk troupes. And before that, arts performance troupes included professional troupes of cultural department only.

16–2 文化产业机构和人员（2011年）
Cultural Institutions and Personnel (2011)

类 别	Item	合 计 Total		文化部门 Culture Department		其他部门 Other Department	
		机构(个) Institutions (unit)	人员(人) Personnel (person)	机构(个) Institutions (unit)	人员(人) Personnel (person)	机构(个) Institutions (unit)	人员(人) Personnel (person)
总 计	**Total**	**17293**	**112222**	**3435**	**23971**	**13858**	**88251**
文化及相关产业	Culture	17291	112092	3433	23841	13858	88251
艺术业	Art	195	6257	184	5992	11	265
图书馆	Libraries	130	2032	130	2032		
群众文化服务	Mass Culture	2624	7318	2624	7318		
艺术教育业	Culture and Education	6	722	6	722		
文化市场经营机构	Culture Market Business	13830	85450			13830	85450
文艺科研	Art Research Institutions	3	63	3	63		
文物业	Culture Relics	193	3821	187	3297	6	524
其他文化及相关产业	Other Culture Units	310	6429	299	4417	11	2012
非文化及相关产业	Non-Cultural	2	130	2	130		

16–3 艺术业机构和人员
Art Institutions and Personnel

类 别	Item	2010		2011	
		机构(个) Institutions (unit)	人员(人) Personnel (person)	机构(个) Institutions (unit)	人员(人) Personnel (person)
总 计	**Total**	**617**	**12986**	**195**	**6257**
艺术表演团体	**Art Performance Troupes**	**201**	**7095**	**114**	**5002**
话剧、儿童剧、滑稽剧团	Drama,Children's Play and Comedy Troupes	1	115	1	118
歌剧、舞剧、歌舞剧团	Opera,Ballet and Dance Troupes	20	833	10	628
歌舞团、轻音乐团	Song and Dance Troupe, Light Music Troupes	60	1394	23	506
乐团、合唱团	Orchestra,Chorus			3	60
文工团、文宣队、乌兰牧	Cultural and Performance Troupes and Ulanmuchi	8	240	6	176
戏曲剧团	Local Opera Troupes	67	3134	66	3042
曲艺、杂技、木偶、皮影团	Recitation and Ballad Troupes,Acrobatics and Circus Troupes,Puppet Show Troupes and Shadow Play Troupes	4	338	2	257
综合性艺术表演团体	Comprehensive performing arts groups			3	215
艺术表演场馆	**Art Performance Places(Theaters and Music Halls)**	**63**	**1065**	**66**	**1162**
艺术创作机构	**Art Creation Institutions**	**17**	**97**	**15**	**93**
艺术展览机构	**Art Exhibition Institutions**	**3**	**25**		
其他	**Others**	**333**	**4704**		

16-4 出版发行、文物、图书馆、群众文化业机构人员（2011年）
Number of Institutions and Personnel in Publishing and Distribution, Cultural Relics, Libraries and Mass Culture (2011)

类 别	Item	总计 Total 机构(个) Institutions (unit)	总计 Total 人员(人) Personnel (person)	文化部门 Culture Department 机构(个) Institutions (unit)	文化部门 Culture Department 人员(人) Personnel (person)	其他部门 Other Department 机构(个) Institutions (unit)	其他部门 Other Department 人员(人) Personnel (person)
出版发行事业	**Publishing and Distribution**	**5034**	**134604**	**311**	**6904**	**4732**	**127700**
图 书	Books Published	14	1091	1	32	13	1059
报 纸	Newspaper Published	87	6921	1	206	87	6715
杂 志	Magazines Published	248	2221	9	184	238	2037
音像出版	Image to Publish	9	194	1	82	7	112
音像电复制	Image to copy	2	137	1	53	11	84
出版物印刷	Publicationto Print	437	78506	1	1846	436	76660
发 行	Distribution	4236	45398	296	4365	3940	41033
印刷物质供销	Print Materiat Supply and Marketing	1	136	1	136		
文物事业	**Cultural Relics**	**193**	**3821**	**187**	**3297**	**6**	**524**
#文物保护管理机构	#Protection and Management Agencies	93	682	93	682		
博物馆	Museums	85	2304	80	1821	5	483
#综合性	#Comprehensive Museum	33	737	33	737		
历史、艺术、自然科技、其他类	History,Arts,General Natural and others	13	780	12	739	1	41
文物商店	Cultural Relics Agencies	2	55	2	55		
图书馆事业	**Libraries**	**130**	**2032**	**130**	**2032**		
群众文化服务	**Mass Culture**	**2624**	**7318**	**2624**	**7318**		
群众艺术馆	Mass Art Centers						
文化馆	Cultural Centers	141	2243	141	2243		
文化站	Cultural Stations	2483	5075	2483	5075		

注：文物保护管理机构的人员包含文物行政主管机关中文物事业编制的人员。
Protection and management agencies include administrative departments and other agencies.

16-5 图书、杂志、报纸出版情况
Statistics on Books, Magazines and Newspapers Published

年份 Year	图书 Books Published 种数(种) Number of Publications (kind)	图书 总印数(万册) Printed Copies (10 000 copies)	图书 总印张(亿印张) Printed Sheets (100 million sheets)	杂志 Magazines Published 种数(种) Number of Publications (kind)	杂志 总印数(万册) Printed Copies (10 000 copies)	杂志 总印张(亿印张) Printed Sheets (100 million sheets)	报纸 Newspaper Published 种数(种) Number of Publications (kind)	报纸 总印数(万份) Printed Copies (10 000 copies)	报纸 总印张(亿印张) Printed Sheets (100 million sheets)
1995	2357	33677	14.90	208	7768	1.75	63	62425	6.90
2000	3156	24844	12.37	244	10504	2.11	95	83467	12.75
2001	3346	23808	12.70	251	10051	2.27	109	92273	18.65
2002	3504	32600	18.10	263	11207	2.66	109	95198	21.59
2003	3702	29556	16.80	269	12577	3.20	106	113514	31.50
2004	3896	30525	16.11	247	19133	3.96	86	104165	34.60
2005	4068	33238	17.99	233	11708	4.20	88	106428	34.87
2006	4163	27946	15.96	244	9957	3.35	61	103489	38.06
2007	4354	31310	17.39	237	8849	3.72	85	110207	38.77
2008	5095	28094	18.72	235	9063	3.52	84	104235	40.14
2009	5938	26192	17.22	240	11508	5.45	86	126807	45.02
2010	7396	31153	18.71	247	12762	5.82	88	129101	54.52
2011	9949	34528	22.40	248	12584	5.63	87	122640	46.11

注：图书种数不包括租型图书。The total collection books excludes the books for rental.

16-6 广播、电视事业情况
Statistics on Broadcasting and Television Stations

项 目	Item	2000	2005	2010	2011
广播电视从业人员(万人)	**Number of Employees of Broadcasting and Television (10 000 persons)**	**2.32**	**2.60**	**3.30**	**3.47**
广播	**Broadcasting**				
广播电台数(座)	Number of Broadcasting Stations (set)	11	13	13	13
广播电台节目套数(套)	Number of Broadcasting Program (set)	53	89	97	99
平均每日播出时间(小时)	Broadcasting Hours per Day (hour)	483	762	917	963
中、短波发射台、转播台数(座)	Medium Wave and Short Wave Broadcast Transmission Station and Relaying Station (set)	25	28	25	25
中、短波发射机(部)	Medium Wave and Short Wave Broadcast Transmitters (set)	36	56	46	51
中、短波发射机功率(千瓦)	Power of Medium and Short Wave Broadcast Transmitters (kw)	579	604	591	597
覆盖率(%)	Listener-Coverage Rate (%)	81.46	82.47	91.99	92.61
电视	**Television**				
电视台数(座)	Number of Television Stations (set)	16	15	15	15
电视节目套数(套)	Number of Television Program (set)	33	136	139	139
平均每周播出时间(小时)	Broadcasting Hours per Week (hour)	2338.0	13209.8	13740.0	13896.9
电视发射台(座)	Television Transmission Stations (set)	542	358	195	180
电视发射机(部)	Television Transmitters (set)	720	500	403	401
电视发射机功率(千瓦)	Power of Television Transmitters (kw)	291.00	289.11	434.37	438.20
覆盖率(%)	Viewer-Coverage Rate (%)	91.38	92.42	96.43	96.82

注：广播电台数、电视中心台数从1998年起不包括县级台数。
Number of Broadcasting Stations and Number of Television Stations Exclude County Level Stations Since 1998.

16−7 文化和创意产业总产出

Gross Output of Cultural and Creative Industries

单位：万元 (10 000 yuan)

指 标	Item	2010	2011
文化服务	**Cultural Services**	**10315311**	**12743411**
新闻服务	**News Services**	**91857**	**93861**
新闻服务	News Services	91857	93861
出版发行和版权服务	**Publishing, Distribution & Copyright Services**	**2836011**	**3808894**
书、报、刊出版发行	Books, Newspaper and Journals	2712522	3615807
音像及电子出版物出版发行	Audio-visual and Electronic Publications	67200	92744
版权服务	Copyright Services	56289	100343
广播、电视、电影服务	**Broadcasting, TV & Film Services**	**1852981**	**2193385**
广播、电视服务	Broadcasting and TV Services	1373192	1587716
广播、电视传输	Broadcasting and TV Transmission	373501	458168
电影服务	Film Services	106288	147501
文化艺术服务	**Cultural and Artistic Services**	**418968**	**495551**
文艺创作、表演及演出场所	Creation, Performing and Perfomances	124104	161743
文化保护和文化设施服务	Cultural Protection and facilities	96316	115335
群众文化服务	Mass Cultural Services	38242	41754
文化研究与文化社团服务	Research and Society Services	35920	38660
其他文化艺术服务	Others	124386	138059
网络文化服务	**Network Services**	**315217**	**379167**
互联网信息服务	Internet Information Services	315217	379167
文化休闲娱乐服务	**Cultural, Leisure and Pleasure Services**	**3375150**	**4271654**
旅游文化服务	Tourism Cultural Services	1049248	1412481
娱乐文化服务	Pleasure Cultural Services	2325901	2859173
其他文化服务	**Others**	**1425127**	**1500900**
文化艺术商务代理服务	Artistic Agency Services	329325	360530
文化产品出租与拍卖服务	Cultural Products' Renting and Auction	379294	329538
广告和会展文化服务	Advertising and Exhibition Services	716509	810832
相关文化服务	**Culture-related Services**	**8369586**	**10781480**
文化用品、设备及相关文化产品的生产	**The Manufacturing of Cultural Goods, Facilities and Other Related Products**	**7066256**	**9203155**
文化用品生产	Cultural Goods	3248080	3963026
文化设备生产	Cultural Facilities	308122	362602
相关文化产品生产	Other Related Products	3510054	4877527
文化用品、设备及相关文化产品的销售	**The Sales of Cultural Goods, Facilities and Other Related Products**	**1303330**	**1578326**
文化用品销售	Cultural Goods	252509	304779
文化设备销售	Cultural Facilities	978175	1191015
相关文化产品销售	Other Related Products	72647	82532
总 计	**Total**	**18684897**	**23524892**

16−8 文化和创意产业增加值
Value-added of Cultural and Creative Industries

单位：万元 (10 000 yuan)

指 标	Item	2010	2011
文化服务	**Cultural Services**	**5451850**	**6646792**
新闻服务	**News Services**	**59022**	**61718**
新闻服务	News Services	59022	61718
出版发行和版权服务	**Publishing, Distribution & Copyright Services**	**1094516**	**1403785**
书、报、刊出版发行	Books, Newspaper and Journals	1025946	1299532
音像及电子出版物出版发行	Audio-visual and Electronic Publications	37973	51716
版权服务	Copyright Services	30597	52536
广播、电视、电影服务	**Broadcasting, TV & Film Services**	**835910**	**1006476**
广播、电视服务	Broadcasting and TV Services	519847	625364
广播、电视传输	Broadcasting and TV Transmission	246785	291339
电影服务	Film Services	69278	89774
文化艺术服务	**Cultural and Artistic Services**	**262723**	**327599**
文艺创作、表演及演出场所	Creation, Performing and Perfomances	92274	126645
文化保护和文化设施服务	Cultural Protection and facilities	63921	75872
群众文化服务	Mass Cultural Services	29249	33648
文化研究与文化社团服务	Research and Society Services	20931	22996
其他文化艺术服务	Others	56349	68438
网络文化服务	**Network Services**	**166652**	**199794**
互联网信息服务	Internet Information Services	166652	199794
文化休闲娱乐服务	**Cultural, Leisure and Pleasure Services**	**2128564**	**2695823**
旅游文化服务	Tourism Cultural Services	573985	777744
娱乐文化服务	Pleasure Cultural Services	1554579	1918079
其他文化服务	**Others**	**904462**	**951598**
文化艺术商务代理服务	Artistic Agency Services	195008	206671
文化产品出租与拍卖服务	Cultural Products' Renting and Auction	309512	274889
广告和会展文化服务	Advertising and Exhibition Services	399942	470038
相关文化服务	**Culture-related Services**	**2823737**	**3492866**
文化用品、设备及相关文化产品的生产	**The Manufacturing of Cultural Goods, Facilities and Other Related Products**	**1934157**	**2445382**
文化用品生产	Cultural Goods	863397	1008394
文化设备生产	Cultural Facilities	89056	105667
相关文化产品生产	Other Related Products	981705	1331322
文化用品、设备及相关文化产品的销售	**The Sales of Cultural Goods, Facilities and Other Related Products**	**889580**	**1047483**
文化用品销售	Cultural Goods	191439	229387
文化设备销售	Cultural Facilities	642322	752936
相关文化产品销售	Other Related Products	55819	65161
总　计	**Total**	**8275587**	**10139658**

16-9 卫生事业基本情况
Basic Statistics on Health Institutions

年份 Year	卫生机构数(个) Number of Health Institutions (unit)	#医院、卫生院 Hospitals	卫生机构床位数(万床) Number of Beds in Health Institution (10 000 beds)	#医院、卫生院 Hospitals	卫生机构人员数(万人) The number of health institutions staff (10 000 person)	#卫生技术人员数(万人) Medical Technical Personnel (10 000 persons)	#医生 Doctors	#注册护士(师) Registered Nurse	每万人口拥有 Per 10 000 Persons 床位数(张) Number of Beds	医生数(人) Number of Doctors
1949	239	113	0.39	0.27		1.69	1.48		1.3	5.0
1950	264	123	0.39	0.28		1.67	1.48		1.3	4.8
1951	443	130	0.52	0.39		1.81	1.52		1.6	4.8
1952	2531	149	0.64	0.48		2.39	1.67		2.0	5.1
1953	3209	153	0.64	0.48		2.79	1.82		1.9	5.4
1954	3966	164	0.65	0.48		3.70	2.19		1.9	6.4
1955	4587	176	0.69	0.51		4.37	2.69		2.0	7.8
1956	7741	235	0.87	0.61		5.22	2.73		2.5	7.8
1957	8079	330	1.04	0.67		5.53	2.83		2.9	7.9
1958	12705	5307	5.00	1.75		6.44	3.04		13.6	8.3
1959	22495	5370	4.95	1.66		6.76	3.24		13.4	8.8
1960	21987	4289	5.01	2.35		6.97	3.29		14.0	9.2
1961	18517	3390	4.12	2.44		7.08	3.43		11.7	9.8
1962	12118	416	2.67	2.25		6.29	3.33		7.4	9.3
1963	11613	388	2.63	2.29		6.39	3.34		7.1	9.0
1964	11240	395	2.88	2.28		6.24	3.31		7.6	8.7
1965	11124	484	3.11	2.44		6.28	3.34		8.0	8.6
1966	10424	1014	3.68	2.69		6.29	3.24		9.2	8.1
1967	6285	3983	4.06	2.55		6.11	3.11		9.9	7.5
1968	6161	3945	4.27	2.45		6.25	3.31		10.1	7.8
1969	6144	4026	4.62	2.52		6.29	3.36		10.6	7.7
1970	7056	4447	5.83	3.31		6.54	3.54		13.0	7.9
1971	7042	4280	6.63	3.73		7.10	3.62		14.4	7.9
1972	7372	4264	7.28	4.96		7.95	3.72		15.5	7.9
1973	7898	4309	7.93	3.75		8.53	4.14		16.5	8.6
1974	8239	4340	8.67	4.02		9.26	4.43		17.7	9.0
1975	8707	4365	9.36	4.34		10.04	4.85		18.8	9.7
1976	8987	4383	9.88	4.45		10.73	5.23		19.5	10.3
1977	9259	4397	10.49	5.25		11.20	5.23		20.5	10.2
1978	9477	4374	11.14	5.52		11.54	5.38		21.6	10.4

16-9 续表 continued

年份 Year	卫生机构数(个) Number of Health Institutions (unit)	#医院、卫生院 Hospitals	卫生机构床位数(万床) Number of Beds in Health Institution (10 000 beds)	#医院、卫生院 Hospitals	卫生技术人员数(万人) Medical Technical Personnel (10 000 persons)	#医生 Doctors	每万人口拥有 Per 10 000 Persons 床位数(张) Number of Beds	医生数(人) Number of Doctors
1979	9753	4387	11.56	5.93	12.54	5.80	22.1	11.1
1980	9871	4402	11.58	6.05	13.16	5.88	21.9	11.1
1981	10222	4375	11.26	6.11	13.96	6.20	21.0	11.6
1982	10262	4334	11.41	6.28	14.29	6.40	20.9	11.7
1983	10324	4335	11.54	6.45	14.84	6.59	21.0	12.0
1984	10507	4357	11.80	6.75	15.26	6.76	21.2	12.2
1985	10552	4226	11.93	6.97	15.54	6.90	21.2	12.3
1986	10352	4112	12.22	7.35	15.81	6.91	21.5	12.1
1987	10392	4132	12.69	7.76	16.28	7.06	22.0	12.2
1988	10376	4114	12.93	8.12	16.89	7.83	21.9	13.2
1989	10492	4197	13.16	8.32	17.27	8.15	21.9	13.6
1990	10552	4191	13.36	8.48	17.63	8.26	21.9	13.5
1991	10557	4219	13.52	8.67	17.81	8.17	21.9	13.3
1992	10579	4229	13.65	8.85	18.29	8.23	22.0	14.3
1993	9604	4187	13.64	9.03	18.38	8.13	21.8	13.0
1994	9931	4314	13.42	8.92	18.98	8.39	21.3	13.3
1995	9137	3879	13.52	9.04	19.25	8.46	21.3	13.3
1996	9031	3423	13.36	9.08	20.22	9.57	20.8	14.1
1997	9177	3349	13.47	9.24	20.56	10.61	20.8	16.4
1998	9711	3318	13.43	9.28	21.25	9.32	20.7	14.3
1999	4259	3359	14.00	13.46	19.50	8.00	22.3	12.9
2000	4286	3339	14.34	13.21	19.88	8.80	21.9	13.5
2001	4205	3335	14.62	13.43	19.89	8.90	22.0	13.5
2002	4272	3332	14.00	13.00	19.00	8.00	21.6	11.9
2003	4016	3348	14.49	13.00	18.95	7.90	21.8	12.0
2004	4039	3340	14.79	13.70	18.89	7.90	22.1	11.9
2005	4097	3324	15.22	14.16	18.94	7.99	22.6	11.9
2006	4082	3242	16.02	14.97	19.00	8.05	23.7	11.9
2007	14521	3165	17.24	16.17	22.06	9.25	25.3	13.5
2008	14455	3111	18.79	17.47	23.21	9.63	27.5	14.1
2009	14374	3103	21.20	19.73	24.81	10.07	30.7	14.6
2010	14175	3066	23.33	21.59	26.26	10.42	32.9	14.7
2011	14266	3096	26.14	24.20	27.55	10.59	39.6	16.1

注：1、2002年及以后卫生机构数为登记注册数，医生系执业(助理)医师数。机构数不含村卫生室。

2、2007年起卫生部网络直报数据包含了诊所、医务室、卫生所、社区服务站；而2007年以前是没有包括的。

a.Number of health institutions since 2002 are the number of registeration, doctors refer to the certified (assistant) doctors.

b.The Direct Network Report from the Ministry of Health data includes outpatient departments, medical stations clinics, health service centers since 2007. But before 2007, has not included.

16-10 各类卫生机构、床位和人员（2011年）
Health Care Institutions, Beds and Personnel by Type (2011)

类 别	Item	机 构（个）Number of Institutions (unit)	床位数（张）Number of Reality Beds（bed）
总　计	**Total**	**59681**	**261353**
医院	Hospitals	783	168525
综合医院	General Hospitals	486	113252
中医医院	Hospitals of Chinese Medicine	129	32275
中西医结合医院	Hospitals Which Integrate Traditional Chinese Therapeutics with Western Therapeutics	13	1123
民族医院	National Hospitals	3	30
专科医院	Specialized Hospitals	152	21845
口腔医院	Hospitals for Oral Cavity Diseases	10	170
眼科医院	Ophthalmology Hospitals	10	470
耳鼻喉科医院	Otorhinolaryngology Hospitals	1	80
肿瘤医院	Tumor Hospitals	4	2185
心血管病医院	Cardiovascular hospitals	2	562
妇产(科)医院	Hospitals for Maternity and Child Care	18	655
儿童医院	Children's Hospitals	1	1480
精神病医院	Mental Hospitals	27	9564
传染病医院	Hospitals for Infectious Diseases	1	460
皮肤病医院	Hospitals for Occupational Diseases	1	50
结核病医院	Tuberculosis Hospitals	1	350
麻风病医院	Leprology Hospitals	1	1
骨科医院	Orthopaedics Hospitals	11	514
康复医院	Rehabilitation Hospitals	12	2487
整形外科医院	Plastic Hospitals	1	20
美容医院	Cosmetic Hospitals	4	69
其他专科医院	Other Specialized Hospitals	47	2728
社区卫生服务中心(站)	Health Service Center and Station for Community	600	6976
社区卫生服务中心	Health Service Centers		
社区卫生服务站	Herath Service Stations		
卫生院	Health Centers	2313	73436
村卫生室	The village health room	45415	
门诊部	Clinics	202	408
诊所.卫生所.医务室	Outpatient Departments、Clinics and Medical Stations	9729	
急救中心(站)	First-aid Stations	2	
采供血机构	Institutions for Collection and Supply of Blood	15	
妇幼保健院(所、站)	Maternity and Child Care Centers	139	8610
专科疾病防治院(所、站)	Specialized Disease Prevention and Treatment Institute	86	3229
疾病预防控制中心	Disease Prevention & Control Centers	147	
卫生监督所(中心)	Medical Supervision Institutes	130	
健康教育所(站、中心)	Health Education Centers	2	
其他卫生机构	Other Health Care Institutions	112	169

16-10 续表 continued

卫生工作人员(人) Health Personnel (person)	#卫生技术人员 Medical Technical Personnel	执业(助理)医师 Assistant Doctors	执业医师 Doctors	注册护士 Senior Nurse & Nurse	药师（士） Pharmacist	技师（士） Laboratory Technician	其他 Others
403788	**284247**	**114327**	**83298**	**101923**	**20366**	**16440**	**31191**
187002	152973	50659	45967	72442	10184	9214	10474
130137	107296	35258	32527	52559	6164	6435	6880
37377	30707	10558	9273	12997	3180	1975	1997
1079	910	329	241	349	66	49	117
50	34	13	12	4	3	2	12
18359	14026	4501	3914	6533	771	753	1468
683	514	258	227	155	19	15	67
847	557	152	147	301	16	9	79
154	114	37	21	40	6	1	30
2025	1606	521	491	696	92	118	179
470	413	154	145	201	24	15	19
987	721	268	200	293	40	67	53
1485	1336	335	335	784	68	66	83
5351	3961	1165	1005	1986	218	153	439
543	405	113	95	191	34	50	17
79	47	17	13	20	6	2	2
336	258	81	81	117	10	23	27
17	11	9	2	1	1		
393	318	111	80	124	24	21	38
1411	1015	301	265	410	48	40	216
93	51	14	11	31	2	2	2
144	85	33	30	38	5	5	4
3341	2614	932	766	1145	158	166	213
12455	10756	4488	3244	3583	989	613	1083
76853	65598	29088	14217	13624	7107	3625	12154
72069	8732	8467	2586	265			
1906	1544	790	687	469	125	79	81
18986	18270	10751	8605	4621	895	132	1871
63	22	22	21				
1151	811	108	77	444	3	206	50
14978	12230	4750	3971	4848	598	985	1049
3738	2792	1194	868	769	175	274	380
9773	6923	3481	2783	732	238	1287	1185
3288	2644						2644
9	1			1			
1364	817	425	238	109	48	19	216

16−11　医疗机构运营情况（2011年）
Basic Statistics of Operation on Health Care Institutions (2011)

类 别	Item	诊疗人次(人次) Number of Patients Treated (person-time)	#门诊、急诊人次 Out-Patients and Emergency Patients	病床周转次数(次) Turn Over of Beds (time)	病床工作日(天) Days Per Bed in Use (day)	病床使用率(%) Utilization Rate of Beds (%)
总　计	**Total**	**216974578**	**202299163**	**36.6**	**314.6**	**86.20**
医院	**Hospitals**	**63258285**	**61959660**	**33.3**	**345.7**	**94.72**
综合医院	General Hospitals	45490572	44677355	36.9	352.4	96.54
中医医院	Hospitals of Chinese Medicine	12385910	12077031	31.6	330.5	90.54
中西医结合医院	Hospitals Which Integrate Traditional Chinese Therapeutics with Western Therapeutics	319408	302969	26.8	280.2	76.7692
民族医院	National Hospitals	15908	15908	12.3	56.6	15.51
专科医院	Specialized Hospitals	5046487	4886397	18.3	337.8	92.53
口腔医院	Hospitals for Oral Cavity Diseases	637250	636023	20.8	145.5	39.87
眼科医院	Ophthalmology Hospitals	369026	328611	44.4	257.0	70.40
耳鼻喉科医院	Otorhinolaryngology Hospitals	37563	37563	30.6	154.8	42.42
肿瘤医院	Tumor Hospitals	270543	198929	24.8	359.1	98.39
心血管病医院	Cardiovascular hospitals	210874	210210	27.5	289.1	79.22
妇产(科)医院	Hospitals for Maternity and Child Care	365674	361204	37.2	225.7	61.82
儿童医院	Children's Hospitals	939454	939454	37.7	326.6	89.49
精神病医院	Mental Hospitals	741812	737918	7.5	380.7	104.31
传染病医院	Hospitals for Infectious Diseases	71427	71427	18.9	442.8	121.33
皮肤病医院	Hospitals for Occupational Diseases	69116	69116	13.2	195.0	53.44
结核病医院	Tuberculosis Hospitals	33198	33198	19.1	406.7	111.42
麻风病医院	Leprology Hospitals	9818	9818	0.0	0.0	0.00
骨科医院	Orthopaedics Hospitals	80048	77864	16.5	241.3	66.12
康复医院	Rehabilitation Hospitals	190999	179757	8.1	274.2	75.12
整形外科医院	Plastic Hospitals	6800	6800	24.6	365.0	100.00
美容医院	Cosmetic Hospitals	64162	64162	70.5	185.9	50.93
其他专科医院	Other Specialized Hospitals	948723	924343	37.4	292.4	80.10
护理院	Nursing home.					
疗养院	**Sanatoriums**					
社区卫生服务中心(站)	**Health Service Center for Community**	**7067163**	**6279156**	**25.0**	**216.9**	**59.43**
卫生院	**Health Centers**	**39503964**	**37721683**	**43.7**	**254.3**	**69.66**
村卫生室	**The village health room**	**76054084**	**66273556**			
门诊部	**Clinics**	**1052572**	**1021503**	**27.7**	**172.3**	**47.21**
妇幼保健院(所、站)	**Maternity and Child Care Centers**	**7395908**	**7172285**	**55.1**	**301.5**	**82.61**
专科疾病防治院(所、站)	**Specialized Disease Prevention and Treatment Institute**	**780141**	**675215**	**29.1**	**240.7**	**65.94**

16−12 诊所、卫生所、医务室基本情况（2011年）
Statistics on Clinics,Health Service Stations and Health Center (2011)

项目	Item	诊所 Clinics	医务室、卫生所 Health Center and Health-room、Health Service Stations for Community
机构总数	**Number of Institutions**	**7794**	**1904**
总人员数（人）	Number of Personnel (person)	15297	3634
卫生技术人员	Medical Technical Personnel	14680	3536
执业医师	Doctors	6918	1665
执业助理医师	Assistant Doctors	1655	485
注册护士	Registered Nurse	3770	839
药师(士)	Pharmacist	750	144
技师(士)	Skilled Technician	112	20
#检验人员	Laboratory Technician	85	18
其他	Others	1475	383
工勤技能人员	Logistic personnel	617	98
总收入（万元）	Annual Income (10 000 yuan)	69926	14857
总支出（万元）	Annual Expenditure (10 000 yuan)	65325	13845
诊疗人次数（人次）	Number of Visits (person-times)	17523927	4224711

16−13 村卫生室基本情况（2011年）
Statistics on Village Health Center (2011)

项目	Item	合计 Total	按主办单位分 Grouped by Organizers				
			村办 Village	乡医院设点 Township	联合办 Combine	私人办 Private	其他 other
机构数(个)	Number of Institutions(unit)	45415	34615	1265	1068	7730	737
执业(助理)医师(人)	Number of Doctors and Assistant Doctors(person)	8467	7176		64	1143	84
注册护士(人)	Registered Nurses(Person)	265	195		1	61	8
乡村医生和卫生员(人)	Number of Village Doctors & Assistants (person)	63337	51412	1189	1540	8454	742
#乡村医生	#Number of Village Doctors	59653	48757	1082	1110	7993	711
#其中:大专及以上学历	#Above Three Years Collega	2055	1022	114	106	764	49
#中专学历(水平)	#Specialized Secondary School	29181	21980	764	621	5358	458
#在职培训合格者	#Up to Standard of Training	14281	11640	197	381	1859	204
卫生员	Health Professional	3684	2655	107	430	461	31
总收入(万元)	Annual Income(10 000 yuan)	152003	112708	5765	2477	28015	3039
总支出(万元)	Annual Expenditure(10 000yuan)	124608	91398	5266	2190	23209	2546
诊疗人次数(万人次)	Number of Children Vaccinate(10 000person-time)	7605	5663	257	203	1343	140

16-14 体育事业情况
Statistics on Sports

项 目	Item	2000	2005	2010	2011
体育系统从业人数(人)	**Staff and Workers in Sports Commissions (person)**	**5303**	**4918**	**5341**	**5795**
体育场地数(个)	**Stadiums (unit)**	**37**	**21294**	**24216**	**24234**
体育馆(个)	**Gymnasiums (unit)**	**55**	**140**	**186**	**190**
游泳池、馆(个)	**Swimming Pools and Natatorums (unit)**	**111**	**40**	**180**	**186**
举办县级以上运动会(次)	**Number of Sports Meets Above County Level (time)**	**1705**	**129**	**436**	**128**
等级运动员发展人数(人)	**Number of Athletes in Grades (person)**	**5175**	**1939**	**1295**	**1467**
#国际级运动健将	#International Master of Sports	2	2	2	7
国家级运动健将	National Master of Sports	31	28	17	31
一 级	First Grade Sportsmen	13	149	277	367
二 级	Second Grade Sportsmen	890	1760	998	1062
三 级	Third Grade Sportsmen	2191			
少年级	Juvenile Grade Sportsmen	2048			
等级裁判员发展人数(人)	**Number of Referees in Grades (person)**	**4173**	**1620**	**2901**	**1862**
#国家级裁判员	#National Referees	21	8	33	10
打破纪录情况 (人/次/项)	**Basic Situation of Records Chalked Up (person/time/event)**				
#世界纪录	#World Records	3/1/5		2/3/3	
亚洲纪录	Asia Records			2/3/3	
全国纪录	National Records	1/1/1		1/1/1	2/2/2
获奖情况	**Basic Situation of Medallion Won**				
参加全国比赛获奖	National Competitions				
#金 牌(枚)	# Gold-plate (piece)	32	40	44	29
银 牌(枚)	Silver-plate (piece)	36	17	21	31
铜 牌(枚)	Copper-plate (piece)	36	19	52	29
参加国际比赛获奖	International Competitions				
#金 牌(枚)	# Gold-plate (piece)	12	13	22	16
银 牌(枚)	Silver-plate (piece)	7	10	12	11
铜 牌(枚)	Copper-plate (piece)	6	2	6	6

注：1. 参加全国比赛指参加全国性的成人竞技比赛。参加国际比赛指参加世界锦标赛、世界杯赛、奥运会、亚洲锦标赛和亚运会。

2. 奖牌数包括我省运动员参加国家队集体项目所得的奖牌。

3. 从2002年起，等级运动员不含三级和少年级运动员。

a. National games refer to nation-wide adult athletics. International games include the world championship, the world cup, the Olympics,the Asia championship and the Asian Games.

b. The number of medals includes that of medals won by athletes of our province in national collective events.

c. The number of athletes in grades excludes third grade sportsmen and juvenile grade sportsmen since 2002.

主要统计指标解释

文化及相关产业 指为社会公众提供文化、娱乐产品和服务的活动以及与这些活动有关联的活动的集合。根据提供文化、娱乐产品和服务活动的属性特点，划分为公益性文化活动和经营性文化活动两大类。

文化及相关产业是第三产业的重要组成部分。是在我国《国民经济行业分类》基础上的派生分类，有文化服务和相关文化服务两大类：

文化服务 主要指新闻服务，出版发行和版权服务，广播、电视、电影服务，文化艺术服务，网络文化服务，文化休闲娱乐服务，其他文化服务。

相关文化服务 主要有文化用品、设备及相关文化产品的生产，文化用品、设备及相关文化产品的销售。

非文化及相关产业 指由文化部门主办的不属于文化及相关产业的其他各类行业活动。

艺术表演团体 指由文化部门主办或实行行业管理（经文化市场行政部门审批或已申报登记并领取相关许可证），专门从事表演艺术等活动的各类专业艺术表演团体，含民间职业剧团。如话剧团、方言话剧团、滑稽剧团、儿童剧团、歌剧团、木偶团、皮影团等以及由若干剧种组成的综合性专业艺术表演团体。不包括群众业余文艺表演团体。

艺术表演场馆 指由文化部门主办或实行行业管理（经文化市场行政部门审批或已申报登记并领取相关许可证），有观众席、舞台、灯光设备，公开售票、专供文艺团体演出的文化活动场所。附属于文化部门机构内非独立核算的剧场、排演场，公开营业的也应单独统计。

文化市场经营机构 指经文化市场行政部门审批或已申报登记并领取相关许可证的、从事文化经营和文化服务活动的机构。

广播节目综合人口覆盖率 指根据国家广电总局制定的《广播电视人口覆盖率统计技术标准和方法》进行统计调查的，在对象区内采用无线、有线、卫星等技术手段能够收听到包括中央、省、地市、县广播节目其中任意一套的人口数占全国总人口数的百分比。

电视节目综合人口覆盖率 指根据国家广电总局制定的《广播电视人口覆盖率统计技术标准和方法》进行统计调查的，在对象区内采用无线、有线、卫星等技术手段能够收看到包括中央、省、地市、县级电视节目中任意一套的人口数占全国总人口数的百分比。

卫生机构 指从卫生行政部门取得《医疗机构执业许可证》，或从民政、工商行政、机构编制管理部门取得法人单位登记证书，为社会提供医疗保健、疾病控制、卫生监督服务或从事医学科研和教育等工作的单位。卫生机构包括医院、疗养院、社区卫生服务中心(站)、卫生院、门诊部、诊所(卫生所、医务室)、急救中心(站)、采供血机构、妇幼保健院(所、站)、专科疾病防治院(所、站)、疾病预防控制中心(防疫站)、卫生监督所、卫生监督检验(监测、检测)机构、医学科研机构、医学在职培训机构、健康教育所(站)等其他卫生机构。

医疗机构 指从卫生行政部门取得《医疗机构执业许可证》的机构，包括医院、疗养院、社区卫生服务中心(站)、卫生院、门诊部、诊所(卫生所、医务室)、妇幼保健院(所、站)、专科疾病防治院(所、站)、急救中心(站)和临床检验中心。

社区卫生服务中心(站) 指为本社区居民提供预防、医疗、保健、康复、健康教育、计划生育技术服务等的基层卫生机构。包括社区卫生服务中心和社区卫生服务站。

卫生人员 指在医疗、预防保健、医学科研和在职教育等卫生机构工作的职工，包括卫生技术人员、其他技术人员、管理人员和工勤人员。

卫生技术人员 包括执业(助理)医师、注册护士、药剂人员、检验和影像人员等卫生专业人员。不包括从事管理工作的卫生技术人员(一律计入管理人员)。

执业医师 指具有《医师执业证》及其“级别”为“执业医师”且实际从事医疗、预防保健工作的人员，不包括实际从事管理工作的执业医师。执业医师类别分为临床、中医、口腔和公共卫生。

执业助理医师 指具有《医师执业证》及其“级别”为“执业助理医师”且实际从事医疗、预防保健工作的人员，不包括实际从事管理工作的执业助理医师。执业助理医师类别同样分为临床、中医、口腔和公共卫生四类。

每万人口执业(助理)医师 每万人口执业(助理)医师=（执业医师数+执业助理医师数)/人口数×10000。人口数系公安部户籍人口。

每万人口医院、卫生院床位数 每万人口医院卫生院床位数=(医院床位数+卫生院床位数)/人口数×10000。人口数系公安部户籍人口。

每万人口卫生技术人员 每万人口卫生技术人员=卫生技术人员数/人口数×10000。人口数系公安部户籍人口。

Explanatory Notes on Main Statistical Indicators

Culture and Related Industries refer to the aggregate of activities, providing the mass with culture goods, amusement goods and services. According to the characteristics of culture goods, amusement goods and services, they can be classified into two categories, or nonprofit cultural activities and profit cultural activities.

Culture and related industries is the important component of the tertiary industry. These are the derivative sector from the Industrial Classification of the National Economy and are composed of two categories of culture services and related cultural services.

Culture Services mainly include news services, publishing and copyright services, radio, television, film, arts, network, recreation, and other cultural services.

Related Cultural Services mainly include cultural stationery, equipment and related cultural goods, and the sales of cultural stationery, equipment and related cultural goods.

Non-culture and Related Industries refer to the other activities sponsored by the cultural sectors, which do not belong to the culture and related industries.

Arts Performance Troupes refer to the various professional performing arts groups, which sponsored by the cultural sectors or guided by the cultural society (approved by the cultural market administration, or registered and permitted with the relative certificate), including non-governmental troupes, such as drama troupes, dialect troupes, comedy troupes, children troupes, Opera troupes, puppetry troupes, Shadowgraph troupes, etc., comprehensive professional arts performance troupes. The mass sparetime arts performance troups are not included.

Arts Performance Places refer to the various sites for cultural activities, which sponsored by the cultural sectors or guided by the cultural society (approved by the cultural market administration, or registered and permitted with the relative certificate), with the facility of auditorium, stage, and lighting, and selling tickets in public, including the opera halls and rehearse sites, etc. which are affiliated to the culture sectors without independent financial accounts and open to the public.

Cultural Market Operating Units refer to the units dealing in culture and cultural services, which registered and permitted with the relative certificate by cultural market administration.

Radio Coverage of Population refers to the percentage of population, which can listen to one of central, provincial, city, prefecture, and county radio programs by wireless, cable, satellite and other technical means, in the surveying area, to national total population, according to Statistical Standard and Method on Television and Radio Coverage of Population established by the State Administration of Broadcasting, Film and Television.

Television Coverage of Population refers to the percentage of population, which can watch one of central, provincial, city, prefecture, and county television programs by wireless, cable, satellite and other technical means, in the surveying area, to national total population, according to Statistical Standard and Method on Television and Radio Coverage of Population established by the State Administration of Broadcasting, Film and Television.

Cable Television Coverage of Household refers to the percentage of household, which can watch television by cable of radio and television network, to national total household.

National Comprehensive Archives refer to all archives institution, which are directly conducted by the central and local levels archives administration, collecting and keeping various documents and materials by administrative regions or historical periods.

Health Care Institutions refer to the units which have been qualified the Certification of Health Care Institution by the administration of public health, or qualified the Certification of Corporate Unit by the civil affairs, administration for industry and commerce, commission office for public sector reform, and engaging in medical care, disease prevention and control, health supervision and inspection, medicine research and health education, etc., including: hospitals, sanatoriums, community health service centers (stations), health centers, clinics (health stations and infirmaries), first-aid centres (stations), blood gathering and supplying institutions, women and children care agencies (centres and stations), special disease prevention and curing agencies (centres and stations), disease prevention and control centres (epidemic prevention stations), health supervision and inspection agencies, sanitary inspection institutions, medicinal scientific research and on-job training institutions, health education centres and so on.

Medical Organizations refer to the institutions which have been qualified the Certification of Health Care Institution by the administration of public health,

including: hospitals, sanatoriums, community health service centers (stations), health centers, clinics (health stations and infirmaries), women and children care agencies (centres and stations), special disease prevention and curing agencies (centres and stations), first-aid centres (stations) and clinic inspection centers.

Community Health Service Centres (stations) refer to the primary units that provide the health care for community residents, such as disease prevention and control, medical treatment, health care, rehabilitation, health education, family planning technical services, including community health service centres and community health service stations.

Health Care Employee refer to all employee engaged in the health care institutions, such as medical organizations, disease prevention and control centres, health care agencies, medicinal scientific research and on-job training institutions, including medical technical personnel, other technical personnel, manager and labour.

Medical Technical Personnel refer to the professional staff engaged in health care, including licensed (assistant) doctors, registered nurse, pharmacists, laboratory technician, and imaging staff, excluding the medical technical personnel engaged in management job (included as the management staff).

Licensed Doctors refer to the medical workers who have obtained the licenses of qualified doctors and are employed in medical treatment, disease prevention or healthcare institutions, excluding the licensed doctors engaged in management job. The classification of licensed doctors is clinician, Chinese medicine, dentist and public health.

Licensed Assistant Doctors refer to the medical workers who have obtained the licenses of qualified assistant doctors and are employed in medical treatment, disease prevention or healthcare institutions, excluding the licensed assistant doctors engaged in management job. The classification of licensed assistant doctors is clinician, Chinese medicine, dentist and public health.

Number of Licensed (Assistant) Doctors per 10000 Population the formula is:

Number of Licensed Doctors per 10000 Population = (Number of Licensed Doctors + Number of Licensed Assistant Doctors) / Population *10000

The population is the figure of household registration from the Ministry of Public Security.

Number of Beds of Hospitals and Health Care per 10000 Population the formula is:

Number of Beds of Hospitals and Health Care per 10000 Population = Number of Beds of Hospitals + Number of Beds of Health Care) / Population *10000

The population is the figure of household registration from the Ministry of Public Security.

Number of Medical Technical Personnel per 10000 Population the formula is:

Number of Medical Technical Personnel per 10000 Population = Number of Medical Technical Personnel / Population *10000

The population is the figure of household registration from the Ministry of Public Security.

17 党群、政法和社会服务

Party and Mass, Politics and Law, Social Service

资料整理人员： 蔡冬娥

17-1 历届省人民代表大会的代表人数
Number of Deputies to All the Previous Provincial People's Congress

单位：人 (person)

指标	Item	代表总数 Total Number of All Deputies	#女性代表 Female Deputies	占代表总数% As Percentage to Total (%)	#少数民族代表 Deputies From National Minorities	占代表总数% As Percentage to Total (%)	#中青年代表 Midlife and Youth Deputies	占代表总数% As Percentage to Total (%)
第一届 (1954)	First Congress (1954)	**552**	36	6.5	9	1.6	399	72.3
第二届 (1958)	Second Congress (1958)	**552**	36	6.5	9	1.6	399	72.3
第三届 (1964)	Third Congress (1964)	**662**	148	22.4	57	8.6	409	61.8
省革命委员会 (1968)	The Provincial Revolutionary Committee (1968)	**160**						
第五届 (1977)	Fifth Congress (1977)	**1252**	274	21.9	72	5.8	966	77.2
第六届 (1983)	Sixth Congress (1983)	**988**	225	22.8	84	8.5	570	57.7
第七届 (1988)	Seventh Congress (1988)	**874**	210	24.0	78	8.9	529	60.5
第八届 (1993)	Eighth Congress (1993)	**870**	191	22.0	87	10.0	587	62.0
第九届 (1997)	Ninth Congress (1997)	**763**	175	22.9	85	11.1	488	64.0
第十届 (2003)	Tenth Congress (2003)	**772**	149	19.3	82	10.8	72	9.5
第十一届(2007)	Tenth Congress (2007)	**774**	149	19.3	82	10.8	72	9.5

注：1968年省革命委员会召开了全体委员会议，代表人数为委员人数。

The plenary meeting was held by the provincial revolutionary committee in 1968, and the number of delegates was that of committee members.

17-2 历届省政治协商会议的委员人数
Number of Deputies to All the Previous Provincial People's Political consultative Conferences

单位：人 (person)

指标	Item	委员总数 Total Number of All Deputies	#中国共产党代表 Deputies from the Communist Party of China	占代表总数% As Percentage to Total (%)	#少数民族代表 Deputies From National Minorities	占代表总数% As Percentage to Total (%)
第一届 (1955)	First Congress (1955)	**175**	39	22.3	6	3.4
第二届 (1959)	Second Congress (1959)	**396**	131	33.1	15	3.8
第三届 (1964)	Third Congress (1964)	**398**	134	33.7	20	5.0
第四届 (1977)	Fourth Congress (1977)	**500**	222	44.4	26	5.2
第五届 (1983)	Fifth Congress (1983)	**732**	270	36.9	38	5.2
第六届 (1988)	Sixth Congress (1988)	**703**	280	39.8	58	8.3
第七届 (1993)	Seventh Congress (1993)	**724**	288	39.8	61	8.4
第八届 (1997)	Eighth Congress (1997)	**716**	280	39.1	70	9.8
第九届 (2003)	Ninth Congress (2003)	**728**	281	38.6	72	10.6
第十届(2007)	Ninth Congress (2007)	**750**	289	38.5	65	8.7

17-3 工会工作情况
Labor Union Work

项目	Item	2000	2005	2010	2011
工会基层组织个数(万个)	Number of Grassroots Unions (10 000 unit)	4.10	5.75	9.01	10.10
女职工组织(万个)	Number of Female Workers's Organizations (10 000 units)	1.68	2.62	6.66	
已建工会组织的基层单位在岗职工人数(万人)	Number of Staff and Workers in Grassroots Unions (10 000 persons)	487.00	732.27	1067.85	1105.47
#在岗女职工	#Female	186.00	251.11	355.33	
工会专职干部数(万人)	Full-time Cadres (10 000 persons)	2.14	3.01	4.41	6.48
已建立职代会制度的单位个数(万个)	Number of Units Established With Workers Delegating Congress System (10 000 units)	1.34	0.85	2.67	7.99
召开过职代会的基层工会组织个数(万个)	Number of Units Convoked Staff Congress (10 000 units)	1.21	1.37	2.25	
开展合理化建议活动的单位个数(个)	Number of Units Developing Rationalization Proposals (unit)	9611	3516		
本年度提出合理化建议(万件)	Advanced Rationalization Proposals This Year (10 000 piece)	66.60	16.91	17.66	18.31
开展民主评议领导干部的公有制单位个数(个)	Number of Units Developing Democratic Remark Public Owenrship on Leaders (unit)	9233	8835		
建立工会劳动法律监督组织(个)	Number of Units Established With Labor Law Supervisional Organization (unit)	6295	6566	6746	7715
建立经费审查组织的单位个数(个)	Number of Units Established with Outlay Went Through (unit)	17904	27339	50421	

17-4 其他社会福利事业单位机构和人员
Institution and Personnel in Social Welfare and Special Care

项目	Item	机构数（个） Number of Institutions (unit)		职工人数（人） Staff and Workers (person)	
		2010	2011	2010	2011
福利企业单位总计	**Social Welfare Institutions and Enterprises**	**630**	**616**	**36064**	**35602**
福利工厂	Welfare Factories	400	389	22674	22155
假肢厂	Artificial Limb Factories	1	1	88	102
安置农场	Placement Farm	4	4	132	132
其他福利企业	Other social welfare Institutions	225	222	13170	13213
救助类社会服务机构	**Relief type of social service agencies**	**137**	**137**	**1420**	**1404**
救助管理站	Salvation management station	98	98	943	936
流浪儿童救助保护中心	The Centers of Salvation and Safeguard Children on the Tramp	39	39	477	468
殡仪事业单位	**Funeral and Interment Institutions**	**180**	**228**	**2380**	**2948**

17−5 收养类社会服务机构基本情况（2011年）
Basic Statistics on Adoption of Social service Agencies (2011)

项 目	Item	机构(个) Institution (unit)	职工(人) Staff and Workers (person)	床位(张) Beds (unit)	年末在院人数(人) Number of Persons Housed (person)
总 计	**Total**	**2728**	**14272**	**146455**	**123049**
编制部门登记收养性单位	Registered in Establishment Department	319	5795	29801	22020
民政部门登记收养性单位	Registered in Civil Administation	2129	7575	101033	88903
未登记收养性单位	Registered in Unregistered	280	902	15621	12126
在总计中:	**Among Total:**				
荣誉军人康复医院	Rehabilitation Hospitals for Glory Soldiers	1	142	182	125
复员军人疗养院	Convalescent Homes for Demobilized Soldiers	2	101	135	96
智障与精神疾病服务机构	Service organization on mental retardation and mental illness	17	1737	3856	2504
#复退军人精神病院	Mental Hospitals for Veteran and Demobilized Soldiers	8	818	2230	1323
#福利类精神病院和医院	Psychiatric hospitals, and hospitals of the welfare class	9	919	1626	1181
光荣院	Homes for Disabled Veterans	163	1207	7925	5416
社会福利医院	Child welfare agencies	88	1936	11942	8945
儿童福利机构	Psychopathic Welfare Homes	19	314	3176	2170
老年人与残疾人服务机构	Elderly and disabled service agencies	2687	12212	139246	118206
#城市养老服务机构	City pension service agencies	77	675	4921	3656
#农村养老服务机构	Pension services in rural areas	2356	8151	114141	99968
其他收养性机构	Other adoption agencies	5	9	177	169

17−6 社会救济和福利主要费用
Value of Major Social Relief and Welfare Funds

单位：万元 (10 000 yuan)

项 目	Item	2010	2011
总 计	**Total**	**1184558**	**1545645.5**
民政事业费支出	**Civil Administration Department Funds**	**1165255**	**1545645.5**
抚恤事业费	Commiserate	211881	255291.7
退役安置事业费	Settle Down	66650	76772.4
城市居民最低生活保障事业费	Funds for Urban Residents Receiving Mininum Income Relief	302785	383961.3
农村最低生活保障事业费	Funds for Rural Residents Receiving Mininum Income Relief	173126	289117.5
农村社会救济事业费	Funds for Rural Social Welfare Relief	79222	109474.9
其他城市社会救济	Other Urban Social Welfware Funds	11065	14637.8
社会福利事业费	Social Welfware Funds	38347	61507.9
民政管理事务事业费	Civil Administation Affairs Furds	51773	74772.7
自然灾害救助费	Relief Funds for Natural Disasters	73848	69610.2
行政事业单位离退休人员经费	Administration Institution retired personnels Funds	8100	8196.5
医疗救助	Medical assistance		114745.9
其他款项用于民政支出	Other Funds use in the Civil Administation	148458	87556.7
集体供给	**Collective Funds**	**19303**	
优抚对象优待总金额	Funds for Family Members of Martyrs and Disabled Veterans	19303	

17−7 婚 姻 登 记 情 况
Basic Statistics on Marriage Registration

项 目	Item	2000	2005	2010	2011
准予登记结婚 (万对)	**Registered Marriages (10 000 couples)**	**38.31**	**45.97**	**63.46**	**65.87**
初 婚 (万人)	First Marriages (10 000 persons)	71.77	83.80	113.53	116.93
再 婚 (万人)	Remarriages (10 000 persons)	4.85	8.14	13.39	14.81
离婚人数 (万对)	**Number of Divorces (10 000 couples)**	**6.45**	**8.30**	**15.37**	**16.07**
离婚率 (‰)	Divorce Rate (‰)	1.97	2.50	4.39	2.25

17−8 律师、公证、调解工作基本情况
Basic Statistics on Lawyers, Notarization and Mediation

项 目	Item	2000	2005	2010	2011
律师工作	**Lawyers**				
律师事务所 (个)	Number of Law Offices (unit)	352	426	529	540
律师 (人)	Number of lawyers (persons)	4888	5663	7059	7747
专职律师	Full-time Lawyers	2471	4469	6574	6986
兼职律师	Part-time Lawyers	1439	259	314	324
特邀律师	Specially Invited Lawyers	295			
担任法律顾问工作 (家)	Number of Units with Permanent Legal Advisors (unit)	7899	8623	9310	9394
刑事案件代理及辩护 (件)	Agent & Defender of Criminal Cases (case)	13664	15270	18804	22048
民事案件诉讼代理 (件)	Agent of Civil Cases (case)	25820	30342	40756	20082
经济案件诉讼代理 (件)	Agent of Economic Cases (case)	13455	11431		18976
非诉讼法律事务 (件)	Agent of Non-Litigious Legal Affairs (case)	25883	4617	26509	22606
行政案件诉讼代理 (件)	Agent of Administrative Action (case)	2156	2425	2032	502
解答法律询问 (人次)	Agent of Legal Advisory Services (person-time)	236553	194157	87401	49253
代写法律事务文书 (件)	Agent of Legal Documents Written on Behalf of Clients	35934	39060	19943	15201
公证工作	**Notarization**				
公证处 (个)	Number of Notary Offices (unit)	138	129	121	121
公证人员 (人)	Notarization Personnel (person)	604	652	620	707
受理公证文书 (件)	Number of Accept Notarized Documents (case)	319416	164616	126875	178044
出证公证文书 (件)	Number of Show Notarized Documents (case)	317705	163857	126398	177284
#国内经济合同公证 (件)	#Number of Domestic Notarized Business Contracts (case)	81815	63026	41474	34356
人民调解工作	**Number of People's Mediation**				
专职司法助理员 (人)	Number of Full-time Judicial Assistants (person)	4114	4238	5210	5367
人民调解委员会 (个)	Number of People's Mediation Committees (person)	57231	55188	54535	51222
调解人员 (人)	Number of Mediators (person)	723389	260000	254881	210521
调解民间纠纷 (件)	Number of Civil Disputes Mediated (case)	340612	300957	374123	412116

17-9 交通事故发生情况
Statistics on Traffic Accidents

指标	Item	合计	按事故发生程度分 By Serious Degree of Traffic Accidents		
		Total	特大 Extraordinarily Serious	重大 Serious	一般 Ordinary
发生次数（起）	Number of Traffic Accidents (case)				
	1999	15337	138	3278	11921
	2000	23938	149	3094	20695
	2001	32504	9	232	32263
	2002	28056	154	3173	24729
	2003	23224	93	-	-
	2004	23228	85		23143
	2005	15013	84	3216	11713
	2006	12202	76	3013	9113
	2007	9903	63	2539	7301
	2008	7637	50	2132	5455
	2009	7444	43	1791	5610
	2010	8651	54	1850	6747
	2011	8121	34	1699	6388
死亡人数（人）	Number of Deaths (person)				
	1999	3698	411	3239	48
	2000	3401	375	3026	
	2001	3316	24	229	3063
	2002	3658	437	3221	
	2003	3664	387	-	-
	2004	3769	326		3443
	2005	3832	339	3493	
	2006	3563	297	3266	
	2007	3057	279	2778	
	2008	2555	222	2333	
	2009	2154	183	1971	
	2010	2250	240	2010	
	2011	2039	137	1902	
受伤人数（人）	Number of Injuries (person)				
	1999	14714	617	2548	11549
	2000	22028	521	2272	19235
	2001	29434	81	81	29272
	2002	27468	788	2200	24480
	2003	23159	375	-	-
	2004	21154	431		20723
	2005	18271	365	2294	15612
	2006	16486	353	2178	13955
	2007	12993	250	1948	10795
	2008	9918	220	1707	7991
	2009	10083	254	1541	8288
	2010	11621	303	1370	9948
	2011	11058	220	1536	9302
损失折款	Losses Coverted into Cash (10 000 yuan)				
	1999	8314.70	981.60	1847.96	5485.14
	2000	9662.20	939.54	1937.15	6785.60
	2001	8799.48	51.36	145.22	860.29
	2002	9100.39	1020.35	1834.00	6246.04
	2003	10646.79	-	-	-
	2004	10274.07			
	2005	7131.44	368.09	2037.29	4726.06
	2006	5716.44	309.11	1750.68	3656.66
	2007	4995.27	186.20	1618.66	3190.41
	2008	3765.35	129.60	1475.40	2160.35
	2009	3822.29	348.67	1454.33	2019.29
	2010	4104.41	243.18	1590.70	2270.53
	2011	5145.58	265.20	2212.64	2667.74
平均每起损失	Average Loss per Traffic Accident (yuan)				
	1999	5421.33	71130.43	5673.46	4601.24
	2000	4036.38	63056.63	6261.00	3278.86
	2001	2707.22	5706.67	6259.48	2666.49
	2002	3243.65	66256.49	5780.00	2525.80
	2003	4584.39	-	-	-
	2004	4423.14			0.51
	2005	4750.18	43820.24	6334.86	4034.88
	2006	4684.84	40672.12	5810.41	4012.57
	2007	5044.20	29555.50	6375.20	4369.83
	2008	4930.40	25920.00	6920.26	3960.37
	2009	5134.73	81086.05	8120.21	3599.45
	2010	4744.43	45033.33	8598.38	3365.24
	2011	6336.14	78000.00	13023.19	4176.17

17−10 火 灾 发 生 情 况
Statistics on Fires

指标	Item	合计 Total	按事故发生程度分 By Serious Degree of Fires			
			特大 Extraordinarily Serious	重大 Serious	较大 more	一般 Ordinary
发生次数（起）	Number of Fires Accidents (case)					
	1999	2871	6	28		2837
	2000	3440	5	19		3416
	2001	3979	1	19		3959
	2002	5040	3	18		5019
	2003	6221	2	16		6203
	2004	3762	1	5		3756
	2005	5223	2	11		5210
	2006	5180		11		5169
	2007	5524	1	5		5518
	2008	3393		6		3387
	2009	2563			4	2559
	2010	2928			3	2925
	2011	3789		1	3	3785
死亡人数（人）	Number of Deaths (person)					
	1999	86	4	22		60
	2000	102	19	16		67
	2001	95		21		74
	2002	70		19		51
	2003	122		34		88
	2004	46		8		38
	2005	118	5	23		90
	2006	60		16		44
	2007	55		12		43
	2008	83		20		63
	2009	52			16	36
	2010	33			11	22
	2011	45		10	13	22
受伤人数（人）	Number of Injuries (person)					
	1999	145	1	2		142
	2000	165	20	11		134
	2001	121		10		111
	2002	120	3	7		110
	2003	127	3	7		117
	2004	61				
	2005	123	19			104
	2006	54		1		53
	2007	11				11
	2008	16		4		12
	2009	16			3	13
	2010	4				4
	2011	14		4		10
损失折款	Losses Coverted into Cash (10 000 yuan)					
	1999	6275.00	1620.00	1220.00		3435.00
	2000	4799.00	878.00	683.00		3238.86
	2001	4397.35	347.00	1020.00		3030.35
	2002	5357.08	1382.94	766.17		3207.97
	2003	4834.52	924.89	517.46		3392.17
	2004	3077.65	953.00	217.95		1906.70
	2005	4862.03	640.51	436.95		3784.57
	2006	3736.39		514.11		3222.27
	2007	6774.00	299.50	217.30		6257.20
	2008	6876.09		172.76		6703.33
	2009	9963.00			11.60	9951.40
	2010	8753.60			4.50	8749.10
	2011	7537.70		60.40	122.70	7354.60
平均每起损失	Average Loss per Fire (10 000 yuan)					
	1999	2.19	270.00	43.56		1.21
	2000	1.40	175.63	35.93		0.95
	2001	1.10	347.00	53.68		0.77
	2002	1.06	460.98	42.57		0.64
	2003	0.78	462.45	32.34		0.55
	2004	0.82	953.00	43.59		0.51
	2005	0.93	320.26	39.72		0.73
	2006	0.72		46.74		0.62
	2007	1.23	299.50	43.46		1.13
	2008	2.03		28.79		1.98
	2009	3.89			2.90	3.89
	2010	2.99			1.50	2.99
	2011	1.99		60.40	40.90	1.94

主要统计指标解释

律　师　指依法取得律师执业证书，担任法律顾问，民事(刑事、行政)案件代理人、刑事案件辩护人、办理非诉讼业务，解答法律询问，代写法律事务文书等，为社会提供法律服务的人员。

公证人员　指在公证处工作的人员总称，包括公证处主任、副主任、公证员、公证员助理(助理公证员)和其他从事辅助性工作的人员。

公证文书　指公证处根据当事人申请，依照事实和法律，按照法定程序制作的，具有法律效力的司法证明文书。

调解员　指在人民调解委员会担负调解民间纠纷工作的人员，包括调解委员会的委员和调解小组的调解员。该指标主要反映从事人民调解工作的人员数量。

调解民间纠纷　指调解委员会按照法律规定，根据自愿原则，用说服教育的方法调解民间发生的有关民事权利和义务争执的件数，包括调解成功数和调解未成功数。该指标主要反映人民调解委员会的工作量。

特大火灾　指造成30人以上死亡，或者100人以上重伤，或者1亿元以上直接财产损失的火灾。

重大火灾　指造成10人以上30人以下死亡，或者50人以上100人以下重伤，或者5000万元以上1亿元以下直接财产损失的火灾。

较大火灾　指造成3人以上10人以下死亡，或者10人以上50人以下重伤，或者1000万元以上5000万元以下直接财产损失的火灾。

一般火灾　指造成3人以下死亡，或者10人以下重伤，或者1000万元以下直接财产损失的火灾。

Explanatory Notes on Main Statistical Indicators

Lawyers are certified legal workers according to law, and who are employed by legal counseling firms to act as legal advisers, agents in criminal or civil lawsuits, or defenders in criminal lawsuits, or to handle non litigious legal affairs, to advise on matters of law or to write legal papers for others, and provide service to the public.

Notary Personnel refers to people working for notary offices including: directors, deputy directors, notaries, assistant notaries and other people providing assistance.

Notary Documents refer to the judicial notary documents drawn up at the request of the interested party and are in accordance with facts and the law and following certain legal proceedings.

Extraordinarily Serious Fire Case refers to a case which has caused over 30 deaths; or over 100 serious injuries; or a direct property loss over 100 million yuan.

Serious Fire Case refers to a case which has caused over 10 to 30 deaths; or over 50 to 100 serious injuries; or a direct property loss over 50 million to 100 million yuan.

Comparatively Serious Fire Case refers to a case which has caused over three to ten deaths; or over 10 to 50 serious injuries; or a direct property loss over 10 million to 50 million yuan.

Ordinary Fire Case refers to a case which has caused less than three deaths; or less than 10 serious injuries; or a direct property loss less than 10 million yuan.

18

区域经济

Regional Economy

资料整理人员：赵海军

18-1 “长株潭城市群”主要经济指标情况（2011年）
Main Economic Indicators of "Changsha, Zhuzhou & Xiangtan" City Clusters (2011)

指标	Item	绝对值 Value	比上年增长 Increase over 2010（%）	占全省比重 Percentage（%）
土地面积(平方公里)	Area of Land(10 000 sq.km)	28070		13.3
常住人口(万人)	Resident Population (10 000 persons)	1373.60	0.6	20.8
生产总值(亿元)	Gross Domestic Products(100 million yuan)	8307.74	14.4	42.3
第一产业增加值(亿元)	Primary Industry(100 million yuan)	479.25	4.0	17.5
第二产业增加值(亿元)	Secondary Industry(100 million yuan)	4765.69	18.0	51.1
第三产业增加值(亿元)	Tertiary Industry(100 million yuan)	3062.80	11.0	40.4
人均地区生产总值（元）	Per Capita Gross Regional Product (yuan)	60671	12.0	
固定资产投资(亿元)	Fixed Assets Investment(100 million yuan)	4932.55	25.5	43.1
地方一般预算财政收入(亿元)	Local Government Revenue(100 million yuan)	599.69	36.4	39.5
地方一般预算财政支出(亿元)	Local Government Expenditure(100 million yuan)	846.48	26.9	24.0
城镇居民人均可支配收入(元)	Per Capita Annual Disposable Income of Urban Households(yuan)	24490.66	15.3	
农村居民人均纯收入(元)	Per Capita Annual Net Income of Rural Households (yuan)	11207	20.6	
农林牧渔业总产值(亿元)	Gross Output Value of Farming, Forestry, Animal, Husbandry and Fishery (100 million yuan)	751.33	12.5	16.7
规模以上工业企业单位数(个)	Number of industrial enterprises above Designated Size（unit）	4271		34.2
规模以上工业总产值(亿元)	Gross Industrial Output Value above Designated Size (100 million yuan)	9802.95	32.9	37.2
规模以上工业企业利润总额(亿元)	Total Profits of industrial Enterprises above Designated Size (100 million yuan)	701.02	9.9	38.1
社会消费品零售总额(亿元)	Total Retail Sales of Consumer Goods (100 million yuan)	2547.96	18.0	43.7
进出口总额（万美元）	Total Exports and Imports (USD 10 000)	1183017	21.7	62.3
出口额(万美元)	Exports(USD 10 000)	598104	19.1	60.4
实际利用外资（万美元）	Foreign Direct Investment Actually Used(USD 100 00)	357653	17.5	58.2
金融机构人民币存款余额(亿元)	Deposits in Financial Organizations(100 million yuan)	9568.94	15.6	49.5
城乡居民本外币储蓄存款余额(亿元)	Saving Deposits in Urban and Rural Households(100 million yuan)	3864.85	16.2	36.5
金融机构人民币贷款余额(亿元)	Loans in Financial Organizations(100 million yuan)	8575.12	17.9	65.0

18-2 “一点一线地区”主要经济指标情况（2011年）
Main Economic Indicators of "One Point and One Line Region " (2011)

指标	Item	绝对值 Value	比上年增长 Increase over 2010（%）	占全省比重 Percentage（%）
土地面积(平方公里)	Area of Land(10 000 sq.km)	63099		29.8
常住人口(万人)	Resident Population (10 000 persons)	3099.25	0.4	47.0
生产总值(亿元)	Gross Domestic Products(100 million yuan)	13287.90	14.3	67.7
第一产业增加值(亿元)	Primary Industry(100 million yuan)	1170.00	4.0	42.8
第二产业增加值(亿元)	Secondary Industry(100 million yuan)	7463.75	18.2	80.0
第三产业增加值(亿元)	Tertiary Industry(100 million yuan)	4654.16	11.4	61.4
人均地区生产总值（元）	Per Capita Gross Regional Product (yuan)	42961	11.6	
固定资产投资(亿元)	Fixed Assets Investment(100 million yuan)	7386.37	28.7	64.6
地方一般预算财政收入(亿元)	Local Government Revenue(100 million yuan)	872.38	38.4	57.5
地方一般预算财政支出(亿元)	Local Government Expenditure(100 million yuan)	1532.1	27.4	43.5
城镇居民人均可支配收入(元)	Per Capita Annual Disposable Income of Urban Households(yuan)	21733	14.1	
农村居民人均纯收入(元)	Per Capita Annual Net Income of Rural Households (yuan)	8936	19.2	
农林牧渔业总产值(亿元)	Gross Output Value of Farming, Forestry, Animal, Husbandry and Fishery (100 million yuan)	1854.60	13.4	41.1
规模以上工业企业单位数(个)	Number of industrial enterprises above Designated Size（unit）	7867		63.0
规模以上工业总产值(亿元)	Gross Industrial Output Value above Designated Size (100 million yuan)	18668.01	38.4	70.9
规模以上工业企业利润总额(亿元)	Total Profits of industrial Enterprises above Designated Size(100 million yuan)	1243.89	20.3	67.7
社会消费品零售总额(亿元)	Total Retail Sales of Consumer Goods (100 million yuan)	3935.73	18.0	67.4
进出口总额（万美元）	Total Exports and Imports (USD 10 000)	1503966.55	26.6	79.2
出口额(万美元)	Exports(USD 10 000)	801635.94	23.2	81.0
实际利用外资（万美元）	Foreign Direct Investment Actually Used(USD 100 00)	488807	18.2	79.5
金融机构人民币存款余额(亿元)	Deposits in Financial Organizations(100 million yuan)	13154.98	16.4	68.0
城乡居民本外币储蓄存款余额(亿元)	Saving Deposits in Urban and Rural Households(100 million yuan)	6353.68	16.7	60.0
金融机构人民币贷款余额(亿元)	Loans in Financial Organizations(100 million yuan)	10147.48	17.9	77.0

18-3 环长珠潭城市群主要经济指标情况（2011年）
Main Economic Indicators of the Rim Chang-Zhu-Tan City Clusters (2011)

指标	Item	绝对值 Value	比上年增长 Increase over 2010（%）	占全省比重 Percentage （%）
土地面积(平方公里)	Area of Land(10 000 sq.km)	97803		46.2
常住人口(万人)	Resident Population (10 000 persons)	4022.75	0.4	61.0
生产总值(亿元)	Gross Domestic Products(100 million yuan)	15483.61	14.2	78.9
第一产业增加值(亿元)	Primary Industry(100 million yuan)	1639.95	4.0	60.0
第二产业增加值(亿元)	Secondary Industry(100 million yuan)	8425.56	18.2	90.4
第三产业增加值(亿元)	Tertiary Industry(100 million yuan)	5418.10	11.7	71.5
人均地区生产总值（元）	Per Capita Gross Regional Product (yuan)	38555	12.2	
固定资产投资(亿元)	Fixed Assets Investment(100 million yuan)	8150.20	29.3	71.3
地方一般预算财政收入(亿元)	Local Government Revenue(100 million yuan)	1039.75	50.2	68.5
地方一般预算财政支出(亿元)	Local Government Expenditure(100 million yuan)	2029.34	40.7	57.6
城镇居民人均可支配收入(元)	Per Capita Annual Disposable Income of Urban Households(yuan)	22179	14.3	
农村居民人均纯收入(元)	Per Capita Annual Net Income of Rural Households (yuan)	8115.05	19.2	
农林牧渔业总产值(亿元)	Gross Output Value of Farming, Forestry, Animal, Husbandry and Fishery (100 million yuan)	2828.00	24.3	62.7
规模以上工业企业单位数(个)	Number of industrial enterprises above Designated Size（unit）	10066		80.7
规模以上工业总产值(亿元)	Gross Industrial Output Value above Designated Size (100 million yuan)	22604.67	49.2	85.9
规模以上工业企业利润总额(亿元)	Total Profits of industrial Enterprises above Designated Size(100 million yuan)	1654.18	51.2	90.0
社会消费品零售总额(亿元)	Total Retail Sales of Consumer Goods (100 million yuan)	4476.51	17.9	76.7
进出口总额（万美元）	Total Exports and Imports (USD 10 000)	1656152.10	27.7	87.2
出口额(万美元)	Exports(USD 10 000)	830518.13	24.3	83.9
实际利用外资（万美元）	Foreign Direct Investment Actually Used(USD 100 00)	484911	18.9	78.8
金融机构人民币存款余额(亿元)	Deposits in Financial Organizations(100 million yuan)	15807.03	25.6	81.8
城乡居民本外币储蓄存款余额(亿元)	Saving Deposits in Urban and Rural Households(100 million yuan)	8112.86	29.1	76.6
金融机构人民币贷款余额(亿元)	Loans in Financial Organizations(100 million yuan)	11503.90	22.2	87.2

18-4 “湘南地区”主要经济指标情况（2011年）
Main Economic Indicators of "Southern Hunan" (2011)

指标	Item	绝对值 Value	比上年增长 Increase over 2010（%）	占全省比重 Percentage（%）
土地面积(平方公里)	Area of Land(10 000 sq.km)	57470		27.1
常住人口(万人)	Resident Population (10 000 persons)	1725.09	1.9	26.2
生产总值(亿元)	Gross Domestic Products(100 million yuan)	4026.07	14.0	20.5
第一产业增加值(亿元)	Primary Industry(100 million yuan)	668.86	4.1	24.5
第二产业增加值(亿元)	Secondary Industry(100 million yuan)	1981.32	18.7	21.2
第三产业增加值(亿元)	Tertiary Industry(100 million yuan)	1375.89	12.7	18.2
人均地区生产总值（元）	Per Capita Gross Regional Product (yuan)	23745	11.8	
固定资产投资(亿元)	Fixed Assets Investment(100 million yuan)	2185.28	35.4	19.1
地方一般预算财政收入(亿元)	Local Government Revenue(100 million yuan)	244.74	42.6	16.1
地方一般预算财政支出(亿元)	Local Government Expenditure(100 million yuan)	661.20	28.4	18.8
城镇居民人均可支配收入(元)	Per Capita Annual Disposable Income of Urban Households(yuan)	17551.82	14.0	
农村居民人均纯收入(元)	Per Capita Annual Net Income of Rural Households (yuan)	7092.12	18.8	
农林牧渔业总产值(亿元)	Gross Output Value of Farming, Forestry, Animal, Husbandry and Fishery (100 million yuan)	1128.78	15.3	25.0
规模以上工业企业单位数(个)	Number of industrial enterprises above Designated Size（unit）	2892		23.2
规模以上工业总产值(亿元)	Gross Industrial Output Value above Designated Size (100 million yuan)	5899.34	50.6	22.4
规模以上工业企业利润总额(亿元)	Total Profits of industrial Enterprises above Designated Size(100 million yuan)	511.31	45.8	27.8
社会消费品零售总额(亿元)	Total Retail Sales of Consumer Goods (100 million yuan)	1122.95	17.9	19.2
进出口总额（万美元）	Total Exports and Imports (USD 10 000)	301009.48	59.8	15.8
出口额(万美元)	Exports(USD 10 000)	202075.51	41.3	20.4
实际利用外资（万美元）	Foreign Direct Investment Actually Used(USD 100 00)	158506	19.3	25.8
金融机构人民币存款余额(亿元)	Deposits in Financial Organizations(100 million yuan)	3480.96	17.4	18.0
城乡居民本外币储蓄存款余额(亿元)	Saving Deposits in Urban and Rural Households (100 million yuan)	2494.43	17.1	23.6
金融机构人民币贷款余额(亿元)	Loans in Financial Organizations(100 million yuan)	1468.54	16.4	11.1

18-5 “湘西地区”主要经济指标情况（2011年）
Main Economic Indicators of "West Hunan" (2011)

指标	Item	绝对值 Value	比上年增长 Increase over 2010（%）	占全省比重 Percentage（%）
土地面积(平方公里)	Area of Land(10 000 sq.km)	78279		37.0
常住人口(万人)	Resident Population (10 000 persons)	1655.69	0.4	25.1
生产总值(亿元)	Gross Domestic Products(100 million yuan)	2505.51	13.1	12.8
第一产业增加值(亿元)	Primary Industry(100 million yuan)	484.21	4.1	17.7
第二产业增加值(亿元)	Secondary Industry(100 million yuan)	979.56	17.2	10.5
第三产业增加值(亿元)	Tertiary Industry(100 million yuan)	1043.74	13.4	13.8
人均地区生产总值（元）	Per Capita Gross Regional Product (yuan)	15165	11.6	
固定资产投资(亿元)	Fixed Assets Investment(100 million yuan)			
地方一般预算财政收入(亿元)	Local Government Revenue(100 million yuan)	135.80	33.1	9.0
地方一般预算财政支出(亿元)	Local Government Expenditure(100 million yuan)	591.52	24.9	16.8
城镇居民人均可支配收入(元)	Per Capita Annual Disposable Income of Urban Households(yuan)	13794.25	13.2	
农村居民人均纯收入(元)	Per Capita Annual Net Income of Rural Households (yuan)	4143.25	17.1	
农林牧渔业总产值(亿元)	Gross Output Value of Farming, Forestry, Animal, Husbandry and Fishery (100 million yuan)	743.74	7.2	16.5
规模以上工业企业单位数(个)	Number of industrial enterprises above Designated Size（unit）	1802		14.4
规模以上工业总产值(亿元)	Gross Industrial Output Value above Designated Size (100 million yuan)	2588.14	40.1	9.8
规模以上工业企业利润总额(亿元)	Total Profits of industrial Enterprises above Designated Size(100 million yuan)	202.27	28.8	11.0
社会消费品零售总额(亿元)	Total Retail Sales of Consumer Goods (100 million yuan)	736.46	18.1	12.6
进出口总额（万美元）	Total Exports and Imports (USD 10 000)			
出口额(万美元)	Exports(USD 10 000)			
实际利用外资（万美元）	Foreign Direct Investment Actually Used(USD 100 00)			
金融机构人民币存款余额(亿元)	Deposits in Financial Organizations(100 million yuan)	2753.44	20.0	14.2
城乡居民本外币储蓄存款余额(亿元)	Saving Deposits in Urban and Rural Households (100 million yuan)	1903.85	19.0	18.0
金融机构人民币贷款余额(亿元)	Loans in Financial Organizations(100 million yuan)	1288.94	18.7	9.8

18-6 各市州中心城区人口情况（2011）
City Center Population (2011)

市 州	Cities and Prefecture	年末总人口(万人) Total Populatin(10 000 persons)	年平均人口(万人) Average Population(10 000 persons)	常住人口(万人) Resident Population(10 000 persons)	年出生人口(人) Year of Population Birth (persons)	年死亡人口(人) Years of Population Death (persons)	年末总户数(万户) Households (10000 households)
长沙市	Changsha	296.79	295.38	365.08	33652	10572	97.64
株洲市	Zhuzhou	93.16	86.94	117.32	9007	5498	31.20
湘潭市	Xiangtan	88.26	88.42	105.33	8334	4472	30.05
衡阳市	Hengyang	99.21	97.95	113.63	9650	4189	34.03
邵阳市	Shaoyang	69.57	69.38	75.55	7789	4839	20.97
岳阳市	Yueyang	112.81	123.27	123.38	10519	6018	37.95
常德市	Changde	142.71	141.59	146.60	10952	6860	47.71
张家界市	Zhangjiajie	51.76	50.76	50.22	6638	3991	19.09
益阳市	Yiyang	134.01	133.71	123.86	14089	4552	42.69
郴州市	Chenzhou	72.55	72.28	82.81	8794	4805	27.50
永州市	Yongzhou	116.49	118.77	105.12	15144	6872	39.91
怀化市	Huaihua	36.35	36.37	55.44	5164	1716	17.74
娄底市	Loudi	47.00	45.00	49.78	5777	2189	19.30
湘西州	West Hunan	29.36	29.20	30.42	3679	1587	9.66

注：中心城区是指市辖区，涵盖所有城区，不包括市辖县(市)。下表同。

City Center is a municipal district, covers all areas of the city, not including the city administer county (city). The same as in the following table.

18-7 各市州中心城区从业人员情况（2011）
City Center Staff (2011)

市 州	Cities and Prefecture	年末单位从业人员数(城镇)(万人) Employees at the year-end (town)(10 000 persons)	第一产业 Primary Industry(10 000 persons)	第二产业 Secondary Industry (10 000 persons)	第三产业 Tertiary Industry(10 000 persons)	城镇私营和个体从业人员(万人) Urban Private and Individual Employees(10 000 persons)
长沙市	Changsha	83.59	0.09	31.39	52.11	63.75
株洲市	Zhuzhou	25.40		16.04	9.36	46.64
湘潭市	Xiangtan	19.41		11.66	7.75	18.90
衡阳市	Hengyang	23.72		12.57	11.15	24.14
邵阳市	Shaoyang	12.22	0.01	5.99	6.22	12.92
岳阳市	Yueyang	21.20	0.02	11.04	10.14	45.10
常德市	Changde	15.56		6.55	9.01	12.49
张家界市	Zhangjiajie	4.74	0.01	0.78	3.95	4.58
益阳市	Yiyang	15.22	0.01	6.78	8.43	8.22
郴州市	Chenzhou	11.86	0.03	5.06	6.77	10.24
永州市	Yongzhou	9.15	0.04	3.30	5.81	4.86
怀化市	Huaihua	6.21		1.19	5.02	13.32
娄底市	Loudi	9.85		5.19	4.66	8.63
湘西州	West Hunan	4.76	0.01	1.01	3.74	3.18

18−8 各市州中心城区土地面积情况（2011）
City Center Land Area (2011)

单位：平方公里 (sq.km)

市 州	Cities and Prefecture	行政区域土地面积 Administrative Region Land Area	建成区面积 Developed Areas	城市建设用地面积 City Construction Use Land	居住用地 Living Space	公共设施用地 Public Engineering	工业用地 Industry
长沙市	Changsha	1910	306	306	108	51	31
株洲市	Zhuzhou	535	107	99	34	24	23
湘潭市	Xiangtan	658	75	107	30	18	33
衡阳市	Hengyang	691	158	109	29	24	20
邵阳市	Shaoyang	436	52	50	18	7	4
岳阳市	Yueyang	1246	83	159	52	18	37
常德市	Changde	2510	79	78	23	14	19
张家界市	Zhangjiajie	2735	29	33	10	8	1
益阳市	Yiyang	1851	60	88	24	15	21
郴州市	Chenzhou	2246	67	145	23	13	23
永州市	Yongzhou	3177	58	58	15	8	7
怀化市	Huaihua	666	56	58	15	10	5
娄底市	Loudi	426	45	49	19	12	11
湘西州	West Hunan	1076	20	25	5	5	6

18−9 各市州中心城区生产总值情况（2011）
City Center GDP (2011)

市 州	Cities and Prefecture	地区生产总值(万元) Gross Domestic Product(10000 yuan)	第一产业增加值 Value added of the first Primary Industry (10000 yuan)	第二产业增加值 Added value of the Secondary Industry (10000 yuan)	第三产业增加值 Added value of the tertiary Industry (10000 yuan)
长沙市	Changsha	35401159	523575	16446833	18430751
株洲市	Zhuzhou	8009133	176644	5180052	2652437
湘潭市	Xiangtan	6865406	156446	4479186	2229774
衡阳市	Hengyang	4830067	171753	2797148	1861166
邵阳市	Shaoyang	1830801	111008	957567	762226
岳阳市	Yueyang	7898738	333735	4737963	2827040
常德市	Changde	8475813	537804	4838528	3099481
张家界市	Zhangjiajie	1511240	136232	291500	1083508
益阳市	Yiyang	3532426	469795	1909908	1152723
郴州市	Chenzhou	3850327	178552	1960543	1711232
永州市	Yongzhou	2729578	491884	1212875	1024819
怀化市	Huaihua	1781823	68091	586068	1127664
娄底市	Loudi	2537393	88039	1609803	839551
湘西州	West Hunan	863304	45776	305691	511837

18−10 各市州中心城区财政收支情况（2011）
City Center Government Revenue and Expenditure (2011)

单位：万元 10 000 yuan

市州	Cities and Prefecture	地方财政一般预算收入 Local Government Revenue	各项税收 Taxes Revenue	企业所得税 Income Tax of Enterprises	个人所得税 Individual Income Tax	地方财政一般预算支出 Local Government General Budget Expenditure
长沙市	Changsha	3457461	2327156	254936	139240	3899207
株洲市	Zhuzhou	654938	384824	33247	17429	1028472
湘潭市	Xiangtan	466875	258772	20090	11455	796672
衡阳市	Hengyang	532034	223822	13222	9955	864529
邵阳市	Shaoyang	135239	74821	7882	3802	465274
岳阳市	Yueyang	484634	225585	14684	9251	907621
常德市	Changde	670988	359762	14878	8342	1018176
张家界市	Zhangjiajie	123192	70237	5855	2085	332100
益阳市	Yiyang	195558	122688	9163	5351	604947
郴州市	Chenzhou	430670	236056	14980	11034	741231
永州市	Yongzhou	202910	120537	7402	5249	572236
怀化市	Huaihua	178763	122441	6669	4316	434260
娄底市	Loudi	177111	119593	6602	4454	384323
湘西州	West Hunan	39992	26717	2004	1088	135354

18−11 各市州中心城区规模以上工业情况（2011）
City Center above Industrial Enterprises Designated Size (2011)

市州	Cities and Prefecture	规模以上工业企业数(个) Number of Enterprises(unit)	主营业务收入（万元） Revenue of Main Business (10000 yuan)	主营业务成本（万元） Cost of Major Business (10000 yuan)	利润总额（万元） Total Profits (10000 yuan)	从业人员年平均人数（万人） Average Number of Employment of the Current Year (10000 persons)
长沙市	Changsha	674	29155373	20235152	2664378	20.07
株洲市	Zhuzhou	286	11476504	9866360	785607	13.53
湘潭市	Xiangtan	398	15016313	13691709	490622	11.33
衡阳市	Hengyang	357	7986563	6861091	577299	9.95
邵阳市	Shaoyang	165	2505043	2123031	261994	3.74
岳阳市	Yueyang	352	15356778	12586949	498255	11.08
常德市	Changde	245	8315536	4513723	1026619	6.80
张家界市	Zhangjiajie	50	546982	414671	17837	0.62
益阳市	Yiyang	348	5851288	4918795	357240	6.20
郴州市	Chenzhou	194	4805466	3707275	360945	5.04
永州市	Yongzhou	184	3181019	2454371	230976	4.51
怀化市	Huaihua	63	1203108	783194	115934	1.54
娄底市	Loudi	134	6143198	5646695	163248	4.67
湘西州	West Hunan	42	546784	416767	49943	0.91

18-12 各市州中心城区贸易主要情况（2011）
City Center Trade (2011)

市州	Cities and Prefecture	社会消费品零售总额（万元）Total Retail Sales of Consumer Goods(10000 yuan)	限额以上批发零售贸易业商品销售总额（万元）Wholesale and retail trade above Designated Size total sales(10000 yuan)	主营业务收入（万元）Main business income(10000 yuan)	主营业务成本（万元）Cost of main business(10000 yuan)	利润总额（万元）Total profit(10000 yuan)	限额以上批发零售企业法人数（个）Number of Corporate Enterprises above Designated Size in wholesale and retail (unit)
长沙市	Changsha	17446148	25277521	21456837	19740375	404958	601
株洲市	Zhuzhou	2711795	3463212	2405640	2185022	76526	88
湘潭市	Xiangtan	1983293	2353038	2416670	2184139	95828	93
衡阳市	Hengyang	2363627	2462790	2109976	1795111	70572	169
邵阳市	Shaoyang	749989	1306732	1108169	957244	56961	45
岳阳市	Yueyang	3350824	1995839	1707828	1408306	19693	102
常德市	Changde	2236705	1644907	1348322	1140049	69595	52
张家界市	Zhangjiajie	551497	454155	383005	318872	13383	18
益阳市	Yiyang	1247038	1018310	914362	772782	52234	47
郴州市	Chenzhou	2402418	2153669	2089419	1901028	40010	101
永州市	Yongzhou	1063492	1231346	1151138	965367	47167	52
怀化市	Huaihua	948555	1155630	1071152	939269	44224	49
娄底市	Loudi	590187	843713	809106	693100	8900	31
湘西州	West Hunan	498416	1127819	541311	426806	40083	22

18-13 各市州中心城区固定资产投资情况（2011）
City Center Investment In Fixed Assets (2011)

市州	Cities and Prefecture	固定资产投资总额（不含农户）（万元）Total Investment in Fixed Assets (10000 yuan)	房地产开发投资额 Real Estate Development	全年新增固定资产（万元）The Newly Increased Fixed Assets (10000 yuan)
长沙市	Changsha	24158138	6693709	13043469
株洲市	Zhuzhou	4666611	1469385	2088035
湘潭市	Xiangtan	4705512	539802	3639570
衡阳市	Hengyang	2926264	556281	2025038
邵阳市	Shaoyang	861974	256589	225140
岳阳市	Yueyang	2971948	528202	1581219
常德市	Changde	2520656	441978	1035824
张家界市	Zhangjiajie	783712	24352	124686
益阳市	Yiyang	2285788	396652	1039721
郴州市	Chenzhou	2925883	554025	224928
永州市	Yongzhou	1577909	343974	570111
怀化市	Huaihua	389875	199032	203190
娄底市	Loudi	574997	168452	389476
湘西州	West Hunan	488378	186745	179489

18-14 各市州中心城区教育情况（2011）
City Center Education (2011)

市 州	Cities and Prefecture	普通高等学校教师数（人） Institutions of Higher Education Teachers (persons)	普通中学教师数（人） Regular Secondary Schools Teachers (persons)	小学教师数（人） Primary Schools Teachers (persons)	普通高等学校学生数（万人） Institutions of Higher Education Students (10000 persons)	普通中学学生数（万人） Regular Secondary Schools Students (10000 persons)	小学学生数（万人） Primary Schools Students (10000 persons)
长沙市	Changsha	27207	11030	9107	45.12	16.40	19.91
株洲市	Zhuzhou	3794	3940	3474	7.12	2.85	6.00
湘潭市	Xiangtan	6447	2727	2636	14.72	3.29	4.75
衡阳市	Hengyang	7154	5315	4060	11.81	4.39	8.46
邵阳市	Shaoyang	1450	2511	2335	2.96	4.02	6.52
岳阳市	Yueyang	2050	5607	4563	3.77	6.07	8.19
常德市	Changde	1845	5709	4312	3.71	6.44	6.19
张家界市	Zhangjiajie	1000	1907	1930	2.04	2.51	3.91
益阳市	Yiyang	1724	4983	4766	2.82	6.14	7.90
郴州市	Chenzhou	1576	4995	2612	2.06	4.25	7.21
永州市	Yongzhou	1602	4618	4980	2.51	5.67	8.46
怀化市	Huaihua	1334	2105	1478	3.51	2.90	4.76
娄底市	Loudi	1596	2451	2031	2.62	2.53	4.11
湘西州	West Hunan	1661	1424	1535	2.76	2.13	2.54

18-15 各市州中心城区文化、体育、卫生情况（2011）
City Center Culture, Sports and Public, Health (2011)

市 州	Cities and Prefecture	剧场、影剧院数（个） Number of Theater, Theater (unit)	公共图书馆图书总藏量（千册） Books of Total Reserves of Public Libraries(10 00 copies)	体育场馆数（个） The number of Stadiums(unit)	医院、卫生院数（个） Number of Hospitals,(unit)	医院、卫生院床位数（张） Number of Hospitals Beds in(bed)	医生数（执业医师+执业助理医师）（人） The number of Doctors(Doctors and Assistant Doctors) (persons)
长沙市	Changsha	6	9086	58	139	31414	13849
株洲市	Zhuzhou	2	487	18	53	9067	4062
湘潭市	Xiangtan	5	570	17	45	6720	2896
衡阳市	Hengyang	2	815	18	272	15211	6012
邵阳市	Shaoyang	3	494	4	241	5121	3705
岳阳市	Yueyang	4	1401	32	107	10861	4802
常德市	Changde	3	539	19	82	6187	6080
张家界市	Zhangjiajie	3	34	0	38	2301	1234
益阳市	Yiyang	3	423	26	42	4124	2174
郴州市	Chenzhou	1	315	24	61	6963	2933
永州市	Yongzhou	2	318	4	61	5974	1722
怀化市	Huaihua	3	253	5	44	4722	4527
娄底市	Loudi	4	398	10	57	3258	1307
湘西州	West Hunan	1	67		26	2656	905

18-16 各市州中心城区社会保障情况（2011）
City Center Social Security (2011)

市 州	Cities and Prefecture	城镇基本养老保险参保人数（人） Urban Basic Pension Insarance Contributors (persons)	基本医疗保险参保人数（人） Basic Medical Care Insurance (persons)	失业保险参保人数（人） Persons Covered of Unemployment Insurance Contributors (persons)	工伤保险参保人数（人） Work Injury Insurance Contributors (persons)	生育保险参保人数（人） Maternity Insurance Contributors (persons)	城市居民最低生活保障人数（人） City Residents Minimum Living Security Number(persons)
长沙市	Changsha	1233603	1193128	697161	789008	756878	54650
株洲市	Zhuzhou	310157	397053	214562	269221	277061	28464
湘潭市	Xiangtan	195485	345124	245141	38451	75424	43453
衡阳市	Hengyang	367928	450345	650345	475795	187439	61035
邵阳市	Shaoyang	214592	219221	104827	92116	72308	46000
岳阳市	Yueyang	269543	563458	162274	196867	150849	50038
常德市	Changde	401939	217462	92512	70943	126131	38968
张家界市	Zhangjiajie	54050	68759	44765	40000	60208	17841
益阳市	Yiyang	120889	182419	84623	132212	138162	45389
郴州市	Chenzhou	178413	236604	119847	187823	141787	25382
永州市	Yongzhou	195350	155884	97028	34685	112769	38976
怀化市	Huaihua	20091	247000	12273	64455	72343	17232
娄底市	Loudi	133562	111526	180978	186956	189653	33146
湘西州	West Hunan	20134	101699	15128	22313	11055	19917

19 各市、州主要经济和社会统计指标

Main Economic and Social Statistics Indicators of Cities and Prefecture

资料整理人员：

黄陈武	赵　宏	欧阳普
伍春阳	田杰平	孙　靖
田　原	何　达	吕　燕
孟　强	谢　凡	罗　彬
周　玲	陈　澍	王西军
徐　虹	邓海波	刘伟巍
周　璜	蔡冬娥	肖首雄
阳小林	刘　峰	邓　静
李　群	杨　耒	李培楚
赵　昊	吴天铁	殷　进

19−1 全社会总产出及指数（2011年）

Gross Output of Society and Its Indices of Cities and Prefecture (2011)

市 州	Cities and Prefecture	总产出(亿元) Gross Output (100 million yuan)	第一产业 Primary Industry	第二产业 Secondary Industry	#工业 Industry	第三产业 Tertiary Industry	总产出指数(以上年为100) Gross Output Indices (preceding year=100)
长沙市	Changsha	13620.89	387.72	9384.33	7342.53	3848.85	115.0
株洲市	Zhuzhou	4024.83	191.73	3018.27	2738.51	814.83	117.2
湘潭市	Xiangtan	3380.28	171.88	2619.90	2452.50	588.51	127.6
衡阳市	Hengyang	4865.05	474.66	3394.86	3039.22	995.53	131.5
邵阳市	Shaoyang	2083.11	318.56	1216.39	1048.80	548.16	114.6
岳阳市	Yueyang	4388.76	380.53	2919.97	2624.01	1088.26	116.5
常德市	Changde	3960.84	462.99	2244.24	2017.44	1253.61	114.9
张家界市	Zhangjiajie	587.42	61.52	204.17	159.83	321.74	119.7
益阳市	Yiyang	2060.17	290.29	1227.44	1105.88	542.44	112.6
郴州市	Chenzhou	3189.08	248.10	2268.37	2120.59	672.61	114.3
永州市	Yongzhou	2130.67	406.02	1177.49	1018.21	547.16	113.6
怀化市	Huaihua	1883.73	215.73	1066.54	949.01	601.47	115.8
娄底市	Loudi	2373.75	213.91	1754.96	1634.76	404.88	114.4
湘西州	West Hunan	808.44	89.82	442.34	379.48	276.28	113.0

19−2 地区生产总值及构成（2011年）

Gross Domestic Product and Its Composition of Cities and Prefecture (2011)

市 州	Cities and Prefecture	地区生产总值(亿元) Gross Domestic Product (100 million yuan)	第一产业 Primary Industry	第二产业 Secondary Industry	#工业 Industry	第三产业 Tertiary Industry	人均地区生产总值(元) Per Capita Gross Domestic Product (yuan)
长沙市	Changsha	5619.33	243.38	3151.68	2662.47	2224.26	79530
株洲市	Zhuzhou	1564.27	133.30	945.54	847.34	485.43	40431
湘潭市	Xiangtan	1124.14	102.56	668.46	610.63	353.12	40753
衡阳市	Hengyang	1734.30	290.74	842.93	741.27	600.63	24231
邵阳市	Shaoyang	907.23	227.52	353.17	302.92	326.54	12797
岳阳市	Yueyang	1899.49	249.80	1078.57	981.63	571.12	34629
常德市	Changde	1811.19	294.69	889.28	809.75	627.21	31644
张家界市	Zhangjiajie	298.04	38.73	76.35	62.68	182.97	20082
益阳市	Yiyang	883.63	193.67	382.74	346.94	307.22	20496
郴州市	Chenzhou	1346.38	150.21	776.56	724.39	419.61	29305
永州市	Yongzhou	945.39	227.91	361.83	309.27	355.65	18168
怀化市	Huaihua	845.63	129.31	375.28	333.91	341.04	17816
娄底市	Loudi	847.26	131.79	466.35	422.48	249.13	22362
湘西州	West Hunan	361.37	54.38	148.30	125.97	158.69	14137

19–3 地区生产总值指数（2011年）

Indices of Gross Domestic Product of Cities and Prefecture (2011)

以上年为100 (preceding year=100)

市 州	Cities and Prefecture	地区生产总值(%) Gross Domestic Products(%)	第一产业 Primary Industry	第二产业 Secondary Industry	#工业 Industry	第三产业 Tertiary Industry	人均地区生产总值(%) Per Capita Gross Domestic Product (%)
长沙市	Changsha	114.5	104.0	118.3	120.4	110.7	110.9
株洲市	Zhuzhou	114.1	104.2	117.3	118.0	111.5	111.9
湘潭市	Xiangtan	114.4	103.6	117.3	117.8	113.0	114.8
衡阳市	Hengyang	114.2	104.4	119.2	120.2	113.2	111.0
邵阳市	Shaoyang	112.7	104.0	117.7	118.2	113.1	110.4
岳阳市	Yueyang	114.2	103.7	118.6	119.7	111.3	111.1
常德市	Changde	114.1	103.3	118.4	119.7	114.1	112.0
张家界市	Zhangjiajie	114.0	104.2	116.1	118.7	115.3	114.7
益阳市	Yiyang	113.2	104.6	118.9	119.5	112.2	111.9
郴州市	Chenzhou	114.3	104.0	118.4	118.5	111.2	112.1
永州市	Yongzhou	113.0	103.8	118.6	119.2	113.7	112.1
怀化市	Huaihua	114.2	104.5	118.8	119.2	112.7	113.0
娄底市	Loudi	113.1	104.2	116.4	116.4	111.6	115.3
湘西州	West Hunan	111.0	103.9	111.7	112.6	113.1	109.9

19–4 支出法地区生产总值（2011年）

Gross Domestic Product by Expenditure Approach of Cities and Prefecture (2011)

市 州	Cities and Prefecture	支出法地区生产总值(亿元) Gross Domestic Product by Expenditure Approach (100 million yuan)	最终消费支出 Final Comsumption Expenditures	资本形成总额 Gross Capital Formation	货物和服务净流出 Net Export of Goods and Services	投资率(%) Capital Formation Rate (%)	消费率(%) Comsumption Rate (%)
长沙市	Changsha	5619.33	1714.01	3499.44	405.88	62.3	30.5
株洲市	Zhuzhou	1564.27	624.26	873.54	66.46	55.8	39.9
湘潭市	Xiangtan	1124.14	486.74	690.79	-53.39	61.5	43.3
衡阳市	Hengyang	1734.30	1006.65	781.88	-54.23	45.1	58.0
邵阳市	Shaoyang	907.23	596.34	606.00	-295.11	66.8	65.7
岳阳市	Yueyang	1899.49	1029.73	865.12	4.65	45.5	54.2
常德市	Changde	1811.19	1016.57	733.58	61.03	40.5	56.1
张家界市	Zhangjiajie	298.04	151.65	141.23	5.16	47.4	50.9
益阳市	Yiyang	883.63	532.25	567.45	-216.07	64.2	60.2
郴州市	Chenzhou	1346.38	601.49	747.59	-2.70	55.5	44.7
永州市	Yongzhou	945.39	509.64	463.39	-27.64	49.0	53.9
怀化市	Huaihua	845.63	507.38	335.72	2.54	39.7	60.0
娄底市	Loudi	847.26	381.15	454.49	11.63	53.6	45.0
湘西州	West Hunan	361.37	259.06	188.13	-85.83	52.1	71.7

19−5 地区生产总值项目构成（2011年）

Item Composition of Gross Domestic Product of Cities and Prefecture (2011)

单位:亿元 (100 million yuan)

市 州	Cities and Prefecture	地区生产总值 Gross Domestic Products	劳动者报酬 Compensation of Laborers	固定资产折旧 Depreciation of Fixed Assets	生产税净额 Net Taxes on Production	营业盈余 Operating surplus
长沙市	Changsha	5619.33	2047.55	722.00	1044.09	1805.68
株洲市	Zhuzhou	1564.27	843.01	201.91	244.66	274.68
湘潭市	Xiangtan	1124.14	484.53	157.87	169.68	312.06
衡阳市	Hengyang	1734.30	781.18	162.88	333.89	456.34
邵阳市	Shaoyang	907.23	601.10	85.67	90.02	130.43
岳阳市	Yueyang	1899.49	769.49	236.23	335.26	558.51
常德市	Changde	1811.19	722.00	124.12	530.59	434.49
张家界市	Zhangjiajie	298.04	150.89	41.78	29.55	75.83
益阳市	Yiyang	883.63	639.11	79.10	41.19	124.24
郴州市	Chenzhou	1346.38	611.97	179.44	265.98	288.99
永州市	Yongzhou	945.39	535.24	103.85	99.14	207.16
怀化市	Huaihua	845.63	479.16	93.13	75.49	197.86
娄底市	Loudi	847.26	442.50	111.48	133.51	159.77
湘西州	West Hunan	361.37	200.87	39.54	36.65	84.31

19−6 支出法地区生产总值结构（2011年）

Structure of Gross Domestic Product by Expenditure Approach of Cities and Prefecture (2011)

单位:亿元 (100 million yuan)

市 州	Cities and Prefecture	资本形成总额 Gross Capital Formation				最终消费 Final Consumption Expenditures					
		绝对数 Absolute Figure		比重 Proportion (%)		绝对数 Absolute Figure				比重 Proportion (%)	
		固定资本 Fixed Capital	存货增加 Changes in In-ventories	固定资本 Fixed Capital	存货增加 Changes in In-ventories	居民消费 House-hold Consumption	农村居民 Rural House-hold	城镇居民 Urban House-hold	政府消费 Govern-ment Consumption	居民消费 House-hold Consumption	政府消费 Govern-ment Consumption
长沙市	Changsha	3431.76	67.67	98.1	1.9	1213.80	224.85	988.94	500.21	70.8	29.2
株洲市	Zhuzhou	833.94	39.59	95.5	4.5	501.35	128.14	373.21	122.92	80.3	19.7
湘潭市	Xiangtan	530.20	160.59	76.8	23.2	400.82	131.78	269.04	85.92	82.3	17.7
衡阳市	Hengyang	748.01	33.86	95.7	4.3	809.25	344.84	464.41	197.40	80.4	19.6
邵阳市	Shaoyang	589.97	16.02	97.4	2.6	435.07	187.65	247.42	161.27	73.0	27.0
岳阳市	Yueyang	744.56	120.56	86.1	13.9	791.16	277.02	514.15	238.56	76.8	23.2
常德市	Changde	516.10	217.48	70.4	29.6	807.92	286.03	521.89	208.65	79.5	20.5
张家界市	Zhangjiajie	118.47	22.76	83.9	16.1	119.88	52.23	67.66	31.77	79.0	21.0
益阳市	Yiyang	550.25	17.20	97.0	3.0	403.91	151.96	251.96	128.33	75.9	24.1
郴州市	Chenzhou	739.11	8.48	98.9	1.1	460.29	148.81	311.48	141.20	76.5	23.5
永州市	Yongzhou	436.18	27.21	94.1	5.9	404.74	153.15	251.59	104.90	79.4	20.6
怀化市	Huaihua	309.53	26.19	92.2	7.8	309.50	111.42	198.08	197.88	61.0	39.0
娄底市	Loudi	424.48	30.01	93.4	6.6	269.99	104.70	165.29	111.16	70.8	29.2
湘西州	West Hunan	169.19	18.94	89.9	10.1	158.51	62.85	95.65	100.55	61.2	38.8

19-7 年末常住人口（2011年）
Population at the Year-end (2011)

市　州	Cities and Prefecture	总户数（万户）Households (10 000 households)	总人口（万人）Total Population (10 000 persons)	男 Male	女 Female	城镇人口 Urban	乡村人口 Rural	城市化水平(%) City Level (%)
全　省	**Total**	**2005.51**	**6595.60**	**3402.10**	**3193.50**	**2974.62**	**3620.98**	**45.10**
长沙市	Changsha	226.59	709.07	360.53	348.54	485.64	223.43	68.49
株洲市	Zhuzhou	109.59	388.08	198.70	189.38	223.07	165.01	57.48
湘潭市	Xiangtan	81.33	276.45	140.96	135.49	143.97	132.48	52.08
衡阳市	Hengyang	198.85	716.60	371.69	344.91	336.73	379.87	46.99
邵阳市	Shaoyang	229.24	710.72	373.81	336.91	242.57	468.15	34.13
岳阳市	Yueyang	153.25	548.53	283.57	264.96	262.25	286.28	47.81
常德市	Changde	176.03	573.26	289.03	284.23	229.88	343.38	40.10
张家界市	Zhangjiajie	52.33	149.01	76.10	72.91	58.34	90.67	39.15
益阳市	Yiyang	145.79	431.44	222.08	209.36	177.33	254.11	41.10
郴州市	Chenzhou	142.80	460.52	239.22	221.30	199.41	261.11	43.30
永州市	Yongzhou	149.30	521.25	271.53	249.72	197.76	323.49	37.94
怀化市	Huaihua	140.56	475.10	245.18	229.92	179.08	296.02	37.69
娄底市	Loudi	128.01	379.32	197.58	181.74	142.25	237.07	37.50
湘西州	West Hinan	71.84	256.25	132.12	124.13	92.44	163.81	36.07

19-8 计划生育指标（2011年）
Indicators of Family Plan (2011)

市　州	Cities and Prefecture	出生率(‰) Birth Rate (‰)	死亡率(‰) Death Rate (‰)	自然增长率(‰) Natural Growth Rate (‰)	政策内生育率(%) Birth Within Plan Rate (%)	已婚育龄妇女人数(万人) Married Women at Child-earing Age (10000 persons)	节育率(%) Contra-ceptive Rate (%)
全　省	**Total**	**13.30**	**7.08**	**6.22**	**87.62**	**1506.90**	**86.14**
长沙市	Changsha	13.83	7.73	6.10	93.52	142.33	80.54
株洲市	Zhuzhou	14.73	7.08	7.65	89.69	87.86	85.66
湘潭市	Xiangtan	12.79	7.06	5.73	88.25	64.04	83.69
衡阳市	Hengyang	13.17	7.06	6.11	85.78	161.60	87.75
邵阳市	Shaoyang	12.85	7.02	5.83	86.74	163.65	88.29
岳阳市	Yueyang	13.43	7.02	6.41	85.52	125.42	85.47
常德市	Changde	10.92	6.98	3.94	89.85	138.71	85.81
张家界市	Zhangjiajie	13.17	7.03	6.14	90.20	34.80	87.44
益阳市	Yiyang	13.21	7.01	6.20	86.78	105.78	85.43
郴州市	Chenzhou	13.09	7.01	6.08	84.94	102.72	86.47
永州市	Yongzhou	13.97	7.08	6.89	83.35	124.21	87.33
怀化市	Huaihua	14.10	6.90	7.20	88.90	108.14	86.91
娄底市	Loudi	13.42	6.98	6.44	87.80	91.73	90.31
湘西州	West Hinan	14.78	6.97	7.81	88.86	55.91	84.18

19−9 国有经济各行业在岗职工年末人数（2011年）

Employed Staff and Workers in State – Owned Units by Sector at the Year-end (2011)

单位：人 (person)

市 州	Cities and Prefecture	农林牧渔业 Agriculture, Forestry, Farming of Animals and Fishing	采掘业 Mining	制造业 Manufacturing	电力燃气及水的生产和供应 Production and Spply of Elrctricity Gas and Water	建筑业 Construction	交通运输仓储和邮政业 Traffic, Transport, Storage and Post	信息传输计算机服务软件业 Information Transfer, Computer Transfer, Computer Transfer.	批发和零售业 Wholesale and Retail Trade
全 省	**Total**	**35453**	**49521**	**119330**	**103612**	**129663**	**151731**	**30840**	**34090**
长沙市	Changsha	52	289	16135	1161	42247	15277	9684	5289
株洲市	Zhuzhou	584	1997	22516	3038	17810	3151	3329	1635
湘潭市	Xiangtan	27	4282	10269	600	5089	4239	998	461
衡阳市	Hengyang	229	10015	9151	6756	12832	2690	1307	2131
邵阳市	Shaoyang	4230	4813	4116	6258	5076	12986	1870	2433
岳阳市	Yueyang	20036	759	16773	4316	11756	9505	2381	4976
常德市	Changde	463	3307	2162	3844	5752	3507	1203	1811
张家界市	Zhangjiajie	706	1282	10	1206	555	3271	1820	742
益阳市	Yiyang	532	460	6886	924	5664	2637	852	1932
郴州市	Chenzhou	1150	14125	4406	4156	5373	3560	1762	5379
永州市	Yongzhou	2873	674	3769	4716	5771	4137	1753	3248
怀化市	Huaihua	2889	2280	3928	4928	3660	8437	2573	1986
娄底市	Loudi	644	4912	18196	1512	5648	3134	74	758
湘西州	West Hinan	1038	294	469	4543	912	3959	1127	463
其 他	Others		32	544	55654	1518	71241	107	846

市 州	Cities and Prefecture	住宿和餐饮业 Accommodation and Restaurants	金融业 Finance	房地产业 Real Estate Trade	租赁和商务服务业 Tenancy and Business Services	科学研究技术服务地质勘查 Scientific Research, Technical Services, Geologic Perambulation	水利环境和公共设施管理业 Management of Water Conservancy, Environment and Public Establishment	居民服务和其他服务业 Resident Services and Other Services	教育 Education	卫生、社会保障和社会福利 Sanitation Social Security and Social Welfare	文化体育和娱乐业 Culture, Sports and Entertainment	公共管理和社会组织 Public Management and Social Organization
全 省	**Total**	**18096**	**32677**	**17010**	**39853**	**65324**	**64028**	**3918**	**645549**	**280572**	**36076**	**732574**
长沙市	Changsha	7117	10706	8680	4868	28098	8539	342	93055	47130	13319	69413
株洲市	Zhuzhou	1126	1436	563	4607	2429	3406	46	31745	14616	1378	38752
湘潭市	Xiangtan	932	679	524	707	2134	1477	308	29218	11621	1359	29484
衡阳市	Hengyang	624	1188	1077	1753	6093	5834	224	65438	29183	3551	79710
邵阳市	Shaoyang	314	3313	652	1528	2996	3041	495	54912	22989	1443	63293
岳阳市	Yueyang	1123	2590	380	1710	2415	6171	254	47418	19760	1400	64175
常德市	Changde	779	523	492	2901	2360	5539	478	48913	20358	2730	55561
张家界市	Zhangjiajie	560	922	186	336	858	3193	17	16374	6931	712	18825
益阳市	Yiyang	713	464	747	10795	2394	4933	573	39935	17400	1136	47908
郴州市	Chenzhou	915	1210	394	3513	2298	3475	149	43689	20629	2089	57181
永州市	Yongzhou	33	4639	733	1884	2890	5114	596	54999	19654	1873	61618
怀化市	Huaihua	980	2383	1598	1887	3168	5432	150	50640	22540	2397	62220
娄底市	Loudi	858	1511	152	1663	2044	4549	286	36849	14517	1224	46310
湘西州	West Hinan	181	1093	450	898	4526	3325		32079	13095	1317	34336
其 他	Others	1841	20	382	803	621			285	149	148	3788

19−10 城镇集体经济各行业在岗职工年末人数（2011年）
Employed Staff and Workers in Urban Collective-Owned Units by Sector at the Year-end (2011)

单位：人 (person)

市州	Cities and Prefecture	农林牧渔业 Agriculture, Forestry, Farming of Animals and Fishing	采掘业 Mining	制造业 Manufacturing	电力燃气及水的生产和供应 Production and Spply of Elrctricity Gas and Water	建筑业 Construction	交通运输仓储和邮政业 Traffic, Transport, Storage and Post	信息传输计算机服务软件业 Information Transfer, Computer Services and Software	批发和零售业 Wholesale and Retail Trade
全　省	**Total**	**1068**	**37178**	**45908**	**1834**	**83638**	**10023**	**220**	**5788**
长沙市	Changsha	59	3880	10522	43	11757	1343	114	542
株洲市	Zhuzhou	235	2377	3074	149	1012	122		278
湘潭市	Xiangtan		1476	3944		3820	808		50
衡阳市	Hengyang		1065	7498	11	14334	925		1059
邵阳市	Shaoyang	313	948	675	3	12083	623		247
岳阳市	Yueyang	299	1149	8058	98	6667	653		1736
常德市	Changde		30	1581	333	384	50		
张家界市	Zhangjiajie			335		1368	170		11
益阳市	Yiyang		585	3752	234	2674	1180	81	98
郴州市	Chenzhou		1773	434	20	3689	479		540
永州市	Yongzhou	110	325	693	223	10037	475	25	585
怀化市	Huaihua	52	762	1507	694	4263	1236		504
娄底市	Loudi		22371	3659		7182	1737		78
湘西州	West Hinan		437	176	26	4368	222		60

市州	住宿和餐饮业 Accommodation and Restaurants	金融业 Finance	房地产业 Real Estate Trade	租赁和商务服务业 Tenancy and Business Services	科学研究技术服务地质勘查 Scientific Research, Technical Services, Geologic Perambulation	水利环境和公共设施管理业 Management of Water Conservancy, Environment and Public Establishment	居民服务和其他服务业 Resident Services and Other Services	教育 Education	卫生、社会保障和社会福利 Sanitation Social Security and Social Welfare	文化体育和娱乐业 Culture, Sports and Entertainment	公共管理和社会组织 Public Management and Social Organization
全　省	**1855**	**11784**	**2655**	**7056**	**961**	**1347**	**2430**	**5825**	**18701**	**688**	**203**
长沙市	1205	4	995	1377	474	135	38	2319	4388	260	
株洲市	136	672	224	1036		510		100	1532		13
湘潭市	35	728	29	885	25	92	3	11	970	61	7
衡阳市	161	648	74	1179	57	17	62	598	1382		30
邵阳市	12	677	489	120	42		45	655	1651		
岳阳市	31	1059	30	413	266	76	1855	637	1840	119	118
常德市	2	1756	250	1271		23	34	387	1984	208	23
张家界市	73			198				55	493		
益阳市	14	2120	39	126	21	6	13	368	1150		7
郴州市	10	526	222	92	18	3	86	210	704		
永州市	11	948	95				268	302	1102		5
怀化市	40	1481	108	97	19	341	26	93	1319		
娄底市	64	1024	38	150	30	144		90	38	40	
湘西州	61	141	62	112	9				148		

19-11 在岗职工工资总额和年平均工资（2011年）
Total Wage Bill and Average Annual Wage of Employed Staff and Workers (2011)

市 州	Cities and Prefecture	在岗职工工资总额 (亿元) Total Wages of Staff and Workers on the Job (100 million yuan)	#国有经济 State-owned Units	#城镇集体经济 Urban Collective Owned Units	在岗职工年平均工资 (元) Average Annual Wages of Staff and Workers on the Job (yuan)	#国有经济 State-owned Units	#城镇集体经济 Urban Collective Owned Units	#其他 Others	在岗职工年平均工资为上年% Average Annual Wages as Percentage of Preceding Year (%)
全 省	**Total**	**1797.05**	**942.06**	**65.46**	**35520**	**36654**	**27034**	**35139**	**116.5**
长沙市	Changsha	508.94	197.99	10.74	44497	52317	27110	41368	116.1
株洲市	Zhuzhou	145.70	59.74	3.48	38499	38846	30985	38644	115.4
湘潭市	Xiangtan	94.75	38.12	3.63	33370	36666	28310	31709	122.3
衡阳市	Hengyang	155.60	76.96	8.05	30836	32371	28067	29636	111.7
邵阳市	Shaoyang	91.31	59.44	4.31	29467	30477	23667	28521	118.3
岳阳市	Yueyang	129.75	64.18	6.48	30931	29699	26067	33099	120.9
常德市	Changde	105.41	53.16	3.19	30831	32910	22907	29476	109.4
张家界市	Zhangjiajie	25.43	18.92	0.58	31080	32513	21417	28341	117.3
益阳市	Yiyang	73.45	44.69	3.81	30084	31431	29696	27990	114.2
郴州市	Chenzhou	100.65	62.58	2.15	34820	35853	24743	33945	116.6
永州市	Yongzhou	88.17	58.23	4.21	31864	32385	28602	31311	115.8
怀化市	Huaihua	82.62	59.10	3.64	32099	32272	29747	32053	111.6
娄底市	Loudi	83.67	44.40	10.07	31065	30812	28029	32695	113.5
湘西州	West Hinan	38.69	31.63	1.12	29865	30152	19714	31321	111.7
其 他	Others	72.93	72.93		53340	53340			109.2

19−12 从业人员年末人数（2011年）
Employment at the Year-end (2011)

单位：万人 (10 000 persons)

市　州	Cities and Prefecture	从业人员人数 Number of Employed Persons	第一产业 Primary Industry	第二产业 Secondary Industry	第三产业 Tertiary Industry	城镇从业人员 Eemployees in Collectiveowned	农村从业人员 Employees in Rural
全 省	**Total**	**4005.03**	**1679.94**	**932.62**	**1392.47**	**1408.91**	**2596.12**
长沙市	Changsha	438.99	112.97	144.51	181.51	193.97	245.02
株洲市	Zhuzhou	234.48	86.29	69.88	78.31	67.66	166.82
湘潭市	Xiangtan	169.33	78.51	47.48	43.34	40.46	128.87
衡阳市	Hengyang	466.39	212.29	93.33	160.77	147.29	319.10
邵阳市	Shaoyang	489.83	248.05	84.99	156.79	98.96	390.87
岳阳市	Yueyang	348.35	146.84	75.28	126.23	117.84	230.51
常德市	Changde	332.52	164.56	61.73	106.23	68.55	263.97
张家界市	Zhangjiajie	94.35	52.95	13.12	28.28	15.91	78.44
益阳市	Yiyang	253.08	125.20	52.49	75.39	42.78	210.30
郴州市	Chenzhou	304.03	109.12	84.62	110.29	66.74	237.29
永州市	Yongzhou	336.27	166.19	62.89	107.19	52.68	283.59
怀化市	Huaihua	299.70	155.19	40.65	103.86	87.62	212.08
娄底市	Loudi	251.36	121.42	53.10	76.84	53.68	197.68
湘西州	West Hinan	178.47	93.07	30.00	55.40	45.13	133.34

19−13 年末在岗职工人数（2011年）
Number of Staff and Workers on the Job of Cities and Prefecture at the Year-end (2011)

单位：万人 (10 000 persons)

市　州	Cities and Prefecture	在岗职工 Staff and Workers on the Job	国有经济 State-owned Economic	城镇集体经济 Urban Collective-owned Economic	其他经济 Others	城镇登记失业率（%） Registered Unemployment Rate in urban Area (%)	城镇登记失业人数 Registered Unemployment Number in Urban Area
全 省	**Total**	**514.73**	**258.99**	**23.92**	**231.83**	**4.21**	**43.14**
长沙市	Changsha	116.21	38.14	3.95	74.13	2.90	5.48
株洲市	Zhuzhou	38.84	15.42	1.15	22.28	3.52	2.54
湘潭市	Xiangtan	28.58	10.44	1.29	16.85	4.10	2.86
衡阳市	Hengyang	51.17	23.98	2.91	24.29	4.20	4.87
邵阳市	Shaoyang	31.58	19.68	1.86	10.05	4.15	2.81
岳阳市	Yueyang	43.22	21.79	2.51	18.92	4.00	3.72
常德市	Changde	34.30	16.27	0.83	17.20	4.00	3.58
张家界市	Zhangjiajie	8.23	5.85	0.27	2.11	4.30	1.18
益阳市	Yiyang	25.07	14.69	1.25	9.13	4.20	2.18
郴州市	Chenzhou	29.30	17.55	0.88	10.87	4.00	2.53
永州市	Yongzhou	28.28	18.10	1.52	8.66	4.25	2.97
怀化市	Huaihua	25.94	18.41	1.25	6.28	4.30	3.28
娄底市	Loudi	27.30	14.48	3.66	9.15	4.25	3.02
湘西州	West Hunan	12.91	10.41	0.58	1.92	4.30	2.12

19−14 年末城镇从业人员（2011年）
Number of Employed Persons in Urban Areas at the Year-end (2011)

单位：万人 (10 000 persons)

市 州	Cities and Prefecture	城镇从业人员合计								
		Number of Employed Persons in Urban Areas (10 000 persons)	国有经济 State-owned Economic	城镇集体经济 Urban Collective-owned Economic	其他经济 Economic Units of Other Types	内资经济 Domestic Funded Economic	港澳台投资经济 Economioc With Funded From H.K, Macao and Taiwan	外商投资经济 Economic With Funded Foreign	城镇私营经济 Urban Private Economic	城镇个体经济 Urban Individuals Economic
全 省	**Total**	**1408.91**	**275.01**	**27.84**	**248.59**	**218.97**	**16.16**	**13.46**	**260.62**	**596.86**
长沙市	Changsha	193.97	40.42	4.16	77.32	69.04	2.86	5.42	34.77	37.29
株洲市	Zhuzhou	67.66	16.33	1.19	23.14	19.77	1.46	1.91	12.49	14.51
湘潭市	Xiangtan	40.46	11.12	1.34	17.85	16.72	0.29	0.84	5.39	4.76
衡阳市	Hengyang	147.29	25.13	3.59	26.65	22.85	2.38	1.41	48.31	43.62
邵阳市	Shaoyang	98.96	21.08	2.34	11.62	10.87	0.46	0.29	15.34	48.57
岳阳市	Yueyang	117.84	24.66	2.75	21.46	19.64	0.72	1.10	24.28	44.69
常德市	Changde	68.55	17.20	1.60	18.08	16.35	1.41	0.32	7.83	23.84
张家界市	Zhangjiajie	15.91	6.01	0.52	2.52	2.22	0.25	0.05	1.99	4.87
益阳市	Yiyang	42.78	15.90	1.33	10.74	9.32	0.93	0.49	6.61	8.20
郴州市	Chenzhou	66.74	18.96	0.95	11.42	9.20	1.69	0.53	10.85	24.56
永州市	Yongzhou	52.68	18.87	1.87	9.29	6.34	2.31	0.64	9.62	13.02
怀化市	Huaihua	87.62	19.28	1.56	6.78	6.43	0.16	0.19	24.21	35.79
娄底市	Loudi	53.68	15.10	3.94	9.71	8.23	1.22	0.26	6.78	18.15
湘西州	West Hinan	45.13	10.73	0.72	2.00	1.98	0.02		8.34	23.34
其 他	Others	14.21	14.21							

19−15　固定资产投资、新增固定资产及房屋竣工面积（2011年）
Investment in Fixed Assets,Newly Increased Fixed Assets and Completed Building Floor Space of Urban (2011)

市　州	Cities and Prefecture	固定资产投资 (万元) Total Investment in Fixed Assets (10000 yuan)	国有经济 State-owned	非国有经济 non—State-owned	房地产开发 Real Estate Develop-ment	新增固定资产 (万元) Newly Increased Fixed Assets (10 000 yuan)	房屋建筑竣工面积 (平方米) Floor Space of Buildings Completed (sq.m)	#住宅 Residential Buildings
全　省	**Total**	**114314784**	**35631260**	**78683524**	**18966647**	**64922311**	**56339757**	**36187658**
长沙市	Changsha	34333304	8366550	25966754	8869232	19725772	16074775	12168467
株洲市	Zhuzhou	8490458	2688559	5801899	1848023	5575709	5017254	3019778
湘潭市	Xiangtan	6501778	2164375	4337403	721291	5103022	1623600	985058
衡阳市	Hengyang	7804545	2057751	5746794	807360	5445162	4489526	1958906
邵阳市	Shaoyang	5621014	1313001	4308013	610956	2781368	2989560	1805382
岳阳市	Yueyang	8618015	1460401	7157614	1003995	5125720	2279378	1865649
常德市	Changde	6899053	1997177	4901876	857601	4823387	5986671	2191151
张家界市	Zhangjiajie	1450972	573205	877767	294435	651081	600949	519757
益阳市	Yiyang	4602336	958075	3644261	805920	2238032	2886256	1559812
郴州市	Chenzhou	8115591	2274003	5841588	942211	3918920	3749501	3090999
永州市	Yongzhou	5932687	2110032	3822655	861914	3448032	3778520	2295556
怀化市	Huaihua	4379668	2113532	2266136	570413	2349432	3007202	2280755
娄底市	Loudi	4252470	1593391	2659079	523288	3134762	3224483	1913041
湘西州	West Hunan	1580753	974357	606396	250008	600012	632082	533347

19−16 按经济类型分固定资产投资(2011年)
Total Investment in Fixed Assets by Ownership and Region(2011)

单位：亿元 (100 million yuan)

市 州	Cities and Prefecture	总计 Total	国有经济 Stata-owned Units	集体经济 Collective-owned Units	个体经济 Individuals Economy	联营经济 Joint Ownership Economic Units
全 省	**Total**	**11431.48**	**3563.13**	**496.36**	**2914.47**	**19.33**
长沙市	Changsha	3433.33	836.66	189.75	626.05	6.24
株洲市	Zhuzhou	849.05	268.86	14.97	318.43	0.30
湘潭市	Xiangtan	650.18	216.44	24.70	152.13	2.58
衡阳市	Hengyang	780.45	205.78	8.09	267.68	
邵阳市	Shaoyang	562.10	131.30	18.20	257.23	2.05
岳阳市	Yueyang	861.80	146.04	40.47	222.83	2.82
常德市	Changde	689.91	199.72	27.26	168.24	0.75
张家界市	Zhangjiajie	145.10	57.32	7.06	26.37	
益阳市	Yiyang	460.23	95.81	19.40	137.87	0.68
郴州市	Chenzhou	811.56	227.40	101.59	182.76	1.30
永州市	Yongzhou	593.27	211.00	29.14	200.27	0.93
怀化市	Huaihua	437.97	211.35	5.80	113.27	
娄底市	Loudi	425.25	159.34	9.39	148.20	1.69
湘西州	West Hunan	158.08	97.44	0.53	43.48	

市 州	Cities and Prefecture	股份制经济 Share Holding Economic Units	外商投资经济 Foreign Funded Economic Units	港澳台商投资经济 Economic Units with Funds From Hong Kong, Macao and Taiwan	其他经济 Others Ownership
全 省	**Total**	**3458.69**	**154.22**	**182.66**	**642.63**
长沙市	Changsha	1458.28	70.70	84.44	161.21
株洲市	Zhuzhou	198.77	16.07	18.26	13.39
湘潭市	Xiangtan	181.09	4.60	9.86	58.78
衡阳市	Hengyang	205.96	6.31	11.01	75.62
邵阳市	Shaoyang	100.54	1.86	1.30	49.62
岳阳市	Yueyang	389.47	9.37	2.28	48.52
常德市	Changde	252.46	4.87	3.84	32.78
张家界市	Zhangjiajie	36.85	5.41	7.51	4.58
益阳市	Yiyang	134.76	14.67	3.00	54.05
郴州市	Chenzhou	221.86	9.90	20.70	46.04
永州市	Yongzhou	81.56	6.50	8.74	55.13
怀化市	Huaihua	97.83	1.81	5.72	2.19
娄底市	Loudi	56.49	2.00	6.00	42.14
湘西州	West Hunan	15.80	0.14		0.68

注:各市州数据不含跨区投资。
Figures of cities and prefecture did not include the part of investment classified by region.

19-17 按构成和建设性质分固定资产投资（2011年）
Urban Investment by Use of Funds and Type of Construction of Cities and Prefecture (2011)

单位:亿元 (100 million yuan)

市 州	Cities and Prefecture	投资额 Total Investment	按构成分 Grouped by Use of Funds 建安工程 Construction and Installation	设备工器具购置 Purchase of Equipment& Instruments	其他费用 Others	按建设性质分 Grouped by Type of Construction 新建 New Construction	扩建 Expansion	改建 Re-construction
全 省	**Total**	**11431.48**	**7703.82**	**1834.65**	**1893.01**	**4303.48**	**999.40**	**4135.59**
长沙市	Changsha	3433.33	2546.83	267.02	619.48	1174.02	216.29	1109.25
株洲市	Zhuzhou	849.05	535.20	178.31	135.53	213.89	52.43	397.77
湘潭市	Xiangtan	650.18	405.89	117.58	126.70	137.58	53.11	384.45
衡阳市	Hengyang	780.45	553.52	171.19	55.74	187.57	111.47	395.69
邵阳市	Shaoyang	562.10	345.38	145.12	71.60	304.52	65.86	127.94
岳阳市	Yueyang	861.80	486.11	268.40	107.29	232.02	49.33	471.38
常德市	Changde	689.91	395.46	169.44	125.00	248.23	143.97	203.53
张家界市	Zhangjiajie	145.10	98.05	16.52	30.53	61.38	7.17	41.99
益阳市	Yiyang	460.23	307.40	96.32	56.52	149.99	37.50	188.62
郴州市	Chenzhou	811.56	476.52	161.87	173.17	326.20	106.64	277.29
永州市	Yongzhou	593.27	414.92	98.06	80.29	260.21	72.55	172.41
怀化市	Huaihua	437.97	327.54	44.19	66.24	205.17	5.16	167.37
娄底市	Loudi	425.25	282.59	80.88	61.78	152.94	67.40	151.33
湘西州	West Hunan	158.08	125.27	13.04	19.76	74.45	10.52	46.56

注：按建设性质分不含房地产开发投资。
Figures grouped by type of construction did not include the investment in real estate development.

19-18 按资金来源和隶属关系分固定资产投资（2011年）
Urban Investment by Source of Funds and Jurisdiction of Management of Cities and Prefecture (2011)

单位:亿元 (100 million yuan)

市 州	Cities and Prefecture	按资金来源分 Grouped by Source of Funds 国家预算内 State Budgetary Appropriation	国内贷款 Domestic Loans	利用外资 Foreign Investment	自筹资金 Fundraising	其他投资 Others	按隶属关系分 Grouped by Administrative Relationship 中央项目 Central Projects	地方项目 Local Projects
全 省	**Total**	**665.44**	**1316.45**	**166.02**	**7719.97**	**1486.88**	**353.67**	**11077.81**
长沙市	Changsha	124.49	306.90	81.69	2282.07	741.72	88.32	3345.01
株洲市	Zhuzhou	34.66	115.67	11.17	538.66	111.46	32.04	817.00
湘潭市	Xiangtan	8.77	36.88	0.05	590.83	42.96	8.53	641.65
衡阳市	Hengyang	51.36	50.93	4.76	558.91	63.62	3.21	777.24
邵阳市	Shaoyang	25.91	71.46	15.55	457.74	38.98	14.93	547.17
岳阳市	Yueyang	65.49	68.30	6.92	796.36	47.25	62.99	798.81
常德市	Changde	53.98	46.09	1.42	455.09	88.76	4.82	685.09
张家界市	Zhangjiajie	18.50	12.58	2.90	76.13	13.20	1.74	143.36
益阳市	Yiyang	33.73	43.46	10.09	303.75	56.87	11.95	448.28
郴州市	Chenzhou	50.02	34.58	20.67	552.68	108.83	5.46	806.10
永州市	Yongzhou	60.38	78.92	9.52	373.86	71.57	2.29	590.98
怀化市	Huaihua	27.23	129.54	0.98	287.03	56.69	7.76	430.20
娄底市	Loudi	26.08	30.35	0.00	322.28	32.77	5.72	419.53
湘西州	West Hunan	35.78	6.54	0.26	69.29	12.20	11.03	147.04

19－19 国有经济分地市项目个数、项目投产率及固定资产交付使用率（2011年）

Number of Projects,Rate of Projects Put into Use and Rate of Fixed Assets Put into Use of State—owned Units (2011)

市 州	Cities and Prefecture	施工项目个数(个) Number of Projects under Construction (unit)	全投项目个数(个) Number of Projects Completed and Put into Use (unit)	项目投产率(%) Rate of Projects Completed and Put into Use (%)	固定资产交付使用率(%) Rate of Fixed Assets Put into Use (%)
全 省	**Total**	**9268**	**4818**	**52.0**	**45.8**
长沙市	Changsha	1097	619	56.4	47.5
株洲市	Zhuzhou	389	202	51.9	54.3
湘潭市	Xiangtan	451	225	49.9	80.3
衡阳市	Hengyang	746	436	58.4	64.0
邵阳市	Shaoyang	1159	652	56.3	42.3
岳阳市	Yueyang	343	124	36.2	46.4
常德市	Changde	665	445	66.9	64.5
张家界市	Zhangjiajie	395	218	55.2	49.1
益阳市	Yiyang	453	232	51.2	46.9
郴州市	Chenzhou	1152	467	40.5	43.8
永州市	Yongzhou	1020	579	56.8	62.5
怀化市	Huaihua	564	316	56.0	46.7
娄底市	Loudi	420	230	54.8	65.3
湘西州	West Hunan	394	73	18.5	24.9

注：施工、全投项目及项目投产率未包括房地产开发统计资料。

The data of projects under construction, projects completed put into use and rate of projects completed put into use excluded information of real estate development.

19－20 房地产开发情况（2011年）
Real Estate Development（2011）

市　州	Cities and Prefecture	开发公司个数（个）Number of Development Enterprises (unit)	国有经济 State-owned Enterprises	集体经济 Collective-owned Enterprises	外商投资经济 Foreign Funded Enterprises	港澳台投资经济 Funded by Enterpreneurs from Hong Kong, Macao and Taiwan	房地产开发投资（万元）Investment (10 000 yuan)
全　省	**Total**	**3524**	**192**	**86**	**40**	**94**	**18966647**
长沙市	Changsha	858	55	18	11	24	8869232
株洲市	Zhuzhou	349	10	11	4	13	1848023
湘潭市	Xiangtan	169	17	3	1	13	721291
衡阳市	Hengyang	271	15	7	8	8	807360
邵阳市	Shaoyang	206	12	7	2	1	610956
岳阳市	Yueyang	279	15	6	5	3	1003995
常德市	Changde	258	13	5	2	7	857601
张家界市	Zhangjiajie	86	4			3	294435
益阳市	Yiyang	181	9	8	4	1	805920
郴州市	Chenzhou	241	12	12		10	942211
永州市	Yongzhou	176	5	3	2	6	861914
怀化市	Huaihua	150	9	3		1	570413
娄底市	Loudi	155	6	3	1	3	523288
湘西州	West Hunan	145	10			1	250008

市　州	Cities and Prefecture	经营总收入（万元）Total Revenue (10 000 yuan)	土地转让收入 Land Transferred	商品房屋销售收入 Commercial Houses Sold	房屋出租收入 Houses Leased	其他收入 Others	税金及附加（万元）Taxes and Extra Charges (10 000 yuan)	利润总额（万元）Total Profits (10 000 yuan)
全　省	**Total**	121260935	1872807	114968958	788908	3630262	9475367	3748100
长沙市	Changsha	61890325	977166	59990871	251839	670449	4719707	1092352
株洲市	Zhuzhou	9325449	175508	8898639	70347	180955	689036	581224
湘潭市	Xiangtan	6057901	76391	5922390	51514	7606	427474	396819
衡阳市	Hengyang	7564209	160709	7241264	59486	102750	787616	437967
邵阳市	Shaoyang	2891726	148397	2707482	4950	30897	197103	18412
岳阳市	Yueyang	4112618	8011	3949404	125076	30127	317685	-728270
常德市	Changde	7314369	56654	7085710	78358	93647	785359	770330
张家界市	Zhangjiajie	1041844		1036798	5041	5	120348	-75098
益阳市	Yiyang	3328977	64045	2925787	10915	328230	263978	31840
郴州市	Chenzhou	5755783	96878	4126933	25489	1506483	340764	653469
永州市	Yongzhou	4191896	9042	4144900	25689	12265	215471	283101
怀化市	Huaihua	4182844	96656	3565137	39386	481665	289605	290580
娄底市	Loudi	2694463	3000	2492347	21618	177498	257381	-57638
湘西州	West Hunan	908531	350	881296	19200	7685	63840	53012

19-21 商品房屋销售情况（2011年）
Sales of Commercial House (2011)

市 州	Cities and Prefecture	商品房屋销售面积(平方米) Floor Space of Selling Commercial House (sq.m)	#住宅 Residential Buildings	商品房屋销售额(万元) Total Sales of Commercial House (10 000 yuan)	#住宅 Residential Buildings	商品房平均销售价格 (元/平方米) Floor Space of Selling Commercial House(yuan/sq.m)	#住宅 Residential Buildings
全 省	**Total**	**48776527**	**44441740**	**18522193**	**15669321**	**3797.36**	**3525.81**
长沙市	Changsha	15001656	13855630	8820662	7598677	5879.79	5484.18
株洲市	Zhuzhou	6017697	5468843	2255959	1867517	3748.87	3414.83
湘潭市	Xiangtan	1911686	1838586	640208	594597	3348.92	3233.99
衡阳市	Hengyang	3254524	3002982	951523	802250	2923.69	2671.51
邵阳市	Shaoyang	1376597	1255538	325719	288203	2366.12	2295.45
岳阳市	Yueyang	3268297	3008811	952945	781124	2915.72	2596.12
常德市	Changde	3382769	2954837	1030014	811367	3044.88	2745.89
张家界市	Zhangjiajie	1108802	979028	317620	257682	2864.53	2632.02
益阳市	Yiyang	2299064	2048755	618335	500241	2689.51	2441.68
郴州市	Chenzhou	3038793	2807428	821595	736957	2703.69	2625.03
永州市	Yongzhou	3256586	2973778	682077	568173	2094.45	1910.61
怀化市	Huaihua	2085412	1787660	476623	355227	2285.51	1987.11
娄底市	Loudi	2266795	1967821	503764	394094	2222.36	2002.69
湘西州	West Hunan	507849	492043	125149	113212	2464.30	2300.86

19-22 房地产开发建设房屋建筑面积和价值（2011年）
Floor Space of Building and Value of Real Estate Development (2011)

市 州	Cities and Prefecture	施工房屋面积 (平方米) Floor Space of Buildings under Construction (sq.m)	竣工房屋面积(平方米) Floor Space of Buildings Completed (sq.m)	房屋建筑面积竣工率(%) Rate of Floor Space of Buildings Completed(%)	竣工房屋价值 (万元) Value of Buildings Completed (10 000 yuan)
全 省	**Total**	**207463226**	**39339724**	**19.0**	**8567254**
长沙市	Changsha	76709593	14524043	18.9	4223245
株洲市	Zhuzhou	21937494	3534936	16.1	546157
湘潭市	Xiangtan	10670172	1107824	10.4	171992
衡阳市	Hengyang	14681227	2040743	13.9	285664
邵阳市	Shaoyang	7165833	1940804	27.1	288890
岳阳市	Yueyang	10779088	2137978	19.8	496696
常德市	Changde	8757594	2481620	28.3	460280
张家界市	Zhangjiajie	3422895	600949	17.6	141251
益阳市	Yiyang	9269069	1838222	19.8	385803
郴州市	Chenzhou	10689564	2952922	27.6	581142
永州市	Yongzhou	11152508	1611127	14.4	270946
怀化市	Huaihua	7770072	2597862	33.4	432653
娄底市	Loudi	8251767	1385177	16.8	207535
湘西州	West Hunan	6206350	585517	9.4	75000

19－23　地方财政收入情况（2011年）
Local Government Revenue (2011)

市　州	Cities and Prefecture	地方财政收入(万元) Local Government Revenue (10 000yuan)	各项税收收入 Taxes Revenue	增值税 Value Added Tax	营业税 Operating Tax	企业所得税 Income Tax of Enterprises	个人所得税 Individual Income Tax	非税收入 No-tax Revenue
全省	**Total**	**15170662**	**9153982**	**1352423**	**3205770**	**899634**	**482451**	**6016680**
长沙市	Changsha	4257827	2909709	231512	1052273	298408	159851	1348118
株洲市	Zhuzhou	1092189	568895	92678	166172	43527	24015	523294
湘潭市	Xiangtan	646882	340592	46280	114168	25693	14123	306290
衡阳市	Hengyang	1040553	516291	66732	149068	28065	23448	524262
邵阳市	Shaoyang	409746	209360	32767	69009	12491	12426	200386
岳阳市	Yueyang	736262	368713	76116	110638	20154	15222	367549
常德市	Changde	938944	526161	47677	126042	23043	12260	412783
张家界市	Zhangjiajie	183339	108034	7831	43526	7892	3261	75305
益阳市	Yiyang	339074	217250	36025	71742	15479	9804	121824
郴州市	Chenzhou	950109	513164	86612	126314	23779	22989	436945
永州市	Yongzhou	456722	262441	28155	77142	12005	12792	194281
怀化市	Huaihua	475409	315624	36137	93470	17662	11052	159785
娄底市	Loudi	395638	269669	52171	75709	12261	9193	125969
湘西州	West Hunan	251389	130488	21043	36855	7984	7280	120901

19－24　地方财政支出情况（2011年）
Local Government Expenditure (2011)

市　州	Cities and Prefecture	地方财政支出(万元) Local Government Expenditure (10 000yuan)	教育 Education	社会保障和就业 Social Security Progams and Employmenr	医疗和卫生 Pulic Health	农林水利事务 griculture,Forest and Irrigation	一般公共服务 General Public Services
全省	**Total**	**35207553**	**5408278**	**4844405**	**2567598**	**3942623**	**4667437**
长沙市	Changsha	5208876	723656	519402	264842	302751	754276
株洲市	Zhuzhou	1918979	262664	271745	145272	120093	323815
湘潭市	Xiangtan	1336903	193904	212247	102208	101003	171427
衡阳市	Hengyang	2599294	366424	452561	240755	223118	304316
邵阳市	Shaoyang	1951058	332213	366319	236243	215192	305076
岳阳市	Yueyang	2058166	330126	368082	189959	202825	269411
常德市	Changde	2227929	349677	453107	205472	249757	281331
张家界市	Zhangjiajie	683717	94934	107165	56883	85392	90174
益阳市	Yiyang	1430824	243427	284788	168887	161099	192072
郴州市	Chenzhou	2198775	420441	315915	166048	225966	310915
永州市	Yongzhou	1813956	400399	326517	203597	206676	255428
怀化市	Huaihua	1810021	294025	316532	169637	207966	322463
娄底市	Loudi	1313666	212003	200975	138137	118779	212738
湘西州	West Hunan	1260306	181772	207477	129738	152469	160624

19−25 金融机构人民币存款情况（2011年）
Credit Income of Financial Institutions (2011)

市 州	Cities and Prefecture	各项存款（亿元） Deposits （100 millions）	单位存款 Company Deposits	个人存款 Individual Deposits
全 省	**Total**	19334.70	7929.24	10584.81
长沙市	Changsha	7294.24	4333.98	2484.20
株洲市	Zhuzhou	1351.12	519.47	793.06
湘潭市	Xiangtan	923.59	323.91	587.59
衡阳市	Hengyang	1522.16	393.18	1110.91
邵阳市	Shaoyang	1113.10	253.82	805.93
岳阳市	Yueyang	946.50	288.74	622.69
常德市	Changde	1152.23	327.31	781.07
张家界市	Zhangjiajie	291.94	97.06	184.95
益阳市	Yiyang	727.73	195.33	500.33
郴州市	Chenzhou	1117.38	340.19	755.23
永州市	Yongzhou	841.42	196.50	628.28
怀化市	Huaihua	812.32	226.67	565.88
娄底市	Loudi	772.09	273.57	477.78
湘西州	West Hunan	442.97	138.07	283.19

19−26 金融机构人民币贷款情况（2011年）
Expenditures of Financial Institutions (2011)

市 州	Cities and Prefecture	各项贷款(亿元) Loans（100 millions）	短期贷款 Short-term Loans	个人消费贷款 Individual Consumption Loans	中长期贷款 Medium-term and Long-term Loans	个人消费贷款 Individual Consumption Loans
全 省	**Total**	13186.68	3973.91	111.90	9005.65	1705.82
长沙市	Changsha	7261.87	1597.10	43.19	5 587.79	1087.91
株洲市	Zhuzhou	670.48	268.35	6.21	386.11	104.06
湘潭市	Xiangtan	642.77	323.22	6.36	297.70	62.53
衡阳市	Hengyang	608.71	258.18	3.91	319.54	61.04
邵阳市	Shaoyang	424.11	182.86	10.10	240.00	31.66
岳阳市	Yueyang	505.11	216.89	3.62	286.27	40.36
常德市	Changde	544.57	234.22	5.08	308.93	64.01
张家界市	Zhangjiajie	218.06	40.93	5.32	176.92	31.89
益阳市	Yiyang	359.06	163.46	4.46	192.94	28.47
郴州市	Chenzhou	458.54	188.60	4.75	268.43	47.27
永州市	Yongzhou	401.30	133.32	6.33	267.06	35.89
怀化市	Huaihua	425.92	106.21	5.42	318.06	46.41
娄底市	Loudi	452.79	180.65	4.61	235.52	39.92
湘西州	West Hunan	185.34	77.61	2.53	107.56	19.99

19－27　城乡居民年末本外币储蓄存款额
Outstanding Amount of Saving Deposits in Urban and Rural Households at the Year-end

单位：亿元　　(100 million yuan)

市　州	Cities and Prefecture	2010			2011
		合计 Total	定期 Fixed	活期 Demand	合计 Total
全　省	**Total**	**9022.58**	**5022.56**	**4000.03**	**10584.81**
长沙市	Changsha	2150.74	1127.28	1023.46	2484.20
株洲市	Zhuzhou	674.74	389.65	285.09	793.06
湘潭市	Xiangtan	499.87	338.83	161.04	587.59
衡阳市	Hengyang	942.74	584.37	358.37	1110.91
邵阳市	Shaoyang	688.89	408.70	280.19	805.93
岳阳市	Yueyang	522.63	282.96	239.68	622.69
常德市	Changde	655.23	374.09	281.14	781.07
张家界市	Zhangjiajie	147.29	72.09	75.20	184.95
益阳市	Yiyang	418.31	249.13	169.18	500.33
郴州市	Chenzhou	652.15	336.96	315.20	755.23
永州市	Yongzhou	535.58	295.28	240.29	628.28
怀化市	Huaihua	473.75	226.21	247.54	565.88
娄底市	Loudi	422.14	242.21	179.93	477.78
湘西州	West Hunan	235.65	93.33	142.32	283.19

19-28 农作物播种面积（2011年）
Sown Area of Crops (2011)

单位：千公顷 (1000 hectares)

市 州	Cities and Prefecture	农作物播种面积 Total Sown Area	#粮食作物 Area of Grain Crops	#稻谷面积 Area of Rice	油料面积 Area of Oil	蔬菜面积 Area of Vegetables
全 省	**Total**	**8401.97**	**4879.58**	**4066.30**	**1295.45**	**1193.80**
长沙市	Changsha	639.67	366.44	337.16	48.64	140.91
株洲市	Zhuzhou	376.78	256.00	239.67	28.42	59.56
湘潭市	Xiangtan	304.50	210.40	207.19	19.03	52.77
衡阳市	Hengyang	933.31	548.73	491.30	196.91	94.89
邵阳市	Shaoyang	796.51	533.80	420.87	78.13	100.29
岳阳市	Yueyang	848.69	526.07	468.01	121.28	85.30
常德市	Changde	1184.47	651.53	585.91	301.86	90.36
张家界市	Zhangjiajie	214.38	132.33	54.95	39.28	26.44
益阳市	Yiyang	714.44	406.13	360.96	131.38	92.05
郴州市	Chenzhou	586.97	337.07	253.04	62.22	89.06
永州市	Yongzhou	861.25	549.40	416.42	59.37	156.21
怀化市	Huaihua	578.14	312.47	215.32	107.52	67.23
娄底市	Loudi	357.00	261.33	198.77	32.80	31.10
湘西州	West Hunan	351.98	175.98	90.10	59.18	56.60

注：全省的粮食、稻谷、油料以抽样调查推算，分市州采用全面统计。全省总计与分市州之和存在一定调查误差。
The Data of Provincial Grain Crops ,Rice and Oilseeds Used sample survey projections,the Data of Cities and Prefecture Used Comprehensive statistics. The Sum of Cities and Prefecture do not add up to the Provincial total.

19-29 机耕面积及水库、堤防（2011年）
Tractor-Ploughed Area, Reservoirs and Dikes (2011)

市 州	Cities and Prefecture	机耕面积（千公顷） Tractor Ploughed Area (1 000 hectares)	水库（座） Number of Reservoirs (set)	容量（万立方米） Capacity (10 000 cu.m)	堤防长度（公里） Total Length of Dikes (km)
全 省	**Total**	**4927.75**	**13351**	**4300615**	**6162**
长沙市	Changsha	390.42	760	119330	628
株洲市	Zhuzhou	247.95	897	139344	291
湘潭市	Xiangtan	261.00	383	94078	276
衡阳市	Hengyang	687.33	1530	190078	474
邵阳市	Shaoyang	420.86	1220	183115	87
岳阳市	Yueyang	531.71	1459	172004	1174
常德市	Changde	767.12	1203	401174	1528
张家界市	Zhangjiajie	45.37	217	229653	123
益阳市	Yiyang	532.32	549	420630	1112
郴州市	Chenzhou	257.56	920	1038875	212
永州市	Yongzhou	374.87	1291	204253	127
怀化市	Huaihua	196.93	1604	886410	67
娄底市	Loudi	148.59	693	71565	42
湘西州	West Hunan	65.72	625	150106	20

注：机耕面积、水库、堤防长度数据由水利部门提供。
The date of Tractor-Ploughed Area, Reservoirs and Dikes are provided by the water conservancy departmen

19−30 主要农业机械年末拥有量（2011年）
Year-End Possession of Major Agriculture Machinery (2011)

市　州	Cities and Prefecture	大中型拖拉机 Large and Medium Tractors		小型及手扶拖拉机 Mini and Walking Tractors		排灌机械 Machinery for Agricultural Drainage and Irrigation	
		台 (unit)	千瓦 (kw)	台 (unit)	千瓦 (kw)	台 (unit)	千瓦 (kw)
全　省	**Total**	**88998**	**2573753**	**214963**	**2258813**	**2271564**	**9878072**
长沙市	Changsha	5944	196898	23462	289524	188561	783324
株洲市	Zhuzhou	3355	72527	19903	198933	62414	322219
湘潭市	Xiangtan	661	18176	7176	72126	224462	543418
衡阳市	Hengyang	5536	205274	15975	174155	197112	717218
邵阳市	Shaoyang	8122	208376	14577	142515	236707	828044
岳阳市	Yueyang	8166	244611	19600	209858	142397	971515
常德市	Changde	12980	410736	24671	276347	231556	1292057
张家界市	Zhangjiajie	3878	85789	6477	73715	30636	203708
益阳市	Yiyang	7297	240302	20455	173258	275260	1364190
郴州市	Chenzhou	9583	251696	19831	217851	83970	383894
永州市	Yongzhou	14838	390687	21596	213812	293806	1356059
怀化市	Huaihua	1130	27628	6902	65304	116820	388970
娄底市	Loudi	2169	71747	8578	86091	153828	553849
湘西州	West Hunan	5339	149306	5760	65323	34035	169608

19−31 农林牧渔业总产值(2011年)
Gross Output Value of Farming, Forestry, Animal Husbandry and fishery (2011)

单位：万元　　(10 000 yuan)

市　州	Cities and Prefecture	农林牧渔业总产值 Gross Output Value of Farming, Forestry, Animal Husbandry and Fishery	指数（上年=100） Indices (preceding year=100)	农业产值 Output Value of Farming	林业产值 Output Value of Forestry	牧业产值 Value of Animal Husbandry	渔业产值 Output Value of Fishery	服务业产值 Output Value of Services
长沙市	Changsha	3877162	104.0	2082638	179791	1405472	142489	66770
株洲市	Zhuzhou	1917342	104.2	860184	148138	776645	69929	62446
湘潭市	Xiangtan	1718823	103.8	657192	45188	896369	69613	50462
衡阳市	Hengyang	4746623	104.4	1883466	259083	2231488	281047	91538
邵阳市	Shaoyang	3185620	104.1	1742588	139210	1168922	86232	48667
岳阳市	Yueyang	3805034	103.7	1808129	109923	1270154	567846	48981
常德市	Changde	4692046	104.2	2170099	100972	1867767	396953	156255
张家界市	Zhangjiajie	615189	104.2	319659	59579	197046	17182	21723
益阳市	Yiyang	2902927	104.6	1454244	117874	991991	311158	27661
郴州市	Chenzhou	2480990	104.0	1290865	144600	926223	82874	36429
永州市	Yongzhou	4060190	103.9	1952001	448553	1389839	186966	82830
怀化市	Huaihua	2157271	104.5	1127930	205864	762550	55294	5633
娄底市	Loudi	2139091	104.2	765070	33316	1251990	77365	11351
湘西州	West Hunan	908715	103.9	626896	43006	220473	13388	4952

19−32　主要农产品产量（2011年）
Output of Major Farm Crops (2011)

单位：吨　　(ton)

市　州	Cities and Prefecture	粮食合计 Total Grain	稻谷 Rice	小麦 Wheat	玉米 Corn	大豆 Beans	薯类 Tubers
长沙市	Changsha	2445121	2289909	1977	50509	17424	76009
株洲市	Zhuzhou	1785185	1717280		22158	9437	29816
湘潭市	Xiangtan	1465399	1454493		4353	1297	4065
衡阳市	Hengyang	3235645	3022711	3951	63308	34069	82765
邵阳市	Shaoyang	3107687	2590889	6351	350093	35445	111697
岳阳市	Yueyang	3076970	2835769	13974	140718	16150	47413
常德市	Changde	3680250	3452850	26595	106713	15839	54353
张家界市	Zhangjiajie	596965	333983	1192	156832	11736	87918
益阳市	Yiyang	2340000	2183342	4448	68041	8806	62047
郴州市	Chenzhou	1835008	1503920	280	178574	26937	116129
永州市	Yongzhou	3110001	2628885	1077	170345	79475	189913
怀化市	Huaihua	1780000	1446933	272	225013	9243	89033
娄底市	Loudi	1572307	1330961	10611	177551	19050	16709
湘西州	West Hinan	837359	541050	2797	130875	18577	138800

市　州	Cities and Prefecture	油菜籽 Rapeseeds	黄红麻 Jute and Ambary Hemp	苎麻 Ramie	烤烟 Fluecured Tobacco	茶叶 Tea	柑桔 Citrus
长沙市	Changsha	64794	17	505	21607	25984	88687
株洲市	Zhuzhou	30278		1609	7654	1937	46850
湘潭市	Xiangtan	17260		18		1700	9191
衡阳市	Hengyang	270553	83	82	18117	2401	79576
邵阳市	Shaoyang	89913		840	10608	3744	209044
岳阳市	Yueyang	167540	443	2682		16259	76804
常德市	Changde	540681		15167	7438	13151	538157
张家界市	Zhangjiajie	57537		4967	11010	2048	201224
益阳市	Yiyang	201930		15101	149	40572	152168
郴州市	Chenzhou	66981			62296	3453	163851
永州市	Yongzhou	64502		267	33738	1866	310119
怀化市	Huaihua	131429	14	7	8241	2132	581724
娄底市	Loudi	26381		41	173	6017	33121
湘西州	West Hinan	69820		306	29795	1686	678015

19-33 主要林产品产量（2011年）
Output of Major Forest Products (2011)

市 州	Cities and Prefecture	油茶籽（吨）Tea-oil Seeds (ton)	油桐籽（吨）Tung-oil Seeds (ton)	松脂（吨）Pine Resin (ton)	板栗（吨）Chestnuts (ton)	棕片（吨）Palm Leaf (ton)	竹笋干（吨）Bamboo Shoots (ton)	木材采伐量（万方）Woods Cuts (10 000 cu.m)	竹材采伐量（万根）Bamboo Cuts (10 000 cu.m)
全 省	**Total**	**516808**	**43400**	**35777**	**87830**	**7220**	**26974**	**599.93**	**6997.92**
长沙市	Changsha	33976	15	306	9287	25	1497	23.52	420.66
株洲市	Zhuzhou	87875	1620	1889	2225	171	6049	23.45	275.56
湘潭市	Xiangtan	6393	50	20	359		10	2.63	33.00
衡阳市	Hengyang	109890	9220	981	22276	101	1316	20.53	1356.51
邵阳市	Shaoyang	32656	697	771	1869	391	1255	65.50	639.48
岳阳市	Yueyang	10845	637	91	4232	546	1497	65.28	679.53
常德市	Changde	51931	605	134	7617	319	337	20.53	708.57
张家界市	Zhangjiajie	4120	1250	390	2100	1300	201	13.16	13.19
益阳市	Yiyang	12524	700	350	2320	1210	3675	70.31	1521.53
郴州市	Chenzhou	46133	993	59	4697	538	3421	55.67	479.89
永州市	Yongzhou	76140	2035	26831	10314	864	4405	65.01	474.83
怀化市	Huaihua	30337	14684	2320	7350	1639	1108	158.84	279.93
娄底市	Loudi	6480	1050	182	5300	15	2098	9.82	91.46
湘西州	West Hinan	7508	9844	1453	7884	101	105	5.69	23.80

19-34 牲畜头数、畜产品产量(2011年)
Number of Live stocks, Output of Livestock Products (2011)

市 州	Cities and Prefecture	大牲畜年末存栏数(头) Large Animals (head)	#牛 Cattle and Buffaloes	生猪存栏（万头）Hogs (10 000heads)	肉猪出栏（万头）Slaughtered Fattened Hogs(10 000heads)	猪肉产量（吨）Output of Pork (ton)	牛肉产量（吨）Output of Beef (ton)	羊肉产量（吨）Output of Mutton (ton)	禽蛋产量（吨）Poultry eggs（10 000tons）
长沙市	Changsha	149232	148578	427.60	804.68	552957	13346	12086	52492
株洲市	Zhuzhou	160832	160728	280.05	427.27	294787	6564	7764	42529
湘潭市	Xiangtan	52727	52727	283.09	514.24	389278	1261	1314	30854
衡阳市	Hengyang	266048	263166	567.06	932.83	715444	14031	8782	211624
邵阳市	Shaoyang	643269	626492	538.83	908.63	610467	29213	6224	16995
岳阳市	Yueyang	446221	442685	441.98	719.03	487312	17339	5953	79240
常德市	Changde	456248	455542	335.03	587.48	399644	15341	27241	344938
张家界市	Zhangjiajie	168987	165309	78.13	98.90	75244	6673	2742	12904
益阳市	Yiyang	330483	327445	305.71	454.29	326127	14886	5906	106923
郴州市	Chenzhou	339095	337987	320.04	531.46	382512	13004	6306	27651
永州市	Yongzhou	856887	850946	518.85	762.65	536735	26724	9276	52131
怀化市	Huaihua	551549	542191	252.44	320.67	241587	15010	6521	14585
娄底市	Loudi	390206	387057	290.19	496.76	325927	15329	3894	24470
湘西州	West Hinan	331139	330313	108.46	111.07	74532	7183	5061	9710

19−35 农业生产条件（2011年）
Condition of Agricultural Production (2011)

市 州	Cities and Prefecture	农业机械总动力(万千瓦) Total Power of Agricultural Machinery (10 000 kw)	有效灌溉面积(千公顷) Effective Irrigated Area(1000 hectares)	化肥施用量(万吨) Consumption of Chemical Fertilizers (10 000 tons)	农村用电量(万度) Electricity Consumed in Rural Areas (10 000 kwh)	每公顷面积产量（公斤） Yield per hectare (kg)		
						粮食 Grain Crops	棉花 Cotton	油料 Oil-bearing Crops
全 省	**Total**	**4935.59**	**2762**	**242.49**	**1060298**	**6024**	**1180**	**1662**
长沙市	Changsha	516.44	228	18.24	213539	6673	1670	1630
株洲市	Zhuzhou	259.89	145	12.67	71930	6973	1525	1417
湘潭市	Xiangtan	263.30	117	11.51	51648	6965	1016	979
衡阳市	Hengyang	424.61	256	22.64	138432	5897	1529	1551
邵阳市	Shaoyang	381.79	259	22.67	86190	5822	1187	1590
岳阳市	Yueyang	498.08	261	23.56	67621	5849	1537	1621
常德市	Changde	505.29	394	32.86	93489	5649	1514	1860
张家界市	Zhangjiajie	95.28	52	5.73	15477	4511	1203	1758
益阳市	Yiyang	424.56	223	22.76	72235	5762	1723	1627
郴州市	Chenzhou	368.12	171	19.19	61300	5444	717	1601
永州市	Yongzhou	482.01	243	22.90	66890	5661	1561	1852
怀化市	Huaihua	302.03	191	10.96	51907	5697	707	1314
娄底市	Loudi	279.69	116	9.28	53649	6017	1412	1261
湘西州	West Hunan	134.51	106	7.60	15991	4758	780	1483

注:化肥施用量1989年及以前均为实物量,1990年及以后为折纯量。
Data of consumption of fertilizers refer to the consumption in quantity prior to 1989, and the consumption in purity in and after 1990.

19−36 农畜产品产量（2011年）
Output of Major Farm and Livestocks Products (2011)

市 州	Cities and Prefecture	粮食产量(万吨) Grain (10 000 tons)	棉花产量(吨) Cotton (ton)	油料产量(万吨) Oil-bearing (10 000 tons)	水果产量(万吨) Fruit (10 000 tons)	肉类产量（万吨） Total Output of Meat(10 000 tons)	猪牛羊肉产量 Output of Pork、Beef and Mutton	奶类(万吨) Milk Output (10 000 tons)	牛奶 Cow Milk Output (10 000 tons)	水产品产量(吨) Aquatic Products (ton)
长沙市	Changsha	244.51	1169	7.93	34.32	67.06	57.84	0.65	0.65	107154
株洲市	Zhuzhou	178.52	2089	4.03	22.29	34.19	30.91	0.03	0.03	74262
湘潭市	Xiangtan	146.54	163	1.86	5.52	40.57	39.19	0.23	0.23	70613
衡阳市	Hengyang	323.56	19736	30.54	65.21	88.43	73.83	0.10	0.10	250843
邵阳市	Shaoyang	310.77	356	12.42	68.26	71.26	64.59	3.86	3.86	88271
岳阳市	Yueyang	307.70	56285	19.65	61.68	55.97	51.06	0.17	0.17	380760
常德市	Changde	368.03	142615	56.13	85.31	60.62	44.22	0.89	0.89	353294
张家界市	Zhangjiajie	59.70	1263	6.91	25.52	9.22	8.47			10274
益阳市	Yiyang	234.00	66058	21.38	40.20	38.84	34.69			272620
郴州市	Chenzhou	183.50	251	9.96	64.58	45.03	40.18	0.05	0.05	91861
永州市	Yongzhou	311.00	3059	11.00	99.89	69.55	57.27	0.09	0.09	153541
怀化市	Huaihua	178.00	1323	14.13	113.05	32.50	26.31	0.07	0.07	55940
娄底市	Loudi	157.23	480	4.13	16.10	36.46	34.52	0.19	0.19	71182
湘西州	West Hunan	83.74	117	8.78	88.85	9.69	8.68			19618

19－37　农业基本情况（2011年）
Basic Indicators of Agriculture (2011)

市州	Cities and Prefecture	农林牧渔业劳动力(万人) Number of Laborers (10 000 persons)	年末实有耕地面积(万公顷) Cultivated Areas (at the year end) (10 000 hectares)	当年减少耕地面积(万公顷) Decrease in Cultivated Area by Cause (10 000hectares)	农作物播种面积(万公顷) Total Sown Areas (10 000 hectares)	#粮食作物 Grain Corps	造林面积(万公顷) Afforesta-tion Areas (10 000 hectares)
全省	**Total**	**1863.91**			**840.20**	**487.96**	**40.24**
长沙市	Changsha	111.84			63.97	36.64	1.65
株洲市	Zhuzhou	87.62			37.68	25.60	3.55
湘潭市	Xiangtan	78.39			30.45	21.04	0.75
衡阳市	Hengyang	209.81			93.33	54.87	2.90
邵阳市	Shaoyang	251.34			79.65	53.38	4.00
岳阳市	Yueyang	125.83			84.87	52.61	2.12
常德市	Changde	164.56			118.45	65.15	2.71
张家界市	Zhangjiajie	53.74			21.44	13.23	1.51
益阳市	Yiyang	125.09			71.44	40.61	2.14
郴州市	Chenzhou	113.91			58.70	33.71	5.49
永州市	Yongzhou	165.00			86.13	54.94	4.49
怀化市	Huaihua	162.79			57.81	31.25	3.81
娄底市	Loudi	121.12			35.70	26.13	2.63
湘西州	West Hunan	92.87			35.20	17.60	2.49

注：从2000年起，耕地面积为省国土资源厅统计数据(后同)。
The data of cultivated land from Hunan Province Territory Resource Bureau since 2000.The same as in the following table.

市州	Cities and Prefecture	乡村户数（万户） Number of Rural Households (10 000 households)	乡村从业人员（万人） Number of Rural Laborers (10 000 persons)	农林牧渔业 Farming, Forestry, Animal Husbandry and Fishery Laborers	常用耕地面积（千公顷） Common Cultivated land (1 000 hectares)	农林牧渔业总产值(万元) Gross Output Value of Farming,Forestry,Animal,Husbandry,and Fishery	农林牧渔业总产值指数(上年=100) Indices (preceding year=100)
全省	**Total**	**1582.39**	**3168.85**	**1863.91**		**45081983**	**104.3**
长沙市	Changsha	132.72	260.03	111.84		3877162	104.0
株洲市	Zhuzhou	79.43	169.76	87.62		1917342	104.2
湘潭市	Xiangtan	61.82	128.86	78.39		1718823	103.8
衡阳市	Hengyang	165.50	319.10	209.81		4746623	104.4
邵阳市	Shaoyang	184.15	390.87	251.34		3185620	104.1
岳阳市	Yueyang	127.09	230.53	125.83		3805034	103.7
常德市	Changde	154.10	273.51	164.56		4692046	104.2
张家界市	Zhangjiajie	42.11	78.42	53.74		615189	104.2
益阳市	Yiyang	107.15	210.32	125.09		2902927	104.6
郴州市	Chenzhou	117.79	242.81	113.91		2480990	104.0
永州市	Yongzhou	134.90	283.59	165.00		4060190	103.9
怀化市	Huaihua	117.91	250.03	162.79		2157271	104.5
娄底市	Loudi	98.18	187.68	121.12		2139091	104.2
湘西州	West Hunan	59.54	133.34	92.87		908715	103.9

19-38 规模以上工业总产值（2011年）
Gross Output Vale of Industrial Enterprises above Designated Size (2011)

单位：亿元 (100 million yuan)

市 州	Cities and Prefecture	工业总产值（现价） Gross Industrial Output Value	按轻重工业分 轻工业 Light Industry	重工业 Heavy Industry	按企业规模分 大型企业 Large Enterprises	中型企业 Medium-sized Enterprises	小型企业 Small Enterprises
全 省	**Total**	**26386.58**	**7286.67**	**19099.91**	**7874.72**	**5374.56**	**13059.60**
长沙市	Changsha	5480.00	1262.08	4217.92	2601.07	782.95	2076.75
株洲市	Zhuzhou	2216.63	429.98	1786.64	951.74	542.21	721.43
湘潭市	Xiangtan	2106.32	417.32	1689.00	807.33	255.53	1041.61
衡阳市	Hengyang	2823.62	675.02	2148.59	399.09	807.60	1596.30
邵阳市	Shaoyang	1022.25	434.72	587.53	132.36	197.08	691.61
岳阳市	Yueyang	3825.72	1528.24	2297.48	991.33	1042.87	1788.29
常德市	Changde	1732.95	954.30	778.66	642.97	396.75	690.25
张家界市	Zhangjiajie	165.31	75.39	89.93		39.24	123.52
益阳市	Yiyang	1134.07	469.21	664.86	102.09	334.58	683.97
郴州市	Chenzhou	2215.72	270.26	1945.45	205.86	294.64	1712.48
永州市	Yongzhou	860.01	309.84	550.17	105.79	152.36	601.13
怀化市	Huaihua	1028.33	276.63	751.69	91.82	248.27	684.78
娄底市	Loudi	1400.10	132.33	1267.77	730.02	192.33	476.24
湘西州	West Hunan	316.03	39.22	276.81	47.73	94.14	171.23

19-39 规模以上工业企业个数（2011年）
The Number of Units of Industrial Enterprises above Designated Size (2011)

单位：个 (unit)

市 州	Cities and Prefecture	工业企业单位个数 The number of units of industrial enterprises	按轻重工业分 轻工业 Light Industry	重工业 Heary Industry	按登记注册类型分 国有控股 Stste-owned Enterprises	内资企业 Domestic Funde	港澳台商投资企业 Enterprises with Funds from Hongkong，Macao and Taiwan	外商投资企业 Foreign Funded
全 省	**Total**	**12477**	**3882**	**8595**	**736**	**11900**	**337**	**240**
长沙市	Changsha	2218	702	1516	86	2092	57	69
株洲市	Zhuzhou	1261	307	954	91	1197	31	33
湘潭市	Xiangtan	792	223	569	42	762	10	20
衡阳市	Hengyang	1182	333	849	75	1129	36	17
邵阳市	Shaoyang	750	306	444	42	725	14	11
岳阳市	Yueyang	1371	594	777	69	1318	25	28
常德市	Changde	793	356	437	56	754	28	11
张家界市	Zhangjiajie	145	61	84	18	138	4	3
益阳市	Yiyang	784	336	448	42	744	28	12
郴州市	Chenzhou	1043	142	901	63	992	39	12
永州市	Yongzhou	667	218	449	52	604	50	13
怀化市	Huaihua	595	178	417	59	582	8	5
娄底市	Loudi	622	82	540	27	610	6	6
湘西州	West Hunan	255	47	208	15	254	1	

19－40 规模以上工业企业基本情况（2011年）
Basic Indicators of Industrial Enterprises above Designated Size (2011)

单位：亿元 (100 million yuan)

市 州	Cities and Prefecture	工业增加值 Value Added of Industry	工业增加值指数(%) Index of Value Added of Industry(%)	主营业务收入 Revenue of Main Bussiness	利润总额 Total Profits	利税总额 Total Per-tax Profits	资产总计 Total assets of industrial enterprises	负债合计 Total liabilities of industrial enterprises
全 省	**Total**	**7911.51**	**120.1**	**25726.21**	**1832.99**	**3577.53**	**15473.38**	**8766.13**
长沙市	Changsha	1575.08	122.0	5361.22	503.11	827.91	4027.21	2194.32
株洲市	Zhuzhou	721.88	119.0	2021.47	125.09	253.12	1449.40	791.91
湘潭市	Xiangtan	599.29	120.0	2141.67	72.82	160.90	1488.66	942.65
衡阳市	Hengyang	820.27	121.5	2744.54	208.56	333.01	978.78	571.05
邵阳市	Shaoyang	290.88	122.0	996.69	91.81	141.58	383.44	171.91
岳阳市	Yueyang	995.38	120.7	3739.18	104.88	352.49	1593.57	892.97
常德市	Changde	729.16	120.6	1674.93	170.73	512.12	1060.83	545.66
张家界市	Zhangjiajie	63.19	121.6	156.70	5.44	12.97	151.54	85.92
益阳市	Yiyang	340.56	121.6	1123.90	73.99	132.72	551.75	331.66
郴州市	Chenzhou	759.76	120.0	2222.37	229.43	396.53	1099.91	483.34
永州市	Yongzhou	263.32	121.0	853.95	73.32	133.29	434.14	215.93
怀化市	Huaihua	348.96	120.5	983.80	68.47	106.46	557.97	374.08
娄底市	Loudi	366.25	119.0	1352.83	78.42	149.93	1021.76	709.47
湘西州	West Hunan	105.08	112.7	299.81	32.11	55.24	201.00	113.27

单位：亿元 (100 million yuan)

市 州	Cities and Prefecture	工业总产值(现价) Gross Industrial Output Value	国有控股 State-owned Enterprises	内资企业 Internal-invested Enterprises	港澳台商投资企业 Enterprises Funded by Entrepreneurs From Hong Kong,Macao and Taiwan	外商投资企业 Enterprises funded by Foreigners
全 省	**Total**	**26386.58**	**6682.34**	**24597.61**	**998.52**	**790.46**
长沙市	Changsha	5480.00	1433.70	5065.64	194.00	220.35
株洲市	Zhuzhou	2216.63	929.98	2004.73	119.80	92.10
湘潭市	Xiangtan	2106.32	757.42	1924.44	42.09	139.79
衡阳市	Hengyang	2823.62	389.49	2638.67	98.23	86.72
邵阳市	Shaoyang	1022.25	88.42	986.69	13.91	21.64
岳阳市	Yueyang	3825.72	947.69	3663.64	55.25	106.83
常德市	Changde	1732.95	710.47	1564.38	143.29	25.29
张家界市	Zhangjiajie	165.31	24.17	156.50	6.48	2.33
益阳市	Yiyang	1134.07	184.86	1047.56	63.74	22.77
郴州市	Chenzhou	2215.72	234.28	2080.61	118.55	16.55
永州市	Yongzhou	860.01	145.13	767.51	74.61	17.89
怀化市	Huaihua	1028.33	238.15	980.94	16.81	30.58
娄底市	Loudi	1400.10	506.79	1341.43	51.08	7.60
湘西州	West Hunan	316.03	32.29	315.36	0.67	

19-41 主要工业产品产量（2011年）
Output of Major Industrial Products of Cities and Prefecture (2011)

市 州	Cities and Prefecture	纱（万吨）Yarn (10 000 tons)	布（亿米）Cloth (100 million meters)	针棉织品（折用纱线）（万吨）Cotton Knitwear (10 000 tons)	机制纸及纸板（万吨）Machine-made Paper and Paperboard (10 000 tons)	电光源（万只）Electric Light (10 000 units)
全 省	**Total**	**87.10**	**4.78**	**3.13**	**426.78**	**21038.73**
长沙市	Changsha	5.33	0.08	0.69	23.41	
株洲市	Zhuzhou	5.51	0.11		4.38	86.60
湘潭市	Xiangtan	3.65	0.36		5.79	
衡阳市	Hengyang	1.00			16.10	20952.13
邵阳市	Shaoyang	5.19	0.23	2.44	73.42	
岳阳市	Yueyang	32.25	0.67		111.54	
常德市	Changde	19.16	1.91		56.37	
张家界市	Zhangjiajie					
益阳市	Yiyang	6.92	0.26		63.09	
郴州市	Chenzhou	0.77	0.15		34.53	
永州市	Yongzhou	0.73	0.57		24.43	
怀化市	Huaihua	5.26	0.44		11.78	
娄底市	Loudi	0.41				
湘西州	West Hunan	0.92	0.01		1.93	

市 州	Cities and Prefecture	成品糖（万吨）Fined Sugar (10 000 tons)	卷 烟（万箱）Cigarettes (10 000 cases)	化学药品原药（吨）Original Chemical Drug (ton)	食用植物油（万吨）Edible Vegetable Oil (10 000 tons)	饲料（万吨）Fodder (10 000 tons)	粗钢（万吨）Crude Steel (10 000 tons)	生 铁（万吨）Pig Iron (10 000 tons)
全 省	**Total**	**0.31**	**363.24**	**3796.56**	**266.19**	**1267.21**	**1825.94**	**1876.35**
长沙市	Changsha		121.77		8.15	115.63		3.42
株洲市	Zhuzhou			63.38	0.25	242.56		43.61
湘潭市	Xiangtan				11.52	11.59	741.25	713.92
衡阳市	Hengyang			16.55	5.45	112.86	126.01	93.82
邵阳市	Shaoyang			443.89	1.67	52.25		2.60
岳阳市	Yueyang			1577.00	177.99	420.90	6.77	0.61
常德市	Changde	0.31	115.68	1147.44	31.73	146.23		
张家界市	Zhangjiajie			467.90	1.64			
益阳市	Yiyang				10.73	38.13		
郴州市	Chenzhou		49.30		1.29	28.89		34.92
永州市	Yongzhou		51.00		10.33	55.81	5.08	50.90
怀化市	Huaihua			80.40	5.38	38.48		
娄底市	Loudi				0.05	3.88	946.82	932.54
湘西州	West Hunan							

19—41 续表 continued

市 州	Cities and Prefecture	原 煤 (万吨) Coal (10 000 tons)	发电量 (亿千瓦时) Electricity (100 million kw.h)	#水电 Hydro-power	钢材 (万吨) Steel (10 000 tons)	水 泥 (万吨) Cement (10 000 tons)	平板玻璃 (万重量箱) Plate Class (10 000 weight cases)	硫 酸 (万吨) Sulfuric Acid (10 000 tons)	烧 碱 (万吨) Caustic Sode (10 000 tons)
全 省	**Total**	**8170.06**	**1294.77**	**408.18**	**1946.83**	**9271.20**	**1944.55**	**253.96**	**70.27**
长沙市	Changsha	511.51	76.66	2.77	8.53	1337.68			
株洲市	Zhuzhou	1100.44	55.77	16.25	5.55	617.16	1236.56	87.06	16.34
湘潭市	Xiangtan	78.76	105.14	0.94	706.28	598.47			
衡阳市	Hengyang	1817.29	87.48	24.04	134.95	876.06		40.19	22.55
邵阳市	Shaoyang	498.69	26.55	25.95	3.22	642.79	45.20		
岳阳市	Yueyang		139.95	7.91	4.25	464.97		4.51	9.78
常德市	Changde	136.28	134.63	23.51		832.19	133.88	4.91	3.22
张家界市	Zhangjiajie	60.57	37.76	31.77		104.62			
益阳市	Yiyang	21.20	119.25	28.63	23.38	669.93	27.81		
郴州市	Chenzhou	2140.14	177.12	57.21	46.75	845.54	450.53	25.15	7.59
永州市	Yongzhou	98.55	54.12	51.91	23.53	724.97		6.15	
怀化市	Huaihua	106.77	128.75	125.69	3.12	690.33		20.63	5.19
娄底市	Loudi	1594.63	141.85	1.88	986.56	664.19		21.47	5.59
湘西州	West Hunan	5.24	9.72	9.72	0.71	202.27	50.57	43.90	

市 州	Cities and Prefecture	化学农药 (原药) (万吨) Chemical Pesticide (10 000 tons)	化学肥料 (折纯量) (万吨) Chemical Fertilizers (10 000 tons)	氮肥 Nitrogen Fertilizers	磷肥 Phosphate Fertilizers	电 石 (万吨) Calcium Carbide (10 000 tons)	初级形态的塑料 (吨) Pimary Plastics (ton)	采矿专用设备 (万吨) Mining Special Equipment (10 000ton)	金属切削机床(台) Metal-Cutting Machine Tools (unit)
全 省	**Total**	**10.66**	**254.58**	**173.72**	**34.34**	**32.37**	**572947**	**13.84**	**3227**
长沙市	Changsha	1.22	0.30			0.56	50808	0.05	3227
株洲市	Zhuzhou	1.17	10.77	9.20	1.57		125007		
湘潭市	Xiangtan		0.71	0.71				0.08	
衡阳市	Hengyang	0.70	31.73	26.10	2.28			1.50	
邵阳市	Shaoyang	0.41	5.68	4.40	1.28			0.52	
岳阳市	Yueyang	1.46	51.95	47.05		9.84	285015		
常德市	Changde	1.08	42.08	27.77	11.73		13566	1.02	
张家界市	Zhangjiajie								
益阳市	Yiyang	2.92	23.24	23.24					
郴州市	Chenzhou	1.36	7.84	7.45	0.39		98551		
永州市	Yongzhou		1.08		1.08				
怀化市	Huaihua	0.33	14.50	2.44	12.06	21.98		0.55	
娄底市	Loudi		60.75	25.36				10.11	
湘西州	West Hunan		3.94		3.94				

19−42 建筑企业概况(2011年)
General Survey of Construction Enterprises(2011)

单位：亿元 (100 million yuan)

市 州	Cities and Prefecture	企业总收入 Total Income of Enterprises	利税总额合计 Total pre-tax Profits	利润总额合计 Total Profits
全 省	**Total**	**3600.93**	**267.00**	**124.67**
长沙市	Changsha	1999.34	141.35	71.26
株洲市	Zhuzhou	245.86	15.72	6.81
湘潭市	Xiangtan	161.33	12.34	5.30
衡阳市	Hengyang	263.80	14.75	4.13
邵阳市	Shaoyang	152.47	11.05	4.67
岳阳市	Yueyang	194.62	16.93	8.40
常德市	Changde	133.59	10.41	4.22
张家界市	Zhangjiajie	25.40	2.67	1.33
益阳市	Yiyang	73.61	5.98	2.51
郴州市	Chenzhou	86.34	8.81	3.95
永州市	Yongzhou	79.78	7.29	3.89
怀化市	Huaihua	69.42	10.35	3.88
娄底市	Loudi	94.96	7.66	3.55
湘西州	West Hunan	20.39	1.69	0.76

19−43 建筑业指标（2011年）
Statistics Indicators on Construction Enterprises of Cities and Prefecture (2011)

市 州	Cities and Prefecture	建筑业总产值(亿元) gross output value of construction (100 million yuan)	企业单位数(个) number of enterprises (unit)	从业人员数(万人) number of employees (10 000 persons)
全 省	**Total**	**3915.02**	**1997**	**155.45**
长沙市	Changsha	1960.65	513	72.92
株洲市	Zhuzhou	269.72	177	9.95
湘潭市	Xiangtan	173.59	118	7.73
衡阳市	Hengyang	354.14	178	15.39
邵阳市	Shaoyang	159.99	115	8.59
岳阳市	Yueyang	202.08	216	7.85
常德市	Changde	143.56	118	8.33
张家界市	Zhangjiajie	26.32	31	1.34
益阳市	Yiyang	81.60	97	4.54
郴州市	Chenzhou	104.47	93	4.05
永州市	Yongzhou	94.53	89	5.45
怀化市	Huaihua	78.63	90	2.97
娄底市	Loudi	105.57	110	5.22
湘西州	West Hunan	20.53	52	1.13

19−44 房屋建筑面积（2011年）
Floor Space of Building Construction (2011)

单位:万平方米 (10 000 sq.m)

市 州	Cities and Prefecture	房屋建筑面积 Floor Space of Building Construction		国有经济 State-owned		集体经济 Collective-owned	
		施工面积 Floor Space Under Construction	竣工面积 Floor Space Completed	施工面积 Floor Space Under Construction	竣工面积 Floor Space Completed	施工面积 Floor Space Under Construction	竣工面积 Floor Space Completed
全 省	**Total**	**32795.65**	**11777.74**	**10211.94**	**1870.29**	**2117.59**	**1100.78**
长沙市	Changsha	18294.58	4448.77	8678.69	1283.44	246.92	93.55
株洲市	Zhuzhou	1681.94	801.96	656.36	213.91	19.31	11.87
湘潭市	Xiangtan	1514.50	730.20	58.85	8.65	46.50	25.46
衡阳市	Hengyang	2343.02	1064.35	128.69	42.27	488.58	191.32
邵阳市	Shaoyang	1738.22	835.85	94.88	14.32	252.49	166.81
岳阳市	Yueyang	1113.52	825.68	63.76	27.41	147.36	101.42
常德市	Changde	1346.88	564.80	25.21		3.15	
张家界市	Zhangjiajie	277.53	145.12		62.15		25.99
益阳市	Yiyang	818.98	409.26	174.45	76.96	48.38	30.12
郴州市	Chenzhou	941.35	512.19	142.83	80.62	135.51	67.58
永州市	Yongzhou	1044.12	667.99	82.34	55.03	324.74	198.32
怀化市	Huaihua	732.04	350.57	53.97	33.00	178.35	92.29
娄底市	Loudi	764.88	342.24	44.01	31.54	72.25	58.54
湘西州	West Hunan	184.07	78.78	7.91		95.03	37.50

19−45 公路长度(2011年)
Length of Highways (2011)

单位：公里 (km)

市 州	Cities and Prefecture	里程总计 Total Length of Highways	等级公路 Expressway and Class Ⅰ to Ⅳ Highway	高速公路 Express-way	一级公路 First Class	二级公路 Second Class	三级公路 Third Class	四级公路 Fourth Class	等外路 Highway Below Class Ⅳ
全 省	**Total**	**232189.97**	**198903.25**	**2648.55**	**1009.19**	**9406.33**	**6202.87**	**179636.31**	**33286.71**
长沙市	Changsha	15438.21	12677.59	275.63	159.19	816.12	770.79	10655.87	2760.62
株洲市	Zhuzhou	13531.15	13235.52	239.77	62.50	779.24	142.87	12011.16	295.63
湘潭市	Xiangtan	7784.08	4820.31	191.62	35.76	294.20	165.90	4132.85	2963.77
衡阳市	Hengyang	20569.04	15833.52	414.94	58.33	857.43	242.05	14260.78	4735.53
邵阳市	Shaoyang	21609.36	15174.18	284.72	15.98	890.92	650.62	13331.94	6435.18
岳阳市	Yueyang	20076.05	19454.21	158.38	110.87	912.46	444.20	17828.29	621.84
常德市	Changde	22160.17	22054.12	206.53	191.98	667.62	560.49	20427.51	106.05
张家界市	Zhangjiajie	8739.67	6309.71	83.94	6.25	244.20	407.46	5567.87	2429.96
益阳市	Yiyang	15819.18	14868.26	56.06	103.56	612.28	175.39	13920.98	950.92
郴州市	Chenzhou	16991.13	15494.03	150.61	73.71	923.35	527.90	13818.46	1497.10
永州市	Yongzhou	22601.58	20025.02	229.94	57.26	629.22	755.11	18353.49	2576.56
怀化市	Huaihua	19999.54	18201.61	266.63	69.50	1015.98	581.66	16267.84	1797.93
娄底市	Loudi	14611.52	11708.78	40.80	58.72	539.60	313.41	10756.24	2902.75
湘西州	West Hunan	12259.29	9046.41	48.99	5.59	223.74	465.03	8303.05	3212.88

注：资料来源于省交通厅。2006年起等外路包含村道。
Figures in this table form Transpotation Bureau of Hunan Province. Highway below class Ⅳ includes country road since 2006.

19−46 民用车辆拥有量（2011年）
Number of Civil Motor Vehicles (2011)

市 州	Cities and Prefecture	合 计（辆） Total (unit)	私人汽车 Private car	汽车 Civil Motor Vehicles 载客 Passenger Vehicles	载货 Trucks Vehicles	摩托车 Motors	拖拉机 Tractors	其他类型车 Other Motor Vehicles	机动车驾驶员（人） Number of Motor Drivers (person)	#汽车驾驶员 Automobile Drivers
全 省	**Total**	**7645853**	**2229279**	**2014353**	**549225**	**4464347**	**225887**	**31910**	**7873028**	**5165527**
长沙市	Changsha	1193649	689957	712671	96161	340740	20002	3163	1274912	1159805
株洲市	Zhuzhou	526021	150174	137281	39853	321930	13712	3249	549035	392839
湘潭市	Xiangtan	400108	108782	105560	20535	260059	8827	3166	389915	275867
衡阳市	Hengyang	616240	162051	135458	53217	394345	15089	3026	708624	443022
邵阳市	Shaoyang	547924	150570	121883	54378	344361	15288	981	634408	414716
岳阳市	Yueyang	432391	131166	124073	26220	250849	19061	4380	585757	370028
常德市	Changde	748829	131692	126143	35421	550172	24042	5475	781602	388107
张家界市	Zhangjiajie	171804	37655	34136	11894	117122	4253	292	168767	97279
益阳市	Yiyang	464119	118814	99729	29794	303646	19989	4665	604372	364747
郴州市	Chenzhou	550862	160199	116713	61866	334377	25442	955	390949	284906
永州市	Yongzhou	587063	115299	88876	36234	422915	25590	1176	596593	293986
怀化市	Huaihua	487785	91318	78824	25162	365052	9022	680	529184	256951
娄底市	Loudi	512531	129029	95511	40265	355725	5687	566	458736	291044
湘西州	West Hunan	176255	52573	37495	18225	103034	8043	136	200174	132230

19—47 邮电业务量（2011年）
Volume of Postal and Telecommunications Services (2011)

市 州	Cities and Prefecture	邮电业务总量（亿元）Revenue From Postal and Telecommunication (100 million yuan)	邮政业务总量（亿元）Revenue From Postal (100 million yuan)	电信业务总量（亿元）Revenue From Telecommunication (100 million yuan)	函件（万件）Letters (10 000 pieces)	报刊期发数（万份）Parcels (10 000 copies)	移动电话用户（万户）Mobile Telephone Subscribers (10 000 subscribers)	本地电话用户（万户）Local Telephone Subscribers (10 000 subscribers)	互联网用户数（万人）Number of Internet Users (10 000 persons)
全 省	**Total**	**435.52**	**32.77**	**402.75**	**8369.85**	**671.92**	**1011.55**	**3749.13**	**502.30**
长沙市	Changsha	106.31	6.81	99.50	4174.49	101.37	217.86	894.29	111.54
株洲市	Zhuzhou	29.91	1.94	27.97	238.61	35.43	77.95	259.21	41.97
湘潭市	Xiangtan	22.45	1.50	20.95	431.38	24.65	52.64	201.34	24.10
衡阳市	Hengyang	34.55	2.95	31.60	667.00	55.98	99.95	322.77	44.34
邵阳市	Shaoyang	29.73	3.22	26.51	360.53	52.69	82.41	241.98	34.47
岳阳市	Yueyang	32.36	2.04	30.32	324.26	35.80	82.43	308.49	40.58
常德市	Changde	34.14	2.38	31.76	271.08	57.39	74.03	269.02	41.13
张家界市	Zhangjiajie	10.76	0.78	9.98	206.56	19.17	20.03	76.15	13.42
益阳市	Yiyang	23.91	2.23	21.68	130.53	21.48	50.73	202.31	22.95
郴州市	Chenzhou	24.98	2.35	22.63	295.62	33.39	62.68	269.52	29.85
永州市	Yongzhou	22.95	2.09	20.86	440.10	39.48	45.87	178.04	25.36
怀化市	Huaihua	23.91	1.78	22.13	213.09	25.45	64.85	224.21	27.94
娄底市	Loudi	23.89	1.33	22.56	388.91	26.08	52.98	207.51	26.85
湘西州	West Hunan	13.97	1.03	12.94	227.69	27.23	27.15	94.29	17.81

注：邮电业务总量、邮政业务总量和电信业务总量2010年起，由2000年不变价调整为2010年不变价。

From 2010，the index of Revenue From Postal and Telecommunication is adjusted from 2000’ s constant price to 2010's constant price.

19−48 限额以上服务业单位主要经济指标（2011年）
Main Indicators of Service Industry Units above Designated Size (2011)

市州	Cities and Prefecture	收入 Revenue (亿元) (100 million Yuan)	利税 Tax (亿元) (100 million Yuan)	固定资产原价 Fixed Assets (亿元) (100 million Yuan)	从业人员平均人数 Average Number of Employees (人) (person)
全 省	**Total**	10471.15	1153.29	4090.04	1778317
长沙市	Changsha	5104.80	542.48	1686.26	561673
株洲市	Zhuzhou	639.75	76.15	236.58	122193
湘潭市	Xiangtan	516.67	59.59	204.64	86204
衡阳市	Hengyang	674.30	73.11	356.17	160280
邵阳市	Shaoyang	364.44	37.62	187.19	101268
岳阳市	Yueyang	519.62	45.63	222.81	119164
常德市	Changde	477.56	63.71	230.04	108338
张家界市	Zhangjiajie	131.14	18.13	96.58	31170
益阳市	Yiyang	315.06	34.92	164.16	97572
郴州市	Chenzhou	549.76	63.29	174.16	93127
永州市	Yongzhou	363.63	40.33	151.22	83286
怀化市	Huaihua	330.00	39.73	163.93	90826
娄底市	Loudi	320.42	40.81	127.45	79804
湘西州	West Hunan	164.02	17.80	88.86	43412

19-49 国内外贸易、对外经济和旅游（2011年）
Domestic Trade,Foreign Trade,Foreign Economy And Tourism (2011)

市州	Cities and Prefecture	社会消费品零售总额(亿元) Total Retail Sales of Consumer Goods (100 million yuan)	批发和零售业 Wholesales and Retail Trades	住宿和餐饮业 Hotels and Catering Trades	实际利用外商直接投资金额（万美元） Total Amount of Foreign Capital Actually Used (USD 100million)	旅游业总收入(亿元) Income of Tourism (100 million yuan)
长沙市	Changsha	2201.61	1967.68	233.93	260116	460.32
株洲市	Zhuzhou	502.56	440.55	62.01	49140	114.76
湘潭市	Xiangtan	302.20	257.10	45.11	48397	114.52
衡阳市	Hengyang	556.53	496.23	60.29	49698	120.26
邵阳市	Shaoyang	327.92	284.21	43.71	9110	56.11
岳阳市	Yueyang	598.06	506.74	91.32	18672	137.48
常德市	Changde	553.45	470.92	82.53	29830	105.21
张家界市	Zhangjiajie	97.87	82.86	15.01	4256	137.42
益阳市	Yiyang	306.87	270.63	36.24	12260	90.65
郴州市	Chenzhou	481.95	420.61	61.34	62784	137.14
永州市	Yongzhou	285.16	254.51	30.65	46024	71.72
怀化市	Huaihua	274.74	242.80	31.93	7112	93.06
娄底市	Loudi	258.07	224.35	33.72	16798	65.09
湘西州	West Hunan	137.73	119.06	18.67	834	82.05

19-50 限额以上批发零售贸易业商品购销存总额（2011年）
Total Purchases, Sales and Inventory of Enterprise above Designated Size in Wholesale and Retail Trade (2011)

单位：万元 (10 000 yuan)

市州	Cities and Prefecture	购进总额 Total Goods Purchase	销售总额 Total Sales	批发额 Wholesale	零售额 Retail Trade	年末库存总额 Inventory at the Year-end
全省	**Total**	**54236521**	**58651095**	**31718304**	**26932791**	**4237449**
长沙市	Changsha	30302032	28412328	18210879	10201449	2105113
株洲市	Zhuzhou	3534101	4537407	2282821	2254586	205529
湘潭市	Xiangtan	2166207	2517672	1406947	1110725	294551
衡阳市	Hengyang	2441403	3225367	1418545	1806823	201110
邵阳市	Shaoyang	1458930	1933419	896587	1036832	183825
岳阳市	Yueyang	3285341	3923175	1449748	2473428	262757
常德市	Changde	1464510	1895710	857885	1037825	145596
张家界市	Zhangjiajie	551608	534945	263580	271365	92704
益阳市	Yiyang	1238574	1571494	661039	910456	100660
郴州市	Chenzhou	2900786	3794597	1774663	2019935	355022
永州市	Yongzhou	1531935	1891934	733364	1158570	93564
怀化市	Huaihua	1161412	1614142	559207	1054935	46947
娄底市	Loudi	1530911	1955366	653280	1302086	73286
湘西州	West Hunan	668772	843537	549760	293777	76784

19-51 限额以上批发零售、住宿餐饮业法人企业数

Number of Corporation Units above Designated Size in Wholesale and Retail Trade, Hotels and Catering Services

单位：个 (unit)

市 州	Cities and Prefecture	合计 Total		批发业 Wholesale Trade		零售业 Retail Trade		住宿业 Hotels		餐饮业 Catering Services	
		2010	2011	2010	2011	2010	2011	2010	2011	2010	2011
全 省	**Total**	**3830**	**3978**	**842**	**866**	**1783**	**1988**	**671**	**653**	**534**	**471**
长沙市	Changsha	1210	1078	446	363	440	424	161	155	163	136
株洲市	Zhuzhou	327	348	53	64	177	191	53	53	44	40
湘潭市	Xiangtan	200	207	16	19	85	108	38	29	61	51
衡阳市	Hengyang	245	349	40	77	119	185	54	57	32	30
邵阳市	Shaoyang	169	187	27	32	84	98	34	35	24	22
岳阳市	Yueyang	250	320	43	60	122	172	49	52	36	36
常德市	Changde	172	218	24	39	85	112	42	42	21	25
张家界市	Zhangjiajie	88	91	4	4	31	32	43	44	10	11
益阳市	Yiyang	202	240	12	17	95	125	61	63	34	35
郴州市	Chenzhou	361	365	118	127	162	166	49	45	32	27
永州市	Yongzhou	244	191	14	14	156	131	26	18	48	28
怀化市	Huaihua	145	147	18	18	86	87	22	22	19	20
娄底市	Loudi	154	166	19	23	108	118	20	18	7	7
湘西州	West Hunan	63	71	8	9	33	39	19	20	3	3

19-52 限额以上批发零售、住宿餐饮业从业人员

Number of Persons Employed in Enterprises Units above Designated Size in Wholesale and Retail Trade, Hotels and Catering Services

单位：人 (person)

市 州	Cities and Prefecture	合计 Total		批发业 Wholesale Trade		零售业 Retail Trade		住宿业 Hotels		餐饮业 Catering Services	
		2010	2011	2010	2011	2010	2011	2010	2011	2010	2011
全 省	**Total**	**365919**	**391813**	**67840**	**68156**	**157578**	**178799**	**87989**	**91996**	**52512**	**52862**
长沙市	Changsha	149634	159955	35070	34930	56994	65965	32601	33149	24969	25911
株洲市	Zhuzhou	22331	24374	2472	2941	10338	11623	6201	6798	3320	3012
湘潭市	Xiangtan	18059	19815	1559	2375	8375	9965	3987	3244	4138	4231
衡阳市	Hengyang	26435	29652	3825	4403	12874	13039	6464	9461	3272	2749
邵阳市	Shaoyang	16123	17582	2323	2269	8243	8966	3833	4320	1724	2027
岳阳市	Yueyang	19516	23305	4228	4339	7157	10958	5594	5565	2537	2443
常德市	Changde	19166	21439	2142	2594	9211	10505	5521	5857	2292	2483
张家界市	Zhangjiajie	9215	10299	950	296	3368	4933	4485	4542	412	528
益阳市	Yiyang	13187	15575	1164	1557	5838	7749	4452	4494	1733	1775
郴州市	Chenzhou	22326	21802	7655	6880	7834	8685	4590	4375	2247	1862
永州市	Yongzhou	18730	16493	2015	2481	10565	8404	2797	2649	3353	2959
怀化市	Huaihua	13468	13277	1483	1410	7780	7276	2314	2604	1891	1987
娄底市	Loudi	12056	12513	1515	992	6953	7934	3074	2837	514	750
湘西州	West Hunan	5673	5732	1439	689	2048	2797	2076	2101	110	145

19−53 商品交易市场基本情况（2011年）
Basic Statistics on Commodity Exchange Markets (2011)

市州	Cities and Prefecture	市场数（个） Number of Markets (unit)	其中：亿元及以上市场 Commodity Markets over 100 Million Yuan	摊位总数（个） Number of Stalls (unit)	其中：亿元及以上市场 Commodity Markets over 100 Million Yuan	出租摊位个数（个） Number of rented stall(unit)	其中：亿元及以上市场 Commodity Markets over 100 Million Yuan	营业面积（万平方米） Operation Area (10000sq. m)	其中：亿元及以上市场 Commodity Markets over 100 Million Yuan	成交额（亿元） Turnover (100 million yuan)	其中：亿元及以上市场 Commodity Markets over 100 Million Yuan
全　省	**Total**	**2578**	**313**	**550605**	**193102**	**489236**	**182225**	**1778.14**	**967.07**	**3028.38**	**2488.60**
长沙市	Changsha	331	65	83998	47619	73964	46263	630.23	461.66	1327.70	1270.73
株洲市	Zhuzhou	343	48	71119	26482	64475	24811	208.12	107.93	281.52	213.40
湘潭市	Xiangtan	76	13	20580	11699	16859	9628	66.78	38.28	113.14	85.65
衡阳市	Hengyang	292	31	51743	11799	46297	11301	101.49	35.68	177.47	109.70
邵阳市	Shaoyang	123	18	30311	14220	27878	14023	90.37	61.42	191.31	169.14
岳阳市	Yueyang	68	16	17279	9887	15956	9627	26.07	13.76	94.12	70.05
常德市	Changde	172	24	29653	12980	25076	11353	99.23	58.37	140.57	115.23
张家界市	Zhangjiajie	55	2	9350	740	8777	740	19.08	2.52	23.98	10.23
益阳市	Yiyang	112	9	16748	4762	14480	4215	44.01	26.35	86.41	62.74
郴州市	Chenzhou	253	21	59052	15061	53106	14590	110.55	31.82	127.84	65.86
永州市	Yongzhou	334	14	59486	6859	55307	6747	106.74	14.59	116.66	41.99
怀化市	Huaihua	216	28	48933	13343	41649	12269	153.43	68.97	189.02	153.15
娄底市	Loudi	60	13	19080	9860	15130	9594	47.95	25.27	88.35	78.31
湘西州	West Hunan	143	11	33273	7791	30282	7064	74.09	20.44	70.30	42.43

19－54 星级宾馆数（2011年）
The Number of Star-Rated Hotels (2011)

单位：个 (unit)

市州	Cities and Prefecture	星级宾馆合计 Total Number of Tourist Hotels	五星级 Five Star	四星级 Four Star	三星级 Three Star	二星级 Two Star
全　省	Total	568	17	58	260	221
长沙市	Changsha	81	12	21	41	7
株洲市	Zhuzhou	36	1	3	18	14
湘潭市	Xiangtan	21	1	3	6	11
衡阳市	Hengyang	30		5	9	16
邵阳市	Shaoyang	42		3	13	22
岳阳市	Yueyang	39		5	28	6
常德市	Changde	47	1	3	23	20
张家界市	Zhangjiajie	45	1	6	33	5
益阳市	Yiyang	32		1	10	21
郴州市	Chenzhou	31	1	3	22	3
永州市	Yongzhou	23		3	6	14
怀化市	Huaihua	51			27	20
娄底市	Loudi	30			16	14
湘西州	West Hunan	60		2	8	48

19－55 进出口商品总值（2011年）
Major Expors Commodities in Value (2011)

市　州	Cities and Prefecture	进出口总值(万美元) Total Exports and Imports (USD 10 000)	出　口 Exports	进　口 Imports	比上年增减(%) Increase Rate in 2011 Over 2010(%)
全 省	**Total**	**1900006**	**989747**	**910259**	**29.6**
长沙市	Changsha	748934	408396	340538	23.1
株洲市	Zhuzhou	186353	105146	81208	26.1
湘潭市	Xiangtan	247730	84562	163168	15.0
衡阳市	Hengyang	125733	102128	23605	59.5
邵阳市	Shaoyang	39345	34782	4563	32.8
岳阳市	Yueyang	39098	18154	20944	1.3
常德市	Changde	35721	19530	16191	38.5
张家界市	Zhangjiajie	2600	2600		-7.1
益阳市	Yiyang	48802	40257	8545	29.9
郴州市	Chenzhou	156117	83250	72867	55.6
永州市	Yongzhou	19159	16697	2461	63.2
怀化市	Huaihua	5425	2615	2810	15.8
娄底市	Loudi	223780	52345	171435	56.6
湘西州	West Hunan	21208	19285	1924	-15.1

19−56　外商直接投资分地区情况（2011年）
Foreign Direct Investment by Region（2011）

市州	Cities and Prefecture	项目个数(个) Number of Projects (case)	实际利用外资(万美元) Actually Used Amount (USD 10 000)
全　省	**Total**	**674**	**615031**
长沙市	Changsha	185	260116
株洲市	Zhuzhou	90	49140
湘潭市	Xiangtan	64	48397
衡阳市	Hengyang	109	49698
邵阳市	Shaoyang	23	9110
岳阳市	Yueyang	13	18672
常德市	Changde	25	29830
张家界市	Zhangjiajie	10	4256
益阳市	Yiyang	10	12260
郴州市	Chenzhou	88	62784
永州市	Yongzhou	29	46024
怀化市	Huaihua	6	7112
娄底市	Loudi	12	16798
湘西州	West Hunan	10	834

19−57　内联引资项目个数情况
Number of Projects of Domestic Direct Investment

市　州	Cities and Prefecture	项目个数(个)　Project integer (integer)				
		2007年	2008年	2009年	2010	2011
全 省	**Total**	4260	3976	4251	4433	4687
长沙市	Changsha	561	584	612	540	556
株洲市	Zhuzhou	153	101	178	261	342
湘潭市	Xiangtan	188	210	245	279	279
衡阳市	Hengyang	447	524	471	464	568
邵阳市	Shaoyang	221	229	199	225	328
岳阳市	Yueyang	587	534	504	517	511
常德市	Changde	330	136	203	240	248
张家界市	Zhangjiajie	57	46	48	43	53
益阳市	Yiyang	355	316	307	224	256
郴州市	Chenzhou	523	576	767	782	708
永州市	Yongzhou	333	291	285	362	330
怀化市	Huaihua	197	147	128	150	152
娄底市	Loudi	205	191	201	237	249
湘西州	West Hunan	103	91	103	109	107

注：内联引资是指吸收的省外境内资金。Domestic Direct Investment”　is refers to the capital absorbed from other provinces in China.

19−58 内联引资实际到位资金情况
Capital Actually Used of Domestic Direct Investment

市州	Cities and Prefecture	实际到位资金(亿元) Amount of Domestic Capital Actually Used (100 million yuan)				
		2007年	2008年	2009年	2010	2011
全 省	**Total**	**1052.80**	**1230.17**	**1442.98**	**1733.13**	**2086.02**
长沙市	Changsha	227.91	249.00	286.90	325.27	390.73
株洲市	Zhuzhou	55.21	73.91	94.82	124.97	164.71
湘潭市	Xiangtan	47.88	63.15	81.00	99.88	127.51
衡阳市	Hengyang	106.17	122.34	135.30	153.68	168.66
邵阳市	Shaoyang	63.11	78.45	92.01	113.42	132.70
岳阳市	Yueyang	109.22	127.64	149.71	182.18	226.49
常德市	Changde	68.36	83.26	97.94	123.99	142.90
张家界市	Zhangjiajie	19.43	21.08	22.99	26.58	29.57
益阳市	Yiyang	58.31	76.32	92.16	111.88	135.96
郴州市	Chenzhou	123.01	137.11	156.17	182.18	225.65
永州市	Yongzhou	57.15	65.74	81.00	99.74	115.37
怀化市	Huaihua	50.92	55.82	63.07	74.75	88.19
娄底市	Loudi	50.29	58.16	69.02	87.68	105.20
湘西州	West Hunan	15.82	18.21	20.90	26.94	32.38

注：内联引资是指吸收的省外境内资金。Domestic Direct Investment” is refers to the capital absorbed from other provinces in China.

19−59 对外经济合作情况（2011年）
Foreign Economic Cooperation (2011)

市州	Cities and Prefecture	新签合同额（万美元） The new contract amount (10 000 U.S. dollars)	完成营业额（万美元） Complete turnover (10 000 U.S. dollars)	外派劳务人数（人） The number of field labor (person)	月末在外人数（人） At the end of the number of outside (people)
全 省	**Total**	**189851**	**222770**	**42462**	**78313**
长沙市	Changsha	32241	28366	9037	9679
株洲市	zhuzhou	3400	1322	1053	1929
湘潭市	xiangtan	3175	2540	1615	7670
衡阳市	hengyang	10322	7293	4304	5989
邵阳市	shaoyang	7800	7120	4339	4833
岳阳市	yueyang	4487	4137	2136	4132
常德市	changde	4228	1677	1887	7647
张家界市	zhangjiajie	977	977	503	1128
益阳市	yiyang	79	79	600	1249
郴州市	chouzhou	2759	3280	2435	2529
永州市	yongzhou	1696	1995	2120	957
怀化市	huaihua	2356	1935	1154	5017
娄底市	loudi	1562	820	1144	2382
湘西州	West Hunan	167	109	513	596

注：全省总计中包括省直企业数。 The number of provincial enterprises are including in the total of province.

19−60 旅游业基本情况（2011年）
Basic Statistics of Tourism by Cities and Prefecture (2011)

市州	Cities and Prefecture	接待旅游总人数（万人） Number of Tourists (10 000 persons)	接待国内游客（万人次） Domestic Tourists (10 000 person-times)	国内旅游总收入（亿元） Earning from Domestic Tourists (100 million yuan)	接待境外游客（人次） International Tourists (person-times)	#外国人 Foreign Tourists	旅游创汇收入（万美元） Earning from International Tourists (USD 10 000)
全 省	**Total**	**25328**	**25100**	**1718**	**2286334**	**1208013**	**104011.24**
长沙市	Changsha	4894	4814	428	804401	549439	50483.73
株洲市	Zhuzhou	1856	1846	113	95352	24136	3088.31
湘潭市	Xiangtan	1837	1828	112	92637	37678	3179.03
衡阳市	Hengyang	2219	2208	118	113586	13644	2744.68
邵阳市	Shaoyang	809	808	56	14560	3303	353.82
岳阳市	Yueyang	2255	2238	135	172133	132147	4507.69
常德市	Changde	1647	1634	103	128070	36555	3002.92
张家界市	Zhangjiajie	1239	1201	123	378258	257071	21793.40
益阳市	Yiyang	1422	1415	89	67821	19602	2207.55
郴州市	Chenzhou	2237	2215	132	219240	42335	7776.49
永州市	Yongzhou	1251	1247	71	36232	3981	949.51
怀化市	Huaihua	1629	1628	93	15203	3088	287.30
娄底市	Loudi	950	945	64	57252	44776	1577.54
湘西州	West Hunan	1082	1073	81	91589	40258	2059.27

19－61　高新技术产业情况(2011年)
Basic Statistics on High-tech Industries (2011)

项目	Item	企业单位数（个） Number of Enterprises (unit)	高新技术产业总产值（万元） Gross Output Value of High-tech Industries (10 000 yuan)	高新技术产业增加值（万元） Added Value of High-tech Industries (10 000 yuan)
全　省	**Total**	**2269**	**97717552**	**28882099**
长沙市	Changsha	689	34849237	10204484
株洲市	Zhuzhou	179	10392083	3334110
湘潭市	Xiangtan	161	9738666	3177541
衡阳市	Hengyang	216	8481333	2282830
邵阳市	Shaoyang	150	3679543	1034680
岳阳市	Yueyang	272	10095804	2912382
常德市	Changde	163	5392340	1524244
张家界市	Zhangjiajie	21	229546	76900
益阳市	Yiyang	76	2276207	720418
郴州市	Chenzhou	139	4257474	1301801
永州市	Yongzhou	64	1204070	333372
怀化市	Huaihua	39	1408521	455844
娄底市	Loudi	64	5197332	1347618
湘西州	West Hunan	36	515396	175876
长沙高新技术开发区	Changsha High-tech Development District	352	24474835	7399333
株洲高新技术开发区	Zhuzhou High-tech Development District	100	8159924	2622819
湘潭高新技术开发区	Xiangtan High-tech Development District	59	3584336	1131106
衡阳高新技术开发区	Hengyang High-tech Development District	38	3081271	798637
岳阳高新技术开发区	Yueyang High-tech Development District	5	120683	32411
益阳高新技术开发区	Yiyang High-tech Development District	29	1142373	379556
郴州高新技术开发区	Chenzhou High-tech Development District	8	62431	20609

19−61 续表 continued

项目	Item	高新技术产业销售收入（万元） Sales Revenue of High-tech Industries (10 000 yuan)	#出口收入(万美元) Exports Revenue (USD 10 000)	高新技术产业利税总额（万元） Peofits and Tax of High-tech Industries (10 000 yuan)	#利润总额 Total of Profit and Tax
全 省	Total	**94225748**	**745523**	**9449548**	**6292548**
长沙市	Changsha	34400038	224197	4671232	3147663
株洲市	Zhuzhou	9319732	128268	600390	374844
湘潭市	Xiangtan	9990974	86003	473430	297054
衡阳市	Hengyang	8659657	84280	699873	425592
邵阳市	Shaoyang	3482151	13219	415236	257628
岳阳市	Yueyang	8857048	6488	975035	657672
常德市	Changde	5191317	27773	547374	425220
张家界市	Zhangjiajie	218999	2015	24178	14795
益阳市	Yiyang	2256959	41881	148161	78026
郴州市	Chenzhou	4059623	61828	370851	284923
永州市	Yongzhou	1110331	14003	83708	56971
怀化市	Huaihua	1366354	1662	72119	52963
娄底市	Loudi	4830437	47157	295889	176606
湘西州	West Hunan	482129	6749	72073	42591
长沙高新技术开发区	Changsha High-tech Development District	24930289	136137	3752169	2574858
株洲高新技术开发区	Zhuzhou High-tech Development District	7209077	94852	486216	314015
湘潭高新技术开发区	Xiangtan High-tech Development District	3678704	20539	237206	141986
衡阳高新技术开发区	Hengyang High-tech Development District	3237121	77602	171277	102498
岳阳高新技术开发区	Yueyang High-tech Development District	107812		10963	7342
益阳高新技术开发区	Yiyang High-tech Development District	1125040	37967	75540	39399
郴州高新技术开发区	Chenzhou High-tech Development District	62121	176	5463	4128

19-62 规模以上工业企业科技活动人员与经费情况（2011年）
Basic Statistics on S&T Personnel and Funds of S&T Activities in Industrial Enterprises above Designated Size (2011)

市州	Cities and Prefecture	企业科技活动人员（人）S&T Personnel in Enterprises (person)	#高中级职称人员 Senior and Medium	当年科技活动经费支出总额（万元）Expenditure for S&T Activities this Year (10 000 yuan)	#内部支出 Intramural Expenditure	#新产品开发 New Products Develop-ment
全 省	**Total**	**152464**	**45996**	**3470464**	**3351763**	**2089611**
长沙市	Changsha	55561	14594	1077337	1056188	859113
株洲市	Zhuzhou	19762	7169	436765	420726	272562
湘潭市	Xiangtan	15044	5221	431990	412522	230272
衡阳市	Hengyang	10410	2686	185910	181497	91185
邵阳市	Shaoyang	4130	998	65712	63308	38966
岳阳市	Yueyang	13300	3925	433552	415671	180039
常德市	Changde	13114	4231	297817	285189	194830
张家界市	Zhangjiajie	780	348	9287	9021	1575
益阳市	Yiyang	4647	1531	84935	83213	39656
郴州市	Chenzhou	4373	1543	176114	166811	30451
永州市	Yongzhou	2297	527	31497	28076	15591
怀化市	Huaihua	2377	546	32218	28939	9313
娄底市	Loudi	5925	2497	189870	183708	121952
湘西州	West Hunan	744	180	17459	16894	4106

19-63 规模以上工业企业办科技机构情况（2011年）
Basic Statistics on Institutions for Scientific and Technological in Industrial Enterprises above Designated Size (2011)

市 州	Cities and Prefecture	企业办科技机构（个）Number of Institu-tions for S&T in Enterprises(unit)	企业办科技机构人员(人) Number of Personnel in Institutions for S&T in Enterprises (person)	#博士 Doctor	#硕士 Master	科技机构内部经费支出(万元) Intramural Expenditure for S&T Institutions (10 000 yuan)
全 省	**Total**	**1200**	**52816**	**1022**	**10273**	**851386**
长沙市	Changsha	280	21562	337	6839	329482
株洲市	Zhuzhou	97	7284	142	1290	121243
湘潭市	Xiangtan	80	4856	95	431	114404
衡阳市	Hengyang	79	3291	60	245	62220
邵阳市	Shaoyang	72	1512	26	222	17469
岳阳市	Yueyang	142	2595	110	365	70419
常德市	Changde	116	3899	66	233	63164
张家界市	Zhangjiajie	21	519	20	85	1976
益阳市	Yiyang	63	1757	46	143	13503
郴州市	Chenzhou	120	1985	40	104	17725
永州市	Yongzhou	42	700	16	78	3660
怀化市	Huaihua	24	749	14	70	11533
娄底市	Loudi	49	1885	40	145	22697
湘西州	West Hunan	15	222	10	23	1894

19−64 规模以上工业企业科技活动产出情况（2011年）
Basic Statistics on Scientific and Technological Outputs in Industrial Enterprises above Designated Size (2011)

市州	Cities and Prefecture	新产品产值（万元） Gross Output Value of New Products (10 000 yuan)	新产品销售收入（万元） Sales Revenue of New Products (10 000 yuan)	#出口 Exported	专利申请数(件) Total Applic-ations	有效发明专利数(件) Total Applica-tions of Inventions (item)
全 省	**Total**	**38731573**	**37592835**	**1814498**	**12790**	**7427**
长沙市	Changsha	13522370	13410680	436859	6601	4294
株洲市	Zhuzhou	4129257	3874155	343176	1920	1092
湘潭市	Xiangtan	2910178	2830941	328194	599	335
衡阳市	Hengyang	2623211	2491866	119611	754	140
邵阳市	Shaoyang	972905	851958	24044	208	63
岳阳市	Yueyang	3718683	3539760	118832	550	518
常德市	Changde	6002618	5871799	38376	740	361
张家界市	Zhangjiajie	54548	49466		72	19
益阳市	Yiyang	724386	722295	96165	411	116
郴州市	Chenzhou	907640	895569	5664	281	120
永州市	Yongzhou	405372	418628	36758	351	195
怀化市	Huaihua	204102	194680	7975	43	32
娄底市	Loudi	2525824	2408635	257595	188	123
湘西州	West Hunan	30483	32404	1250	72	19

19−65 规模以上工业企业科技活动项目情况（2011年）
Basic Statistics on Projects for Scientific and Technological Actives in Industrial Enterprises above Designated Size (2011)

市 州	Cities and Prefecture	科技活动项目数(项) Projects for S&T Activities (item)	#新产品开发 New Products Develop-Ment	参与项目人员（人） Personnel of Projects (person)	项目经费支出（万元） Expendi-ture of Projects (10 000 yuan)	#新产品开发 New Products Develop-Ment
全 省	**Total**	**5239**	**3170**	**95453**	**2371474**	**1644887**
长沙市	Changsha	1334	863	36168	780303	709340
株洲市	Zhuzhou	901	594	12367	259703	162652
湘潭市	Xiangtan	486	299	7339	312912	186423
衡阳市	Hengyang	224	137	3895	94311	60512
邵阳市	Shaoyang	203	131	3258	45070	25051
岳阳市	Yueyang	642	319	8675	303600	147170
常德市	Changde	659	464	8726	242766	174047
张家界市	Zhangjiajie	30	13	654	5825	980
益阳市	Yiyang	183	106	3565	47894	27422
郴州市	Chenzhou	280	88	3296	78073	21657
永州市	Yongzhou	57	39	1451	15703	7685
怀化市	Huaihua	39	18	669	7255	4468
娄底市	Loudi	161	84	4757	169805	114210
湘西州	West Hunan	40	15	633	8254	3271

注：本表综合范围为规模以上工业企业立项经费在10万元以上的科技活动项目。
Industrial Enterprises above Designated Size with set up a projects for scientific and technological activities of funds over 100，000 yuan.

19-66 规模以上工业企业R&D活动人员情况（2011年）
Basic Statistics on R&D Activities Personnel in Industrial Enterprises above Designated Size (2011)

市　州	Cities and Prefecture	有R&D活动的企业数（个）Number of Enterprises (unit) (person)	R&D人员（人）R&D Personnel in Enterprises (person) Medium	#全时人员 Full-time Personnel	R&D人员全时当量（人年）Full-time Equivalent of R&D Personnel (man-year)
全　省	**Total**	**1635**	**78129**	**50020**	**57462**
长沙市	Changsha	230	30732	24402	25283
株洲市	Zhuzhou	229	9802	6523	6475
湘潭市	Xiangtan	135	6663	3696	4629
衡阳市	Hengyang	70	5279	3619	3363
邵阳市	Shaoyang	53	1673	798	1082
岳阳市	Yueyang	408	7127	2152	4618
常德市	Changde	296	7736	4250	6216
张家界市	Zhangjiajie	10	275	209	168
益阳市	Yiyang	42	2170	1220	1154
郴州市	Chenzhou	88	1772	998	1361
永州市	Yongzhou	22	1051	516	627
怀化市	Huaihua	7	450	180	233
娄底市	Loudi	27	3002	1245	1981
湘西州	West Hunan	18	397	212	273

19-67 规模以上工业企业按支出用途分R&D经费内部支出情况（2011年）
Basic Statistics on Institutions for Scientific and Technological in Industrial Enterprises above Designated Size (2011)

单位：万元　　(10000 yuan)

市州	Cities and Prefecture	R&D经费内部支出合计 Intramural R&D Expenditures	1.经常费支出 Operating Expenses	#人员劳务费 Service Fees	2.资产性支出 Capital Eexpenditures	#仪器和设备 Instruments & Equipments
全　省	**Total**	**1817573**	**1634629**	**439213**	**182944**	**170052**
长沙市	Changsha	700185	649560	213493	50625	44472
株洲市	Zhuzhou	200102	186642	54845	13460	12511
湘潭市	Xiangtan	173310	151184	28618	22125	20868
衡阳市	Hengyang	91166	72927	14283	18239	16882
邵阳市	Shaoyang	22438	18571	4677	3868	3707
岳阳市	Yueyang	244306	213431	56120	30875	29458
常德市	Changde	180710	157429	31626	23281	22687
张家界市	Zhangjiajie	1883	1299	393	585	584
益阳市	Yiyang	37400	33468	6816	3932	3770
郴州市	Chenzhou	47223	40184	9217	7039	6612
永州市	Yongzhou	15921	13563	3726	2358	2237
怀化市	Huaihua	1910	1728	632	182	160
娄底市	Loudi	93343	89926	12725	3417	3359
湘西州	West Hunan	7678	4719	2042	2959	2745

19-68 大中型工业企业科技活动人员与经费情况（2011年）
Basic Statistics on S&T Personnel and Funds of S&T Activities in Large and Medium-Sized Industrial Enterprises (2011)

市州	Cities and Prefecture	企业科技活动人员（人）S&T Personnel in Enterprises (person)	#高中级职称人员 Senior and Medium	当年科技活动经费支出总额（万元）Expenditure for S&T Activities this Year (10 000 yuan)	#内部支出 Intramural Expenditure	#新产品开发 New Products Develop-ment
全 省	**Total**	**116938**	**34240**	**2682954**	**2588849**	**1705789**
长沙市	Changsha	48308	12397	967784	949423	798804
株洲市	Zhuzhou	15775	5508	380941	365109	241023
湘潭市	Xiangtan	12016	4187	360285	341434	185113
衡阳市	Hengyang	8607	2062	149138	145544	72299
邵阳市	Shaoyang	2625	623	43872	42168	28773
岳阳市	Yueyang	7956	2045	236542	227928	80156
常德市	Changde	8017	2604	202832	190820	131666
张家界市	Zhangjiajie	146	84	1696	1696	740
益阳市	Yiyang	3371	1172	63773	62186	28511
郴州市	Chenzhou	1937	768	50734	47426	7141
永州市	Yongzhou	1064	288	17752	16859	10810
怀化市	Huaihua	1989	456	27015	23769	7364
娄底市	Loudi	4810	1978	172647	166747	112019
湘西州	West Hunan	317	68	7943	7741	1371

19-69 大中型工业企业办科技机构情况（2011年）
Basic Statistics on Institutions for Scientific and Technological in Large and Medium-Sized Industrial Enterprises (2011)

市 州	Cities and Prefecture	企业办科技机构（个）Number of Institu-tions for S&T in Enterprises(unit)	企业办科技机构人员(人) Number of Personnel in Institutions for S&T in Enterprises (person)	#博士 Doctor	#硕士 Master	科技机构内部经费支出(万元) Intramural Expenditure for S&T Institutions (10 000 yuan)
全 省	**Total**	**504**	**42672**	**623**	**9239**	**746695**
长沙市	Changsha	134	19108	196	6536	310243
株洲市	Zhuzhou	60	6488	131	1200	113275
湘潭市	Xiangtan	40	4108	62	354	97252
衡阳市	Hengyang	35	2721	23	179	54901
邵阳市	Shaoyang	31	1070	9	172	12392
岳阳市	Yueyang	68	1811	70	252	56048
常德市	Changde	43	2526	37	154	53072
张家界市	Zhangjiajie	3	110	5	20	374
益阳市	Yiyang	30	1368	29	99	10014
郴州市	Chenzhou	18	751	19	47	9162
永州市	Yongzhou	14	407	1	39	2342
怀化市	Huaihua	10	551	13	68	8986
娄底市	Loudi	13	1548	26	114	17477
湘西州	West Hunan	5	105	2	5	1159

19−70 大中型工业企业科技活动产出情况（2011年）
Basic Statistics on Scientific and Technological Outputs in Large and Medium-Sized Industrial Enterprises (2011)

市州	Cities and Prefecture	新产品产值（万元）Gross Output Value of New Products (10 000 yuan)	新产品销售收入（万元）Sales Revenue of New Products (10 000 yuan)	#出口 Exported	专利申请数(件) Total Applic-ations	有效发明专利数(件) Total Applica-tions of Inventions (item)
全 省	**Total**	**32492539**	**31492855**	**1682475**	**9576**	**5866**
长沙市	Changsha	12586983	12458314	417820	5707	3833
株洲市	Zhuzhou	3977468	3728587	332610	1490	861
湘潭市	Xiangtan	2417662	2344597	327680	351	256
衡阳市	Hengyang	1934081	1809844	119293	587	87
邵阳市	Shaoyang	818264	693534	13287	158	51
岳阳市	Yueyang	1893367	1792455	94958	315	274
常德市	Changde	5260567	5200156	22499	402	231
张家界市	Zhangjiajie				4	4
益阳市	Yiyang	528623	528447	48908	249	84
郴州市	Chenzhou	385433	374677	4073	62	21
永州市	Yongzhou	169788	163037	36317	122	85
怀化市	Huaihua	78243	78835	7746	34	20
娄底市	Loudi	2440742	2319171	257284	51	52
湘西州	West Hunan	1319	1204		44	7

19−71 大中型工业企业科技活动项目情况（2011年）
Basic Statistics on Projects for Scientific and Technological Actives in Large and Medium-Sized Industrial Enterprises (2011)

市 州	Cities and Prefecture	科技活动项目数(项) Projects for S&T Activities (item)	#新产品开发 New Products Develop-Ment	参与项目人员（人）Personnel of Projects (person)	项目经费支出（万元）Expendi-ture of Projects (10 000 yuan)	#新产品开发 New Products Develop-Ment
全 省	**Total**	**2909**	**1773**	**69883**	**1857947**	**1342637**
长沙市	Changsha	937	602	31701	719691	671926
株洲市	Zhuzhou	556	381	9526	214612	133726
湘潭市	Xiangtan	272	173	4979	250755	146298
衡阳市	Hengyang	118	78	2697	72479	47271
邵阳市	Shaoyang	111	71	1999	28157	16333
岳阳市	Yueyang	240	101	4623	163012	66875
常德市	Changde	309	213	4830	161282	118498
张家界市	Zhangjiajie	3	1	136	1254	450
益阳市	Yiyang	98	60	2695	34139	19377
郴州市	Chenzhou	88	10	1386	36355	6012
永州市	Yongzhou	21	15	650	9400	5616
怀化市	Huaihua	30	16	505	5168	2633
娄底市	Loudi	110	48	3890	157580	106261
湘西州	West Hunan	16	4	266	4065	1360

注：本表综合范围为大中型工业企业立项经费在10万元以上的科技活动项目。
All large and medium-sized industrial enterprises with set up a projects for scientific and technological activities of funds over 100,000 yuan.

19-72 大中型工业企业R&D活动人员情况（2011年） Basic Statistics on R&D Activities Personnel in Large and Medium-Sized Industrial Enterprises (2011)

市州	Cities and Prefecture	有R&D活动的企业数（个） Number of Enterprises (unit) (person)	R&D人员（人） R&D Personnel in Enterprises (person) Medium	#全时人员 Full-time Personnel	R&D人员全时当量（人年） Full-time Equivalent of R&D Personnel (man-year)
全　省	**Total**	**497**	**60928**	**41260**	**46320**
长沙市	Changsha	100	27456	22099	23278
株洲市	Zhuzhou	74	8176	5490	5200
湘潭市	Xiangtan	29	4900	2832	3685
衡阳市	Hengyang	27	4625	3283	3174
邵阳市	Shaoyang	17	1238	618	778
岳阳市	Yueyang	110	3146	847	1924
常德市	Changde	70	4914	2740	4087
张家界市	Zhangjiajie	2	95	86	46
益阳市	Yiyang	21	1676	985	877
郴州市	Chenzhou	22	960	530	741
永州市	Yongzhou	9	700	431	494
怀化市	Huaihua	4	413	154	214
娄底市	Loudi	6	2425	1059	1684
湘西州	West Hunan	6	204	106	138

19-73 大中型工业企业按支出用途分R&D经费内部支出情况（2011年） Intramural R&D Expenditures in Large and Medium-Sized Industrial Enterprises by Expenditure (2011)

单位：万元　　(10000 yuan)

市州	Cities and Prefecture	R&D经费内部支出合计 Intramural R&D Expenditures	1.经常费支出 Operating Expenses	#人员劳务费 Service Fees	2.资产性支出 Capital Eexpenditures	#仪器和设备 Instruments & Equipments
全　省	**Total**	**1419137**	**1289708**	**345520**	**129429**	**118595**
长沙市	Changsha	653042	608484	198611	44558	38538
株洲市	Zhuzhou	174534	161562	46042	12973	12025
湘潭市	Xiangtan	128886	111956	19340	16930	15848
衡阳市	Hengyang	74801	60315	11578	14486	13260
邵阳市	Shaoyang	13930	12804	2789	1126	1101
岳阳市	Yueyang	95261	82973	19823	12288	11729
常德市	Changde	117234	101447	20486	15788	15458
张家界市	Zhangjiajie	905	425	114	480	480
益阳市	Yiyang	29677	26661	4255	3017	2874
郴州市	Chenzhou	25084	21496	6357	3587	3322
永州市	Yongzhou	12395	11263	3318	1132	1013
怀化市	Huaihua	1701	1551	492	150	130
娄底市	Loudi	87350	85750	11142	1600	1564
湘西州	West Hunan	4336	3020	1173	1316	1253

19-74 幼儿园与小学基本情况（2011年）
Statistics on Kingdergartens and Primary Schools(2011)

市 州	Cities and Prefecture	幼儿园数（个）kingder-gartens(unit)	在园儿童数（人）Student Enrollment (person) (person)	普通小学学校数（个）Primary Schools（unit）Teachers（person）	普通小学专任教师数（人）Primary Schools Full-time Teachers（person）	普通小学招生数（人）Primary Schools New Student Enrollment (person)	普通小学在校学生数（人）Primary Schools Student Enrollment (person)	普通小学毕业生数（人）Primary Schools Graduates (person)
全 省	**Total**	**9488**	**1637353**	**10824**	**250337**	**869704**	**4903162**	**730155**
长沙市	Changsha	1150	193402	987	20870	74333	425405	66371
株洲市	Zhuzhou	823	109154	449	12030	38215	215883	33956
湘潭市	Xiangtan	312	46542	467	8664	26231	150280	30116
衡阳市	Hengyang	851	166528	1680	28203	104630	625488	91308
邵阳市	Shaoyang	1034	168641	1329	26057	117044	630232	90911
岳阳市	Yueyang	845	138131	918	19306	61640	362392	55049
常德市	Changde	830	116673	691	17673	47523	274732	46418
张家界市	Zhangjiajie	228	44365	158	5726	17730	103515	16277
益阳市	Yiyang	439	82712	550	17124	45966	253078	38070
郴州市	Chenzhou	617	130812	937	20726	86886	468011	57628
永州市	Yongzhou	1245	173715	459	25651	92623	506490	65681
怀化市	Huaihua	407	110053	637	20053	60916	330194	48411
娄底市	Loudi	333	85613	874	15742	61112	329411	50959
湘西州	West Hunan	374	71012	688	12512	34855	228051	39000

19-75 普通中学基本情况（2011年）
Statistics on Regular Secondary Schools(2011)

市 州	Cities and Prefecture	普通中学学校数（个）Number of Sckools (Person)	普通中学专任教师数（人）Number of Full-time Teachers(Person)	普通中学招生数（人）New Student Enrollment (Person)	普通中学在校学生数（人）Student Enrollment (Person)	普通中学毕业生数（人）Graduates (Person)
全 省	**Total**	**3904**	**240895**	**1104813**	**3177216**	**1018307**
长沙市	Changsha	279	21908	114280	325136	93657
株洲市	Zhuzhou	188	12996	51191	147168	45599
湘潭市	Xiangtan	182	9779	44681	129796	44680
衡阳市	Hengyang	417	25465	134807	379090	115916
邵阳市	Shaoyang	468	23894	130566	370280	116224
岳阳市	Yueyang	315	20807	87468	257500	87752
常德市	Changde	297	22016	82010	247553	89214
张家界市	Zhangjiajie	101	5158	24951	71824	22814
益阳市	Yiyang	233	17959	65887	188250	62836
郴州市	Chenzhou	286	15448	76029	212929	64038
永州市	Yongzhou	319	22204	94851	279296	92077
怀化市	Huaihua	354	16842	69658	196437	59999
娄底市	Loudi	281	15841	76815	223429	72345
湘西州	West Hunan	184	10578	51619	148528	51156

19-76 普通高等学校基本情况（2011年）
Statistics on Regular Institutions of Higher Education(2011)

市 州	Cities and Prefecture	普通高等学校数（个）Number of Sckools (Person)	普通高等学校专任教师数（人）Number of Full-time Teachers(Person)	普通高等学校招生数（人）New Student Enrollment (Person)	普通高等学校在校学生数（人）Student Enrollment (Person)	普通高等学校毕业生数（人）Graduates (Person)
全 省	**Total**	**105**	**61156**	**309607**	**1065320**	**283139**
长沙市	Changsha	50	30784	148667	516043	142912
株洲市	Zhuzhou	9	3794	22470	71361	18163
湘潭市	Xiangtan	9	6367	33150	114428	28781
衡阳市	Hengyang	8	5498	27911	98076	23664
邵阳市	Shaoyang	3	1437	8319	27576	6446
岳阳市	Yueyang	4	2050	11034	37663	10170
常德市	Changde	4	1914	11258	37716	9611
张家界市	Zhangjiajie	1	709	3686	12793	3379
益阳市	Yiyang	4	1724	8255	29220	7745
郴州市	Chenzhou	2	1131	5435	20605	5068
永州市	Yongzhou	3	1602	7165	25120	6820
怀化市	Huaihua	3	1340	7651	27812	7313
娄底市	Loudi	3	1446	7695	25745	7072
湘西州	West Hunan	2	1360	6911	21162	5995

19−77 各级学校（2011年）
Schools by Level and Region (2011)

单位：所 (unit)

市 州	Cities and Prefecture	普通高等学校 Regular Institutions of Higher Education	中等学校 Secondary Schools	中等职业教育 Vocational Secondary Education	普通中学 Regular Secondary Schools	普通小学 Primary Schools
全 省	**Total**	**105**	**4471**	**567**	**3904**	**10824**
长沙市	Changsha	50	338	59	279	987
株洲市	Zhuzhou	9	216	28	188	449
湘潭市	Xiangtan	9	208	26	182	467
衡阳市	Hengyang	8	460	43	417	1680
邵阳市	Shaoyang	3	528	60	468	1329
岳阳市	Yueyang	4	357	42	315	918
常德市	Changde	4	364	67	297	691
张家界市	Zhangjiajie	1	114	13	101	158
益阳市	Yiyang	4	263	30	233	550
郴州市	Chenzhou	2	316	30	286	937
永州市	Yongzhou	3	367	48	319	459
怀化市	Huaihua	3	400	46	354	637
娄底市	Loudi	3	325	44	281	874
湘西州	West Hunan	2	215	31	184	688

19−78 各级学校教职工（2011年）
School Staff and Workers by Level and Region (2011)

单位：个 (person)

市 州	Cities and Prefecture	普通高等学校 Regular Institutions of Higher Education	中等学校 Secondary Schools	中等职业教育 Vocational Secondary Education	普通中学 Regular Secondary Schools	普通小学 Primary Schools
全 省	**Total**	**95652**	**352232**	**40070**	**312162**	**235773**
长沙市	Changsha	50930	31670	4794	26876	20866
株洲市	Zhuzhou	5629	19763	2248	17515	11075
湘潭市	Xiangtan	9305	13456	1952	11504	8239
衡阳市	Hengyang	7882	36987	4190	32797	28551
邵阳市	Shaoyang	2098	33988	3513	30475	24829
岳阳市	Yueyang	3493	27642	2992	24650	18621
常德市	Changde	2996	32494	4049	28445	16720
张家界市	Zhangjiajie	935	7810	768	7042	5406
益阳市	Yiyang	2203	25627	2449	23178	16034
郴州市	Chenzhou	1576	24119	2489	21630	19053
永州市	Yongzhou	2263	32756	3017	29739	24934
怀化市	Huaihua	1888	26960	3171	23789	16394
娄底市	Loudi	2235	22710	2824	19886	14444
湘西州	West Hunan	2219	16250	1614	14636	10607

19–79 各级学校专任教师（2011年）
Full-time Teachers by Level and Region (2011)

单位：人 (person)

市 州	Cities and Prefecture	普通高等学校 Regular Institutions of Higher Education	中等学校 Secondary Schools	中等职业教育 Vocational Secondary Education	普通中学 Regular Secondary Schools	普通小学 Primary Schools
全 省	**Total**	**61156**	**268872**	**27977**	**240895**	**250337**
长沙市	Changsha	30784	24984	3076	21908	20870
株洲市	Zhuzhou	3794	14580	1584	12996	12030
湘潭市	Xiangtan	6367	11190	1411	9779	8664
衡阳市	Hengyang	5498	28287	2822	25465	28203
邵阳市	Shaoyang	1437	26254	2360	23894	26057
岳阳市	Yueyang	2050	23103	2296	20807	19306
常德市	Changde	1914	24744	2728	22016	17673
张家界市	Zhangjiajie	709	5715	557	5158	5726
益阳市	Yiyang	1724	19652	1693	17959	17124
郴州市	Chenzhou	1131	17238	1790	15448	20726
永州市	Yongzhou	1602	24380	2176	22204	25651
怀化市	Huaihua	1340	19189	2347	16842	20053
娄底市	Loudi	1446	17874	2033	15841	15742
湘西州	West Hunan	1360	11682	1104	10578	12512

19–80 各级学校在校学生（2011年）
Students Enrollment by Level and Region (2011)

单位：人 (person)

市 州	Cities and Prefecture	普通高等学校 Regular Institutions of Higher Education	中等学校 Secondary Schools	中等职业教育 Vocational Secondary Education	普通中学 Regular Secondary Schools	普通小学 Primary Schools
全 省	**Total**	**1065320**	**3955966**	**778750**	**3177216**	**4903162**
长沙市	Changsha	516043	440732	115596	325136	425405
株洲市	Zhuzhou	71361	198671	51503	147168	215883
湘潭市	Xiangtan	114428	175554	45758	129796	150280
衡阳市	Hengyang	98076	461650	82560	379090	625488
邵阳市	Shaoyang	27576	445607	75327	370280	630232
岳阳市	Yueyang	37663	330909	73409	257500	362392
常德市	Changde	37716	319531	71978	247553	274732
张家界市	Zhangjiajie	12793	88646	16822	71824	103515
益阳市	Yiyang	29220	221243	32993	188250	253078
郴州市	Chenzhou	20605	246841	33912	212929	468011
永州市	Yongzhou	25120	330281	50985	279296	506490
怀化市	Huaihua	27812	247700	51263	196437	330194
娄底市	Loudi	25745	267070	43641	223429	329411
湘西州	West Hunan	21162	181531	33003	148528	228051

19−81 公共图书馆、广播和电视综合人口覆盖情况（2011年）
Statistics on Public Libraries,Coverage of Radio and TV Program Broadcasting(2011)

市 州	Cities and Prefecture	公共图书馆（个） Public Libraries（unit）	公共图书馆藏书量（千册） Collections(1000 copies)	艺术馆、文化馆个数（个）	广播综合人口覆盖率（%） Listener Rating（%）	电视综合人口覆盖率（%） Viewer Rating（%）	有线电视入户率（%） Popularization Rate of Cable TV Programs(%)
全 省	**Total**	**130**	**23620**	**141**	**92.61**	**96.82**	**36.11**
长沙市	Changsha	12	9530	11	99.30	98.61	61.68
株洲市	Zhuzhou	6	1220	10	99.28	99.17	49.20
湘潭市	Xiangtan	5	1060	6	100	99.75	39.72
衡阳市	Hengyang	13	1660	13	95.98	98.84	30.90
邵阳市	Shaoyang	14	1570	13	78.20	92.30	30.10
岳阳市	Yueyang	8	1170	10	96.04	96.70	30.18
常德市	Changde	9	1350	10	99.52	95.57	36.25
张家界市	Zhangjiajie	4	170	5	60.75	96.12	33.18
益阳市	Yiyang	7	960	9	94.35	96.13	22.86
郴州市	Chenzhou	11	850	12	96.30	96.84	36.23
永州市	Yongzhou	12	1160	12	87.07	94.94	25.48
怀化市	Huaihua	14	1200	15	92.83	98.00	40.37
娄底市	Loudi	6	880	6	99.30	99.40	18.52
湘西州	West Hunan	9	840	9	73.50	94.50	46.45

19−82 卫生机构基本情况（2011年）
Basic Statistics on Health Institutions (2011)

市 州	Cities and Prefecture	卫生机构数（个） Number of Health Institutions（unit）	医院、卫生院（个） Hospitals、Health Centers（unit）	卫生机构床位数（张） Number of Reality Beds（unit）	医院卫生院数（张） Hospitals、Health Centers（unit）	卫生机构人员数（人） Number of Employed Persons in Health Institutions (Person)	卫生技术人员 Medical &Technical Personnel	执业(助理)医生 Certified (Assistant) Doctors	注册护士 Senier Nurse
全 省	**Total**	14266	3096	261353	241961	331719	275515	105860	101658
长沙市	Changsha	2680	258	47036	42954	64297	52859	18951	22934
株洲市	Zhuzhou	1247	175	17914	16785	23148	19588	7630	7821
湘潭市	Xiangtan	921	105	11711	10779	16187	13599	5371	5147
衡阳市	Hengyang	632	256	23921	21909	32465	26285	10439	8612
邵阳市	Shaoyang	726	265	20699	19822	25392	20948	7817	7333
岳阳市	Yueyang	1304	208	17294	15562	23166	19031	7307	6295
常德市	Changde	1407	287	20667	18482	25880	21501	8887	7693
张家界市	Zhangjiajie	336	109	5932	5251	7103	5914	2389	1966
益阳市	Yiyang	804	121	13737	11659	18088	15081	6094	4869
郴州市	Chenzhou	972	333	19104	18348	23400	19813	7506	7971
永州市	Yongzhou	923	270	17525	16761	21169	17714	6672	6294
怀化市	Huaihua	1123	357	23117	22242	22943	19193	7181	6653
娄底市	Loudi	509	111	11596	10664	15577	13226	5781	4237
湘西州	West Hunan	682	241	11100	10743	12904	10763	3835	3833

19−83 农民人均纯收入（2011年）
Per Capita Annual Net Income of Rural Residents (2011)

市 州	Cities and Prefecture	调查户数（户）Number of Households Surveyed (household)	调查户常住人口（人）Number of Residents Surveyed (person)	农民人均纯收入（元）Per Capita Annual Net Income (yuan)	增长速度（%）Rate of rise（%）	人均生活消费支出（元）Per Capita Living Expenditure (yuan)	#食品 #Foods	农村人均住房面积(平方米) Per Capita Floor Space of Rural Residents（sq.m）
长沙市	Changsha	980	3796	13400.89	19.6	8576.35	3243.01	62.06
株洲市	Zhuzhou	625	2575	9328.29	21.8	6709.97	2800.35	56.41
湘潭市	Xiangtan	290	1133	9501.50	21.6	6512.63	2722.15	49.29
衡阳市	Hengyan	750	3196	8506.25	17.8	5631.11	2630.79	46.36
邵阳市	Shaoyang	930	3703	4373.03	16.3	3548.10	1861.21	36.57
岳阳市	Yueyang	600	2325	7070.31	18.1	5904.01	2271.33	48.46
常德市	Changde	740	2553	6662.84	18.2	5440.34	2405.59	51.21
张家界市	Zhangjiajie	310	1113	4093.38	11.6	3790.70	2000.83	30.10
益阳市	Yiyang	530	1975	6772.55	20.6	5643.74	2484.37	46.40
郴州市	Chenzhou	880	3374	6230.29	19.6	4315.07	2153.87	39.16
永州市	Yongzhou	930	3707	6001.77	18.6	4727.54	2200.73	39.14
怀化市	Huaihua	950	3774	4280.99	21.6	3573.12	2011.40	38.06
娄底市	Loudi	430	1588	3950.56	17.4	4367.06	2281.96	46.39
湘西州	West Hunan	740	3426	3675.10	15.8	2940.62	1766.02	29.25

19−84 城镇居民家庭人均收支情况（2011年）
Per Capita Annual Income and Expenditure of Urban Households (2011)

市 州	Cities and Prefecture	可支配收入（元）Disposable Income (yuan)	增长速度（%）Rate of rise（%）	实际支出（元）Real Expenditure (yuan)	食品支出 Food Expenditure	消费性支出 Living Expenditure	非消费性支出 Non-living Expenditure	恩格尔系数(%) Engler’s Coefficient (%)
长沙市	Changsha	26451	15.9	22433	6389	17782	4651	35.9
株洲市	Zhuzhou	22633	14.6	18136	5022	13813	4324	36.4
湘潭市	Xiangtan	20614	13.8	17832	4671	13466	4366	34.7
衡阳市	Hengyang	17866	14.0	14653	5082	12737	1916	39.9
邵阳市	Shaoyang	13584	15.1	12335	3874	9654	2682	40.1
岳阳市	Yueyang	19680	13.1	17991	4949	13404	4587	36.9
常德市	Changde	17567	12.8	18994	5115	12773	6221	40.0
张家界市	Zhangjiajie	14098	11.2	14941	3628	10345	4596	35.1
益阳市	Yiyang	17328	13.5	15368	4852	12326	3042	39.4
郴州市	Chenzhou	17606	14.1	14740	4458	11845	2895	37.6
永州市	Yongzhou	17193	13.9	13628	4303	11199	2430	38.4
怀化市	Huaihua	13824	13.2	12107	3729	9663	2444	38.6
娄底市	Loudi	16892	13.1	14033	4014	10933	3101	36.7
湘西州	West Hunan	13591	11.4	12843	3586	9551	3292	37.6

19-85 能源消耗指标(2011年)

Index of Energy Consumption (2011)

市 州	Cities and Prefecture	单位GDP能耗 Energy Consumption of Unit GDP		单位规模工业增加值能耗 Energy Consumption of Unit Scale Industry Added Value		单位GDP电耗 Electric Power Consumption of Unit GDP	
		指标值 (吨标准煤/万元) Index Value(ton of SCE/10,000 yuan)	上升或下降 (±%) Increase/ Decrease (±%)	指标值 (吨标准煤/万元) Index Value (ton of SCE/10,000 yuan	上升或下降 (±%) Increase/ Decrease (±%)	指标值 （千瓦时/万元） Index (kwh/10,000yuan)	上升或下降 (±%) Increase/ Decrease (±%)
全 省	**Total**	**0.894**	**-3.68**	**0.95**	**-8.61**	**715.3**	**-2.10**
长沙市	Changsha	0.640	-3.96	0.41	-11.60	383.1	0.22
株洲市	Zhuzhou	0.964	-4.28	0.67	-11.37	718.6	-5.83
湘潭市	Xiangtan	1.301	-4.10	1.36	-11.37	1018.1	-4.16
衡阳市	Hengyang	0.887	-3.87	0.97	-11.48	702.0	-3.43
邵阳市	Shaoyang	0.935	-3.73	0.93	-10.91	719.2	-0.23
岳阳市	Yueyang	1.006	-3.94	1.04	-11.05	577.9	-3.14
常德市	Changde	0.727	-3.88	0.83	-10.10	709.5	-3.90
张家界市	Zhangjiajie	0.700	-3.21	0.79	-5.43	549.7	-0.88
益阳市	Yiyang	0.828	-3.58	1.28	-8.99	687.3	-2.66
郴州市	Chenzhou	1.017	-4.30	0.96	-11.43	807.2	-5.86
永州市	Yongzhou	0.943	-3.51	0.97	-7.93	798.6	5.37
怀化市	Huaihua	0.884	-3.89	0.92	-9.65	1071.2	1.11
娄底市	Loudi	1.821	-3.83	3.00	-7.10	1517.1	-5.29
湘西州	West Hunan	0.873	-3.65	0.99	-6.45	1641.5	-8.66

19-86 规模以上工业企业综合能源消费量

Total Energy Consumption of Scale Industry

单位：万吨标准煤 (10 000 ton of SCE)

市 州	Cities and Prefecture	2006	2007	2008	2009	2010	2011
全 省	**Total**	**5481.47**	**5992.36**	**6063.87**	**6279.82**	**6754.37**	**7162.93**
长沙市	Changsha	518.39	563.89	506.43	510.42	523.18	538.28
株洲市	Zhuzhou	542.16	542.00	465.20	477.54	497.11	459.61
湘潭市	Xiangtan	633.51	656.34	681.46	693.10	753.80	799.53
衡阳市	Hengyang	500.30	560.53	581.59	634.02	669.45	720.21
邵阳市	Shaoyang	168.44	208.08	221.17	235.59	255.42	255.51
岳阳市	Yueyang	808.34	881.08	917.00	925.08	946.29	1035.75
常德市	Changde	356.51	381.94	418.83	452.01	520.01	558.19
张家界市	Zhangjiajie	26.22	31.30	32.23	36.77	41.15	46.79
益阳市	Yiyang	240.42	280.56	311.82	334.54	366.55	397.55
郴州市	Chenzhou	442.31	522.69	522.26	546.15	585.33	611.67
永州市	Yongzhou	168.43	180.85	184.26	196.76	219.62	234.65
怀化市	Huaihua	193.00	191.42	238.10	255.14	282.08	308.21
娄底市	Loudi	804.01	898.52	888.24	891.75	969.25	1064.72
湘西州	West Hunan	79.42	93.17	95.27	90.94	97.80	96.57

19−87 规模以上工业企业主要能源品种消费量(2011年)

Main Energy Consumption of Industrial Enterprises above Designated Size (2011)

市 州	Cities and Prefecture	能源合计（吨标准煤）Total Energy (ton of SCE)	原煤（吨）Raw Coal (ton)	洗精煤（吨）Cleaned Coal (ton)	焦炭（吨）Coke (ton)	天然气（万立方米）Natrual Gas (10 000 cu.m)
全 省	**Total**	**123965924**	**96603471**	**10602326**	**8015643**	**61585**
长沙市	Changsha	6472193	6901707	610	46891	13646
株洲市	Zhuzhou	6667406	6523647	37051	253104	30274
湘潭市	Xiangtan	17524521	9560129	3316773	2545476	1797
衡阳市	Hengyang	11347815	12620775	4000	676283	12090
邵阳市	Shaoyang	3067702	2133128	240788	26925	13
岳阳市	Yueyang	24255841	9804626	11961	53467	337
常德市	Changde	7222246	7720349	2229	191225	3388
张家界市	Zhangjiajie	543809	542433		5345	
益阳市	Yiyang	5148239	6889420	2	17682	39
郴州市	Chenzhou	9604360	11843389	328800	352338	
永州市	Yongzhou	2512649	1622531		468244	
怀化市	Huaihua	3170887	1895856	34383	222593	
娄底市	Loudi	24872687	17835881	6622508	3152318	
湘西州	West Hunan	1051705	359600	3221	3752	

市 州	原油（吨）Crude Oil (ton)	汽油（吨）Gasoline (ton)	煤油（吨）Kerosene (ton)	柴油（吨）Diesel Oil (ton)	燃料油（吨）Fuel Oil (ton)	液化石油气（吨）LPG (ton)	电力（万千瓦时）Electric Power (10 000 kwh)
全 省	**7659795**	**158804**	**11117**	**443514**	**195692**	**228573**	**10639544**
长沙市		66888	5209	130429	7993	8283	935848
株洲市	884	6055	3689	15922	93002	169304	799281
湘潭市	67865	8880	738	16415	232	73	950079
衡阳市		22884	277	58111	2838	393	958420
邵阳市	12	3979	82	11310	10789	39060	519871
岳阳市	7590934	24284	187	68908	62281	6937	1057308
常德市	100	2766	416	13379	8169	487	999255
张家界市		553	10	391		3	76235
益阳市		3356	40	6746	25		440172
郴州市		4650	435	28837	526	4	764271
永州市		2188	6	9310	1	28	616909
怀化市		9139	4	14396	7773	3452	914261
娄底市		4287	81	18374	2063		948363
湘西州		497		51158		549	572515

19—88 规模以上工业企业取水总量
Water Intake Amount of Scale Industry

单位：万立方米 (10 000 cu.m)

市 州	Cities and Prefecture	2006	2007	2008	2009	2010	2011
全 省	**Total**	**544438.36**	**618416.98**	**597147.60**	**623822.17**	**637189.52**	**673445.94**
长沙市	Changsha	61911.16	72464.60	83037.15	88623.72	84119.98	86186.80
株洲市	Zhuzhou	64123.00	69451.00	72364.00	60214.00	56222.11	60366.65
湘潭市	Xiangtan	60180.00	63930.00	63789.00	56850.00	57911.35	63460.81
衡阳市	Hengyang	70809.83	87841.95	84059.16	83597.94	84305.94	74964.96
邵阳市	Shaoyang	21199.69	25867.76	29837.00	36088.00	21237.49	23650.65
岳阳市	Yueyang	80473.01	97596.28	89547.91	93825.07	107312.71	117094.89
常德市	Changde	60574.64	66283.62	41959.50	40947.00	48786.60	54166.13
张家界市	Zhangjiajie	3012.06	3064.17	3315.93	3444.17	3775.31	5791.56
益阳市	Yiyang	28226.16	38583.26	42007.61	65496.68	77436.39	83895.10
郴州市	Chenzhou	18666.45	21717.32	21852.14	20673.26	25403.56	27134.84
永州市	Yongzhou	17986.99	18399.56	18528.41	25232.55	31395.45	32472.98
怀化市	Huaihua	8825.73	11302.00	13500.00	15730.00	9435.68	13640.23
娄底市	Loudi	42880.64	36905.69	27954.97	28227.91	23071.03	24318.62
湘西州	West Hunan	5569.00	5009.77	5394.82	4871.87	6775.91	6301.74

各县(市、区)主要经济和社会统计指标

20

Main Economic and Social Statistics Indicators of Counties and Cities (Districts)

资料整理人员： 黄陈武　赵　宏　廖闻菲
田杰平　何　达　邓　静
谢　凡　罗　彬　周　玲
陈　澍　王西军　邓海波
徐　虹　刘伟巍　周　璜
蔡冬娥　肖首雄　刘　峰
李　群　杨　耒　李培楚
赵　昊　吴天铁　殷　进

20-1 年末常住人口(2011年)
Population at the Year-end (2011)

市县名称	Cities and Counties	总户数(万户) Households (10 000 households)	总人口(万人) Total Population (10 000 persons)	男 Male	女 Female	城镇人口 Urban	乡村人口 Rural	城市化水平(%) City Level (%)
芙蓉区	Furong District	18.38	52.82	26.59	26.23	52.82		100.00
天心区	Tianxin District	16.74	47.90	23.93	23.97	47.62	0.28	99.42
岳麓区	Yuelu District	24.79	81.18	40.38	40.80	68.49	12.69	84.37
开福区	Kaifu District	19.49	57.29	29.12	28.17	56.04	1.25	97.82
雨花区	Yuhua District	25.55	73.13	37.02	36.11	72.42	0.71	99.03
望城区	Wangcheng District	15.96	52.76	26.82	25.94	25.10	27.66	47.57
长沙县	Changsha County	29.67	98.67	51.49	47.18	51.23	47.44	51.92
宁乡县	Ningxiang County	38.58	116.86	59.31	57.55	51.71	65.15	44.25
浏阳市	Liuyang City	37.43	128.46	65.87	62.59	60.21	68.25	46.87
荷塘区	Hetang District	9.82	31.32	15.90	15.42	29.13	2.19	93.01
芦淞区	Lousong District	8.72	29.15	14.49	14.66	24.40	4.75	83.70
石峰区	Shifeng District	10.19	28.80	14.88	13.92	26.98	1.82	93.68
天元区	Tianyuan District	8.38	28.05	15.02	13.03	20.91	7.14	74.55
株洲县	Zhuzhou County	9.14	28.76	14.66	14.10	6.99	21.77	24.30
攸　县	You County	18.64	69.36	35.32	34.04	33.35	36.01	48.08
茶陵县	Chaling County	14.77	57.55	29.36	28.19	27.52	30.03	47.82
炎陵县	Yanling County	5.22	20.22	10.78	9.44	7.78	12.44	38.48
醴陵市	Liling City	24.71	94.87	48.29	46.58	46.01	48.86	48.50
雨湖区	Yuhu District	14.02	59.73	30.44	29.29	49.73	10.00	83.26
岳塘区	Yuetang District	13.25	45.60	23.68	21.92	43.62	1.98	95.66
湘潭县	Xiangtan County	27.26	83.45	42.63	40.82	25.47	57.98	30.52
湘乡市	Xiangxiang City	24.12	79.07	39.92	39.15	22.11	56.96	27.96
韶山市	Shaoshan City	2.68	8.60	4.29	4.31	3.04	5.56	35.35
珠晖区	Zhuhui District	10.11	33.18	16.78	16.40	33.18		100.00
雁峰区	Yanfeng District	6.91	21.34	10.69	10.65	21.34		100.00
石鼓区	Shigu District	7.35	23.21	11.66	11.55	23.21		100.00
蒸湘区	Zhengxiang District	9.23	29.92	15.40	14.52	29.92		100.00
南岳区	Nanyue District	1.68	5.98	3.04	2.94	5.98		100.00
衡阳县	Hengyang County	29.64	110.64	57.94	52.70	36.10	74.54	32.63
衡南县	Hengnan County	25.47	95.71	50.57	45.14	31.81	63.90	33.24
衡山县	Hengshan County	10.20	38.52	19.75	18.77	12.39	26.13	32.17
衡东县	Hengdong County	16.44	63.18	32.07	31.11	19.63	43.55	31.07
祁东县	Qidong County	28.28	98.21	51.12	47.09	34.77	63.44	35.40
耒阳市	Leiyang City	33.10	115.46	59.94	55.52	52.13	63.33	45.15
常宁市	Changning City	20.44	81.25	42.73	38.52	36.27	44.98	44.64
双清区	Shuangqing District	9.15	30.86	15.96	14.90	25.33	5.53	82.08
大祥区	Daxiang District	9.78	34.14	17.36	16.78	25.41	8.73	74.43
北塔区	Beita District	3.15	10.55	5.27	5.28	7.34	3.21	69.57

20-1 续表 1 continued

市县名称	Cities and Counties	总户数（万户）Households (10 000 households)	总人口（万人）Total Population (10 000 persons)	男 Male	女 Female	城镇人口 Urban	乡村人口 Rural	城市化水平(%) City Level (%)
邵东县	Shaodong County	36.43	90.20	47.73	42.47	36.29	53.91	40.23
新邵县	Xinshao County	23.20	74.32	39.36	34.96	19.62	54.70	26.40
邵阳县	Shaoyang County	26.33	92.89	49.07	43.82	25.56	67.33	27.52
隆回县	Longhui County	34.37	109.80	58.79	51.01	24.71	85.09	22.50
洞口县	Dongkou County	26.25	77.29	40.69	36.60	23.01	54.28	29.77
绥宁县	Shuining County	10.78	35.12	18.33	16.79	7.90	27.22	22.49
新宁县	Xinning County	17.74	56.35	29.41	26.94	17.44	38.91	30.95
城步县	Chengbu County	8.01	25.05	13.03	12.02	6.53	18.52	26.07
武冈市	Wugang City	24.05	74.15	38.81	35.34	23.43	50.72	31.60
岳阳楼区	Yueyanglou District	25.25	81.60	41.22	40.38	72.08	9.52	88.33
云溪区	Yunxi District	5.27	17.68	9.22	8.46	10.63	7.05	60.12
君山区	Junshan District	7.41	24.10	12.52	11.58	12.14	11.96	50.37
岳阳县	Yueyang County	18.27	71.78	39.01	32.77	27.52	44.26	38.34
华容县	Huarong County	19.29	71.02	36.41	34.61	27.27	43.75	38.40
湘阴县	Xiangying County	18.54	68.22	34.80	33.42	26.26	41.96	38.49
平江县	Pingjiang County	25.88	94.89	48.82	46.07	31.87	63.02	33.59
汨罗市	Miluo City	20.02	69.35	35.51	33.84	33.57	35.78	48.41
临湘市	Linxiang City	13.32	49.89	26.06	23.83	20.91	28.98	41.91
武陵区	Wuling District	19.83	62.16	30.53	31.63	53.08	9.08	85.39
鼎城区	Dingcheng District	24.56	84.44	42.43	42.01	34.38	50.06	40.72
安乡县	Anxiang County	14.76	52.65	26.80	25.85	17.15	35.50	32.57
汉寿县	Hanshou County	23.79	80.25	40.60	39.65	22.93	57.32	28.57
澧　县	Li County	26.17	82.83	41.22	41.61	27.76	55.07	33.51
临澧县	Linli County	12.34	40.11	20.08	20.03	15.46	24.65	38.54
桃源县	Taoyuan County	27.44	85.64	43.79	41.85	24.35	61.29	28.43
石门县	Shimen County	18.96	60.02	30.41	29.61	19.28	40.74	32.12
津市市	Jinshi City	8.18	25.16	13.17	11.99	15.49	9.67	61.57
永定区	Yongding District	16.04	44.30	22.30	22.00	21.62	22.68	48.80
武陵源区	Wulingyuan District	2.09	5.92	3.04	2.88	3.58	2.34	60.47
慈利县	Cili County	21.12	60.55	31.08	29.47	20.65	39.90	34.10
桑植县	Sangzhi County	13.08	38.24	19.68	18.56	12.49	25.75	32.66
资阳区	Ziyang District	13.23	41.26	20.90	20.36	20.17	21.09	48.89
赫山区	Heshan District	26.51	82.60	42.39	40.21	51.48	31.12	62.32
南　县	Nan County	25.67	72.80	37.55	35.25	27.02	45.78	37.12
大通湖区	Datonghu District	3.77	10.32	5.29	5.03	3.99	6.33	38.66
桃江县	Taojiang County	25.84	77.47	40.17	37.30	26.39	51.08	34.06
安化县	Anhua County	28.76	90.49	46.69	43.80	22.88	67.61	25.28
沅江市	Yuanjiang City	25.78	66.82	34.38	32.44	29.39	37.43	43.98
北湖区	Beihu District	14.04	42.28	22.15	20.13	33.52	8.76	79.28
苏仙区	Suxian District	13.46	40.53	20.60	19.93	24.36	16.17	60.10
桂阳县	Guiyang County	22.96	69.75	36.42	33.33	26.32	43.43	37.73
宜章县	Yizhang County	15.83	58.48	30.62	27.86	21.71	36.77	37.12
永兴县	Yongxing County	17.43	57.32	29.59	27.73	21.82	35.50	38.07

20-1 续表 2 continued

市县名称	Cities and Counties	总户数（万户）Households (10 000 households)	总人口（万人）Total Population (10 000 persons)	男 Male	女 Female	城镇人口 Urban	乡村人口 Rural	城市化水平(%) City Level (%)
嘉禾县	Jiahe County	9.77	29.74	15.52	14.22	11.38	18.36	38.26
临武县	Linwu County	9.80	34.02	17.64	16.38	10.73	23.29	31.54
汝城县	Rucheng County	11.13	33.23	17.45	15.78	9.32	23.91	28.05
桂东县	Guidong County	6.47	22.86	12.18	10.68	7.16	15.70	31.32
安仁县	Anren County	10.46	38.57	19.88	18.69	13.84	24.73	35.88
资兴市	Zixing City	11.45	33.74	17.17	16.57	19.25	14.49	57.05
零陵区	Lingling District	16.37	53.45	27.46	25.99	27.33	26.12	51.13
冷水滩区	Lengshuitan District	17.45	49.01	25.11	23.90	30.89	18.12	63.03
祁阳县	Qiyang County	24.03	85.51	43.75	41.76	33.44	52.07	39.11
东安县	Dongan County	16.58	54.87	28.36	26.51	18.11	36.76	33.01
双牌县	Shuangpai County	5.48	16.56	8.71	7.85	5.85	10.71	35.33
道　县	Dao County	15.74	60.84	32.93	27.91	19.88	40.96	32.68
江永县	Jiangyong County	6.80	23.31	12.20	11.11	6.10	17.21	26.17
宁远县	Ningyuan County	18.36	70.50	37.53	32.97	24.03	46.47	34.09
蓝山县	Lanshan County	8.28	32.89	17.01	15.88	12.61	20.28	38.34
新田县	Xintian County	9.32	33.01	17.09	15.92	9.55	23.46	28.93
江华县	Jianghua County	10.89	41.30	21.38	19.92	9.97	31.33	24.14
鹤城区	Hecheng District	17.74	55.44	28.22	27.22	49.57	5.87	89.41
中方县	Zhongfang County	6.98	23.71	12.28	11.43	5.71	18.00	24.08
沅陵县	Yuanling County	16.34	58.36	30.27	28.09	18.22	40.14	31.22
辰溪县	Chenxi County	13.69	45.44	23.57	21.87	13.94	31.50	30.68
溆浦县	Xupu County	22.19	74.22	38.02	36.20	22.10	52.12	29.78
会同县	Huitong County	9.49	31.93	16.53	15.40	8.31	23.62	26.03
麻阳县	Mayang County	8.86	34.39	17.84	16.55	9.67	24.72	28.12
新晃县	Xinhuang County	7.06	24.48	13.16	11.32	6.48	18.00	26.47
芷江县	Zhijiang County	9.99	33.99	17.44	16.55	9.04	24.95	26.60
靖州县	Jingzhou County	6.78	24.55	12.80	11.75	10.20	14.35	41.55
通道县	Tongdao County	5.68	20.71	10.73	9.98	5.18	15.53	25.01
洪江市	Hongjiang City	13.35	41.37	21.10	20.27	14.89	26.48	35.99
洪江区	Hongjiang District	2.41	6.51	3.22	3.29	5.77	0.74	88.63
娄星区	Louxing District	20.47	49.78	25.64	24.14	43.29	6.49	86.96
双峰县	Shuangfeng County	28.37	85.57	44.51	41.06	19.66	65.91	22.98
新化县	Xinhua County	31.83	111.34	58.14	53.20	27.58	83.76	24.77
冷水江市	Lengshuijiang City	13.17	32.86	17.23	15.63	24.92	7.94	75.84
涟源市	Liangyuan City	34.17	99.77	52.06	47.71	26.80	72.97	26.86
吉首市	Jishou City	9.66	30.42	15.38	15.04	21.60	8.82	71.01
泸溪县	Luxi County	8.18	27.80	14.15	13.65	10.01	17.79	36.01
凤凰县	Fenghuang County	8.92	34.82	18.15	16.67	9.06	25.76	26.02
花垣县	Huayuan County	7.21	28.97	15.07	13.90	10.02	18.95	34.59
保靖县	Baojing County	6.98	28.01	14.55	13.46	9.12	18.89	32.56
古丈县	Guzhang County	3.51	12.84	6.68	6.16	4.13	8.71	32.17
永顺县	Yongshun County	12.70	43.06	22.17	20.89	13.27	29.79	30.82
龙山县	Longshan County	14.68	50.33	25.97	24.36	15.23	35.10	30.26

20–2 计划生育指标（2011年）
Indicators of Family Plan (2011)

市县名称	Cities and Counties	出生率(‰) Birth Rate (‰)	死亡率(‰) Death Rate (‰)	自然增长率(‰) Natural Growth Rate (‰)	符合政策生育率(%) Birth Within Plan Rate (%)	已婚育龄妇女人数(万人) Married Women at Child-Bearing Age (10 000 persons)	节育率(%) Contra-ceptive Rate (%)
芙蓉区	Furong District	14.52	7.12	7.40	97.05	7.34	68.68
天心区	Tianxin District	12.72	7.16	5.56	97.20	7.42	68.00
岳麓区	Yuelu District	13.65	7.68	5.97	98.13	12.32	79.04
开福区	Kaifu District	13.66	7.23	6.43	97.85	9.15	78.27
雨花区	Yuhua District	15.54	7.07	8.47	96.30	11.11	73.17
望城区	Wangcheng District	14.72	9.29	5.43	94.84	12.41	81.44
长沙县	Changsha County	14.11	8.65	5.46	96.35	18.03	84.77
宁乡县	Ningxiang County	12.56	7.08	5.48	89.05	32.21	84.05
浏阳市	Liuyang City	14.17	8.04	6.13	88.79	32.34	83.68
荷塘区	Hetang District	10.04	6.76	3.28	95.26	4.30	75.51
芦淞区	Lusong District	18.77	7.53	11.24	95.05	5.48	70.47
石峰区	Shifeng District	12.47	7.05	5.42	96.06	5.60	77.28
天元区	Tianyuan District	16.02	6.76	9.26	95.27	3.76	71.76
株洲县	Zhuzhou County	12.73	7.00	5.73	88.98	9.13	87.52
攸　县	You County	15.76	7.05	8.71	88.26	18.77	84.88
茶陵县	Chaling County	15.84	7.10	8.74	88.61	13.69	90.40
炎陵县	Yanling County	19.26	7.52	11.74	88.55	4.62	89.64
醴陵市	Liling City	13.85	7.09	6.76	87.75	22.51	91.91
雨湖区	Yuhu District	14.40	6.97	7.43	92.81	11.28	80.71
岳塘区	Yuetang District	10.32	6.80	3.52	97.40	7.61	78.74
湘潭县	Xiangtan County	11.66	7.03	4.63	88.65	21.72	84.54
湘乡市	Xiangxiang City	14.47	7.13	7.34	82.77	21.01	86.25
韶山市	Shaoshan City	11.60	7.95	3.65	93.33	2.42	83.22
珠晖区	Zhuhui District	11.32	7.05	4.27	93.37	6.31	84.00
雁峰区	Yanfeng District	11.68	7.31	4.37	94.08	4.29	83.98
石鼓区	Shigu District	13.00	7.25	5.75	93.11	4.68	86.55
蒸湘区	Zhengxiang District	13.29	6.76	6.53	93.03	5.20	86.74
南岳区	Nanyue District	13.19	5.88	7.31	93.52	1.37	81.85
衡阳县	Hengyang County	13.21	7.06	6.15	87.79	25.68	86.67
衡南县	Hengnan County	13.02	7.11	5.91	83.23	22.43	88.45
衡山县	Hengshan County	14.18	6.90	7.28	84.22	9.59	85.35
衡东县	Hengdong County	13.80	7.10	6.70	87.96	15.75	87.83
祁东县	Qidong County	13.32	7.07	6.25	81.31	21.05	88.82
耒阳市	Leiyang City	13.51	7.05	6.46	84.37	26.30	90.67
常宁市	Changning City	12.53	7.09	5.44	85.43	18.95	87.38
双清区	Shuangqing District	10.90	6.71	4.19	91.38	6.40	89.69
大祥区	Daxiang District	10.93	7.32	3.61	91.39	7.18	84.32
北塔区	Beita District	13.43	6.68	6.75	89.08	2.11	88.01
邵东县	Shaodong County	12.65	6.98	5.67	88.16	26.06	86.91
新邵县	Xinshao County	11.58	6.93	4.65	86.48	15.89	88.62

20-2 续表 1 continued

市县名称	Cities and Counties	出生率(‰) Birth Rate (‰)	死亡率(‰) Death Rate (‰)	自然增长率(‰) Natural Growth Rate (‰)	符合政策生育率(%) Birth Within Plan Rate (%)	已婚育龄妇女人数(万人) Married Women at Child-Bearing Age (10 000 persons)	节育率(%) Contraceptive Rate (%)
邵阳县	Shaoyang County	12.13	7.01	5.12	89.25	20.60	90.47
隆回县	Longhui County	14.06	7.07	6.99	80.07	24.69	88.80
洞口县	Dongkou County	11.95	7.10	4.85	87.86	17.49	85.11
绥宁县	Shuining County	13.13	6.87	6.26	91.91	7.85	87.55
新宁县	Xinning County	14.00	7.05	6.95	87.49	13.01	91.46
城步县	Chengbu County	17.77	7.27	10.50	85.16	5.81	88.11
武冈市	Wugang City	13.16	7.04	6.12	85.97	16.56	89.18
岳阳楼区	Yueyanglou District	11.85	7.03	4.82	88.43	15.79	76.63
云溪区	Yunxi District	13.92	7.45	6.47	89.03	3.92	86.14
君山区	Junshan District	11.50	7.23	4.27	87.97	5.38	86.94
岳阳县	Yueyang County	13.02	6.97	6.05	86.11	15.73	82.34
华容县	Huarong County	12.81	7.01	5.80	90.49	16.73	89.96
湘阴县	Xiangying County	12.43	7.06	5.37	88.04	16.46	87.98
平江县	Pingjiang County	16.06	6.94	9.12	78.21	23.00	87.71
汨罗市	Miluo City	13.13	7.11	6.02	89.16	15.19	83.95
临湘市	Linxiang City	14.77	6.96	7.81	82.38	11.35	87.56
屈原区	Quyuan District	9.59	6.50	3.09	90.06	1.87	90.64
武陵区	Wuling District	11.28	6.85	4.43	91.34	12.39	84.64
鼎城区	Dingcheng District	10.61	6.96	3.65	90.73	17.87	85.99
安乡县	Anxiang County	9.97	6.91	3.06	92.50	13.53	81.11
汉寿县	Hanshou County	11.66	6.97	4.69	87.67	18.50	85.66
澧　县	Li County	11.06	6.97	4.09	88.29	21.44	88.14
临澧县	Linli County	11.62	7.15	4.47	89.55	10.57	83.75
桃源县	Taoyuan County	11.31	6.98	4.33	90.42	21.52	89.53
石门县	Shimen County	10.39	7.16	3.23	91.37	15.06	86.53
津市市	Jinshi City	9.06	7.15	1.91	89.39	5.93	81.11
西洞庭区	Xidongting District	7.59	6.94	0.65	91.15	0.86	87.00
西湖区	Xihu District	15.22	5.11	10.11	75.52	1.04	71.46
永定区	Yongding District	13.10	6.94	6.16	92.46	9.46	88.21
武陵源区	Wulingyuan District	14.84	7.13	7.71	92.27	1.15	83.64
慈利县	Cili County	11.47	7.06	4.41	88.66	14.80	87.95
桑植县	Sangzhi County	15.58	7.07	8.51	89.76	9.39	86.32
资阳区	Ziyang District	12.91	7.05	5.86	90.36	9.08	90.51
赫山区	Heshan District	13.37	6.94	6.43	87.32	20.85	82.02
南　县	Nan County	11.59	7.07	4.52	90.03	15.42	81.11
大通湖区	Datonghu District	10.26	7.11	3.15	94.27	2.36	86.38
桃江县	Taojiang County	13.95	7.06	6.89	85.22	19.53	89.28
安化县	Anhua County	14.07	6.97	7.10	82.44	21.64	88.17
沅江市	Yuanjiang City	13.08	6.99	6.09	88.83	16.90	82.79
北湖区	Beihu District	13.36	6.82	6.54	86.82	7.39	83.31
苏仙区	Suxian District	13.67	6.91	6.76	89.10	7.57	85.08
桂阳县	Guiyang County	13.03	7.10	5.93	83.16	17.48	86.39
宜章县	Yizhang County	13.07	7.11	5.96	83.71	12.25	84.21

20−2 续表 2 continued

市县名称	Cities and Counties	出生率(‰) Birth Rate (‰)	死亡率(‰) Death Rate (‰)	自然增长率(‰) Natural Growth Rate (‰)	符合政策生育率(%) Birth Within Plan Rate (%)	已婚育龄妇女人数(万人) Married Women at Child-Bearing Age (10 000 persons)	节育率(%) Contra-ceptive Rate (%)
永兴县	Yongxing County	12.09	7.04	5.05	88.83	13.72	86.17
嘉禾县	Jiahe County	12.54	7.05	5.49	83.61	8.01	90.60
临武县	Linwu County	12.97	6.83	6.14	77.11	6.72	89.74
汝城县	Rucheng County	14.78	6.86	7.92	86.20	8.26	90.24
桂东县	Guidong County	12.97	7.03	5.94	84.32	3.97	90.14
安仁县	Anren County	13.79	7.06	6.73	83.65	9.16	86.88
资兴市	Zixing City	12.35	7.10	5.25	88.29	8.19	81.91
零陵区	Lingling District	14.72	7.14	7.58	82.22	12.80	87.32
冷水滩区	Lengshuitan District	14.66	7.16	7.50	84.97	11.38	85.14
祁阳县	Qiyang County	12.44	7.11	5.33	82.77	21.22	87.57
东安县	Dongan County	13.77	7.14	6.63	82.66	12.65	86.68
双牌县	Shuangpai County	13.52	7.53	5.99	85.54	3.81	84.27
道　县	Dao County	13.40	6.92	6.48	84.10	14.27	87.15
江永县	Jiangyong County	14.96	7.19	7.77	87.26	5.46	91.25
宁远县	Ningyuan County	12.15	7.01	5.14	79.64	15.62	89.30
蓝山县	Lanshan County	15.16	7.21	7.95	81.66	7.69	88.16
新田县	Xintian County	12.58	7.11	5.47	83.26	8.04	87.02
江华县	Jianghua County	19.56	6.82	12.74	86.62	10.17	85.54
金洞区	Jindong District	14.29	6.66	7.63	82.64	1.10	91.15
鹤城区	Hecheng District	16.47	6.96	9.51	88.15	8.16	85.61
中方县	Zhongfang County	16.25	6.92	9.33	86.22	6.18	88.96
沅陵县	Yuanling County	12.60	6.92	5.68	86.74	13.46	89.23
辰溪县	Chenxi County	13.38	6.87	6.51	89.68	11.05	85.14
溆浦县	Xupu County	13.53	7.09	6.44	85.50	18.63	88.46
会同县	Huitong County	13.91	7.24	6.67	85.99	7.86	89.04
麻阳县	Mayang County	13.81	6.99	6.82	93.37	7.83	80.72
新晃县	Xinhuang County	15.34	6.81	8.53	90.83	5.40	82.26
芷江县	Zhijiang County	13.43	6.91	6.52	94.28	8.27	92.36
靖州县	Jingzhou County	16.37	6.82	9.55	94.21	5.70	80.97
通道县	Tongdao County	17.01	6.85	10.16	96.02	4.79	87.32
洪江市	Hongjiang City	13.15	6.81	6.34	84.21	9.37	87.07
洪江区	Hongjiang District	9.11	3.34	5.77	91.83	1.44	86.17
娄星区	Louxing District	13.03	6.82	6.21	90.31	10.12	89.21
双峰县	Shuangfeng County	13.36	6.93	6.43	87.26	20.27	88.85
新化县	Xinhua County	13.25	7.02	6.23	87.37	28.58	93.14
冷水江市	Lengshuijiang City	15.24	7.22	8.02	89.25	8.36	95.61
涟源市	Liangyuan City	13.25	6.94	6.31	87.24	24.40	86.87
吉首市	Jishou City	12.10	7.16	4.94	93.59	5.78	83.50
泸溪县	Luxi County	13.95	6.80	7.15	87.86	5.77	90.51
凤凰县	Fenghuang County	15.49	7.15	8.34	88.80	7.56	83.20
花垣县	Huayuan County	14.86	6.84	8.02	92.92	5.86	88.69
保靖县	Baojing County	14.75	7.13	7.62	88.44	6.23	81.87
古丈县	Guzhang County	13.71	6.42	7.29	90.26	2.82	81.33
永顺县	Yongshun County	14.92	7.01	7.91	88.35	10.37	81.30
龙山县	Longshan County	16.20	6.93	9.27	85.92	11.52	84.24

20-3 从业人员年末人数(2011年)
Employment at the Year-end (2011)

单位:万人 (10 000 persons)

市县名称	Cities and Counties	从业人员人数 Number of Empolyed Persons	在岗职工 Staff and Workers on the Job	#国有经济 State-owned Units	#城镇集体经济 Urban Collective Owned Units	城镇个体从业人员 Empoly- Persons in Urban Self Empolyed Individuals	城镇私营企业从业人员 Empolyed Persons in Urban Private Enterprises	农村从业人员 Rural Empolyed Persons	其他从业人员 Other Empolyed Persons
芙蓉区	Furong District	29.21	16.24	6.40	0.51	4.94	6.73	0.15	1.15
天心区	Tianxin District	26.90	11.58	4.38	0.18	6.57	7.53	0.57	0.66
岳麓区	Yuelu District	40.79	15.58	6.28	0.19	5.59	5.67	13.40	0.55
开福区	Kaifu District	30.25	11.28	3.71	0.48	5.95	6.28	6.24	0.50
雨花区	Yuhua District	34.41	16.84	7.66	0.48	6.59	6.06	3.41	1.51
望城区	Wangcheng District	36.46	7.49	2.40	0.61	0.95	0.89	26.93	0.20
长沙县	Changsha County	66.25	17.60	2.55	0.25	2.16	0.57	45.64	0.28
宁乡县	Ningxiang County	85.28	6.20	2.44	0.75	1.68	0.51	76.56	0.33
浏阳市	Liuyang City	89.44	13.40	2.31	0.50	2.87	0.53	72.13	0.51
荷塘区	Hetang District	11.51	4.54	1.56	0.12	2.75	1.53	2.53	0.15
芦淞区	Lusong District	18.11	7.35	3.66	0.05	3.55	2.58	4.46	0.18
石峰区	Shifeng District	17.13	6.69	1.77	0.03	2.79	3.16	3.96	0.53
天元区	Tianyuan District	13.17	5.49	1.98	0.04	0.65	0.69	5.85	0.46
株洲县	Zhuzhou County	21.01	2.55	0.81	0.15	0.10	0.10	18.25	0.04
攸 县	You County	46.88	2.81	1.56	0.23	1.61	0.89	41.46	0.11
茶陵县	Chaling County	32.89	2.24	1.45	0.30	0.37	0.28	29.90	0.10
炎陵县	Yanling County	11.05	1.08	0.69	0.04	0.23	0.23	9.40	0.11
醴陵市	Liling City	62.73	6.10	1.94	0.21	2.46	3.03	51.02	0.12
雨湖区	Yuhu District	26.76	8.33	2.76	0.32	1.43	1.30	14.43	1.27
岳塘区	Yuetang District	16.45	9.60	2.68	0.39	0.61	1.00	5.03	0.22
湘潭县	Xiangtan County	60.89	4.83	2.17	0.37	0.73	0.62	54.61	0.10
湘乡市	Xiangxiang City	58.92	5.12	2.43	0.21	1.67	2.44	49.60	0.09
韶山市	Shaoshan City	6.29	0.70	0.39	0.01	0.32	0.03	5.19	0.05
珠晖区	Zhuhui District	15.08	3.68	2.22	0.20	3.40	2.28	5.52	0.21
雁峰区	Yanfeng District	14.65	5.74	1.69	0.14	3.37	3.06	2.03	0.45
石鼓区	Shigu District	13.70	4.83	1.53	0.16	3.01	2.87	2.30	0.69
蒸湘区	Zhengxiang District	18.85	6.11	1.87	0.38	4.45	3.80	3.47	1.02
南岳区	Nanyue District	4.56	0.56	0.39	0.02	1.03	0.88	1.92	0.18
衡阳县	Hengyang County	63.96	6.11	2.70	0.58	4.34	4.46	48.93	0.13
衡南县	Hengnan County	60.72	5.17	2.26	0.53	2.83	1.86	50.17	0.69
衡山县	Hengshan County	38.58	2.36	1.03	0.07	2.54	7.58	26.01	0.09
衡东县	Hengdong County	38.71	2.43	1.58	0.16	2.66	2.91	30.59	0.12
祁东县	Qidong County	60.42	3.37	2.41	0.11	2.15	2.91	51.86	0.13
耒阳市	Leiyang City	81.05	6.23	3.80	0.27	7.61	11.74	55.08	0.39
常宁市	Changning City	56.10	4.61	2.49	0.29	6.25	3.93	41.22	0.09
双清区	Shuangqing District	18.74	4.94	1.54	0.27	5.04	1.89	5.93	0.94
大祥区	Da xiang District	17.77	4.08	2.65	0.31	2.20	2.14	8.54	0.81
北塔区	Beita District	6.47	1.37	0.80	0.11	0.80	0.84	3.38	0.07

20−3 续表 1 continued

单位：万人 (10 000 persons)

市县名称	Cities and Counties	从业人员人数 Number of Em-polyed Persons	在岗职工 Staff and Workers on the Job	#国有经济 State-owned Units	#城镇集体经济 Urban Collec-tive Owned Units	城镇个体从业人员 Empoly-Persons in Urban Self Em-polyed Indi-viduals	城镇私营企业从业人员 polyed Persons in Urban Private Enter-prises	农村从业人员 Rural Em-polyed Persons	其他从业人员 Other Em-polyed Persons
邵东县	Shaodong County	72.28	3.80	2.10	0.18	9.24	3.51	55.61	0.12
新邵县	Xinshao County	55.76	2.25	1.39	0.04	5.80	1.20	46.39	0.10
邵阳县	Shaoyang County	64.38	2.82	2.05	0.37	4.19	0.95	56.32	0.10
隆回县	Longhui County	69.70	2.61	1.96	0.06	5.92	1.30	59.74	0.14
洞口县	Dongkou County	56.79	2.46	1.86	0.02	4.11	0.96	48.92	0.34
绥宁县	Shuining County	25.03	1.52	1.10	0.04	2.04	0.98	20.37	0.12
新宁县	Xinning County	40.48	1.89	1.32	0.04	4.28	0.61	33.58	0.13
城步县	Chengbu County	15.01	1.26	1.08	0.03	1.40	0.17	12.04	0.15
武冈市	Wugang City	47.40	2.56	1.81	0.39	3.55	0.79	40.05	0.45
岳阳楼区	Yueyanglou District	55.08	13.56	7.11	0.30	22.21	3.75	13.75	1.81
云溪区	Yunxi District	11.96	3.81	0.60	0.40	1.59	0.64	5.45	0.47
君山区	Junshan District	12.69	1.46	1.00	0.15	1.97	1.00	8.20	0.06
岳阳县	Yueyang County	41.05	2.55	1.44	0.15	6.96	2.26	29.12	0.16
华容县	Huarong County	42.84	3.43	1.41	0.66	1.13	3.19	34.69	0.40
湘阴县	Xiangyin County	49.17	4.19	1.69	0.07	3.31	3.47	37.94	0.27
平江县	Pingjiang County	58.62	3.78	2.70	0.16	1.79	2.58	50.33	0.14
汨罗市	Miluo City	47.97	8.42	4.37	0.41	1.84	5.25	30.38	2.08
临湘市	Linxiang City	28.97	2.03	1.47	0.22	3.87	2.14	20.67	0.26
武陵区	Wuling District	27.44	10.25	4.21	0.13	6.66	1.75	7.70	1.08
鼎城区	Dingchen District	45.64	3.76	1.86	0.13	4.21	1.29	35.59	0.79
安乡县	Anxiang County	31.66	3.01	1.24	0.03	1.51	0.41	26.69	0.04
汉寿县	Hanshou County	44.29	3.33	1.56	0.13	1.78	0.97	38.17	0.04
澧　县	Li County	48.87	3.35	2.04	0.14	2.75	1.50	41.20	0.07
临澧县	Linli County	28.59	1.62	1.08	0.07	0.85	0.68	25.37	0.06
桃源县	Taoyuan County	55.15	3.72	1.91	0.17	2.52	0.48	48.31	0.12
石门县	Shimen County	38.94	3.03	1.65	0.00	2.27	0.67	32.73	0.24
津市市	Jinshi City	11.94	2.23	0.73	0.02	1.29	0.08	8.21	0.14
永定区	Yongding District	27.51	3.77	2.57	0.03	2.56	0.90	20.14	0.14
武陵源区	Wulingyuan District	3.65	0.73	0.44		0.51	0.03	2.36	0.02
慈利县	Cili County	37.98	2.09	1.44	0.23	1.34	0.52	33.45	0.58
桑植县	Sangzhi County	25.20	1.63	1.39	0.01	0.46	0.54	22.48	0.09
资阳区	Ziyang District	21.20	2.42	1.49	0.10	0.62	0.20	17.88	0.08
赫山区	Heshan District	58.68	10.83	4.69	0.54	3.42	4.44	38.11	1.88
南　县	Nan County	35.56	1.88	1.13	0.03	0.99	0.12	32.37	0.20
大通湖区	Datonghu District	4.57	0.52	0.25		0.22	0.18	3.65	
桃江县	Taojiang County	46.24	2.77	1.78	0.13	1.27	1.20	40.72	0.28
安化县	Anhua County	48.59	3.12	2.44	0.30	1.10	0.31	43.84	0.23
沅江市	Yuanjiang City	38.24	3.52	2.91	0.15	0.58	0.16	33.75	0.23
北湖区	Beihu District	23.66	5.98	3.41	0.17	5.37	2.37	9.21	0.72
苏仙区	Suxian District	22.88	4.94	2.52	0.08	2.11	0.94	14.67	0.23
桂阳县	Guiyang County	51.18	3.43	2.19	0.10	3.30	1.45	42.89	0.11
宜章县	Yizhang County	35.61	2.35	1.60	0.10	2.73	1.20	29.17	0.16
永兴县	Yongxing County	37.41	2.50	1.87	0.21	2.96	1.29	30.55	0.11

20-3 续表 2 continued

单位：万人 (10 000 persons)

市县名称	Cities and Counties	从业人员人数 Number of Em-polyed Persons	在岗职工 Staff and Workers on the Job	#国有经济 State-owned Units	#城镇集体经济 Urban Collec-tive Owned Units	城镇个体从业人员 Empoly-Persons in Urban Self Em-polyed Indi-viduals	城镇私营企业从业人员 polyed Persons in Urban Private Enter-prises	农村从业人员 Rural Em-polyed Persons	其他从业人员 Other Em-polyed Persons
嘉禾县	Jiahe County	23.02	1.53	1.12	0.11	0.92	0.40	20.04	0.13
临武县	Linwu County	21.85	1.58	0.89	0.14	1.32	0.59	18.31	0.05
汝城县	Rucheng County	23.10	1.13	0.93		1.52	0.68	19.72	0.04
桂东县	Guidong County	14.17	0.77	0.57	0.03	0.81	0.36	12.16	0.07
安仁县	Anren County	26.59	1.19	1.02	0.01	1.17	0.52	23.64	0.07
资兴市	Zixing City	24.56	3.90	1.41	0.02	2.36	1.04	16.92	0.34
零陵区	Lingling District	32.70	3.52	2.48	0.05	0.78	2.75	25.53	0.11
冷水滩区	Lengshuitan District	32.71	5.26	2.79	0.19	3.38	4.03	19.79	0.24
祁阳县	Qiyang County	57.19	5.40	2.90	0.29	1.87	0.89	48.38	0.65
东安县	Dongan County	33.31	2.27	1.84	0.06	1.72	0.34	28.87	0.10
双牌县	Shuangpai County	8.54	1.05	0.79	0.06	0.38	0.19	6.82	0.10
道　县	Dao County	38.06	2.18	1.53	0.28	1.11	0.44	34.21	0.12
江永县	Jiangyong County	15.24	1.22	0.87	0.23	0.66	0.16	13.17	0.03
宁远县	Ningyuan Couny	42.76	2.44	1.63	0.15	1.46	0.27	38.51	0.08
蓝山县	Lanshan County	22.80	2.02	0.97	0.14	0.54	0.25	19.89	0.10
新田县	Xintian County	23.57	1.32	1.02	0.02	0.37	0.27	21.48	0.13
江华县	Jianghua County	29.39	1.59	1.28	0.05	0.75	0.03	26.94	0.08
鹤城区	Hecheng District	24.33	6.74	4.49	0.13	7.83	5.49	3.85	0.43
中方县	Zhongfang County	16.87	1.35	0.93		1.65	3.10	10.73	0.04
沅陵县	Yuanling County	37.87	2.65	1.61	0.20	3.92	2.75	28.46	0.10
辰溪县	Chenxi County	30.57	2.56	1.82	0.27	4.09	2.01	21.65	0.26
溆浦县	Xupu County	50.71	2.97	2.45	0.07	4.83	2.45	40.23	0.23
会同县	Huitong County	24.38	1.21	0.94	0.07	2.08	1.59	19.37	0.12
麻阳县	Mayang County	21.48	1.42	1.11	0.07	2.89	0.97	16.19	0.01
新晃县	Xinhuang County	14.83	0.96	0.80	0.07	1.69	1.51	10.65	0.02
芷江县	Zhijiang County	22.17	1.58	1.13	0.07	2.15	0.92	17.49	0.03
靖州县	Jingzhou County	16.25	1.13	0.94	0.12	2.23	1.23	11.51	0.15
通道县	Tongdao County	14.37	0.79	0.69	0.03	1.33	1.40	10.71	0.14
洪江市	Hongjiang City	22.70	1.77	1.15	0.09	0.57	0.37	19.90	0.09
洪江区	Hongjiang District	3.17	0.82	0.36	0.05	0.53	0.42	1.34	0.06
娄星区	Louxing District	30.44	8.99	4.98	0.77	7.06	0.54	12.99	0.86
双峰县	Shuangfeng County	54.34	3.47	2.03	0.19	2.04	0.71	47.97	0.15
新化县	Xinhua County	74.97	3.93	2.65	0.65	2.08	1.01	67.88	0.07
冷水江市	Lengshuijiang City	19.02	5.98	2.22	1.71	1.74	1.05	10.08	0.16
涟源市	Liangyuan City	72.59	4.93	2.60	0.35	5.23	3.47	58.76	0.20
吉首市	Jishou City	20.65	4.36	2.88	0.29	4.20	2.09	9.60	0.40
泸溪县	Luxi County	19.24	1.00	0.92	0.06	2.00	1.40	14.84	
凤凰县	Fenghuang County	24.80	1.27	1.09	0.04	3.61	0.39	19.52	0.01
花垣县	Huayuan County	21.05	1.38	1.10	0.01	2.80	1.90	14.97	
保靖县	Baojing County	19.25	0.99	0.87	0.03	2.73	0.98	14.55	
古丈县	Guzhang County	9.49	0.58	0.54	0.01	1.10	0.40	7.39	0.02
永顺县	Yongsun County	30.93	1.63	1.44	0.09	3.10	0.35	25.85	
龙山县	Longshan County	33.05	1.70	1.57	0.06	3.80	0.83	26.62	0.11

20−4 国有经济各行业在岗职工年末人数（2011年）
Employed Staff and Workers in State-Owned Units by Sector at the Year-end (2011)

单位：人

市县名称	Cities and Counties	农林牧渔业 Agriculture, Forestry, Farming of Animals and Fishing	采掘业 Mining	制造业 Manufacturing	电力燃气及水的生产和供应 Production and Spply of Elrctricity Gas and Water	建筑业 Construction	交通运输仓储和邮政业 Traffic, Transport, Storage and Post	信息传输计算机服务软件业 Information Transfer, Computer Services and Software	批发和零售业 Wholesale and Retail Trade
芙蓉区	Furong District			1541		649	9584	726	681
天心区	Tianxin District			4517		14498		4101	615
岳麓区	Yuelu District	21		2138		2896	872	38	28
开福区	Kaifu District			950		373	1349	4	2649
雨花区	Yuhua District			2420		23378	118	4384	432
望城区	Wangcheng District			2708	779		304		332
长沙县	Changsha County			335	51		2621	60	262
宁乡县	Ningxiang County	31		682	89	224	180	141	202
浏阳市	Liuyang City		289	844	242	229	249	230	88
荷塘区	Hetang District		119	4825			99		175
芦淞区	Lusong District			3999	1389	16514	10	1116	858
石峰区	Shifeng District			10291		260	403		20
天元区	Tianyuan District			839	95	277	2112	1706	
株洲县	Zhuzhou County	57	384	343	100		75	45	78
攸　县	You County		688	283	235		15	50	117
茶陵县	Chaling County	375	806	66	109	331	153	220	77
炎陵县	Yanling County	82		295	643		89		14
醴陵市	Liling City	70		1575	467	428	195	192	296
雨湖区	Yuhu District			341		1110	3784	742	143
岳塘区	Yuetang District			4470		3604	163	256	123
湘潭县	Xiangtan County		4282	30		320			1
湘乡市	Xiangxiang City	27		5428	600	55	264		86
韶山市	Shaoshan City						28		108
珠晖区	Zhuhui District		1114	4145	175	6355	67	229	28
雁峰区	Yanfeng District			2886	1193	2390	40		250
石鼓区	Shigu District			433		196	20	656	182
蒸湘区	Zhengxiang District			867		68	1017		831
南岳区	Nanyue District				92		20	70	8
衡阳县	Hengyang County				85	1149			80
衡南县	Hengnan County					360	259	140	385
衡山县	Hengshan County	51	149		169		198		32
衡东县	Hengdong County	178			1824		319		57
祁东县	Qidong County		555	170	284	769	138		
耒阳市	Leiyang City		6382		2148	950	275	95	190
常宁市	Changning City		1815	650	786	595	337	117	88
双清区	Shuangqing District		1322	914	825	925	1145	19	5
大祥区	Da xiang District			2501	135	2662	129	454	525
北塔区	Beita District	117		8			5057		110

续表 continued

(person)

住宿和餐饮业 Accommodation and Restaurants	金融业 Finance	房地产业 Real Estate Trade	租赁和商务服务业 Tenancy and Business Services	科学研究技术服务地质勘查 Scientific Research, Technical Services, Geologic Perambulation	水利环境和公共设施管理业 Management of Water Conservancy, Environment and Public Establishment	居民服务和其他服务业 Resident Services and Other Services	教育 Education	卫生、社会保障和社会福利 Sanitation Social Security and Social Welfare	文化体育和娱乐业 Culture, Sports and Entertainment	公共管理和社会组织 Public Management and Social Organization
1893	5956	4026	1240	5291	629		9088	8376	1795	12573
252	393	1271	531	2834	510	72	5802	1312	1447	5639
1146	138	439	210	3866	1296	71	29301	6994	277	13102
868	2793	1010	506	1621	707		4889	7878	6020	5509
2252	1313	1250	1830	11920	3123	177	7834	9444	2727	4017
596			199	253	308		8638	2751	166	6950
	15			1424	343		12654	3051	22	4692
68		146	262	731	1337	18	8848	3473	495	7434
42	98	538	90	158	286	4	6001	3851	370	9497
20	230	13	1766	991	361		2898	1100	34	2935
461	15	257	125	54	681	17	1705	4063	382	4944
		98		8	274		3382	979		1954
266	1191	68	138	853	249		3813	862	275	7053
50			43	18	240		2579	666	24	3410
96			174	15	783		5041	1608	271	6264
		93	1984	204	306		4233	1351	101	4118
233		19	211	108	150		1508	397	168	2937
		15	166	178	362	29	6586	3590	123	5137
160	650	296	446	1091	477	289	9196	3825	233	4798
213	11	94	82	742	46		5893	2196	786	8161
5		32	12	197	105		6648	2627	71	7383
		85	49	97	769		6625	2653	87	7514
554	18	17	118	7	80	19	856	320	182	1628
92		138	155		134		4377	2688	142	2376
	182	407	120	615	979	23	2930	2201	180	2514
		16	126	96	199	99	2182	3536	790	6769
	373	18	177	1010	156		3575	1000	456	9181
342			81	318	316		512	616	90	1418
			191	379	1180	29	10597	3606	135	9596
	24		153	212	107		8389	2077	392	10136
	61	74	137	502	256	6	3608	1693	186	3217
190	68		33	568	229	20	5863	1703	244	4501
		12	136	850	165	29	7469	2620	284	10589
	480	351	266	1454	1593	18	9111	3797	418	10447
		61	178	89	520		6825	3646	234	8966
	62	27		363	36	54	2694	2611	152	4287
	1510	130	139	1169	527		4809	3183	600	8041
	43		10	171	7	8	588	164	4	1719

20-4 续表 1

单位：人

市县名称	Cities and Counties	农林牧渔业 Agriculture, Forestry, Farming of Animals and Fishing	采掘业 Mining	制造业 Manufacturing	电力燃气及水的生产和供应 Production and Spply of Elrctricity Gas and Water	建筑业 Construction	交通运输仓储和邮政业 Traffic, Transport, Storage and Post	信息传输计算机服务软件业 Information Transfer, Computer Services and Software	批发和零售业 Wholesale and Retail Trade
邵东县	Shaodong County	79			266	524	1311	163	69
新邵县	Xinshao County	164			326		751		184
邵阳县	Shaoyang County		1630	373	559	460	457	109	580
隆回县	Longhui County				150	505	965	64	69
洞口县	Dongkou County	1456	842		1029		995	273	190
绥宁县	Shuining County		28	320	756		429	222	92
新宁县	Xinning County	458			286		577	101	
城步县	Chengbu County	1956			410		452	204	281
武冈市	Wugang City		991		1516		718	261	328
岳阳楼区	Yueyanglou District			12561	1935	5884	6457	1981	1701
云溪区	Yunxi District			264	99		45	14	8
君山区	Junshan District			1066	294	2200	174		291
岳阳县	Yueyang County			951	212	336	566	55	193
华容县	Huarong County			182	205	30		65	49
湘阴县	Xiangyin County			45	318	703	577		215
平江县	Pingjiang County		759	523	1205		805		451
汨罗市	Miluo City	19922				2603	363	44	856
临湘市	Linxiang City	114		1181	48		518	222	1212
武陵区	Wuling District			262	717	4668	2661	831	711
鼎城区	Dingchen District			339	167		48	135	818
安乡县	Anxiang County				228		82		28
汉寿县	Hanshou County	121		1160	24	620	237	4	34
澧　县	Li County		1201		829	383			47
临澧县	Linli County	66		85	34		154		29
桃源县	Taoyuan County	160		126	552	35	113		32
石门县	Shimen County	116	999		1293	46	193	165	56
津市市	Jinshi City		1107	190			19	68	56
永定区	Yongding District	84		6	361	402	2552	1820	555
武陵源区	Wulingyuan District				88		33		
慈利县	Cili County		331	4	232		210		134
桑植县	Sangzhi County	622	951		525	153	476		53
资阳区	Ziyang District			53	8	3531	161	6	45
赫山区	Heshan District			2363	460	1173	2149	666	822
南　县	Nan County			55	145		12		38
大通湖区	Datonghu District			15	117		58		
桃江县	Taojiang County			574	172	335			88
安化县	Anhua County		460	1438	22	81	69	75	232
沅江市	Yuanjiang City	532		2388		544	188	105	707
北湖区	Beihu District			981	489	1837	2387	1553	3313
苏仙区	Suxian District	329	3739	2735	490	1519	51		103
桂阳县	Guiyang County		2613		730	686	172		871
宜章县	Yizhang County	26	1775		1130	209	16		220
永兴县	Yongxing County	44	4038	12	312	443	269		444

续表 continued

(person)

住宿和餐饮业 Accommodation and Restaurants	金融业 Finance	房地产业 Real Estate Trade	租赁和商务服务业 Tenancy and Business Services	科学研究技术服务地质勘查 Scientific Research, Technical Services, Geologic Perambulation	水利环境和公共设施管理业 Management of Water Conservancy, Environment and Public Establishment	居民服务和其他服务业 Resident Services and Other Services	教育 Education	卫生、社会保障和社会福利 Sanitation Social Security and Social Welfare	文化体育和娱乐业 Culture, Sports and Entertainment	公共管理和社会组织 Public Management and Social Organization
	364	102	197	52	391		7765	2897	133	6697
	162		85	74	392		5530	1767	76	4393
84	152		40	132		316	6099	1626	48	7875
	13	8	114	195	665		7018	2577	40	7233
101	337	104	355	255	127		5357	2388	118	4664
	146	24	13	184	84		3540	1139	55	4005
	162	12	188	141	506		3909	1926	61	4878
77	154	2	88	70	158	117	2782	912	37	3129
52	208	243	299	190	148		4821	1799	119	6372
466	1817	138	204	1393	3231	16	10584	7106	475	15162
	154		12	116	77	32	1671	366	69	3079
		15		13	165		892	413	3	4469
			89	93	168	24	4692	1506	82	5429
			89	128	233	20	6033	1474	80	5500
95		13	101	200	781	88	4187	2285	127	7147
97	20	28	637	21	65	38	7620	3073	312	11390
430	248	186	191	209	370	36	7900	2394	194	7736
35	351		387	242	1081		3839	1143	58	4263
644	523	304	514	659	1168	102	7200	4860	1014	15213
			448	405	531	172	5766	2288	246	7228
		20	55	221	508	33	4570	1730	58	4827
		84	109	222	585	13	5922	924	185	5389
			184	411	1162	32	7391	2554	217	5974
32			118	18	175	6	3985	1631	161	4260
			1401	32	1048		7490	2669	227	5194
50		17	39	380	303		5442	2732	146	4508
53		67	33	12	59	120	1147	970	476	2968
82	784	110	289	508	1435	17	5958	2851	235	7643
421			10		1296		524	119		1953
57	19	26	37	72	419		5146	1773	462	5527
	119	50		278	43		4746	2188	15	3702
		56	87		459	47	4581	2067	189	3581
677	464	27	10360	1482	1197	31	8161	3739	571	12585
		54	80	133	470		5329	1287	67	3935
		20					371	294	25	1253
			106	52	596	20	7080	2543	125	6149
36		20	86	26	201	468	2737	4669	159	13634
		570	76	701	2010	7	11676	2801		6771
329	705	51	269	1117	539	64	2875	5877	323	11386
245	464	52	136	341	525		6853	2024	389	5254
		50	89	232	154	30	6486	2950	248	6588
106		20	105	36	223	13	4661	1869	144	5494
38		7	646	91	541		4867	2118	85	4782

20−4 续表 2

单位：人

市县名称	Cities and Counties	农林牧渔业 Agri-culture, Forestry, Farming of Animals and Fishing	采掘业 Mining	制造业 Manu-facturing	电力燃气及水的生产和供应 Produc-tion and Spply of Elrctricity Gas and Water	建筑业 Construc-tion	交通运输仓储和邮政业 Traffic, Transport, Storage and Post	信息传输计算机服务软件业 Informa-tion Transfer, Computer Services and Software	批发和零售业 Whole-sale and Retail Trade
嘉禾县	Jiahe County	552	1960				143	75	24
临武县	Linwu County			31			113		135
汝城县	Rucheng County	17		353	154	450			17
桂东县	Guidong County				15		187		24
安仁县	Anren County				131	63	183		115
资兴市	Zixing City	182		294	705	166	39	134	113
零陵区	Lingling District	193		1417	872	728	372	62	47
冷水滩区	Lengshuitan District	78		126	414	3572	696	644	2226
祁阳县	Qiyang County	234	208		751	167	534	530	58
东安县	Dongan County		420	486	162		584	75	355
双牌县	Shuangpai County	435		1063	337		221	47	38
道　县	Dao County			450		60	375	100	
江永县	Jiangyong County	919			400	30	265		71
宁远县	Ningyuan Couny	18		204	428	1021	312	57	226
蓝山县	Lanshan County	30		23	569	16	188	118	126
新田县	Xintian County	52			66	53	298	120	25
江华县	Jianghua County	914	46		717	124	292		76
鹤城区	Hecheng District	41		74	220	2215	5139	2339	1224
中方县	Zhongfang County	59		1025	260		255		
沅陵县	Yuanling County	90			757		836	86	262
辰溪县	Chenxi County	237	1655	1985	60	180	408		28
溆浦县	Xupu County	727	382	10	757	895	168	105	81
会同县	Huitong County	537					204		102
麻阳县	Mayang County	346			118	370	197	43	50
新晃县	Xinhuang County	81		124	334		28		40
芷江县	Zhijiang County		243	58	879		305		70
靖州县	Jingzhou County	625			568		442		16
通道县	Tongdao County	27			240		19		30
洪江市	Hongjiang City	114		495	599		79		75
洪江区	Hongjiang District	5		157	136		357		8
娄星区	Louxing District			15791	357	1658	1963	43	396
双峰县	Shuangfeng County	150	981		16	312	193	31	55
新化县	Xinhua County			255	545	2046	396		71
冷水江市	Lengshuijiang City	39	3931	1403	277	1121	455		104
涟源市	Liangyuan City	455		747	317	511	127		132
吉首市	Jishou City	91		73	528	712	3023	966	281
泸溪县	Luxi County	61		226	627	18	11		
凤凰县	Fenghuang County	50	272		199	5	69		48
花垣县	Huayuan County	226		43	1695		186		48
保靖县	Baojing County	395			498		83		16
古丈县	Guzhang County	87		127	186		46	12	12
永顺县	Yongsun County		22		325	95	192	62	18
龙山县	Longshan County	128			485	82	349	87	40
未列入地区	**Not Classified by Region**		**32**	**544**	**55654**	**1518**	**71241**	**107**	**846**

续表 continued

(person)

住宿和餐饮业 Accommodation and Restaurants	金融业 Finance	房地产业 Real Estate Trade	租赁和商务服务业 Tenancy and Business Services	科学研究技术服务地质勘查 Scientific Research, Technical Services, Geologic Perambulation	水利环境和公共设施管理业 Management of Water Conservancy, Environment and Public Establishment	居民服务和其他服务业 Resident Services and Other Services	教育 Education	卫生、社会保障和社会福利 Sanitation Social Security and Social Welfare	文化体育和娱乐业 Culture, Sports and Entertainment	公共管理和社会组织 Public Management and Social Organization
	19		130	59	487	13	2860	1095	26	3715
50		90	64	102	165		2639	775	218	4516
2	22		106	31	96	14	2804	919	25	4328
80				41	59		1747	554	135	2824
20			126	78	299		3898	1342	203	3790
45		124	1842	170	387	15	3999	1106	293	4504
	1291	180	339	195	1205	25	7593	3757	190	6303
11	1565	146	306	947	688	35	4505	1878	483	9593
	608	95	521	271	405	447	9875	3220	525	10524
	195		159	782	1048	34	6820	2852	103	4329
	236		117	62	32		1704	760	59	2763
	125	8	165	305	315		5601	1780	112	5866
15	55	48	125	48	142		2447	503	35	3643
	142	230		27	577		5623	1160	107	6174
5	118	15		93	262	55	2773	983	49	4302
	130		76	91	346		4073	1114	122	3638
2	174	11	76	69	94		3985	1647	88	4483
481	2363	1107	639	1792	2040	118	7428	6224	899	10590
	20	13		52	47		2638	624	38	4288
9		139	150	232	297		5810	1760	545	5095
			158	96	292		4771	2128	68	6150
109		51	98	272	970		8452	3499	150	7780
2		12	188	55	231		3061	1224	244	3515
107		46	97	36	306	7	3094	1557	113	4579
35		118	57	49	266		2154	1071	55	3562
139		84	188	90	421		3621	836	63	4303
			113	169	235		3197	974	35	2998
98			46	56	76	8	2133	691	78	3361
		18		160	178		3509	1579	62	4438
		10	153	109	73	17	772	373	47	1561
423	475	76	1125	1154	1149	235	7394	4423	605	12579
	497	41	193	67	142		8250	2263	135	6989
154	165		112	64	1014		8479	2980	157	10023
196	230	4	233	207	916	14	4675	1863	221	6343
85	144	31		552	1328	37	8051	2988	106	10376
37	1093	317	33	1208	1034		6993	3449	603	8386
54		9	74	400	303		3126	1198	78	2989
		60	62	102	693		3527	1449	72	4303
			24	586	294		2700	1415	221	3555
			112	375	214		2577	1256	49	3152
			40	275	181		1484	580	24	2335
		30	464	866	320		5290	1656	95	4989
90		34	89	714	286		6382	2092	175	4627
1841	**20**	**382**	**803**	**621**			**285**	**149**	**148**	**3788**

20−5 城镇集体经济各行业在岗职工年末人数（2011年）
Employed Staff and Workers in Urban Collective-Owned Units by Sector at the Year-end (2011)

单位：人

市县名称	Cities and Counties	农林牧渔业 Agri-culture, Forestry, Farming of Animals and Fishing	采掘业 Mining	制造业 Manu-facturing	电力燃气及水的生产和供应 Produc-tion and Spply of Elrctricity Gas and Water	建筑业 Construc-tion	交通运输仓储和邮政业 Traffic, Transport, Storage and Post	信息传输计算机服务软件业 Informa-tion Transfer, Computer Services and Software	批发和零售业 Whole-sale and Retail Trade
芙蓉区	Furong District			534		1193			39
天心区	Tianxin District			501			90	7	56
岳麓区	Yuelu District		96	492	13	240	320		55
开福区	Kaifu District			787		2921	22	18	145
雨花区	Yuhua District			692		2353	698	84	164
望城区	Wangcheng District	4		2553	30	2942	179	5	67
长沙县	Changsha County			1562		30			16
宁乡县	Ningxiang County	55	3784	1799		1213			
浏阳市	Liuyang City			1602		865	34		
荷塘区	Hetang District		39	531					79
芦淞区	Lusong District			85		18			174
石峰区	Shifeng District			163		19	21		
天元区	Tianyuan District			273		40			
株洲县	Zhuzhou County			82		584	84		
攸　县	You County	138	813	687			17		
茶陵县	Chaling County	97	1525	520	7	243			
炎陵县	Yanling County					108			25
醴陵市	Liling City			733	142				
雨湖区	Yuhu District		371	892		518	24		50
岳塘区	Yuetang District			2505		281	784		
湘潭县	Xiangtan County		638			1881			
湘乡市	Xiangxiang City		467	547		1095			
韶山市	Shaoshan City					45			
珠晖区	Zhuhui District		24	440		1273			12
雁峰区	Yanfeng District		49	523		280	134		58
石鼓区	Shigu District			655		851			40
蒸湘区	Zhengxiang District			818		1570			7
南岳区	Nanyue District								19
衡阳县	Hengyang County			554		4547	246		407
衡南县	Hengnan County			3193		1267			211
衡山县	Hengshan County		153	188	3		100		
衡东县	Hengdong County			264		672	5		
祁东县	Qidong County			145	8	319	440		137
耒阳市	Leiyang City		839	124		1259			168
常宁市	Changning City			594		2296			
双清区	Shuangqing District			97		1847	170		8
大祥区	Da xiang District			302		2664	3		
北塔区	Beita District			184	3	860			

续表 continued

(person)

住宿和餐饮业 Accommodation and Restaurants	金融业 Finance	房地产业 Real Estate Trade	租赁和商务服务业 Tenancy and Business Services	科学研究技术服务地质勘查 Scientific Research, Technical Services, Geologic Perambulation	水利环境和公共设施管理业 Management of Water Conservancy, Environment and Public Establishment	居民服务和其他服务业 Resident Services and Other Services	教育 Education	卫生、社会保障和社会福利 Sanitation Social Security and Social Welfare	文化体育和娱乐业 Culture, Sports and Entertainment	公共管理和社会组织 Public Management and Social Organization
629		585	1201	31	75		215	621	11	
16			6	400	21	14	185	502		
30			13	28	24		183	402		
507	4	232	12				30	83	43	
18		151	109				39	428	14	
			4	15	10		57	253	12	
			9				286	429	129	
5		24			5		21	617		
		3	23			24	1303	1053	51	
			410					108		7
5		92	43				40			
		25						32		6
68		22						38		
	341							363		
63					6		60	478		
	331	30						222		
								225		
		55	583		504			66		
35		29	885	25	39	3		246	61	
					53		11	290		
	728							418		
								16		7
						2		250		
62		1	14			60	135	107		
	18						15	62		
12		14	1145					192		
	84	48						4		
87				57	17		181	336		
	253		20							
	293	11						388		
										30
							267	43		
		464		42			26	77		
6		20					141			
		5								

20-5 续表 1

单位：人

市县名称	Cities and Counties	农林牧渔业 Agriculture, Forestry, Farming of Animals and Fishing	采掘业 Mining	制造业 Manufacturing	电力燃气及水的生产和供应 Production and Spply of Elrctricity Gas and Water	建筑业 Construction	交通运输仓储和邮政业 Traffic, Transport, Storage and Post	信息传输计算机服务软件业 Information Transfer, Computer Services and Software	批发和零售业 Wholesale and Retail Trade
邵东县	Shaodong County			92		1494			
新邵县	Xinshao County					11			
邵阳县	Shaoyang County		732			1531			43
隆回县	Longhui County	313							
洞口县	Dongkou County		216						
绥宁县	Shuining County					99	150		
新宁县	Xinning County								
城步县	Chengbu County					54	60		196
武冈市	Wugang City					3523	240		
岳阳楼区	Yueyanglou District			646		1349	79		393
云溪区	Yunxi District			19	15	691	53		26
君山区	Junshan District			961	83		133		196
岳阳县	Yueyang County		234	228		870			101
华容县	Huarong County		534	4129		1424	8		57
湘阴县	Xiangyin County			378			16		
平江县	Pingjiang County		206	297		60			50
汨罗市	Miluo City		16	546		2273	364		550
临湘市	Linxiang City	299	159	854					363
武陵区	Wuling District			224		219	21		
鼎城区	Dingchen District								
安乡县	Anxiang County								
汉寿县	Hanshou County								
澧　县	Li County			80					
临澧县	Linli County			15	121				
桃源县	Taoyuan County		30	1262	212	165	20		
石门县	Shimen County								
津市市	Jinshi City						9		
永定区	Yongding District			110					
武陵源区	Wulingyuan District								
慈利县	Cili County			225		1368	119		11
桑植县	Sangzhi County						51		
资阳区	Ziyang District			516		6	28		16
赫山区	Heshan District			1766	10	1869	681		50
南　县	Nan County			128					
大通湖区	Datonghu District								
桃江县	Taojiang County		216	409			137		
安化县	Anhua County		369	487	224	26	79	81	32
沅江市	Yuanjiang City			446		773	255		
北湖区	Beihu District			161		1031			116
苏仙区	Suxian District		86	27		190	279		44
桂阳县	Guiyang County		87	206		327	28		
宜章县	Yizhang County			15					127
永兴县	Yongxing County		697	8	20	995	149		162

续表 continued

(person)

住宿和餐饮业 Accommodation and Restaurants	金融业 Finance	房地产业 Real Estate Trade	租赁和商务服务业 Tenancy and Business Services	科学研究技术服务地质勘查 Scientific Research, Technical Services, Geologic Perambulation	水利环境和公共设施管理业 Management of Water Conservancy, Environment and Public Establishment	居民服务和其他服务业 Resident Services and Other Services	教育 Education	卫生、社会保障和社会福利 Sanitation Social Security and Social Welfare	文化体育和娱乐业 Culture, Sports and Entertainment	公共管理和社会组织 Public Management and Social Organization
			120			22		41		
	343									
	334						80	974		
							299	35		
						11				
						6	109	29		
								375		
6						6		120		
			42	19			269	161		46
			74	216	23	1799	9	1015	51	
							42	25	7	44
				23		12				
	278			8	11			128	9	11
	340				8					
	441		258		10	32	114	48	52	9
31		7	12		24	12	203	25		8
		23	27					438		
	390	158					317			
			1215		23				55	
	297									
2	373		32					852	52	
	370							901	58	
	326	92				34	70		43	
								21		23
			24							
								210		
31			153				48			
42			45				7	493		
	268	7	8				60	78		
14	701		118		6	13	179	33		7
		5						117		
	513									
	638	27		13			129	922		
				8						
		47		18	3		210	67		
10		5	3					176		
	335		14							
			48					29		

20−5 续表 2

单位：人

市县名称	Cities and Counties	农林牧渔业 Agriculture, Forestry, Farming of Animals and Fishing	采掘业 Mining	制造业 Manufacturing	电力燃气及水的生产和供应 Production and Spply of Elrctricity Gas and Water	建筑业 Construction	交通运输仓储和邮政业 Traffic, Transport, Storage and Post	信息传输计算机服务软件业 Information Transfer, Computer Services and Software	批发和零售业 Wholesale and Retail Trade
嘉禾县	Jiahe County		698			185			
临武县	Linwu County		205			613	23		
汝城县	Rucheng County								
桂东县	Guidong County					348			
安仁县	Anren County								78
资兴市	Zixing City			17					13
零陵区	Lingling District					459			
冷水滩区	Lengshuitan District			38		1442			234
祁阳县	Qiyang County		325		65	1941	52		19
东安县	Dongan County			174	151	201			67
双牌县	Shuangpai County					643			
道　县	Dao County					2276	423		
江永县	Jiangyong County	24		253		1795			
宁远县	Ningyuan Couny			102					
蓝山县	Lanshan County			106		879			233
新田县	Xintian County	86				51		25	
江华县	Jianghua County			20	7	350			32
鹤城区	Hecheng District			127		853	53		118
中方县	Zhongfang County								
沅陵县	Yuanling County			249	409	440	2		2
辰溪县	Chenxi County		762	730		520	302		
溆浦县	Xupu County			49	152	40	298		
会同县	Huitong County					106	58		228
麻阳县	Mayang County			97		620	3		
新晃县	Xinhuang County					370	180		
芷江县	Zhijiang County				133	57			
靖州县	Jingzhou County					427	287		76
通道县	Tongdao County	52		123		66	17		
洪江市	Hongjiang City			52		417	22		80
洪江区	Hongjiang District			80		347	14		
娄星区	Louxing District		1849	2459		2721	47		20
双峰县	Shuangfeng County		202	150		1315			
新化县	Xinhua County		5366	95		987			
冷水江市	Lengshuijiang City		13365	754		1340	1302		58
涟源市	Liangyuan City		1589	201		819	388		
吉首市	Jishou City			152		2316	150		
泸溪县	Luxi County					500			
凤凰县	Fenghuang County					325			29
花垣县	Huayuan County			24	26	46			
保靖县	Baojing County					302			
古丈县	Guzhang County						72		
永顺县	Yongsun County					787			4
龙山县	Longshan County		437			92			27

续表 continued

(person)

住宿和餐饮业 Accommodation and Restaurants	金融业 Finance	房地产业 Real Estate Trade	租赁和商务服务业 Tenancy and Business Services	科学研究技术服务地质勘查 Scientific Research, Technical Services, Geologic Perambulation	水利环境和公共设施管理业 Management of Water Conservancy, Environment and Public Establishment	居民服务和其他服务业 Resident Services and Other Services	教育 Education	卫生、社会保障和社会福利 Sanitation Social Security and Social Welfare	文化体育和娱乐业 Culture, Sports and Entertainment	公共管理和社会组织 Public Management and Social Organization
	191		19					32		
		170	8					351		
						86		49		
								27		
11	15	95						57		
	471									
								36		
							62			
								236		
	250					268	232	685		
	192									
	20									
							8	61		5
40		5	31				93	12		
	346		8			18		560		
	219				169					
					34	8		133		
	167				138					
		20	8							
	180	3						8		
				19				461		
	195	76						145		
	295		47							
	79	4	3							
64	288	38		16	144		90			
			150					38		
				14						
	271									
	465								40	
		62	14	9				148		
	141									
			48							
			14							
			36							
61										

20-6 在岗职工工资总额和年平均工资（2011年）
Total Wage Bill and Average Annual Wage of Employed Staff and Workers (2011)

市县名称	Cities and Counties	在岗职工工资总额（万元）Total Wages of Staff and Workers on the Job (10 000 yuan)	#国有经济 State-owned Units	#城镇集体经济 Urban Collective Owned Units	在岗职工年平均工资（元）Average Annual Wages of Staff and Workers on the Job (yuan)	#国有经济 State-owned Units	#城镇集体经济 Urban Collective Owned Units	在岗职工年平均工资为上年% Average Annual Wages as Percentage of Preceding Year (%)
芙蓉区	Furong District	781862	378942	14318	49492	60158	29564	114.5
天心区	Tianxin District	491415	194816	6097	43462	45445	34448	108.9
岳麓区	Yuelu District	701886	325417	5351	46317	52308	28178	117.4
开福区	Kaifu District	551612	258574	11442	49949	70200	23679	138.8
雨花区	Yuhua District	737153	374981	12910	44367	49233	25509	107.6
望城区	Wangcheng District	283573	128034	14398	37754	51639	22093	94.6
长沙县	Changsha County	838314	121157	9290	48613	47681	38137	143.2
宁乡县	Ningxiang County	201434	96493	16708	33070	39863	23733	112.9
浏阳市	Liuyang City	502112	101494	16870	36888	44201	32361	122.5
荷塘区	Hetang District	168305	63206	2637	37797	41395	23032	101.7
芦淞区	Lusong District	264470	132462	1353	36827	36250	29411	106.8
石峰区	Shifeng District	283147	75013	724	42112	40790	26914	113.8
天元区	Tianyuan District	251872	95628	1163	48570	48817	27182	123.1
株洲县	Zhuzhou County	73367	27976	3520	31714	34645	24413	114.2
攸　县	You County	95167	55352	9155	34042	35514	40401	113.2
茶陵县	Chaling County	65338	46146	7755	29793	32124	27107	112.9
炎陵县	Yanling County	34359	24621	1248	31912	35875	34760	101.3
醴陵市	Liling City	220935	77016	7281	37309	40297	36169	142.1
雨湖区	Yuhu District	271942	108287	9573	32882	39498	30333	133.5
岳塘区	Yuetang District	364023	102266	10494	37992	37706	27004	116.9
湘潭县	Xiangtan County	136707	74042	11239	28920	34414	30658	116.4
湘乡市	Xiangxiang City	153877	83972	4883	29956	34991	23703	115.9
韶山市	Shaoshan City	20997	12616	149	30909	32259	21956	117.8
珠晖区	Zhuhui District	124510	82467	3792	34106	37169	19434	107.2
雁峰区	Yanfeng District	190603	56927	3679	33634	33918	26832	104.2
石鼓区	Shigu District	184639	72498	7100	38822	47397	42902	99.7
蒸湘区	Zhengxiang District	224062	80993	13230	37195	43728	36138	103.0
南岳区	Nanyue District	19404	14232	723	34484	36529	46929	110.0
衡阳县	Hengyang County	139786	72620	8521	23343	27653	15024	110.2
衡南县	Hengnan County	129862	57446	14488	25931	25415	28430	123.0
衡山县	Hengshan County	63362	31934	2194	26359	30638	30810	115.9
衡东县	Hengdong County	67379	47796	3719	28078	30297	22900	114.6
祁东县	Qidong County	90534	68690	2100	27741	29159	21735	109.9
耒阳市	Leiyang City	182747	119333	6739	29735	31596	25791	127.2
常宁市	Changning City	139068	64697	14168	30297	26213	44426	131.3
双清区	Shuangqing District	137638	47765	4837	28759	31574	18398	121.1
大祥区	Da xiang District	151987	106960	6896	38162	40984	23576	124.9
北塔区	Beita District	35000	19056	2362	26385	24535	25259	113.9

20-6 续表 1 continued

市县名称	Cities and Counties	在岗职工工资总额(万元) Total Wages of Staff and Workers on the Job (10 000 yuan)	#国有经济 State-owned Units	#城镇集体经济 Urban Collective Owned Units	在岗职工年平均工资(元) Average Annual Wages of Staff and Workers on the Job (yuan)	#国有经济 State-owned Units	#城镇集体经济 Urban Collective Owned Units	在岗职工年平均工资为上年% Average Annual Wages as Percentage of Preceding Year (%)
邵东县	Shaodong County	103814	64894	4402	28309	31084	25083	115.1
新邵县	Xinshao County	67736	41229	1218	30558	29794	34994	124.1
邵阳县	Shaoyang County	77316	51883	10331	27857	25783	28112	129.4
隆回县	Longhui County	78601	60094	1660	29895	30167	25537	108.8
洞口县	Dongkou County	69131	56928	318	27993	30495	14179	119.1
绥宁县	Shuining County	42126	31020	1013	27802	28241	26044	116.4
新宁县	Xinning County	51685	38393	1029	28342	29551	27432	114.8
城步县	Chengbu County	29808	25570	369	23784	23715	11981	114.5
武冈市	Wugang City	68276	50567	8636	26851	28340	21670	110.2
岳阳楼区	Yueyanglou District	451629	256984	8424	33657	36324	28097	111.8
云溪区	Yunxi District	187257	20487	14408	49494	34213	36495	173.4
君山区	Junshan District	27979	18418	2874	19995	19711	19196	127.4
岳阳县	Yueyang County	65774	41333	3227	25818	28904	20994	127.8
华容县	Huarong County	82613	40990	14260	24275	29245	22007	105.3
湘阴县	Xiangyin County	112149	47912	2207	29025	28573	30646	123.2
平江县	Pingjiang County	93213	67335	3213	24939	25029	20337	105.8
汨罗市	Miluo City	219485	104920	9765	28001	24105	24455	130.9
临湘市	Linxiang City	57361	43379	6398	29339	29927	30511	124.4
武陵区	Wuling District	366768	157870	4916	36170	38120	37527	102.3
鼎城区	Dingchen District	115364	62744	12135	28747	33611	16903	119.6
安乡县	Anxiang County	85795	35156	589	28661	28464	19885	119.7
汉寿县	Hanshou County	88185	45992	3415	27074	29577	26187	112.0
澧　县	Li County	95100	59268	4795	28757	29330	34400	101.8
临澧县	Linli County	49780	32217	2284	30726	30225	33059	108.0
桃源县	Taoyuan County	106250	59395	3155	29002	31333	20632	121.2
石门县	Shimen County	90232	56158	100	30429	34203	39840	110.9
津市市	Jinshi City	56584	22837	560	25387	30915	25566	114.2
永定区	Yongding District	121798	86686	593	32777	33987	17384	117.0
武陵源区	Wulingyuan District	23360	13898		31168	31065		121.5
慈利县	Cili County	59013	44931	5132	28245	31278	22158	114.3
桑植县	Sangzhi County	50106	43732	75	30806	31550	14725	115.7
资阳区	Ziyang District	64544	43865	2637	27418	30474	26853	104.9
赫山区	Heshan District	325373	147175	16262	31951	36177	28400	119.2
南　县	Nan County	52178	34079	683	28450	29511	30766	106.6
大通湖区	Datonghu District	11676	6259		24626	29183		89.7
桃江县	Taojiang County	77429	50871	3849	28401	28600	31655	102.7
安化县	Anhua County	96795	77402	11192	29002	29059	34638	120.7
沅江市	Yuanjiang City	106475	87200	3462	30418	30074	23911	119.6
北湖区	Beihu District	233975	145700	4151	40459	43181	24884	108.1
苏仙区	Suxian District	193440	106414	1804	39346	42928	22163	120.4
桂阳县	Guiyang County	125650	76050	3730	36350	33915	39727	124.8
宜章县	Yizhang County	64233	46723	98	27435	29109	6712	117.6
永兴县	Yongxing County	77347	59223	3127	31292	31894	15021	119.2

20-6 续表 2 continued

市县名称	Cities and Counties	在岗职工工资总额 (万元) Total Wages of Staff and Workers on the Job (10 000 yuan)	#国有经济 State-owned Units	#城镇集体经济 Urban Collective Owned Units	在岗职工年平均工资 (元) Average Annual Wages of Staff and Workers on the Job (yuan)	#国有经济 State-owned Units	#城镇集体经济 Urban Collective Owned Units	在岗职工年平均工资为上年% Average Annual Wages as Percentage of Preceding Year (%)
嘉禾县	Jiahe County	51187	36640	4857	33455	32831	42644	117.0
临武县	Linwu County	44722	27960	2870	29202	31766	21134	106.9
汝城县	Rucheng County	35457	29880		31520	32123		109.6
桂东县	Guidong County	22276	17107	328	29318	30155	10476	122.4
安仁县	Anren County	32559	28639	141	27854	28451	18077	118.9
资兴市	Zixing City	125624	51490	418	32882	36844	25778	122.1
零陵区	Lingling District	109177	83883	1158	31487	34207	22840	111.2
冷水滩区	Lengshuitan District	177765	101700	5144	34742	36415	28173	121.9
祁阳县	Qiyang County	166167	88034	11759	32546	30639	47415	118.1
东安县	Dongan County	73190	60643	1941	32586	33351	31349	110.8
双牌县	Shuangpai County	31053	23414	897	30026	30168	14148	108.4
道　县	Dao County	68140	50030	7119	31560	33001	25802	106.4
江永县	Jiangyong County	34916	25279	5082	28149	28596	20701	114.2
宁远县	Ningyuan Couny	67738	47444	5012	27997	29541	32697	107.1
蓝山县	Lanshan County	67205	30044	2721	33698	31075	20600	134.6
新田县	Xintian County	40990	34151	379	31261	33422	23547	112.9
江华县	Jianghua County	45389	37671	886	28782	29587	20901	121.0
鹤城区	Hecheng District	241946	171067	4312	36810	38491	32344	106.0
中方县	Zhongfang County	40318	28594		29907	30839		96.1
沅陵县	Yuanling County	93565	51191	4975	35708	32246	26035	98.3
辰溪县	Chenxi County	84791	57399	10684	31171	30086	39969	133.2
溆浦县	Xupu County	82173	67548	1579	28164	28113	22210	115.1
会同县	Huitong County	36316	29559	1779	30130	31749	25863	116.8
麻阳县	Mayang County	39010	32982	1248	27801	30170	17025	108.5
新晃县	Xinhuang County	25972	21638	1746	27975	27588	25376	107.2
芷江县	Zhijiang County	46730	34620	1898	29953	30997	28547	105.7
靖州县	Jingzhou County	34472	29771	3133	30784	31844	26961	129.4
通道县	Tongdao County	24400	21725	588	31239	31887	22529	103.4
洪江市	Hongjiang City	57779	33596	3654	32915	29465	38340	131.1
洪江区	Hongjiang District	18760	11269	779	23232	31267	17316	108.7
娄星区	Louxing District	301631	187659	17629	34341	37879	23147	104.2
双峰县	Shuangfeng County	95138	51635	4822	27439	25359	26362	115.6
新化县	Xinhua County	112236	70688	20742	29000	27010	32343	119.4
冷水江市	Lengshuijiang City	191226	68449	46236	32102	30724	27781	114.4
涟源市	Liangyuan City	136421	65528	11301	28100	25465	32880	127.5
吉首市	Jishou City	142890	98966	5006	32985	34342	18243	115.5
泸溪县	Luxi County	30812	28723	1435	30939	31252	24357	122.3
凤凰县	Fenghuang County	36549	31524	687	28078	28239	17092	106.4
花垣县	Huayuan County	36093	30616	87	26388	27679	12400	100.2
保靖县	Baojing County	29144	26038	418	27429	27742	12664	109.0
古丈县	Guzhang County	15487	14311	246	26200	26034	21034	104.2
永顺县	Yongsun County	47056	41734	1600	28810	28901	18498	109.8
龙山县	Longshan County	48867	44413	1733	29248	28924	30405	112.5

20-7 地区生产总值(2011年)
Gross Domestic Product (2011)

市县名称	Cities and Counties	地区生产总值(万元) GDP (10 000 yuan)	第一产业 Primary Industry	第二产业 Secondary Industry	#工业 Industry	第三产业 Tertiary Industry	GDP为上年% Index (preceding year=100)	人均GDP(元) Per Capita GDP (yuan)
芙蓉区	Furong District	6983833	16127	1242546	892655	5725160	113.7	132749
天心区	Tianxin District	4646344	12806	1887520	1173315	2746018	112.2	97388
岳麓区	Yuelu District	5466679	162977	3191972	2734928	2111730	118.8	67761
开福区	Kaifu District	4724527	43410	1244400	721224	3436717	112.6	82884
雨花区	Yuhua District	10305509	25105	6461153	5760631	3819251	109.4	141628
望城区	Wangcheng District	3274267	263150	2419242	1933159	591875	114.5	62293
长沙县	Changsha County	7899458	522854	5780897	5061560	1595707	116.9	80356
宁乡县	Ningxiang County	6379462	752563	4343880	3892195	1283019	115.8	54648
浏阳市	Liuyang City	7021539	634853	4945238	4455061	1441448	114.3	54769
荷塘区	Hetang District	1557661	27345	1024549	968442	505767	115.6	50069
芦淞区	Lusong District	1998578	38906	893616	573758	1066056	114.8	68916
石峰区	Shifeng District	2657248	37055	2266762	2209827	353431	108.8	93041
天元区	Tianyuan District	1795646	73338	995125	918570	727183	116.1	65013
株洲县	Zhuzhou County	690918	145663	351001	201365	194254	110.8	24082
攸　县	You County	2181394	361356	1169151	1083697	650887	114.8	31450
茶陵县	Chaling County	1016785	238951	407719	345398	370115	114.5	17668
炎陵县	Yanling County	363000	59490	186255	165135	117255	114.4	17961
醴陵市	Liling City	3381421	350917	2161194	2007234	869310	116.8	35669
雨湖区	Yuhu District	3020623	103449	1561730	1356722	1355444	117.0	54960
岳塘区	Yuetang District	3844783	52997	2917456	2815110	874330	113.6	84076
湘潭县	Xiangtan County	1957780	435130	955709	870363	566941	114.9	22347
湘乡市	Xiangxiang City	2023865	396810	1031870	857733	595185	115.1	25635
韶山市	Shaoshan City	394392	37246	217884	206363	139262	115.5	45806
珠晖区	Zhuhui District	1351041	64596	841551	437725	444894	114.6	40670
雁峰区	Yanfeng District	1173755	20018	776061	731743	377676	124.0	55054
石鼓区	Shigu District	815926	30901	294988	222928	490037	114.2	35184
蒸湘区	Zhengxiang District	1289688	32184	860013	771329	397491	114.2	43148
南岳区	Nanyue District	199657	24054	24535	16436	151068	113.6	33387
衡阳县	Hengyang County	1880394	503724	773252	720857	603418	113.5	17014
衡南县	Hengnan County	1848072	478120	908285	717701	461667	113.6	19335
衡山县	Hengshan County	849947	204072	293566	258462	352309	113.4	22094
衡东县	Hengdong County	1517198	298799	622781	587882	595618	114.4	24044
祁东县	Qidong County	1583251	444431	632449	608449	506371	113.0	16139
耒阳市	Leiyang City	2928814	458753	1387667	1363566	1082394	114.3	25415
常宁市	Changning City	1752363	347761	795671	757258	608931	114.1	21594
双清区	Shuangqing District	817509	40193	470925	369494	306391	112.6	26517

注:总量指标按当年价格计算,指数按可比价格计算。

Aggregate data are calculated at current prices, while indices are calculated at comparable prices.

20-7 续表 1 continued

市县名称	Cities and Counties	地区生产总值(万元) GDP (10 000 yuan)	第一产业 Primary Industry	第二产业 Secondary Industry	#工业 Industry	第三产业 Tertiary Industry	GDP为上年% Index (preceding year=100)	人均GDP(元) Per Capita GDP (yuan)
大祥区	Da xiang District	806365	48548	359297	299828	398520	115.2	23647
北塔区	Beita District	206927	22267	127345	117058	57315	113.9	19689
邵东县	Shaodong County	2021522	359473	991010	903003	671039	113.7	22479
新邵县	Xinshao County	752618	213764	296404	261346	242450	113.7	10127
邵阳县	Shaoyang County	810855	238548	305490	261751	266817	112.2	8792
隆回县	Longhui County	933207	276374	272164	209507	384669	111.6	8509
洞口县	Dongkou County	901212	366499	293338	247410	241375	112.6	11678
绥宁县	Shuining County	501845	132811	237346	227313	131688	112.2	14294
新宁县	Xinning County	530747	168050	142664	114044	220033	109.8	9442
城步县	Chengbu County	232063	84921	80089	74443	67053	111.5	9260
武冈市	Wugang City	793257	323730	171383	147674	298144	113.8	10746
岳阳楼区	Yueyanglou District	5042098	84246	2618004	2155119	2339848	109.9	61851
云溪区	Yunxi District	2080669	66682	1771249	1712552	242738	115.3	117751
君山区	Junshan District	775974	182807	348714	318654	244453	113.6	32231
岳阳县	Yueyang County	1660654	380880	824832	778285	454942	115.1	23151
华容县	Huarong County	2038826	466187	1053145	975164	519494	115.0	28734
湘阴县	Xiangyin County	1956926	389390	1061106	985688	506430	115.2	28713
平江县	Pingjiang County	1432382	326542	675782	605631	430058	114.8	15106
汨罗市	Miluo City	2598537	378119	1628877	1542642	591541	114.9	37508
临湘市	Linxiang City	1408843	223155	804018	740269	381670	114.3	28256
武陵区	Wuling District	6682906	70252	4170457	4013468	2442197	116.3	119658
鼎城区	Dingchen District	1792907	467552	668071	573413	657284	113.3	23001
安乡县	Anxiang County	1201823	287182	357433	308779	557208	113.0	22840
汉寿县	Hanshou County	1396724	358166	469764	352250	568794	113.4	18561
澧　县	Li County	1811741	457723	698517	565749	655501	114.1	21847
临澧县	Linli County	929213	209864	361398	295411	357951	113.2	23172
桃源县	Taoyuan County	1757898	551573	627598	546941	578727	113.0	20558
石门县	Shimen County	1464056	329912	615711	560443	518433	113.7	24409
津市市	Jinshi City	777446	144811	373142	349484	259493	113.5	30286
永定区	Yongding District	1225484	124086	284441	227175	816957	114.1	27701
武陵源区	Wulingyuan District	285756	12146	7059	2459	266551	116.5	48270
慈利县	Cili County	1010972	182759	361528	312958	466685	114.1	16696
桑植县	Sangzhi County	485617	68281	120918	102935	296418	113.8	12722
资阳区	Ziyang District	804539	162280	352565	309377	289694	112.8	19580
赫山区	Heshan District	2727887	307514	1557343	1428315	863030	115.4	32815
南　县	Nan County	1367731	476288	419482	389852	471961	112.7	18812
大通湖区	Datonghu District	261770	90434	132597	129008	38739	111.9	25639
桃江县	Taojiang County	1311938	282086	609080	540987	420772	113.2	16987
安化县	Anhua County	1117235	281624	443673	395563	391938	113.3	12374
沅江市	Yuanjiang City	1527911	409116	611172	568894	507623	113.2	22897
北湖区	Beihu District	2059058	76148	774745	649652	1208165	112.8	48862
苏仙区	Suxian District	1791269	102404	1185798	1085707	503067	115.0	44196
桂阳县	Guiyang County	2000242	322572	1027481	976987	650189	115.7	28690
宜章县	Yizhang County	921012	155627	535834	518774	229551	115.5	15822

20—7 续表 2 continued

市县名称	Cities and Counties	地区生产总值(万元) GDP (10 000 yuan)	第一产业 Primary Industry	第二产业 Secondary Industry	#工业 Industry	第三产业 Tertiary Industry	GDP为上年% Index (preceding year=100)	人均GDP(元) Per Capita GDP (yuan)
永兴县	Yongxing County	1888204	199141	1209590	1166192	479473	114.3	32953
嘉禾县	Jiahe County	850054	128582	436612	416075	284860	114.6	28612
临武县	Linwu County	723479	96919	374871	352031	251689	113.1	21323
汝城县	Rucheng County	333055	82201	129299	111631	121555	114.8	10056
桂东县	Guidong County	172991	34728	54841	48881	83422	115.5	7601
安仁县	Anren County	437780	135414	149818	119572	152548	115.0	11395
资兴市	Zixing City	1967476	168322	1365156	1276825	433998	115.9	58313
零陵区	Lingling District	1287460	262108	604989	537899	420363	112.6	24128
冷水滩区	Lengshuitan District	1442118	229776	607886	522434	604456	112.8	29485
祁阳县	Qiyang County	1587599	346692	615884	512436	625023	113.5	18597
东安县	Dongan County	1026775	255244	413131	352623	358400	112.6	18744
双牌县	Shuangpai County	334549	103758	149560	125447	81231	113.0	20239
道　县	Dao County	979556	288277	280542	225185	410737	113.9	16127
江永县	Jiangyong County	355976	148092	101941	73718	105943	112.4	15298
宁远县	Ningyuan Couny	789722	220846	276040	229495	292836	113.6	11221
蓝山县	Lanshan County	588130	117329	234806	217448	235995	113.8	17893
新田县	Xintian County	423861	132301	118242	97683	173318	112.3	12860
江华县	Jianghua County	576450	174707	162643	145705	239100	113.1	13981
鹤城区	Hecheng District	1781823	68091	586068	373324	1127664	114.2	32192
中方县	Zhongfang County	619370	83783	368865	343963	166722	115.5	26145
沅陵县	Yuanling County	1192590	131314	793504	757519	267772	114.3	20453
辰溪县	Chenxi County	658705	110233	290835	259551	257637	115.4	14509
溆浦县	Xupu County	880320	219612	322254	285321	338454	113.7	11749
会同县	Huitong County	390426	86849	97442	89211	206135	113.9	12212
麻阳县	Mayang County	407595	106004	142005	122657	159586	113.5	11862
新晃县	Xinhuang County	318041	47603	162145	154083	108293	115.5	13002
芷江县	Zhijiang County	603196	146659	258358	257581	198179	113.5	17762
靖州县	Jingzhou County	430502	92932	156559	147706	181011	113.8	17550
通道县	Tongdao County	227625	51177	81475	77782	94973	113.4	11003
洪江市	Hongjiang City	624955	137745	224605	208437	262605	114.4	15117
洪江区	Hongjiang District	314782	11133	255804	248029	47845	115.3	48428
娄星区	Louxing District	2537393	88039	1609803	1453871	839551	113.8	51023
双峰县	Shuangfeng City	1264234	451791	497966	443635	314477	113.3	14788
新化县	Xinhua County	1238582	384721	390460	284298	463401	112.2	11135
冷水江市	Lengshuijiang City	1826143	70772	1292731	1236277	462640	113.6	55692
涟源市	Lianyuan City	1557045	345263	746480	680656	465302	113.2	15624
吉首市	Jishou City	863304	45776	305691	252482	511837	113.7	28482
泸溪县	Luxi County	476907	55088	308762	294991	113057	115.8	17236
凤凰县	Fenghuang County	416092	67849	74246	42818	273997	113.1	11974
花垣县	Huayuan County	544942	47023	367092	353924	130827	103.4	18850
保靖县	Baojing County	373400	61300	195094	179871	117006	106.1	13374
古丈县	Guzhang County	128996	28784	33484	22559	66728	113.0	10086
永顺县	Yongsun County	372786	111823	97987	54225	162976	111.1	8667
龙山县	Longshan County	437230	126108	100656	58789	210466	113.1	8701

20−8 农作物播种面积（2011年）
Sown Area of Crops (2011)

单位：千公顷 (1 000 hectares)

市县名称	Cities and Counties	农作物播种面积 Total Sown Area	#粮食作物 Area of Grain Crops	#稻谷面积 Area of Rice	油料面积 Area of Oil	蔬菜面积 Area of Vegetables
芙蓉区	Furong District	1.54	0.26	0.26		1.28
天心区	Tianxin District	1.50	0.74	0.71	0.01	0.66
岳麓区	Yuelu District	26.65	15.59	14.04	0.73	8.97
开福区	Kaifu District	9.62	4.01	3.76	0.08	5.10
雨花区	Yuhua District	0.89	0.03	0.03		0.79
望城区	Wangcheng District	95.57	53.37	48.85	3.24	26.68
长沙县	Changsha County	136.50	84.69	76.87	7.34	30.00
宁乡县	Ningxiang County	193.39	128.62	120.60	5.15	35.50
浏阳市	Liuyang City	174.01	79.13	72.04	32.09	31.93
荷塘区	Hetang District	8.68	4.87	4.53	0.36	2.20
芦淞区	Lusong District	2.48	1.10	1.10	0.17	1.14
石峰区	Shifeng District	9.70	4.71	4.18	0.38	3.40
天元区	Tianyuan District	8.40	5.03	4.76	0.14	3.15
株洲县	Zhuzhou County	61.32	44.02	42.43	3.01	10.52
攸　县	You County	102.58	64.65	61.21	10.15	15.78
茶陵县	Chaling County	64.56	45.22	42.77	6.84	6.90
炎陵县	Yanling County	21.26	15.22	12.17	2.02	2.62
醴陵市	Liling City	97.80	71.18	66.52	5.35	13.85
雨湖区	Yuhu District	25.82	19.96	19.64	0.47	5.08
岳塘区	Yuetang District	7.78	3.95	3.89	0.16	3.25
湘潭县	Xiangtan County	130.27	102.29	101.08	4.22	20.33
湘乡市	Xiangxiang City	127.37	75.71	74.22	13.48	22.19
韶山市	Shaoshan City	13.26	8.49	8.36	0.70	1.92
珠晖区	Zhuhui District	11.19	5.06	4.52	1.15	4.43
雁峰区	Yanfeng District	3.09	1.61	1.35	0.19	1.12
石鼓区	Shigu District	6.93	3.65	3.61	0.70	2.38
蒸湘区	Zhengxiang District	5.49	3.17	3.11	0.44	1.50
南岳区	Nanyue District	4.71	2.55	2.04	0.12	1.25
衡阳县	Hengyang County	171.92	101.41	90.78	48.42	8.35
衡南县	Hengnan County	168.45	106.25	95.41	35.25	10.01
衡山县	Hengshan County	52.57	30.14	28.86	10.30	6.24
衡东县	Hengdong County	108.41	65.67	59.69	21.53	10.39
祁东县	Qidong County	141.70	76.15	67.73	27.83	22.55
耒阳市	Leiyang City	147.17	84.72	73.03	29.32	19.75
常宁市	Changning City	111.68	68.35	61.17	21.66	6.92
双清区	Shuangqing District	8.21	6.04	5.19	0.42	1.36
大祥区	Da xiang District	15.29	10.10	8.63	1.25	1.48
北塔区	Beita District	4.72	2.80	1.90	0.33	1.00
邵东县	Shaodong County	115.20	79.05	60.35	14.32	12.23

20-8 续表 1 continued

单位：千公顷 (1 000 hectares)

市县名称	Cities and Counties	农作物播种面积 Total Sown Area	#粮食作物 Area of Grain Crops	#稻谷面积 Area of Rice	油料面积 Area of Oil	蔬菜面积 Area of Vegetables
新邵县	Xinshao County	72.81	55.74	41.07	2.56	7.05
邵阳县	Shaoyang County	108.81	77.75	62.29	10.76	13.12
隆回县	Longhui County	119.66	70.61	57.18	5.71	19.59
洞口县	Dongkou County	124.28	78.15	65.91	21.66	15.96
绥宁县	Shuining County	37.91	20.80	18.23	4.19	7.51
新宁县	Xinning County	72.51	50.66	37.09	5.68	7.39
城步县	Chengbu County	24.14	14.29	11.21	2.46	4.14
武冈市	Wugang City	92.97	67.81	51.82	8.79	9.46
岳阳楼区	Yueyanglou District	22.11	12.09	10.14	3.24	4.84
云溪区	Yunxi District	17.68	7.00	5.45	2.57	3.20
君山区	Junshan District	58.85	27.05	20.62	11.49	8.05
岳阳县	Yueyang County	130.51	85.51	73.18	16.70	10.90
华容县	Huarong County	175.99	89.82	85.85	40.53	16.90
湘阴县	Xiangyin County	129.21	97.39	84.95	10.33	13.80
平江县	Pingjiang County	115.97	71.77	64.78	14.41	10.01
汨罗市	Miluo City	109.24	80.54	72.70	8.73	9.60
临湘市	Linxiang City	89.13	54.90	50.34	13.28	8.00
武陵区	Wuling District	30.15	16.03	15.36	4.52	6.59
鼎城区	Dingchen District	217.20	131.43	122.75	42.34	19.02
安乡县	Anxiang County	121.44	50.88	45.89	40.96	6.84
汉寿县	Hanshou County	180.84	108.05	104.61	42.11	11.98
澧　县	Li County	157.16	81.43	67.71	45.76	10.35
临澧县	Linli County	99.41	57.75	55.06	28.10	4.71
桃源县	Taoyuan County	237.44	136.21	123.54	57.11	15.77
石门县	Shimen County	93.17	46.49	29.04	25.73	11.14
津市市	Jinshi City	47.66	23.26	21.95	15.23	3.96
永定区	Yongding District	56.46	30.65	16.22	11.12	10.25
武陵源区	Wulingyuan District	5.54	3.05	1.27	0.86	0.79
慈利县	Cili County	92.23	57.96	24.11	18.81	8.20
桑植县	Sangzhi County	60.15	40.67	13.35	8.49	7.20
资阳区	Ziyang District	60.66	44.81	42.14	4.09	10.06
赫山区	Heshan District	97.92	75.20	71.19	7.85	12.01
南　县	Nan County	201.52	97.28	91.13	44.62	20.16
大通湖区	Datonghu District	46.79	21.17	19.32	7.62	4.92
桃江县	Taojiang County	101.49	64.03	55.44	19.90	14.19
安化县	Anhua County	89.81	46.60	27.71	24.52	14.93
沅江市	Yuanjiang City	163.04	78.21	73.35	30.40	20.70
北湖区	Beihu District	26.93	9.93	8.03	0.88	10.71
苏仙区	Suxian District	34.88	21.92	17.54	1.68	6.61
桂阳县	Guiyang County	98.99	51.17	35.09	7.58	11.58
宜章县	Yizhang County	79.85	46.53	29.73	4.30	12.51
永兴县	Yongxing County	81.45	44.43	37.28	11.56	9.66

20-8 续表 2 continued

单位：千公顷 (1 000 hectares)

市县名称	Cities and Counties	农作物播种面积 Total Sown Area	#粮食作物 Area of Grain Crops	#稻谷面积 Area of Rice	油料面积 Area of Oil	蔬菜面积 Area of Vegetables
嘉禾县	Jiahe County	38.31	23.66	15.79	3.39	5.76
临武县	Linwu County	39.02	22.84	14.97	3.06	6.82
汝城县	Rucheng County	49.40	32.37	26.88	4.93	7.38
桂东县	Guidong County	20.34	12.61	8.34	3.38	1.66
安仁县	Anren County	70.93	45.14	42.06	16.56	6.07
资兴市	Zixing City	46.87	26.47	17.33	4.90	10.30
零陵区	Lingling District	111.01	63.50	55.25	3.82	21.34
冷水滩区	Lengshuitan District	85.35	57.00	45.57	4.56	13.33
祁阳县	Qiyang County	152.96	106.31	81.70	17.67	20.88
东安县	Dongan County	97.42	66.50	53.08	3.91	20.00
双牌县	Shuangpai County	24.31	14.35	9.40	1.09	4.25
道　县	Dao County	123.53	69.20	50.47	7.40	29.37
江永县	Jiangyong County	47.21	23.20	16.50	8.05	12.36
宁远县	Ningyuan Couny	71.15	52.50	40.56	2.68	9.14
蓝山县	Lanshan County	35.44	21.60	18.36	4.74	4.64
新田县	Xintian County	48.34	31.04	18.28	1.50	9.47
江华县	Jianghua County	64.53	44.20	27.25	3.95	11.43
鹤城区	Hecheng District	23.68	7.46	6.35	2.96	7.60
中方县	Zhongfang County	40.77	18.85	12.75	9.54	4.10
沅陵县	Yuanling County	75.45	42.63	24.02	18.25	8.99
辰溪县	Chenxi County	63.80	32.19	24.63	14.07	7.43
溆浦县	Xupu County	94.53	58.91	36.35	16.78	4.10
会同县	Huitong County	36.07	18.63	14.29	7.05	5.69
麻阳县	Mayang County	40.43	20.51	15.26	8.72	3.25
新晃县	Xinhuang County	25.71	16.09	9.43	3.54	2.58
芷江县	Zhijiang County	62.49	34.13	20.99	10.96	9.50
靖州县	Jingzhou County	39.77	19.83	16.45	5.99	4.17
通道县	Tongdao County	23.70	12.96	11.47	3.08	2.67
洪江市	Hongjiang City	51.74	30.28	23.33	6.58	7.15
洪江区	Hongjiang District					
娄星区	Louxing District	20.01	12.53	9.87	1.59	3.46
双峰县	Shuangfeng County	112.27	82.57	68.51	12.87	8.62
新化县	Xinhua County	107.50	77.41	56.58	8.72	8.53
冷水江市	Lengshuijiang City	12.15	7.47	5.42	1.35	1.83
涟源市	Liangyuan City	105.07	81.35	58.39	8.27	8.66
吉首市	Jishou City	27.80	9.58	5.66	5.28	6.80
泸溪县	Luxi County	36.31	13.61	10.16	7.90	6.57
凤凰县	Fenghuang County	59.52	28.51	16.54	9.47	10.72
花垣县	Huayuan County	30.47	17.95	9.61	3.89	4.45
保靖县	Baojing County	39.03	18.74	8.27	6.52	5.79
古丈县	Guzhang County	17.41	9.23	5.24	2.42	2.54
永顺县	Yongsun County	74.66	42.12	19.81	13.33	9.71
龙山县	Longshan County	66.78	36.24	14.81	10.37	10.02

20-9 机耕、灌溉面积及水库、堤防(2011年)
Tractor-Ploughed Area and Irrigated Area, Reservoirs and Dikes (2011)

市县名称	Cities and Counties	机耕面积(千公顷) Tractor Ploughed Area (1 000 hectares)	有效灌溉面积(千公顷) Irrigated Area (1 000 hectares)	水库(座) Number of Reservoirs (set)	容量(万立方米) Capacity (10 000 cu.m)	堤防长度(公里) Total Length of Dikes (km)
芙蓉区	Furong District		0.24	1	80	15
天心区	Tianxin District	1.18	1.07	2	48	20
岳麓区	Yuelu District	8.60	12.09	12	1562	47
开福区	Kaifu District	6.60	3.83	18	728	93
雨花区	Yuhua District	0.33	0.72	11	507	36
望城区	Wangcheng District	50.12	48.00	173	18196	115
长沙县	Changsha County	90.51	27.13	85	6644	223
宁乡县	Ningxiang County	138.17	71.83	277	32358	71
浏阳市	Liuyang City	94.91	63.45	181	59207	8
荷塘区	Hetang District	3.40	3.03	17	571	14
芦淞区	Lusong District	1.20	4.80	15	1667	27
石峰区	Shifeng District	2.70	0.66	13	668	7
天元区	Tianyuan District	5.00	6.58	25	1600	48
株洲县	Zhuzhou County	40.80	17.61	107	4793	101
攸　县	You County	68.60	40.22	299	38033	37
茶陵县	Chaling County	48.00	26.26	217	64108	30
炎陵县	Yanling County	15.25	10.84	11	630	18
醴陵市	Liling City	63.00	34.61	193	27274	9
雨湖区	Yuhu District	5.54	1.50	1	20	17
岳塘区	Yuetang District	6.10	2.94	6	363	32
湘潭县	Xiangtan County	128.11	64.10	146	19927	145
湘乡市	Xiangxiang City	110.70	43.97	181	71789	82
韶山市	Shaoshan City	10.55	4.55	49	1979	
珠晖区	Zhuhui District	2.52	2.10	11	300	25
雁峰区	Yanfeng District	1.58	2.34	8	727	21
石鼓区	Shigu District	2.72	1.33	6	242	18
蒸湘区	Zhengxiang District	1.77	3.05	13	377	62
南岳区	Nanyue District	4.10	1.28	8	568	
衡阳县	Hengyang County	141.61	49.97	235	31000	31
衡南县	Hengnan County	113.25	52.49	348	24017	119
衡山县	Hengshan County	47.33	13.99	109	9915	73
衡东县	Hengdong County	69.88	29.51	190	21386	104
祁东县	Qidong County	57.94	30.76	147	22205	3
耒阳市	Leiyang City	126.30	39.08	275	60447	17
常宁市	Changning City	118.33	29.89	180	18894	1
双清区	Shuangqing District	2.22	2.81	15	652	2
大祥区	Da xiang District	7.28	4.67	27	2143	4
北塔区	Beita District	2.96	1.86	13	387	6
邵东县	Shaodong County	35.65	40.76	126	19588	1

注:有效灌溉面积、水库、堤防长度数据由水利部门提供。

The date of irrigated area, reservoirs and length of dikes are provided by the water conservancy department.

20-9 续表 1 continued

市县名称	Cities and Counties	机耕面积(千公顷) Tractor Ploughed Area (1 000 hectares)	有效灌溉面积(千公顷) Irrigated Area (1 000 hectares)	水库(座) Number of Reservoirs (set)	容量(万立方米) Capacity (10 000 cu.m)	堤防长度(公里) Total Length of Dikes (km)
新邵县	Xinshao County	36.13	21.69	78	12607	23
邵阳县	Shaoyang County	101.02	33.60	270	19616	10
隆回县	Longhui County	61.81	37.05	246	33524	12
洞口县	Dongkou County	51.62	36.18	152	20301	9
绥宁县	Shuining County	26.80	16.80	39	4300	10
新宁县	Xinning County	40.55	24.96	107	17660	
城步县	Chengbu County	7.20	9.89	27	38039	4
武冈市	Wugang City	47.62	28.89	120	14298	6
岳阳楼区	Yueyanglou District	3.20	1.40	22	913	17
云溪区	Yunxi District	13.33	4.73	47	2147	77
君山区	Junshan District	47.26	18.88	24	584	219
岳阳县	Yueyang County	70.97	40.51	356	83850	88
华容县	Huarong County	131.30	50.00	60	5617	323
湘阴县	Xiangyin County	84.50	37.78	75	4142	271
平江县	Pingjiang County	61.00	39.34	293	30674	10
汨罗市	Miluo City	78.85	40.19	283	22113	111
临湘市	Linxiang City	41.30	27.82	299	21964	58
武陵区	Wuling District	8.98	6.40			150
鼎城区	Dingchen District	116.08	73.96	189	30023	127
安乡县	Anxiang County	100.91	35.34			398
汉寿县	Hanshou County	181.31	47.10	211	11865	195
澧　县	Li County	108.00	59.35	117	50784	316
临澧县	Linli County	55.69	34.42	138	27493	54
桃源县	Taoyuan County	133.94	83.98	353	109594	179
石门县	Shimen County	46.95	41.26	164	169000	33
津市市	Jinshi City	15.25	12.48	31	2415	76
永定区	Yongding District	12.10	11.98	88	25355	47
武陵源区	Wulingyuan District	1.30	0.94	8	793	24
慈利县	Cili County	19.95	29.56	103	193617	39
桑植县	Sangzhi County	12.02	9.85	18	9888	14
资阳区	Ziyang District	55.30	18.75	29	3998	148
赫山区	Heshan District	83.50	34.66	138	10647	168
南　县	Nan County	156.80	61.76			402
大通湖区	Datonghu District	20.60	18.20			23
桃江县	Taojiang County	68.60	36.81	210	19264	52
安化县	Anhua County	32.52	21.12	168	369217	18
沅江市	Yuanjiang City	135.60	49.93	4	17504	325
北湖区	Beihu District	6.67	8.38	14	4235	34
苏仙区	Suxian District	15.65	15.07	48	9462	8
桂阳县	Guiyang County	50.30	26.66	204	17289	14
宜章县	Yizhang County	28.90	16.38	131	8790	47
永兴县	Yongxing County	36.04	21.13	128	26993	9

20-9 续表 2 continued

市县名称	Cities and Counties	机耕面积(千公顷) Tractor Ploughed Area (1 000 hectares)	有效灌溉面积(千公顷) Irrigated Area (1 000 hectares)	水库(座) Number of Reservoirs (set)	容量(万立方米) Capacity (10 000 cu.m)	堤防长度(公里) Total Length of Dikes (km)
嘉禾县	Jiahe County	17.10	11.29	66	10620	15
临武县	Linwu County	15.43	10.98	69	8561	22
汝城县	Rucheng County	27.10	18.95	67	13776	5
桂东县	Guidong County	6.19	6.74	20	2406	20
安仁县	Anren County	36.78	19.22	113	15515	10
资兴市	Zixing City	17.40	16.53	60	921228	27
零陵区	Lingling District	46.40	30.21	147	14641	11
冷水滩区	Lengshuitan District	31.50	22.10	137	7073	6
祁阳县	Qiyang County	78.10	41.22	207	22154	23
东安县	Dongan County	41.10	30.57	264	17859	4
双牌县	Shuangpai County	8.85	6.56	28	72430	6
道　县	Dao County	36.20	28.99	104	10268	40
江永县	Jiangyong County	15.90	14.76	116	15047	9
宁远县	Ningyuan Couny	49.00	26.01	87	11834	9
蓝山县	Lanshan County	17.00	12.32	33	2465	8
新田县	Xintian County	20.00	12.23	73	14592	9
江华县	Jianghua County	30.82	18.33	95	15890	2
鹤城区	Hecheng District	4.99	6.33	46	9132	9
中方县	Zhongfang County	12.80	10.86	139	12744	2
沅陵县	Yuanling County	29.00	25.45	198	624755	3
辰溪县	Chenxi County	13.64	18.54	241	63032	3
溆浦县	Xupu County	48.00	29.49	155	21914	11
会同县	Huitong County	10.87	14.72	130	14086	1
麻阳县	Mayang County	8.15	13.27	261	25275	8
新晃县	Xinhuang County	2.97	8.35	67	4468	7
芷江县	Zhijiang County	16.18	18.30	137	31249	14
靖州县	Jingzhou County	12.79	14.79	48	13495	3
通道县	Tongdao County	12.20	11.49	35	14300	2
洪江市	Hongjiang City	25.34	18.56	141	18204	3
洪江区	Hongjiang District		0.57	6	33756	1
娄星区	Louxing District	5.86	6.65	37	2362	9
双峰县	Shuangfeng County	62.60	35.00	200	12985	11
新化县	Xinhua County	37.60				
冷水江市	Lengshuijiang City	3.46	5.47	31	10610	2
涟源市	Liangyuan City	39.07	33.38	154	16948	2
吉首市	Jishou City	4.01	6.34	34	9759	2
泸溪县	Luxi County	7.97	12.20	115	16572	7
凤凰县	Fenghuang County	3.82	19.25	96	20240	2
花垣县	Huayuan County	15.70	11.69	52	14088	
保靖县	Baojing County	9.34	10.03	70	46264	
古丈县	Guzhang County	4.60	7.27	47	3457	1
永顺县	Yongsun County	13.38	21.30	117	21617	
龙山县	Longshan County	6.90	18.15	94	18109	9

20−10　主要农业机械年末拥有量（2011年）
Year-End Possession of Major Agriculture Machinery (2011)

市县名称	Cities and Counties	农业机械总动力（千瓦）Power of Agricultural Machinery (kw)	大中型拖拉机 Large and Medium Tractors 台 (unit)	大中型拖拉机 Large and Medium Tractors 千瓦 (kw)	小型及手扶拖拉机 Mini and Walking Tractors 台 (unit)	小型及手扶拖拉机 Mini and Walking Tractors 千瓦 (kw)	排灌机械 Machinery for Agricultural Drainage and Irrigation 台 (unit)	排灌机械 Machinery for Agricultural Drainage and Irrigation 千瓦 (kw)
芙蓉区	Furong District	93450	215	7525	444	3774	3895	15156
天心区	Tianxin District	59943	57	1004	194	1772	823	6697
岳麓区	Yuelu District	153711	80	4265	680	9996	8639	38859
开福区	Kaifu District	138316	94	9015	604	6029	3113	27419
雨花区	Yuhua District	74025	16	440	131	1180	1100	7813
望城区	Wangcheng District	572200	275	9073	1670	14696	35579	175589
长沙县	Changsha County	1282195	391	12432	3705	40755	51250	203252
宁乡县	Ningxiang County	1551608	1702	47534	6103	63722	60391	188824
浏阳市	Liuyang City	1238974	3114	105610	9931	147600	23771	119715
荷塘区	Hetang District	47972	24	688	259	2400	895	4155
芦淞区	Lusong District	15876	10	283	214	1988	340	
石峰区	Shifeng District	48733	17	478	226	2435	1845	7212
天元区	Tianyuan District	46224	11	237	196	1754	2536	9245
株洲县	Zhuzhou County	361248	308	4252	1075	5307	13718	32873
攸　县	You County	733792	2102	52867	6565	66323	15689	69427
茶陵县	Chaling County	550727	55	1627	7208	85249	10830	65500
炎陵县	Yanling County	142240	558	11013	662	7282	5505	8971
醴陵市	Liling City	652080	303	6818	3498	26195	11056	124836
雨湖区	Yuhu District	98936	3	154	446	4738	4485	15382
岳塘区	Yuetang District	93184	161	3652	732	8361	6547	17660
湘潭县	Xiangtan County	1380766	320	7288	4686	44512	84825	324568
湘乡市	Xiangxiang City	920085	59	2363	741	7732	94850	149753
韶山市	Shaoshan City	140000	116	4626	571	6783	33755	36055
珠晖区	Zhuhui District	71680	234	4754	103	948	8182	12016
雁峰区	Yanfeng District	44904	243	4666	101	889	2136	13706
石鼓区	Shigu District	44202	277	7762	120	1232	3846	10464
蒸湘区	Zhengxiang District	52215	205	3445	241	748	2477	9707
南岳区	Nanyue District	17638	58	1392	122	1586	2943	4679
衡阳县	Hengyang County	686121	312	14609	2845	34311	36251	89610
衡南县	Hengnan County	739343	1602	42953	1813	23617	32432	114864
衡山县	Hengshan County	324383	88	2716	859	8463	26473	44935
衡东县	Hengdong County	479800	88	4185	2412	26532	15890	72060
祁东县	Qidong County	622315	1188	52562	484	6460	35877	181753
耒阳市	Leiyang City	669004	607	27709	3631	39994	13997	58134
常宁市	Changning City	494502	460	22167	3244	29375	16608	105290
双清区	Shuangqing District	116468	203	3711	203	3711	9152	33728
大祥区	Da xiang District	114722	397	9875	209	2095	10426	49475
北塔区	Beita District	67769	444	12813	141	1484	2381	17369
邵东县	Shaodong County	663942	966	20585	3193	29167	46611	130728

20-10 续表 1 continued

市县名称	Cities and Counties	农业机械总动力(千瓦) Power of Agricultural Machinery (kw)	大中型拖拉机 Large and Medium Tractors		小型及手扶拖拉机 Mini and Walking Tractors		排灌机械 Machinery for Agricultural Drainage and Irrigation	
			台 (unit)	千瓦 (kw)	台 (unit)	千瓦 (kw)	台 (unit)	千瓦 (kw)
新邵县	Xinshao County	229223	694	19330	1364	12759	7480	34279
邵阳县	Shaoyang County	416877	417	11706	900	11387	42173	190538
隆回县	Longhui County	295438	1345	28632	844	8003	27247	88557
洞口县	Dongkou County	557709	870	34095	745	8957	20616	73724
绥宁县	Shuining County	312537	297	4979	3392	29204	4766	25731
新宁县	Xinning County	426140	625	11680	1247	17252	30967	61302
城步县	Chengbu County	140044	859	17204	814	2974	4693	21631
武冈市	Wugang City	477005	1005	33766	1525	15522	30195	100982
岳阳楼区	Yueyanglou District	185940	649	12999	696	10972	1200	9368
云溪区	Yunxi District	121477	410	8675	35	333	2136	10237
君山区	Junshan District	230569	565	18389	972	11881	2866	33179
岳阳县	Yueyang County	729656	670	19173	1724	15031	13906	49050
华容县	Huarong County	779524	610	21397	4291	43579	38271	340142
湘阴县	Xiangyin County	743788	295	9575	3538	44749	19906	115071
平江县	Pingjiang County	636931	308	14400	2163	29504	20796	119558
汨罗市	Miluo City	871144	3525	96503	4456	39209	21216	154310
临湘市	Linxiang City	681800	1134	43500	1725	14600	22100	140600
武陵区	Wuling District	198610	533	15238	989	11336	6202	30131
鼎城区	Dingchen District	807921	1229	42692	2477	31489	19228	113510
安乡县	Anxiang County	530100	820	41000	3183	40105	17888	107328
汉寿县	Hanshou County	812829	1371	43503	6850	73015	43458	372701
澧　县	Li County	690130	1776	44394	3279	30489	50042	255701
临澧县	Linli County	325817	754	26230	1464	21820	13092	74193
桃源县	Taoyuan County	950418	2720	74530	3386	36569	48417	209617
石门县	Shimen County	572096	3275	123464	2301	24475	25345	78417
津市市	Jinshi City	164949	371	13213	742	7049	7884	50459
永定区	Yongding District	291206	1766	28504	2735	26349	5894	61069
武陵源区	Wulingyuan District	7298	7	112	285	2517	199	616
慈利县	Cili County	481600	1496	40392	730	8200	18542	124464
桑植县	Sangzhi County	172666	609	16781	2727	36649	6001	17559
资阳区	Ziyang District	550460	591	18250	3298	33779	24268	168971
赫山区	Heshan District	817125	1443	33542	3872	40569	63643	315990
南　县	Nan County	785268	1120	42179	4421	38407	61908	356670
大通湖区	Datonghu District	129154	330	12490	829	7927	15050	75150
桃江县	Taojiang County	681578	727	20535	3152	37742	56789	176738
安化县	Anhua County	634059	1565	64171	1302	16632	17806	66112
沅江市	Yuanjiang City	777132	1851	61625	4410	43111	50846	279709
北湖区	Beihu District	228400	2963	94816	420	6178	3800	23560
苏仙区	Suxian District	208621	1046	24732	647	6302	6057	26994
桂阳县	Guiyang County	476960	2579	63784	3354	29688	16849	64264
宜章县	Yizhang County	871569	4353	93894	225	2463	20947	108108
永兴县	Yongxing County	210675	1600	32328	1703	17573	4991	27873

20-10 续表 2 continued

市县名称	Cities and Counties	农业机械总动力(千瓦) Power of Agri-cultural Machinery (kw)	大中型拖拉机 Large and Medium Tractors		小型及手扶拖拉机 Mini and Walking Tractors		排灌机械 Machinery for Agricultural Drainage and Irrigation	
			台 (unit)	千瓦 (kw)	台 (unit)	千瓦 (kw)	台 (unit)	千瓦 (kw)
嘉禾县	Jiahe County	339518	2705	62568	3183	23554	10791	38670
临武县	Linwu County	462845	1220	27370	5521	77846	6315	27854
汝城县	Rucheng County	323880	2018	42945	2453	29530	5589	26569
桂东县	Guidong County	94098	135	3435	1215	16038	1510	6319
安仁县	Anren County	180191	48	2118	1087	8482	1582	11142
资兴市	Zixing City	284396	4	122	23	197	5539	22541
零陵区	Lingling District	497546	106	3805	889	12395	54533	255744
冷水滩区	Lengshuitan District	551416	879	39586	2421	31760	25080	97306
祁阳县	Qiyang County	801860	1158	25681	1900	24258	80932	441333
东安县	Dongan County	450724	34	2695	963	8416	23019	80786
双牌县	Shuangpai County	167038	1218	22833	462	6700	2158	8301
道　县	Dao County	382346	3243	95101	5252	39699	21118	90566
江永县	Jiangyong County	156813	1300	23892	1215	13906	9866	61715
宁远县	Ningyuan Couny	837650	3116	86360	1445	14875	40140	171070
蓝山县	Lanshan County	331000	68	1798	1975	11832	3920	37967
新田县	Xintian County	325002	834	26063	3895	37844	15100	40297
江华县	Jianghua County	318727	2882	62873	1179	12127	17940	70974
鹤城区	Hecheng District	145663	73	2347	308	3240	5953	8210
中方县	Zhongfang County	198950	68	1836	431	5519	4432	18615
沅陵县	Yuanling County	343156	272	4591	190	1930	6909	17310
辰溪县	Chenxi County	243599	36	1310	493	5948	13887	44718
溆浦县	Xupu County	440242	91	3511	330	4446	16653	62520
会同县	Huitong County	222554	348	5220	442	5064	9099	20593
麻阳县	Mayang County	144669	12	456	165	2145	10841	37359
新晃县	Xinhuang County	117734	7	243	101	1282	6157	17947
芷江县	Zhijiang County	320579	28	1260	408	5304	17692	98786
靖州县	Jingzhou County	279708	179	6265	1011	11676	10106	16169
通道县	Tongdao County	228143	4	132	2913	17381	4808	11614
洪江市	Hongjiang City	335260	28	1067	110	1369	10283	35129
洪江区	Hongjiang District							
娄星区	Louxing District	360600	616	22828	558	6807	14563	32330
双峰县	Shuangfeng County	879843	750	20061	970	9886	76025	206999
新化县	Xinhua County	654968	684	25130	1453	15620	23940	104216
冷水江市	Lengshuijiang City	206400	11	441	190	2736	6913	58936
涟源市	Liangyuan City	695071	108	3287	5407	51042	32387	151368
吉首市	Jishou City	145932	1303	24744	779	11473	1161	6939
泸溪县	Luxi County	142114	63	1583	17	119	4344	40575
凤凰县	Fenghuang County	173100	837	25047	425	5167	5500	43228
花垣县	Huayuan County	142046	350	6795	345	3430	4582	16365
保靖县	Baojing County	129462	948	30953	419	5030	3021	8952
古丈县	Guzhang County	99906	233	9638	225	2970	2850	4931
永顺县	Yongsun County	265009	1252	40365	2304	24681	8536	28242
龙山县	Longshan County	247548	365	9635	1246	12453	4041	20376

20−11　农林牧渔业总产值（2011年）
Gross Output Value of Farming, Forestry, Animal Husbandry and fishery (2011)

单位：万元　(10 000 yuan)

市县名称	Cities and Counties	农林牧渔业总产值 Gross Output Value of Farming, Forestry, Animal Husbandry and Fishery	指数(上年=100) Indices (preceding year=100)	农业产值 Output Value of Farming	林业产值 Output Value of Forestry	牧业产值 Output Value of Animal Husbandry	渔业产值 Output Value of Fishery	服务业产值 Output Value of Services
芙蓉区	Furong District	23719	84.9	15066	5	8010	455	184
天心区	Tianxin District	19484	90.0	9025	152	7937	2221	149
岳麓区	Yuelu District	223318	100.9	127622	7771	66335	15895	5695
开福区	Kaifu District	80790	98.1	46698		32150	1847	96
雨花区	Yuhua District	49283	89.2	25490	269	22004	1442	78
望城区	Wangcheng District	478308	104.8	270062	5811	165581	30460	6393
长沙县	Changsha County	849157	104.1	468928	21422	329977	17986	10843
宁乡县	Ningxiang County	1170863	105.3	587619	31685	491066	42755	17738
浏阳市	Liuyang City	982241	105.1	532129	112677	282412	29429	25594
荷塘区	Hetang District	45810	104.2	27288	1832	13973	2105	613
芦淞区	Lusong District	24282	104.6	12345	483	9110	1714	630
石峰区	Shifeng District	47160	104.2	22044	1192	21107	2015	804
天元区	Tianyuan District	44613	104.2	27212	1322	13583	1647	849
株洲县	Zhuzhou County	286679	104.1	127575	15663	121736	14077	7628
攸　县	You County	552624	104.2	252590	40244	219520	15323	24948
茶陵县	Chaling County	338030	104.2	138389	36388	145225	13079	4949
炎陵县	Yanling County	89105	104.1	35592	23136	23334	816	6228
醴陵市	Liling City	489040	104.3	217150	27879	209059	19154	15798
雨湖区	Yuhu District	182377	103.8	61548	1278	110597	2980	5973
岳塘区	Yuetang District	85133	103.5	26000	2261	45346	2697	8830
湘潭县	Xiangtan County	733654	103.6	284817	22755	373114	33439	19529
湘乡市	Xiangxiang City	645358	103.7	262452	17139	323133	27876	14758
韶山市	Shaoshan City	72301	103.6	22374	1754	44180	2621	1372
珠晖区	Zhuhui District	105557	104.2	54349	1259	43726	4672	1551
雁峰区	Yanfeng District	32446	104.0	13652	465	15397	2346	586
石鼓区	Shigu District	53950	104.2	23489	1338	25049	3707	367
蒸湘区	Zhengxiang District	52217	104.2	23110	1122	23954	3232	799
南岳区	Nanyue District	37140	104.1	17518	2504	15851	727	540
衡阳县	Hengyang County	839692	104.6	295166	34284	428420	65423	16399
衡南县	Hengnan County	776462	104.5	302107	35490	369580	55437	13848
衡山县	Hengshan County	315209	104.7	104199	35661	158094	11830	5424
衡东县	Hengdong County	537011	104.4	219080	42107	250007	16003	9814
祁东县	Qidong County	665443	104.2	317744	20693	258168	55393	13446
耒阳市	Leiyang City	752383	104.4	322839	40683	338984	32490	17387
常宁市	Changning City	579116	104.3	190214	43479	304259	29787	11377
双清区	Shuangqing District	57627	103.7	23602	27	25731	2096	6171
大祥区	Da xiang District	68320	103.8	34671	741	22266	2086	8556
北塔区	Beita District	33163	103.7	13979	261	14579	1609	2735
邵东县	Shaodong County	493415	104.2	305919	3946	153166	25927	4457

20-11 续表 1 continued

单位：万元 (10 000 yuan)

市县名称	Cities and Counties	农林牧渔业总产值 Gross Output Value of Farming, Forestry, Animal Husbandry and Fishery	指数(上年=100) Indices (preceding year=100)	农业产值 Output Value of Farming	林业产值 Output Value of Forestry	牧业产值 Output Value of Animal Husbandry	渔业产值 Output Value of Fishery	服务业产值 Output Value of Services
新邵县	Xinshao County	279170	104.3	143179	9074	115118	6339	5461
邵阳县	Shaoyang County	356549	104.1	203012	16075	125886	8248	3329
隆回县	Longhui County	381214	103.8	235241	13666	120904	8294	3109
洞口县	Dongkou County	550841	104.3	280224	23881	222460	15835	8442
绥宁县	Shuining County	192198	103.7	92717	36722	59495	1919	1346
新宁县	Xinning County	224829	104.4	145693	9012	63050	4823	2252
城步县	Chengbu County	124854	103.8	46711	12951	63397	638	1157
武冈市	Wugang City	423438	104.4	217641	12854	182872	8419	1652
岳阳楼区	Yueyanglou District	127824	102.6	62612	3375	33175	23207	5456
云溪区	Yunxi District	100715	103.4	39198	3232	33918	22918	1449
君山区	Junshan District	307589	103.7	161781	7218	84719	51988	1882
岳阳县	Yueyang County	562581	104.1	264372	10041	224938	58161	5070
华容县	Huarong County	749836	103.7	397317	7041	165833	170591	9055
湘阴县	Xiangyin County	584176	103.7	269612	16363	152061	138775	7365
平江县	Pingjiang County	491044	103.9	233305	38541	202512	8768	7918
汨罗市	Miluo City	554564	103.8	232454	9603	254397	50021	8089
临湘市	Linxiang City	326707	103.4	147480	14509	118603	43417	2698
武陵区	Wuling District	111270	131.4	63674	1215	20686	16541	9154
鼎城区	Dingchen District	802135	110.0	345285	23200	292054	112746	28850
安乡县	Anxiang County	439592	103.9	226471	2303	113804	82934	14080
汉寿县	Hanshou County	627563	123.5	305932	5559	227695	70687	17690
澧　县	Li County	737923	103.1	306992	6468	326866	44489	53108
临澧县	Linli County	347257	103.2	154771	9338	160317	15821	7010
桃源县	Taoyuan County	879858	102.4	410136	31506	395684	30602	11930
石门县	Shimen County	513322	102.4	258738	8488	230353	8810	6933
津市市	Jinshi City	233126	107.9	98100	12895	100308	14323	7500
永定区	Yongding District	198716	104.2	104414	15347	57522	7561	13872
武陵源区	Wulingyuan District	19026	104.5	8025	3037	6886	78	1001
慈利县	Cili County	284741	104.2	147619	27725	98031	6553	4813
桑植县	Sangzhi County	112707	104.2	59602	13470	34607	2991	2037
资阳区	Ziyang District	241940	104.5	133248	1522	84319	21640	1212
赫山区	Heshan District	464319	104.2	222074	18160	200528	19676	3881
南　县	Nan County	716453	104.7	408645	4981	178037	118625	6165
大通湖区	Datonghu District	134391	105.1	93781	1599	15600	22403	1008
桃江县	Taojiang County	426564	104.1	194283	45511	174226	6427	6117
安化县	Anhua County	450975	104.7	195555	37191	195137	18170	4922
沅江市	Yuanjiang City	602679	104.9	300448	10538	159707	126622	5363
北湖区	Beihu District	145702	104.0	87921	9547	43451	2964	1820
苏仙区	Suxian District	195980	103.5	91295	7499	84568	10109	2510
桂阳县	Guiyang County	496365	103.7	269712	21821	183359	12233	9241
宜章县	Yizhang County	250807	103.4	131729	4842	105958	4990	3289
永兴县	Yongxing County	301446	103.5	148505	14742	115727	18306	4166

20-11 续表 2 continued

单位：万元 (10 000 yuan)

市县名称	Cities and Counties	农林牧渔业总产值 Gross Output Value of Farming, Forestry, Animal Husbandry and Fishery	指数(上年=100) Indices (preceding year=100)	农业产值 Output Value of Farming	林业产值 Output Value of Forestry	牧业产值 Output Value of Animal Husbandry	渔业产值 Output Value of Fishery	服务业产值 Output Value of Services
嘉禾县	Jiahe County	212245	104.7	88768	6542	111874	2097	2964
临武县	Linwu County	152079	102.4	88163	6084	53109	2308	2415
汝城县	Rucheng County	192762	105.6	117802	17774	54815	771	1601
桂东县	Guidong County	59719	104.0	29551	9916	19197	219	836
安仁县	Anren County	216739	104.6	135326	14122	58388	5405	3499
资兴市	Zixing City	256392	105.8	102092	31712	95779	23473	3336
零陵区	Lingling District	478909	103.8	251679	25459	177348	17833	6590
冷水滩区	Lengshuitan District	415664	104.0	206206	19371	161068	23733	5285
祁阳县	Qiyang County	593322	103.9	313138	52586	159389	56410	11799
东安县	Dongan County	457374	103.8	240695	30001	161829	18951	5900
双牌县	Shuangpai County	175094	103.8	37237	89111	36656	4184	7906
道　县	Dao County	522146	103.9	254700	44271	188334	27527	7314
江永县	Jiangyong County	265765	104.0	145458	20740	86474	4595	8499
宁远县	Ningyuan Couny	398256	103.9	181683	27140	158871	21902	8660
蓝山县	Lanshan County	212447	103.9	85116	37437	79260	1640	8993
新田县	Xintian County	236322	103.8	125087	14501	86641	7368	2726
江华县	Jianghua County	304800	104.0	110909	87937	93970	2824	9160
鹤城区	Hecheng District	109214	104.3	65258	9415	27805	5277	1459
中方县	Zhongfang County	144870	104.5	76057	16295	47462	4753	303
沅陵县	Yuanling County	219389	104.4	116784	27738	62565	11722	580
辰溪县	Chenxi County	199050	104.8	109411	6076	79944	2431	1188
溆浦县	Xupu County	388979	104.5	185115	19506	176946	7192	221
会同县	Huitong County	137108	104.4	66495	32146	35232	3231	5
麻阳县	Mayang County	163877	104.2	113917	3936	43300	2719	5
新晃县	Xinhuang County	97974	104.2	37337	8545	49916	1462	714
芷江县	Zhijiang County	229625	104.7	115259	15047	94149	5087	83
靖州县	Jingzhou County	152969	104.2	86546	16718	45949	3450	307
通道县	Tongdao County	86066	104.2	36736	23706	23113	1926	586
洪江市	Hongjiang City	228151		119016	26737	76169	6045	184
洪江区	Hongjiang District							
娄星区	Louxing District	141570	103.8	53669	2345	76854	5273	3430
双峰县	Shuangfeng County	722187	104.5	266142	12922	413142	27648	2333
新化县	Xinhua County	614402	104.2	197423	9572	378656	25943	2808
冷水江市	Lengshuijiang City	116377	104.0	28375	2592	80935	3590	886
涟源市	Liangyuan City	544628	104.1	219459	5902	302460	14911	1896
吉首市	Jishou City	76418	103.8	55133	2095	16837	1765	588
泸溪县	Luxi County	93491	104.4	60861	3514	27057	1540	520
凤凰县	Fenghuang County	113996	103.3	79400	4681	27977	1312	626
花垣县	Huayuan County	81699	103.6	47308	2290	29906	1682	513
保靖县	Baojing County	102865	104.5	72239	3062	25593	1451	521
古丈县	Guzhang County	47467	104.7	29671	4981	11308	1023	485
永顺县	Yongsun County	186215	104.2	131374	9400	42163	2465	813
龙山县	Longshan County	206565	103.4	150912	12984	39632	2150	886

20−12 主要农产品产量（2011年）
Output of Major Farm Crops (2011)

单位：吨 (ton)

市县名称	Cities and Counties	粮食合计 Total Grain	稻谷 Rice	小麦 Wheat	玉米 Corn	大豆 Beans	薯类 Tubers
芙蓉区	Furong District	1513	1513				
天心区	Tianxin District	4853	4546		53	25	79
岳麓区	Yuelu District	100287	91499		1152	505	6411
开福区	Kaifu District	26409	24536			185	1605
雨花区	Yuhua District	191	191				
望城区	Wangcheng District	351161	326036	60	2673	994	20580
长沙县	Changsha County	567316	527672	43	12850	5108	19144
宁乡县	Ningxiang County	852160	810487	1790	20185	4293	12658
浏阳市	Liuyang City	541232	503429	84	13595	6314	15532
荷塘区	Hetang District	35079	33254		159	158	1172
芦淞区	Lusong District	7300	7300				
石峰区	Shifeng District	29744	27188		190	871	1111
天元区	Tianyuan District	35211	34144			27	966
株洲县	Zhuzhou County	314849	307900		2070	1098	3177
攸　县	You County	455956	443256		872	1686	9084
茶陵县	Chaling County	313213	304714		225	2879	3823
炎陵县	Yanling County	91703	81542		1800	1426	6300
醴陵市	Liling City	502130	477982		16842	1292	4183
雨湖区	Yuhu District	136281	135008		51		1222
岳塘区	Yuetang District	27129	26932			15	168
湘潭县	Xiangtan County	716159	712051		2254	438	758
湘乡市	Xiangxiang City	527144	522192		1953	735	1790
韶山市	Shaoshan City	58686	58309		95	109	126
珠晖区	Zhuhui District	32361	30032			390	1619
雁峰区	Yanfeng District	9404	8237		771	56	239
石鼓区	Shigu District	21671	20431				1240
蒸湘区	Zhengxiang District	19212	19011			30	109
南岳区	Nanyue District	15462	13295		574	321	1057
衡阳县	Hengyang County	599448	558211	195	11967	6627	17667
衡南县	Hengnan County	603842	564972	1044	12243	4350	12031
衡山县	Hengshan County	201891	196327		864	360	3935
衡东县	Hengdong County	389532	369186		4502	5584	6491
祁东县	Qidong County	441455	406692	460	19557	3705	8765
耒阳市	Leiyang City	500120	459363	110	5326	7651	22915
常宁市	Changning City	401247	376954	2142	7504	4995	6697
双清区	Shuangqing District	34151	31036	11	1458	431	1059
大祥区	Da xiang District	55326	49989	45	2688	1035	1425
北塔区	Beita District	18102	12895	118	2423	452	2037
邵东县	Shaodong County	438977	356059	3058	44153	9264	23519

20-12 续表 1 continued

单位：吨 (ton)

市县名称	Cities and Counties	粮食合计 Total Grain	稻谷 Rice	小麦 Wheat	玉米 Corn	大豆 Beans	薯类 Tubers
新邵县	Xinshao County	302206	239437	963	46602	6673	7451
邵阳县	Shaoyang County	444567	379647	333	52164	3019	5840
隆回县	Longhui County	441284	385899	635	25301	1954	25283
洞口县	Dongkou County	421033	375269	720	31200	4950	7362
绥宁县	Shuining County	141585	129319		2079	1269	8382
新宁县	Xinning County	295364	228267	174	54068	1888	10499
城步县	Chengbu County	75336	64904	24	8262	420	1620
武冈市	Wugang City	439756	338168	270	79695	4090	17220
岳阳楼区	Yueyanglou District	66200	59590	346	2059	1600	1153
云溪区	Yunxi District	42763	37241	58	2624	305	2255
君山区	Junshan District	154640	127547	9892	14100	600	1749
岳阳县	Yueyang County	500100	448735	624	23575	2820	17178
华容县	Huarong County	532600	514162		15843	1600	
湘阴县	Xiangyin County	573000	523313	454	28417	2278	14072
平江县	Pingjiang County	415515	390472	700	15600	1200	3044
汨罗市	Miluo City	481405	437959		32900	3247	5649
临湘市	Linxiang City	310747	296750	1900	5600	2500	2313
武陵区	Wuling District	83116	81455		765	460	193
鼎城区	Dingchen District	708291	679159	6257	11796	2404	6062
安乡县	Anxiang County	303437	285924	5865	2187	2431	4132
汉寿县	Hanshou County	621694	609592	348	1587	1866	7091
澧　县	Li County	491672	442079	7680	21756	2728	10384
临澧县	Linli County	324246	314714	3024	6207	264	
桃源县	Taoyuan County	755172	720842	181	14175	3375	12055
石门县	Shimen County	255220	185063	2664	47970	1944	13062
津市市	Jinshi City	137402	134022	576	270	367	1374
永定区	Yongding District	149391	94996	481	29600	2866	20202
武陵源区	Wulingyuan District	15381	8557	42	3540	170	2895
慈利县	Cili County	294003	162330	368	91590	4350	32339
桑植县	Sangzhi County	138190	68100	301	32102	4350	32482
资阳区	Ziyang District	266200	256100		105	162	9596
赫山区	Heshan District	459900	448289	60	827	516	9354
南　县	Nan County	572000	546640	3036	8709	2334	6943
大通湖区	Datonghu District	115800	107340	1436	6709	26	243
桃江县	Taojiang County	358500	320300	508	18100	1691	15994
安化县	Anhua County	238300	181401	44	38300	3275	11654
沅江市	Yuanjiang City	445100	430612	800	2000	828	8506
北湖区	Beihu District	54695	46592		2551	666	4566
苏仙区	Suxian District	122829	102038		10381	144	9991
桂阳县	Guiyang County	278624	216681		25797	9412	26401
宜章县	Yizhang County	237117	162259		42680	3426	27034
永兴县	Yongxing County	230545	202020		10721	1049	15130

20-12 续表 2 continued

单位：吨 (ton)

市县名称	Cities and Counties	粮食合计 Total Grain	稻谷 Rice	小麦 Wheat	玉米 Corn	大豆 Beans	薯类 Tubers
嘉禾县	Jiahe County	129229	96199	195	20276	3820	7694
临武县	Linwu County	123113	88229		26622	1616	5159
汝城县	Rucheng County	192327	169892	85	11210	3088	7751
桂东县	Guidong County	62763	51692		8333	403	2258
安仁县	Anren County	280380	273544		381	2729	3008
资兴市	Zixing City	123386	94774		19622	584	7137
零陵区	Lingling District	363216	339087	445	3894	5776	10305
冷水滩区	Lengshuitan District	352723	307889		15946	9095	17492
祁阳县	Qiyang County	647500	539713	54	26063	17861	52487
东安县	Dongan County	382056	329232		21778	8076	16416
双牌县	Shuangpai County	71113	52839	113	10442	1044	5815
道　县	Dao County	384370	329183		12210	14367	23763
江永县	Jiangyong County	120363	95035	238	13172	1447	9226
宁远县	Ningyuan Couny	298743	259382	51	4218	6862	25107
蓝山县	Lanshan County	124899	112078	79	2670	1302	7571
新田县	Xintian County	160530	118418	73	23798	8202	8421
江华县	Jianghua County	204488	146029	24	36154	5443	13310
鹤城区	Hecheng District	52334	48830		2012	473	688
中方县	Zhongfang County	112167	91965	164	14298	311	4133
沅陵县	Yuanling County	217444	162845	16	32807	5098	14093
辰溪县	Chenxi County	179054	155438	23	19168	814	3440
溆浦县	Xupu County	336505	250060	48	72173	891	10953
会同县	Huitong County	117604	102255	21	11404	132	3193
麻阳县	Mayang County	107224	93927		7489	81	5271
新晃县	Xinhuang County	77273	49762		21131	95	6195
芷江县	Zhijiang County	204582	147694		29313	446	26205
靖州县	Jingzhou County	120767	112922		1518	442	5577
通道县	Tongdao County	79555	74715		3395	233	1147
洪江市	Hongjiang City	175491	156520		10305	227	8138
洪江区	Hongjiang District						
娄星区	Louxing District	76319	66620	70	4700	1500	2368
双峰县	Shuangfeng County	534899	478973	1380	40503	4697	4251
新化县	Xinhua County	458807	372271	2422	71925	3401	5285
冷水江市	Lengshuijiang City	43982	36600	636	4892	291	843
涟源市	Liangyuan City	458300	376497	6103	55531	9161	3962
吉首市	Jishou City	48729	35658		6138	1334	5170
泸溪县	Luxi County	75102	64182	239	4321	1321	4198
凤凰县	Fenghuang County	123328	86415	302	19360	3390	13522
花垣县	Huayuan County	88115	58957		18234	2376	8454
保靖县	Baojing County	87583	52349		19890	2445	12095
古丈县	Guzhang County	35703	26643		5296	826	2509
永顺县	Yongsun County	201341	122654	2122	25996	3861	44906
龙山县	Longshan County	177458	94192	134	31640	3024	47946

20-12 续表 3 continued

单位：吨 (ton)

市县名称	Cities and Counties	棉花 Cotton	油料 Oil-bearing	#油菜籽 Rapeseeds	黄红麻 Jute and Ambary Hemp	苎麻 Ramie	烤烟 Fluecured Tobacco	茶叶 Tea	柑桔 Citrus
芙蓉区	Furong District								
天心区	Tianxin District		33	20					45
岳麓区	Yuelu District		1546	1200			13	112	4828
开福区	Kaifu District		128	128				7	1088
雨花区	Yuhua District								240
望城区	Wangcheng District		5127	4574		20		611	17681
长沙县	Changsha County	20	11493	9805			78	18673	8124
宁乡县	Ningxiang County	519	11575	3578	17	17	9456	5059	22666
浏阳市	Liuyang City	630	49359	45489		468	12060	1522	41290
荷塘区	Hetang District		699	666				35	1075
芦淞区	Lusong District		178	178				35	391
石峰区	Shifeng District		742	461				23	1238
天元区	Tianyuan District		323	83				50	894
株洲县	Zhuzhou County	429	5243	3394				645	7906
攸　县	You County	654	12757	9243		67		337	6035
茶陵县	Chaling County	916	11554	8915		1528	7654	268	18677
炎陵县	Yanling County	28	2318	1694				184	3847
醴陵市	Liling City	62	6471	5645		14		360	9086
雨湖区	Yuhu District		530	396				97	2981
岳塘区	Yuetang District		198	90				55	531
湘潭县	Xiangtan County	109	4244	3686		9		757	2693
湘乡市	Xiangxiang City	46	12778	12331		9		719	3389
韶山市	Shaoshan City	8	888	757				73	216
珠晖区	Zhuhui District		2055	1425					2561
雁峰区	Yanfeng District		290	230					3445
石鼓区	Shigu District		1050	955					1439
蒸湘区	Zhengxiang District	30	772	551					1486
南岳区	Nanyue District	81	216	127				56	762
衡阳县	Hengyang County	11074	73068	70897	33	21	900	35	12613
衡南县	Hengnan County	5728	58515	50552			6804	565	18482
衡山县	Hengshan County	664	14724	13905				384	2388
衡东县	Hengdong County	293	31514	26902		10	21	446	5478
祁东县	Qidong County	183	39608	34413			3096	104	13636
耒阳市	Leiyang City	1174	48086	41016	50	51	4718	220	12915
常宁市	Changning City	509	35463	29580			2578	591	10058
双清区	Shuangqing District		842	359				1	2811
大祥区	Da xiang District	20	2021	1113				14	16007
北塔区	Beita District	4	561	331				11	1632
邵东县	Shaodong County	172	27502	19927		80		365	18687

20-12 续表 4 continued

单位：吨 (ton)

市县名称	Cities and Counties	棉花 Cotton	油料 Oil-bearing	#油菜籽 Rapeseeds	黄红麻 Jute and Ambary Hemp	苎麻 Ramie	烤烟 Fluecured Tobacco	茶叶 Tea	柑桔 Citrus
新邵县	Xinshao County	28	5286	2745		592	86	61	16876
邵阳县	Shaoyang County	54	19267	12285		36	4667	23	13619
隆回县	Longhui County	38	9195	5690		83	2964	209	15492
洞口县	Dongkou County	35	25247	22542		35	35	2272	73770
绥宁县	Shuining County		5045	4478		8		79	37518
新宁县	Xinning County		10373	6378		6	2835	12	77249
城步县	Chengbu County		3336	2680				146	2653
武冈市	Wugang City	5	15550	11385			21	551	64725
岳阳楼区	Yueyanglou District	46	5689	3946				330	6502
云溪区	Yunxi District	536	3995	3214				213	1171
君山区	Junshan District	11475	17423	16815		23		7	7650
岳阳县	Yueyang County	8218	26264	16904	38	428		1100	10480
华容县	Huarong County	31720	67579	67204		429		732	27085
湘阴县	Xiangyin County	1082	17750	14616	405	265		2000	13600
平江县	Pingjiang County	1187	25011	17584		20		3668	11696
汨罗市	Miluo City	1344	13784	11430				3225	8350
临湘市	Linxiang City	3733	19052	15827		1517		4984	1374
武陵区	Wuling District	2455	7428	7007					24901
鼎城区	Dingchen District	24171	68040	66781		119		169	52545
安乡县	Anxiang County	29668	86145	85834		396		20	23910
汉寿县	Hanshou County	15044	69523	66789		5273	15	1325	27144
澧　县	Li County	28662	91179	89044				164	71076
临澧县	Linli County	9909	52082	51752			2430	125	38319
桃源县	Taoyuan County	20705	114213	104096		8830	1436	4680	121594
石门县	Shimen County	4857	45032	42821		549	3557	6560	257550
津市市	Jinshi City	7144	27689	26557				108	17414
永定区	Yongding District	8	20470	15273		1457	2527	316	45452
武陵源区	Wulingyuan District		2031	1570		70	388	18	1616
慈利县	Cili County	1250	33450	30384		3410	3210	1560	144300
桑植县	Sangzhi County	5	13100	10310		30	4885	154	18147
资阳区	Ziyang District	251	5973	5936		115		915	7528
赫山区	Heshan District	54	9376	7999		59		2796	13627
南　县	Nan County	43361	82260	82231		4691			39346
大通湖区	Datonghu District	16318	13162	13133		686			7132
桃江县	Taojiang County	322	30086	25920		15	149	4944	7856
安化县	Anhua County		30253	24002		112		31600	19145
沅江市	Yuanjiang City	22070	55842	55842		10109		317	65720
北湖区	Beihu District		1899	1290			1359	158	7942
苏仙区	Suxian District		3041	1852			1728	150	6621
桂阳县	Guiyang County		14123	6492			37193	376	18637
宜章县	Yizhang County	16	11312	4451			6066	176	23764
永兴县	Yongxing County	53	17976	15685			4512	342	87737

20−12 续表 5 continued

单位：吨 (ton)

市县名称	Cities and Counties	棉花 Cotton	油料 Oil-bearing	#油菜籽 Rapeseeds	黄红麻 Jute and Ambary Hemp	苎麻 Ramie	烤烟 Fluecured Tobacco	茶叶 Tea	柑桔 Citrus
嘉禾县	Jiahe County		10546	5694			6650	37	15883
临武县	Linwu County		6646	4168			555	40	9581
汝城县	Rucheng County	122	6324	4039			16	91	8411
桂东县	Guidong County		1064	953			36	297	1163
安仁县	Anren County	11	21355	17853			4181	710	11568
资兴市	Zixing City	49	5345	4504				1076	67222
零陵区	Lingling District	314	6601	2499			845	644	44010
冷水滩区	Lengshuitan District	926	6448	4095			518		22639
祁阳县	Qiyang County	529	35754	24868			168	199	70884
东安县	Dongan County	87	8769	2398		255	283	5	18393
双牌县	Shuangpai County	263	1650	1182				48	4794
道　县	Dao County	21	9959	4959			3103	21	69155
江永县	Jiangyong County	146	12408	9381			3831	93	89557
宁远县	Ningyuan Couny	71	5254	2875			10453	199	47725
蓝山县	Lanshan County	655	11619	9369			5640	96	13750
新田县	Xintian County		3618	1376		12	5250	154	696
江华县	Jianghua County	47	7898	1500			3647	407	8196
鹤城区	Hecheng District		2881	2854					6977
中方县	Zhongfang County	288	13110	12469			18	34	18412
沅陵县	Yuanling County	22	23531	21014			35	730	15103
辰溪县	Chenxi County	581	19943	19084				15	84177
溆浦县	Xupu County	180	21217	19926				984	103135
会同县	Huitong County	20	10048	9929	11	4	72	300	53800
麻阳县	Mayang County	24	12988	10143					259532
新晃县	Xinhuang County		3340	3320	2	3	656		4643
芷江县	Zhijiang County	36	14261	13268			750	7	69858
靖州县	Jingzhou County		8659	8597	1		6647	5	20227
通道县	Tongdao County	158	4117	4075				1	6323
洪江市	Hongjiang City	14	7193	6750			63	56	104018
洪江区	Hongjiang District								
娄星区	Louxing District		2302	874				1531	5672
双峰县	Shuangfeng County	354	14921	11798		19	27	2116	5601
新化县	Xinhua County		11592	6050			73	898	4200
冷水江市	Lengshuijiang City		1530	1309				62	9751
涟源市	Liangyuan City	126	11000	6350		22	73	1410	9724
吉首市	Jishou City		7232	5979		34		4	103440
泸溪县	Luxi County	97	12557	11511		179	937	2	179650
凤凰县	Fenghuang County		12156	9760		73	3791	15	105612
花垣县	Huayuan County		6079	4811			3132	3	13622
保靖县	Baojing County		9211	6020			2624	339	116332
古丈县	Guzhang County	11	3472	3064			2384	1180	19135
永顺县	Yongsun County	9	21734	16652		20	7832	125	112152
龙山县	Longshan County		15351	12023			9095	18	59087

20−13 主要林产品产量（2011年）
Output of Major Forest Products (2011)

市县名称	Cities and Counties	油茶籽（吨）Tea-oil Seeds (ton)	油桐籽（吨）Tung-oil Seeds (ton)	松脂（吨）Pine Resin (ton)	板栗（吨）Chestnuts (ton)	棕片（吨）Palm Leaf (ton)	竹笋干（吨）Bamboo Shoots (ton)	木材采伐量（万方）Woods Cuts (10 000 cu.m)	竹材采伐量（万根）Bamboo Cuts (10 000 roots)
芙蓉区	Furong District								
天心区	Tianxin District								
岳麓区	Yuelu District	325			8		5	0.56	14.10
开福区	Kaifu District							0.20	0.10
雨花区	Yuhua District							0.01	0.20
望城区	Wangcheng District	400	15	6	319	22	1488	1.00	30.00
长沙县	Changsha County	3050			6080		4	0.54	4.54
宁乡县	Ningxiang County	6201						4.50	160.00
浏阳市	Liuyang City	24000		300	2880	3		16.70	211.72
荷塘区	Hetang District	2000			70			0.44	1.73
芦淞区	Lusong District	63						0.07	
石峰区	Shifeng District	1890		10					
天元区	Tianyuan District	1098							
株洲县	Zhuzhou County	17500	60	220	450	38	380	1.35	6.25
攸　县	You County	26400	650		700		900	5.59	141.00
茶陵县	Chaling County	17498	817	1599	380		817	3.94	19.90
炎陵县	Yanling County	4600	21	60	310	63	3820	11.75	100.00
醴陵市	Liling City	16826	72		315	70	132	0.32	6.68
雨湖区	Yuhu District	253			3			0.10	
岳塘区	Yuetang District	90			0				
湘潭县	Xiangtan County	5030			20		10	1.20	18.00
湘乡市	Xiangxiang City	940	50	20	310			1.30	15.00
韶山市	Shaoshan City	80			26			0.03	
珠晖区	Zhuhui District	120			10		20	0.10	25.00
雁峰区	Yanfeng District							0.05	
石鼓区	Shigu District				5			0.12	
蒸湘区	Zhengxiang District				2			0.05	2.00
南岳区	Nanyue District	60			9		1	0.08	37.20
衡阳县	Hengyang County	2660	15	1	1000	1	65	3.26	210.00
衡南县	Hengnan County	10600					150	0.64	411.30
衡山县	Hengshan County	2600		130	400			0.35	69.00
衡东县	Hengdong County	22650	8140	810	9420		30	10.22	532.37
祁东县	Qidong County	17200	1030		6770		50	1.18	25.00
耒阳市	Leiyang City	40000			3750			2.43	10.89
常宁市	Changning City	14000	35	40	910	100	1000	2.06	33.75
双清区	Shuangqing District	80					35		0.12
大祥区	Da xiang District	887			50				23.00
北塔区	Beita District	651					50	0.04	0.23
邵东县	Shaodong County	175	75					0.10	

20-13 续表 1 continued

市县名称	Cities and Counties	油茶籽(吨) Tea-oil Seeds (ton)	油桐籽(吨) Tung-oil Seeds (ton)	松脂(吨) Pine Resin (ton)	板栗(吨) Chestnuts (ton)	棕片(吨) Palm Leaf (ton)	竹笋干(吨) Bamboo Shoots (ton)	木材采伐量(万方) Woods Cuts (10 000 cu.m)	竹材采伐量(万根) Bamboo Cuts (10 000 roots)
新邵县	Xinshao County	350	3	72	205		350	2.99	8.03
邵阳县	Shaoyang County	30000	410	180		48		0.48	1.20
隆回县	Longhui County	20	1	13	413	0	311	7.30	14.54
洞口县	Dongkou County	220	21	25	555	10	8	14.77	60.00
绥宁县	Shuining County							16.02	221.16
新宁县	Xinning County	52	50	370	220	20	60	2.57	60.00
城步县	Chengbu County	141	113	111	361	63	376	15.64	201.20
武冈市	Wugang City	80	24		65	250	65	5.60	50.00
岳阳楼区	Yueyanglou District				0			35.43	
云溪区	Yunxi District	62			770			1.10	26.00
君山区	Junshan District							2.25	1.72
岳阳县	Yueyang County	200	50		2056		1200	1.26	81.36
华容县	Huarong County	41			201			6.62	0.00
湘阴县	Xiangyin County	12						1.70	4.50
平江县	Pingjiang County	9000	532	31	1038	216	245	14.13	238.71
汨罗市	Miluo City	380	10	60	25	10	17	1.55	18.70
临湘市	Linxiang City	1150	45	0	142	320	35	1.23	308.54
武陵区	Wuling District	306							
鼎城区	Dingchen District	7875	17	110	170	0	255	1.10	170.00
安乡县	Anxiang County							2.62	
汉寿县	Hanshou County	3850	55					3.42	167.00
澧　县	Li County	35	85	20	2	159		4.06	15.00
临澧县	Linli County	8684	48		38			0.31	0.17
桃源县	Taoyuan County	7666			27		75	4.00	350.00
石门县	Shimen County	1200	400	4	7200	160	7	4.80	5.70
津市市	Jinshi City	22315			180			0.23	0.70
永定区	Yongding District							4.30	0.52
武陵源区	Wulingyuan District						1	0.35	0.67
慈利县	Cili County	1120	1250	390	2100	1300	200	3.90	12.00
桑植县	Sangzhi County	3000						4.62	
资阳区	Ziyang District	934			12		2	0.70	41.53
赫山区	Heshan District	180			1250		463	5.30	80.00
南　县	Nan County					10		1.98	
大通湖区	Datonghu District							0.88	
桃江县	Taojiang County	250			48		2800	31.93	1000.00
安化县	Anhua County	11160	700	350	1010	1200	410	9.40	400.00
沅江市	Yuanjiang City							21.00	
北湖区	Beihu District	4860	138		797		402	0.53	65.62
苏仙区	Suxian District	1000			460		220	1.09	125.49
桂阳县	Guiyang County	4810	3		292	4	335	1.03	21.07
宜章县	Yizhang County	1975			465		70	1.20	5.00
永兴县	Yongxing County	13200	220		110	130	600	5.60	30.00

20−13 续表 2 continued

市县名称	Cities and Counties	油茶籽(吨) Tea-oil Seeds (ton)	油桐籽(吨) Tung-oil Seeds (ton)	松脂(吨) Pine Resin (ton)	板栗(吨) Chestnuts (ton)	棕片(吨) Palm Leaf (ton)	竹笋干(吨) Bamboo Shoots (ton)	木材采伐量(万方) Woods Cuts (10 000 cu.m)	竹材采伐量(万根) Bamboo Cuts (10 000 roots)
嘉禾县	Jiahe County	4186			508		2	1.03	2.00
临武县	Linwu County	980	90		175	66	236	0.95	1.30
汝城县	Rucheng County	1500	22		855	83	521	11.09	33.07
桂东县	Guidong County	650			20		160	8.26	20.00
安仁县	Anren County	9972	150	59	57	83	155	3.26	22.94
资兴市	Zixing City	3000	370		958	172	720	21.64	153.40
零陵区	Lingling District	6281	70	440	952	95	2595	1.63	180.00
冷水滩区	Lengshuitan District	4500	131	202	107	10	32	0.25	16.80
祁阳县	Qiyang County	15020	650	194	1484	110	758	8.68	17.61
东安县	Dongan County	5000	21	22	14	180	74	1.84	9.27
双牌县	Shuangpai County	1408	308	1280	3620	131	250	7.58	31.69
道　县	Dao County	10071	251	15667	285	52	130	4.51	0.99
江永县	Jiangyong County	520	19	1604	34		5	6.60	
宁远县	Ningyuan Couny	9750	48	12	291	90	376	3.93	10.30
蓝山县	Lanshan County	8055	45	135	156	75	115	5.22	200.00
新田县	Xintian County	4302	30	120	2595	35	70	2.19	7.32
江华县	Jianghua County	11233	462	7155	776	86		22.59	0.85
鹤城区	Hecheng District	3212	1890	1222	1413	411		1.84	2.42
中方县	Zhongfang County	3226	452		685	780	126	8.74	4.46
沅陵县	Yuanling County	2000	675		1935	123	223	22.88	8.32
辰溪县	Chenxi County	4000	202	12	158	32	37	5.74	7.99
溆浦县	Xupu County	3750	1050		62	45	95	8.62	13.60
会同县	Huitong County	7400	5500	190	550	62		25.23	42.24
麻阳县	Mayang County	303			652		22	3.75	1.00
新晃县	Xinhuang County		2000	45	141	136		12.89	0.78
芷江县	Zhijiang County	1622	865	130	1200	6	40	7.15	5.39
靖州县	Jingzhou County	125	22		16		83	25.56	8.45
通道县	Tongdao County	1850	520	510	75	2	55	25.87	7.33
洪江市	Hongjiang City	2849	1508	211	463	42	427	10.56	177.95
洪江区	Hongjiang District								
娄星区	Louxing District	30		2	500	15	50	1.71	15.00
双峰县	Shuangfeng County						18	1.90	33.11
新化县	Xinhua County	5100	30	20	1500		1500	4.90	21.20
冷水江市	Lengshuijiang City	1350	1020	160	3300		530	0.35	9.82
涟源市	Liangyuan City							0.96	12.33
吉首市	Jishou City	251	54	45	266		20	0.09	
泸溪县	Luxi County	280	20		1300	8	8	0.12	
凤凰县	Fenghuang County	300	20		9		11	0.73	
花垣县	Huayuan County	72	5		4				
保靖县	Baojing County	105	160	8	600	30	10	0.40	2.00
古丈县	Guzhang County	300	85	1100	167	2	6	2.11	4.73
永顺县	Yongsun County	4200	2700		2538	21		1.25	2.07
龙山县	Longshan County	2000	6800	300	3000	40	50	1.00	15.00

20—14 牲畜头数、畜产品及水产品产量(2011年)
Number of Live stocks, Output of Livestock Products and Aquatic Products (2011)

市县名称	Cities and Counties	大牲畜年末存栏数(头) Large Animals (head)	#牛 Cattle and Buffaloes	生猪存栏(万头) Hogs (10 000 heads)	肉猪出栏(万头) Slaughtered Fattened Hogs (10 000 heads)	猪肉产量(吨) Output of Pork (ton)	牛肉产量(吨) Output of Beef (ton)	羊肉产量(吨) Output of Mutton (ton)	水产品(吨) Aquatic Products (ton)	#鱼 Fish
芙蓉区	Furong District	340	340	3.60	5.50	3470			380	380
天心区	Tianxin District	100	100	3.52	5.80	3770	30	5	2662	2660
岳麓区	Yuelu District	2798	2798	23.65	38.17	24846	136	45	9602	9587
开福区	Kaifu District	217	217	10.40	18.00	11695		3	2054	2054
雨花区	Yuhua District			3.20	8.23	5596	429		1285	1285
望城区	Wangcheng District	6735	6735	59.12	103.03	72249	411	156	22098	20687
长沙县	Changsha County	29140	29140	112.25	200.87	145203	2663	320	16276	16026
宁乡县	Ningxiang County	67500	67500	118.50	233.96	152344	7040	1870	31420	31374
浏阳市	Liuyang City	42402	41748	93.36	191.12	133784	2637	9687	21377	20836
荷塘区	Hetang District	701	701	10.30	7.80	5323		279	2222	2222
芦淞区	Lusong District	95	95	3.10	5.07	3460		82	1845	1806
石峰区	Shifeng District	1421	1421	9.25	11.17	7623	31	297	2047	2009
天元区	Tianyuan District	446	446	7.21	6.58	4546		61	1779	1753
株洲县	Zhuzhou County	7581	7581	40.27	73.90	50436	189	813	13536	12823
攸　县	You County	41536	41432	70.64	114.14	79099	2007	720	16669	16412
茶陵县	Chaling County	75452	75452	55.04	85.40	58285	2633	502	14623	14410
炎陵县	Yanling County	18300	18300	8.20	13.21	9015	230	47	884	844
醴陵市	Liling City	15300	15300	76.04	110.00	77000	1474	4963	20657	20148
雨湖区	Yuhu District	5108	5108	39.60	69.76	51852	168	122	3051	3019
岳塘区	Yuetang District	179	179	14.02	25.74	19497	35	300	2267	2267
湘潭县	Xiangtan County	4600	4600	119.05	206.98	157165	456	444	32524	31502
湘乡市	Xiangxiang City	41500	41500	89.34	187.24	141567	472	349	29998	27707
韶山市	Shaoshan City	1340	1340	21.08	24.52	19197	130	99	2773	2765
珠晖区	Zhuhui District	656	656	21.03	23.30	17941	29	18	3789	3631
雁峰区	Yanfeng District	140	140	4.86	7.16	5618	12	10	2065	2065
石鼓区	Shigu District	270	270	7.37	12.22	9178			3161	3159
蒸湘区	Zhengxiang District	105	105	5.11	10.45	8109		26	2779	2637
南岳区	Nanyue District	1100	1100	4.24	6.80	5155	108	41	628	619
衡阳县	Hengyang County	66800	66800	106.38	176.40	140243	2455	1024	56826	55273
衡南县	Hengnan County	35131	35131	107.60	161.19	125816	1320	388	51023	48678
衡山县	Hengshan County	24300	24300	41.80	64.75	48789	1896	341	10773	10229
衡东县	Hengdong County	18325	15614	61.26	100.17	76661	612	753	15765	13200
祁东县	Qidong County	11721	11550	67.78	121.12	93262	1200	4350	49277	47902
耒阳市	Leiyang City	76700	76700	73.62	133.20	99382	4189	641	28996	27903
常宁市	Changning City	30800	30800	66.01	116.07	85290	2210	1190	25761	25177
双清区	Shuangqing District	3451	3451	8.47	19.60	13325	408	80	2176	2159
大祥区	Da xiang District	7166	7000	10.84	20.75	14098	400	106	1996	1921
北塔区	Beita District	4400	4400	4.35	10.74	7306	286	54	1640	1589
邵东县	Shaodong County	26400	26200	75.07	119.92	81547	1287	258	24391	24005

20-14 续表 1 continued

市县名称	Cities and Counties	大牲畜年末存栏数(头) Large Animals (head)	#牛 Cattle and Buffaloes	生猪存栏(万头) Hogs (10 000 heads)	肉猪出栏(万头) Slaughtered Fattened Hogs (10 000 heads)	猪肉产量(吨) Output of Pork (ton)	牛肉产量(吨) Output of Beef (ton)	羊肉产量(吨) Output of Mutton (ton)	水产品(吨) Aquatic Products (ton)	#鱼 Fish
新邵县	Xinshao County	87526	87183	55.96	94.95	61541	2652	713	9473	9265
邵阳县	Shaoyang County	83000	79100	61.03	96.13	65367	3735	621	9005	8850
隆回县	Longhui County	92836	91500	56.11	97.36	62812	4471	833	8453	8409
洞口县	Dongkou County	71300	71100	111.14	200.48	134323	3890	1141	14307	14112
绥宁县	Shuining County	41500	41000	30.83	51.36	34925	2840	592	1787	1710
新宁县	Xinning County	97289	91475	26.79	33.93	22019	4509	488	5565	5534
城步县	Chengbu County	73391	72373	16.73	16.05	10108	2240	533	732	732
武冈市	Wugang City	55010	51710	81.51	147.36	103096	2495	805	8746	8411
岳阳楼区	Yueyanglou District	9382	9382	14.01	23.76	15799	488	101	16997	16734
云溪区	Yunxi District	5000	5000	13.97	22.56	15343	225	18	15224	13900
君山区	Junshan District	23800	23800	28.56	39.27	26701	863	178	27904	26660
岳阳县	Yueyang County	65200	65200	82.72	133.02	90488	2600	805	37546	36142
华容县	Huarong County	51008	49225	43.55	79.38	53976	1913	319	107457	102095
湘阴县	Xiangyin County	69600	68400	55.28	92.60	62995	3437	372	103486	101903
平江县	Pingjiang County	132200	131800	77.58	101.61	67741	4687	3638	6520	5849
汨罗市	Miluo City	61050	61050	89.01	157.62	107185	2151	207	35673	29545
临湘市	Linxiang City	28981	28828	37.30	69.21	47084	975	315	29953	27257
武陵区	Wuling District	3386	3386	6.34	6.55	4495	114	72	18919	18850
鼎城区	Dingchen District	56131	56131	45.55	85.37	58052	2392	1968	65546	63986
安乡县	Anxiang County	17625	17625	25.96	32.58	22154	676	587	74869	73419
汉寿县	Hanshou County	37608	37403	48.18	89.69	60989	1113	664	66091	61785
澧　县	Li County	59898	59898	48.26	96.18	65417	2413	3758	47762	47353
临澧县	Linli County	34280	34200	31.52	46.92	31906	1373	1874	16167	14670
桃源县	Taoyuan County	140625	140551	58.87	111.86	76065	4098	12603	37502	35912
石门县	Shimen County	87975	87628	45.72	80.75	54910	2590	5104	11183	11180
津市市	Jinshi City	18720	18720	24.63	37.58	25656	572	611	15255	14823
永定区	Yongding District	41159	40616	24.43	27.43	20574	2940	775	4840	4811
武陵源区	Wulingyuan District	3962	3900	1.95	3.26	2550	324	65	46	41
慈利县	Cili County	79610	78410	34.77	47.72	35790	2544	1668	4450	4386
桑植县	Sangzhi County	44256	42383	16.98	20.49	16330	865	234	938	887
资阳区	Ziyang District	6800	6800	32.88	44.45	29337	104	29	20095	19294
赫山区	Heshan District	8821	8503	53.38	96.04	72498	1075	284	21170	20462
南　县	Nan County	17800	16800	47.65	73.14	50771	1899	580	96281	85902
大通湖区	Datonghu District	4800	4800	11.20	10.43	7673	198	74	24170	21474
桃江县	Taojiang County	59600	59400	62.60	88.34	65076	1980	44	6535	6478
安化县	Anhua County	205442	203922	61.20	83.50	55945	8100	4563	17358	16994
沅江市	Yuanjiang City	32020	32020	48.00	68.82	52500	1728	406	111181	105048
北湖区	Beihu District	13109	12548	14.69	24.90	17928	753	694	3297	3
苏仙区	Suxian District	35316	35316	30.85	60.00	43200	841	1582	11231	11020
桂阳县	Guiyang County	45580	45580	49.16	86.37	64778	1163	867	13290	12935
宜章县	Yizhang County	56359	55945	45.05	65.76	46689	2306	355	5670	5670
永兴县	Yongxing County	52000	52000	37.40	65.51	46512	2090	630	20270	19121

20-14 续表 2 continued

市县名称	Cities and Counties	大牲畜年末存栏数(头) Large Animals (head)	#牛 Cattle and Buffaloes	生猪存栏(万头) Hogs (10 000 heads)	肉猪出栏(万头) Slaughtered Fattened Hogs (10 000 heads)	猪肉产量(吨) Output of Pork (ton)	牛肉产量(吨) Output of Beef (ton)	羊肉产量(吨) Output of Mutton (ton)	水产品(吨) Aquatic Products (ton)	#鱼 Fish
嘉禾县	Jiahe County	14797	14797	40.40	65.72	46662	1121	242	2287	2206
临武县	Linwu County	12445	12325	15.35	25.20	18360	485	1010	2570	2485
汝城县	Rucheng County	12770	12770	17.20	30.10	21672	222	14	820	817
桂东县	Guidong County	42806	42806	11.10	10.20	7344	1326	247	231	226
安仁县	Anren County	27479	27479	27.50	37.70	26767	727	46	6100	5598
资兴市	Zixing City	26434	26421	31.34	60.00	42600	1970	619	26095	26038
零陵区	Lingling District	70620	70514	53.50	88.05	59874	979	327	14657	13687
冷水滩区	Lengshuitan District	60995	60995	57.79	91.93	66189	836	277	19355	18887
祁阳县	Qiyang County	16900	16700	66.40	99.97	68979	1486	782	48314	46754
东安县	Dongan County	60080	58536	55.93	87.74	63173	2274	675	15445	14723
双牌县	Shuangpai County	60444	60416	12.82	16.20	11178	1370	2618	3361	3228
道　县	Dao County	202600	199700	68.97	95.17	64715	7893	1558	22958	22141
江永县	Jiangyong County	155540	154640	24.40	29.03	21047	5945	526	3940	3781
宁远县	Ningyuan Couny	65700	65600	61.53	88.53	63741	1737	138	16518	16155
蓝山县	Lanshan County	27716	27636	44.62	84.61	60831	884	367	1070	956
新田县	Xintian County	14471	14388	30.66	38.40	27648	1169	531	5649	5456
江华县	Jianghua County	121821	121821	42.23	43.02	29360	2151	1477	2274	2178
鹤城区	Hecheng District	10237	10187	9.32	11.52	7965	715	232	5210	5060
中方县	Zhongfang County	22591	22591	16.10	19.61	15100	594	501	4935	4787
沅陵县	Yuanling County	91823	87924	22.78	26.49	21126	1014	958	10220	10085
辰溪县	Chenxi County	36200	34800	20.20	26.70	18607	736	299	2425	2361
溆浦县	Xupu County	56382	55542	55.53	86.28	66753	790	580	7995	7900
会同县	Huitong County	22700	22597	13.25	13.68	10564	827	1531	3606	3579
麻阳县	Mayang County	42490	42200	19.00	19.45	15012	936	549	3140	3093
新晃县	Xinhuang County	86300	85500	19.63	19.01	13554	5856	580	1465	1444
芷江县	Zhijiang County	46000	46000	26.50	38.03	27382	1165	479	5085	4926
靖州县	Jingzhou County	65346	63761	22.07	20.61	15895	998	188	3575	2988
通道县	Tongdao County	41438	41270	10.62	9.46	7236	1008	216	2142	2142
洪江市	Hongjiang City	30042	29819	17.44	29.83	22393	371	408	6142	5939
洪江区	Hongjiang District									
娄星区	Louxing District	20412	20354	16.83	26.39	16888	1081	364	4902	4621
双峰县	Shuangfeng County	43683	43683	96.08	173.04	115854	1260	285	25520	25418
新化县	Xinhua County	215524	212974	88.46	147.40	95367	7432	1249	23511	23196
冷水江市	Lengshuijiang City	17452	17452	18.71	31.33	21238	1231	452	3387	3258
涟源市	Liangyuan City	93135	92594	70.11	118.60	76580	4325	1544	13862	13090
吉首市	Jishou City	18272	18255	7.15	7.27	4944	504	539	2580	2575
泸溪县	Luxi County	47254	46968	11.85	13.88	9268	942	360	2235	2107
凤凰县	Fenghuang County	49799	49774	14.73	14.78	9776	881	336	1928	1843
花垣县	Huayuan County	40025	40025	14.50	15.38	10458	930	839	2474	2474
保靖县	Baojing County	35000	35000	11.76	12.27	8468	872	813	2109	2089
古丈县	Guzhang County	24537	24537	5.52	5.40	3509	451	440	1505	1502
永顺县	Yongsun County	74159	73875	19.83	20.36	13333	1665	904	3625	3625
龙山县	Longshan County	42093	41879	23.12	21.73	14776	938	830	3162	3162

20−15 规模以上工业主营业务收入（2011年）
Revenue of Major Business of Industrial Enterprises above Designated Size (2011)

单位：万元 (10 000 yuan)

市县名称	Cities and Counties	主营业务收入 Revenue of Major Business	轻工业 Light Industry	重工业 Heavy Industry	#国有经济 State-owned Economic	#集体经济 Collective Owned Economic
芙蓉区	Furong District	2517710	1008976	1508735	32634	28863
天心区	Tianxin District	2895567	233308	2662259	1645958	178190
岳麓区	Yuelu District	9627503	183739	9443764	59131	4484
开福区	Kaifu District	1542126	758863	783262	75855	30142
雨花区	Yuhua District	3521615	1999043	1522572	1511300	180037
望城区	Wangcheng District	13216429	1381541	11834888	10319	30324
长沙县	Changsha County	4065424	1056918	3008507	360393	91263
宁乡县	Ningxiang County	8801072	3323120	5477952	47407	221828
浏阳市	Liuyang City	7424712	2460536	4964176	116019	54006
荷塘区	Hetang District	2268123	136599	2131523	972436	10298
芦淞区	Lusong District	1348715	489725	858990	244688	
石峰区	Shifeng District	5381385	32256	5349129	929141	
天元区	Tianyuan District	2478282	936645	1541637	42675	4209
株洲县	Zhuzhou County	519941	101824	418117	23301	3612
攸　县	You County	2612828	693335	1919493	34038	94605
茶陵县	Chaling County	717395	194185	523209	26928	46667
炎陵县	Yanling County	453789	140554	313234	34395	
醴陵市	Liling City	4434293	1424689	3009604	86083	20099
雨湖区	Yuhu District	5226384	687181	4539203	57814	47896
岳塘区	Yuetang District	9789930	869531	8920399	673147	86716
湘潭县	Xiangtan County	2438629	951472	1487157	46070	15438
湘乡市	Xiangxiang City	3191276	1174808	2016469	276254	69313
韶山市	Shaoshan City	770459	386025	384434		
珠晖区	Zhuhui District	1438512	385736	1052776	254516	17447
雁峰区	Yanfeng District	2982993	373727	2609267	67355	20661
石鼓区	Shigu District	787337	179211	608127	18154	9657
蒸湘区	Zhengxiang District	2772819	452058	2320761	530923	60041
南岳区	Nanyue District	4901	4901			
衡阳县	Hengyang County	2139357	592336	1547022		25715
衡南县	Hengnan County	2228863	758542	1470321		146268
衡山县	Hengshan County	909523	317231	592292	8115	20311
衡东县	Hengdong County	2383992	414321	1969671	59846	24950
祁东县	Qidong County	3017699	2135023	882675	29937	47301
耒阳市	Leiyang City	5508054	706240	4801813	302157	50677
常宁市	Changning City	3271318	271106	3000213	111902	101603
双清区	Shuangqing District	1060377	374159	686218	27775	
大祥区	Da xiang District	930305	369077	561229	273413	11779
北塔区	Beita District	514361	403086	111274		3206

20-15 续表 1 continued

单位：万元 (10 000 yuan)

市县名称	Cities and Counties	主营业务收入 Revenue of Major Business	轻工业 Light Industry	重工业 Heavy Industry	#国有经济 State-owned Economic	#集体经济 Collective Owned Economic
邵东县	Shaodong County	2399509	996733	1402776	2804	3817
新邵县	Xinshao County	921427	162059	759368	11104	
邵阳县	Shaoyang County	700235	291339	408896	85677	12177
隆回县	Longhui County	750137	422427	327710	13983	
洞口县	Dongkou County	913881	486686	427195	29923	18537
绥宁县	Shuining County	874228	315383	558845	16153	
新宁县	Xinning County	302286	94153	208132	14479	
城步县	Chengbu County	190646	152669	37978	10350	
武冈市	Wugang City	409524	155690	253834	30259	
岳阳楼区	Yueyanglou District	6720524	3448922	3271602	1629661	32203
云溪区	Yunxi District	7489057	315582	7173475		
君山区	Junshan District	1147196	957696	189500	109768	101800
岳阳县	Yueyang County	2885696	1541807	1343889	161000	97701
华容县	Huarong County	4147672	2647708	1499964	41688	638403
湘阴县	Xiangyin County	3991862	2234312	1757550	10205	26262
平江县	Pingjiang County	2095421	831394	1264026	210108	16513
汨罗市	Miluo City	5887588	1686335	4201253		37145
临湘市	Linxiang City	3026741	1168952	1857789	86119	173117
武陵区	Wuling District	6925351	5542800	1382551	4362584	6184
鼎城区	Dingchen District	1390185	252976	1137209	27840	
安乡县	Anxiang County	718731	454914	263816	2152	
汉寿县	Hanshou County	1041702	525713	515988	300105	
澧　县	Li County	1592493	732563	859930	26348	30118
临澧县	Linli County	883986	376199	507787	5678	
桃源县	Taoyuan County	1593942	246073	1347868	10586	
石门县	Shimen County	1434801	618081	816720	263709	
津市市	Jinshi City	1168144	559000	609144	62804	
永定区	Yongding District	546982	257555	289427	77775	19869
武陵源区	Wulingyuan District					
慈利县	Cili County	838241	381616	456625	62909	7909
桑植县	Sangzhi County	181734	74203	107531	29126	
资阳区	Ziyang District	1030228	475149	555079	9129	40464
赫山区	Heshan District	4821060	1794887	3026173	430343	168606
南　县	Nan County	1073458	920669	152789	7927	2548
大通湖区	Datonghu District	470197	381457	88740		
桃江县	Taojiang County	1574467	241066	1333401	60302	28403
安化县	Anhua County	933041	263563	669479	93913	35023
沅江市	Yuanjiang City	1806721	954460	852261	598494	10050
北湖区	Beihu District	1568958	524705	1044253	332118	3846
苏仙区	Suxian District	3553079	196600	3356479	692362	9426
桂阳县	Guiyang County	3431187	590830	2840357	83062	52320
宜章县	Yizhang County	1715489	212051	1503438	64428	

20-15 续表 2 continued

单位：万元 (10 000 yuan)

市县名称	Cities and Counties	主营业务收入 Revenue of Major Business	轻工业 Light Industry	重工业 Heavy Industry	#国有经济 State-owned Economic	#集体经济 Collective Owned Economic
永兴县	Yongxing County	4725478	36098	4689379	39368	29952
嘉禾县	Jiahe County	1334881	22819	1312062	45882	26025
临武县	Linwu County	623508	40833	582675		2116
汝城县	Rucheng County	468077	20464	447613	2620	
桂东县	Guidong County	94519	6218	88301		
安仁县	Anren County	376628	67424	309204	9965	
资兴市	Zixing City	4331876	978756	3353120	78195	
零陵区	Lingling District	1199528	484141	715388	310839	
冷水滩区	Lengshuitan District	1981435	684232	1297203	331084	
祁阳县	Qiyang County	1361383	622606	738777	24389	20542
东安县	DonganCounty	1064768	268314	796454	144945	14719
双牌县	Shuangpai County	429242	106033	323209	38546	
道　县	Dao County	540053	191403	348650	12264	
江永县	Jiangyong County	232476	86978	145498	5727	6484
宁远县	Ningyuan County	498635	223413	275222	22115	4696
蓝山县	Lanshan County	597810	180093	417716	19189	6552
新田县	Xintian County	313405	164520	148884		
江华县	Jianghua County	320717	49790	270928	21972	
鹤城区	Hecheng District	1203108	467753	735356	195528	8425
中方县	Zhongfang County	918285	445686	472599	240190	
沅陵县	Yuanling County	2133504	178474	1955030	329367	48956
辰溪县	Chenxi County	827265	64705	762560	106113	65853
溆浦县	Xupu County	861697	181204	680493	48118	4536
会同县	Huitong County	243433	53752	189680		
麻阳县	Mayang County	404139	88620	315519		2120
新晃县	Xinhuang County	496148	181954	314194	2997	
芷江县	Zhijiang County	796178	352436	443742	56657	1792
靖州县	Jingzhou County	426454	149271	277184	12146	
通道县	Tongdao County	270558	36101	234457	15425	9419
洪江市	Hongjiang City	1257183	365675	891508	144305	27477
娄星区	Louxing District	6143198	446082	5697116	4071716	182672
双峰县	Shuangfeng County	1371314	196866	1174448	8586	14019
新化县	Xinhua County	1097510	125143	972367	30137	161702
冷水江市	Lengshuijiang City	3072828	126671	2946157	140957	258371
涟源市	Lianyuan County	1843473	271173	1572300	27835	100292
吉首市	Jishou County	549238	175549	373689	145952	2336
泸溪县	Luxi County	787553	18955	768598	48183	
凤凰县	Fenghuang County	94898	16797	78101	16034	
花垣县	Huayuan County	930796	2085	928711	31378	
保靖县	Baojing County	402839	35257	367583	41514	
古丈县	Guzhang County	37004	2768	34236	7308	
永顺县	Yongshun County	96211	45548	50663	10069	
龙山县	Longshan County	99593	57615	41978	17789	5153

20−16　规模以上工业企业基本情况（2011年）
Basic Indicators of Industrial Enterprises above Designated Size (2011)

单位：万元　　　　(10 000 yuan)

市县名称	Cities and Counties	利润总额 Total Profits	资产总计 Total Aassets	负债合计 Total Liabilities	全部从业人员年平均人数（万人） Average Number of Empolyment of the Current Year (10000persons)
芙蓉区	Furong District	136028	833460	311305	1.58
天心区	Tianxin District	89047	2756754	2016456	2.84
岳麓区	Yuelu District	1092980	9404735	4826015	5.51
开福区	Kaifu District	125668	1272136	639732	1.87
雨花区	Yuhua District	326054	3010761	891628	2.63
望城区	Wangcheng District	1432557	13569802	8468565	14.49
长沙县	Changsha County	292717	3387446	2183693	3.61
宁乡县	Ningxiang County	764212	3011673	1045695	8.63
浏阳市	Liuyang City	771847	3025289	1560147	13.69
荷塘区	Hetang District	56391	1651448	1149149	2.81
芦淞区	Lusong District	102649	1588672	988547	3.01
石峰区	Shifeng District	200295	5189583	3282483	5.25
天元区	Tianyuan District	426272	2155198	1252690	2.47
株洲县	Zhuzhou County	24021	253920	162130	0.79
攸　县	You County	102612	1076638	279802	3.65
茶陵县	Chaling County	14999	171511	82842	1.26
炎陵县	Yanling County	18575	192874	135956	1.09
醴陵市	Liling City	305122	2214145	585479	15.58
雨湖区	Yuhu District	317871	2157552	1208917	3.92
岳塘区	Yuetang District	172751	11330615	7657730	7.41
湘潭县	Xiangtan County	113433	842128	250533	3.96
湘乡市	Xiangxiang City	65244	423700	285347	3.51
韶山市	Shaoshan City	58897	132583	24016	0.86
珠晖区	Zhuhui District	146859	690008	485385	1.64
雁峰区	Yanfeng District	276163	1419980	636953	3.74
石鼓区	Shigu District	46751	676701	378723	1.40
蒸湘区	Zhengxiang District	107265	2668166	1880036	3.15
南岳区	Nanyue District	259	6621	3272	0.02
衡阳县	Hengyang County	106762	558782	200903	3.52
衡南县	Hengnan County	223809	484715	198350	2.02
衡山县	Hengshan County	68289	233267	111301	1.58
衡东县	Hengdong County	32696	451124	278691	1.77
祁东县	Qidong County	244656	609098	181909	2.07
耒阳市	Leiyang City	752148	1324359	913506	5.63
常宁市	Changning City	79927	664932	441509	3.41
双清区	Shuangqing District	135681	728045	348842	1.69
大祥区	Da xiang District	68366	571500	309564	1.23
北塔区	Beita District	57947	254451	115828	0.82

20-16 续表 1 continued

单位：万元 (10 000 yuan)

市县名称	Cities and Counties	利润总额 Total Profits	资产总计 Total Aassets	负债合计 Total Liabilities	全部从业人员年平均人数（万人） Average Number of Empolyment of the Current Year (10000persons)
邵东县	Shaodong County	272317	373934	102243	3.04
新邵县	Xinshao County	50049	470737	263163	1.43
邵阳县	Shaoyang County	109902	266926	94743	1.32
隆回县	Longhui County	15824	187093	37862	1.07
洞口县	Dongkou County	69412	251164	118404	1.30
绥宁县	Shuining County	94542	234133	65910	1.30
新宁县	Xinning County	23453	128649	59083	0.69
城步县	Chengbu County	8133	159536	132590	0.23
武冈市	Wugang City	12495	208219	70907	0.92
岳阳楼区	Yueyanglou District	288921	5884422	3290013	6.58
云溪区	Yunxi District		2998979	1564300	3.12
君山区	Junshan District	62729	232466	34791	1.38
岳阳县	Yueyang County	119690	1154239	765303	2.89
华容县	Huarong County	108369	1006286	260793	3.97
湘阴县	Xiangyin County	208581	1111318	665252	3.30
平江县	Pingjiang County	135227	973351	799855	3.09
汨罗市	Miluo City	145502	1943304	1360852	5.43
临湘市	Linxiang City	133451	631320	188575	2.34
武陵区	Wuling District	851563	4706258	1958593	5.30
鼎城区	Dingchen District	175056	993198	649709	1.50
安乡县	Anxiang County	16955	245836	130976	1.04
汉寿县	Hanshou County	92963	448111	247255	1.91
澧　县	Li County	170451	564333	320635	1.67
临澧县	Linli County	111564	479219	255236	1.75
桃源县	Taoyuan County	206638	1504062	818131	1.17
石门县	Shimen County	43243	1085321	705696	1.91
津市市	Jinshi City	38896	581923	370391	1.77
永定区	Yongding District	17837	338457	211161	0.62
武陵源区	Wulingyuan District				
慈利县	Cili County	25318	1028379	554665	1.21
桑植县	Sangzhi County	11257	148576	93410	0.44
资阳区	Ziyang District	39690	425568	220385	1.35
赫山区	Heshan District	317550	2409210	1732332	4.85
南　县	Nan County	48644	508145	259911	1.68
大通湖区	Datonghu District	4566	197721	105616	0.48
桃江县	Taojiang County	115568	700234	322483	2.25
安化县	Anhua County	64637	586793	334156	1.20
沅江市	Yuanjiang City	153859	887501	447302	2.26
北湖区	Beihu District	163386	1663815	916771	1.69
苏仙区	Suxian District	421206	2490196	1466260	3.62
桂阳县	Guiyang County	156549	1830314	104583	2.14
宜章县	Yizhang County	248001	909376	260514	2.85

20-16 续表 2 continued

单位：万元 (10 000 yuan)

市县名称	Cities and Counties	利润总额 Total Profits	资产总计 Total Aassets	负债合计 Total Liabilities	全部从业人员年平均人数（万人） Average Number of Empolyment of the Current Year (10000persons)
永兴县	Yongxing County	585488	1307867	864818	2.40
嘉禾县	Jiahe County	203652	428031	50789	1.49
临武县	Linwu County	49992	270892	50129	1.43
汝城县	Rucheng County	12637	220426	156799	0.65
桂东县	Guidong County	5330	40938	18726	0.15
安仁县	Anren County	28899	145572	21183	0.31
资兴市	Zixing City	419163	1691635	922783	3.96
零陵区	Lingling District	121778	559652	148148	0.93
冷水滩区	Lengshuitan District	109210	1594628	1043387	2.81
祁阳县	Qiyang County	120527	646079	386994	2.30
东安县	DonganCounty	127951	324261	166692	1.26
双牌县	Shuangpai County	86151	201263	23272	0.67
道　县	Dao County	9426	183238	103212	1.18
江永县	Jiangyong County	23577	78098	39545	0.40
宁远县	Ningyuan County	31533	308764	154233	1.15
蓝山县	Lanshan County	59453	162366	32631	1.56
新田县	Xintian County	22824	118636	26798	0.71
江华县	Jianghua County	20735	164368	34341	0.42
鹤城区	Hecheng District	115934	904177	572366	1.54
中方县	Zhongfang County	108856	1125792	811763	0.74
沅陵县	Yuanling County	197579	1090523	720849	1.62
辰溪县	Chenxi County	90098	763146	479063	1.33
溆浦县	Xupu County		409258	291917	1.43
会同县	Huitong County	8626	83844	55819	0.33
麻阳县	Mayang County	30412	135145	103084	0.40
新晃县	Xinhuang County	57743	175943	154380	0.69
芷江县	Zhijiang County	18122	227604	96994	0.61
靖州县	Jingzhou County	14333	92406	59522	0.57
通道县	Tongdao County	15973	38614	6149	0.33
洪江市	Hongjiang City	34527	533297	388934	1.67
娄星区	Louxing District	163248	6092082	4661757	4.67
双峰县	Shuangfeng County	155376	541447	124267	2.25
新化县	Xinhua County	79235	386685	187795	3.14
冷水江市	Lengshuijiang City	50813	2168550	1619954	4.32
涟源市	Lianyuan County	335562	1028796	500972	3.27
吉首市	Jishou County	77024	696313	385407	0.92
泸溪县	Luxi County	82950	233663	148837	1.17
凤凰县	Fenghuang County	1472	20348	11796	0.21
花垣县	Huayuan County	64303	656895	346227	1.46
保靖县	Baojing County	75622	186864	104507	0.38
古丈县	Guzhang County	1743	31413	24294	0.09
永顺县	Yongshun County	9824	69168	32045	0.20
龙山县	Longshan County	8140	115366	79613	0.36

20-17 固定资产投资、新增固定资产及房屋竣工面积（2011年）
Investment in Fixed Assets,Newly Increased Fixed Assets and Completed Building Floor Space (2011)

市县名称	Cities and Counties	固定资产投资(万元) Investment in Fixed Assets (10000 yuan)	国有经济 State-owned	非国有经济 non—State-owned	房地产开发 Real Estate Develop-ment	新增固定资产(万元) Newly Increased Fixed Assets (10 000 yuan)	房屋建筑竣工面积(平方米) Floor Space of Buildings Completed (sq.m)	#住宅 Residential Buildings
芙蓉区	Furong District	1789179	493194	1295985	710027	1586448	1872747	993980
天心区	Tianxin District	5940966	562488	5378478	1061653	2926447	1309804	1174049
岳麓区	Yuelu District	3631561	1428201	2203360	1436685	823353	1270659	1094649
开福区	Kaifu District	5081816	966052	4115764	1600235	4156878	1945047	1578386
雨花区	Yuhua District	3525147	598619	2926528	1936629	2655519	3800839	3019251
望城区	Wangcheng District	2637987	879452	1758535	1072084	1773693	2970417	2550092
长沙县	Changsha County	3693736	1010636	2683100	480568	1136448	795711	623711
宁乡县	Ningxiang County	3933504	958884	2974620	340998	3126671	1446565	588134
浏阳市	Liuyang City	3317047	686676	2630371	230353	1540315	662986	546215
荷塘区	Hetang District	638800	231700	407100	255883	54420	22923	21511
芦淞区	Lusong District	1303800	617700	686100	429128	874349	1226226	795621
石峰区	Shifeng District	1239400	594100	645300	147312	340287	178887	147812
天元区	Tianyuan District	1473800	716000	757800	630591	763638	1591665	1366128
株洲县	Zhuzhou County	342300	93200	249100	78473	438262	206703	84872
攸　县	You County	1171000	143100	1027900	63790	737509	113302	45942
茶陵县	Chaling County	467900	63900	404000	33346	435612	117139	107057
炎陵县	Yanling County	418800	63100	355700	13400	354779	273671	137933
醴陵市	Liling City	1434700	165800	1268900	196100	1492052	1286738	312902
雨湖区	Yuhu District	1234300	146400	1087900	217689	1298091	369522	345747
岳塘区	Yuetang District	929000	250900	678100	292429	707392	103983	91818
湘潭县	Xiangtan County	743800	183500	560300	113516	629051	551362	111096
湘乡市	Xiangxiang City	722300	119400	602900	80857	509078	512109	389388
韶山市	Shaoshan City	330200	128500	201700	16800	328024	32800	32000
珠晖区	Zhuhui District	596013	169606	426407	62613	346160		
雁峰区	Yanfeng District	612877	175558	437319	61480	159464	64205	
石鼓区	Shigu District	563211	174309	388902	87500	361687	252423	189095
蒸湘区	Zhengxiang District	1038370	247814	790556	328923	101216	659709	577929
南岳区	Nanyue District	115793	92028	23765	15765	19032	111343	101288
衡阳县	Hengyang County	800650	116922	683728	54618	526720	211490	179804
衡南县	Hengnan County	695231	213345	481886	23414	757663	206027	178809
衡山县	Hengshan County	355281	45509	309772	6792	408489	105002	52928
衡东县	Hengdong County	486019	113064	372955	35797	529770	323845	172563
祁东县	Qidong County	553370	179519	373851	18431	400222	2050819	260399
耒阳市	Leiyang City	1420582	267536	1153046	75801	1321465	231959	210725
常宁市	Changning City	567148	262481	304667	36226	513274	272704	35366

20-17 续表 1 continued

市县名称	Cities and Counties	固定资产投资(万元) Investment in Fixed Assets (10000 yuan)	国有经济 State-owned	非国有经济 non—State-owned	房地产开发 Real Estate Develop-ment	新增固定资产(万元) Newly Increased Fixed Assets (10 000 yuan)	房屋建筑竣工面积(平方米) Floor Space of Buildings Completed (sq.m)	#住宅 Residential Buildings
双清区	Shuangqing District	326219	43916	282303	109544	144932	437610	296445
大祥区	Daxiang District	363353	186853	176500	117496	73156	461616	425847
北塔区	Beita District	172402	47259	125143	29549	7052		
邵东县	Shaodong County	885710	141032	744678	126224	187488	453521	297022
新邵县	Xinshao County	600706	36030	564676	25255	528855	51800	16800
邵阳县	Shaoyang County	525202	92018	433184	5960	70181	88380	88380
隆回县	Longhui County	660863	154039	506824	101329	533909	969575	383711
洞口县	Dongkou County	634345	172688	461657	40250	300237	127400	117000
绥宁县	Shuining County	263570	123499	140071	5787	138018	34140	34140
新宁县	Xinning County	438009	91677	346332	21757	286471	237924	44797
城步县	Chengbu County	140830	29657	111173	16933	146065	11200	6800
武冈市	Wugang City	538984	123512	415472	10872	363804	116394	94440
岳阳楼区	Yueyanglou District	557531	76799	480732	445052	1168698	595051	466366
云溪区	Yunxi District	557369	196503	360866		228835		
君山区	Junshan District	384284	89314	294970	71650	262130	322510	314010
岳阳县	Yueyang County	1089945	40931	1049014	18638	1045921	27884	23626
华容县	Huarong County	1069737	337141	732596	202701	848279	619600	488700
湘阴县	Xiangyin County	1058395	130579	927816	153999	278193	532999	412290
平江县	Pingjiang County	769681	113771	655910	43142	5507	33961	29246
汨罗市	Miluo City	1143756	75774	1067982	42143	795151	47783	31821
临湘市	Linxiang City	776106	232440	543666	26670	493006	99590	99590
武陵区	Wuling District	1356800	543700	813100	316678	587934	988760	375056
鼎城区	Dingchen District	710200	309000	401200	136484	510251	494392	422682
安乡县	Anxiang County	338800	149700	189100	43624	219764	124081	114424
汉寿县	Hanshou County	602500	240700	361800	56149	542923	752007	232645
澧　县	Li County	1144000	316100	827900	182891	1066323	2475898	588744
临澧县	Linli County	545700	108600	437100	33281	466021	621144	118373
桃源县	Taoyuan County	606400	144500	461900	27362	274951	14714	13792
石门县	Shimen County	758500	70500	688000	30958	630650	257220	178253
津市市	Jinshi City	332800	143200	189600	30174	296596	151853	140046
永定区	Yongding District	647400	179200	468200	226369	130074	379606	328754
武陵源区	Wulingyuan District	135600	46600	89000		135617		
慈利县	Cili County	362700	182500	180200	39740	156833	82891	68551
桑植县	Sangzhi County	305300	164900	140400	28326	228557	138452	122452
资阳区	Ziyang District	402434	41138	361296	36846	321042	533020	200574
赫山区	Heshan District	1105358	88840	1016518	359806	681970	1219389	570016
南　县	Nan County	252689	90261	162428	74019	149554	338636	275162
大通湖区	Datonghu District	145219	20120	118699	6400	75840	40975	36975
桃江县	Taojiang County	658905	216604	442301	75590	499797	185700	158244
安化县	Anhua County	516911	193918	322993	50800	116265	263860	115165
沅江市	Yuanjiang City	772174	154718	617456	208859	432695	345651	240651
北湖区	Beihu District	1236601	299556	937045	401360	416684	655683	631856
苏仙区	Suxian District	1147193	461572	685621	165582	329595	514131	480943
桂阳县	Guiyang County	1200405	461844	738561	84449	1223059	489224	405695

20-17 续表 2 continued

市县名称	Cities and Counties	固定资产投资(万元) Investment in Fixed Assets (10000 yuan)	国有经济 State-owned	非国有经济 non—State-owned	房地产开发 Real Estate Develop-ment	新增固定资产(万元) Newly Increased Fixed Assets (10 000 yuan)	房屋建筑竣工面积(平方米) Floor Space of Buildings Completed (sq.m)	#住宅 Residential Buildings
宜章县	Yizhang County	734661	106231	628430	11560	504893	114410	102010
永兴县	Yongxing County	996606	207403	789203	48886	22864	156645	129287
嘉禾县	Jiahe County	360956	55775	305181	15200	335272	362619	291692
临武县	Linwu County	422575	60133	362442	9112	252674	84890	46257
汝城县	Rucheng County	279400	145080	134320	20171	211764	86244	71526
桂东县	Guidong County	186830	66031	120799	3800	134820	95657	84520
安仁县	Anren County	463432	158931	304501	78492	267610	823601	528003
资兴市	Zixing City	1086932	204357	882575	103599	219685	366397	319210
零陵区	Lingling District	701000	159000	542000	125714	461429	1046650	172900
冷水滩区	Lengshuitan District	876900	151300	725600	218260	101122	130371	108527
祁阳县	Qiyang County	1069500	456600	612900	103350	433310	609582	607802
东安县	Dongan County	677900	253500	424400	121371	442036	438792	378589
双牌县	Shuangpai County	269700	123400	146300	6700	195170	86980	78980
道　县	Dao County	595700	119500	476200	86877	545759	862877	555091
江永县	Jiangyong County	298700	142800	155900	67440			
宁远县	Ningyuan Couny	563100	198900	364200	59920	448203	97600	50386
蓝山县	Lanshan County	294900	120500	174400	13508	215625	57800	56200
新田县	Xintian County	251400	202100	49300	13839	252492	123236	76557
江华县	Jianghua County	333800	160200	173600	44935	352886	324632	210524
鹤城区	Hecheng District	909049	538740	370309	199032	203190	609635	490916
中方县	Zhongfang County	501372	127047	374325	51463	111712	167451	130322
沅陵县	Yuanling County	402969	117338	285631	78186	95345	182700	181482
辰溪县	Chenxi County	446842	231284	215558	41240	470175	220983	164276
溆浦县	Xupu County	470025	219430	250595	67000	491610	936829	581037
会同县	Huitong County	180124	111901	68223	11837	81203	89513	72198
麻阳县	Mayang County	200315	34011	166304	26927	154699	71210	58132
新晃县	Xinhuang County	150093	51487	98606	9639	71516	115241	110215
芷江县	Zhijiang County	202751	94492	108259	14916	143940	82480	79535
靖州县	Jingzhou County	150319	56953	93366	14707	34026	114286	93455
通道县	Tongdao County	110221	47542	62679	22547	95013	116318	95718
洪江市	Hongjiang City	535296	403021	132275	32919	397003	300556	223469
洪江区	Hongjiang District	120292	37943	82349				
娄星区	Louxing District	1838400	633700	1204700	290151	1222772	1525570	911463
双峰县	Shuangfeng County	566238	230600	335638	50613	282372	256463	4550
新化县	Xinhua County	474632	230300	244332	75729	362923	638617	436425
冷水江市	Lengshuijiang City	705553	294300	411253	60878	644826	492612	339242
涟源市	Liangyuan City	667677	204500	463177	45917	621869	311221	221361
吉首市	Jishou City	422300	360100	62200	186745	179489	131409	100411
泸溪县	Luxi County	139500	72100	67400	5680	109794	105294	100000
凤凰县	Fenghuang County	221200	112000	109200	37014	60936	56325	47691
花垣县	Huayuan County	249700	35100	214600	5892	84197	76699	50114
保靖县	Baojing County	80600	44000	36600	3043	67772	41169	41169
古丈县	Guzhang County	78100	51900	26200		13369	22741	22741
永顺县	Yongsun County	180800	139300	41500	739	60508	28610	27860
龙山县	Longshan County	208600	159800	48800	10895	23947	169835	143361

20—18 社会消费品零售总额（2011年）
Total Value of Retail Sales of Consumer Goods (2011)

单位：万元 (10 000 yuan)

市县名称	Cities and Counties	消费品零售总额 Total Retail Sales of Consumer Goods	批发零售贸易业 Wholesales and Retail Sales Trade	#限额以上 #Above Designated Size	住宿餐饮业 Hotels and Catering Trade	#限额以上 #Above Designated Size
芙蓉区	Furong District	4354218	3745905	1951609	608313	308186
天心区	Tianxin District	2505563	2158965	1144511	346598	239449
岳麓区	Yuelu District	1520740	1316764	417128	203976	45864
开福区	Kaifu District	3768583	3375384	2081249	393199	160885
雨花区	Yuhua District	4072965	3755736	2527647	317229	116560
望城区	Wangcheng District	1841355	1772463	1511842	68892	26374
长沙县	Changsha County	467079	412703	117810	54377	9892
宁乡县	Ningxiang County	1338613	1164453	255019	174159	19187
浏阳市	Liuyang City	1389995	1217435	270814	172560	23934
荷塘区	Hetang District	340608	293995	161905	46613	10165
芦淞区	Lusong District	1611580	1497183	1153136	114398	12449
石峰区	Shifeng District	313156	261203	70045	51953	8040
天元区	Tianyuan District	446451	337554	226272	108897	59628
株洲县	Zhuzhou County	222783	192441	14180	30341	3494
攸　县	You County	663535	572351	132045	91184	30404
茶陵县	Chaling County	348572	309411	81678	39161	7181
炎陵县	Yanling County	107607	82983	28914	24625	6443
醴陵市	Liling City	971336	858426	318872	112910	21417
雨湖区	Yuhu District	1344744	1184095	752279	160649	108246
岳塘区	Yuetang District	638549	533836	231796	104713	61584
湘潭县	Xiangtan County	424401	353152	57429	71249	5739
湘乡市	Xiangxiang City	511885	439248	31958	72637	5463
韶山市	Shaoshan City	102462	60649	3952	41813	24150
珠晖区	Zhuhui District	602414	533508	313323	68907	11635
雁峰区	Yanfeng District	531443	469579	306213	61863	22639
石鼓区	Shigu District	521787	461661	351892	60126	24555
蒸湘区	Zhengxiang District	590791	559912	395746	30879	23696
南岳区	Nanyue District	117192	91503	40587	25690	17098.9
衡阳县	Hengyang County	470173	428424	88892	41749	4740
衡南县	Hengnan County	503949	468664	22491	35285	1057
衡山县	Hengshan County	149842	131112	8119	18730	703
衡东县	Hengdong County	449065	391549	32458	57516	11014
祁东县	Qidong County	532692	475033	28925	57659	2281
耒阳市	Leiyang City	638617	543522	65946	95095	9531
常宁市	Changning City	457291	407846	9779	49446	4245
双清区	Shuangqing District	477956	418148	311550	59808	4954
大祥区	Da xiang District	238950	208981	156399	29969	10642
北塔区	Beita District	33083	29172	12796	3911	2028

20−18 续表 1 continued

单位：万元 (10 000 yuan)

市县名称	Cities and Counties	消费品零售总额 Total Retail Sales of Consumer Goods	批发零售贸易业 Wholesales and Retail Sales Trade	#限额以上 #Above Designated Size	住宿餐饮业 Hotels and Catering Trade	#限额以上 #Above Designated Size
邵东县	Shaodong County	772259	667822	86525	104437	8094
新邵县	Xinshao County	256566	213316	58134	43250	5475
邵阳县	Shaoyang County	297334	244722	47545	52612	3966
隆回县	Longhui County	245464	208728	38436	36736	8359
洞口县	Dongkou County	276382	250688	63445	25694	6298
绥宁县	Shuining County	153906	142024	17979	11882	2768
新宁县	Xinning County	126335	94012	21499	32322	6744
城步县	Chengbu County	102550	92881	21153	9669	214
武冈市	Wugang City	298421	271571	106744	26849	3308
岳阳楼区	Yueyanglou District	3134053	2655500	1280624	478553	61461
云溪区	Yunxi District	119936	101622	52441	18314	9763
君山区	Junshan District	96835	82049	46175	14786	3512
岳阳县	Yueyang County	507530	430033	251437	77497	11852
华容县	Huarong County	556043	471138	50345	84905	7718
湘阴县	Xiangyin County	368059	311858	126324	56201	31273
平江县	Pingjiang County	298200	252666	112898	45533	7949
汨罗市	Miluo City	503356	426496	98075	76860	7657
临湘市	Linxiang City	396606	336047	145982	60560	8691
武陵区	Wuling District	1333373	1127927	652926	205446	50871
鼎城区	Dingchen District	903312	850219	270861	53093	2839
安乡县	Anxiang County	345787	272727	19945	73060	3372
汉寿县	Hanshou County	385141	336527	23260	48614	5549
澧　县	Li County	596148	540061	56606	56087	14703
临澧县	Linli County	316942	268870	22369	48072	3450
桃源县	Taoyuan County	776435	561821	20502	214614	4571
石门县	Shimen County	559489	455806	39200	103684	3108
津市市	Jinshi City	317900	276351	6994	41550	2184
永定区	Yongding District	481224	420446	214874	60778	10399
武陵源区	Wulingyuan District	70273	45258	4070	25015	10905
慈利县	Cili County	270681	226495	47374	44186	2094
桑植县	Sangzhi County	156535	250096	26148	28085	4585
资阳区	Ziyang District	285038	251881	67984	33157	2381
赫山区	Heshan District	962000	883986	538197	78014	21035
南　县	Nan County	413786	368611	77277	45175	9281
大通湖区	Datonghu District	63510	55163	18420	8347	1958
桃江县	Taojiang County	462517	400685	82206	61832	5229
安化县	Anhua County	500053	416018	127141	84036	13358
沅江市	Yuanjiang City	445287	375103	52189	70184	5881
北湖区	Beihu District	1792112	1521825	571836	270287	39270
苏仙区	Suxian District	610305	542623	457708	67683	13474
桂阳县	Guiyang County	542985	440041	311014	102945	22875
宜章县	Yizhang County	435019	390752	142717	44267	19841

20-18 续表 2 continued

单位：万元 (10 000 yuan)

市县名称	Cities and Counties	消费品零售总额 Total Retail Sales of Consumer Goods	批发零售贸易业 Wholesales and Retail Sales Trade	#限额以上 #Above Designated Size	住宿餐饮业 Hotels and Catering Trade	#限额以上 #Above Designated Size
永兴县	Yongxing County	416557	377477	177763	39080	7078
嘉禾县	Jiahe County	118173	102011	25734	16162	3869
临武县	Linwu County	174873	159973	69372	14900	4471
汝城县	Rucheng County	65070	55181	9405	9888	1287
桂东县	Guidong County	42024	32683	16614	9341	1997
安仁县	Anren County	205904	190623	72466	15281	4199
资兴市	Zixing City	416522	392929	212463	23593	12810
零陵区	Lingling District	472439	390215	172756	82224	20275
冷水滩区	Lengshuitan District	591053	546356	253533	44697	15734
祁阳县	Qiyang County	332842	271117	128368	61725	8293
东安县	Dongan County	270377	250160	116229	20218	8667
双牌县	Shuangpai County	49996	46187	19902	3809	725
道　县	Dao County	246770	228458	151703	18312	12835
江永县	Jiangyong County	108415	88138	47840	20277	6509
宁远县	Ningyuan Couny	267131	243504	135249	23626	11661
蓝山县	Lanshan County	191374	179505	84746	11870	3887
新田县	Xintian County	115369	109851	33637	5518	1632
江华县	Jianghua County	205842	181615	72123	24228	10675
鹤城区	Hecheng District	948555	890751	655292	57803	30132
中方县	Zhongfang County	92278	73645	17303	18633	18078
沅陵县	Yuanling County	268582	229403	74140	39179	5322
辰溪县	Chenxi County	222868	184448	37811	38421	21777
溆浦县	Xupu County	297511	253473	81679	44038	20019
会同县	Huitong County	92046	84262	22108	7783	2187
麻阳县	Mayang County	137368	124119	24847	13249	4693
新晃县	Xinhuang County	75719	64296	23433	11423	4920
芷江县	Zhijiang County	185104	167480	35111	17624	4410
靖州县	Jingzhou County	139585	115758	39049	23827	10740
通道县	Tongdao County	65114	54562	10915	10552	2117
洪江市	Hongjiang City	151337	128882	45266	22455	5379
洪江区	Hongjiang District	71294	56959	23584	14335	1919
娄星区	Louxing District	590187	508095	230931	82092	12006
双峰县	Shuangfeng County	398530	344912	155927	53619	5350
新化县	Xinhua County	497626	428459	191316	69168	17067
冷水江市	Lengshuijiang City	497453	427337	92787	70116	6639
涟源市	Liangyuan City	596892	525156	474055	71736	4910
吉首市	Jishou City	498416	442457	223903	55959	5142
泸溪县	Luxi County	80194	71602	3157	8593	963
凤凰县	Fenghuang County	218364	180951	5574	37413	3904
花垣县	Huayuan County	89134	78886	12189	10248	1689
保靖县	Baojing County	66373	53694	6995	12679	595
古丈县	Guzhang County	30352	23861	658	6491	233
永顺县	Yongsun County	195849	168585	15765	27264	507
龙山县	Longshan County	198632	170532	16066	28100	2512

20−19 地方财政收入与支出（2011年）
Local Government Revenue and Expenditures (2011)

单位：万元 (10 000 yuan)

市县名称	Cities and Counties	地方财政收入 Local Government Revenue	地方财政支出 Local Government Expenditures	市县名称	Cities and Counties	地方财政收入 Local Government Revenue	地方财政支出 Local Government Expenditures
芙蓉区	Furong District	232995	288554	衡山县	Hengshan County	38955	120180
天心区	Tianxin District	207229	272093	衡东县	Hengdong County	42838	158097
岳麓区	Yuelu District	143491	246607	祁东县	Qidong County	36935	198695
开福区	Kaifu District	225668	280800	耒阳市	Leiyang City	121505	341089
雨花区	Yuhua District	268563	358305	常宁市	Changning City	67132	228266
望城区	Wangcheng District	169448	297811	双清区	Shuangqing District	16632	56257
长沙县	Changsha County	419527	600963	大祥区	Daxiang District	13727	53961
宁乡县	Ningxiang County	203771	363528	北塔区	Beita District	6660	27004
浏阳市	Liuyang City	177068	345178	邵东县	Shaodong County	56058	217383
荷塘区	Hetang District	37812	62455	新邵县	Xinshao County	30237	182928
芦淞区	Lusong District	39246	65829	邵阳县	Shaoyang County	29385	207148
石峰区	Shifeng District	44506	67317	隆回县	Longhui County	33711	209861
天元区	Tianyuan District	199792	154252	洞口县	Dongkou County	28078	166898
株洲县	Zhuzhou County	35240	113688	绥宁县	Suining County	17567	102028
攸　县	You County	124387	228717	新宁县	Xinning County	30392	144789
茶陵县	Chaling County	50110	138520	城步县	Chengbu County	12164	86168
炎陵县	Yanling County	30482	84284	武冈市	Wugang City	36915	168581
醴陵市	Liling City	197032	325298	岳阳楼区	Yueyanglou District	49734	110336
雨湖区	Yuhu District	60795	94050	云溪区	Yunxi District	24247	64598
岳塘区	Yuetang District	54064	66933	君山区	Junshan District	12007	88006
湘潭县	Xiangtan County	86690	257508	岳阳县	Yueyang County	28960	184003
湘乡市	Xiangxiang City	74166	225569	华容县	Huarong County	30313	173504
韶山市	Shaoshan City	19151	57154	湘阴县	Xiangyin County	41212	186990
珠晖区	Zhuhui District	17640	58089	平江县	Pingjiang County	37036	239253
雁峰区	Yanfeng District	10460	38370	汨罗市	Miluo City	88103	214496
石鼓区	Shigu District	17049	44699	临湘市	Linxiang City	26004	152299
蒸湘区	Zhengxiang District	18091	42504	武陵区	Wuling District	69983	117198
南岳区	Nanyue District	29366	37246	鼎城区	Dingcheng District	55133	214091
衡阳县	Hengyang County	45983	225463	安乡县	Anxiang County	21873	145718
衡南县	Hengnan County	62565	242067	汉寿县	Hanshou County	31146	176978

20-19 续表 continued

单位：万元 (10 000 yuan)

市县名称	Cities and Counties	地方财政收入 Local Government Revenue	地方财政支出 Local Government Expenditures	市县名称	Cities and Counties	地方财政收入 Local Government Revenue	地方财政支出 Local Government Expenditures
澧　县	Li County	53688	215074	道　县	Dao County	37376	170367
临澧县	Linli County	29788	145446	江永县	Jiangyong County	15502	81129
桃源县	Taoyuan County	50625	215219	宁远县	Ningyuan County	37557	192398
石门县	Shimen County	50721	189929	蓝山县	Lanshan County	23775	99536
津市市	Jinshi City	28565	99711	新田县	Xintian County	20167	99890
永定区	Yongding District	28189	132901	江华县	Jianghua County	22596	131955
武陵源区	Wulingyuan District	26098	52411	鹤城区	Hecheng District	46128	99621
慈利县	Cili County	39898	198604	中方县	Zhongfang County	25282	80184
桑植县	Sangzhi County	20249	151033	沅陵县	Yuanling County	47056	180858
资阳区	Ziyang District	22490	116060	辰溪县	Chenxi County	31957	145659
赫山区	Heshan District	48307	199079	溆浦县	Xupu County	34602	189610
南　县	Nan County	24897	165191	会同县	Huitong County	20793	101558
大通湖区	Datonghu District	10217	59880	麻阳县	Mayang County	14809	114400
桃江县	Taojiang County	32813	183285	新晃县	Xinhuang County	11552	88480
安化县	Anhua County	36822	224733	芷江县	Zhijiang County	24552	119643
沅江市	Yuanjiang City	38767	192788	靖州县	Jinzhou County	15870	84389
北湖区	Beihu District	44420	158083	通道县	Tongdao County	11189	79305
苏仙区	Suxian District	62287	151357	洪江市	Hongjiang City	33068	123265
桂阳县	Guiyang County	102728	242909	洪江区	Hongjiang District	10668	53121
宜章县	Yizhang County	61512	186057	娄星区	Louxing District	33613	98600
永兴县	Yongxing County	108542	209628	双峰县	Shuangfeng County	36198	209048
嘉禾县	Jiahe County	35938	113799	新化县	Xinhua County	41856	290553
临武县	Linwu County	39137	134173	冷水江市	Lenshuijiang City	86137	180069
汝城县	Rucheng County	29583	132666	涟源市	Lianyuan City	54336	249673
桂东县	Guidong County	9000	90535	吉首市	Jishou City	39993	135354
安仁县	Anreng County	16993	120845	泸溪县	Luxi County	40945	131853
资兴市	Zixing City	116005	226932	凤凰县	Fenghuang County	26019	125388
零陵区	Lingling District	35323	144605	花垣县	Huayuan County	29701	130635
冷水滩区	Lengshuitan District	43891	144517	保靖县	Baojin County	15317	115288
祁阳县	Qiyang County	41643	219066	古丈县	Guzhang County	7370	74895
东安县	Dongan County	32029	145702	永顺县	Yongshun County	14783	168167
双牌县	Shuangpai County	19586	74469	龙山县	Longshan County	17931	172453

20-20 各级学校（2011年）
Schools by Level and Region (2011)

单位：所 (unit)

市县名称	Cities and Counties	中等学校 Secondary Schools	中等职业教育 Vocational Secondary Education	普通中学 Regular Secondary Schools	普通小学 Primary Schools
芙蓉区	Furong District	16	8	8	33
天心区	Tianxin District	15	4	11	35
岳麓区	Yuelu District	32	7	25	86
开福区	Kaifu District	15	3	12	50
雨花区	Yuhua District	29	10	19	49
望城区	Wangcheng District	29	2	27	92
长沙县	Changsha County	45	11	34	172
宁乡县	Ningxiang County	88	8	80	249
浏阳市	Liuyang City	69	6	63	221
荷塘区	Hetang District	20	10	10	19
芦淞区	Lusong District	14		14	20
石峰区	Shifeng District	11	1	10	19
天元区	Tianyuan District	10		10	29
株洲县	Zhuzhou County	25	3	22	23
攸　县	You County	34	4	30	118
茶陵县	Chaling County	26	2	24	35
炎陵县	Yanling County	20	1	19	9
醴陵市	Liling City	56	7	49	177
雨湖区	Yuhu District	30	6	24	65
岳塘区	Yuetang District	18	3	15	25
湘潭县	Xiangtan County	77	7	70	189
湘乡市	Xiangxiang City	74	8	66	173
韶山市	Shaoshan City	9	2	7	15
珠晖区	Zhuhui District	17	5	12	46
雁峰区	Yanfeng District	19	7	12	28
石鼓区	Shigu District	10	2	8	34
蒸湘区	Zhengxiang District	16	4	12	38
南岳区	Nanyue District	4	1	3	19
衡阳县	Hengyang County	75	4	71	307
衡南县	Hengnan County	60	5	55	228
衡山县	Hengshan County	35	3	32	92
衡东县	Hengdong County	46	1	45	156
祁东县	Qidong County	61	3	58	265
耒阳市	Leiyang City	63	4	59	338
常宁市	Changning City	54	4	50	129
双清区	Shuangqing District	26	8	18	35
大祥区	Daxiang District	28	14	14	43
北塔区	Beita District	5	1	4	15

20-20 续表1 continued

单位：所 (unit)

市县名称	Cities and Counties	中等学校 Secondary Schools	中等职业教育 Vocational Secondary Education	普通中学 Regular Secondary Schools	普通小学 Primary Schools
邵东县	Shaodong County	70	3	67	225
新邵县	Xinshao County	54	3	51	175
邵阳县	Shaoyang County	58	3	55	202
隆回县	Longhui County	77	4	73	180
洞口县	Dongkou County	62	7	55	201
绥宁县	Suining County	25	2	23	26
新宁县	Xinning County	41	5	36	86
城步县	Chengbu County	27	2	25	40
武冈市	Wugang City	55	8	47	101
岳阳楼区	Yueyanglou District	49	15	34	78
云溪区	Yunxi District	13	1	12	35
君山区	Junshan District	9	1	8	32
岳阳县	Yueyang County	45	3	42	71
华容县	Huarong County	41	4	37	91
湘阴县	Xiangyin County	50	5	45	148
平江县	Pingjiang City	63	6	57	256
汨罗市	Miluo City	54	4	50	122
临湘市	Linxiang County	33	3	30	85
武陵区	Wuling District	52	28	24	44
鼎城区	Dingcheng District	53	8	45	70
安乡县	Anxiang County	29	3	26	68
汉寿县	Hanshou County	46	6	40	100
澧　县	Li County	45	5	40	131
临澧县	Linli County	24	3	21	72
桃源县	Taoyuan County	56	5	51	93
石门县	Shimen County	43	6	37	94
津市市	Jinshi City	16	3	13	19
永定区	Yongdi District	34	7	27	62
武陵源区	Wulingyuan District	3		3	10
慈利县	Cili County	43	4	39	40
桑植县	Sangzhi County	34	2	32	46
资阳区	Ziyang District	22	8	14	58
赫山区	Heshan District	54	10	44	87
南　县	Nan County	35	3	32	119
大通湖区	Datonghu District	6	1	5	15
桃江县	Taojiang County	53	3	50	103
安化县	Anhua County	51	3	48	117
沅江市	Yuanjiang City	48	3	45	66
北湖区	Beihu District	33	6	27	31
苏仙区	Suxian District	32	8	24	22
桂阳县	Guiyang County	38	1	37	108
宜章县	Yizhang County	39	2	37	244

20-20 续表2 continued

单位：所 (unit)

市县名称	Cities and Counties	中等学校 Secondary Schools	中等职业教育 Vocational Secondary Education	普通中学 Regular Secondary Schools	普通小学 Primary Schools
永兴县	Yongxing County	33	2	31	141
嘉禾县	Jiahe County	28	2	26	90
临武县	Linwu County	18	2	16	66
汝城县	Rucheng County	25	2	23	123
桂东县	Guidong County	14	1	13	24
安仁县	Anren County	28	2	26	61
资兴市	Zixing City	28	2	26	27
零陵区	Lingling District	39	11	28	52
冷水滩区	Lengshuitan District	38	7	31	38
祁阳县	Qiyang County	47	5	42	110
东安县	DonganCounty	39	6	33	32
双牌县	Shuangpai County	15	1	14	14
道 县	Dao County	43	4	39	45
江永县	Jiangyong County	21	2	19	20
宁远县	Ningyuan County	39	4	35	55
蓝山县	Lanshan County	29	2	27	23
新田县	Xintian County	28	3	25	20
江华县	Jianghua County	29	3	26	50
鹤城区	Hecheng District	47	20	27	25
中方县	Zhongfang County	25	2	23	21
沅陵县	Yuanling County	56	4	52	13
辰溪县	Chenxi County	38	3	35	36
溆浦县	Xupu County	61	2	59	341
会同县	Huitong County	29	2	27	71
麻阳县	Mayang County	26	2	24	22
新晃县	Xinhuang County	22	1	21	19
芷江县	Zhijiang County	29	2	27	25
靖州县	Jingzhou County	17	1	16	15
通道县	Tongdao County	11	1	10	27
洪江市	Hongjiang City	39	6	33	22
洪江区	Hongjiang District				
娄星区	Louxing District	39	14	25	48
双峰县	Shuangfeng County	69	6	63	198
新化县	Xinhua County	116	12	104	320
冷水江市	Lengshuijiang City	36	7	29	55
涟源市	Lianyuan County	65	5	60	253
吉首市	Jishou County	29	10	19	35
泸溪县	Luxi County	20	2	18	113
凤凰县	Fenghuang County	34	3	31	147
花垣县	Huayuan County	24	3	21	134
保靖县	Baojing County	21	3	18	49
古丈县	Guzhang County	13	2	11	28
永顺县	Yongshun County	39	2	37	120
龙山县	Longshan County	35	6	29	62

20–21 各级学校教职工（2011年）
School Staff and workers by Level and Region (2011)

单位：人 (person)

市县名称	Cities and Counties	中等学校 Secondary Schools	中等职业教育 Vocational Secondary Education	普通中学 Regular Secondary Schools	普通小学 Primary Schools
芙蓉区	Furong District	2456	1273	1183	1485
天心区	Tianxin District	1783	231	1552	1064
岳麓区	Yuelu District	3584	319	3265	1930
开福区	Kaifu District	1936	147	1789	1369
雨花区	Yuhua District	5145	1319	3826	2024
望城区	Wangcheng District	2236	173	2063	1850
长沙县	Changsha County	3524	619	2905	2688
宁乡县	Ningxiang County	5547	403	5144	4645
浏阳市	Liuyang City	5459	310	5149	3811
荷塘区	Hetang District	2335	933	1402	777
芦淞区	Lusong District	1512		1512	934
石峰区	Shifeng District	1116	273	843	771
天元区	Tianyuan District	1409		1409	789
株洲县	Zhuzhou County	1965	222	1743	803
攸　县	You County	3739	223	3516	2097
茶陵县	Chaling County	2681	77	2604	1719
炎陵县	Yanling County	1091	46	1045	560
醴陵市	Liling City	3915	474	3441	2625
雨湖区	Yuhu District	2626	633	1993	1436
岳塘区	Yuetang District	1673	318	1355	1000
湘潭县	Xiangtan County	4587	554	4033	2503
湘乡市	Xiangxiang City	3985	262	3723	2977
韶山市	Shaoshan City	585	185	400	323
珠晖区	Zhuhui District	1275	326	949	1325
雁峰区	Yanfeng District	2371	1320	1051	839
石鼓区	Shigu District	895	56	839	1247
蒸湘区	Zhengxiang District	1612	246	1366	1119
南岳区	Nanyue District	273	28	245	264
衡阳县	Hengyang County	4916	310	4606	3993
衡南县	Hengnan County	5250	650	4600	3839
衡山县	Hengshan County	2164	166	1998	1456
衡东县	Hengdong County	3023	82	2941	2037
祁东县	Qidong County	5283	322	4961	3841
耒阳市	Leiyang City	5977	397	5580	5170
常宁市	Changning City	3948	287	3661	3421
双清区	Shuangqing District	1728	388	1340	1108
大祥区	Daxiang District	2203	863	1340	1217
北塔区	Beita District	294	48	246	344

20-21 续表 1 continued

单位：人 (person)

市县名称	Cities and Counties	中等学校 Secondary Schools	中等职业教育 Vocational Secondary Education	普通中学 Regular Secondary Schools	普通小学 Primary Schools
邵东县	Shaodong County	4658	278	4380	3505
新邵县	Xinshao County	3088	186	2902	2414
邵阳县	Shaoyang County	3501	175	3326	3036
隆回县	Longhui County	5288	318	4970	4159
洞口县	Dongkou County	3433	267	3166	2153
绥宁县	Suining County	1871	102	1769	1284
新宁县	Xinning County	2425	151	2274	1846
城步县	Chengbu County	1589	135	1454	1209
武冈市	Wugang City	3910	602	3308	2554
岳阳楼区	Yueyanglou District	5233	1148	4085	3192
云溪区	Yunxi District	1190	34	1156	902
君山区	Junshan District	711	45	666	708
岳阳县	Yueyang County	3039	306	2733	1902
华容县	Huarong County	3706	267	3439	2362
湘阴县	Xiangyin County	3382	301	3081	2202
平江县	Pingjiang City	3728	271	3457	3695
汨罗市	Miluo City	4058	396	3662	2010
临湘市	Linxiang County	2595	224	2371	1648
武陵区	Wuling District	4975	1620	3355	1627
鼎城区	Dingcheng District	4262	249	4013	2370
安乡县	Anxiang County	2935	277	2658	1350
汉寿县	Hanshou County	4406	280	4126	2095
澧　县	Li County	4174	445	3729	2524
临澧县	Linli County	2415	164	2251	1600
桃源县	Taoyuan County	4720	499	4221	2457
石门县	Shimen County	3269	357	2912	2102
津市市	Jinshi City	1338	158	1180	595
永定区	Yongdi District	2330	365	1965	1930
武陵源区	Wulingyuan District	302	18	284	188
慈利县	Cili County	3031	245	2786	1689
桑植县	Sangzhi County	2147	140	2007	1599
资阳区	Ziyang District	2353	528	1825	1715
赫山区	Heshan District	5359	666	4693	2818
南　县	Nan County	4369	233	4136	3569
大通湖区	Datonghu District	440	20	420	335
桃江县	Taojiang County	4422	327	4095	2906
安化县	Anhua County	4017	343	3674	2610
沅江市	Yuanjiang City	5107	352	4755	2416
北湖区	Beihu District	3691	605	3086	1187
苏仙区	Suxian District	2839	930	1909	1425
桂阳县	Guiyang County	2826	78	2748	3198
宜章县	Yizhang County	2608	111	2497	2443

20-21 续表 2 continued

单位：人 (person)

市县名称	Cities and Counties	中等学校 Secondary Schools	中等职业教育 Vocational Secondary Education	普通中学 Regular Secondary Schools	普通小学 Primary Schools
永兴县	Yongxing County	2683	208	2475	2393
嘉禾县	Jiahe County	1785	56	1729	1547
临武县	Linwu County	1115	90	1025	1743
汝城县	Rucheng County	1557	91	1466	1288
桂东县	Guidong County	869	62	807	664
安仁县	Anren County	2003	127	1876	1782
资兴市	Zixing City	2143	131	2012	1383
零陵区	Lingling District	3452	361	3091	2415
冷水滩区	Lengshuitan District	3825	576	3249	2001
祁阳县	Qiyang County	6120	589	5531	4606
东安县	DonganCounty	2769	182	2587	2445
双牌县	Shuangpai County	997	125	872	740
道　县	Dao County	3300	505	2795	2529
江永县	Jiangyong County	1596	98	1498	1216
宁远县	Ningyuan County	4688	269	4419	4449
蓝山县	Lanshan County	1741	118	1623	1133
新田县	Xintian County	2247	84	2163	1442
江华县	Jianghua County	2021	110	1911	1958
鹤城区	Hecheng District	4487	1604	2883	1555
中方县	Zhongfang County	1741	147	1594	951
沅陵县	Yuanling County	3997	128	3869	1075
辰溪县	Chenxi County	2312	54	2258	2032
溆浦县	Xupu County	3413	213	3200	2819
会同县	Huitong County	1601	114	1487	1076
麻阳县	Mayang County	1580	73	1507	1280
新晃县	Xinhuang County	1130	74	1056	864
芷江县	Zhijiang County	1727	153	1574	1137
靖州县	Jingzhou County	1257	97	1160	1020
通道县	Tongdao County	919	141	778	1034
洪江市	Hongjiang City	2796	373	2423	1551
洪江区	Hongjiang District				
娄星区	Louxing District	4125	1016	3109	1848
双峰县	Shuangfeng County	4963	384	4579	3012
新化县	Xinhua County	5419	522	4897	4220
冷水江市	Lengshuijiang City	3232	574	2658	1397
涟源市	Lianyuan County	4971	328	4643	3967
吉首市	Jishou County	2598	679	1919	1492
泸溪县	Luxi County	1726	117	1609	1264
凤凰县	Fenghuang County	2217	164	2053	1545
花垣县	Huayuan County	1544	143	1401	1112
保靖县	Baojing County	1559	124	1435	931
古丈县	Guzhang County	815	14	801	479
永顺县	Yongshun County	2866	135	2731	1596
龙山县	Longshan County	2925	238	2687	2188

20-22 各级学校专任教师（2011年）
Full-time Teachers by Level and Region (2011)

单位：人 (person)

市县名称	Cities and Counties	中等学校 Secondary Schools	中等职业教育 Vocational Secondary Education	普通中学 Regular Secondary Schools	普通小学 Primary Schools
芙蓉区	Furong District	1677	704	973	1432
天心区	Tianxin District	1518	194	1324	1001
岳麓区	Yuelu District	2548	209	2339	2101
开福区	Kaifu District	1447	69	1378	1361
雨花区	Yuhua District	3819	874	2945	1893
望城区	Wangcheng District	1703	156	1547	1843
长沙县	Changsha County	3117	377	2740	2640
宁乡县	Ningxiang County	4624	266	4358	4585
浏阳市	Liuyang City	4531	227	4304	4014
荷塘区	Hetang District	1826	644	1182	753
芦淞区	Lusong District	1222		1222	986
石峰区	Shifeng District	872	195	677	768
天元区	Tianyuan District	859		859	967
株洲县	Zhuzhou County	1413	151	1262	982
攸　县	You County	2753	138	2615	2190
茶陵县	Chaling County	1860	52	1808	1922
炎陵县	Yanling County	584	33	551	654
醴陵市	Liling City	3191	371	2820	2808
雨湖区	Yuhu District	2135	477	1658	1572
岳塘区	Yuetang District	1269	200	1069	1064
湘潭县	Xiangtan County	4032	445	3587	2485
湘乡市	Xiangxiang City	3295	152	3143	3188
韶山市	Shaoshan City	459	137	322	355
珠晖区	Zhuhui District	1010	208	802	1183
雁峰区	Yanfeng District	1634	831	803	652
石鼓区	Shigu District	785	35	750	1147
蒸湘区	Zhengxiang District	1273	191	1082	1017
南岳区	Nanyue District	172	17	155	266
衡阳县	Hengyang County	3961	200	3761	3892
衡南县	Hengnan County	4056	481	3575	3860
衡山县	Hengshan County	1710	118	1592	1410
衡东县	Hengdong County	2276	58	2218	2069
祁东县	Qidong County	4251	258	3993	3861
耒阳市	Leiyang City	4072	245	3827	5212
常宁市	Changning City	3087	180	2907	3634
双清区	Shuangqing District	1281	222	1059	1037
大祥区	Daxiang District	1644	556	1088	1130
北塔区	Beita District	227	39	188	344

20-22 续表1 continued

单位：人 (person)

市县名称	Cities and Counties	中等学校 Secondary Schools	中等职业教育 Vocational Secondary Education	普通中学 Regular Secondary Schools	普通小学 Primary Schools
邵东县	Shaodong County	3789	197	3592	3617
新邵县	Xinshao County	2558	138	2420	2606
邵阳县	Shaoyang County	2848	118	2730	3153
隆回县	Longhui County	4258	249	4009	4233
洞口县	Dongkou County	2862	200	2662	2285
绥宁县	Suining County	1218	74	1144	1578
新宁县	Xinning County	1812	106	1706	1859
城步县	Chengbu County	1108	75	1033	1428
武冈市	Wugang City	2649	386	2263	2787
岳阳楼区	Yueyanglou District	4193	827	3366	3157
云溪区	Yunxi District	999	30	969	939
君山区	Junshan District	662	25	637	702
岳阳县	Yueyang County	2466	245	2221	2142
华容县	Huarong County	3032	196	2836	2531
湘阴县	Xiangyin County	3011	235	2776	2239
平江县	Pingjiang City	3353	251	3102	3704
汨罗市	Miluo City	3236	330	2906	2274
临湘市	Linxiang County	2151	157	1994	1618
武陵区	Wuling District	3279	937	2342	1819
鼎城区	Dingcheng District	3505	138	3367	2426
安乡县	Anxiang County	2391	221	2170	1358
汉寿县	Hanshou County	3286	205	3081	2663
澧　县	Li County	3454	373	3081	2609
临澧县	Linli County	1751	131	1620	1288
桃源县	Taoyuan County	3299	320	2979	2673
石门县	Shimen County	2700	261	2439	2151
津市市	Jinshi City	1079	142	937	686
永定区	Yongdi District	1726	244	1482	1959
武陵源区	Wulingyuan District	208	18	190	206
慈利县	Cili County	2254	188	2066	1882
桑植县	Sangzhi County	1527	107	1420	1679
资阳区	Ziyang District	1856	355	1501	1608
赫山区	Heshan District	3867	385	3482	3158
南　县	Nan County	3796	175	3621	3270
大通湖区	Datonghu District	374	16	358	306
桃江县	Taojiang County	3252	230	3022	2922
安化县	Anhua County	2815	250	2565	2972
沅江市	Yuanjiang City	4066	298	3768	3194
北湖区	Beihu District	2303	470	1833	1724
苏仙区	Suxian District	1928	611	1317	1630
桂阳县	Guiyang County	2399	51	2348	3114
宜章县	Yizhang County	1818	90	1728	2555

20-22 续表2 continued

单位：人 (person)

市县名称	Cities and Counties	中等学校 Secondary Schools	中等职业教育 Vocational Secondary Education	普通中学 Regular Secondary Schools	普通小学 Primary Schools
永兴县	Yongxing County	2037	157	1880	2611
嘉禾县	Jiahe County	1298	43	1255	1709
临武县	Linwu County	840	67	773	1711
汝城县	Rucheng County	1051	50	1001	1484
桂东县	Guidong County	652	50	602	740
安仁县	Anren County	1404	88	1316	1800
资兴市	Zixing City	1508	113	1395	1648
零陵区	Lingling District	2643	272	2371	2560
冷水滩区	Lengshuitan District	2674	427	2247	2420
祁阳县	Qiyang County	4942	382	4560	4380
东安县	DonganCounty	2060	144	1916	2459
双牌县	Shuangpai County	680	72	608	863
道　县	Dao County	2508	397	2111	2743
江永县	Jiangyong County	1193	55	1138	1323
宁远县	Ningyuan County	3304	169	3135	4021
蓝山县	Lanshan County	1130	104	1026	1384
新田县	Xintian County	1574	64	1510	1582
江华县	Jianghua County	1672	90	1582	1916
鹤城区	Hecheng District	3286	1181	2105	1932
中方县	Zhongfang County	1275	103	1172	1182
沅陵县	Yuanling County	2075	96	1979	2269
辰溪县	Chenxi County	1755	48	1707	2351
溆浦县	Xupu County	2623	186	2437	3379
会同县	Huitong County	1195	83	1112	1276
麻阳县	Mayang County	1250	59	1191	1436
新晃县	Xinhuang County	846	64	782	930
芷江县	Zhijiang County	1234	81	1153	1339
靖州县	Jingzhou County	910	73	837	1151
通道县	Tongdao County	701	110	591	924
洪江市	Hongjiang City	2039	263	1776	1884
洪江区	Hongjiang District				
娄星区	Louxing District	2918	695	2223	2057
双峰县	Shuangfeng County	4247	332	3915	3331
新化县	Xinhua County	4314	341	3973	4427
冷水江市	Lengshuijiang City	2372	408	1964	1829
涟源市	Lianyuan County	4023	257	3766	4098
吉首市	Jishou County	1871	447	1424	1535
泸溪县	Luxi County	1345	87	1258	1433
凤凰县	Fenghuang County	1555	87	1468	1867
花垣县	Huayuan County	1122	100	1022	1291
保靖县	Baojing County	1020	104	916	1212
古丈县	Guzhang County	514	11	503	620
永顺县	Yongshun County	2040	104	1936	2068
龙山县	Longshan County	2215	164	2051	2486

20—23 各级学校在校学生(2011年)
Students Enrollment by Level and Region (2011)

单位：人 (person)

市县名称	Cities and Counties	中等学校 Secondary Schools	中等职业教育 Vocational Secondary Education	普通中学 Regular Secondary Schools	普通小学 Primary Schools
芙蓉区	Furong District	31451	16558	14893	30322
天心区	Tianxin District	28387	8463	19924	21200
岳麓区	Yuelu District	54632	17337	37295	42188
开福区	Kaifu District	25288	1203	24085	27407
雨花区	Yuhua District	83367	35265	48102	49044
望城区	Wangcheng District	23820	4089	19731	28971
长沙县	Changsha County	54697	17122	37575	54244
宁乡县	Ningxiang County	78236	9988	68248	83866
浏阳市	Liuyang City	60854	5571	55283	88163
荷塘区	Hetang District	40346	25157	15189	18972
芦淞区	Lusong District	17374	4869	12505	17568
石峰区	Shifeng District	12567	6378	6189	13312
天元区	Tianyuan District	10601		10601	16567
株洲县	Zhuzhou County	14087	2114	11973	12576
攸　县	You County	34825	3238	31587	41206
茶陵县	Chaling County	19974	508	19466	32460
炎陵县	Yanling County	7682	952	6730	10436
醴陵市	Liling City	41215	8287	32928	52786
雨湖区	Yuhu District	37165	17796	19369	27737
岳塘区	Yuetang District	22110	8612	13498	19771
湘潭县	Xiangtan County	65910	12197	53713	47483
湘乡市	Xiangxiang City	44336	4232	40104	50052
韶山市	Shaoshan City	6033	2921	3112	5237
珠晖区	Zhuhui District	18215	8461	9754	21848
雁峰区	Yanfeng District	42395	28654	13741	15938
石鼓区	Shigu District	16329	6829	9500	21294
蒸湘区	Zhengxiang District	25002	4359	20643	22885
南岳区	Nanyue District	2527	352	2175	4986
衡阳县	Hengyang County	68279	3434	64845	94483
衡南县	Hengnan County	67602	11909	55693	80729
衡山县	Hengshan County	22991	2669	20322	30068
衡东县	Hengdong County	36540	2620	33920	52084
祁东县	Qidong County	56481	3678	52803	90218
耒阳市	Leiyang City	57590	4052	53538	110316
常宁市	Changning City	47699	5543	42156	80639
双清区	Shuangqing District	19776	3370	16406	24526
大祥区	Daxiang District	43546	22644	20902	33268
北塔区	Beita District	3484	578	2906	7358

20−23 续表1　continued

单位：人　(person)

市县名称	Cities and Counties	中等学校 Secondary Schools	中等职业教育 Vocational Secondary Education	普通中学 Regular Secondary Schools	普通小学 Primary Schools
邵东县	Shaodong County	67091	7269	59822	98431
新邵县	Xinshao County	44770	6538	38232	70578
邵阳县	Shaoyang County	48030	1810	46220	76753
隆回县	Longhui County	62198	8786	53412	91288
洞口县	Dongkou County	50677	6650	44027	68269
绥宁县	Suining County	15543	627	14916	27072
新宁县	Xinning County	25282	794	24488	42968
城步县	Chengbu County	9023	343	8680	19431
武冈市	Wugang City	56187	15918	40269	70290
岳阳楼区	Yueyanglou District	77366	28846	48520	57373
云溪区	Yunxi District	12155	876	11279	13459
君山区	Junshan District	7637	883	6754	11068
岳阳县	Yueyang County	39023	6854	32169	41656
华容县	Huarong County	34647	6840	27807	33708
湘阴县	Xiangyin County	38470	7825	30645	48219
平江县	Pingjiang City	51597	9459	42138	76524
汨罗市	Miluo City	39279	6407	32872	43197
临湘市	Linxiang County	30735	5419	25316	37188
武陵区	Wuling District	57644	27233	30411	29304
鼎城区	Dingcheng District	36651	2706	33945	31278
安乡县	Anxiang County	25495	6734	18761	19962
汉寿县	Hanshou County	40193	4561	35632	44002
澧　县	Li County	45743	9959	35784	40341
临澧县	Linli County	22602	2805	19797	22937
桃源县	Taoyuan County	44072	7436	36636	44901
石门县	Shimen County	34961	7175	27786	32350
津市市	Jinshi City	12170	3369	8801	9657
永定区	Yongdi District	29963	7661	22302	34871
武陵源区	Wulingyuan District	3185	376	2809	4213
慈利县	Cili County	34999	6709	28290	34283
桑植县	Sangzhi County	20499	2076	18423	30148
资阳区	Ziyang District	23234	6820	16414	25214
赫山区	Heshan District	56348	11431	44917	53767
南　县	Nan County	35428	3032	32396	36592
大通湖区	Datonghu District	4180	380	3800	4948
桃江县	Taojiang County	38731	5421	33310	48255
安化县	Anhua County	35298	3012	32286	53891
沅江市	Yuanjiang City	32204	3277	28927	35359
北湖区	Beihu District	35329	9265	26064	45346
苏仙区	Suxian District	31752	15367	16385	26742
桂阳县	Guiyang County	40666	1962	38704	81594
宜章县	Yizhang County	25445	539	24906	64958

20-23 续表2 continued

单位：人 (person)

市县名称	Cities and Counties	中等学校 Secondary Schools	中等职业教育 Vocational Secondary Education	普通中学 Regular Secondary Schools	普通小学 Primary Schools
永兴县	Yongxing County	23257	1631	21626	58177
嘉禾县	Jiahe County	18982	576	18406	42202
临武县	Linwu County	14220	560	13660	48509
汝城县	Rucheng County	15707	604	15103	32786
桂东县	Guidong County	7854	1003	6851	13349
安仁县	Anren County	17271	1089	16182	32210
资兴市	Zixing City	16358	1316	15042	22138
零陵区	Lingling District	33871	6069	27802	42541
冷水滩区	Lengshuitan District	39803	10859	28944	42072
祁阳县	Qiyang County	57276	10697	46579	76227
东安县	DonganCounty	21994	1697	20297	41853
双牌县	Shuangpai County	8068	519	7549	12303
道　县	Dao County	41925	9191	32734	66511
江永县	Jiangyong County	13387	558	12829	25784
宁远县	Ningyuan County	44510	3386	41124	85145
蓝山县	Lanshan County	22536	4020	18516	34705
新田县	Xintian County	20919	730	20189	42038
江华县	Jianghua County	25992	3259	22733	37311
鹤城区	Hecheng District	58143	29134	29009	47615
中方县	Zhongfang County	9838	1334	8504	12695
沅陵县	Yuanling County	24362	2651	21711	33726
辰溪县	Chenxi County	17692	695	16997	33776
溆浦县	Xupu County	31533	3149	28384	56739
会同县	Huitong County	15260	1929	13331	19892
麻阳县	Mayang County	16924	725	16199	25404
新晃县	Xinhuang County	8743	471	8272	15869
芷江县	Zhijiang County	19256	3946	15310	23969
靖州县	Jingzhou County	11769	836	10933	18614
通道县	Tongdao County	7679	96	7583	15728
洪江市	Hongjiang City	26501	6297	20204	26167
洪江区	Hongjiang District				
娄星区	Louxing District	57679	18436	39243	48985
双峰县	Shuangfeng County	50609	8074	42535	60965
新化县	Xinhua County	63199	3778	59421	99411
冷水江市	Lengshuijiang City	27323	7358	19965	29560
涟源市	Lianyuan County	68260	5995	62265	90490
吉首市	Jishou County	39611	18325	21286	25376
泸溪县	Luxi County	19981	2192	17789	25336
凤凰县	Fenghuang County	18006	366	17640	33276
花垣县	Huayuan County	17380	2290	15090	26191
保靖县	Baojing County	13910	1876	12034	19745
古丈县	Guzhang County	6391		6391	8866
永顺县	Yongshun County	29550	3321	26229	44091
龙山县	Longshan County	36702	4633	32069	45170

20-24 卫生机构、人员与床位（2011年）
Health Care Institutions, Personnel and Beds (2011)

市县名称	Cities and Counties	机构(个) Number of Instituti-ons(unit)	床位(张) Number of Beds(unit)	卫生技术人员 Medical Technical Personnel 合计 Total	执业(助理)医师 Assistant Doctors	执业医师 Doctors	注册护士 Senior Nurse & Nurse	药师（士） Pharma-cist	技师（士） Labora-tory Techni-cian	其他 Others
芙蓉区	Furong District	161	5899	8097	2834	2699	4015	331	415	502
天心区	Tianxin District	241	2723	3499	1383	1237	1507	164	169	276
岳麓区	Yuelu District	215	6983	7302	2528	2284	3373	445	394	562
开福区	Kaifu District	277	6393	7938	2755	2539	3663	368	414	738
雨花区	Yuhua District	417	10741	10611	3726	3474	5005	608	539	733
望城区	Wangcheng District	211	1350	1716	638	396	510	165	94	309
长沙县	Changsha County	212	3624	3953	1644	1151	1543	303	193	270
宁乡县	Ningxiang County	280	3675	3989	1313	886	1164	439	203	870
浏阳市	Liuyang City	666	5648	6040	2378	1859	2192	592	318	560
荷塘区	Hetang District	295	2512	2552	1016	919	1126	132	119	159
芦淞区	Lusong District	209	4726	5532	1938	1807	2673	324	300	297
石峰区	Shifeng District	131	2174	2170	811	727	940	139	138	142
天元区	Tianyuan District	103	338	728	320	267	240	73	32	63
株洲县	Zhuzhou County	48	1024	938	376	262	264	101	50	147
攸　县	You County	74	2241	2150	944	698	649	184	143	230
茶陵县	Chaling County	165	1295	1733	734	512	486	156	111	246
炎陵县	Yanling County	31	592	715	289	207	253	82	56	35
醴陵市	Liling City	191	3012	3634	1757	1335	1199	269	170	239
雨湖区	Yuhu District	247	4281	4871	1744	1528	2177	290	286	374
岳塘区	Yuetang District	268	2010	2906	1160	1075	1201	187	156	202
湘潭县	Xiangtan County	271	2596	2974	1348	834	905	333	171	217
湘乡市	Xiangxiang City	105	2485	2842	1373	958	764	277	171	257
韶山市	Shaoshan City	30	339	432	165	105	107	63	36	61
珠晖区	Zhuhui District	37	3001	2309	828	751	1037	148	133	163
雁峰区	Yanfeng District	34	2537	2075	866	762	866	122	163	58
石鼓区	Shigu District	63	3236	3409	1191	1108	1618	209	222	169
蒸湘区	Zhengxiang District	15	866	962	354	308	360	105	54	89
南岳区	Nanyue District	14	554	481	200	175	175	56	33	17
衡阳县	Hengyang County	54	2212	2902	1248	843	728	316	152	458
衡南县	Hengnan County	111	2122	2702	1345	717	699	225	144	289
衡山县	Hengshan County	37	1059	1195	453	276	345	185	58	154
衡东县	Hengdong County	48	1394	1776	756	450	457	329	119	115
祁东县	Qidong County	40	1923	1910	796	567	506	210	182	216
耒阳市	Leiyang City	100	2567	3067	1124	757	787	270	179	707
常宁市	Changning City	79	2450	3682	1449	816	1048	313	204	668
双清区	Shuangqing District	138	2442	2410	850	753	1110	127	116	207
大祥区	Da xiang District	81	2950	3009	1018	905	1419	139	169	264
北塔区	Beita District	26	175	197	76	55	76	11	24	10

注:本表资料包含医务室、卫生保健所、诊所，但不含村卫生室。 The clinics, health care centres were included, not-included Village health.

20-24 续表 1 continued

市县名称	Cities and Counties	机构(个) Number of Instituti-ons(unit)	床位(张) Number of Beds(unit)	卫生技术人员 Medical Technical Personnel						
				合计 Total	执业(助理)医师 Assistant Doctors	执业医师 Doctors	注册护士 Senior Nurse & Nurse	药师(士) Pharma-cist	技师(士) Labora-tory Techni-cian	其他 Others
邵东县	Shaodong County	126	2852	2847	1136	769	962	219	137	393
新邵县	Xinshao County	30	2170	1584	730	491	455	130	121	148
邵阳县	Shaoyang County	41	1960	2054	777	441	675	155	111	336
隆回县	Longhui County	55	1857	2846	1684	615	491	166	161	344
洞口县	Dongkou County	69	1540	2378	1355	1091	556	192	131	144
绥宁县	Shuining County	40	716	973	313	203	264	72	102	222
新宁县	Xinning County	47	1465	1570	432	295	435	132	100	471
城步县	Chengbu County	19	614	664	282	178	181	67	36	98
武冈市	Wugang City	54	1958	2193	924	639	726	146	109	288
岳阳楼区	Yueyanglou District	195	5855	6252	2123	1912	2932	369	398	430
云溪区	Yunxi District	47	755	670	327	225	205	36	38	64
君山区	Junshan District	36	827	925	400	236	265	65	65	130
岳阳县	Yueyang County	60	1506	1369	696	418	304	131	100	138
华容县	Huarong County	49	1435	1646	688	457	487	104	117	250
湘阴县	Xiangyin County	265	1457	1923	901	552	437	150	126	309
平江县	Pingjiang County	194	2426	2653	1081	649	575	436	122	439
汨罗市	Miluo City	309	1740	2989	1501	995	644	262	194	388
临湘市	Linxiang City	149	1293	1497	481	311	448	77	79	412
武陵区	Wuling District	472	4622	5472	2202	1941	2394	271	262	343
鼎城区	Dingchen District	194	2464	2517	1165	774	774	156	171	251
安乡县	Anxiang County	65	1635	1500	637	460	504	98	120	141
汉寿县	Hanshou County	120	2523	2415	1094	683	745	152	197	227
澧　县	Li County	99	2293	2470	1085	751	845	148	166	226
临澧县	Linli County	69	1381	1482	555	360	492	140	87	208
桃源县	Taoyuan County	117	2394	2614	1181	708	734	196	147	356
石门县	Shimen County	186	2473	2517	1043	635	837	199	177	261
津市市	Jinshi City	85	882	1107	488	355	398	69	70	82
永定区	Yongding District	150	2321	2628	1164	903	960	194	155	155
武陵源区	Wulingyuan District	12	162	144	70	53	51	11	9	3
慈利县	Cili County	104	2001	1936	758	485	592	224	166	196
桑植县	Sangzhi County	70	1448	1335	503	354	386	97	96	253
资阳区	Ziyang District	140	1675	1731	737	535	603	113	90	188
赫山区	Heshan District	151	3285	3883	1526	1152	1478	247	259	373
南　县	Nan County	97	1639	1940	917	631	465	180	152	226
大通湖区	Datonghu District	5	619	367	161	107	101	30	35	40
桃江县	Taojiang County	33	2245	2738	1108	670	902	213	161	354
安化县	Anhua County	90	2882	2431	1131	783	576	300	164	260
沅江市	Yuanjiang City	293	2011	3078	1290	962	950	313	209	316
北湖区	Beihu District	253	4920	5527	2071	1837	2524	245	304	383
苏仙区	Suxian District	182	2043	2124	862	660	936	86	104	136
桂阳县	Guiyang County	96	2237	2432	839	533	962	140	113	378
宜章县	Yizhang County	56	2154	2088	800	475	797	135	122	234
永兴县	Yongxing County	64	1747	1566	658	434	581	83	98	146

20-24 续表 2 continued

市县名称	Cities and Counties	机构(个) Number of Instituti-ons(unit)	床位(张) Number of Beds(unit)	卫生技术人员 Medical Technical Personnel 合计 Total	执业(助理)医师 Assistant Doctors	执业医师 Doctors	注册护士 Senior Nurse & Nurse	药师(士) Pharma-cist	技师(士) Labora-tory Techni-cian	其他 Others
嘉禾县	Jiahe County	64	987	1335	472	280	485	123	88	167
临武县	Linwu County	76	894	1119	452	255	357	55	52	203
汝城县	Rucheng County	48	1057	817	384	245	257	45	38	93
桂东县	Guidong County	24	565	505	217	114	150	28	30	80
安仁县	Anren County	45	1059	1231	501	321	427	100	70	133
资兴市	Zixing City	64	1441	1517	646	437	547	88	96	140
零陵区	Lingling District	161	3882	3650	1428	1093	1577	192	183	270
冷水滩区	Lengshuitan District	257	2413	2295	874	704	779	142	117	383
祁阳县	Qiyang County	113	2298	2554	1148	874	687	202	153	364
东安县	DonganCounty	66	1305	1479	732	384	444	86	70	147
双牌县	Shuangpai County	33	394	530	209	133	184	30	21	86
道 县	Dao County	64	1377	1502	537	386	539	104	91	231
江永县	Jiangyong County	27	736	588	230	149	208	42	46	62
宁远县	Ningyuan County	32	1783	1638	548	354	554	103	80	353
蓝山县	Lanshan County	53	809	1180	354	243	437	73	61	255
新田县	Xintian County	55	1151	1043	386	238	390	63	50	154
江华县	Jianghua County	62	1377	1477	445	294	498	91	105	338
鹤城区	Hecheng District	294	3429	4596	1713	1513	2021	263	248	351
中方县	Zhongfang County	34	651	568	205	102	139	34	47	143
沅陵县	Yuanling County	97	2345	2054	693	429	624	144	159	434
辰溪县	Chenxi County	107	2203	1937	713	430	667	91	104	362
溆浦县	Xupu County	130	5928	2108	832	450	617	132	137	390
会同县	Huitong County	77	1096	926	379	251	294	54	55	144
麻阳县	Mayang County	35	1168	1059	357	245	388	88	83	143
新晃县	Xinhuang County	44	1031	804	301	217	257	59	68	119
芷江县	Zhijiang County	106	967	1076	472	308	260	91	66	187
靖州县	Jingzhou County	71	828	961	382	213	274	47	51	207
通道县	Tongdao County	44	642	609	242	146	175	42	41	109
洪江市	Hongjiang City	84	2829	2694	1083	792	945	165	179	322
洪江区	Hongjiang District									
娄星区	Louxing District	57	3258	3803	1307	1189	1730	256	236	274
双峰县	Shuangfeng County	63	1847	4509	3571	632	515	189	109	125
新化县	Xinhua County	104	1966	2792	1436	915	530	314	148	364
冷水江市	Lengshuijiang City	117	2157	2153	809	688	920	173	102	149
涟源市	Lianyuan County	168	2368	2705	1390	845	546	331	114	324
吉首市	Jishou County	224	2732	3261	1180	1068	1411	155	197	318
泸溪县	Luxi County	27	897	875	321	201	305	58	47	144
凤凰县	Fenghuang County	75	1118	1012	399	262	307	65	67	174
花垣县	Huayuan County	79	1240	1149	432	280	313	65	95	244
保靖县	Baojing County	91	846	1070	386	227	282	59	62	281
古丈县	Guzhang County	30	397	408	88	60	136	31	30	123
永顺县	Yongshun County	71	1806	1469	484	339	525	82	90	288
龙山县	Longshan County	85	2064	1539	564	379	555	102	78	240

20–25 农民人均纯收入(2011年)
Per Capita Annual Net Income of Rural Residents (2011)

市县名称	Cities and Counties	调查户数(户) Number of Households Surveyed (household)	调查户常住人口(人) Number of Residents Surveyed (person)	农民人均纯收入(元) Per Capita Annual Net Income (yuan)	工资性收入 Laborers' Remuneration	家庭经营收入 Income from Family Business	转移性收入 Transfer Income	财产性收入 Property Income	人均生活消费支出(元) Per Capita Living Expenditure (yuan)	#食品 #Foods
芙蓉区	Furong District	40	151	23324	10283	405	11466	1169	14480	5056
天心区	Tianxin District	40	155	20843	10554	3181	6546	562	9856	2913
岳麓区	Yuelu District	80	283	12517	5895	4939	1013	670	10370	3981
开福区	Kaifu District	50	180	20218	10883	4424	3617	1293	11082	2717
雨花区	Yuhua District	40	175	22172	10946	1858	7566	1801	19953	5288
望城区	Wangcheng District	150	596	13723	8762	4073	187	701	7326	3016
长沙县	Changsha County	200	761	14237	6069	6938	511	718	6606	2465
宁乡县	Ningxiang County	200	737	11539	5202	5369	266	703	8056	3600
浏阳市	Liuyang City	180	758	13193	7587	4409	678	519	9148	3139
荷塘区	Hetang District	35	138	13076	6133	5427	698	818	6201	2388
芦淞区	Lusong District	30	107	13011	6830	3358	1816	1007	7359	2632
石峰区	Shifeng District	30	116	13078	5100	5439	1931	608	5344	2310
天元区	Tianyuan District	30	108	13654	4494	4058	4234	869	9476	3928
株洲县	Zhuzhou County	100	394	9326	4604	4095	6	621	7775	3874
攸　县	You County	100	420	11151	5073	4842	447	789	7217	2805
茶陵县	Chaling County	100	409	3703	1292	2184	52	174	4213	1772
炎陵县	Yanling County	100	418	3507	1489	1893	9	116	4674	1629
醴陵市	Liling City	100	465	11398	6848	3924	145	482	7639	3125
雨湖区	Yuhu District	30	116	17871	5787	10698	1208	177	7513	3037
岳塘区	Yuetang District	30	123	16750	7502	6631	1181	1436	8315	3146
湘潭县	Xiangtan County	100	373	8885	4315	3330	441	799	5573	2602
湘乡市	Xiangxiang City	100	401	8154	4888	2766	-179	679	7502	2781
韶山市	Shaoshan City	30	120	12780	6279	5932	426	143	5610	2846
珠晖区	Zhuhui District	30	115	9292	5601	3389	110	192	5551	2183
雁峰区	Yanfeng District	30	125	9073	4572	4021	144	335	6428	3724
石鼓区	Shigu District	30	127	8991	3535	4654	239	563	4639	2167
蒸湘区	Zhengxiang District	30	106	8569	4699	3079	102	689	5525	2528
南岳区	Nanyue District	30	118	8916	3201	5078	141	496	4935	2633
衡阳县	Hengyang County	90	396	8477	3027	4991	99	360	5014	1997
衡南县	Hengnan County	100	396	8374	3776	3847	177	574	5935	2822
衡山县	Hengshan County	60	270	8729	3347	4700	131	550	6187	2546
衡东县	Hengdong County	70	328	8856	3565	5151	10	130	5069	2881
祁东县	Qidong County	100	399	8029	4410	3185	117	317	5160	2728
耒阳市	Leiyang City	80	356	8862	4746	3766	92	259	6517	2978
常宁市	Changning City	100	460	8193	5487	2027	28	650	5565	2512
双清区	Shuangqing District	30	93	9230	3584	5120	143	384	5479	2731
大祥区	Da xiang District	30	107	9157	2515	6384	8	250	4560	2072
北塔区	Beita District	30	122	8050	2485	5229	94	241	5467	2859

20−25 续表 1 continued

市县名称	Cities and Counties	调查户数（户）Number of Households Surveyed (household)	调查户常住人口（人）Number of Residents Surveyed (person)	农民人均纯收入（元）Per Capita Annual Net Income (yuan)	工资性收入 Laborers' Remuneration	家庭经营收入 Income from Family Business	转移性收入 Transfer Income	财产性收入 Property Income	人均生活消费支出（元）Per Capita Living Expenditure (yuan)	#食品 #Foods
邵东县	Shaodong County	100	373	8478	3526	4520	88	344	4026	2345
新邵县	Xinshao County	100	411	3353	2003	978	37	335	3712	2017
邵阳县	Shaoyang County	100	415	3055	1279	1126	10	640	2898	1595
隆回县	Longhui County	100	364	2675	1055	1296	14	310	2799	1445
洞口县	Dongkou County	100	406	3220	1771	1146	27	276	3666	1729
绥宁县	Shuining County	60	275	4647	1604	2793	59	191	2441	1221
新宁县	Xinning County	100	437	2773	1272	1052	57	393	5013	2294
城步县	Chengbu County	100	400	2877	942	1791		144	2515	1703
武冈市	Wugang City	80	300	4096	1376	2272		449	3487	1778
岳阳楼区	Yueyanglou District	30	102	7446	5224	1407	417	398	7517	2392
云溪区	Yunxi District	30	97	8240	4357	3280	379	224	5582	1620
君山区	Junshan District	30	105	8599	2041	5899		658	5860	2485
岳阳县	Yueyang County	70	245	8799	3434	4713	91	561	7013	1658
华容县	Huarong County	70	231	8814	2796	6052	-214	180	7438	2597
湘阴县	Xiangyin County	100	428	7483	3968	3121	62	332	5226	2315
平江县	Pingjiang County	100	451	3212	1944	969		299	4197	1909
汨罗市	Miluo City	100	397	8030	2586	5040	73	331	6455	2691
临湘市	Linxiang City	70	269	8227	3897	3939	60	331	5671	2796
武陵区	Wuling District	70	252	10300	5985	1791	2235	289	4074	1653
鼎城区	Dingchen District	80	268	6781	2171	4062	110	439	5345	2493
安乡县	Anxiang County	100	312	6419	1813	4328	76	202	6020	2844
汉寿县	Hanshou County	100	397	6813	2840	3425	78	470	5560	2386
澧　县	Li County	100	363	6899	2561	3680	128	530	6136	2293
临澧县	Linli County	60	191	6725	2131	4009	98	487	5458	2546
桃源县	Taoyuan County	80	281	6347	2536	3510	26	275	4445	2305
石门县	Shimen County	100	333	5564	2754	2184	68	558	6006	2576
津市市	Jinshi City	50	156	6731	2220	3783	30	698	5501	1562
永定区	Yongding District	100	371	4593	2342	1874	33	344	3559	1779
武陵源区	Wulingyuan District	30	98	5714	1651	3316	89	658	4166	2221
慈利县	Cili County	80	261	4451	1490	2216	16	729	4911	2524
桑植县	Sangzhi County	100	383	3020	1046	1638		336	2264	1381
资阳区	Ziyang District	60	211	8300	2985	4764	93	458	6790	3127
赫山区	Heshan District	100	370	8373	4079	3598	123	573	7023	3038
南　县	Nan County	100	337	7107	2163	4285	144	515	6451	2854
大通湖区	Datonghu District	40	127	7341	907	5888	54	492	5681	2283
桃江县	Taojiang County	100	384	7394	3614	3132	162	486	7127	3183
安化县	Anhua County	100	421	3150	1873	983	7	287	2610	1118
沅江市	Yuanjiang City	70	252	8562	2334	5871	113	244	5275	2277
北湖区	Beihu District	30	112	10076	4513	4610	731	223	7767	2915
苏仙区	Suxian District	50	196	9637	3787	5581	127	142	5661	2752
桂阳县	Guiyang County	100	397	8655	3473	4704	189	289	5727	2855
宜章县	Yizhang County	80	279	3165	1535	1493	114	24	2694	1293
永兴县	Yongxing County	80	300	8174	2856	4967	125	226	3720	1791

20-25 续表 2 continued

市县名称	Cities and Counties	调查户数(户) Number of Households Surveyed (household)	调查户常住人口(人) Number of Residents Surveyed (person)	农民人均纯收入(元) Per Capita Annual Net Income (yuan)	工资性收入 Laborers' Remuneration	家庭经营收入 Income from Family Business	转移性收入 Transfer Income	财产性收入 Property Income	人均生活消费支出(元) Per Capita Living Expenditure (yuan)	#食品 #Foods
嘉禾县	Jiahe County	60	228	6647	3146	3140	50	310	4493	2167
临武县	Linwu County	100	400	5983	3630	1530	158	666	4715	2292
汝城县	Rucheng County	100	396	2525	953	1392		180	2726	1536
桂东县	Guidong County	80	323	2639	1252	1198		190	2502	1653
安仁县	Anren County	100	397	2761	1408	1053	36	264	3599	2154
资兴市	Zixing City	100	346	8966	3965	3943	393	666	5006	2473
零陵区	Lingling District	70	274	7877	2029	5373	257	218	5681	2460
冷水滩区	Lengshuitan District	100	331	8032	3628	3730	201	473	5844	2875
祁阳县	Qiyang County	80	295	7454	2708	4268	60	418	6266	2484
东安县	DonganCounty	80	304	7670	2347	4778	65	481	5381	2608
双牌县	Shuangpai County	50	213	4259	2094	1928	130	108	3053	1497
道　县	Dao County	80	337	7553	2079	5046	79	349	5261	2475
江永县	Jiangyong County	120	480	2996	761	2073	18	143	3450	1732
宁远县	Ningyuan County	100	409	3664	1577	1783	7	297	3928	2134
蓝山县	Lanshan County	50	221	7282	2811	3583	197	691	4059	1762
新田县	Xintian County	100	412	2458	1039	1294	2	122	3014	1614
江华县	Jianghua County	100	431	2715	1179	1445	4	87	2532	1339
鹤城区	Hecheng District	30	120	5902	1326	4208	6	362	5455	3129
中方县	Zhongfang County	60	204	5151	2037	2879	5	230	4122	2377
沅陵县	Yuanling County	100	387	3630	1433	1910	7	280	3188	2080
辰溪县	Chenxi County	80	304	3840	1513	2134	0	193	2752	1748
溆浦县	Xupu County	100	435	4834	2260	2154	45	376	3947	2263
会同县	Huitong County	100	350	3848	1603	1646	55	545	4704	2307
麻阳县	Mayang County	80	340	3590	923	2535	33	100	3481	2025
新晃县	Xinhuang County	70	291	3203	823	2159	8	214	2478	1703
芷江县	Zhijiang County	100	379	3975	1536	2047	17	374	3987	1959
靖州县	Jingzhou County	60	260	4570	1857	2518	105	90	3304	1684
通道县	Tongdao County	90	414	3300	1548	1633	9	109	2384	1315
洪江市	Hongjiang City	80	290	5600	1608	3546	147	300	3463	1615
洪江区	Hongjiang District	30	82	5605	1746	3153	340	366	3242	1430
娄星区	Louxing District	50	181	6733	3527	2775	23	407	8083	5420
双峰县	Shuangfeng County	100	381	4606	2509	1766	65	267	4375	1979
新化县	Xinhua County	100	380	2726	1301	1045	42	338	2554	1431
冷水江市	Lengshuijiang City	80	304	8516	4812	2765	280	659	5600	2892
涟源市	Lianyuan County	100	342	3586	1535	1416	52	583	5733	2932
吉首市	Jishou County	70	326	4162	1755	2081	59	267	4014	1664
泸溪县	Luxi County	100	479	3647	1218	2116	8	306	2515	1717
凤凰县	Fenghuang County	100	440	4012	1554	1932	39	486	3351	1968
花垣县	Huayuan County	90	479	3783	1925	1599	6	253	2326	1102
保靖县	Baojing County	100	465	3705	1513	1592	16	584	2881	1690
古丈县	Guzhang County	80	355	3086	986	1597	144	360	2648	1617
永顺县	Yongshun County	100	422	3406	1236	1983	5	183	2807	2063
龙山县	Longshan County	100	460	3628	1456	1621	47	504	3102	1812

20−26 城镇居民人均可支配收入（2011年）
Per capita Disposable Incomes of Rural Residents (2011)

市县名称	Cities and Counties	调查户数（户）Number of Households Surveyed (household)	调查户常住人口（人）Number of Residents Surveyed (person)	人均可支配收入（元）Per Capita Disposable Income (yuan)	工资性收入 Laborers' Remuneration	经营净收入 Operating Net from Family Business	转移性收入 Transfer Income	财产性收入 Property Income	人均生活消费支出（元）Per Capita Living Expenditure (yuan)	#食品 #Foods
芙蓉区	Furong District	100	315	28855	15715	4580	7690	2471	20136	7180
天心区	Tianxin District	100	292	25207	14724	5554	5602	1208	18236	7240
岳麓区	Yuelu District	90	290	26225	16151	4657	4896	917	14494	5330
开福区	Kaifu District	100	281	27311	15258	4007	8211	1064	19014	6929
雨花区	Yuhua District	110	294	28403	16680	2160	8381	2602	18917	6052
望城区	Wangcheng District	50	148	24391	13967	4152	6357	897	14971	5096
长沙县	Changsha County	50	157	24038	14215	3113	3474	4351	15563	5902
宁乡县	Ningxiang County	50	167	21093	12189	2652	4716	2211	16443	5803
浏阳市	Liuyang City	50	153	24235	7795	8129	7338	1652	16574	5508
荷塘区	Hetang District	50	135	24128	18118	1712	3774	1692	14732	4954
芦淞区	Lusong District	50	143	24392	17435	3188	4658	1007	15040	5890
石峰区	Shifeng District	50	135	23536	17640	286	6615	1159	13014	5249
天元区	Tianyuan District	50	140	24425	13592	5195	5693	605	13726	5270
株洲县	Zhuzhou County	50	145	18076	10900	2721	4615	530	11675	4527
攸　县	You County	50	175	19883	10483	2156	6351	1692	13415	4129
茶陵县	Chaling County	50	154	17899	11148	2525	4994	246	10245	4056
炎陵县	Yanling County	50	157	16292	10869	1346	4017	993	9847	3741
醴陵市	Liling City	50	163	21109	10985	4726	4960	1099	14416	4793
雨湖区	Yuhu District	75	225	21051	13024	2663	6224	576	11923	4530
岳塘区	Yuetang District	75	213	21089	14639	893	7443	250	14777	4963
湘潭县	Xiangtan County	50	177	18578	13005	1424	3503	1025	10995	4125
湘乡市	Xiangxiang City	50	145	19648	13132	1629	4699	1128	17124	5047
韶山市	Shaoshan City	30	81	21978	19691	2411	1572	455	14412	3908
珠晖区	Zhuhui District	50	125	18391	11665	2397	5098	16	11609	4577
雁峰区	Yanfeng District	50	140	18949	12141	2998	4116	68	16236	5924
石鼓区	Shigu District	50	158	18870	13507		5282	278	11276	4861
蒸湘区	Zhengxiang District	50	141	18638	11454	1565	5531	249	14172	7496
南岳区	Nanyue District	30	128	19640	10117	7438	1633	1054	13546	5728
衡阳县	Hengyang County	50	158	14334	9723	2421	1846	672	12061	4400
衡南县	Hengnan County	50	170	16345	11596	3573	999	344	9022	3710
衡山县	Hengshan County	50	165	15508	11120	2689	2575	224	11624	6304
衡东县	Hengdong County	50	158	17294	14480	1076	2453	170	14043	5043
祁东县	Qidong County	50	176	15984	9727	2879	3501	501	10540	3980
耒阳市	Leiyang City	50	153	17407	9880	3098	3615	1580	12326	4193
常宁市	Changning City	50	147	18324	8957	6368	2707	462	12528	3536
双清区	Shuangqing District	40	118	15013	8693	1946	5095	132	11457	4332
大祥区	Da xiang District	52	154	15013	8693	1946	5095	132	11457	4332
北塔区	Beita District	8	24	15013	8693	1946	5095	132	11457	4332

20−26 续表 1 continued

市县名称	Cities and Counties	调查户数(户) Number of Households Surveyed (household)	调查户常住人口(人) Number of Residents Surveyed (person)	人均可支配收入(元) Per Capita Disposable Income (yuan)	工资性收入 Laborers' Remuneration	经营净收入 Operating Net from Family Business	转移性收入 Transfer Income	财产性收入 Property Income	人均生活消费支出(元) Per Capita Living Expenditure (yuan)	#食品 #Foods
邵东县	Shaodong County	50	163	16007	8527	4284	2180	1365	11098	4554
新邵县	Xinshao County	50	150	12075	7980	684	3057	819	8117	3642
邵阳县	Shaoyang County	50	164	12562	9670	1135	1908	198	7282	3650
隆回县	Longhui County	50	164	10569	6589	1015	3238	231	7793	3402
洞口县	Dongkou County	50	155	13463	10705	1476	1830		8384	3398
绥宁县	Shuining County	50	158	13173	9701	964	2700	167	9446	3694
新宁县	Xinning County	50	160	11431	6754	1568	2882	616	7734	3470
城步县	Chengbu County	50	166	10868	8915	545	2046	167	9408	3249
武冈市	Wugang City	50	176	13257	8295	1924	3162	274	9492	3192
岳阳楼区	Yueyanglou District	90	243	20882	14532	2376	4580	925	14598	5283
云溪区	Yunxi District	10	26	21100	4724	996	17380	1	14259	5464
君山区	Junshan District	30	89	17432	9240	6004	2675	133	11402	3858
岳阳县	Yueyang County	50	168	19342	10233	7904	1534	525	11721	4270
华容县	Huarong County	50	142	20078	8285	6031	5316	624	11351	5370
湘阴县	Xiangyin County	50	154	17033	10159	2432	4693	711	13419	5794
平江县	Pingjiang County	50	165	12767	7851	3318	2331	202	9434	3467
汨罗市	Miluo City	50	151	21641	14834	2411	4867	937	13143	4296
临湘市	Linxiang City	50	164	17614	11324	4293	2260	456	12279	3774
武陵区	Wuling District			18614						
鼎城区	Dingchen District	50	145	17955	10138	5687	2832	264	14278	5282
安乡县	Anxiang County	50	158	15072	11027	2160	1794	264	12004	4349
汉寿县	Hanshou County	50	155	16867	10202	4596	2538	401	10627	4733
澧　县	Li County	50	133	16698	6831	3591	6417	304	10307	4553
临澧县	Linli County	50	155	16545	8033	4224	4513	477	12037	4270
桃源县	Taoyuan County	50	148	15098	8553	3635	3270	658	10215	4081
石门县	Shimen County	50	140	17206	11415	1971	4055	668	12862	4533
津市市	Jinshi City	50	137	17409	12205	1870	4470	141	12159	5047
永定区	Yongding District	50	169	15099	8711	1387	3912	1477	10177	3763
武陵源区	Wulingyuan District	30	98	13548	8480	1542	2029	1757	10712	3328
慈利县	Cili County	50	151	13938	9790	829	4190	365	10905	3649
桑植县	Sangzhi County	50	165	12027	7997	1609	2482	626	9504	3337
资阳区	Ziyang District	50	141	17798	8744	4713	4457	249	13173	5274
赫山区	Heshan District	50	134	18380	12979	1203	5233	226	12721	4671
南　县	Nan County	50	144	15558	6800	4544	4281	493	10569	4862
大通湖区	Datonghu District	25	65	17081	9824	4811	625	3617	11306	3593
桃江县	Taojiang County	50	146	16313	9291	2973	3578	780	11197	3881
安化县	Anhua County	50	143	10938	8680	1073	2037	103	8041	3432
沅江市	Yuanjiang City	50	135	18046	10470	4575	2865	1067	12650	5139
北湖区	Beihu District	55	163	19405	13342	3061	3342	666	14420	5065
苏仙区	Suxian District	45	131	19194	13717	2683	4235	513	13628	5184
桂阳县	Guiyang County	50	155	18139	10644	4268	2847	865	10868	4418
宜章县	Yizhang County	50	157	17005	11386	3346	2334	761	12104	4610
永兴县	Yongxing County	50	137	17523	12673	4150	1920	274	9474	4080

20-26 续表 2 continued

市县名称	Cities and Counties	调查户数(户) Number of Households Surveyed (household)	调查户常住人口(人) Number of Residents Surveyed (person)	人均可支配收入(元) Per Capita Disposable Income (yuan)	工资性收入 Laborers' Remuneration	经营净收入 Operating Net from Family Business	转移性收入 Transfer Income	财产性收入 Property Income	人均生活消费支出(元) Per Capita Living Expenditure (yuan)	#食品 #Foods
嘉禾县	Jiahe County	50	151	15652	11290	3959	886	108	11399	5061
临武县	Linwu County	50	173	15836	9708	3458	2269	702	10708	3695
汝城县	Rucheng County	40	124	12175	8241	1369	2556	330	7354	2729
桂东县	Guidong County	40	138	10851	7587	1472	1485	481	7806	3657
安仁县	Anren County	40	113	14223	10240	2643	1643	67	8712	3455
资兴市	Zixing City	50	143	18984	14865	1517	3787	843	11816	3849
零陵区	Lingling District	50	143	17791	12459	3429	1632	360	10947	4359
冷水滩区	Lengshuitan District	50	159	18621	15475	1602	1915	352	11160	4468
祁阳县	Qiyang County	50	192	17334	10781	2942	4165	194	13545	4563
东安县	DonganCounty	50	152	17676	12667	2042	3358	903	13977	5135
双牌县	Shuangpai County	50	157	16252	10034	4768	1261	338	9829	3688
道　县	Dao County	50	162	14372	6647	4557	3439	84	8718	4097
江永县	Jiangyong County	50	151	14609	9703	2916	2716	210	9645	3784
宁远县	Ningyuan County	50	165	17238	10829	3803	2739	228	9932	3643
蓝山县	Lanshan County	50	162	16750	10741	2353	3196	778	11199	4486
新田县	Xintian County	50	157	14846	6530	4533	3826	172	9705	4664
江华县	Jianghua County	50	175	14205	9017	2580	2460	470	9809	2748
鹤城区	Hecheng District	100	297	17135	11865	2500	3871	452	12325	4242
中方县	Zhongfang County	50	146	15818	15615	266	139	61	11997	4833
沅陵县	Yuanling County	50	150	13338	8877	1067	3337	345	9658	3888
辰溪县	Chenxi County	50	170	12849	8194	2159	2605	231	8752	3378
溆浦县	Xupu County	50	147	14689	10247	1336	3919	106	10907	4502
会同县	Huitong County	50	162	12260	9047	1370	2422	68	8421	3268
麻阳县	Mayang County	50	172	12719	7803	3806	1704	59	9548	3976
新晃县	Xinhuang County	50	139	11267	5953	1434	3821	582	7382	3380
芷江县	Zhijiang County	50	173	11963	8245	1512	2839	132	7946	2896
靖州县	Jingzhou County	50	169	11290	5970	4446	1373	74	7318	2912
通道县	Tongdao County	50	153	10889	9812	614	1353	67	7193	3384
洪江市	Hongjiang City	50	124	12773	8220	2553	1782	303	8127	3415
洪江区	Hongjiang District	50	129	11632	5941	873	5179	147	8042	3480
娄星区	Louxing District	100	336	17273	9583	3542	4369	174	11387	3565
双峰县	Shuangfeng County	50	136	13220	5966	2982	3692	786	8714	3896
新化县	Xinhua County	50	140	12178	7355	1498	3559	521	10042	4298
冷水江市	Lengshuijiang City	50	155	20352	14682	2340	3788	361	12176	4890
涟源市	Lianyuan County	50	143	16297	10699	1437	3590	1518	10009	4272
吉首市	Jishou County	50	143	16344	13015	847	2483	919	11961	4006
泸溪县	Luxi County	50	170	11888	8836	1288	2033	285	8355	3616
凤凰县	Fenghuang County	50	179	12722	8745	830	2972	739	7396	3153
花垣县	Huayuan County	50	198	14044	8987	3238	1820	185	10311	3733
保靖县	Baojing County	50	189	11977	7738	1481	2790	260	7057	2949
古丈县	Guzhang County	50	171	10661	5813	1485	3489	212	7806	3257
永顺县	Yongshun County	50	171	11001	7420	1705	2147	251	7664	3311
龙山县	Longshan County	50	201	12099	7931	2163	1787	484	8674	3454

20-27 规模工业增加值能耗降低率（2011年）
Decreasing Rate of Added Value Energy Consumption of Scale Industry (2011)

市县名称	Cities and Counties	综合能源消费量 万吨标准煤 Total Consumption of Energy 10,000 tons of SCE	综合能源消费量增速（%） Increasing Speed of Total Consumption of Energy (%)	增加值能耗降低率（%） Decreasing Rate of Added Value Energy Consumption (%)
芙蓉区	Furong District	34.61	3.0	-8.7
天心区	Tianxin District	21.07	6.7	-6.8
岳麓区	Yuelu District	30.25	2.3	-25.6
开福区	Kaifu District	9.49	2.0	-8.7
雨花区	Yuhua District	15.62	-10.7	-8.9
望城区	Wangcheng District	68.29	1.0	-19.1
长沙县	Changsha County	151.93	-3.4	-19.9
宁乡县	Ningxiang County	119.84	2.9	-18.4
浏阳市	Liuyang City	87.17	5.9	-13.3
荷塘区	Hetang District	23.14	7.8	-10.0
芦淞区	Lusong District	5.73	6.0	-5.1
石峰区	Shifeng District	221.19	-0.2	-6.4
天元区	Tianyuan District	7.81	10.9	-10.4
株洲县	Zhuzhou County	14.34	-3.3	-15.1
攸　县	You County	83.69	10.8	-12.2
茶陵县	Chaling County	21.71	13.6	-14.1
炎陵县	Yanling County	6.55	9.2	-11.3
醴陵市	Liling City	75.46	13.1	-14.7
雨湖区	Yuhu District	17.60	10.5	-15.2
岳塘区	Yuetang District	631.72	6.2	-4.7
湘潭县	Xiangtan County	62.73	13.1	-13.0
湘乡市	Xiangxiang City	82.71	1.8	-19.0
韶山市	Shaoshan City	4.77	8.6	-15.5
珠晖区	Zhuhui District	41.61	10.4	-6.4
雁峰区	Yanfeng District	19.51	10.7	-18.9
石鼓区	Shigu District	42.12	46.1	25.3
蒸湘区	Zhengxiang District	100.88	9.4	-6.1
南岳区	Nanyue District		57.9	37.9
衡阳县	Hengyang County	32.03	3.3	-15.6
衡南县	Hengnan County	28.29	4.8	-13.5
衡山县	Hengshan County	18.91	2.7	-15.8
衡东县	Hengdong County	52.92	4.8	-13.8
祁东县	Qidong County	27.23	3.6	-12.5
耒阳市	Leiyang City	283.49	5.0	-12.9
常宁市	Changning City	73.21	4.5	-14.5
双清区	Shuangqing District	40.91	-3.1	-12.0
大祥区	Daxiang District	20.31	42.2	17.1
北塔区	Beita District	6.00	6.3	-13.0
邵东县	Shaodong County	37.75	10.7	-13.1
新邵县	Xinshao County	38.54	6.9	-11.4

20-27 续表 1 continued

市县名称	Cities and Counties	综合能源消费量 万吨标准煤 Total Consumption of Energy 10,000 tons of SCE	综合能源消费量增速（%） Increasing Speed of Total Consumption of Energy (%)	增加值能耗降低率（%） Decreasing Rate of Added Value Energy Consumption (%)
邵阳县	Shaoyang County	8.79	4.0	-13.7
隆回县	Longhui County	19.09	8.5	-12.1
洞口县	Dongkou County	20.40	13.1	-10.9
绥宁县	Shuining County	38.73	5.8	-12.2
新宁县	Xinning County	7.79	9.3	-8.2
城步县	Chengbu County	3.48	1.8	-13.9
武冈市	Wugang City	13.74	18.6	-12.5
岳阳楼区	Yueyanglou District	311.79	-3.2	-13.1
云溪区	Yunxi District	446.99	-3.7	-16.2
君山区	Junshan District	9.32	7.6	-12.9
岳阳县	Yueyang County	25.96	15.7	-9.4
华容县	Huarong County	60.86	15.3	-8.5
湘阴县	Xiangying County	45.04	9.7	-11.6
平江县	Pingjiang County	12.69	14.0	-9.8
汨罗市	Miluo City	46.76	9.7	-11.5
临湘市	Linxiang City	76.33	12.2	-9.7
武陵区	Wuling District	31.86	3.9	-10.5
鼎城区	Dingcheng District	14.05	5.8	-13.8
安乡县	Anxiang County	21.02	6.6	-12.7
汉寿县	Hanshou County	16.53	-8.9	-31.8
澧　县	Li County	43.26	16.4	-9.5
临澧县	Linli County	59.32	9.4	-13.4
桃源县	Taoyuan County	161.88	12.6	-8.6
石门县	Shimen County	175.06	17.6	-7.0
津市市	Jinshi City	35.19	-1.8	-22.4
永定区	Yongding District	16.01	19.7	-4.1
武陵源区	Wulingyuan District			
慈利县	Cili County	14.43	10.9	-7.9
桑植县	Sangzhi County	16.34	14.4	-4.0
资阳区	Ziyang District	7.07	15.8	-8.0
赫山区	Heshan District	211.11	6.3	-13.0
南　县	Nan County	22.91	4.3	-12.0
大通湖区	Datonghu District	13.31	8.5	-7.0
桃江县	Taojiang County	83.67	10.6	-7.8
安化县	Anhua County	12.75	17.1	-6.5
沅江市	Yuanjiang City	60.05	0.7	-15.4
北湖区	Beihu District	33.85	-1.7	-7.0
苏仙区	Suxian District	243.03	10.3	-7.6
桂阳县	Guiyang County	46.53	4.7	-15.3
宜章县	Yizhang County	26.11	-1.9	-17.7

20-27 续表 2 continued

市县名称	Cities and Counties	综合能源消费量 万吨标准煤 Total Consumption of Energy 10,000 tons of SCE	综合能源消费量增速（%） Increasing Speed of Total Consumption of Energy (%)	增加值能耗降低率（%） Decreasing Rate of Added Value Energy Consumption (%)
永兴县	Yongxing County	45.44	-1.0	-15.9
嘉禾县	Jiahe County	21.42	4.1	-14.9
临武县	Linwu County	3.46	12.5	-8.9
汝城县	Rucheng County	4.06	6.2	-15.4
桂东县	Guidong County	2.96	22.7	-4.5
安仁县	Anren County	5.25	15.0	-13.8
资兴市	Zixing City	179.55	6.1	-15.5
零陵区	Lingling District	25.60	3.2	-11.0
冷水滩区	Lengshuitan District	35.95	9.4	-7.8
祁阳县	Qiyang County	48.52	11.4	-10.9
东安县	Dongan County	54.50	14.8	-8.1
双牌县	Shuangpai County	5.75	10.8	-8.5
道　县	Dao County	17.90	18.6	-6.7
江永县	Jiangyong County	7.31	10.3	-10.8
宁远县	Ningyuan County	16.94	20.4	-5.0
蓝山县	Lanshan County	6.47	13.9	-7.8
新田县	Xintian County	9.99	15.0	-7.3
江华县	Jianghua County	5.72	13.7	-8.6
鹤城区	Hecheng District	37.95	9.9	-10.9
中方县	Zhongfang County	44.57	16.4	-1.4
沅陵县	Yuanling County	21.28	10.6	-5.3
辰溪县	Chenxi County	48.07	11.2	-9.4
溆浦县	Xupu County	42.13	9.9	-8.8
会同县	Huitong County	6.70	-1.2	-19.5
麻阳县	Mayang County	7.34	2.3	-17.5
新晃县	Xinhuang County	17.12	6.9	-13.6
芷江县	Zhijiang County	11.04	-6.3	-21.3
靖州县	Jingzhou County	14.99	6.9	-11.6
通道县	Tongdao County	9.68	10.2	-10.2
洪江市	Hongjiang City	47.35	5.5	-14.2
娄星区	Louxing District	423.78	15.8	-1.5
双峰县	Shuangfeng County	50.96	12.7	-11.8
新化县	Xinhua County	33.64	9.4	-9.0
冷水江市	Lengshuijiang City	405.35	5.5	-8.4
涟源市	Liangyuan City	150.98	10.3	-8.2
吉首市	Jishou City	26.80	7.4	-5.5
泸溪县	Luxi County	24.82	14.2	-5.3
凤凰县	Fenghuang County	2.36	-0.7	-6.2
花垣县	Huayuan County	25.99	-2.1	-5.0
保靖县	Baojing County	6.66	-3.2	-6.7
古丈县	Guzhang County	0.97	23.0	-8.6
永顺县	Yongshun County	3.04	0.7	-13.3
龙山县	Longshan County	5.92	4.0	-17.0

21 各省（市、自治区）主要经济和社会统计指标

Main Economic and Social Statistics Indicators By Provinces, Municipalities and Autonomous Regions

资料整理人员：　吴天铁　　李培楚　　赵　昊

21-1 各省(市、区)地区生产总值（2011年）
Gross Regional Product by Region (2011)

单位：亿元 (100 million yuan)

地 区	Region	地区生产总值 Gross Regional Product	第一产业 Primary Industry	第二产业 Secondry Industry	工 业 Industry	建筑业 Construction	第三产业 Tertiary Industry
北 京	Beijing	16251.93	136.27	3752.48	3048.79	703.69	12363.18
天 津	Tianjin	11307.28	159.72	5928.32	5430.84	497.48	5219.24
河 北	Hebei	24515.76	2905.73	13126.86	11770.38	1356.48	8483.17
山 西	Shanxi	11237.55	641.42	6635.26	5959.96	675.30	3960.87
内蒙古	Inner Mongolia	14359.88	1306.30	8037.69	7101.60	936.09	5015.89
辽 宁	Liaoning	22226.70	1915.57	12152.15	10696.54	1455.61	8158.98
吉 林	Jilin	10568.83	1277.44	5611.48	4917.95	693.53	3679.91
黑龙江	Heilongjiang	12582.00	1701.50	6330.53	5602.76	727.77	4549.97
上 海	Shanghai	19195.69	124.94	7927.89	7208.59	719.30	11142.86
江 苏	Jiangsu	49110.27	3064.77	25203.28	22280.61	2922.67	20842.21
浙 江	Zhejiang	32318.85	1583.04	16555.58	14683.03	1872.55	14180.23
安 徽	Anhui	15300.65	2015.31	8309.38	7062.00	1247.38	4975.95
福 建	Fujian	17560.18	1612.24	9069.20	7675.09	1394.11	6878.74
江 西	Jiangxi	11702.82	1391.07	6390.55	5411.86	978.69	3921.20
山 东	Shandong	45361.85	3973.85	24017.11	21275.89	2741.22	17370.89
河 南	Henan	26931.03	3512.24	15427.08	13949.32	1477.76	7991.72
湖 北	Hubei	19632.26	2569.30	9815.94	8538.04	1277.90	7247.02
湖 南	Hunan	19669.56	2768.03	9361.99	8122.75	1239.24	7539.54
广 东	Guangdong	53210.28	2665.20	26447.38	24649.60	1797.78	24097.70
广 西	Guangxi	11720.87	2047.23	5675.32	4851.37	823.95	3998.33
海 南	Hainan	2522.66	659.23	714.50	475.04	239.46	1148.93
重 庆	Chongqing	10011.37	844.52	5543.04	4690.46	852.58	3623.81
四 川	Sichuan	21026.68	2983.51	11029.13	9491.05	1538.08	7014.04
贵 州	Guizhou	5701.84	726.22	2194.33	1829.20	365.13	2781.29
云 南	Yunnan	8893.12	1411.01	3780.32	2994.30	786.02	3701.79
西 藏	Tibet	605.83	74.47	208.79	48.18	160.61	322.57
陕 西	Shaanxi	12512.30	1220.90	6935.59	5857.92	1077.67	4355.81
甘 肃	Gansu	5020.37	678.75	2377.83	1923.95	453.88	1963.79
青 海	Qinghai	1670.44	155.08	975.18	811.73	163.45	540.18
宁 夏	Ningxia	2102.21	184.14	1056.15	816.79	239.36	861.92
新 疆	Xinjiang	6610.05	1139.03	3225.90	2700.20	525.70	2245.12

注：本表绝对数按当年价格计算，指数按不变价格计算。

Level data in this table are calculated at current prices while indices at constant prices.

21-1 续表 continued

单位：亿元 (100 million yuan)

地区	Region	交通运输、仓储和邮政业 Transport, Storage and Post	批发和零售业 Wholesale and Retail Trades	住宿和餐饮业 Hotels and Catering Services	金融业 Financial Intermediation	房地产业 Real Estate	其他 Others
北京	Beijing	808.95	2139.65	348.42	2215.41	1074.93	5775.82
天津	Tianjin	632.10	1463.89	194.52	756.50	411.46	1760.77
河北	Hebei	2046.22	1780.63	338.91	746.01	918.02	2653.38
山西	Shanxi	756.29	846.65	261.33	519.32	224.91	1352.37
内蒙古	Inner Mongolia	1040.03	1216.60	381.64	447.46	384.76	1545.41
辽宁	Liaoning	1143.17	1960.33	436.13	755.57	876.12	2987.66
吉林	Jilin	420.98	860.47	205.69	207.65	238.61	1746.51
黑龙江	Heilongjiang	543.81	1060.26	275.80	350.82	465.61	1853.67
上海	Shanghai	868.31	3040.99	279.34	2277.40	1019.68	3657.14
江苏	Jiangsu	2127.93	5341.39	919.13	2600.11	2747.89	7105.77
浙江	Zhejiang	1206.95	3288.53	620.25	2730.29	1677.13	4657.08
安徽	Anhui	589.82	1050.61	252.62	503.85	634.92	1944.15
福建	Fujian	963.85	1511.29	300.35	862.41	911.16	2329.68
江西	Jiangxi	507.44	831.97	270.29	357.44	402.51	1551.55
山东	Shandong	2328.38	5400.19	881.58	1640.41	1838.14	5282.20
河南	Henan	961.50	1586.09	797.99	868.20	987.00	2790.94
湖北	Hubei	869.48	1512.89	446.52	674.57	634.67	3108.89
湖南	Hunan	948.82	1662.34	406.87	501.09	518.04	3502.38
广东	Guangdong	2090.36	5681.17	1192.28	2916.13	3321.31	8896.45
广西	Guangxi	588.20	803.48	307.88	445.37	465.68	1387.72
海南	Hainan	119.74	258.06	89.75	105.24	208.71	367.43
重庆	Chongqing	456.25	747.30	166.31	704.66	396.28	1153.01
四川	Sichuan	638.76	1186.58	562.63	868.15	620.62	3137.30
贵州	Guizhou	590.91	448.77	224.40	297.27	160.30	1059.64
云南	Yunnan	217.22	932.21	278.20	456.23	222.31	1595.62
西藏	Tibet	23.95	34.25	17.75	31.70	17.44	197.48
陕西	Shaanxi	552.54	1036.35	266.92	432.11	398.03	1669.86
甘肃	Gansu	280.33	351.97	123.61	145.05	134.25	928.57
青海	Qinghai	67.53	93.70	18.93	62.56	29.05	268.41
宁夏	Ningxia	174.10	109.99	37.15	134.18	79.01	327.49
新疆	Xinjiang	256.72	371.90	77.87	288.77	176.22	1073.64

21-1 续表 2 continued

地区	Region	构成(地区生产总值=100) Composition (GRP=100)			指数(上年=100) Indices (preceding year=100)				人均地区生产总值(元) Per Capita GRP (yuan)
		第一产业 Primary Industry	第二产业 Secondary Industry	第三产业 Tertiary Industry	地区生产总值 Gross Regional Product	第一产业 Primary Industry	第二产业 Secondary Industry	第三产业 Tertiary Industry	
北 京	Beijing	0.8	23.1	76.1	108.1	100.9	106.7	108.7	81658
天 津	Tianjin	1.4	52.4	46.2	116.4	103.8	118.3	114.7	85213
河 北	Hebei	11.9	53.5	34.6	111.3	104.2	113.4	110.5	33969
山 西	Shanxi	5.7	59.0	35.2	113.0	106.1	116.5	108.7	31357
内蒙古	Inner Mongolia	9.1	56.0	34.9	114.3	105.9	117.1	112.4	57974
辽 宁	Liaoning	8.6	54.7	36.7	112.2	106.5	114.1	111.0	50760
吉 林	Jilin	12.1	53.1	34.8	113.8	105.1	117.7	111.0	38460
黑龙江	Heilongjiang	13.5	50.3	36.2	112.3	106.2	113.2	113.2	32819
上 海	Shanghai	0.7	41.3	58.0	108.2	99.3	106.3	109.6	82560
江 苏	Jiangsu	6.2	51.3	42.4	111.0	104.0	111.7	111.1	62290
浙 江	Zhejiang	4.9	51.2	43.9	109.0	103.6	109.2	109.5	59249
安 徽	Anhui	13.2	54.3	32.5	113.5	104.0	118.0	110.6	25659
福 建	Fujian	9.2	51.6	39.2	112.3	104.4	116.2	109.1	47377
江 西	Jiangxi	11.9	54.6	33.5	112.5	104.2	115.2	111.1	26150
山 东	Shandong	8.8	52.9	38.3	110.9	104.0	111.7	111.3	47335
河 南	Henan	13.0	57.3	29.7	111.9	103.7	113.2	113.4	28661
湖 北	Hubei	13.1	50.0	36.9	113.8	104.4	117.9	112.0	34197
湖 南	Hunan	14.1	47.6	38.3	112.8	104.2	117.0	111.0	29880
广 东	Guangdong	5.0	49.7	45.3	110.0	104.2	110.5	110.0	50807
广 西	Guangxi	17.5	48.4	34.1	112.3	104.8	116.4	110.5	25326
海 南	Hainan	26.1	28.3	45.5	112.0	106.2	115.3	113.3	28898
重 庆	Chongqing	8.4	55.4	36.2	116.4	105.1	121.8	110.8	34500
四 川	Sichuan	14.2	52.5	33.4	115.0	104.5	120.6	111.2	26133
贵 州	Guizhou	12.7	38.5	48.8	115.0	101.2	117.9	116.5	16413
云 南	Yunnan	15.9	42.5	41.6	113.7	106.0	117.9	112.0	19265
西 藏	Tibet	12.3	34.5	53.2	112.7	103.4	118.3	111.6	20077
陕 西	Shaanxi	9.8	55.4	34.8	113.9	105.9	116.4	112.5	33464
甘 肃	Gansu	13.5	47.4	39.1	112.5	105.9	115.2	111.6	19595
青 海	Qinghai	9.3	58.4	32.3	113.5	104.8	117.4	109.7	29522
宁 夏	Ningxia	8.8	50.2	41.0	112.1	105.1	117.6	107.2	33043
新 疆	Xinjiang	17.2	48.8	34.0	112.0	106.5	112.0	115.2	30087

21-2 各省(市、区)年末人口数
Population at Year-end by Region

单位：万人 (10000 persons)

地区	Region	2000	2001	2002	2003	2004	2005	2006	2007	2008	2009	2010	2011
全国	**National Total**	**126743**	**127627**	**128453**	**129227**	**129988**	**130756**	**131448**	**132129**	**132802**	**133450**	**134091**	**134735**
北京	Beijing	1364	1385	1423	1456	1493	1538	1581	1633	1695	1755	1962	2019
天津	Tianjin	1001	1004	1007	1011	1024	1043	1075	1115	1176	1228	1299	1355
河北	Hebei	6674	6699	6735	6769	6809	6851	6898	6943	6989	7034	7194	7241
山西	Shanxi	3247	3272	3294	3314	3335	3355	3375	3393	3411	3427	3574	3593
内蒙古	Inner Mongolia	2372	2381	2384	2386	2393	2403	2415	2429	2444	2458	2472	2482
辽宁	Liaoning	4184	4194	4203	4210	4217	4221	4271	4298	4315	4341	4375	4383
吉林	Jilin	2682	2691	2699	2704	2709	2716	2723	2730	2734	2740	2747	2749
黑龙江	Heilongjiang	3807	3811	3813	3815	3817	3820	3823	3824	3825	3826	3833	3834
上海	Shanghai	1609	1668	1713	1766	1835	1890	1964	2064	2141	2210	2303	2347
江苏	Jiangsu	7327	7359	7406	7458	7523	7588	7656	7723	7762	7810	7869	7899
浙江	Zhejiang	4680	4729	4776	4857	4925	4991	5072	5155	5212	5276	5447	5463
安徽	Anhui	6093	6128	6144	6163	6228	6120	6110	6118	6135	6131	5957	5968
福建	Fujian	3410	3445	3476	3502	3529	3557	3585	3612	3639	3666	3693	3720
江西	Jiangxi	4149	4186	4222	4254	4284	4311	4339	4368	4400	4432	4462	4488
山东	Shandong	8998	9041	9082	9125	9180	9248	9309	9367	9417	9470	9588	9637
河南	Henan	9488	9555	9613	9667	9717	9380	9392	9360	9429	9487	9405	9388
湖北	Hubei	5646	5658	5672	5685	5698	5710	5693	5699	5711	5720	5728	5758
湖南	Hunan	6562	6596	6629	6663	6698	6326	6342	6355	6380	6406	6570	6596
广东	Guangdong	8650	8733	8842	8963	9111	9194	9442	9660	9893	10130	10441	10505
广西	Guangxi	4751	4788	4822	4857	4889	4660	4719	4768	4816	4856	4610	4645
海南	Hainan	789	796	803	811	818	828	836	845	854	864	869	877
重庆	Chongqing	2849	2829	2814	2803	2793	2798	2808	2816	2839	2859	2885	2919
四川	Sichuan	8329	8143	8110	8176	8090	8212	8169	8127	8138	8185	8045	8050
贵州	Guizhou	3756	3799	3837	3870	3904	3730	3690	3632	3596	3537	3479	3469
云南	Yunnan	4241	4287	4333	4376	4415	4450	4483	4514	4543	4571	4602	4631
西藏	Tibet	258	263	267	270	274	277	283	287	292	297	301	303
陕西	Shaanxi	3644	3653	3662	3672	3681	3690	3699	3708	3718	3727	3735	3743
甘肃	Gansu	2515	2523	2531	2537	2541	2545	2547	2548	2551	2555	2560	2564
青海	Qinghai	517	523	529	534	539	543	548	552	554	557	563	568
宁夏	Ningxia	554	563	572	580	588	596	604	610	618	625	633	639
新疆	Xinjiang	1849	1876	1905	1934	1963	2010	2050	2095	2131	2159	2185	2209

注：2000、2010年数据为当年人口普查数据推算数；其余年份数据为年度人口抽样调查推算数据。2005年起各地区数据为常住人口口径。

a) Data of 2000 and 2010 are the census year estimates; the rest of the data are from the annual national sample survey on population changes which have been revised according to the census results.

21-3 各省(市、区)全社会固定资产投资（2011年）
Total Investment in Fixed Assets in the Whole Country by Region (2011)

单位：亿元 (100 million yuan)

地区	Region	全社会投资 Total Investment	城镇 Urban Area	#房地产开发 Real Estate Development
全国	**National Total**	**311485.1**	**302396.1**	**61796.9**
北京	Beijing	5578.9	5519.8	3036.3
天津	Tianjin	7067.7	7040.7	1080.2
河北	Hebei	16389.3	15780.3	3054.6
山西	Shanxi	7073.1	6837.7	790.2
内蒙古	Inner Mongolia	10365.2	10253.0	1591.2
辽宁	Liaoning	17726.3	17431.5	4487.6
吉林	Jilin	7441.7	7226.6	1195.4
黑龙江	Heilongjiang	7475.4	7157.9	1227.6
上海	Shanghai	4962.1	4959.9	2253.8
江苏	Jiangsu	26692.6	26313.5	5567.9
浙江	Zhejiang	14185.3	13651.7	4137.3
安徽	Anhui	12455.7	12007.9	2611.5
福建	Fujian	9910.9	9677.1	2406.3
江西	Jiangxi	9087.6	8753.9	867.0
山东	Shandong	26749.7	25907.4	4106.8
河南	Henan	17769.0	16934.3	2626.5
湖北	Hubei	12557.3	12195.4	2066.5
湖南	Hunan	11880.9	11407.7	1943.8
广东	Guangdong	17069.2	16599.2	4809.9
广西	Guangxi	7990.7	7580.9	1517.5
海南	Hainan	1657.2	1599.1	650.8
重庆	Chongqing	7473.4	7367.0	2015.1
四川	Sichuan	14222.2	13687.7	2819.2
贵州	Guizhou	4235.9	4026.5	873.5
云南	Yunnan	6191.0	5932.7	1280.1
西藏	Tibet	516.3	516.3	5.1
陕西	Shaanxi	9431.1	9109.0	1410.9
甘肃	Gansu	3965.8	3870.1	367.0
青海	Qinghai	1435.6	1365.9	144.7
宁夏	Ningxia	1644.7	1589.1	336.2
新疆	Xinjiang	4632.1	4445.0	516.4
不分地区	Not Classified by Region	5651.3	5651.3	

21-4 各省(市、区)房地产开发企业房屋建筑面积和造价（2011年）
Floor Space and Cost of Buildings Developed by Enterprises for Real Estate Development by Region (2011)

地区	Region	房屋施工面积(万平方米) Floor Space of Buildings under Construction (10 000 sq.m)	房屋竣工面积(万平方米) Floor Space of Buildings Completed (10 000 sq.m)	房屋建筑面积竣工率(%) Rate of Floor Space of Buildings Completed (%)	房屋竣工价值(亿元) Value of Buildings Completed (100 million yuan)	房屋竣工造价(元/平方米) Cost of Buildings Completed (yuan/sq.m)
全国	**National Total**	**506775.5**	**92619.9**	**18.3**	**21975.91**	**2373**
北京	Beijing	12065.4	2245.2	18.6	629.99	2806
天津	Tianjin	9234.0	2102.8	22.8	663.07	3153
河北	Hebei	26670.8	5180.5	19.4	1282.08	2475
山西	Shanxi	9308.0	2110.4	22.7	391.88	1857
内蒙古	Inner Mongolia	15895.3	2519.4	15.8	510.91	2028
辽宁	Liaoning	34364.3	6322.8	18.4	1517.64	2400
吉林	Jilin	9123.4	1878.9	20.6	381.89	2032
黑龙江	Heilongjiang	12122.9	3231.3	26.7	536.33	1660
上海	Shanghai	13033.2	2384.3	18.3	1143.52	4796
江苏	Jiangsu	40500.3	8448.2	20.9	2242.01	2654
浙江	Zhejiang	29927.4	4528.6	15.1	1251.92	2764
安徽	Anhui	20785.8	3628.7	17.5	803.05	2213
福建	Fujian	18938.0	2651.7	14.0	533.83	2013
江西	Jiangxi	8461.4	1906.1	22.5	348.36	1828
山东	Shandong	36339.5	6356.8	17.5	1348.32	2121
河南	Henan	25343.3	5527.4	21.8	923.85	1671
湖北	Hubei	13922.1	3221.0	23.1	805.82	2502
湖南	Hunan	20341.8	4146.3	20.4	869.57	2097
广东	Guangdong	36137.1	6140.6	17.0	1780.19	2899
广西	Guangxi	14264.0	2303.4	16.1	393.12	1707
海南	Hainan	3609.8	449.3	12.4	145.39	3236
重庆	Chongqing	20397.2	3424.3	16.8	923.78	2698
四川	Sichuan	27121.8	4232.5	15.6	910.47	2151
贵州	Guizhou	10260.6	1455.2	14.2	262.71	1805
云南	Yunnan	11010.4	1572.1	14.3	325.91	2073
西藏	Tibet	48.7	21.7	44.5	5.32	2452
陕西	Shaanxi	12221.9	1128.3	9.2	295.96	2623
甘肃	Gansu	4099.4	743.8	18.1	158.40	2130
青海	Qinghai	1666.0	520.5	31.2	126.84	2437
宁夏	Ningxia	4080.3	967.3	23.7	256.43	2651
新疆	Xinjiang	5481.4	1270.5	23.2	207.34	1632

21－5 各省(市、区)按用途分商品房销售面积（2011年）

Floor Space of Commercialized Buildings Sold by Use by Region (2011)

单位：万平方米 (10 000 sq.m)

地区	Region	商品房销售面积 Floor Space of Commercialized Buildings Sold	住宅 Residential Buildings	#别墅、高档公寓 Villas, High-grade Apartments	办公楼 Office Buildings	商业营业用房 Houses for Business Use	其他 Others
全 国	**National Total**	**109366.75**	**96528.41**	**3729.93**	**2004.97**	**7868.65**	**2964.71**
北 京	Beijing	1439.20	1034.96	93.27	211.24	108.69	84.31
天 津	Tianjin	1594.57	1365.71	93.54	67.14	126.29	35.43
河 北	Hebei	5888.33	5293.18	69.13	59.24	366.01	169.91
山 西	Shanxi	1284.78	1170.88	1.61	14.28	82.14	17.48
内蒙古	Inner Mongolia	3509.09	2911.16	77.63	38.50	384.39	175.04
辽 宁	Liaoning	7541.48	6624.05	147.85	52.42	583.55	281.46
吉 林	Jilin	2432.61	2122.39	114.76	9.97	239.04	61.21
黑龙江	Heilongjiang	3432.84	2947.84	19.82	7.91	360.38	116.72
上 海	Shanghai	1790.86	1500.00	254.24	141.11	90.26	59.49
江 苏	Jiangsu	7970.49	6767.25	409.77	219.87	851.66	131.71
浙 江	Zhejiang	3531.36	2757.18	166.52	216.49	368.27	189.40
安 徽	Anhui	4605.58	3991.99	55.01	93.69	478.32	41.58
福 建	Fujian	2706.72	2213.30	78.46	109.17	183.86	200.40
江 西	Jiangxi	2416.85	2156.77	55.08	21.28	192.24	46.56
山 东	Shandong	9576.01	8741.16	160.52	71.40	604.02	159.44
河 南	Henan	6275.16	5725.12	47.16	149.18	326.49	74.37
湖 北	Hubei	4187.62	3788.68	62.36	35.68	281.51	81.74
湖 南	Hunan	4900.33	4455.59	164.36	51.62	303.94	89.17
广 东	Guangdong	7427.87	6706.60	646.60	140.73	320.55	259.99
广 西	Guangxi	2964.15	2749.33	36.36	17.50	122.66	74.65
海 南	Hainan	865.74	819.02	113.52	6.10	25.76	14.86
重 庆	Chongqing	4533.50	4063.42	142.19	43.88	266.32	159.89
四 川	Sichuan	6543.55	5826.52	110.88	85.43	400.93	230.67
贵 州	Guizhou	1882.10	1698.52	23.60	27.03	124.83	31.72
云 南	Yunnan	3222.89	2829.58	405.04	41.93	252.33	99.04
西 藏	Tibet	18.25	17.29	3.48	0.00	0.95	0.01
陕 西	Shaanxi	3051.77	2874.51	60.24	37.53	108.36	31.36
甘 肃	Gansu	838.82	758.15	0.50	8.05	62.29	10.33
青 海	Qinghai	359.56	342.56	0.26	1.47	14.81	0.71
宁 夏	Ningxia	846.46	705.13	18.64	9.27	114.71	17.35
新 疆	Xinjiang	1728.23	1570.56	97.52	15.86	123.12	18.69

21-6 各省(市、区)能源消耗指标 (2011年)
Indicators of Energy Consumption by Region (2011)

地 区	Region	万元地区生产总值能耗(等价值) Energy Consumption per 10 000 yuan of GRP (equivalent value)		万元工业增加值能耗上升或下降(规模以上，当量值) Energy Consumption per 10 000 yuan of Industrial Value-added Change (above Designated Size, equivalent weight) (±%)	万元地区生产总值电耗上升或下降 Electricity Consumption per 10 000 yuan of GRP Change (±%)
		指标值(吨标准煤/万元) Index (ton of SCE/ 10 000 yuan)	上升或下降(±%) Change (±%)		
北 京	Beijing	0.459	-6.94	-18.50	-6.10
天 津	Tianjin	0.708	-4.28	-7.48	-7.48
河 北	Hebei	1.300	-3.69	-6.68	-0.36
山 西	Shanxi	1.762	-3.55	-5.82	0.03
内蒙古	Inner Mongolia	1.405	-2.51	-4.39	4.38
辽 宁	Liaoning	1.096	-3.40	-5.02	-3.15
吉 林	Jilin	0.923	-3.59	-4.19	-3.90
黑龙江	Heilongjiang	1.042	-3.50	-5.17	-4.43
上 海	Shanghai	0.618	-5.32	-7.33	-4.42
江 苏	Jiangsu	0.600	-3.52	-5.41	-0.14
浙 江	Zhejiang	0.590	-3.07	-2.40	1.41
安 徽	Anhui	0.754	-4.06	-9.54	-0.15
福 建	Fujian	0.644	-3.29	-1.16	2.73
江 西	Jiangxi	0.651	-3.08	-6.87	2.30
山 东	Shandong	0.855	-3.77	-7.67	-0.58
河 南	Henan	0.895	-3.57	-8.60	1.27
湖 北	Hubei	0.912	-3.79	-6.88	-4.20
湖 南	Hunan	0.894	-3.68	-8.61	-2.10
广 东	Guangdong	0.563	-3.78	-5.13	-1.46
广 西	Guangxi	0.800	-3.36	-6.13	-0.28
海 南	Hainan	0.692	5.23	12.53	3.94
重 庆	Chongqing	0.953	-3.81	-5.31	-1.63
四 川	Sichuan	0.997	-4.23	-7.78	-1.87
贵 州	Guizhou	1.714	-3.51	-8.02	-1.70
云 南	Yunnan	1.162	-3.22	-9.92	5.47
西 藏	Tibet				
陕 西	Shaanxi	0.846	-3.56	-5.60	0.38
甘 肃	Gansu	1.402	-2.51	-1.96	2.07
青 海	Qinghai	2.081	9.44	9.62	6.24
宁 夏	Ningxia	2.279	4.60	14.72	18.36
新 疆	Xinjiang	1.631	6.96	9.28	14.69

注：地区生产总值和工业增加值按2010年价格计算。

a) Gross regional product and industrial value-added are at 2010 constant prices.

21−7 各省(市、区)农业生产资料价格分类指数（2011年）

Price Indices of Agricultural Meaus of Production by category and by Region(2011)

（上年=100） (Preceding year=100)

地 区	Region	农业生产资料价格指数 Means of agricultural production price index	农用手工工具 Agricultural hand tools	饲料 Forage	产品畜 Commodity Animals	半机械化农具 Semi-mechanized farm Tools	机械化农具 Mechanized farm machine-ry	化学肥料 Chemical fertilize-rs	农药及农药械 Presticide and Its Applian-ces	农用机油 Oil for Farm Machine-ry	其他农业生产资料 Other means of agricultural producti-on	农业生产服务 Agricultural production services
全 国	**National Total**	**111.3**	**105.3**	**107.6**	**137.3**	**103.6**	**104.6**	**113.3**	**102.6**	**110.8**	**108.1**	**108.3**
北 京	Beijing											
天 津	Tianjin											
河 北	Hebei	112.6	105.1	108.4	153.6	108.2	111.1	111.8	105.0	113.4	113.0	107.4
山 西	Shanxi	109.4	105.8	108.0	155.9	100.8	100.5	111.2	103.2	108.4	105.9	103.2
内蒙古	Inner Mongolia	106.3	100.5	103.0	115.6	102.7	102.6	111.2	106.5	107.1	104.2	101.7
辽 宁	Liaoning	112.8	105.0	108.1	135.5	102.2	103.3	116.4	102.9	111.7	108.2	108.2
吉 林	Jilin	111.4	109.3	108.8	124.8	100.6	103.9	115.3	99.7	113.0	107.6	107.1
黑龙江	Heilongjiang	110.2	108.3	105.4	135.5	103.6	108.5	114.8	102.4	110.7	103.4	110.1
上 海	Shanghai											
江 苏	Jiangsu	112.6	109.9	112.4	132.2	102.0	105.3	111.2	99.2	110.9	113.3	113.5
浙 江	Zhejiang	110.8	106.3	107.5	160.4	104.6	104.1	113.4	100.8	109.4	106.1	105.1
安 徽	Anhui	114.3	107.9	111.1	157.3	104.5	106.4	114.5	101.5	114.5	109.8	111.7
福 建	Fujian	111.8	108.2	109.0	129.8	106.4	104.7	114.7	103.1	111.8	105.6	106.2
江 西	Jiangxi	111.2	110.3	109.1	130.2	112.9	106.4	112.2	101.6	112.6	106.5	114.4
山 东	Shandong	111.1	102.1	107.9	127.3	103.1	103.9	116.3	102.4	109.6	104.5	107.5
河 南	Henan	111.1	104.9	105.5	136.4	105.8	103.7	115.2	106.0	114.7	108.2	106.9
湖 北	Hubei	113.5	108.1	105.1	151.5	105.6	105.1	116.2	104.7	111.8	110.7	103.9
湖 南	Hunan	110.9	108.5	104.7	137.9	102.3	106.9	112.6	103.9	104.6	107.0	108.3
广 东	Guangdong	109.6	104.2	105.1	129.0	102.3	103.3	113.3	102.7	109.7	108.5	104.8
广 西	Guangxi	112.2	105.5	107.3	142.3	103.8	104.9	115.2	103.2	109.0	107.9	106.8
海 南	Hainan	115.6	110.4	105.7	157.2	104.6	114.0	113.3	105.1	108.3	113.7	118.6
重 庆	Chongqing											
四 川	Sichuan	112.4	104.3	106.9	142.0	100.4	100.5	106.4	101.6	109.4	110.9	120.2
贵 州	Guizhou	111.1	105.5	104.1	153.9	115.7	106.0	101.4	100.6	103.8	107.8	101.4
云 南	Yunnan	108.3	102.5	103.1	119.6	103.5	100.5	112.1	101.9	108.6	105.9	101.9
西 藏	Tibet	102.6	100.7	99.7	100.9	100.6	102.4	100.8	100.2	121.9	103.5	100.7
陕 西	Shaanxi	110.3	103.4	104.8	143.2	102.6	104.7	112.2	101.6	108.9	109.8	112.6
甘 肃	Gansu	107.6	104.3	114.5	117.3	100.1	101.1	110.5	103.5	107.4	103.2	104.0
青 海	Qinghai	112.4	103.7	105.9	131.5	98.5	104.1	108.3	101.4	117.7	126.1	122.6
宁 夏	Ningxia	114.0	109.4	96.9	167.4	100.0	104.3	115.4	103.3	115.1	116.8	107.8
新 疆	Xinjiang	106.6	100.8	106.7	120.7	102.5	104.2	102.1	100.1	111.7	118.3	105.8

21-8 各省(市、区)固定资产投资价格指数
Price Indices for Investment in Fixed Assets by Region

(上年=100) (Preceding year=100)

地区	Region	2010				2011			
		固定资产投资 Investment in Fixed Assets	建筑安装工程 Construction and Installation	设备工器具购置 Purchase of Equipment and Instruments	其他费用 Others	固定资产投资 Investment in Fixed Assets	建筑安装工程 Construction and Installation	设备工器具购置 Purchase of Equipment and Instruments	其他费用 Others
全国	**National Total**	**103.6**	**104.9**	**100.3**	**103.1**	**106.6**	**109.2**	**101.1**	**104.0**
北京	Beijing	102.5	104.0	99.1	101.9	105.7	109.7	98.9	104.0
天津	Tianjin	102.6	104.2	100.2	100.5	105.7	109.0	99.8	102.1
河北	Hebei	103.7	105.0	101.2	102.8	105.5	107.9	101.6	101.9
山西	Shanxi	103.7	105.5	100.3	100.9	105.5	107.8	101.1	101.7
内蒙古	Inner Mongolia	105.4	107.3	100.1	103.0	106.3	108.1	101.9	103.7
辽宁	Liaoning	103.3	104.2	100.3	104.8	106.6	109.1	101.6	104.0
吉林	Jilin	102.4	103.2	99.9	104.8	105.6	108.4	100.9	104.2
黑龙江	Heilongjiang	105.2	106.7	100.4	107.6	107.5	109.9	101.1	107.2
上海	Shanghai	103.8	106.1	98.6	102.4	106.5	110.6	99.7	102.7
江苏	Jiangsu	105.1	106.9	101.7	105.6	106.8	110.4	101.2	105.2
浙江	Zhejiang	104.7	106.7	101.3	102.6	107.5	111.4	101.6	103.1
安徽	Anhui	105.4	107.5	101.2	101.5	108.1	111.0	101.9	104.0
福建	Fujian	103.3	104.9	99.8	102.4	106.2	109.4	100.8	102.5
江西	Jiangxi	104.8	105.6	102.0	105.4	108.4	112.1	101.6	106.4
山东	Shandong	103.6	105.3	100.2	103.6	106.8	109.7	101.8	104.9
河南	Henan	103.5	104.9	100.5	101.3	107.4	110.1	102.3	103.0
湖北	Hubei	104.7	105.9	99.8	106.1	107.3	109.3	100.4	106.6
湖南	Hunan	104.0	104.8	101.7	103.0	107.2	108.9	102.7	106.0
广东	Guangdong	103.0	104.3	99.8	101.4	105.5	108.0	100.5	101.8
广西	Guangxi	103.0	103.8	101.2	102.5	106.2	108.7	101.0	103.9
海南	Hainan	105.2	105.5	100.3	109.7	106.4	108.2	101.1	103.3
重庆	Chongqing	102.1	102.7	99.6	101.9	105.9	107.8	101.1	102.5
四川	Sichuan	102.5	103.2	100.8	101.9	105.2	107.1	101.9	102.5
贵州	Guizhou	102.7	103.6	100.1	102.5	105.4	107.5	100.9	102.6
云南	Yunnan	102.7	103.5	100.4	102.0	104.6	106.0	101.2	102.8
西藏	Tibet								
陕西	Shaanxi	103.6	105.3	100.4	100.8	105.9	107.9	100.8	102.8
甘肃	Gansu	103.5	105.0	100.8	103.2	104.7	106.7	99.0	103.3
青海	Qinghai	103.8	104.5	101.5	102.3	106.5	107.9	101.5	102.6
宁夏	Ningxia	104.2	105.3	100.2	100.0	107.5	109.1	101.5	102.5
新疆	Xinjiang	104.6	105.9	100.4	105.2	107.1	110.3	98.4	103.7

21–9 各省(市、区)城镇居民家庭人均可支配收入
Disposable Incomes of Urban Households by Region

单位：元 (yuan)

地 区	Region	2005年	2006年	2007年	2008年	2009年	2010年	2011年
全 国	**National Total**	**10493.0**	**11759.5**	**13785.8**	**15780.8**	**17174.7**	**19109.4**	**21809.8**
北 京	Beijing	17653.0	19977.5	21988.7	24724.9	26738.5	29072.9	32903.0
天 津	Tianjin	12638.6	14283.1	16357.4	19422.5	21402.0	24292.6	26920.9
河 北	Hebei	9107.1	10304.6	11690.5	13441.1	14718.3	16263.4	18292.2
山 西	Shanxi	8913.9	10027.7	11565.0	13119.1	13996.6	15647.7	18123.9
内蒙古	Inner Mongolia	9136.8	10358.0	12377.8	14432.6	15849.2	17698.2	20407.6
辽 宁	Liaoning	9107.6	10369.6	12300.4	14392.7	15761.4	17712.6	20466.8
吉 林	Jilin	8690.6	9775.1	11285.5	12829.5	14006.3	15411.5	17796.6
黑龙江	Heilongjiang	8272.5	9182.3	10245.3	11581.3	12566.0	13856.5	15696.2
上 海	Shanghai	18645.0	20667.9	23622.7	26674.9	28837.8	31838.1	36230.5
江 苏	Jiangsu	12318.6	14084.3	16378.0	18679.5	20551.7	22944.3	26340.7
浙 江	Zhejiang	16293.8	18265.1	20573.8	22726.7	24610.8	27359.0	30970.7
安 徽	Anhui	8470.7	9771.1	11473.6	12990.4	14085.7	15788.2	18606.1
福 建	Fujian	12321.3	13753.3	15506.1	17961.5	19576.8	21781.3	24907.4
江 西	Jiangxi	8619.7	9551.1	11451.7	12866.4	14021.5	15481.1	17494.9
山 东	Shandong	10744.8	12192.2	14264.7	16305.4	17811.0	19945.8	22791.8
河 南	Henan	8668.0	9810.3	11477.1	13231.1	14371.6	15930.3	18194.8
湖 北	Hubei	8785.9	9802.7	11485.8	13152.9	14367.5	16058.4	18373.9
湖 南	Hunan	9524.0	10504.7	12293.5	13821.2	15084.3	16565.7	18844.1
广 东	Guangdong	14770.0	16015.6	17699.3	19732.9	21574.7	23897.8	26897.5
广 西	Guangxi	9286.7	9898.8	12200.4	14146.0	15451.5	17063.9	18854.1
海 南	Hainan	8123.9	9395.1	10996.9	12607.8	13750.9	15581.1	18369.0
重 庆	Chongqing	10243.5	11569.7	12590.8	14367.6	15748.7	17532.4	20249.7
四 川	Sichuan	8386.0	9350.1	11098.3	12633.4	13839.4	15461.2	17899.1
贵 州	Guizhou	8151.1	9116.6	10678.4	11758.8	12862.5	14142.7	16495.0
云 南	Yunnan	9265.9	10069.9	11496.1	13250.2	14423.9	16064.5	18575.6
西 藏	Tibet	9431.2	8941.1	11130.9	12481.5	13544.4	14980.5	16195.6
陕 西	Shaanxi	8272.0	9267.7	10763.3	12857.9	14128.8	15695.2	18245.2
甘 肃	Gansu	8086.8	8920.6	10012.3	10969.4	11929.8	13188.6	14988.7
青 海	Qinghai	8057.9	9000.4	10276.1	11640.4	12691.9	13855.0	15603.3
宁 夏	Ningxia	8093.6	9177.3	10859.3	12931.5	14024.7	15344.5	17578.9
新 疆	Xinjiang	7990.2	8871.3	10313.4	11432.1	12257.5	13643.8	15513.6

21-10 各省(市、区)农村居民家庭人均纯收入
Per Capita Net Income of Rural Households by Region

单位：元 (yuan)

地 区	Region	2005年	2006年	2007年	2008年	2009年	2010年	2011年
全 国	**National Total**	**3254.9**	**3587.0**	**4140.4**	**4760.6**	**5153.2**	**5919.0**	**6977.3**
北 京	Beijing	7346.3	8275.5	9439.6	10661.9	11668.6	13262.3	14735.7
天 津	Tianjin	5579.9	6227.9	7010.1	7910.8	8687.6	10074.9	12321.2
河 北	Hebei	3481.6	3801.8	4293.4	4795.5	5149.7	5958.0	7119.7
山 西	Shanxi	2890.7	3180.9	3665.7	4097.2	4244.1	4736.3	5601.4
内蒙古	Inner Mongolia	2988.9	3341.9	3953.1	4656.2	4937.8	5529.6	6641.6
辽 宁	Liaoning	3690.2	4090.4	4773.4	5576.5	5958.0	6907.9	8296.5
吉 林	Jilin	3264.0	3641.1	4191.3	4932.7	5265.9	6237.4	7510.0
黑龙江	Heilongjiang	3221.3	3552.4	4132.3	4855.6	5206.8	6210.7	7590.7
上 海	Shanghai	8247.8	9138.7	10144.6	11440.3	12482.9	13978.0	16053.8
江 苏	Jiangsu	5276.3	5813.2	6561.0	7356.5	8003.5	9118.2	10805.0
浙 江	Zhejiang	6660.0	7334.8	8265.2	9257.9	10007.3	11302.6	13070.7
安 徽	Anhui	2641.0	2969.1	3556.3	4202.5	4504.3	5285.2	6232.2
福 建	Fujian	4450.4	4834.8	5467.1	6196.1	6680.2	7426.9	8778.6
江 西	Jiangxi	3128.9	3459.5	4044.7	4697.2	5075.0	5788.6	6891.6
山 东	Shandong	3930.5	4368.3	4985.3	5641.4	6118.8	6990.3	8342.1
河 南	Henan	2870.6	3261.0	3851.6	4454.2	4807.0	5523.7	6604.0
湖 北	Hubei	3099.2	3419.4	3997.5	4656.4	5035.3	5832.3	6897.9
湖 南	Hunan	3117.7	3389.6	3904.2	4512.5	4909.0	5622.0	6567.1
广 东	Guangdong	4690.5	5079.8	5624.0	6399.8	6906.9	7890.3	9371.7
广 西	Guangxi	2494.7	2770.5	3224.1	3690.3	3980.4	4543.4	5231.3
海 南	Hainan	3004.0	3255.5	3791.4	4390.0	4744.4	5275.4	6446.0
重 庆	Chongqing	2809.3	2873.8	3509.3	4126.2	4478.4	5276.7	6480.4
四 川	Sichuan	2802.8	3002.4	3546.7	4121.2	4462.1	5086.9	6128.6
贵 州	Guizhou	1877.0	1984.6	2374.0	2796.9	3005.4	3471.9	4145.4
云 南	Yunnan	2041.8	2250.5	2634.1	3102.6	3369.3	3952.0	4722.0
西 藏	Tibet	2077.9	2435.0	2788.2	3175.8	3531.7	4138.7	4904.3
陕 西	Shaanxi	2052.6	2260.2	2644.7	3136.5	3437.6	4105.0	5027.9
甘 肃	Gansu	1979.9	2134.1	2328.9	2723.8	2980.1	3424.7	3909.4
青 海	Qinghai	2151.5	2358.4	2683.8	3061.2	3346.2	3862.7	4608.5
宁 夏	Ningxia	2508.9	2760.1	3180.8	3681.4	4048.3	4674.9	5410.0
新 疆	Xinjiang	2482.2	2737.3	3183.0	3502.9	3883.1	4642.7	5442.2

21-11 各省(市、区)居民消费价格指数和商品零售价格指数（2011年）
Consumer Price Indices and Retail Price Indices by Region (2011)

(上年=100) (Preceding year=100)

地 区	Region	居民消费价格 Consumer Price Index			商品零售价格 Retail Price Index		
		总指数 General	城 市 Urban Household	农 村 Rural Household	总指数 General	城 市 Urban Household	农 村 Rural Household
全 国	**National Total**	**105.4**	**105.3**	**105.8**	**104.9**	**104.7**	**105.5**
北 京	Beijing	105.6	105.6		103.2	103.2	
天 津	Tianjin	104.9	104.9		104.7	104.7	
河 北	Hebei	105.7	105.3	106.5	105.0	104.7	106.0
山 西	Shanxi	105.2	105.1	105.4	104.9	104.9	105.0
内蒙古	Inner Mongolia	105.6	105.5	105.7	104.9	105.0	104.7
辽 宁	Liaoning	105.2	105.1	105.5	105.0	105.0	105.4
吉 林	Jilin	105.2	105.2	105.4	104.9	104.8	105.5
黑龙江	Heilongjiang	105.8	105.6	106.4	104.5	104.2	105.8
上 海	Shanghai	105.2	105.2		104.1	104.1	
江 苏	Jiangsu	105.3	105.1	105.9	104.6	104.4	105.2
浙 江	Zhejiang	105.4	105.3	105.6	105.5	105.4	105.8
安 徽	Anhui	105.6	105.4	105.9	105.3	105.0	106.1
福 建	Fujian	105.3	105.2	105.3	104.8	104.7	105.1
江 西	Jiangxi	105.2	105.1	105.6	104.8	104.8	105.0
山 东	Shandong	105.0	104.7	105.9	104.7	104.3	105.3
河 南	Henan	105.6	105.4	106.1	105.7	105.4	106.1
湖 北	Hubei	105.8	105.5	106.3	105.6	105.1	106.2
湖 南	Hunan	105.5	105.5	105.6	105.5	105.4	105.6
广 东	Guangdong	105.3	105.3	105.6	105.1	104.9	105.6
广 西	Guangxi	105.9	105.7	106.4	106.0	105.7	106.6
海 南	Hainan	106.1	105.5	107.8	105.4	105.2	106.7
重 庆	Chongqing	105.3	105.3		104.7	104.7	
四 川	Sichuan	105.3	105.1	105.8	104.6	104.4	105.2
贵 州	Guizhou	105.1	105.3	104.8	105.5	105.4	105.9
云 南	Yunnan	104.9	104.8	104.9	105.1	104.9	105.3
西 藏	Tibet	105.0	105.2	104.7	103.7	103.9	103.3
陕 西	Shaanxi	105.7	105.7	105.6	104.8	104.8	104.8
甘 肃	Gansu	105.9	106.0	105.7	105.4	105.6	104.9
青 海	Qinghai	106.1	106.0	106.4	105.4	105.5	105.2
宁 夏	Ningxia	106.3	105.8	107.5	105.3	105.0	107.8
新 疆	Xinjiang	105.9	105.5	106.8	105.1	104.5	106.6

21-12 各省(市、区)农、林、牧、渔业总产值及指数(2011年)
Gross Output Value of Agriculture, Forestry, Animal Husbandry and Fishery and Related Indices by Region (2011)

地区	Region	绝对数(亿元) Gross Output Value (100 million yuan)					指数(上年=100) Indices of Gross Output (preceding year=100)				
		农林牧渔业总产值 Total	#农业 Farming	#林业 Forestry	#牧业 Animal Husbandry	#渔业 Fishery	农林牧渔业总产值 Total	#农业 Farming	#林业 Forestry	#牧业 Animal Husbandry	#渔业 Fishery
全国	**National Total**	**81303.9**	**41988.6**	**3120.7**	**25770.7**	**7568.0**	**104.5**	**105.6**	**107.6**	**101.7**	**104.5**
北京	Beijing	363.1	163.4	18.9	162.7	11.5	100.9	103.5	103.7	98.2	93.2
天津	Tianjin	349.5	179.9	2.5	98.5	58.6	104.2	105.5	104.0	102.0	102.9
河北	Hebei	4895.9	2775.3	58.8	1674.0	163.6	103.9	105.5	103.6	101.1	101.8
山西	Shanxi	1207.6	767.1	73.5	295.7	7.5	105.8	107.9	106.6	99.9	106.1
内蒙古	Inner Mongolia	2204.5	1057.8	93.2	998.3	23.5	105.7	108.7	105.3	102.3	108.2
辽宁	Liaoning	3633.6	1307.2	107.4	1521.1	560.0	106.0	111.0	109.0	101.2	106.0
吉林	Jilin	2275.1	1020.4	81.9	1074.5	31.1	105.2	107.3	105.9	102.6	105.2
黑龙江	Heilongjiang	3223.5	1801.8	110.2	1189.9	58.9	105.5	108.3	104.8	101.7	105.0
上海	Shanghai	314.6	165.1	7.6	77.4	54.7	99.4	100.6	95.2	102.3	91.9
江苏	Jiangsu	5237.4	2640.9	92.8	1190.5	1060.4	104.2	104.3	104.0	102.7	104.4
浙江	Zhejiang	2534.9	1152.0	134.1	546.3	655.8	103.1	101.9	102.8	101.5	106.8
安徽	Anhui	3459.7	1714.8	182.1	1083.5	346.2	104.0	103.9	109.0	102.6	103.9
福建	Fujian	2730.9	1136.2	237.7	479.2	782.6	104.1	104.7	107.0	102.3	103.4
江西	Jiangxi	2207.3	917.8	206.1	734.3	272.2	104.2	106.0	105.5	102.4	101.2
山东	Shandong	7409.7	3843.6	100.0	2171.9	999.1	103.8	103.9	109.3	102.5	104.4
河南	Henan	6218.6	3599.9	127.3	2198.4	72.5	103.8	104.3	107.1	102.2	107.2
湖北	Hubei	4252.9	2299.3	86.1	1205.8	508.8	104.4	106.2	109.9	101.2	102.1
湖南	Hunan	4508.2	2391.7	239.1	1425.6	255.0	104.3	106.9	106.9	99.6	100.4
广东	Guangdong	4384.4	2042.2	208.7	1146.4	843.0	103.9	105.5	108.1	98.9	105.2
广西	Guangxi	3323.4	1602.5	217.4	1096.6	303.1	104.8	105.6	112.1	101.3	106.0
海南	Hainan	1002.4	401.0	161.4	207.1	204.6	106.6	106.2	107.2	105.1	107.8
重庆	Chongqing	1265.3	751.2	38.1	425.3	34.9	104.8	105.2	110.0	102.5	118.4
四川	Sichuan	4932.7	2454.3	130.1	2127.2	147.2	104.6	105.8	109.7	102.6	106.7
贵州	Guizhou	1165.5	655.3	46.7	381.9	19.9	101.4	99.8	107.4	101.2	125.1
云南	Yunnan	2306.5	1124.7	245.7	808.2	55.9	106.1	106.8	112.2	102.5	109.2
西藏	Tibet	109.4	49.6	2.4	54.1	0.2	103.6	102.8	91.4	105.7	104.2
陕西	Shaanxi	2058.6	1360.7	42.3	553.4	10.6	105.6	107.5	109.7	99.9	125.0
甘肃	Gansu	1187.8	848.5	17.2	210.6	1.6	105.4	106.2	105.4	101.8	109.4
青海	Qinghai	230.8	102.9	4.2	119.3	0.2	104.8	106.5	110.4	103.1	161.8
宁夏	Ningxia	354.7	223.6	9.3	97.6	10.2	105.1	105.3	107.4	102.8	115.6
新疆	Xinjiang	1955.4	1437.9	38.1	415.0	14.2	106.9	108.3	105.9	102.0	107.1

注：本表绝对数按当年价格计算，指数按可比价格计算。2003年起执行新国民经济行业分类标准，总产值包括农林牧渔服务业产值。

a) Data in value terms in this table are calculated at current prices, while the indices are calculated at constant prices. The new classification for national standard of industry classification has been implemented since 2003 and the gross output value includes the serivces in support of agriculture, forestry, animal husbandry and fishery.

21-13 各省(市、区)规模以上工业企业主要指标（2011年）

Main Indicators of Industrial Enterprises above Designated Size by Region (2011)

单位：亿元 (100 million yuan)

地 区	Region	企业单位数(个) Number of Enterprises (unit)	工业总产值 Gross Industrial Output Value	资产总计 Total Assets	流动资产合计 Total Working Capitals
全 国	**National Total**	**325609**	**844268.79**	**675796.86**	**327778.65**
北 京	Beijing	3746	14513.63	25321.75	9820.26
天 津	Tianjin	5013	20862.74	17388.98	9444.93
河 北	Hebei	11570	39698.80	29687.55	12692.76
山 西	Shanxi	3675	16013.83	22186.50	10027.79
内蒙古	Inner Mongolia	4175	17774.82	18406.42	6745.83
辽 宁	Liaoning	16914	41776.73	31417.30	14645.77
吉 林	Jilin	5158	16917.61	11898.88	5045.50
黑龙江	Heilongjiang	3377	11514.56	11918.83	5180.86
上 海	Shanghai	9962	32445.15	29454.30	17265.35
江 苏	Jiangsu	43368	107680.68	76258.16	42801.75
浙 江	Zhejiang	34698	56410.48	50663.58	29879.85
安 徽	Anhui	12432	25875.87	19148.71	8463.30
福 建	Fujian	14116	27443.90	18582.15	9797.20
江 西	Jiangxi	6481	17949.38	10211.32	4678.86
山 东	Shandong	35813	99504.98	60818.77	28600.94
河 南	Henan	18328	46856.14	29049.22	12411.51
湖 北	Hubei	10633	28073.07	23145.87	10225.49
湖 南	Hunan	12477	26386.58	15473.38	6274.93
广 东	Guangdong	38305	94860.79	67371.40	39286.31
广 西	Guangxi	5046	12836.57	10185.46	4605.69
海 南	Hainan	358	1600.13	1747.91	690.06
重 庆	Chongqing	4778	11847.06	9321.10	4508.92
四 川	Sichuan	12085	30485.09	26113.61	11248.78
贵 州	Guizhou	2329	5519.96	6990.58	2654.50
云 南	Yunnan	2773	7780.83	11053.93	4458.32
西 藏	Tibet	56	74.85	346.15	102.88
陕 西	Shaanxi	3684	14283.48	17234.61	7587.33
甘 肃	Gansu	1371	6175.24	7665.01	3072.33
青 海	Qinghai	386	1893.54	3386.32	1111.03
宁 夏	Ningxia	764	2491.44	4044.20	1434.73
新 疆	Xinjiang	1738	6720.85	9304.95	3014.91

21－13 续表 1 continued

单位：亿元 (100 million yuan)

地 区	Region	固定资产原价 Original Value of Fixed Assets	累计折旧 Total Depreciation	负债合计 Total Liabilities	流动负债合计 Total Working Liabilities	所有者权益合计 Total Owners' Equities
全 国	**National Total**	**386086.72**	**157312.32**	**392644.64**	**298911.20**	**282003.81**
北 京	Beijing	8620.82	3509.09	12648.61	7696.32	12673.14
天 津	Tianjin	9213.94	3723.70	10864.26	9166.78	6501.70
河 北	Hebei	18359.33	6766.37	17865.03	13494.48	11714.09
山 西	Shanxi	11994.91	4646.16	14936.46	10735.41	7192.48
内蒙古	Inner Mongolia	11898.07	4461.25	11188.94	6721.14	7200.22
辽 宁	Liaoning	19977.69	8983.69	17980.57	13164.38	13298.77
吉 林	Jilin	10244.46	5475.57	6484.40	4668.66	5378.56
黑龙江	Heilongjiang	8862.27	3798.85	6703.59	5048.86	5204.50
上 海	Shanghai	15420.13	7424.54	15399.53	13397.12	14054.76
江 苏	Jiangsu	41481.97	17819.09	44372.68	37481.87	31885.22
浙 江	Zhejiang	20721.44	7511.24	30943.43	27182.93	19855.36
安 徽	Anhui	10831.88	4073.72	11398.66	8201.43	7697.50
福 建	Fujian	8855.37	3029.16	9699.95	7745.87	8800.24
江 西	Jiangxi	6444.34	2422.54	5721.42	4365.99	4450.31
山 东	Shandong	40717.84	18926.56	33847.62	26063.88	26741.14
河 南	Henan	18484.82	6416.35	15651.99	11067.44	13272.49
湖 北	Hubei	16663.68	7654.91	13675.79	10541.01	9321.23
湖 南	Hunan	9600.29	3096.39	8766.13	5809.50	6707.25
广 东	Guangdong	33238.50	14087.45	39757.31	33042.35	27631.44
广 西	Guangxi	5738.20	1844.41	6315.95	4459.80	3821.02
海 南	Hainan	926.45	312.63	920.77	639.06	825.78
重 庆	Chongqing	5023.45	1989.28	5659.74	4197.80	3629.22
四 川	Sichuan	15442.86	6387.90	15991.15	11119.10	10049.11
贵 州	Guizhou	3981.19	1287.67	4520.64	2675.56	2444.26
云 南	Yunnan	5790.80	1898.38	6763.81	4383.67	4291.24
西 藏	Tibet	206.44	58.46	99.73	66.57	246.17
陕 西	Shaanxi	10643.40	3909.22	9755.86	6756.56	7462.86
甘 肃	Gansu	5033.09	1917.43	4908.30	3107.50	2745.03
青 海	Qinghai	2303.06	667.93	2141.48	1163.67	1237.81
宁 夏	Ningxia	2426.14	648.18	2655.87	1552.14	1385.19
新 疆	Xinjiang	6939.87	2564.19	5004.99	3194.33	4285.72

21-13 续表 2 continued

单位：亿元 (100 million yuan)

地 区	Region	主营业务收入 Revenue from Principal Business	主营业务成本 Cost of Principal Business	主营业务税金及附加 Taxes and Other Charges on Principal Business	利润总额 Total Profits	本年应交增值税 Value Added Tax Payable	全部从业人员年平均人数(万人) Annual Average Employed Persons (10 000 persons)
全 国	**National Total**	**841830.24**	**708091.99**	**12669.53**	**61396.33**	**26302.71**	**9167.29**
北 京	Beijing	15753.36	13397.61	231.93	1129.50	427.06	117.32
天 津	Tianjin	21103.32	17770.58	278.13	1933.72	758.27	149.32
河 北	Hebei	40201.02	34556.85	361.13	2639.01	1062.04	356.03
山 西	Shanxi	16803.91	13546.84	164.98	1282.96	886.71	212.64
内蒙古	Inner Mongolia	17542.37	13564.91	224.04	2210.94	728.71	123.57
辽 宁	Liaoning	42845.44	36381.14	734.54	2511.21	1047.26	368.92
吉 林	Jilin	16745.42	14121.24	271.21	1175.97	450.65	139.51
黑龙江	Heilongjiang	11454.60	8498.87	711.90	1446.65	585.85	134.23
上 海	Shanghai	34299.95	28911.88	727.66	2253.82	834.21	269.34
江 苏	Jiangsu	107030.09	92370.05	845.98	7074.44	3118.03	1091.86
浙 江	Zhejiang	55358.44	47493.50	602.52	3320.45	1536.23	719.40
安 徽	Anhui	24960.16	21226.87	307.12	1663.16	800.44	264.08
福 建	Fujian	26850.95	22852.25	286.12	2114.54	701.84	403.82
江 西	Jiangxi	18580.33	16027.56	193.19	1215.94	554.36	202.96
山 东	Shandong	99766.24	84816.09	1219.17	7097.71	2863.60	859.77
河 南	Henan	47647.21	40301.82	589.21	4131.59	1397.73	547.10
湖 北	Hubei	27081.87	22845.38	509.63	1866.26	710.53	279.64
湖 南	Hunan	25726.21	20352.21	656.74	1832.99	1077.77	289.67
广 东	Guangdong	92983.94	79569.21	951.50	5872.23	2728.46	1451.14
广 西	Guangxi	12216.87	10305.78	226.97	894.82	376.00	147.11
海 南	Hainan	1602.00	1262.33	101.82	154.84	61.74	11.65
重 庆	Chongqing	11382.34	9738.61	135.73	660.35	365.58	145.76
四 川	Sichuan	29887.91	24721.71	450.44	2197.84	1189.55	380.48
贵 州	Guizhou	5022.11	3866.29	203.51	456.20	237.22	84.48
云 南	Yunnan	7621.91	5784.39	619.98	639.70	404.80	90.62
西 藏	Tibet	72.63	56.46	1.28	12.83	6.08	1.63
陕 西	Shaanxi	13790.12	10051.41	420.08	1976.31	720.69	156.41
甘 肃	Gansu	6568.75	5452.99	239.51	268.10	194.95	59.61
青 海	Qinghai	1722.80	1259.55	42.54	222.85	83.88	18.11
宁 夏	Ningxia	2425.70	2021.59	26.48	175.68	80.50	29.91
新 疆	Xinjiang	6782.25	4966.03	334.48	963.74	312.00	61.19

21-14 各省(市、区)规模以上工业企业主要经济效益指标（2011年）

Main Indicators on Economic Benefit of Industrial Enterprises above Designated Size by Region (2011)

地区	Region	总资产贡献率 (%) Ratio of Total Assets to Industrial Output Value (%)	资产负债率 (%) Assets-Liability Ratio (%)	流动资产周转次数 (次/年) Number of Times of Turnover of Working Capitals (times/year)	工业成本费用利润率 (%) Ratio of Profits to Industrial Cost (%)	产品销售率 (%) Proportion of Products Sold (%)
全　国	**National Total**	**16.09**	**58.10**	**2.62**	**7.71**	**98.05**
北　京	Beijing	7.59	49.95	1.64	7.46	98.92
天　津	Tianjin	17.80	62.48	2.30	9.79	99.26
河　北	Hebei	15.08	60.18	3.25	7.00	98.08
山　西	Shanxi	12.07	67.32	1.74	8.01	96.61
内蒙古	Inner Mongolia	18.65	60.79	2.63	14.68	98.22
辽　宁	Liaoning	14.78	57.23	2.96	6.26	98.38
吉　林	Jilin	18.12	54.50	3.42	7.34	98.34
黑龙江	Heilongjiang	23.82	56.24	2.27	14.97	97.20
上　海	Shanghai	13.39	52.28	2.03	6.93	98.89
江　苏	Jiangsu	15.63	58.19	2.56	6.97	98.74
浙　江	Zhejiang	12.46	61.08	1.89	6.29	97.77
安　徽	Anhui	15.78	59.53	3.02	7.04	97.63
福　建	Fujian	18.04	52.20	2.77	8.42	97.50
江　西	Jiangxi	20.46	56.03	4.04	7.15	98.91
山　东	Shandong	19.88	55.65	3.54	7.70	98.49
河　南	Henan	22.68	53.88	3.89	9.48	98.55
湖　北	Hubei	14.73	59.09	2.69	7.28	97.34
湖　南	Hunan	24.57	56.65	4.14	7.97	98.62
广　东	Guangdong	14.98	59.01	2.40	6.64	97.63
广　西	Guangxi	16.32	62.01	2.69	7.73	95.40
海　南	Hainan	19.11	52.68	2.35	1.27	98.52
重　庆	Chongqing	13.66	60.72	2.58	6.02	97.36
四　川	Sichuan	16.08	61.24	2.69	7.94	97.69
贵　州	Guizhou	14.56	64.67	1.95	9.98	95.09
云　南	Yunnan	16.49	61.19	1.79	9.18	96.75
西　藏	Tibet	6.04	28.81	0.74	18.27	99.50
陕　西	Shaanxi	19.09	56.61	1.85	17.03	96.52
甘　肃	Gansu	10.61	64.04	2.19	4.38	95.48
青　海	Qinghai	12.05	63.24	1.59	14.47	95.09
宁　夏	Ningxia	8.77	65.67	1.73	7.58	95.90
新　疆	Xinjiang	18.29	53.79	2.32	16.90	98.20

21−15 各省(市、区)工业产品产量（2011年）
Output of Industrial Products by Region

地 区	Region	原 油 (万吨) Crude Oil (10 000 tons)	天然气 (亿立方米) Natural Gas (100 million cu.m)	原 盐 (万吨) Salt (10 000 tons)	成品糖 (万吨) Refined Sugar (10 000 tons)	啤 酒 (万千升) Beer (10 000 kiloliter)	卷 烟 (亿支) Cigarettes (100 million pieces)	纱 (万吨) Yarn (10 000 tons)
全 国	**National Total**	**20287.55**	**1026.89**	**6742.16**	**1187.43**	**4834.50**	**24474.00**	**2870.17**
北 京	Beijing					164.82	208.90	0.30
天 津	Tianjin	3187.80	18.40	184.00		33.20	226.00	3.10
河 北	Hebei	586.10	12.20	377.70	4.99	160.34	807.50	147.60
山 西	Shanxi				4.30	45.68	155.00	5.40
内蒙古	Inner Mongolia			311.00	17.96	116.40	287.50	2.00
辽 宁	Liaoning	1000.00	7.20	114.54	24.21	262.20	274.50	13.20
吉 林	Jilin	739.40	15.00			148.64	430.00	7.10
黑龙江	Heilongjiang	4006.00	31.00		22.42	223.67	436.10	2.50
上 海	Shanghai	8.10	3.00			50.90	896.10	3.90
江 苏	Jiangsu	189.00	0.50	698.93	0.84	235.41	991.10	406.53
浙 江	Zhejiang			13.56	0.16	281.40	885.20	198.80
安 徽	Anhui			146.00		170.60	1258.30	65.00
福 建	Fujian			39.41	10.01	198.52	884.30	214.52
江 西	Jiangxi			2.10	0.01	130.07	584.00	96.80
山 东	Shandong	2713.45	5.20	1815.02	3.13	642.75	1361.30	714.83
河 南	Henan	485.50	5.00	282.97	0.86	357.00	1676.10	457.89
湖 北	Hubei	79.00	2.28	615.50		202.50	1347.50	207.70
湖 南	Hunan			240.30	4.33	127.12	1816.20	87.00
广 东	Guangdong	1152.80	83.30	7.75	101.65	482.24	1345.60	43.60
广 西	Guangxi	2.30		6.57	742.31	150.74	741.50	11.50
海 南	Hainan	19.70	2.00	10.73	25.19	10.10	95.00	
重 庆	Chongqing		0.46	224.40	0.54	77.30	516.00	13.30
四 川	Sichuan	16.20	265.53	1038.71	2.52	192.10	944.20	96.90
贵 州	Guizhou				0.67	36.28	1226.20	1.40
云 南	Yunnan		0.07	100.78	173.55	76.22	3649.90	0.50
西 藏	Tibet					18.20		
陕 西	Shaanxi	3225.40	272.20	41.90	0.04	99.00	860.00	29.50
甘 肃	Gansu	62.60	0.20	17.00	1.60	64.90	410.00	1.00
青 海	Qinghai	195.00	65.00	195.23		8.90		0.60
宁 夏	Ningxia	3.60	3.02			16.20		
新 疆	Xinjiang	2615.60	235.33	258.06	46.14	51.10	160.00	37.70

注：1.成品糖1997年及以前名称为糖，产量包括土糖，1998-2004年名称为机制糖。

2.啤酒2003年及以前计量单位为万吨。

3.卷烟2003年及以前计量单位为万箱。

a) Machined-made sugar was called sugar in 1997 and before, in which the homemade sugar was included.1998-2004 was called machine-made sugar.

b) Unit of beer in 2003 and before was 10 000 tons.

c) Unit of cigarettes in 2003 and before was 10 000 boxes.

21-15 续表 1 continued

地区	Region	布 (亿米) Cloth (100 million m)	机制纸及纸板 (万吨) Machine-made Paper and Paperboards (10 000 tons)	焦炭 (万吨) Coke (10 000 tons)	硫酸 (万吨) Sulfuric Acid (10 000 tons)	烧碱 (万吨) Caustic Soda (10 000 tons)	纯碱 (万吨) Soda Ash (10 000 tons)	乙烯 (万吨) Ethylene (10 000 tons)
全国	**National Total**	**814.14**	**11010.89**	**43270.78**	**7482.70**	**2473.52**	**2294.03**	**1527.50**
北京	Beijing		10.00			6.40		89.60
天津	Tianjin	2.80	125.90	234.32	29.60	129.60	26.20	134.30
河北	Hebei	63.18	534.20	6290.45	84.42	82.50	254.10	
山西	Shanxi	0.82	20.00	9009.63	21.10	59.80	18.60	
内蒙古	Inner Mongolia	1.00	30.80	2482.37	270.90	174.90	103.60	
辽宁	Liaoning	8.42	73.70	2027.00	78.93	57.30	33.80	106.80
吉林	Jilin	0.50	88.00	484.62	23.10	23.00		80.50
黑龙江	Heilongjiang	0.21	58.55	1010.56	9.80	11.30		61.60
上海	Shanghai	1.84	87.30	640.60	28.00	62.50		197.50
江苏	Jiangsu	120.72	1118.57	1855.49	488.47	237.00	318.99	153.90
浙江	Zhejiang	220.87	1522.23	291.84	110.69	126.70	25.18	110.80
安徽	Anhui	12.56	256.97	868.70	505.39	39.10	42.10	0.60
福建	Fujian	41.19	529.70	150.50	64.95	21.00	10.04	88.40
江西	Jiangxi	8.35	219.40	875.80	240.36	35.12		
山东	Shandong	136.44	1821.03	3973.40	607.71	548.00	439.90	85.20
河南	Henan	43.22	1181.46	2416.92	330.78	166.70	266.74	18.30
湖北	Hubei	64.59	249.30	993.60	687.54	85.70	145.20	
湖南	Hunan	4.52	426.80	677.40	254.96	70.30	60.10	
广东	Guangdong	32.50	1494.08	193.53	273.82	31.70	48.80	226.60
广西	Guangxi	14.19	235.50	411.36	269.50	48.80	4.40	
海南	Hainan		112.80					
重庆	Chongqing	10.50	178.00	397.00	197.14	28.50	113.60	
四川	Sichuan	17.37	369.20	1280.60	438.68	117.90	169.81	
贵州	Guizhou	0.10	24.50	685.20	733.80	13.80		
云南	Yunnan	0.02	40.60	1602.78	1199.44	19.90	15.20	
西藏	Tibet							
陕西	Shaanxi	7.36	92.80	2172.38	148.46	44.00	27.87	
甘肃	Gansu	0.10	6.90	263.20	259.70	24.80	19.00	69.40
青海	Qinghai			167.50	20.50	39.00	133.00	
宁夏	Ningxia		72.30	437.50	68.81	37.70	2.60	
新疆	Xinjiang	0.77	30.30	1376.53	36.15	130.50	15.20	104.00

21-15 续表 2 continued

地 区	Region	农用氮、磷、钾化肥(万吨) Chemical Fertilizer (10 000 tons)	化学农药原药(万吨) Chemical Pesticide (10 000 tons)	初级形态的塑料(万吨) Primary Plastic (10 000 tons)	化学纤维(万吨) Chemical Fiber (10 000 tons)	水 泥(万吨) Cement (10000 tons)	平板玻璃(万重量箱) Plate Glass (10 000 weight cases)	生 铁(万吨) Pig Iron (10 000 tons)	粗 钢(万吨) Crude Steel (10 000 tons)
全 国	**National Total**	**6213.13**	**230.00**	**4992.31**	**3390.07**	**209925.86**	**79107.55**	**64050.88**	**68528.31**
北 京	Beijing			113.15	0.10	923.29			2.90
天 津	Tianjin	6.30	0.05	337.75	12.80	942.56	866.28	2097.00	2295.70
河 北	Hebei	222.86	3.09	83.17	22.30	14533.91	16941.62	15450.38	16450.70
山 西	Shanxi	363.29	0.08	46.30	0.60	4101.46	1847.61	3786.04	3490.39
内蒙古	Inner Mongolia	126.10	5.40	202.00		6499.31	1259.50	1431.10	1669.70
辽 宁	Liaoning	74.27	2.17	179.83	15.84	5799.75	2258.04	5450.21	5424.82
吉 林	Jilin	27.70	1.56	98.10	29.60	3801.93	411.80	973.32	906.77
黑龙江	Heilongjiang	68.12	0.32	125.80	13.30	4379.04	557.90	589.10	667.50
上 海	Shanghai	2.60	1.40	325.94	51.30	805.68	1.30	1947.50	2225.50
江 苏	Jiangsu	267.33	60.43	606.59	1132.59	15034.22	7594.95	5307.01	6838.81
浙 江	Zhejiang	30.19	23.36	497.81	1522.95	12196.95	4023.21	1002.20	1329.90
安 徽	Anhui	266.86	13.24	67.92	25.80	9572.17	2680.40	1830.01	1968.55
福 建	Fujian	52.67	0.07	248.40	225.09	6809.62	3507.10	547.00	1166.90
江 西	Jiangxi	30.39	2.85	10.70	31.50	6874.02	607.21	1917.67	2067.78
山 东	Shandong	657.00	49.17	375.98	80.90	15072.84	7794.48	6359.81	5664.71
河 南	Henan	455.93	18.05	211.55	53.10	13824.26	2159.28	2167.21	2370.79
湖 北	Hubei	995.09	17.21	81.63	14.40	9504.29	6830.09	2522.81	2866.64
湖 南	Hunan	201.24	5.76	50.50	4.40	9364.29	1945.56	1919.99	1819.82
广 东	Guangdong	54.64	1.89	516.12	42.00	12714.01	8390.53	862.06	1324.25
广 西	Guangxi	95.66	2.97	43.51		8746.52	327.40	959.96	1212.15
海 南	Hainan	67.10		23.80	5.50	1521.92			
重 庆	Chongqing	173.87	0.82	3.22	6.30	5016.19	731.36	573.16	630.60
四 川	Sichuan	505.76	18.32	105.78	61.20	14522.30	4924.40	1715.58	1729.18
贵 州	Guizhou	365.38		12.18		5309.36	126.21	494.09	434.00
云 南	Yunnan	326.94	0.10	20.20	3.60	6788.90	849.98	1349.99	1323.20
西 藏	Tibet					232.80			
陕 西	Shaanxi	79.86	0.33	70.11	2.30	6591.60	1442.12	732.23	766.00
甘 肃	Gansu	73.73	0.10	129.07		2759.55	577.42	769.30	819.80
青 海	Qinghai	288.24		19.30		1048.09	205.90	115.75	139.50
宁 夏	Ningxia	106.92	1.22	48.20		1463.37	0.42	91.90	28.76
新 疆	Xinjiang	227.09	0.04	337.70	32.60	3171.66	245.48	1088.50	892.99

注：初级形态的塑料2004年及以前名称为塑料树脂及共聚物，简称塑料。该产品2004年数据为经济普查后的修订数。

a) Before 2004, the primary plastic was called plastic colophony copolymer, or plastic in abbreviation. And of 2004, it was revised figure according to the First National Economic Census.

21-15 续表 3 continued

地区	Region	钢材(万吨) Rolled Steel (10 000 tons)	金属切削机床(万台) Metal-cutting Machine Tools (10 000 units)	大中型拖拉机(万台) Large and Medium-sized Tractors (10 000 units)	汽车(万辆) Motor Vehicles (10 000 units)	#轿车 Cars	家用电冰箱(万台) Household Refrigerators (10 000 units)	房间空气调节器(万台) Air Conditioners (10 000 units)
全　国	**National Total**	**88619.57**	**88.68**	**40.19**	**1841.64**	**1012.67**	**8699.20**	**13912.50**
北　京	Beijing	289.58	2.05		150.46	67.18	73.50	
天　津	Tianjin	5164.53	0.10	1.60	75.69	65.23	49.40	322.20
河　北	Hebei	19256.23	0.56	0.07	72.11	19.79		204.20
山　西	Shanxi	3371.15	0.20		0.61			
内蒙古	Inner Mongolia	1417.40			3.65			
辽　宁	Liaoning	5761.07	16.88		75.54	44.37	95.90	194.90
吉　林	Jilin	1107.43	0.20	0.20	155.68	119.73		
黑龙江	Heilongjiang	597.83	0.81	0.37	18.17	0.71		
上　海	Shanghai	2483.55	1.58	0.83	191.57	174.20	185.20	619.90
江　苏	Jiangsu	10011.71	8.74	9.32	80.38	38.35	1194.80	509.50
浙　江	Zhejiang	3177.61	19.39	4.65	30.63	27.07	626.80	469.50
安　徽	Anhui	2746.30	4.21		117.03	61.30	3114.00	2821.90
福　建	Fujian	1589.14	0.51		18.64	9.85		
江　西	Jiangxi	2250.32	0.40	0.40	34.35	7.83	116.50	190.40
山　东	Shandong	7083.34	14.56	12.37	76.29	36.93	718.50	411.90
河　南	Henan	3553.54	0.94	9.31	36.58	1.40	406.40	1.00
湖　北	Hubei	3706.01	0.30	0.05	131.90	52.95	219.80	808.50
湖　南	Hunan	1947.75	0.31	0.63	16.19	11.63	26.00	
广　东	Guangdong	3189.90	2.55		150.28	120.60	1409.20	6374.60
广　西	Guangxi	1809.22	0.72		142.35	8.87		
海　南	Hainan	23.20			15.20	10.23		
重　庆	Chongqing	950.14	0.70		166.64	93.67	194.40	867.40
四　川	Sichuan	2237.59	0.91	0.19	12.86		67.00	116.60
贵　州	Guizhou	462.88	0.08		1.28	0.04	169.50	
云　南	Yunnan	1351.98	7.41		9.72			
西　藏	Tibet							
陕　西	Shaanxi	1034.73	3.26		55.67	38.68	32.30	
甘　肃	Gansu	841.66	0.60		2.06	2.06		
青　海	Qinghai	142.07	0.10					
宁　夏	Ningxia	76.60	0.61					
新　疆	Xinjiang	985.11		0.18	0.11			

21−15 续表 4 continued

地 区	Region	家用洗衣机(万台) Household Washing Machines (10 000 units)	移动通信手持机(万台) Mobile Telephones (10 000 units)	微型计算机设备(万台) Micro-Computer Equipment (10 000 units)	集成电路(亿块) Integrated Circuit (100 million units)	彩色电视机(万台) Color Television Sets (10 000 units)	发电量(亿千瓦小时) Electricity (100 million kwh)	#水电 Hydropower
全 国	**National Total**	**6715.94**	**113257.71**	**32036.93**	**719.52**	**12231.34**	**47130.19**	**6989.45**
北 京	Beijing	0.20	25962.30	1083.70	32.00	5.00	262.98	4.48
天 津	Tianjin	29.10	9061.70	0.60	8.90	186.60	621.06	
河 北	Hebei	0.05			0.20		2326.98	7.25
山 西	Shanxi						2343.97	34.63
内蒙古	Inner Mongolia					261.10	2972.83	12.21
辽 宁	Liaoning		310.40	0.30	0.10	564.50	1369.93	31.69
吉 林	Jilin		146.10			13.20	709.87	62.90
黑龙江	Heilongjiang			3.50			834.55	17.02
上 海	Shanghai	219.00	1005.90	10162.50	166.30	224.60	949.24	
江 苏	Jiangsu	1216.70	2720.90	9408.19	224.80	1414.52	3762.50	2.02
浙 江	Zhejiang	1818.17	1175.71	154.90	37.35	497.30	2777.40	161.72
安 徽	Anhui	1629.60		124.00	0.70	408.02	1635.35	17.90
福 建	Fujian		1658.80	898.60	0.10	1115.30	1580.45	285.20
江 西	Jiangxi		3239.60	17.80		102.60	729.92	79.82
山 东	Shandong	610.20	4351.10	22.40	2.00	1249.50	3168.86	2.03
河 南	Henan	25.20	2449.80			3.80	2584.57	103.42
湖 北	Hubei	122.30	334.60	825.20	0.01		2086.31	1163.89
湖 南	Hunan	63.00	19.10	11.30		8.90	1346.60	459.03
广 东	Guangdong	502.10	59284.10	4417.84	153.46	4862.40	3802.49	331.03
广 西	Guangxi			1.10	1.20	34.60	1039.07	415.49
海 南	Hainan						172.91	12.55
重 庆	Chongqing	264.06	592.50	2547.80		85.10	582.17	184.27
四 川	Sichuan	209.70	744.20	2357.20	27.00	1116.40	1980.69	1364.02
贵 州	Guizhou		200.50		0.10	77.90	1379.26	355.00
云 南	Yunnan						1555.08	1007.43
西 藏	Tibet						27.17	20.62
陕 西	Shaanxi		0.40				1222.47	99.63
甘 肃	Gansu	6.50			65.30		1027.90	252.00
青 海	Qinghai						463.13	370.87
宁 夏	Ningxia						939.30	16.75
新 疆	Xinjiang	0.06					875.18	114.58

21-16 各省(市、区)建筑业总产值
Total Output Value of Construction by Region

单位：万元 (10 000 yuan)

地区	Region	2006	2007	2008	2009	2010	2011
全 国	**National Total**	**415571580**	**510437142**	**620368061**	**768077416**	**960311338**	**1170596503**
北 京	Beijing	21679223	25767692	30661699	40597023	51960173	60462182
天 津	Tianjin	9839320	12219419	14537854	19114753	24244933	29864545
河 北	Hebei	14487321	16146909	20448127	25250461	32314632	39726620
山 西	Shanxi	9396737	10607041	13554415	18261040	21434591	23249108
内蒙古	Inner Mongolia	4670050	6811038	7800495	9647255	11255772	13946780
辽 宁	Liaoning	17749853	21000402	25051692	33846476	46903131	62175226
吉 林	Jilin	6076923	7383391	9946512	11428418	13487785	16266485
黑龙江	Heilongjiang	6998354	8758778	10367525	13423856	17696969	20291604
上 海	Shanghai	22853847	25241801	32457716	38305439	43001906	45862774
江 苏	Jiangsu	54248484	70105724	86015120	102651097	124059167	151228450
浙 江	Zhejiang	56556054	69717052	81560602	95887214	120078857	149074191
安 徽	Anhui	11682365	15169772	18546416	22395727	28649619	35972621
福 建	Fujian	11619868	15441660	18527395	22041266	29359436	36926157
江 西	Jiangxi	6688948	7861404	10329422	13232428	16900217	20954692
山 东	Shandong	27918123	32890450	38219345	45791538	54965861	64829000
河 南	Henan	15309254	21517230	28240535	35964867	44006082	52793558
湖 北	Hubei	16670029	21108043	26050816	34218927	43452006	55864461
湖 南	Hunan	14628766	18288148	21154431	25074020	31617292	39150173
广 东	Guangdong	25925822	29995140	32702756	38092967	47154569	57740058
广 西	Guangxi	5128328	6127370	7532102	9343756	12223126	15530712
海 南	Hainan	649436	821834	1111837	1439442	1994842	2554722
重 庆	Chongqing	8950918	11287118	14963195	19152495	25343574	33288252
四 川	Sichuan	17532322	21099840	25929480	33374469	41630743	52566461
贵 州	Guizhou	3123428	3487908	3936721	5239069	6229565	8247195
云 南	Yunnan	6723538	7566795	9069053	11962204	15109582	18684014
西 藏	Tibet	493615	602941	729087	949320	1220732	1244723
陕 西	Shaanxi	8304149	11730972	16511806	23091424	30636106	32166296
甘 肃	Gansu	3443287	4369039	4812744	5798859	7519879	9258410
青 海	Qinghai	1083718	1254431	1429970	2043419	2796060	3194161
宁 夏	Ningxia	1308381	1549487	1915448	2592247	3426943	4279174
新 疆	Xinjiang	3831120	4508314	6253747	7865941	9637189	13203699

21－17 各省(市、区)建筑业房屋建筑面积（2011年）
Floor Space of Buildings Constructed by Construction Enterprises by Region (2011)

单位：万平方米 (10 000 sq.m)

地区	Region	房屋建筑面积 Floor Space of Buildings		#国有 State-owned		#集体 Collective-owned	
		施工面积 Floor Space under Construction	竣工面积 Floor Space Completed	施工面积 Floor Space under Construction	竣工面积 Floor Space Completed	施工面积 Floor Space under Construction	竣工面积 Floor Space Completed
全国	**National Total**	**851828.1**	**316429.3**	**106396.7**	**25876.7**	**38203.0**	**19253.1**
北京	Beijing	36506.9	6455.5	6742.1	1264.8	1281.9	328.4
天津	Tianjin	10058.8	2637.6	3268.7	469.1	733.4	283.5
河北	Hebei	30832.7	10641.8	3070.5	876.3	1012.8	531.4
山西	Shanxi	8798.4	2537.8	2588.4	669.0	291.4	140.7
内蒙古	Inner Mongolia	9323.1	4064.8	311.4	68.6	61.7	59.0
辽宁	Liaoning	34890.4	16692.1	3609.4	765.9	1758.3	1109.1
吉林	Jilin	7446.7	4194.6	285.9	79.7	181.6	154.5
黑龙江	Heilongjiang	8904.8	4438.4	2272.9	726.9	708.4	439.2
上海	Shanghai	24885.8	5984.7	1432.4	303.2	472.7	159.2
江苏	Jiangsu	145451.5	54650.2	1897.2	532.9	2210.9	1333.1
浙江	Zhejiang	147121.8	51151.8	510.8	120.2	2069.2	685.6
安徽	Anhui	28226.9	11897.8	5677.4	1261.3	544.3	373.6
福建	Fujian	35674.4	10943.8	4055.7	696.2	1148.5	332.4
江西	Jiangxi	15514.3	7813.2	2512.1	990.8	2748.0	1618.1
山东	Shandong	50504.5	19277.4	3540.3	855.4	4875.3	2476.8
河南	Henan	33282.0	15146.8	1661.7	479.0	1879.5	1147.9
湖北	Hubei	31023.8	16468.1	6078.6	2055.0	861.9	654.5
湖南	Hunan	32768.8	11750.0	10805.6	2070.5	2390.0	1228.7
广东	Guangdong	37876.8	12420.8	11937.5	3232.1	4923.6	1800.2
广西	Guangxi	12906.3	4670.2	5770.2	1494.8	1686.8	875.3
海南	Hainan	2735.9	583.5	2181.8	305.6	235.5	141.3
重庆	Chongqing	21976.2	8989.3	1837.3	542.3	566.8	290.2
四川	Sichuan	34738.3	13660.3	9283.4	2327.6	2084.4	1215.4
贵州	Guizhou	6779.4	1530.4	5041.3	856.6	380.9	168.1
云南	Yunnan	10452.7	4444.2	1796.3	481.4	720.0	437.1
西藏	Tibet	198.0	120.4	33.0	7.9	16.6	14.6
陕西	Shaanxi	13969.9	5678.9	4506.3	1136.2	1546.2	780.9
甘肃	Gansu	5925.1	2409.8	1418.6	382.3	638.3	391.6
青海	Qinghai	739.0	323.8	144.0	34.3	44.5	31.3
宁夏	Ningxia	3367.4	1385.8	917.3	390.9	95.1	40.6
新疆	Xinjiang	8947.7	3465.5	1208.8	399.9	34.4	11.0

21−18 各省(市、区)客运量（2011年）
Passenger Traffic by Region (2011)

单位：万人 (10 000 persons)

地区	Region	合计 Total	铁路 Railways	国家铁路 National Railways	地方铁路 Local Railways	合资 Joint-venture Railways	公路 Highways	水运 Waterways
全国	**National Total**	**3526319**	**186226**	**179199**	**528**	**6498**	**3286220**	**24556**
北京	Beijing	139718	9800	9758	42		129918	
天津	Tianjin	24934	2829	2829			22054	51
河北	Hebei	99458	7601	7601			91857	
山西	Shanxi	39208	6219	6207		11	32866	123
内蒙古	Inner Mongolia	26014	4207	4158		49	21807	
辽宁	Liaoning	98606	12044	12020	24		86013	549
吉林	Jilin	68190	6141	6141			61830	219
黑龙江	Heilongjiang	50481	10745	10574	171		39424	312
上海	Shanghai	10033	6198	6198			3477	358
江苏	Jiangsu	246855	10603	10603			235673	579
浙江	Zhejiang	230769	8888	8342		546	218415	3466
安徽	Anhui	185575	5980	5980			179440	155
福建	Fujian	79549	4695	4695			73259	1595
江西	Jiangxi	78930	6152	6152			72527	251
山东	Shandong	251187	7327	7039	287		241457	2403
河南	Henan	193285	8804	8800	4		184213	268
湖北	Hubei	112422	7083	7083			104971	368
湖南	Hunan	171371	8064	8064			161980	1327
广东	Guangdong	510653	14441	14084		357	493618	2594
广西	Guangxi	83100	3383	3383			79300	417
海南	Hainan	46224	1074	1074			43677	1473
重庆	Chongqing	140398	2934	2934			136142	1322
四川	Sichuan	258845	13147	7639		5507	242615	3083
贵州	Guizhou	72428	3939	3939			66303	2186
云南	Yunnan	44963	2727	2727			41394	842
西藏	Tibet	3769	110	110			3659	
陕西	Shaanxi	107032	5614	5586		28	101062	356
甘肃	Gansu	60902	2451	2451			58355	96
青海	Qinghai	11870	520	520			11308	42
宁夏	Ningxia	15104	543	543			14440	121
新疆	Xinjiang	35130	1964	1964			33166	
不分地区	Not Classified by Region	29317						

注：不分地区合计数为民航完成数。 a) The total passenger traffic not classified by region refers to that completed by civil aviation.

21－19　各省(市、区)旅客周转量（2011年）
Passenger-kilometers by Region (2011)

单位：亿人公里　　　　(100 million passenger-km)

地 区	Region	合 计 Total	铁 路 Railways				公 路 Highways	水 运 Waterways
				国家铁路 National Railways	地方铁路 Local Railways	合 资 Joint-venture Railways		
全　国	**National Total**	**30984.0**	**9612.3**	**9582.7**	**6.6**	**23.0**	**16760.2**	**74.5**
北　京	Beijing	412.3	108.7	108.6	0.1		303.7	
天　津	Tianjin	285.1	150.9	150.9			133.9	0.3
河　北	Hebei	1306.6	784.5	784.5			522.1	
山　西	Shanxi	415.8	195.8	194.9		0.9	219.9	0.1
内蒙古	Inner Mongolia	410.4	169.3	168.8		0.5	241.2	
辽　宁	Liaoning	955.8	549.1	549.0	0.1		399.7	7.0
吉　林	Jilin	515.8	228.9	228.9			286.5	0.3
黑龙江	Heilongjiang	541.6	267.3	264.3	3.0		273.9	0.4
上　海	Shanghai	170.9	63.1	63.1			106.7	1.0
江　苏	Jiangsu	1709.7	400.8	400.8			1307.3	1.5
浙　江	Zhejiang	1296.3	381.7	362.3		19.3	908.2	6.4
安　徽	Anhui	1627.2	475.2	475.2			1151.6	0.3
福　建	Fujian	534.9	172.3	172.3			360.2	2.4
江　西	Jiangxi	941.4	600.2	600.2			340.9	0.3
山　东	Shandong	1740.4	471.6	468.2	3.4		1256.9	11.9
河　南	Henan	1989.1	777.1	777.1			1211.3	0.6
湖　北	Hubei	1236.2	533.5	533.5			700.1	2.6
湖　南	Hunan	1565.4	784.6	784.6			778.0	2.7
广　东	Guangdong	2600.2	507.9	505.9		2.0	2082.7	9.6
广　西	Guangxi	973.0	194.5	194.5			776.5	2.0
海　南	Hainan	170.9	21.5	21.5			146.3	3.1
重　庆	Chongqing	536.0	116.0	116.0			408.9	11.1
四　川	Sichuan	1198.4	295.0	295.0			900.7	2.6
贵　州	Guizhou	552.9	204.6	204.6			343.2	5.2
云　南	Yunnan	522.0	95.5	95.5			424.6	2.0
西　藏	Tibet	32.9	10.4	10.4			22.5	
陕　西	Shaanxi	868.8	405.4	405.1		0.2	462.9	0.5
甘　肃	Gansu	629.5	364.2	364.2			265.1	0.2
青　海	Qinghai	105.4	49.7	49.7			55.6	0.1
宁　夏	Ningxia	113.9	41.4	41.4			72.4	0.1
新　疆	Xinjiang	488.5	191.6	191.6			296.9	
不分地区	Not Classified by Region	4537.0						

注：不分地区合计数为民航完成数。　a) The total passenger-kilometers not classified by region refers to that completed by civil aviation.

21–20 各省(市、区)货运量（2011年）
Freight Traffic by Region (2011)

单位：万吨 (10 000 tons)

地区	Region	合计 Total	铁路 Railways	国家铁路 National Railways	地方铁路 Local Railways	合资 Joint-venture Railways	公路 Highways	水运 Waterways
全国	**National Total**	**3696961**	**393263**	**329535**	**22179**	**41549**	**2820100**	**425968**
北京	Beijing	24663	1387	1380	8		23276	
天津	Tianjin	43601	7346	7346			23505	12750
河北	Hebei	189799	20447	18050	2376	20	166680	2672
山西	Shanxi	134436	69194	66173	889	2132	65201	41
内蒙古	Inner Mongolia	168320	64669	42934	3599	18136	103651	
辽宁	Liaoning	184982	21577	18716	2860		151773	11632
吉林	Jilin	47451	7875	7505	371		39308	268
黑龙江	Heilongjiang	63216	17678	16827	851		44420	1118
上海	Shanghai	92962	888	888			42685	49389
江苏	Jiangsu	202528	7713	7282	431		140803	54012
浙江	Zhejiang	186376	4850	4093	69	687	108654	72872
安徽	Anhui	268413	12507	12507			219467	36439
福建	Fujian	75191	3762	3762			52558	18871
江西	Jiangxi	111851	6046	5765	281		98358	7447
山东	Shandong	318407	23156	19942	3214		279380	15871
河南	Henan	241017	14368	12995	924	449	220122	6527
湖北	Hubei	106913	6431	5966	464		82741	17741
湖南	Hunan	168516	6321	6024	298		144241	17954
广东	Guangdong	224394	8971	7698	911	363	166567	48856
广西	Guangxi	136132	6770	6770			113549	15813
海南	Hainan	25115	694	694			15095	9326
重庆	Chongqing	96771	2191	2094	97		82818	11762
四川	Sichuan	155310	9172	8058	1114		139771	6367
贵州	Guizhou	44890	7219	7219			36684	987
云南	Yunnan	60170	5545	5210	335		54186	439
西藏	Tibet	1028	49	49			979	
陕西	Shaanxi	120908	30299	10549		19750	90419	190
甘肃	Gansu	35269	6446	6446			28790	33
青海	Qinghai	12586	3634	3634			8952	
宁夏	Ningxia	36864	7848	4760	3087		29016	
新疆	Xinjiang	53252	6801	6801			46451	
不分地区	Not Classified by Region	65632	1411	1399		12		6591

注：不分地区合计数中包括铁路行包运量、民航、管道及中国远洋运输集团总公司海外公司完成数。

a) The freight ton-kilometers not classified by region refers to railway baggage freight, civil aviation, pipelines and that completed by companies abroad under the China Ocean Shipping (Group) Company.

21-21 各省(市、区)货物周转量（2011年）
Freight Ton-kilometers by Region (2011)

单位：亿吨公里 (100 million ton-km)

地区	Region	合计 Total	铁路 Railways	国家铁路 National Railways	地方铁路 Local Railways	合资 Joint-venture Railways	公路 Highways	水运 Waterways
全　国	**National Total**	**159323.6**	**29465.8**	**27631.7**	**138.7**	**1695.4**	**51374.7**	**75423.8**
北　京	Beijing	999.6	867.3	867.3			132.3	
天　津	Tianjin	10337.3	520.0	504.6		15.3	266.7	9550.6
河　北	Hebei	9630.4	3916.1	3279.6	13.9	622.6	5219.3	495.0
山　西	Shanxi	3062.5	2015.4	1466.6	1.7	547.0	1047.1	
内蒙古	Inner Mongolia	5422.3	2684.7	2358.5	27.7	298.5	2737.6	
辽　宁	Liaoning	10404.6	1546.7	1541.9	4.8		2328.5	6529.4
吉　林	Jilin	1452.6	635.4	633.2	2.2		816.0	1.2
黑龙江	Heilongjiang	1968.2	1117.4	1109.2	8.2		843.5	7.4
上　海	Shanghai	20309.6	20.6	20.6			283.8	20005.2
江　苏	Jiangsu	6958.0	405.8	405.3	0.5		1315.3	5236.9
浙　江	Zhejiang	8634.9	312.3	286.8	0.1	25.4	1434.8	6887.7
安　徽	Anhui	8446.4	1013.4	1013.4			6123.2	1309.8
福　建	Fujian	3396.8	182.9	182.9			659.5	2554.3
江　西	Jiangxi	2985.1	715.0	714.1	0.9		2066.8	203.3
山　东	Shandong	12684.3	1626.7	1592.7	34.0		6624.4	4433.2
河　南	Henan	8530.8	2180.4	2168.2	9.0	3.2	5949.0	401.3
湖　北	Hubei	3798.8	941.6	939.7	1.8		1277.7	1579.5
湖　南	Hunan	3370.0	1071.1	1070.7	0.4		1878.6	420.3
广　东	Guangdong	6905.0	327.3	321.9	3.9	1.5	2150.0	4427.6
广　西	Guangxi	3478.2	895.4	895.4			1494.0	1088.8
海　南	Hainan	1368.5	8.8	8.8			97.1	1262.5
重　庆	Chongqing	2528.7	191.3	190.9	0.3		779.8	1557.7
四　川	Sichuan	2016.2	786.9	781.8	5.1		1139.1	90.2
贵　州	Guizhou	1060.7	696.4	696.4			350.1	14.2
云　南	Yunnan	1024.4	398.9	396.8	2.1		617.3	8.2
西　藏	Tibet	40.0	12.9	12.9			27.1	
陕　西	Shaanxi	2824.7	1354.2	1172.8		181.4	1469.7	0.7
甘　肃	Gansu	2037.2	1389.8	1389.8			647.4	
青　海	Qinghai	486.4	228.3	228.3			258.0	
宁　夏	Ningxia	933.0	324.9	303.0	21.9		608.1	
新　疆	Xinjiang	1475.2	742.3	742.3			732.9	
不分地区	Not Classified by Region	10753.4	335.5	335.2		0.3		7358.6

注：不分地区合计数中包括铁路行包运量、民航、管道及中国远洋运输集团总公司海外公司完成数。

a) The freight ton-kilometers not classified by region refers to railway baggage freight, civil aviation, pipelines and that completed by companies abroad under the China Ocean Shipping (Group) Company.

21-22 各省(市、区)社会消费品零售总额
Total Retail Sales of Consumer Goods by Region

地 区	Region	2010		2011	
		社会消费品零售总额 (亿元) Total Retail Sales of Consumer Goods (100 million yuan)	增 长 (%) Growth Rate (%)	社会消费品零售总额 (亿元) Total Retail Sales of Consumer Goods (100 million yuan)	增 长 (%) Growth Rate (%)
全 国	**National Total**	**156998.4**	**18.3**	**183918.6**	**17.1**
北 京	Beijing	6229.3	17.3	6900.3	10.8
天 津	Tianjin	2860.2	19.4	3395.1	18.7
河 北	Hebei	6821.8	18.3	8035.5	17.8
山 西	Shanxi	3318.2	18.1	3903.4	17.6
内蒙古	Inner Mongolia	3384.0	18.5	3991.7	18.0
辽 宁	Liaoning	6887.6	18.5	8095.3	17.5
吉 林	Jilin	3504.9	18.5	4119.8	17.5
黑龙江	Heilongjiang	4039.2	18.7	4750.1	17.6
上 海	Shanghai	6070.5	17.3	6814.8	12.3
江 苏	Jiangsu	13606.8	18.5	15988.4	17.5
浙 江	Zhejiang	10245.4	18.8	12028.0	17.4
安 徽	Anhui	4197.7	19.0	4955.1	18.0
福 建	Fujian	5310.0	18.5	6276.2	18.2
江 西	Jiangxi	2956.2	19.0	3485.1	17.9
山 东	Shandong	14620.3	18.3	17155.5	17.3
河 南	Henan	8004.2	18.6	9453.6	18.1
湖 北	Hubei	7013.9	18.3	8275.2	18.0
湖 南	Hunan	5839.5	18.8	6884.7	17.9
广 东	Guangdong	17458.4	17.2	20297.5	16.3
广 西	Guangxi	3312.0	18.7	3908.2	18.0
海 南	Hainan	639.3	18.9	759.5	18.8
重 庆	Chongqing	2938.6	18.5	3487.8	18.7
四 川	Sichuan	6810.1	18.3	8044.6	18.1
贵 州	Guizhou	1482.7	18.9	1751.6	18.1
云 南	Yunnan	2542.4	21.9	3000.1	18.0
西 藏	Tibet	185.3	18.3	219.0	18.2
陕 西	Shaanxi	3195.7	18.4	3790.0	18.6
甘 肃	Gansu	1394.5	17.9	1648.0	18.2
青 海	Qinghai	350.8	16.8	410.5	17.0
宁 夏	Ningxia	403.6	19.0	477.6	18.3
新 疆	Xinjiang	1375.1	16.8	1616.3	17.5

21-23 各省(市、区)国际旅游(外汇)收入
Foreign Exchange Earnings from International Tourism by Region

单位：百万美元　　(USD million)

地 区	Region	1995	2000	2005	2008	2009	2010	2011
北 京	Beijing	2182	2768	3619	4459	4357	5045	5416
天 津	Tianjin	133	232	509	1001	1183	1420	1756
河 北	Hebei	42	142	209	274	308	351	448
山 西	Shanxi	21	50	116	301	378	465	567
内蒙古	Inner Mongolia	91	126	352	577	558	602	671
辽 宁	Liaoning	189	383	738	1526	1856	2259	2713
吉 林	Jilin	41	58	120	211	243	305	385
黑龙江	Heilongjiang	61	189	340	870	639	763	918
上 海	Shanghai	939	1613	3556	4972	4744	6341	5751
江 苏	Jiangsu	260	724	2260	3880	4016	4783	5653
浙 江	Zhejiang	236	514	1716	3024	3224	3930	4542
安 徽	Anhui	31	86	186	454	566	709	1179
福 建	Fujian	484	894	1305	2394	2599	2978	3634
江 西	Jiangxi	25	62	104	252	290	346	415
山 东	Shandong	154	315	780	1391	1765	2155	2551
河 南	Henan	60	124	216	374	433	499	549
湖 北	Hubei	73	146	276	443	510	751	940
湖 南	Hunan	65	221	390	617	673	906	1014
广 东	Guangdong	2393	4112	6457	9175	10028	12383	13906
广 西	Guangxi	121	307	359	602	643	806	1052
海 南	Hainan	81	109	128	314	277	322	376
重 庆	Chongqing		138	264	450	537	703	968
四 川	Sichuan	125	122	316	154	289	354	594
贵 州	Guizhou	29	61	101	117	110	130	135
云 南	Yunnan	165	339	528	1008	1172	1324	1609
西 藏	Tibet	11	52	44	31	79	104	130
陕 西	Shaanxi	139	280	446	660	771	1016	1295
甘 肃	Gansu	21	55	59	16	13	15	17
青 海	Qinghai	2	7	11	10	15	20	27
宁 夏	Ningxia	1	3	2	3	4	6	6
新 疆	Xinjiang	74	95	100	136	137	185	465

21-24 各省(市、区)接待入境过夜游客
Number of Oversea Visitor Arrivals by Region

单位：万人次 (10 000 person-times)

地区	Region	1995		2000		2005		2010		2011	
		总计 Total	#外国人 Foreigners	总计 Total	#外国人 Foreigners	总计 Total	#外国人 Foreigners	总计 Total	#外国人 Foreigners	总计 Total	#外国人 Foreigners
北京	Beijing	206.87	166.52	282.09	237.96	362.92	311.62	490.07	421.63	520.40	447.41
天津	Tianjin	20.06	16.27	35.62	32.14	74.01	67.46	166.07	153.05	73.06	63.58
河北	Hebei	16.50	13.59	41.43	35.90	62.65	57.39	97.74	85.31	114.14	98.27
山西	Shanxi	7.12	5.15	16.53	11.66	42.15	25.40	130.29	82.09	155.32	98.25
内蒙古	Inner Mongolia	30.09	29.46	39.19	38.74	100.16	99.56	142.80	140.02	151.52	147.64
辽宁	Liaoning	26.38	21.46	61.22	50.05	130.20	111.11	361.80	307.01	405.33	339.41
吉林	Jilin	15.61	14.49	22.27	19.19	37.32	30.68	82.01	72.16	99.32	85.49
黑龙江	Heilongjiang	16.23	13.94	55.17	50.47	82.15	76.42	172.42	164.83	206.52	197.84
上海	Shanghai	136.79	107.54	181.40	143.90	444.54	379.93	733.72	593.12	668.61	554.99
江苏	Jiangsu	76.77	48.68	160.95	98.15	378.30	262.15	653.55	473.50	737.33	537.91
浙江	Zhejiang	67.27	36.65	112.59	64.75	348.05	232.92	684.71	447.41	773.69	515.04
安徽	Anhui	14.29	7.28	31.84	16.79	63.29	41.06	198.42	117.40	262.87	151.75
福建	Fujian	90.64	22.41	161.33	49.75	197.39	72.36	368.14	115.27	427.42	140.02
江西	Jiangxi	7.36	2.34	16.31	5.54	37.25	13.63	113.97	39.92	135.83	43.98
山东	Shandong	45.09	30.43	72.31	48.01	155.11	124.78	366.79	277.87	424.23	312.33
河南	Henan	21.84	9.12	32.50	18.21	60.05	34.73	146.84	96.09	168.29	104.29
湖北	Hubei	27.09	16.83	45.08	35.74	82.57	62.68	181.74	138.55	213.52	160.11
湖南	Hunan	17.73	7.18	45.40	15.79	71.98	60.88	189.87	103.30	227.63	119.80
广东	Guangdong	620.68	122.07	1198.94	212.85	1896.99	476.53	3140.93	733.28	3331.63	749.34
广西	Guangxi	41.85	30.74	122.91	50.80	147.71	88.66	250.24	141.39	302.79	171.48
海南	Hainan	28.71	5.75	48.68	9.37	43.19	26.94	66.33	47.40	81.43	56.16
重庆	Chongqing			26.61	19.29	52.39	41.81	137.02	103.96	186.40	132.61
四川	Sichuan	37.67	24.51	46.20	19.97	106.28	68.27	104.93	74.97	163.97	113.73
贵州	Guizhou	13.66	7.79	18.39	7.12	27.62	9.26	50.01	18.61	58.51	23.62
云南	Yunnan	59.69	47.38	100.11	66.59	150.28	99.65	329.15	231.23	395.38	281.00
西藏	Tibet	6.78	6.54	15.00	13.58	12.13	11.10	22.83	21.41	27.08	24.90
陕西	Shaanxi	44.23	39.73	71.28	58.48	92.84	74.57	212.17	155.24	270.41	189.91
甘肃	Gansu	9.09	7.07	21.31	14.34	28.85	17.20	7.02	4.99	9.11	5.47
青海	Qinghai	1.33	0.87	3.26	1.46	3.52	1.46	4.67	3.39	5.17	4.11
宁夏	Ningxia	0.37	0.28	0.78	0.58	0.82	0.66	1.80	1.29	1.95	1.37
新疆	Xinjiang	20.36	18.55	25.61	20.84	33.11	29.01	50.94	45.44	56.37	48.77

21-25 各省(市、区)按经营单位所在地分货物进出口总额

Total Value of Imports and Exports by Location of Importers/Exporters by Region

单位：万美元 (USD 10 000)

地 区	Region	2000			2010			2011		
		进出口 Total	出 口 Exports	进 口 Imports	进出口 Total	出 口 Exports	进 口 Imports	进出口 Total	出 口 Exports	进 口 Imports
全 国	**National Total**	**47429628**	**24920255**	**22509373**	**297399832**	**157775432**	**139624401**	**364186445**	**189838089**	**174348356**
北 京	Beijing	4962189	1196813	3765376	30172155	5543621	24628534	38955598	5899715	33055883
天 津	Tianjin	1715400	862578	852822	8210005	3748483	4461522	10337617	4448194	5889423
河 北	Hebei	523862	371000	152862	4206037	2255644	1950393	5360084	2856985	2503099
山 西	Shanxi	176438	123687	52751	1257623	470282	787341	1474306	542512	931793
内蒙古	Inner Mongolia	262205	97017	165188	872974	333443	539532	1193090	468697	724393
辽 宁	Liaoning	1903148	1085632	817516	8071215	4309871	3761344	9603585	5104236	4499350
吉 林	Jilin	257042	125683	131359	1684518	447585	1236933	2206093	499772	1706322
黑龙江	Heilongjiang	298637	145118	153519	2551542	1628079	923463	3852268	1767299	2084969
上 海	Shanghai	5470802	2535233	2935569	36895065	18071398	18823667	43754862	20967384	22787477
江 苏	Jiangsu	4563636	2576683	1986953	46579896	27053869	19526027	53958089	31259006	22699084
浙 江	Zhejiang	2783262	1944275	838987	25353466	18046478	7306987	30937777	21634949	9302827
安 徽	Anhui	334684	217198	117486	2427337	1241289	1186048	3130925	1708264	1422661
福 建	Fujian	2122046	1290607	831439	10878329	7149313	3729016	14352243	9283778	5068465
江 西	Jiangxi	162405	119741	42664	2161918	1341606	820311	3146881	2187606	959275
山 东	Shandong	2498976	1552884	946092	18915629	10422560	8493069	23588608	12571257	11017351
河 南	Henan	228290	149578	78712	1783151	1052937	730214	3262258	1923991	1338267
湖 北	Hubei	322286	193555	128731	2593211	1444180	1149032	3358693	1953460	1405233
湖 南	Hunan	251222	165271	85951	1465639	795599	670040	1894376	990380	903997
广 东	Guangdong	17009888	9191770	7818118	78489612	45319116	33170496	91346733	53192657	38154076
广 西	Guangxi	203379	148891	54488	1773891	960307	813583	2335597	1245776	1089821
海 南	Hainan	128786	80289	48497	864858	232033	632825	1275604	254162	1021442
重 庆	Chongqing	178590	99566	79024	1242707	748894	493814	2920764	1983165	937599
四 川	Sichuan	254520	139437	115083	3269386	1884063	1385324	4772417	2902729	1869688
贵 州	Guizhou	65998	42056	23942	314680	192018	122662	488758	298509	190249
云 南	Yunnan	181276	117509	63767	1343012	760577	582435	1602877	947245	655632
西 藏	Tibet	13031	11334	1697	83607	77103	6504	135837	118285	17552
陕 西	Shaanxi	214008	131005	83003	1210168	620822	589347	1464727	703503	761225
甘 肃	Gansu	56953	41495	15458	740295	163779	576517	872858	215878	656980
青 海	Qinghai	15973	11200	4773	78896	46620	32276	92382	66182	26199
宁 夏	Ningxia	44292	32737	11555	195999	117000	78999	228575	159943	68632
新 疆	Xinjiang	226404	120413	105991	1713011	1296865	416146	2281967	1682572	599395

21−26 各省(市、区)按境内目的地和货源地分货物进出口总额

Import Value of Commodities by Place of Destination and Export Value of Commodities by Place of Origin in China by Region

单位：万美元 (USD 10 000)

地 区	Region	2000			2010			2011		
		进出口 Total	出 口 Exports	进 口 Imports	进出口 Total	出 口 Exports	进 口 Imports	进出口 Total	出 口 Exports	进 口 Imports
全 国	**National Total**	**47429628**	**24920255**	**22509373**	**297399832**	**157775432**	**139624401**	**364186445**	**189838089**	**174348356**
北 京	Beijing	2424378	766723	1657655	11069440	3071739	7997701	12930059	3162521	9767537
天 津	Tianjin	1715625	767427	948198	9161184	3777104	5384080	11167988	4506675	6661314
河 北	Hebei	548711	327814	220897	6205240	2797361	3407879	8415023	3585170	4829853
山 西	Shanxi	279154	209094	70060	1385985	674098	711888	1622226	768475	853751
内蒙古	Inner Mongolia	238627	111400	127227	1168203	435699	732504	1482340	604497	877843
辽 宁	Liaoning	2006747	1058947	947800	9529180	4294283	5234898	11295144	5114215	6180929
吉 林	Jilin	298532	148693	149839	1702313	450650	1251663	2305211	543392	1761819
黑龙江	Heilongjiang	399259	242393	156866	1833902	850565	983337	2616172	924669	1691503
上 海	Shanghai	5470336	2463961	3006375	36544330	17325476	19218854	43314947	19852912	23462036
江 苏	Jiangsu	4919437	2637694	2281743	49878258	28144865	21733393	58124401	32443897	25680505
浙 江	Zhejiang	3152170	2048214	1103956	28725008	20094364	8630644	35140667	23900740	11239927
安 徽	Anhui	368983	211942	157041	2338008	1092705	1245302	3033058	1572974	1460084
福 建	Fujian	2295726	1362282	933444	11054966	6661874	4393092	13457421	8071660	5385761
江 西	Jiangxi	205206	118837	86369	2095316	1180726	914590	2799027	1664959	1134068
山 东	Shandong	2824997	1609267	1215730	22516027	11030066	11485962	28455579	13449250	15006329
河 南	Henan	312389	158683	153706	2001529	1219428	782100	3558760	2167255	1391505
湖 北	Hubei	389264	189977	199287	2602903	1390998	1211904	3374970	1907825	1467144
湖 南	Hunan	299226	163190	136036	1560837	857759	703078	2010303	1096948	913356
广 东	Guangdong	17548753	9342792	8205961	83400617	46717701	36682916	100679396	56321600	44357796
广 西	Guangxi	228496	164048	64448	1954881	652451	1302430	3232115	859064	2373051
海 南	Hainan	109420	60853	48567	1037055	216204	820851	1344905	223310	1121595
重 庆	Chongqing	185107	106048	79059	1182931	699445	483487	2447955	1495691	952264
四 川	Sichuan	277752	143360	134392	2629637	1240290	1389346	4011162	2163358	1847803
贵 州	Guizhou	85646	48166	37480	345836	201561	144275	491956	263411	228545
云 南	Yunnan	188420	109271	79149	1033256	510789	522467	1225727	620874	604853
西 藏	Tibet	14892	10902	3990	58947	53797	5150	110210	94546	15664
陕 西	Shaanxi	238754	132693	106061	1170366	563479	606888	1408348	676818	731531
甘 肃	Gansu	69155	42079	27076	738809	127497	611312	782746	156986	625760
青 海	Qinghai	22645	13355	9290	81807	31765	50042	76168	33953	42215
宁 夏	Ningxia	53211	35426	17785	256731	155225	101506	280921	201306	79616
新 疆	Xinjiang	258610	114724	143886	2136330	1255468	880863	2991542	1389141	1602401

21-27 各省(市、区)外商投资企业货物进出口总额
Value of Imports and Exports of Foreign-funded Enterprises by Region

单位：万美元 (USD 10 000)

地 区	Region	2000			2010			2011		
		进出口 Total	出 口 Exports	进 口 Imports	进出口 Total	出 口 Exports	进 口 Imports	进出口 Total	出 口 Exports	进 口 Imports
全 国	**National Total**	**23671390**	**11944121**	**11727269**	**160061524**	**86222882**	**73838642**	**185989874**	**99522703.8**	**86467170**
北 京	Beijing	776847	287108	489739	6982928	2215220	4767708	7679756	2164526	5515230
天 津	Tianjin	1369289	637925	731364	5880898	2643785	3237114	7113264	3085243	4028020
河 北	Hebei	158147	101240	56907	1750914	921579	829336	2022204	1017219	1004985
山 西	Shanxi	41876	15209	26667	220570	87993	132577	264502	90781	173721
内蒙古	Inner Mongolia	18157	13799	4358	161063	95974	65089	246266	143589	102676
辽 宁	Liaoning	1229698	624464	605234	3899198	2063953	1835245	4598764	2322010	2276754
吉 林	Jilin	112274	39197	73077	760502	127753	632749	919356	144656	774700
黑龙江	Heilongjiang	47353	26679	20674	111252	69866	41386	113682	69932	43750
上 海	Shanghai	3341054	1426102	1914952	24991842	12593270	12398571	29232879	14237994	14994885
江 苏	Jiangsu	3018082	1445340	1572742	34720361	19231357	15489004	38531121	21519202	17011920
浙 江	Zhejiang	938993	534851	404142	9239699	5813714	3425985	10792591	6528698	4263893
安 徽	Anhui	94779	39993	54786	811938	325294	486645	1028561	435117	593444
福 建	Fujian	1405740	759713	646027	5833659	3495247	2338411	6868116	3912418	2955698
江 西	Jiangxi	31814	16298	15516	1193074	499473	693601	1352999	597155	755844
山 东	Shandong	1392569	792766	599803	9632505	5656323	3976182	10743801	6372487	4371314
河 南	Henan	57695	30889	26806	451982	255577	196405	1497885	836757	661127
湖 北	Hubei	104686	42956	61730	1105434	569511	535923	1409993	760056	649937
湖 南	Hunan	47717	18250	29467	310208	129164	181044	455239	190455	264784
广 东	Guangdong	9203696	4951011	4252685	48449160	28184708	20264452	54988586	32479001	22509584
广 西	Guangxi	55339	34112	21227	492309	203314	288994	694528	264683	429845
海 南	Hainan	45993	30464	15529	623702	127682	496020	1006193	117261	888932
重 庆	Chongqing	32389	9666	22723	475706	165096	310610	1342670	685554	657117
四 川	Sichuan	61524	24517	37007	1278437	444301	834136	2335441	1207356	1128085
贵 州	Guizhou	5690	4012	1678	17449	10528	6920	22401	13793	8608
云 南	Yunnan	19658	8113	11545	64499	33003	31497	74904	36048	38857
西 藏	Tibet	634	389	245	549	3	546	40	2	37
陕 西	Shaanxi	35433	11611	23822	506126	215667	290458	562954	236559	326395
甘 肃	Gansu	5657	3832	1825	14426	9750	4676	13870	10782	3088
青 海	Qinghai	925	202	723	13467	984	12483	3928	1727	2201
宁 夏	Ningxia	6125	4294	1831	32158	14930	17228	40091	22413	17678
新 疆	Xinjiang	11557	9119	2438	35510	17864	17645	33290	19230	14061

中国统计出版社最新图书简目

（仅供参考，以最后出书为准）

统计资料

中国统计年鉴-2012
2012中国发展报告
中国劳动统计年鉴-2012
中国建筑业统计年鉴-2012
中国商品交易市场统计年鉴-2012
中国民政统计年鉴-2012
中国科技统计年鉴-2012
中国高技术产业统计年鉴-2012
全国农产品成本收益资料汇编-2012
大中型批发零售和住宿餐饮企业统计年鉴-2012
中国县（市）社会经济统计年鉴-2012
第二次全国R&D资源清查资料汇编－综合卷

中国统计摘要-2012
中国第三产业统计年鉴-2012
中国社会统计年鉴-2012
中国人口和就业统计年鉴-2012
中国房地产统计年鉴-2012
中国贸易外经统计年鉴-2012
中国农村统计年鉴-2012
中国教育经费统计年鉴-2012
中国科学技术协会统计年鉴-2012
中国农村住户调查年鉴-2012（中、英文）
第二次全国R&D资源清查资料汇编－工业企业卷
中国民族统计年鉴2011、2012

国际统计年鉴-2012
中国区域经济统计年鉴-2012
中国城市统计年鉴-2012
中国工业经济统计年鉴-2012
中国能源统计年鉴-2012
2012中国地区经济监测报告
中国农产品价格调查年鉴-2012
中国农村贫困监测报告-2012
工业企业科技活动资料-2012
中国城市(镇)生活与价格年鉴-2012
中国农村全面建设小康监测报告-2012
中国零售和餐饮连锁企业统计年鉴-2012
2010年中国第六次人口普查公报

2012年省级综合统计年鉴系列

北京 天津 河北 山西 内蒙古
河南 湖北 湖南 广东 广西
辽宁 吉林 黑龙江 上海 江苏
海南 重庆 四川 贵州 云南
浙江 安徽 福建 江西 山东
西藏 陕西 甘肃 青海 宁夏
新疆 新疆生产建设兵团

2012年市(县)级综合统计年鉴系列

天津滨海新区
运城 忻州 临汾 呼和浩特
上海浦东新区
杭州 宁波 绍兴 台州 温州
厦门经济特区 南昌 上饶
十堰 荆州 咸宁 长沙 广州
石家庄 唐山 邯郸 太原 大同
包头 沈阳 大连 长春 吉林市
苏州 无锡 常州 徐州 南通
金华 嘉兴 衢州
济南 青岛 潍坊 郑州
东莞 惠州 深圳 桂林 南宁
贵阳 昆明 庆阳 西安
长治 阳泉 晋城 朔州 晋中
四平 哈尔滨 黑龙江垦区
盐城 镇江 江阴 丹阳
福州 福州经济技术开发区
洛阳 三门峡 南阳 武汉 宜昌
柳州 来宾 河池 海口 成都 绵阳
兰州 银川 乌鲁木齐

2010年人口普查资料系列

中国2010年人口普查资料
浙江 安徽 福建 江西 山东
西藏 陕西 甘肃 青海 宁夏
中国分县2010年人口普查资料
北京 天津 河北 山西 内蒙古
河南 湖北 湖南 广东 广西
新疆 新疆生产建设兵团
中国分乡镇、街道2010年人口普查资料
辽宁 吉林 黑龙江 上海 江苏
海南 重庆 四川 贵州 云南
河南省各市2010年人口普查资料丛书
中国分民族2010年人口普查资料

“十一五”规划教材

非参数统计 医学统计学
多元统计分析 经济计量学教程
统计数据处理概论
企业经营管理统计
统计学:从数据到结论
概率论与数理统计 统计学
应用时间序列分析
质量管理统计方法 社会统计学
市场调查与预测
国民经济核算教程(国民经济统计学)
现代金融投资统计分析
统计指数理论及应用
多元统计分析实验
统计学原理（非统计专业使用）
概率论与数理统计(经济、管理类专业使用)

重点图书

挑大学选专业2012—高考志愿填报指南　　挑大学选专业2012—考研择校指南

欲购以上图书请与中国统计出版社发行部联系
电话：（010）63376907,63376908　同榀行书店电话：68783171,68783172
通讯地址：北京市西城区三里河月坛南街57号　邮政编码：100826
网址：http://csp.stats.gov.cn